中国留学人员创业年鉴

RETURNED CHINESE SCHOLARS PIONEER YEARBOOK

2015

教 育 部 留 学 服 务 中 心
科学技术部火炬高技术产业开发中心
人力资源和社会保障部留学人员和专家服务中心
中 国 国 际 人 才 交 流 中 心
致 公 党 中 央 留 学 人 员 委 员 会
北 京 海 外 学 人 科 技 发 展 中 心 编

中国致公出版社
China Zhigong Press

《中国留学人员创业年鉴》编委会

《中国留学人员创业年鉴》编辑部

编辑说明

一、2014年，中央启动全面深化改革，绘就新的宏伟蓝图。李克强总理在夏季达沃斯论坛上发表开幕致辞，提出要借改革创新的“东风”，在960万平方公里土地上掀起“大众创业”“草根创业”的浪潮，形成“万众创新”“人人创新”的新态势，为中国经济提质增效升级打造不熄引擎。在全国留学工作会议上，党中央、国务院作出了“统筹谋划出国留学和来华留学，综合运用国际国内两种资源”“揽四海英才服务国家建设大局，鼓励留学人员成为大众创业、万众创新的生力军”的指示，对留学工作提出了新的要求，为海外人才回国和来华创业创新开辟了新的舞台。据统计，2014年，我国各类留学回国人员人数达到36.48万人；从1978年到2014年底，留学回国人员总数已经达到180.96万人。截至2014年底，中央“千人计划”已分十一批引进近五千名海外高层次人才。全国已建成各级各类留学人员创业园近280家，在园企业超过1.8万家，有近5万名留学人员在园创业和工作。海外人才在科技创新、技术突破、学科建设、人才培养和高新技术产业发展等方面发挥了积极作用，正成为创新型国家建设的一支重要力量。

为了记录2014年度中国留学人员回国创业创新工作情况，教育部留学服务中心、科学技术部火炬高技术产业开发中心、人力资源和社会保障部留学人员和专家服务中心、中国国际人才交流中心、致公党中央留学人员委员会、北京海外学人科技发展中心联合编纂出版《中国留学人员创业年鉴》2015年卷。

二、《中国留学人员创业年鉴》2015年卷是本刊自2007年创刊以来连续出版的第九卷。2015年卷力图全面、准确、客观地反映2014年度中国留学人员回国创业创新工作情况，展现2014年度留学人员创业创新的环境与发展状况，为中央及各地政府有关部门和社会各界了解、研究我国留学人员创业群体和留学人员创办企业在2014年度的发展新情况提供有价值的参考，同时，也为广大留学人员回国创业创新提供服务。

三、《中国留学人员创业年鉴》2015年卷共设六个部分，分别为综合篇、政策篇、园区篇、人物篇、社团篇、附录篇。其中重点收录了2014年度中央及国家部委领导有关留学工作的讲话77篇；中央“千人计划”和国家有关部门单位及地方海外引才计划84项；2014年度中央及各地颁布的有关人才引进和鼓励创业创新的政策法规117条；2014年度各地运行的留学人员创业园219家；2014年度入选中央“千人计划”的留学归国创业人才154人；2014年度在留学人员创业园内发展的企业7229家；各类留学人员团体61家。同时，也收录了2014年度在留学回国服务工作中具有推动作用的重要事件等。

四、在中央有关单位的指导下，在全国各地教育、科技、人社、外专等职能部门以及致公党各地留学人员工作委员会、留学回国服务机构、留学人员创业园、留学人员团体的大力支持与协助下，《中国留学人员创业年鉴》2015年卷如期完成。在此，谨向有关单位致以诚挚的感谢！

五、由于编纂工作浩繁，难免会有疏漏和不足之处，希望广大读者给予批评指正。

《中国留学人员创业年鉴》编委会

二〇一五年十一月

目 录
Contents

第一部分 综合篇

2014年度国家及有关部委领导讲话汇编

中央及地方海外引才计划实施一览

第二部分 政策篇

浙江省

安徽省

福建省

江西省

山东省

河南省

湖北省

湖南省

广东省

广西壮族自治区

海南省

重庆市

四川省

贵州省

云南省

陕西省

甘肃省

青海省

宁夏回族自治区

新疆维吾尔自治区

第三部分 园区篇

北京市

江苏省

浙江省

安徽省

第四部分 人物篇

第五部分　社团篇

第六部分 附录篇

第一部分

综合篇

综合篇

2014年度国家及有关部委领导讲话汇编

习近平：秉持崇高理想，努力报国为民

（2014年1月16日）

2014年1月16日，在马年春节来临之际，中共中央总书记、国家主席、中央军委主席习近平给全体在德留学人员回信，肯定他们心系祖国、报国为民的爱国情怀，勉励他们早日用所学所得报效祖国和人民，并向所有海外学人及家人致以节日问候。回信全文如下：

全体在德留学人员：

来信收悉。字里行间，我感受到了留德学子心系祖国、报国为民的爱国情怀，深感欣慰。

你们在信中写到，中华百年以来的留学史，是中国人民为个人梦、强国梦、复兴梦而奋斗的历史。实现中华民族伟大复兴的中国梦是近代以来中华民族的夙愿，是13亿中国人民的共同梦想。希望广大海外学子秉持崇高理想，在中国人民实现中国梦的伟大奋斗中实现自身价值，努力书写无愧于时代的华彩篇章。

你们在来信中表示要坚持爱国、坚持理想、坚持学习、坚持创新，希望大家把这些信念付诸行动，志存高远，脚踏实地，刻苦攻读，积才广学，早日用所学所得报效祖国和人民。

马年春节将至，我向所有海外学人及家人，致以诚挚的问候和良好的祝愿。

据悉，2013年10月21日，习近平在欧美同学会成立100周年庆祝大会上发表重要讲话，在我国广大留学人员当中引起热烈反响。留德学子以全体在德留学人员名义给习近平写信，汇报了他们对个人梦、强国梦、复兴梦的感悟和体会，表达了立志为实现中华民族伟大复兴的中国梦而奋斗的决心和信心。

（人民网）

习近平：不拒众流方为江海，中国要永做学习大国

（2014年5月22日）

2014年5月22日下午，中共中央总书记、国家主席、中央军委主席习近平在出席亚洲相互协作与信任措施会议上海峰会后，在上海召开外国专家座谈会。他强调，任何一个民族、任何一个国家都需要学习别的民族、别的国家的优秀文明成果。中国要永远做一个学习大国，不论发展到什么水平都虚心向世界各国人民学习，以更加开放包容的姿态，加强同世界各国的互容、互鉴、互通，不断把对外开放提高到新的水平。

参加座谈会的50名在沪外国专家来自22个国家，分别在上海的高等学校、科研院所和企业就职，为推动我国重点领域建设取得跨越式发展和重大科学研究取得关键性突破发挥着积极作用。他们结合自己在上海工作生活的体会，从做好高层次人才引进工作、创造更加宽松的创新创业环境、打造中国制造业全球竞争力、完善科技成果评价体系、畅通基础研究与创新应用成果转化渠道、在加强金融风险控制的同时积极鼓励金融创新等角度，对中国推进创新型国家建设提出了意见和建议。他们表示，习近平主席同他们座谈交流，充分体现了中国坚持对外开放、加强中外合作的愿望，要利用自己的平台和岗位为中国创新型国家建设作出更大贡献。

习近平认真听取各位专家的发言，并对每位专家提出的意见和建议作出回应。专家发言结束后，习近平发表了重要讲话。他表示，外国专家不仅带来了先进技术和管理经验，还带来了新的理念和认识。几位专家所提的意见和建议都很有见地、很中肯，我们会认真研究采纳。并向长期以来关心、支持、参与中国革命、建设、改革的外国专家和国际友人及其亲属，致以诚挚问候和良好祝愿。

习近平指出，不拒众流，方为江海。当今世界，经济全球化、信息社会化所带来的商品流、信息流、技术流、人才流、文化流，如长江之水，挡也挡不住。一个国家对外开放，必须首先推进人的对外开放，特别是人才的对外开放。如果人思想禁锢、心胸封闭，那就不可能有真正的对外开放。因此，对外开放要着眼于人、着力于人，推动人们在眼界上、思想上、知识上、技术上走向开放，通过学习和应用世界先进知识和技术，进而不断把整个对外开放提高到新的水平。

习近平强调，中国经济经过改革开放30多年的快速发展，依靠投资驱动、规模扩张、出口导向的发展模式空间已越来越小，必须更多依靠科技创新引领和支撑经济发展和社会进步。面对世界经济缓慢复苏的复杂形势，面对消除贫困、保护环境、应对传统安全和非传统安全等各领域的世界性难题，世界各国必须携手寻求解决之道。不同民族、不同国家、不同地域之间的文化交流，好比不同色彩的搭配，在纵横交错、明暗强弱的各式组合之中，新的画面和景色就会出现。而这一切，都需要人才、呼唤人才，需要加强国际人才交流合作。

习近平指出，中华民族历来具有尚贤爱才的优良传统。现在，我们比历史上任何时期都更需要广开进贤之路、广纳天下英才。要实行更加开放的人才政策，不唯地域引进人才，不求所有开发人才，不拘一格用好人才，在大力培养国内创新人才的同时，更加积极主动地引进国外人才特别是高层次人才，热忱欢迎外国专家和优秀人才以各种方式参与中国现代化建设。要积极营造尊重、关心、支持外国人才创新创业的良好氛围，对他们充分信任、放手使用，让各类人才各得其所，让各路高贤大展其长。

习近平强调，文明交流互鉴，首先是人的交流互鉴。加强国际人才交流合作，有利于我们积极借鉴世界各国优秀文明成果，也有助于推动中华文明创造性转化和创新性发展。更重要的是，这种交流有利于推动不同文明相互尊重，推动

世界各国人民相互理解。

习近平指出，各位外国专家把中国作为第二故乡，我们把大家视作中国这个大家庭的一员。希望各位外国专家继续关心、支持、参与中国现代化建设，对中国改革发展建言献策；继续当好中外交流合作的民间大使，用自己的所见所闻和亲身经历，把一个全面、真实、立体的中国传播到世界，让世界对中国多一些理解和支持。外国专家对中国改革发展的见解、辨析、意见，甚至不留情面的批评，有利于我们正视自身问题、解决面临难题。

习近平强调，外国专家主管部门要继续完善外国人才引进体制机制，切实保护知识产权，保障外国人才合法权益，对作出突出贡献的外国人才给予表彰奖励，让有志于来华发展的外国人才来得了、待得住、用得好、流得动。要遵循国际人才流动规律，更好发挥企业、高校、科研机构等用人单位的主体作用，使外国人才的专长和中国发展的需要紧密契合，为外国专家施展才能、实现事业梦想提供更加广阔的舞台。

（新华网）

习近平：牢牢把握集聚人才大举措

（2014年5月24日）

2014年5月23日至24日，中共中央总书记、国家主席、中央军委主席习近平出席亚信上海峰会后深入中国上海自由贸易试验区，深入企业、园区、科研基地，考察调研经济社会发展情况。

在上海汽车集团技术中心，习近平参观了汽车造型设计、样车试制和新能源联调试验。他来到荣威、MG两大自主品牌系列样车面前，询问技术性能、性价比、市场认可度，肯定他们追赶前沿的创新精神。习近平强调，汽车行业是市场很大、技术含量和管理精细化程度很高的行业，发展新能源汽车是我国从汽车大国迈向汽车强国的必由之路，要加大研发力度，认真研究市场，用好用活政策，开发适应各种需求的产品，使之成为一个强劲的增长点。

习近平指出，当今世界，科技创新已经成为提高综合国力的关键支撑，成为社会生产方式和生活方式变革进步的强大引领，谁牵住了科技创新这个牛鼻子，谁走好了科技创新这步先手棋，谁就能占领先机、赢得优势。

习近平强调，要牢牢把握科技进步大方向，瞄准世界科技前沿领域和顶尖水平，力争在基础科技领域有大的创新，在关键核心技术领域取得大的突破。要牢牢把握产业革命大趋势，围绕产业链部署创新链，把科技创新真正落到产业发展上。要牢牢把握集聚人才大举措，加强科研院所和高等院校创新条件建设，完善知识产权运用和保护机制，让各类人才的创新智慧竞相迸发。

（新华网）

习近平：坚定不移创新、创新、再创新

（2014年6月9日）

2014年6月9日上午，中国科学院第十七次院士大会、中国工程院第十二次院士大会在人民大会堂隆重开幕。中共中央总书记、国家主席、中央军委主席习近平出席会议并发表重要讲话。以下为讲话全文：

各位院士，同志们，朋友们：

今天，群英荟萃，群贤毕至，中国科学院第十七次院士大会、中国工程院第十二次院士大会开幕了。有机会同大家见面，感到十分高兴。首先，我代表党中央、国务院，对两院院士大会的召开，表示衷心的祝贺！向两院院士和全国广大科技工作者，表示诚挚的问候！向前来参加会议的外籍院士和国际科学界的朋友们，表示热烈的欢迎！

中国科学院院士、中国工程院院士是我国科学技术界、工程技术界的杰出代表，是国家的财富、人民的骄傲、民族的光荣。长期以来，广大院士胸怀报国为民的理想追求，发扬不懈创新的科学精神，秉持淡泊名利的品德风范，聚焦国家战略需求，勇攀科学技术高峰，创造了举世瞩目的成就，为提高我国自主创新能力、增强我国综合国力，为推动我国科技进步、经济发展、人民生活水平提高、国防建设和优化国家决策作出了重大贡献。

我看了不少两院的咨询报告和院士们的建议，从报告的字里行间，从建议的思考研究中，都能体会到院士们忧国忧民的情怀、求真务实的精神。大家为党和国家决策提供了重要依据。在此，我向各位院士表示衷心的感谢！

各位院士、同志们、朋友们！

今年是甲午年。甲午，对中国人民和中华民族具有特殊的含义，在我国近代史上也具有特殊的含义。回首我国近代史，中华民族遭受的苦难之重、付出的牺牲之大，在世界历史上是罕见的。面对厄运和苦难，中国人民没有屈服，奋起抗争，前仆后继，终于在中国共产党领导下找到了实现中华民族伟大复兴的正确道路，掌握了自己的命运。今天，我们比历史上任何时期都更接近中华民族伟大复兴的目标，比历史上任何时期都更有信心、有能力实现这个目标。而要实现这个目标，我们就必须坚定不移贯彻科教兴国战略和创新驱动发展战略，坚定不移走科技强国之路。

科技是国家强盛之基，创新是民族进步之魂。自古以来，科学技术就以一种不可逆转、不可抗拒的力量推动着人类社会向前发展。16世纪以来，世界发生了多次科技革命，每一次都深刻影响了世界力量格局。从某种意义上说，科技实力决定着世界政治经济力量对比的变化，也决定着各国各民族的前途命运。

拿我国来说，中华民族是富有创新精神的民族。我们的先人们早就提出：“周虽旧邦，其命维新。”“天行健，君子以自强不息。”“苟日新，日日新，又日新。”可以说，创新精神是中华民族最鲜明的禀赋。在5000多年文明发展进程中，中华民族创造了高度发达的文明。我们的先人们发明了造纸术、火药、印刷术、指南针，在天文、算学、医学、农学等多个领域创造了累累硕果，为世界贡献了无数科技创新成果，对世界文明进步影响深远、贡献巨大，也使我国长期居于世界强国之列。

然而，明代以后，由于封建统治者闭关锁国、夜郎自大，中国同世界科技发展潮流渐行渐远，屡次错失富民强国的历史机遇。鸦片战争之后，中国更是一次次被经济总量、人口规模、领土幅员远远不如自己的国家打败。历史告诉我们一个真理：一个国家是否强大不能单就经济总量大小而定，一个民族是否强盛也不能单凭人口规模、领土幅员多寡而定。近代史上，我国落后挨打的根子之一就是科技落后。

新中国成立以来，党中央高度重视科技事业，团结带领广大科技工作者和全国各族人民自力更生、艰苦奋斗，建立起全面独立的科研体系，形成了规模宏大的科学技术队伍，取得了一个又一个举世瞩目的科技成就。今天，“向科学进军”的伟大号召依然在我们的耳畔回响，“科学的春天”依然在祖国的天空上播洒阳光，科教兴国战略依然给我国科技事业发展提供着强大驱动。

“两弹一星”、多复变函数论、陆相成油理论、人工合成牛胰岛素等成就，高温超导、中微子物理、量子反常霍尔效应、纳米科技、干细胞研究、人类基因组测序等基础科学突破，超级杂交水稻、汉字激光照排、高性能计算机、三峡工程、载人航天、探月工程、移动通信、量子通讯、北斗导航、载人深潜、高速铁路、航空母舰等工程技术成果，为我国经济社会发展提供了坚强支撑，为国防安全作出了历史性贡献，也为我国作为一个有世界影响的大国奠定了重要基础。

各位院士、同志们、朋友们！

当前，全党全国各族人民正在为全面建成小康社会、实现中华民族伟大复兴的中国梦而团结奋斗。我们比以往任何时候都更加需要强大的科技创新力量。党的十八大作出了实施创新驱动发展战略的重大部署，强调科技创新是提高社会生产力和综合国力的战略支撑，必须摆在国家发展全局的核心位置。这是党中央综合分析国内外大势、立足我国发展全局作出的重大战略抉择。

进入21世纪以来，新一轮科技革命和产业变革正在孕育兴起，全球科技创新呈现出新的发展态势和特征。学科交叉融合加速，新兴学科不断涌现，前沿领域不断延伸，物质结构、宇宙演化、生命起源、意识本质等基础科学领域正在或有望取得重大突破性进展。信息技术、生物技术、新材料技术、新能源技术广泛渗透，带动几乎所有领域发生了以绿色、智能、泛在为特征的群体性技术革命。传统意义上的基础研究、应用研究、技术开发和产业化的边界日趋模糊，科技创新链条更加灵巧，技术更新和成果转化更加快捷，产业更新换代不断加快。科技创新活动不断突破地域、组织、技术的界限，演化为创新体系的竞争，创新战略竞争在综合国力竞争中的地位日益重要。科技创新，就像撬动地球的杠杆，总能创造令人意想不到的奇迹。当代科技发展历程充分证明了这个过程。

面对科技创新发展新趋势，世界主要国家都在寻找科技创新的突破口，抢占未来经济科技发展的先机。我们不能在这场科技创新的大赛场上落伍，必须迎头赶上、奋起直追、力争超越。

改革开放以来，我国经济社会发展取得了举世瞩目的成就，经济总量跃居世界第二，众多主要经济指标名列世界前列。同时，必须清醒地看到，我国经济规模很大、但依然大而不强，我国经济增速很快、但依然快而不优。主要依靠资源等要素投入推动经济增长和规模扩张的粗放型发展方式是不可持续的。现在，世界发达水平人口全部加起来是10亿人左右，而我国有13亿多人，全部进入现代化，那就意味着世界发达水平人口要翻一番多。不能想象我们能够以现有发达水平人口消耗资源的方式来生产生活，那全球现有资源都给我们也不够用！老路走不通，新路在哪里？就在科技创新上，就在加快从要素驱动、投资规模驱动发展为主向以创新驱动发展为主的转变上。

前几天，我看了一份材料，说“机器人革命”有望成为“第三次工业革命”的一个切入点和重要增长点，将影响全球制造业格局，而且我国将成为全球最大的机器人市场。国际机器人联合会预测，“机器人革命”将创造数万亿美元的市场。由于大数据、云计算、移动互联网等新一代信息技术同机器人技术相互融合步伐加快，3D打印、人工智能迅猛发展，制造机器人的软硬件技术日趋成熟，成本不断降低，性能不断提升，军用无人机、自动驾驶汽车、家政服务机器人已经成为现实，有的人工智能机器人已具有相当程度的自主思维和学习能力。国际上有舆论认为，机器人是“制造业皇冠顶端的明珠”，其研发、制造、应用是衡量一个国家科技创新和高端制造业水平的重要标志。机器人主要制造商和国家纷纷加紧布局，抢占技术和市场制高点。看到这里，我就在想，我国将成为机器人的最大市场，但我们的技术和制造能力能不能应对这场竞争？我们不仅要把我国机器人水平提高上去，而且要尽可能多地占领市场。这样的新技术新领域还很多，我们要审时度势、全盘考虑、抓紧谋划、扎实推进。

各位院士、同志们、朋友们！

实施创新驱动发展战略，最根本的是要增强自主创新能力，最紧迫的是要破除体制机制障碍，最大限度解放和激发科技作为第一生产力所蕴藏的巨大潜能。面向未来，增强自主创新能力，最重要的就是要坚定不移走中国特色自主创新道路，坚持自主创新、重点跨越、支撑发展、引领未来的方针，加快创新型国家建设步伐。

经过多年努力，我国科技整体水平大幅提升，一些重要领域跻身世界先进行列，某些领域正由“跟跑者”向“并行者”“领跑者”转变。我国进入了新型工业化、信息化、城镇化、农业现代化同步发展、并联发展、叠加发展的关键时期，给自主创新带来了广阔发展空间、提供了前所未有的强劲动力。

我多次讲过，中华民族伟大复兴绝不是轻轻松松就能实现的，我国越发展壮大，遇到的阻力和压力就会越大。从这个经验看，关键是时机和决断。历史的机遇往往稍纵即逝，我们正面对着推进科技创新的重要历史机遇，机不可失，时不再来，必须紧紧抓住。

我们有改革开放30多年来积累的坚实物质基础，有持续创新形成的系列成果，实施创新驱动发展战略具备良好条件。因此，要下好先手棋，打好主动仗，对国家和民族具有重大战略意义的科技决策，想好了、想定了就要决断，不然就可能与历史机遇失之交臂，甚至可能付出更大代价。

2013年3月，我在参加全国政协十二届一次会议科协、科技界委员联组讨论时讲过这样一个意思，就是从总体上看，我国科技创新基础还不牢，自主创新特别是原创力还不强，关键领域核心技术受制于人的格局没有从根本上改变。只有把核心技术掌握在自己手中，才能真正掌握竞争和发展的主动权，才能从根本上保障国家经济安全、国防安全和其他安全。不能总是用别人的昨天来装扮自己的明天。不能总是指望依赖他人的科技成果来提高自己的科技水平，更不能做其他国家的技术附庸，永远跟在别人的后面亦步亦趋。我们没有别的选择，非走自主创新道路不可。

实践告诉我们，自力更生是中华民族自立于世界民族之林的奋斗基点，自主创新是我们攀登世界科技高峰的必由之路。问题看到了，就要以时不我待的精神，快马加鞭改变这个局面。不能说了很多年，最后老是没有根本改变。当然，自主创新不是闭门造车，不是单打独斗，不是排斥学习先进，不是把自己封闭于世界之外。我们要更加积极地开展国际科技交流合作，用好国际国内两种科技资源。

科学技术是世界性的、时代性的，发展科学技术必须具有全球视野。当前，科技创新的重大突破和加快应用极有可能重塑全球经济结构，使产业和经济竞争的赛场发生转换。在传统国际发展赛场上，规则别人都制定好了，我们可以加入，但必须按照已经设定的规则来赛，没有更多主动权。抓住新一轮科技革命和产业变革的重大机遇，就是要在新赛场建设之初就加入其中，甚至主导一些赛场建设，从而使我们成为新的竞赛规则的重要制定者、新的竞赛场地的重要主导者。如果我们没有一招鲜、几招鲜，没有参与或主导新赛场建设的能力，那我们就缺少了机会。机会总是留给有准备的人的，也总是留给有思路、有志向、有韧劲的人们的。我国能否在未来发展中后来居上、弯道超车，主要就看我们能否在创新驱动发展上迈出实实在在的步伐。

李四光说过：“科学的存在全靠它的新发现，如果没有新发现，科学便死了。”法国作家雨果说过：“已经创造出来的东西比起有待创造的东西来说，是微不足道的。”我国科技发展的方向就是创新、创新、再创新。要高度重视原始性专业基础理论突破，加强科学基础设施建设，保证基础性、系统性、前沿性技术研究和技术研发持续推进，强化自主创新成果的源头供给。要积极主动整合和利用好全球创新资源，从我国现实需求、发展需求出发，有选择、有重点地参加国际大科学装置和科研基地及其中心建设和利用。要准确把握重点领域科技发展的战略机遇，选准关系全局和长远发展的战略必争领域和优先方向，通过高效合理配置，深入推进协同创新和开放创新，构建高效强大的共性关键技术供给体系，努力实现关键技术重大突破，把关键技术掌握在自己手里。

“聪者听于无声，明者见于未形。”科技创新永无止境。科技竞争就像短道速滑，我们在加速，人家也在加速，最后要看谁速度更快、谁的速度更能持续。荀子说：“骐骥一跃，不能十步；驽马十驾，功在不舍。锲而舍之，朽木不折；锲而不舍，金石可镂。”意思是，骏马一跃，也不会达到十步；劣马跑十天，也能跑得很远；雕刻东西，如果刻了一下就放下，朽木也不会刻断；如果不停刻下去，金属和石头都可以雕空。我国广大科技工作者要敢于担当、勇于超越、找准方向、扭住不放，牢固树立敢为天下先的志向和信心，敢于走别人没有走过的路，在攻坚克难中追求卓越，勇于创造引领世界潮流的科技成果。

各位院士、同志们、朋友们！

实施创新驱动发展战略是一个系统工程。科技成果只有同国家需要、人民要求、市场需求相结合，完成从科学研究、实验开发、推广应用的三级跳，才能真正实现创新价值、实现创新驱动发展。

我一直在思考，为什么从明末清初开始，我国科技渐渐落伍了。有的学者研究表明，康熙曾经对西方科学技术很有兴趣，请了西方传教士给他讲西学，内容包括天文学、数学、地理学、动物学、解剖学、音乐，甚至包括哲学，光听讲解天文学的书就有100多本。是什么时候呢？学了多长时间呢？早期大概是1670年至1682年间，曾经连续两年零5个月不间断学习西学。时间不谓不早，学的不谓不多，但问题是当时虽然有人对西学感兴趣，也学了不少，却并没有让这些知识对我国经济社会发展起什么作用，大多是坐而论道、禁中清谈。1708年，清朝政府组织传教士们绘制中国地图，后用10年时间绘制了科学水平空前的《皇舆全览图》，走在了世界前列。但是，这样一个重要成果长期被作为密件收藏内府，社会上根本看不见，没有对经济社会发展起到什么作用。反倒是参加测绘的西方传教士把资料带回了西方整理发表，使西方在相当长一个时期内对我国地理的了解要超过中国人。这说明了一个什么问题呢？就是科学技术必须同社会发展相结合，学得再多，束之高阁，只是一种猎奇，只是一种雅兴，甚至当作奇技淫巧，那就不可能对现实社会产生作用。

多年来，我国一直存在着科技成果向现实生产力转化不力、不顺、不畅的痼疾，其中一个重要症结就在于科技创新链条上存在着诸多体制机制关卡，创新和转化各个环节衔接不够紧密。就像接力赛一样，第一棒跑到了，下一棒没有人接，或者接了不知道往哪儿跑。

要解决这个问题，就必须深化科技体制改革，破除一切制约科技创新的思想障碍和制度藩篱，处理好政府和市场的关系，推动科技和经济社会发展深度融合，打通从科技强到产业强、经济强、国家强的通道，以改革释放创新活力，加快建立健全国家创新体系，让一切创新源泉充分涌流。

如果把科技创新比作我国发展的新引擎，那么改革就是点燃这个新引擎必不可少的点火系。我们要采取更加有效的措施完善点火系，把创新驱动的新引擎全速发动起来。

科技体制改革要紧紧扭住“硬骨头”攻坚克难，加快把党的十八届三中全会确定的科技体制改革各项任务落到实处。要着力把科技创新摆在国家发展全局的核心位置，加快制定创新驱动发展战略的顶层设计，对重大任务要有路线图和时间表。要着力从科技体制改革和经济社会领域改革两个方面同步发力，改革国家科技创新战略规划和资源配置体制机制，完善政绩考核体系和激励政策，深化产学研合作，加快解决制约科技成果转移转化的关键问题。要着力加强科技创新统筹协调，努力克服各领域、各部门、各方面科技创新活动中存在的分散封闭、交叉重复等碎片化现象，避免创新中的“孤岛”现象，加快建立健全各主体、各方面、各环节有机互动、协同高效的国家创新体系。要着力完善科技创新基础制度，加快建立健全国家科技报告制度、创新调查制度、国家科技管理信息系统，大幅提高科技资源开放共享水平。要着力围绕产业链部署创新链、围绕创新链完善资金链，聚焦国家战略目标，集中资源、形成合力，突破关系国计民生和经济命脉的重大关键科技问题。要着力加快完善基础研究体制机制，把基础前沿、关键共性、社会公益和战略高技术研究作为重大基础工程来抓，实施好国家重大科学计划和科学工程，加快在国际科学前沿领域抢占制高点。要着力以科技创新为核心，全方位推进产品创新、品牌创新、产业组织创新、商业模式创新，把创新驱动发展战略落实到现代化建设整个进程和各个方面。

在推进科技体制改革的过程中，我们要注意一个问题，就是我国社会主义制度能够集中力量办大事是我们成就事业的重要法宝。我国很多重大科技成果都是依靠这个法宝搞出来的，千万不能丢了！要让市场在资源配置中起决定性作用，同时要更好发挥政府作用，加强统筹协调，大力开展协同创新，集中力量办大事，抓重大、抓尖端、抓基本，形成推进自主创新的强大合力。

各位院士、同志们、朋友们！

“盖有非常之功，必待非常之人。”人是科技创新最关键的因素。创新的事业呼唤创新的人才。尊重人才，是中华民族的悠久传统。“思皇多士，生此王国。王国克生，维周之桢；济济多士，文王以宁。”这是《诗经·大雅·文王》中的话，说的是周文王尊贤礼士，贤才济济，所以国势强盛。千秋基业，人才为先。实现中华民族伟大复兴，人才越多越好，本事越大越好。我国是一个人力资源大国，也是一个智力资源大国，我国13亿多人大脑中蕴藏的智慧资源是最可宝贵的。知识就是力量，人才就是未来。我国要在科技创新方面走在世界前列，必须在创新实践中发现人才、在创新活动中培育人才、在创新事业中凝聚人才，必须大力培养造就规模宏大、结构合理、素质优良的创新型科技人才。

我国科技队伍规模是世界上最大的，这是我们必须引以为豪的。但是，我们在科技队伍上也面对着严峻挑战，就是创新型科技人才结构性不足矛盾突出，世界级科技大师缺乏，领军人才、尖子人才不足，工程技术人才培养同生产和创新实践脱节。“一年之计，莫如树谷；十年之计，莫如树木；终身之计，莫如树人。”我们要把人才资源开发放在科技创新最优先的位置，改革人才培养、引进、使用等机制，努力造就一批世界水平的科学家、科技领军人才、工程师和高水平创新团队，注重培养一线创新人才和青年科技人才。

要按照人才成长规律改进人才培养机制，“顺木之天，以致其性”，避免急功近利、拔苗助长。要坚持竞争激励和崇尚合作相结合，促进人才资源合理有序流动。要广泛吸引海外优秀专家学者为我国科技创新事业服务。要在全社会积极营造鼓励大胆创新、勇于创新、包容创新的良好氛围，既要重视成功，更要宽容失败，完善好人才评价指挥棒作用，为人才发挥作用、施展才华提供更加广阔的天地。

未来总是属于年青人的。拥有一大批创新型青年人才，是国家创新活力之所在，也是科技发展希望之所在。“我劝天公重抖擞，不拘一格降人才。”广大院士不仅要做科技创新的开拓者，更要做提携后学的领路人。希望广大院士肩负起培养青年科技人才的责任，甘为人梯，言传身教，慧眼识才，不断发现、培养、举荐人才，为拔尖创新人才脱颖而出铺路搭桥。广大青年科技人才要树立科学精神、培养创新思维、挖掘创新潜能、提高创新能力，在继承前人的基础上不断超越。

各位院士、同志们、朋友们！

长期以来，我国院士制度在推动科技界出思想、出谋略、出成果、出人才方面发挥了重大作用。同时，我们也要看到，我国院士制度在实践过程中也存在一些社会关注、科技界反映较突出的问题，比如有时院士遴选受非学术因素干扰过多，有的地方和部门让院士称号承载了一些非学术的、带有明显功利性的负担，有的人把有多少院士当作出政绩的一个标志。如此等等，都背离了我国院士制度的本义，必须加以纠正。广大院士对这些现象也有意见。这些问题需要通过深化改革加以解决，使院士制度更加完善，真正守住学术性、荣誉性的本质。

根据广大院士和各方面意见，党的十八届三中全会提出了改革院士制度的要求，主要就是要突出学术导向，减少不必要的干预，改进和完善院士遴选机制、学科布局、年龄结构、兼职和待遇、退休退出制度等，以更好发挥广大院士作用，更好发现和培养拔尖人才，更好维护院士群体的荣誉和尊严，更好激励科技工作者特别是青年才俊的积极性和创造性。

两院院士在我国科技界拥有最高学术荣誉，在全社会具有高度关注度，一言一行对学术风气和社会风尚都有极大的影响。希望广大院士坚守学术操守和道德理念，把学问和人格融合在一起，既赢得崇高学术声望，又展示高尚人格风范。

马克思说：“科学绝不是一种自私自利的享乐，有幸能够致力于科学研究的人，首先应该拿自己的学识为人类服务。”这是一种很高的精神境界。长期以来，我国科技界涌现出许多受到人民爱戴的科学家，他们代表的是一种时代精神，影响的是一代又一代年轻人。今天，我们培育和践行社会主义核心价值观，需要两院院士发挥作用。希望广大院士善养浩然之气，发扬我国科技界爱国奉献、淡泊名利的优良传统，以身作则，严格自律，在攻坚克难、崇德向善中做到学为人师、行为世范，带动科技界乃至全社会践行社会主义核心价值观。

各级党委和政府要在政治上关怀院士、工作上支持院士、生活上关心院士，当好“后勤部长”。有关部门要加强相关政策保障，让包括院士在内的各类优秀人才在实施创新驱动发展战略中更好建功立业。

中国科学院、中国工程院是我国科学技术界和工程技术界最高学术机构，是国家科学技术思想库。两院要组织广大院士，围绕事关经济社会及科技发展的全局性问题，开展战略咨询研究，以科学咨询支撑科学决策，以科学决策引领科学发展。

各位院士、同志们、朋友们！

实施创新驱动发展战略，建设创新型国家，为实现“两个一百年”奋斗目标提供强大科技支撑，是时代赋予我国广大科技工作者的历史使命。希望同志们锐意进取、锐意创新，努力创造出无愧于时代的业绩，为实现中华民族伟大复兴作出新的更大的贡献！

（新华网）

习近平：实施更加积极的创新人才引进政策

（2014年8月18日）

2014年8月18日下午，中共中央总书记、国家主席、中央军委主席、中央财经领导小组组长习近平主持召开中央财经领导小组第七次会议，研究实施创新驱动发展战略。习近平在会议上发表重要讲话强调，创新始终是推动一个国家、一个民族向前发展的重要力量。我国是一个发展中大国，正在大力推进经济发展方式转变和经济结构调整，必须把创新驱动发展战略实施好。实施创新驱动发展战略，就是要推动以科技创新为核心的全面创新，坚持需求导向和产业化方向，坚持企业在创新中的主体地位，发挥市场在资源配置中的决定性作用和社会主义制度优势，增强科技进步对经济增长的贡献度，形成新的增长动力源泉，推动经济持续健康发展。

习近平指出，改革开放30多年来，我国实现了科技水平整体跃升，已经成为具有重要影响力的科技大国，科技创新对经济社会发展的支撑和引领作用日益增强。当前，新一轮科技革命和产业变革正在孕育兴起，全球科技创新呈现出新的发展态势和特征，新技术替代旧技术、智能型技术替代劳动密集型技术趋势明显。我国依靠要素成本优势所驱动、大量投入资源和消耗环境的经济发展方式已经难以为继。我们必须增强紧迫感，紧紧抓住机遇，及时确立发展战略，全面增强自主创新能力，掌握新一轮全球科技竞争的战略主动。

习近平强调，我们必须认识到，从发展上看，主导国家发展命运的决定性因素是社会生产力发展和劳动生产率提高，只有不断推进科技创新，不断解放和发展社会生产力，不断提高劳动生产率，才能实现经济社会持续健康发展。

习近平阐述了实施创新驱动发展战略的基本要求，提出四点意见。一是紧扣发展，牢牢把握正确方向。要跟踪全球科技发展方向，努力赶超，力争缩小关键领域差距，形成比较优势。要坚持问题导向，从国情出发确定跟进和突破策略，按照主动跟进、精心选择、有所为有所不为的方针，明确我国科技创新主攻方向和突破口。对看准的方向，要超前规划布局，加大投入力度，着力攻克一批关键核心技术，加速赶超甚至引领步伐。二是强化激励，大力集聚创新人才。创新驱动实质上是人才驱动。为了加快形成一支规模宏大、富有创新精神、敢于承担风险的创新型人才队伍，要重点在用好、吸引、培养上下功夫。要用好科学家、科技人员、企业家，激发他们的创新激情。要学会招商引资、招人聚才并举，择天下英才而用之，广泛吸引各类创新人才特别是最缺的人才。三是深化改革，建立健全体制机制。要面向世界科技前沿、面向国家重大需求、面向国民经济主战场，精心设计和大力推进改革，让机构、人才、装置、资金、项目都充分活跃起来，形成推进科技创新发展的强大合力。要围绕使企业成为创新主体、加快推进产学研深度融合来谋划和推进。要按照遵循规律、强化激励、合理分工、分类改革要求，继续深化科研院所改革。要以转变职能为目标，推进政府科技管理体制改革。四是扩大开放，全方位加强国际合作。要坚持“引进来”和“走出去”相结合，积极融入全球创新网络，全面提高我国科技创新的国际合作水平。

习近平强调，要抓紧出台实施创新驱动发展的政策和部署，抓紧实施国家重大科技专项，再选择一批体现国家战略意图的重大科技项目和重大工程，集中力量、协同攻关。要加快研究提出创新驱动发展顶层设计方案，研究提出中央财政科技资金管理改革方案。要抓紧修改完善相关法律法规，实施更加积极的创新人才引进政策。要研究在一些省区市系统推进全面创新改革试验，形成几个具有创新示范和带动作用的区域性创新平台。

（新华网）

习近平：留学工作要适应国家发展大势

（2014年12月12日）

2014年12月12日至13日，全国留学工作会议在京召开。中共中央总书记、国家主席、中央军委主席习近平作出重要指示，对我国留学事业取得的成绩给予充分肯定，对做好新形势下留学工作提出要求，向身在海外的广大中华学子表示诚挚的问候，向在华求学的各国朋友表示热烈的欢迎。

习近平指出，留学事业历来与国家和民族的命运紧密相连。新中国成立以来特别是改革开放以来，党和国家高度重视留学事业，制定和实施一系列方针政策，推动我国留学事业取得了令人瞩目的成绩，留学事业为我国改革开放和社会主义现代化建设作出了重要贡献。

习近平强调，新形势下，留学工作要适应国家发展大势和党和国家工作大局，统筹谋划出国留学和来华留学，综合运用国际国内两种资源，培养造就更多优秀人才，努力开创留学工作新局面，为实现“两个一百年”奋斗目标、实现中华民族伟大复兴的中国梦不断作出新的更大的贡献。希望广大留学人员跟上时代潮流，放眼观察世界，坚定理想，刻苦学习，掌握新知，增强本领，更好为祖国和人民贡献自己的智慧和力量。

（新华网）

李克强：要把发挥人的创造力作为推动科技创新的核心

（2014年1月10日）

2014年1月10日，中共中央、国务院在北京隆重举行国家科学技术奖励大会。中共中央政治局常委、国务院总理李克强代表党中央、国务院在大会上讲话。讲话全文如下：

同志们、朋友们：

今天，我们在这里隆重召开国家科学技术奖励大会，表彰为我国科技事业作出突出贡献的科技工作者。刚才，习近平总书记和其他中央领导同志向获得国家最高科技奖的张存浩院士、程开甲院士及其他获奖人员代表颁了奖。科技奖励大会是我国科技界一年一度的盛事，是科技创新重大成果的集中展示。在此，我代表党中央、国务院，向全体获奖人员表示热烈祝贺！向全国广大科技工作者和各条战线为推动科技进步做出贡献的人们表示崇高敬意和诚挚问候！向关心和参与中国科技事业的外国专家表示衷心感谢！

党和国家高度重视科技事业发展，改革开放带来了科学的春天。近年来，我国科技发展不断取得新的重大成就，优秀科技人才大批涌现，科技体制改革加速推进，科技服务经济社会发展的能力不断增强，创新型国家建设迈出新步伐，为提升我国综合国力、推动现代化建设奠定了坚实基础、作出了重大贡献。

当前，我国正处于建设创新型国家的决定性阶段。面对世界科技革命和产业变革历史性交汇、抢占未来制高点的竞争日趋激烈的形势，面对国内资源环境约束加剧、要素成本上升、结构性矛盾日益突出的挑战，主要依靠要素投入驱动的传统增长模式已难以为继，过去在中低端产品上形成的竞争优势也在逐渐减弱，我国经济增长已进入从高速到中高速的“换挡期”。必须依靠科技创新，才能有力推动产业向价值链中高端跃进，提升经济的整体质量；才能更多培育面向全球的竞争新优势，使我国发展的空间更加广阔；才能有效克服资源环境制约，增强发展的可持续性。我国已到了必须更多依靠科技创新引领、支撑经济发展和社会进步的新阶段。

要促进科技创新与经济社会发展深度融合。按照党的十八大提出的创新驱动发展战略，走中国特色自主创新道路，切实把科技创新摆在国家发展全局的核心位置，在关系国计民生的战略必争领域、科技发展前沿，实现重大突破，使科技创新的成果更多转化为现实生产力，服务国家战略、惠及千家万户，在祖国大地上“开花结果”。要面向提高经济发展质量和效益，着力提升“中国制造”的品质和“中国创造”的影响力，大力研发新品、多出优品、打造精品。面向保障国家安全，解决好关乎粮食安全、信息安全、国防安全等重大科技问题。面向增进民生福祉，用科技和创意解决人们衣食住行和其他日常生活中的难题，推出更多为亿万群众喜爱、创造新需求、形成新产业的产品和服务，让生活更美好。面向生态建设和改善，综合运用各种生态新技术，促进环境保护、能源资源开发和高效清洁利用等，为中华民族永续发展作出不可替代的贡献。

要通过深化改革健全技术创新市场导向机制。惟有改革，才能破除阻碍创新的思想藩篱；惟有改革，才能冲破制约创新的体制机制。政府要大力减少和纠正用行政手段包揽、直接介入或干预科技创新活动的做法，把主要精力放在完善创新激励政策、营造公平公正的竞争环境上来，发挥好“推手”作用，为科技创新之树“施肥增养”。除基础性、战略性、前沿性研究和重大关键共性技术攻关，政府要重点加大支持外，其他科技创新活动在研发方向、资源配置和经费使用、项目评审以及成果评价和应用等各个环节，都要放手让市场“说话”，充分激发各类主体参与创新活动的积极性，建立以企业为主体、产学研用协同创新机制，带动全社会增加研发投入，让科技创新在市场的“沃土”中不断结出累累硕果。

要把发挥人的创造力作为推动科技创新的核心。人是科技创新最关键的因素。必须充分尊重人才、保障人才权益、最大限度激发人的创造活力。要加大人才培养力度，使青年创新型人才脱颖而出。吸引广大海外人才来华创新创业。进一步完善用人机制，按照有利于发挥科技人员积极性和提升创新价值的要求，改进科研管理和组织方式，鼓励人才的自由流动和组合。要探索扩大实施股权激励、科技成果处置权收益权等政策，建立与贡献相匹配的创新收益制度。要加强知识产权运用和保护，严厉打击侵权假冒行为，使创新者的合法权益得到切实有力的保护。努力为广大科技人员和各类创新主体创造有良好服务、法律保障和公平机会的创新创造条件，用改革红利、人才红利、创新红利推动经济社会持续健康发展。

要汇聚全社会建设创新型国家的强大合力。创新是根植于我们民族精神的固有气质。中华民族几千年生生不息，就在于不断创新。13亿中国人民蕴藏着无穷的智慧，要吸引和激励更多人投身创新创业，让全社会的创造潜能和活力竞相迸发，这是我国发展的最大潜力之一。要进一步解放思想，弘扬科学精神，培育创新文化，既攀登基础研究的高峰，又着力使应用研究有新的突破，让两者比翼前行。要营造鼓励大胆探索、包容失败的宽松氛围，使创新成为全社会共同的价值追求。要大力传承老一辈科学家献身科学、报效祖国的高尚品德，激励一代又一代青年在创新道路上勇往直前。要以全球视野加强国际科研合作与交流，充分借鉴和吸收世界各国的有益经验，让科技创新成果不断涌现，为人类崇高的科技进步事业作出中华民族的伟大贡献！

同志们，科技肩负重托，创新成就未来。让我们紧密团结在以习近平同志为总书记的党中央周围，脚踏实地、大胆创新、勇于超越，为建设富强民主文明和谐的社会主义现代化国家、实现中华民族伟大复兴的中国梦而不懈奋斗！

（中央政府门户网站）

李克强：推动我国产业向全球价值链高端跃升

（2014年3月5日）

2014年3月5日上午，第十二届全国人民代表大会第二次会议在人民大会堂开幕。国务院总理李克强代表新一届中央政府报告政府工作。李克强强调，要以创新支撑和引领经济结构优化升级。创新是国家经济结构调整优化的原动力，要把创新放在国家发展全局的核心位置，促进科技与经济社会发展紧密结合，推动我国产业向全球价值链高端跃升。

李克强指出，加快科技体制改革。强化企业在技术创新中的主体地位，鼓励企业设立研发机构，牵头创建产学研协同创新联盟。全面落实企业研发费用加计扣除等普惠性措施。把国家自主创新示范区股权激励、科技成果处置权、收益权改革等试点政策，扩大到更多科技园区和科教单位。加大政府对基础研究、前沿技术、社会公益技术、重大共性关键技术的投入，健全公共科技服务平台，完善科技重大专项实施机制。改进与加强科研项目和资金管理，实行国家创新调查和科技报告制度，鼓励科研人员创办企业。加强知识产权保护和运用。深入实施人才发展规划，统筹重大人才工程，鼓励企业建立研发人员报酬与市场业绩挂钩机制，使人才的贡献与回报相匹配，让各类人才脱颖而出、人尽其才、才尽其用。

（中新网）

李克强：让创新成为实现中国经济升级的强大动力

（2014年5月27日）

2014年5月27日上午，国务院总理李克强在人民大会堂出席全球研究理事会2014年北京大会开幕式并致辞。

李克强代表中国政府对大会的召开表示热烈祝贺。他说，本次大会主题是科学知识的开放获取和青年科技人才培养，这契合现实需求、符合未来方向。没有全球的开放交流，科学难有巨大成就；没有青年人的后来居上，科学难有辉煌未来。

李克强说，科学的历史巨著是全世界共同书写的，科学的未来篇章也要靠国际社会携手创作。科学进步与思想解放紧密相连，科学的开放不是单方面给予，而是相互馈赠、共同发展，能够聚合更大的创造力量。科学连着发展权，知识是天下公器，打造更加开放的平台，才能让每一个人都能分享科学知识的营养，实现普惠、包容发展。各国应采取多种方式，促进科学知识广泛传播与共享，实现科学的最大价值，增进人类福祉。中国愿进一步扩大国际科技交流与合作，鼓励知识、技术、人才的全球流动，支持建立公共财政资助的科学知识开放获取机制，促进中国和世界科学事业共同发展。

李克强指出，科学的开放涉及知识产权保护，二者并行不悖、相互促进。保护知识产权就是保护创新，可以使科学技术有更加旺盛的生命力。中国的发展需要千千万万敢于创新的个人、千千万万敢于创造的企业。我们致力于营造良好法治环境，在开放中使知识产权得到更好保护和运用，使创新者得到应有荣誉和回报，激发更多、更大的创新。

李克强说，一代新人才、一片新天地。青年人最富创新梦想和激情，许多重大科学发现和技术创新都出自青年。青年人才的成长和创造，需要站在前人的肩膀上，在继承中创新，在创新中跨越。要吸引更多热爱科学、有志创新的青年进入科学殿堂、创新战场，在他们职业生涯起步阶段和向更高科学目标冲刺阶段，及时扶一把、送一程。年长的科学家和专家要有宽阔的胸怀和为人类未来担当的勇气。

李克强指出，科学作为历史进步的杠杆，从来都是与现实发展紧密联系在一起的。当前，新一轮科技革命正在孕育和突破，许多颠覆性技术不断涌现，人们期待科技创新的渗透力、扩散力，能够转变为促进世界经济稳步复苏的强大力量。科学技术无止境，是一座持续攀升的通天塔，会引领世界发展进步不断达到新的高度。

李克强表示，中国发展既处于难得的重要战略机遇期，又面临一系列重大结构性问题。持续下好中国经济这盘棋，实现升级是方向，这需要不断深化体制改革，激发全社会创新动力、创造潜力、创业活力。我们注重基础研究和应用研究比翼齐飞，促进科技成果加快转化为现实生产力，形成新产品、新服务、新业态，创造新的就业岗位。我们不断完善科研投入管理机制，改革科技成果处置权收益权制度，让科技人员享有自由的创造空间、获得应有的社会尊重。

李克强强调，追求卓越、追求创新，敢为人先、敢于创造，是科学之树成长的沃土。我们弘扬求真探源的科学精神，尊重个性、宽容失败，支持科研工作者在探索中获得更多原创性、基础性发现和发明，让创新成为中国发展的强音、实现中国经济升级的强大动力。

（中新网）

李克强：创新驱动根本要靠人才

（2014年6月10日）

2014年6月10日，中共中央政治局常委、国务院总理李克强在中国科学院第十七次院士大会和中国工程院第十二次院士大会上作经济形势报告。他首先向长期以来为国家改革开放、现代化建设和科技事业发展作出突出贡献的两院院士和广大科技工作者，致以崇高敬意。

李克强深刻分析了当前经济形势。他说，今年以来，国内外环境错综复杂，各种困难和问题交织，全国上下共同努力，全面贯彻党中央、国务院决策部署，经济运行总体平稳、主要指标处在合理区间，结构调整发生积极变化，市场预期等一些方面出现稳中向好。但也要看到，经济下行压力仍然较大，各地发展不平衡，制约发展的不利因素依然较多。对此，我们要清醒认识和准确把握，既要坚定信心、保持定力，继续坚持宏观调控政策的基本取向，又不能掉以轻心，要直面问题、善谋善为，不断创新宏观调控思路和方式，丰富政策工具，优化政策组合，在坚持区间调控中更加注重定向调控，瞄准运行中的突出问题确定调控“靶点”，在精准、及时、适度上下功夫，做好预调微调，未雨绸缪、远近结合、防范风险，保持经济运行在合理区间。坚持向改革要动力、向结构调整要动力、向惠民生要动力，发挥政策叠加效应，确保实现全年经济社会发展目标任务。

李克强指出，正确认识形势必须立足基本国情。我国仍是最大发展中国家，仍将长期处于社会主义初级阶段，发展始终是第一要务，是推进党和国家各项事业的重要基础。在13亿人口的大国实现现代化，人类历史上没有先例，需要付出长期艰苦的努力。尽管面临国际竞争加剧、资源环境约束突出等诸多挑战，但广大人民群众的勤劳智慧和对美好生活的向往、成长中的庞大内需市场、“新四化”进程的不断推进，也为中国经济发展提供了巨大潜力和回旋空间。我们完全有条件、有能力在过去30多年快速增长的基础上，跨越中等收入陷阱，继续保持较长时期的中高速增长。

李克强强调，保持经济中高速增长，必须推动发展向中高端水平迈进，实现经济提质增效升级，关键要靠创新驱动，突出的是要使科技创新和体制创新相互融合、相互激发。要合理确定科技创新战略布局。瞄准国际技术前沿，在基础研究和应用研究领域两头发力，积极作为，努力取得原创性突破，掌握关键和核心技术。大力促进科技成果转化为现实生产力，推动我国产业跃上全球竞争新的制高点，催生和壮大新兴业态，拓展新的市场需求，用无限的创意使有限的资源转变为更加丰富的创新成果，造福亿万人民。要以体制创新提高科技创新的效率，冲破形形色色体制机制障碍的羁绊，由市场决定创新资源配置。继续加大财政支持力度，引导更多企业和社会资本增加研发投入，尤其要注重盘活存量，提高资金使用效率。要把股权激励、科技成果处置权收益权改革等鼓励创新的政策和机制推广到更大范围，开花结果，通过开放合作汇集更多创新资源、凝聚更多创造力量。

李克强指出，创新驱动根本要靠人才。要进一步破除阻碍人才成长和施展才华的各种障碍，弘扬探索未知、追求真理的科学精神，营造宽容失败、鼓励创新的良好氛围，充分激发人才特别是青年人才的创新活力。两院院士是国家的宝贵财富、科技创新的杰出代表，要发挥好引领作用，培育和带动更多青年人才投身建设创新型国家的伟大事业，使创新创造成为中国发展故事新乐章的强音。

（人民网）

李克强：用改革创新提升企业创造力和竞争力

（2014年7月14日）

2014年7月14日，中共中央政治局常委、国务院总理李克强主持召开经济形势座谈会，听取部分中央企业、地方国企和民营企业负责人的看法和建议。会上，来自外贸、建筑、金融、家电、农资、互联网等行业领域的企业负责人，谈了对当前经济形势的看法和企业面临的难题。李克强认真倾听，与大家深入讨论。

听到企业反映近期经营状况和发展环境有所改善、出现一些积极变化，李克强说，今年以来，我国经济负重前行、迎难而进，在形势错综复杂、下行压力较大的情况下，各方面包括广大企业按照党中央、国务院决策部署，经过奋发努力，经济运行保持在合理区间，市场预期向好，深化改革、调整结构、改善民生都有新的进展，显示了中国经济的巨大韧性、增长潜力和回旋余地。我们对经济能够实现中高速增长和持续健康发展充满信心。

一些企业负责人在发言中讲到，目前生产经营仍有不少困难。李克强指出，企业是经济的基本细胞，是市场主体。企业兴则经济兴。营造企业发展的良好环境，政府责无旁贷。要继续下好简政放权"先手棋"，为企业松绑。各级政府都要尽快出台实施公开透明的权力清单制度，坚持放管结合，切实取消不必要的审批，严厉打击假冒伪劣、侵犯知识产权等违法违规行为，推进公平公正的监管执法，让市场主体敢说话、说真话。完善支持实体经济的各项政策，多措并举、对症下药，有效降低融资和交易成本，减轻企业特别是小微企业负担，促进比较充分的竞争，保护公平竞争。向民间资本更多敞开准入大门，使企业有更多投资选择、更大发展舞台，让13亿勤劳智慧中国人的创造力充分迸发。

李克强指出，实现经济持续稳定增长、向中高端水平迈进，归根到底要靠企业。当前经济平稳运行，但仍面临很多风险和挑战，下行压力和困难在一段时期内会持续存在，要有清醒认识和应对准备。面对世界经济纷繁复杂、全球竞争日趋激烈的局面，企业不能坐等观望，而要抢抓机遇、敢闯敢试、主动转型。

李克强强调，当前一些企业逆势增长，充分说明抓紧促改革、调结构、推动转型升级才是摆脱困境的根本出路。各类企业都要着力改革创新，运用新技术，发展新产业，培育新业态，在闯市场中不能仅靠价格竞争、更要靠质量取胜，在市场搏击中强筋健骨，提升竞争能力，努力冲出传统发展方式的"重围"，实现提质增效的"新生"，在稳增长、促改革、调结构、惠民生中作出新贡献。

（人民网）

李克强：让创业者留得下做得强

（2014年7月25日）

2014年7月25日，中共中央政治局常委、国务院总理李克强在山东济南召开部分新登记企业负责人座谈会。

实施简政放权特别是改革商事登记制度以来，全国新登记企业出现井喷式增长，今年上半年全国新登记企业168万户，同比增长57%。其中新登记私营企业158万户，从业人员达1009万人，同比增长43%。在上半年下行压力较大的情况下，之所以经济能够保持平稳运行，新增就业超过去年同期，简政放权及相关改革发挥了重要支撑作用。这类企业经营状况如何，面临哪些问题，李克强牵挂于心。他请来十余位新创企业负责人座谈。

李克强说，大家来自最基层，代表着最新创业力量的声音，你们敢于创业的精神值得充分肯定。李克强开宗明义发问：办企业的动力和资金从哪来，经营范围是什么，希望政府帮助解决哪些困难。企业负责人纷纷表示，国家简政放权、实施"先照后证"和将注册资本改为认缴制的改革举措，极大激发了社会创业的热情，为有创业意愿的人提供了施展拳脚的舞台。同时他们也反映新创小微企业贷款难还很突出、一些方面前置审批还较多、部分行业税费负担重等问题。李克强认真听取他们的发言，就相关问题与大家深入交流。

李克强说，上半年经济运行保持在合理区间，市场预期稳中向好。但也要看到当前仍存在下行压力，必须坚持区间调控，注重定向调控，持续激发市场活力，增强发展动力。新登记企业是市场经济发展的新生力量，而且大多从事服务业，可以为群众提供更多消费选择，带动大量就业，符合国家结构调整和产业升级大方向，发展潜力很大。企业进入市场，就意味着要承担经营风险和社会责任，政府也有义务为大家发展加油助力。一是要继续简政放权，创造好的营商环境。决不能让企业被各种不合理的制度规定捆住手脚，走不动，行不远，甚至关门停业。政府要加快取消不必要前置审批和资质资格认证等，下决心打掉前进路上一个个"障碍栏"，使企业经营更加便利。二是要加大对新创企业的财政支持和金融服务。针对融资难、成本高等问题，研究对新创小微企业的扶持政策，金融机构既要讲经济效益，也要讲社会效益，承担社会责任，为小微企业发展服务。三是政府和企业要共同营造公平竞争的市场环境。市场经济是法治经济，也是道德经济，要靠信用做基础，靠公平规则竞争，企业要讲诚守信，政府也要依法严格监管，打击处罚违法违规失信行为，这也是为诚信经营助力。总之，要通过深化改革、转变政府职能，把该放的放开，该扶的扶好，该管的管住，使新创企业在公平公正的环境中不断成长壮大，持续健康发展。你们的成功具有标杆意义，会吸引更多的后来者创业，最终让群众受益，也为经济发展和结构调整作出贡献。

（人民网）

李克强：激发全社会创新创造创业活力

（2014年8月21日）

2014年8月21日，中共中央政治局常委、国务院总理李克强在京听取了国家杰出青年科学基金设立20周年人才培养和科研成果的汇报，并同历年“杰青”基金获得者代表座谈交流。

座谈中，老科学家张存浩和陈竺、白春礼、潘建伟、杨卫等十几位“杰青”基金获得者代表踊跃发言，就加大对基金支持力度、创新基金扶持方式等建言献策。李克强对他们的建议积极回应。他说，人才特别是优秀青年人才是国家科技实力、创新能力和竞争力的重要体现，代表着国家创新的未来。做好这方面工作，对加快转变发展方式、实施创新驱动战略具有重大意义。

李克强指出，要最大限度释放人才红利。中国经济要保持中高速发展、向中高端水平迈进，既有诸多机遇，也面临新的挑战。在这个关键阶段，不仅继续需要财力物力投入和付出辛勤汗水，更要依靠13亿人的创造潜能和无穷智慧，通过深化改革挖掘人才资源富矿，使改革红利与人才红利叠加，推动中国经济在发展中提质增效升级，跃上新台阶。

李克强强调，要推动科技与经济社会发展更加紧密结合，为千千万万人创业提供支撑，促进创新创造创业的深度融合。要打破束缚人才的制度羁绊，让创新血液在全社会自由流动，让创造活动拥有更广阔空间。鼓励更多科技人员积极创业，用创新创造成果引领新一轮生产力解放，培育新的经济增长点，开发更多就业岗位，提供更多适应群众消费升级需要的产品和服务，更好发挥对稳增长、调结构、惠民生的重要作用。

李克强指出，要完善创新的激励机制，加大科技投入，加强对杰青基金的支持，做好与各类相关基金的衔接，更好发挥政府投入“四两拨千斤”的作用，把更多资源用在“人”而不是“物”上，做到看准人、多支持、少干预；保护科研人员知识产权和合法权益，营造公平公正环境，使创新人才不为侵权剽窃所扰，不为不必要的审批、评比所累，专心致志搞创新、出成果。

李克强强调，打造中国经济升级版，要靠数亿掌握知识和技能的人才大军。青年人最富创新梦想和激情，在知识更新加速的时代，许多新技术、新创意往往出自那些有初生牛犊、“青苹果”之称的年轻人。要创新体制机制，加大对青年优秀人才的扶持，不搞论资排辈，摒弃门户之见。老一辈科学家要奖掖后学、甘为人梯。广聚天下英才，让更多“千里马”竞相奔腾。

（人民网）

李克强：掀起大众创业、草根创业的新浪潮

（2014年9月10日）

2014年9月10日，国务院总理李克强出席第八届夏季达沃斯论坛并发表致辞。他表示，中国经济每一回破茧成蝶，靠的都是创新。要让每个有创业愿望的人都拥有自主创业的空间，让创新创造的血液在全社会自由流动，让自主发展的精神在全体人民中蔚然成风。借改革创新的“东风”，在960万平方公里土地上掀起一个“大众创业”“草根创业”的新浪潮。致辞全文如下：

尊敬的施瓦布先生，尊敬的各国元首和政府首脑，尊敬的各位来宾，女士们，先生们，朋友们：

很高兴和大家相聚中国天津，共同出席第八届夏季达沃斯论坛。我谨代表中国政府对论坛召开表示热烈祝贺！对各位远道而来的嘉宾表示诚挚欢迎！

本届论坛以“推动创新，创造价值”为主题，具有很强的现实意义。创新是人类社会的永恒话题，也是经济社会发展的不熄引擎。世界经济稳定复苏要靠创新，中国经济提质增效升级也要靠创新。近几年，中国经济之所以能够保持持续发展，向着健康方向前进，主要动力还是来自于改革创新。

今年以来，世界经济形势错综复杂，发达国家经济复苏艰难曲折，新兴市场国家经济增速放缓，中国经济下行压力加大。我们坚持稳中求进的工作总基调，保持定力，主动作为，不搞强刺激，没有放松银根，而是强力推进改革，大力调整结构，着力改善民生，保持了经济平稳运行。上半年，中国经济增长7.4%，居民消费价格涨幅为2.3%。在经济增速放缓的情况下，1—8月，31个大中城市调查失业率保持在5%左右，城镇新增就业970多万人，与去年同期相比多增了10多万人。

经济下行压力加大，但就业不降反增，主要是改革发了力。本届政府成立以来，我们大力推进行政审批制度改革，各部门已取消和下放了600多项行政审批事项，今年又在全国推行商事制度等改革，企业准入的门槛低了，“紧箍咒”松了，极大地调动了全社会创业兴业的热情。1—8月，新登记注册市场主体800多万户，其中3—8月工商登记制度改革后新登记注册企业同比增长61%，出现“井喷式”增长，带动1000万人以上就业。我们不仅推进商事制度改革，而且推进投融资、税收、流通等体制改革，进一步打开了服务业等新兴产业发展的闸门，对扩大就业起到重要的“推进器”“容纳器”作用。

中国经济的积极变化，不仅表现在就业增加和居民收入增长上，也体现在结构优化上。简政放权加上“定向减税”“定向降准”等财税金融措施，有力地支持了服务业、“三农”、小微企业、民营企业和新兴业态的发展。上半年，物流快递、电子商务等新产业、新商业模式迅速成长；新登记注册服务业企业增幅达70%以上，第三产业增速和比重继续超过第二产业，在国民经济中处于领先地位；民间投资占固定资产投资比重同比提高1.4个百分点；高技术产业和装备制造业增长均快于工业整体增长。

结构调整深入推进，提高了经济增长质量。我们以改革创新为动力，一手抓压减过剩产能，尤其是淘汰落后产能，一手抓培育新的增长点。上半年，高耗能、高排放行业投资和生产增速明显放慢。单位GDP能耗同比下降4.2%，碳排放强度下降5%左右，是多年来降幅最大的。

经济总体平稳、稳中提质，重要的是我们实施了区间调控下的定向调控，抓住经济社会发展的关键领域和薄弱环节，更多运用改革创新的办法，聚焦在“激活力、补短板、强实体”上，精准发力，定向施策。这实际上是一种结构性调控，既包括改革，也包括调整，努力使市场在资源配置中起决定性作用，大力破除市场障碍；更好发挥政府作用，努力促进社会公平。我们积极平衡国内国外需求，协调区域发展，缩小城乡差距，稳定农产品供给；我们还加强了中西部铁路、棚户区改造、污染防治等民生和发展工程建设，扩大的都是长期制约平衡发展的“瓶颈”，有力地支持了新型城镇化，也有效地增加了公共产品供给。

在国际国内经济出现新常态下，我们保持定力、深处着力，更加关注结构调整等长期问题，并不随单项指标的短期小幅波动而起舞。比如说，7、8月份用电量、货运量等指标出现一些波动，这是难以避免的，也是在预料之中的，因为国内外经济形势仍然复杂多变，而且去年下半年我们发展的基数也比较高。看中国经济，不能只看眼前、看局部、看“单科”，更要看趋势、看全局、看“总分”。我们坚持区间调控的基本思路，只要经济增速保持在7.5%左右，高一点，低一点，都属于合理区间。尤其应当看到，稳增长是为了保就业，调控的下限是比较充分的就业。随着总量扩大，尤其是服务业发展迅速，经济增长的就业容量扩大了，对波动的容忍度也提高了。还要看到，中国经济有巨大韧性、潜力、回旋余地，我们采取的措施既利当前、更惠长远，有能力防范出现大的起伏，更不会发生“硬着陆”。但并不是说我们在发展中没有困难和挑战。相反，我们遇到的困难和挑战依然是艰巨的。

今年后四个月，我们将统筹稳增长、促改革、调结构、惠民生、防风险，不断完善和创新宏观调控思路和方式，在区间调控的基础上加强定向调控，推进结构性改革与调整，抱定壮士断腕、背水一战的决心，推动牵一发而动全身的重点改革，着眼解决长远问题。一是继续从政府自身革命做起，进一步加大简政放权力度，深化财税改革，推进预算管理制度改革，使公共资金公平有效使用，继续扩大支持服务业尤其是研发企业发展的“营改增”试点；深化金融改革，推进民营银行试点工作，清理规范金融业准入限制，推进多层次资本市场发展；深化国有企业改革；推进价格改革，完善能源产品、药品和医疗服务价格形成机制；深化投资体制改革，推进政府购买服务、公私合作模式和特许经营制度。二是继续围绕破解深层次结构性矛盾，进一步增加公共产品有效供给，以带动有效需求，补上投资短板，扩大居民消费，拓展新的增长领域。三是继续用好和盘活财政、金融增量和存量资金，进一步加大对实体经济和新兴产业、新兴业态的支持，更多惠及“三农”、小微企业和服务业等。通过我们的努力，把“改革的红利”转化为“发展新动能”“民生新福祉”。中国有信心、有能力、也有条件不断克服困难，实现今年经济社会发展的主要预期目标。

女士们，先生们！

中国还是一个发展中国家，必须始终坚持以经济建设为中心。发展是硬道理，是解决一切问题的根本。经济发展方式不转变不行，经济发展不适度也不行。当然，我们所说的发展，是就业和收入增加的发展，是质量效益提高和节能环保的发展，也就是符合经济规律、社会规律和自然规律的科学发展。

当前，世界经济不稳定不确定因素依然较多，中国经济正处于深层次矛盾凸显和“三期叠加”的阶段，到了爬坡过坎的关键时候。下半年和今后一段时间，我们将进一步加快经济发展方式的转变，以结构性改革促进结构性调整，用好创新这把“金钥匙”，着力推进体制创新和科技创新，使中国经济保持中高速增长、迈向中高端水平，创造价值，打造中国经济升级版。

加快体制机制创新步伐。中国经济每一回破茧成蝶，靠的都是创新。创新不单是技术创新，更包括体制机制创新、管理创新、模式创新。中国30多年来改革开放本身就是规模宏大的创新行动，今后创新发展的巨大潜能依然蕴藏在体制改革之中。试想，13亿人口中有8、9亿的劳动者，如果他们都投入创业和创新创造，这将是巨大的力量。关键是要进一步解放思想，进一步解放和发展社会创造力，进一步激发企业和市场活力，破除一切束缚发展的体制机制障碍，让每个有创业意愿的人都拥有自主创业的空间，让创新创造的血液在全社会自由流动，让自我发展的精神在群众中蔚然成风。借改革创新的“东风”，在中国960万平方公里土地上掀起一个“大众创业”“草根创业”的新浪潮，中国人民勤劳智慧的“自然禀赋”就会充分发挥，中国经济持续发展的“发动机”就会更新换代升级。

中国全面深化改革未有穷期，政府带头自我革命，“开弓没有回头箭”。我们将继续深化行政管理体制改革，力争用更短的时间完成取消和下放行政审批事项的五年任务，释放市场潜能和发展动力。如果说简政放权是“先手棋”，那么制度建设就是“连环炮”。一方面，要拿出“权力清单”，政府应该干什么，“法无授权不可为”，这样才能防止公权滥用，减少寻租现象，使政府真正履行为人民、为大众服务的职责。另一方面，要给出“负面清单”，企业不能干什么，“法无禁止皆可为”，这样才能形成公开透明、预期稳定的制度安排，促进企业活力充分迸发。还有一方面，就是要拿出“责任清单”，政府该怎么管市场，“法定责任必须为”，以建立和维护诚信经营、公平竞争的市场环境，激发企业动力，鼓励创新创造。政府要加强事中事后监管，当好市场秩序的“裁判员”和改革创新的“守护者”。“只有拔掉杂草，稻谷才能长得茂盛”。宽容违法者，就是对守法者的不公，甚至会导致“劣币驱逐良币”的现象。对假冒伪劣、坑蒙拐骗、窃取商业机密等行为，不管是国内企业还是国外企业，都要一视同仁依法加以惩治。保护知识产权，就是保护发明创造的火种、维护创新者的权益。对严重侵犯知识产权的行为，要依法严惩，包括实行巨额赔偿惩罚，使违法者付出难以承受的代价，为创新助力。

加大科技创新力度。中国经济虽然已居世界前列，但许多产业仍处在世界的中低端，传统的粗放式增长路径已经行不通了，必须更多地依靠科技进步调整结构。这是一种战略性、结构性、创新性调整。我们将坚持有扶有控、有保有压，培育壮大新产品、新业态，促进服务业、高技术产业、新兴产业加快发展；积极化解产能过剩矛盾，加快传统产业改造步伐，淘汰落后产能，提升中国产品和服务业在全球价值链中的位置，使创新真正能创造出更高的价值；加强人力资本投入，提高劳动者素质，提升产业技术、质量和品牌水平。特别是要通过加快改革，解除对个体、对企业创新的种种束缚，中国有各类专业技术人员和各类技能劳动者近两亿人。如果这么多人哪怕是大部分人都能发挥出他们的聪明才智，形成“万众创新”、“人人创新”的新态势，体力加脑力，制造加创造，开发出先进技术乃至所谓颠覆性技术，中国发展就一定能够创造更多价值，上新台阶。

中国城乡和区域发展还很不平衡，差距大、潜力也大。推进以人为核心的新型城镇化，是最大的结构调整。我们将抓住世界新技术和产业革命机遇，加快“宽带中国”“智慧城市”等建设，发挥城市星罗棋布带动广阔腹地发展的作用，促进城乡一体化和区域梯度开发，实现新型工业化、信息化、城镇化和农业现代化同步发展；同时，大力发展民生事业，促进基本公共服务均等化，加强社会保障，包括为创业者中的失败者提供保障，这也是为他们再次创业提供机会。我们将继续扩大居民消费，形成内需拉动经济增长的新动力。

中国经济还处于发展中阶段，但资源环境矛盾已经十分突出，必须加大节能环保力度。应对气候变化，既是中国作为一个负责任大国应尽的义务，也是我们自身发展的迫切需要。中国加强生态文明建设只会前进，不会倒退。我们已提出向污染宣战，并认真履行相应的国际责任，正在研究2030年前后中国控制温室气体排放行动目标，这其中包括二氧化碳排放峰值、碳排放强度比例下降、非化石能源比重上升等。中国推进绿色、循环、低碳发展不仅有决心，而且有能力，我们将紧紧依靠科技创新，进行艰苦卓绝、持续不断的努力，来加大环境治理力度，加快发展节能环保产业，着力完成节能减排任务，与世界各国一道为应对全球气候变化采取实实在在的行动。

女士们，先生们！

人类已进入经济全球化深入发展的时代，各国利益相互依存，彼此命运休戚与共，世界离不开中国，中国也离不开世界。中国实现“两个一百年”奋斗目标和中华民族伟大复兴“中国梦”，将会给世界带来发展机遇和巨大市场。各国间不应再是你输我赢、“零和博弈”，而应该是双赢多赢、互利共赢，唯此世界才能繁荣进步。中国将坚定不移走和平发展道路，我们是国际体系的积极参与者、建设者和贡献者。我们致力于维护和平稳定的大环境，主张遵循国际关系基本准则，以和平方式、政治手段、通过对话解决地区冲突与热点问题。我们愿与亚洲邻国不断深化合作，妥善处理分歧，维护稳定安全大局，维护和平的秩序。我们倡导开放公平的全球统一大市场，支持多边自贸安排和双边自贸区建设“两个轮子一起转”，努力形成“面向全球的高标准自贸区网络”，反对各种形式的保护主义，更不赞成打贸易战。我们坚持实行更加积极主动的开放战略，完善开放型经济体系，重视稳定出口，也积极扩大进口，加快服务业、沿边和中西部地区开放，保持外资政策稳定，而且会更加开放。我们将不断完善和规范营商环境，继续吸引外国企业来华投资兴业，同时学习国外先进的技术、成熟管理经验和优秀的文化成果，兼容并蓄、消化吸收。中国永远做一个开放的大国、学习的大国、包容的大国，从中国国情出发，努力建设成为一个创新的大国。

“大智兴邦，不过集众思。”也就是说，智慧来自于大众。我刚才强调的大众创业、万众创新将会迸发出灿烂的火花。我们比任何时候都需要改革创新，更需要分享改革创新成果。这用中国的成语说，就是众人拾柴火焰高。希望与会各位畅所欲言，共同探索改革创新和开放发展之路，共同谋划创造价值与互利共赢之策，为中国经济社会发展、为世界繁荣进步作出应有的努力与贡献。

预祝本届夏季达沃斯论坛圆满成功！愿各位嘉宾在华工作顺利、身体健康！谢谢大家！

（新华网）

李克强：人才引进推动中国繁荣进步

（2014年9月30日）

2014年9月30日下午，国务院总理李克强在人民大会堂会见荣获2014年度中国政府“友谊奖”的外国专家以及他们的亲属。李克强代表中国政府和人民，向获奖外国专家表示热烈祝贺，感谢他们为中国经济社会发展所作的积极贡献，并向在华工作的全体外国专家和国际友人及其亲属表示亲切问候。

李克强表示，新中国成立65年来，特别是改革开放以来，人才引进为中国的繁荣进步发挥了重要而独特的作用。当前，中国发展进入了创新的新时代。中国经济要提质增效升级、向中高端迈进，实现大众创业、万众创新，需要依靠13亿中国人勤劳智慧的迸发，需要汲取全人类的智慧和力量，也需要学习借鉴世界一切优秀文明成果。中国对外开放和引进人才的大门会越开越大，同世界各国友好、合作、共赢之路也会坚定不移走下去。

李克强指出，中国全面深化改革的重要方面，就是释放各类人才的创业创新创造活力，拓展中外人才施展才华的空间。中国政府将继续简政放权、放管结合，营造公开、透明、可预期的制度环境，按市场规律和国际通行规则办事，让外国人在中国拿“绿卡”更容易，来华开展教学研究、投资兴业更便捷，知识产权更受保护。

李克强强调，中国政府将努力为外国专家和亲属做好服务保障工作。希望大家把世界先进技术、管理经验和优秀文化成果带到中国来，把真实、全面、立体的中国介绍给世界，让中国与世界各国的互联互动更加缤纷多彩。

（人民网）

李克强：以大众创业培育经济新动力

（2014年11月19日）

2014年11月19日至21日，中共中央政治局常委、国务院总理李克强在浙江省委书记夏宝龙、省长李强陪同下在浙江义乌、杭州考察。

李克强十分关心网络经济等新兴业态发展，一下飞机就来到义乌青岩刘村，这里聚集了2800多家网店，吸纳了1万多人就业。李克强一连走进几家网店了解经营情况。他说，经济发展很重要的是扩大就业，有就业就会有收入。今年我国经济下行压力较大，但就业逆势增长，正是得益于简政放权、商事制度改革等催生大量新的市场主体，特别是服务业快速发展，使经济每增长1个百分点可带动的新增就业人数由2010年的112万提高到目前的170多万。这就是为什么虽然经济增长有所放缓，新增就业仍能增长。要着力支持大众创业，使新业态、新模式加速成长，培育经济新动力，打造经济新的“发动机”。

李克强在吉利集团详细了解汽车研发情况。他说，中国装备要走出去，唱响中国品牌，就要敢于到国际市场一较高下，做精“中国制造”，用潜力无限的万众创新推出更多“中国创造”。他还考察了杭州高新区智慧e谷，希望他们努力打造创新高地。

在泰隆银行，李克强仔细询问降低融资成本政策落实情况。他说，你们服务小微企业和千千万万草根创业者，是在推进社会公平，也能实现自身更大发展。有关方面要切实落实差别化支持政策，扶持更多中小银行发展。

李克强来到百年名校浙江大学，参观校史展览。他走进图书馆，同学们围在总理身边，讲述学习和在校创业情况。李克强希望同学们秉承“求是创新”的校训精神，孜孜以求，刻苦学习，追求真理，打牢在社会上的立足之根，树立创新理念，形成创新文化，把知识的力量和文化的底蕴相结合，用创业创新成果为社会创造物质财富，提供精神滋养。

（浙江在线）

李克强：以改革创新推动中国经济升级发展

（2014年11月3日）

2014年11月3日，中共中央政治局常委、国务院总理李克强主持召开座谈会，就当前经济形势和下一步经济工作，听取专家学者和企业负责人的意见建议。来自高校、研究机构的专家学者和装备制造、电子商务、金融等领域的企业负责人，围绕经济运行和今后宏观政策发表了看法。

李克强说，面对复杂严峻的经济形势，要善于从纷繁多变的经济现象中把准运行的主脉、更要看清发展的大势，尊重客观规律，民主决策、科学决策。保持经济运行处于合理区间的判断，基于经济增长能够实现比较充分的就业和物价基本稳定，在发展中使居民收入增加、生态环境改善，质量和效益不断提高。我们要更加注重用着眼长远的办法解决现实难题，更好发挥市场机制作用汇聚新的动能，更多把劲使在提质增效和民生改善上，推动科学发展、升级发展。

李克强强调，我国作为发展中大国，必须坚持发展是第一要务，以经济建设为中心，紧紧抓住重要战略机遇期，打好发展“持久战”。发展不仅要保持合理的速度、继续做大，更要提高质量效益、着力做强，说到底就是要推动中国经济保持中高速增长、向中高端水平迈进。根本的还是要靠全面深化改革。推出简政放权、放管结合的进一步措施，做实行政审批、市场壁垒和各种“路障”的“减法”，做好市场空间、创业天地的“加法”，激发市场活力，形成更多机遇，让13亿人民的聪明智慧在大众创业、万众创新中充分涌流、大展身手，不仅创造更多社会财富，而且使千千万万的人在公平规范竞争中实现人生价值。中国经济要行稳致远，必须着眼提质增效，走创新驱动发展之路，打造升级版。既要加大力度支持新技术、新模式、新业态、新产业发展，为它们“培土施肥”，打造中国经济新的“发动机”；又要致力于传统产业“挖潜开荒”，推动高端化、低碳化、智能化改造，促进“老树发新芽”。着力提升农业、制造业、服务业等领域的竞争力，构建区域协同发展的新格局，培育新的经济增长极，用中国经济结构的优化托举发展跃上新台阶。

（新华网）

李克强：鼓励留学人员成为大众创业、万众创新的生力军

（2014年12月12日）

2014年12月12日至13日，全国留学工作会议在京召开。中共中央政治局常委、国务院总理李克强作出重要批示。

李克强指出，留学事业是我国改革开放事业的重要组成部分。国以才立，业以才兴。通过留学工作培养汇聚人才是国家重要的软实力建设。要以全球视野和改革创新举措积极推动留学工作跃上新台阶，揽四海英才服务国家建设大局。希望广大留学人员面向世界，努力掌握前沿知识和先进技术。有关方面要进一步完善来华留学管理服务，增进各国人民的交流和友谊。要为归国留学人员营造环境、搭建舞台，鼓励他们成为大众创业、万众创新的生力军，让人才红利与改革红利相叠加，助力中国经济提质增效升级。

（新华网）

俞正声：人才资源的价值在于发挥作用

（2014年2月21日）

2014年2月21日，中共中央政治局常委、全国政协主席俞正声在人民大会堂会见了出席欧美同学会·中国留学人员联谊会第七届理事会第一次会议的全体理事，并与新一届领导班子成员座谈。俞正声在座谈中希望欧美同学会·中国留学人员联谊会认真学习贯彻习近平总书记在欧美同学会成立100周年庆祝大会上的重要讲话精神，进一步开创留学报国事业新局面。

俞正声说，人才具有特殊的价值，需要引起特别的重视。广大留学人员具有专业优势、创新意识、国际视野，是我国人才队伍的重要组成部分，是推动改革开放和现代化建设的特殊资源和重要力量。全面深化改革的深刻性、全面性、艰巨性，决定了必须把包括留学人才在内的各方面人才

都凝聚起来、使用起来，形成推动改革的强大合力。

俞正声强调，人才资源的价值全在于发挥作用。习近平总书记立足新的形势和任务，将“发挥作用”明确为新时期留学人员工作方针的重要内容，树立了以用为本的鲜明导向。欧美同学会·中国留学人员联谊会作为党和政府做好留学人员工作的助手，要帮助留学人员深入了解国情，使创新创造落地生根、开花结果。要在帮助留学人员解决工作、生活等方面实际困难的同时，更加重视加强帮助引导，增强道路自信、理论自信、制度自信。各级党委政府要全面落实党的留学人员工作方针政策，支持欧美同学会加强组织建设，健全工作机构，配强工作力量。

（《人民日报》）

俞正声：加大对中小企业扶持力度，着力提升创新驱动能力

（2014年6月6日）

2014年6月6日至9日，中共中央政治局常委、全国政协主席俞正声在湖北调研。他先后来到黄冈市、武汉市，深入企业、科技园区，与基层干部群众共商改革发展大计。

俞正声对非公有制经济发展高度重视。在与民营企业家座谈时，他深入了解民营企业遇到的困难和问题，认真听取意见建议。俞正声指出，非公有制经济是社会主义市场经济的重要组成部分，是我国经济社会发展的重要基础。发展非公有制经济不是权宜之计，而是必须始终坚持的战略方针。我们要把促进非公有制经济发展摆在重要位置，着力破除体制机制障碍，加大对中小企业扶持力度，努力创造良好的市场环境、政策环境、法制环境和社会环境。

俞正声高度关注非公有制经济如何实现转型升级。在武汉深蓝自动化设备股份有限公司、格林美（武汉）城市矿产循环产业园开发有限公司，他深入车间，与企业负责人和员工亲切交谈。俞正声强调，非公有制经济发展出路在转型升级，动力活力也在转型升级。要着力提升创新驱动能力，推进产学研深度融合，培养创新型人才，培育更多具有核心竞争力和发展后劲的自主品牌。要积极发展新能源、新材料、生物医药、节能环保等新兴产业，在产业结构调整中把握先机、赢得主动。俞正声还来到武汉东湖国家自主创新示范区，考察了国有企业武汉新芯集成电路制造有限公司。他指出，民营企业有活力，国有企业有优势，在产业优化升级中要相互配合、相互支持、相互促进。

在湖北品上家居有限公司、阳光凯迪新能源集团有限公司，俞正声嘱咐企业负责人担负起企业家的责任。他指出，广大非公有制经济人士要克服困难、开拓进取，注重发展质量，不盲目追求规模，努力把企业办好。

（新华网）

刘云山：创新者进、创新者胜、创新者强

（2014年8月6日）

2014年8月6日，受习近平总书记委托，中共中央政治局常委、中央书记处书记刘云山在北戴河看望参加今年暑期休假活动的专家，并同大家进行座谈，代表党中央、国务院向各方面优秀人才致以亲切问候。

座谈会上，中国科学院院士赵忠贤、郑晓静，西南石油大学教授赵金洲，北京大学教授林毅夫，中国社会科学院研究员李景源，中国工程院院士杨小牛先后发言。大家结合工作实际和个人经历，介绍科研情况，畅谈心得体会，就加强基础研究、实施创新驱动发展、繁荣人文科学、培养青年人才等提出意见建议。

刘云山在听取专家代表发言后说，人才的意义和价值，从来都与国家和民族的命运联系在一起。实现“两个一百年”奋斗目标、实现中华民族伟大复兴的中国梦，关键在人才，优秀人才越多、作用发挥得越好，事业发展就越充满希望。专家人才作为“梦之队”的成员，作为富有活力和创造力的群体，应始终走在时代前列，把爱国之情、报国之志转化为实际行动，更好地用自己的聪明才智助力中国梦。

刘云山指出，创新者进、创新者胜、创新者强，面对新一轮科技革命和产业变革，谁能抓住机遇加快科技创新步伐，谁就能赢得发展的优势和主动。希望各方面专家人才进一步增强机遇意识、创新意识，围绕关系国家长远发展的关键领域，瞄准科技变革的前沿，积极融入实施创新驱动发展战略的伟大实践，推出更多“中国智造”“中国创造”。要弘扬求实、探索、协作的科学精神，敢为天下先，敢走别人没有走过的路，发挥好团队优势、综合优势，努力攀登世界科技高峰。要自觉遵守学术道德，像爱护眼睛一样珍惜学术声誉，做践行社会主义核心价值观的楷模。

刘云山强调，各级党委要认真贯彻习近平总书记关于人才工作的重要论述，坚持党管人才原则，广开进贤之路、广纳天下英才，更好地识才、爱才、敬才、用才。各级党委组织部门要发挥好职能作用，加强团结、引领和服务，完善联系专家制度，深入实施“千人计划”“万人计划”等重大人才工程，着力培养一大批“高、精、尖、缺”人才。要大力宣传党的人才政策和优秀人才先进事迹，推动形成尊重劳动、尊重知识、尊重人才、尊重创造的社会氛围。

（人民网）

刘云山：创新成就梦想，创新引领未来

（2014年9月20日）

2014年9月20日上午，中共中央政治局常委、中央书记处书记刘云山和刘奇葆、李源潮、郭金龙、韩启德等领导同志来到中国科技馆，参加全国科普日北京主场活动。刘云山指出，科技进步重在自主创新、贵在全民参与，要大力弘扬

科学精神，广泛普及科技知识，充分激发全社会的创造潜能和创新活力，为实施创新驱动发展战略提供有力支撑。

上午9时30分许，刘云山来到“智能机器人”展台，饶有兴致地观看机器人现场演示，听取有关介绍，对近年来我国机器人研发取得的新成果给予肯定。在“创新引领未来、创新改变生活”区域，展示着无人机和大数据、云技术应用及新材料、个性化智能厨房等，刘云山驻足观看并同专家交流，指出科技改变生活、创新生活，要加快科研成果转化应用，更好服务社会发展、惠及千家万户。当看到小学生们正在进行太空果实实验和魔幻绘画时，刘云山详细询问有关情况，同小朋友们围坐在实验桌前，探讨有关科学知识，并鼓励他们多学习、多动脑、多动手，积极参与到科技创新中来。在3D打印技术和水下通电、无线充电产品展台前，刘云山对青年科技人员说，创新并不遥远，创新人人可为，只要开动脑筋，就能创造神奇。刘云山来到全国科普日远程音视频互动区，与新疆乌鲁木齐、四川芦山、上海等地科普日活动现场的人员进行交流，称赞科普日活动主题好、内容好、效果好。

参观活动结束时，刘云山说，实现“两个一百年”奋斗目标和中华民族伟大复兴的中国梦，需要以科技实力为支撑，以自主创新为动力。创新成就梦想，创新引领未来。要大力实施创新驱动发展战略，推动我国科技创新不断迈出新步伐、取得新成绩。要支持群众性科技创新，营造鼓励创新的社会环境，形成全民创新、人人创新的生动局面。希望中国科协和各级科协组织加强科普宣传，突出大众性、贴近性，让科技走进百姓、走进生活，让人们在参与中感受科技魅力、焕发创新动力。希望广大科技工作者、教育工作者发挥自身优势，肩负起倡导科学思想、传播科学知识的责任，引导全社会特别是青少年爱科学、学科学、用科学。各级党委和政府要把科普工作摆在重要位置，支持开展科普宣传，引导人们提高科学素质，投身建设创新型国家的生动实践。

（新华网）

刘云山：让来华人才各展所长

（2014年9月28日）

2014年9月28日晚，庆祝中华人民共和国成立65周年外国专家招待会在人民大会堂举行。中共中央政治局常委、中央书记处书记刘云山出席并致辞，代表中国政府，代表习近平主席，向所有关心、支持、参与中国改革建设事业的外国专家和国际友人表示衷心感谢和诚挚问候。

刘云山说，中华人民共和国成立65年来特别是改革开放30多年来，在中国共产党坚强领导下，中国人民同心同德、奋发图强，取得举世瞩目的伟大成就。新中国65年的发展成就，来源于全国各族人民长期不懈的奋斗、创造和积累，凝结着所有在华工作的外国专家和国际友人的卓越贡献。各位外国专家为中国改革开放和现代化建设作出的贡献，中国人民将永远铭记。

刘云山指出，中国人民正在以习近平同志为总书记的党中央坚强领导下，朝着“两个一百年”奋斗目标和中华民族伟大复兴的中国梦迈进。我们将继续坚持科学发展、可持续发展、包容性发展，继续加快全面深化改革步伐，继续全面落实依法治国基本方略，继续大力培育和弘扬社会主义核心价值观，继续坚持党要管党、从严治党，更好带领各族人民坚持和发展中国特色社会主义、创造更加幸福美好的新生活。

刘云山强调，实现中华民族伟大复兴的中国梦，不仅惠及全体中国人民，而且惠及世界各国人民。中国将永远做一个学习大国，以更加开放包容的姿态，虚心向各国人民学习。我们将加大引进国外人才和智力的工作力度，让来华各类人才工作舒心、生活安心，各得其所、各展所长。希望外国专家做中外交流合作的民间大使，让各国人民加深对当今中国的了解，增进与中国人民的友谊。

（央视网）

张高丽：加大对中小企业发展的支持和帮助

（2014年10月27日）

2014年10月27日，中共中央政治局常委、国务院副总理张高丽在江苏调研，了解经济运行、科技创新、中小企业发展等情况。张高丽在苏州考察了飞依诺科技有限公司产品展示和研发中心、东菱振动试验仪器有限公司振动设备测试中心，然后到无锡物联网感知中心考察技术中心，看望研发人员，并与江苏省部分中小企业负责人座谈，听取他们对经济形势的看法和政策的建议。

张高丽指出，中小企业在促进经济增长、技术创新、增加税收、吸纳就业、改善民生等方面具有不可替代的重要作用。中小企业今天“铺天盖地”，明天“顶天立地”，就能为经济持续健康发展奠定坚实基础、提供强大支撑。各地区各部门一定要贯彻落实好中央出台的促进中小企业发展的各项政策措施，不断优化中小企业发展环境。要加快转变政府职能，进一步取消和下放行政审批事项，继续为中小企业发展松绑。要完善财税金融政策，切实减轻税费负担，畅通融资渠道，加大对中小企业发展的支持。要深入实施创新驱动发展战略，大力推动中小企业转型升级，加快培育一批具有创新能力、知识产权和知名品牌的创新型中小企业。要牢固树立国际视野，积极参与国际市场合作竞争，鼓励和帮助中小企业走出去。要加快完善中小企业服务体系，积极推进公共服务平台建设，帮助中小企业解决成长过程中遇到的困难和问题。

张高丽说，“打铁还需自身硬”，中小企业要在市场经济的大风大浪中，着力练好内功，加强自身建设，坚持诚信守法经营，提升管理水平，提供优质产品，打造优秀品牌，增强企业核心竞争力，努力为促进经济持续健康发展作出更大贡献。

（《人民日报》）

马凯：实行更加开放的人才政策

（2014年9月29日）

2014年9月29日下午，2014年度中国政府“友谊奖”颁奖大会在北京人民大会堂隆重举行。中共中央政治局委员、国务院副总理马凯向获奖外国专家颁奖并讲话。

马凯首先代表中国政府向获奖专家表示热烈祝贺，向所有在华工作的外国专家及其亲属表示诚挚问候。他指出，2013年境外来中国大陆工作的专家突破61万人次，已经成为促进中国经济社会发展的重要力量，增进中外交流合作的重要桥梁和纽带。中国政府高度重视外国专家工作，中国人民永远牢记外国专家为中国发展进步作出的重要贡献。

马凯强调，中国发展已经进入全面建成小康社会的决定性阶段，改革进入攻坚期和深水区，经济发展进入提质增效升级的关键时期，需要来自世界各地的英才参与、合作和支持。中国将始终做一个开放、学习、包容的大国，实行更加开放的人才政策，积极学习国外先进技术、成熟管理经验和优秀文化成果，继续完善人才引进体制机制，切实保障外国人才的合法权益，不断改善在华外国专家工作、生活条件。

（中央政府门户网站）

刘延东：为外国专家来华开展合作创造良好条件

（2014年1月10日）

2014年1月10日，中共中央政治局委员、国务院副总理刘延东会见获得2013年度中华人民共和国国际科学技术合作奖的意大利雷达遥感专家法比奥·洛卡，美国木材科学家许忠允、纳米材料科学家王中林、制造工程专家倪军，德国海洋地质学家杨·哈弗、发育生物学家赫伯特·雅克勒，加拿大干燥学家艾伦·牟俊达，并向他们颁发奖章。

刘延东代表中国政府向获奖者表示祝贺和感谢。她指出，多年来以获奖者为代表的各国专家投身中国科技事业，推动中外科技交流合作，与中国科学家一起为中国科技发展进步和现代化建设作出了积极贡献。刘延东表示，中国将坚定不移地实施创新驱动发展战略，深化改革，扩大开放，加强国际科技合作，实现互利共赢、共同发展。将以更加优良的环境、规范的服务，为外国专家来华开展合作创造良好条件。

刘延东还与袁隆平、赵忠贤等国家自然科学奖、技术发明奖、科技进步奖部分获奖代表座谈，听取对科技工作的意见建议，希望他们以建设科技强国为己任，大力弘扬科学精神，积极投身科技体制改革，努力创造更多科技创新成果，为加快建设创新型国家、全面建成小康社会、实现中国梦作出新的更大贡献。

（中央政府门户网站）

刘延东：加快推进科技领域重点改革，激发科技创新活力

（2014年4月22日）

2014年4月22日，中共中央政治局委员、国务院副总理刘延东在科研项目和资金管理改革座谈会上强调，科技体制改革是全面深化改革的重要组成部分，要破除一切束缚创新驱动发展的体制机制障碍，向改革要动力，从改革找出路，释放全社会创新活力，充分发挥科技对经济社会发展的支撑引领作用。

刘延东指出，伴随着科技投入的快速增长和创新成果的不断涌现，全面深化科技体制改革迫在眉睫，必须加大力度，扎实推进。一要加快职能转变，建立科研管理权力清单，从政府主导创新向服务创新转变。二要加强科技基础制度建设，加快建立科技报告、创新调查制度和科技管理信息系统。三要强化科技、产业、财税、金融等政策的协同，落实研发费用加计扣除、项目后补助等政策，形成企业为主体、市场为导向的技术创新机制。四要优化创新生态系统，一视同仁对待各类创新主体，构建优势互补、要素联动的协同创新机制。五要完善科研人员评价激励政策和薪酬制度，改进科技成果转化处置权、收益权管理办法。

刘延东强调，要深化科研项目和资金管理改革，加强对各类科研项目的统筹和布局，避免分散重复。加快建立公开透明的申报、立项、评审制度，确保公平公正。克服重立项、轻监管问题，完善科研信用管理，对学术不端行为“零容忍”。

（新华网）

刘延东：改革完善科技奖励制度，充分激发创新创造活力

（2014年5月5日）

2014年5月5日，中共中央政治局委员、国务院副总理刘延东在何梁何利基金获奖代表座谈会上强调，要深化科技体制改革，完善科技奖励制度，充分调动科技人员积极性创造性，加快推进科技进步和创新，为经济提质增效和民生改善提供有力支撑。

刘延东向何梁何利基金成立20周年表示祝贺。她说，何

梁何利基金创立以来，坚持公平、公正、公开准则，阳光操作、科学管理、规范运行，突出国际视野，整合国内资源，不断健全社会提名、同行评议、独立判断的评选办法，成为社会力量科技奖励的特色品牌，为激励科技人才、激发创新活力发挥了积极作用。她希望获奖科学家和广大科技工作者再接再厉，弘扬优良学风，勇攀科技高峰，努力取得更多科技创新成果，为实施创新驱动发展战略、全面建成小康社会和实现中国梦再立新功。

刘延东指出，党的十八大明确提出实施创新驱动发展战略，把科技创新摆在国家发展全局的核心位置。十八届三中全会对新时期全面深化改革作出了系统部署。习近平总书记对科技改革创新提出了一系列新论断、新要求，把科技工作提高到一个新的高度，强调实施创新驱动发展战略是立足全局、面向未来的重大战略，是增强经济发展内生动力和活力的根本措施。李克强总理在政府工作报告中强调创新是经济结构调整优化的原动力，要摆在核心位置，促进科技与经济社会发展紧密结合，推动我国产业向全球价值链高端跃升。中央关于科技创新的决策部署和习近平总书记、李克强总理的重要指示精神，主要体现在八个方面：一是强调科技创新在国家强盛和民族复兴中的重要地位，科技兴则民族兴，科技强则国家强。二是强调科技创新要把握好面临的重大历史机遇，敏锐判断世界科技发展趋势，勇于引领时代潮流。三是强调加强对创新驱动发展战略的顶层设计，把发展需要和现实能力、长远目标和近期工作统筹起来考虑。四是强调提高自主创新能力是创新驱动发展的关键环节，推动国家创新体系协调发展。五是强调将推进科技与经济紧密结合作为创新驱动发展战略核心，实现科技实力、经济实力、综合国力新的重大跨越。六是强调统筹发挥市场和政府在科技资源配置中的作用，让企业真正成为技术创新的主体。七是强调大力促进科技成果资本化产业化，打破阻碍技术成果转化的瓶颈。八是强调以开放合作推动科技创新，努力用好国际国内两种科技资源。党中央、国务院的重大决策部署，体现了对科技创新的高度重视，为科技工作提供了基本遵循。

刘延东强调，科技奖励是推动科技进步的有效途径和重要手段，要瞄准科学前沿，服务国家战略需求，改革创新科技奖励制度，建立信息公开、行业自律、政府指导、第三方评价、社会监督、合作竞争的科技奖励模式，健全政府为主导、社会力量参与的科技奖励体制，凝聚起激励科技创新的合力。

（新华网）

刘延东：中国将实行更加积极主动的开放战略

（2014年5月20日）

2014年5月20日，国务院副总理刘延东在特拉维夫出席首届以色列创新大会开幕式并致辞。

刘延东在致辞中表示，中国改革开放36年来，实施科教兴国战略，创新活力得到前所未有的释放，经济总量增长了142倍，城镇居民收入增加了71倍，农民人均纯收入增加了59倍。中国能取得这样的成就，科技创新发挥了不可或缺的支撑引领作用。中国促进创新发展的基本理念和主要措施有：一是确立创新驱动发展的国家战略，把科技创新摆在国家发展全局的核心位置；二是坚持发展为目标的创新导向，促进科技与经济社会发展、民生需求深度融合；三是坚持改革开放为根本动力，着力破除阻碍创新的体制机制；四是坚持发展教育为基础，大力培养创新人才；五是以健全法制为保障，营造创新发展的制度环境。

刘延东认为，创新合作的目的是增进人类福祉，需要着眼长远、树立命运共同体意识；创新合作的潜力在于优势互补，需要取长补短，打造创新共同体；创新合作的关键在于接地气、求实效，需要找准切入点，使合作机制化、长期化；创新合作的根基在民间，需要深化人文交流，夯实社会基础。

刘延东强调，中国始终坚持开放合作、互利共赢，不断扩大与各国的科技合作，已与包括以色列在内的154个国家和地区建立了合作关系。今后，中国将实行更加积极主动的开放战略，不断拓展与各国创新合作的广度和深度。我们热忱欢迎各国科学家、工程师和企业家，多到中国走一走、看一看，了解一个真实的中国、充满活力的中国，寻找创新创业的舞台。

（中央政府门户网站）

刘延东：自觉担当创新驱动发展的重大使命

（2014年7月29日）

2014年7月29日，中共中央政治局委员、国务院副总理刘延东在《科技日报》上发表署名文章。全文如下：

当前，我国改革发展进入新阶段、面临新形势，对科技创新的需求前所未有，科技界肩负的责任前所未有。广大科技工作者要更加自觉地行动起来，以改革创新的精神、真抓实干的作风，积极主动承担起深化科技体制改革、推动实施创新驱动发展战略的重大使命。

一、深入学习领会中央新要求，进一步明确科技创新和改革方向

党的十八大明确提出实施创新驱动发展战略，强调科技创新是提高社会生产力和综合国力的战略支撑，必须摆在国家发展全局的核心位置。十八大以来，以习近平同志为总书记的党中央面向全局和未来，把实施创新驱动发展战略提到决定中华民族前途命运的高度，对科技改革和创新提出了一系列重大新思想、新论断、新要求。十八届三中全会在全面深化改革中对深化科技体制改革作出系统部署，强调要让一切劳动、知识、技术、管理、资本的活力竞相迸发，并加快建设创新型国家。

深入学习领会中央关于科技改革创新的一系列指示精神，突出的有八方面：一是在战略地位上，强调科技是国家强盛之基、创新是民族进步之魂，社会生产力和综合国力提高最终取决于科技创新。二是在目标导向上，强调创新驱动发展是立足全局、面向未来的国家战略，要落实到现代化建设整个进程和各个方面。三是在道路选择上，强调要始

终坚持走中国特色自主创新道路，真正掌握竞争和发展的主动权。四是在实现途径上，强调通过科技体制改革打通科技和经济之间的转移转化通道，健全技术创新市场导向机制。五是在具体实践上，强调要加强统筹协调，提升国家创新体系的整体效能，并用好社会主义制度集中力量办大事的“法宝”。六是在人才问题上，强调没有人才优势就不可能有创新优势、科技优势、产业优势，要为人才施展才华提供更加广阔的天地。七是在制度保障上，强调政策和法治环境的营造，科技创新要取得突破不仅需要基础设施等“硬件”支撑，更需要制度等“软件”保障。八是在对外开放上，强调要深化科技国际交流合作，以全球视野谋划和推动创新。

这一系列新思想、新论断、新要求，明确了新时期科技创新的战略定位、路径选择、根本动力和重大任务，为新起点上加快科技改革发展提供了基本遵循、指明了努力方向。广大科技工作者要认真学习、深刻领会，切实把思想和行动统一到中央精神上来，把智慧和力量凝聚到深化科技体制改革、推进创新驱动发展上来，牢牢把握科技进步大方向、产业革命大趋势、集聚人才大举措，让创新真正成为中国发展的强音，加快中国制造向中国创造、中国产品向中国品牌、中国速度向中国质量的战略转变。

二、准确把握科技改革发展新形势，进一步增强创新自觉性和紧迫感

当前，我国所处的国内外环境发生深刻变化，既面临着重大发展机遇，也面临不少严峻挑战。实施创新驱动发展战略，可以说迫在眉睫、刻不容缓。

第一，从国际竞争形势看，创新驱动是大势所趋。国际金融危机以来，全球经济和产业格局日益发生深刻调整。主要发达国家纷纷将科技创新作为产业转型升级和持续提高竞争力的根本手段，超前谋划部署，着力保持先发优势。各新兴经济体也在加大力度，加快科技和产业布局调整，力图后发超越。科技创新已成为各国竞争的制高点和新赛场，抢占创新先机就是抢占新规则的制定权和新赛场的主导权，失去创新先机就只能“用别人的昨天来装扮自己的明天”。机不可失、时不我待，我国科技创新正面临前有领跑者、后有追赶者的严峻形势，必须切实增强危机意识、忧患意识，脚踏实地、快马加鞭，在科技创新上寻求新的更大突破，为发展全局赢得新的更大空间。

第二，从我国长远战略看，创新驱动是强国所需。实现中华民族伟大复兴的中国梦，比以往任何时候都更加需要强大的科技创新力量。当前，世界范围内新的科技革命和产业变革正在孕育兴起。信息、能源、生物、材料与先进制造等领域科技的融合发展和群体性重大突破，可能带来各国生产生活方式的重大调整，进而带动全球产业分工格局和力量对比的变化。迫切要求我们牢牢汲取近代我国科技落后、积弱挨打的深痛历史教训，紧紧抓住新科技革命和产业变革的难得历史机遇，坚定不移走科技强国之路，着力落实到2020年进入创新型国家行列、本世纪中叶成为科技强国的既定蓝图。只有让全球新一轮科技革命与中国创新发展的新征程有机融合，让我国科技的中长期蓝图与国家发展的“两个一百年”目标同步走、同向行，科技界才能为实现中国梦做出无愧于历史的业绩。

第三，从当前发展阶段看，创新驱动是形势所迫。目前，我国人均GDP进入中等收入水平，经济总量跃居世界第二，这是了不起的成就。但经济发展中大而不强、快而不优的问题日益凸显，经济结构不合理、区域发展不平衡、资源环境刚性约束等问题愈加突出。国内外实践一再表明，拼投资、拼资源、拼环境的办法和高投入、高能耗、高污染的路子是不可持续的。我国要跨越“中等收入陷阱”，推动经济爬坡过坎，需要转方式、调结构，在保持中高速增长中向中高端水平不断迈进，实现更高质量、更好效益、更可持续的发展；唯有依靠科技创新辟出一条新路，并调整相应的体制机制，实行双轮驱动，使创新真正成为发展的主动力。

第四，从科技自身发展看，创新驱动是价值所在。只有与国家目标、人民要求、市场需求相结合，完成从科学研究、实验开发到推广应用的三级跳，科技创新的价值才能真正实现。通过多年积累，我国自主创新能力不断增强，科技实力已从总体跟跑转变为跟跑、并行、领跑兼有，为经济社会发展、民生改善和国家安全提供了有力支撑，也为我国作为一个有世界影响的大国奠定了重要基础。但要清醒看到，我国经济发展科技含量还不高，科技创新仍以跟跑为主，创新基础还不牢，自主创新特别是原始创新能力还不强，一些关键领域核心技术长期受制于人。我们要在国家可持续发展和国际舞台上腰杆硬、底气足，必须统筹加大“出新成果”和“用新成果”的力度，着力把关系经济命脉和国计民生的核心关键技术牢牢掌握在自己手中，加快把创新成果转化为保障发展和安全的强大现实力量。

总之，无论是从国际还是国内看，无论是从长远还是当前看，科技创新都既不能等、也不能慢。这是科技界和各方面不能回避的一场“大考”，广大科技工作者要与各方面一道，凝聚胆识和智慧、振奋精神、积极有为，从改革找出路、向创新要动力，努力交出高水平答卷。

三、着力推进科技改革发展新任务，进一步加快创新驱动发展战略实施

创新驱动发展战略重在执行，要按照党中央、国务院要求，加强部门协同，动员科技界、产业界和社会各方面广泛参与，汇聚共识、形成合力，扎实抓好战略的顶层设计和任务落实。要将科技创新和制度创新有机结合起来，以改革释放创新活力、以创新驱动转型发展，加快把科技创新的“源头活水”引入经济社会发展的“广阔田地”。当前和今后一个阶段，要重点推动以下工作：

第一，着力深化科技体制改革。实施创新驱动发展战略，最紧迫的是要破除体制机制障碍。最大限度解放和激发科技第一生产力蕴藏的巨大潜能，亟需始终把改革作为关键一招，发挥好改革的“临门一脚”作用，动真格、见真章，真正把束缚创新的绳索解开。一要让成果转移转化渠道进一步“通起来”，协同推进科技和经济社会两个方面的改革，着力挖掘创新供给和创新需求两个方面的潜力，完善科技成果处置权和收益权制度，开路搭桥，打通科技经济之间的“梗阻”。二要让基础科研人员进一步“静下来”，完善基础研究体制机制，把握好稳定支持与竞争择优的“平衡点”，鼓励科研人员潜心突破原始创新的“最初一公里”问题。三要让企业进一步“动起来”，完善落实研发费用加计扣除等普惠政策，强化企业技术创新主体，鼓励产学研用、大中小微企业有机结合，加强新产品消费引导，突破创新成果进入生产生活的“最后一公里”问题。四要让市场之手进一步“用起来”，顺应新形势下产业技术路线更加多变、商业模式更加多样的趋势，着力培育公平开放的创新市场，具体创新活动放手让市场“说话”、让企业发力。五要让政府之手进一步“活起来”，加快转变职能，着力抓宏观、抓前瞻、抓基础、抓重点、抓环境，完善科技创新管理，优化科

技政策供给，促进创新链、产业链和市场需求有机衔接，形成推进创新的合力。

第二，切实增强自主创新能力。实施创新驱动发展战略，最根本的是要增强自主创新能力。根深才能叶茂，厚积才能薄发。创新驱动的着眼点在转型发展，根子在科技创新。一要始终把基础前沿、关键共性、社会公益和战略高技术研究作为重大基础工程来抓，强化创新驱动源头供给。可以领跑的要争取扩大优势，能够并行的要争取超前一步，差距较大的要研究实施差异化战略和非对称措施、努力“弯道超车”。发挥集中力量办大事的制度优势，抢占决胜未来的战略制高点。二要坚持把促进产业转型升级作为主攻方向，推进产业链、创新链、资金链有机融合，提升产业竞争力。聚焦国家科技重大专项任务，加快技术突破和成果产业化。强化国家自主创新示范区和高新区的引领作用，壮大创新产业集群和区域创新高地。三要把科技惠民、科技强国作为根本出发点和落脚点，加快突破现代农业、人口健康、资源环境、国家安全等方面的重点难点问题，使科技创新成果更多进入百姓生活、支撑综合国力的提升。

第三，加强创新型人才队伍建设。实施创新驱动发展战略，最关键的因素是“人”。要始终把人才资源开发摆在科技创新最优先的位置，让一切创新的智慧充分迸发。我国研发人员规模已达360万人年，居世界第一，这是十分宝贵的战略资源，是我国发展新的比较优势。但也存在人才结构不合理、拔尖和领军人才不足、工程技术人才培养同生产和创新实践脱节等问题。解决人才队伍建设中的重点问题：一要着力加强人才培养，遵循人才成长规律，加强科教结合，完善人才梯队，加快科研骨干特别是青年人才在实践中锻炼成长。二要更好引进优秀人才，把握当前国际上新一轮人才大流动的机遇，加大人才引进力度，让更多海外高层次人才以多种方式参与我国科技创新。三要大力支持人才创新，加强人才服务体系建设，鼓励人才合理流动、更好发挥作用。改进完善科研管理特别是项目经费管理，加大对创新团队的稳定支持，鼓励科技人员多出成果、出好成果。四要用好评价激励“指挥棒”，健全人才分类评价激励机制，从收入分配等方面采取措施，让创新创造者劳有所获、创有所值，充分释放创新人才的智慧资源和创造潜力。

第四，营造开放协同高效的创新生态。实施创新驱动发展战略，良好的创新生态是最为深厚的土壤。一个适宜创新的生态环境，能让创新的幼苗茁壮成长，进而形成创新的森林。如果创新生态不够好，即便移植来的大树也难以生存，某些领域一时的领先也难以长期保持。要把营造良好的创新生态作为重大任务抓实抓好。一要扩大科技开放合作，坚持以全球视野谋划和推动创新，主动布局、积极融入国际创新网络，面向全球整合创新资源和创新链条，把我国自主创新建立在更高起点上。二要提升协同创新水平，推动克服科技创新活动中存在的分散封闭、交叉重复等“碎片化”问题和“孤岛”现象，加快建立各主体、各方面、各环节有机互动的国家创新体系。三要统筹加强创新“硬件”和“软件”，完善科技创新基础条件和平台，健全科技创新基础制度，强化科技资源开放共享。加大力度保护知识产权，发挥好技术标准等政策推动创新的重大作用，强化科技创新政策法治保障。四要加强科技宣传普及，提高全民科学素养，营造全民创新创业的文化氛围。作为我国科技宣传普及的重要阵地，《科技日报》已走过近30个年头，一万期报纸付梓；这不是一个简单的数字，记载的是我国科技事业的艰苦奋斗和辉煌历程；面向未来，要秉持著史之心办报，弘扬科学精神、守护创新价值，在科技体制改革和创新驱动发展中发挥更大作用。

科技发展的方向就是创新创新再创新，动力就在改革改革再改革，关键要靠实干实干再实干。广大科技工作者要紧密团结在以习近平同志为总书记的党中央周围，增强创新自信、着力真抓实干、锐意改革创新，在实现中国梦的伟大奋斗中作出新的更大贡献！

（《科技日报》）

刘延东：深化改革，创新驱动

（2014年11月16日）

2014年11月16日至18日，中共中央政治局委员、国务院副总理刘延东在广东调研时强调，要按照党中央、国务院决策部署，将创新驱动发展战略摆在核心位置，深化科技体制改革，强化科技、产业、财税、金融、人才等创新政策协同，促进传统产业调整升级，催生新经济增长点，激发全社会创新创业创造活力，为经济提质增效升级添加不竭动力。

刘延东先后来到深圳的柔宇科技公司和超多维公司，饶有兴趣地观摩了柔性显示技术和裸视3D立体影像产品后说，要把握世界科技前沿和产业变革趋势，集中攻关取得原创性和颠覆性创新成果，抢占国际竞争制高点。她在创梦天地公司调研时指出，要高度重视培养和引进高端人才和领军人才，将中华文化与时代元素融入产品服务，尽快实现互联网产业的“中国创造”。刘延东还与深圳高新投集团、创新投集团和中小企业信用融资担保集团等企业座谈，肯定深圳市发展科技金融、扶持中小型科技企业取得的成绩，要求健全投融资全链条服务体系，特别是加大对初创期企业的金融服务，帮助其跨越“死亡谷”。刘延东希望广东省、深圳市抓住建设国家自主创新示范区的机遇，大力发展研发中介、技术转移、创业孵化、知识产权、科技金融等科技服务业，建设有世界影响力的一流科技创新中心，走出一条以创新驱动升级发展、科学发展的新路。

（中央政府门户网站）

刘延东：加大人才引进和培养力度，努力把企业做大做强

（2014年12月8日）

2014年12月7日至8日，中共中央政治局委员、国务院副总理刘延东在厦门出席第九届全球孔子学院大会开幕式之后，分别到社区、科研院所和企业考察。

7日下午，在国家海洋局第三海洋研究所，刘延东参观考察了海洋生物遗传资源重点实验室、APEC海洋可持续发展中心等，与科研人员亲切交谈，详细了解海洋科技、海

洋管理、海洋经济发展等方面的情况。她对研究所在海洋科学研究和实验室建设等方面所作出的有益探索和取得的优异成绩给予了充分肯定，同时提出了新的要求。刘延东指出，建设海洋强国，海洋科技是核心。福建发展海洋经济具备优势，要进一步强化创新驱动，全面提升海洋科技研发能力，占领海洋科技的制高点；要更加注重产学研相结合，进一步加快海洋科技成果转化，更好地服务经济社会发展。

8日上午，刘延东来到厦门市美图网科技有限公司，兴致勃勃地体验了富有创意和乐趣的互联网产品，与企业年轻员工亲切交谈，对大家寄予殷切希望。她说，当前科技发展日新月异，互联网应用前景十分广阔，这为年轻人创新创业提供了良好机遇和广阔平台。希望大家进一步提升创新能力和水平，针对市场需求不断改进产品，取得更好的成绩。刘延东强调，创意是文化产业的根本，要加大高新技术人才引进和培养力度，着力强化文化创意和科技创新，努力把企业做大做强。

（《福建日报》）

刘延东：促进留学事业持续健康发展

（2014年12月12日）

2014年12月12日至13日，全国留学工作会议在京召开。中共中央政治局委员、国务院副总理刘延东出席会议并发表讲话。

刘延东在讲话中指出，要准确把握留学工作新形势新要求，坚持教育开放合作不动摇，立足中国，面向世界，加强顶层设计，瞄准战略需求，突出人才培养和发挥作用、出国留学和来华留学、公费留学和自费留学、规模和质量、依法管理和完善服务五个并重，促进留学事业持续健康发展，为国家现代化建设及与各国合作共赢提供高层次人才支撑。

（新华网）

李源潮：在实现中国梦的进程中建功立业

（2014年8月22日）

2014年8月22日，中国青年科技工作者协会第五届会员代表大会在北京召开。中共中央政治局委员、国家副主席李源潮出席大会，发表了题为“在实现中国梦的进程中建功立业”的讲话，希望广大青年科技工作者勇担时代责任，做建设创新型国家的生力军、推动科技和人才体制机制改革创新的先锋、创新创业的模范、践行社会主义核心价值观的表率，在实现中国的科技梦中建功立业。

李源潮说，当代中国正进入创新发展的关键时期，我们比任何时候都更加接近实现中国梦的伟大目标，都更加需要强大的科技创新力量。希望广大青年科技工作者认清时代责任，把个人的追求更好地融入祖国和民族的发展之中。

首先，希望广大青年科技工作者做建设创新型国家的生力军。青年科技工作者处于创造力最旺盛的时期，是科技创新的生力军。我国科技工作者创新能力不断提升，青年科技人才的表现越来越突出。比如，潘建伟研究量子通信，施一公破解致癌之谜，张辉研制中国自主4G芯片，都是世界领先的成就。但总的看，我国的科技创新与先进国家还有很大差距，实现追赶要靠中国科技工作者尤其是青年科技工作者的不懈奋斗。希望广大青年科技工作者弘扬爱国奉献、勇攀高峰的优良传统，紧紧围绕国家长远发展急需的重大关键技术，紧盯国际科技前沿的创新课题，开展科研攻关，争取一流成果，为在世界新一轮科技革命中提升我国核心竞争力作出应有贡献。

其次，希望广大青年科技工作者做推动科技和人才体制机制改革创新的先锋。国际竞争的核心是科技，科技发展的关键在人才，人才的活力取决于体制机制。十八届三中全会把科技和人才体制改革作为全面深化改革的重要内容。推进这方面的改革，青年科技工作者的愿望最强烈。杰出青年基金、青年千人计划以及正在进行的院士制度改革，许多设想都来自青年科技工作者。青年科技工作者有国际视野、思维敏锐，对束缚创新创业的体制障碍有切身感受，既要敢于批评，又要善于思考，还要带头探索改革，担当改革责任，发挥先锋作用。

第三，希望广大青年科技工作者做青年创新创业的模范。中国目前是全球看好的创业热土。改革开放以来特别是近年来，由青年科技人才创办的高新技术企业迅猛发展，像李彦宏、马化腾、张朝阳、雷军都是青少年崇拜的创业偶像。中国的转型发展也最需要广大青年创新创业。青年科技工作者拥有知识、技术、信息等创业优势，成功概率大，应当把握国家创新发展的大好机遇，走出高校院所，领办创办科技企业，推动科技成果更好转化为造福社会、造福人民的产品和服务，增加社会就业岗位。据统计，淘宝等网络电商的年交易额已超过1万亿元，创造了1000万个就业机会。青年科技工作者创业成功不仅是自身价值的实现，还可以现身说法，示范引导同龄人特别是大学生增强创新意识，提高创业能力，走出干事创业的新路子。

第四，希望广大青年科技工作者做践行社会主义核心价值观的表率。“为天地立心，为生民立命”是中国古代知识分子最高的人生境界。新中国成立以来，一代又一代科技工作者在攻坚克难中崇德向善，为弘扬科学精神和社会主义道德作出了榜样。党的十八大提出培育和践行社会主义核心价值观的战略任务。习近平总书记多次强调青年人践行社会主义核心价值观的重要性。青年科技工作者是青年中的优秀分子，应当深刻领会习近平总书记要求，发扬科技界爱国奉献、淡泊名利的优良传统，发扬年轻人领风气之先的道义担当，自觉走在践行社会主义核心价值观的前列。

（《中国青年报》）

李源潮：为实现中国梦创业创新创优

（2014年11月26日）

2014年11月26日，中共中央政治局委员、国家副主席李源潮在北京与中国青年企业家协会会员座谈，希望广大青年企业家为实现中华民族伟大复兴的中国梦创业创新创优。以下为讲话节选：

党中央对青年人创业创新高度重视。习近平总书记去年底在给全球创业周活动的贺信中，殷切期望广大青年把人生追求同国家发展进步、人民伟大实践紧密结合起来，在创新创业中展示才华、服务社会。希望青年企业家带头响应习近平总书记的要求，为实现中华民族伟大复兴的中国梦创业创新创优。

中国梦是中国企业家最大的发展空间。一个国家的理想有多大，企业家发展的空间就有多大。改革开放造就了中国企业家井喷式成长。中国梦昭示着中华民族伟大复兴的光辉前景，也展现了中国企业成长壮大的广阔空间。其一，中国的发展将源源不断提供创业机遇。中国现在是世界上最具发展活力的国家，目前经济正处于创新驱动、转型升级阶段，新技术、新产业、新市场、新需求将不断开拓创业的新天地。2013年，国内汽车销售2200万辆，占全球26%；网络零售1.85万亿元，世界第一。其二，全面深化改革将极大释放创业空间、营造更好创业环境。取消和下放行政审批事项，降低市场准入，改革价格形成机制，定向减税、普遍降费等举措不断出台，大众创新、草根创业的新浪潮正在到来。今年前三季度，新登记注册企业同比增长52%。其三，新一轮对外开放将推动中国企业更多地走向世界。中国是世界120多个国家和地区的最大贸易伙伴，对外直接投资居世界第三。国家大力实施“走出去”战略、倡导“一带一路”、推动设立自贸区，对外开放使中国企业国际化发展舞台空前宽广。中国梦是中国企业家的机遇，也需要中国企业家的奋斗。当代中国青年企业家赶上了中华民族伟大复兴的大好机遇，应该抓住机遇，在实现中国梦的历史进程中实现自己的人生理想。

创业创新创优是企业家一生的追求。企业家的成长、发展，每一步都离不开创业创新创优。对创业创新创优的不懈追求是企业家一生前进的动力。首先，这种追求是不断赢得市场竞争的强大动力。市场瞬息万变，创新与淘汰的竞争是基本规律，创新不足再好的企业也会被淘汰。当年世界的胶片大王柯达没能迈过数码影像这个坎，全球数一数二的电信企业诺基亚在智能手机时代成为落伍者。阿里巴巴能成为全球历史上最大的IPO，小米手机能在强手如林的竞争中占据一席之地，靠的是抢先创新、持续创新、全面创新。其次，这种追求是不断战胜艰难曲折的强大动力。创业的路从来不会一帆风顺，对事业成功的执著追求是企业家不怕失败、敢于失败、战胜失败的精神支柱。乔布斯在丽莎数据库失败后又开发出新一代苹果产品，史玉柱创业经历了几落几起，支撑他们不畏失败、攀登高峰的正是艰苦创业的精神。第三，这种追求是不断抵御投机诱惑的强大动力。面对竞争压力，一些企业搞假冒伪劣、偷工减料、超标排放、违规违法、投机取巧，结果企业走向衰败。搞企业要有咬定青山不放松的定力，要有遵法守德的底线。第四，这种追求是冲破小富即安束缚的强大动力。小富即安、不思进取很容易销蚀企业家的事业。青年企业家人生的路还很长，希望大家把创业创新创优作为一辈子的追求，努力达到“会当凌绝顶，一览众山小”的人生境界。

以社会主义核心价值观为坐标确定自己的人生价值。社会主义核心价值观是全国人民实现中国梦的共同价值基础。青年企业家有职业责任、有社会影响，要以社会主义核心价值观为坐标定位自己的人生价值，自觉走在弘扬和践行社会主义核心价值观的前列。一是发扬实业报国传统，做爱国为民的企业家。古代有牛商弦高犒师，近代有张謇、荣氏兄弟等实业报国，抗战时期民生公司承运宜昌大撤退。当代中国企业家在汶川地震等国有忧、民有难的关键时刻，更是勇挑重担、慷慨解囊。青年企业家要发扬爱国报国的优良传统，把报效国家、造福人民作为人生最大的追求。二是弘扬职业道德，做守法诚信的企业家。古人讲，君子求财，取之有道。这个道，就是守法之道、诚信之道。假冒伪劣是最令消费者痛恨的事情，也是对企业家最大的伤害。湖南临湘市的李国武不仅自己产销的酱菜质量过硬，还自费回收销毁“三无食品”，被评为全国道德模范，青年企业家要向他学习。二是追求高尚情趣，做勤劳有德的企业家。有的企业家认为“白天做老板、晚上睡地板”的时代过去了。有少数人炫富、奢靡，甚至搞黄赌毒。企业家有钱怎么花，不全是个人私德，也影响社会风尚。青年企业家要自觉遵守社会公德、家庭美德，以良好操守赢得社会尊重。

做对社会负责任有贡献的财富创造者。企业家是创造财富的职业，也是承担责任的职业。从责任来说，至少有三重。作为产品和服务的提供者，要对消费者负责，让他们买得放心、吃得放心、用得放心；作为劳动和创造的组织者，要对员工负责，尊重劳动、尊重人才，保证他们的权益，促进他们发展；作为资源和要素的使用者，要对经济秩序负责、对生态环境负责，守法经营、照章纳税，节能减排、绿色发展。当然，不言而喻，国企领导人对国家和人民负资产保值增值责任，上市公司老总对股东、股民负有资信公开、真实无欺的责任。社会对企业家的认可，既要看你创造的财富有多少，更要看你责任履行得怎么样，对社会的贡献有多大。青年企业家要自觉走在时代前列，做负责任有贡献的财富创造者。一是服务国家与人民，紧紧围绕国家发展和人民需要投资兴业，带头参与改革。二是主动帮助青年，指导、鼓励青年就业创业。三是努力造福社会。青年企业家是这个社会的成功者，要热情回馈社会，帮助更多有需要的人。

青企协会员是青年企业家的优秀代表，国家和人民寄予很高期望。希望大家把今天的成绩作为新的起点，把会员的身份作为一种责任，努力做学习进步的表率、争先创优的表率、乐于奉献的表率、严以修身的表率，引领当代青年企业家树立良好社会形象，做出无愧于时代的贡献。一个人可以跑得很快，一群人才能走得更远。青企协要充分发挥党、团联系青年企业家的桥梁和纽带作用，更好地团结动员广大青年企业家投身全面建成小康社会、全面深化改革、全面推进依法治国的伟大进程，在为实现中国梦的奋斗中书写青春精彩篇章。

（《中国青年报》）

李源潮：为实现中国梦作出独特贡献

（2014年12月19日）

2014年12月19日，中国侨联青年委员会在北京召开第三次委员大会。中共中央政治局委员、国家副主席李源潮希望广大侨界青年积极响应习近平主席的号召，珍惜历史机遇，在为实现中国梦奋斗的进程中作出独特贡献。

李源潮说，实现中华民族伟大复兴是海内外中华儿女的百年梦想，希望广大侨界青年弘扬爱国主义精神，把个人的青春理想融入祖国和民族的发展进步之中，努力为中国梦的实现贡献积极力量；抓住祖国改革发展机遇，发挥各自优势，在创新创业大潮中实现侨界青年的事业抱负；积极促进中国与住在国人民的友好交往，融入和回馈当地社会，努力做中国与世界和平共处的友好使者；继承发扬中华优秀文化，尊重学习住在国文化，树立侨界青年的正面形象。

（新华网）

赵乐际：以更大力度推进“千人计划”“万人计划”

（2014年3月1日）

2014年3月1日，中共中央政治局委员、中央组织部部长赵乐际主持召开中央人才工作协调小组第39次会议。强调要深入学习贯彻党的十八届三中全会和习近平总书记系列讲话精神，从国家发展靠人才、民族振兴靠人才的战略高度，以时不我待的紧迫意识和夙夜在公的责任意识，扎实做好人才培养、吸引、使用工作，加快形成激发人才创造活力、具有国际竞争力的人才制度优势，为实现中华民族伟大复兴的中国梦提供有力的人才保障。

赵乐际指出，要把握人才发展形势，突出人才工作重点，大力推进人才发展体制机制改革和政策创新，打通人才流动、使用、发挥作用中的体制机制障碍，打通科技和经济转移转化的通道。要完善人才顺畅流动的制度体系，加大对革命老区、民族地区、边疆地区、贫困地区的人才支持力度。要围绕服务国家重大发展战略，以更大力度推进“千人计划”“万人计划”，统筹推进各类人才队伍建设。要增强服务意识、搭建创新平台，营造尊重劳动、尊重知识、尊重人才、尊重创造的社会环境，最大限度地激发人才的创造能量和活力。要坚持党管人才原则，完善协调小组工作机制，保持抓落实的力度和恒心，充分发挥各地各部门和社会各方面的积极性，形成推动人才发展的强大合力。

（新华网）

赵乐际：构建具有国际竞争力的人才制度和发展环境

（2014年3月27日）

2014年3月27日至28日，中共中央政治局委员、中央组织部部长赵乐际在天津调研，考察了滨海新区的人才工作。

在华大基因产业研究院、大众汽车自动变速器（天津）有限公司、国际生物医药联合研究院，赵乐际认真听取有关情况介绍，详细了解科研人员工作生活情况，听取他们的意见建议。他强调，创新驱动实质上是人才驱动，要实施更积极、更开放、更有效的创新人才引进政策，集聚一批站在行业科技前沿、具有国际视野和能力的领军人才。强化分配激励，让科技人员、创新人才得到合理回报。要抓住建设天津自由贸易试验区这个契机，进一步创新人才发展体制机制，构建具有国际竞争力的人才制度和发展环境。

（新华网）

赵乐际：实施更开放人才政策，打开大门敞开胸怀

（2014年6月3日）

2014年6月3日，中共中央政治局委员、中央组织部部长赵乐际主持召开中央人才工作协调小组第40次会议。强调要深入学习贯彻习近平总书记关于人才工作的重要指示精神，坚持党管人才原则，大力推进人才发展体制机制改革和政策创新，狠抓工作谋划和落实，在全社会大兴识才、爱才、敬才、用才之风，为实现“两个一百年”奋斗目标、实现中华民族伟大复兴的中国梦提供有力人才支撑。

赵乐际指出，要加快建立集聚人才体制机制，遵循社会主义市场经济规律、人才成长规律、人才流动规律，完善人才评价、流动、激励机制，充分激发人才创新创业活力。要加快实施更加开放的人才政策，打开大门、敞开胸怀，择天下英才而用之。要更大力度推进重大人才工程，

“千人计划”要更加突出“高、精、尖、缺”导向，进一步优化引才结构、提升引才质量，“万人计划”要落实各项特殊支持政策。要大力培育高技能人才，解决好制约我国制造业提升竞争力、向产业链高端攀登的瓶颈问题。要多同人才交朋友，多听取意见建议，多帮助解决实际困难，大力宣传各类优秀人才创新创业、报效国家的事迹，营造尊重劳动、尊重知识、尊重人才、尊重创造的良好社会氛围。要加强统筹协调，充分调动各方面的积极性，形成做好人才工作的强大合力。

（新华网）

杜青林：激发留学归国人员创新创业创造热情

（2014年12月13日）

2014年12月13日，受中共中央委托，中央统战部向各民主党派中央、全国工商联负责人和无党派人士通报中央经济工作会议精神。在通报中央经济工作会议有关文件精神后，中共中央书记处书记、全国政协副主席杜青林说，今年以来，在国际经济形势复杂多变和国内“三期”叠加、经济下行压力的情况下，以习近平同志为总书记的党中央总揽全局、把握大势，在区间调控基础上实施定向调控，通过强势推进改革深度激发市场活力，经济发展稳中求进、稳中提质，包括统一战线成员在内的全国各族人民的发展信心更加坚定。

杜青林指出，这次中央经济工作会议是在全面深化改革、全面依法治国、推动我国经济向更高水平发展的关键之际召开的一次重要会议。会议鲜明指出明年经济工作总体要求，科学谋划部署主要任务，对促进经济平稳健康发展和社会和谐稳定，确保“十二五”规划圆满收官和“十三五”规划顺利制定实施，具有重要推动和保障作用。要把深入学习贯彻中央经济工作会议精神作为当前和明年统一战线围绕中心、服务大局的重中之重，切实把思想和行动统一到中央对形势的分析判断和决策部署上来。

杜青林强调，要深刻理解把握习近平总书记关于新常态的重要论述，引导统一战线成员充分认识这一科学论断是对我国经济发展阶段性特征和运行规律的准确把握，是对我们党发展理念的重大创新，是对中国特色社会主义理论的丰富发展。要牢固树立新常态思维，积极主动适应新常态，切实体现和贯穿到履行职能的各方面，指导和推进统一战线事业不断发展。

杜青林强调，要引导各民主党派、工商联和无党派人士等统一战线成员围绕明年经济工作重点积极建言献策，重点就实现经济稳定增长、发现培育新增长点、优化经济发展空间格局等问题，提出真知灼见。鼓励非公有制企业加快转型升级，通过技术创新提高质量、开拓市场，通过“走出去”拓展发展空间。激发党外知识分子、留学归国人员创新创业创造热情，服务创新驱动发展战略实施。

（新华网）

陈昌智：完善中国特色专利法律制度，激励和保护创新

（2014年4月15日）

2014年4月15日上午，由全国人大常委会副委员长陈昌智带队的全国人大常委会专利法执法检查组，听取了浙江省贯彻实施专利法情况的汇报。陈昌智强调，要立足国情，在符合国际规则的前提下，不断完善具有中国特色的专利法律制度，切实维护专利权人的合法权益。

陈昌智说，当前，我国改革已进入深水区，加快转变经济发展方式，从资源要素驱动向创新要素驱动转变，激发创新活力，推动创新成果应用，不断提升我国的核心竞争力，专利法律制度在激励和保护创新等方面发挥着越来越重要的作用，贯彻实施好专利法律制度更为紧迫、更为重要。《专利法》颁布30年来，我国的专利法律法规体系基本健全，专利创造与运用能力不断提升，已基本建立了具有中国特色的专利保护模式。但是，也要看到由于我国建立现代专利法律制度的历史比较短，随着形势的发展，仍然存在许多困难和问题。比如，在石油、制药、航空航天、生物技术、计算机、半导体等核心领域专利拥有数量不足，市场主体专利运用能力不强等。

陈昌智强调，为了更好地贯彻实施专利法，将我国建设成专利强国，应充分发挥专利制度在建设创新型国家和促进经济社会发展的支撑作用，及时出台符合国家产业结构调整的专利政策，激励企业、科研机构和高等学校积极申请专利和运用专利。要进一步完善专利管理体制机制，完善司法和行政执法两条途径协调运作的专利保护模式，有效降低维权成本，切实维护专利权人合法权益。

（《法制日报》）

陈昌智：强化科技金融深度融合，助推产业创新驱动发展

（2014年5月14日）

2014年5月14日，由民建中央、国家科技部、四川省人民政府、深圳证券交易所共同主办的“第四届中国（西部）高新技术产业与金融资本对接推进会”在成都举行。全国人大常委会副委员长、民建中央主席陈昌智出席论坛开幕式并致辞。

陈昌智在致辞中说，中国（西部）高新技术产业与金融资本对接推进会，通过政府搭台、社会参与、市场运作的方式，突出科技与金融融合，在推动产业结构调整和转型升级，促进区域创新和经济社会发展等方面，发挥了重要作用。我国高新技术产业发展的历程表明，科技创新在化解产

能过剩中具有重要作用，有助于促进传统产业转型升级和新兴产业健康发展，这是实现经济发展提质增效、破解资源环境问题、提升我国产业核心竞争力的重要内容。科技与金融的有效融合，为促进高新技术产业与金融对接提供了有利条件。四川高新技术产业快速发展的成绩，也印证了这一点。

陈昌智强调，目前，我国创新的基础仍然比较薄弱，尤其是企业创新投入的强度和创新的绩效有待提高，完全走上创新驱动发展的道路还面临着很多挑战。进一步提升国家创新能力，更好应对这些风险挑战，核心路径在于深化改革，重中之重在于持续加大投入力度。

陈昌智围绕促进风险投资行业发展，进一步推动科技与金融深度融合，谈了三点看法。

一、推动金融改革，适应科技创新发展。首先，要继续坚持推进利率市场化，促进银行经营模式转型，提升银行为产业创新发展提供资金的动力。其次，提高金融资源配置效率。多方面的金融需求需要多层次的金融服务供给，在严格金融监管的前提下，让各层次金融市场的力量充分发挥作用，鼓励各种类型的资本参与金融体系的改革，优化金融资源配置。第三，激发民间资本活力。加快金融改革，推出存款保险制度，成立民营银行，规范民间借贷，发挥民间融资在促进小微企业经济创新、发展壮大民营经济和推进经济结构转型升级等方面的重要作用。

二、推动政府改革，促进产业创新驱动发展。首先，要控制地方政府的债务规模，规范地方政府的举债行为，这是让市场在资源配置中起决定性作用的重要前提。只有切实控制、适当缩小政府的权力空间，减少政府对资源的直接配置，才能矫正多年来积累形成的严重的要素比价扭曲，从而推动依据市场规则、市场价格、市场竞争配置资源，实现效率最优化和效益最大化。其次，实行负面清单管理，培育中小微创新企业，鼓励服务业创新发展。地方政府应放开服务业民资准入，鼓励民资进入由政府主导的市政公共基础设施建设领域，发展混合所有制经济，利用参股、承包、收益分享等各种方式加大公有部门和民营部门的合作。第三，切实发挥企业在创新中的主体作用。企业是市场最基础的构成单位，企业的主体作用发挥好了，市场的决定性作用也才有可能发挥好。

三、推动投资改革，加快风险投资事业发展。风险投资对于企业创新有着强大的促进作用。2013年，我国风险投资行业的发展，受境内IPO通道关闭等多重因素的影响，行业经受了募资、投资、退出的全面挑战，但在新环境下出现了一些新动向：一是并购退出成为较为普遍的退出渠道，多元化的退出选择为我国风险投资行业进一步走向成熟起到一定的促进作用。二是市场环境孕育出一些新型的创投平台，“车库咖啡”等类似“创新型孵化器”创投平台的出现，说明民间资本和民间创新在有机的结合，这对建设创新型国家具有重大的意义。三是投资阶段开始逐步前移，目前，投资阶段前移已经成为众多投资机构的标准策略。

（民建中央网站）

陈昌智：加大改革力度，推动民营经济健康快速发展

（2014年9月18日）

2014年9月18日，由民建中央、国家工业和信息化部、自治区人民政府共同主办的2014中国（宁夏）非公有制经济发展论坛在银川开幕。全国人大常委会副委员长、民建中央主席陈昌智出席论坛开幕式并致辞。致辞全文如下：

女士们，先生们，同志们：

今天，2014中国（宁夏）非公有制经济发展论坛在银川隆重举行。从2003年论坛开办算起，这是第十二届了。我代表民建中央对本届论坛的召开表示热烈祝贺！对出席论坛的各位嘉宾致以诚挚的欢迎和衷心的感谢！

本届论坛由民建中央、国家工业和信息化部、宁夏回族自治区人民政府共同主办，以“全面深化改革，激发非公经济活力，促进西部经济转型升级”为主题。这一主题既符合十八届三中全会全面深化改革的指导思想，也顺应了支持民营经济健康发展，助推经济转型升级，加快内生创新驱动发展的要求。根据论坛主题，我讲三个方面的内容：一是民营经济发展环境得以改善；二是民营经济发展的困难和问题依然存在；三是民营经济的发展将得益于进一步深化改革。

一、民营经济发展环境得以改善

当前，我国经济处于转型升级的关键时期。民营经济是有效破解经济发展动力不足、活力不强的关键所在，也是推动我国经济转型升级的重要依托。在全面深化改革的战略部署下，中央政府出台了一系列方针政策，从产业指向、融资方式、税收政策以及简政放权等多个方面促进中小微企业发展。民营经济发展环境逐步得以改善。

1．行政审批制度改革改善了市场营商环境。一年多来，国务院先后取消和下放7批共632项行政审批等事项，一批涉及企业投资项目核准、企业生产经营活动许可以及对企业、社会组织和个人的资质资格认定事项被取消或下放。修订了政府核准的投资项目目录，需报国务院部门核准的企业投资项目减少60%左右。行政审判制度改革既方便了企业和群众办事，也提高了审批效率和服务质量。比如，企业设立登记审批时间从20—50个工作日压缩到10—25个工作日，工程报建审批时限从200多个工作日减少到45个工作日等。

2．注册资本登记制度改革改善了投资创业环境。今年2月7日，国务院印发《注册资本登记制度改革方案》。改革工商登记制度，放宽市场准入，将“先证后照”改为“先照后证”，注册资本实缴登记制改为认缴登记制，将126项工商登记前置审批事项改为后置审批，将企业年检制度改为年度报告公示，推进工商注册制度便利化。各类市场主体创造活力激发，经济发展内生动力增强。2013年全国新登记注册各类市场主体1131.54万户，同比增长19.6%。2014年1月至6月，全国新登记注册市场主体593.95万户，同比增长16.71%，其中，新登记私营企业增长60.17%；民间投资占比提高到65.1%。

3．税收优惠政策减轻了民营企业税负。2013年7月，财政部和国家税务总局联合制发了《关于暂免征收部分小微企业增值税和营业税的通知》；2014年4月，又联合制发了《关于小型微利企业所得税优惠政策有关问题的通知》，这两项政策为超过600万户小微企业带来实惠，直接关系几

千万人的就业和收入。2012年的"营改增"是结构性减税的重要内容，2013年4月进一步扩大了"营改增"试点。2014年一季度，全国因实施"营改增"减税375亿元。其中，试点纳税人因税制转换减税161亿元，非试点纳税人因增加抵扣减税214亿元。

4．新三板拓宽了中小微企业的融资渠道。设立全国中小企业股份转让系统（即新三板）是加快我国多层次资本市场建设发展的重要举措，有利于不断改善中小企业金融环境。截至2014年8月29日，挂牌公司共1107家，总市值约为2848亿元，其中约有95%属中小微企业，约有68%属小微企业。新三板于8月25日实施做市转让方式，8月25日至29日，成交笔数环比增加338%，做市商制度有效激活了交易、增强了市场流动性。随着做市转让的展开，新三板在拓宽中小微企业融资渠道和降低融资成本方面将发挥更重要的作用。

和全国的情况一样，宁夏区委、区政府高度重视民营经济的发展，提出要努力把宁夏的投资发展环境建设得"在西部最优，比东部更优"。宁夏非公有制经济服务局数据显示，2013年，非公有制经济对宁夏经济增长贡献率为50.5%，对全区税收收入的贡献率为82.4%，宁夏企业100强中，非公有制企业有74户。创新能力日益增强也是宁夏非公经济发展的亮点。2013年，全区认定的53家高新技术企业中，非公有制企业45家；67个国家级、自治区级企业（集团）技术中心中，非公有制企业有55个。2011年至2013年，全区共登记企业科技成果149件，其中非公有制企业成果110项。非公经济已经成为宁夏区域经济发展的有力支撑。

二、民营经济发展的困难和问题依然存在

1．产能过剩困扰相关领域民营企业发展。受国际市场持续低迷、国内市场有效需求不足影响，我国部分产业供过于求矛盾日益凸显，传统制造业产能普遍过剩。特别是钢铁、水泥、平板玻璃、电解铝、船舶等行业尤为突出。从产能利用率来看，钢铁行业为72%、水泥行业为73%、电解铝行业为72%、平板玻璃为65%、船舶行业为75%。产能过剩行业普遍存在产业集中度低、企业规模小且分散的问题，企业普遍经营困难，转型升级压力很大。

2．民营经济融资难、融资贵问题依然存在。2013年，中小企业协会相关调研显示，1400万家中小企业中，大概只有10%的中小企业能够从银行等金融机构获得融资，可见民营经济融资之难。全国工商联的调研显示，小额贷款平均利率能达到20%，大型民企融资成本在10%以上，而央企的融资成本只有5.3%左右，可见民营经济融资之贵。研究各类经济主体的融资能力可以发现："公有化程度"越高，融资能力越强，经营规模越大，融资能力就越强；反之则越弱。

3．民营经济成本上升问题突出。2013年北京市非公经济发展状况问卷调查分析结果显示，成本压力逐步增加，非公经济主营业务成本、利息支出、应付职工薪酬之和占营业收入比重达到86.9%，比2012年同期高1.2个百分点。调查显示，成本上升是制约企业发展的首要因素，认同率达79.2%，高于2012年10.2个百分点。

4．政策不落实问题亟待解决。两个"36条"都提出了鼓励民营经济发展的一系列政策，但民营经济一直饱受"弹簧门""玻璃门"之苦。近年来国务院又出台了一系列简政放权、减税减负的政策，也难以落实到位。审批权是放小不放大，放责不放权，总之，"含金量"高的不愿放。

三、民营经济的发展将得益于进一步深化改革

经济体制改革是全面深化改革的重点。使市场在资源配置中起决定性作用，着力推进国家治理体系和治理能力的现代化将有助于为民营经济健康快速发展建立长效机制。我谈以下几个方面的看法：

1．政府应进一步推进简政放权。首先，坚决推进已出台政策措施的落实，对于明放暗不放的部门要追究责任。其次，继续清理阻碍民营经济发展的不合理规定，尤其要清理那些以所有制划线的歧视性规定。第三，继续简政放权，拿出"真金白银"向社会和市场开放。第四，政府应推行权力清单和负面清单管理模式，真正做到"法无授权不可为，法有规定必须为"，而让企业能够"法无禁止即可为"。

2．政府应进一步减轻企业税负。第一，对暂免征收增值税或暂免征收营业税的范围，由月销售额或自营额不超过2万元的企业扩大到不超过4万元，增大小微企业的受惠面。第二，今年将享受减半征收企业所得税优惠政策的企业范围由年应纳税所得额低于6万元扩大到低于10万元，建议将年应纳税所得额定为低于20万元，继续扩大小微企业的受惠面。第三，加大费改税力度。收费具有较大的随意性，不规范，且涉及部门利益。近来"税不够，费来凑"现象突出，应全面清理收费情况，大刀阔斧地削减收费项目，降低收费标准，建立起以收税为主，少量收费的政府收入体系。第四，降低贷款利率。7月23日的国务院常务会议决定出台十项措施，解决企业融资成本高的问题，一类是完善商业银行考核办法，抑制高息揽储、缩短融资链条、优化商业银行小微贷款管理等解决当前问题的措施；一类是发展中小金融机构，发展多层次资本市场，开展保险+信贷活动，推进利率市场化等解决长远问题的措施。这些举措虽有利于中长期改善小微企业融资环境，但要解决近期小微企业融资贵的问题，其实招和真招还是银行要降低贷款利率和坚决清理一切不合理收费。

3．鼓励非公有资本参与混合所有制经济的发展。三中全会提出"积极发展混合所有制经济"，国有资本、集体资本、非公有资本等交叉持股，相互融合。非公有资本进入国有资本，有利于国有资本放大功能、保值增值，同时也是对国有企业的一种改造，有利于其建立现代企业制度，完善公司治理结构，激发市场活力。但就目前情况看，由于相关政策和法律依据还不明晰，实际运作起来无章可循，地方的探索进展很慢。113家央企中，真正实现股份多元的混合所有制企业还不到10家，而且基本没有实行规范化的公司法人治理结构和职业经理人制度，这些企业仍然实行政府行政化管理。鼓励非公有制经济参与国有企业改革，应该注意：第一，混合后的企业要政企分开、政事分开，成为真正的市场主体。否则，民企将陷入道德上的被动。第二，应消除各种政策体制限制，拓宽非公有制经济投资领域，鼓励和引导非公企业通过参股控股、租赁承包、兼并收购等形式，参与国有企业改制、重组。第三，鼓励发展非公有制经济控股的混合所有制企业和国有资本参股民营企业。第四，避免国有资本流失，避免民营企业的权利和利益受到侵害。

4．完善中小企业公共服务体系建设。目前，我国各种社会组织、中介组织在经济社会中发挥了较大作用，但问题也比较突出：有的政社不分，行政化倾向严重；有的利用政府部门授权形成对商业服务的垄断而谋取高额利润；有的服务时间长、收费高、质量差、责任不承担等。因此，培育发展社会中介服务体系：首先，要逐步减少其"官办"和"垄断"色彩，分清政府职能与市场中介组织的角色定位。其次，扶持民间中介机构发展，培育和发展

多层次、多方位满足中小企业需求的社会中介组织。最后，要有效约束和规范社会中介组织的行为，促进社会中介组织自律管理。我们的一些会员企业在提供中介服务方面进行了有益的探索。如：内蒙古信用中心于2011年1月成立，是全国第一个专业开展社会信用体系建设的非营利组织。信用中心创造了全国独有的信用体系，研发了《内蒙古自治区信用数字量化标准》，即在信用评价的基础上对企业的信用、口碑、商誉等状况用具体数字量化，把信用变成可量化的金额，率先实现企业信用状况价值化等。信用中心探索出了一条社会组织参与信用体系建设的道路，相关工作已走在国内各省市的前列。昆明小微企业金融交易中心把资金的需求信息、企业和项目的信用评级、担保机构对融资项目的担保融合在一起，线上和线下相结合，传统金融和网络金融相结合，借贷双方通过互联网平台直接对接交易，实现了信用信息的专业化，建立了一个有效的风险控制体系。自2012年3月成立以来，已为近2000家企业成功实现了融资，累计交易额超30亿元。

5. 民营企业要加大自身内部的改革力度，创新发展。激发民营经济活力和创造力，既需要外在政策扶持，也需要企业自身不等不靠，加大自身内部的改革力度，创新发展。我们在调研中，发现了很多会员企业创新发展的典型：

一是注重转型升级，依靠管理和技术创新来加快发展。沈阳大吉实业有限公司创办于1993年，公司业务主要集中在钛和钛合金的管材生产加工。近年来，随着市场竞争的加剧，公司认识到再依靠原来“加工作坊式”的生产方式无法将公司做大做强，2008年公司成功通过ISO9001质量管理体系认证，依靠完善的质量管理体系让公司的运作合理化、规范化。大吉公司通过转型升级，创新发展，已成长为一个集科研设计、生产制造、产品销售于一体的综合性现代化企业。目前，公司除原有业务外，还进行镍及镍合金、锆、铊、铌等稀有金属材料系列产品的生产和销售。二是加大内部员工激励，依靠管理创新来加快发展。湖南福尔康医用卫生材料股份有限公司于2013年底进行了“再私有化”改制。由母公司控股成立多个子公司，子公司49%的股份私有到经营者名下，改变过去“一股独大，集权经营”的状态，有效实现“集团管控，分业经营，高管参股，风险承包”的商业模式，遵循“法人治理和授权经营”原则，对子公司实行“自主经营，自负盈亏，独立核算”的经营机制。实行改制以来，企业效益得到明显提升，今年的产值和利润较去年同期增长60%。三是以科技和文化创新驱动，依靠集群化来加快发展。腾邦集团创立于1998年，公司在深圳保税区原有的功能和产业安排不适应现代经济要求、园区内企业规模产值不高、低端传统产业为主的产业结构亟待升级的背景下，经过多年的经营和探索，逐渐走出了一条以名酒交易为龙头，以价值供应链、金融创新和高端服务业为支撑，提升企业的科技和文化含量，带动相关的仓储、物流配送、差旅解决方案等配套服务联动发展的特色道路，使保税区成为高档消费品、高附加值商品、高端服务产品和进口商品的集中展示交易区，“腾邦模式”已作为保税区产业升级转型的重要案例上报商务部。在商业服务、互联网金融、现代物流、名酒交易四大领域形成产业规模和品牌优势，全集团年营业额超千亿元，连续数年荣获“中国企业500强”“中国服务业企业100强”等称号。

民建会员企业中还有一些有益探索和尝试，我就不再列举了。百尺竿头，更进一步。希望我们的企业家练好“内功”，大胆探索，创新发展，注意培养核心竞争能力和知名品牌，打造出国内乃至全球的知名企业来，为我国的经济建设贡献更大的力量。

女士们，先生们，同志们！

西北地区拥有着灿烂悠久的历史，文化厚重，能源资源优势明显。建设丝绸之路经济带的重大战略构想，为这个区域扩大对外开放指明了方向。展望西北地区经济发展，这里必将随着西部大开发战略的推进、丝绸之路经济带构想的落实，迎来经济社会的全面跨越式发展。

最后，预祝本届论坛取得圆满成功！谢谢大家！

（《宁夏日报》）

陈昌智：进一步深化经济体制改革，促进民营经济发展

（2014年10月18日）

2014年10月18日，全国人大常委会副委员长、民建中央主席陈昌智在《经济日报》上发表署名文章。全文如下：

当前，我国正处于全面深化改革的关键时期，经济体制改革是重点。发挥市场在资源配置中的决定性作用，着力推进国家治理体系和治理能力的现代化将有助于为民营经济健康快速发展建立长效机制。9月17日召开的国务院常务会议指出，小微企业是发展的生力军、就业的主渠道、创新的重要源泉，并提出了6条措施来帮助和支持小微企业发展。今后，为了逐步改善民营经济发展环境，促进中小微企业不断发展壮大，我们还要在以下几个方面作出努力：

一要进一步推进简政放权。首先，坚决推进已出台政策措施的落实，对于明放暗不放的部门要追究责任。其次，继续清理阻碍民营经济发展的不合理规定，尤其要清理那些以所有制划线的歧视性规定。第三，继续简政放权，拿出“真金白银”向社会和市场开放。第四，政府应推行权力清单和负面清单管理模式，真正做到“法无授权不可为，法有规定必须为”，而让企业能够“法无禁止即可为”。

二要进一步减轻企业税负。第一，进一步扩大对暂免征收增值税或暂免征收营业税的范围，由月销售额或自营额不超过3万元扩大到不超过4万元，增大小微企业的受惠面。第二，今年将享受减半征收企业所得税优惠政策的企业范围由年应纳税所得额低于6万元扩大到低于10万元，建议将年应纳税所得额定为低于20万元，继续扩大小微企业的受惠面。第三，加大费改税力度。收费具有较大的随意性，不规范，且涉及部门利益。近来“税不够，费来凑”现象突出，应全面清理收费情况，大刀阔斧地削减收费项目，降低收费标准，建立起以收税为主，少量收费的政府收入体系。第四，降低贷款利率。7月23日的国务院常务会议决定出台十项措施，解决企业融资成本高的问题，一类是完善商业银行考核办法，抑制高息揽储、缩短融资链条、优化商业银行小微企业贷款管理等解决当前问题的措施；一类是发展中小金融机构，构建多层次资本市场，开展保险+信贷活动，推进利率市场化等解决长远问题的措施。这些举措虽有利于改善小微企业中长期融资环境，但要解决近期小微企业融资贵的问

题，其实招和真招还在于银行要降低贷款利率和坚决清理一切不合理收费。

三要鼓励非公有资本参与混合所有制经济的发展。中共十八届三中全会提出“积极发展混合所有制经济”，国有资本、集体资本、非公有资本等交叉持股，相互融合。非公有资本进入国有资本，有利于国有资本放大功能、保值增值，同时也是对国有企业的一种改造，有利于其建立现代企业制度，完善公司治理结构，激发市场活力。但就目前情况看，由于相关政策和法律依据还不明晰，实际运作起来无章可循，地方的探索进展很慢。113家央企中，真正实现股份多元的混合所有制企业还不到10家，而且基本没有实行规范化的公司法人治理结构和职业经理人制度，这些企业仍然实行政府行政化管理。鼓励非公有制经济参与国有企业改革，应该注意：第一，混合后的企业要政企分开、政事分开，成为真正的市场主体。否则，民企将陷入道德上的被动。第二，应消除各种政策体制限制，拓宽非公有制经济投资领域，鼓励和引导非公企业通过参股控股、租赁承包、兼并收购等形式，参与国有企业改制、重组。第三，鼓励发展非公有制经济控股的混合所有制企业和国有资本参股民营企业。第四，既要防范国有资本流失，也要避免民营企业的合法权益受到侵害。

四要完善中小企业公共服务体系建设。目前，我国各种社会组织、中介组织在经济社会中发挥了较大作用，但问题也比较突出：有的政社不分，行政化倾向严重；有的存在利用政府部门授权形成对商业服务的垄断而谋取高额利润；有的存在服务时间长、收费高、质量差、不承担责任等现象。因此，要培育发展社会中介服务体系：首先，逐步减少其“官办”和“垄断”色彩，分清政府职能与市场中介组织的角色定位；其次，扶持民间中介机构发展，培育和发展多层次、多方位满足中小企业需求的社会中介组织；最后，要有效约束和规范社会中介组织的行为，促进社会中介组织自律管理。

五要加大民营企业的改革力度，实现创新发展。激发民营经济活力和创造力，既需要外在政策扶持，也需要企业自身不等不靠，练好“内功”。民营企业应大胆探索，加大自身内部的改革力度，完成企业转型升级。通过管理和技术创新，加大企业内部员工激励，以科技和文化创新驱动，培养企业的核心竞争能力和知名品牌，实现企业的创新发展。

（《经济日报》）

陈昌智：创新是建立现代化强国的动力

（2014年10月25日）

2014年10月25日，“第六届中国西部国际资本论坛”在成都举行。全国人大常委会副委员长、民建中央主席陈昌智出席论坛并作主旨演讲。

陈昌智说，创新是建立现代化强国的动力，是全面深化改革的源泉，是转方式、调结构的前提。本届论坛以创新为主题，推动西部企业与国际资本的交流合作，意义重大。当前国内经济增速放缓，各方更需要从创新中找到后劲。创新包括制度创新、管理创新、产品创新和市场创新等。要推动创新，各地需要认真贯彻落实专利法，通过保障专利人的权利来保护、鼓励创新；要建立专利转化机制，唤醒“沉睡”中的专利。

陈昌智特别指出，要大力发展多层次资本市场，借助资本的力量，促进创新。其中，风险资本在推动创新方面大有可为。风险资本不仅能为创新提供资金支持，还能帮助完善企业管理，加速创新成果转化。与此同时，各类风险资本自身也在创新，以提供更多元化的服务。各地政府牵头建立的创新创业引导基金，应该结合当地的产业基础，提高针对性，重视引导早期的创新项目。

（《四川日报》）

陈竺：中国特大城市应成为海外高端人才集聚地

（2014年6月5日）

2014年6月5日，由上海市海外联谊会、上海市欧美同学会·上海留学人员联合会主办的第九届“中华学人与21世纪上海发展”研讨会在上海开幕。全国人大常委会副委员长、农工党中央主席、欧美同学会·中国留学人员联谊会会长陈竺在开幕式上作主旨报告。他强调，特大城市要推动以人为核心的城市化；充分发挥作为城市群中心城市的作用，积极推动城市群中各类城市的均衡发展；要推动土地的集约利用，实现城市的低碳与可持续发展，成为全国各类城市学习的榜样；要进一步深化改革开放，促进各类人才在特大城市的进一步集聚，使特大城市成为我国全面深化改革开放与转型发展的表率。

陈竺在报告中指出，人才是城市最重要的资源与生产要素，也是特大城市向国际大都市发展的重要支撑。但与国际大都市比，中国特大城市对高端人才的吸引力弱，海外人才的比例较低。以纽约为例，37%的人口出生在海外，与之相对的是上海2400万常住人口中，来自境外的不足1%。究其原因，是中国尚缺少有利于海外人才健康发展的空间和环境，创新体制和科研管理体制，与国际先进国家相比有差距，有利于创业的公平竞争与融资机制有待完善，生活环境需要改善，人才流动的壁垒过高，导致海外人才拿到中国绿卡比较困难，等等，都是影响中国的特大城市吸引海外高端人才的重要因素。

陈竺强调，要解决这个问题，需要政府解放思想，将人才发展体制机制和政策创新作为突破口，以宜居、宜业为导向，创新人才培养评价、开发、流动以及激励保障机制，制定实施特殊政策，营造有利于人才引进，成长和发展的环境；同时，应建立在政府指导下，以企业为主体，市场为导向的多形态的产学研战略联盟，使企业、高校、科研院所成为研发中心和人才培养中心，提高人才知识水平和创新创业能力，形成具有世界前沿水平的人才优势群体，为建设现代化国际大都市提供人才保证和智力支持。

（中新网）

陈竺：留学人员是国家创新创业人才队伍的重要组成

（2014年9月16日）

2014年9月16日，欧美同学会·中国留学人员联谊会第三届年会暨中国留学人员创新创业湖北峰会在武汉召开，全国人大常委会副委员长、欧美同学会·中国留学人员联谊会会长陈竺出席开幕式并致辞。以下为致辞节录：

2014年是贯彻落实党的十八届三中全会精神、全面深化改革的开局之年，也是欧美同学会·中国留学人员联谊会新百年的起始之年。为继续弘扬留学报国精神，深入推进留学报国实践，积极为地方经济社会发展服务、为留学人员服务，我会与湖北省人民政府共同举办了此次峰会。本次峰会以“留学人员创新创业”为主题，旨在配合国家创新驱动发展战略，充分发挥留学人员创新创业的优势作用，把留学人员的智慧和力量凝聚到创新发展上来，为国家和地方经济社会发展献计出力。

创新是一个民族进步的灵魂，是一个国家兴旺发达的不竭动力。党的十八大明确提出“科技创新是提高社会生产力和综合国力的战略支撑，必须摆在国家发展全局的核心位置。”强调要坚持走中国特色自主创新道路、实施创新驱动发展战略。创新驱动是大势所趋，是形势所迫，实施创新驱动发展战略决定着中华民族的前途命运。那么，如何把创新成果具体化、产业化、市场化，将形而上的理念、知识、技术转变为现实的生产力，从而实现社会财富的增长、造福于人类社会？如何使创新创造真正落地生根、开花结果，实现自我发展和可持续发展？我认为，创业无疑是一条有效途径。这也是广大留学人员推动经济社会发展、实现人生价值、践行留学报国理念的最佳途径。特别是在进行科技创业时，一开始就应该瞄准市场需求，通过科技成果的推广使用、形成产业链、实现应用普及等步骤，打通科技和经济社会之间的通道，让科技创新的经济社会价值得以充分发挥。

无论是科技创新还是科技创业，关键在人才，从某种意义上讲，创新驱动实质上是人才驱动。留学人员中精英荟萃、人才济济。经过多年的海外历练，广大留学人员视野开阔，理念先进，创新思维活跃，创业意愿强烈。近年来，像邓中翰、施一公、李彦宏、潘建伟、严望佳、张雷等一大批优秀留学人员以自身的创新创业实践，促进了科技成果转化，加速了产业转型升级，推动了经济发展方式的转变，提高了我国自主创新能力。据了解，分布在全国各级各类留学人员创业园的8000多家企业中，在信息科技、生物医药、新能源等高新技术创新领域创业获得成功的占到70%以上。事实证明，广大留学人员已经成为国家创新创业人才队伍的重要组成部分，成为我国科技创新和科技创业的重要力量。

有人说，留学人员在创新创业方面具有独特优势，就像拥有“天生的成功基因”一样，我认为，这只表达了事物的一个方面，“天生的基因”只是成功的充分条件，而不是必然结果。我们看到，在留学人员创新创业活动中，既有成功的经验也有失败的教训。这就要求我们善于在普遍存在的现象、不断出现的问题中寻找规律性原因，要求我们深入研究留学人员科技企业的实践经验，发现规律，掌握规律，以规律引导更多的留学人员投身创新创业的战场。特别是地方政府要把握规律，扶持和指导更多的留学人员在本地进行创新创业，为留学人员实现抱负搭建平台，为地方经济社会发展服务。

当今世界已经进入经济全球化时代，新一轮科技革命的浪潮正悄然兴起，随着知识经济和信息时代的到来，以科技与经济实力为主导的综合国力的竞争日趋激烈。我国在持续高速发展30多年后，已经成为世界第二大经济体。然而我们在看到成绩的同时，也不能忽视发展中出现的问题。我国发展模式尚未完成从要素驱动向创新驱动的转变，传统产业生产能力过剩，新兴产业和高新技术产业增长乏力，科技人才自主创新能力不足，科研成果市场转化率较低，这些因素都影响着我国经济的可持续性发展。

习近平总书记强调，我国发展的“根本出路就在于创新，关键要靠科技力量”。我们要在今后实现可持续的发展，实现从“中国制造”到“中国创造”转型，面临着一个二次创业的问题。二次创业的本质就是科技的创新与创业。审视人类历史上几次重大产业革命，标志性特征都是以新技术突破引领新产业崛起，继而引发地区间发展格局分化。通过科技创新实现新技术萌发和新产业萌芽后，再通过科技创业完成发展转型与优势转换。这一系列过程需要大批掌握先进技术、具有国际化视野和现代化理念的留学人才的广泛参与。

令人感到欣喜的是，在党和政府的鼓励和引导下，我们现在已经迎来了新一轮海归大潮。2013年已经有35万多留学人员回到国内，回国工作者的增幅已经超过出国留学者的增幅，其中有许多人投身创新创业的行列中。借此机会，我想对正在和准备创新创业的留学人员提三点建议，与大家共勉。

第一，要把专业优势和社会发展结合起来。历史前进的车轮一刻也不会停下，我们必须用发展的眼光看待问题。昨天的优势在今天看来就可能成为劣势，机会也会稍纵即逝。广大留学人员在创新创业中，必须时刻跟上社会发展的脚步，把握最佳时机，让自身专业优势发挥到极致，这样才有可能步入成功者的行列。

第二，要把先进知识和国内实际联系起来。再先进的知识也不能自己转化成生产力。没有亲身的经历和体验，也很难把握国内的实际情况。广大留学人员在创新创业中，必须重新适应国内环境、融入社会，将掌握的先进科技与管理知识合理有效地与中国国情对接，这样才能使创新成果真正落地，让创业实践蓬勃开展。

第三，要把个人理想和报国梦想统一起来。中国梦是民族梦，也是包括留学人员在内的每一个中国人的梦。广大留学人员在创新创业中，必须始终高举爱国主义的伟大旗帜，把爱国之情、强国之志、报国之行统一起来，在回国创业、为国服务的实践中实现个人理想，在致力于中华民族伟大复兴的行动中体现人生价值。

（欧美同学会网站）

陈竺：留学人员是中国连接世界的重要桥梁和纽带

（2014年12月12日）

2014年12月12日，由欧美同学会企业家联谊会组织发起，欧美同学会·中国留学人员联谊会、中国留学人才发展基金会共同主办的第十三届中国企业实施“走出去”战略论坛在人民大会堂隆重召开。全国人大常委会副委员长、欧美同学会·中国留学人员联谊会会长陈竺出席开幕式并致辞。

陈竺指出，“走出去”战略，是世纪之交党中央在深刻分析国际国内形势的基础上，作出的关于中国经济社会发展全局和长远发展的重大战略决策。实施“走出去”战略，对中国在更大范围、更广领域和更高层次上参与国际经济技术合作和竞争，在更广阔的空间里进行经济结构调整和资源优化配置，更好地从全球获取资金、技术、市场、战略资源，提升我国经济的国际竞争力，增强经济发展的动力和后劲，促进经济的长远发展，都具有非常重要的意义。经过十多年的探索和努力，我国“走出去”战略取得了丰硕成果，2013年我国进出口贸易总额突破4万亿美元，居全球第一，对外直接投资由2002年的27亿美元，增至2013年的1078亿美元，提高了近40倍，对外直接投资存量超过6600亿美元，境外中资企业数超过2.5万家，据预测，今年我国对外非金融类直接投资有望突破1200亿美元，有可能超过同期吸引外国直接投资额，首次成为资本净输出国。这将是我国“走出去”的一个重要里程碑，许多中国企业，也在“走出去”的过程中，实现了自身的跨越式发展，中石化、中海油、联想、华为、吉利、百度、阿里巴巴等一批国内企业成长为国际知名企业，树立了中国企业在国际上的良好形象。

陈竺强调，当今世界是开放的世界，开放的中国离不开世界，世界的发展也需要中国。随着经济全球化区域一体化日益深入，世界各国在人文上相互融汇，经济上相互依存，中国经过30多年的高速发展，已经成为世界第二大经济体，以更加自信的姿态站在世界舞台。党的十八大提出，要全面提高开放型经济水平，加快“走出去”步伐，实行更加积极主动的开放战略，习近平总书记在多个重要国际场合表示欢迎世界各国搭乘中国经济发展的快车，并在今年北京APEC会议上，把“一带一路”提升到新的战略高度，这是新的国际和历史背景下，实施“走出去”战略的重大举措。在为中国企业“走出去”注入强劲动力的同时，也为中国企业提供了更加广阔的发展空间。然而，我们在看到机遇的同时，也要看到中国企业“走出去”，还面临着艰巨的挑战，尽管这些年，中国企业“走出去”突飞猛进，但从总体上看，仍处于起步阶段，中国对外投资存量，只占世界的2.5%，相当于美国的1/10，海外净资产只有日本的一半左右，与世界成熟的跨国公司相比，具备较强跨国经营能力的中国企业，仍屈指可数，需要特别指出的是，由于中国企业在“走出去”方面起步较晚，经验不足，许多企业在海外投资过，或难以顺利进行，或处于不利局面，或蒙受惨重损失，前不久发生的墨西哥撤销中国公司的高铁投标，就是深刻教训。不难看出，中国企业“走出去”和海外发展，还面临许多困难，我们还有很长的路要走，需要在长期的实践中不断探索、锻炼和成长。

陈竺指出，当前，国际形势正在发生新的深刻变化，全球金融波动风险持续上升，世界经济在低速增长中的不平衡更为明显，总体上仍处于缓慢复苏和格局重塑的过程中。面对错综复杂的国际形势，中国企业想要“走出去”并走稳、走好，需要具备多重要素，但最重要的还是人才，特别是留学人员当中，那些长期在国外公司工作，受到西方大公司环境熏陶和磨砺的人才，这些留学人员经过多年的海外历练，有在企业实践的成功经验，有放眼全球的国际眼光，既了解西方思维模式和商业规则，又了解中国实际和国内政策，能够把西方国际化准则与中国实际有机结合。在国际竞争、海外投资、跨国并购中发挥重要作用。他们是中国连接世界的重要桥梁和纽带，也是中国企业实施“走出去”战略的重要依靠力量。

陈竺强调，欧美同学会中国留学人员联谊会，是党联系广大留学人员的桥梁纽带，党和政府做好留学人员工作的助手，在实施“走出去”战略中拥有天然优势，可以发挥独特作用。我们要引导广大海内外留学人员，在三个方面发挥优势与作用：第一，要充分发挥对外联系广泛的优势，拓宽中国企业“走出去”的合作渠道。经验表明，是否拥有海外资源和渠道，是中国企业顺利“走出去”的关键，海外渠道越多，国际联系越广，实现国际间合作的成功率就越高。广大留学人员与国外联系密切，掌握众多渠道和资源，要在帮助国家引进技术、人才、资金、资源的同时，积极促进中外企业的联系与合作，协助中国企业开拓国际市场，开展跨国投资和经营，既要让中国企业“走出去”迈出步子，又帮助他们在海外站稳脚跟。第二，要充分发挥了解国际规则的优势。加快中国企业“走出去”的时间进程，开展和处理国际事务，需要遵行一定的规则，实践证明，如果不懂规则，就会深陷其中，造成时间和经济上难以估量的损失。广大留学人员具有国际化背景，了解国际惯例和规则，要在中国企业对外投资经营、合作等事务中，化繁为简，剥茧抽丝，为企业“走出去”扫清障碍，缩短进程，确保战略规划得以高效顺利的实施。第三，要充分发挥熟悉国外文化的优势，促进中国企业“走出去”的文化融合。由于历史发展和所处环境的不同，每个国家都有自己的文化，国与国之间在文化理解之间的差异，容易产生分歧，成为阻碍中国企业“走出去”的壁垒。广大留学人员具有海外生活经历，熟悉国内外的人文历史、风土人情，具有牵线搭桥，助力解困的天然优势，要在帮助中国企业进入、立足、发展的同时，讲述好中国故事，传播好中国声音，增进与所在国人民之间的了解和友谊，推动两国文化的融合与发展，为中国企业“走出去”营造更加有利的国际环境。

（国际在线）

韩启德：致海内外留学人员新春慰问信

（2014年1月29日）

2014年1月29日，在2014新春佳节即将来临之际，全国政协副主席、欧美同学会·中国留学人员联谊会会长韩启德发表新春慰问信，向海内外留学人员及其亲人致以诚挚问候和节日祝福。

韩启德在慰问信中说，2013年是我国改革发展进程中不平凡的一年。面对错综复杂的国际形势和艰巨繁重的国内改革发展稳定任务，全国各族人民在中国共产党的领导下，沉着应对，攻坚克难，全面推进社会各项事业深入发展，在全面建成小康社会的征程中取得了可喜的成就。这些成就中也凝结着海内外广大留学人员的智慧和力量。

2013年欧美同学会迎来了百岁华诞，中共中央总书记、国家主席习近平出席欧美同学会成立100周年庆祝大会发表的重要讲话在国内外产生热烈反响，海内外留学人员组织及留学人员迅速掀起了学习、宣传、践行习近平总书记讲话的热潮。10月24日，两万五千余名在德留学人员怀着激动的心情致信习近平总书记，表达了他们为实现中华民族伟大复兴中国梦而努力奋斗的信念和决心。近日，习近平总书记复信勉励广大留学人员要志存高远，脚踏实地，刻苦攻读，积才广学，以所学报效祖国和人民；希望广大海内外学子秉持崇高理想，在中国人民实现中国梦的伟大奋斗中实现自身价值，努力书写无愧于时代的华彩篇章。“短短的两个多月，习近平总书记再次对留学人员寄予希望、提出要求，充分体现了党和政府对留学人员的高度重视和亲切关怀，令留学人员倍感荣光，深受鼓舞，更感责任重大，使命光荣。”韩启德在慰问信中表示。

面对新的一年，韩启德希望广大留学人员继续按照习近平总书记提出的“坚守爱国主义精神、矢志努力学习、奋力创新创造、积极促进对外交流”希望和要求，把爱国之情、强国之志、报国之行统一起来，投身留学报国的光荣事业，为全面建成小康社会、实现中华民族伟大复兴中国梦贡献智慧和力量。

（《人民政协报》）

韩启德：打破体制机制阻碍，加快小微科技型企业发展

（2014年4月18日）

2014年4月16日至18日，全国政协副主席、九三学社中央主席韩启德率九三学社中央调研组在北京就中小微科技企业发展和市场配置科技资源工作进行调研。韩启德一行先后考察了京微雅格科技有限公司、安进医疗科技有限公司、国家半导体照明工程研发及产业联盟、拓尔思信息技术股份有限公司、北京创客空间、三大不六文化传播有限公司、赛林泰医药技术有限公司、龙信数据有限公司、旷视科技公司等企业。韩启德与企业负责人进行座谈，听取企业经营和发展情况介绍，肯定所取得的成绩，详细询问面临的困难和相关诉求，察看办公区域并与公司员工交谈，了解员工日常工作情况。

18日下午，韩启德一行与北京市科委、市经信委、市财政局、市知识产权局、中关村管委会，以及有关企业代表在中共北京市委进行座谈。韩启德对中共北京市委给予调研活动的大力支持致以感谢。他指出，本次调研直接地气，很有收获，在一组组年轻的创业团队身上，看到了中关村满载的活力与希望。要加快小微科技企业发展，大力促进我国的科技创新事业发展，的确要紧抓人才引进、金融支持、成果评价、市场培育四个关键环节，其中，如何切实降低企业负担、留住人才；如何建立面向高校院所科研人员的激励机制，加快成果转化，鼓励自主创业；如何发挥银行作用，探索支持小微企业发展的金融产品创新；如何提高技术交易的效率和专业化程度，形成从技术研发到产品上市各环节市场化、专业企业接力、风险分担的理想格局等问题亟待研究解决。韩启德强调，问题的核心在于如何打破体制机制的阻碍，真正发挥市场配置科技资源的决定性作用。

（人民政协网）

韩启德：充分发挥市场在配置科技资源中的作用

（2014年9月16日）

2014年9月，全国政协副主席、九三学社中央主席、中国科协主席韩启德在2014年第18期《求是》杂志上发表署名文章。文章指出，在技术创新中更加注重分发挥市场的作用，把更多的技术创新资源以市场手段配置给这些活力四射的民营企业，一定会创造出更大、更好的业绩。全文如下：

中共十八届三中全会提出：“经济体制改革是全面深化改革的重点，核心问题是处理好政府和市场的关系，使市场在资源配置中起决定性作用和更好发挥政府作用”，并提出科技体制改革的主要目标和任务是“发挥市场对技术研发方向、路线选择、要素价格、各类创新要素配置的导向作用”。我国的财政科技投入从1978年的52.89亿元增加到2012年的5600.1亿元，35年间增长超百倍，有力推动了科技事业的快速发展和整体科技实力的显著提升。但是，科技

资源配置过度行政化、分散重复、封闭低效的问题也随之日益凸显。我们必须深入思考如何落实十八届三中全会对科技体制改革提出的要求，在科技资源的配置中充分发挥市场作用，让全社会创新活力竞相迸发。

一、由市场来评价技术创新项目，构建有利于发挥市场作用的技术创新政策体系

在技术创新和应用研究领域，我们实施了863计划、国家科技支撑计划、科技重大专项等科技计划，设立了科技型中小企业技术创新基金、科技型中小企业创业投资引导基金，出台了企业研发费用加计扣除、高新技术企业税收优惠等诸多优惠政策，有力地推动了科技与经济的结合，强化了企业在技术创新中的主体地位。但时至今日，我们很多产业竞争力不强、核心技术受制于他人，仍然是不争的事实。这与过度行政化的科技资源配置方式不无关系。譬如，由于政府与市场的关系没有完全理顺，在科研项目的具体组织实施过程中，常常存在对政府科技投入边界把握不当的现象，许多应由市场决定的技术研发方向、开发项目和产品、技术路线由政府直接决定，结果往往事与愿违。现实中由政府决定技术研发项目失败的例子并不鲜见，许多研发项目花了不少钱，也出了不少样品和成果，但由于脱离市场和实际，难以转化，更谈不上市场化和产业化，导致科技资源的巨大浪费。与此形成鲜明对比的是，那些遵循市场规则开展技术创新、由市场发挥资源配置作用的民营科技企业，却显示出蓬勃的创新活力。我们在近些年的调研中看到，活跃在北京中关村及其他一些高新技术园区的民营科技型小微企业和各类创新主体，如创新工场、3W咖啡、创客空间等创新孵化器孵化的科技型小微企业，在市场竞争中脱颖而出，许多科技型小微企业拥有世界先进技术，并在政府的政策引导和支持下不断发展壮大。这促使我们反思，如果我们在技术创新中更加注重发挥市场的作用，如果能把更多的技术创新资源以市场手段配置给这些活力四射的民营企业，一定会创造出更大、更好的业绩。

为此，要构建有利于发挥市场作用的技术创新政策体系。要适当控制政府在产业应用技术方面的投入，减少对企业技术研发项目的资助，把省下的经费用于减免科技企业税收，更多地采用普惠性政策调动企业和社会的创新积极性。发挥市场对科技成果的评价和筛选作用，更多地实行“后补助”政策，把政府支持的重点放在那些有应用价值、有市场前景的技术成果上，使那些做出业绩的企业、特别是那些创新业绩好但处在成长期的小微企业能够得到政府的支持。进一步细化落实政府采购政策，发挥政府采购对科技创新的激励作用。此外，应改变以往对技术创新偏重于采用无偿资助的做法，更多地采取引导基金、购买服务、“项目贷款制”等支持方式。这样，既解决了企业急需的创新资金问题，又提高了财政投入效率，还维护了公平竞争的市场环境。事实上，许多国家都采取类似的资助方式，如加拿大的技术伙伴计划、以色列的国家产业开发基金、德国的小型技术企业参与基金等，我们应学习和借鉴国外这些好的经验和做法。

二、完善技术创新链条，大力发展科技服务业

长期以来，我们往往将技术创新简单地理解为由科研单位和生产企业实施的技术研发及成果转化推广过程。事实上，从产品研发到走向市场，需要一大批从事中间环节开发的科技型企业和机构，这些参与各个创新环节的企业，在不断退出、不断进入的过程中，一环扣一环、接力赛似的将“初级”创新产品向最终成熟商品推进。新药的研制是这方面典型的例子。在美国，上市一个新药，平均研发成本高达12亿—20亿美元，耗时长达12—15年。这是任何一个企业都难以单独完成的，即使是国际制药业巨头，也多靠收购后期研发成果，并在此基础上完成最后产品的开发。他们还将研发工作大量外包，既可以加快研发进程，又可以在产品附加值不断得到增加、利润得到分享的同时，使风险得到分担。

科技成果的转化还离不开各类科技服务企业和机构的参与。以美国硅谷为例，那里聚集了大批从事研发设计、检测认证、知识产权、创业孵化、市场推广等各类服务型小微企业。在当代，发达的科技服务业是技术创新体系中不可或缺的组成部分，只有在科技服务业发展壮大的基础上，技术创新才能得以实现，成果才能得到转化。科技服务业不发达，是我国技术创新的一个突出短板，也是我国技术创新能力不强、成果转化率低的一个重要原因。因此，我们要采取切实措施，大力扶持科技服务业的发展，特别要支持小微科技型服务企业和新型研发组织的发展。

在培育和扶持科技服务业发展中，要特别注重发挥市场的作用。科技服务企业的活力来自市场竞争，要通过市场机制来合理配置资源，以此推动科技服务业的形成、发展和完善。要把大量由政府开展的科技服务业务（如检验检测、评估、鉴定等）推向市场，政府应将工作的重点放在规范制度、提供服务、加强监管等方面。现在不少原来隶属政府的科技服务事业单位、企业和机构，虽然名义上与主管部门脱了钩，但事实上并没有真正脱钩，政事不分的情况依然严重，不少事业单位（机构或企业）借助政府搞市场垄断，甚至搞变相的行政审批。要下决心解决这个问题。

要放宽科技服务型企业的准入。科技服务业已经并将继续涌现出各种各样的新型业务、新型业态和全新的企业组织形态。由于它们与传统服务业不同，如果严格按照我国现行工商登记注册制度和市场管理规定进行注册、登记和管理，就必然出现许多科技服务企业难注册、难登记、难开展业务的情况。我们在调查中发现，某地一家从事检验检测的公司能够顺利拿到欧美国家多项准入资质，却无法获得国内相应的准入资质。要尽快改变这种状况，学习发达国家先进的科技服务业管理办法，修改和完善科技服务业的注册登记办法以及相关的工商管理政策，放宽市场准入，为科技服务业的发展提供良好的政策环境。

要为科技服务业的发展提供优惠政策。这些政策包括：实行科技服务企业享受与高新技术企业同等的税收优惠政策；特别注重扶持小微科技企业，通过税收优惠和风险补偿等手段，引导创业投资真正投向初创期科技型小微企业；加大对新兴业态科技服务机构创业者的支持，鼓励其做大做强；支持人才培训机构、行业协会、高等院校、科研院所等各类主体建立科技服务人才培养基地，推动科技服务业理念和有关教学内容进入学历教育体系，培养大批科技服务人才；适当放松科技服务领域外资进入限制，引进一些知名科技服务企业，通过示范和带动作用促进我国科技服务业整体水平提升。

三、加强科技资源配置的统筹协调和公开透明，用好政府这只看得见的手

我国现行的科技管理体制存在严重的多头管理、部门分割、缺乏统筹的问题。目前，中央财政科技投入的分配管理涉及多个部门和单位。各个部门都设立了名目繁多的科技

计划和项目，各部门之间又难以统筹协调，导致科研重复立项、科技资源配置分散和浪费。

与此同时，科技资源分配的公开透明度也亟待提高。根据九三学社近年所做的万份问卷调查显示，82.5%的科技人员认为在科技经费分配、成果评估和评奖过程中行政的操控权过大。中国科学院科技政策与管理科学研究所课题组针对8000余位科研人员所做的科研环境状况调查也显示，对于本地区政府部门科研资助机制，除32%的科研人员没有给出明确判断外，选择“整个资助机制公开、透明”选项的人员比例不到5%，而认为“过程非常不透明，各种潜规则非常严重”的比例达13%，另有30%科研人员认为存在一些不公正和不合理的地方，“但不是很严重”。

我们看到，新近发布的《国务院关于改进加强中央财政科研项目和资金管理的若干意见》明确提出，要在现有各类科技计划（专项、基金等）科研项目数据库基础上，按照统一的数据结构、接口标准和信息安全规范，在2014年底前基本建成中央财政科研项目数据库；2015年底前基本实现与地方科研项目数据资源的互联互通，建成统一的国家科技管理信息系统，并向社会开放服务。这些举措对于减少科技资源分割和重复立项非常必要，要扎实推进并取得实效。更重要的是，要彻底解决科技资源配置分散和分配不公的问题，科技管理相关部门应当彻底从直接分配资源的事务性工作中解脱出来，专心于制定宏观科技政策、监督科技计划实施以及评估科技投入绩效等，把项目确定、资金拨付、运行管理等各项权能交给独立的第三方专门机构承担。为此，应统筹规划科技资源整体布局，进一步明确国家各类科技计划、专项、基金的定位和支持重点，建立评估、调整和中止机制。同时，通过现代信息技术和监督管理机制建设，提高科学家和社会公众在公共科技决策和项目组织实施过程中的参与程度，增强科研项目及经费信息的公开透明程度。

目前我国行业共性技术和关键技术创新主体缺位，一些原来从事行业共性技术研发的科研院所转制后变为企业，没有从事共性技术研发的动力，而国家对这些企业从事的共性关键技术研发的支持又不稳定，导致我国行业共性技术和重大关键技术开发落后，并严重制约了基础产业的技术进步。行业共性技术和重大关键技术属于竞争前领域，不能完全由市场推动，必须发挥政府的主导作用。为此，应加大政府对行业共性关键技术研发的统筹协调与支持力度，包括统筹协调各行业、各部门，在科学家、企业家的广泛参与下确定行业共性技术和重大关键技术的研发方向、路线等，改革现行资助方式，加大支持力度，完善监督管理制度等。对于基础研究资源的配置，虽然不能完全由市场决定，但也要避免政府不适当的干预。政府要做的是增加对基础性研究的投入，制定科学合理的管理政策。要完善同行评审机制，建立更加公平、公正、公开和科学合理的科研评价体系，让资源更多分配给真正能出成果的科研团队。

（《求是》）

万钢：用国家发展和事业前景吸引海外人才来中国

（2014年6月30日）

2014年6月30日，全国政协副主席、致公党中央主席、科技部部长万钢会见了人力资源和社会保障部副部长、国家外国专家局局长张建国一行，听取引进外国人才工作情况汇报，并就致公党与国家外国专家局及其他部门共同开展好“外国高端人才引进现状”调研进行座谈。

万钢指出，一个真正的世界强国，一定是人才自由流动的国家。吸引海外高层次人才来中国工作，并真正实现习近平总书记所要求的“来得了”“待得住”“用得好”“流得动”，对于建设创新型国家，提升我国国际地位具有十分重要作用。要用国家的发展和事业的前景来吸引人才，要创造宽容和信任的环境来留住人才。作为具有“侨”“海”特色的参政党，致公党长期关注我国的人才引进政策和人才引进现状。2014年，致公党中央选择以“外国高端人才引进现状”为调研主题，就是希望能够通过实地调研和访谈，了解我国在引进外国专家过程中存在的问题和困难，并提出针对性的政策建议，进一步创造环境，吸引外国高端人才来华工作。

（中国网）

万钢：优化科技资源配置，实施创新驱动发展战略

（2014年8月13日）

2014年8月13日，全国政协副主席、科技部部长万钢在《人民日报》上发表题为《优化科技资源配置，实施创新驱动发展战略——深入学习贯彻习近平同志关于实施创新驱动发展战略的重要论述》的署名文章。全文如下：

党的十八大以来，中共中央总书记习近平同志围绕实施创新驱动发展战略发表了一系列重要讲话。日前，习近平同志在中国科学院第十七次院士大会、中国工程院第十二次院士大会上发表的重要讲话进一步对实施创新驱动发展战略作了深刻阐述，强调“我国能否在未来发展中后来居上、弯道超车，主要就看我们能否在创新驱动发展上迈出实实在在的步伐。”他还强调，“要让市场在资源配置中起决定性作用，同时要更好发挥政府作用，加强统筹协调，大力开展协同创新，集中力量办大事，抓重大、抓尖端、抓基本，形成推进自主创新的强大合力。”深入学习贯彻这些重要讲话精神，要求我们进一步优化科技资源配置，实施好创新驱动发展战略，使科技通过创新加快向现实生产力转化，为经济社会发展提供强大支撑。

一、实施创新驱动发展战略必须优化科技资源配置

习近平同志指出：“实施创新驱动发展战略，最根本的是要增强自主创新能力，最紧迫的是要破除体制机制障碍，最大限度解放和激发科技作为第一生产力所蕴藏的巨大潜能。”他强调：“要着力从科技体制改革和经济社会领域改革两个方面同步发力，改革国家科技创新战略规划和资源配置体制机制”。这表明，实施创新驱动发展战

略，一个重要方面就是深化科技体制改革，优化科技资源配置。

改革开放以来，我国科技体制改革一直围绕促进科技与经济结合这个关键问题展开，科技资源配置市场化的效率逐步提高。近年来，我国在优化科技资源配置方面的改革主要集中在以下方面。

注重发挥好国家战略规划的引导作用。2006年出台《国家中长期科学和技术发展规划纲要》，确定发展方向和重点任务，引导市场预期，鼓励和支持企业围绕国家战略需要配置资源。2008—2013年，中央财政共投入国家科技重大专项（民口）823亿元，带动企业和地方投入1400亿元，围绕产业链进行系统部署，集中力量突破一批关键共性技术，研发一批具有自主知识产权和市场竞争力的重大战略产品，解决了我国经济社会发展中众多的“短板”问题和“卡脖子”问题，新技术、新产品创造的新产值累计1.2万亿元。

注重发挥好宏观政策的导向作用。灵活运用财税、金融、投资等政策工具，激励各类市场主体加快创新步伐。2012年度企业享受研发费用加计扣除政策减免税突破430亿元，超过政府任何单项科技计划年度的投入。2013年，科技型中小企业创新基金投入46亿元，风险投资及私募股权投资对科技企业投资356亿元，带动社会投资1900亿元，科技型中小企业信贷总额超过6300亿元。

注重创新创业的载体和环境建设。中央和地方合力推进国家高新区的改革与发展，为科技创新创业搭建核心载体、营造良好环境。在国家自主创新示范区和高新区内，企业的研发支出、授权专利都超过全国企业1/3，新产品销售占其产品销售总额的1/3。2013年国家高新区总收入达20万亿元，工业增加值占到全国的16%，平均能耗一直比全国平均水平低近40%。

注重从需求侧培育新兴市场。比如，在培育发展战略性新兴产业中，国家通过组织实施“十城千辆”“十城万盏”“金太阳”等创新成果应用示范工程，激发市场应用潜力，持续扩大市场应用规模。全国已推广各类节能和新能源汽车6.8万辆，应用LED灯具年节电超过20亿度。

通过优化科技资源配置的一系列重大改革措施，我国在技术创新领域形成了科技资源配置的新格局，为实施创新驱动发展战略奠定了坚实基础。

形成市场导向机制，强化企业的主体地位。2013年，我国全社会研发支出达到1.19万亿元，研发支出占国内生产总值的比重达到2.09%。研发支出中企业占比达76%，企业研发支出是2006年的4.3倍。目前，我国研发人员总量达360万人年，其中企业研发人员占到77%。国内有效发明专利达59万件，是2006年的8.1倍，其中企业发明专利超过55%。全国技术交易额从《科技进步法》修订前的2200多亿元，快速增长到2013年的7469亿元，其中80%以上的技术成果交易是在企业间完成的。企业创新投入增长，加快了新技术、新产品的产出，也有力地促进了先进适用技术的转移和扩散。由此可见，通过优化科技资源配置，我国企业技术创新更加活跃、更加高效。

使国家有更多财力集中于打基础、攻关键、利长远的重大战略问题、基础科学和前沿技术研究。当前，中央财政科技投入更加集中于战略高科技、基础研究、重大关键共性技术和农业科技的发展，更加注重环境、健康和防灾减灾等民生事业的发展。中央财政对基础研究的投入从2008年的170.2亿元增加到2013年的362.9亿元。

促进科技资源的有效使用，显著提高了国家的科技创新能力。去年国家科改领导小组先后动员8000多人次中外专家开展了中长期科技规划、国家重大科技专项和中外技术竞争的调查工作。在参与调查的十大领域、1149项关键技术中，195项（17%）已经达到国际领先水平，355项（31%）与国际先进水平同步或相差不大，还有599项（52%）与国际先进水平有较大差距，处于跟踪阶段。我国技术水平的基本格局从全面跟踪逐步向领跑、并跑和跟跑三者并存转变，成为具有重要影响的科技大国。

二、科技创新的新态势要求进一步优化科技资源配置

习近平同志指出：“进入21世纪以来，新一轮科技革命和产业变革正在孕育兴起，全球科技创新呈现出新的发展态势和特征。”他强调：“传统意义上的基础研究、应用研究、技术开发和产业化的边界日趋模糊”“科技创新活动不断突破地域、组织、技术的界限，演化为创新体系的竞争，创新战略竞争在综合国力竞争中的地位日益重要。”我们深深体会到，科技创新和产业竞争已成为当今各大经济体最难把握而又必须面对的战略必争之地。

当前，新一轮科技革命和产业变革的方向日益清晰，全球创新竞争日趋激烈，人才、资本、市场、专利等成为世界各国竞相争夺的战略资源，科技创新与金融资本、商业模式融合更加紧密，正在推动全球产业变革加速进行。我们要积极迎接新科技革命和产业变革带来的新挑战，坚定不移地走中国特色自主创新道路，抓住机遇，充分利用好国际国内两大资源、协调好市场和政府两大力量，优化科技资源配置，构建高效的科技供给体系，努力实现更多核心、关键、共性技术的突破，把创新驱动发展的战略主动权掌握在自己手中。

新形势下，实施好创新驱动发展战略，要围绕优化科技资源配置中的突出问题深化改革。当前，我国与发达国家相比，科技成果管理体制落后，科技投入分散，开放共享程度低，资源使用效率低，这些问题是科技体制改革中的“硬骨头”。造成这些问题的原因是多方面的，但主要有以下几个方面。

政府与市场的关系尚未完全理顺。从目前实际情况来看，政府的科技宏观导向和激励作用发挥不够，而在科技项目监管等微观管理上介入过多过细，影响了企业面向市场的自主决策和协同合作，导致企业对基础研究的投入偏少，原创能力偏弱。

科技成果转化存在体制障碍。高校、科研院所科技成果转化被等同于国有资产处置，事业法人单位没有对成果的处置权、收益权和支配权，因此缺乏将科研成果转化为新技术、新产品的主动性和积极性。

科技资源配置和管理体制不顺。部门、机构间科技资源配置分散且信息不通，导致科研仪器设备等科技资源重复购置和封闭运行，跨机构、跨地区的开放共享不足，利用效率低下，闲置现象突出。

科技创新服务体系不完善。突出表现为对知识产权创造、保护、管理和应用各环节的服务能力不足。网络化、市场化、社会化的科技创新服务体系建设还没引起全社会的足够重视，发展水平较低，知识产权保护不力，服务能力较弱，还不能适应多样化的市场需求。

三、通过优化科技资源配置为实施创新驱动发展战略提供有力保障

党的十八届三中全会《决定》和习近平同志在两院院士大会上的讲话，为下一步实施创新驱动发展战略、深化科

技体制改革指明了方向，明确了重点任务。深入学习贯彻习近平同志重要讲话精神，要加快创新驱动发展战略的顶层设计，进一步深化科技体制改革，加快转变政府职能，优化科技资源配置方式，大力推动协同创新。具体地说，要在以下几方面取得突破。

加大科技投入，提高管理水平。进一步加大财政科技投入，并调整和优化财政科技投入的结构。贯彻《国务院关于改进加强中央财政科研项目和资金管理的若干意见》，加大对基础研究、前沿探索、战略高科技和农业、生态、环保、健康等社会公益领域的科技投入，加强科技管理改革与创新，逐步形成重点突出、持续稳定的支持机制。发挥财政投入的杠杆作用，引导金融资本、社会资本对创新的投入。围绕国家战略和社会关注，如落实《加强大气污染防治科技支撑工作方案》，突出重点地区雾霾成因、源头治理、节能减排、健康影响等科研工作。加快推广应用新能源和电动汽车等先进技术。

加快推动公共科技资源开放共享。制定推进科技资源开放共享的管理办法，编制科技资源开放共享目录。制定国家大型科研基础设施向社会开放的改革方案，出台国家重大科技基础设施管理办法，提高高校、科研院所科研设施开放共享程度，鼓励国家科技基础条件平台对外开放共享和提供技术服务。建立国家科技管理信息系统，继续推进科技计划（专项）信息的互联互通，实现系统集成。推动建立中央财政科研项目数据库，实现科研信息开放共享。完善国家科技报告制度，着力扩大国家科技计划科技报告试点范围，推动部门、地方开展科技报告工作。

进一步完善技术创新市场导向机制。明晰政府与市场的边界，更加尊重市场规律，充分发挥市场对技术研发方向、路线选择、要素价格和各类创新要素配置的导向作用。落实《国务院办公厅关于强化企业技术创新主体地位 全面提升企业创新能力的意见》，深入实施国家技术创新工程，进一步完善和落实激励企业创新的普惠性政策，如改进和规范研发费用计核办法，加大企业研发费用税前加计扣除、研发设备快速折旧等政策落实力度。同时，改革产业化目标明确的技术创新项目形成机制，鼓励和引导企业结合国家战略和市场需求开展技术研发。推进后补助试点，逐步建立“企业决策、先行投入、协同攻关、市场验收、政府补助”的组织实施机制。加快《科技成果转化法》修订，着力挖掘创新供给和创新需求两个方面的潜力，完善科技成果处置权和收益权制度，打通科技与经济之间的关卡。

提高企业配置科技资源的能力。在明确定位和标准的基础上，在行业骨干企业优先建设国家重点实验室、国家工程（技术）研究中心等研发平台，鼓励产学研结合、大中小企业组成产业技术协同创新联盟。支持企业与科研院所、高校联合开展基础研究，推动基础研究与应用研究紧密结合。在共同研发产品的过程中，形成分工明确、风险共担、利益共享的创新链和产业链，分享市场创新的红利。

加快建立协同创新机制。围绕产业链部署创新链，围绕创新链完善资金链，营造开放协同高效的创新生态。深化科研院所改革和高校科研体制改革，推动建立权责清晰、优势互补、利益共享、风险共担的产学研紧密合作机制。加强创新型人才队伍建设，健全科技人才流动机制，鼓励科研院所、高校和企业创新人才双向交流，健全人才分类评价激励机制，使一批技术创新的先行者脱颖而出。加强知识产权运用和保护，引导科技成果转化各类主体建立利益共享、风险共担的知识产权利益机制。

加快推进科技金融有机结合。扩大科技型中小企业创业投资引导基金、小微企业融资担保资金的规模，加大中小企业发展专项资金对技术创新的支持力度，引导创业投资和社会资本加大对科技型中小企业的支持。建立新型科技创新投融资平台，为不同发展阶段的科技企业提供多样化的投融资服务。创新符合科技型中小企业成长规律和特点的新型科技金融产品、组织机构和服务模式。扩大科技支行、科技担保、科技小贷、科技保险等科技金融专营服务机构规模。

（《人民日报》）

万钢：增强自主创新能力，深化国际科技合作

（2014年10月25日）

2014年10月25日，由国家科技部和上海市人民政府共同主办的2014浦江创新论坛在上海开幕。全国政协副主席、科技部部长万钢在作题为“在实施创新驱动发展战略中协同创新，共享机遇”的主旨演讲时指出，党中央、国务院高度重视科技创新工作，要求敏锐把握世界科技创新发展趋势，进一步增强自主创新能力，以全球视野谋划科技创新，切实把创新驱动发展战略实施好。

万钢指出，在中央强有力的领导和部署下，中国科技创新与时俱进，为实现经济社会发展稳中有进、提质增效作出了重要贡献。十八大以来，党中央、国务院在科技领域部署实施了一系列重大改革举措，出台了《国务院办公厅关于强化企业技术创新主体地位全面提升企业创新能力的意见》，强化企业技术创新主体地位；出台了《关于改进加强中央财政科研项目和资金管理的若干意见》，强化中央财政科技经费管理，再造科研项目管理流程，调动科研人员积极性；出台了《关于加快建立国家科技报告制度的指导意见》，促进科学知识扩散普及、技术成果转移转化等。

万钢表示，中央最近批准了深化中央财政科技计划（专项、基金等）管理改革方案，中央财政科技计划将按照国家自然科学基金、国家科技重大专项、国家重点研发计划、技术创新引导专项(基金)、基地和人才专项进行布局，并构造新的管理体系。通过改革，将更加聚焦国家目标、更加符合科技创新规律、更加高效配置资源、更加强化科技与经济结合。

万钢强调，深化国际科技合作是推动协同创新，共享创新机遇的重要举措。近年来，中国积极参与多边国际科技合作和国际大科学工程，同发达国家和广大发展中国家建立了良好的创新合作网络。当前中国正处于经济结构调整、发展方式转变的关键历史时期，实施创新驱动发展战略需要更大范围、更深层次的合作，需要分享各国改革创新经验，在开放创新的合作中解决发展难题。

（新华网）

万钢：强化“海”的时代性，做好留学人员工作

（2014年10月31日）

2014年10月31日，致公党对外联络工作会议在重庆召开。全国政协副主席、致公党中央主席、科技部部长万钢出席开幕式并讲话。

万钢指出，致公党各级组织充分发挥自身特色与优势，不断创新工作思路，拓展工作领域，增强工作实效，为做好致公党的对外联络工作作出了积极的贡献。同时，他对致公党今后开展对外联络工作等方面提出了要求：要充分认识对外联络工作所面临的新形势和新机遇，践行“致公为公”宗旨、开创“侨海报国”新局面，做好“侨”“海”大文章；要在团结传统对我友好社团的同时，扩大与其他主流侨社的交往，突出“侨”的全面性；要敞开胸怀、广开渠道，强化“海”的时代性，做好留学人员工作；要完善“人心、力量、平台”三位一体的工作格局，积极参与台港澳工作；要紧跟形势发展，坚持做好未建交国家工作。

（中国政协网）

马培华：加快科技成果转化，实施创新驱动战略

（2014年4月23日）

2014年4月23日至25日，全国政协副主席、民建中央常务副主席马培华带领民建中央调研组，就“加快科技成果转化，促进创新驱动战略实施”到河南进行专题调研。

马培华一行先后到河南保税物流中心、郑州大学科技园和资源材料协同创新中心、新开普公司、汉威电子公司、洛阳中航锂电公司、中国船舶重工集团公司第七二五研究所进行实地考察，并召开座谈会，听取省市有关单位、高新技术开发区、高校、科研院所、科技企业的情况介绍，详细了解企业研发、技术创新、科技成果转化、体制机制建设等情况。马培华还与省直和郑州、洛阳两市民建会员进行座谈，听取对民建工作的意见建议。

马培华在座谈中指出，习近平总书记在今年全国两会期间参加上海代表团审议时强调，创新是引领发展的第一动力。前不久，中共中央、国务院印发了《关于深化体制机制改革 加快实施创新驱动发展战略的若干意见》。当前我国已经进入经济发展新常态，要实现转型升级，必须加快科技成果转化，大力实施创新驱动战略。

马培华谈了三点意见。第一，加强科技成果转化，实施创新驱动战略，是促进产业优化升级的迫切要求。在经济发展进入新常态下，要把创新驱动作为经济社会发展的内生动力，改变重数量、轻质量的发展观念，不断提升产业和产品的科技实力，促进经济转型升级。第二，要支持企业技术创新，提升企业的核心竞争力。政府要高度重视科技创新和成果转化，大力支持企业的研发工作，促进企业与高校开展合作，不断完善服务创新的平台，为科技型企业发展注入活力，打造更多有核心竞争力的企业。第三，解放思想、创新观念，破除影响创新驱动发展战略实施的体制机制障碍。克服惯性思维，优化科研院所科技成果转化的环境，制定更有利于科技人员发展的激励机制，更好地激发科研团队转化科技成果的动力，使得科技成果更多更快地转化为现实生产力。同时要继续完善支持企业技术创新的财税金融等政策，发挥企业在技术创新中的主体作用，大力培育创新型企业。

（《河南日报》）

马培华：为中小企业营造更好的发展环境

（2014年11月11日）

2014年11月11日，全国政协副主席、民建中央常务副主席马培华在《光明日报》上发表署名文章。全文如下：

大力培育和发展中小企业是中共中央、国务院全面分析当今世界经济格局大变革趋势，着眼于我国经济社会可持续发展做出的重大战略部署。我们必须用改革创新的精神、思路、办法破解中小企业转型升级中的瓶颈问题，为中小企业健康发展营造更加良好的环境，最大限度释放改革红利，推动中小企业创新发展。

一是促进科技与经济的紧密结合。加快发展中小企业，必须以转变经济发展方式和调整经济结构为主线，不断提高企业的创新能力和市场竞争力，探索支持中小企业发展的新途径、新方法、新政策，如试点中小企业知识产权政策、鼓励自主创新的研发经费补贴、推动中小企业参与国内外技术交流等，努力形成特色鲜明、优势突出、布局科学、结构优化的企业集群。要改善过去我们在计划经济条件下形成的知识产权战略，放开职务发明对知识产权专利在企业生根、开发、落户的束缚，赋予职务发明人相应的实施权。要动员社会各方面力量，加快建立和培育面向中小企业技术创新的服务体系，进一步加大企业技术创新工作力度，推动科技与经济结合，促进科技成果向现实生产力转化。

二是推动工业化与信息化的深度融合。“两化融合”是众多中小企业迅速提升竞争力、转型升级的现实需要。两

者的融合并不是简单的“1+1”，也不是盲目的资金投入，而是需要探索出一条既能提高效率又能合理控制成本的“两化融合”新渠道、新模式。缺资金、缺技术、缺人才是阻碍中小企业两化融合的三大原因，因此，要从政策支持和资金扶持角度、从人才培养与引进角度、从信息化服务角度，为企业提供国家政策法规、行业发展趋势、投融资渠道、科技成果、技术需求、企业管理、市场营销、人力资源等信息服务，覆盖从研发设计、生产制造到经营管理、市场营销的一体化产品和解决方案，帮助企业提高市场预测和快速反应能力，提高管理水平。

三是加快“四新”经济和“专精特新”中小企业发展。我国中小企业开展创新的潜力巨大，这里所说的创新，不仅仅是技术创新，还包括商业模式的创新、市场的创新、营销方式的创新、管理方式的创新、企业产品形式的创新、包装的创新等更广阔的含义。当前，要牢牢把握新产业、新业态、新技术、新模式，优化“四新”发展的市场化支撑体系，提升企业家的创新意识和战略思维，拓宽国际化视野，坚定走“四新”经济和“专精特新”发展之路，以核心技术或差异化的资源立足市场，以市场为中心推动创新，以产品横向延伸和国际化战略实现规模化发展。

四是营造良好的外部发展环境。目前我国中小企业面临的问题仍很突出，包括生产经营成本持续上升、市场需求萎缩、融资难等。但中小企业规模小、资金少、专业人才缺乏，无法完全依靠自身力量解决问题，迫切需要政府和社会提供专业帮助和指导。因此，要深入把握新形势下中小企业的发展特点和趋势，完善公共服务和管理方式，坚持“规划、主体、载体、项目、投融资、环境”等六要素综合统筹，合力营造有利的发展环境，激发内生增长动力，推动形成政府引导与市场主体相结合的发展机制。

五是构建完善的社会化服务平台。在现有服务体系和框架基础上，建立全覆盖的中小企业服务网络，对不同发展阶段的中小企业，特别是小微企业的服务需求进行分类，确定服务体系建设重点，加强对中小企业的运行监测，定期梳理分析、及时反映中小企业诉求。通过政府购买服务方式，充分发挥第三方服务机构作用，提供信息、技术创新和质量、创业、市场开拓、法律等各项专业服务，并建立服务评价机制。

六是形成畅通的融资渠道。密切关注企业融资需求和融资成本变化，发挥多层次资本市场融资功能，带动资金投向中小企业，特别是属于创业阶段的创新型中小企业。搭建融资服务平台，加强融资担保服务，鼓励银行开发支持企业技术创新的贷款模式、产品和服务，培育和发展创业板市场，促进私募股权投资、风险投资基金的发展，加强中小微金融服务，同时，鼓励非银行业金融机构在金融改革创新、服务中小微企业方面进行积极探索和大胆实践。

（《光明日报》）

王钦敏：激发中小企业创新活力

（2014年3月24日）

2014年3月24日至27日，全国政协副主席、全国工商联主席王钦敏一行来到甘肃省，就“中小微企业科技创新”等内容开展调研。

调研期间，王钦敏一行听取了省政府和省直有关部门支持中小微企业发展的情况汇报及意见建议；约请了部分企业进行深度访谈；出席了中小微企业座谈会；赴兰州高新技术产业开发区，走访了兰州海默科技股份有限公司、兰州南特数码科技股份有限公司等科技企业；出席了省工商联行业商会、投资机构及第三方服务机构座谈会，听取省企业家和商会就中小微企业技术创新发展的意见建议；实地考察了兰州驰奈生物能源有限公司、兰州高压阀门有限公司，访谈其产业链上下游的小微企业；深入兰州新区调研，并专门听取了甘肃省非公经济人士理想信念教育实践活动情况汇报。

调研中，王钦敏指出，党的十八届三中全会提出要深化科技体制改革，建立产学研协同创新机制，强化企业在技术创新中的主体地位，发挥大型企业创新骨干作用，激发中小企业创新活力。中小微企业科技创新涉及服务体系、创新能力、投融资环境、知识产权、人才建设等诸多问题，特别是公共服务平台建设、知识产权保护，对促进中小微企业提高自主创新能力至关重要。

王钦敏强调，激发中小企业创新活力，要强化企业在技术创新中的主体地位，企业要提高自主创新意识，加大对技术改造和新产品开发的投入，注重技术人才的培养和引进，增强对新材料、新工艺、新模式的推广和应用，加快转型升级。政府部门要加强对中小微企业技术创新的扶持和引导，切实落实已经出台的各项优惠政策，加快推进公共服务平台和信用体系建设，提高服务水平，解决企业技术研发经费不足、部门企业间信息不对称等问题，要进一步探索产学研相结合的路径和模式，加速推进科技成果转化，促进中小微企业做精、做专、做特、做新。各级工商联在全面深化改革过程中，要积极承接政府职能，始终坚持面向基层、重心下移，加快公共服务体系建设，包括技术服务体系、商务服务体系、投融资服务体系建设等，在为企业提供资金、技术、信息、培训、法律维权、参与公共服务平台建设等方面充分发挥作用，为促进中小微企业提高自主创新能力、加快转型升级作出贡献。

（《甘肃日报》）

王钦敏：争做创新创业创优的领跑者和生力军

（2014年5月8日）

2014年5月8日，首届中国青年企业家（共青城）发展峰会在江西省共青城市开幕。全国政协副主席、全国工商联主席王钦敏出席开幕式并讲话。

王钦敏在讲话中表示，中国青年企业家的成长关系着中国企业和中国经济的现在和将来；青年企业家有创新创造的梦想，有创业创优的信心，有敢为人先的勇气，有踏实进取的意志，中国拥有一大批有创造力、竞争力和影响力的优秀年轻企业家，全面建设小康社会目标的实现就有更加坚实的基础。

王钦敏指出，全面深化改革的重点是经济体制改革，核心问题是处理好政府和市场的关系，使市场在资源配置中起决定性作用和更好发挥政府作用。这抓住了我国经济体制最深层次的问题，体现了市场经济的发展规律和本质特征。这“两个作用”优势互补、相辅相成，必将最大限度激发各类市场主体创业创新活力，也将为广大青年企业家带来新的创新创业机遇，开辟广阔的创业创优舞台。广大青年企业家应该主动把握机遇，勇敢地站在时代创业的最前沿，用自己的智慧和勇气，为我国的社会经济建设贡献更大的力量。

王钦敏号召广大青年企业家按照习近平总书记5月4日在北京大学讲话中提出的要求，树立和培育社会主义核心价值观，“不要顺利的时候，看山是山、看水是水，一遇挫折，就怀疑动摇，看山不是山、看水不是水了”，并向广大青年企业家提出三点希望。一是希望广大青年企业家充分认识时代赋予的使命，自觉践行社会主义核心价值观，不断增强对中国特色社会主义的信念、对党和政府的信任、对企业发展的信心、对社会的信誉。二是希望广大青年企业家抓住机遇，勇于创新，不断超越，争做创新创业创优的领跑者和生力军。三是希望广大青年企业家积极参与社会公益和诚信建设，与时俱进地助力生态文明建设。

（《中华工商时报》）

王钦敏：技术创新是民营经济转型的关键

（2014年6月12日）

2014年6月12日，全国工商联十一届四次常委会议在哈尔滨召开。全国政协副主席、全国工商联主席王钦敏在会议上表示，实施创新驱动发展战略，以技术创新为切入点推进转型升级，不仅是全面贯彻落实十八大和十八届三中全会精神的具体体现，而且是加快转变经济发展方式的重要措施。

王钦敏指出，中小微企业占我国企业总数的99%以上，是技术创新的生力军，在国家实施创新驱动发展战略中具有十分重要的地位。当前，我国正处于全面深化改革和经济转型升级的关键阶段，一些涉及体制机制的深层次问题和矛盾还没有解决，市场配置资源的决定性作用尚未充分发挥，企业创新主体地位尚未完全体现，中小微企业技术创新环境有待改善，创新活力有待进一步释放，创新能力有待进一步加强。

王钦敏认为，广大中小微企业要不断提升自身素质和能力，自觉增强创新意识，注重了解把握支持企业技术创新的政策导向、政策规定，增强风险意识，增强知识产权保护意识，强化企业内部管理，增强企业预防、规避和化解风险的能力。要选择适合企业自身的技术创新路径，调研中发现的成功做法主要有聚焦专业领域实现自主创新、引进消化吸收再创新、依托产业集聚合作创新、运用网络新技术助推创新、内引外联协同创新等。

（《光明日报》）

王钦敏：增加促进创新的制度供给

（2014年12月19日）

2014年12月19日上午，由财新传媒主办、为期两天的第五届财新峰会在北京开幕。全国政协副主席、全国工商联主席王钦敏致开幕辞。

王钦敏在致辞中说，刚刚召开的中共中央经济工作会议明确提出，中国经济已进入“新常态”，正在向形态更高级、分工更复杂、结构更合理的阶段演化。具体表现为经济增速从高速增长转向中高速增长，经济发展方式从规模速度型粗放增长转向质量效率型集约增长，经济结构从增量扩能为主转向调整存量、做优增量并存的深度调整，经济发展动力从传统增长点转向新的增长点。为认识新常态、适应新常态、引领新常态，中央经济工作会议强调了八个“更加注重”，具体是：要更加注重满足人民群众需要，更加注重市场和消费心理分析，更加注重引导社会预期，更加注重加强产权和知识产权保护，更加注重发挥企业家才能，更加注重加强教育和提升人力资本素质，更加注重建设生态文明，更加注重科技进步和全面创新。面对新常态，经济发展必须转型、提质、增效，必须积极发现与培育新的经济增长点。

王钦敏指出，近年来，全球经济低迷加快了全球产业调整和转移。制造产业趋向高端化、智能化，高附加值环节集中在发达国家，低附加值环节转向发展中国家。同时，国际竞争优势不再取决于资源禀赋和低劳动力成本，科技创新和质量效益成为国际竞争的决定性因素，自主创新能力成为竞争制胜的核心。很多国家都把推动科技进步和创新作为国家战略，以求在激烈的国际经济竞争中取得主动权。

王钦敏强调，当前，我国科技创新型企业大多是中小微民营企业。新常态下的新改革，需要不断探索产业发展创新、发展模式创新、发展机制创新，进一步增加促进创新的制度供给。在政策导向上要进一步优化经济结构和产业生态；在政策支持上要进一步支撑实体经济和科技型小微企业创新发展。具体而言，一是要构建以税收减免等普惠性政策为主的支持方式，减轻企业负担，引导企业加大科研投入，加大研发费用加计扣除、高新技术企业税收优惠等政策落实力度。二是要加快推进科技与金融的深度融合，建立健全政府引导资金、种子基金、创业投资基金、科技小额贷款公司、金融租赁、融资担保、小型银行等多元化多层次的科技创新投融资体系，加强企业征信体系和信息化建设，推动民间资本进入科技创新领域。三是要强化企业的创新主体地位，促进科技成果的商业化和产业化，建立有企业和行业商（协）会介入的市场化科技成果评估体系，提高成果转化率，降低资本投入科技创新风险。四是要加快培育公共技术服务平台，走市场化、专业化发展道路，满足行业技术创新的共性需求。

（财新网）

白春礼：创新，让更多人成就梦想

（2014年1月8日）

2014年1月8日，中国科学院院长、党组书记白春礼在《光明日报》上发表署名文章。全文如下：

科技史上有几个著名的“预言”。100多年前，德国物理学家普朗克的老师菲利普·冯·约利教授曾忠告他，“物理学基本是一门已经完成了的科学”。1899年，美国专利局局长断言，“所有能够发明的，都已经发明了”。IBM董事长老沃森也曾预言，“全球计算机市场的规模是5台”。今天看来，这些预言非常可笑；但这些人都是那个时代本领域最杰出的人才。他们预言的失败，不是因为短视，而是因为社会经济发展的需求动力远远超出了所有人的预测，人类创新的潜能更远远超出了所有人的想象。

今天，我们可以在几分钟之内就了解到发生在地球另一端的新闻事件，可以随时随地和世界任何角落的人进行通信交流、研讨工作、召开会议，也可以在家里购买自己喜欢的商品。创新，推动了这样一个前所未有的历史巨变，改变了我们的生产方式、生活方式；创新，也让很多人梦想成真。

柳传志和联想，马云和阿里巴巴，是中国人在这场世界性创新浪潮中创造奇迹的两个代表。30年前，柳传志带着11个人和20万元资金，从中科院计算所在中关村的一间小平房起步；今天，联想已经成为全球第一大PC厂商和全球500强企业。15年前，马云创办了阿里巴巴；今天，阿里巴巴的估值已达1000亿美元，今年“双十一”，淘宝、天猫购物交易额又创新高。他们的成功，除了自身独特的企业家气质外，更重要的在于，他们成功抓住了信息产业革命的机遇，成功利用了全球化背景下各种优质创新资源，成功实践于中国改革开放后无比广阔的市场。随着世界现代化的进程和新科技革命与产业变革的兴起，可以相信，未来，对怀着梦想创新创业的人，机遇会越来越多。

今天，包括中国、印度在内的20亿—30亿人将致力于实现现代化，许多发展中国家也在大力发展工业化。现代化的进程，将对能源、资源、食品、健康、教育、文化等各个方面提出极大的需求，也对现有的发展方式提出极大的挑战。破解发展难题，创新发展模式，根本出路在于创新。

从科技创新发展自身看，以绿色、智能、安全、普惠为特征，已成为主要趋势，并取得了一系列重大突破。

比如，科学家已经制造出“人造树叶”，比天然树叶的光合作用效率高10倍，这将为发展生物质能源开辟一条有效的途径。可以预计，可再生能源和安全、可靠、清洁的核能，将逐步替代化石能源，我们将迎来后化石能源时代和资源高效、可循环利用时代。

信息产业正在进入跨越发展的又一个转折期。智能网络、云计算、大数据、虚拟现实、网络制造等技术突飞猛进，将突破语言文字壁障，发展新的网络理论、新一代计算技术，创造新型的网络应用与服务模式等。

先进材料和制造领域已能够从分子层面设计、智能化制造新材料，过程将更加清洁高效、更加环境友好。3D打印已经开始应用在设计领域，满足个性化需求，大幅节约产品开发成本和时间，将带来制造业新变革。现在又提出来4D打印的概念和尝试。

合成生物学的重大突破，将推动生物制造产业兴起和发展，成为新的经济增长点。现在，科学家在实验室中已经实现首个“人造生命”，打开了从非生命物质向生命物质转化的大门。基于干细胞的再生医学快速发展，有望解决人类面临的神经退行性疾病、糖尿病等重大医学难题，引发新一轮医学革命。

在一些基本科学问题上也出现革命性突破的征兆。2013年诺贝尔物理学奖授予了希格斯粒子的发现，这对揭开物质质量起源具有重大意义。科学家对量子世界的探索，已经从“观测时代”走向“调控时代”，这将为量子计算、量子通信、量子网络、量子仿真等领域的变革奠定基础。我们对生命起源和演化、意识本质的认识也在不断深入。这些基本科学问题的每一个重大突破，都会深刻改变人类对自然宇宙的认知，有的还将对经济社会发展带来直接的、根本的影响。

综合判断，经济社会发展需求最旺盛的地方，就是新科技革命最有可能突破的方向。这是一个重要的战略机遇期，发达国家和后发国家都站在同一起跑线上。谁抓住了机遇，谁就将掌握发展的主动权。谁丧失了机遇，就会落在历史发展的后头。

我国改革开放30多年来，变化之大如天翻地覆，主要动力靠的是改革开放释放出的巨大能量。当前，我国经济社会发展处于重要的转型时期。一方面，资源驱动、投资驱动的发展方式，受到能源、资源、生态环境等方面的严重制约；另一方面，在产业链中的不利分工，也难以支撑经济在现有规模上的持续增长。

前不久召开的十八届三中全会，是全面深化改革的又一次总动员、总部署，也再一次强调要把全社会的创新活力充分激发出来。这是站在更高发展起点上的改革，是面向未来的改革，是增强经济发展的内生动力、走内涵式发展道路的必然选择。

作为一个科技工作者，我深切感受到，我们的科技创新与国家和全社会的期望还有很大差距。其中既有历史的原因，也有现在体制上的问题。我国科技创新起点不高、基础薄弱。记得1987年我从美国回来的时候，国内科研投入很少、研究条件也差，小到实验室所需的电阻、电容等器件，都需要自己到中关村电子一条街一家一家跑。那时我们的科研成果很少。90年代后期，这一状况才开始有所改变，但真正重大原创成果还是凤毛麟角。

现在我国科研条件大幅改善，研发投入2012年超过1万亿元，位居世界第二。我国发表的国际论文数量已升至世界第二，高水平产出明显增多，比如我们在中微子研究、量子反常霍尔效应、量子通信、超导研究等方面，都取得了一批重大原创成果。国际专利大幅增长，中兴、华为的申请数已位居世界前列。人才队伍整体能力和水平也在显著提升，越来越多的留学人员选择回国创新创业，据统计，近5年留学回国人员已近80万人。这些迹象表明，我国科技创新已经开始从量的扩增向质的提升转变。

从一些后发国家的经验看，科技赶超跨越一般都要经过20年左右的持续积累后，才能真正实现质的飞跃。按照目前的发展态势，我相信，再有十到十五年时间，我国科技创新可望实现质的飞跃。我们将有一批具有国际水平的科学家活跃在世界科技舞台，一些重要科技领域将走在世界前列，一批具有国际竞争力的创新型企业也将发展壮大起来。

实现这样一个发展图景，需要科技界共同努力，更需要全社会的大力支持。虽然我们的科技体制还存在很多制约发展的突出问题，需要我们以改革的精神、务实的态度去解决。更重要的是，我们要立足未来10—15年的发展图景，认真思考迫切需要解决的几个关键问题，未雨绸缪，做好充分准备。

第一，要推动科技与经济社会发展紧密结合，形成良性互动的机制。促进科技与经济结合，是深化科技体制改革的核心，也是落实创新驱动发展战略的关键。科技创新要坚持面向经济社会发展的导向，积极发挥市场对技术研发方向、路线选择、要素价格、各类创新要素配置等的主导作用，围绕产业链部署创新链，加强市场竞争前关键共性核心技术的研发。产业界特别是企业，要强化在技术创新决策、研发投入、科研组织和成果转化中的主体作用。通过建立定位明确、分工合作、利益共享、风险分担的产学研协同创新机制，着力解决科技创新推动经济增长的动力不足、应用开发研究与实际需求结合不紧、转移转化渠道不畅等问题，消除科技创新中的“孤岛”现象，提升国家创新体系的整体效能，在全社会形成强大的创新合力。

第二，要为新科技革命和产业变革做好前瞻布局。随着科学技术不断进步，从科学发现到技术应用的周期越来越短。在能源、信息、材料、空天、海洋等经济社会发展的关键领域，我们要加强前沿布局和先导研究，通过科技界和产业界密切合作、共同攻关，培育我国未来新兴产业的基础和核心竞争力。要推动基础研究与产业发展融合，加强原始创新能力建设。一直有人问我，基础研究有什么用？我想，庄子所说的“无用之用，是为大用”，明代徐光启所说的“无用之用，众用之基”，都是很好的回答。法拉第也曾表示，问基础研究有什么用，就好像问一个初生的婴儿有什么用。基础研究的“用”，首先体现在它对经济社会发展无所不在的作用，在我们现实生活中广泛使用的半导体、计算机、激光技术等，都是基础研究成果的实际应用。现在知识产权保护已从基础研究阶段开始，原始性创新是核心关键技术的源泉。基础研究还体现了人类不断追求真理、不懈创新探索的精神，也培育了创新人才，是现代社会文明、进步、发展的重要基石。

第三，要创造一个鼓励创新、支持创新、保护创新的社会环境。上世纪80年代，美国涌现出一批像比尔·盖茨、乔布斯这样的成功创业者，分析他们的成长经历，当时美国社会良好的创新条件和环境，起到了非常重要的作用。我们要从国家和社会两个层面，建立和完善公平竞争的法律制度体系、广泛的社会扶持政策和创新激励机制，提高全社会的知识产权意识，尊重和保护创新者的贡献与权益。只有这样，才能出现中国的比尔·盖茨、乔布斯，才能涌现出更多的柳传志、马云。

中国科技创新的跨越发展，不仅要依靠现在活跃在科研一线的科学家、工程师和企业家们，也要依靠下一代、下两代科学家、企业家。未来，是他们以中国科学家、企业家的身份站在世界创新的舞台上。失去这一两代人，中国将会失去未来。我们必须打破现有的利益格局，为培养下一代科学家、企业家做好充分准备，让一切优秀的、有潜质的、有抱负的青年人才，得到更好的培养和更广阔的舞台，让一切劳动、知识、技术、管理和资本的活力竞相迸发，让一切创造社会财富的源泉充分涌流。

这是一个创新的时代，是通过创新实现梦想的时代。中国科学院作为国家战略科技力量，将秉承“创新科技、服务国家、造福人民”的价值理念，与社会各界携手合作，共同谱写中国科技创新的新篇章，成就中华民族伟大复兴的中国梦。

（《光明日报》）

白春礼：新科技革命和产业变革与中国创新战略

（2014年5月24日）

2014年5月24日上午，第十六届中国科协年会在云南昆明开幕。中国科学院院长白春礼做题为“新科技革命和产业变革与中国创新战略”的大会特邀报告。报告摘录如下：

去年的9月30日，习近平总书记在中央政治局第9次集体学习会议的时候讲到，新一轮的科技革命、产业革命正在孕育兴起，而且机会稍纵即逝，抓住了就是机遇，抓不住就是挑战。我们必须放眼世界科技革命和产业革命历史进程，把握新科技革命和产业变革的特征与趋势，要作出顺应潮流、符合国情的创新战略选择。

我们都知道，人类社会发展到今天一共发生过5次科技革命，其中2次是科学革命、3次是技术革命，3次技术革命带来了产业革命。在16世纪中叶到17世纪末，以牛顿为代表在物理学领域带来世界上第一次的科学革命。在18世纪中后期，以蒸汽机应用为标志的第一次技术革命也带来了世界上第一次的产业革命。19世纪中后期以电力技术为标志的第二次技术革命带动了电气汽车等产业的发展，催生了第二次产业革命。在上世纪初，以量子论、相对论为代表的科学突破引发了第二次的科学革命。从20世纪中后期开始，计算机信息网络的出现带来了第三次的技术革命，开启了第三次产业革命。

生产方式产生了巨大的影响。回顾这5次科技革命，我想是不是可以得到几个启示。第一个启示就是科学的先导。科学革命是技术革命和产业革命的先导和源泉。首先在某些科学领域有一些基本问题率先取得了突破，引发了一些群发性的系统性的突破，进而产生一批重大的理论和技术创新，也涌现出一批新兴的交叉前沿方向的领域，最终会推动技术革命带来了产业的革命。李政道先生曾经有过一个很有趣的比喻，他说科学技术和工程或者说技术研究、应用研究和产业开发相当于水、鱼和鱼市场，说如果没有科学之水，就难以养活应用之鱼，如果没有市场开发，人们也不能享受到科技所带来的成果。当然现在科学的发展有的时候并不仅仅意味着向前模式，所有的突破都来自于原来的科学革命，但是他对三个方面的比喻还是恰当的。

第一次科学革命引发了技术革命和产业革命。我们知道，科学革命产生了一些标志性的事件，在1962年英国皇家学会成立，这是从事科学理论研究传播最古老的学会，到目前也是唯一一个没有中断的运行学会。逐步形成近代自然科学体系，为蒸汽机等新技术发明奠定了科学和人才基础。广泛应用于采矿、冶炼、纺织、运输等行业将人从体力劳动中解放出来，引发第一次产业革命。

第二次科技革命是以相对论和量子论为代表，2005年爱因斯坦狭义相对论，之后又推出广义相对论，在20世纪30年代建立了一个比较完整的量子力学理论。尤其以物理学为先导带动了化学、生物、天文、地学等学科的革命性突破，也带来新技术的发明和广泛的应用，带动了原子能、无线电、半导体、航天、生物工程、信息网络等技术的突破等相应的产业革命。我们也说如果没有量子论，我们今天也没有现在半导体的工业和发展。如果没有DNA上结构模型的建立，这也是第二次科学革命的标志性成果，今天就没有生物技术、转基因技术，等等。

第二个启示就是双轮驱动。我们回顾科学发展史和回顾人类经济社会发展的时候可以看到，经济社会发展的需求驱动和科学技术内在矛盾的驱动是科技和产业革命两个强大的驱动力，所谓双轮驱动。二战时期，当时因为电子管体积非常之大，能耗又很高，而且不稳定，促使科学家和科研机构对半导体现象进行研究，就导致了晶体管的发明，也推动了半导体产业其后的发展。在19世纪末，经典力学碰到两个难解的问题，就是所谓以太说、紫外灾难，导致量子力学和相对论的产生，推动了第二次物理学革命，开辟了科学技术的新纪元。在自然科学体系内部，一些内在矛盾的驱动为了解决这个矛盾，就会产生一些新的理论，推翻了过去不成熟的理论，产生了新的科学革命。

第三个启示就是科技强国。我们知道，每一次科技革命和产业革命都会导致世界中心的转移，同时伴随着大国的兴衰，形成了国际竞争格局的大调整。比如英国，第一次科技革命发生在了英国，英国也抓住了第一次科学革命的机会。德国和美国抓住了第二次科学革命的机会，使德国19世纪中期跃升为世界工业强国，美国在19世纪末跻身于世界头号强国。日本抓住了第三次科学革命的机会，实现了经济腾飞，从1950年到1985年增长高达120倍。在第三次技术革命的带动之下，美国、德国、法国、英国等工业化国家进入了工业化的成熟期。

中国与历次科学革命、产业革命基本上都是失之交臂，由于错失了历次科技革命和产业革命机遇，我们国家人均GDP长期停滞不前，这是我国近代长期落后的原因之一。在第一次科学革命之后，当时美国、英国和中国的GDP差不多在同样一个水平上。由于这些发达国家抓住了第三次机遇，发展得非常快。中国在第三次技术革命中后期抓住了相应的机遇，当然与我们改革开放政策相关，使我们人均GDP和总量快速增加。

新科技革命和产业革命变革和趋势是什么？我们认为当今世界科学和技术发展存在多点群发的态势，新一轮科技革命和产业革命也正在日益兴起，形成了一些历史性的交汇。需求引领更为明显，创新驱动更为迫切。早期的科学革命往往是科学家个人的兴趣驱动多一些，贵族、有钱阶级有精力和时间去探索一些未知的东西。现在科学发展、经济社会发展的需求，人类要过更好生活的需求，这方面引领科学技术革命更为明显。学科交叉融合发展，群体突破态势初显。全球竞争日益激烈，创新格局深刻变化。组织模式持续变革，体制机制也在不断地创新。

第一个例子，需求引领更加明显。大家知道现有的发展方式难以持续，人类迫切需要依靠科技创新，解决面临的问题，引领和驱动经济社会可持续发展。世界主要国家都把科技创新作为战略核心，出台一系列战略创新，在新能源、新材料、信息网络、生物医药等重要领域加大投入、加强布局，抢占制高点。而且这个创新驱动既是大势所趋，也是形势所迫，必须更加重视通过科技创新来优化就业的结构，驱动可持续发展和提升国家的竞争力。

第二个例子，学科交叉融合发展，群体突破态势初显。现在基础研究、应用研究、高技术研发边界日益模糊，从科学发现到技术应用的周期越来越短。随着新兴交叉学科的发展以及各种新的理论体系和研究方法的建立，人类已经进入到大学科的时代。转移转化、工程示范、企业孵化、风险投资、高技术园区等备受重视，不仅在中国，在其他国家也备受重视。

全球竞争日益激烈，创新格局深刻变化。美国强调“对科技创新的支持是经济竞争力的关键”。欧盟也提出要建立创新型的欧洲，为欧洲寻找复兴之路。日本提出科技创新立国的目标致力于建设世界上最适宜创新的国家。目前，创新格局也在发生两大历史性的变化，一个是世界的科技创新力量逐渐地从发达国家向发展中国家扩散，全球的创新中心由美欧向亚太，由大西洋向太平洋在逐步的扩散。

组织模式持续变革，体制机制不断创新。网络新兴技术提供了功能强大的研发工具和前所未有的创新平台，使得创新活动可以跨越时空，呈现无时不在、无所不在的特征。而且呈现多样化、开放化、网络化、集成化等一系列的特征。对于新一轮科技革命会有哪些新的突破口，我们组织了一些专家进行了两年时间的研讨，总结了科技革命的历史进程，分析科学技术的内在矛盾和发展，着眼于现代化的重大需求，综合分析，提出一些判断，认为在能源和资源领域、信息网络领域、先进材料和制造领域、农业领域、人口健康领域以及关于基本的科学问题，比如宇宙起源与演化、生命起源等方面，未来可能发生重大突破。

中国面临的机遇、挑战和战略选择是什么？我想，在新一轮科技革命和产业变革当中，我们既面临着难得的机遇，其实也面临着严峻的挑战。这个机遇就是世界新科技革命和产业变革为后发国家在更高起点上赶超跨越提供了战略机遇。我国经济社会持续快速发展的巨大需求，为科技创新提供了强大动力。挑战是创新能力和核心竞争力弱，产业发展水平总体上处于国际分工低中端，我们在一些重点领域还是以跟踪模仿为主，技术储备不足，大部分的关键核心技术仍然是受制于人。所以面向新的科技革命和产业革命我们既要有充分的自信和赶超跨越的雄心，又要有足够的清醒认识和奋发进取的恒心。

三大创新战略训练包括顶层设计、创新驱动、科技强国。十八大提出创新驱动发展战略、科技强国战略。在基础研究方面，大家也在呼吁，希望对基础研究能够支持、厚积薄发。对产业技术方面希望弯道超越、竞争发展。面向国家战略需求和世界科学前沿要做好创新战略的顶层设计。战略目标包括建设创新型经济、创新型国家、创新型驱动发展、建设科技强国。战略布局就是在重点的领域和方向、国家创新体系的建设、现代产业体系和战略性新兴产业等方面做好布局，尤其是前瞻性的布局。战略性能力，就是包括创新人才队伍的建设，重大科技任务的布局，科技基础设施的建设和创新平台的建设。创新的主体，我想基础创新主体应该是企业，科研院所、产学研如何紧密结合来发挥好作用。战略推进，创新链、产业链、资金链融会贯通，全世界要营造一个创新的氛围和创新的文化。

我想需要解决三个突出的问题：一是思想理念上。我觉得在对科学、技术、工程这三个方面还要有一个更清醒的认识，现在很多问题在于对各自的科学技术、工程，各自的规律、评价的标准单一这方面带来一些问题，导致科学和技术不分，导致创新主体功能定位不清，分类定位、分类管理、分类评估的体制机制和制度体系不健全。科学是以发现为主，技术以发明为主，科学的发现本身不能和实际应用结合在一起。所以，当我们说科技“两张皮”的事情主要还是指在技术工程上的“两张皮”。有的说板凳宁坐十年冷，那就是厚积薄发、淡泊名利，努力攻克难关，但是对于工程项目、技术项目一定要按期保质保量地完成任务，不能十年不出东西，那怎么为国家经济建设发展来服务？所以要用不同的评价方式，不同的支持方式，不同的评估机制。

在管理上存在多头分散管理、缺乏统筹协调，导致资源低水平重复配置、无序竞争、盲目扩张问题。目前竞争性为主，但是竞争性领域这么多，大家都在争取这么几个领域的钱，肯定就会有为了争取这个经费，会出现不同层次重复的配置这样一个问题。科技计划名目繁多，自成体系，导致从研发到产业化，向两头延伸，创新各环节相互脱节，无序发展。解决之道就是进一步深化科技体制改革。一是重视科学原创，加强基础研究，增强科学发展的后劲。2012年我国中央财政科技总支出技术研究占15%，OECD国家的这个数值基本占30%—50%。分析世界科技强国的经验，明确我国中央财政提高基础研究投入比例的路径和措施。2011年，我国基础研究投入中，企业投入约占1.76%，可是美国企业投入基础研究约占22%。所以，企业的技术创新也缺乏基础和后劲，这方面也需要制定激励企业投入基础研究的财税政策，引导企业特别是国有大型企业重视基础研究的投入。

基础研究前瞻布局，面向国家战略需求，加强与技术创新与产业发展的衔接，发挥引领、支撑作用，培育高技术产业核心竞争力和新兴产业业态，比如新一代信息网络技术、新能源、生物技术等需要前瞻布局和突破，有利于掌握我们自己的知识产权。面向世界科技前沿，瞄准可能出现革命性突破的领域方向，进行前沿探索和科技攻关，提出理论、开辟新方向、创造新方法，为掌握核心关键的知识产权奠定基础。抢占技术竞争制高点，推动关键产业向全球价值链高端跃升。我们应该利用关键核心技术发展的弯道效应和天花板效应，发挥后发优势和体制优势，迎难而上，乘势赶超，实现重点突破和跨越发展。要高起点选择创新链长，创新附加值高、明显的关键产业，努力发展支柱性、先导性产业，建设面向未来的战略性新兴产业体系。一般的产业技术创新坚持需求导向，发挥市场在配置资源上的决定性作用，这是三中全会的提法。政府主要提供公共政策和环境，在战略高技术领域，由于技术封锁和知识产权壁垒等原因，要把市场导向和政府推动有机结合起来，突破关键共性核心技术，改变受制于人的被动局面。产业技术创新强调市场适应性，不仅需要技术创新而且需要与技术创新相适应的商业模式创新。

习近平总书记2013年7月17日视察科学院发表重要讲话，高度评价科学院是一支党、国家、人民可以依靠、可以信赖的国家战略科技力量，同时对于科学院下一步的发展提出了“四个率先”的要求，要求科学院率先实现科学技术跨越发展，率先建成国家创新人才高地，率先建成国家高水平科技智库，率先建设国际一流的科研机构。目前我们正在组织率先行动计划和全面深化改革的纲要，科学院作为国家的战略科技力量，在新的科技革命产业变革当中，和全国科技界都要抓住机遇，迎接挑战，携手谱写科技创新的新篇章，为实施创新驱动发展战略，建设科技强国，实现中华民族的伟大复兴“中国梦”作出重要的创新贡献。

（中国科学技术协会网站）

白春礼：沿着创新、创新、再创新的方向率先前进

（2014年7月21日）

2014年7月21日，为深入学习贯彻习近平同志在中国科学院和中国工程院院士大会上的讲话精神，中国科学院院长、党组书记白春礼在《人民日报》上发表署名文章。全文如下：

习近平同志在中国科学院第十七次院士大会、中国工程院第十二次院士大会上发表的重要讲话，总结了我国科技发展的历史成就和经验教训，分析了科技创新在人类文明发展进程中的重大意义，阐述了全面建成小康社会、实现中华民族伟大复兴的中国梦对于科技创新的时代要求，指出了我国科技发展的方向就是创新、创新、再创新。讲话高瞻远瞩、视野宏阔，其言谆谆，语重而心长；其意深深，剀切而中肯；其望殷殷，热切而厚重，是新时期对全国科技界发出的动员令。中国科学院作为国家战略科技力量，要深入学习领会、认真贯彻落实讲话精神，沿着创新、创新、再创新的方向率先前进。

一、着眼于实现中华民族伟大复兴中国梦，坚定不移走中国特色自主创新道路

科技是国家强盛之基，创新是民族进步之魂。习近平同志在讲话中深刻指出：“当前，全党全国各族人民正在为全面建成小康社会、实现中华民族伟大复兴的中国梦而团结奋斗。我们比以往任何时候都更加需要强大的科技创新力量。”他强调：“不能总是指望依赖他人的科技成果来提高自己的科技水平，更不能做其他国家的技术附庸，永远跟在别人的后面亦步亦趋。”这些重要论述再次昭示我们，实现中华民族伟大复兴的中国梦，必须坚定不移走中国特色自主创新道路；除了自主创新，我们别无选择。

走中国特色自主创新道路，必须牢固树立创新自信，着力增强自主创新能力。创新精神是中华民族最鲜明的禀赋。虽然目前我国科技创新基础还不牢，自主创新能力还不强，但总体上说，我国科技发展正处在从量的扩增向质

的飞跃转变的关键期，一些重要领域已跻身世界先进行列，某些领域正由“跟跑者”向“并行者”“领跑者”转变，具备了赶超世界先进水平、实现重点跨越发展的基础和条件。同时，世界范围内新一轮科技革命和产业变革正在孕育兴起，为我国科技创新迎头赶超、后来居上提供了历史机遇；而我国经济社会持续快速发展对科技的巨大需求，也为自主创新带来广阔空间，提供强劲动力。当代科技工作者欣逢盛世，正当其时，必须坚定信心，志存高远，敢于担当，勇于超越，以敢为天下先的勇气，破除崇洋迷信，摒弃模仿跟踪，致力于提出原创科学理论，开辟前沿学科方向，突破关键核心技术，在攻坚克难中追求科学卓越，在持续创新中引领世界潮流。

走中国特色自主创新道路，必须聚焦国家战略需求，着力抢占科技创新制高点。当前，我国经济社会发展正处于转型升级、提质增效的关键时期，大而不强、快而不优和不平衡、不协调、不可持续的问题依然突出，人口、资源、环境压力越来越大，很多关键领域的核心技术受制于人。面对新科技革命和产业变革，我们必须坚持面向国家战略需求，聚焦重大科技问题，在信息、生物、新材料、新能源、先进制造等关键核心技术领域和一些战略性前沿基础科学领域，前瞻谋划，加紧布局，找准突破口，下好先手棋，集中力量实现创新突破，构建高效强大的共性关键技术供给体系，提升自主创新成果的源头供给能力，把核心技术掌握在自己手中，真正掌握竞争和发展的主动权。为此，广大科技工作者要以义不容辞的责任感、时不我待的紧迫感，勇敢担负起国家和民族赋予的时代使命。

走中国特色自主创新道路，必须参与全球竞争合作，着力攀登世界科技高峰。自主创新是我们攀登世界科技高峰的必由之路，全球视野是我们实现弯道超越的必要前提。科学是世界性的，只有主动参与全球竞争合作发展，我们才能锻炼队伍、提升能力，才能制定规则、主导竞赛，进而抢占先机、引领方向。为此，要更加扩大对外开放，扎实推进国际化战略，主动整合和利用好全球创新资源，特别是要加强与发达国家和一流科研机构的高层次学术交流与高水平科技合作，有选择、有重点地参加国际大科学装置、科研基地和科学中心的建设，鼓励和支持中国科学家在全球科技创新舞台上作出与中国国际地位相称的重大创新贡献。

二、紧紧围绕实施创新驱动发展战略，以攻坚克难精神全面深化科技体制改革

创新永无止境，改革未有穷期。习近平同志指出：“如果把科技创新比作我国发展的新引擎，那么改革就是点燃这个新引擎必不可少的点火系。”他强调：“科技体制改革要紧紧扭住‘硬骨头’攻坚克难”，并明确提出七个“着力”的要求，为我们深化科技体制改革指明了方向。

深化科技体制改革，核心是推动科技和经济社会发展深度融合，把创新驱动发展战略落到实处。经济社会发展必须依靠科技创新，科技体制改革也必须与经济社会领域的改革同步发力、相互借力。要从经济社会发展的重大科技需求出发，做好创新驱动发展战略的顶层设计，在更高起点上谋划科技发展的战略方向和重大任务。围绕产业链部署创新链、围绕创新链完善资金链，深化产学研合作，着力解决好科技成果向现实生产力转化不力、不顺、不畅的痼疾。通过调整优化科研布局，把主要科技力量和创新资源配置到突破关系国计民生和国家安全的重大关键科技问题上来，提升我国支柱产业和战略性新兴产业的国际竞争力。围绕科技创新，全面协同推进产品创新、品牌创新、产业组织和商业模式创新，把创新驱动发展战略落实到经济社会发展的全过程和各方面，全面打通从科技强到产业强、经济强、国家强的创新通道。

深化科技体制改革，关键是破除制约科技创新的思想障碍和制度藩篱，形成推进自主创新的强大合力。在宏观层面，我国科技创新领域的非科学性和资源配置的行政色彩还相当浓厚；在中微观层面，不同创新主体、领域和环节缺乏有机互动和协同接力，不同程度存在封闭式运行、低水平重复、同质化竞争、碎片化扩张等问题。要通过提升国家创新体系的整体效能，加快形成上中下游衔接、产学研结合的协同创新格局，努力消除科技创新中的“孤岛现象”。在改革科技资源配置、充分发挥市场决定性作用的同时，要更好发挥政府在科技创新战略规划和基础前沿、关键共性、社会公益和战略高技术研究中的主导作用，组织实施好国家重大科学计划和科学工程，建立公共研发平台。充分发挥集中力量办大事的制度优势，围绕关系国家全局和长远发展的战略必争领域，选准重大、尖端和基本科技问题，统筹协调创新资源，集中力量联合攻关，实现重大创新突破。

深化科技体制改革，重点是完善科技创新基础制度，大幅提高科技资源开放共享水平。要完善国家科技管理信息系统，深入实施好科技报告、创新调查等制度。加强公共财政支持的科技基础设施、科研仪器设备、文献信息等各类科技资源向全社会开放共享，健全科技资源开放共享的制度体系和运行服务管理模式，提升科技资源建设、运行、管理和服务保障水平。

三、把人才资源开发放在科技创新最优先位置，努力实现从人力资源大国向人才强国转变

人是科技创新最关键、最活跃的因素，人才是科技创新的根本。习近平同志指出：“创新的事业呼唤创新的人才。”他强调，“我国要在科技创新方面走在世界前列，必须在创新实践中发现人才、在创新活动中培育人才、在创新事业中凝聚人才，必须大力培养造就规模宏大、结构合理、素质优良的创新型科技人才。”我们要按照这些要求，把人力资源开发放在科技创新最优先的位置。

改革人才培养、引进和使用机制，着力解决科技队伍建设中的突出问题。我国科技人力资源规模世界第一，但创新型科技人才结构性不足矛盾突出，世界级科技大师缺乏，领军人才、尖子人才不足，工程技术人才培养同生产和创新实践脱节。针对这些问题，必须改革完善人才人事制度，协同发挥国家、地方和部门的积极性，统筹构建层次分明、科学合理的人才计划体系，形成人尽其才、才尽其用的政策环境。打破现有利益格局，破除阻碍人才发挥作用的体制机制障碍，营造勇于创新、鼓励成功、宽容失败的良好氛围，为拔尖科技人才创造脱颖而出、施展才华的广阔舞台，为青年人才提供更好的发展机遇和成长空间。尊重科技人才培养和成长规律，坚持竞争激励与崇尚合作相结合，改革人才评价和激励制度，改变“重物轻人”的政策导向，促进人才资源合理有序流动，加大力度吸引海外优秀科技人才，为科技人员创造潜心探索、安心致研的创新环境。

改革完善院士制度，更好发挥广大院士作用。院士队伍建设和院士制度改革，是我国创新人才队伍建设的重要组成部分，也是深化科技体制改革的重要内容。习近平同志在讲话中高度评价两院院士是“国家的财富、人民的骄傲、民族

的光荣”，充分肯定我国院士制度在推动科技界出思想、出谋略、出成果、出人才方面发挥的重大作用；同时针对院士制度在实践过程中存在的一些突出问题，对深化院士制度改革进一步提出了明确要求，对更好发挥院士作用提出了殷切希望。根据党的十八届三中全会精神，这次院士大会改进了院士遴选机制，并在学科布局、年龄结构、兼职和待遇、退出机制等方面对院士管理制度进行了完善，旨在减少非学术性因素干扰，革除功利倾向，使院士称号回归学术性和荣誉性的本质定位。下一步，我们要认真落实好各项改革举措，同时积极配合国家相关部门做好院士制度改革其他工作，以更好发挥广大院士作用，更好发现和培养拔尖人才，更好维护院士群体的荣誉和尊严，更好激励科技工作者特别是青年才俊的积极性和创造性。

发扬爱国奉献、淡泊名利的优良传统，带头践行社会主义核心价值观。习近平同志在讲话中殷切希望广大院士善养浩然之气，坚守学术操守和道德理念，把学问和人格融合在一起，既赢得崇高学术声望，又展示高尚人格风范。这不仅是对两院院士提出的道德要求，也是对全国科技工作者的谆谆教诲。作为国家科研机构，中国科学院的科技工作者要继承我国科技界的优良传统，以老一辈优秀科学家为榜样，以身作则，严格自律，既要有追求卓越、勇攀高峰的执着信念，也要有科学民主、唯实求真的科学精神，更要有服务国家、造福人民的爱国情怀，在攻坚克难中崇德向善，在追求卓越中正道修身，做到学为人师、行为世范，带动全国科技界乃至全社会践行社会主义核心价值观，激发出、聚合起恢宏磅礴的创新能量，为人才强国和科技强国建设注入不竭动力。

（《人民日报》）

尹蔚民：广开进贤之路，广纳天下英才

（2014年7月10日）

2014年7月10日，人力资源和社会保障部部长尹蔚民在《人民日报》上发表题为《广开进贤之路 广纳天下英才——认真学习贯彻习近平总书记关于引进国外人才和智力重要讲话精神》的署名文章。全文如下：

中央高度重视引进国外人才和智力工作。日前，习近平总书记在上海召开外国专家座谈会，与来自22个国家的50名在沪外国专家亲切座谈，并发表重要讲话。总书记在讲话中充分肯定了外国专家对推动我国经济社会发展发挥的积极作用，深刻阐述了新形势下引进国外人才和智力工作的重大意义，指明了进一步做好工作的方向。我们要认真学习贯彻总书记重要讲话精神，以高度的责任感和强烈的担当意识，全力以赴做好引进国外人才和智力各项工作。

一、充分认识习近平总书记重要讲话的重大理论意义和现实意义

习近平总书记的重要讲话，站在党和国家战略全局的高度，站在实现“两个一百年”奋斗目标和实现中华民族伟大复兴中国梦的高度，深刻把握国际国内发展大势，总结回顾新中国引进国外人才和智力的历程，系统、深刻地阐述了在中国特色社会主义建设过程中为什么要引进、怎么样引进国外人才和智力，以及体制机制改革创新等重大理论和现实问题。讲话是对我们党科学人才观的丰富和发展，是做好新时期人才工作的纲领性文献。

讲话通篇贯穿了我们党高度重视人才包括引进海外人才的战略思想。人才是最宝贵的财富。当今时代，人才资源作为经济社会发展第一资源的特征和作用越来越凸显，人才竞争已经成为综合国力竞争的核心。谁能培养和吸引更多优秀人才，谁就能在竞争中占据优势。总书记讲话从中外人才交流的历史视角和文明交流互鉴的角度，立足于国家更多依靠科技创新引领和支撑经济发展和社会进步，深入阐释了引进国外人才和智力对于推动我国现代化建设不可替代的重要作用，深刻揭示了我们比历史上任何时期都更需要广开进贤之路、广纳天下英才的重要性和紧迫性，明确提出了更加积极主动地引进国外人才特别是高层次人才的目标任务。这些都是对党的十八大和十八届三中全会关于人才战略思想和改革任务的深入阐述，极大地丰富了中国特色社会主义人才理论内涵，进一步完善了我们党的人才战略构想，对于更好实施人才强国战略具有十分重要的意义。

讲话通篇贯穿了引进国外人才和智力是我国对外开放的重要组成部分这一重要论断。当今世界，人才无疆界，人才全球化、人才加快流动趋势方兴未艾。总书记的重要讲话，从整个对外开放和文明交流的广阔视角，强调对外开放首先是人才的对外开放，中国要永远做一个学习大国。这一重要论断，发展了中国特色社会主义对外开放理论体系，进一步完善了国家对外开放的战略布局，明确了我国对外开放中的人才优先战略选择，彰显了我们党广纳天下英才的博大胸怀，将引进国外人才和智力提升到了前所未有的高度。总书记将引进国外人才和智力工作与改革开放紧密联系在一起，也透射出我们坚持改革开放的坚定信心和决心。

我们要充分认识学习贯彻习近平总书记重要讲话的重要意义，把思想和行动统一到总书记重要讲话精神上来，以更加开阔的视野和更加扎实的作风，不断推进引进国外人才和智力各项工作。

二、深刻领会习近平总书记重要讲话的精神实质和基本内涵

习近平总书记的重要讲话，视野开阔、思想深刻、内涵丰富、求真务实，既有深邃的历史眼光，又有深刻的时代洞察力；既有立足于国家对外开放和改革发展全局的战略把握和宏观指导，又有着眼于人才工作的具体部署；既有思想理论创新，又有管用务实的思想方法、工作方法和工作要求。我们要深刻领会讲话的精神实质和基本内涵，领会讲话蕴含的一系列新思想、新论断、新观点和新要求。

深刻理解“择天下英才而用之”的人才工作基本要求。总书记指出，中华民族历来具有尚贤爱才的优良传统，中国传统文化历来重视用人，强调治国之要首在用人。当今世界，聚才用才应该包括国内国际两方面的人才。一个国家、一个地方没有这样的眼光，没有这样的胸怀是难以快速发展起来的。这一基本要求，体现了我们党一以贯之的人才战略理念，是科学分析国内外大势，立足国家发展全局作出的深入思考，是推进国家治理体系和治理能力现代化的内在需要，也是推动实施国家创新战略、

不断提高我国综合国力和国际竞争力的迫切要求。我们要按照这个基本要求，牢固树立人才资源是第一资源理念，增强人才意识，加快确立人才优先发展的战略布局，广纳贤才，形成国家人才竞争比较优势。

深刻理解“中国将实行更加开放的人才政策”的人才工作基本方针。总书记强调，一个国家对外开放，必须首先推进人的对外开放，特别是人才的对外开放。如果人思想禁锢、心胸封闭，那就不可能有真正的对外开放。对外开放要着眼于人、着力于人，推动人们在眼界上、思想上、知识上、技术上走向开放，通过学习和应用世界先进知识和技术，进而不断把整个对外开放提高到新的水平。要实行更加开放的人才政策，不唯地域引进人才，不求所有开发人才，不拘一格用好人才，在大力培养国内创新人才的同时，更加积极主动地引进国外人才特别是高层次人才，热忱欢迎外国专家和优秀人才以各种方式参与中国现代化建设。这一基本方针，从扩大对外开放的角度明确了人才工作的方向，从引进人才的角度丰富和发展了对外开放的理论和实践。我们要准确把握人才对外开放的重要地位和作用，以更宽的眼界、思路和胸襟引进国外人才和智力，加强国际人才交流合作。

深刻理解“我们比历史上任何时期都更需要广开进贤之路、广纳天下英才”的重要论断。总书记指出，全面建成小康社会，实现中华民族伟大复兴的中国梦，需要人才、呼唤人才、造就人才。当前中国经济依靠投资驱动、规模扩张、出口导向的发展模式空间已越来越小，必须更多依靠科技创新引领和支撑经济发展和社会进步，更加积极、更加主动、更加开放地引进国外人才特别是高层次创新创业人才。这个重要论断，是基于我国正处于经济转轨、社会转型的关键时期，成就与矛盾伴生、机遇与风险并存、黄金发展期与矛盾凸显期叠加的国内国际形势，作出的科学判断。我们要进一步增强责任感紧迫感和使命感，坚定不移推动人才事业的改革发展。

深刻理解“中国要永远做一个学习大国”的包容精神。总书记强调，任何一个民族、任何一个国家都需要学习别的民族、别的国家的优秀文明成果。文明交流互鉴，首先是人的交流互鉴。加强国际人才交流合作，有利于我们积极借鉴世界各国优秀文明成果，也有助于推动中华文明创造性转化和创新性发展。更重要的是，这种交流有利于推动不同文明相互尊重，推动世界各国人民相互理解。中国要永远做一个学习大国，不论发展到什么水平都虚心向世界各国人民学习，以更加开放包容的心态，加强同世界各国的互容、互鉴、互通。这种包容精神，充分体现了我们党在世界文明交流与合作中的谦逊态度和进取精神。我们要以更加开放包容的姿态，充分发挥人才领域国际交流合作在促进中国同世界各国友好往来和相互理解中的引领作用。

深刻理解“引进国外人才和智力是中国对外开放的重要组成部分，是我们长期坚持的重要战略方针”的引才引智工作基本定位。总书记强调，要积极营造尊重、关心、支持外国人才创新创业的良好氛围，对他们充分信任、放手使用，让各类人才各得其所，让各路高贤大展其长。外国专家主管部门要继续完善外国人才引进体制机制，切实保护知识产权，保障外国人才合法权益，对做出突出贡献的外国人才给予表彰奖励，让有志于来华发展的外国人才来得了、待得住、用得好、流得动。这个基本定位，是谋划人才工作特别是引进国外人才和智力的重要遵循。我们要把改革创新体制机制作为主要着力点，探索实施更具竞争力的人才引进政策措施，积极创造人尽其才的政策环境。

三、认真落实引进国外人才和智力工作各项任务

总书记的重要讲话，进一步创新和丰富了新时期引进国外人才和智力的思想和理论，明确了新形势下推动引才引智工作改革发展的方向。我们要按照总书记的重要讲话精神要求，把引进国外人才和智力工作提高到一个新的水平。

完善引进国外人才和智力的政策体系。从实施人才强国战略和国家扩大对外开放的总体布局出发，谋划新时期引进国外人才和智力工作，制定既遵循国际惯例，又符合国情的政策体系。抓紧制定新时期加强引进国外人才和智力工作的指导意见，研究提出工作的总体思路、主要目标、重点任务、保障措施和实施机制。对国外人才引进工作的主要环节政策进行梳理，建立健全国外人才集聚、使用、评价、激励等方面的政策措施。整合国外人才工作管理职责和公共资源，加快行政审批制度改革，营造更加公平的政策环境。

积极推进引进国外人才和智力法制建设。更加注重法规制度建设，推动引进国外人才和智力工作制度化、规范化。研究起草外国人在中国工作等方面的法规规章并积极推动出台，切实做到有法可依。尽快建立标准统一、程序规范、公开透明、高效便捷的引进人才工作制度，使之与人才签证和居留制度有机衔接。建立以市场需求为导向的引进人才制度，制定并定期调整《外国人在中国境内工作指导目录》。积极探索制定技术移民法律制度，为世界各国人才来华发展提供便利。

健全引进国外人才和智力的服务体系。学习借鉴国际先进的人才资源开发模式，探索对国外人才实行基本国民待遇，完善在医疗、住房、子女入学等方面的相关政策，为国外各类优秀人才创造更好的条件，让他们在中国工作生活更舒心、更安心。进一步丰富人才签证的优惠内容，为国外人才出入境和居留提供更多方便。引导和督促用人单位为国外人才落实各项保障措施，优化后续服务，明确服务内容、标准和程序。更好发挥市场和社会在提升公共服务方面的作用，创新服务供给方式，满足国外人才的多样化需求。

精心设计引进一批高端国外人才。坚持围绕中心、服务大局，聚焦国家重大发展战略，深入推进“外专千人计划”、高端外国专家引进项目、高等学校学科创新引智计划和高校国际化示范学院推进计划等重大引进人才和智力工程。坚持高端引领、需求导向、以用为本，重点引进能够带动突破关键技术、发展高新技术产业、带动新兴学科的战略型人才和创新创业的领军人才，大力引进一批重点领域急需紧缺的高层次人才和专门人才。树立“不求所有、但求所用”的柔性观念，鼓励各国、各领域优秀人才以多种方式为我国经济社会发展服务，不断拓宽吸引国外人才和智力的渠道。

形成引进国外人才和智力的工作合力。进一步提高思想认识，切实增强行动自觉性，坚持党管人才原则，发挥人力资源社会保障部门作为政府人才综合管理部门和外国专家主管部门的作用，体现强烈的担当意识，实施更加积极的人才政策，坚定不移把人才改革举措落实到位。加强与有关部门的合作，积极组织和协调开展相关工作。以需求为导向，更好发挥企业、高校、科研机构等用人单位的主体作用，使国外人才的专长和中国发展的需要紧密契合。

（《人民日报》）

裘援平：对海外人才和外资，中国不再饥不择食

（2014年3月5日）

2014年3月5日，十二届全国人大二次会议新闻中心组织12家网络媒体，联合举办主题为“凝聚海内外中华儿女力量同圆共享中国梦”的网络访谈。邀请国务院侨办主任裘援平，与网民进行在线交流。她表示，海外的华人华侨经过多年发展，整体的经济和科技实力在不断增强。特别难能可贵的是，海外的这些华商们都非常希望参与中国的现代化建设。

裘援平介绍，为吸引海外留学人员回国创业，中组部、人社部、教育部等有关部门先后下发多个文件，内容涉及方方面面的政策，包括鼓励海外高层次人才回国工作的政策，鼓励海外人才多形式为国服务的政策，鼓励留学人员回来创办企业的政策，提供科研经费资助的政策，给予回来定居、工作的专家特殊的优惠政策，提供出入境及居留便利的政策，子女入学和保险方面的政策等。国务院侨办同各个省市、自治区联手搭建了一些招商引资的平台，包括招才引智的平台和机制，不间断地或者在不同的地方举办各种各样的招商引资洽谈会，为海外的华商到内地寻找投资兴业的机会提供便利条件。另外，还不断组织侨商“地方行”活动，到各地去走，在走的过程当中，也在寻找机会和合作伙伴。

裘援平说，在新形势下，我们已经不是那种饥不择食的时候了，我们引进外资也好，引进人才也好，都要根据我们国家发展战略的需要，特别是要着眼增强自主创新能力，还要服务经济结构的调整和转型升级的需要。

（央视网）

裘援平：为海外学子提供施展才华、成就事业的舞台

（2014年7月11日）

2014年7月11日，由国家科技部、人力资源和社会保障部、国务院侨办、共青团中央、中国科协、中科院、江苏省政府联合主办的2014年（第六届）苏州国际精英创业周开幕，国务院侨办主任裘援平出席开幕式并致辞。

裘援平指出，广大侨胞拥有丰富的智力资源、雄厚的经济实力、广泛的商业人脉，随着中国日益发展壮大、对外开放程度不断提升，侨胞参与中国现代化建设的意愿更加强烈，与国内联系交流合作更加紧密。

裘援平表示，要以更加开放的人才政策，更加健全的创新体系，更加周到的管理服务，更加宽容的社会环境，让更多海外学子在祖国发展的热土上，找到施展才华、成就事业的舞台，给广大侨胞的桑梓之情和报国之志，提供同圆共享中国梦的机遇。

（中新网）

裘援平：望“海归”企业发挥更大辐射能量

（2014年7月12日）

2014年7月12日，国务院侨务办公室主任裘援平到江苏省常州市调研侨务工作。她指出，如何吸纳“海归”人才服务国家建设是当前的重要问题，“海归”专业人士创办的高新科技企业应该发挥更大的辐射能量，带动经济发展。

裘援平先后来到常州津通工业园和常州创意产业园，实地考察了先锋光电、金刚科技等“海归”专业人士创办的企业。她表示，如何吸纳“海归”人才，特别是世界高精尖人才来中国创业，是此次调研的重点内容之一。“海归”专业人士创办的高新科技企业应该发挥更大的辐射能量，带动更大范围的经济发展；要坚持走自主创新路线，保持企业生命力，寻求更高效的转化模式。

在考察常州津通国际工业园时，裘援平对园区运作模式和机制给予高度肯定。她指出，在目前形势下，提升自主创新能力，实现经济转型升级，既需要持续发展制造业，更需要柔性的、更高端的服务机制和平台建设，以实现成果的有效转化。希望园区以国际化的理念和标准，进一步加强智慧园区建设，更好地为江苏、为国家经济发展转型升级服务。

（中新网）

裘援平：让海外人才不仅创业，还要创新创优

（2014年7月14日）

2014年7月14日，国务院侨办主任裘援平在上海调研侨务工作。她指出，华侨华人是中国引进高科技人才的主体和主力，各级侨务部门应该为他们回国创业疏通渠道、提供机会。

裘援平分别来到上海市北高新技术服务产业园区和张江高科技园区，实地考察了上海数据港股份有限公司和上海微创医疗器械（集团）有限公司。她表示，对有意向回国创业的海外华侨华人，要为他们广泛创造机会回国看看，让他

们能留下来创业；对已经回国创业的专业人士，要给予更多的支持与关爱，“让他们不仅能做实业家，还能继续做科学家，让他们不仅创业，还要创新创优”。

在上海数据港股份有限公司，裘援平仔细询问了数据港的研发团队规模、公司人数之后，对公司创办人当初选择回国创业表示赞赏。她特别希望各类高新技术园区重视海外华人华侨专业人士，不仅要把他们引进来，还要研究构建创新服务体系，更要与国外的专业技术协会等组织保持密切联系，看准重点产业加大、加快发展。

（中新网）

曹健林：紧抓机遇，推动大众创业、全民创新

（2014年10月24日）

2014年10月24日，第十一届全国高新区主任联席会议在大连召开。来自全国114个国家高新区以及部分省市科技厅相关领导和代表聚集大连，共同商讨如何贯彻学习习近平总书记关于实施创新驱动发展战略的有关指示，探讨国家高新区如何进一步深化改革、扩大开放，如何坚持市场在资源配置中起决定性作用，交流国家高新区创新驱动、转型发展的经验和做法，研究新形势下国家高新区改革与发展的问题，并共同发布了《实施创业中国行动共同倡议》。科技部副部长曹健林出席会议并讲话。

曹健林指出，国家高新区20多年的发展对经济发展的贡献逐年提高，形成了支撑我国高新技术产业发展的企业群体，成为我国区域创新体系的核心载体，成为我国局部改革力度最大、创新环境最优的区域，也成为全国各地亮丽的城市名片。截至2013年年底，经国务院批准的114家国家高新区上报统计企业总计7.1万家，从业人员1460万人，实现营业总收入20万亿元，实现工业总产值15.1万亿元，净利润达到1.2万亿元。

曹健林要求，在我国深入实施创新驱动发展战略的新时期，国家高新区还需要做好以下几项工作：一是紧紧抓住当前的战略机遇，找准高新区发展战略定位，发挥好高新区的历史使命。二是进一步深化改革，完善创新政策，充分发挥市场在资源配置中的决定性作用，更好发挥政府作用，破除体制机制障碍。三是大力推动大众创业、全民创新，强化企业在技术创新中的主体地位，夯实创新发展基础。四是抓住中国经济新常态下的新机遇，把握好高新区的发展新机会。

（科技部网站）

曹健林：为海外人才施展才华、发挥作用营造更好的生态环境

（2014年11月26日）

2014年11月26日，中国留学人员创业园建设20周年座谈会在北京召开。科技部党组成员、副部长曹健林出席座谈会并讲话。讲话全文如下：

今天很高兴能来参加中国留学人员创业园建设20周年座谈会。20年来，奋斗伴随艰辛，成就来之不易。留学人员创业园管理者、科技创业服务工作者们，以及多年来关心、支持留学人员创业园建设发展的社会各界人士，为此付出了很多的心血和智慧，今天在座的都是这个群体中的一员。在这个值得纪念的日子里，我代表科技部向大家致以衷心的感谢和诚挚的问候！同时，对本次会议的举办表示热烈的祝贺！

留学人员是党和人民的宝贵财富，是中国走向世界的先行者，也是我国近代科学技术发展的领路人。党和国家历来高度重视留学人员工作，人才工作方针和留学工作方针不仅一脉相承，而且与时俱进。习近平同志在欧美同学会成立100周年庆祝大会讲话中，用四个“历史不会忘记”回顾了中国百余年留学史，对广大留学人员在各个历史时期对于民族复兴事业所作出的贡献给予了充分肯定，要求按照“支持留学、鼓励回国、来去自由、发挥作用”的方针，把做好留学人员工作作为实施科教兴国战略和人才强国战略的重要任务，千方百计创造条件，使留学人员回到祖国有用武之地，留在国外有报国之门。

在党中央、国务院的领导下，在各地各部门的积极推动下，相关政策不断丰富，服务机制逐步健全，创新创业环境日益完善，留学人员回国工作形成持续发展。从1978年到2013年底，我国各类留学回国人员总数达到近145万人，依靠核心技术和自主知识产权回国创业已成为留学人才回国的新热点。

留学人员创业园作为中国独有的、专门面向海外留学回国人员科技创业的服务机构，自1994年首家——南京金陵海外学子科技工业园诞生以来，至今全国已陆续建成超过260家。20年来，各地留学人员创业园历经艰辛奋斗，充分发挥出整合资源、有效配置、集成服务的优势，培育出一批具有行业驱动力和全球竞争力的留学人员企业，成长起一批具有社会影响力与国际号召力的企业家，对推动自主创新和科技创业起到了良好示范，加速了中国和国际经济间的接轨，在国家创新体系建设和战略性新兴产业发展中发挥出了重要作用。成果斐然，意义重大。

民族振兴靠科技，科技创新靠人才。当前，新一轮科技革命和产业变革正在孕育兴起，以科技和人才为核心的综合国力竞争日趋激烈。十八大把“广开进贤之路、广纳天下英才”作为保障党和人民事业发展的根本之举，提出了“充分开发利用国内国际人才资源，积极引进和用好海外人才”的要求，为广大留学人员施展聪明才智、实现报国之志提供了更多机遇，高端人才归国创业的热潮正在兴起和壮大，这对包括留学人员创业园在内的科技创业载体建设提出了更高的要求，在未来要肩负起更多的使命和责任。

今天我们在此欢聚一堂，重温艰苦创业的激情岁月，展望令人鼓舞的美好未来。20年来的实践和探索，积累了很多宝贵经验，大家要认真总结，倍加珍惜，发扬光大。同时，我们不能安于目前所取得的阶段性成果，要有危机感和忧患意识，要跳出原有的思维框架，以更高的追求和着眼点，去规划谋略留学人员创业园可持续发展的新模式。在此，我也提出几点希望和建议。

一、要紧紧抓住当前新技术革命的战略机遇，找准留学人员创业园发展的战略定位与突破口

进入21世纪以来，新一轮科技革命和产业变革使得全球科技创新呈现出新的发展态势和特征。学科交叉融合加速，新兴学科不断涌现，前沿领域不断延伸。技术更新和成果转化更加快捷，产业更新换代不断加快，许多国家都将创新创业提升为国家发展战略，纷纷大幅增加研发投入，竞相争夺技术、资金、人才、市场等创新资源，抢占战略性新兴产业发展的先机和主动权。党的十八大也将创新驱动发展提升为国家的发展战略。面对科技创新发展的新变化、新趋势，以及由此引发的新一轮国际技术转移和全球范围内创新创业的浪潮，留学人员创业园要认真研究新技术、新业态革命带来的这些变化和趋势，选择好发展的突破口和重点。

海外的高层次留学人员往往是这些新技术、新产业的领头人或同行者，他们带回国的技术和理念也必将为推动我国科技和经济的发展贡献重要力量。希望各地留学人员创业园能根据自身的发展状况、资源禀赋和依托条件，找好自己在国家发展战略中的定位，抓住高层次领军人才大量回国创业的重大机遇，实现新的突破。也希望同志们增强留学人员创业园服务国家重大战略的意识，加强研究，主动出击，敢于担当，率先垂范，在深化改革、扩大开放、实施国家重大战略、推进经济社会发展等方面作出新的、更大的贡献。

二、把握中国新一轮开放发展的时代脉搏，发挥留学人员创业园在经济社会发展中的重要引擎作用

2013年以来，国家提出了“一路一带”“京津冀一体化”“长江经济带”“全面振兴东北”等一系列的国家发展的重大战略。“一路一带”的战略构想，不仅明确了对外开放的新路径，同时将成为中国经济新的增长点。国家重大战略的实施，为留学人员创业园建设和发展提供了重大机遇，也提出了新的挑战。在这样的背景下，留学人员创业园如何发挥优势，增强发展后劲，提升战略位势，将自身发展与国家战略相衔接，进一步发挥好示范引领和辐射带动作用至关重要。

在这一轮经济的战略部署和深度调整中，中国将构建开放发展的新格局，留学人员创业园作为开放发展的前沿阵地，也会进入产品、要素、组织的全面国际化阶段。留创园要积极营造开放协同高效的创新生态，扩大科技开放合作，坚持以全球视野谋划和推动创新，积极融入国际创新网络，面向全球整合创新资源和创新链条，把自主创新建立在更高起点上。

三、充分发挥留学人员创业园在创新创业方面的载体作用，带动大众创业、万众创新

创新创业是新经济的基础和最明显的特征。实施创新驱动发展战略，发挥科技创新的战略支撑作用，最关键的是要促进科技与经济的紧密结合，促进创新创业活动的开展。李克强总理也在多个场合指出，要在960万平方公里的土地上掀起一个“大众创业”“草根创业”的新浪潮。国务院自上而下开展的简政放权，更有力地推动了全社会的创业激情，行政审批项目取消下放的政策红利，让企业受益匪浅，更让创业者得到实实在在的优惠与支持。

我们一定要特别关心和关注创业，关心和关注创业企业。留学人员创业园之所以取得今天的成就，就在于我们始终坚持了持续不断地集聚创新资源，持续不断地培育创新主体，持续不断地营造创新环境。留学人员创业园20多年发展的经验也告诉我们，谁在促进科技创业、培育科技型中小企业方面下了功夫，取得了成效，谁的发展就充满活力，产业发展就具有了较强的竞争力，经济社会就具备了可持续发展的能力。

未来，留学人员创业园要以产业和区域优势资源为依托，进一步确立园区专业化发展方向和高效运行机制。建立特色化孵化服务体系，提升从业人员水平和能力，提高服务质量和孵化效率，促进科技型中小企业的健康快速成长，推动形成特色产业集群，实现我国产业结构的优化调整和经济的快速发展。

四、充分发挥市场在资源配置方面的决定性作用，破除体制机制障碍，推动留学人员创业园的市场化、专业化发展

十八届三中全会明确提出，经济体制改革是全面深化改革的重点，核心问题是处理好政府和市场的关系，使市场在资源配置中起决定性作用和更好发挥政府作用。当前，留学人员创业园的发展进入到了创新驱动战略提升的阶段，必须进一步深化改革，必须进一步完善制度，认真设计和架构政策框架，以适应时代的变革和发展。要充分利用市场之手，充分发挥市场在配置资源上的决定性作用，顺应新形势下产业技术路线更加多变、商业模式更加多样的趋势，着力培育公平开放的创新市场。要不断营造和完善创新创业的生态环境，优化产业促进机制，提高资源整合和配置的能力。在巩固已有成果的基础上，进一步提高技术转移、孵化培育、创业投资的能力，促进相关机构提升市场化水平，为创业企业提供更加良好的市场环境。

20多年来，留学人员创业园始终坚持通过体制改革来解放和发展科技生产力，开创性地建立了有利于激活科技和创新要素的体制机制。未来要加快园区体制机制创新，积极探索和建立符合市场经济规律要求的“政府引导—协会促进—企业化运作”的新型管理模式，使得管理体制更有利于发挥载体、平台、资本、服务、环境等优势，形成以企业为主体、市场为导向、产学研结合的科技创业孵化链条。

此外，要推动留学人员创业园服务的专业化发展，建立特色产业发展方向，重点引进和培育符合园区发展方向的人才与项目，加强专业技术平台建设，有效整合利用各种资源，提供专业化的服务，形成产业特征明显的集群式发展态势。

五、建立协调配合机制，完善政策环境，进一步发挥政府的引导作用和中国留学人员创业园联盟的纽带作用

留学人员创业园的建设和发展，离不开国务院有关部门的指导和大力支持。未来，我们要更好发挥各部门的职能作用，形成合力，提高效率，建立由科技部、人社部、教育部、外专局等部门共同参与的留创园工作部际协调机制，定期召开部际联席会议。根据国务院各部门的职能分工，发挥各部门的优势，从留创园发展规划、载体平台建设方面，从留学回国人员的引进政策方面，从留学生身份认证方面，从海外专家引进等方面做好留学人员创业的配套服务工作，共同推动留创园建设发展。

同时，要进一步完善留学人员创业园的政策，推进科技和经济社会两个方面的改革。实践证明，优化的政策环境，对于留创园的发展至关重要。在相当长的一个时期，继续保持留创园的政策优势，是实现留创园创新驱动发展的重要保障。

此外，进一步发挥中国留学人员创业园联盟在组织、监督、服务等方面的功能和桥梁纽带作用，探索园区创新发展模式，完善行业自率管理机制，加强各留创园之间以及与国内外大学、科研院所、中介机构、创投等之间的联系与合作，形成人才引进、成果转化、国际合作、金融服务等各种创新要素的集聚和有效配置，使信息、人才、资金、技术在

创业链条中顺畅流动，加速企业成长，形成引领示范，提升园区核心竞争力和品牌价值。

留学人员创业园是国家“火炬计划”的重要组成部分。在《国家中长期科学和技术发展规划纲要》和《国家科技企业孵化器“十二五”发展规划》等文件中，都对包括留学人员创业园在内的科技创业载体建设作出了指导和提出了要求。未来，科技部也将不断加强与各部委的合作，在政策、资金、宣传等方面继续推动留学人员创业园的发展，促进创业园联盟等平台的建设，共同努力创造条件，为广大海外学子回国工作、创新创业提供更加有力的支持和帮助。

最后，希望在留学人员创业园建设战线上奋斗的各位同志，能够以20周年的总结作为新的起点，再接再厉，继续为园区发展增添动力，为企业创新注入活力，为人才施展才华、发挥作用营造更好的生态环境，进一步凝聚海外留学人员的智慧和资源，为推动深入实施创新驱动发展战略、建设创新型国家、实现中华民族伟大复兴中国梦不断作出新的贡献，创造更大辉煌！

（中国留学人员创业园联盟网站）

曹健林：把握实施创新驱动战略的关键着力点

（2014年12月21日）

2014年12月21日，以“新常态下中国经济的可持续发展——改革、开放、创新”为主题，由中国国际经济交流中心主办的“中国经济年会（2014—2015）”在北京举行。科技部副部长曹建林在主题为“创新驱动发展”平行论坛上，做了关于“对创新驱动发展战略落实的若干考虑”演讲。

曹建林指出，十八大非常及时地提出实施创新驱动发展战略，到2020年建设一个基本进入创新型国家的行业。所以，中国实施创新驱动发展战略不是选择，是决定，既是历史趋势的决定，也是我们主动作出的决定。

他认为，创新驱动发展的核心就是要坚持科学发展，而创新驱动发展的首要动力就是改革，是改革驱动，包括理论创新、观念创新、制度创新，做科技的也包括科技创新，还包括管理创新、文化创新，等等。而创新驱动的需要首先是观念的变革，是思路上的创新。他希望通过一系列的工作，在制度安排、主体培育、载体建设以及环境研造、资源配置、文化建设等所有这些瞄着一个大目标——创新驱动。科技部特别提出建设创新型国家不仅仅是国家意志，或者说光有国家意志不够，要把国家意志化为企业行为，化为全社会普遍的共识和普遍的行为，只有这样才能真正落地生根，开花结果。

曹建林演讲中特别强调了一点，创新驱动不等于科研驱动，范围要比科研驱动大很多，比如说特别显著的是科研是将财富转化为知识的过程，而创新是将知识转化为财富的过程。我们主要强调后一个过程，前一个也很重要。目前我们特别要强调创新知识转化为财富的过程，在落实创新驱动发展战略中提出三个关键的着力点，即发展技术市场、推动创新创业、发展科技园区。

（中国网）

张建国：聚揽天下英才，实现伟大梦想

（2014年1月10日）

2014年1月10日，人力资源和社会保障部副部长、国家外国专家局局长张建国在《中国组织人事报》上发表署名文章。全文如下：

党的十八届三中全会作出的《中共中央关于全面深化改革若干重大问题的决定》，是我国改革开放的重要里程碑，为实现中华民族伟大复兴的中国梦描绘了宏伟蓝图。《决定》中关于深化改革、积极引进国外智力的论述，为我国引进国外智力事业指明了方向，开拓了更为广阔的发展前景。

一、抓住历史机遇，深化引智改革

《决定》强调，要“建立集聚人才体制机制，择天下英才而用之”。世界多极化、经济全球化深入发展，知识创新、科技创新、产业创新加速推进，各国间以经济为基础、科技为先导、人才为核心的综合国力竞争日益激烈。在国际金融危机冲击和经济全球化的大背景下，全球生产要素和产业跨国转移不断加快，人才跨国流动更加频繁，为我国引进国外智力提供了广阔空间。同时，各国都在抓紧吸引人才，推进科技创新，培育产业优势，构筑战略制高点。人才资源在全球范围的配置、流动和竞争呈现白热化，高素质人才资源成为国际竞争的核心资源，成为各国经济科技发展走向复苏与繁荣的制胜利器。

在世界多极化和经济全球化中，国家间实现互利共赢、促进发展的有利因素在增加，各国都需要加强国际合作。随着中国综合国力的提升，国际社会对中国的需求和倚重也在上升。中国快速发展的势头、国家政策的引导、市场经济改革的深化等，都有利于国际人才向中国流动和聚集。

改革开放以来，外国专家来华数量不断增加，引智呈现出蓬勃发展势头。改革开放初期，来华外国专家每年不足万人；2013年，全年来华工作的外国专家达到61万人次。我国每年派遣赴国（境）外培训人员5万余人。自1991年至今，1299名外国专家获得中国政府“友谊奖”。入选“外专千人计划”中外国专家200余人，为提升我国科技创新能力注入了强劲动力。国家外国专家局与60多个国家和地区的300多个政府机构、国际组织、著名大学、民间团体等建立了合作关系，引智规模持续扩大、领域不断拓宽、效益逐步提升。引进国外智力作为中国改革开放的重要组成部分，作为人才强国战略的重要内容，已成为中国开展对外人才智力交流的关键渠道，成为中国对外开放程度的重要特征。

我们清醒地认识到，引智事业在面临历史性机遇的同时，也面临严峻挑战。从国际环境看，各国更加倚重人才在实现经济复苏和转型升级中的作用，通过技术移民、高端人才吸引计划、灵活的国籍政策、设立国家猎头等吸引外国人才。从国内情况看，我国外国专家总量有较大增长，但处于科技前沿、高端产业的人才占比不高，创新创业人才不足；地区间引智不平衡；引智立法相对滞后，服务体系亟待完善。要解放思想，锐意改革，充分发挥市场在智力资源配置中的决定性作用，为全面深化改革提供强大的人才支撑。

二、积极发挥市场决定作用，实现国际人才智力资源优化配置

《决定》提出市场在资源配置中起决定性作用的论断，对引智实践具有重要指导意义。实践证明，随着改革深化，市场对智力资源配置发挥着越来越重要的作用。市场作用发挥较好的领域和地区，智力资源配置效率高，经济发展活力强；市场作用受限，经济发展则滞后，智力资源吸引力也降低。充分发挥市场作用，有效配置国际人才智力资源，建立发展平衡、公平透明的国际人才市场，是引智改革的方向。

正确处理引智主管部门和人才智力资源市场的关系。根据党的十八大提出推动政府职能转变的基本要求，引智部门要深入研究全局性、战略性重大理论政策，加强宏观调控。尊重国际人才市场规律，充分发挥市场在资源配置中的决定作用，减少行政干预，增强市场活力，完善市场体系，强化市场监管，加强公共服务能力建设，实现引进和利用国外人才智力资源效率的最优化和效益的最大化。

逐步解决地区引智不协调不平衡问题。在引智投入和外国专家分布上，我国地区间发展仍不平衡，外国专家依然集中分布于沿海开放地区，珠三角、长三角和一线城市，中西部地区外国专家数量相对较少。我们要认识地区经济发展与引智成效的相互影响，也要认识政府和市场在智力资源配置上的不同作用，利用政府和市场两种手段，实现资源的最优配置。东部地区要充分发挥市场的决定作用，使人才智力资源流向最能发挥作用、最能创造价值、最能实现效益的地方。中西部地区市场调节能力比较滞后，则应加强政府引导，加大资金扶持和政策倾斜，提供良好公共服务，培育市场环境，增强吸引力，推动形成智力资源高地，努力解决区域间引智不平衡问题。

充分发挥市场主体在引智市场机制中的决定作用。人才智力资源实现市场配置，实质上是具有独立经济利益的市场主体，根据国家政策导向、市场需求和自身发展需要决定智力资源配置。企业是市场的细胞、创业和创新的主体。要充分调动各类所有制企业的积极性，搜集引智主体国外智力需求，鼓励和引导他们按照国际惯例、市场需求和自身发展需要聘请外国专家。引智部门要转变职能，增强服务，为各类市场引智主体提供政策、信息、资金支持。

加快引智信息化建设步伐。人才国际化趋势决定了国际人才数据的重要性，人才数据有利于我国人才战略资源储备，有利于开发利用智力资源，发挥其综合社会效益。我们要加强国际智力资源信息服务系统建设，健全信息库、专家库、成果库，了解各行业引智需求，掌握人才智力市场资源流动趋势、分布、供需变动和发展趋向，解决供需互动滞后问题，服务发展并为引智规划和决策提供科学依据。

加大对民营经济、混合所有制经济体引进国外智力的支持，促进社会主义市场经济的健康发展。民营企业对引进国外智力存在着巨大渴求，在发展经济、创业创新和引智方面往往起到排头兵作用。各级引智部门要在加强对国有经济引智支持的同时，加大对民营企业引智支持力度，使各类所有制企业平等发展、各类人才创新创业能力共同迸发。

三、加强引智法制建设，做好改革顶层设计

《决定》提出，要推进法治中国建设。我国经济体制变革、社会结构变动、利益格局调整，也使引智管理模式面临改革的重大课题：引智法治化建设紧迫，宏观管理难度加大。我们在引智法治建设方面的重要任务是：

重视顶层设计和全面规划，全面总结引智体制机制创新取得的成效，深刻分析引智改革的形势和任务，按照构建系统完备、科学规范、运行有效的制度需要和完善人才智力资源市场的要求，明确引智改革的重点领域、关键环节和重要举措，制定改革的总体规划，协调有序地推动其进行。

逐步建立具有中国特色、体现时代特征、符合国际惯例的引智法制体系。我们在引智法规方面参与了《中华人民共和国出入境管理法》外国专家出入境及居留便利方面的政策配套，正会同有关部门制订《外国人在中国境内工作指导目录》，积极探索实施技术移民。

加强引智部门的宏观管理及公共服务职能。我们在实施各类引智行政许可，规范工作的同时，积极推进“三项建设”。一是推进引智法治化建设，制定配套法规，完善引智法制体系；二是推进开发利用国外智力资源能力建设，开辟高层次渠道，探索灵活高效的引智方式，完善国际人才资源信息服务和专家管理体系；三是推进引智成果共享体系建设，满足我国对国外智力资源的多样化需求。

（《中国组织人事报》）

张建国：不拒众流，方为江海

（2014年7月28日）

2014年7月28日，人力资源和社会保障部副部长、国家外国专家局局长张建国在《学习时报》上发表“学习习近平总书记关于引进国外人才和智力的重要论述”文章。全文如下：

党的十八大以来，习近平总书记先后两次组织外国专家座谈会，从治国理政的基本规律、时代发展的基本趋势、伟大中国梦的实现以及改革开放事业深入推进等高度，对引进国外人才和智力工作进行了一系列重要论述，全面、系统、深刻阐述了引进国外人才和智力的意义地位、方针原则和工作方向等重大理论和现实问题。总书记的讲话气势恢宏、立意深远，是新时代的求贤令，是我们在新的历史起点上做好国外人才和智力引进工作的基本指针。

一、实现伟大中国梦的重要人才智力支撑

人才是实现伟大中国梦的根本支撑，总书记特别重视人才，包括国内人才和国外人才，他明确指出：“中国古人讲，‘尚贤者，政之本’‘为政之要，莫先于用人’。当今世界聚才、用才，应该包括国际国内两方面的人才，也就是要‘择天下英才而用之’。一个国家、一个地方，没有这样的眼光，没有这样的胸怀，是很难快速发展起来的。”

“他山之石，可以攻玉”，实现伟大中国梦不仅需要全体中华儿女努力为之奋斗，也需要广泛引进国外人才，尤其是高层次创新型人才。在中国革命、建设和改革开放各个时期，外国专家和国际友人都做出了历史性贡献。他们在推动重点领域的跨越式发展、重大科学研究的关键性突破、中外

科技文化交流、高层次人才培养等方面都发挥了积极作用。总书记高度评价在现代化建设中外国专家的历史贡献，在第一次与外国专家座谈时他就曾鲜明指出：“中国改革开放事业所取得的巨大成就，外国专家们功不可没，欢迎外国专家和优秀人才以各种方式参与中国的现代化建设。”在5月22日的座谈会上，他再次指出：“我们在大力培养国内创新人才的同时，将更加积极、更加主动、更加开放地引进国外人才，特别是高层次创业创新的人才。为转变经济发展方式、实现创新驱动发展战略、保障改善民生提供强大的人才智力支撑。”

尤其是面对消除贫困、保护环境、应对传统和非传统安全等世界性难题，只有世界各国和衷共济才能有效解决。中国只有同世界各国在经济、科技、文化、教育、安全等各个领域展开全方位的交流合作，分享和借鉴彼此有益经验，才能加快伟大中国梦的实现。

二、长期坚持的重要战略方针

中华民族历来有“尚贤爱才”传统美德，向来很重视吸收外国人才。唐代与中国通使交好的国家达70多个，这个大交流促进了中华文化远播世界，也促进了各国文化物产传入中国。明清时期以“西学东渐”为代表，给中国带来了数学、理工、化学、天文、地理、生物、医学等方面的先进技术知识，也把中华文化传播到了外国。在中国共产党领导的革命、建设、改革各个历史时期，都有大量的外国专家到中国帮助和支持中国人民。

引进国外人才，加强国际人才交流合作，不仅带来了新的思想理念、技术和管理经验，而且对加强文明的交流互鉴、促进中华文明创造性发展发挥了重要作用。更为重要的是，这种交流合作有利于推动不同文明相互尊重，推动世界各国人民相互理解。总书记高度重视人才交流合作在促进世界文明交流互鉴中的作用，他指出：“文明交流互鉴，首先是人才的交流互鉴。”

随着中国改革开放不断的深化，中国逐渐成为世界各国优秀人才施展才华、创业发展的“热土”。2013年，有超过61万人次的境外专家来华工作，为中国经济社会发展做出贡献。

改革造就人才，改革更需要依靠人才。当前中国正处于改革的深水区和攻坚期，比历史上任何时候都更需要“广开进贤之路，广纳天下英才”。总书记强调指出：“引进国外人才和智力是中国对外开放的重要组成部分，是我们长期坚持的重要战略方针。”他明确表示，中国将实行更加开放的人才政策，不唯地域引进人才，不求所有开发人才，不拘一格用好人才，将积极营造尊重、关心、支持外国人才创新创业的良好氛围，充分信任、放手使用引进的外国人才，让各类人才各得其所，让各路高贤大展其长。

三、永远做一个学习大国

学习其他民族和国家的优秀文明成果是引进国外智力重要途径。任何一个民族、任何一个国家，无论其发展到什么水平，都需要学习别的民族、别的国家的优秀文明成果。总书记谆谆告诫：“‘三人行，必有我师焉’。……无论中国发展到什么水平，我们都要虚心向世界各国人民学习。中国愿意以更加开放包容的姿态，开阔眼界、开阔思路、开阔胸襟，加强同世界各国的互容、互鉴、互通。‘谦虚使人进步，骄傲使人落后’，我看中国要永远做一个学习大国。”

学习首先要有开放的人格，只有人格上开放，才能真正谦虚地学习其他国家和民族所创造的优秀文明成果。尤其是在今天这样一个经济全球化、信息社会化的时代，必须努力塑造开放的人格、开放的胸怀和开放的人才机制。总书记深刻指出：“不拒众流，方为江海。”“一个国家的对外开放，必须推动人的对外开放，特别是人才的对外开放。人的对外开放对推进一个国家对外开放具有基础性作用，如果人的思想禁锢、心胸封闭，那就不可能有真正的对外开放。因此对外开放要首先着眼于人，着力于人，推动人们在眼界、思想、知识、技术上走向开放。”

任何时候，中国都要虚心向世界各国人民学习，但是总书记所说的“学习”不是简单复制，更不是盲从，而是要把别的民族和国家的先进文明成果消化吸收，并在此基础上改进创新。

四、开创引智工作新局面

这些年引进外国人才和智力工作取得了不小成绩，适应国内提质增效转型发展的需要，但客观上也还存在许多制约引智发展的问题。问题突出表现为引进国外人才的法律制度缺失，人才引进主要依靠碎片化的政策文件，层级不高，稳定性不强，透明度不够，对外宣传力度不够，对国外人才尤其是高端人才吸引力严重不足，难以形成具有国际竞争力的人才制度优势。针对这些问题，总书记在讲话中明确指出：“要继续完善外国人才引进体制机制，切实保护知识产权，保障外国人才合法权益，对做出突出贡献的外国人给予表彰奖励，让有志来华发展的外国人才‘来得了、待得住、用得好、流得动’。”“要遵循国际人才流动规律，为来华外国专家在出入境机制、融入机制以及工作平台环境等方面提供完善便利的政策和服务。要更好地发挥用人单位的主体作用，所提供的平台要更能使外国专家实现个人事业，使外国人才的专长和中国发展的需求紧密契合，为外国专家施展才能、实现事业梦想提供更加广阔的舞台。”

总书记的重要论述，为研究解决引智工作中存在问题、开创引智工作新局面指明了方向。笔者认为，应着重做好以下几项工作。

第一，加强顶层设计，加快引智立法，努力创造良好的引智发展法治环境。加快推进新时期引智综合性指导文件制定，出台外国人在中国工作管理条例，积极推进探索实行技术移民制度，推动建立透明的、可预期的制度环境。借鉴发达国家立法经验，逐步建立灵活便利的人才签证政策，逐步完善海外人才的国民待遇制度，认真落实保障海外人才合法权益的政策措施，推动形成具有国际竞争力的人才制度优势。

第二，实施更加开放的人才政策，完善外国人才引进体制机制。推动建立权责统一、运转高效、法治保障的外国专家工作管理体制，加强宏观管理和统筹协调，明确各管理部门的职责，强化部门间的协调。更好地发挥企业、高校、科研院所的作用，为外国专家和人才干事创业、施展才华、实现梦想创造更大舞台。将保护知识产权与表彰奖励结合起来，激发外国专家创造活力。建立国外人才和在华工作专家信息网和数据库，完善国外人才和智力资源供给、发现评价、使用激励、绩效评估和人才分配激励机制。

第三，坚持高端引领，大力引进、培养和用好高端紧缺人才。在全球视野下谋划人才问题，以深入实施“外专千人计划”和高端外国专家项目为引领，统筹推进各项重大引智工程，切实把引进人才的重心放在提高质量、增强效益、优化结构上来。创新思路，积极学习借鉴国外人才资源开发的有益经验，探索建立更加灵活多样、便捷高效的合作新方式新途径。在出国境培训方面，坚持压缩培训规模，优化培训结构，规范培训管理，切实把中央和总书记的要求落实到实处。

第四，加快职能转变，充分发挥外国专家主管部门的作用。充分发挥市场配置人才资源的决定性作用，健全国际人才市场体系，激发用人单位、中介组织、外国人才等各类市场主体的活力，实现人才资源的高效配置。加快行政审批制度改革，更好发挥外国专家主管部门在规划制定、政策引导、示范推广、监督检查等宏观管理方面的作用，规范审批事项，优化审批流程，创新管理方式，强化服务保障，为国外各类优秀人才创造更好的工作生活条件。

（《学习时报》）

张建国：奋力开创引进国外人才和智力工作新局面

（2014年10月1日）

2014年10月1日，《求是》2014年第19期刊发人力资源和社会保障部副部长、国家外国专家局局长张建国题为《奋力开创引进国外人才和智力工作新局面——学习贯彻习近平总书记在外国专家座谈会上的重要讲话精神》的署名文章。全文如下：

党的十八大以来，习近平总书记就引进国外人才和智力工作作出一系列重要指示，特别是今年5月22日与外国专家座谈时的重要讲话，全面深刻阐述了引进国外人才和智力工作的重大理论和现实问题，提出了一系列新思想新观点新要求，是做好新时期引进国外人才和智力工作的纲领性文献和科学指南。深入学习贯彻习近平总书记重要讲话精神，必须切实把思想和行动统一到中央要求上来，开创引进国外人才和智力工作新局面。

一、认清重大意义，增强学习贯彻习近平总书记重要讲话精神的自觉性坚定性

习近平总书记重要讲话，从治国理政的高度，把引进国外人才和智力工作放到实现“两个一百年”奋斗目标、实现中华民族伟大复兴中国梦的大局中去思考、去谋划、去推进、去落实，对于做好新形势下引进国外人才和智力工作具有重大的指导意义，标志着我国引进国外人才和智力工作进入一个新的历史阶段。

习近平总书记重要讲话是对党的人才引进理论的丰富和发展。新中国成立之初，在确立尽快恢复国民经济发展和加快建设社会主义的主要任务后，针对当时一穷二白、百废待兴的局面，党中央提出向国外学习的战略方针，积极向苏联和东欧引进先进设备、技术和专家，开辟了新中国引进国外人才和智力工作的新纪元，有力地推进了我国工业化和社会主义建设的历史进程。

改革开放之初，针对当时我国搞现代化建设既缺乏经验又缺乏人才的状况，党中央作出利用国外智力扩大对外开放和加速现代化建设的战略决策，把引进国外智力确定为一项必须长期坚持的战略方针，学习借鉴发达国家经验，引进先进技术、管理经验和人才，掀开了引进国外智力的新篇章，有力地推进了改革开放和社会主义现代化建设的历史进程。

60多年来，在党的人才引进理论指引下，全方位、宽领域、多层次的引智发展格局逐步形成，引智工作在经济社会发展大局中发挥了不可替代的独特作用。

党的十八大以来，习近平总书记就引进国外人才和智力工作发表重要讲话，总结回顾了我国引进国外人才和智力的伟大历程，全面、系统、完整、深刻地阐述了现阶段我国引进国外人才和智力工作的重大理论和现实问题，显示了理论逻辑、历史逻辑和实践逻辑的高度统一。首先，讲话提高了对引进国外人才和智力工作重大意义的认识。讲话从党和国家事业发展全局的战略高度，深刻分析加大引进国外人才和智力的重要性和紧迫性，揭示了引进国外人才和智力在推动我国社会文明进步和现代化建设中不可替代的作用。习近平总书记强调，引进国外人才和智力是中国对外开放的重要组成部分，是我们长期坚持的重要战略方针。其次，讲话明确了引进国外人才和智力工作科学发展的正确方向。讲话对于我们深入贯彻落实党的十八大和十八届三中全会精神，自觉增强引进国外人才和智力服务党和国家中心工作的责任感和使命感，理清引进国外人才和智力工作的功能定位，进一步明确方向目标、重点任务和基本遵循，确保引进国外人才和智力工作沿着正确方向发展具有重要意义。第三，讲话明确了引进国外人才和智力工作改革创新的要求。讲话明确指出要认真梳理当前引进人才计划和政策，找出吸引力和短板，要求我们不可故步自封，要遵循国际人才流动规律，借鉴国外有益经验，总结国内成功做法，不断深化改革，创新体制机制，进一步释放活力，尽快形成具有国际竞争力的人才制度优势。

二、领会精髓要义，准确把握习近平总书记重要讲话的科学内涵

学习贯彻习近平总书记重要讲话精神，必须准确领会讲话的精髓要义，着力把握其精神实质、科学内涵和实践要求，自觉用讲话精神武装头脑，指导实践，推动工作。

深刻理解“择天下英才而用之”的人才工作根本要求。“图治以人为本”。习近平总书记指出，中华民族历来具有尚贤爱才的优良传统，中国传统文化历来重视用人。当今世界，聚才用才应该包括国内国际两个方面人才。一个国家、一个地方没有这样的眼光，没有这样的胸怀，是难以快速发展起来的。要积极引进海外优秀人才，制定更加积极的国际人才引进计划，吸引更多海外创新人才到我国工作。这些论述明确表达了新一届中央领导集体的人才观，再次宣示中国政府重视引进国外人才的决心。我们必须进一步增强做好引才引智工作的政治责任感和历史使命感，以更加积极的姿态参与国际人才竞争，不拘一格广纳天下英才。

深刻理解“中国将实施更加开放的人才政策”的人才工作基本方针。习近平总书记指出，要实行更加开放的人才政策，不唯地域引进人才，不求所有开发人才，不拘一格用好人才，在大力培养国内创新人才的同时，更加积极主动地引进国外人才特别是国外高层次人才。外国专家主管部门要继续完善外国人才引进体制机制，切实保护知识产权，保障外国人才合法权益，对作出突出贡献的外国人才给予表彰奖励，让有志于来华发展的外国人才“来得了、待得住、用得好、流得动”。这些论述进一步明确了引进国外人才和智力工作的基本方针。我们必须以更宽的视野、更广的胸怀、更大的气魄，不断加强制度创新，不断优化引才环境，不断提升人才吸引力，大力引进国外优秀人才。

深刻理解“我们比历史上任何时候都需要广开进贤之路，广纳天下英才”的人才工作科学论断。习近平总书记指

出，全面建成小康社会，实现中华民族伟大复兴的中国梦，需要人才，呼唤人才，造就人才。当前中国经济依靠投资驱动、规模扩张、出口导向的发展空间已越来越小，必须更多依靠科技创新引领和支撑经济发展和社会进步，更加积极、更加主动、更加开放地引进国外人才特别是高层次创新创业人才。这些论述再次强调了当前引进国外人才和智力工作的重要性和紧迫性。我们必须进一步增强责任感和紧迫感，更加积极地做好引进国外人才和智力工作，更好地为经济社会发展作出新贡献。

深刻理解“中国要永远做一个学习大国”的重要思想。习近平总书记指出，我们的事业是向世界开放学习的事业，关起门来搞建设不可能成功，我们要坚持对外开放的基本国策不动摇，不封闭、不僵化，打开大门搞建设、办事业。不拒众流，方为江海。中国要永远做一个学习大国，不论发展到什么水平都虚心向世界各国人民学习，以更加开放包容的姿态，加强同世界各国的互容、互鉴、互通，不断把对外开放提高到新水平。文明交流互鉴，首先是人的交流互鉴。这种交流有利于推动不同文明相互尊重，推动世界各国人民相互理解。这些重要论述为把引进国外人才和智力工作作为长期战略奠定了坚实的理论基础。要永远做一个学习大国，就必须把引进国外人才和智力工作作为我国现代化建设必须长期坚持的重要战略方针，始终坚持学习借鉴国外一切优秀文明成果。

深刻理解“引进国外人才和智力是中国对外开放的重要组成部分，是我们长期坚持的重要战略方针”的战略定位。习近平总书记指出，一个国家对外开放，必须推进人的对外开放，特别是人才的对外开放。人的对外开放，对推进一个国家对外开放具有基础性作用。加强国际人才交流合作，有利于我们积极借鉴世界各国优秀文明成果，也有助于推动中华文明创造性转化和创新性发展。我们将积极营造尊重、关心、支持外国人才创新创业的良好氛围，充分信任、放手使用外国人才，让各类人才各得其所，让各路高贤大展其长。这些论述科学阐释了加强国际人才交流合作，实施引进国外人才和智力战略的重大意义。要贯彻实施好引才引智这一长期坚持的重要国家战略，我们必须增强开拓创新与服务意识，完善政策和服务体系，使外国专家工作生活更舒心、更安心，使中国成为外国人才创新创业的理想之地。

三、指引实践发展，奋力开创引进国外人才和智力工作新局面

学习贯彻习近平总书记重要讲话精神，必须在深化学习理解上求深入，在更新思想观念上求深入，在推动实践转化上求深入，以讲话精神指引实践发展。

加强顶层设计，积极推动出台新时期引进国外人才和智力综合性指导文件。以讲话精神为指导，从全局高度谋划好新时期引进国外人才和智力工作。根据今年中央文件制定计划和形势发展需要，加快制定指导新时期引进国外人才和智力工作的文件。必须坚持问题导向，深入调查研究，用改革的思路、创新的办法，研究提出新时期引进国外人才和智力工作的总体思路、主要目标、重点任务、保障措施和实施机制。

完善法规制度，加快推进引进国外人才和智力法治建设。更加注重法规制度建设，努力营造公开透明的引才环境。要坚持“吸引高端、控制一般、打击非法”的原则，加快推进《外国人在中国工作管理条例》出台。尽快建立标准统一、程序规范、公开透明、高效便捷的人才准入许可制度，使之与人才签证和居留制度有机衔接。建立以市场需求为导向的人才引进制度，制定并定期调整《外国人在中国境内工作指导目录》。加强国别政策研究，借鉴发达国家经验，探索建立符合中国国情的技术移民法律制度。

深化改革创新，着力推动引进国外人才和智力体制机制改革。推进引进国外人才和智力工作发展，根本靠深化改革、创新体制机制。积极培育参与国际人才竞争与合作的新优势，进一步完善健全外国人才引进机制，特别是国外人才和智力资源供给、发现评价、使用激励、绩效评估和分配激励机制。整合外国人才管理职责和公共资源，推动建立权责统一、运转高效、法治保障的外国专家工作管理体制。创新管理方式，加强宏观管理，强化服务保障，充分发挥市场主体在引进国外人才和智力中的决定性作用，更好发挥政府的作用。健全政府、用人主体和社会多元化投入机制，支持引导企业、用人主体和社会有关方面加大引进人才投入。

坚持高端引领，大力加强国外高端人才和智力引进工作力度。立足国家重大战略和经济社会发展需求，深入推进“外专千人计划”、高端外国专家项目、大科学工程引智计划、高等学校学科创新引智计划等重大引智工程，大力引进国外科技创新领军人才和急需紧缺专门人才。树立“不求所有、但求所用”的柔性引才观念，鼓励国外各行业、各领域优秀人才以多种方式为我国经济社会发展服务。

（《求是》

汤涛：加大海外人才引进力度，支持留学人员回国创业

（2014年9月22日）

2014年9月22日，全国专业技术人才工作会议在北京召开。人力资源和社会保障部副部长汤涛出席会议并讲话。

汤涛指出，站在新的历史起点，要全面贯彻落实习近平总书记重要讲话精神，坚持党管人才原则，遵循社会主义市场经济规律和人才成长规律，以服务发展为根本目的，以体制机制改革和政策创新为动力，以重大人才工程为龙头，以高层次和急需紧缺人才为重点，更好发挥政府人才工作综合管理职能作用，完善政策措施，创新体制机制，加强队伍建设，健全服务体系，为实现创新驱动发展和全面建成小康社会提供人才和智力支撑。

汤涛强调，要创新人才服务发展的新方式，创新人才服务发展的政策措施，探索建立国家人才服务发展示范区，抓紧建立健全人才引领创新发展、支撑转型发展的工作格局；要着力推进体制机制改革和政策创新，创新完善科学公平的评价发现机制、灵活管用的选人用人机制、合理顺畅的流动配置机制，改革完善体现人才价值的激励保障机制，努力破除专业技术人才成长和发挥作用的体制机制障碍；要加大海外高层次人才引进力度，制定更加开放、更加均衡的引才政策，推进实施重点引才计划，大力支持留学人员回国创业，加快建立国际人才竞争制度优势；要突出人才队伍建设重点，加大创新领军人才选拔培养力度，加强基层人才队伍建设，着力培养青年拔尖人才，加快建设一支宏大的能

突破关键技术、引领创新发展、带动产业转型的高层次人才队伍；要更好实施重大人才工程项目，用项目化管理方式来推动人才工作；要建立健全人才公共服务体系，创新完善服务政策，加强服务平台建设，构建人才服务网络，加快服务信息化建设，构建全覆盖、均等化、便捷性的人才公共服务体系；要更好发挥政府人才综合管理职能作用，在党管人才工作格局中，发挥人社部门在政府人才工作综合管理中的政策、队伍建设和服务优势，不断提升专业技术人才队伍的整体实力和核心竞争力。

汤涛要求，各级人社部门必须以高度的政治责任感和奋发有为的精神状态，狠抓各项工作的落实，推进全系统建成“专家之家”“留学人员之家”“专业技术人员之家”。

（《中国组织人事报》）

何亚非：中国“人才强国梦”迈出坚定步伐

（2014年8月12日）

2014年8月12日，2014中国留学人员创新创业论坛在北京举行。国务院侨办副主任何亚非出席论坛并致辞。致辞全文如下：

很高兴参加2014中国留学人员创新创业论坛。首先请允许我代表国务院侨办对论坛的召开表示热烈的祝贺！

一、随着全球经济转型提速，知识经济和创新经济推动第三次工业革命的到来，人才竞争将决定中国的命运

在商品、资本、技术、人员流动日益增强，生产成本在全球迅速拉平的知识经济新时代，全球综合国力的竞争正聚焦在创新能力和创新人才上。人才资源作为经济社会发展决定性资源的作用十分明显。国际金融危机以来，为抢占知识经济发展的战略制高点，许多国家开始实施全新的人才战略，通过修改移民政策、开放人才市场、设立专项计划等一系列举措，面向全球吸引创新创业顶尖人才。美国先后发布两个《美国创新战略》。欧盟通过“欧盟框架计划”。印度、越南等发展中国家也纷纷制定吸引高层次人才的政策。新一轮世界“人才战”的号角已经吹响。

二、“致天下之治者在人才”，中国的“人才强国梦”已迈出坚定的步伐

中国作为文明古国和迅速发展的社会主义大国，正向着中华民族复兴伟大中国梦的宏伟目标迈进。习近平主席指出，人才是衡量一个国家综合国力的重要指标，尊重劳动、尊重知识、尊重人才、尊重创造是党和国家的一项长期方针。

2003年中国首次召开全国人才会议。2010年颁布实施《国家中长期人才发展规划纲要(2010—2020年)》。2012年党的十八大提出要充分开发利用国内国际人才资源，积极引进和用好海外人才。2013年十八届三中全会强调建立集聚人才的体制机制，择天下英才而用之，加快形成具有国际竞争力的人才制度优势，中国在人才强国道路上加速前进。

三、华人华侨和海外留学人员是中国海外人才的宝库，国家要继续予以高度重视

近代中国历史充分证明，广大侨胞和留学人员具有为民族振兴、祖国富强建功立业的崇高志向与高尚情操，是中国人才资源的宝贵财富，是实现中华民族伟大复兴中国梦不可或缺的重要力量。

6000万海外侨胞中有400多万专业人才。自2008年实施“千人计划”以来，已分10批引进4180余名高层次创新创业人才，其中绝大多数为华侨华人与海外留学人员。

近年来，归国留学人员迅速增加，越来越多的华侨华人高端人才选择回国发展。年度海归人数将很快超过出国留学人数。但中国依然存在“移民赤字”和“人才赤字”问题。据统计，从1978年到2013年底，中国出国留学人员总数305.86万，留学回国人员总数为144.48万。近年中国流失的顶尖人才数量居世界首位，其中科学和工程领域平均滞留率87%。

四、人才竞争需要体制机制改革的配套，是十八届三中全会关于加强国家治理能力和治理体系建设的重要组成

“鱼无定止，渊深则归；鸟无定栖，林茂则赴”。中国人才政策创新和体制机制改革迫在眉睫。华人华侨反映较多的入境、签证、居留、绿卡、入籍等方面的规定和政策，已有很大改进，但依然难以适应形势的发展。中国2004年实行绿卡制度，10年来绿卡仅发放几千张，而美国一年就发放100多万。

中国还要更加注重强化软环境建设，积极培育适宜人才发展的土壤，努力成为海外人才追逐梦想、创新创业的理想之地。

五、国务院侨办将秉承全面深化改革精神，围绕国家改革发展重点需求，把引进海外高端人才摆在更加突出位置，以灵活丰富的联系渠道、交流形式和平台机制，努力发现、引导、服务海外优秀人才

联系推动华侨华人高端人才、专业人士和留学人员来华发展创业，是侨办系统的光荣使命。近年来全国各级侨办通过制定实施海外人才为国服务计划、完善工作机制、加强项目对接、优化平台建设等举措，积极开展海外引智工作，为国家人才发展战略作出了贡献。

侨办还将选择一批有影响、有实力、有高端人才的华侨华人专业协会作为引进高端人才的联系点和工作站；加强华侨华人专家咨询机构、重点华侨华人创业团队、创业示范基地和引智引资重点联系单位建设；加强侨智侨资结合与投向引导对接，推动先进科技、绿色经济、金融服务等重要领域创新发展；进一步发挥重大机制性平台和海外人才为国服务品牌活动的作用；推动解决海外侨胞在华居留、身份证件使用、子女就学等难点问题，推动放宽外籍华人申请绿卡的条件。

（中新网）

综合篇

中央及地方海外引才计划实施一览

中央引进海外高层次人才“千人计划”

计划简介

2008年12月，中共中央办公厅转发《中央人才工作协调小组关于实施海外高层次人才引进计划的意见》（中办发〔2008〕25号），启动实施海外高层次人才引进“千人计划”。主要围绕国家发展战略目标，从2008年开始，用5到10年，在国家重点创新项目、重点学科和重点实验室、中央企业和国有商业金融机构、以高新技术产业开发区为主的各类园区等，引进并有重点地支持一批能够突破关键技术、发展高新产业、带动新兴学科的战略科学家和领军人才回国（来华）创新创业。

此后，中央组织部又先后下发《引进海外高层次人才暂行办法》（中组发〔2008〕28号）、《“千人计划”短期项目实施细则》（组厅字〔2010〕29号）、《青年海外高层次人才引进工作细则》（组厅字〔2010〕63号）、《“千人计划”高层次外国专家项目工作细则》（组通字〔2011〕45号），以及《“千人计划”顶尖人才与创新团队项目实施细则》《部分急需人文社会科学领域海外高层次人才引进试行方案》等文件。“千人计划”在实践中得到不断完善，从最初的创新长期、创业两个项目，逐步拓展创新人才长期、创新人才短期、创业人才、顶尖人才与创新团队、“青年千人计划”“外专千人计划”、人文社会科学、文化艺术人才项目等8个项目，形成了覆盖不同专业领域、不同年龄段和梯次配置的引才项目体系。

组织领导

“千人计划”由海外高层次人才引进工作小组负责组织领导和统筹协调。工作小组由中央组织部、人力资源和社会保障部会同教育部、科技部、中国人民银行、国资委、中国科学院、中央统战部、外交部、发改委、工业和信息化部、公安部、财政部、侨办、中国工程院、自然科学基金委、外专局、共青团中央、中国科协等单位组成。

同时，在中央组织部人才工作局设立海外高层次人才引进工作专项办公室，作为工作小组的日常办事机构，负责“千人计划”的具体实施。

创新人才长期项目

（一）引进对象及条件

创新人才长期项目的引才对象应符合以下基本条件：

1．全职回国（来华）工作；

2．年龄一般不超过55岁；

3．在国外著名高校、科研院所担任相当于教授职务的专家学者，或是在国际知名企业和金融机构担任高级职务的专业技术人才和经营管理人才。

（二）申报评审程序

海外高层次人才一般应与国内高校、科研机构、企业、商业金融机构等用人单位达成明确的工作意向后，由用人单位进行申报。基本程序是：

1．用人单位与海外高层次人才达成意向后，填写《海外高层次人才引进申报书》，按程序报国家重点创新项目、重点学科和重点实验室、中央企业和国有商业金融机构等平台；

2．平台牵头组织单位组织专家对申报人选进行评审，提出建议人选报海外高层次人才引进工作专项办公室；

3．海外高层次人才引进工作专项办公室将人选提交“千人计划”专家顾问组审核后，报海外高层次人才引进工作小组审批。

（三）特殊政策待遇

对通过创新人才长期项目引进的海外高层次人才，授予“国家特聘专家”称号，享受相应的工作条件和一定生活待遇：

1．相应工作条件。可担任高等院校、科研院所、中央企业、国有商业金融机构一定的领导职务或专业技术职务；可担任国家重大科技专项、863、973、自然科学基金等项目负责人；可申请政府部门的科技资金、产业发展扶持资金等，用于在中国境内开展科学研究或生产经营活动；可参与国家重大项目咨询论证、重大科研计划和国家标准制定、重点工程建设等工作；担任项目负责人的，在规定的职责范围内，有权对经费使用、人员聘任等作出决定；可参加国内各种学术组织，参加中国科学院院士（外籍院士）、中国工程院院士（外籍院士）评选；可作为各类政府奖励候选人。

2．一定生活待遇。外籍人才及其随迁外籍配偶和未成年子女，可办理《外国人永久居留证》，或2—5年有效期的多次往返签证；具有中国国籍的引进人才，可不受出国前户籍所在地的限制，选择在国内任一城市落户；中央财政给予引进人才每人人民币100万元的一次性补助，有关地方或部门给予配套支持；享受医疗照顾人员待遇；引进人才及其配偶子女，可参加中国境内各项社会保险，包括基本养老、基本医疗、工伤保险等；可参照当地居民购房政策，购买自用商品房一套；五年内境内工资收入中的住房补贴、伙食补贴、搬迁费、探亲费、子女教育费等，按照国家税收法律法规的有关规定，予以税前扣除；引进人才的配偶由用人单位妥善安排工作或发放生活补贴；教育部门为引进人才的子女就学提供便利；用人单位参照引进人才回国（来华）前的收入水平，一并考虑应为其支付的各种生活补贴，协商确定合理薪酬。

创新人才短期项目

（一）引进对象及条件

人选除应符合创新人才长期项目规定的基本引才标准外，还须符合以下基本条件：

1. 系国家科技、产业发展和学科建设急需、紧缺领域的领军人才或学术技术带头人；

2. 在国内工作单位固定，有明确具体的工作目标任务，能作出实质性贡献；

3. 已与用人单位签订至少连续3年、每年在国内工作不少于2个月的工作合同，并明确合同期内工作成果知识产权的归属。

（二）申报评审程序

按照创新人才长期项目规定的程序进行申报评审。

（三）特殊政策待遇

1. 中央财政给予创新人才短期项目引进人才每人人民币50万元的补助。根据引进人才的实际需要，可为其办理出入境、医疗、保险等手续。

2. 创新人才短期项目引进人才在合同期满后申请全职回国（来华）工作的，在签订聘用合同后，由用人单位提出申请，报专项办同意，可直接进入创新人才长期项目。授予“国家特聘专家”称号，由中央财政再为其发放人民币50万元的补助。

创业人才项目

（一）引进对象及条件

创业人才项目的引才对象应符合以下基本条件：

1. 一般应在海外取得学位；

2. 有海外创业经验或曾在国际知名企业担任中高级管理职位3年以上；

3. 为所在企业的主要创办人，所创办企业成立1年以上、5年以下，拥有的专利或技术成果国际先进，能够填补国内空白、符合国家鼓励的重点产业发展方向、具有市场潜力并进行产业化生产。

（二）申报评审程序

符合条件的创业人才由企业所在高新技术产业开发区、留学人员创业园等进行申报。基本程序是：

1. 申报人填写《海外高层次人才引进申报书》，由所在园区按程序向所在省（区、市）党委组织部申报。

2. 省（区、市）党委组织部组织有关部门审核或评审后报海外高层次人才引进工作专项办公示。

3. 科技部、人力资源和社会保障部组织技术专家、管理专家和风险投资专家进行评审，海外高层次人才引进工作专项办公室对推荐人选把关后，报工作小组领导审批。

（三）特殊政策待遇

对通过创业人才项目引进的海外高层次人才，授予“国家特评专家”称号，享受相应的工作条件和一定生活待遇。具体待遇参照创新人才长期项目执行。

青年千人计划项目

（一）引进对象及条件

“青年千人计划”项目的引进对象应符合以下基本条件：

1. 从事自然科学研究，年龄在40周岁以下；

2. 在海外知名高校取得博士学位，并有3年以上的海外科研工作经历；

3. 申报时在海外知名高校、科研机构或知名企业研发机构有正式教学或科研职位；

4. 引进后全职回国工作；

5. 为所从事科研领域同龄人中的拔尖人才，有成为该领域学术技术带头人的发展潜力；

6. 对有突出研究成果的在读博士研究生，可以破格引进。

（二）申报评审程序

在海外高层次人才引进工作专项办公室指导下，由教育部、科技部、中科院、自然科学基金委联合设立平台，负责“青年千人计划”的申报评审工作。基本程序是：

1．用人单位和海外人才达成引进意向后，按申报通知要求向平台提出申请；

2．平台组织专家进行通讯评审后，分批次组织会议评审，以面谈方式议定拟引进人才名单，并进行公示；

3．对公示异议人员，由海外高层次人才引进工作专项办公室组织专家复审；

4．海外高层次人才引进工作小组批准引进人才名单。

（三）特殊政策待遇

中央财政给予“青年千人计划”项目引进人才每人人民币50万元的一次性补助。根据拟引进人才所在学科领域、能力水平的差异，按进度分批给予每位引进人才科研经费补助100万—300万元。参照创新人才长期项目的有关政策，给予引进人才相应的其他工作条件和生活待遇。

外专千人计划

（一）引进对象及条件

目前重点引进长期项目专家（至少连续来华工作3年、每年不少于9个月）。其人选应符合“千人计划”的引才标准，申报人选的年龄可放宽到65岁。

（二）申报评审程序

在海外高层次人才引进专项办公室指导下，国家外国专家局设立平台，负责“外专千人计划”的申报评审工作。基本程序是：

1．用人单位与拟引进人选进行接洽并达成初步意向后，填写“外专千人计划”引进申报书，向各省、自治区、直辖市外国专家局和部委外国专家管理部门申报；

2．国家外国专家局组织专家对申报人选进行评审后，报海外高层次人才引进工作专项办公室；

3．专项办组织专家顾问组进行审核把关后，报工作小组批准；

4．专项办向有关部门下发“外专千人计划”引进专家名单。据此，用人单位与“外专千人计划”引进专家签订工作合同，办理相关手续，并保证“外专千人计划”专家按合同约定及时到岗工作。

（三）特殊政策待遇

“外专千人计划”专家在出入境、居留、医疗、保险、住房、税收、薪酬等方面享受“千人计划”特定政策和待遇。中央财政给予“外专千人计划”长期项目专家每人人民币100万元的一次性补助，并根据工作需要，经用人单位向从事科研工作、特别是从事基础研究的外国专家提供总计300万—500万元科研经费补助。国家外国专家局根据“外专千人计划”专家在华工作年限给予适当补助，专项用于提高其医疗、养老保障水平。授予“外专千人计划”长期项目专家“国家特聘专家”称号。

顶尖人才与创新团队

（一）引进对象和条件

1．属自然科学或工程技术领域国际顶尖专家，引进后全职在国内工作至少5年；

2．具备以下条件之一：诺贝尔奖、图灵奖、菲尔兹奖等国际大奖获得者；美国、英国、加拿大、澳大利亚等发达国家科学院院士或工程院院士；在世界一流大学、科研机构任职的国际著名学者；国家急需紧缺的其他顶尖人才。

（二）申报评审程序

采取“一事一议、特事特办”的方式进行引进。

文化艺术人才项目

2014年，“千人计划”首次设置了文化艺术人才项目，围绕我国文化艺术领域实际需要，试点引进文物保护、图书管理、创意设计等领域的高层次人才。

（一）引进对象及条件

申报主体为国有文化单位、艺术院校。从事研究工作的申报人，一般应在海外取得博士学位，不超过55周岁；从事舞台艺术和创意设计的申报人，可适当放宽学历和年龄要求。申报时一般应未全职在国内工作；已经在国内工作的，回国时间应在一年内。申报长期项目的，引进后应全职回国或来华工作；申报短期项目的，要求在国内连续工作至少3年，每年不少于2个月。申报人累计申报次数原则上不超过2次。申报人还应符合下列条件之一：

1．在国际著名艺术团体担任艺术总监、首席指挥、乐队首席或声部首席、歌剧舞剧主演、舞蹈指导、高级舞美设计师、高级舞台技师等重要职务，或在国际知名艺术院校担任教授职务3年以上，其业务水平受到业内专家的肯定。

2．在国际知名文化机构、企业担任高级经营管理职务，近5年来策划、组织、推广过国际性文化项目或具有较大国际影响的文化活动。

3．在国际著名高校、科研机构、文化机构担任高级研究职务，从事文物保护、图书馆学、舞台艺术等专业的研究应用，取得了较大成就，在领域内有较高知名度。

4．在国际大型文化企业担任高级文化创意设计职务，或业内知名创意设计大师，其作品顺应时代要求，创意独特，影响广泛，产生了良好的社会效益和经济效益。

（二）申报评审程序

用人单位与申报人达成初步意向后，应由学术（技术）委员会或类似机构，组织专家对申报人的学术（技术）水平进行评价，通过后签订正式工作合同或意向协议，再分别填写申报书按程序报送。

人文社会科学项目

2012年底，创新人才长期项目开始引进部分人文社会科学领域海外高层次人才，重点是知识产权法、环境与资源保护法、国际法、国际经济法、国际关系、外交学、心理学等专业的急需紧缺人才。

（一）引进对象及条件

引进对象应符合以下基本条件：

1．拥护中国共产党领导和社会主义制度，遵守中华人民共和国宪法和法律；

2．在国外一流大学或研究机构、文化艺术单位具有教授级（或相当于）职务，为国际同行所公认，具有较广泛的国际学术影响力，其主要研究方向为国内急需或紧缺；

3．年龄一般不超过60周岁；

4．引进后全职在国内高校、科研机构等单位工作。

（二）申报评审程序

在重点学科平台增设"人文社会科学"分类，用人单位物色人选并签订意向性协议后，按照创新人才长期项目的程序进行申报评审。

"千人计划"大事记

（截至2014年12月31日）

● 2008年4月25日，中组部向中央上报《关于引进海外高层次人才的建议》。

● 2008年5月2日，胡锦涛、温家宝、习近平、李克强等领导同志批示，同意实施引进海外高层次人才"千人计划"。

● 2008年7月2日，中组部办公厅印发《引进海外高层次人才工作实施方案》，组建"引进海外高层次人才工作小组"，成立"引进海外高层次人才工作专项办公室"。

● 2008年12月23日，中共中央办公厅转发《中央人才工作协调小组关于实施海外高层次人才引进计划的意见》，"千人计划"正式启动。

● 2008年12月底，中组部等多个部门联合印发《引进海外高层次人才暂行办法》《关于为海外高层次人才提供相应工作条件的若干规定》和《关于海外高层次引进人才享受特定生活待遇的若干规定》，明确了"千人计划"实施的基本原则、工作体制、引才标准与程序，以及条件保障与日常服务等方面的内容。

● 2009年1月7日，中组部负责人就《中央人才工作协调小组关于实施海外高层次人才引进计划的意见》答记者问，对中央出台该意见的考虑和意义，近年来各地各部门引进海外人才工作的基本情况，该意见提出实施海外高层次人才引进计划的基本内容，该意见在如何用好人才方面的政策措施，解决海外高层次人才回来后遇到子女入学、住房、医疗等方面问题的具体举措，海外留学人才参与海外高层次人才引进计划的途径等方面进行了详尽解答。

● 2009年3月16日至18日，国家"千人计划"入选专家专题培训班在中央党校举办。

● 2009年4月，中组部公布首批全国"千人计划"引进名单，有122名海外高层次创新创业人才入选。

● 2009年4月7日，吸引海外高层次人才工作座谈会在上海召开。

● 2009年6月5日，中央企业引进海外高层次人才工作会议在北京召开。

● 2009年6月15日，教育部召开贯彻落实《中央人才工作协调小组关于实施海外高层次人才引进计划的意见》、实施"千人计划"视频会议，对高等学校加快实施"千人计划"进行了动员部署。

● 2009年7月12日，欧美同学会建言献策委员会举办"千人计划"建言献策座谈会。

● 2009年7月22日，中组部和科技部召开依托国家科技重大专项引进海外高层次人才工作会议。

● 2009年7月24日，人力资源和社会保障部对外公布2009年二季度人力资源和社会保障工作进展情况，并提出下一步工作部署中重点之一是加强吸引留学人才回国服务工作，配合中组部实施"千人计划"，做好海外高层次人才引进工作。同时，实施"创业支持计划"，支持留学人员回国创业。

● 2009年9月，中组部公布全国第二批"千人计划"引进名单，有204名海外高层次创新创业人才入选。

● 2009年10月22日，中央人才工作协调小组在第十届中国海外学子辽宁（大连）创业周上举办海外高层次人才创新创业基地发展论坛。

● 2010年3月，中组部公布全国第三批"千人计划"引进人才名单，有366名海外高层次创新创业人才入选。

● 2010年6月，中组部公布全国第四批“千人计划”引进人才名单，有163名海外高层次创新创业人才入选。

● 2010年6月6日，我国第一个中长期人才发展规划《国家中长期人才发展纲要（2010—2020年）》正式颁布。《纲要》中明确了“千人计划”的实施，提出中国将实施更加开放的人才政策，大力吸引海外高层次人才回国（来华）创新创业，并制定完善一系列相关政策措施。

● 2010年6月29日，在2010中国海外学子创业周开幕式上，“千人计划”网站（www.1000plan.org）正式开通。

● 2010年6月29日，由中央海外高层次人才引进工作专项办公室主办的“千人计划”创业论坛在2010中国海外学子创业周上举行。

● 2010年6月30日，海外高层次人才创新创业基地发展论坛在2010中国海外学子创业周上举行。

● 2010年7月28日，受党中央、国务院邀请，70位国家引进海外高层次人才“千人计划”入选专家到北戴河休假。中共中央政治局常委、中央书记处书记、国家副主席习近平，中共中央政治局委员、国务委员刘延东，中共中央政治局委员、中央书记处书记、中组部部长李源潮前往北戴河看望。

● 2010年8月19日，中共中央组织部办公厅印发《“千人计划”短期项目实施细则》。

● 2010年11月，中组部下发《青年海外高层次人才引进工作细则》和《“千人计划”顶尖人才与创新团队项目实施细则》。

● 2010年12月，中组部公布全国第五批“千人计划”引进人才名单，有318名海外高层次创新创业人才入选。

● 2010年12月，第六批“千人计划”启动申报，项目由原来的一项扩展成为四项，包括创新人才长期项目、创业人才项目、“青年千人计划”项目和创新人才短期项目。

● 2011年1月15日，“千人计划”专家联谊会在北京成立，并召开第一次大会。

● 2011年5月25日，国家特聘专家专题培训班暨证书颁发仪式在中央党校举行。

● 2011年7月10日，“千人计划”创投中心在苏州成立。

● 2011年8月，中组部公布全国第六批“千人计划”引进人才名单，有349名海外高层次创新创业人才入选。

● 2011年8月19日，“千人计划”高层次外国专家项目（简称“外专千人计划”，特指非华裔外国专家）开始实施。

● 2011年9月17日，“千人计划”太湖峰会在江苏无锡举办。

● 2011年12月，首批143名“青年千人计划”入选者名单公布。

● 2011年12月，中组部公布全国第七批“千人计划”引进人才名单。至此，“千人计划”已分七批引进海外高层次人才共计2263名。

● 2012年1月7日，“千人计划”专家联谊会第一次会员代表大会在成都举行。

● 2012年3月，首批中央“外专千人计划”评审结果揭晓，最终入选外国专家41人，各省及直辖市的入选情况为：北京、湖北各6名，上海、江苏各5名，广东省4名，山东、福建、陕西、安徽、浙江、云南各2名，天津、四川、湖南各1名。

● 2012年4月9日，中组部、人力资源和社会保障部联合下发《国家特聘专家服务与管理办法》，进一步规范对国家特聘专家的服务与管理工作。

● 2012年4月25日，由“千人计划”创投中心和“千人计划”专家联谊会联合主办的首届“千人计划”创业大赛在北京启动。

● 2012年4月27日，“我的中国梦”——海外高层次人才回国创新创业座谈会在北京人民大会堂举行。

● 2012年8月，中组部公布全国第八批“千人计划”引进人才名单，有530名海外高层次创新创业人才入选，其中“青年千人计划”177人，“外专千人计划”54人。至此，“千人计划已”已分八批引进海外高层次人才共计2793名。

● 2012年8月25日，“创新创业、圆梦中国”——2012“千人计划”太湖（无锡）峰会在江苏省无锡市召开，来自全国各地入选中央“千人计划”的专家600余名参会。会议总结了国家“千人计划”实施三年的成果。

● 2012年10月26日，“千人计划”南方创业服务中心挂牌仪式在广州市举行。

● 2012年12月10日，“外专千人计划”国家特聘专家证书颁发仪式在深圳举行。“外专千人计划”自实施以来，共有94名外国专家入选，成为国家特聘专家。

● 2013年3月，中组部公布全国第九批“千人计划”引进人才名单，有531名海外高层次创新创业人才入选。至此，“千人计划已”已分九批引进海外高层次人才共计3319名。

● 2013年3月28日，首届“千人计划”创业大赛在苏州落下帷幕。大赛自2012年4月25日启动以来，吸引近400个项目报名参赛，237个项目通过首轮筛选，66个项目进入复赛，20个项目闯入决赛。

● 2013年7月22日，中共中央政治局委员、中央组织部部长赵乐际与“千人计划”专家座谈。

● 2014年1月，中组部公布全国第十批“千人计划”引进人才名单，有816名海外高层次创新创业人才入选，其中，创业人才97人，青年人才396人。至此，“千人计划已”已分十批引进海外高层次人才共计4180人名。

● 2014年7月，2014年“千人计划”申报工作启动，首设文化艺术人才项目，围绕我国文化艺术领域实际需要，试点引进文物保护、图书管理、创意设计等领域的高层次人才。

● 2014年8月，中组部印发《关于建立国家“千人计划”入选专家退出制度的意见》，从明确主体责任、信守工作合同、严格退出程序和强化管理监督4个方面对退出制度提出了要求。《意见》明确了“千人计划”专家的三种退出形式：一是主动退出，即专家本人提出放弃入选资格；二是劝退，对未按期到岗工作或在岗时间未达到工作合同规定要求的，用人单位进行劝退；三是取消入选资格，对弄虚作假骗取入选资格的，或违反职业道德、学术不端，造成恶劣影响的，或触犯国家法律法规的，取消入选资格。入选专家退出后，不再保留相应的工作生活待遇，获得的一次性补助和科研支持经费，视合同履行情况部分或全部收回。《意见》还对用人单位、主管部门和评审部门在专家的管理、服务和监督等方面提出了要求。

海外高层次人才创新基地名录

为推动海外高层次人才引进计划顺利实施，加大海外高层次人才引进力度，集中引进一批优秀海外高层次人才和团队，加速重点领域科技突破和促进高新技术产业发展，促进科研管理体制和人才工作机制创新，为海外高层次人才创新创业提供更为优越的环境和条件，2008年，中央人才工作协调小组决定建设“海外高层次人才创新创业基地”。目前，已建成115家。

企业（44家）

东风汽车公司技术中心
国家核电技术有限公司核电技术研发中心
中国商用飞机有限责任公司
中国核工业集团公司
中国石油天然气集团公司
中国海洋石油总公司
国家电网公司
中国华能集团公司
中国国电集团公司
中国长江三峡集团公司
中国电信集团公司
中国电子信息产业集团公司
中国第一重型机械集团公司
鞍山钢铁集团公司
宝钢集团公司
武汉钢铁（集团）公司
中国铝业公司
中粮集团有限公司
中国建筑材料集团公司
深圳华为技术有限公司
中兴通讯股份有限公司
青岛海尔集团公司
奇瑞汽车股份有限公司
中国钢研科技集团公司
中国石油化工集团公司
中投公司
中国中化集团公司
中国南方电网有限责任公司
中国联合网络通信集团有限公司
国家开发投资公司
中国化工集团公司
中国华电集团公司
广州汽车集团股份有限公司
中国航天科技集团公司
中国航空工业集团公司
中国东方电气集团公司
中国第一汽车集团公司
中国大唐集团公司
中国兵器装备集团公司
中国兵器工业集团公司
无锡尚德太阳能电力有限公司
新奥科技发展有限公司
中国移动通信研究院
中国神华集团有限责任公司北京低碳清洁能源研究所

高校（18家）

华中科技大学武汉光电国家实验室
中国科技大学合肥微尺度物质科学国家实验室
清华大学工程科学与技术研究中心
北京大学北京分子科学国家实验室
上海交通大学船舶与海洋工程国家实验室
复旦大学
浙江大学
南京大学
西安交通大学
哈尔滨工业大学
中山大学
厦门大学
苏州大学
四川大学
上海财经大学
吉林大学
北京航空航天大学
中国科技大学

科研院所（17家）

北京生命科学研究所
中科院物理研究所
中科院上海生命科学研究院
中国农业科学院
中科院金属研究所沈阳材料科学国家实验室
天津国际生物医药联合研究院
中国医学科学院（北京协和医学院）
中国科学院大连化学物理研究所
中国林业科学研究院
中国科学院深圳先进技术研究院
中国科学院地质与地球物理研究所
中国科学院生物物理所
中国气象科学研究院
宁夏林业研究所
合肥公共安全技术研究院
城市环境研究所
第三军医大学

园区及其他（36家）

中关村科技园区
西安高新技术产业开发区
上海张江高科技园区
武汉东湖新技术开发区
无锡高新技术产业开发区
成都高新技术产业开发区
深圳高新技术产业园区
天津滨海高新技术产业开发区
苏州工业园区
杭州高新技术产业开发区
杨凌农业高新技术产业示范区
上海紫竹科学园区
大连高新技术产业园区
郑州高新技术产业园区
上海杨浦知识创新基地
广州经济技术开发区
厦门火炬高技术产业开发区
上海国际汽车城
重庆北部新区
深圳市前海深港现代服务业合作区
上海陆家嘴金融贸易区
海漕河泾新兴技术开发区
宁波国家高新技术产业开发区
南昌国家高新技术产业开发区
昆山高新技术产业开发区
江宁经济技术开发区
济南高新技术产业开发区
哈尔滨高新技术产业开发区
广州天河科技园、软件园
常州科教城
长沙国家高新技术产业开发区
北京经济技术开发区
包头国家稀土高新技术产业开发区
浙江海外高层次人才创新园
天津经济技术开发区
泰州医药高新技术产业开发区

“千人计划”服务窗口

人力资源社会保障部留学人员和专家服务中心“千人计划”服务窗口
地址：北京市海淀区学院路30号博士后公寓办公楼308室
邮编：100083
电话：86-10-82388262，62322968，62330841
传真：86-10-62321842
邮箱：lxck@mohrss.gov.cn
网址：www.chinatalents.gov.cn

北京海外学人中心
地址：北京市海淀区中关村海淀北二街10号泰鹏大厦二层
邮编：100080
电话：86-10-82484512，82484527
传真：86-10-82484513
邮箱：fuwu@8610hr.cn
网址：www.8610hr.cn

天津市外国专家局
地址：天津市和平区解放北路167号
邮编：300040
电话：86-22-23325724
传真：86-22-23124051
邮箱：gaoshouzhen@126.com
网站：tianjin.caiep.org

河北省专家与留学人员服务中心
地址：河北省石家庄市维明北大街118号
邮编：050000
电话：86-311-88616759
传真：86-311-88616759
邮箱：heblxry@163.com

山西省委组织部人才办
地址：山西太原迎泽大街369号
邮编：030071
电话：86-351-4019948，4019578，4019675，4045801
传真：86-351-4045801
邮箱：sxswrcb@163.com
网址：www.sx-talents.gov.cn

山西省人社厅海外人才服务中心
地址：山西太原迎泽西大街80号希望大厦七层
邮编：030024
电话：86-351-6177978
传真：86-351-6177978
邮箱：yuedingan@163.com
网址：sotsc.caiep.org

内蒙古自治区专家服务中心
地址：呼和浩特市新华大街63号6号楼711室
邮编：010055
电话：86-471-6261805，6945448
传真：86-471-6261805
邮箱：wulijimenghe@yahoo.com.cn

辽宁省委组织部人才工作处
地址：沈阳市和平区和平南大街45号
邮编：110086
电话：86-24-23128870，23128933
传真：86-24-23128987
邮箱：lnyszj@163.com

吉林省人才工作领导小组办公室
地址：长春市人民大街1551A号
邮编：130051
电话：86-431-88906130
传真：86-431-88906136
邮箱：jlyjrc@163.com
网站：www.jlrc.cn

黑龙江省人力资源和社会保障厅专业技术人员管理处
地址：哈尔滨市南岗区长江路130号乐业大厦
邮编：150001
电话：86-451-87130140
传真：86-451-87130140
邮箱：rstwanghaiquan@163.com

上海市人才服务中心
地址：上海市闸北区梅园路77号人才大厦4楼402室
邮编：200070
电话：86-21-32508038，32508071，32508053，32508039，32508065，32508076
传真：86-21-32508051
邮箱：qianrenfuwush@163.com
网址：www.hwrcw.com

江苏省“千人计划”服务窗口（省人社厅人才开发办）
地址：南京市中山北路49号机械大厦28楼
邮编：210008
电话：86-25-83236093
传真：86-25-83236093
邮箱：sunyanlong@jshrss.gov.cn，rckfb@jshrss.gov.cn
网址：www.jslxrycy.com.cn

浙江省海外高层次人才引进服务中心窗口
地址：杭州市莫干山路73号金汇大厦1115室
邮编：310005
电话：86-571-88394838，88394818
传真：86-571-88394838
邮箱：chl@zjlx.gov.cn

安徽省人力资源和社会保障厅专家服务中心
地址：安徽省合肥市花园街4号安徽科技大厦5楼D座
邮编：230001
电话：86-551-2633393，2639175
传真：86-551-2614559
邮箱：zjzx@ah.hrss.gov.cn
网站：www.ah.hrss.gov.cn

福建省引进人才服务中心（福建省留学回国人员工作站）
地址：福建省福州市鼓楼区思儿亭路11号专家服务中心4层
电话：86-591-87679659，88520071
传真：86-591-88520059
邮箱：gzz@fjrs.gov.cn
网站：www.fjrs.gov.cn/xxgk/cszy/slxhgrygzz

江西省留学人员服务中心
地址：江西省南昌市省府北二路92号
邮编：330046
电话：86-791-6273399
传真：86-791-6273399
邮箱：jiangshup@163.com

山东省留学人员和专家服务中心
地址：济南市燕子山路2号531室
邮编：250014
电话：86-531-88597979
传真：86-531-88597986
邮箱：shandongok@gmail.com
网站：www.sdlx.sdrs.gov.cn

河南省委组织部人才工作处
地址：郑州市金水路18号
邮编：450003
电话：86-371-65902779
传真：86-371-65902779
邮箱：yurencaichu@126.com

湖北省引进海外高层次人才服务窗口（湖北省人才中心）
地址：武汉市武昌区八一路58号湖北省军转培训基地三楼310室
邮编：430071
电话：86-27-87710366转8310
传真：86-27-87891420
邮箱：54626374@qq.com

湖南省人事厅专业技术人员管理处
地址：长沙市韶山路1号省委大院三办公楼336室
邮编：410011
电话：86-731-82217017
传真：86-731-82216512
邮箱：zz820714@126.com

广东省高层次人才服务专区
地址：广州市天河路13号润粤大厦三楼
邮编：510075
电话：86-20-37603176
传真：86-20-37603193
邮箱：gccrcfw@gdrc.com
网站：www.gccrc.cn

海南省人力资源和社会保障厅专业技术人员管理处
地址：海南省海口市国兴大道9号省政府大楼361室
邮编：570203
电话：86-898-65200849
传真：86-898-65200850
邮箱：zhangyun949@126.com

重庆市海外高层次人才引进工作专项办公室
地址：重庆市渝中区人民路252号市级机关综合办公大楼2001室
邮编：400015
电话：86-23-63897545
传真：86-23-63895979
邮箱：cqycbgs@163.com
网站：www.cqdj.cn

四川省专家和留学人员服务中心
地址：四川省成都市东二巷号省人事厅六楼
邮编：610015
电话：86-28-86741860
传真：86-28-86613352
邮箱：sclxfwzx@163.com
网站：www.scrc.gov.cn/zjfwzx

云南省人才工作领导小组办公室
地址：昆明市广福路8号省委办公楼1-547室
邮编：650228
电话：86-871-3991619
传真：86-871-3991651
邮箱：ynrcgz@163.com

陕西省“千人计划”一站式服务窗口
地址：陕西省西安市西二路万景商务中心1105室
邮编：710004
电话：86-29-87543436
传真：86-29-87543436
邮箱：zhaojun71316@163.com

甘肃省人力资源和社会保障厅博士后和留学回国人员工作处
地址：兰州市城关区皋兰路78号兴业大厦
邮编：730000
电话：86-931-8960774
传真：86-931-8826150
邮箱：gsbshc@126.com
网站：www.rst.gansu.gov.cn

国家有关部门单位海外人才引进计划

教育部

长江学者奖励计划

“长江学者奖励计划”是国家教育部与香港李嘉诚基金会于1998年共同启动实施的高层次人才计划，包括特聘教授、讲座教授岗位制度和长江学者成就奖。其主要宗旨在于通过特聘教授岗位制度的实施，延揽大批海内外中青年学界精英参与我国高等学校重点学科建设，带动这些重点学科赶超或保持国际先进水平，并在若干年内培养、造就一批具有国际领先水平的学术带头人，以大大提高我国高校在世界范围内的学术地位和竞争实力。同时，通过特聘教授岗位制度的实施，对于推动我国高等学校的用人制度和分配制度改革，打破人才单位所有制、职务终身制，改变分配中存在的平均主义等弊端将起到有力的促进作用。

在党和国家领导人的直接关怀和高度重视下，在中央有关部门和社会各界的大力支持下，经过高等学校和长江学者们的共同努力，“长江学者奖励计划”成效显著，硕果纷呈，在海内外引起了强烈反响和普遍好评，已经成为国家重要的高层次人才计划。

自1998年启动实施以来，“长江学者奖励计划”汇聚了一批海内外有影响的学科领军人才，创造了一批关键领域的重大标志性科研成果，培养了一大批高素质青年创新人才。至2011年底，全国高校共聘任长江学者1801人，其中特聘教授1190人、讲座教授611人，26名华人学者荣获“长江学者成就奖”。先后有85名长江学者当选中国科学院、中国工程院院士，170人成为“973”首席科学家。

2011年，为贯彻落实《国家中长期教育改革和发展规划纲要（2010—2020年）》和《国家中长期人才发展规划纲要（2010—2020年）》，大力吸引、培养造就一批具有国际影响的学科领军人才，深入推进人才强校，全面提高高等教育质量，教育部决定启动实施新的“长江学者奖励计划”，并制订了《“长江学者奖励计划”实施办法》。

新的“长江学者奖励计划”继续实施特聘教授、讲座教授项目，每年支持高校聘任150名特聘教授、50名讲座教授；特聘教授聘期为5年，聘期内享受每年20万元人民币奖金；讲座教授聘期为3年，聘期内享受每月3万元人民币奖金，按实际工作时间支付；增设支撑服务专项，重点支持长江学者创新团队建设，举办“长江学者论坛”、出版“长江学者文集”、推荐“长江学者精品课程”，发挥长江学者在创新团队建设、人才培养、协同创新等方面的辐射带动作用。新的“长江学者奖励计划”由中央财政专项经费支持，面向全国高等学校，加大对人文社科、中西部高校的支持力度，取消申报限额，鼓励通过个人自荐、专家推荐、驻外使（领）馆举荐等多种形式应聘。长江学者实行岗位聘任制，高校自主设置岗位，面向海内外公开招聘，择优推荐，经教育部组织同行专家评审通过后，由高校聘任。

新的“长江学者奖励计划”作为国家重大人才工程的重要组成部分，与“海外高层次人才引进计划”“青年英才开发计划”等共同构成国家高层次人才培养支持体系。坚持育引并举，同条件、同平台、同标准，着力培养和吸引学术新锐。在吸引海外人才方面，讲座教授人选全部面向海外知名大学教授，与“千人计划”形成衔接；特聘教授人选面向海外知名大学副教授，与“千人计划”形成梯队。

2013年12月，教育部公布了2012年度长江学者特聘教授、讲座教授名单，经学校推荐、通讯评审、会议答辩、人选公示、评审委员会审定、聘任合同签订等程序，共确定210名2012年度长江学者特聘教授、讲座教授。

2014年12月，教育部公布了2013、2014年度长江学者特聘教授、讲座教授名单，共378人入选。

春晖计划

为了支持留学人员回国服务，国家教育部于1996年起设立实施“春晖计划”，全称“教育部资助留学人员短期回国工作专项经费”，由教育部拨出专项经费资助在外留学人员短期回国工作。

主要资助对象：获得博士学位并在本专业领域取得较突出学术成就的留学人员(包括已获得国外长期、永久居留权或留学再入境资格者)。申请者应已落实国内接待(邀请）单位和短期回国工作计划。

主要资助形式：回国的单程或双程国际旅费。

主要资助范围：应邀回国参加学术会议；回国进行科研合作和学术交流；组织短期研讨班、讲习班、联合指导博士生；引进技术对贫困地区进行扶贫开发；参加国有大中型企业技术改造；教育部或驻外使（领）馆教育处（组）批准的其他短期回国服务活动。

申请程序：“春晖计划”专项经费常年受理，择优资助。申请者可直接向各使（领）馆教育处（组）查询教育部发布的当年资助目录，然后向使（领）馆教育处（组）提出申请。

"春晖计划"实施以来，在驻外使领馆教育处组的密切配合下，在各地有关政府部门和高等院校的大力支持下，特别是在广大在外留学人员的积极响应下，密切配合国家改革和发展的战略，以多种方式为我国经济建设和社会发展提供知识贡献和人才支持，在留学人员中产生了广泛的积极的影响，激发了广大在外留学人员的爱国热情。"春晖计划"创造性地落实、丰富和发展了留学回国工作的有关政策，较好地响应和配合了国家发展战略和一段时期的工作重点，带动和促进了地方教育、科技、经济和社会各项事业的发展，为高校培养了人才，争取了项目，开设了新课程，建立了新学科，较好地与有关地区和部门搭建了留学人员回国发展的平台，引导、带动和促成许多优秀在外留学人员回国工作和创业，促进和推动了我驻外使领馆教育处（组）留学回国工作的开展，帮助更多留学人员实现了个人价值和国家利益的有效统一。

至2006年底，"春晖计划"实施10年，共资助140多个留学人员团体、12000人次短期回国工作。并于2000年增设"春晖计划"海外留学人才学术休假回国工作项目。

为贯彻落实《国家中长期科学和技术发展规划纲要（2006—2020年）》，加快推进科教兴国战略和人才强国战略，自2006年起，教育部和科技部共同定期举办"春晖杯"中国留学人员创新创业大赛（简称"春晖杯"创业大赛）活动。通过"春晖杯"创业大赛，充分调动海外优秀留学人员回国创业热情，鼓励海外留学人员积极申报创新创业项目，创造条件支持参赛者与留学人员创业园、大学科技园和企业进行项目对接，根据项目技术水平、投资前景、效益预测和产业化情况，组织留学人员创业园、大学科技园、风险投资机构和国内企业家对项目进行评审、洽谈和择优颁奖，推动留学人员回国创办高新技术企业。"春晖杯"创业大赛汇聚多方力量，为留学人员回国创业服务。参赛对象是中国留学人员；评审标准以是否具备创业的可行性为主；评审委员会由来自投资机构、企业、创业园三方面的专家组成；入围者将在教育部"春晖计划"的资助下回国洽谈项目。

截至2014年底，"春晖杯"创业大赛已成功地连续举办了九届，共遴选出1564个留学人员的创业项目，其中，已有300多个项目在国内落地孵化，并有超过20名留学人员成功入选国家"千人计划"。大赛的社会影响力和感召力不断扩大，品牌效应越来越明显，已经形成了中国留学人员回国创业项目的汇聚、对接和孵化平台。

高校学科创新引智计划

2005年，教育部和国家外国专家局共同启动实施了"高等学校学科创新引智计划"（简称"111计划"），以建设学科创新引智基地为手段，加大成建制引进海外人才的力度，在高等学校汇聚一批世界一流人才，进一步提升高等学校引进国外智力的层次，促进海外人才与国内科研骨干的融合，开展高水平的合作研究和学术交流，重点建设一批具有创新能力的学科，提升高等学校的科技创新能力和综合竞争力。

"111计划"的总体目标是瞄准国际学科发展前沿，围绕国家目标，结合高等学校具有国际前沿水平或国家重点发展的学科领域，以国家重点学科为基础，以国家、省、部级重点科研基地为平台，从世界排名前100位的大学或研究机构的优势学科队伍中，引进、汇聚1000余名海外学术大师、学术骨干，配备一批国内优秀的科研骨干，形成高水平的研究队伍，建设100个左右世界一流的学科创新基地，努力创造具有国际影响的科研成果，提高高等学校的整体水平和国际地位。创新引智基地遴选范围以"985工程""211工程"高等学校为先导，逐步扩展到有国家重点学科的高等学校。

创新引智基地人员构成应符合：

（一）聘请不少于10名海外人才，其中包括：不少于1名学术大师；不少于3名学术骨干，不少于6名来华短期学术交流学术骨干。

（二）配备不少于10名国内科研骨干。

创新引智基地人员应具备的条件：

（一）海外人才应在世界排名前100位的大学或研究机构任职，且与本校有良好的相应合作研究基础。

（二）海外人才所属学科领域包括基础科学、技术与工程、管理等。

（三）海外人才应具有外国国籍或所在国家永久居留权，对中国怀有深厚感情，品德高尚，治学严谨，富于合作精神。学术大师年龄一般不超过70岁，学术骨干年龄一般不超过50岁。

（四）学术大师应为国际著名教授或同领域公认的知名学者，学术造诣高深，学术水平在国际同领域处于领先地位，取得过国际公认的重要成就。具有前瞻性、战略性的眼光，能够把握国际科学发展的趋势，引领本学科保持或赶超国际领先水平，汇聚国际上本学科的学术骨干，提出对学科或国民经济发展有重大影响的研究课题。

（五）学术骨干应具有所在国副教授以上或其他同等职位，拥有创新性思维，与学术大师有合作基础，在所属领域取得过同行公认的创新性成果。

（六）国内工作时间：学术大师每人每年不少于1个月；学术骨干每人每年不少于3个月，一般应有一名学术骨干留在基地工作；每年来华短期学术交流的学术骨干不少于6人次，时间不限。

"111计划"专项经费由国家外国专家局和教育部及高等学校主管部门共同筹措，在年度预算计划中单列。其中列入"985工程"的高等学校项目经费由国家外国专家局和教育部共同筹措，未列入"985工程"的高等学校项目经费由国家外国专家局和高等学校主管部门共同筹措。"十一五"期间，国家外国专家局投入不少于3亿元，教育部和其他高等学校主管部门投入不少于3亿元。

2012年，教育部和国家外国专家局联合启动了"十二五"首批"111计划"新建引智基地的建设工作，共有厦门大学"细胞应激生物学创新引智基地"、南京大学"生命分析化学创新引智基地"等34个引智基地列入"111计划"予以批准立项。

2013年，有清华大学"先进燃烧能源科学与技术创新引智基地"等45个引智基地予以批准立项。

2014年，有北京大学"区域生态与环境（污染与气候变化）创新引智基地"等44个引智基地予以批准立项。

人力资源和社会保障部

中国留学人员回国创业启动支持计划

“中国留学人员回国创业启动支持计划”于2009年9月由人力资源和社会保障部正式启动实施，计划每年在全国范围内遴选一批创新能力强、发展潜力大、市场前景好的留学回国人员创办的企业，在创办初始阶段予以重点支持，以加快其科技成果转化，实现企业快速发展。留学人员回国创业启动支持资金项目经费将专门用于支持遴选出的留学回国人员创办的企业。对于经人力资源和社会保障部审批确定的重点创业项目，一次性给予创业支持资金50万元；对于确定的优秀创业项目，一次性给予创业支持资金20万元。相关地方应给予相应配套资金支持。

申报该计划需同时具备以下条件：

（一）企业法定代表人应为留学回国人员，一般应获得硕士以上学位；

（二）拥有自主知识产权或发明专利，技术创新性强，具有市场潜力；

（三）熟悉相关领域和国际规则，有经营管理能力，如有海外自主创业经验者可优先考虑；

（四）企业注册时间不超过3年；

（五）企业注册资金现金资产不低于50万元，留学人员出资额占企业注册资本的50%以上；

（六）企业法人诚信守法，无违法犯罪记录。

2010年度，“中国留学人员回国创业启动支持计划”共入选创业项目34项。

2011年度，“中国留学人员回国创业启动支持计划”共入选创业项目48项。

2012年度，“中国留学人员回国创业启动支持计划”共入选创业项目51项。

2013年度，“中国留学人员回国创业启动支持计划”共入选创业项目66项。

2014年度，“中国留学人员回国创业启动支持计划”共入选创业项目68项。

赤子计划

“赤子计划”全称“海外赤子为国服务行动计划”，是人力资源和社会保障部在2009年提出的一项智力报国计划，是对原人事部1988年以来每年开展的留学回国专家服务团专项活动的拓展，旨在更大范围、更广领域、更高层次上吸引海外留学人员及留学人员团体参与祖国建设。

“赤子计划”具体包括以下六类：

（一）人力资源社会保障部组织的示范性留学人员为国服务活动；

（二）人力资源社会保障部留学人员和专家服务中心组织的留学人员为国服务活动；

（三）人力资源社会保障部与各地方人民政府联合主办的大型留学人员人才项目交流及为国服务活动；

（四）人力资源社会保障部资助支持由地方人力资源社会保障部门具体组织的留学人员为国服务活动；

（五）人力资源社会保障部资助支持由有关部门具体组织的留学人员为国服务活动；

（六）人力资源社会保障部资助支持由海外留学人员团体具体组织的为国服务活动。

2010年“赤子计划”正式启动实施，在全国范围内共组织开展了36项为国服务活动，除提供经费支持外，人社部还在人才、信息、政策等多方面积极提供支持和帮助，累计吸引遍及美、日、欧等地几十个国家100多个专业技术领域的人才为国服务上千人次，促成上万项人才技术合作项目参与对接，产生了良好的人才和社会效应，在海内外产生了广泛的影响。

2011年，人社部继续扩大“赤子计划”规模，把海外中国留学人员组织和华人华侨专业团体纳入“赤子计划”资助范围，共有39项活动纳入“赤子计划”。

2012年，有36项各地各部门申报的留学人员为国服务活动入选“赤子计划”，共吸引各类海外人才回国（来华）服务达上万人次，7000多个人才技术合作项目参与对接，达成合作意向2000多个。

2013年，“赤子计划”在河北、甘肃、陕西、西藏等省市重点开展了30余项留学人员为国服务活动，紧密围绕地方经济社会发展需求，活动领域不断拓展，规模不断扩大。

2014年，“赤子计划”在北京、天津、浙江、山西、新疆等省市重点开展了30项留学人员为国服务活动，全年共吸引各类海外人才为国服务近万人次，6000多个技术合作项目参与对接，签订协议600多项，签约总额达30多亿元，取得了显著成效。

高层次留学人才回国资助计划

高层次留学人才回国资助试点工作开始于2002年，是人力资源和社会保障部为进一步加大吸引留学和海外高层次人才工作的力度，按照原国家人事部《开展高层次留学人才回国资助试点工作的意见》有关要求开展的一项重要工作。

“高层次留学人才回国资助计划”重点就我国急需发展的信息科学、生命科学、新材料、新能源、现代制造业、航空航天等领域，以及关系国计民生或有重要影响的行业，每年资助10名回国工作的高层次留学人才。资助额度为每人60万元，其中中央财政30万元，地方配套30万元。

自2011年起，人力资源和社会保障部在北京、上海、重庆、江苏、山东、江西等省市和工信部、农业部、卫生部、国资委等部委开展试点工作。

2013年度，全国有14人成为“高层次留学人才回国资助”人选。截至2013年底，“高层次留学人才回国资助计划”累计投入资助金额6840万元，共资助114名高层次留学回国人才。

2014年度，全国有10人成为“高层次留学人才回国资助”人选。

留学人员科技活动项目择优资助

“留学人员科技活动项目择优资助”由原人事部设立于1985年，是鼓励留学人员回国工作或以多种形式为国服务的重要举措，目前，已经成为支持广大留学人员回国创业、开展科技创新、为国服务的重要措施，以及跟踪世界最新科技成果、实现科技成果转化的重要渠道。其目标一是适应留学人员回国工作发展需要，鼓励和吸引留学人员回国工作，发挥留学人员在经济社会发展和科技创新中的重要作用；二是资助新近回国的留学人员从事科技研究，支持留学人员从事重点攻关项目、技术改造项目、具有广泛应用前景的新技术研发项目等，为推动我国经济社会发展作出贡献；三是鼓励和支持海外留学人员短期回国开展合作研究、学术技术交流、考察、讲学等为国服务活动，实现智力回归。

“留学人员科技活动项目择优资助”申报条件包括：在外留学1年以上，学有所成，新近回国工作；取得硕士以上学位或获得中级以上专业技术职称；能独立主持研究开发工作，有培养发展前途；申报项目属于领先水平，具有应用开发前景，可产生良好的经济和社会效益。

“留学人员科技活动项目择优资助”申报类别分为重点、优秀、启动三类。其中，重点项目（10万—20万元）主要资助留学回国人员从事国家重点攻关项目、重大技术改造项目、具有广泛应用前景的技术创新等项目；优秀项目（5万—10万元）主要资助留学回国人员主持的省部级重点科技攻关或技术改造项目，或某一学科领域具有领先水平的研究开发项目；启动项目（2万—5万元）主要资助新近回国或即将回国的留学人员从事某一学科或技术领域的研究。

中国科学院

中科院“百人计划”

中科院“百人计划”是1994年中国科学院启动的一项高目标、高标准和高强度支持的人才引进与培养计划。朱日祥、曹健林、卢柯等14人成为1994年首批支持对象。该项目原计划在20世纪的最后几年中，以每人200万元的资助力度从国外吸引并培养百余名优秀青年学术带头人。十几年来，“百人计划”为中国科学凝聚了大批优秀人才，其中从海外引进的杰出青年人才上千位。

招聘对象：以科学（工程）中心、开放实验室、青年实验室等为主要基地，按需要招聘人才。

申请办法：申请者可按照中科院定期发布的“百人计划”招聘指南，由他人推荐或自荐。具体办法、招聘指南以及《中国科学院“百人计划”候选人推荐（自荐）表》可向中科院“百人计划”办公室或我驻外使（领）馆教育处（组）索取。

受聘后待遇：中科院将根据学科（工程）发展需要和本人条件，给予较强的一次性启动经费，主要用于购置必需的仪器设备、本人住房等。入选人员的工资待遇，除按国家规定发给的外，中科院将予特别津贴，津贴额度视具体情况确定。

2013年，有107人选中科院“百人计划”（A类）。截至2013年底，“百人计划”共引进培养优秀人才2145人，入选时平均年龄37岁，他们90%以上具有海外学习或工作经历，近三分之一来自100所世界顶尖大学和59所著名科研机构。20年间，“百人计划”入选者里走出了28位中科院或工程院院士以及524位“国家杰出青年科学基金”获得者，培养了一大批担任973、863等国家重大科技任务的首席科学家或负责人。

2014年，有113人选中科院“百人计划”（A类）。

中国科学技术协会

海智计划

为贯彻实施科教兴国、人才强国战略，吸引和组织海外科技工作者以多种方式为国服务，实现报国志向，2003年中国科协和35个海外科技团体共同发起“海外智力为国服务行动计划”（简称“海智计划”），并于2004年2月启动实施。该计划旨在发挥中国科协的桥梁和纽带作用，加强与海外华人科技团体的联系，借助海外科技团体的优势和主体作用，吸引海外人才、智力通过国家重大项目和政策咨询、专题研讨、项目合作、技术引进和创新、兼职、考察、培训、回国参加国内学术交流和中介服务等方式为国服务。

“海智计划”目标：

（一）海外主要科技团体积极参与本计划的实施，并成为中国科协的海外联系团体，同中国科协建立和保持经常的、密切的和畅通的联系。各级科协积极参与本计划的实施，实现当地需求与海外智力资源的有效对接，为当地的科技与经济社会发展作出贡献；

（二）建立和完善规范、有效的国内外联系及工作机制，通过海外科技团体吸引和组织广大海外科技工作者积极参与科协根据国家发展战略组织的各项重要活动，使广大海外科技工作者成为国家实施人才强国战略、应对激烈的国际人才竞争和国家经济建设需要的不可缺少的重要力量。

“海智计划”作为我国引智工作的重要组成部分，是国家“千人计划”的窗口之一，有力地配合了“千人计划”引进海外高层次人才工作，积极推动海外的专家、学者为我国的社会发展作出贡献。

截至2014年底，中国科协“海智计划”实施10年来，联系的海外科技团体已从最初的35家增至91家，遍布世界15个主要发达国家和地区；在全国设立海智工作基地44个，海智示范项目5个；协助各地开展海智洽谈活动1022场，洽谈项目4334项，落地项目533项；推荐海外人才861人，其中入选国家“千人计划”106人，入选各地人才计划409人；海外人才库条目总数达1110条，收集海外咨询建议251项。

地方海外高层次人才引进计划

北京市

北京市“海外人才聚集工程”

2009年4月，中共北京市委办公厅印发《关于实施北京海外人才聚集工程的意见》的通知，启动实施北京“海外人才聚集工程”（简称“海聚工程”）。“海聚工程”作为北京市聚揽海外高层次人才、打造人才之都的重要措施，从2009年开始实施，将用5至10年时间，在市级重点创新项目、重点学科和重点实验室、市属高等院校、科研院所、医院、国有企业和商业金融机构及中关村科技园区、北京经济技术开发区等高新技术产业开发区，聚集10个由战略科学家领衔的研发团队；聚集50个左右由科技领军人才领衔的高科技创业团队；引进并有重点地支持200名左右海外高层次人才来京创新创业。目前，共分为全职项目、短期项目和青年项目三个类别。引进的海外高层次人才需在海外取得博士学位，不超过55岁，引进后每年在京工作不少于6个月，并同时具备其他条件。高层次海归人才可自荐、互荐，或通过驻外使（领）馆、华人华侨社团、留学生组织、各类园区（包括科技企业孵化器、留学人员创业园、大学科技园和工业园等）等向北京海外学人中心申报。通过评审的人才，北京市政府将给予一次性奖励100万元人民币资助以及其他扶持政策。

北京市“海聚工程”经过不断完善和成长，目前已拓展划分为全职工作类、青年项目、短期项目、外专长期项目、外专短期项目、创业类、创业团队项目。

截至2014年7月，北京市“海聚工程”共认定十批612名海外高层次人才，其中171人入选中央“千人计划”。海聚人才的年龄集中在30至50岁之间，处于科技人才科学研究、科技创新以及自主创业的最佳年龄段；海聚人才绝大多数在海外具有丰富学习和工作经历，在知名高校、研究机构或知名企业担任中高层以上技术或管理职务，学术技术水平和管理能力得到业界的认同，其中当选海外院士的有4名，在海外高校、研究机构担任教授（研究员）职务的有113名，副教授职务50名；海聚人才分布在321个用人单位，其中，173家海聚创业企业引进海聚人才235名。

北京市海淀区“海英计划”

2011年，为进一步完善区域政策环境，激发高端人才创新创业活动，支持一批高端创新创业领军人才，培养一批青年英才，打造一支优秀的创新创业人才队伍，促进海淀人才资源优势转变为产业发展优势，中关村科技园区海淀园管委会在多方征求意见的基础上，制定了《海淀区促进创业人才发展支持办法》，即北京市海淀区人才聚集和培育计划，简称“海英计划”，并配套了1亿元人才发展专项资金。

2012年7月，“海英计划”作为海淀区“1+10”政策体系之一正式发布并实施，将在战略性新兴产业领域重点引进一批高端创新、创业领军人才，加快培养一批青年英才，从项目、资金、生活等多个方面对入选人才给予有力的支持，打造海淀人才品牌。在此基础上，海淀区还将进一步加大高层次经营管理人才、科技金融人才、文化创意人才、教育人才和卫生人才的培养和支持力度，形成更加丰富的人才引进体系。根据《海淀区促进人才创新创业发展支持办法》，入选“海英计划”的领军人才可享受最高30万元奖励、房租补贴、子女教育等支持；“青年英才”可获得30万元创业资金、股权投资等支持；人才引进及服务平台也可获得多项资金奖励。

截至2014年底，有331人入选“海英计划”，其中创业领军人才155人、创新领军人才130人、青年英才46人，近七成入选人才来自海淀区重点支持的战略性新兴产业。

北京市朝阳区“凤凰计划”

2010年，北京市朝阳区针对在文化创意产业、服务业、金融业等重点产业上高端人才缺口仍较大的问题，为此建立“1+2”海外人才工作体系，推出“凤凰计划”。目的是吸引海外高层次人才来朝阳创业，提供条件和待遇，帮助他们成为相关产业领军人，并给予特别政策扶持。每年朝阳区将由区委、区政府投入3000万资金，用于对海外高层次人才创新创业的奖励和扶持，被认定的海外高层次人才每人可获奖20万元，创业类高层次人才创办企业可获得50万元奖励。政策支持包括《朝阳区关于大力推进海外学人工作的实施意见》和《朝阳区鼓励海外高层次人才创业和工作暂行办法》，在创业资金、办公用房、贷款担保、市场开拓及教育、医疗等方面给予扶持；制订了《望京留学人员创业园扶持办法》，区政府每年设立1000万元的留学人员创业扶持资金支持留学人员创业。

截至2014年底，北京市朝阳区“凤凰计划”已分五批认定海外高层次人才114人，其中48%拥有博士学历；认定的海外高层次人才创办企业36家，注册资本总计达7亿元。同时，该计划资助人才团队7个，资助区内企事业单位120余家，引进海外硕士研究生1590名、博士研究生128名。

天津市

天津市“千人计划”

2009年12月，天津市委、市政府印发了《天津市实施海外高层次人才引进计划的意见》和《天津市引进创新创业领军人才暂行办法》，启动实施天津市“千人计划”。从2009年起，天津市将用5至10年的时间，在全市重点创新项目、重点学科和重点实验室、企业和商业金融机构、以高新技术产业开发和成果转化为主的各类园区等领域，引进并重点支持1000名左右能够突破关键技术、发展高新技术产业、带动新兴学科和新兴产业的国际一流科学家和科技创新创业领军人才，以及金融、文化、教育、社会工作、社会科学等领域业绩突出、知名度高的人才，并提供相应资金支持政策，包括对海外高层次创新人才资助每人人民币100万元、引进创业人才资助每人人民币300万元等。

2010年，天津市“千人计划”首批引进37名海外高层次人才，其中包括31名创新人才和6名创业人才，并颁发了“天津市特聘专家”证书。

截至2014年底，天津共引进留学人员2.6万余人，入选天津市“千人计划”533人、国家“千人计划”140人；留学回国人员创办企业1100余家，注册资金近40亿元；留学回国人员共承担国家重大项目1100余项，获支持资金约4.3亿元；在国内外核心刊物发表论文1600余篇，获国内外专利1170项，创新成果获国家、市级科技进步等奖项100余项。

河北省

河北省“百人计划”

2009年11月，根据河北省委办公厅、省政府办公厅印发的《关于实施海外高层次人才引进计划的意见》，计划从2010年起用5—10年时间，主要围绕河北省“四大攻坚战”确定的工作目标，支持和引进100名左右能够突破关键技术、带动新兴产业、发展高新技术的海外高层次人才，重点引进河北发展战略性新兴产业和重点产业技术改造所急需的新能源、新材料、电子信息、生物医药、装备制造、石油化工、钢铁、食品、建材建筑、纺织服装、现代物流、旅游领域的科技创新人才和高层次创业人才。同时对引进人才实行“省级特聘专家”制度（简称“百人计划”），省财政将给予每人100万元的经费资助，在引进人才的配偶安置、子女就学、解决住房、社会保障等方面，给予最大的便利和支持。

2010年，河北省“百人计划”通过公开申报、部门审核、专家评审等规定程序，首批入选8人，并颁发了“省级特聘专家”证书。

2011年，河北省第二批“百人计划”入选12人。

2012年，河北省第三批“百人计划”入选14人。

2013年，河北省第四批“百人计划”入选15人。

2014年，河北省第五批“百人计划”入选16人。截至2014年底，共分五批次引进65人。

河北省高层次创新创业人才开发“巨人计划”

2011年9月，河北省委、省政府出台《关于实施高层次创新创业人才开发“巨人计划”的意见》，将利用“十二五”时期5年时间，通过实施高层次创新创业人才开发“巨人计划”，有计划有目的地培养引进100名左右创新创业领军人才，在领军人才的凝聚下打造100个左右创新创业团队，力争推出一个领军人才，带出一个创新创业团队，促进一批具有自主知识产权的重大科技成果加速转化和产业化，带动和形成一批在核心技术及重大产品自主创新方面居于国内外领先水平的产业集群，使“巨人”在推动具有区域特色和比较优势的现代产业体系形成方面真正起到引领、带动作用。

“巨人”是指在创新创业团队主要支撑下，由团队核心领军人才组织管理、一大批技术管理人才聚集起来的高成长性科技型企业、高新技术企业或研发机构。“巨人计划”的开发重点是规模结构合理且创新机制健全，拥有较大市场潜力的自主知识产权或核心技术、在改造提升传统产业和培育有竞争力的新兴产业方面具有优势的企事业单位研发团队或中小型科技企业创业团队，以及能带领上述团队进行创新创业的领军人才。

河北将通过政府参股或提供融资担保等方式，设立创业投资引导基金，定期举办创业投资与“巨人”企业对接活动；积极推动“巨人”企业在创业板上市，在股权融资、债券融资、租赁融资、项目融资等各类直接融资中给予大力支持；领军人才谋划的科技含量高、前景好的重点项目，在政策允许范围内将“特事特办”，在立项审批、土地指标、贷款融资等方面给予支持。入选“巨人计划”的团队和领军人才将得到200万元创新创业支持资金。

2012年4月，经过申报推荐、组织考察、资格审查、综合评审、社会公示等程序，河北省“巨人计划”在申报的279家团队中，评选产生了首批40家创新团队和领军人才、40家创业团队和领军人才。

2014年11月，河北省“巨人计划”第二批创新创业团队及领军人才选拔工作，在前期申报推荐、资格审查的基础上，通过评审产生了29家创新团队和领军人才、31家创业团队和领军人才。

山西省

山西省“百人计划”

2009年，山西省委出台了《海外高层次人才引进计划实施意见》，相关厅局配套制定了《山西省引进海外高层次人才办法》，启动实施山西省“百人计划”。从2009年开始，将用5至10年时间，在国家和省重点创新项目、重点学科和重点实验室、省属企业和商业金融机构、以高新技术开发区为主的各类创新创业基地等，引进并有重点地支持100名左右的高层次人才回山西创新创业，并建设10个左右海外高层次人才创新创业基地。其中重点引进两类人才：一类是推动山西产业结构调整和促进发展转型的产业人才；另一类是拥有自主知识产权或掌握核心技术、对山西省实现科技创新特别是生产一线的技术突破发挥重要作用的科技型创新创业人才。这些引进对象，必须是相关重点领域和行业的领军人物。同时，山西省委批准省财政设立“山西省引进海外高层次人才专项资金”，每年拨付5000万元，各用人单位再配套5000万元，用于改善引进人才的工作和生活条件。对纳入“百人计划”的引进人才，给予每人100万元的资助，并作为“山西特聘专家”列入省委联系的高级专家之列。

2013年，山西省“百人计划”新增设青年项目、外专项目及合作建设项目3个子项目。

截至2014年底，山西省“百人计划”共分七批引进海外高层次人才258名。其中，2009年首批引进14人，第二批引进24人，第三批引进18人，第四批引进50人，第五批引进29人，第六批引进62人，第七批引进61人。据统计，前六批山西省“百人计划”引进的海外高层次创业人才，所办企业固定资产投资达到3.04亿元，上缴税收达4749万元，成为山西省新兴产业发展的重要推手；引进的海外高层次创新人才，在矿山灾害预警、采煤掘进安全等领域取得一批原创性成果，获得发明和应用型专利43项。

内蒙古自治区

内蒙古自治区“草原英才”工程

2010年，内蒙古自治区开始实施“草原英才”工程。该工程由自治区党委组织部组织实施，将围绕自治区科学发展大局，特别是优势特色产业发展的总体布局和趋势，根据自治区各重点产业、重点行业、重大项目产业升级、科技创新、学科建设、技术开发、自主创业的迫切需求，用5年左右时间有计划、有重点、有针对性地引进一批海内外高层次领军人才和创业团队。同时，通过“以引进带培养，以培养促引进”的方式，加大高层次人才培养力度，全面提升自治区高层次人才队伍的自主创新能力。这一工程将通过“高校重点学科人才引进和培养工程”等13个子项目，加强各类人才创新创业基地和平台建设，建成一批自治区级高层次创新创业基地和高校创业团队，打造以呼和浩特、包头、鄂尔多斯“金三角”为中心区域的“草原硅谷”。其总目标是要通过规划，实现人才素质、结构、布局、使用效能进一步优化，从而使内蒙古进入西部人才竞争力较强省区市行列。

2011年9月，内蒙古自治区党委办公厅、政府办公厅联合下发了《内蒙古自治区“草原英才”工程若干政策规定（试行）》，在资金扶持、生活待遇、服务保障等方面，为各类人才在内蒙古创新创业提供有力支持和全方位服务。2013年5月，内蒙古自治区党委组织部下发《关于进一步推进“草原英才工程”的实施意见》，提出要组织实施好“三大平台”建设和十大“百人计划”，每年新增培育“草原英才”150名，每年力争入选国家“万人计划”3人，入选国家“千人计划”3人。

截至2014年底，内蒙古自治区“草原英才”工程实施4年以来，共培养自治区产业创新创业人才团队175个，培育自治区层面“草原英才”高层次人才712名，柔性引进两院院士47名，培育国家“千人计划”专家13名、国家“万人计划”专家4名，2人入选“长江学者”特聘教授。入选“草原英才”工程的团队和个人，积极发挥人才培养带动作用，培育博士1036名、硕士5217名，培养各类专业技术人员29800名。盟市层面培养引进各类高层次人才4000余人。获得支持的“草原英才”团队和个人，先后获国家和自治区科技进步奖89项，获国家专利956项，新承担国家级和自治区级项目2160项。

辽宁省

辽宁省“十百千高端人才引进工程”

2008年，中共辽宁省委组织部发布《关于辽宁省实施“十百千高端人才引进工程”的意见》，重点围绕辽宁优先发展的重点产业，从海内外引进数十名能够引领重点支柱产业发展的顶尖科技人才；引进数百名在国际科学技术前沿取得重大突破，能够带领国际水准研发团队的科技领军人才；引进数千名拥有自主知识产权，具有较强自主创新能力的学术、技术带头人和熟悉国际惯例、具有较强国际运作能力的高级经营管理人才。“十百千高端人才引进工程”人选将获得科研启动资金并享受优惠人才待遇。2009年，辽宁省委组织部等六部门联合下发《辽宁省“十百千高端人才引进工程”实施办法》，启动首批辽宁“十百千高端人才引进工程”人选选拔工作。

2012年6月，经个人申报、组织推推、资格审查、专家评审、面试答辩等程序，辽宁省首批“十百千高端人才引进工程”的百人层次和千人层次人选名单公布，全省共评选126名“十百千工程”人选，其中“百人”层次人选27名，“千人”层次人选99名。辽宁省政府对入选百、千层次高端人才一次性给予100万元和20万元启动资金，用于支持他们从事创新和应用型项目研究。

2013年12月，辽宁省委组织部启动开展第二批“十百千高端人才引进工程”申报工作。

大连市“海创工程”

2008年9月，大连市出台《大连市关于实施海外学子尖端人才归国创业工程的意见》，全面实施以“3231”为主要框架内容的“海创工程”。目标是通过5年努力，吸引50位海外学子尖端人才来大连兴办高新技术企业，从而优化全市产业结构，转变经济发展方式，增强城市核心竞争力。获得“海创工程”创业扶持资金立项的项目，最高可得到200万元创业扶持资金、200万元的创业投资、200万元的资金担保或贷款贴息，对项目承担企业可获得连续3年免租金提供100平方米的办公场地，海外学子尖端人才连续3年免租金提供100平方米的生活公寓，优惠价格租用1000平方米的生产厂房等政策扶持。

2010年，有8人入选首批大连市“海创工程”。

2011年，有12人入选第二批大连市“海创工程”。

2012年，有6人入选第三批大连市“海创工程”。

2013年，有14人入选第四批大连市“海创工程”。

2014年，有18人入选第五批大连市“海创工程”。截至2014年底，大连市“海创工程”共有58名海外学子尖端人才入选。其中，有6人入选国家“千人计划”，12人入选辽宁省“十百千高端人才引进工程”。前四批“海创工程”入选的40个留学人员项目共获得6600万元的资金扶持。

吉林省

吉林省“高层次创新创业人才引进计划”

2009年，吉林省相继出台《引进高层次创新创业人才实施办法》《引进人才服务与管理暂行办法》等政策文件，启动实施“高层次创新创业人才引进计划”，面向四方面实施重点引才。一是重大战略、重大决策实施、重大项目建设所需的高层次人才；二是汽车、石化、农产品加工、电子信息、医药、新材料等产业从事研发、管理的高层次人才；三是重大科技成果转化和重大科技攻关项目开发所需的高层次人才；四是地方经济社会发展所需的高层次人才。同时，制定出台包括资助资金、薪酬待遇、办公场所、股权分配、企业注册、财税金融、配偶就业、子女入学等11项优惠政策，进一步增强人才政策比较优势和竞争优势。

2014年度，有15人入选吉林省“高层次创新创业人才引进计划”。截至2014年底，该计划共分五批次引进高层次创新创业人才148人。

上海市

上海市“千人计划”

2010年，上海市委、市政府出台《上海市实施海外高层次人才引进计划的意见》，启动实施该市“千人计划”，力争用5—10年时间，围绕国家重大战略和上海重点发展战略目标的人才需求，引进一批紧缺急需的海外高层次人才，在符合条件的企业、高校、科研院所、园区，建立20—30个市级海外高层次人才创新创业基地。上海“千人计划”引进对象主要有三类：一是依托重大专项、重点创新项目、重点学科和重点实验室、工程（技术）研究中心、工程实验室和创新创业基地等，重点引进并支持一批有重大发明创造或重大技术创新，能够突破关键技术、培育战略性新兴产业、发展高新技术产业、带动新兴学科发展的创新创业人才。二是聚焦高新技术产业化九大领域，重点引进和支持一批掌握核心技术，擅长知识产权战略谋划和知识产权运作，能够提高自主创新能力、形成自主知识产权、实现知识产权价值最大化的海外高层次创新人才、科技创业领军人才和创新团队。三是围绕加快“四个中心”和现代化国际大都市建设的需要，重点引进和支持一批国际金融、航运、贸易、经济领域高端人才以及有一定国际知名度的文化艺术大师和创意人才。上海“千人计划”围绕居留和出入境、落户、社会保险、住房、通关、医疗保障、子女入学、配偶安置等方面，为人才提供更加完善的特定生活待遇；围绕资助、税收、薪酬等方面，构建更加灵活的激励机制；对符合上海“千人计划”引进人才标准条件的先期回国（来华）海外高层次人才以及在沪其他高层次人才，经过相应程序，一并纳入上海“千人计划”，授予“上海特聘专家”称号。上海“千人计划”也同样适用于本土人才，对符合上海“千人计划”引进人才标准条件的先期回沪海外高层次人才以及在沪其他高层次人才，经用人单位申请、主管部门推荐、有关认定评估等程序，纳入上海“千人计划”，授予“上海特聘专家”称号。

2011年10月，首批上海“千人计划”160人名单公布，其中创新人才128人，创业人才32人。

2012年1月，《上海市人才发展“十二五”规划》发布。在《规划》中，把2010年上海“地方版”引进人才“千人计划”

扩容为三个“千人计划”，即力争到“十二五”规划末期，引进千名海外高层次人才，千名创新型科技领军人才，千名制造业和服务业首席技师。

2014年，有132人入选第三批上海市“千人计划”。截至2014年底，共有557人入选。

上海市“海外高层次人才集聚工程”

2003年8月至2007年2月，上海先后实施了“万名海外留学人才集聚工程”“万名海外人才集聚工程”以及“引进千名香港专才计划”，成功引进了21944名海外人才，其中留学人员15420名、外国专家4791名、港澳台地区专才1733名。第一轮集聚工程主要是集聚和吸引留学人员，营造上海吸引集聚海外人才的良好氛围。第二轮集聚工程则突出对高层次、重量级、关键性的领军人才的集聚。

在前两轮万名海外人才集聚工程的基础上，2007年3月，新一轮“海外高层次人才集聚工程”启动，重点引进紧缺急需的海外高层次人才。人才集聚的重点领域包括：汽车（新能源）、通讯（3G）、航空、隧桥等重大工程、创意产业、自主品牌、文化艺术等。

在“海外高层次人才集聚工程”等引才措施的推动下，截至2014年底，在沪工作和创业的留学人员已达12万余人，留学人员在沪创办企业4800余家，注册资金超过7亿美元。共入选中央“千人计划”专家626人，在沪两院院士165人，国家973项目首席科学家140人次，有1070名高层次人才列入上海领军人才队伍。

上海市“浦江人才计划”

上海市“浦江人才计划”设立于2005年，针对海外留学人员来沪工作创业初期启动资金短缺的瓶颈问题，上海市人力资源和社会保障局和市科委每年出资4000万元（后增至4750万元），按照“雪中送炭”的思路，向回国的留学人员提供工作创业启动资金支持。根据实际情况，来沪工作创业的留学人员按照创业项目类别可以获得5万至50万元的资助。

2014年度，上海市“浦江人才计划”A、B类项目共确定资助人员150人。截至2014年底，“浦江人才计划”实施十年来，已累计资助2502人（含团队），资助总金额近4.5亿元。获资助者后续承担了一大批国家级、省部级和横向课题，获得了其他各级各类奖项，经第三方评估，放大效应为4.5倍。“浦江人才计划”的项目承担者中，有1人入选中国科学院院士、31人当选国家“973”计划和重大科学研究计划首席科学家、106人入选中央“千人计划”、72人被评为国家杰出青年、61人入选上海“千人计划”。

上海市杨浦区“3310”计划

2010年6月，为推动建设国家级海外高层次人才创新创业基地，上海市杨浦区启动实施“3310”计划，通过实施“百千万”工程、人才环境工程、主导产业集群发展工程三大工程，实现标志性人才集聚、标志性成果突出、标志性产业清晰的三大目标，并推出与之配套的十项政策，包括提供以降低创业启动成本、提供资金担保与贴息、设立项目风投基金、建立风险补偿机制、实施财政扶持补助、加快落实并推进引进人才的安居工程、优先安排医疗及子女教育、营造良好学术环境、发挥政府采购导向作用、建立便捷高效的服务平台。规划提出，至2020年，引进在专业领域拥有自主知识产权和科技成果的海内外高层次人才100名；引进电子信息、环保节能、现代设计、新材料、新能源、生物医药、金融服务等产业领域海内外优秀人才1000名；引进各级各类国际化人才10000名。每年重点扶持和孵化20家海外高层次人才创办的具有自主知识产权和国际竞争力的高新技术企业、知识型生产性服务业企业，5年内培育5家科技小巨人企业，10年内集聚100家有影响力的创新创业企业。

截至2014年底，累计共有282位项目人入围“3310”计划，其中分布在电子信息领域144个项目、在环保节能领域29个项目、在现代设计和金融服务领域14个项目、在新材料和新能源领域33个项目、在生物医药领域45个项目、光机电领域17个项目。这些项目带头人普遍具有良好的学历背景、掌握核心技术、拥有开阔的国际视野，具有一定的创业经验，其中具有博士学历的项目人占71.2%，拥有一项以上自主知识产权的占到47%，为项目落地孵化奠定了良好的人才资源基础，并产生了一系列促进杨浦转型发展的积极效应。目前，杨浦累计集聚中央“千人计划”160人，约占全市的20.6%；集聚上海“千人计划”82人，约占全市的14.7%；累计集聚“3310”计划扶持海外人才创业企业159家，海外人才企业共508家。

江苏省

江苏省“高层次创新创业人才引进计划”

2006年12月，江苏省委、省政府出台《关于加强高层次创新创业人才队伍建设的意见》。从2007年开始，省财政每年投入2亿元（2010年增至4亿元）专项资金，组织实施江苏省“高层次创新创业人才引进计划”（简称“双创计划”），围绕江苏省优先发展的重点产业，每年面向海内外引进200名左右高层次创新创业人才或团队，一次性给予每人100万元的资金支持，着力打造一批竞争优势明显的高新技术产品群和企业群。入选“双创计划”的人才将分别给予100万元或50万元的创新创业资金资助；优先推荐进入省“产业教授”、省“科技企业家培育工程”、省“333工程”和省“六大人才高峰”培养资助对象，优先推荐申报国家“千人计划”，优先推荐申报国家和省各类计划项目，优先推荐申报省新兴产业创业投资引导基金，优先向金融机构、担保公司、风险投资公司推荐融资项目，享受江苏省各地、各部门制定的引进高层次人才有关优惠政策和待遇；按照国家、省引进高层次人才的有关政策，为引进的高层次人才提供工作条件、签证、落户、执业资格、医疗、保险、税收、配偶安置、子女入学、驾照转换等方面的支持。

江苏省“高层次创新创业人才引进计划”通过团队引进、核心人才带动引进、高新技术项目开发引进等方式，2007年资助引进115名高层次人才，2008年引进181人，2009年引进269人，2010年引进362人，2011年引进352人，2012年引进500人，2013年引进503人。

2014年，江苏省“高层次创新创业人才引进计划”资助引进415人。其中，创业类180人，企业创新类163人，事业单位创新类62人，高技能类10人。截至2014年底，江苏省“高层次创新创业人才引进计划”已引进2711名领军人才。

南京市“321人才计划”

2011年，为进一步集聚高层次创业人才，南京市对“紫金人才计划”进行调整升级，启动实施“321计划”，旨在通过全球范围内引才，优化南京人才结构，引领南京科技创业和产业转型升级，为南京建设中国人才与科技创新名城提供支撑。“南京321计划”是“领军型科技创业人才引进计划”和“科技创业家培养计划”的统称，即用5年时间，大力引进3000名领军型科技创业人才，重点培养200名科技创业家，加快集聚100名中央“千人计划”创业人才。为配合引才计划，南京市还推出了人才安居“195”工程，在5年内建设筹集1000套专家公寓、9000套人才公寓、50000套青年公寓，形成400万平方米的人才住房保障体系。

截至2014年底，南京市“321人才计划”累计引进领军型科技创业人才2551人，95.5%的引进人才完成工商注册登记，超过一半从事互联网和生物产业。营业收入超千万的有20多家，获风险投资的近60家，累计新增就业1.77万人。综合企业运营发展情况，约两成企业实现赢利，约六成企业有纳税贡献，25%的入选人才和团队取得了新的知识产权成果，累计新增专利1169件。

无锡市“530”计划

2006年5月，无锡市率先在全国推出了5年引进30名领军型归国创业人才的“530”计划，并在当年5月于北美举行了首次“530”计划推介会，引才入锡。2008年，无锡市推出“后530计划”；2009年，又推出“泛530计划”，并启动实施了市“千人计划”，大力打造集聚高层次人才、培育高新技术产业、发展高端服务业、具有高品质人居环境的“东方硅谷”。

2012年，无锡市委出台了《关于深化“530”计划，建设“东方硅谷”的意见》《关于推进“东方硅谷”建设的意见》，通过深化实施“530”计划，大力引进国际国内顶尖人才、科技创业领军人才、中介服务领军人才、科技创新领军人才、社会事业领军人才，并充分汇聚海内外优秀大学毕业生，支撑科技创新和产业转型升级，加快“东方硅谷”建设步伐。无锡市将“东方硅谷”设计为“两步走”，依此计划，从2012年到2014年，无锡将汇聚科技创新创业人才突破3.5万人，其中海外高层次创新创业人才突破8000人，科技金融创新示范区初具雏形；到2016年，无锡市科技创新创业人才突破5万人，其中海外高层次创新创业人才突破1万人，科技进步贡献率、人才资本贡献率分别达到65%和47%，初步建成“东方硅谷”，成为在全球有一定影响力的人才高地、创新高地、高科技产业高地。

截至2013年底，无锡市“530”计划经过8年发展，全市有1193家“530”企业正常运行，集中于新兴产业领域，企业总计注册资本81.3亿元。“530”企业创业者入选中央“千人计划”78人，占全市引进和培育中央“千人计划”的75%，入选江苏省“双创计划”224人，占全市省双创人才的81%。

2014年，无锡市“530计划”更名为“东方硅谷”人才引进计划，重点引进国际国内顶尖人才、社会事业领军人才、中介服务领军人才、高级经营管理人才以及企业柔性引进外国专家、海外智力。

徐州市“彭城英才计划”

2009年7月，徐州市委、市人民政府出台《关于加强高层次创新创业人才队伍建设的意见》，提出实施“高层次创新创业人才引进计划”（简称“彭城英才计划”），计划在5年内，重点围绕该市优先发展的重点产业、重大项目和具有竞争优势领域，引进100名海内外高层次创新创业人才。

2014年，徐州市出台《徐州市高层次创新创业人才引进计划实施办法》，对全市高层次人才引进的对象条件和相关扶持政策进行了明确。“彭城英才计划”主要面向三类创新创业人才：创新创业团队、创新创业领军人才和高层次创新创业紧缺人才；任务是围绕我市重点产业、重点领域和重点学科，5年内至少新引进10个高水平创新创业团队、100名创新创业领军人才、500名高层次创新创业紧缺人才。《办法》在科技、融资、学术、生活、税费减免等方面提供集成扶持。《办法》规定，对引进的创新创业团队，经省评审认定，按不同层次给予支持。由诺贝尔奖获得者，经认定的外国科学院（工程院）院士，中国科学院、工程院院士领衔的创新创业团队，每个团队给予1000万—3000万元项目经费支持，同时给予团队领军人才200万元的资助，核心成员（不超过5人）每人100万元的资助；国家“千人计划”专家团队及同等层次创新创业团队，每个团队给予500万—1000万元项目经费资助，同时给予团队领军人才100万元的资助，给予核心成员（不超过4人）每人50万—100万元的资助；经认定的其他创新创业团队，每个团队给予300万—500万元项目经费资助，同时给予团队领军人才100万元的资助，给予核心成员（不超过3人）每人50万元的资助。经省、市评审认定的创新创业领军人才，按不同类型给予支持。创业领军人才给予不低于200万元项目资金资助；全职引进创新领军人才给予不低于100万元项目资金资助；非全职引进创新领军人才给予50万—100万元项目资金资助。经省、市评审认定的高层次创新创业紧缺人才，按不同类型给予支持。高层次创业紧缺人才，给予100万元项目资金资助；全职引进高层次创新紧缺人才，给予50万元项目资金资助；非全职引进高层次创新紧缺人才，给予30万—50万元项目资金资助。同时，鼓励建立多元化的人才开发投入机制，市级财政每年安排3000万元引导资金，联合其他创投机构，成立“彭城英才创投基金”，对人才创业项目进行扶持。

截至2014年底，“彭城英才计划”实施5年来，共引进1400余名高层次人才，其中海外高层次创新创业人才565人，入选国家“千人计划”专家达51名，入选省“双创计划”160人、省“创新团队”9个。

常州市“龙城英才计划”

2011年8月，常州市在全面完成两轮“千名海外人才集聚工程”目标任务的基础上，实施“龙城英才计划”。“千名海外人才集聚工程”是常州市在2006年9月开始实施的大规模领军人才引进工作，两轮共引进领军型创新创业人才400多名，并带动引进了2000多名海外高层次人才，共有12人入选中央“千人计划”，83人入选江苏省“双创计划”。

常州市“龙城英才计划”计划在未来5年，围绕重点培育和发展的新能源、新材料、高端装备制造、生物技术和新医药、节能环保、软件和服务外包、物联网和新一代信息技术等七大新兴产业，引进并大力支持1000名领军型人才，由此带动10000名各类高层次人才。同时，整合政府资源，撬动各类资本对创业企业进行聚焦式投资，重点支持200家领军型人才创业企业实施股权融资，助推创业企业加速发展。

2011年12月，“龙城英才计划”第一批领军人才正式签约，有25家领军人才创业重点企业获授牌，10个领军人才创业孵化项目签约落户常州，同时30名中央“千人计划”专家落户常州创业。

2012年7月，“龙城英才计划”第二批领军人才引进签约193名领军人才。

2012年12月，“龙城英才计划”第三批领军人才引进签约203名领军人才。

2013年6月，“龙城英才计划”第四批领军人才引进签约200名领军人才。

2013年12月，常州市推出3.0版“龙城英才计划”，将投入6亿元资金面向全球邀请人才赴常州创新创业。计划提出到2015年末，要累计支持300家由知名创投机构或该市重点企业首先股权投资、人才投资基金和人才引导基金跟进股权投资的领军人才创业重点企业加速发展，并有企业成功上市；到2020年，累计支持800家领军人才创业重点企业加速发展，并有一批企业成功上市，形成“龙城英才计划”上市板块，打造新兴产业领军企业集群。

截至2014年底，通过“千名海外人才集聚工程”和“龙城英才计划”，常州市累积引进落户领军人才创新创业项目1300多个，创业企业共实现销售51.48亿元，其中销售超亿元的有12家，超5000万元的有22家，这些企业已成为常州经济发展的新增长点和潜力点。

苏州市“姑苏创新创业领军人才计划”

2007年，苏州市启动实施“姑苏创新创业领军人才计划”。重点根据苏州产业发展布局和新兴产业规划，在新兴信息、生物、新能源、高端装备制造、新材料、节能环保、新能源汽车等战略性新兴产业领域，以及现代服务业、现代农业等重点领域，引进带项目、带技术、带资金在苏州创新创业的领军型人才。对于引进人才安家补贴、科研经费、工作场所、风险投资、信贷风险补偿等方面予以资助扶持。

截至2010年底，“姑苏创新创业领军人才计划”累计入选人数达135人。135家领军人才企业已承担市级以上各类科研项目353项，获经费56105万元，其中国家级项目50项，省级项目122项；申请发明专利975件，其中156件已获授权；开发新产品4670款，新工艺168项。

2010年3月，苏州市全面推进“姑苏人才计划”，计划5年内投入30亿元，引进、培育并重点支持1000名能够突破关键技术、发展高新技术产业、带动新兴学科和新兴产业的科技创新创业领军人才，10000名重点产业紧缺创新人才，以及近30000名在文化、教育、卫生、旅游等经济社会领域引领和支撑行业和产业发展的高层次人才。以人才结构优化引领和助推产业结构转型升级，把苏州建设成为创新创业人才首选、各类高层次人才集聚的创新型城市。包括创新创业领军人才、重点产业紧缺人才、企业经营管理人才、高技能人才、文化产业人才、教育人才、卫生人才、旅游人才等人才队伍的培育和引进计划。新的“姑苏创新创业领军人才计划”将围绕新能源、医药及生物技术、新型平板显示、智能电网、新材料、传感网、节能环保、金融、创投、物流、软件、服务外包、现代农业等新兴产业和重点产业规划，5年内市县两级引进3000名高层次创新创业人才，择优资助1000名领军人才，引进和资助一批高层次人才创新创业团队。市级创新创业领军人才，将给予50万—250万元的安家补贴；根据创业项目的规模和进度，给予100万—400万元的科研经费资助；提供不少于100平方米的工作场所并免3年租金；提供最高500万元的担保融资贷款、30万元科技保险费补贴、50万元贴息资助等。

截至2014年底，“姑苏创新创业领军人才计划”已累计立项资助606个高层次人才（团队）到苏州创新创业。苏州全市人才总量超过210万人，其中高层次人才达到15.5万人；苏州自主申报的国家“千人计划”人才总数达187位，其中创业类人才107位，名列全国大中城市第一位；全市博士后工作站达295个；共有501人入选省“双创计划”，连续七年位列全省第一。

苏州市“海鸥计划”

2011年10月，江苏省苏州市出台《关于实施“海鸥计划”加快柔性引进海外智力的实施意见》和《关于实施“海鸥计划”加快柔性引进海外智力的实施细则》，打破国籍、户籍、身份、人事关系制约，鼓励海外人才来苏开展科研创新活动，力求形成不求所有、但求所用、来去自由的引才机制，构建政府引导下以企业为主体、各类组织共同参与的引才格局。“海鸥计划”重点支持苏州市主导产业和新兴产业领域柔性引进的海外高层次人才，包括三类对象：苏州市科技、产业发展和学科建设急需、紧缺领域的领军人才或学术技术带头人；高校、科研机构和企业引进的海外高层次专业技术人才、管理人才；其他具有特殊专长的海外高层次人才。所引进人才需与用人单位签订项目协议或者工作合同且明确在苏州工作时间每年不少于15个工作日，工作成果涉及知识产权的，还需明确知识产权归属。用人单位实际给付的计缴所得税的劳动报酬高于30000元的，可以获得资助。单个引智项目及单个引进人才最高资助额不超过50万元。

2012年6月，苏州公布了首轮“海鸥计划”评选结果，共有87名海外高层次人才入选。

2013年，共有83名海外高层次人才入选苏州市“海鸥计划”。

2014年，共有95名海外高层次人才入选苏州市“海鸥计划”。

南通市“江海英才计划”

2009年，南通市委、市政府把握长三角一体化和江苏沿海开发两大国家战略叠加的新机遇，制定出台《关于大力实施人才强市战略的意见》和《关于实施江海英才计划的意见》，全面启动实施引进高层次科技领军人才及团队的“江海英才计划”。提出5年内面向海内外引进100名高层次创业领军人才、1000名工程技术关键人才、10000名紧缺专业人才。凡引进到市区工作的人才都可根据条件给予50万—500万元的项目启动资金、20万—150万元的购房补贴、3年内每月1000—5000元的生活津贴，对来通创业人才3年内免费提供不少于200平方米创业场所，并给予投融资、家属就业、子女就学等多方面的优惠。对特殊优秀人才，还可采取一人一议的灵活引才政策。同时，还设立了江海杰出英才奖、留学回国人员成就奖、高技能人才成就奖，分别给予100万元、20万元、10万元重奖。

截至2014年底，南通市“江海英才计划”共分八批先后资助207名高层次创新创业人才（团队），其中创业类113人（团队）、创新类94人（团队）。通过实施“江海英才计划”、产业人才发展“312”行动计划等重点人才工程，打造“江海英才创业周”等招才引智平台，南通市已引进国家“千人计划”人才120名，212人入选江苏省“双创计划”，省“双创博士”171人。

连云港市“三百引才工程”

2012年，为适应江苏沿海开发和经济社会转型升级形势之需，连云港市启动实施“1234人才行动方案”和“三百引才工程”，即突出沿海开发主题，围绕产业发展、科技创新重点，面向全省、全国、全球招才，推动政府、企业、高校院所、驻连部省属单位联动。计划到“十二五”末，每年引进高级管理人才100名，高端专业人才100名，累计引进复合型领军人才100名。

截至2014年底，“三百引才工程”实施三年来，连云港市共引进各类高层次人才1083人，其中，领军人才103名、高级管理人才352名、高端专业人才628名，博士280人、硕士659人，海外人才65人，带动社会引才2200余人，引进重点项目110余项，涌现出了一大批创新创业优秀典型。

盐城市“创新创业领军人才引进计划”

2009年，盐城市出台了《关于加强创新创业领军人才队伍建设的意见》，实施“创新创业领军人才引进计划”，重点引进该市确定的经济社会发展重大战略、重大决策和重大科技创新工程急需的领军人才；能够对该市产业结构优化、技术水平提升和高新技术产业、特色产业基地发展有重大影响和带动作用的领军人才；实施省级以上重大科技计划项目、创建省级以上企业重点研发机构和技术服务平台所需要的领军人才；地方政府及部门、企业及社会资金重点支持的高层次人才。引进的对象主要是两院院士，国家重大科研项目的主持人，国家级学科带头人，有在国内外著名院校、科研机构工作经历的专家学者，高层次创新型人才以及科技型创业人才。被引进的领军人才将获得盐城市所给予每人（团队）100万—300万元创新创业资金资助，同时，优先推荐其进入“江苏省高层次创新创业人才培育计划”和“江苏省三三三高层次人才培养工程”，帮助申报江苏省“六大人才高峰”培养资助。此外，对领军人才领办、创办的企业实现税收增长50%以上的，3年内个人所得税地方留成全额返还。引进人才的单位为领军人才提供不少于130平方米的租住房，同级财政一次性给予20万—50万元安家补助。

2010年，有7人获盐城市“创新创业领军人才引进计划”资助，10人获盐城市创新创业突出贡献奖。

2011年，有13个创新创业领军人才（团队）获盐城市“创新创业领军人才引进计划”资助。

2012年，有146个创新创业领军人才（团队）获盐城市“创新创业领军人才引进计划”资助。

2013年，有30个创新创业领军人才（团队）获盐城市“创新创业领军人才引进计划”资助。

2014年，有60个人才（团队）被确定为第四批盐城市“创新创业领军人才引进计划”资助对象。

扬州市“绿扬金凤计划”

2009年，扬州市开始实施“绿扬金凤计划”。该计划包括“百名创业创新领军人才引进计划”和“百名优秀博士人才集中招引活动”两个方面的内容。其中“百名创业创新领军人才引进计划”的目标是3年内引进100名创业创新领军人才，“百名优秀博士人才集中招引活动”的目标是每年引进100名优秀博士人才。扬州市财政设立了4000万元专项资金，用于引进、培养高层次人才。对于来扬州创业的领军人才，按照重点推荐项目、优先推荐项目、一般推荐项目，分别给予300万元、200万元、100万元资助；对于来扬州创新的领军人才，分别给予150万元、100万元、50万元资助。此外，对受到资助的创业创新领军人才可同时优先推荐申报国家“千人计划”、省“高层次创新创业人才引进计划”、市以上各类科技计划；政府主导的创业风险投资基金优先投资创业领军人才创办的企业；优先为引进人才解决子女入学、配偶就业等实际问题提供优惠政策；优秀博士人才来扬州企业工作，市财政给予每人6万元补助；到事业单位工作，除按现行规定执行外，市财政给予每人3万元补助。

2010年，扬州从267名已落户人才中遴选出首批“绿扬金凤计划”资助对象108名，其中创业创新领军人才50名，优秀博士人才58名，资助金额达5806万元。2011年，有127人被列为扬州市“绿扬金凤计划”资助对象，获得市县两级财政累计5485万元的资金资助。2012年，有147人被列为扬州市“绿扬金凤计划”资助对象，其中创业创新领军人才50名，优秀博士人才97名。2013年，有165人被列为扬州市“绿扬金凤计划”资助对象，其中创业创新领军人才56名，优秀博士人才109名。

截至2014年底，“绿扬金凤计划”吸引了1500多名高层次人才入驻扬州并申请项目支持，先后投入2亿多元资助了547个人才（团队），取得了良好的经济和社会效益。

镇江市“331计划”

2008年8月，镇江市委、市政府正式启动实施《镇江市引进培育创新创业领军人才三年行动计划》（简称“331计划”），计划用3年时间引进培育30个领军人才（团队）和100名领军人才。市县两级财政共设立1亿元的专项资金，用于为领军人才提供创业扶持、安家资助和学术交流。每个创业项目和创新项目可分别获得最高300万元、100万元的创业启动资金和创新资助资金。同时，还可享受风险投资、资金担保、技术成果入股、税收优惠等方面的优惠政策。镇江市委专门设立领军人才工作办公室，负责领军人才引进培育的具体工作。

2014年，有160个人才（团队）入选第七批镇江市“331计划”。截至2014年底，镇江市“331计划”已分七批次引进资助413个人才（团队）。

宿迁市“创业创新领军人才集聚计划”

2008年，宿迁市启动实施“创业创新领军人才集聚计划”，面向海内外培育引进新能源、船舶制造等行业的100名创业创新领军人才，通过集成扶持，促进孵化培育一批高成长性的科技型企业，加速推动产业结构优化升级。对于引进的创业创新领军人才，将获得30万—300万元的创业创新启动资金支持；自主创业领军人才项目企业注册以后，在融资、购置固定资产方面都将获得支持；自主创业领军人才项目实施产业化生产时，优先享受市现代农业发展资金、工业引导资金、现代服务业引导资金、全民创业发展资金、科技创新专项资金等有关专项资金的扶持；优先支持领军人才申报国家和省、市各类科技计划项目。

截至2014年底，宿迁市“创业创新领军人才集聚计划”共资助领军人才151人，发放创新创业启动资金8750万元。

浙江省

浙江省“海外高层次人才引进计划”

浙江省“海外高层次人才引进计划”（简称浙江省“千人计划”）从2009年启动，围绕浙江省经济社会发展需求，面向海外引进具有国际国内领先学术技术水平，或拥有自主知识产权、富有产业化发展潜力的科研成果，能够突破关键技术、发展高新产业、带动新兴学科的学科带头人、科技领军人才和高层次创业创新人才。计划通过5—10年时间，引进并重点支持1000名左右能够突破关键技术、发展高新技术产业、带动新兴学科的学科带头人、科技领军人才和高层次创业人才，争取其中300名左右入选国家海外高层次人才引进“千人计划”。浙江省“千人计划”每年申报两批，申报人选类型分创新人才和创业人才两大类。创新人才是指在浙江省高校、科研机构和企事业单位从事科学研究和技术创新的海外高层次人才，按每年回国服务时间分为创新人才长期项目和创新人才短期项目（又称“海鸥计划”）。创业人才是指来省创（领）办高新技术企业的海外高层次人才。对省“千人计划”创新人才长期项目、创业人才项目和“外专千人”项目入选者，授予“浙江省特聘专家”称号，享受相应的工作条件和特定的生活待遇，主要有：省政府给予一次性100万元的科学技术人才奖励，地方政府相应配套奖励；优先推荐参评国家“千人计划”；可直接认定高级专业技术资格；优先推荐参评有关荣誉称号和各类奖励；可根据需要聘请担任有关平台和载体的重要职务；发放《浙江省海外高层次人才居住证》并根据有关规定享有相应权益。对“海鸥计划”入选者给予一次性50万元的省政府科学技术人才奖励，根据引进人才实际需要，可为其提供出入境、医疗、保险等方面优惠便利。

截至2014年底，浙江省“海外高层次人才引进计划”共引进人才939名，其中入选国家“千人计划”333名。创业型人才已创办企业325家，实到资本82.4亿元，2家企业实现上市，77家企业准备3年内上市；企业创新人才获百项国家级、省部级奖项，填补219项国内空白，245项目浙江省内空白，取得的专利数超过2万项。

杭州市全球引才“521”计划

2010年，杭州市委、市政府制定下发《杭州市全球引才“521”计划实施意见》（简称“521”计划），从2010年开始，用5年时间，面向全球引进20个以上海外优秀创业创新团队，100名以上带着重大项目、带领关键技术、带动新兴学科的海外高层次创业创新人才。入选“521”计划的人才，将根据有关规定享受资助资金、人才住房、安家补助、医疗保健、社会保险、配偶安置、子女就学和永久居留或多次往返签证等相关政策待遇；优先推荐参评国家“千人计划”和浙江省“海外高层次人才引进计划”。

2011年，首批“521”计划共有142名个人和团队申报，有34名个人和4个团队最终入围。

截至2014年底，“521”计划共分三批次引进111名创业创新人才和11个创业创新团队。在其带动下，已吸引和集聚了7500余名海外留学人员来杭创业发展，其中自主申报入选国家“千人计划”专家67名、省“千人计划”专家202名，入选人数居全国15个副省级城市前列、全省10个地市首位。全市留学人员累计创办企业1087家，企业总投资139亿元人民币，涌现出了以贝达药业、聚光科技、英飞特电子等为代表的一批留学人员创办的高科技企业。

宁波市“3315计划”

2011年，宁波市委、市政府发布文件，决定启动实施海外高层次人才引进“3315计划”。“3315计划”由“3315团队计划”“3315个人计划”“3315外籍人才计划”等组成。其中“3315团队计划”分特别支持、重点支持和优先支持3个层次，每年投入1亿元专项资金，面向全球引进并支持高端创业创新团队。“3315个人计划”力争到2020年分别有30名、300名和1000名海外高层次人才列入中央、省和市“千人计划”，新增海外创新创业人才5000名。对列入宁波市“3315计划”的海外高层次创新创业人才及其团队，将一次性给予100万元的创新创业资助，并可根据不同情况享受“一事一议”、家属子女安顿等方面的优惠政策。入选中央和浙江省“千人计划”的给予额外的配套资助，随同引进的团队成员最高给予100万元的资助。

截至2014年底，宁波市共引进“3315个人计划”269名、“3315团队计划”84个，分别有69人、154人入选国家“千人计划”和省“千人计划”。“3315计划”人才和团队累计获批专利1376项，其中发明专利获批数占了总数的56.1%。开发市级以上新产品551项，填补国内空白326项；承担国家级项目305项；科研成果转移转化项目238项。此外，“3315计划”人才和团队（含国家、省“千人计划”）共创办企业168家，注册资金19.8亿元，累计实现销售额65.8亿元，其中有16家被认定为国家级高新技术企业。

温州市“580海外精英引进计划”

2011年3月，《温州市“580海外精英引进计划”实施办法》出台实施。从2011年开始5年内，温州市将面向全球遴选80名左右能够突破关键技术、发展高新产业、推动创新发展的海外高层次人才，助力“十二五”发展。列入“580海外精英引进计划”的人才，将由温州市委、市政府授予“温州市特聘专家”称号，并给予30万元的专项人才奖励，以及创业资助、投融资支持等，并可在住房、技术和人力资本入股、随迁配偶安置、子女教育等方面享受有关优惠待遇。对入选国家、浙江省“千人计划”的，还将分别给予100万元和50万元的奖励。另外，成功引进高层次人才的用人单位、中介机构和海外人才工作联络站，也将得到2万—10万元不等的奖励。

截至2014年底，温州市通过实施“580海外精英引进计划”等人才工程，已引进国家“千人计划”人才21人。全市由国家、省“千人计划”人才创办的企业销售收入累计达6.5亿元，获得授权专利170多项，填补国家、省空白60余项。

嘉兴市“创新嘉兴·精英引领计划”

2009年12月，嘉兴市委、市政府出台《关于加强创业创新人才队伍和创新团队建设的若干意见》《“创新嘉兴·精英引领计划”实施办法（试行）》和《嘉兴市重点创新团队遴选办法》。对到嘉兴创业的具有省内、国内领先水平的领军人才，嘉兴市将在创业启动资金资助、子女入学、家属就业等方面给予优惠。

截至2014年底，“创新嘉兴·精英引领计划”实施五年来，累计引进博士人才1905名，平均年增长率达50%以上；全市累计引育国家“千人计划”专家88人，省“千人计划”专家89人。前五批创业类领军人才的426个项目已在嘉兴注册落户、成立公司，销售收入超亿元企业达9家，超千万元企业52家，超百万元企业125家。

湖州市“南太湖精英计划”

2008年4月，湖州市着眼提升自主创新能力，转变经济发展方式，着力加快创新团队和领军人才队伍建设，大力集聚海外归国创新型领军人才，培育创业创新主体，启动实施了“南太湖精英计划”。计划提出了5年内选拔50名左右的领军人才、建设50个左右优秀创新团队的目标，重点在生物医药、环保节能、电子信息、新材料、新能源和现代农业等六大产业中引进带项目、带技术、带资金，具有自主创新能力的留学归国科技领军人才及其创新团队。

2011年，“南太湖精英计划”将入选A类项目领军人才的一次性创业启动资金资助最高标准从原来的200万元提高到300万元，而B类、C类项目也相应提高到200万元和100万元。同时根据创业项目的产业化程度和发展前景，在项目实施产业化5年内，对年上缴税收中湖州市地方所得首次超过100万元的，给予领军人才100万元的一次性奖励。同时，对特别突出的领军人才及其特别重大的项目，实行“一事一议、上不封顶”的政策。

2014年，“南太湖精英计划”引进创业创新领军人才及团队96个。截至2014年底，已累计引进创业创新领军人才及团队281个，有力促进了湖州转型发展、创新发展。

绍兴市“330海外英才计划”

2010年3月，绍兴市启动实施了“330海外英才计划”。计划从2010年开始，用3年时间，在绍兴市六大传统优势产业和先进装备制造、新材料、生物医药、节能环保、新能源、新兴信息等战略性新兴产业，引进30名左右能够突破关键技术、培育高新产业、推动创新发展的海外高层次人才，争取有20名以上进入国家、省“千人计划”。

截至2014年底，绍兴市“330海外英才计划”已引进海外高层次人才377名，引进国家和省“千人计划”专家38名。

金华市“双龙计划”

2012年底，为深入实施人才强市战略，在新一轮产业革命中更好地发挥人才引领作用，金华市委、市政府决定在原政策基础上实施创业创新领军团队和人才引进“双龙计划”。2010年，金华市启动实施“海内外英才引进计划”，鼓励高层次人才带技术、带成果、带资金到金华创业创新，对优秀创业项目给予最高500万元的资助。计划推出后，受到海内外英才的热切关注，共引进落户18个领军人才项目，涉及电子信息、新能源、新材料、服务外包等新兴产业，4个项目投产当年税收即过百万元。“双龙计划”将沿袭原先的政策力度，用5年时间，每年至少投入1亿元资金，面向海内外集聚一批达到国际先进水平的科技创新团队、一批行业地位突出的创业创新领军人才、一批专业技术发展潜力较大的后备领军人才。对新兴产业带动明显的科技创新团队，最高可获2000万元的资助，对引进的两院院士或相当层级的国际顶尖人才，奖励资助不会少于1000万元。另外在税收优惠、人才住房和其他配套服务方面，也将享受多项优厚待遇。

2013年底，“双龙计划”公布首批榜单，共收到报名材料178份，其中包括国家“千人计划”人才17名、省“千人计划”人才7名，最终有37个人才项目入选。

2014年，有68个领军人才项目入选“双龙计划”。

台州市“500精英计划”

2011年9月，台州市根据《中共台州市委 台州市人民政府关于扶持高层次人才创业创新的若干意见》以及相关的配套政策文件，启动实施“500精英计划”。计划用5年左右时间，构筑比较完善的高层次创业创新人才培养、引进和使用机制，到2016年扶持500名左右高层次人才在台州创业创新。

2011年，台州市“500精英计划”首批入选24人。

2012年，台州市“500精英计划”入选79人。

2013年，台州市“500精英计划”入选108人。

截至2014底，台州市共认定“500精英计划”创业创新人才486人，实际来台303人，其中创业企业57家、创新项目49个。

安徽省

安徽省“百人计划”

2009年，安徽省委、省政府下发《关于加强引进海外高层次人才工作的实施意见》，启动实施安徽省引进海外人才“百人计划”。计划用5—10年时间，引进并重点支持100名左右能够突破关键技术、发展高新产业、带动新兴学科的科技领军人才来皖创新创业。对入选“百人计划”的海外高层次人才，将授予“安徽特聘专家”称号，并在准入政策、税收政策、工作待遇、生活保障等各个方面，提供政策支持。

2014年，19人入选安徽省第四批“百人计划”。截至2014年底，共有三批82人入选。

合肥市“百人计划”

2011年，合肥市委、市政府启动实施引进海内外高层次人才“百人计划”。计划从2011年起，用5年时间，围绕合肥市优先发展的支柱产业、高新技术产业和现代服务业，面向海内外引进该市急需紧缺的能够突破核心技术、发展高新产业、带动新兴学科的创新创业领军人才100名。纳入合肥市“百人计划”的海内外高层次人才，可享受10万—200万元的奖励补贴，并享受居留和出入境、落户、子女入学、配偶就业、医疗保险等方面的政策待遇。

截至2014年底，合肥市“百人计划”已分四批引进59名高层次创新创业人才，其中19人入选省“百人计划”。

福建省

福建省“海纳百川高端人才聚集计划”

2013年，福建省委、省政府在原“引进高层次创业创新人才计划”（简称“百人计划”）的基础上，出台“海纳百川高端人才聚集计划”，打造该省层次最高、覆盖最广、力度最大的人才计划。福建省“百人计划”始于2010年，重点支持国内外高层次创业创新人才和团队来闽创业工作，先后分两批次引进117名高层次创业创新人才、19个高层次人才创新团队。

“海纳百川高端人才聚集计划”作为该计划的升级版，提出省、市、县三级财政将在未来5内年投入人才经费100亿元，实现人才资源总量、人才素质、人才竞争力和贡献率与福建省经济社会发展在全国位次相适应。其中包括引进高层次创业创新人才“百人计划”、省特殊支持高层次人才“双百计划”、省优秀人才“百人计划”等，以打造2个人才特区，建设8个特色功能人才聚集区、20个产业人才聚集基地，培育25个企事业人才高地，打造闽台人才交流合作等6大工作平台为重点工程。

2014年，85名个人和14个团队入选福建省第四批“百人计划”。截至2014年底，共引进高层次创业创新人才354名，创业创新团队50个。

厦门市“双百计划”

2010年，为加快经济发展方式转变，服务产业发展需要，推动创新型城市建设，厦门市制定出台了《厦门市引进海外高层次人才暂行办法》和《关于加快建设海西人才创业港，大力引进领军型创业人才的实施意见》两个政策文件。市财政每年投入1.5亿元，用5—10年引进100名海外高层次人才和300名领军型创业人才（简称“双百计划”）。对引进的海外高层次人才，给予每人100万元补助，并在科研、项目经费、职称评聘等方面给予支持；对引进的领军型创业人才，提供100万至500万元创业启动资金、100至500平方米的创业场所（五年免租金），同时可提供政府创投、贷款贴息、科研经费等方面优惠。同时，“双百计划”人才在住房、配偶就业、子女就学、社会保险等方面可享受优惠待遇。

2014年，“双百计划”共有195人参与申报，最终入选77人。其中，A类创业创新人才12名。截至2014年底，厦门市已进行六批高层次人才“双百计划”评选工作，申报参评人数超过2000名，入选438人。

江西省

江西省“赣鄱英才555工程”

2010年，为更好推进人才强省建设，充分发挥海内外高层次创新创业人才在促进江西科学发展、进位赶超、绿色崛起中的作用，江西省委、省政府决定实施“赣鄱英才555工程”。根据江西省重点工程、重大项目、重点产业和创新产业的需求，以鄱阳湖生态经济区建设为重点，围绕光伏、风能核能及节能、新能源汽车及动力电池、航空制造、半导体及绿色照明、金属新材料、非金属新材料、生物和新医药、绿色食品、文化创意等十大战略性新兴产业，从2010年开始，在10年之内，重在前3—5年，面向海内外引进500名急需紧缺的高层次人才来赣创新创业；柔性引进500名具有国际先进水平、国内顶尖水平的高端人才为赣发展服务；立足本省选拔500名高层次创新创业人才进行重点培养。对入选“领军人才培养计划”的人员，自然科学类由江西省分期给予每人100万—300万元的项目资助，人文社科类由江西省分期给予每人10万—50万元的项目资助；对入选“高端人才柔性特聘计划”的人员，由江西省一次性给予用人单位30万—50万元的项目资助。

截至2014年底，“赣鄱英才555工程”共分三批引进创新创业人才（团队）688个。

山东省

山东省“万人计划”

2010年，山东省委组织部、人力资源和社会保障厅等19个部门联合发布《山东省引进海外创新创业人才“万人计划”实施方案》，启动实施引进海外创新创业人才“万人计划”。依照计划，力争用5至10年时间，引进1万名左右海外创新创业人才，规划建设100个左右海外人才创新创业基地；并力争100名引进人才、10个创新创业基地入选国家计划。“万人计划”的人选分三层次引进，对第一层次人选给予相关优惠，包括给予每位引进人才100万元的一次性资助；授予引进人才“泰山学者海外特聘专家”称号，享受相关政策；用人单位为引进人才租用100至150平方米的住房，或给予相应租房补贴。还将妥善解决引进人才居留、出入境、落户、医疗保健、保险、住房、税收、配偶安置、子女入学等方面问题。

山东省“万人计划”实施以来，有110人被确定为第一层次人选，此后逐步并入国家“千人计划”和“万人计划”的地方申报遴选中。

济南市“5150引才计划”

2009年，为助推济南市转变经济发展方式、调整优化经济结构、吸引海内外优秀创新创业人才来济创业发展，济南市启动实施了“5150引才计划”。计划用5年左右时间，面向海内外引进150名能够提高城市竞争力、推动高新技术产业发展的高层次创新创业人才。济南市政府专门设立了每年规模为1亿元的人才引进专项资金，用于对引进人才的创业资助、科研补助、待遇补贴、住房安置、引进奖励等，其中，来济创业的高层次领军人才，最高可享受创业启动资金300万元、安家费100万元；来济创新发展的高层次优秀人才，可享受科研启动资金最高200万元、工作津贴每月最高1万元。在引才工作中成绩突出的单位和个人可以分别获得最高50万元和30万元的政府奖励。

2014年，有14个创新创业团队核心人才和70名高层次创新创业人才入选“5150引才计划”。截至2014年底，“5150引才计划”共分七批引进14个高层次创新创业团队和297名高层次创新创业人才。前六批引进的创业人才创办企业158家，注册资金达5.7亿元，大多分布在富有潜力的新兴产业板块。创新人才围绕技术创新和项目研发，促进企业投入或争取科技研发资金超过2.5亿元，累计承担市级以上科技项目102个，其中国家863、973等重大项目47个，为企业研发新产品200余款，解决关键技术难题20余项，申请并获得发明专利140余项。

青岛市“创业创新领军人才计划”

2012年，青岛市推出“青岛英才211计划”，该计划共有16项人才引进培育计划，分高端人才、重点人才和支撑人才三个层次实施，将力争用10年时间，使全市人才资源总量突破240万人。“创业创新领军人才计划”是青岛市为推进人才强市战略、加强高层次人才引进培育而实施的一项高端人才计划，是“青岛英才211计划”的16项子计划之一。该计划围绕青岛市优先发展的重点产业，将引进培育并择优资助一批能够突破关键技术、发展高新技术产业、带动新兴学科和新兴产业发展的创业创新领军人才，为青岛市全面实施创新驱动战略、加快实现蓝色跨越提供强有力的高端人才支撑。

2014年7月，青岛市科技局、市委组织部、市财政局联合制定了《青岛市科学技术局创业创新领军人才计划实施细则（试行）》，对该计划的实施作出了进一步明确。根据入选青岛市“创业创新领军人才计划”的领军人才的创业创新水平及业绩、项目可行性、市场前景、预期经济社会效益、依托单位保障能力等评审结果，将分别给予50万—400万元项目经费和30万—100万元安家补贴经费支持，以及提供办公用房、人才公寓、“一卡通”服务、入选国家“千人计划”和省“泰山学者海外特聘专家”的配套资金等相关政策支持。

2014年9月，首批70人入选青岛市“创业创新领军人才计划”，共获得7500余万元项目经费资助。

淄博市“淄博英才计划”

2014年，淄博市委、市政府出台“淄博英才计划”，与省“泰山产业领军人才工程”相衔接。该计划目标任务是，到2020年，以企业为主体，突出产业化导向，围绕加快我市新材料、精细化工、新医药、新能源和节能环保、汽车及机电装备、电子信息等战略性新兴产业以及现代服务业、现代农业发展，围绕推动淄博市传统产业升级改造，培养、引进并重点支持60名左右高层次科技创新人才、60名左右高层次科技创业人才。对入选人才作为项目负责人承担的科技创新项目，一次性给予30万—50万元科研成果产业化配套资金，从市级应用技术研究与开发专项资金中列支；优先纳入市产业发展基金扶持范围，以阶段性股权投资等方式对入选人才所在的企业给予支持；入选人才所在企业优先享受一次性创业补贴、创业岗位开发补贴；根据企业实际需求，由企业注册所在区县负责提供不少于100平方米的办公及研发场所和不少于100平方米的住房租赁使用，三年内免收租金。

潍坊市“高层次创新创业人才引进扶持计划”

2010年2月，为进一步加大高层次创新创业人才引进力度，潍坊市启动实施“高层次创新创业人才引进扶持计划”，用5年时间重点引进和扶持100名左右高层次人才来潍坊创新创业。符合引进条件的高层次创新创业人才，可获得多项扶持政策。一是各级财政设立引进高层次创新创业人才专项扶持资金，对经评审确定的高层次创新创业人才一次性给予100万元资金补助；二是从事科技开发项目的，经论证、审批，根据其项目的投资需求，引导各级产业投资资金或创业投资资金给予股权投资、融资租赁或担保等扶持措施，股权投资比例最高可达项目实际投资总额的30%；三是对具有市场需求的高新技术产品产业化生产过程中流动资金不足的，可给予不低于贷款利息总额50%的贴息优惠，贴息总额最高可达100万元，贴息期最长可达2年；四是以技术成果入股投资的，经评估，其技术成果最高可按注册资本35%作价入股；五是引进海外人才创办的独资或合资企业，符合条件的可登记注册为外商投资企业并享受相关优惠政策；六是享受市里有关引进高层次人才的子女入托入学、家属安置等优惠政策。海外留学人才居留、出入境和落户等事宜，享受绿色通道相关待遇。对特别优秀的人才和特别重要的项目，经审核评定，可给予数额更大的资金扶持和更优惠的政策支持；对引进人才过程中遇到的特殊问题，可采取“一事一议、特事特办”方式解决等。

截至2014年底，潍坊市“高层次创新创业人才引进扶持计划”共评定五批114人，发放补助11400万元。

济宁市海外人才引进“511”计划

济宁市海外人才引进“511”计划是由中共济宁市委、济宁市人民政府于2010年2月启动实施的，旨在进一步落实人才强市、科教兴市战略，立足全市主导产业，集中引进一批能够突破关键技术、发展高新产业、区域发展急需和紧缺的高层次创新创业人才，为提高自主创新能力、建设创新型城市、增强区域竞争力提供强有力的人才支撑。计划从2010年起，用5年左右的时间，重点引进100名领军科研型、领头创业型、领办项目型海外高层次人才，着力打造100个高层次人才创新创业平台，力争海外人才总体引进数量达到1000人的规模。获评为“511”的人才，可享受济宁市财政拨付的不同金额的安家补贴、生活津贴以及创业启动资金等。

2014年，济宁市第四批“511”计划入选23人。截至2014年底，济宁市海外人才引进“511”计划累计入选73人。

河南省

河南省“百人计划”

2009年6月，为进一步推进人才强省战略，河南省委办公厅、省政府办公厅联合下发了《关于引进海外高层次人才的意见》，提出统筹实施海外高层次人才引进“百人计划”。从2009开始，河南省将用5—10年时间实施“海外高层次人才引进百人计划”，即在国家和省重点创新项目、重点学科和重点实验室、重点企业和地方商业、金融机构、以高新技术产业开发区为主的各类园区引进并有重点地支持120名左右能突破关键技术、发展高新产业、带动新兴学科的领军人才来豫创新创业。入选河南省“百人计划”的人选，省政府给予每人120万元的一次性奖金资助；省“百人计划”中入选国家“千人计划”的，同时享受国家100万元一次性补助。用人单位参照引进人才回国（来华）前的收入水平，协商确定引进人才的合理薪酬。5年内在境内取得的住房补贴、伙食补贴、搬迁费、探亲费、子女教育费等，按照国家税收法律法规的有关规定，予以税前扣除。引进人才享受医疗照顾人员待遇（入选国家“千人计划”的按国家有关规定办理），由省级卫生行政部门为其发放医疗证。

截至2014年底，河南省“百人计划”共有三批次32名海外高层次创新创业人才入选。

湖北省

湖北省“百人计划”

2009年6月，湖北省出台《湖北省引进海外高层次人才实施办法》等配套人才引进措施，启动实施“百人计划”。计划5到10年的时间内，从海外引进200名紧缺的高层次创新创业型人才，其中创业人才不低于50%，以为支撑中部崛起战略提供人才保证和智力支持。在资金支持上，湖北省财政将对入选“百人计划”的海外高层人才一次性给予每人100万元或50万元的补助，并对创业人员的部分研发项目和规模生产项目给予贷款贴息政策。在准入政策上，被引进的海外高层次人才可享受永久居留证，并获得相应的国民待遇，享有和承担参加社会基本保障等方面的权利和义务。此外，还可以享受8项税收优惠政策，包括免征某些个人所得税以及减免某些企业所得税和营业税等。

2014年，湖北省“百人计划”首设创业团队项目，并加大了政策扶持力度。2014年第五批湖北省“百人计划”共入选66人（团队），包括创业团队6个、创新人才39名、创业人才12人、“外专百人”9人。6个创业团队项目将获得最低200万元的资金扶持。

截至2014年底，湖北省“百人计划”累计入选321个人才（团队）。前三批172名“百人计划”入选者中，110名创新类人才获得各项科研资助经费合计7.2亿元；62名创业类人才创办的企业普遍成长性较好，2010年至2013年以来，创办企业主营收入达33.84亿元，实现利税5.89亿元。

武汉市“黄鹤英才计划”

2011年，武汉市为推进“人才强市”战略，启动实施“黄鹤英才计划”。计划到2015年，引进和培养百名具有世界领先水平的领军人才，千名具有国内领先水平的高层次创新创业人才。凡具有世界一流水平、引领武汉产业发展、能带来重大经济和社会效益的世界一流创新团队核心成员，世界500强企业及跨国公司中担任（或曾担任）中高级职务的工程技术专家、经营管理专家等均可报名。当选人员在武汉创业，可获高额资金扶持。对入选的领军人才，按项目给予300万—500万元的资金支持；对入选的高层次人才，按项目给予50万—100万元的资金支持；科技创新和科技创业人才每人可获30万元资助，知识产权人才每人获10万元资助，用于项目研究、人才培养、团队建设等；民营企业入选人才参加出国培训班，进高校、访外企；优先申报国家、省、市专家和政府津贴评选等。

截至2014年底，武汉市“黄鹤英才计划”已分三批评定68人。

湖南省

湖南省“百人计划”

2009年，湖南省启动实施引进海外高层次人才“百人计划”。围绕湖南经济社会发展战略目标，用5年左右时间，在湖南省重点创新项目、重点学科和重点实验室、国家级科技合作基地、省属国有企业、以高新技术产业开发区为主的各类园区等，引进100名左右能够突破关键技术、发展高新产业、带动新兴学科的海外高层次人才。对符合条件的“百人计划”专家，省财政将按照每人60万元的标准给予资助，并发放《永久居留证》，同时通过由12个部门联合组成的引进海外高层次人才服务窗口对引进专家实行一站式服务，发放“一本通”服务手册，以全程代理方式，办理居留、出入境、落户、配偶安置、子女入学、医疗、保险、住房、税收等各项政策待遇手续，及时帮助解决实际问题。

2014年，有37人入选湖南省“百人计划”。截至2014年底，湖南省“百人计划”已累计引进海外高层次专家141人，其中有77人入选国家“千人计划”。

长沙市“3635”计划

2009年，长沙市开始实施《长沙市引进国际高端人才三年行动计划（2009—2011年）》（“313计划”），从2009年起到2011年，计划3年内共引进100名高端人才、30个高端人才团队。以此带动全市高层次创新创业人才队伍建设，逐步形成引领长沙科学发展的高层次人才集群，着力将长沙打造成区域性国际化人才智力聚集和交流中心。引进主体主要是工程机械、汽车及零部件、电子信息等支柱产业的企业；新材料、生物医药、高新技术产业、证券投资、新兴文化等新兴产业领域的产业。为引进高端人才队伍，长沙市制定专门政策，对相关企业和个人给予丰厚奖励。长沙市政府设立每年不少于3000万元的引进国际高端人才专项资金，对每位入选“313计划”的人才，给予引进单位100万元的专项资助资金，用于引进人才的安家费补助和事业启动经费，并提供个税返还等其他优惠政策；对来长沙创业者还可给予创业贷款贴息支持。同时，凡已入选国家“千人计划”和省“百人计划”的高端人才，可申报直接享受长沙市引进国际高端人才专项资助和税费返还等各项优惠政策。

截至2012年底，共有102人、17个高端人才团队入选“313计划”，计划任务圆满完成。

2014年2月，长沙市制定和正式启动了新的《长沙市引进紧缺急需和战略性人才计划》（“3635”计划），面向全球引进紧缺急需和战略型人才。计划用3年时间支持鼓励以企业为主体的用人单位，在工程机械、汽车及零部件、生物医药、电子信息及现代物流、新能源及新材料、文化创意等6个重点产业领域，引进500名左右经济社会发展紧缺急需和战略型人才（其中，领军人才50名左右，高级经营管理和研发人才100名左右，专业技术骨干人才350名）。在安家补助方面，“3635”计划对自主创业或与用人单位签订三年以上聘用合同的引进人才，最高给予100万元的安家补助，分年度按比例支付到位。在创业扶持方面，对入选“3635”计划的人才帮助协调融资贷款，并按同期银行贷款基准利率发生利息额的50%，给予每个项目不超过3年的贷款贴息；对带项目、专利创业的人才，还将进行跟踪评估和持续支持，对经评审成长前景好的项目，优先推荐享受科技、发改、工信等相关部门各类资金、人才项目支持。同时，“3635”计划制定了后续支持的奖励政策，将根据人才发挥作用情况和入库税收增长情况，给予创业型企业和引进人才单位每年最高100万元的奖励，鼓励企业不断成长，做大做强。

2014年12月，长沙市对首批“3635”计划拟入选对象进行公示，有64人（领军人才12人、高级经营管理和研发人才37人、专业技术骨干人才15人）预入围该计划。

广东省

广东省“珠江人才计划”

2008年，广东省出台《广东省引进创新科研团队评审暂行办法》《广东省引进领军人才评审暂行办法》，并于2009年11月首次面向海内外实施引进首批创新科研团队、领军人才工作，启动实施“珠江人才计划”。其中，对引进的世界一流水平、对广东省产业发展有重大影响、能带来重大经济效益和社会效益的创新科研团队，省财政给予8000万—1亿元的专项工作经费；对引进的国内顶尖水平、国际先进水平的创新科研团队，省财政给予3000万—5000万元的专项工作经费；引进国内先进水平的创新科研团队，省财政给予1000万—2000万元的专项工作经费。对引进的领军人才，省财政提供每人500万元专项工作经费和100万元住房补贴。

截至2014年底，“珠江人才计划”已分四批引进91个创新创业团队和69名领军人才，汇聚了750多名高层次人才。其中，包括诺贝尔奖评委2人，欧盟最高科技奖“笛尔卡奖”获得者1人，欧美等发达国家科学院、工程院院士34人。

广州市“创业领军人才百人计划”

2010年9月，广州市启动实施“创业领军人才百人计划”。计划用5到10年时间，面向海内外并重点面向海外，依托市科技重大专项计划、市级以上重点学科和重点实验室、市属企业和在穗金融机构、以高新技术产业开发区为主的各类园区等平台，引进扶持300名左右创新创业领军人才来穗创业发展；其中创业领军人才200名左右，其他各类创新领军人才100名左右。根据广州市扶持创业领军人才的政策，除享受住房补贴、子女入学、配偶就业、医疗保障、休假体检等高层次人才政策外，政府还将给予300万—500万元的创业启动资金；100—500平方米的工作场所，3年内免收场租；市属风险投资公司给予最高500万元的股权投资；产业化项目最高给予100万元的贷款贴息；特别优秀的留学回国创业人员，还将一次性给予30万—100万的安家费。

2014年，广州市开始制定实施“羊城高层次创新创业人才支持计划”，重点培养引进支持创业领军团队、创新领军人才和初期创业人才、青年创新人才；加快推动创新谷移动互联网创新创业基地、广州南沙粤港澳合作光电信息产业基地等人才创新创业基地建设。

截至2014年底，广州市已有两院院士82人，中央“千人计划”入选者129人，“万人计划”入选者24人，市认定高层次人才204人，广州市“创业创新领军人才”78人。

深圳市“孔雀计划”

2011年4月，《深圳市委、市政府关于实施引进海外高层次人才“孔雀计划”的意见》以及5个配套文件正式颁布实施。从2011年起，深圳将在未来5年重点引进并支持50个以上海外高层次人才（团队）和1000名以上海外高层次人才来深创业创新，吸引带动1万名以上各类海外人才来深工作，并每年投入3亿—5亿元，用于海外高层次人才配套服务和创新创业专项资助，力争把深圳经济特区建设成为亚太地区创业创新活动活跃、海外高层次人才向往汇聚的国际人才“宜聚”城市。纳入“孔雀计划”的海外高层次人才，可享受80万—150万元的奖励补贴及居留和出入境、落户等特定待遇，而对引进的海外高层次人才（团队），将给予最高8000万元的专项资助。同时，发布了《深圳市人才安居暂行办法》，采取实物配置和货币补贴两种方式，为杰出人才、领军人才、高级人才和中初级人才“量身”解决住房难问题。

截至2014年底，深圳市累计引进留学人员近6万人，位列全国第三。其中，有167人入选国家“千人计划”，766人入选深圳“孔雀计划”，“孔雀计划”团队43个，团队资助资金10.8亿元；全面实施“人才安居工程”，采取“实物+货币补贴”的方式，解决人才住房困难问题，2010年以来累计发放住房补贴10.1亿元，惠及人才10万人；“孔雀计划”被评为全省组织工作“十大品牌”项目之一，“孔雀计划”和“人才安居工程”同时入选全省人才工作“十大精品”项目。

珠海市“蓝色珠海高层次人才计划”

2013年，珠海市出台“蓝色珠海高层次人才计划”。计划从2014年起，用5年时间，从海内外引进和培养60个掌握先进创新成果、拥有自主知识产权、产业化前景广阔的创新创业团队，500名在某一领域造诣较深、业内普遍认可且为该市急需紧缺的各类高层次人才来珠海创新创业，以此提升珠海市中高端产业竞争力。该计划面向创新创业团队和高层次创新创业人才，扶持政策包括：项目经费扶持、优先推荐申报国家和省级计划、工作场地租金补贴、研发费用补贴、住房保障、工作津贴补助，以及补充养老保险和特定医疗保障等16个方面。其中，入选的创新创业团队可享受包括项目启动补贴、项目投资和担保贷款等最高2000万元的项目经费扶持；高层次人才的创业项目可享受包括创业补贴、创业投资和担保贷款等最高200万元的项目经费补贴。

2014年8月，首批珠海市创新创业团队、高层次人才申报工作正式启动。

惠州市“天鹅计划”

2013年10月，惠州市发布《引进领军人才和创新团队“天鹅计划”实施方案》。计划从2013年起，力争5年内引进100名左右高水平的科技领军人才和30个以上具有省内领先水平以上的科技创新团队来惠创新创业，以进一步优化该市支柱产业和战略性新兴产业领域的人才队伍结构，提升企业自主创新能力。对被认定为第一类领军人才的，在到惠工作并签订资助协议后给予100万元一次性专项工作经费资助，对已入惠州户籍的给予50万元一次性住房补贴，在与用人单位签订的工作合同期内给予每月10000元人才津贴补助；对被评审确定为第一类（具有国际先进水平）科技创新团队的，在到惠工作并签订资助协议后分批给予共1000万元专项工作经费资助。

2014年，惠州引进首批“天鹅计划”创新团队10个、领军人才24名。

广西壮族自治区

广西壮族自治区“八桂学者计划”

2010年，广西壮族自治区党委、政府出台了《关于加快吸引和培养高层次创新创业人才的意见》等“1+3”人才政策文件，实施八桂学者、特聘专家制度，重点解决、优先解决制约区域发展的高层次人才“短板”，并迅速启动了一批重大人才工程。八桂学者是广西高层次人才开发的塔尖部分，将分期分批向海内外公开选聘，每轮聘期为5年。到2020年，广西将争取累计设置八桂学者岗位100个，引进和培养100名高层次领军人才，培育100个以上以八桂学者为核心、400—600名中青年科研技术骨干为中坚的高水平科研创新团队。自治区财政将每年给予每位全职八桂学者20万元税后岗位津贴，非全职八桂学者按实际工作时间给予1.5万元税后岗位津贴；每年给予八桂学者所带科研创新团队20万元税后岗位津贴；每年给予八桂学者及其科研团队提供科研补助经费，自然科学类为60万元，人文社科类为20万元。每轮聘期，设岗单位提供的科研配套经费，自然科学类不低于500万元，人文社科类不低于50万元。对于从区外引进的全职八桂学者，一次性给予100万元税后安家费住房补贴，区内受聘的八桂学者，未享受房改优惠政策的，参照执行。按照以上标准，广西从区外引进一位全职的自然科学类八桂学者，每轮聘期累计提供资金不低于1000万元。同时，广西在“三重一优”等领域设置“特聘专家”岗位，面向海内外公开选聘高层次拔尖人才，每轮聘期为3年。在聘期内，广西财政一次性给予每位特聘专家及其科研团队20万元科研补助经费；每年给予每位特聘专家10万元、所带科研团队5万元税后岗位津贴。设岗单位每年为每位特聘专家及其科研团队提供的科研配套经费，自然科学类不低于20万元，人文科学类不低于10万元；给予每位特聘专家所带科研团队不低于5万元的税后岗位津贴。到2020年，广西争取累计选聘200名左右各行业各领域自治区特聘专家，带动培养1000名左右中青年科研技术人才。

2014年，广西壮族自治区从海内外聘任第三批八桂学者16名。其中，16人均为正高职称，15人具有博士学位（包括海外、境外博士6人），13人具有博导资格；国家杰出青年科学基金获得者4人、“长江学者”特聘教授4人、中科院“百人计划”入选者4人、中央“千人计划”入选者1人、国家“百千万”人才工程第一二层次人选1人。截至2014年底，共分三批聘任“八桂学者”67名，其中，第一批26名，第二批25名，为全区重点产业、重大项目和重要科研创新平台以及优势企事业单位的发展提供了有力的人才支撑。

钦州市“520”计划

2013年，《钦州市实施“520”计划引进领军型创业人才工作方案》发布（简称“520”计划），提出从2012至2016年，力争用5年的时间，围绕该市打造石化、装备制造两大千亿元产业和电子信息、新材料、新能源、生物技术等战略性新兴产业，以及中马钦州产业园区主导产业，力争引进领军型创业人才20名。对入选的创业人才将一次性资助不低于100万元的创业启动资金；对从事科技开发项目的，经论证、审批，根据其项目的投资需求，由市工信委牵头成立专门的创业（风险）投资公司，给予不低于300万元的创业（风险）投资；对有市场需求的高新技术产品，在成果产业化过程中出现流动资金不足的，由市财政部门牵头成立专门的创业担保公司，给予不低于300万元的融资担保，市财政三年内对项目贷款给予50%的贷款贴息；对特别优秀的项目，可在以上资金扶持的基础上，根据实际需要再给予重点扶持。此外，还将提供产业政策、作价入股、场所支持、个税奖励等政策扶持，以及住房待遇和安家费补贴，配偶子女就业入学、落户、社保、居留和入境等方面生活扶持。

2014年，首批“520”计划共引进领军型创业人才3人。

海南省

海南省“高层次创新创业人才计划”

自2009年8月起，为推进海南国际旅游岛建设，海南在全省范围内开展实施“海南省高层次创新创业人才”的申报和评审工作，申报评审对象主要有A、B两类创新创业人才。A类即自主创业型人才，指在符合海南省重点发展的优势产业或领域，以带技术、带项目、带资金的形式来海南省投资创办科技型企业的高层次人才。B类即创新型人才，指落户海南省的企事业单位所引进的掌握关键技术，能创建省级以上重点学科、重点实验室和工程技术研究中心，或能提升海南省重大创新项目、重点学科、重点实验室、工程技术研究中心以及企事业单位研发机构的技术研发水平和国际化管理水平的高层次研发人才、高级创意人才。通过评审、确认资格的受资助人才，将享受包括一次性拨给100万—200万元的创新创业启动经费在内的六项优惠政策、六项重点支持和六项优先服务；并享受妥善解决工作条件、签证、落户、执业资格、医疗、保险、税收、配偶安置、子女入学等方面的待遇。

截至2014年底，共有四批次12人入选海南省“高层次创新创业人才计划”，每人获得由省政府奖励的150万元作为创业启动资金。

重庆市

重庆市“百名海外高层次人才集聚计划”

2008年，重庆市制定出台《重庆市百名海外高层次人才集聚计划实施办法》。从2009年起拟用5年时间，采取调入、聘用或柔性引进方式，从海外高校、科研院所和世界500强企业，引进100名海外高层次留学人才，到在渝高校、科研院所、医疗卫生机构、大型企业和留学人员创业园发展。作为重庆市高端人才聚集计划，“百人计划”入选者将由重庆市委组织部、市人力社保局联合授予“重庆市特聘专家”称号，纳入市委直接联系的高级专家范围，其中优秀者可作为国家“千人计划”优先推荐人选。2009年出台的《重庆市引进高层次人才若干优惠政策规定》为人才提供了生活工作条件和事业平台支持。

截至2014年底，重庆市“百名海外高层次人才集聚计划”已完成六批次评审。

重庆市“两江学者”计划

2011年，重庆市启动实施“两江学者”计划。作为该市最高层次人才计划，拟用5年时间，围绕重要产业、重点学科、重大项目，选聘100名特聘专家，建成100个高水平科研团队。依照规定，聘任期内市财政每月将给每名“两江学者”岗位津贴5000元，每年给其所在团队科研经费20万元；设岗单位每年按不低于40万元配套科研经费。此外，“两江学者”还享受100万元安家资助和医疗保险、家属随调、子女入学、税收减免等优惠政策，退休后给予市级劳动模范待遇。

截至2014年底，重庆市“两江学者”计划共分两期聘任专家43人，首期16人，第二期27人。

四川省

四川省“千人计划”

2013年，四川省正式启动海内外高层次人才引进“千人计划”，取代此前的海外引才“百人计划”。2009年初，四川省推出了应对国际金融危机、支撑灾后重建、着眼长远发展的“百人计划”，计划用5至10年时间，在重点创新项目、重点学科和重点实验室、省属企业和在川金融机构、以高新技术产业开发区为主的各类园区等4大领域，分批引进并重点支持200名左右海外高层次人才来川创新创业。截至2012年底，全省分四批支持引进232名海外高层次人才、9个顶尖创新创业团队，提前完成了“200名”的既定目标。其中，引进的人才中有117人入选国家前九批“千人计划”，入选数居西部第一、全国第八。

四川省“千人计划”作为“百人计划”的拓展，引才范围从海外扩大到海内外。未来5年，四川省将面向海内外支持引进100个左右顶尖团队、1000名左右高层次人才来川创新创业。围绕四川省七大优势产业以及六大战略性新兴产业发展需要，重点支持引进产业急需的企业创新创业人才及团队；对科研院所、高等院校，主要支持引进直接服务四川经济发展、其科研成果有望在川转化或已在川有效转化的应用型研究人才。对四川省“千人计划”引进人才，将从“天府英才”工程专项资金中，分别给予创业人才、创新人才每人100万元、50万元的一次性资助；对四川省“千人计划”引进团队，给予每个创业团队300万—500万元的一次性资助，给予每个创新团队200万元的一次性资助。

2013年，四川省“千人计划”首批入选高层次创新创业人才100名、创新创业团队15个。

2014年，四川省“千人计划”入选高层次创新创业人才109名（创业人才19名、创新人才90名），创新创业团队15个（创业团队7个、创新团队3个），总计资助资金近1亿元。

截至2014年底，四川省支持引进发展急需紧缺的高端人才441人、顶尖团队33个，其中144人入选国家“千人计划”，入选数居西部第一，示范带动各地引进紧缺专业人才2.9万多人。

成都市“成都人才计划”

2011年5月，成都市设立1.2亿元的专项引才资金，实施“成都人才计划”长期项目，给予入选者100万元资助。2012年9月，成都拓展实施短期项目、青年项目和顶尖团队项目，形成了海外人才梯次引进、立体开发的政策体系。“成都人才计划”着力于建设开放引才的政策体系，立足开放型区域中心和国际化城市定位，紧扣成都市战略性新兴产业和特色优势产业发展需求，瞄准国内、国际两种资源，面向海内外高层次创新创业人才敞开怀抱、广纳贤才。

截至2014年底，“成都人才计划”已引进海外高端人才253名，引进人才共持有发明专利957项，所在企业2014年实现销售收入1400.23亿元，创造税收52.29亿元，创外汇收入9亿美元，为成都市经济社会转型发展作出了巨大贡献。

贵州省

贵州省“百人领军人才计划”

2013年6月，贵州省人才工作领导小组发布《贵州省“百千万人才引进计划”实施办法》。提出重点围绕新材料、高端装备制造、生物医药、节能环保、电子信息、新能源等战略性新兴产业和特色优势产业、现代农业、现代服务业发展，大力实施“百人领军人才计划”“千人创新创业人才计划”和“万人专业技术人才计划”，从2013年起，每年引进领军人才30—40

名、创新创业人才300—400名、专业技术人才3000—4000名。到2015年，引进领军人才100名左右、创新创业人才1000名左右、专业技术人才10000名左右，形成一批具有核心竞争力的创新创业人才团队和人才集群。

其中，“百人领军人才计划”作为“百千万人才引进计划”的顶层设计，面向在重点领域掌握核心技术，具有原始创新或集成创新能力，能够引领和带动某一专业领域科技进步和产业发展；或具有成果转化能力，来黔创办企业、领办企业，实施科技成果产业化，引领和带动某一重点领域产业发展；或者在现代物流、金融投资、信息服务、旅游文化、商贸流通等现代服务业领域有重大创新突破并取得显著效果的人才和团队。引进当年将给予每人100万元奖励，对第二年、第三年项目达产并实现预期效益目标的，经考核认定，继续给予100万元奖励；所在单位或园区配套提供工作场所、必要仪器设备、科研启动资金、工作助手和不低于120平方米的住房。同时，享受解决配偶安置、子女入学、医疗保障，以及优先推荐各类项目申报、贷款贴息补助等扶持待遇。

2014年，首批“百人领军人才计划”入选14人，“千人创新创业人才计划”入选16人。

云南省

云南省“百名海外高层次人才引进计划”

2009年，为大力引进海外高层次科技人才，重点支持海外高层次人才来滇创新创业，云南省启动实施了“百名海外高层次人才引进计划”（简称“百人计划”）。将用5年至10年时间，引进100名左右能够突破关键技术、发展高新产业、带动新兴学科的海外高层次人才。

截至2014年底，“百名海外高层次人才引进计划”已先后引进四批共94人，为推动云南科学发展和谐发展跨越发展提供了有力的人才保证和智力支持。

昆明市“引进海外高层次人才三五工程”

2011年4月，昆明市启动实施引进海外高层次人才“三五工程”项目。从2011年开始，昆明市将用5年时间，在引进的50名左右海外高层次人才中，集聚5名左右在重点产业国内领先、达到国际水平的海外高层次人才，重点引进都市经济发展、装备制造、信息产业、国际金融贸易、现代物流、教育卫生、旅游文化等领域及其他方面紧缺急需、具有较高水平的海外高层次人才和创新创业团队。对引进人才，昆明市将给予一系列创业扶持和创新扶持。创业扶持中，A类项目由市财政给予100万元的一次性创业启动资金资助；B类项目由市财政给予60万元的一次性创业启动资金资助；C类项目由市财政给予40万元的一次性创业启动资金资助。创新扶持将由市财政给予创新人才或创新团队50万元的一次性创新研发经费资助。并根据有关规定享受住房补贴、医疗保健、社会保险、配偶安置、子女就学和永久居留或多次往返签证等相关政策待遇；优先列入市科技部门重点扶持项目，优先安排申报国家、省各类科技计划项目。

截至2014年底，有9人及项目入选“三五工程”。

陕西省

陕西省“百人计划”

为鼓励和吸引高层次人才到陕西创业工作，陕西省自2009年组织实施引进高层次人才的“百人计划”。计划从2009年开始用5—10年时间引进并重点支持200名高层次人才，并由省财政给予每人50万元的一次性资助。陕西将设立陕西省高层次人才引进专项资金，省财政每年安排不少于5000万元专款，用于高层次人才来陕创业、服务的资助和有关补贴。对于进入陕西省“百人计划”的引进人才，由省财政给予每人50万元的一次性资助（视同政府奖金），免征个人所得税。

截至2014年底，陕西省“百人计划”经过发展完善，已扩展为包括“全职项目”“短期项目”“青年百人”和“创业人才”在内的一个引才体系，先后分七批次引进362名高层次创新创业人才，包括创新人才全职项目入选191人，短期项目入选80人，创业人才入选31人，“青年百人计划”入选60人。其中，116人入选国家“千人计划”，7人入选国家“万人计划”第一批青年拔尖人才。同时，通过建立“三秦学者”特聘专家、教授制度，首批确定了54个岗位，吸引稳定了一批领军人才和团队在陕工作；通过实施引进外国智力项目，已执行引智项目1450个，引进7400人次外籍专家来陕工作。

西安市“5211计划”

2010年4月，西安市出台《引进海外高层次人才实施办法》，开始实施引进海外高层次人才“5211计划”。从2010年开始，用5—10年时间引进符合国家“千人计划”条件的海外高层次人才20名左右；引进符合陕西省“百人计划”条件的海外高层次人才100名左右；以“五大主导产业”人才需求为重点，在高新技术产业、现代装备制造业、旅游业、现代服务业、文化产业，以及航空航天、生物工程、新能源、新材料、金融、管理、法律等领域，围绕该市重点工程和项目引进1000名左右急需紧缺的海外高层次人才。对国家“千人计划”和省“百人计划”的引进人才，分别给予每人50万元和30万元的配套资助，对“市级引进人才”给予每人10万元的一次性资助。用人单位和主管部门也将酌情给予资金配套支持，用于改善引进人才的工作生活条件。

截至2014年底，西安市“5211计划”已引进海外高层次人才100余人。

甘肃省

甘肃省“百人计划”

2009年，甘肃省委、省政府结合2008年中央实施的“千人计划”，制定了《关于进一步鼓励和吸引海外高层次人才来甘肃工作的意见》（简称“百人计划”）。计划自2009年起，有重点、有针对性地引进100名左右海外高层次人才，集聚20—30名能够突破关键技术、发展高新产业、带动新兴学科的战略科学家和科技创新创业领军人才。其中，业绩突出的海外领军人才及其团队，在甘肃省可获得10万元的一次性奖励资助。对引进后担任博士生导师的，每人每月发放津贴1200元；对入选第一、二层次甘肃省领军人才的，每人每月分别发放津贴2000元、1500元。同时，在职称评定、医疗卫生保障、出入境、子女入学、配偶就业等方面将给予照顾、提供方便，优先推荐申报国务院政府特殊津贴、国家有突出贡献中青年专家、甘肃省优秀专家。

到2012年底，甘肃省“百人计划”累计引进海外高层次人才已达102名，提前完成了“百人计划”任务。

青海省

青海省“昆仑英才”计划

2014年，青海省人才工作领导小组印发《青海省“昆仑英才”计划实施办法》（简称“青海人才工作四十条”），重点引进一批科技创新创业领域中的领军人才，培养一批素质好、能力强、成果多的创新创业人才、团队，建设一批有特色的强势学科和结构合理的人才高地。“昆仑英才”计划分三类，分别是引进海内外高层次优秀人才来青海全职服务的引才项目（简称“昆仑英才”计划引才项目）、以引进海内外高层次优秀人才来青海短期智力服务为主要内容的引智项目（简称“昆仑英才”计划引智项目）、以培养高层次创新创业人才为主要任务的重点支持项目（简称“昆仑英才”计划培养项目）。

青海省“昆仑英才”计划将于2015年开始启动申报。

宁夏回族自治区

宁夏回族自治区“百人计划”

2009年，宁夏出台了《引进海外高层次科技人才创新创业暂行办法》，实施“百人计划”引进海外高层次人才。围绕宁夏“六大基地、六个示范区和一个目的地”的战略定位，从2009年开始，用5—10年，在自治区重点创新项目、特色产业、优势学科和重点实验室、工程技术研究中心、大中型企业和国有商业金融机构、以高新技术产业开发区为主的各类创新创业园区等，把招商引资与招才引智结合起来，引进并有重点地支持200名左右海外高层次科技人才来宁创新创业。为了实施好“百人计划”，自治区政府每年专门安排1000万元，作为引进海内外高层次人才创新创业专项扶持资金。列入“百人计划”的引进人才，自治区财政给予引进单位30万—50万元的补助，用于改善引进人才的工作和生活条件。同时，对带高新技术成果、项目来宁夏实施转化或从事高新技术项目研究开发的，符合宁夏产业发展方向的，自治区财政给予一定数额的创新创业扶持资金。同时，对引进高层次人才居留和出入境、落户、医疗、保险、住房、职称评审、子女就业、配偶安置等方面给予特殊优惠。

2014年，有5人入选宁夏“百人计划”。截至2014年底，宁夏“百人计划”共有36名海外高层次人才入选，其中2人入选中央“千人计划”。

新疆维吾尔自治区

“千人计划”新疆项目

“千人计划”新疆项目是中央人才协调小组贯彻落实中央新疆工作座谈会精神，于2011年8月专门设立的。该项目旨在加大对新疆引进海外高层次人才的支持力度，采取差别化引才政策，争取用3年时间为新疆引进100名海外创新创业人才。“千人计划”新疆项目启动以来，新疆出台了《新疆维吾尔自治区高层次人才引进暂行办法》等政策，组织用人单位广泛开展一系列引才活动，已吸引了一批海外高层次人才来疆创业发展，为推进新疆跨越式发展和长治久安提供人才和智力支持。

截至2014年底，共有38人通过海外高层次人才引进工作办公室评审，入选“千人计划”新疆项目。

综合篇

2014年度留学人员创新创业大事记

2014年度中国留学人员创新创业大事记

2014年，中央启动全面深化改革，绘就新的宏伟蓝图，“大众创业、万众创新”成为推动中国经济继续前行的又一强力引擎。全国留学工作会议召开，习近平总书记作出“统筹谋划出国留学和来华留学，综合运用国际国内两种资源”重要指示，李克强总理批示“要揽四海英才服务国家建设大局，鼓励留学人员成为大众创业、万众创新的生力军”。2014年，也是中国留学人员创业园建设20周年，历经辛勤开拓、深耕细作，已成为自主创新的摇篮、科技创业的沃土和海外人才回归创业的首选之地。

1月

09日 2014年全国科技工作会议

1月9日，2014年全国科技工作会议在京召开。会议传达学习了习近平总书记十八大以来关于科技创新的一系列重要思想和新论述新指示，进一步增强了科技界坚持走中国特色自主创新道路、加快实施创新驱动发展战略的信心和决心。宣读了李克强总理关于科技工作的重要批示，传达了刘延东副总理对2014年科技工作的明确要求。全国政协副主席、科技部部长万钢作工作报告，提出2014年主要推进以下十大重点任务：加强创新驱动发展战略顶层设计，从更高层次谋划科技长远发展；按照建立技术创新市场导向机制的要求，推进重点改革取得实质性突破；扎实推进重大专项等重大任务实施，努力实现重点领域和战略产业的跨越发展；加强基础研究和战略高技术前瞻部署，着力增强原始创新能力；加快发展现代农业，保障国家粮食安全；大力推动科技惠民，使科技创新成果更好造福人民；增强区域创新能力，服务地方经济社会发展；完善人才发展机制，最大限度调动科技人才创新积极性；健全科技创新政策体系，着力营造良好创新环境；扩大科技开放合作，以全球视野谋划和推动科技创新。

10日 2013年度国家科学技术奖励大会隆重举行

1月10日，中共中央、国务院在北京人民大会堂隆重举行2013年度国家科学技术奖励大会。党和国家领导人习近平、李克强、刘云山、张高丽出席大会并为获奖代表颁奖。中共中央总书记、国家主席、中央军委主席习近平首先向获得2013年度国家最高科学技术奖的中国科学院院士、中国科学院大连化学物理研究所张存浩，中国科学院院士、中国人民解放军总装备部程开甲颁发奖励证书，并同他们热情握手，表示祝贺。张存浩曾留学美国，1950年获密执安大学（即密歇根大学）硕士学位；程开甲曾留学英国，于1948年获爱丁堡大学哲学博士学位。随后，习近平等党和国家领导人向获得国家自然科学奖、国家技术发明奖、国家科学技术进步奖和中华人民共和国国际科学技术合作奖的代表颁奖。中共中央政治局常委、国务院总理李克强在讲话中代表党中央、国务院，向全体获奖人员表示热烈祝贺，向全国广大科技工作者和各条战线为推动科技进步做出贡献的人们表示崇高敬意和诚挚问候，向关心和参与中国科技事业的外国专家表示衷心感谢。

21日 李克强总理同部分外国专家座谈

1月21日，春节来临之际，国务院总理李克强在人民大会堂同部分外国专家亲切座谈，代表中国政府向所有在华工作的外国专家、国际友人及亲属致以诚挚问候和新春祝福。他说，中国改革开放和现代化建设取得巨大成就，是全体中国人民奋斗的结果，也凝聚着外国专家的智慧和心血，中国人民对此不会忘记。李克强指出，中国经济已进入提质增效升级的新阶段，根本上要靠创新和人才。我们要大力促进自主创新，同时围绕发展需要积极引进国外智力，让中外人才的智慧融合迸发，为经济社会发展提供支撑。我们欢迎外国专家继续成为中国改革开放事业的参与者和推动者。中国也愿意成为大家的“第二故乡”，为你们在华工作生活提供更好保障和服务。

23日 2014年全国引进国外智力工作会议

1月23日，2014年全国引进国外智力工作会议在京召开。会议指出，2014年将着力在引智项目提质增效上下功夫。在规模调控、预算安排上，加大对“外专千人计划”、高端外国专家项目等重点引智项目的支持力度，压减常规项目和示范推广项目的规模。树立大引智理念，探索摸清来华专家底数的有效办法和途径。加大对中西部地区引智项目支持力度和对地方院校的支持。严格控制培训规模，切实提高培训的针对性、实效性。据统计，2013年，国家外国专家局直接批复经济技术类专家项目3359项，资助聘请专家13357人次；批复教科文卫类专家项目11223项，资助聘请专家39223人次。通过专家组评审立项的高端外国专家项目达366项。

2月

18日 《注册资本登记制度改革方案》公布

2月18日，国务院新批准的《注册资本登记制度改革方案》公布。《方案》提出，将通过改革公司注册资本及其他登记事项，进一步放松对市场主体准入的管制，降低准入门槛，并进一步转变监管方式，强化信用监管，提高监管效能，激发各类市场主体创造活力。《方案》在降低门槛和简化程序方面做出多项改革尝试。比如，实行注册资本认缴登记制；取消有限责任公司最低注册资本3万元的限定，不再限制公司设立时股东（发起人）的首次出资比例和缴足出资的期限；将企业年度检验制度改为年度报告公示制度等。这些对于留学人员回国创办企业来说无疑是一大利好。

21日 教育部公布2013年度我国各类留学人员情况

2月21日，教育部公布2013年度我国各类留学人员情况统计结果。据统计，2013年度我国出国留学人员总数为41.39万人，其中国家公派1.63万人，单位公派1.33万人，自费留学38.43万人。2013年度各类留学回国人员总数为35.35万人，其中国家公派1.19万人，单位公派1.01万人，自费留学33.15万人。2013年，我国出国留学人数和留学回国人数均有进一步增加。出国留学人数增加1.43万人，增长了3.58%；留学回国人数增加8.06万人，增长了29.53%。从1978年到2013年底，各类出国留学人员总数达305.86万人。截至2013年底，以留学身份出国，在外的留学人员有161.38万人，其中107.51万人正在国外进行相关阶段的学习和研究。改革开放以来，留学回国人员总数达144.48万人，有72.83%的留学人员学成后选择回国发展。

3月

01日 中央人才工作协调小组第39次会议

3月1日，中共中央政治局委员、中央组织部部长赵乐际主持召开中央人才工作协调小组第39次会议。赵乐际强调要深入学习贯彻党的十八届三中全会和习近平总书记系列讲话精神，从国家发展靠人才、民族振兴靠人才的战略高度，以时不我待的紧迫意识和夙夜在公的责任意识，扎实做好人才培养、吸引、使用工作，加快形成激发人才创造活力、具有国际竞争力的人才制度优势，为实现中华民族伟大复兴的中国梦提供有力的人才保障。赵乐际指出，要把握人才发展形势，突出人才工作重点，大力推进人才发展体制机制改革和政策创新，打通人才流动、使用、发挥作用中的体制机制障碍，打通科技和经济转移转化的通道。要完善人才顺畅流动的制度体系，要围绕服务国家重大发展战略，以更大力度推进“千人计划”“万人计划”，统筹推进各类人才队伍建设。要增强服务意识、搭建创新平台，营造尊重劳动、尊重知识、尊重人才、尊重创造的社会环境，最大限度地激发人才的创造能量和活力。

05日 第十二届全国人民代表大会第二次会议

3月5日，第十二届全国人民代表大会第二次会议在人民大会堂开幕，听取国务院总理李克强作政府工作报告。李克强说，2014年要以创新支撑和引领经济结构优化升级。要把创新摆在国家发展全局的核心位置，促进科技与经济社会发展紧密结合，推动我国产业向全球价值链高端跃升。加快科技体制改革。强化企业在技术创新中的主体地位，鼓励企业设立研发机构，牵头构建产学研协同创新联盟。全面落实企业研发费用加计扣除等普惠性措施。把国家自主创新示范区股权激励、科技成果处置权收益权改革等试点政策，扩大到更多科技园区和科教单位。深入实施人才发展规划，统筹重大人才工程，鼓励企业建立研发人员报酬与市场业绩挂钩机制，使人才的贡献与回报相匹配，让各类人才脱颖而出、人尽其才、才尽其用。

15日 第19届中国国际教育巡回展

3月15日，由中国（教育部）留学服务中心举办的第19届中国国际教育巡回展首站于北京全国农业展览馆举行，此次展览有来自20多个国家和地区的400余所高校和教育机构参展，3月15日至30日分别在北京、重庆、郑州、上海、南京、武汉、广州七个城市举行。开展前一天，由中国留学服务中心主办的“2014中国留学论坛”在北京中国大饭店召开。来自美国、英国、澳大利亚、新西兰、爱尔兰等28所海外高校、部分驻华使馆和海外教育机构代表，以及来自国内70多所高等院校教学管理及国际合作部门负责人等逾200人参加了论坛。该届论坛主题为“加强行前培训，成就精彩留学——国际合作新视野”，重点关注留学预备培训、当前出国留学领域的热点与重点问题，探讨在出国留学人数持续增长的背景下，如何加强学生出国行前培训，使学生在语言技能、基础知识、学习方法、思维习惯、文化心理等方面做好充分准备，以取得海外学业成功、顺利融入所在国的社会文化环境、并提升未来的就业竞争力。

18日 2014年留学人员回国服务工作部际联席会议

3月18日，2014年留学人员回国服务工作部际联席会议在京召开。会议提出，要以政策创新带动留学回国服务体制机制创新，抓好留学人员回国服务政策的总体设计，研究制定面向全体留学人员的普惠性支持政策，保障他们在回国就业创业，包括进入机关、企事业单位、创办企业等方面，享有与国内毕业生同等的支持政策和公平环境；以落实人才签证制度为契机，研究制定外籍高层次人才签证、居留、永久居留等方面的配套法规和具体办法，建立既可国际比较、又具中国特色的人才引进和流动制度；狠抓重点政策的配套落实，抓紧落实中国“绿卡”配套政策，让持“绿卡”的外籍高层次人才尽快享受各项便利，提高“绿卡”含金量。

23日 “春晖杯”创新创业大赛第六届视频对接洽谈会

3月23日，由教育部、科技部共同主办的“春晖杯”中国留学人员创新创业大赛在江苏省扬州市举行了第六届视频对接洽谈会。该次活动由教育部留学服务中心、国家科技部火炬中心、中国留学人员创业园联盟和中共扬州市委组织部共同主办，扬州市广陵区委、区政府承办。百余名国家“千人计划”特聘专家、中科院专家等各类高层次人才参会。考虑到时差问题，此次网络视频洽谈活动分为上午和下午两个场次进行，上午场次主要面向北美洲和亚洲地区的“春晖杯”创业大赛入围者，下午场次主要面向欧洲和大洋洲地区的“春晖杯”创业大赛入围者。洽谈的项目主要集中在电子信息、光机电一体化、生物医药和新材料等高新技术领域。远在美国、日本、澳大利亚、加拿大、英国、西班牙、新加坡等7个国家和地区的20名“春晖杯”创业大赛入围者，通过网络视频的形式与扬州市的创业园、投资机构以及企业进行了30多次的洽谈，10余个项目当场表达了落户的意向。活动现场还发布了地方及企业技术难题信息汇总表。同期还分别举行了第四届国家“千人计划”特聘专家代表座谈会暨医疗器械产业发展论坛、江苏（2014）首届互联网金融论坛扬州峰会暨扬州金融集聚区发布会等分项活动，为海内外高层次人才项目与国内企业、投资人之间搭建了新的接洽渠道。

4月

21日 第九届“春晖杯”中国留学人员创新创业大赛启动

4月21日，由教育部和科技部共同主办的第九届“春晖杯”中国留学人员创新创业大赛启动仪式在北京举行。该届

"春晖杯"创业大赛将继续推广海外分赛区模式，在美国纽约和旧金山设立两个海外分赛区，分赛区的活动与主赛区同步进行。2013年，在中国驻旧金山总领事馆教育组的积极倡导和推动下，"春晖杯"创业大赛首次在美国旧金山设立海外分赛区，取得了圆满成功。共有来自旧金山地区的报名参赛项目120个，占报名参赛项目总数的43%；并且有76个来自旧金山地区的参赛项目入围，占入围项目总数的40%，提高了"春晖杯"参赛项目的数量和质量。第九届"春晖杯"创业大赛的承办单位有教育部留学服务中心、科技部火炬中心、中国留学人员广州科技交流会组委会办公室、中国海外学子创业周组委会办公室、中国留学人员创业园联盟、中国驻纽约总领事馆教育组和中国驻旧金山总领事馆教育组。协办单位有神州学人编辑部和来自北京、上海、广州、深圳、天津、大连、南京、西安、苏州、常州、扬州、烟台、昆山、常熟、包头、张家港、太仓、吴江、东莞、铜陵等20个城市的35家国内留学人员创业园与风险投资机构，以及来自美国纽约和旧金山分赛区的7家科技园与留学人员社团组织。

25日 第七届中国留学人员南京国际交流与合作大会

4月25日至26日，第七届中国留学人员南京国际交流与合作大会在南京国际博览中心举行。该届"留交会"主要活动包括洽谈对接、创业大赛、"金陵友谊奖"颁证仪式等内容，共吸引1500多名海外高层次人才参加。南京市16个区以及北京中关村等15个地区分别现场设展，推介本地的创业环境、引才政策及创业载体，提供1110个交流对接项目，与海内外人才对接洽谈。会上共有660人与南京各创业载体达成落户意向，签订落户协议446份。据统计，南京"留交会"已成功举办六届，先后吸引近2万人参会，其中海内外高层次人才1.2万多人，促成留学人员在宁新办企业近2000家，1000多个技术合作项目与南京企事业单位对接牵手，为各单位引进海内外博士人才2800多人。

5月

08日 第三届中国创新创业大赛启动

5月8日，由科技部、教育部、财政部和全国工商联指导，共青团中央、致公党中央、国家外国专家局、中国石油和招商银行支持，科技部火炬高技术产业开发中心、科技部科技型中小企业技术创新基金管理中心、科技日报社和陕西省现代科技创业基金会承办的第三届中国创新创业大赛新闻发布会召开，正式拉开第三届大赛的序幕。作为国内最高规格的创新创业赛事，大赛采用"政府引导、公益支持、市场运作"的模式，旨在进一步提高我国创新创业水平，紧密加强科技和金融的结合，创新科技项目评价方式，大力弘扬创新创业文化，营造良好的创新创业氛围。同时，大赛统筹发挥政府引导作用和市场在资源配置中的决定性作用，集聚社会力量，整合各种资源，搭建服务平台，为参赛企业提供创业辅导、创业投资、银行授信、股改上市培训等支持，促进科技型中小企业创新发展。据介绍，前一届大赛参赛企业和团队获得创业投资超过10亿元，获得银行贷款超过50亿元。其中，招商银行专门设立创新创业公益基金支持大赛，并对274家进行贷款授信，授信总额超过48亿元，贷款余额超过33亿元。第三届大赛本着"市场化、多元化、专业化、国际化"的原则，继续加强组织工作，加强对大赛和参赛企业的宣传和服务。第三届大赛将在第一阶段主要按省市区进行地区赛的基础上，评选出来的优秀企业和团队将在第二阶段按照电子信息、互联网和移动互联网、生物医药、先进制造、新能源及节能环保、新材料6个领域，在6个不同城市进行总决赛。在行业总决赛的承办地还将同期举行行业培训、论坛、项目对接等系列活动，推动当地该行业的发展。大赛专门组织新型孵化器等市场化的科技创业服务机构参与其中，更好地为企业提供培训、辅导、融资等各类服务。为鼓励更多的创业企业参赛，第三届大赛对参赛企业的成立时间和规模进行了一定限制。第三届大赛还专门设立硅谷赛区和港澳台赛区，以此扩大大赛的国际影响力。同时，结合近年来涌现出来的新的创业形态——创客，在条件成熟时将在深圳举办"中国创新创业大赛创客大赛"。此外还将在四川省绵阳市设立军转民赛区，推动军队高端技术的民用化。

09日 2014中国留学人员创业园百家企业（常熟）交流洽谈会

5月9日，中国留学人员创业园联盟和常熟经济技术开发区联合主办2014中国留学人员创业园百家企业（常熟）交流洽谈会，开展了企业路演、环境推介和项目签约等活动。评选活动历届获奖企业和个人，北京部分高校和科研院所代表，北京和上海、苏州等相关园区及企业代表参会。会上还揭牌成立了"中国海外高端人才创新创业（常熟）基地"和"海外学人（常熟）产业技术研究院"，采用政府引导与市场运作相结合的方式，发挥当地区位特色、产业优势和中国留学人员创业园联盟的资源集聚与科技服务功能，集聚国内具备高成长性的留创企业、海外高端人才和首都高校人才，推动地方经济发展。

24日 第九届"春晖杯"创新创业大赛在线访谈活动

5月24日，由教育部、科技部共同主办的第九届"春晖杯"中国留学人员创新创业大赛在线访谈活动成功举行。此次访谈活动在江苏省常州市设立主会场，来自国内留学人员创业园、风险投资投资机构、留学人员企业等十多家单位的代表，与网友就参加"春晖杯"创业大赛和回国创业的相关问题展开在线答疑与交流。在线访谈围绕留学人员创业的各个方面在线解答了来自网友的提问70余条，重点讲解了商业计划书的写作中需要注意的问题。在线访谈活动受到世界各地中国留学人员的积极响应。在韩中国博士生联谊会、全韩中国学人学者联谊会、在韩中国国家公派留学人员联谊会、中英科技文化协会和墨尔本中国博士沙龙还特别组织了海外分会场，积极与主会场交流互动。

6月

08日 第十六届浙江省海外高层次人才智力合作洽谈会

6月8日至12日，第十六届浙江省投资贸易洽谈会和海外高层次人才智力合作洽谈会在宁波举行。会上，来自德国、法国、俄罗斯、日本、以色列等17个国家20个专家组织的25位代表参会，浙江省百余家企事业单位推出400余项引智项目与参会机构进行对接洽谈，内容涉及海洋经济、现代农业、污水处理、现代服务业、高端装备制造业以及科研院所重点学科建设等领域。通过“浙洽会”，浙江省与50多个国家的近百个经济技术、科教文卫专家组织建立并保持着十分密切友好的联系与合作，这些组织每年根据项目需求向浙江省派遣专家来浙工作。据统计，通过历届“浙洽会”平台，浙江省共引进海外各类专家4800余人次，解决技术难题5800余项，为浙江省企业在技术改造、产品研发、科学管理等方面作出了积极贡献，取得了显著的经济效益和社会效益。

09日 习近平总书记强调创新的事业呼唤创新的人才

6月9日，中国科学院第十七次院士大会、中国工程院第十二次院士大会在北京人民大会堂隆重开幕。中共中央总书记、国家主席、中央军委主席习近平出席会议并发表重要讲话。习近平指出，我国科技发展的方向就是创新、创新、再创新。实施创新驱动发展战略，最根本的是要增强自主创新能力，最紧迫的是要破除体制机制障碍，最大限度解放和激发科技作为第一生产力所蕴藏的巨大潜能。习近平强调，创新的事业呼唤创新的人才。实现中华民族伟大复兴，人才越多越好，本事越大越好。知识就是力量，人才就是未来。我国要在科技创新方面走在世界前列，必须在创新实践中发现人才、在创新活动中培育人才、在创新事业中凝聚人才，必须大力培养造就规模宏大、结构合理、素质优良的创新型科技人才。要把人才资源开发放在科技创新最优先的位置，改革人才培养、引进、使用等机制，努力造就一批世界水平的科学家、科技领军人才、工程师和高水平创新团队，注重培养一线创新人才和青年科技人才。

23日 第十四届华侨华人创业发展洽谈会

6月23日至25日，由国务院侨办、湖北省政府和武汉市政府联合主办的第十四届华侨华人创业发展洽谈会举行。会议以“创新驱动、合作共赢”为主题，内容包括开幕式暨武汉论坛、双谷市长圆桌会议、“东湖人才荟”高层次人才洽谈交流等专场活动以及项目推介洽谈、重点项目签约仪式等。会上，还举办了首届全球华侨华人“华创杯”创业大赛颁奖仪式。该大赛吸引了海内外205个项目报名，其中有41个项目进入复赛，大都来自具有海外经历的团队，涵盖生物医药、材料能源、移动互联网、节能环保能源等领域，进入最终决赛的有10个项目。据“华创杯”组委会负责人透露，获奖项目将可申报国家“千人计划”，最高可获300万元人民币的资助。同时，为帮助海外华侨华人熟悉中国国内创业环境而创办的“华侨华人创新创业学院”，将首次吸纳“华创杯”创业大赛获奖项目人入读，定制个性化的培训服务计划。

24日 首届海外学人文化艺术节启动

6月24日，以“凝聚海归情·共助中国梦”为主题，由中国留学人员创业园联盟和中国国际人才交流基金会共同发起主办的“首届海外学人文化艺术节”新闻发布会在北京举行。艺术节设置了“归心思建”创业交流论坛、海外学人文化产品推介展、海外学人艺术作品展、“助梦中国”联谊、“师长技，健体魄”体育竞技、“海归之歌”大型文艺演出等活动，旨在呈现新时期海外学子群体的精神世界和文化认知。发布会上，来自世界各地的海外学人通过短片寄语艺术节——道出“海外学人文化艺术节，我们自己的节日”的心声。

25日 “千人智库”成立

6月25日，由国家“千人计划”官方杂志《千人》杂志社等单位发起成立的“千人智库”在武汉成立，为海外华侨华人回国创业搭建桥梁。目前，“千人智库”已在美国、加拿大、英国、德国等20多个国家和地区设立了人才归国联络站，收录包括科研出版社（亚洲最大的开源国际期刊出版社）和汉斯出版社（全球最大的中文开源期刊出版社）的8万多名作者资源、1.2万名编委，辐射全球1000万专家学者。收录的海外国际人才主要分布在能源资源与环境、生物医药与生命科学、信息科学与技术、工程与材料、化学化工、数学与物理、经济、金融与管理等八大新兴学科前沿领域。其中，能源资源与环境、生物医药与生命科学、信息科学与技术专家占到了总数的70%以上。

27日 2014中国海外学子创业周

6月27日至28日，2014中国海外学子创业周主体活动在大连世界博览广场举行。该届海创周继续秉承“海纳英才·创业中国”的主题，由海外高层次人才引进工作小组指导，科技部、教育部、人社部、国务院侨办、中国科学院、欧美同学会·中国留学人员联谊会和辽宁省政府共同主办，大连市政府、辽宁省科技厅承办。主体活动包括海外高层次人才座谈会、海归创业领袖峰会、中国孵化器创新发展（大连）论坛、人才项目对接洽谈、2014大连设计节、大连网络游戏国际精英赛、创新驱动经济论坛和大连市第五批“海创工程”证书颁发仪式等。共有来自世界各地的1000多位海外学子、300多位外宾和35名“千人计划”专家代表，以及全国29个省市区的几千家单位、机构代表和人才参会。海外学子共携带588个技术和项目，现场采取“一对一”“一对多”和“百人路演项目讲坛”等形式，分专业分领域组织了6大类、40多场次的专题专项洽谈对接，实现落地项目75项，第五批“海创工程”18个项目入选。中国海外学子创业周从2000年开始，2010年从地方性引才活动上升为国家级引才平台，至2014年已经连续举办了14届，已成为国内吸引海外学子归国创业层次最高、影响力最大的活动之一，成为众多海外学子实现归国创业、就业的理想平台，成为各地政府宣传留学人员创业政策、引进海外人才与智力的重要途径。据初步统计，海创周举办14年来，共有3000多名海外学子通过海创周回国创业，创办企业2000多家，获专利4700多项，在软件信息服务、先进装备制造、生物医药等高新技术领域成就斐然，部分人员还成为行业或者领域的领军人才，共累计创造产值6000多亿元，取得了良好的经济和社会效益。

27日 中国留学人员创业园20周年成就展

6月27日至28日，在2014中国海外学子创业周举办期间，在有关部委和单位的指导支持下，中国留学人员创业园联盟主办开设了中国留学人员创业园建设20周年成就展。成就展以“圆梦中国·创享未来”为主题，设立了领导关怀、特色园区、发展历程、创业服务、创业人物、上市企业、优秀企业、未来蓝图等板块，以图片为主要呈现形式，对我国留学人员创业园20年发展历程进行了较为全面回顾与展示。本次成就展的举办，从中国留学人员创业园20年的发展历程中撷取一个个掠影，在回顾与纪念的同时，也进一步梳理行业成长脉络，规划未来发展蓝图，探索完善留学人员创业园的功能和体系，以为留学人员回国工作、为国服务创造更为良好的环境，提供更为有力的支撑。

7月

05日 “千人计划”创业特训班开班

7月5日，由中组部海外高层次人才引进工作专项办公室指导，深圳证券交易所协办，“千人计划”专家联谊会、“千人计划”南方创业服务中心、海创智库共同举办的海创汇创业系列培训暨“千人计划”创业特训班开班仪式在广州举行。首期有来自全国各地的60名“千人计划”创业者接受免费培训，培训目的在于帮助“千人计划”创业类人才成功实现“科学家”和“企业家”的融合。“千人计划”实施5年来，引进了4180多名海外高端人才。其中，“创业专家”创办企业近1000家，5年来累计销售收入超过2000亿元，创业领域全面覆盖七大战略性新兴产业。但尽管如此，大部分企业仍处于初创期和成长期，依然面临销售难、贷款难、融资难等问题。

10日 2014年（第六届）苏州国际精英创业周

7月10日至12日，2014年（第六届）苏州国际精英创业周成功举办。活动以“汇聚全球智慧、打造创业天堂”为主题，包括创新创业环境特装展、创新创业系列论坛、创新创业项目路演、高层次创新创业洽谈会、第六届“创业姑苏”青年精英创业大赛、“创想中国”海内外优秀创意人才阳澄荟等内容。共有来自20多个国家的2396名海内外高层次人才应邀参会，携带创新创业项目2433个，有523个项目正式签约，创历史新高。自2009年起，五届创业周参会项目90%以上集中于生物医药、电子信息、新材料、现代装备制造、新能源等产业领域，累计落户项目达到1267个，注册资本超过105亿元。目前，苏州市共有157位高层次人才自主申报入选国家“千人计划”，其中创业类95人，居全国大中城市首位。

24日 中组部印发《关于建立国家“千人计划”入选专家退出制度的意见》

7月24日，中组部印发了《关于建立国家“千人计划”入选专家退出制度的意见》，从明确主体责任、信守工作合同、严格退出程序和强化管理监督4个方面对退出制度提出了要求。《意见》明确了“千人计划”专家的三种退出形式：一是主动退出，即专家本人提出放弃入选资格；二是劝退，对未按期到岗工作或在岗时间未达到工作合同规定要求的，用人单位进行劝退；三是取消入选资格，对弄虚作假骗取入选资格的，或违反职业道德、学术不端，造成恶劣影响的，或触犯国家法律法规的，取消入选资格。入选专家退出后，不再保留相应的工作生活待遇，获得的一次性补助和科研支持经费，视合同履行情况部分或全部收回。《意见》还对用人单位、主管部门和评审部门在专家的管理、服务和监督等方面提出了要求。

8月

06日 刘云山看望北戴河休假专家

8月6日，受党中央、国务院邀请，来自我国多个领域和科研生产一线的专家在北戴河开始进行集中休假。受习近平总书记委托，中共中央政治局常委、中央书记处书记刘云山前往看望，并同休假专家进行座谈，代表党中央、国务院向各方面优秀人才致以亲切问候。座谈会上，刘云山在听取专家代表发言后说，人才的意义和价值，从来都与国家和民族的命运联系在一起。实现“两个一百年”奋斗目标、实现中华民族伟大复兴的中国梦，关键在人才，优秀人才越多、作用发挥得越好，事业发展就越充满希望。专家人才作为“梦之队”的成员，作为富有活力和创造力的群体，应始终走在时代前列，把爱国之情、报国之志转化为实际行动，更好地用自己的聪明才智助力中国梦。刘云山指出，创新者进、创新者胜、创新者强，面对新一轮科技革命和产业变革，谁能抓住机遇加快科技创新步伐，谁就能赢得发展的优势和主动。要深入实施“千人计划”“万人计划”等重大人才工程，着力培养一大批“高、精、尖、缺”人才，推出更多“中国智造”“中国创造”。

09日 “2014（第五届）中国留学人员创业园百家企业”评选活动入围名单公布

8月9日，由中国留学人员创业园联盟、中国高新技术开发区协会创业中心专委会联合主办的“2014（第五届）中国留学人员创业园百家企业”评选活动在北京召开评审工作会议。通过专家组封闭式评审，有来自全国各地的30家企业预入围“创业潜力企业”、14家企业预入围“最具成长性企业”、20家企业预入围“最具投资价值企业”，活动评选出9名年度“创业领军人物”。评审结果进行了为期7天的网络公示，最终产生了入选名单。

12日 2014中国名校海外学人创新创业大会

8月12日至13日，由中华海外人才网、北美洲中国学人国际交流中心、中国与全球化智库、北京朝阳海外学人中心共同举办的“2014中国名校海外学人创新创业大会暨第九届中国留学人员创新创业论坛”在北京举办。来自海外的100余名毕业于中国名校的留学人员以及国内十几个省市的组织部、人社局、留创园和企业代表等参加了大会。开幕式上，北美洲中国学人国际交流中心向4名海外人才授予了“海外中国留学人员回国创新创业成就奖”。活动举办了四场项目推介会，80余名海外人才分别按照自己的项目类别在生物医药、先进制造业、新能源新材料环保、现代服务业会场进行了项目路演。各省市人才工作负责人、园区管理者和风投公司经理人与海外人才进行了互动交流。会后，海外人才赴天津、辽宁、江苏等地开展了项目对接。

19日 第二届内蒙古“草原英才”高层次人才合作交流会

8月19日至20日，第二届内蒙古“草原英才”高层次人才合作交流会暨呼包鄂人才创新创业周在鄂尔多斯市举办。该届人才交流会共吸引高层次创新创业人才450余名，以及40余家投资、科研和中介机构参会。和第一届人才交流会相比，该届人才交流会旨在进一步提升“草原英才”品牌效应，搭建创新创业人才与产业项目对接平台，着力推进内蒙古自治区经济社会转型发展。活动期间，呼包鄂三大会场共策划展览展示洽谈、“草原英才”主题座谈、高端智力服务基层、研讨巡讲、创业就业竞赛、人才主题参观考察等36项活动，主会场鄂尔多斯市策划各类活动19项。此外，启动开展了北京专家服务内蒙古活动、海外高层次人才科技服务内蒙古鄂尔多斯暨创业考察活动、2014年中国技能大赛——内蒙古呼包鄂三地职业技能竞赛等活动。

9月

01日 第九届“春晖杯”创新创业大赛评审

9月1日至9月4日，来自留学人员创业园、风险投资机构以及留学人员企业的管理者组成的评审委员会汇聚江苏省盐城市，对第九届“春晖杯”创业大赛符合受理条件的259个参赛项目进行了初审、复审、通审和终审，最终确定188个项目预入围第九届“春晖杯”创业大赛。报名期间，大赛报名系统共收到留学人员在线报名的参赛项目317个。经初步审查，符合受理条件的参赛项目共有259个。其中，各有77个项目来自美国纽约赛区和旧金山赛区。该届大赛参赛项目主要涉及生物医药、电子信息、光机电一体化、新材料、新能源与高效节能、资源与环境、科技农业、文化创意与现代服务业等多个领域。按照大赛进程，第九届“春晖杯”创业大赛入围项目的第一参赛者将在教育部“春晖计划”的资助下，回国参加“春晖杯”创业大赛创业交流、项目对接和大赛颁奖活动。

10日 李克强总理出席2014夏季达沃斯论坛开幕式并致辞

9月10日，2014夏季达沃斯论坛开幕式在天津举行。中国国务院总理李克强出席开幕式并发表特别致辞，指出要通过创业和创新，为中国经济提质增效打造不熄引擎，顺利过渡到经济新常态。李克强表示，创新是人类社会的永恒话题，也是经济社会发展的不熄引擎。世界经济稳定复苏要靠创新，中国经济提质增效升级也要靠创新。近几年，中国经济之所以能够保持持续发展，向健康方向前进，主要动力还是来自于改革创新。中国全面深化改革未有穷期，政府带头自我革命，“开弓没有回头箭”。加快体制机制创新步伐，是创新的题中应有之义。中国经济每一回破茧成蝶，靠的都是创新。创新不单是技术创新，更包括体制机制创新、管理创新、模式创新，中国30多年来的改革开放本身就是规模宏大的创新行动，今后创新发展的巨大潜能仍然蕴藏在制度变革之中。要进一步解放思想，进一步解放和发展社会生产力，进一步解放和增强社会活力，打破一切体制机制的障碍，让每个有创业愿望的人都拥有自主创业的空间，让创新创造的血液在全社会自由流动，让自主发展的精神在全体人民中蔚然成风。借改革创新的“东风”，在960万平方公里土地上掀起一个“大众创业”“草根创业”的新浪潮，中国人民勤劳智慧的“自然禀赋”就会充分发挥，中国经济持续发展的“发动机”就会更新换代升级。

10日 2014年度引进国外智力工作培训班开班

9月10日，由国家外国专家局组织的2014年度引进国外智力工作培训班在京开班。国家外国专家局局长张建国出席开班式并以“引进国外人才与智力工作现状与发展”为主要内容为培训班授课。来自全国各省、区、市、副省级城市的40余名代表及国家外国专家局的部分同志参加了培训。该期培训班为期3天，共设置了“引进国外人才与智力工作现状与发展”“学习习近平总书记在外国专家座谈会上的讲话”“实施更加开放的人才政策，全力推进外专千人计划”“关于外国专家（经济技术类）引进工作”“教科文卫专家司工作介绍”“引智信息化建设与引智宣传研究工作”“十八届三中全会全面深化改革决定学习指导”“政策法规司重点工作情况介绍”“出国培训工作的新形势、新要求”等9个专题讲座。

12日 中国侨联“第五届新侨创新成果交流表彰会”

9月12日，中国侨联“第五届新侨创新成果交流表彰会”在北京举行，共评出363个“中国侨界贡献奖”奖项，其中创新人才奖187个，创新成果奖101项，创新团队奖75个。出席表彰活动的领导为获奖的创新人才、创新成果和创新团队代表颁发了奖牌和证书。“中国侨界贡献奖”由中国侨联于2003年设立，在人力资源和社会保障部、中国科学院、中国科协的支持下，每两年举办一届，已连续举办五届，共表彰在回国创业和为国服务中成绩突出的创新人才661人、创新成果272项、创新团队129个，对于进一步激发侨界高新技术人才在建设创新型国家中的积极性、创造性，吸引更多海外高新技术人才以多种形式为国服务、回国创业起到了积极的推动作用。

19日 2014中国浙江·宁波人才科技周

9月19日至9月25日，由浙江省人民政府主办，中共浙江省委人才工作领导小组和中共宁波市委、宁波市人民政府共同承办的“2014中国浙江·宁波人才科技周”成功举办。共有4000余家企事业单位参加，设各类展位2300余个，参会总人数近3.5万人。据初步统计，活动达成人才引进意向6500余人（次）、人才培养合作意向近1600人（次）、科技合作意向360余项。活动期间还举行了“2014中国科技创业计划大赛”和首届“3315计划”海外（伦敦）创业创新大赛颁奖仪式。本届科技创业计划大赛共收到1260个参赛项目，其中包括了20余个国家的海外团队项目895个，最终产生64个获奖项目。其中一等奖1项，奖金500万元；二等奖3项，每项奖金200万元；三等奖10项，每项奖金100万元；新锐奖20项，每项奖金20万元；新秀奖30项，每项奖金10万元。

23日 2014中国（江苏）国际科技交流与人才智力合作大会

9月23日，由中国科协海智办、江苏省科协和中国旅美科技协会共同主办，江苏省海门市委、海门市人民政府及中国旅美科技协会华盛顿分会承办的“2014中国（江苏）国际科技交流与人才智力合作大会”在江苏省海门市举办。大会共集聚了400余个海外科技项目，参会洽谈对接项目50多个，签署合作协议项目7个，正式落户项目4个。开幕式上，举行了“海外智力为国服务行动计划工作基地”“江苏省海智计划（海门）工作基地5+1工作站”授牌仪式，并邀请专家作了大会主题报告。会议期间，与会专家学者还围绕生物医药、新能源新材料、海洋工程装备三大主题开展了专题演讲，热议产业前沿新成果，探讨技术创新新动向，共谋未来发展新蓝图。会议期间还举行了海门科技、人才政策推介会，台海休闲创意农业座谈会，政产学研合作洽谈会以及“国家千人计划”及相关专家座谈会，开展了海门市创业载体考察。

10月

19日 2014“中国西部海外高新科技暨高端人才洽谈会”

10月19日至21日，作为第十五届中国西部国际博览会的重要专项活动，2014“中国西部海外高新科技暨高端人才洽谈会”在成都举行。该届“海科会”由中央海外高层次人才引进工作小组指导，国务院侨办、四川省委省政府、欧美同学会共同主办，共设立活动11项，有来自20个国家和地区的387名海内外华侨华人专家学者及各界嘉宾参会。会上，现场签约海外人才合作项目46.9亿元，有152名海外高层次人才与省内45家高等院校、科研院所、重点企业及产业园区签订了引才引智协议。

23日 第三届“千人计划”创业大赛落幕

10月23日，第三届“千人计划”创业大赛在苏州落幕。20个来自海内外的优质项目通过激烈角逐，创新微创医疗器械（苏州美医创）、电子级低氧高纯钛、节能电子元件的设计、激光雷达虚拟世界的构建、牙科种植体、丙肝1.1类新药研发等项目分别斩获一、二、三等奖。“千人计划”创业大赛是在海外高层次人才引进工作小组的指导下，由“千人计划”创投中心和“千人计划”专家联谊会共同举办的面向海外高层次人才的创业比赛。该届大赛自2013年12月启动，共吸引全球近700多个海内外创业项目报名。

23日 2014年侨界海外精英创业创新峰会

10月23日，由中国侨联、浙江省侨联、杭州市人民政府联合主办的“创业中华·相约杭州”2014年侨界海外精英创业创新峰会在杭州举行。中国侨联特聘专家、海外高层次人才、国家和浙江省“千人计划”项目代表，以及来自欧洲、亚洲、美洲、非洲、大洋洲的青年侨商，超过200名世界各地的侨界精英参加了本次峰会。中国科学院外籍院士、诺贝尔生理医学奖得主斐里德·穆拉德博士应邀参加峰会，并就杭州生物医药产业发表了演讲。在峰会现场，还举行了“中国侨联特聘专家委员会新侨创新创业指导委员会”成立仪式、以“海纳英才·落地生花”新侨创业创新故事访谈、杭州创业投资环境推介和考察对接。

24日 2014年中国·福建海外人才创业周

10月24日至30日，“2014年中国·福建海外人才创业周”活动成功举办。创业周在福州、厦门、泉州、莆田等地举办多场活动，包括海外留学人员创业项目竞赛、海外留学人员创业座谈会、留学人员项目路演暨创业项目投融资对接会、人才项目对接洽谈会等。活动共吸引306名海外人才提交336个项目，共达成海内外项目合作与人才引进意向311项。据悉，近3年来，该活动已累计邀请671名海外人才赴闽对接洽谈，促成104名海外人才落地福建。其中，79人成功创业，17人入选国家“千人计划”、福建省“百人计划”，36人入选厦门“双百计划”，33人入选国家、省、市各级留学人员创业启动支持计划。

11月

12日 山东省第八届海内外高端人才交流暨技术项目洽谈会

11月12日至13日，“山东省第八届海内外高端人才交流暨技术项目洽谈会”在济南举行。本次“海洽会”以“融全球英才智力，促山东转型发展”为主题，共吸引来自32个国家和地区的498名海外留学人员和来自国内高校和科研所的60家单位的239位博士后参会。山东全省17市共有1208个单位提交人才需求项目7667项，成功对接3358项。海内外高端人才参加的踊跃程度、提交的项目以及项目对接的成功率，均创历届“海洽会”之最。自2001年起，“海洽会”已成功举办八届。据统计，前七届活动直接引进了3500多名海外留学人才、2000多个高新技术创业项目、500多家留学人员创办的企业。

18日 “2014（第八届）创业周暨全球创业周”中国站启动

11月18日，由中国民主促进会、科学技术部、教育部、共青团中央、上海市人民政府发起并作为指导单位，上海市大学生科技创业基金会主办的“2014（第八届）创业周暨全球创业周”中国站活动在上海浦东启动。该次活动于11月18日至11月23日间持续举行，首次采用活动众筹形式，为创业者和创业机构提供面积达10000多平方米的展馆，自行组织相关创业活动并邀约创业者参与，各种创业活动多达60余场，参与10000余人次。先后举办了“雏鹰奖”颁奖仪式、创业公开课、首届全球新创发布会、2014天使及早期投资峰会、“活力张江”创业服务新业态论坛等活动。

26日 中国留学人员创业园建设20周年座谈会

11月26日，中国留学人员创业园建设20周年座谈会在京举行。会议回顾了我国留学人员创业园的建设历程，总结与交流了留学人员创业园发展20年来取得的成绩和经验，并对新时期留学人员创业园建设工作的思路和方向进行了深入探讨。在座谈中，科技部、教育部、国家外国专家局、致公党中央等单位分别介绍了在推进留学人员创业园建设和支持留学人员回国创业、引进海外高层人才等方面的举措和所做的工作，并对新形势下留学人员创业园的建设提出了希望和要求。会上还发布了《中国留学人员创业园20年发展报告》，举办了中国留学人员创业园建设20周年成就展，举行了全国留学人员创业园年会的会旗移交仪式，决定第十六届全国留学人员创业园年会将于2015年在青海举办。

30日 第五届“中国河北海内外高层次人才洽谈会”

11月30日，由河北省人民政府主办、河北省人力资源和社会保障厅承办的第五届“中国河北海内外高层次人才洽谈会”在保定市举办。此次“高洽会”吸引了来自北京、天津及周边省市的4300多名博士、硕士及高层次管理和技能人才参会。会上，包括河北钢铁、冀中能源、新奥集团、长城汽车等58家河北省内知名企业，以及31家高校科研院所、5家博士后工作站、9家医疗机构等256家用人单位，共提供需求岗位4600多个，其中博士、硕士需求岗位2100多个。岗位需求主要集中在装备制造、医药卫生、建筑、金融、纺织、现代服务业等相关专业。

12月

12日 全国留学工作会议在京召开

12月12日至13日，全国留学工作会议在北京召开。中共中央总书记、国家主席、中央军委主席习近平作出重要指示，对我国留学事业取得的成绩给予充分肯定，对做好新形势下留学工作提出要求，向身在海外的广大中华学子表示诚挚的问候，向在华求学的各国朋友表示热烈的欢迎。习近平指出，留学事业历来与国家和民族的命运紧密相连。新中国成立以来特别是改革开放以来，党和国家高度重视留学事业，制定和实施一系列方针政策，推动我国留学事业取得了令人瞩目的成绩，留学事业为我国改革开放和社会主义现代化建设作出了重要贡献。习近平强调，新形势下，留学工作要适应国家发展大势和党和国家工作大局，统筹谋划出国留学和来华留学，综合运用国际国内两种资源，培养造就更多优秀人才，努力开创留学工作新局面，为实现“两个一百年”奋斗目标、实现中华民族伟大复兴的中国梦不断作出新的更大的贡献。中共中央政治局常委、国务院总理李克强作出重要批示。李克强指出，留学事业是我国改革开放事业的重要组成部分。国以才立，业以才兴。通过留学工作培养汇聚人才是国家重要的软实力建设。要以全球视野和改革创新举措积极推动留学工作跃上新台阶，揽四海英才服务国家建设大局。要为归国留学人员营造环境、搭建舞台，鼓励他们成为大众创业、万众创新的生力军，让人才红利与改革红利相叠加，助力中国经济提质增效升级。

12日 2014中国留学人员创业园百家企业交流洽谈会

12月12日至13日，由中国留学人员创业园联盟和济南高新区管委会共同主办的“2014中国留学人员创业园百家企业交流洽谈会”在济南举办。活动重点邀请了国家和地方政府有关部门，“中国留学人员创业园百家企业”评选活动历届获奖企业和个人，各地留学人员创业园、留学回国服务机构，高等院校、科研院所，投资、中介机构，以及济南当地企事业单位等代表参会。会上，举行了“2014中国留学人员创业园百家企业评选活动”颁奖仪式，国家科技部、教育部、人力资源和社会保障部、国家外国专家局、中国致公党中央等有关部门的领导宣读了获奖名单并为入选企业及个人颁发了奖牌和证书。交流洽谈会还举办了中国留学人员创业园百家企业路演会暨投融资对接洽谈会、首都高校成果推介会暨合作对接会、项目对接洽谈会等活动。参会企业与30余家投资机构和相关单位开展了项目对接与投资洽谈。

17日 第九届“春晖杯”创新创业大赛对接活动和颁奖大会

12月17日至19日，由教育部、科技部共同主办的第九届“春晖杯”中国留学人员创新创业大赛对接活动和颁奖大会在广州成功举行。来自17个国家和地区的162名在外留学人员荣获第九届“春晖杯”创业大赛优胜奖。在教育部“春晖计划”的资助下，入围者参与了创业交流、创业环境和政策推介、项目展示和对接洽谈等系列活动，与国内留学人员创业园、投资机构、企业、高校以及地方政府等机构进行了500余家次的交流与洽谈，签订入驻创业园意向和投资合作意向共计57份。广州活动结束后，部分留学人员还赴深圳、苏州和北京继续考察创业环境和洽谈项目。

19日 全国组织部长会议

12月19日，全国组织部长会议在北京召开。中共中央政治局委员、中组部部长赵乐际作工作报告，对组织工作的具体任务提出了“六个重点”定调。赵乐际指出，识才用才是关键，定好知人善用“发展”调。要树立强烈的人才观念，树立“五湖四海选人才”“不拘一格降人才”的理念，广开进贤之门。既要选拔优秀人才，又要为人才提供干事创业的舞台，激发人才干事创业活力，力求人尽其才、才尽其用，更要积极探索人才培养机制，完善人才评价、流动、激励机制，形成识才、爱才、敬才、用才的氛围，推进“人才强国”战略实施。

28日 2014海外学人新常态创新创业大会

12月28日至30日，由中华海外人才网、北美洲中国学人国际交流中心主办的 “2014海外学人新常态创新创业大会”在上海举行。来自美国、英国、法国、德国、加拿大、澳大利亚、日本、韩国等十几个国家和地区的52名专家携带科技项目，与来自国内的58个地市的国内代表团进行了交流对接，并邀请了上海的风投公司、民间投资人、企业家等参会。期间还举办了“中国社会经济新常态下海外学人发展机遇与历史定位论坛”，以及由南京紫金（玄武）科技创业特别社区举办的“紫金·聚立方海外人才创业论坛”等活动。

2014年度出回国留学人员统计数据

据教育部发布统计数据显示，2014年度我国出国留学人员总数为45.98万人，其中：国家公派2.13万人，单位公派1.55万人，自费留学42.30万人。2014年度各类留学回国人员总数为36.48万人，其中：国家公派1.61万人，单位公派1.26万人，自费留学33.61万人。2014年度与2013年度的统计数据相比较，我国出国留学人数和留学回国人数均有进一步增加。出国留学人数增加4.59万人，增长了11.09%；留学回国人数增加1.13万人，增长了3.20%。从1978年到2014年底，各类出国留学人员总数达351.84万人。截至2014年底，以留学身份出国，在外的留学人员有170.88万人，其中108.89万人正在国外进行相关阶段的学习和研究。改革开放以来，留学回国人员总数达180.96万人，有74.48%的留学人员学成后选择回国发展。

2014年度中国留学人员创业园建设与发展情况

据中国留学人员创业园联盟发布统计数据显示，截至2014年底，全国各地挂牌并实际运营的各级各类留学人员创业园总数为279家。全国30个省、自治区、直辖市均建立了留学人员创业园。其中，江苏省、北京市、浙江省、广东省、山东省园区数量位列全国前五，占全国留学人员创业园总量的65.2%。从区域分布来看，主要集中在华北和华东地区，占全国留学人员创业园总量的74.4%。其中，华北地区61家，占总量的21.9%；东北地区7家，占2.5%；华东地区147家，占52.7%；华中地区21家，占7.5%；华南地区30家，占10.7%；西南地区6家，占2.2%；西北地区7家，占2.5%。2014年内，共新建园区7家，分布在江苏、广东、山东、安徽等地，与2013年相比略有减少，全国园区数量整体呈平稳递增趋势。据初步统计，截至2014年底，全国留学人员创业园累计孵化企业超过3.7万家；在园企业超过1.8万家，年内新增企业超过3500家；有近5万名留学人员在园创业和工作，年内新增留学人员数量超过5000名。另根据对部分园区进行抽样调查统计，各留学人员孵化面积比建园之初扩大平均约3.5倍，平均获得专利超过300项，园区为企业融资额平均超过2亿元，累计培育出国内外上市或挂牌企业超过100家。

第二部分

政策篇

国务院关于加快科技服务业发展的若干意见

（国发〔2014〕49号）

科技服务业是现代服务业的重要组成部分，具有人才智力密集、科技含量高、产业附加值大、辐射带动作用强等特点。近年来，我国科技服务业发展势头良好，服务内容不断丰富，服务模式不断创新，新型科技服务组织和服务业态不断涌现，服务质量和能力稳步提升。但总体上我国科技服务业仍处于发展初期，存在着市场主体发育不健全、服务机构专业化程度不高、高端服务业态较少、缺乏知名品牌、发展环境不完善、复合型人才缺乏等问题。加快科技服务业发展，是推动科技创新和科技成果转化、促进科技经济深度融合的客观要求，是调整优化产业结构、培育新经济增长点的重要举措，是实现科技创新引领产业升级、推动经济向中高端水平迈进的关键一环，对于深入实施创新驱动发展战略、推动经济提质增效升级具有重要意义。为加快推动科技服务业发展，现提出以下意见。

一、总体要求

（一）指导思想

以邓小平理论、“三个代表”重要思想、科学发展观为指导，深入贯彻落实党的十八大，十八届二中、三中全会精神和国务院决策部署，充分发挥市场在资源配置中的决定性作用，以支撑创新驱动发展战略实施为目标，以满足科技创新需求和提升产业创新能力为导向，深化科技体制改革，加快政府职能转变，完善政策环境，培育和壮大科技服务市场主体，创新科技服务模式，延展科技创新服务链，促进科技服务业专业化、网络化、规模化、国际化发展，为建设创新型国家、打造中国经济升级版提供重要保障。

（二）基本原则

坚持深化改革。推进科技体制改革，加快政府职能转变和简政放权，有序放开科技服务市场准入，建立符合国情、持续发展的体制机制，营造平等参与、公平竞争的发展环境，激发各类科技服务主体活力。

坚持创新驱动。充分应用现代信息和网络技术，依托各类科技创新载体，整合开放公共科技服务资源，推动技术集成创新和商业模式创新，积极发展新型科技服务业态。

坚持市场导向。充分发挥市场在资源配置中的决定性作用，区分公共服务和市场化服务，综合运用财税、金融、产业等政策支持科技服务机构市场化发展，加强专业化分工，拓展市场空间，实现科技服务业集聚发展。

坚持开放合作。鼓励科技服务机构加强区域协作，推动科技服务业协同发展，加强国际交流与合作，培育具有全球影响力的服务品牌。

（三）发展目标

到2020年，基本形成覆盖科技创新全链条的科技服务体系，服务科技创新能力大幅增强，科技服务市场化水平和国际竞争力明显提升，培育一批拥有知名品牌的科技服务机构和龙头企业，涌现一批新型科技服务业态，形成一批科技服务产业集群，科技服务业产业规模达到8万亿元，成为促进科技经济结合的关键环节和经济提质增效升级的重要引擎。

二、重点任务

重点发展研究开发、技术转移、检验检测认证、创业孵化、知识产权、科技咨询、科技金融、科学技术普及等专业科技服务和综合科技服务，提升科技服务业对科技创新和产业发展的支撑能力。

（一）研究开发及其服务

加大对基础研究的投入力度，支持开展多种形式的应用研究和试验发展活动。支持高校、科研院所整合科研资源，面向市场提供专业化的研发服务。鼓励研发类企业专业化发展，积极培育市场化新型研发组织、研发中介和研发服务外包新业态。支持产业联盟开展协同创新，推动产业技术研发机构面向产业集群开展共性技术研发。支持发展产品研发设计服务，促进研发设计服务企业积极应用新技术提高设计服务能力。加强科技资源开放服务，建立健全高校、科研院所的科研设施和仪器设备开放运行机制，引导国家重点实验室、国家工程实验室、国家工程（技术）研究中心、大型科学仪器中心、分析测试中心等向社会开放服务。

（二）技术转移服务

发展多层次的技术（产权）交易市场体系，支持技术交易机构探索基于互联网的在线技术交易模式，推动技术交易市场做大做强。鼓励技术转移机构创新服务模式，为企业提供跨领域、跨区域、全过程的技术转移集成服务，促进科技成果加速转移转化。依法保障为科技成果转移转化作出重要贡献的人员、技术转移机构等相关方的收入或股权比例。充分发挥技术进出口交易会、高新技术成果交易会等展会在推动技术转移中的作用。推动高校、科研院所、产业联盟、工程中心等面向市场开展中试和技术熟化等集成服务。建立企业、科研院所、高校良性互动机制，促进技术转移转化。

（三）检验检测认证服务

加快发展第三方检验检测认证服务，鼓励不同所有制检验检测认证机构平等参与市场竞争。加强计量、检测技术、检测装备研发等基础能力建设，发展面向设计开发、生产制造、售后服务全过程的观测、分析、测试、检验、标准、认证等服务。支持具备条件的检验检测认证机构与行政部门脱钩、转企改制，加快推进跨部门、跨行业、跨层级整合与并购重组，培育一批技术能力强、服务水平高、规模效益好的检验检测认证集团。完善检验检测认证机构规划布局，加强国家质检中心和检测实验室建设。构建产业计量测试服务体系，加强国家产业计量测试中心建设，建立计量科技创新联盟。构建统一的检验检测认证监管制度，完善检验检测认证机构资质认定办法，开展检验检测认证结果和技术能力国际互认。加强技术标准研制与应用，支持标准研发、信息咨询等服务发展，构建技术标准全程服务体系。

（四）创业孵化服务

构建以专业孵化器和创新型孵化器为重点、综合孵化器为支撑的创业孵化生态体系。加强创业教育，营造创业文化，办好创新创业大赛，充分发挥大学科技园在大学生创业就业和高校科技成果转化中的载体作用。引导企业、社会资本参与投资建设孵化器，促进天使投资与创业孵化紧密结合，推广“孵化+创投”等孵化模式，积极探索基于互联网的新型孵化方式，提升孵化器专业服务能力。整合创新创业服务资源，支持建设“创业苗圃+孵化器+加速器”的创业孵化服务链条，为培育新兴产业提供源头支撑。

（五）知识产权服务

以科技创新需求为导向，大力发展知识产权代理、法律、信息、咨询、培训等服务，提升知识产权分析评议、运营实施、评估交易、保护维权、投融资等服务水平，构建全链条的知识产权服务体系。支持成立知识产权服务联盟，开发高端检索分析工具。推动知识产权基础信息资源免费或低成本向社会开放，基本检索工具免费供社会公众使用。支持相关科技服务机构面向重点产业领域，建立知识产权信息服务平台，提升产业创新服务能力。

（六）科技咨询服务

鼓励发展科技战略研究、科技评估、科技招投标、管理咨询等科技咨询服务业，积极培育管理服务外包、项目管理外包等新业态。支持科技咨询机构、知识服务机构、生产力促进中心等积极应用大数据、云计算、移动互联网等现代信息技术，创新服务模式，开展网络化、集成化的科技咨询和知识服务。加强科技信息资源的市场化开发利用，支持发展竞争情报分析、科技查新和文献检索等科技信息服务。发展工程技术咨询服务，为企业提供集成化的工程技术解决方案。

（七）科技金融服务

深化促进科技和金融结合试点，探索发展新型科技金融服务组织和服务模式，建立适应创新链需求的科技金融服务体系。鼓励金融机构在科技金融服务的组织体系、金融产品和服务机制方面进行创新，建立融资风险与收益相匹配的激励机制，开展科技保险、科技担保、知识产权质押等科技金融服务。支持天使投资、创业投资等股权投资对科技企业进行投资和增值服务，探索投贷结合的融资模式。利用互联网金融平台服务科技创新，完善投融资担保机制，破解科技型中小微企业融资难问题。

（八）科学技术普及服务

加强科普能力建设，支持有条件的科技馆、博物馆、图书馆等公共场所免费开放，开展公益性科普服务。引导科普服务机构采取市场运作方式，加强产品研发，拓展传播渠道，开展增值服务，带动模型、教具、展品等相关衍生产业发展。推动科研机构、高校向社会开放科研设施，鼓励企业、社会组织和个人捐助或投资建设科普设施。整合科普资源，建立区域合作机制，逐步形成全国范围内科普资源互通共享的格局。支持各类出版机构、新闻媒体开展科普服务，积极开展青少年科普阅读活动，加大科技传播力度，提供科普服务新平台。

（九）综合科技服务。

鼓励科技服务机构的跨领域融合、跨区域合作，以市场化方式整合现有科技服务资源，创新服务模式和商业模式，发展全链条的科技服务，形成集成化总包、专业化分包的综合科技服务模式。鼓励科技服务机构面向产业集群和区域发展需求，开展专业化的综合科技服务，培育发展壮大若干科技集成服务商。支持科技服务机构面向军民科技融合开展综合服务，推进军民融合深度发展。

三、政策措施

（一）健全市场机制

进一步完善科技服务业市场法规和监管体制，有序放开科技服务市场准入，规范市场秩序，加强科技服务企业信用体系建设，构建统一开放、竞争有序的市场体系，为各类科技服务主体营造公平竞争的环境。推动国有科技服务企业建立现代企业制度，引导社会资本参与国有科技服务企业改制，促进股权多元化改造。鼓励科技人员创办科技服务企业，积极支持合伙制科技服务企业发展。加快推进具备条件的科技服务事业单位转制，开展市场化经营。加快转变政府职能，充分发挥产业技术联盟、行业协会等社会组织在推动科技服务业发展中的作用。

（二）强化基础支撑

加快建立国家科技报告制度，建设统一的国家科技管理信息系统，逐步加大信息开放和共享力度。积极推进科技服务公共技术平台建设，提升科技服务技术支撑能力。建立健全科技服务的标准体系，加强分类指导，促进科技服务业规范化发展。完善科技服务业统计调查制度，充分利用并整合各有关部门科技服务业统计数据，定期发布科技服务业发展情况。研究实行有利于科技服务业发展的土地政策，完善价格政策，逐步实现科技服务企业用水、用电、用气与工业企业同价。

（三）加大财税支持

建立健全事业单位大型科研仪器设备对外开放共享机制，加强对国家超级计算中心等公共科研基础设施的支持。完善高新技术企业认定管理办法，充分考虑科技服务业特点，将科技服务内容及其支撑技术纳入国家重点支持的高新技术领域，对认定为高新技术企业的科技服务企业，减按15%的税率征收企业所得税。符合条件的科技服务企业发生的职工教育经费支出，不超过工资薪金总额8%的部分，准予在计算应纳税所得额时据实扣除。结合完善企业研发费用计核方法，统筹研究科技服务费用税前加计扣除范围。加快推进营业税改征增值税试点，扩大科技服务企业增值税进项税额抵扣范围，消除重复征税。落实国家大学科技园、科技企业孵化器相关税收优惠政策，对其自用以及提供给孵化企业使用的房产、土地，免征房产税和城镇土地使用税；对其向孵化企业出租场地、房屋以及提供孵化服务的收入，免征营业税。

（四）拓宽资金渠道

建立多元化的资金投入体系，拓展科技服务企业融资渠道，引导银行信贷、创业投资、资本市场等加大对科技服务企业的支持，支持科技服务企业上市融资和再融资以及到全国中小企业股份转让系统挂牌，鼓励外资投入科技服务业。积极发挥财政资金的杠杆作用，利用中小企业发展专项资金、国家科技成果转化引导基金等渠道加大对科技服务企业的支持力度；鼓励地方通过科技服务业发展专项资金等方式，支持科技服务机构提升专业服务能力、搭建公共服务平台、创新服务模式等。创新财政支持方式，积极探索以政府购买服务、“后补助”等方式支持公共科技服务发展。

（五）加强人才培养

面向科技服务业发展需求，完善学历教育和职业培训体系，支持高校调整相关专业设置，加强对科技服务业从业人员的培养培训。积极利用各类人才计划，引进和培养一批懂技术、懂市场、懂管理的复合型科技服务高端人才。依托科协组织、行业协会，开展科技服务人才专业技术培训，提高从业人员的专业素质和能力水平。完善科技服务业人才评价体系，健全职业资格制度，调动高校、科研院所、企业等各类人才在科技服务领域创业创新的积极性。

（六）深化开放合作

支持科技服务企业“走出去”，通过海外并购、联合经营、设立分支机构等方式开拓国际市场，扶持科技服务企业到境外上市。推动科技服务企业牵头组建以技术、专利、标准为纽带的科技服务联盟，开展协同创新。支持科技服务机构开展技术、人才等方面的国际交流合作。鼓励国外知名科技服务机构在我国设立分支机构或开展科技服务合作。

（七）推动示范应用

开展科技服务业区域和行业试点示范，打造一批特色鲜明、功能完善、布局合理的科技服务业集聚区，形成一批具有国际竞争力的科技服务业集群。深入推动重点行业的科技服务应用，围绕战略性新兴产业和现代制造业的创新需求，建设公共科技服务平台。鼓励开展面向农业技术推广、农业产业化、人口健康、生态环境、社会治理、公共安全、防灾减灾等惠民科技服务。

各地区、各部门要充分认识加快科技服务业发展的重大意义，加强组织领导，健全工作机制，强化部门协同和上下联动，协调推动科技服务业改革发展。各地区要根据本意见，结合地方实际研究制定具体实施方案，细化政策措施，确保各项任务落到实处。各有关部门要抓紧研究制定配套政策和落实分工任务的具体措施，为科技服务业发展营造良好环境。科技部要会同相关部门对本意见的落实情况进行跟踪分析和督促指导，重大事项及时向国务院报告。

国务院

2014年10月9日

国务院关于扶持小型微型企业健康发展的意见

（国发〔2014〕52号）

工商登记制度改革极大地激发了市场活力和创业热情，小型微型企业数量快速增长，为促进经济发展和社会就业发挥了积极作用，但在发展中也面临一些困难和问题。为切实扶持小型微型企业（含个体工商户）健康发展，现提出如下意见。

一、充分发挥现有中小企业专项资金的引导作用，鼓励地方中小企业扶持资金将小型微型企业纳入支持范围。（财政部、发展改革委、工业和信息化部、科技部、商务部、工商总局等部门负责）

二、认真落实已经出台的支持小型微型企业税收优惠政策，根据形势发展的需要研究出台继续支持的政策。小型微型企业从事国家鼓励发展的投资项目，进口项目自用且国内不能生产的先进设备，按照有关规定免征关税。（财政部会同税务总局、工商总局、工业和信息化部、海关总署等部门负责）

三、加大中小企业专项资金对小企业创业基地（微型企业孵化园、科技孵化器、商贸企业集聚区等）建设的支持力度。鼓励大中型企业带动产业链上的小型微型企业，实现产业集聚和抱团发展。（财政部、工业和信息化部、科技部、商务部、工商总局等部门负责）

四、对小型微型企业吸纳就业困难人员就业的，按照规定给予社会保险补贴。自工商登记注册之日起3年内，对安排残疾人就业未达到规定比例、在职职工总数20人以下（含20人）的小型微型企业，免征残疾人就业保障金。（人力资源社会保障部会同财政部、中国残联等部门负责）

五、鼓励各级政府设立的创业投资引导基金积极支持小型微型企业。积极引导创业投资基金、天使基金、种子基金投资小型微型企业。符合条件的小型微型企业可按规定享受小额担保贷款扶持政策。（财政部会同发展改革委、工业和信息化部、证监会、科技部、商务部、人力资源社会保障部等部门负责）

六、进一步完善小型微型企业融资担保政策。大力发展政府支持的担保机构，引导其提高小型微型企业担保业务规模，合理确定担保费用。进一步加大对小型微型企业融资担保的财政支持力度，综合运用业务补助、增量业务奖励、资本投入、代偿补偿、创新奖励等方式，引导担保、金融机构和外贸综合服务企业等为小型微型企业提供融资服务。（银监会会同发展改革委、工业和信息化部、财政部、科技部、商务部、人力资源社会保障部、人民银行、税务总局等部门负责）

七、鼓励大型银行充分利用机构和网点优势，加大小型微型企业金融服务专营机构建设力度。引导中小型银行将改进小型微型企业金融服务和战略转型相结合，科学调整信贷结构，重点支持小型微型企业和区域经济发展。引导银行业金融机构针对小型微型企业的经营特点和融资需求特征，创新产品和服务。各银行业金融机构在商业可持续和有效控制风险的前提下，单列小型微型企业信贷计划。在加强监管前提下，大力推进具备条件的民间资本依法发起设立中小型银行等金融机构。（银监会会同人民银行、发展改革委、财政部、工业和信息化部、科技部、商务部等部门负责）

八、高校毕业生到小型微型企业就业的，其档案可由当地市、县一级的公共就业人才服务机构免费保管。（人力资源社会保障部、工业和信息化部、工商总局等部门负责）

九、建立支持小型微型企业发展的信息互联互通机制。依托工商行政管理部门的企业信用信息公示系统，在企业自愿申报的基础上建立小型微型企业名录，集中公开各类扶持政策及企业享受扶持政策的信息。通过统一的信用信息平台，汇集工商注册登记、行政许可、税收缴纳、社保缴费等信息，推进小型微型企业信用信息共享，促进小型微型企业信用体系建设。通过信息公开和共享，利用大数据、云计算等现代信息技术，推动政府部门和银行、证券、保险等专业机构提供更有效的服务。从小型微型企业中抽取一定比例的样本企业，进行跟踪调查，加强监测分析。（工商总局、发展改革委、税务总局、工业和信息化部、人力资源社会保障部、人民银行、质检总局、统计局等部门负责）

十、大力推进小型微型企业公共服务平台建设，加大政府购买服务力度，为小型微型企业免费提供管理指导、技能培训、市场开拓、标准咨询、检验检测认证等服务。（工业和信息化部会同财政部、科技部、商务部、质检总局等部门负责）

各地区、各部门要结合本地区、本部门实际，在落实好已有的小型微型企业扶持政策的基础上，加大对政策的解读、宣传力度，简化办事流程，提高服务效率。各地区、各部门要确保政策尽快落实，并适时提出进一步措施。

国务院
2014年10月31日

国务院办公厅关于
多措并举着力缓解企业融资成本高问题的指导意见

（国办发〔2014〕39号）

当前，我国经济形势总体向好，但仍存在不稳定因素，下行压力依然较大，结构调整处于爬坡时期，解决好企业特别是小微企业融资成本高问题，对于稳增长、促改革、调结构、惠民生具有重要意义。当前企业融资成本高的成因是多方面的，既有宏观经济因素又有微观运行问题，既有实体经济因素又有金融问题，既有长期因素又有短期因素，解决这一问题的根本出路在于全面深化改革，多措并举，标本兼治，重在治本。金融部门和金融机构要认真贯彻落实国务院第49次、第57次常务会议精神，采取综合措施，着力缓解企业融资成本高问题，促进金融与实体经济良性互动。经国务院同意，现提出以下意见：

一、保持货币信贷总量合理适度增长

继续实施稳健的货币政策，综合运用多种货币政策工具组合，维持流动性平稳适度，为缓解企业融资成本高创造良好的货币环境。优化基础货币的投向，适度加大支农、支小再贷款和再贴现的力度，着力调整结构，优化信贷投向，为棚户区改造、铁路、服务业、节能环保等重点领域和“三农”、小微企业等薄弱环节提供有力支持。切实执行有保有控的信贷政策，对产能过剩行业中有市场有效益的企业不搞“一刀切”。进一步研究改进宏观审慎管理指标。落实好“定向降准”措施，发挥好结构引导作用。（人民银行负责）

二、抑制金融机构筹资成本不合理上升

进一步完善金融机构公司治理，通过提高内部资金转移定价能力、优化资金配置等措施，遏制变相高息揽储等非理性竞争行为，规范市场定价竞争秩序。进一步丰富银行业融资渠道，加强银行同业批发性融资管理，提高银行融资多元化程度和资金来源稳定性。大力推进信贷资产证券化，盘活存量，加快资金周转速度。尽快出台规范发展互联网金融的相关指导意见和配套管理办法，促进公平竞争。进一步打击非法集资活动，维护良好的金融市场秩序。（人民银行、银监会、证监会、保监会、工业和信息化部等负责）

三、缩短企业融资链条

督促商业银行加强贷款管理，严密监测贷款资金流向，防止贷款被违规挪用，确保贷款资金直接流向实体经济。按照国务院部署，加强对影子银行、同业业务、理财业务等方面的管理，清理不必要的资金“通道”和“过桥”环节，各类理财产品的资金来源或运用原则上应当与实体经济直接对接。切实整治层层加价行为，减少监管套利，引导相关业务健康发展。（人民银行、银监会、证监会、保监会、外汇局负责）

四、清理整顿不合理金融服务收费

贯彻落实《商业银行服务价格管理办法》，督促商业银行坚决取消不合理收费项目，降低过高的收费标准。对于直接与贷款挂钩、没有实质服务内容的收费项目，一律予以取消；对于发放贷款收取利息应尽的工作职责，不得再分解设置收费项目。严禁“以贷转存”“存贷挂钩”等变相提高利率、加重企业负担的行为。规范企业融资过程中担保、评估、登记、审计、保险等中介机构和有关部门的收费行为。在商业银行和相关中介机构对收费情况进行全面深入自查的基础上，在全国范围内加强专项检查。对于检查发现的违规问题，依法依规严格处罚。（银监会、发展改革委等负责）

五、提高贷款审批和发放效率

优化商业银行对小微企业贷款的管理，通过提前进行续贷审批、设立循环贷款、实行年度审核制度等措施减少企业高息“过桥”融资。鼓励商业银行开展基于风险评估的续贷业务，对达到标准的企业直接进行滚动融资，优化审贷程序，缩短审贷时间。对小微企业贷款实施差别化监管。（银监会、人民银行负责）

六、完善商业银行考核评价指标体系

引导商业银行纠正单纯追逐利润、攀比扩大资产规模的经营理念，优化内部考核机制，适当降低存款、资产规模等总量指标的权重。发挥好有关部门和银行股东的评价考核作用，完善对商业银行经营管理的评价体系，合理设定利润等目标。设立银行业金融机构存款偏离度指标，研究将其纳入银行业金融机构绩效评价体系扣分项，约束银行业金融机构存款“冲时点”行为。（银监会、财政部负责）

七、加快发展中小金融机构

积极稳妥发展面向小微企业和“三农”的特色中小金融机构，促进市场竞争，增加金融供给。优化金融机构市场准入，在加强监管前提下，加快推动具备条件的民间资本依法发起设立中小型银行等金融机构。积极稳妥培育立足本地经营、特色鲜明的村镇银行，引导金融机构在基层地区合理布局分支机构和营业网点。（银监会负责）

八、大力发展直接融资

健全多层次资本市场体系，继续优化主板、中小企业板、创业板市场的制度安排。支持中小微企业依托全国中小企业股份转让系统开展融资。进一步促进私募股权和创投基金发展。逐步扩大各类长期资金投资资本市场的范围和规模，按照国家税收法律及有关规定，对各类长期投资资金予以税收优惠。继续扩大中小企业各类非金融企业债务融资工具及集合债、私募债发行规模。降低商业银行发行小微企业金融债和“三农”金融债的门槛，简化审批流程，扩大发行规模。（证监会、人民银行、发展改革委、财政部、银监会、保监会等负责）

九、积极发挥保险、担保的功能和作用

大力发展相关保险产品，支持小微企业、个体工商户、城乡居民等主体获得短期小额贷款。积极探索农业保险保单质押贷款，开展“保险+信贷”合作。促进更多保险资金直接投向实体经济。进一步完善小微企业融资担保政策，加大财政支持力度。大力发展政府支持的担保机构，引导其提高小微企业担保业务规模，合理确定担保费用。（保监会、财政部、银监会、工业和信息化部负责）

十、有序推进利率市场化改革

充分发挥金融机构利率定价自律机制作用，促进金融机构增强财务硬约束，提高自主定价能力。综合考虑我国宏微观经济金融形势，完善市场利率形成和传导机制。（人民银行负责）

从中长期看，解决企业融资成本高的问题要依靠推进改革和结构调整的治本之策，通过转变经济增长方式、形成财务硬约束和发展股本融资来降低杠杆率，消除结构性扭曲。围绕使市场在资源配置中起决定性作用和更好发挥政府作用，继续深化政府职能转变，推进国有企业改革和财税改革，简政放权，打破垄断，硬化融资主体财务约束，提高资金使用效率。落实对小微企业的税收支持政策，切实增强小微企业核心竞争力和盈利能力。引导小微企业健全自身财务制度，提高经营管理水平。各地区、各部门要高度重视降低企业融资成本的相关工作，加强组织领导和分工协作，注重工作实效。对各项任务落实要有布置、有督促、有检查。国务院办公厅对重点任务落实情况进行跟踪督查。各部门有关落实进展情况，由人民银行定期汇总后报国务院。

国务院办公厅
2014年8月5日

国务院办公厅关于促进国家级经济技术开发区转型升级创新发展的若干意见

（国办发〔2014〕54号）

为适应新的形势和任务，进一步发挥国家级经济技术开发区（以下简称国家级经开区）作为改革试验田和开放排头兵的作用，促进国家级经开区转型升级、创新发展，经国务院同意，现提出如下意见。

一、明确新形势下的发展定位

（一）明确发展定位。以邓小平理论、“三个代表”重要思想、科学发展观为指导，贯彻落实党的十八大和十八届三中、四中全会精神，按照党中央、国务院有关决策部署，努力把国家级经开区建设成为带动地区经济发展和实施区域发展战略的重要载体，成为构建开放型经济新体制和培育吸引外资新优势的排头兵，成为科技创新驱动和绿色集约发展的示范区。

（二）转变发展方式。国家级经开区要在发展理念、兴办模式、管理方式等方面加快转型，努力实现由追求速度向追求质量转变，由政府主导向市场主导转变，由同质化竞争向差异化发展转变，由硬环境见长向软环境取胜转变。

（三）实施分类指导。东部地区国家级经开区要率先实现转型发展，继续提升开放水平，在更高层次参与国际经济合作和竞争，提高在全球价值链及国际分工中的地位。中西部地区国家级经开区要依托本地区比较优势，着力打造特色和优势主导产业，提高承接产业转移的能力，防止低水平重复建设，促进现代化产业集群健康发展。

（四）探索动态管理。各地区、各有关部门要加强指导和规范管理，进一步强化约束和倒逼机制，细化监督评估工作。支持经济综合实力强、产业特色明显、发展质量高等符合条件的省级开发区按程序升级为国家级经开区。对土地等资源利用效率低、环保不达标、发展长期滞后的国家级经开区，予以警告、通报、限期整改、退出等处罚，逐步做到既有升级也有退出的动态管理。

（五）完善考核体系。进一步完善《国家级经济技术开发区综合发展水平评价办法》，把创新能力、品牌建设、规划实施、生态环境、知识产权保护、投资环境、行政效能、新增债务、安全生产等作为考核的主要内容，引导国家级经开区走质量效益型发展之路。对申请升级的省级开发区实施与国家级经开区同样的综合评价标准。

二、推进体制机制创新

（六）坚持体制机制创新。各省、自治区、直辖市应根据新形势要求，因地制宜出台或修订本地区国家级经开区的地方性法规、规章，探索有条件的国家级经开区与行政区融合发展的体制机制，推动国家级经开区依法规范发展。鼓励国家级经开区创新行政管理体制，简政放权，科学设置职能机构。国家级经开区管理机构要提高行政效率和透明度，完善决策、执行和监督机制，加强事中事后监管，强化安全生产监管，健全财政管理制度，严控债务风险。

（七）推进行政管理体制改革。进一步下放审批权限，支持国家级经开区开展外商投资等管理体制改革试点，大力推进工商登记制度改革。鼓励国家级经开区试行工商营业执照、组织机构代码证、税务登记证“三证合一”等模式。鼓励在符合条件的国家级经开区开展人民币资本项目可兑换、人民币跨境使用、外汇管理改革等方面试点。

三、促进开放型经济发展

（八）提高投资质量和水平。稳步推进部分服务业领域开放，提升产业国际化水平。推动国家级经开区“走出去”参与境外经贸合作区建设，引导有条件的区内企业“走出去”。国家级经开区要充分利用外资的技术溢出和综合带动效应，积极吸引先进制造业投资，努力培育战略性新兴产业，大力发展生产性服务业。

（九）带动区域协调发展。鼓励国家级经开区按照国家区域和产业发展战略共建跨区域合作园区或合作联盟。建立国家级经开区产业发展信息平台，引导企业向中西部地区有序转移。研究支持中西部地区国家级经开区承接产业转移的金融、土地、人才政策，继续对中西部地区国家级经开区基础设施建设项目贷款予以贴息。支持符合条件的国家级经开区按程序申报设立海关特殊监管区域。

四、推动产业转型升级

（十）优化产业结构和布局。国家级经开区要按照新型工业化的要求，以提质增效升级为核心，协调发展先进制造业和现代服务业。大力推进科技研发、物流、服务外包、金融保险等服务业发展，增强产业集聚效应。在培育战略性新兴产业的同时，要因地制宜确定重点领域，避免同质竞争。

（十一）增强科技创新驱动能力。国家级经开区要坚持经济与技术并重，把保护知识产权和提高创新能力摆在更加突出的位置。鼓励条件成熟的国家级经开区建设各种形式的协同创新平台，形成产业创新集群。支持国家级经开区创建知识产权试点示范园区，推动建立严格有效的知识产权运用和保护机制。探索建立国际合作创新园，不断深化经贸领域科技创新国际合作。

（十二）加快人才体系建设。加快发展现代职业教育，提升发展保障水平，深化产教融合、校企合作，鼓励中外合作培养技术技能型人才。支持国家级经开区通过设立创业投资引导基金、创业投资贴息资金、知识产权作价入股等方式，搭建科技人才与产业对接平台。鼓励国家级经开区加大高端人才引进力度，形成有利于人才创新创业的分配、激励和保障机制。

（十三）创新投融资体制。继续鼓励政策性银行和开发性金融机构对符合条件的国家级经开区基础设施项目、公用事业项目及产业转型升级发展等方面给予信贷支持。允许符合条件的国家级经开区开发、运营企业依照国家有关规定上市和发行中期票据、短期融资券等债券产品筹集资金。支持国家级经开区同投资机构、保险公司、担保机构及商业银行合作，探索建立投保贷序时融资安排模式。鼓励有条件的国家级经开区探索同社会资本共办“区中园”。

（十四）提高信息化水平。支持国家级经开区发展软件和信息服务、物联网、云计算等产业，吸引和培育信息技术重点领域领军企业，利用信息科技手段拓展传统产业链、提升产业增值水平。积极推进国家级经开区统计信息系统应用拓展和功能提升。国家级经开区要保证信息基础设施和其他基础设施同步规划、同步建设。

五、坚持绿色集约发展

（十五）鼓励绿色低碳循环发展。支持国家级经开区创建生态工业示范园区、循环化改造示范试点园区等绿色园区，开展经贸领域节能环保国际合作，制订和完善工作指南和指标体系，加快推进国际合作生态园建设。国家级经开区要严格资源节约和环境准入门槛，大力发展节能环保产业，提高能源资源利用效率，减少污染物排放，防控环境风险。

（十六）坚持规划引领。制订国家级经开区中长期发展规划、重点产业投资促进规划。严格依据土地利用总体规划和城市总体规划开发建设，坚持科学、高效、有序开发，严禁擅自调整规划。国家级经开区内控制性详细规划应经依法批准并实现全覆盖，重点地区可开展城市设计并纳入控制性详细规划。应依法开展规划的环境影响评价。

（十七）强化土地节约集约利用。国家级经开区必须严格土地管理，严控增量，盘活存量，坚持合理、节约、集约、高效开发利用土地。加强土地开发利用动态监管，加大对闲置、低效用地的处置力度，探索存量建设用地二次开发机制。省级人民政府要建立健全土地集约利用评价、考核与奖惩制度，可在本级建设用地指标中对国家级经开区予以单列。允许符合条件且确有必要的国家级经开区按程序申报扩区或调整区位。

六、优化营商环境

（十八）规范招商引资。国家级经开区要节俭务实开展招商引资活动，提倡以产业规划为指导的专业化招商、产业链招商。加强出国（境）招商引资团组管理，加大对违规招商的巡查和处罚力度。严格执行国家财税政策和土地政策，禁止侵占被拆迁居民和被征地农民的合法利益。不得违法下放农用地转用、土地征收和供地审批权，不得以任何形式违规减免或返还土地出让金。

（十九）完善综合投资环境。国家级经开区要健全政企沟通机制，以投资者满意度为中心，完善基础设施建设，着力打造法治化、国际化的营商环境。鼓励国家级经开区依法依规开办各种要素市场，促进商品和要素自由流动、平等交换。国务院商务主管部门要发布国家级经开区投资环境建设指南，建立国家级经开区投资环境评价体系。

各地区、各有关部门要进一步深化对促进国家级经开区转型升级、创新发展工作重要意义的认识，切实加强组织领导和协调配合，明确任务分工，落实工作责任，尽快制定具体实施方案和配套政策措施，确保工作取得实效。

国务院办公厅

2014年10月30日

深入实施国家知识产权战略行动计划（2014—2020年）

（国办发〔2014〕64号）

《国家知识产权战略纲要》颁布实施以来，各地区、各有关部门认真贯彻党中央、国务院决策部署，推动知识产权战略实施工作取得新的进展和成效，基本实现了《国家知识产权战略纲要》确定的第一阶段五年目标，对促进经济社会发展发挥了重要支撑作用。随着知识经济和经济全球化深入发展，知识产权日益成为国家发展的战略性资源和国际竞争力的核心要素。深入实施知识产权战略是全面深化改革的重要支撑和保障，是推动经济结构优化升级的重要举措。为进一步贯彻落实《国家知识产权战略纲要》，全面提升知识产权综合能力，实现创新驱动发展，推动经济提质增效升级，特制定本行动计划。

一、总体要求

（一）指导思想

以邓小平理论、“三个代表”重要思想、科学发展观为指导，全面贯彻党的十八大和十八届二中、三中、四中全会精神，全面落实党中央、国务院各项决策部署，实施创新驱动发展战略，按照激励创造、有效运用、依法保护、科学管理的方针，坚持中国特色知识产权发展道路，着力加强知识产权运用和保护，积极营造良好的知识产权法治环境、市场环境、文化环境，认真谋划我国建设知识产权强国的发展路径，努力建设知识产权强国，为建设创新型国家和全面建成小康社会提供有力支撑。

（二）主要目标

到2020年，知识产权法治环境更加完善，创造、运用、保护和管理知识产权的能力显著增强，知识产权意识深入人心，知识产权制度对经济发展、文化繁荣和社会建设的促进作用充分显现。

——知识产权创造水平显著提高。知识产权拥有量进一步提高，结构明显优化，核心专利、知名品牌、版权精品和优良植物新品种大幅增加。形成一批拥有国外专利布局和全球知名品牌的知识产权优势企业。

——知识产权运用效果显著增强。市场主体运用知识产权参与市场竞争的能力明显提升，知识产权投融资额明显增加，知识产权市场价值充分显现。知识产权密集型产业增加值占国内生产总值的比重显著提高，知识产权服务业快速发展，服务能力基本满足市场需要，对产业结构优化升级的支撑作用明显提高。

——知识产权保护状况显著改善。知识产权保护体系更加完善，司法保护主导作用充分发挥，行政执法效能和市场监管水平明显提升。反复侵权、群体侵权、恶意侵权等行为受到有效制裁，知识产权犯罪分子受到有力震慑，知识产权权利人的合法权益得到有力保障，知识产权保护社会满意度进一步提高。

——知识产权管理能力显著增强。知识产权行政管理水平明显提高，审查能力达到国际先进水平，国家科技重大专项和科技计划实现知识产权全过程管理。重点院校和科研院所普遍建立知识产权管理制度。企业知识产权管理水平大幅提升。

——知识产权基础能力全面提升。构建国家知识产权基础信息公共服务平台。知识产权人才队伍规模充足、结构优化、布局合理、素质优良。全民知识产权意识显著增强，尊重知识、崇尚创新、诚信守法的知识产权文化理念深入人心。

二、主要行动

（一）促进知识产权创造运用，支撑产业转型升级

——推动知识产权密集型产业发展。更加注重知识产权质量和效益，优化产业布局，引导产业创新，促进产业提质增效升级。面向产业集聚区、行业和企业，实施专利导航试点项目，开展专利布局，在关键技术领域形成一批专利组合，构建支撑产业发展和提升企业竞争力的专利储备。加强专利协同运用，推动专利联盟建设，建立具有产业特色的全国专利运营与产业化服务平台。建立运行高效、支撑有力的专利导航产业发展工作机制。完善企业主导、多方参与的专利协同运用体系，形成资源集聚、流转活跃的专利交易市场体系，促进专利运营业态健康发展。发布战略性新兴产业专利发展态势报告。鼓励有条件的地区发展区域特色知识产权密集型产业，构建优势互补的产业协调发展格局。建设一批知识产权密集型产业集聚区，在产业集聚区推行知识产权集群管理，构筑产业竞争优势。鼓励文化领域商业模式创新，加强文化品牌开发和建设，建立一批版权交易平台，活跃文化创意产品传播，增强文化创意产业核心竞争力。

——服务现代农业发展。加强植物新品种、农业技术专利、地理标志和农产品商标创造运用，促进农业向技术装备先进、综合效益明显的现代化方向发展。扶持新品种培育，推动育种创新成果转化为植物新品种权。以知识产权利益分享为纽带，加强种子企业与高校、科研院所的协作创新，建立品种权转让交易公共平台，提高农产品知识产权附加值。增加农业科技评价中知识产权指标权重。提高农业机械研发水平，加强农业机械专利布局，组建一批产业技术创新战略联盟。大力推进农业标准化，加快健全农业标准体系。建立地理标志联合认定机制。推广农户、基地、龙头企业、地理标志和农产品商标紧密结合的农产品经营模式。

——促进现代服务业发展。大力发展知识产权服务业，扩大服务规模、完善服务标准、提高服务质量，推动服务业向高端发展。培育知识产权服务市场，形成一批知识产权服务业集聚区。建立健全知识产权服务标准规范，加强对服务机构和从业人员的监管。发挥行业协会作用，加强知识产权服务行业自律。支持银行、证券、保险、信托等机构广泛参与知识产权金融服务，鼓励商业银行开发知识产权融资服务产品。完善知识产权投融资服务平台，引导企业拓展知识产权质押融资范围。引导和鼓励地方人民政府建立小微企业信贷风险补偿基金，对知识产权质押贷款提供重点支持。通过国家科技成果转化引导基金对科技成果转化贷款给予风险补偿。增加知识产权保险品种，扩大知识产权保险试点范围，加快培育并规范知识产权保险市场。

（二）加强知识产权保护，营造良好市场环境

——加强知识产权行政执法信息公开。贯彻落实《国务院批转全国打击侵犯知识产权和制售假冒伪劣商品工作领导小组〈关于依法公开制售假冒伪劣商品和侵犯知识产权行政处罚案件信息的意见（试行）〉的通知》（国发〔2014〕6号），扎实推进侵犯知识产权行政处罚案件信息公开，震慑违法者，同时促进执法者规范公正文明执法。将案件信息公开情况纳入打击侵权假冒工作统计通报范围并加强考核。探索建立与知识产权保护有关的信用标准，将恶意侵权行为纳入社会信用评价体系，向征信机构公开相关信息，提高知识产权保护社会信用水平。

——加强重点领域知识产权行政执法。积极开展执法专项行动，重点查办跨区域、大规模和社会反响强烈的侵权案件，加大对民生、重大项目和优势产业等领域侵犯知识产权行为的打击力度。加强执法协作、侵权判定咨询与纠纷快速调解工作。加强大型商业场所、展会知识产权保护。督促电子商务平台企业落实相关责任，督促邮政、快递企业完善并执行收寄验视制度，探索加强跨境贸易电子商务服务的知识产权监管。加强对视听节目、文学、游戏网站和网络交易平台的版权监管，规范网络作品使用，严厉打击网络侵权盗版，优化网络监管技术手段。开展国内自由贸易区知识产权保护状况调查，探索在货物生产、加工、转运中加强知识产权监管，创新并适时推广知识产权海关保护模式，依法加强国内自由贸易区知识产权执法。依法严厉打击进出口货物侵权行为。

——推进软件正版化工作。贯彻落实《国务院办公厅关于印发政府机关使用正版软件管理办法的通知》（国办发〔2013〕88号），巩固政府机关软件正版化工作成果，进一步推进国有企业软件正版化。完善软件正版化工作长效机制，推动软件资产管理、经费预算、审计监督、年度检查报告、考核和责任追究等制度落到实处，确保软件正版化工作常态化、规范化。

——加强知识产权刑事执法和司法保护。加大对侵犯知识产权犯罪案件的侦办力度，对重点案件挂牌督办。坚持打防结合，将专项打击逐步纳入常态化执法轨道。加强知识产权行政执法与刑事司法衔接，加大涉嫌犯罪案件移交工作力度。依法加强对侵犯知识产权刑事案件的审判工作，加大罚金刑适用力度，剥夺侵权人再犯罪能力和条件。加强知识产权民事和行政审判工作，营造良好的创新环境。按照关于设立知识产权法院的方案，为知识产权法院的组建与运行提供人财物等方面的保障和支持。

——推进知识产权纠纷社会预防与调解工作。探索以公证的方式保管知识产权证据及相关证明材料，加强对证明知识产权在先使用、侵权等行为的保全证据公证工作。开展知识产权纠纷诉讼与调解对接工作，依法规范知识产权纠纷调解工作，完善知识产权纠纷行业调解机制，培育一批社会调解组织，培养一批专业调解员。

（三）强化知识产权管理，提升管理效能

——强化科技创新知识产权管理。加强国家科技重大专项和科技计划知识产权管理，促进高校和科研院所知识产权转移转化。落实国家科技重大专项和科技计划项目管理部门、项目承担单位等知识产权管理职责，明确责任主体。将知识产权管理纳入国家科技重大专项和科技计划全过程管理，建立国家科技重大专项和科技计划完成后的知识产权目标评估制度。探索建立科技重大专项承担单位和各参与单位知识产权利益分享机制。开展中央级事业单位科技成果使用、处置和收益管理改革试点，促进知识产权转化运用。完善高校和科研院所知识产权管理规范，鼓励高校和科研院所建立知识产权转移转化机构。

——加强知识产权审查。完善审查制度、加强审查管理、优化审查方式，提高知识产权审查质量和效率。完善知识产权申请与审查制度，完善专利审查快速通道，建立商标审查绿色通道和软件著作权快速登记通道。在有关考核评价中突出专利质量导向，加大专利质量指标评价权重。加强专利审查质量管理，完善专利审查标准。加强专利申请质量监测，加大对低质量专利申请的查处力度。优化专利审查方式，稳步推进专利审查协作中心建设，提升专利审查能力。优化商标审查体系，建立健全便捷高效的商标审查协作机制，完善商标审查标准，提高商标审查质量和效率。提高植物新品种测试能力，完善植物新品种权审查制度。

——实施重大经济活动知识产权评议。针对重大产业规划、政府重大投资活动等开展知识产权评议。加强知识产权主管部门和产业主管部门间的沟通协作，制定发布重大经济活动知识产权评议指导手册，提高知识产权服务机构评议服务能力。推动建立重大经济活动知识产权评议制度，明确评议内容，规范评议程序。引导企业自主开展知识产权评议工作，规避知识产权风险。

——引导企业加强知识产权管理。引导企业提高知识产权规范化管理水平，加强知识产权资产管理，促进企业提升竞争力。建立知识产权管理标准认证制度，引导企业贯彻知识产权管理规范。建立健全知识产权价值分析标准和评估方法，完善会计准则及其相关资产管理制度，推动企业在并购、股权流转、对外投资等活动中加强知识产权资产管理。制定知识产权委托管理服务规范，引导和支持知识产权服务机构为中小微企业提供知识产权委托管理服务。

——加强国防知识产权管理。强化国防知识产权战略实施组织管理，加快国防知识产权政策法规体系建设，推动知识产权管理融入国防科研生产和装备采购各环节。规范国防知识产权权利归属与利益分配，促进形成军民结合高新技术领域自主知识产权。完善国防知识产权解密制度，引导优势民用知识产权进入军品科研生产领域，促进知识产权军民双向转化实施。

（四）拓展知识产权国际合作，推动国际竞争力提升

——加强涉外知识产权工作。公平公正保护知识产权，对国内外企业和个人的知识产权一视同仁、同等保护。加强与国际组织合作，巩固和发展与主要国家和地区的多双边知识产权交流。提高专利审查国际业务承接能力，建设专利审查高速路，加强专利审查国际合作，提升我国专利审查业务国际影响力。加强驻外使领馆知识产权工作力度，跟踪研究有关国家的知识产权法规政策，加强知识产权涉外信息交流，做好涉外知识产权应对工作。建立完善多双边执法合作机制，推进国际海关间知识产权执法合作。

——完善与对外贸易有关的知识产权规则。追踪各类贸易区知识产权谈判进程，推动形成有利于公平贸易的知识产权规则。落实对外贸易法中知识产权保护相关规定，研究针对进口贸易建立知识产权境内保护制度，对进口产品侵犯中国知识产权的行为和进口贸易中其他不公平竞争行为开展调查。

——支持企业"走出去"。及时收集发布主要贸易目的地、对外投资目的地知识产权相关信息。加强知识产权培训，支持企业在国外布局知识产权。加强政府、企业和社会资本的协作，在信息技术等重点领域探索建立公益性和市场化运作的专利运营公司。加大海外知识产权维权援助机制建设，鼓励企业建立知识产权海外维权联盟，帮助企业在当地及时获得知识产权保护。引导知识产权服务机构提高海外知识产权事务处理能力，为企业"走出去"提供专业服务。

三、基础工程

（一）知识产权信息服务工程。推动专利、商标、版权、植物新品种、地理标志、民间文艺、遗传资源及相关传统知识等各类知识产权基础信息公共服务平台互联互通，逐步实现基础信息共享。知识产权基础信息资源免费或低成本向社会开放，基本检索工具免费供社会公众使用，提高知识产权信息利用便利度。指导有关行业建设知识产权专业信息库，鼓励社会机构对知识产权信息进行深加工，提供专业化、市场化的知识产权信息服务，满足社会多层次需求。

（二）知识产权调查统计工程。开展知识产权统计监测，全面反映知识产权的发展状况。逐步建立知识产权产业统计制度，完善知识产权服务业统计制度，明确统计范围，统一指标口径，在新修订的国民经济核算体系中体现知识产权内容。

（三）知识产权人才队伍建设工程。建设若干国家知识产权人才培养基地，推动建设知识产权协同创新中心。开展以党政领导干部、公务员、企事业单位管理人员、专业技术人员、文学艺术创作人员、教师等为重点的知识产权培训。将知识产权内容纳入学校教育课程体系，建立若干知识产权宣传教育示范学校。将知识产权内容全面纳入国家普法教育和全民科学素养提升工作。依托海外高层次人才引进计划引进急需的知识产权高端人才。深入开展百千万知识产权人才工程，建立面向社会的知识产权人才库。完善知识产权专业技术人才评价制度。

四、保障措施

（一）加强组织实施。国家知识产权战略实施工作部际联席会议（以下简称联席会议）负责组织实施本行动计划，并加强对地方知识产权战略实施的指导和支持。知识产权局要发挥牵头作用，认真履行联席会议办公室职责，建立完善相互支持、密切协作、运转顺畅的工作机制，推进知识产权战略实施工作开展，并组织相关部门开展知识产权强国建设研究，提出知识产权强国建设的战略目标、思路和举措，积极推进知识产权强国建设。联席会议各成员单位要各负其责并尽快制定具体实施方案。地方各级政府要将知识产权战略实施工作纳入当地国民经济和社会发展总体规划，将本行动计划落实工作纳入重要议事日程和考核范围。

（二）加强督促检查。联席会议要加强对战略实施状况的监测评估，对各项任务落实情况组织开展监督检查，重要情况及时报告国务院。知识产权局要会同联席会议各成员单位及相关部门加强对地方知识产权战略实施工作的监督指导。

（三）加强财政支持。中央财政通过相关部门的部门预算渠道安排资金支持知识产权战略实施工作。引导支持国家产业发展的财政资金和基金向促进科技成果产权化、知识产权产业化方向倾斜。完善知识产权资助政策，适当降低中小微企业知识产权申请和维持费用，加大对中小微企业知识产权创造和运用的支持力度。

（四）完善法律法规。推动专利法、著作权法及配套法规修订工作，建立健全知识产权保护长效机制，加大对侵权行为

的惩处力度。适时做好遗传资源、传统知识、民间文艺和地理标志等方面的立法工作。研究修订反不正当竞争法、知识产权海关保护条例、植物新品种保护条例等法律法规。研究制定防止知识产权滥用的规范性文件。

知识产权局　中央宣传部　外交部　发展改革委　教育部　科技部
工业和信息化部　公安部　司法部　财政部　人力资源社会保障部
环境保护部　农业部　商务部　文化部　卫生计生委　国资委
海关总署　工商总局　质检总局　新闻出版广电总局　林业局
法制办　中科院　国防科工局　高法院　高检院　总装备部

国务院办公厅转发
2014年12月10日

中共中央组织部办公厅　人力资源社会保障部办公厅　国家外专局办公室关于为外籍高层次引进人才提供签证及居留便利备案工作有关问题的通知

（人社厅函〔2014〕432号）

各省、自治区、直辖市及新疆生产建设兵团党委组织部、人力资源社会保障厅（局）、外国专家局，各副省级市党委组织部、人力资源社会保障局、外国专家局，党中央国务院各部门人事部门、引智归口管理部门，有关中央企事业单位人事（人力资源）部门、引智归口管理部门：

为整体推进全国海外高层次人才引进工作，现就第一批全国重点海外高层次人才引进计划备案情况及有关工作通知如下：

一、经海外高层次人才引进工作小组批准，将回国（来华）定居工作专家项目等55项省部级（含副省级市）以上开展的海外高层次人才引进计划（以下简称引才计划）纳入第一批全国重点海外高层次人才引进计划（名单附后）。

二、纳入全国重点引才计划的实施部门和单位按照《中共中央组织部、人力资源社会保障部等五部门关于为外籍高层次人才来华提供签证及居留便利有关问题的通知》（人社部发〔2012〕57号）精神以及《中共中央组织部、人力资源社会保障部等五部门办公厅（室）关于为外籍高层次人才办理签证及居留手续有关事项的通知》（人社厅函〔2013〕341号）规定的程序和要求，为引进的外籍高层次人才和家属办理人才签证、人才居留和来华定居专家等手续。

三、高层次留学回国人才办理人才签证和居留手续由人社部专技司负责，各地人社厅局会同外事、公安部门具体落实。请各引才计划实施部门和单位与人社部信息中心联系索取账户和密码，登录人社部“留学人员回国服务管理信息系统”（网址：http：//ptpm.mohrss.gov.cn:8080/WebRoot/），按照提示要求开展网上申报工作（其中涉密人才按有关保密规定只以书面专报）。

四、高层次外国专家办理人才签证和居留手续，请各引才计划实施部门和单位与国家外专局办公室联系，按照要求办理。

五、人才永久居留的批量办理暂不开展，启动时间另行通知。原有海外高层次人才永久居留办理渠道仍可申报办理。

六、本次备案工作原则上考虑省部级以上开展的引才计划，各部门、地方和单位可根据工作进展情况，继续整理申报相关人才引进计划，海外高层次人才引进工作小组将根据实际情况，适时开展重点引才计划申报备案、核定和调整工作。

联系人及电话：

人社部专技司：傅焜、刘淑珍　010-84221944

人社部信息中心：王凯　010-84202267、010-84202266

　　　　　　　　尹杰　13911875143

国家外专局办公室：曾超　010-68948899-50341

　　　　　　　　　苏妍　010-68948899-50345

附件：第一批全国重点海外高层次人才引进计划名单

1．人力资源社会保障部：回国（来华）定居工作专家项目
2．人力资源社会保障部：高层次留学人才回国资助计划
3．人力资源社会保障部：留学人员科技活动项目择优资助计划
4．人力资源社会保障部：中国留学人员回国创业启动支持计划
5．人力资源社会保障部：博士后国际交流计划引进项目

6. 国家外专局：高端外国专家项目
7. 国家外专局：中国政府“友谊奖”项目
8. 国家外专局：引进海外高层次文教专家重点支持项目
9. 国家外专局：海外名师引进计划
10. 教育部：长江学者奖励计划
11. 农业部：中国农业科学院青年英才计划
12. 卫生和计划生育委：国家食品安全风险评估中心“532”人才计划
13. 中国科学院：中国科学院百人计划
14. 中国科学院：创新团队国际合作伙伴计划
15. 中国科学院：海外评审专家项目
16. 中国科学院：引进杰出技术人才项目
17. 中国气象局：中国气象局双百计划
18. 北京市：北京市海外人才聚集工程
19. 天津市：天津市海外高层次人才引进计划
20. 天津市：天津市外专千人计划
21. 河北省：河北省百人计划
22. 山西省：山西省引进海外高层次人才百人计划
23. 辽宁省：辽宁省十百千高端人才引进工程
24. 吉林省：吉林省高层次创新创业人才引进计划
25. 上海市：上海市海外高层次人才引进计划
26. 江苏省：江苏省高层次创新创业人才引进计划
27. 江苏省：江苏省外专百人计划
28. 浙江省：浙江省千人计划
29. 安徽省：安徽省百人计划
30. 安徽省：安徽省外专百人计划
31. 福建省：福建省引进高层次创业创新人才计划
32. 福建省：福建省外专百人计划
33. 江西省：江西省面向国内外引进优秀高层次专业技术人才计划
34. 山东省：山东省泰山学者建设工程
35. 河南省：河南省海外高层次人才引进计划
36. 湖北省：湖北省引进海外高层次人才百人计划
37. 湖南省：湖南省引进海外高层次人才百人计划
38. 广东省：广东省引进创新科研团队和领军人才项目
39. 重庆市：重庆市百名海外高层次人才聚集计划
40. 云南省：云南省百名海外高层次人才引进计划
41. 陕西省：陕西省百人计划
42. 新疆维吾尔自治区：新疆高层次紧缺人才引进工程
43. 广州市：广州市创新创业领军人才百人计划
44. 武汉市：武汉市黄鹤英才计划
45. 成都市：成都市人才计划
46. 南京市：南京市321人才引进计划
47. 西安市：西安市5211计划
48. 济南市：济南市5150引才计划
49. 杭州市：杭州市全球引才521计划
50. 大连市：大连市引进海外高层次人才项目
51. 青岛市：青岛市创业创新领军人才计划
52. 深圳市：深圳市海外高层次人才孔雀计划
53. 厦门市：厦门市引进海外高层次人才计划
54. 宁波市：宁波市3315计划
55. 国家核电：国家核电外籍高层次人才引进计划

中共中央组织部办公厅
人力资源社会保障部办公厅
国家外专局办公室
2014年10月28日

国家科技成果转化引导基金设立创业投资子基金管理暂行办法

（国科发财〔2014〕229号）

第一章 总 则

第一条 为规范国家科技成果转化引导基金（以下简称引导基金）设立创业投资子基金（以下简称子基金），加强资金管理，根据《国家科技成果转化引导基金管理暂行办法》，制定本办法。

第二条 引导基金按照政府引导、市场运作、不以营利为目的的原则设立子基金。设立方式包括与民间资本、地方政府资金以及其他投资者共同发起设立，或对已有创业投资基金增资设立等。

第三条 科技部按照《国家科技成果转化引导基金管理暂行办法》和本办法规定的条件和程序批准出资设立子基金。

第二章 子基金的设立

第四条 子基金应当在中国大陆境内注册，募集资金总额不低于10000万元人民币，且以货币形式出资，经营范围为创业投资业务，组织形式为公司制或有限合伙制。

第五条 引导基金对子基金的参股比例为子基金总额的20%—30%，且始终不作为第一大股东或最大出资人；子基金的其余资金应依法募集，境外出资人应符合国家相关规定。

第六条 子基金存续期一般不超过8年。在子基金股权资产转让或变现受限等情况下，经子基金出资人协商一致，最多可延长2年。

第七条 在中国大陆境内注册的投资企业或创业投资管理企业（以下统称投资机构）可以作为申请者，向科技部、财政部申请设立子基金。多家投资机构拟共同发起子基金的，应推举一家机构作为申请者。

科技部、财政部委托引导基金的受托管理机构受理子基金的设立申请。

第八条 申请者为投资企业的，其注册资本或净资产应不低于5000万元；申请者为创业投资管理企业的，其注册资本应不低于500万元。

第九条 申请者应当确定一家创业投资管理企业作为拟设立的子基金的管理机构。该管理机构应具备以下条件：

（一）在中国大陆境内注册，主要从事创业投资业务；

（二）具有完善的创业投资管理和风险控制流程，规范的项目遴选和投资决策机制，健全的内部财务管理制度，能够为所投资企业提供创业辅导、管理咨询等增值服务；

（三）至少有3名具备5年以上创业投资或相关业务经验的专职高级管理人员；在国家重点支持的高新技术领域内，至少有3个创业投资成功案例；

（四）应参股子基金或认缴子基金份额，且出资额不得低于子基金总额的5‰；

（五）企业及其高级管理人员无重大过失，无受行政主管机关或司法机关处罚的不良记录。

第十条 申请者向受托管理机构提交的申请应包括以下材料：

（一）子基金组建或增资方案；

（二）主要出资人的出资承诺书或出资证明；

（三）会计师事务所出具的投资机构近期的审计报告；

（四）子基金管理机构的有关材料；

（五）其他应当提交的资料。

第十一条 受托管理机构收到申请后，应对申请材料进行初审。对于不符合要求的，应及时通知申请者补充完善；对于符合要求的，应在规定时间内组织开展尽职调查，形成调查报告，并向引导基金理事会提交调查报告和子基金设立方案。

受托管理机构按照理事会要求委托专业化的社会中介机构开展尽职调查等工作。

第十二条 引导基金理事会依据《国家科技成果转化引导基金理事会规程》的相关规定，对调查报告和子基金设立方案进行审核，形成审核意见。

第十三条 科技部根据引导基金理事会的审核意见，对子基金设立方案进行合规性审查。对于符合设立条件的，科技部商财政部同意后向社会公示，公示期为10个工作日；公示无异议的，批准出资设立子基金，并向社会公告。

第三章 投资管理

第十四条 科技部、财政部委托受托管理机构向子基金派出代表，依据法律法规和子基金章程或合伙协议等行使出资人职责，参与重大决策，监督子基金的投资和运作，不参与日常管理。子基金管理机构做出投资决定后，应在实施投资前3个工作日告知受托管理机构代表。

第十五条 子基金管理机构在完成子基金70%的资金委托投资之前，不得募集其他基金。子基金的待投资金应存放托管银行或购买国债等风险低、流动性强的符合国家有关规定的金融产品。

子基金管理费由子基金出资人与子基金管理机构协商确定。

第十六条 子基金投资于转化国家科技成果转化项目库中科技成果的企业的资金应不低于引导基金出资额的3倍，且不低于子基金总额的50%；其他投资方向应符合国家重点支持的高新技术领域；所投资企业应在中国大陆境内注册。

第十七条 子基金不得从事以下业务：

（一）投资于已上市企业（所投资企业上市后，子基金所持股份未转让及其配售部分除外）；

（二）从事担保、抵押、委托贷款、房地产（包括购买自用房地产）等业务；

（三）投资于股票、期货、企业债券、信托产品、理财产品、保险计划及其他金融衍生品；

（四）进行承担无限连带责任的对外投资；

（五）吸收或变相吸收存款，以及发行信托或集合理财产品的形式募集资金；

（六）向任何第三方提供资金拆借、赞助、捐赠等；

（七）其他国家法律法规禁止从事的业务。

第十八条 引导基金以出资额为限对子基金债务承担责任。子基金清算出现亏损时，首先由子基金管理机构以其对子基金的出资额承担亏损，剩余部分由引导基金和其他出资人按出资比例承担。

第十九条 出现下列情况之一时，引导基金可选择退出，且无需经由其他出资人同意：

（一）子基金方案获得科技部批准后，未按规定程序完成设立手续超过一年的；

（二）引导基金向子基金账户拨付资金后，子基金未开展投资超过一年的；

（三）子基金投资项目不符合本办法规定的政策目标的；

（四）子基金未按照章程或合伙协议约定投资的；

（五）子基金管理机构发生实质性变化的。

第二十条 子基金存续期内，鼓励子基金的股东（出资人）或其他投资者购买引导基金所持子基金的股权或份额。同等条件下，子基金的股东（出资人）优先购买。

对于发起设立的子基金，注册之日起4年内（含4年）购买的，以引导基金原始出资额转让；4年至6年内（含6年）购买的，以引导基金原始出资额及从第5年起按照转让时中国人民银行公布的1年期贷款基准利率计算的利息之和转让；6年以上仍未退出的，将与其他出资人同股同权在存续期满后清算退出。

对于增资设立的子基金的，上述年限从子基金完成变更登记手续之日起计算。

第二十一条 子基金存续期结束时，子基金出资各方按照出资比例或相关协议约定获取投资收益。子基金的年平均收益率不低于子基金出资时中国人民银行公布的一年期贷款基准利率的，引导基金可将其不超过20%的收益奖励子基金管理机构。

第四章 托管银行

第二十二条 科技部、财政部通过招标等方式确定若干家银行作为子基金的托管银行，并向社会公布。托管银行应当符合以下条件：

（一）成立时间在5年以上的全国性股份制商业银行；

（二）具有专门的基金托管机构和创业投资基金托管经验；

（三）无重大过失以及受行政主管机关或司法机关处罚的不良记录。

第二十三条 子基金应在科技部、财政部公布的银行名单中选择托管银行，签订资产托管协议，开设托管账户。托管银行与子基金主要出资人、子基金管理机构之间不得有股权和亲属等关联及利害关系。

第二十四条 托管银行负责托管子基金资产，按照托管协议和投资指令负责子基金的资金往来，定期向受托管理机构报告资金情况。受托管理机构负责对托管银行履行职责情况进行考核。

第二十五条 子基金存续期内产生的股权转让、分红、清算等资金应进入托管账户，不得循环投资。

第五章 收入收缴

第二十六条 引导基金投资子基金的收入包括引导基金退出时应收回的原始投资及应取得的收益、子基金清算时引导基金应取得的剩余财产清偿收入等。

上述原始投资及应取得的收益，按照引导基金的实际出资额以及引导基金股权或份额转让协议等确定；应取得的剩余财产清偿收入根据有关法律程序确定。

第二十七条 引导基金投资子基金的所得收入上缴中央国库，纳入中央公共财政预算管理。收入收缴工作由受托管理机构负责，按照国库集中收缴有关规定执行。

第二十八条 引导基金投资子基金的收入按以下程序上缴：

（一）受托管理机构与子基金其他出资人等商议股权或份额退出、收益分配及清算等事宜，并对子基金实施情况的专项审计报告、受让子基金股权或份额申请以及确认收入所依据的相关资料等进行审核；

（二）受托管理机构根据商议及审核结果，提出引导基金退出及收入收缴实施方案，报科技部、财政部审定；

（三）受托管理机构根据科技部、财政部的审定意见，办理股权或份额转让、收入收缴等手续，向有关缴款单位发送缴款通知；

（四）缴款单位在收到缴款通知后的30日内，将应缴的引导基金投资子基金收入缴入引导基金在托管银行开设的指定账户。

第六章 管理与监督

第二十九条 受托管理机构应建立子基金管理信息系统，实施子基金设立及运作的过程管理，并采取投资告知、定期报告、专项审计等方式，加强对子基金的管理和监督。

第三十条 受托管理机构应向科技部、财政部定期提交子基金运作情况和引导基金投资子基金收入上缴情况，及时报告子基金法律文件变更、资本增减、违法违规事件、管理机构变动、清算与解散等重大事项。

第三十一条 科技部、财政部委托引导基金理事会对子基金运作情况定期开展绩效评价，对受托管理机构改进工作提出建议。

第三十二条 受托管理机构不能有效履行职责、发生重大过失或违规行为等造成恶劣影响的，科技部、财政部视情况给予约谈、批评、警告直至取消其受托管理资格的处理。处理结果可向社会公告。

第三十三条 任何单位和个人不得隐瞒、滞留、截留、挤占、挪用引导基金投资子基金的收入。一经发现和查实前述行为，除收回有关资金外，按照《财政违法行为处罚处分条例》（国务院令第427号）的规定处理。

第七章 附 则

第三十四条 本办法规定的相关事项应在子基金章程或合伙协议等文件中载明。

第三十五条 本办法由科技部、财政部负责解释。

第三十六条 本办法自发布之日起30日后施行。

科技部 财政部

2014年8月8日

中小企业发展专项资金管理暂行办法

（财企〔2014〕38号）

第一章 总 则

第一条 为了规范中小企业发展专项资金的管理和使用，提高资金使用效益，根据《中华人民共和国预算法》《中华人民共和国中小企业促进法》等有关规定，制定本办法。

第二条 本办法所称中小企业发展专项资金（以下简称专项资金），是指中央财政预算安排，用于支持中小企业特别是小微企业科技创新、改善中小企业融资环境、完善中小企业服务体系、加强国际合作等方面的资金。

第三条 专项资金的宗旨是，贯彻落实国家宏观政策和扶持中小企业发展战略，弥补市场失灵，促进公平竞争，激发中小企业和非公有制经济活力和创造力，促进扩大就业和改善民生。

第四条 专项资金的使用和管理遵循公开透明、突出重点、统筹管理、加强监督的原则，确保资金使用规范、安全和高效，并向中西部地区倾斜。

第五条 专项资金综合运用无偿资助、股权投资、业务补助或奖励、代偿补偿、购买服务等支持方式，采取市场化手段，引入竞争性分配办法，鼓励创业投资机构、担保机构、公共服务机构等支持中小企业，充分发挥财政资金的引导和促进作用。

第六条 专项资金建立部门共管、专家评审、项目公示、追踪问效的全过程协作管理机制，加强绩效评价及结果运用，实现资金分配的激励和约束。

第七条 专项资金由财政部会同工业和信息化部、科技部、商务部（以下统称相关部门）按照职责分工共同管理。

财政部负责专项资金的预算管理和资金拨付，会同相关部门制定资金分配方案，并对资金的使用和管理情况等开展绩效评价和监督检查。

相关部门会同财政部开展专项资金项目管理工作，确定年度支持重点，组织项目申报和评审，并对项目实施情况进行跟踪服务和监督检查。

第二章 支持科技创新

第八条 发挥财政资金对中小企业科技创新活动的引导作用，支持和鼓励科技型中小企业研究开发具有良好市场前景的前沿核心关键技术，借助创业投资机制促进中小企业科技创新，推动实施国家创新驱动战略。

第九条 专项资金安排专门支出支持中小企业围绕电子信息、光机电一体化、资源与环境、新能源与高效节能、新材料、生物医药、现代农业及高技术服务等领域开展科技创新活动（国际科研合作项目除外）。

第十条 专项资金运用无偿资助方式，对科技型中小企业创新项目按照不超过相关研发支出40%的比例给予资助。每个创新项目资助额度最高不超过300万元。

第十一条 专项资金安排专门支出设立科技型中小企业创业投资引导基金（以下简称引导基金），用于引导创业投资企业、创业投资管理企业、具有投资功能的中小企业服务机构等（以下统称创业投资机构）投资于初创期科技型中小企业。

第十二条 引导基金运用阶段参股、风险补助和投资保障等方式，对创业投资机构及初创期科技型中小企业给予支持。

第十三条 阶段参股是指引导基金向创业投资企业进行股权投资，参股比例最高不超过创业投资企业募集资金总额的25%，且不做第一大出资人，不参与创业投资企业的日常经营和管理。

引导基金参股期内，创业投资企业投资于初创期科技型中小企业的累积金额不低于引导基金出资额的2倍。

第十四条 引导基金参股股权经相关部门和财政部审核后，可按照以下方式退出：

（一）在约定期限内按照约定价格退出。引导基金参股4年内退出的，转让价格为引导基金原始投资额；参股4年以上6年以内退出的，转让价格为引导基金原始投资额及从第5年起按照转让时中国人民银行公布的1年期贷款基准利率计算的利息之和；参股满6年仍未退出的，将与其他出资人同股同权在存续期满后清算退出。

（二）先于保障出资人退出。引导基金参股前，确定一个或多个出资人作为引导基金参股本金回收的保障人（以下简称保障出资人）。引导基金参股后，创业投资企业如发生收益或清算分配，引导基金将先于保障出资人获得分配直至收回引导基金原始投资额及从第5年起按照当时中国人民银行公布的1年期贷款基准利率计算的利息之和，从而实现退出。

第十五条 引导基金股权投资收入上缴中央国库，纳入中央公共财政预算管理。

第十六条 风险补助是指引导基金对创业投资机构投资于年销售收入不超过2000万元的初创期科技型中小企业的投资项目给予一定比例的投资奖励和损失补偿。

（一）投资奖励：引导基金对投资项目，按照不超过实际投资额5%的比例给予奖励，每个投资项目奖励额度最高不超过100万元，每家创业投资机构年度累计奖励额度最高不超过500万元。

（二）损失补偿：引导基金对创业投资机构已获得投资奖励支持的投资项目，按照不超过投资退出时实际损失额50%的比例给予补偿，每个投资项目损失补偿额度最高不超过200万元。

第十七条 投资保障是指创业投资机构将正在进行高新技术研发、有投资潜力的，且年销售收入不超过2000万元的初创期科技型中小企业确定为“辅导企业”，引导基金对“辅导企业”给予投资前保障或投资后保障。

（一）投资前保障：引导基金给予每个项目投资前资助额度最高不超过100万元，用于补助“辅导企业”高新技术研发的费用支出。

（二）投资后保障：创业投资机构对“辅导企业”实施投资后，引导基金给予每个项目投资后资助额度最高不超过200万元，用于补助“辅导企业”高新技术产品产业化的费用支出。

第三章 改善融资环境

第十八条 发挥财政资金对信用担保机构等中小企业融资服务机构的激励作用，引导其提升业务能力、规范经营行为、加快扩大中小企业融资服务规模，缓解中小企业融资难问题。

第十九条 专项资金安排专门支出支持中小企业信用担保机构（以下简称担保机构）、中小企业信用再担保机构（以下简称再担保机构）增强资本实力、扩大中小企业融资担保和再担保业务规模。

第二十条 专项资金运用业务补助、增量业务奖励、资本投入、代偿补偿、创新奖励等方式，对担保机构、再担保机构给予支持。

（一）业务补助：专项资金对担保机构开展的中小企业特别是小微企业融资担保业务，按照不超过年平均在保余额2%的比例给予补助；对再担保机构开展的中小企业融资再担保业务，按照不超过年平均在保余额0.5%的比例给予补助。

（二）增量业务奖励：专项资金对担保机构，按照不超过当年小微企业融资担保业务增长额3%的比例给予奖励；对再担保机构，按照不超过当年小微企业融资再担保业务增长额1%的比例给予奖励。

（三）资本投入：专项资金对中西部地区省级财政直接或间接出资新设或增资的担保机构、再担保机构，按照不超过省级财政出资额30%的比例给予资本投入支持，并委托地方出资单位代为履行出资人职责。

（四）代偿补偿：中央和地方共同出资，设立代偿补偿资金账户，委托省级再担保机构实行专户管理，专项资金出资比例不超过60%。

当省级再担保机构对担保机构开展的小微企业融资担保业务按照代偿额50%以上的比例（含）给予补偿时，代偿补偿资金按照不超过代偿额30%的比例对担保机构给予补偿。该代偿业务的追偿所得，按照代偿补偿比例缴回代偿补偿资金账户。

（五）创新奖励：专项资金对积极探索创新小微企业融资担保业务且推广效用显著的担保机构，给予最高不超过100万元的奖励。

第二十一条 经省级以上财政部门通过竞争性方式选定为从事政府采购信用担保业务的担保机构，可按本办法规定申请专项资金资助。

第二十二条 担保机构、再担保机构可以同时申请以上不限于一项支持方式的资助，但单个担保机构当年获得专项资金的资助额度最高不超过2000万元，单个再担保机构当年获得专项资金的资助额度最高不超过3000万元（资本投入方式除外）。

单个代偿补偿资金账户当年获得专项资金的出资额度最高不超过3亿元。

第四章 完善服务体系

第二十三条 发挥财政资金在构建完善多元化、多层次中小企业公共服务体系方面的激励作用，加快改善中小企业服务环境、提升服务水平，促进中小企业公平参与市场竞争。

第二十四条 专项资金安排专门支出支持各类中小企业公共服务平台和服务机构的建设和运行，增强服务能力、降低服务成本、增加服务种类、提高服务质量，为中小企业提供全方位专业化优质服务。重点支持以下内容：

（一）科技服务。包括技术咨询、研发设计、检验检测、技术转移、技术工程化、技术培训、科技企业孵化等服务。

（二）商贸服务。包括产品认证、市场宣传推介、品牌建设、电子商务、商业特许经营、商标注册等服务，以及参加各类重点展会、创新营销和商业模式、扩大信用销售、发展专业市场和特色商业街、推广现代流通方式等事项。

（三）综合性服务。包括中小企业运行监测、政策宣传、违法违规行为发布、风险预警、数据共享、产供销等信息服务，及管理咨询、创业辅导、创业基地、技术改造、产业升级、人才培训、财务会计、知识产权、工业设计、质量认证、仓储物流、法律咨询、投融资辅导、职业经理人建设等服务。

（四）其他促进中小企业发展的服务。

第二十五条 专项资金运用无偿资助、业务奖励、政府购买服务等方式，对中小企业公共服务平台和服务机构给予支持。

（一）无偿资助。专项资金对服务平台或机构实施的服务场地改造、软硬件设备及服务设施购置等提升服务能力的建设项目，按照不超过项目总投资额30%的比例给予补助。每个建设项目补助额度最高不超过500万元。

专项资金对中小企业参加的重点展会，给予减收或免收展位费、布展费、展品运输费等费用补贴。

（二）业务奖励。专项资金对服务平台或机构开展的中小企业服务，综合考虑其服务中小企业数量、收费标准、客户总体满意度等因素，按照不超过年度实际运营成本40%的比例给予奖励。每个项目奖励额度最高不超过500万元。

专项资金对保险机构面向中小企业开展的内贸信用险业务给予奖励支持。

（三）政府购买服务。专项资金向服务平台或机构购买中小企业发展迫切需要、市场供给严重不足的公共性服务。

第五章 促进国际合作

第二十六条 发挥中央财政资金在中小企业国际合作中的统筹和协调作用，鼓励加快引进国际先进技术，避免盲目重复引进及恶性竞争。

第二十七条 专项资金安排专门支出支持国内中小企业与欧盟企业、研究单位等（以下简称欧方合作机构）在节能减排相关领域开展科研合作。

（一）促进国内中小企业与欧方合作机构联合研究开发国际尖端节能减排技术。重点支持有利于国内中小企业追踪国际技术发展方向，掌握关键核心技术，填补国内技术空白的研发项目。

（二）引导国内中小企业转化中欧节能减排先进技术合作成果。重点支持国内中小企业应用中欧联合研发成果，开展技术延伸研究及小试、中试等活动，推动技术成果产业化的研发项目。

（三）鼓励国内中小企业从欧方合作机构引进消化吸收国际先进节能减排技术。重点支持国内中小企业引进适合我国国情的先进技术，进行消化吸收再创新或本土化改造，提升我国技术研发水平与推广应用能力的研发项目。

（四）推动国内中小企业与欧方合作机构加强节能减排技术交流与合作。重点支持国内中小企业参加欧方合作机构组织的与节能减排技术相关的国际会议、访问等交流项目。

第二十八条 专项资金运用无偿资助方式，对科研合作项目给予支持。研发项目按照不超过项目投资额40%的比例给予资助，每个项目资助额度最高不超过300万元。

交流项目按照不超过实际发生的国际差旅费（仅包括国际交通费、会议费）50%的比例给予资助，每个项目资助额度最高不超过30万元。

第六章 资金管理和工作组织

第二十九条 财政部综合考虑本年度专项资金预算规模、相关部门提出的年度工作计划、上年度预算执行情况、以前年度绩效评价结果等因素，确定各类支持方向的年度预算规模。

第三十条 相关部门分别会同财政部组织开展项目申报工作，在每年3月底前下发工作通知，明确专项资金支持重点、申报条件等事项。

各省、自治区、直辖市、计划单列市及新疆生产建设兵团中小企业主管部门、科技主管部门、商务主管部门（以下统称省级有关主管部门）会同同级财政部门、中央所属单位，按照本办法等规定，在工作通知下发40日内组织项目申报。

第三十一条 省级有关主管部门、财政部门应加强项目的筛选和核实工作，可通过政府购买服务方式引入第三方评估机制，确保申报材料真实可靠，提升项目层次和质量。

第三十二条 省级有关主管部门会同同级财政部门对本地区申请项目进行公示后上报相关部门和财政部。

第三十三条 相关部门会同财政部通过政府购买服务等方式建立项目储备、申报、跟踪管理系统，建立专家评审制度，组织专家对地方和中央所属单位的申请项目进行评审论证。

第三十四条 相关部门建立健全专家库，确保入库专家与评审专家在数量上保持合理比例，加强对入库专家能力、职业道德等素质的前置审核工作，建立比例淘汰机制。

第三十五条 相关部门严格实行专家随机抽取制度和回避制度，在评审过程中建立专家交叉评审、集中评审等相互监督机制，研究建立评审专家责任追究机制，强化对评审专家的责任约束。

第三十六条 相关部门建立健全与评审专家的联系沟通机制，避免部门人员擅自对评审专家施加影响。

第三十七条 相关部门会同财政部根据专家评审意见提出项目立项计划，并向社会公示，公示期不少于10个工作日。

第三十八条 对项目公示期内提出异议的项目，相关部门会同财政部及时组织调查核实。

项目公示期结束后，相关部门将公示期内没有异议的项目和经调查核实没有问题的项目列为立项项目，向财政部提出资金安排建议。

第三十九条 财政部根据当年预算安排情况，对资金安排建议进行审定，在全国人民代表大会批准预算后90日内将项目支出预算指标下达到省级财政部门和中央所属单位。专项资金的支付，按照财政国库管理制度的有关规定执行。

第七章 绩效评价

第四十条 财政部会同相关部门建立专项资金绩效评价制度，明确评价原则、组织实施、评价依据、评价内容、指标体系、分值权重、评分标准等内容。

第四十一条 财政部通过政府购买服务等方式，对专项资金分配使用、项目实施及效果等实施评价，在充分听取相关部门意见后形成绩效评价结果，并将其作为专项资金以后年度支持方向预算安排的重要依据。

第四十二条 财政部会同相关部门根据绩效评价结果，及时完善资金使用、项目组织等管理制度，不断改进专项资金管理机制。

第八章 监督检查

第四十三条 各级财政部门定期或不定期对专项资金使用情况进行监督检查，必要时可委托社会中介机构进行审计或评估。各级中小企业主管部门、科技主管部门和商务主管部门定期或不定期对项目实施情况进行监督检查。

第四十四条 专项资金应当用于规定的支持方向和重点。对违反规定使用、骗取资金的行为，该项目单位三年内不得申请专项资金扶持，并依照《财政违法行为处罚处分条例》等国家有关规定进行处理。

第九章 附 则

第四十五条 本办法由财政部会同相关部门负责解释。

第四十六条 本办法自发布之日起施行。《财政部 工业和信息化部关于印发〈中小企业发展专项资金管理办法〉的通知》（财企〔2012〕96号）、《财政部 工业和信息化部关于印发〈中小企业信用担保资金管理办法〉的通知》（财企〔2012〕97号）、《财政部关于印发〈地方特色产业中小企业发展资金管理办法〉的通知》（财企〔2013〕67号）、《财政部关于印发〈西藏及四川云南甘肃青海四省藏区中小企业发展创业资金管理暂行办法〉的通知》（财企〔2010〕241号）、《财政部 科技部关于印发〈科技型中小企业技术创新基金财务管理暂行办法〉的通知》（财企〔2005〕22号）、《财政部 科技部关于印发〈科技型中小企业创业投资引导基金管理暂行办法〉的通知》（财企〔2007〕128号）、《财政部 科技部关于印发〈中欧中小企业节能减排科研合作资金管理暂行办法〉的通知》（财企〔2011〕226号）同时废止。

财政部
工业和信息化部
科技部 商务部
2014年4月11日

关于大力推进体制机制创新
扎实做好科技金融服务的意见

（银发〔2014〕9号）

为贯彻落实党的十八届三中全会精神和《中共中央 国务院关于深化科技体制改革 加快国家创新体系建设的意见》（中发〔2012〕6号）等中央文件要求，大力推动体制机制创新，促进科技和金融的深层次结合，支持国家创新体系建设，现提出如下意见：

一、大力培育和发展服务科技创新的金融组织体系

（一）创新从事科技金融服务的金融组织形式。鼓励银行业金融机构在高新技术产业开发区（以下简称高新区）、国家高新技术产业化基地（以下简称产业化基地）等科技资源集聚地区通过新设或改造部分分（支）行作为从事中小科技企业金融服务的专业分（支）行或特色分（支）行。对银行业金融机构新设或改造部分分（支）行从事科技金融服务的有关申请，优先受理和审核。鼓励银行业金融机构在财务资源、人力资源等方面给予专业分（支）行或特色分（支）行适当倾斜，加强业务指导和管理，提升服务科技创新的专业化水平。在加强监管的前提下，允许具备条件的民间资本依法发起设立中小型银行，为科技创新提供专业化的金融服务。

（二）积极发展为科技创新服务的非银行金融机构和组织。大力推动金融租赁公司等规范发展，为科技企业、科研院所等开展科技研发和技术改造提供大型设备、精密器材等的租赁服务。支持发展科技小额贷款公司，按照“小额、分散”原

则，向小微科技企业提供贷款服务。鼓励符合条件的小额贷款公司、金融租赁公司通过开展资产证券化、发行债券等方式融资。积极推动产融结合，支持符合条件的大型科技企业集团公司按规定设立财务公司，强化其为集团内科技企业提供金融服务的功能。

（三）培育发展科技金融中介服务体系。指导和推动地方科技部门、国家高新区（或产业化基地）、金融机构和相关中介服务机构建立和培育发展科技金融服务中心等多种形式的服务平台，推动创业投资、银行信贷、科技企业改制服务、融资路演、数据增值服务、科技项目管理、人才引进等方面的联动合作，为科技企业提供全方位、专业化、定制化投融资解决方案。加快发展科技企业孵化、法律会计服务、人力资源管理等机构，为中小科技企业融资提供服务。

二、加快推进科技信贷产品和服务模式创新

（四）完善科技信贷管理机制。鼓励银行业金融机构完善科技企业贷款利率定价机制，充分利用贷款利率风险定价和浮动计息规则，根据科技企业成长状况，动态分享相关收益。完善科技贷款审批机制，通过建立科技贷款绿色通道等方式，提高科技贷款审批效率；通过借助科技专家咨询服务平台，利用信息科技技术提升评审专业化水平。完善科技信贷风险管理机制，探索设计专门针对科技信贷风险管理的模型，提高科技贷款管理水平。完善内部激励约束机制，建立小微科技企业信贷业务拓展奖励办法，落实授信尽职免责机制，有效发挥差别风险容忍度对银行开展科技信贷业务的支撑作用。

（五）丰富科技信贷产品体系。在有效防范风险的前提下，支持银行业金融机构与创业投资、证券、保险、信托等机构合作，创新交叉性金融产品，建立和完善金融支持科技创新的信息交流共享机制和风险共控合作机制。全面推动符合科技企业特点的金融产品创新，逐步扩大仓单、订单、应收账款、产业链融资以及股权质押贷款的规模。充分发挥政策性金融功能，支持国家重大科技计划成果的转化和产业化、科技企业并购、国内企业自主创新和引进消化吸收再创新、农业科技创新、科技企业开展国际合作和“走出去”。

（六）创新科技金融服务模式。鼓励银行业金融机构开展还款方式创新，开发和完善适合科技企业融资需求特点的授信模式。积极向科技企业提供开户、结算、融资、理财、咨询、现金管理、国际业务等一站式、系统化的金融服务。加快科技系统改造升级，在符合监管要求的前提下充分利用互联网技术，为科技企业提供高效、便捷的金融服务。

（七）大力发展知识产权质押融资。加强知识产权评估、登记、托管、流转服务能力建设，规范知识产权价值分析和评估标准，简化知识产权质押登记流程，探索建立知识产权质物处置机制，为开展知识产权质押融资提供高效便捷服务。积极推进专利保险工作，有效保障企业、行业、地区的创新发展。

三、拓宽适合科技创新发展规律的多元化融资渠道

（八）支持科技企业上市、再融资和并购重组。推进新股发行体制改革，继续完善和落实促进科技成果转化应用的政策措施，促进科技成果资本化、产业化。适当放宽科技企业的财务准入标准，简化发行条件。建立创业板再融资制度，形成“小额、快速、灵活”的创业板再融资机制，为科技企业提供便捷的再融资渠道。支持符合条件的科技企业在境外上市融资。支持科技上市企业通过并购重组做大做强。推进实施并购重组分道制审核制度，对符合条件的企业申请实行豁免或快速审核。鼓励科技上市企业通过并购基金等方式实施兼并重组，拓宽融资渠道。研究允许科技上市企业发行优先股、定向可转债等作为并购工具的可行性，丰富并购重组工具。

（九）鼓励科技企业利用债券市场融资。支持科技企业通过发行企业债、公司债、短期融资券、中期票据、中小企业集合票据、中小企业集合债券、小微企业增信集合债券、中小企业私募债等产品进行融资。鼓励和支持相关部门通过优化工作流程，提高发行工作效率，为科技企业发行债券提供融资便利。对符合条件的科技企业发行直接债务融资工具的，鼓励中介机构适当降低收费，减轻科技企业的融资成本负担。继续推动并购债、可转债、高收益债等产品发展，支持科技企业滚动融资，行业收购兼并和创投公司、私募基金投资和退出。

（十）推动创业投资发展壮大。发挥政府资金杠杆作用，充分利用现有的创业投资基金，完善创业投资政策环境和退出机制，鼓励更多社会资本进入创业投资领域。推动各级政府部门设立的创业投资机构通过阶段参股、跟进投资等多种方式，引导创业投资资金投向初创期科技企业和科技成果转化项目。完善和落实创业投资机构相关税收政策，推动运用财政税收等优惠政策引导创业投资机构投资科技企业，支持符合条件的创业投资企业、股权投资企业、产业投资基金发行企业债券；支持符合条件的创业投资企业、股权投资企业、产业投资基金的股东或有限合伙人发行企业债券。鼓励发展天使投资。

（十一）鼓励其他各类市场主体支持科技创新。支持科技企业通过在全国中小企业股份转让系统实现股份转让和定向融资。探索研究全国中小企业股份转让系统挂牌公司的并购重组监管制度，规范引导其并购重组活动。探索利用各类产权交易机构为非上市小微科技企业提供股份转让渠道，建立健全未上市科技股份公司股权集中托管、转让、市场监管等配套制度。加快发展统一的区域性技术产权交易市场，推动地方加强省级技术产权交易市场建设，完善创业风险投资退出机制。支持证券公司直投子公司、另类投资子公司、基金管理公司专业子公司等，在风险可控前提下按规定投资非上市科技企业股权、债券类资产、收益权等实体资产，为不同类型、不同发展阶段的科技企业提供资金支持。

四、探索构建符合科技创新特点的保险产品和服务

（十二）建立和完善科技保险体系。按照政府引导、商业保险机构运作、产寿险业务并重的原则，进一步建立和完善科技保险体系。加大对科技保险的财政支持力度，鼓励有条件的地区建立科技保险奖补机制和科技再保险制度，对重点科技和产业领域给予补贴、补偿等奖励和优惠政策，充分发挥财政资金的引导和放大作用，促进科技保险长效发展。支持符合条件的保险公司设立专门服务于科技企业的科技保险专营机构，为科技企业降低风险损失、实现稳健经营提供支持。

（十三）加快创新科技保险产品，提高科技保险服务质量。鼓励保险公司创新科技保险产品，为科技企业、科研项目、科研人员提供全方位保险支持。推广中小科技企业贷款保证保险、贷款担保责任保险、出口信用保险等新型保险产品，为科技企业提供贷款保障。加快制定首台（套）重大技术装备保险机制的指导意见，建立政府引导、市场化运作的首台（套）重大技术装备保险机制和示范应用制度，促进首台（套）重大技术装备项目的推广和科技成果产业化。

（十四）创新保险资金运用方式，为科技创新提供资金支持。根据科技领域需求和保险资金特点，支持保险资金以股权、基金、债权、资产支持计划等形式，为高新区和产业化基地建设、战略性新兴产业的培育与发展以及国家重大科技项目提供长期、稳定的资金支持。探索保险资金投资优先股等新型金融工具，为科技企业提供长期股权投资。推动科技保险综合实验区建设，在更好地服务科技创新方面先行先试，探索建立综合性科技保险支持体系。

五、加快建立健全促进科技创新的信用增进机制

（十五）大力推动科技企业信用示范区建设。鼓励各地依托高新区和产业化基地，因地制宜建设科技企业信用示范区，充分利用金融信用信息基础数据库等信用信息平台，加大对科技企业信用信息的采集，建立和完善科技企业的信用评级和评级结果推介制度，为金融机构推广信用贷款等金融产品提供支持。充分发挥信用促进会等信用自律组织的作用，完善科技企业信用示范区管理机制，逐步建立守信激励、失信惩戒的信用环境。

（十六）积极发挥融资性担保增信作用。建立健全政府资金引导、社会资本参与、市场化运作的科技担保、再担保体系。支持融资性担保机构加大对科技企业的信用增进，提高融资性担保机构服务能力。鼓励科技企业成立联保互助组织，通过建立科技担保互助基金，为协会成员提供融资担保支持。支持融资性担保机构加强信息披露与共享，开展同业合作，集成科技企业资源，进一步增强融资担保能力。

（十七）创新科技资金投入方式。充分发挥国家科技成果转化引导基金的作用，通过设立创业投资子基金、贷款风险补偿等方式，引导金融资本和民间投资向科技成果转化集聚。进一步整合多种资源，综合运用创业投资、风险分担、保费补贴、担保补助、贷款贴息等多种方式，发挥政府资金在信用增进、风险分散、降低成本等方面的作用，引导金融机构加大对科技企业的融资支持。

六、进一步深化科技和金融结合试点

（十八）加快推进科技和金融结合试点工作。完善“促进科技和金融结合试点工作”部际协调机制，总结试点工作的成效和创新实践，研究制定继续深化试点工作的相关措施，适时启动第二批试点工作，将更多地区纳入试点范围。及时宣传和推广试点地区典型经验，发挥试点地区的示范作用。加大资源条件保障和政策扶持力度，进一步调动和发挥地方深化试点工作的积极性与创造性。鼓励地方因地制宜、大胆探索、先行先试，不断拓展科技与金融结合的政策和实践空间，开展具有地方特色的科技和金融结合试点工作建设。

（十九）推动高新区科技与金融的深层次结合。建立完善高新区管委会、金融机构和科技企业之间的信息沟通机制，通过举办多种形式的投融资对接活动，加强科技创新项目和金融产品的宣传、推介，推动高新区项目资源、政策资源与金融资源的有效对接。支持银行业金融机构在风险可控的前提下，在业务范围内综合运用统贷平台、集合授信等多种方式，加大对高新区建设和小微科技企业的融资支持。发挥高新区先行先试的优势，加快构建科技金融服务体系，鼓励金融机构开展各类金融创新实践活动。

七、创新政策协调和组织实施机制

（二十）综合运用多种金融政策工具，拓宽科技创新信贷资金来源。充分运用差别存款准备金动态调整机制，引导地方法人金融机构加大对科技企业的信贷投入。发挥再贴现支持结构调整的作用，对小微科技企业票据优先予以再贴现支持。支持符合条件的银行发行金融债专项用于支持小微科技企业发展，加强对小微科技企业的金融服务。积极稳妥推动信贷资产证券化试点，鼓励金融机构将通过信贷资产证券化业务腾挪出的信贷资金支持科技企业发展。

（二十一）加强科技创新资源与金融资源的有效对接。探索金融资本与国家科技计划项目结合的有效方式和途径，建立科技创新项目贷款的推荐机制，支持国家科技计划项目的成果转化和产业化；建立国家科技成果转化项目库，引导和支持金融资本及民间投资参与科技创新；指导地方科技部门建立中小微科技企业数据库，与金融机构开展投融资需求对接；开展面向中小微科技企业的科技金融培训，培育科技金融复合型人才。

（二十二）建立科技、财政和金融监管部门参加的科技金融服务工作协调机制。健全跨部门、跨层级的协调沟通和分工负责机制，加强科技、财政、税收、金融等政策的协调，形成推进科技金融发展的政策合力。依托科技部门与金融管理部门、金融机构的合作机制，将科技部门在政策、信息、项目、专家等方面的综合优势与金融机构的产品、服务优势结合起来，实现科技创新与金融创新的相互促进。

（二十三）探索建立科技金融服务监测评估体系。人民银行各分支机构可根据辖区实际情况，按照地方科技部门制定的科技企业认定标准与名录，推动各金融机构研究建立科技金融服务专项统计制度，加强对科技企业贷款的统计与监测分析，并探索建立科技金融服务的专项信贷政策导向效果评估制度。

请人民银行上海总部，各分行、营业管理部、省会（首府）城市中心支行、副省级城市中心支行会同所在省（区、市）科技、知识产权、银监、证监、保监等部门将本意见联合转发至辖区内相关机构，并协调做好本意见的贯彻实施工作。

中国人民银行　科技部　银监会
证监会　保监会　知识产权局
2014年1月7日

国家税务总局关于进一步加强小微企业税收优惠政策落实工作的通知

（税总发〔2014〕122号）

各省、自治区、直辖市和计划单列市国家税务局、地方税务局：

为深入贯彻国务院部署，结合前一阶段小微企业所得税优惠政策实施情况，现对进一步统筹做好小微企业各项税收优惠政策落实工作通知如下：

一、进一步提高认识，切实把落实小微企业优惠政策列入各级税务机关重要议事日程

小微企业是社会主义市场经济主体的重要组成部分，对繁荣市场、促进就业、改善民生、维护社会稳定等方面都起着重要作用。同时，小微企业也是当前释放改革红利，刺激经济发展的关键领域和薄弱环节。国务院非常重视小微企业发展，连续出台一系列包括税收优惠在内的相关政策，扶持小微企业发展。为确保支持小微企业发展政策的落实，国务院领导同志多次作出重要批示，今年上半年以来，国务院还组织对多个省市开展了工作督导。税务总局明确提出，要把认真贯彻落实各项税收优惠政策作为税务系统的一项重要工作。各级税务机关要进一步提高思想认识，高度重视小微企业税收优惠政策的落实工作，并提升到“政治任务”层面，列入重要议事日程，下大力气抓好抓实。要集思广益，打破常规，确保小微企业减免税取得成效。税政、征管、纳税服务、信息化等部门要群策群力，各司其职，形成合力，全力把小微企业税收优惠政策落到实处。

二、持续广泛宣传，进一步营造落实小微企业税收优惠政策的良好舆论环境

一是充分利用电视、电台、网站、报纸、杂志、12366纳税服务热线、办税服务厅、人民来信等平台和载体，通过网站在线访谈、电视电台访谈等方式，持续做好小微企业税收优惠政策宣传工作。要注重研究新闻传播规律，转变宣传视角，创新宣传内容，抓住不同阶段、不同税种的宣传重点，增强针对性，找准宣传点和切入点，做到通俗易懂，喜闻乐见，提高宣传实效，引导舆论主旋律。二是围绕国家近几年连续调整小微企业增值税、营业税、企业所得税优惠政策情况，继续宣传相关税收优惠政策内容、减免条件、管理方式、办税程序及纳税申报表的填报方法等，便于纳税人掌握享受税收优惠政策的具体操作。要善于挖掘征纳双方落实小微企业税收优惠政策的典型案例，介绍各地落实小微企业税收优惠政策的成效，宣传税务机关在落实小微企业税收优惠政策工作中的创新做法，宣传纳税人享受小微企业税收优惠政策的所闻、所思、所感，增强感染力，进一步增强纳税人享受税收优惠政策的主动性。三是将小微企业增值税、营业税、企业所得税优惠政策及管理规定，及时补录到12366知识库，统一规范12366座席人员的答复口径，保证12366解答相关政策的准确性和权威性。在12366纳税服务热线设置小微企业税收优惠政策落实投诉专席，接受纳税人投诉，并在接到纳税人反映的问题后3个工作日内予以落实解决。四是进一步加强与工商、工业和信息化、中小企业管理等部门联系，结合税务机关掌握小微企业税收优惠政策数据，加强数据对比、分析，争取相关部门支持。

三、依托信息化手段，进一步为小微企业享受税收优惠政策提供便利

一是适应提高增值税、营业税起征点需要，进一步修改完善增值税小规模纳税人和营业税纳税人纳税申报表及填报说明，需修改申报软件的，要尽快做好软件升级调整工作。二是在企业所得税方面，税务机关要进一步明确职责、理顺流程、整合资源，及时完善、修改企业所得税预缴申报软件和信息系统，增加对纳税申报的提示、提醒功能。在申报系统中自动协助企业计算税收优惠数额供纳税人选择；在企业所得税申报期内，重点监控小型微利企业申报进度与享受税收优惠的准确性，适时开展提醒服务；申报期结束后，对未能按时享受优惠政策的企业，税务机关应尽快筛选企业名单，告知企业在以后申报期间抵顶税款。三是进一步加强小微企业享受减免税情况统计分析。各级税务机关要认真负责，客观、真实、全面地统计小微企业减免税的实际情况。

四、进一步加强工作督查和绩效考核，为落实小微企业税收优惠政策提供组织保证

小微企业税收优惠政策“含金量”高，各级税务机关必须进一步采取有效措施，解决政策执行“最后一公里”问题。要充分认识到“尸位素餐是腐败，不作为的‘懒政’也是腐败”，进一步应用工作督查和绩效考核手段，增强基层税务机关落实小微企业税收优惠政策的执行力。小微企业各项税收优惠政策落实情况已经列为重点督办和绩效考核事项，各省税务机关务必高度重视，周密部署，确保小微企业优惠政策落实到位。上级税务机关要根据小微企业税收优惠政策落实工作情况，准确把握时间、工作节点，对重点地区、受惠面低的地区有针对性地开展工作督查。发现思想不重视、工作不到位、责任心不强、落实不力的单位，要认真整改，并实行批评问责。

在落实小微企业税收优惠政策工作中，各级税务机关要加强与上级税务机关联系，及时反映政策落实问题，按要求反馈工作情况及统计数据，加强对小微企业税收优惠政策统计分析工作。

国家税务总局

2014年10月16日

关于知识产权支持小微企业发展的若干意见

（国知发管字〔2014〕57号）

为贯彻落实《中共中央关于全面深化改革若干重大问题的决定》、《国务院关于进一步支持小型微型企业健康发展的意见》（国发〔2012〕14号）精神，深入实施国家知识产权战略，切实做好《国家中长期人才发展规划纲要（2010—2020年）》中实施知识产权保护政策相关工作，激发小微企业（系指《中小企业划型标准规定》（工信部联企业〔2011〕300号）中的小型、微型企业）创造活力，全力支持小微企业创业创新发展，提出以下意见。

一、扶持小微企业创新发展

（一）支持创新成果在国内外及时获权。完善专利审查快速通道，对小微企业亟需获得授权的核心专利申请予以优先审查，并按照《发明专利申请优先审查办法》规定的程序办理。充分利用电话讨论、远程会晤等方式指导小微企业合理缩短实质审查时间。开展小微企业专利审查高速路（PPH）推广帮扶项目，编制针对小微企业的海外获权指导手册，建立小微企业国外专利申请—获权援助渠道，支持小微企业在海外快速获得专利权。

（二）完善专利资助政策。积极探索推进小微企业专利费用减免政策，支持小微企业知识产权创造和运用。加大对小微企业专利申请资助力度，推动专利一般资助向小微企业倾斜。结合科技型中小企业专利申请“消零”行动，对小微企业申请获权的首件发明专利予以奖励。鼓励小微企业通过实施专利提高专利产品种类和产值，对小微企业通过独占许可和排他许可方式引进实施专利给予专项资助。

（三）创新知识产权金融服务。建立小微企业知识产权金融服务需求调查制度，深入开展专利价值分析服务和政策宣讲，鼓励小微企业以质押融资、许可转让、出资入股等方式拓展知识产权价值实现渠道。加强与商业银行的知识产权金融服务战略合作，进一步推动开发符合小微企业创新特点的知识产权金融产品，引导各类金融机构为小微企业提供知识产权金融服务。鼓励建立小微企业信贷风险补偿基金，对知识产权质押贷款提供重点支持。加快推动知识产权保险服务纳入小微企业产业引导政策，完善小微企业风险补偿机制。充分发挥支持性财税政策的引导作用，通过财政补贴和风险补偿等方式合理降低贷款、担保和保险等费率。

二、完善小微企业知识产权社会化服务

（四）加快知识产权公共服务体系建设。深入推进中小企业知识产权战略推进工程，建立健全省、市、县三级知识产权服务网络，完善对小微企业创业辅导、管理咨询、投资融资、人才培训、技术创新等方面的知识产权服务功能。在小微企业集聚的创业基地、孵化器、产业园等逐步建立知识产权联络员制度和专家服务试点，吸纳专利代理人及其他服务机构人员深入参与，并提供必要财政支持，逐步形成小微企业知识产权服务长效机制。

（五）发挥知识产权社团组织作用。鼓励知识产权行业协会吸收小微企业入会，充分发挥行业协会在制定行业标准、开展行业自律、调解知识产权纠纷、规范市场秩序等方面的积极作用，切实维护小微企业合法权益。支持知识产权行业协会创新服务模式，利用互联网等新技术搭建小微企业会员交流平台，积极开展企业间专利信息共享、协同运用、联合维权、管理咨询等活动。

（六）调动和优化配置知识产权服务资源。建立健全知识产权服务规范、服务评价和激励机制，引导各类知识产权服务机构为小微企业提供质优价惠的专业服务。鼓励每名专利代理人每年为小微企业免费代理一件以上的专利申请，对服务小微企业绩效突出的知识产权服务机构给予奖励和项目优先委托。可采取“专利服务券”等政府购买服务方式满足小微企业服务需求。

三、提高小微企业知识产权运用能力

（七）提升知识产权管理水平。实施小微企业知识产权管理能力提升计划，建立联系、辅导工作机制，引导小微企业建立与发展阶段和发展目标相适应的知识产权管理制度。鼓励科技型小微企业贯彻实施《企业知识产权管理规范》国家标准，组织专家团队对有需求的小微企业对标诊断，并指导制定贯标工作方案。对通过知识产权管理体系认证的小微企业可予以合理资助和奖励。

（八）做好知识产权优势培育工作。建立符合小微企业特点的知识产权优势培育体系，制定培育措施，并围绕小微企业发展定位进行个性化培育。对研发投入和专利成果达到一定水平，产品市场占有率较高的小微企业，集中优势资源重点培育。支持科技型小微企业申报国家级知识产权优势企业。

（九）加强专利信息利用。充分发挥专利信息导航作用，在小微企业集聚区开展专利导航公共服务平台建设，为政府部门分类、分级培育小微企业提供决策支撑。加强专利信息传播利用基地建设，深入开展专利信息利用帮扶促进工作，开展专利信息助推小微企业创新发展试点。依托各类服务平台向小微企业免费或低成本提供专利查新检索服务，广泛开展知识产权信息订制推送服务。

（十）提升知识产权实务技能。将小微企业的业务骨干培养纳入年度全国知识产权人才培训计划，加强小微企业研发人员专利撰写、专利分析等实务能力的培养。加强国家中小微企业知识产权培训基地建设，建立小微企业管理团队知识产权业务技能培养机制，每年培训1万名小微企业经理人、研发负责人和创业者。

（十一）鼓励专利创业创新。引导高校院所、科研组织与小微企业开展知识产权合作互助，建立订单式专利技术研发体系，帮助小微企业进行专利创业和专利二次开发。鼓励国有企事业单位将闲置专利向小微企业许可转让，引导国家级知识产权示范企业履行社会责任，向小微企业低成本或免费实施专利许可。积极组织拥有知识产权项目的小微企业参加境内外展览展销活动，在名额、费用等方面适当倾斜。

四、优化小微企业知识产权发展环境

（十二）扶持知识产权服务业小微企业发展。实施知识产权服务引导项目，培育知识产权服务品牌机构，支持和引导民营知识产权服务机构健康发展。有序开放知识产权基础信息资源，增强小微型知识产权服务机构市场服务供给能力。完善行业信用评价、诚信公示和失信惩戒等机制。鼓励服务机构成立区域性服务联盟，实现优势互补、资源共享。通过政府投入引导资金或购买服务等方式，支持小微型知识产权服务机构参与知识产权公共服务。支持有条件的地区探索制定项目补贴、定向资助等具体措施。

（十三）加大专利行政执法力度。积极开展电子商务领域、展会、重点行业和市场执法维权工作，着力打击专利侵权假冒行为，切实维护小微企业产品开发、生产、销售等各环节的合法权益。结合小微企业技术创新周期短、实用新型和外观设计专利较多、涉案金额相对较低等特点，加快推进建立专利侵权纠纷快速调解机制，帮助小微企业及时获得有效保护。

（十四）推进知识产权维权援助工作。加强知识产权保护法律法规、典型案例的宣传和培训，增强小微企业知识产权保护意识。鼓励各维权援助中心在小微企业聚集区设立分中心、工作站等，帮助被侵权小微企业制定完善的维权方案，提高确权效率，降低维权成本。积极主动提供维权服务，对于小微企业符合立案条件的举报投诉线索，及时移送行政执法部门。针对经济困难的专利权利主体，推动建立小微企业维权援助工作机制。

（十五）营造良好舆论氛围。加强小微企业知识产权扶持政策宣讲和典型宣传，发挥新闻媒体优势，采用专题、专栏、专版等形式，广泛报道小微企业创新发展的扶持政策和典型案例，深入挖掘小微企业运用知识产权创新发展的典型经验。面向小微企业组织召开相关政策宣讲会，编制并发放知识产权政策宣传册（页）。

各省（区、市）知识产权局要结合本地区发展实际，研究制定具体落实措施，帮助小微企业解决现实难题。国家知识产权局将加强政策解读和任务细化，建立有利于小微企业发展的知识产权考核评价机制，推动有关政策尽快“落地”。从2015年开始，各省（区、市）知识产权局要将本地区上一年度小微企业知识产权工作的情况、成效、问题、下一步打算及政策建议，于每年1月底前专题报我局。

国家知识产权局

2014年10月8日

北京技术创新行动计划（2014—2017年）

（京政发〔2014〕11号）

为坚持和强化北京作为全国政治中心、文化中心、国际交往中心、科技创新中心的城市战略定位，进一步加快本市技术创新体系建设和产业发展，在成功实施“‘科技北京’行动计划（2009—2012年）——促进自主创新行动”基础上，结合实际，制定本行动计划。

一、指导思想和主要目标

（一）指导思想

坚持以邓小平理论、“三个代表”重要思想、科学发展观为指导，深入学习贯彻党的十八大、十八届三中全会和习近平总书记系列重要讲话特别是考察北京工作时的重要讲话精神，按照市委、市政府关于深入实施创新驱动发展战略的决策部署，紧紧围绕国家重大战略需求和首都城市战略定位，准确把握科技创新的发展目标、实现路径和重点任务，深化科技体制改革，充分发挥市场配置资源的决定性作用，更好发挥政府作用，加快以企业为主体的技术创新体系建设，不断提高自主创新能力，促进科技成果产业化和新技术新产品的推广应用，为推动首都城市可持续发展和服务民生重大需求提供科技支撑，率先形成创新驱动的发展格局，更好地服务国家创新体系建设。

（二）主要目标

——科技体制改革取得重要突破。进一步打破行业壁垒、部门分割和所有制限制，跨部门、跨领域、跨区域的统筹协调机制不断健全，科技创新政策体系进一步完善，建立主要由市场决定技术创新项目、经费分配和成果评价的机制。创新商业模式，促进科技成果资本化、产业化。中关村国家自主创新示范区建设步伐加快，形成分工明确、布局合理、相互联动、协同发展的“一区多园”发展格局。

——以企业为主体的技术创新体系进一步完善。产学研用协同创新的利益分配机制取得新突破，产业、经济、科技、消费等政策资源实现深度融合。培育一批具有国际竞争力的创新型企业和国际知名品牌，培养和聚集一批优秀创新人才特别是产业领军人才，突破一批核心、关键和共性技术，形成一批技术标准，转化一批重大科技成果，做强“北京创造”和“北京服务”品牌。企业在技术创新决策、研发投入、科研组织和成果转化中的主体作用进一步强化，大型企业创新骨干作用进一步发挥，中小企业创新活力进一步激发。到2017年，高新技术企业、重点市属国有企业研发经费支出占主营业务收入比重分别达到5.5%和3.0%。

——科技支撑经济发展方式转变的作用更加突出。到2017年，全社会研发经费支出占地区生产总值比重达到5.5%；技术交易增加值占地区生产总值比重达到9.5%；战略性新兴产业增加值占地区生产总值比重达到25%；高技术产业、信息服务业和科技服务业增加值占地区生产总值比重达到34%；中关村国家自主创新示范区总收入达到6万亿元，对首都经济增长贡献率达到25%。

——科技支撑城市可持续发展和服务民生重大需求的能力显著提升。城市管理的精细化、智能化水平进一步提高，防灾减灾和应急处置能力进一步增强，城市运行更加安全高效。生态环境明显改善，重点食品安全实现全程可追溯，重大疾病防治水平明显提高，首都科技创新的辐射带动和示范引领作用更加显著。

二、创新重大专项组织管理方式

遴选若干重大战略领域、关键共性技术或重大工程作为重大专项，改革政府科技创新组织方式，优化重大专项管理机制，努力提升重大专项实施效果。

（一）明确重大专项设置原则

坚持突出创新导向，积极开展基础性、战略性、前沿性科学研究和共性技术研究，加大科技创新储备，积极培育先导技术和战略性新兴产业。

坚持围绕城市可持续发展和重大民生需求，突破一批关键共性技术和重大公益性技术，通过商业模式创新和政策集成加快新技术新产品的示范应用和推广，在破解城市发展难题的同时培育具有竞争力的产业。

坚持技术创新市场导向机制，发挥市场对技术研发方向、路线选择、要素价格、各类创新要素配置的导向作用。

坚持与国家科技重大专项、国家重大科技工程和存量科技资源、现有计划规划的衔接配套，提升重大专项整体效能。

（二）健全三级组织管理体系

成立行动计划领导小组。领导小组由市委、市政府主管领导担任组长，市有关部门、区县政府主管领导为成员，负责重大专项的顶层设计、重大事项决策和组织协调。领导小组办公室设在市科委。

明确重大专项组织单位。组织单位由市有关部门和区县政府组成，负责落实重大专项实施的相关支撑条件，研究提出重大专项实施方案，制定配套政策，确定项目承担单位及支持方式，组织对项目的监督检查，支持相关科技成果的推广应用。

遴选重大专项项目承担单位。引导具有较强科研能力和配套支撑条件的企业、高等学校、科研院所以及产业技术创新联盟等各类创新主体作为项目承担主体参与重大专项。充分发挥企业参与重大专项的积极性，促进产学研用协同创新。重大专项项目承担单位负责具体项目实施，是重大专项的实施主体和具体项目的责任主体。

（三）完善重大专项全过程管理

完善重大专项决策机制。行动计划领导小组根据国家和首都发展需要广泛征集需求，提出重大专项并明确组织单位。重大专项组织单位根据重大专项目标，设计分解任务体系，明确重点任务和项目承担单位。充分发挥项目承担单位在技术研发方向、路线选择、经费管理等方面的决策自主权，健全和完善市场决定技术创新项目立项、经费分配、成果评价的机制。

完善重大专项组织机制。重大专项组织单位明确企业、研究机构参与重点任务的准入条件。采取定向委托、择优委托、招标等方式遴选项目承担单位，明确项目承担单位权利和责任，并将形成技术标准作为重大专项考核的重要指标。将知识产权管理纳入重大专项实施全过程，支持开展知识产权检索、分析、申请、预警、保护和维护等，提升知识产权的运用和商用化水平。

建立决策、执行、监督相对分离的全周期监督评估机制。建立第三方评估机制，由具有相应资质的第三方专业机构对重大专项执行情况、组织管理、保障条件、经费管理、预期前景等进行独立评估。对重大专项组织单位，重点考核评估专项实施方案制定与推进、组织协调、配套政策措施制定及落实、支持成果转化和应用示范等方面的情况；对项目承担单位，重点考核评估项目执行、经费管理、履行义务、重大成果报告及信息反馈等方面的情况。探索后评估制度，对重大专项验收当年及随后3年的效益和影响等进行科学评估。探索建立科技报告制度，将重大专项的立项结果、进展成效、动态调整、评估结果等信息及时向社会公布。

（四）强化重大专项项目分类管理

将重大专项项目划分为政府直接组织开展、政府支持开展、 政府鼓励开展三类，并根据创新链布局变化和项目进展情况进行动态调整。

政府直接组织开展的项目。对具有战略性、前沿性和较强的公益性，尚不具备市场化条件或短期经济回报具有不确定性，需要政府汇聚资源协同攻坚的项目，以政府直接组织为主，充分发挥政府规划布局、区域协调、政策联动和组织推进等作用，通过体制机制创新，将各种要素组合起来搭建平台，采取直接委托与招投标相结合的立项组织方式实施。

政府支持开展的项目。对有技术基础，产业化目标较为明确，但市场基础薄弱，风险较大，所属领域产业链仍不完善的项目，由政府引导并鼓励企业、金融机构等加大投入，通过竞争性项目、政府采购新技术新产品、科技成果示范推广等方式给予支持。

政府鼓励开展的项目。对产业化目标明确，市场基础好，所属领域符合首都资源禀赋特点和发展定位，但产业亟需转型升级或向高端、集群化发展的项目，通过政府竞争性项目招投标、共性平台搭建、后补助、股权投资等鼓励方式和政策措施营造发展环境。

三、完善政策保障措施

（一）完善投融资政策

健全多元化投入体系，鼓励多种方式筹措实施资金，积极吸纳中央企业、市属国有大中型企业以及民营资本等社会资金投入。改善科技型中小企业融资条件，鼓励金融机构推进知识产权质押贷款、科技保险、科技物业资产证券化等科技金融产品创新，促进科技成果资本化、产业化。完善无偿资助、偿还性资助、贷款贴息、风险补偿、股权投资、后补助等多样化财政资金支持方式。加快推进“1+6”先行先试政策，落实“新四条”政策措施。探索采用创新券制度，促进中小企业联合高等学校、科研院所开展科技攻关。发挥区县参与重大专项的积极性，对研发和生产分离的项目承担单位在本市范围内形成的地方税收，由研发所在区县和生产所在区县按比例分成。

（二）强化市场拉动

培育新技术新产品应用的市场环境。加大市、区县两级财政资金对新技术新产品的采购力度，研究制定促进公共服务部门和国有企业采购新技术新产品的政策。深化新技术新产品政府采购试点工作，通过首购、订购、首台（套）重大技术装备试验和示范项目、推广应用以及远期采购合约等方式，带动新技术新产品在全社会的推广应用。支持企业承接重大建设工程，以应用为导向，实施科技成果应用示范工程。通过预留、评审优惠和合同分包等方式提高中小企业政府采购比例。建立符合国际规则的政府采购技术标准认证制度，有针对性地制定符合首都产业和产品发展的标准。严格执行节能、环保产品优先采购政策。研究节能环保等领域的新技术新产品消费扶持政策。积极推行新能源汽车租赁、合同能源管理、现代废旧商品回收利用、电子商务等新型商业模式，发展商业性的增值服务新业态。

（三）创新人才机制

探索建立分层次、多领域的引才用才平台，凝聚和培养一批高端技术人才、科技成果转化人才和项目管理人才，推进首都人才集群化发展。鼓励入选“千人计划”“海聚工程”等高层次人才积极参与重大专项。把人才培养和团队建设作为项目立项、实施、考评的重要指标。完善以科研能力和创新成果等为导向的科技人才评价机制。探索建立灵活多样的创新型人才流动与聘用方式。鼓励高等学校、科研院所、国有企业提高职务发明成果所得收益用于奖励研发及成果转化人员的比例，奖励不计入单位工资总额。

（四）优化空间布局

加快推进中关村国家自主创新示范区一区十六园与行政区的融合发展和有效对接，培育多点支撑的经济发展格局。在市级层面建立重大产业项目统筹协调机制，引导全市产业项目合理布局。加强对全市产业用地的统筹指导，研究完善以技术创新性强、产出效益明显、产业聚集度高、生态效益好为主要目标的产业准入标准和土地评价体系。积极探索集体建设用地使用的流转机制，推进国有土地使用权转让、作价出资、租赁或抵押，确保重大项目快速落地。研究制定中小企业工业楼宇产权分割政策，盘活、新建持有型科技物业，鼓励将经认定的集中办公区优先作为重大专项项目承担单位的办公场所。

（五）营造有利于创新的生态环境

深化企业主导的产学研用协同创新机制，围绕创新链和产业链布局创新资源。深化首都科技条件平台与科技成果转化平台建设，建立健全组织方式、工作机制和绩效评价体系，促进科技资源开放共享。重点培育并优先发展科技类社会组织，成立时直接依法申请登记。鼓励社会资本投资兴办孵化机构，引导孵化机构提升产业培育能力。培育和发展要素市场，完善技术市场运行机制。加快建设国际技术转移中心、国家技术转移集聚区和国家技术标准创新基地，促进国际技术转移和产业化项目在北京落地。主动融入环渤海、京津冀区域，加快推进首都经济圈建设，形成区域协调发展新格局。面向全社会征集技术和成果需求，创新宣传方式和渠道，鼓励全社会参与技术创新行动计划。

四、组织实施重大专项

按照成熟一个、启动一个和动态调整的原则，先期启动实施一批市场需求迫切、技术创新基础较为成熟且需要进一步创新政府组织管理机制的重大专项。

专项一：首都蓝天行动

重点组织实施大气污染成因与预警预报研究、能源清洁高效利用、推广应用新能源和清洁能源汽车、重点污染源防治技术研究与示范等任务。到2015年，大气污染成因与传输规律研究取得阶段性成果，推广应用7万辆新能源和清洁能源汽车，生物燃气形成约6000万立方米生产能力。到2017年，建立动态高分辨率的污染源排放清单，提高重污染天气预测预警准确率，推广应用20万辆新能源和清洁能源汽车，生物燃气形成约2亿立方米生产能力，全市工业重点行业挥发性有机物排放比2012年累计减少50%左右，燃气工业锅炉氮氧化物排放大幅降低，促进环保产业快速发展。

重点任务分解：

1. 大气污染成因与预警预报研究。市环保局牵头组织开展以下重点工作：一是开展细颗粒物（PM2.5）的污染成因、传输规律、源解析、源排放清单研究，大气中氨排放现状及来源分析，以及细颗粒物对人群健康影响的研究。二是开展大气重污染监控及预警技术体系研究，开发监测仪器设备，提高重污染预报预警能力和水平。三是协助建立区域大气污染联防联控技术体系。

2. 能源清洁高效利用。市发展改革委、市农业局牵头组织开展以下重点工作：一是梳理并推广应用煤炭清洁利用、半导体照明、余热回收利用、建筑节能、住宅产业化、热泵等先进适用的节能技术和产品。二是推广应用分布式能源技术。在典型应用领域建设高效燃气分布式能源系统，推进太阳能等可再生能源的综合利用。三是实施生物燃气产业科技示范工程。开展生物燃气综合利用关键技术和产品研发，促进生物燃气规模化生产。建设生物燃气科技产业化基地。

3. 推广应用新能源和清洁能源汽车。市科委、市交通委牵头组织开展以下重点工作：一是开展整车优化研究，采用高效电机提高整车驱动效率。优化整合零部件供应体系，提升关键零配件性能，提高整车性价比。提高车辆智能化、信息化水平，提高纯电动汽车使用价值。二是研究制定鼓励个人购买和使用新能源汽车的相关政策。在财政资金补助和购车指标确认上给予政策支持，并在公交、环卫、邮政、物流、租赁、出租等公共服务领域加大示范应用力度。完善充电桩等配套设施建设。三是完善公共领域运营保障平台、智能充换电服务平台和检验检测服务平台建设，保障新能源汽车安全运行。四是推进新能源汽车产业化。

4．重点污染源防治技术研究与示范。市环保局、市经济信息化委牵头组织开展以下重点工作：一是严格规范环保标准。加快修订重点行业大气污染物排放标准，加严污染物排放限值。初步建成大气污染物排放标准体系。二是推进清洁生产。组织和引导企业开展清洁生产技术改造，推进工业开发区开展生态化建设。三是控制重点污染物排放。开展挥发性有机物、氨、餐饮油烟和道路扬尘治理。推动燃气锅炉低氮燃烧技术改造。

专项二：首都生态环境建设与环保产业发展

重点组织实施水资源保护与利用、垃圾处理和资源化利用、北京生态功能提升等任务。到2015年，突破一批关键技术，形成10项以上重大创新成果，污水处理能力、再生水使用规模、垃圾处理能力和资源化利用率进一步提高，首都生态环境标准体系进一步完善，为实现全市环保产业产值达到2500亿元提供科技支撑。到2017年，形成20项以上重大创新成果，实现再生水出水稳定达到地表Ⅳ类水，重大园林绿化工程良种使用率达到95%，生态承载能力提高25%。

重点任务分解：

1．水资源保护与利用。市水务局牵头组织开展以下重点工作：一是开展饮水安全工艺提升和城乡供水保障，推广节水新技术新产品，推动海水淡化应用及产业化。二是开展污水处理与再生水利用，推广先进污水处理工艺和污泥处置技术，扩大再生水利用规模，培育一批水处理龙头企业。三是开展水环境保护、清洁小流域和水源地治理，防治水体富营养化和地下水污染，推广雨水利用技术。

2．垃圾处理和资源化利用。市市政市容委、市发展改革委牵头组织开展以下重点工作：一是开展垃圾处置重点环节关键技术与装备的优化和示范应用，培育相关产业。引导生活垃圾处理技术和装备向外地输出。二是推动建筑垃圾、园林废弃物等的资源化利用和产业化。

3．提升生态功能。市园林绿化局牵头组织开展以下重点工作：一是开展森林、绿地和湿地生态系统功能提升，加快景观生态林建设、营造及多功能经营，提升健康绿道景观多样性与功能，推进湿地恢复与保护。二是开展林木优良种质资源保护、繁育与利用，建设资源数据库和基因库，开展特殊濒危种质资源重点保护，培育、驯化及繁育优良乡土树种。三是开展生态修复技术推广应用与产业培育，以及土壤质量评价、污染防控与有机质提升。

专项三：城市精细化管理与应急保障

重点组织实施城市运行效率提升、重点行业运行安全保障、应急救援能力提升和产业发展等任务。到2015年，健全精细化管理机制，形成重点行业运行安全保障技术产品体系，集成一批高效实用的应急救援装备，促进城市精细化管理与应急保障能力进一步提升。到2017年，编制和修订一批精细化管理与应急保障技术标准、规范和技术指南，提高精细化管理水平、运行安全监控手段和应急救援装备的原创水平，形成一批具有自主知识产权的新方法、新工具和新装备，推动城市管理与应急保障由人力支撑型向科技支撑型转变。

重点任务分解：

1．提升城市运行效率。市交通委、市公安局公安交通管理局牵头组织开展以下重点工作：一是开展面向特大城市的交通体系规划研究。二是提升城市交通智能化水平，建设地面公交智能运营系统、智能车辆管理系统及综合枢纽一体化信息服务系统。三是建设公众出行信息服务系统，推广应用动静态信息采集新技术新产品，完善公众出行信息一体化服务。

2．重点行业运行安全保障。市市政市容委、市交通委牵头组织开展以下重点工作：一是保障"城市生命线"系统安全，提升水、电、气、热、道路、桥梁等基础设施运行信息的实时监测、动态分析、预测预警和风险研判能力。开展地下管线及其生存环境的探测检测、远程监控及物联网新技术感知设备的应用。二是保障轨道交通运营安全，开展轨道交通运营安全监控体系建设，以及应急处置技术的研发与应用。

3．应急救援能力提升和产业发展。市科委、市应急办牵头组织开展以下重点工作：一是加强应急处置相关通信、信息技术创新，开展救援处置成套装备和集成解决方案研究，加强火灾、危化品泄漏等事故控制能力，加快救援技术及装备研发，支撑应急物资和生产能力储备体系建设。二是加快北京应急救援科技创新园、产业园和中国安全生产科学研究院安全工程技术实验与研发基地、同方威视安检设备产学研基地建设，提升服务功能，促进成果孵化、转化，吸引企业集聚发展。

专项四：首都食品质量安全保障

重点组织实施食用农产品生产基地安全保障、食品生产加工质量安全保障、食品物流质量安全保障和食品质量安全检测监控等任务。到2015年，研发集成应用食品安全新产品、新技术、新装备320种以上；建立健全种养业安全生产标准体系，研究开发加工食品品质评价和鉴别、食品加工过程有害物形成控制等新技术和新工艺，开展全产业链的食品安全质量控制和智能化食品安全追溯技术开发与应用，搭建多品种、全方位、高效率的食品安全检测服务平台；实现绿色食品、有机农产品生产量比"十一五"末翻一番，本市流通环节食品安全抽检合格率达到97%以上，食品安全平均检测准确率达到95%以上。到2017年，有效支撑设施种养殖业加快升级，进一步提升食品生产加工及食品质量安全检测监控水平，实现肉蛋奶等重点产业食品安全全程可追溯，全面保障首都食品质量安全。

重点任务分解：

1．食用农产品生产基地安全保障。市农委、市科委牵头组织开展以下重点工作：一是推动食用农产品标准化基地创建及升级改造，实现规模化、标准化生产。二是加快生物农业安全投入品研发及产业化，开展共性技术攻关。三是实施"菜篮子"安全生产技术集成应用，加快优质、高产、低碳、循环等先导技术的转化应用。

2．食品生产加工质量安全保障。市食品药品监管局、市农委牵头组织开展以下重点工作：一是开展安全婴幼儿配方奶粉研发与产业化，打造国产婴幼儿配方奶粉安全品牌。二是加快安全食品加工技术研发与食品制造技术升级。三是建设安全食品产业聚集区，推动农产品加工与资源综合利用技术的集成应用和产业示范。

3．食品物流质量安全保障。市商务委、市经济信息化委牵头组织开展以下重点工作：一是强化农业物联网技术、产品在食品安全物流中的集成应用。二是开展农业物联网、冷链物流等关键技术研究与攻关。三是深化食品安全追溯体系建设，开展“从田间到餐桌”全过程信息采集标准化技术研究与应用。

4．食品质量安全检测监控。市食品药品监管局、市科委牵头组织开展以下重点工作：一是建设食品安全检验检测服务平台，构建覆盖全面、链条完整的追溯体系。二是开展食品安全风险评估与预警新技术研发，推动食品安全风险评估防控体系建设。三是研究高通量、高精准检测技术，开发智能化、数字化快速检测试剂和设备。

专项五：重大疾病科技攻关与管理

重点组织实施十大疾病科技攻关与管理、生命科学前沿技术和首都特色学科创新研究等任务。到2015年，形成5项以上有国际影响力的创新性成果，形成20个处于国内领先地位的优势学科，制定60项诊疗技术规范和标准。到2017年，形成10项以上有国际影响力的创新性成果，形成30个处于国内领先地位的优势学科，制定100项诊疗技术规范和标准。

重点任务分解：

1．十大疾病科技攻关与管理。市科委、市卫生计生委牵头组织开展以下重点工作：一是开展健康教育与健康促进。二是开展提升重大传染病综合防控能力的关键技术研究。三是开展提升重大慢性病综合防治能力的关键技术研究。四是开展重大创新成果惠民应用。

2．生命科学前沿技术和首都特色学科创新研究。市科委牵头组织开展以下重点工作：一是培育生命科学前沿技术。二是促进首都临床特色学科的保持与发展。

专项六：新一代移动通信技术突破及产业发展

重点组织实施技术突破与标准研发，芯片、终端与系统设备研发与产业化，移动通信与互联网大数据应用服务等任务。到2015年，在第五代移动通信技术（5G）、大数据、自防御网络（SDN）等领域突破一批关键技术，参与国际标准制定，巩固本市在移动通信与互联网领域排头兵地位。到2017年，关键技术取得标志性成果，抢占国际标准制高点，形成全球领先的移动通信与互联网领域技术群与产品群，培育、聚集核心研发团队，催生可持续输出原创性核心技术及创新产品的龙头企业，加速新一代移动通信技术与各行业的广泛融合。

重点任务分解：

1．技术突破与标准研发。市科委、市质监局牵头组织开展以下重点工作：一是开展第五代移动通信技术预研与标准制定。二是开展云计算及大数据关键技术攻关与标准突破。

2．芯片、终端与系统设备研发与产业化。市经济信息化委、市科委牵头组织开展以下重点工作：一是突破核心芯片关键技术并实现产业化。二是突破新型显示关键技术并实现产业化。三是推进智能终端研制与产业化。四是加快推进系统设备产业化及网络基础设施建设。

3．移动通信与互联网应用服务。市科委、市经济信息化委牵头组织开展以下重点工作：一是促进龙头企业开放应用服务平台资源。二是拓展云计算与大数据应用服务。三是开展以北斗导航为主的空天信息应用服务。四是推动智能终端与网络系统的信息安全服务。

专项七：数字化制造技术创新及产业培育

重点组织实施数字化增材制造（3D打印）创新及产业培育、机器人及自动化成套装备创新及产业培育等任务。到2015年，数字化增材制造领域重点突破一批原创性技术，研制一批高端装备和专用材料；在养老健康、文化教育等领域产生一批具有代表性的服务机器人及成套装备产品，并在典型领域应用验证；以增材制造和机器人为核心的数字化制造产业实现产值超过120亿元，培育形成新的经济增长点。到2017年，推动数字化增材制造产品在航空航天、船舶、医疗器械与健康服务、大众消费和创意设计等领域得到广泛应用；机器人及成套装备在汽车制造、物流搬运、养老健康、文化教育等领域得到广泛应用；北京数字化制造产业集群式发展，实现产值超过230亿元，形成“北京创造”品牌。

重点任务分解：

1．数字化增材制造创新及产业培育。市科委、市经济信息化委牵头组织开展以下重点工作：一是攻克一批重大关键技术，推进数字化增材制造技术跻身国际先进水平。二是完善科技创新平台，支撑持续产出原创性技术。三是推动科技成果转化，促进数字化增材制造技术应用。四是优化产业布局，推动数字化增材制造产业集群式发展。

2．机器人及自动化成套装备创新及产业培育。市科委、市经济信息化委牵头组织开展以下重点工作：一是开展以整机为牵引的关键技术攻关、功能部件及成套装备研发。二是推动整机成果转化和产业化，培育系统集成商。三是培育壮大机器人市场。四是引导在海淀、大兴等区域形成机器人产业集聚。

专项八：生物医药产业跨越发展

重点组织实施支柱产业跨越发展、完善创新驱动政策体系等任务。到2015年，重点培育1—2个百亿级企业和1—2个20亿元以上“重磅产品”，10亿元以上企业增加到20家，5亿元以上品种增加到25个，生物医药产业实现总收入1800亿元，年复合增长率20%以上。到2017年，生物医药产业力争成为支柱产业。

重点任务分解：

1．实现支柱产业跨越式发展。市科委牵头组织开展以下重点工作：一是开发重磅产品，培育龙头企业，实现重大产品突破，推动形成支柱产业。二是布局一批原创性前沿技术，储备一批临床前创新品种，提升持续创新能力。

2．完善创新驱动政策体系。市科委、市发展改革委牵头组织开展以下重点工作：一是统筹产业规划和土地供给，巩固大兴区（亦庄）和海淀区、昌平区“一南一北、功能互补”的产业发展格局。二是发挥临床、金融等对产业的支撑作用。三是发挥产业政策和市场对创新发展的支撑和引领作用。

专项九：轨道交通产业发展

重点组织实施提升高端装备研制水平、提升工程技术服务能力、加大城市轨道新技术新产品研发及示范应用等任务。到2015年，在机车、车辆、通信、信号、养护、维修、检测、施工等领域突破一批关键技术，研制出20项新技术新产品。到2017年，装备制造企业科技研发能力进一步增强，培育一批具有行业竞争力的工程技术服务企业和“专、特、精、新”企业，形成50项新产品，进一步提高城市轨道建设及运营技术水平，促进轨道交通产业集群发展。

重点任务分解：

1．提升高端装备研制水平。市科委、市发展改革委、市经济信息化委牵头组织开展以下重点工作：一是支持铁路货车、机车、城市轨道车辆等装备制造企业调整产品结构，提升产业规模。二是支持通信、信号、指挥调度、控制、信息系统新技术新产品研发，支持系统集成创新，提升测试、试验、认证能力。三是提升丰台区、海淀区等轨道交通产业集聚区核心竞争力，推动已规划和在建的轨道交通科技创新园、产业基地建设。

2．提升工程技术服务能力。市科委、市重大办牵头组织开展以下重点工作：一是提升铁路和城市轨道路基、桥涵、隧道、轨道工程施工、检测等技术水平。二是提升轨道交通规划、设计、咨询、监理、工程承包等技术服务水平；完善试验验证、认证检测等公共服务平台建设。

3．加大城市轨道新技术新产品研发及示范应用。市重大办、市交通委牵头组织开展以下重点工作：一是开展城市轨道交通设计咨询、建设施工、装备制造、运营安全等关键技术研发，加快新技术新产品推广应用，打造集成“北京创造”品牌产品和自主创新技术的示范工程。二是开展适合北京城市发展的立体轨道交通体系研究，加快中低速磁悬浮、跨座式单轨、现代有轨电车等制式轨道交通技术创新和成果应用。

专项十：面向未来的能源结构技术创新与辐射带动

重点组织实施能源开发与利用关键技术和核心装备攻关，加快能源科技和产业资源集聚，促进能源科技产业发展等任务。到2017年，在化石能源和新能源领域取得50项具有国际先进水平的技术创新成果，形成60个由“千人计划”专家领衔的能源研发团队，初步建成未来科技城、中石油科技园、中核科技园等8个能源科技创新基地，促进北部研发带能源科技和产业资源进一步聚集，实现产业规模突破1500亿元，进一步增强对全国能源发展的辐射带动作用。

重点任务分解：

1．能源开发与利用关键技术和核心装备攻关。市科委牵头组织开展以下重点工作：一是在化石能源领域，重点支持石油和天然气（页岩气、煤层气）勘探与高效开发、煤炭清洁转化利用、火电节能减排、重型燃气轮机、特高压输变电、智能配用电等关键技术研究及应用。二是在新能源领域，重点推动太阳能、风能核心技术的研究与示范应用；支持核电先进堆型关键技术研发和服务。

2．加快能源科技和产业资源集聚。市科委、昌平区牵头组织开展以下重点工作：一是加快未来科技城高层次人才和科研团队聚集，促进项目合作和信息交流；鼓励未来科技城集成生态、低碳、绿色的新技术、新设计、新产品并推广应用。二是促进未来科技城、中石油科技园、中核科技园等能源科技创新基地协同发展，加快科技成果转化落地，培育一批工程服务、技术服务骨干企业。

3．促进能源科技产业发展。市科委、市发展改革委牵头组织开展以下重点工作：一是支持软件研发、数据解析、检测认证、设计咨询等工程技术服务能力提升，聚集金融、商务、科技等要素，推进北京科技商务区（昌平）建设，扩大能源科技产业规模。二是推动中央企业、高等学校、科研院所的科研成果在区域大气污染防治和本市能源设施、能源产业基地建设中应用；支持新型能源管理模式推广。三是通过技术交易、工程服务等形式，发挥龙头企业在国家重点能源工程中的集成优势，辐射带动国内能源发展方式转变和产业转型升级。

专项十一：先导与优势材料创新发展

重点组织实施纳米材料原始创新和集聚发展、先导材料国产化开发和高端产业培育、优势材料产业竞争力提升和辐射带动等任务。到2015年，建成国家级纳米科技产业化基地，形成5项以上国际一流原创性成果，占领全球纳米科技战略制高点；实现航空发动机与燃气轮机用高性能高温合金、增材制造用相关金属与高分子材料等先导材料的国产化开发，促进非晶带材与高性能磁性材料等优势材料的大规模应用推广，做强优势材料产业并辐射带动相关下游产业。到2017年，推进纳米材料在信息、能源、环境、生物医药等领域的应用，实现80项以上纳米重大科技成果的转化，实现20项以上高温合金、增材制造材料等先导材料及其应用产品的开发和批量生产，持续提升非晶带材、高性能磁性材料等优势材料的创新能力和市场竞争力。

重点任务分解：

1．纳米技术原始创新和集聚发展。市科委牵头组织开展以下重点工作：一是支持纳米原创性技术攻关，搭建共性技术创新支撑平台，吸引全球纳米顶尖人才和团队来京创新创业，建设国际一流的纳米科技创新中心。二是加强产业园区建设，完善创业服务体系，培育高端纳米产业，推动产业聚集发展，建设北京国家纳米高新技术产业化基地。三是组织召开大型国际研讨会，促进技术交流与合作，参与国际相关标准制定，提高北京在全球纳米领域的影响力。

2．先导材料国产化开发和高端产业培育。市科委、市经济信息化委牵头组织开展以下重点工作：一是支持一批先导材料的国产化开发，促进先导材料及其产品的成果转化和产业化。二是加强先导材料的应用产品开发，培育先导材料高端应用产业，支撑下游产业的转型升级。

3．优势材料产业竞争力提升和辐射带动。市科委、市经济信息化委牵头组织开展以下重点工作：一是加强优势材料技术创新和产品性能提升，增强优势材料产业的创新能力和市场竞争力。二是加大优势材料的应用研究和相关产业化关键技术攻关，促进优势材料的大规模应用，辐射带动下游产业发展。

专项十二：现代服务业创新发展

重点组织实施科技服务业促进、科技金融创新、文化科技融合、现代服务业重构等任务。到2017年，培育一批知名设计品牌，设计产业总收入超过1600亿元，形成一批年收入超过10亿元的工程技术服务企业，集聚一批专业科技服务机构，实现超过1000项重大科技成果交易；形成完善的科技金融服务体系；培育1000家特色文化科技融合企业，建成有国际影响力的文化科技融合示范基地；推进以云计算、大数据、物联网等技术支撑的电子商务、现代物流、养老健康等服务业应用创新和转型升级。

重点任务分解：

1．科技服务业促进。市科委、西城区、海淀区牵头组织开展以下重点工作：一是开展研发服务创新，建设市级重点实验室、市级工程技术研究中心，深化首都科技条件平台建设。二是推进北京“设计之都”建设，实施首都设计产业提升计划，加快中国设计交易市场、北京市设计创新中心建设。三是鼓励工程技术服务企业提供工程技术整体解决方案和国际化发展。四是推动科技中介服务业发展，打造科技企业孵化全链条服务模式，提升专业服务能力。五是推动技术交易服务业发展，促进技术市场发展，推进国家技术转移集聚区建设。

2．科技金融创新。市科委、市金融局牵头组织开展以下重点工作：一是完善首都科技创新投融资体系，创新科技金融产品和服务，促进科技与金融资本对接，完善多层次资本市场，促进科技成果转化和产业化。二是建立和完善以财政资金为引导、社会资金为主体的创业资本筹集机制和市场化的创业资本运作机制，引导社会投资积极参与，促进创新创业。

3．文化科技融合。市科委、市文资办、市文化局牵头组织开展以下重点工作：一是研发具有自主知识产权的共性关键技术，提高对重点文化领域的科技支撑水平，培育特色鲜明、创新能力强的文化科技企业。二是加强文化领域技术集成创新与商业模式创新，培育新兴文化产业，提高文化事业服务能力。三是推进中关村国家级文化和科技融合示范基地建设、文化创意产业集聚区建设，支持服务文化科技融合的技术创新战略联盟、专业孵化器和公共服务平台等文化科技创新体系建设。

4．现代服务业重构。市科委牵头组织开展以下重点工作：一是建立完善现代服务业技术支撑体系，提高服务业应用创新和转型升级能力。二是促进电子商务创新发展，加快完善云计算、大数据环境下的电子商务支撑和服务体系，积极创建国家电子商务示范城市。

北京市人民政府

2014年4月14日

北京市人民政府关于加快发展人力资源服务业的意见

（京政发〔2014〕31号）

人力资源是坚持和强化首都城市战略定位，加快构建“高精尖”经济结构的重要战略资源。大力发展人力资源服务业，有利于完善现代人力资源市场体系，促进人力资源开发配置和科学管理，充分发挥本市人力资源和人才资源优势；有利于发挥市场在人力资源配置中的决定性作用，完善促进就业创业体制机制，实现更高质量的就业；有利于挖掘人才潜力，提升人才效率，加快推进科技创新、文化创新“双轮驱动”发展战略，促进经济转型升级，更好地推动京津冀协同发展。

近年来，本市人力资源服务业呈现良好发展势头，多元化、多层次的人力资源市场服务体系初步建立，形成了一批人力资源服务产业集聚区域和人力资源服务知名品牌，整体服务能力和服务质量不断提升。同时也要看到，本市人力资源服务业发展还存在着行业规模偏小、市场体系不完善、服务供给不足、服务产品同质化倾向较重、国际竞争力较弱、扶持政策不足等问题，难以有效满足经济社会快速发展对人力资源服务不断增长的需求。为深入实施就业优先战略和人才强国战略，加快推进本市人力资源服务业发展，现提出以下意见。

一、总体思路和发展目标

深入贯彻落实党的十八大、十八届三中全会和习近平总书记系列重要讲话特别是考察北京工作时的重要讲话精神，立足首都城市战略定位，坚持以产业引导、政策扶持和环境营造为重点，深化人力资源市场改革，创新体制机制，激发市场活力，增加服务供给，提升服务质量，逐步实现人力资源服务产业规模不断壮大，人力资源市场基本公共服务充分保障，服务社会就业与人力资源开发配置能力明显提升，形成专业化、信息化、产业化、国际化的人力资源市场和较为完善的现代人力资源市场体系，努力把本市建成优质人力资源聚集辐射基地、人力资源服务产业孵化基地、人力资源服务产业总部基地、人力资源服务技术和产品创新基地、人力资源市场大数据处理分析中心、人力资源服务业国际交流中心，成为人力资源服务业发展的战略高地。

到2020年，实现以下重点发展目标：

——人力资源服务业规模逐步壮大。人力资源服务机构总数达到1600家，其中人力资源服务企业总数达到1200家。行业年营业总收入突破1800亿元，年均增长不低于10%。

——人力资源服务产业结构实现优化升级。推进人力资源服务产业规模化、集约化、专业化、规范化发展，培育一批具有国际知名度和市场竞争力的人力资源服务企业。获得“中国驰名商标”荣誉称号的企业达到5家，获得“北京市著名商标”荣誉称号的企业达到10家。年营业收入10亿元以上的企业达到50家，50亿元以上的企业达到10家，100亿元以上的企业达到5家。

——人力资源市场基本公共服务充分保障。形成服务体系健全、财政保障有力、运行效率较高的人力资源市场公共服务体系，为城乡劳动者提供均等和优质的服务，为就业困难群体提供就业援助。

——人力资源服务业发展环境进一步优化。建立健全人力资源市场法律法规体系、标准规范体系、诚信服务体系，营造统一开放、竞争有序的市场发展环境，使市场成为人力资源配置的主要渠道。

二、大力培育人力资源服务产业

（一）推进规模化发展。支持人力资源服务企业办理集团登记，支持连锁企业总部集中办理分支机构登记注册。鼓励支持人力资源服务企业通过市场机制兼并、收购、重组或组建企业联盟，积极发展混合所有制经济，推动国有人力资源服务企业完善现代企业制度，支持非公有制人力资源服务企业健康发展，提高非公有制经济在人力资源服务业中的比重，打造一批实力雄厚、影响力大、核心竞争力强的人力资源服务企业集团。引导人力资源服务产业与高端制造业、战略性新兴产业、文化创意和设计服务等新型高端服务业的产业对接和产业融合，重点打造人力资源服务与产业人才需求联动的服务产业链，拓宽服务领域，为重点行业发展和重点功能区建设提供更好的人力资源服务保障。

（二）推进集约化发展。依托已形成的产业发展优势，提高产业集聚发展效益。争取国家相关部门支持，推进建设中国北京人力资源服务产业园区，形成全市人力资源市场公共服务枢纽型基地和人力资源服务产业创新发展平台。鼓励有条件的区县加快建设人力资源服务产业集聚区，增强产业关联性，促进产业融合，形成布局合理、投资主体多元、有利于企业良性竞争的产业发展格局。鼓励中关村国家自主创新示范区、北京经济技术开发区和其他各类产业园区，通过功能叠加，建立人力资源服务产业园区或人力资源服务支撑体系。通过实施减免租金、贷款贴息、政府优先购买服务等优惠政策，吸引各类人力资源服务机构入驻园区。在人力资源服务产业园区进行人力资源服务业发展综合改革试点，在财政、金融、土地、税费、人力社保及服务模式等方面探索创新，先行先试，完善体制机制和政策措施，促进人力资源服务业创新发展。

（三）支持重点领域发展。鼓励人力资源管理咨询、人力资源外包、素质测评、人力资源培训、高级人才寻访、人力资源信息网络服务等重点领域发展。对经认定为技术先进型服务企业的从事人力资源外包服务的服务机构，按照国家服务外包示范城市有关政策，按15%减征企业所得税，其职工教育经费按不超过企业工资总额8%的比例据实在企业所得税税前扣除，对符合条件的企业从事离岸外包业务取得的收入按规定享受增值税免税政策。针对人力资源服务业特点完善增值税政策，增加应纳税所得额的抵扣项目。推进国有企业合理增加市场化选聘比例，以更宽视野选拔人才。鼓励国有企事业单位通过市场机制，选择人力资源服务机构提供专业化服务，降低人力资源管理开发成本。

（四）扶持小型微型企业发展。贯彻落实《国务院关于进一步支持小型微型企业健康发展的意见》（国发〔2012〕14号）要求，鼓励人力资源服务小型微型企业专业化发展。在落实国家和本市已出台的各项税收优惠政策的同时，进一步加大对人力资源服务小型微利企业的税收优惠，对应纳税所得额低于10万元（含）且符合税法规定条件的小型微利企业，其所得减按50%计入应纳税所得额，按20%的税率征收企业所得税。高校毕业生创办人力资源服务企业的，纳入国家和本市高校毕业生创业政策扶持范围。

（五）推进科技创新。鼓励有条件的高等院校、研发机构、人力资源服务知名企业、各类产业园区，设立博士后科研流动站、博士后科研工作站或博士后（青年英才）创新实践基地，建立人力资源市场领域理论研究和产品研发机构，推动人力资源服务理论、商业模式、新技术等方面的研究和应用。加强技术集成和服务模式创新，鼓励开展云计算和软件运营服务，促进人力资源服务产业技术升级。人力资源服务企业为开发新技术、新产品发生的可纳入企业所得税税前加计扣除的研究开发费用，未形成无形资产计入当期损益的，在按照规定据实扣除的基础上，按研究开发费用的50%加计扣除；形成无形资产的，按无形资产成本的150%摊销。

（六）打造优质服务品牌。鼓励人力资源服务机构创新服务产品、服务理念和经营模式，塑造优质服务品牌，构筑企业竞争优势，拓展人力资源服务业发展空间。鼓励企业注册和使用自主商标，培育一批国内著名、国际知名的人力资源服务北京品牌，对获得"中国驰名商标""北京市著名商标"荣誉称号或通过人力资源服务机构等级评定的企业，研究制定相关奖励政策。加强对人力资源服务企业自主品牌建设的支持，在同等条件下优先向品牌企业购买公共服务；加大金融支持力度，鼓励金融机构面向品牌企业开展商标等无形资产质押贷款；加大品牌宣传推介力度，积极组织品牌企业参加交流推广活动。

（七）加快推进国际化步伐。提高人力资源市场对外开放水平，实施更加开放的市场准入制度。在制定人力资源市场负面清单基础上，保障各类市场主体依法平等进入负面清单之外领域。引进一批具有国际先进水平的人力资源跨国机构，在中关村国家自主创新示范区设立中外合资人才中介机构，外方合资者可以拥有不超过70%的股权，最低注册资本金由30万美元降低至12.5万美元，其他条件仍按《中外合资人才中介机构管理暂行规定》（人事部、商务部、国家工商行政管理总局第5号令）执行。鼓励支持在本市注册的人力资源服务机构走向世界，在国（境）外设立分支机构。支持开展国际人才交流与合作，鼓励承接国际服务外包业务，发展服务贸易，发展外向型服务，促进人力资源服务发展方式转变。搭建政府主导的国际人才交流公共服务平台，拓宽海外高层次人才引进渠道，重点引进符合本市经济社会发展特点和实施创新驱动发展战略所急需的国际化高端人才。通过人力资源服务机构选聘的高端人才入选"海外高层次人才引进计划""北京海外人才聚集工程"等国家和本市高层次人才引进项目的，给予选聘单位和人力资源服务机构奖励。

（八）加大投融资力度。将人力资源服务业纳入本市现代服务业产业发展政策和资金的支持范围。加大对人力资源服务企业及其建设项目的信贷投入，积极鼓励和引导金融机构创新金融产品和服务方式，拓宽信贷抵押担保范围，探索信用担保等方式，拓展市场化融资渠道，鼓励支持人力资源服务企业上市融资。搭建政府引导、市场运作、企业和社会组织参与的人力资源服务产业发展金融支持平台，增强人力资源服务机构自身的造血功能。

（九）加快专业人才培养。制订人力资源服务业领军人才培养计划，加强现有人力资源服务机构高层次人才培养，吸引海内外高层次人才，打造一支职业素质优良、结构合理、涵盖人力资源服务业各领域的国际化、复合型、领军型人才队伍。

不断提高人力资源服务从业人员的专业水平、服务能力及综合素质，加强从业人员资格培训和高级管理人员研修培训，组织人力资源服务机构高级管理人员赴国（境）外培训或聘请外国专家来京开展培训。开展人力资源服务业优秀调研成果和理论研究成果评比活动。

三、加强人力资源市场基本公共服务

（一）推进公共服务体系建设。整合人才市场和劳动力市场，充分运用和发挥人力资源市场公共服务机构的职能优势，加强公共服务管理，规范公共服务流程，实现人力资源市场公共服务的资源整合、优势互补。构建覆盖城乡、统一规范、上下贯通、便捷高效的人力资源市场公共服务体系。

（二）完善基本公共服务功能。坚持以人为本的服务理念，规范服务项目，拓展服务功能，扩大服务供给，创新人力资源市场公共服务提供方式。统一人力资源市场公共服务的管理体制、运行机制、服务标准和绩效考核制度，提升人力资源市场公共服务的人性化、科学化、精细化、均等化水平，使其成为促进就业、人才开发、人力资源配置的重要支撑。

（三）提升基本公共服务水平。加快建设人力资源市场信息系统和公共服务网络平台，实现全市人力资源市场公共服务体系业务处理信息化、管理手段现代化、服务方式智能化的全过程管理。充分利用和整合服务资源，加强人力资源市场公共服务场所设施建设，形成规模适度、布局合理、功能明确、服务便捷、统一规范的服务网络。完善城乡发展一体化体制机制，加大公共资源城乡统筹力度，逐步实现人力资源市场基本公共服务的公平性、全覆盖和均等化。

（四）加大政府购买基本公共服务力度。加大政府购买人力资源市场基本公共服务力度，支持经营性人力资源服务机构参与公共就业服务活动、实施公共就业和人才服务项目，按照有关政策规定给予相应补贴。完善人力资源市场基本公共服务政府购买制度和评估考核办法。

四、优化人力资源服务业发展环境

（一）加强统筹协调，形成工作合力。各区县政府、市政府各相关部门要高度重视人力资源服务业发展工作，形成齐抓共管、整体推进的工作局面。各区县政府要建立由分管区县长牵头、各有关部门参与的工作协调机制，加强人力资源服务业发展的统筹规划、综合协调，及时研究解决重大问题，研究出台有关政策措施并抓好落实。市人力社保、发展改革、财政、税务、规划、国土、住房城乡建设、商务、金融、工商、质监等部门要依据各自职责，加强协调配合，加大对人力资源服务业的扶持力度。

（二）改进宏观监测，加强规划研究。建立科学的人力资源服务业统计制度和信息发布机制，完善统计调查方法和指标体系。加强对人力资源服务业发展内在规律的研究，科学分析发展状况，创新发展理论，定期发布《北京人力资源服务业蓝皮书》。将人力资源服务业发展纳入本市国民经济和社会发展规划，列为服务业重点发展领域，制定和组织实施人力资源服务业发展专项规划，明确发展思路、发展目标、空间布局、设施建设、资金投入、政策保障等内容，提升人力资源服务业的经济贡献率。

（三）创新管理方式，优化市场环境。加快人力资源市场立法工作，推进人力资源市场法制化建设。完善与国家标准相配套、与国际标准相衔接的人力资源服务地方标准体系，推动实施人力资源服务地方标准，促进行业规范发展。依法治理和规范引导相结合，处理好政府和市场的关系，形成科学有效的人力资源市场管理体制和运行机制，规范人力资源服务行为，提升人力资源市场配置效率。依法加强人力资源市场监管，建立公平开放透明的市场规则，规范市场准入，禁止随意提高市场准入门槛和无故延长审核审批时限，提升人力资源市场治理能力和行政效率。深入推进人力资源服务机构诚信创建活动，清理整顿市场秩序，加大对侵犯求职者和用人单位合法权益行为的打击力度。充分发挥人力资源服务行业协会作用，支持行业协会创建“枢纽型”社会组织，激发社会组织活力，带动行业健康发展。加大对人力资源服务业的舆论宣传力度，营造良好发展环境。

（四）发挥首都优势，实现协同发展。全面推进本市人力资源市场改革创新发展，更广泛地激活北京要素资源，加快培育合作竞争新优势，推动对内对外开放相互促进、引进来和走出去更好结合。采取积极措施，打通京津冀人力资源市场，加强战略合作，积极开拓和融入京津冀及环渤海地区人力资源协同发展新空间，在更大范围发挥功能拓展、资源配置和辐射带动作用，显著增强辐射区域、服务全国、融入国际市场的能力，实现首都人力资源服务业整体发展水平的显著提升。

北京市人民政府

2014年9月29日

北京市人民政府办公厅关于加快推进科研机构科技成果转化和产业化的若干意见（试行）

（京政办发〔2014〕35号）

为深入贯彻落实党的十八大、十八届三中全会和习近平总书记系列重要讲话特别是考察北京工作时的重要讲话精神，深化科技体制改革和产学研用协同创新，加快科研机构科技成果转化和产业化，提高科研机构服务首都经济社会发展能力，不断强化北京作为全国科技创新中心的城市战略定位，特提出如下意见。

一、深化科技成果管理改革。探索建立科技报告和科技成果登记制度。鼓励科研机构通过托管等方式，委托第三方专业技术转移机构代理开展科技成果许可、转让、投资等工作。除涉及国家安全、国家利益和重大社会公共利益外，科技成果的知识产权由承担单位依法取得，赋予科研机构自主处置权。试行科研机构科技成果公开交易制度，科技成果可以通过在技术市场挂牌等方式确定价格并实现交易。鼓励科研机构加强知识产权保护和运用。

二、推进科研资产管理改革。推进应用型技术研发机构市场化、企业化改革。市属科研机构改制为企业的，根据科技成果转化需要，其已经实际使用的房屋所有权或使用权、土地使用权等资产，可以按国有资产管理相关规定变更房屋、土地产权手续。鼓励市属科研机构将与科技成果转化相关的仪器设备等固定资产，以及科技成果等无形资产的所有权或使用权入股组建科技成果转化实体，取得的市场收益，在履行相关审批手续并纳入预算管理后，可以用于与科技成果转化相关的市场经营活动。

三、深化财政经费管理改革。进一步完善以市场、需求为导向的科研项目立项机制。由市财政科技资金资助的科技成果转化和产业化项目，项目承担单位可以根据转化和产业化需要，从项目经费中列支厂房、设备及相关费用。进一步提高项目承担单位经费使用自主权，提高经费使用效益。优化市财政经费资助项目（课题）的组织流程，统筹安排财务、绩效等检查工作，并强化检查结果共享。

四、强化科研人员激励机制。鼓励科研机构聘任高层次人才，在经核定的岗位结构比例范围内，市属科研机构可以自主设置科研岗位。市属科研机构可以采用年薪工资、协议工资等方式聘任高层次人才，人员工资以及实施股权激励等费用可以从科技成果转化收益中开支，经批准可以一次性计入当年科研机构工资总额，但不纳入工资总额基数。建立科研人员成果转化收益分配机制，经职工代表大会同意，科研机构可提取70%及以上的转化所得收益，划归科技成果完成人以及对科技成果转化作出重要贡献的人员所有。科研机构中从事科技成果转化和产业化的科研人员可以列入中关村国家自主创新示范区高端领军人才专业技术资格评价试点范围，评价合格人员可以获得高级工程师（教授级）专业技术资格。

五、加强对科研机构新技术新产品的应用和推广。使用市、区（县）两级财政资金采购的机关、企事业单位，以及市、区（县）两级财政资金全额投资或部分投资项目的出资、建设和管理单位，在使用财政资金采购时，通过首购、订购等方式，支持科研机构的新技术新产品在城市建设、智能交通、健康养老、文化惠民、城市安全运行和应急救援等领域的应用和推广。

六、优化科技金融服务环境。鼓励在京金融机构为科研机构科技成果转化和产业化提供知识产权质押贷款、股权质押贷款、科技企业信用贷款等科技金融服务。可以通过风险备偿、业务补助、贷款贴息等方式，将市财政经费用于支持科技服务机构、金融机构、科技企业开展融资对接、产品和服务创新。引导民间资本依法设立科技成果转化创投基金，支持科研机构科技成果转化和产业化。

七、支持科研机构深入开展协同创新。深化“首都科技条件平台”建设，鼓励科研机构将仪器设备、科学数据、科技文献等科技资源向社会开放，根据开放的科技资源量及市场评价的服务业绩给予后补助支持。鼓励科研机构与企业联合共建重点实验室、工程（技术）研究中心、技术转移中心和产业技术创新战略联盟，开展重大课题攻关和科技成果转化。通过政府购买服务等方式，支持科研机构为企业提供研发、中试、技术咨询、人才培训等服务。

八、完善科研机构成果转化平台。鼓励科研机构利用仪器设备、自有房屋、土地等资源，自建或与社会资金联合共建科技企业孵化器，为科技型中小企业提供孵化服务，其土地供应可以采取协议出让等方式。科研机构建设的科技企业孵化器，可以优先认定为市级孵化器，符合条件的可以推荐为国家级孵化器，并享受财政经费支持等政策优惠。建立市、区（县）两级科技成果转化用地协调机制，鼓励科研机构科技成果在区（县）转化落地。

九、广泛开展国际交流与合作。充分发挥中国北京国际科技产业博览会、中国（北京）国际服务贸易交易会、联合国教科文组织创意城市北京峰会、中国（北京）跨国技术转移大会、国家技术转移集聚区等平台作用。支持科研机构通过国际国内展会平台对外展示科技成果，寻求科技成果转化合作，参与国际标准制定，抢占知识产权和标准的制高点。支持海外风险投资机构来京发展，鼓励投资机构加大对科研机构科技成果转化和产业化项目的投资力度。

本意见所指的科研机构是指在北京市行政区域内依法依规设立，具有开展研究工作的科研人员、科研仪器设备以及实验场地等基本条件，在自然科学及其相关科学技术领域从事研究、开发的各类机构，包括科研事业单位、高等学校的科研机构、各类企业和社会组织中的科研机构。

北京市人民政府办公厅

2014年6月9日

北京市人民政府办公厅关于进一步加强金融支持小微企业发展的若干措施

（京政办发〔2014〕58号）

为深入贯彻落实国务院稳增长、促改革、调结构、惠民生系列政策措施，结合《北京市促进中小企业发展条例》有关规定，现就进一步加强对符合首都城市战略定位的小微企业的金融支持，提出以下工作措施。

一、加强信贷政策引导

（一）对涉农票据、小微企业票据和中小金融机构票据优先办理再贴现；对小微企业票据比例达到一定水平或小微企业贷款达到"增速不低于各项贷款平均水平，增量不低于上年同期水平"（以下简称"两个不低于"）指标的金融机构，适当增加再贴现额度。（人民银行营业管理部牵头）

二、加快小微企业信息服务平台建设

（二）加快建设中小企业公共服务平台，搭建"1×16×N"的立体式公共服务平台骨干网络，进一步提升服务能力。（市经济信息化委牵头）

（三）发挥首都金融服务商会作用，加快建设小微企业综合金融服务电子交易平台；整合注册登记、人才技术、纳税缴费、劳动用工、水电气热等企业经营信息，着力推进小微企业信息平台建设；积极推动以上两个平台对接，切实加强撮合交易工作，提高小微企业融资对接效率。（市金融局、市经济信息化委按职责分工负责）

（四）进一步完善人民银行征信体系中的北京市中小企业金融服务平台，加快建立小微企业评级发布和信息通报制度。（人民银行营业管理部牵头）

三、强化对小微企业的增信服务

（五）鼓励各要素市场建立健全会员企业信用评估体系，切实发挥为小微企业融资增信服务功能，进一步丰富产业链融资和商业圈融资模式。（市金融局牵头）

（六）推广融资性担保联盟模式，促进担保公司通过组建联盟建立风险共担机制，为小微企业融资提供多渠道、专业化的增信服务。（市金融局牵头）

（七）加强对担保公司的监督管理，支持合规经营、资本金充足、风险管理完善的政策性担保公司增设服务网点，扩大服务覆盖范围，简化担保手续，促进风险分担。优化小微企业房产抵押登记手续、流程，提高抵押办理效率。（市金融局、市住房城乡建设委按职责分工负责）

（八）进一步规范小微企业融资担保的风险补偿工作，对代偿小微企业不良贷款的担保机构，按照有关规定予以相应补偿，鼓励担保机构加大为小微企业融资担保服务的力度。（市财政局、市金融局按职责分工负责）

（九）总结推广海淀区中小企业信贷履约保证保险短期贷款项目试点经验，扩大覆盖范围，为全市小微企业信贷保险提供保证。（市经济信息化委、北京保监局、北京银监局按职责分工负责）

四、发展小型金融机构

（十）促进大中型银行进一步加快小微企业专营机构建设和向下延伸服务网点。支持在小微企业集中的地区设立村镇银行等小型金融机构并加快网点建设，扩大对小微企业金融服务的覆盖范围。（北京银监局牵头）

（十一）加快小额贷款公司发展，积极引导小额贷款公司切实服务实体经济，降低融资成本。加快发展文化产业小额贷款公司。（市金融局、市文资办按职责分工负责）

五、拓宽小微企业直接融资渠道

（十二）充分发挥全国中小企业股份转让系统、北京股权交易中心等场外市场作用，推动小微企业优化股权结构，规范公司治理，进一步拓宽融资渠道。（北京证监局、市金融局、中关村管委会、市经济信息化委按职责分工负责）

（十三）通过发行企业集合债券、集合信托、中小企业私募债券等直接融资工具，进一步扩大小微企业直接融资规模，并逐步提高社会资本参与募集的比例。（人民银行营业管理部、市金融局、市经济信息化委、中关村管委会按职责分工负责）

（十四）支持符合条件的创业投资企业、股权投资企业、产业投资基金发行企业债券，专项用于投资小微企业；支持符合条件的创业投资企业、股权投资企业、产业投资基金的股东或有限合伙人发行企业债券，扩大创业投资企业、股权投资企业、产业投资基金资本规模。（市发展改革委、市金融局按职责分工负责）

六、创新小微企业金融服务模式

（十五）完善科技、文化领域小微企业融资配套政策，研究推进专利、商标、版权等知识产权资产的评估、转让、处置工作。（市科委、市文资办、市知识产权局、市版权局、市工商局、市金融局、中关村管委会按职责分工负责）

（十六）在风险可控的前提下，积极发展互联网金融服务模式。推动第三方支付机构为小微企业发展提供多样化支付服务。（市金融局、人民银行营业管理部、北京银监局、市经济信息化委、中关村管委会按职责分工负责）

（十七）积极推进银行间市场的中小企业循环授信集合票据试点开展产品创新。（人民银行营业管理部、市金融局按职责分工负责）

（十八）加大对服务小微企业的优质信贷产品宣传力度，扩大优质信贷产品发放规模。（市金融局、人民银行营业管理部、北京银监局、中关村管委会按职责分工负责）

七、降低小微企业融资成本

（十九）进一步完善银行收费定价机制，加强对小微企业融资等基本银行服务收费的监督管理，治理金融机构不合理收费和高收费行为。通过财政补贴和风险补偿等方式，鼓励融资担保公司等金融中介机构合理降低服务费率。（市发展改革委、北京银监局、市金融局、市财政局、人民银行营业管理部、市经济信息化委按职责分工负责）

八、完善相关配套政策措施

（二十）深入贯彻落实国务院关于工商登记制度改革总体要求，简化小微企业注册登记等手续，提高审批效率。（市工商局牵头）

（二十一）进一步细化对“两个不低于”的考核措施，完善小微企业申贷获得率、综合金融服务覆盖率等指标的考核办法，并建立健全相应的考核通报机制。（北京银监局牵头）

（二十二）进一步细化完善小微企业规模和行业的划型标准，重点扶持科技、文化类等符合首都城市战略定位的小微企业。（市经济信息化委、市统计局按职责分工负责）

（二十三）简化小微企业不良贷款核销程序，在政策规定的范围内简化自主核销税前扣除的申报要求，提高银行核销小微企业不良贷款的积极性。支持银行在符合政策规定的前提下，探索创新小微企业不良贷款的化解方式。（人民银行营业管理部、北京银监局、市国税局按职责分工负责）

（二十四）宣传普及金融知识，加大对非法金融活动的打击力度。（市金融局、人民银行营业管理部、市公安局、市高级人民法院、市人民检察院等按职责分工负责）

北京市人民政府办公厅

2014年11月7日

北京市人力资源和社会保障局等九部门关于进一步加大创业孵化基地扶持力度鼓励创新创业的意见

（京人社服发〔2014〕83号）

为贯彻落实十八届三中全会关于“健全促进就业创业体制机制”的精神，进一步加大创业孵化基地扶持力度，加快推进本市创业孵化体系建设和发展，提高全市创业孵化能力和服务水平，营造良好的创新创业环境，促进我市创业带动就业工作，根据《国务院关于批转促进就业规划（2011—2015年）的通知》（国发〔2012〕6号）、《人力资源和社会保障部关于推进创业孵化基地建设进一步落实创业帮扶政策的通知》（人社部函〔2012〕108号）、《北京市人民政府办公厅转发市人力社保局关于营造创新创业环境推进创业带动就业工作指导意见的通知》（京政办发〔2011〕66号）的相关要求，结合工作实际，提出如下意见。

一、推动创业孵化基地发展的必要性和基本原则

加大扶持力度，推动创业孵化基地（以下简称“孵化基地”）发展是创新创业服务体系建设的重要内容，是营造良好创新创业环境的有效途径。加强孵化基地建设，有利于促进产业集群式发展，优化产业结构和资源配置，加速科技成果转化，形成创新驱动发展的格局；有利于降低创业风险，助推创业实体快速成长和发展，提升吸纳就业的能力，发挥创业带动就业倍增效应，促进劳动者实现更高质量就业；有利于培育创新创业人才，增强首都智力资源优势。

孵化基地建设应以科学发展观为指导，以激励创新创业为目标，以促进创新驱动发展和创业带动就业为导向，遵循“政府引导、市场运作、统筹规划、示范引领”的基本原则，加强部门间协调配合，统筹资源，共同推进。重点加强对创新创业型和吸纳就业型创业实体的创业孵化服务，兼顾创新驱动发展的经济效益和创业带动就业的社会效益。

二、多层次推进创业孵化基地建设

孵化基地是包括孵化器、科技园、创业园、创业基地等在内的为入驻创业实体提供创业孵化服务的各类载体的统称。相关部门应结合各自职能，加强协作，建设多种类型的孵化基地，促进孵化基地多元化、专业化、市场化发展。市人力社保部门可根据全市孵化基地建设情况，会同相关部门适时开展市级创业孵化示范基地认定工作。

（一）以扶持科技创新创业为导向，加强科技企业孵化机构建设。市科委、中关村管委会以吸纳高端创新创业人才、扶持科技型创新创业企业为目标，以发展战略性新兴产业为重点，加强科技企业孵化器发展规划，不断创新孵化模式，激发科技创新创业活力，提升首都科技创新能力。市科委、市教委、中关村管委会加强对大学科技园建设的支持，充分发挥大学智力资源优势，鼓励有能力、有意愿的大学生进入科技园开展创新创业活动，促进产学研结合，加速科技成果转化，推动科技创新，驱动经济社会发展。

（二）以促进中小企业发展为导向，加强小企业创业基地建设。市经信委以小企业创业基地为载体，以初创期小型微型企业为扶持重点，聚合各类生产要素和服务资源，切实降低小型微型企业创业成本和风险，着力培育创新创业实体，为初创期小型微型企业营造良好的成长和发展环境，引导创新型小型微型企业集群式发展。

（三）以吸引海外创新创业人才为导向，加强留学人员创业园建设。市人力社保部门加强留学人员创业园建设，实施海外人才聚集工程，鼓励和吸引海外高端留学人才来京创新创业，不断增强支撑世界城市建设的人才竞争优势。

（四）以扶持创业、促进就业为导向，加强创业带动就业孵化基地建设。鼓励各区县结合区域功能定位和资源优势，通过自建、共建、认定挂牌等方式，发展一批孵化基地，重点扶持吸纳就业型创业实体，助推带动就业潜力大的创业实体产业化、规模化发展，促进以高校毕业生为重点的青年群体及农村转移劳动力、城镇就业困难人员、退役军人等群体通过创业实现更高质量就业。

（五）以扶持青年群体创新创业为导向，加强青年创业园建设。各级团组织应将青年创业园建设作为促进青年创新创业、实现自身价值的有效途径，发挥宣传动员优势，培育青年群体创新创业精神，充分发挥青年在创新驱动发展战略任务中的生力军作用，以青年创业园为载体，促进社会各方面扶持资源与青年创业者的有效对接，扎实推进青年创新创业工作。

三、完善政策扶持体系

各相关部门应进一步加大对孵化基地的政策扶持力度，不断落实和完善现有扶持政策，积极研究制定创新性政策，在孵化基地内聚合各部门创业就业政策，形成政策扶持合力。

（一）充分发挥各部门政策作用。孵化基地及其入驻创业实体，符合中关村“1+6”先行先试政策及“新四条”政策、市科技型中小企业技术创新资金、支持中小企业发展专项资金、就业专项资金和失业保险基金、北京青年创业就业基金和YBC（中国青年创业国际计划）创业启动资金等扶持条件的，由相关部门给予优先支持，最大限度发挥各部门扶持政策效能。

（二）大力扶持青年群体和留学回国人员创业。积极筹措资金，对孵化基地内以青年群体和留学回国人员为重点的优秀创业项目提供资金支持，充分发挥青年群体和留学回国人员在科技创新和促进就业方面的引领作用。

（三）加大小额担保贷款支持力度。在示范基地内开辟小额担保贷款绿色通道，对符合条件的创业实体，简化贷款审批流程，提高贷款效率。

（四）探索财政贴息新模式。加强资金扶持政策的研究，对孵化基地内符合本市产业导向和市人力社保部门执行的小额担保贷款政策扶持范围的创业实体，在金融机构获取商业贷款并按时还本付息的，可根据其带动就业情况给予贴息支持。

（五）完善创业培训补贴政策。对孵化基地内初创企业法定代表人或主要负责人开展创业培训，提高其创业成功率。对参加培训的创业者给予培训补贴。

（六）探索创业培训与孵化基地对接的激励措施。鼓励孵化基地将预孵化服务延伸到创业培训工作中，建立创业培训与预孵化对接机制。孵化基地对创业培训定点机构培训学员提供创业项目评估论证、创业场地支持、跟踪指导等预孵化服务的，给予一定额度的补助。

四、加大创业服务力度

（一）强化创业培训工作。相关部门积极发挥各自创业培训资源优势，结合实际需求，针对孵化基地入驻创业实体开展形式多样的创业能力提升培训。加强市人力社保部门创业培训定点机构的认定和管理工作，促进合理布局，更好地发挥其在创业能力提升培训方面的基础性作用。充分发挥社会培训机构专业化优势，鼓励具备相应资质的社会培训机构积极参与创业能力提升培训。鼓励孵化基地对内部管理人员和服务人员开展培训，不断提升管理和服务水平。鼓励各类培训机构积极同孵化基地开展合作，创新后续跟踪服务模式，为优秀创业培训学员提供预孵化服务，提高创业成功率。

（二）提高创业服务水平。充分发挥各相关部门公共服务机构职能优势，积极为孵化基地入驻创业实体提供政策咨询、开业指导、人力资源引进、跟踪辅导等“一条龙”服务。鼓励孵化基地合理设置服务项目，规范服务流程，不断提高服务水平。鼓励孵化基地同投资机构、金融机构和担保机构对接，为入驻创业实体搭建融资服务平台。鼓励孵化基地整合自有资金、社会资本等设立创业投资基金，优化投资结构。鼓励金融机构和担保机构创新服务措施，加大对孵化基地入驻创业实体的融资、担保服务力度。探索建立创业服务信息交流共享平台，聚合政府部门、社会服务机构和孵化基地等相关服务信息，为创业者提供便捷服务。

（三）加强宣传引导。积极开展创业孵化成果展示、创新创业大赛、创业交流等多种形式的主题活动，在全社会营造鼓励创新、支持创业的良好氛围，引导劳动者转变就业观念，积极通过创业实现更高质量就业。对孵化基地扶持政策、先进经验及优秀成果进行宣传和推广，引导各类市场主体积极开展创业孵化服务，结合市场需求建设多种类型的孵化基地，逐步扩大孵化基地规模。利用各种媒介广泛宣传国家及本市创业孵化政策，在孵化基地内对各项创业就业优惠政策集中进行宣传，扩大政策影响力，提高孵化能力，吸引更多创业者进入孵化基地创业，促进形成政府激励创业、社会支持创业、劳动者勇于创业的新机制。

五、完善组织保障

各单位应加强协调配合，认真落实和完善各项扶持政策，积极创新服务措施，不断提高服务水平。市人力社保部门发挥市创业工作联席会议牵头部门作用，建立工作会商机制，不断加强相关扶持政策的研究、落实及相关数据统计工作，积极协调相关单位适时开展示范基地的认定。各相关成员单位积极协助市人力社保部门做好工作会商、数据统计等工作。财政部门应根据我市创业工作发展需求，积极调整财政支出结构，加大资金监管力度，提升财政资金使用效率，确保创业孵化相关工作顺利开展。

北京市人力资源和社会保障局
北京市教育委员会
北京市科学技术委员会
北京市经济和信息化委员会
北京市财政局
北京市金融工作局
中关村科技园区管理委员会
共青团北京市委员会
中国人民银行营业管理部
2014年4月4日

中共北京市海淀区委 北京市海淀区人民政府关于进一步加快核心区自主创新和战略性新兴产业发展的意见

（京海发〔2014〕10号）

为深入贯彻落实党的十八大、十八届三中全会关于全面深化科技体制改革的重要部署和首都城市战略定位调整对核心区发展提出的新要求，深入实施创新驱动发展战略，加快建成具有全球影响力的科技创新中心，提出如下意见。

一、重要意义

（一）加快核心区自主创新和战略性新兴产业发展是建设成为具有全球影响力的科技创新中心的根本途径。抢抓全球新一轮科技革命和产业变革机遇，加快建设具有全球影响力的科技创新中心，迫切需要核心区跟踪科技创新发展趋势，因势而谋、应时而动、顺势而为，着力增强自主创新能力、提升产业发展水平、强化创新引领和辐射作用，努力由全球科技创新“跟跑者”“同行者”向“领跑者”跨越转变。

（二）加快核心区自主创新和战略性新兴产业发展是落实首都科技创新中心定位的必然选择。党的十八大以来，中央对科技创新作出了系列重要战略部署，对首都城市核心功能作出了新的重要指示，尤其是科技创新中心的功能定位赋予了核心区新的战略职责，对核心区提出了新的要求。核心区既要服务国家创新驱动发展战略，担当全国创新驱动发展的排头兵，更要服务首都科技创新中心的功能定位，当好首都科技创新的领头羊。核心区必须充分发挥科技资源优势，加快自主创新和产业发展，为创新型国家建设和首都核心功能的优化调整提供重要支撑。

（三）加快核心区自主创新和战略性新兴产业发展是核心区自身实现转型升级的内在要求。当前核心区正处于转型升级的攻坚期，内部空间资源约束趋紧、先行先试政策优势逐渐削弱，外部竞争压力加剧，再造核心区发展新优势和核心竞争力，亟待核心区自主创新能力实现新飞跃、产业发展水平实现新提升。

二、总体思路

坚持以科学发展观为指导，以统筹服务首都城市功能定位和区域创新驱动发展为主线，以充分发挥市场对创新资源配置的决定性作用和更好地发挥政府对创新的引导作用，明确支持方向、聚焦支持领域、创新支持方式、优化支持力度、细化规范支持标准为原则，以把核心区打造成为各类高端创新创业要素聚集辐射中心、最具吸引力的创业中心和战略性新兴产业策源地为目标，构建聚焦化、特色化、普惠制、结果导向型的创新创业政策支持体系，着力优化创新创业环境、激发创新创业活力、提升自主创新能力、推动产业优化升级，加快构建具有区域特色的创新创业体系和现代产业体系，将核心区打造成为创新创业服务体系更加健全、创新创业激励机制更加完善、高端创新创业要素有机集聚、创新创业人才加速涌现、创新创业活力持续迸发、产业结构与人口资源环境协调可持续发展的创新沃土创业热土，加快向具有全球影响力的科技创新中心进军。

三、重点任务

（一）全面优化创新创业环境，打造最富吸引力创新创业高地。

1．强化科技创新服务支撑。支持创新服务平台建设，强化技术创新供需对接和技术研发基础支撑服务，加快构建网络化、特色化、专业化的科技创新服务支撑体系。鼓励大学科技园、孵化器、专业园区等各类创新载体建立“创新导师”队伍，按市场化方式为企业开展技术创新提供专业服务，拓展企业端创新前瞻性。

2．完善创业孵化服务体系。鼓励社会资本投资建设创新型孵化器、加速器、集中办公区等各类创业服务载体和整合创业服务资源的公共平台。支持各类创新型孵化器与加速器、大学科技园、产业园等各类创业服务载体合作对接，加快构建面向创业全过程的服务支撑体系，同步形成高成长性毕业企业跟踪筛选和落地机制。

3．优化创新创业的金融支撑。支持各类金融机构发展，鼓励引导科技金融特色机构面向科技型中小微企业开展金融产品创新和服务创新，拓宽中小微企业融资渠道、降低融资成本。加快建立支持科技创新的信贷风险补偿机制，促使金融机构加大对早期创新项目的金融服务力度。支持企业上市挂牌、融资交易及并购重组，鼓励企业积极运用资本市场快速发展壮大。

4．营造优质的知识产权服务环境。支持知识产权服务与技术转移平台建设，鼓励平台面向企业、高校院所、产业联盟等创新主体，提供信息发布、竞价交易、服务支撑等基础服务。支持企业购买知识产权高端服务，提升企业知识产权保护和运营水平。加速优质知识产权服务和技术转移机构聚集，支持知识产权服务和技术转移机构发展。

5．加快信用服务体系建设。加快企业信用信息服务平台建设，搭建开放的互联网信息查询应用平台和专业数据分析系统，为营造诚实守信市场环境提供必要的技术支撑。加快推动信用中介服务机构发展，逐步构建以信用中介服务机构为主体的市场信用服务体系。加快信用产品在政府采购、专项资金申报、工程建设项目招投标、信用融资等领域推广应用，鼓励企业购买信用中介机构的信用产品或服务。

（二）激发创新创业活力，培育支撑核心区持续发展内生动力。

1．加速存量创新资源聚变。与高校院所合作设立科技成果转化引导基金，联合社会资本撬动高校院所科技成果转移转化，重点支持符合核心区产业发展方向、具有广阔市场前景的重大科技成果就地转化。鼓励拥有科技成果的科研人员或团队“带土移植”“带技创业”，充分激发创新人才的创业活力。鼓励驻区高校院所设立科技成果转化专职岗位或专门机构，提升科技成果转化服务专业化水平。支持驻区高校院所开展知识产权权属清晰界定，对购买专业服务的费用给予补贴，构建科技成果转化储备库。

2．聚焦支持人才创新创业。强化创新创业人才激励，鼓励各类人才在核心区创新创业，对高层次创新创业人才给予多方位支持，吸引高层次创新创业人才落地生根。强化创新创业人才服务，支持各类人才服务机构发展，鼓励人才服务机构为创新创业人才提供专业化、个性化创新创业服务，加快构建全天候、全方位的创新创业人才服务体系。面向全球遴选高端创新创业人才或团队，形成企业引、社会评、政府跟进配套支持的人才服务新机制。

3．优化初创和高成长企业发展土壤。设立海淀区创业投资引导基金，引导社会资本重点支持区域特色、优势产业领域的创业企业发展。充分发挥初创期股权投资基金作用，重点培育战略性新兴产业领域的初创期和成长期企业，优化初创期和成长期企业的发展土壤，打牢区域创新发展的微观经济基础。

4．支持国际化品牌化的创新创业活动。支持区内企业举办、申办具有国际影响力的创新创业大赛和重要科技会议、产业论坛、行业国际会展等专业交流活动，依托重大创新创业活动不断发现、筛选和储备一批未来的种子企业和项目，为实现区域创新驱动发展和可持续发展储备创新生力军。

5．完善需求拉动创新机制。加快推进新技术新产品推广应用，探索建立新技术新产品推广应用新机制新模式，积极运用定制、首套购买和示范项目等政府采购方式推进企业技术和产品创新。

（三）增强企业创新能力，提升核心区的创新竞争力。

1．提升企业自主创新能力。鼓励企业加大研发投入，对研发投入持续增长、拥有自主知识产权成果并形成良好经济效益的企业给予支持。鼓励企业面向社会重大需求开展研发，重点支持企业围绕服务国家战略、化解首都经济社会发展重大难题开展创新。引导龙头企业面向技术创新需求，搭建一批专业领域的产业技术研发平台，促进上下游资源整合和优势互补，提高企业组织技术研发和产品创新的能力。

2．强化企业协同创新能力。鼓励企业与高校院所、产业联盟共建研发机构和开展研发合作，建立联合开发、优势互补、成果共享、风险共担的产学研用合作机制，构筑“学术教授+专职产业研究教授+产业科学家+职业经理人”的协同创新模式，加强对企业技术创新的理论、基础和前沿先导技术支持。鼓励产业联盟、行业协会等社会组织发挥平台作用，促进创新资源共享和供需有效对接。支持企业参与重大军工项目研发和产业化，支持社会机构搭建军民对接平台和提供军民对接服务，促进军民融合创新发展。

3．提升企业技术标准和品牌竞争力。鼓励知识产权运营服务机构开展知识产权运营投资，帮助企业运用知识产权战略提升市场竞争力。鼓励企业、产业技术联盟和行业协会合作建立专利联盟或专利池，增强高新技术企业市场话语权。支持企业、产业联盟和行业协会等积极参与重点产业领域的国际标准、国家标准和行业标准制定，提升行业技术标准竞争力。鼓励支持企业积极开展自主品牌经营，鼓励企业创建和培育知名品牌。

4．提升企业整合全球创新资源能力。鼓励企业通过人才引进、技术引进、合作研发、委托研发、建立联合研发中心、参股并购海外研发机构等方式开展国际创新合作，汇集全球创新能量助推核心区创新发展。

（四）聚焦支持重点产业，构筑质量效益导向产业发展新格局。

1．加快构筑具有核心竞争力的现代产业体系。联合社会资本、共同设立产业发展投资基金，支持移动互联网和下一代互联网、云计算、导航和位置服务、生物工程与新医药等重点产业发展，打造具有内生创新动力和核心竞争力的特色产业集群。支持核心区具有发展基础和竞争优势的先进制造等新兴产业发展，抢占未来战略制高点。支持知识产权运营、专利战略布局等智力密集型科技服务业发展，加快建立标准化、专业化、社会化、网络化、规范化、高端化的现代科技服务体系，优化核心区产业发展格局。

2．强化重点企业引进和服务。统筹首都非核心功能疏解和治理“大城市病”，在重点企业引进过程中强化人口、用地、水耗、能耗、环境影响等综合评价，制定严格准入和动态退出机制。吸引国内外战略性新兴领域的龙头企业、总部型企业和总部机构入驻，做好重点企业的协调服务。鼓励各类科技金融要素和主体入驻，支持总部金融机构和科技金融专营机构发展，引导各类科技金融要素支持企业创新，强化科技创新的金融支撑。

3．推动重点产业功能区建设。深入推动中关村科学城、北部科技生态新区等重点功能区，“专精特新”产业园和北部乡镇产业园建设，为战略性新兴产业提供空间支持，持续增强核心区产业承载能力。

4．加快推进产业区域转移和结构升级。坚持政府牵线引导、园区紧密对接、企业主导运行、区域合作共赢原则，加快推动核心区生产、加工等环节跨区域转移布局，推动区域协同创新体系建设，打造京津冀一体化发展的先行示范区。

四、保障措施

（一）加强专项资金统筹协调。加强区委、区政府对本意见及政策措施贯彻落实情况的综合督查或专项检查，纳入全区绩效管理体系。加强预算管理和项目统筹安排，建立跨部门的协调联动机制，确保专项资金错位支持、领域互补，避免多头支持和重复支持，使专项资金更好地发挥作用。加强专项资金申报统筹管理，加强对申报支持项目的知识产权前置审核，完善“统一预算安排、统一支持方向、统一申报平台、统一审批权限、统一管理流程”的管理机制，进一步完善规范申报程序，更加便于企业申报。加强产业园区综合配套设施建设，提升园区综合服务水平。

（二）强化资金支持绩效考核评价。加强对支持项目的科学化、规范化评价和绩效考核。建立技术创新市场化、标准化评价机制，在专项资金支持项目选择评价、实施跟踪及绩效考核全过程引入第三方标准化评价，确保技术创新始终面向市场需求，提高专项资金使用效率和效力。

（三）加强支持政策的社会宣传。创新政策宣传方式，综合运用新闻发布会、政策宣讲培训会等方式加强宣传，灵活运用微信、微博等现代社交媒体精准推送，探索与各类重大活动和日常调研走访相结合等行之有效的宣传方式，提高政策宣传的及时性、可及性、有效性和精准性，帮助企业用好用足各项支持政策。

中共北京市海淀区委
北京市海淀区人民政府
2014年6月27日

海淀区激发科技创业活力支持办法

（海行规发〔2014〕8号）

第一章 总 则

第一条 为贯彻落实区委区政府《关于进一步加快核心区自主创新和战略性新兴产业发展的意见》（京海发〔2014〕10号），促进科技人员创业，助力人才发展，强化创业氛围，加快创新资源效能释放，制定本办法。

第二条 本办法围绕海淀区“6+1”战略性新兴产业领域及其他优势产业领域，聚焦创业服务对接平台、科技人员创业、创新创业人才发展、创业企业市场培育、创新创业交流五个板块。

第三条 本办法涉及的支持资金从核心区自主创新和产业发展专项资金中安排。

第四条 本办法由海淀园管委会（区科委）、区金融办负责组织实施。

第二章 支持措施

第五条 搭建创业服务对接平台。围绕降低创业成本、提高创业成功率，建立区域创业需求与创业服务资源有效对接工作平台，打造创新型中小企业首选栖息地。

第六条 鼓励科技人员在核心区创业。

（一）实施“创业火炬工程”。支持全球拥有科技成果、应用科技成果及商业模式创新的人才或团队到核心区创业。对于符合我区产业发展方向的创办企业，经过市场前景、商业计划等方面评议认定后，以股权投资等方式给予支持，最高支持金额100万元。

（二）支持高校院所科技人员、在校生创业。落实“京校十条”要求，鼓励高等学校拥有科技成果的科技人员离岗创业，鼓励在校学生休学创办科技型企业，核心区参照北京市相关实施细则给予一定配套支持。

第七条 支持创新创业人才发展。

（一）加大对“海英人才”的支持力度。鼓励各类人才（团队）在核心区创新创业，经认定纳入“海英人才”予以支持。根据“海英人才”的创新成就、区级贡献等，给予最高30万元（团队最高50万元）奖励，连续实施三年；同时对“海英人才”等高端人才给予公租房配租、医疗、子女教育、房租补贴等方面支持。

（二）开拓对创新创业人才的支持渠道。搭建企业、区政府、科研院所研发（合作）项目公开招标平台，征集一批行业发展需要的共性关键技术、企业紧缺的技术需求项目和区属事业发展需要的智力合作项目，重点面向高校院所创新创业人才（团队）进行公开招标，用市场机制吸引、调动区域优质人才承担技术研发（智力合作）任务，开拓人才发展空间。对承担研发任务的优质人才，给予一定支持。

（三）支持人才引进、培育及服务平台。支持企业院士专家工作站、企业博士后科研工作站、博士后创新实践基地工作站、校企合作人才培养基地等平台，根据其人才工作成效，给予“后补贴”支持，最高补贴金额100万元（重点人才创新创业基地根据协议和实际情况另行补贴）。

第八条 支持创业型企业市场培育。加强政府采购，支持新技术新产品推广应用，培育新兴产品和服务市场，促进中小微企业创新创业。

（一）加大政府采购支持力度。落实北京市政府支持小型微型企业发展的意见，在区级政府采购产品、技术和服务中，给予中小微企业一定倾斜。

（二）支持新技术新产品推广应用。

对集中应用核心区创新成果的驻区单位、“专精特新”园区等单位授予“海淀区新技术新产品应用推广示范基地”，并给予资金支持，支持金额不超过项目投资额的10%，最高支持金额100万元。

对在核心区建设新技术、新产品（服务）示范工程，并形成良好社会效应的企业给予资金支持，支持金额不超过项目投资额的10%，最高支持金额100万元；对于特别重大项目，最高支持金额300万元。

第九条 支持品牌化、国际化创新创业交流活动。对企业或组织举办的具有国际影响力的创新创业大赛或重要科技会议、技术研讨会、产业论坛、行业国际展会等专业交流活动，根据参会企业数量、活动影响力和实际效果等，可按照活动费用的最高50%的比例给予补贴，最高补贴金额100万元。同一主办方一年内只能享受一次。

第三章 申报与受理

第十条 申报企业须在海淀区办理工商注册并纳税。

第十一条 本办法涉及资金的申请、审批和拨付程序，按照《海淀区支持核心区自主创新和产业发展专项资金管理办法》的相关规定执行。

第十二条 由海淀园管委会（区科委）牵头依托第三方机构组织开展创新、相关人才认定工作。

第十三条 海淀园管委会（区科委）、区金融办、区委宣传部分别依据本办法向社会发布申报指南，明确具体支持方向、支持重点以及申报途径、受理部门、受理时间、审批流程等。

第十四条 充分发挥行业协会、产业联盟、中介机构等社会主体作用，实时掌握企业发展实际需求、梳理和跟踪企业优质项目信息，预先形成重点项目储备库。

第十五条 符合本办法和申报指南规定的单位，按照要求在统一申报平台上进行申报。

第四章 监督与管理

第十六条 项目单位应在项目建设期内积极推动项目实施，并根据主管部门要求报送项目执行情况和资金使用情况。

第十七条 专项资金必须专款专用。项目单位须配合海淀园管委会（区科委）、区财政局、区发展改革委、区金融办、区审计局对资金使用情况进行监督和检查。项目主管部门根据不同项目属性构建不同的项目绩效考核指标体系，加强项目考核。

第十八条 对于项目考核不合格，特别是提供虚假材料、骗取财政资金或未按规定使用专项资金的，相关部门有权收回政府支持资金并根据国家相关法律、法规进行处理，同时纳入企业“黑名单”管理，并不再予以政府财政资金支持。

第五章 附 则

第十九条 本办法由海淀区人民政府负责解释。

第二十条 本办法自发布之日起三十日后实施。《海淀区促进人才创新创业发展支持办法》（海行规发〔2012〕4号）等相关办法同时废止。依原有政策文件尚在实施中的项目，按照原有办法执行并进行监理、验收。

北京市海淀区人民政府
2014年6月30日

中关村国家自主创新示范区
天使投资和创业投资支持资金管理办法

（中科园发〔2014〕41号）

第一章 总 则

第一条 为营造中关村国家自主创新示范区（以下简称中关村示范区）良好的创业投资环境，发挥财政资金的杠杆放大作用，加快推动科技创新与社会资本紧密结合，促进创新创业企业发展，培育战略性新兴产业集群快速发展，根据《国务院关于同意支持中关村科技园区建设国家自主创新示范区的批复》（国函〔2009〕28号）、《关于中关村国家自主创新示范区建设国家科技金融创新中心的意见》（京政发〔2012〕23号）、《中关村战略性新兴产业集群创新引领工程（2013-2015）》（中示区组发〔2012〕2号）、《中关村国家自主创新示范区产业发展资金管理办法》（中科园发〔2014〕12号）等相关规定，特制定本办法。

第二条 中关村示范区天使投资支持资金包括天使投资风险补贴资金和天使投资引导资金。

第三条 天使投资风险补贴资金是指对在中关村示范区开展天使投资的天使投资机构，根据其投资于中关村示范区企业的实际投资额，按一定比例给予补贴的专项资金。

第四条 天使投资引导资金是指主要依托专业投资管理机构运作，通过参股方式设立天使投资基金（以下简称天使基金）支持中关村示范区企业发展的专项资金。

第五条 中关村示范区创业投资支持资金包括创业投资风险补贴资金和创业投资引导资金。

创业投资风险补贴资金是指对在中关村开展创业投资的创业投资机构和科技企业孵化器（以下统称创业投资企业），根据其投资于中关村示范区初创企业的实际投资额，按一定比例给予补贴的专项资金。

创业投资引导资金是指用于参股设立创业投资基金（以下简称创投基金），通过财政资金的杠杆放大作用，使更多的社会资金投向中关村战略性新兴产业领域的高科技高成长创业企业的专项资金。

本文所指创投基金包括以下四类：

（一）创业投资引导资金与知名社会创业投资机构共同发起设立的，重点投向战略性新兴产业领域的创业企业和开展行业并购的创投基金；

（二）创业投资引导资金与"641"产业领军企业、产业技术联盟等共同发起设立，重点投资中关村示范区重大产业化项目以及开展产业并购的创投基金；

（三）创业投资引导资金与中关村科学城重点高校院所等机构共同发起设立，重点投资于中关村重大科技成果转化和产业化项目的创投基金。

（四）创业投资引导资金与知识产权运营公司或代理公司等共同发起设立，重点对中关村战略性新兴产业发展具有重大意义的知识产权进行投资孵化的创投基金。

第六条 中关村示范区天使投资和创业投资支持资金从中关村示范区专项资金中列支，按照年度预算进行安排，并实行总额控制。

第二章 天使投资支持资金补贴对象和标准

第一节 风险补贴资金

第七条 申请天使投资风险补贴资金的天使投资机构应当符合下列条件：

（一）在中关村管委会备案具备申请风险补贴的资格，其中对于委托专业天使投资管理公司进行投资的，只对相应的天使投资管理公司进行风险补贴。

1．在北京注册，专业从事天使投资业务活动的天使投资机构；

2．注册资本金为1000万元人民币（含）以上或受托管理的天使投资资金不低于1000万元人民币；

3．运作规范，具有科学合理的项目评估标准、投资决策程序及激励约束机制；

4．投资于成立不满3年（生物医药领域企业不满5年）的中关村示范区企业的资金比例不低于累计投资额的70%；

5．至少有3名具备2年以上天使投资或相关业务经验的高级管理人员承担投资管理责任，核心管理团队受托管理资金累计投资额不低于1000万元人民币。

（二）所投资企业为中关村示范区企业，且从企业设立之日起到企业与天使投资机构签订投资协议之日止，不超过3年；所投资企业属于生物医药领域的，从企业设立之日起到企业与天使投资机构签订投资协议之日止，不超过5年。

（三）已完成实际投资，即投资资金已投入中关村示范区被投资企业，并已完成工商变更登记。在中关村管委会备案的天使投资机构，可利用自有资金或利用其受托管理资金以委托人的名义，对中关村示范区企业进行投资；通过特殊目的的公司采用返程投资方式对中关村示范区企业进行投资的，该投资等同于天使投资机构对中关村示范区企业进行投资。

第八条 天使投资风险补贴资金原则上补贴金额不超过该天使投资机构上一年度投资于中关村示范区企业总投资额的15%，单笔补贴最高不超过45万元人民币，且每年补贴总额不超过150万元人民币。对投资中关村管委会审定的前沿技术项目的天使投资机构，根据其投资额度，单笔补贴金额不超过100万元人民币。

第二节 天使投资引导资金

第九条 申请合作设立并管理天使基金的天使投资管理机构应当符合下列条件：

（一）注册资本金为1000万元人民币（含）以上或受托管理的天使投资资金不低于1000万元人民币；

（二）具有良好的风险评估标准、投资决策程序及激励约束机制；

（三）管理团队至少具有3名2年以上天使投资或相关业务经验的专业管理人员和核心业务人员；

（四）具备良好的服务所投资企业的专业能力。

第十条 天使投资引导资金在每家天使基金中的出资比例不得高于该天使基金资本总额的30%，且不超过3000万元人民币。

第十一条 天使基金投资应遵循以下运作原则：

（一）不得投资于合伙企业。

（二）不得投资于其他投资型企业。

（三）投资于成立不满3年（生物医药领域企业不满5年）的中关村示范区企业的资金比例不低于天使基金资本总规模的70%。

（四）天使投资管理机构或管理团队需参与天使基金的出资。

（五）天使基金应在银行开立专门账户托管资金，且闲置资金原则上只能以存放银行、购买国债或其他固定收益类产品等安全方式进行管理。

（六）天使基金原则上不得将资金用于以下用途：

1．不得从事下列业务：吸收或变相吸收存款、贷款、拆借；期货及金融衍生品交易；抵押和担保业务；房地产投资；主管部门禁止从事的其他业务。

2．不得对已上市企业进行股权投资，但所投资的未上市企业上市后，天使基金所持股份的未转让部分及其配售部分不在此限。

（七）天使基金运作中的以下重大事项应经受托管理机构在内的多数以上出资人代表同意，并在基金章程中约定：

1．天使基金管理人的选定和更换。

2．涉及关联交易的事项。

3．涉及与天使投资无关的业务。

（八）天使基金出售所持有的股份或权益后所得的投资本金及投资收益不得用于再投资。

（九）天使基金应通过协议约定投资收益的分配原则和支付方式。

（十）天使基金经营期限届满时，应当按有关法律、法规的规定进行清算。

（十一）天使投资引导资金的总体收益包括资金利息、参股天使基金的股权分红、参股天使基金的股权转让收益及参股天使基金清算收益等。

第十二条 天使投资引导资金应当专户管理，不得直接从事贷款、股票、期货、房地产、企业债券、金融衍生品等投资以及用于赞助、捐赠等支出。

第三章 创业投资支持资金补贴对象和标准

第一节 风险补贴资金

第十三条 申请创业投资风险补贴资金的创业投资企业应当符合下列条件：

（一）在中关村管委会备案具备申请风险补贴的资格，其中对于委托专业创业投资管理公司进行投资的，只对相应的创业投资管理公司进行风险补贴。

创业投资机构需符合下列条件：

1. 在北京注册，专门从事创业投资业务活动的创业投资公司及创业投资管理公司；

2. 注册资本金不低于3000万元或受托管理的创业投资资金不低于1亿元人民币；

3. 公司运作规范，具有科学合理的项目评估标准、投资决策程序及激励约束机制；

4. 至少有3名具备5年以上创业投资或相关业务经验的高级管理人员承担投资管理责任。

科技企业孵化器需符合下列条件：

1. 注册在园区，主要为园区科技型创业企业服务的孵化器；

2. 运作规范，具有科学合理的项目评估标准、投资决策程序及激励约束机制；

3. 至少有3名具备2年以上创业投资或相关业务经验的高级管理人员。

（二）所投资企业为未上市的中关村高新技术企业，且从企业设立之日起到企业与创业投资企业签订投资协议之日止，不超过5年；所投资企业属于生物医药领域的，从企业设立之日起到企业与创业投资企业签订投资协议之日止，不超过8年。

（三）已完成实际投资，即投资资金已投入中关村示范区企业，并已完成工商变更登记。在中关村管委会备案的创业投资企业，可利用自有资金或利用其受托管理资金以委托人的名义，对中关村示范区企业进行投资；通过特殊目的公司采用返程投资方式对中关村示范区企业进行投资的，该投资等同于创业投资企业对中关村示范区企业进行投资。

第十四条 补贴额度为创业投资企业以货币形式对中关村示范区企业的实际投资额的10%，单笔最高补贴100万元。一家创业投资企业对同一企业投资申请获得的补贴额累计不超过100万元。对一家创业投资企业每年的补贴金额不超过200万元。

第十五条 已获天使投资风险补贴资金支持的创业投资企业不得以同一被投资企业申请创业投资风险补贴资金。

第二节 创业投资引导资金

第十六条 创业投资引导资金由中关村管委会委托专业投资管理机构（以下简称受托管理机构）代为出资；受托管理机构负责创业投资引导资金的日常管理和运作，定期向中关村管委会报告。

第十七条 申请合作设立并管理创投基金的创业投资管理机构应当符合下列条件：

（一）具有良好的投资决策机制、风险约束机制和激励机制。

（二）管理团队至少具有3名从事高新技术企业投资或相关业务5年以上的专业管理人员和核心业务人员；具有在高新技术企业投资方面的管理能力和优良业绩；在国际化运作方面具有一定的经验，并具有整合相关资源的能力。

（三）“641”产业领军企业申请合作发起设立创投基金的，应具有一定的收入规模、较强的科技创新能力和产业链整合能力，产业联盟应具备一定的行业话语权和公信力。

（四）中关村科学城重点高校院所等机构申请合作发起设立创投基金的，应综合排名前列，具有一定的科技成果数量和较强的科技研发和成果转化能力，并可适度放宽有关条件。

第十八条 创投基金应遵循以下运作原则：

（一）每家创投基金的资本总额应不低于5000万元人民币，其中与“641”产业领军企业等共同发起设立的创投基金资本总额应不低于1亿元。

（二）创业投资引导资金在每家创投基金中的出资比例不超过该创投基金资本总额的30%。

（三）创业投资管理机构或管理团队需参与创投基金的出资。

（四）创投基金对单个项目的投资上限不超过创投基金资本总额的20%。

（五）创投基金应在银行开立专门账户托管资金，且闲置资金原则上只能以存放银行、购买国债或其他固定收益类产品等安全方式进行管理。

（六）创投基金原则上不得将资金用于以下用途：

1. 创投基金不得从事下列业务：吸收或变相吸收存款、贷款、拆借；期货及金融衍生品交易；抵押和担保业务；房地产投资；商业赞助；主管部门禁止从事的其他业务。

2. 除并购基金外，不得对已上市企业进行股权投资，但所投资的未上市企业上市后，创投基金所持股份的未转让部分及其配售部分不在此限。

3. 不得投资于其他创业投资企业。

（七）对于公司制的创投基金，受托管理机构原则上应派出董事参与创业基金重大事项决策；对于有限合伙制的创投基金，原则上通过协议的相关约定或委派代表实现对创业基金重大事项的管控要求。

（八）创投基金运作中的以下重大事项应经受托管理机构在内的三分之二以上出资人代表同意，并在基金章程中约定。

1. 创投基金管理人的选定和更换。

2. 涉及关联交易的事项。

3. 涉及与创业投资无关的业务。

（九）创投基金出售所持有的股份或权益后所得的投资本金及投资收益不得用于再投资。

（十）创投基金应通过协议约定投资收益的分配原则和支付方式。

（十一）创投基金经营期限届满时，应当按有关法律、法规的规定进行清算。

（十二）引导资金的总体收益包括资金利息、参股创投基金的股权分红、参股创投基金的股权转让收益及参股创投基金清算收益等。

（十三）对于资金规模不低于3亿元，创业投资引导资金占比不超过10%的创投基金，在遵循市场规律和行业惯例的前提下，可适当调整以上运作原则，具体合作方案由委托管理机构与创投机构约定，报中关村管委会备案后实施。

第四章 支持资金的申请程序

第一节 天使投资风险补贴资金申请程序

第十九条 天使投资机构可持下列文件到中关村管委会委托受理机构申请，经审查合格后具备申请资格：

1. 天使投资机构基本情况表；

2. 营业执照复印件或其他营业资格证明文件；

3. 企业章程或其他进行投资和管理的主要文件，包括但不限于：项目评估标准说明，投资决策程序介绍及激励约束机制说明等；

4. 企业主要投资管理人员介绍材料，包括3名（含）以上管理人员的从业背景、投资记录；

5. 企业上一年度的会计报表和审计报告；

6. 企业自有投资资金情况的证明文件，天使投资管理公司需提供受托管理投资资金的相关协议或其他证明文件（外文文本的需同时提供中文要点说明并加盖公章）；

7. 由中关村管委会合作的信用中介服务机构出具的《标准征信报告》（中关村企业信用促进会，www.ecpa.org.cn）。

以上所提交材料是复印件的需加盖企业公章。申请补贴的天使投资机构应承诺上述所提供资料的真实性。

具备申请天使投资风险补贴资格的天使投资机构，通过中关村管委会网站（www.zgc.gov.cn）向社会公告。

第二十条 中关村管委会委托专业机构作为天使投资风险补贴的受理机构。具备申请天使投资风险补贴资格的天使投资机构，持下列文件到委托受理机构申请风险补贴：

（一）中关村天使投资风险补贴申请表；

（二）被投资企业的营业执照复印件；

（三）天使投资机构与被投资企业其他股东签订的《投资协议》；

（四）被投资企业的入资凭证复印件；

（五）加盖工商局信息中心查询章的中关村示范区被投资企业股东名单（含股东持股比例和持股数额）。

天使投资机构采用“返程投资”方式投资境内企业，还应提供其持有境外特殊目的公司股权的证明文件，以及投资机构、境外特殊目的公司和境内被投资企业的关系、投资金额等上述第三款中《投资协议》要点的中文说明。

上述材料一式三份，需加盖企业公章，同时提交电子文档。

第二十一条 受理机构对申请天使投资风险补贴的天使投资机构的投资行为和报送的材料进行核准、确认，出具初审意见，并将符合规定的项目报中关村管委会审核后办理拨款手续。

天使投资机构应在已实际进行投资，即投资资金已投入中关村示范区被投资企业，且在被投资企业已完成工商登记变更的6个月之内提出风险补贴申请，逾期不再受理。

累计投资额以现金投资资金已投入中关村示范区被投资企业，且被投资企业已完成工商登记变更为限。

第二十二条 已获创业投资风险补贴资金支持的天使投资机构不得以同一被投资企业申请天使投资风险补贴资金。

第二节 天使投资引导资金申请程序

第二十三条 天使投资机构申请合作设立并管理天使基金时，应向受托管理机构提交下列文件，并对其真实性、有效性负责：

（一）天使投资管理机构的营业执照副本复印件；

（二）天使投资管理机构投资决策机制、风险控制机制、激励机制的制度文件；

（三）主要管理团队成员的身份证明、履历资料；

（四）天使投资管理机构经营管理业绩的介绍；

（五）天使基金的设立方案（包括经营计划书、天使基金合作协议及委托管理协议要点、资金募集说明书等）；

（六）中关村管委会和受托管理机构认为需要提供的其他材料。

第二十四条 受托管理机构负责组织投资评审委员会，对申请管理天使基金的天使投资管理机构及天使基金合作方案进行评审。投资评审委员会由天使投资领域专家和受托管理机构管理人员等共同组成，其中天使投资领域专家等外部专家人数应占投资评审委员会成员总数的三分之二以上。

申请管理天使基金的天使投资管理机构及天使基金合作方案经投资评审委员会成员总数的三分之二以上同意方可通过，经中关村管委会确认后实施。

第二十五条 中关村管委会每年按委托受托管理机构管理的天使投资引导资金总额的1%向受托管理机构支付委托管理费用，委托管理费用从天使投资引导资金到达受托管理机构委托资金专户之日起开始计算，按日计提年底结算，该费用从到达专户的天使投资引导资金中直接支付。

第二十六条 天使基金清算时，基金盈利时，受托管理机构应将全部本金和基金净收益的95%返还给中关村管委会，剩余5%作为对受托管理机构的托管报酬。基金亏损时，受托管理机构应按照出资比例，将管委会投入本金剩余部分返还给中关村管委会。委托机构按照预算管理程序，将收回的本金和基金净收益继续用于扩大天使投资引导资金的规模。

第三节 创业投资风险补贴资金申请程序

第二十七条 创业投资企业可持下列文件到中关村管委会申请，经审查合格后具备申请风险补贴的资格：

（一）创业投资企业基本情况表；

（二）营业执照复印件或其他营业资格证明文件；

（三）企业章程或其他进行投资和管理的主要文件，包括但不限于：项目评估标准说明，投资决策程序介绍及激励约束机制说明等；

（四）企业主要投资管理人员介绍材料，包括但不限于：3名以上（含3名）管理人员的从业背景、投资记录；

（五）上一年度的会计报表和审计报告；

（六）创业投资公司需提供自有投资资金情况的证明文件，创业投资管理公司需提供受托管理投资资金的相关协议或其他证明文件（外文文本的需同时提供中文要点说明并加盖公章）；

（七）由中关村管委会合作的信用中介服务机构出具的《标准征信报告》（有关信息参阅中关村企业信用促进会网站www.ecpa.org.cn）。

以上所提交材料是复印件的需加盖企业公章。申请补贴的创业投资企业应承诺上述所提供资料的真实性。

具备申请风险补贴资格的创业投资企业，通过中关村管委会网站（www.zgc.gov.cn）向社会公告。

第二十八条 中关村管委会委托中关村创业投资发展公司（以下简称中关村创投）作为风险补贴的受理机构。具备申请风险补贴资格的创业投资企业，持下列文件到受理机构申请获得风险补贴：

（一）中关村创业投资风险补贴申请表；

（二）被投资企业的营业执照复印件及中关村高新技术企业证书复印件；

（三）创业投资企业与被投资企业其他股东签订的《投资协议》；

（四）被投资企业的入资凭证复印件；

（五）加盖工商局信息中心查询章的园区被投资企业股东名单（含股东持股比例和持股数额）；

创业投资企业采用“返程投资”方式投资境内企业，还应提供其持有境外特殊目的公司股权的证明文件，以及投资机构、境外特殊目的公司和境内被投资企业的关系、投资金额等上述第三款中《投资协议》要点的中文说明。

上述材料一式三份，需加盖企业公章，同时提交电子文档。

第二十九条 受理机构对申请风险补贴的创业投资企业的投资行为和报送的材料进行核准、确认，出具初审意见，并将符合规定的风险补贴项目报中关村管委会审核后办理拨款手续。

第三十条 创业投资企业应在已实际进行投资，即投资资金已投入园区内被投资企业，且被投资企业已完成工商登记变更的6个月之内提出风险补贴申请，逾期不再受理。

第四节 创业投资引导资金申请程序

第三十一条 创业投资管理机构申请合作设立并管理创投基金时，应向受托管理机构提交下列文件，并对其真实性、有效性负责：

（一）创业投资管理机构的营业执照副本复印件；

（二）创业投资管理机构投资决策机制、风险控制机制、激励机制的制度文件；

（三）主要管理团队成员的身份证明、履历资料；

（四）创业投资管理机构经营管理业绩的介绍；

（五）创投基金的设立方案（包括经营计划书、创投基金合作协议及委托管理协议要点、资金募集说明书等）。

中关村管委会和受托管理机构认为需要提供的其他材料。

第三十二条 受托管理机构负责组织投资评审委员会，对申请管理创投基金的创业投资管理机构及创投基金合作方案进行评审。投资评审委员会由创业投资领域专家和受托管理机构管理人员共同组成，其中创业投资领域专家等外部专家人数应占投资评审委员会成员总数的三分之二以上。

第三十三条 申请管理创投基金的创业投资管理机构及创投基金合作方案经投资评审委员会成员总数的三分之二以上同意方可通过，评审结果需报中关村管委会备案。

第三十四条 中关村管委会每年按委托中关村创投管理的引导资金总额的1%向受托管理机构支付委托管理费用，委托管理费用从引导资金到达委托资金专户之日起开始计算，按日计提年底结算，该费用从到达专户的引导资金中直接支付。

第三十五条 创投基金清算时，基金盈利时，受托管理机构应将全部本金和基金净收益的95%返还给委托机构，剩余5%作为对受托管理机构的托管报酬。基金亏损时，受托管理机构应按照出资比例，将管委会投入本金剩余部分返还给中关村管委会。受托管理机构按照预算管理程序，将收回的本金和基金净收益继续用于扩大引导资金的规模。

第五章 监督管理

第三十六条 获得天使投资和创业投资支持资金的单位需按国家相关会计制度进行账务处理，对专项资金单独核算，专款专用，应接受中关村管委会的监督、检查和审计，并配合开展宣传、调研、报送企业信息、提交资金使用效益分析报告等工作。

第三十七条 对专项资金使用中的违反法律法规的行为，依据《中华人民共和国预算法》《中华人民共和国会计法》和《财政违法行为处罚处分条例》等规定进行处理处分。对于弄虚作假骗取支持资金的申报单位，除按以上规定处罚外，中关村管委会将在中关村示范区网站予以通报，并追回已拨付资金，今后不再受理其相关公共政策支持资金的申请，取消与该单位的合作关系。

第六章 附 则

第三十八条 本办法由中关村管委会负责解释。

第三十九条 本办法自发布之日起30日后实施。原《中关村国家自主创新示范区创业投资风险补贴资金管理办法》（中科园发〔2012〕28号）、《中关村国家自主创新示范区创业投资引导资金管理办法》（中科园发〔2011〕48号）同时废止。本办法中有关天使投资的内容，如与《中关村国家自主创新示范区战略性新兴产业中小企业创新资金管理办法》（中科园发〔2011〕39号）不一致的地方，以本办法为准。

中关村科技园区管理委员会
2014年9月1日

中关村国家自主创新示范区科技型企业创业孵化集聚区管理办法（试行）

（中科园发〔2014〕48号）

第一条 为支持中关村国家自主创新示范区（以下简称示范区）创业期科技型中小微企业发展，降低其开办和经营成本，规范其经营行为，依据《中关村国家自主创新示范区条例》和《中关村国家自主创新示范区企业登记办法》，制定本办法。

第二条 本办法所称示范区科技型企业创业孵化集聚区（以下简称创业孵化集聚区）是指在示范区内由独立机构运营、集中面向科技类和文化创意类及相关产业的创业期中小微企业出租，自行或通过第三方专业机构为入驻企业提供相应办公服务的场所。

第三条 下列单位的特定区域经中关村科技园区管理委员会（以下简称中关村管委会）会同相关区（县）人民政府审核同意并向社会公开发布后，即确认为创业孵化集聚区：

（一）国家级或北京市级大学科技园；

（二）国家级或北京市级科技企业孵化器；

（三）中关村海外留学回国人员创业园；

（四）中关村创新型孵化器。

第四条 对于由行业领军企业、创业投资机构、社会组织等社会力量兴办的、信誉良好的创业孵化区域，可向中关村管委会提出创业孵化集聚区认定申请，由中关村管委会会同相关区（县）人民政府进行认定。

第五条 创业孵化集聚区应当由专业管理服务机构运营，从事出租并提供相应服务。管理服务机构为企业的，经营范围应包括“为入驻企业提供办公场所、商务服务及其他配套服务”，其注册地应当在自有创业孵化集聚区内，同时开办多个创业孵化集聚区的应当办理分支机构营业执照。

第六条 创业孵化集聚区建筑面积原则上应在500平方米以上（含500平方米）。创业孵化集聚区场所原则上应为管理服务机构自有或租期5年以上，应为入驻企业提供必需的办公设备及会议室、洽谈室等公共办公场地；公共办公场地面积不得低于创业孵化集聚区面积的20%。

第七条 创业孵化集聚区的管理服务机构应当建立健全以下管理制度：

（一）规定企业入驻的条件。入驻企业应是处于创业期的科技类和文化创意类及其相关产业的中小微企业（法律、法规和国务院决定规定需办理许可审批的企业除外），经营项目符合示范区一区十六园区域产业政策要求，并在法律、法规允许的范围内从事经营活动。

（二）制定入驻企业总量控制计划。根据创业孵化集聚区的场地面积、能够提供公共服务的能力等情况，对入驻企业总量和引进计划进行合理安排。应为每个入驻企业提供必要的固定的办公场地，并要求企业在此办公场地悬挂营业执照。入驻企业数量超出核定数量时，在原企业退出并办理相应变更或注销登记前，不再办理新企业入驻。

（三）建立企业退出机制。对于发展成熟的入驻企业，应当引导其办理地址变更，限期迁出创业孵化集聚区；对于实际办公经营所在地符合办照条件的入驻企业，应当限期迁出创业孵化集聚区或办理分支机构；对于不再符合创业孵化集聚区入驻条件的企业应及时办理退出；对严重违法违规或违反创业孵化集聚区管理规定的入驻企业，及时清理，限期迁出创业孵化集聚区。

（四）建立企业商务秘书或联系人制度。为入驻企业提供服务，定期与入驻企业联络沟通；配合行政司法等相关部门对入驻企业开展监督管理工作。

（五）建立入驻企业基本信息档案管理制度。掌握入驻企业其他经营场所，法定代表人联系电话、邮箱以及实际经营项目等基本情况，记录与入驻企业联络沟通情况，并负责行政、法律文书送达。

（六）建立入驻企业信息报告制度及披露机制。创业孵化集聚区的管理服务机构每半年应向中关村管委会提交入驻企业相关信息，并将商务秘书或联系人及入驻企业基本信息报工商行政管理部门进行备案。创业孵化集聚区管理服务机构发现已迁出或失去联系不在创业孵化集聚区继续经营的企业，应在企业租赁期满未续约之日起15个工作日或失去联系起15个工作日内，将有关情况反馈工商行政管理部门。经工商行政管理部门核实属于查无下落的，在北京市企业信用信息网上向社会公示。

（七）建立创业孵化集聚区信息报告制度及披露机制。创业孵化集聚区的管理服务机构每年向中关村管委会报告运行管理情况，中关村管委会会同政府有关部门对信息报告情况进行综合分析，取消不合格创业孵化集聚区的资格，向社会公开发布，并通告工商行政管理部门。工商行政管理部门据此不再办理新企业入驻，创业孵化集聚区的管理服务机构及入驻企业应依法办理变更或注销登记。

第八条 经认定的创业孵化集聚区应由其管理服务机构免费为符合相关条件的企业办理入驻手续和出具登记注册的住所或经营场所使用证明。创业孵化集聚区及其管理服务机构接受工商、税务、人力社保、质监、中关村管委会等政府部门的指导和监督。各区（县）人民政府负责对本辖区内经认定的创业孵化集聚区进行日常监管和服务。

第九条 建立创业孵化集聚区运行信息分析研判机制，加强经济信息的分析利用，促进政府部门间的信息共享，完善信息互通机制，为辖区经济服务、为政府决策提供依据。

第十条 本办法由中关村管委会负责解释。

第十一条 本办法自发布30日之后施行。

中关村科技园区管理委员会
北京市工商行政管理局
2014年9月23日

天津市促进中小企业发展条例

（天津市人民代表大会常务委员会公告第14号）

《天津市促进中小企业发展条例》已由天津市第十六届人民代表大会常务委员会第十次会议于2014年5月23日通过，现予公布，自2014年7月1日起施行。

第一章 总 则

第一条 为了改善中小企业发展环境，促进中小企业健康、快速发展，扩大城乡就业，依据《中华人民共和国中小企业促进法》等法律、行政法规，结合本市实际情况，制定本条例。

第二条 本条例所称中小企业，是指在本市依法设立，生产经营规模符合国家中小企业划型标准的各类所有制和各种组织形式的企业，包括中型企业、小型企业和微型企业。

第三条 市和区县人民政府应当加强对促进中小企业发展工作的领导，将中小企业发展纳入国民经济和社会发展规划，并制定相应政策措施，引导、支持和鼓励中小企业发展。

市和区县人民政府应当根据转变经济发展方式和产业发展方向的需要，确定重点扶持的产业和行业，监督、指导和协调有关部门为中小企业发展提供便捷、高效服务，依法保障中小企业参与公平竞争与公平交易的权利。

第四条 市和区县人民政府中小企业发展促进部门负责本条例的组织实施，对全市中小企业工作进行综合协调、指导和服务，督促检查有关促进中小企业发展法律法规和政策的贯彻落实。

发展改革、工商、规划、国土房管、人力社保、科技、财政、金融、税务、经济和信息化、商务、建设、农业等有关行政管理部门，依照其各自职责，落实有关法律法规和政策措施，促进中小企业发展。

第五条 各级人民政府及其所属部门依法保护中小企业享有的自主经营权，维护其合法权益。任何单位和个人不得干预中小企业正当的生产经营活动。

第六条 中小企业应当遵守法律、法规和规章，承担社会责任，守法经营、依法纳税、诚实守信、公平竞争，加强内部管理，建立健全财务、人力资源、合同管理、知识产权等制度。

第七条 行业协会、行业商会等行业组织应当加强行业指导和自律管理，反映行业诉求，为中小企业提供信息、咨询、宣传培训、市场拓展等服务，维护会员的合法权益。

第二章 创业扶持

第八条 鼓励和支持境内外的组织、个人在本市依法创办中小企业。

凡是法律法规未明确禁止进入的行业和领域，中小企业与其他企业享有平等的进入权，任何部门不得设置附加条件。

第九条 市和区县人民政府应当采取措施，鼓励创办科技型、资源综合利用型、节能环保型等中小企业，支持中小企业发展高新技术产业、战略性新兴产业和现代服务业。

第十条 人力资源社会保障行政管理部门应当组织和支持创业培训机构，对有创业意愿和处于创业初期的创业者，开展创业辅导和培训。

教育行政管理部门应当鼓励和支持高等学校、职业教育学校开展创业教育，设置创新创业辅导课程，设置模拟创业平台。

工会、共青团、妇联、残联等团体应当结合工作特点，组织开展面向职工、青少年、妇女、残疾人等群体的创业咨询、创业培训，增强其创业意识和创业能力。

第十一条 外地人员来本市投资创办符合本市产业指导目录鼓励类的中小企业，市有关部门和区县人民政府应当依照本市有关规定，为其办理户籍、医疗保障、子女就学等事宜。

第十二条 对小型微型企业，按照国家和本市的有关规定给予财税、融资、担保、劳动保障、技术服务等方面的优惠。

第十三条 小型微型企业在创办期和创业辅导期从事鼓励类行业需要贷款担保的，政府出资的中小企业融资性担保机构应当按照规定优先提供担保。

第十四条 市和区县规划、建设、土地等行政管理部门在制定城乡规划和土地利用年度计划时，应当充分考虑小型微型企业创业基地建设用地需求，优先安排小型微型企业创业基地用地指标。

鼓励各类资本在重点产业集聚区和功能区以及利用存量国有建设用地、闲置商务楼宇和工业厂房等，建设、改造小型微型企业创业基地。

第十五条 小型微型企业创业基地应当为创业者提供创业培训、项目策划、技术支持、融资担保、商务代理、法律政策咨询等服务。

第十六条 市和区县人民政府及其有关部门应当引导中小企业进入各类工业园区、经济技术开发区、高新技术产业园区等功能区和商务楼宇、商品交易市场等产业集中区，并为其聚集发展提供服务。

第十七条 中小企业因生产特点、工作特殊需要等原因，经与职工协商，可以向人力资源社会保障行政管理部门提出申请，实行不定时工作制或者综合计算工时制。人力资源社会保障行政管理部门应当及时依法办理。

第三章 资金支持

第十八条 市人民政府应当每年在财政预算中安排一定比例的资金，作为中小企业发展专项资金，重点用于中小企业服务体系、公共服务平台、信用担保体系建设和信息咨询、管理培训以及促进中小企业结构调整等事项。市中小企业发展专项资金应当专款专用，接受财政、审计部门监督。

区县人民政府应当根据实际情况，安排一定资金用于扶持本区域中小企业的发展。

市和区县人民政府应当加强对支持企业发展其他专项资金的统筹，支持中小企业发展。

第十九条 市和区县人民政府应当引导和支持有条件的中小企业上市融资或者通过其他渠道融资。

市中小企业发展促进部门应当会同有关部门，引导中小企业实施股份制改造，对中小企业进行上市辅导，提供相关政策支持和配套服务。

第二十条 鼓励和支持民间资本、境外资本在本市依法设立创业投资、私募股权投资企业或者机构，引导其投资、支持中小企业发展。

支持符合条件的创业投资企业、股权投资企业发行企业债券，专项用于投资中小企业，支持创新型中小企业发展。

第二十一条 市人民政府及其有关部门应当组织开展金融机构与中小企业的融资服务对接活动，支持金融机构建立中小企业金融服务专营机构，鼓励金融机构开发适合中小企业特点的金融产品，为中小企业提供融资、结算、理财等金融服务，支持金融机构提高对中小企业信贷规模和比重。

第二十二条 市和区县人民政府通过资本注入、风险补偿和奖励补助等多种方式，鼓励和支持各类担保机构为中小企业提供融资担保。

引导中小企业及各类社会组织出资设立或者参与互助性担保机构。互助性担保机构可以为其成员企业提供融资担保。

为中小企业融资提供担保服务的担保机构，符合有关规定的，可以向市中小企业发展促进部门申请资金补贴等政策支持。

第二十三条 中小企业对其有权处分的土地使用权、房屋和生产设备、车辆等固定资产以及登记的无形资产，可以依法设定抵押、质押，有关部门应当按照规定办理登记手续。

第二十四条 本市推进以信用信息征集、信用评价、信用培育、信用担保为主要内容的中小企业信用体系建设，促进中小企业守法经营、诚信经营。

有关行政管理部门应当完善中小企业信用信息征集和共享机制，依法提供相关信用信息查询服务。

第四章 创新推动

第二十五条 本市制定和实施知识产权发展战略，支持中小企业研究开发拥有自主知识产权的技术和产品，增强对知识产权创造、运用、保护和管理的能力。

工商、知识产权等行政管理部门应当为中小企业申请商标注册或者国内外专利提供指导和服务，依法保护中小企业的知识产权。

第二十六条 鼓励中小企业开展创新活动，加大科技研发投入，开发和应用先进的技术、生产工艺和设备，开发研制新产品，创新企业管理。

对中小企业自主研发并获得授权的专利，按照国家和本市的规定给予一定资金支持。

中小企业为开发新技术、新产品、新工艺发生的研究开发费用，未形成无形资产计入当期损益的，在按照规定据实扣除的基础上，按照研究开发费用的百分之五十加计扣除；形成无形资产的，按照无形资产成本的百分之一百五十摊销。对由于技术进步，产品更新换代较快或者常年处于强震动、高腐蚀状态的固定资产，可以按照规定采取缩短折旧年限或者加速折旧的方法。

第二十七条 市和区县人民政府支持发展科技型中小企业。政府有关部门依照有关规定认定的科技型中小企业，可以享受资金扶持、人员培训、科技政策、金融服务、市场开拓、公共技术服务等方面政策优惠和信息支持。

第二十八条 市和区县人民政府及其有关部门应当鼓励和扶持各类技术服务机构和生产力促进中心、科技企业孵化基地等公共服务平台建设。公共服务平台应当为中小企业提供技术信息、技术开发、技术咨询培训、技术转让等服务。

鼓励和扶持有条件的中小企业建立技术研发机构。经有关部门认定为市级以上研发机构的，可以享受国家和本市规定的资金补贴。

第二十九条 鼓励和引导高等学校、科研院所将其科研设施和设备、科学数据等科技资源向中小企业开放，遴选优秀教师和科技人员，为中小企业提供培训、指导和技术服务。

鼓励本区域内的国家重点实验室、国家工程（技术）研究中心、大型科学仪器中心、分析测试中心等进一步向科技型中小企业开放，为科技型中小企业提供技术服务。

第三十条 鼓励和支持中小企业与高等学校、科研院所加强产学研协同创新和项目交流合作，开展关键技术联合攻关，加快科技成果向企业转移，促进现有中小企业转型，发展科技型中小企业。

科技型中小企业购买高等学校、科研院所科技成果或者实施产学研合作项目，经科技行政管理部门审核，享受资金补贴支持。

第三十一条 市和区县人民政府及其有关部门应当支持有条件的工业园区、科技园区等产业集聚区建立中小企业技术创新基地、产业化基地和科技企业孵化基地，促进科技型中小企业成长。

第五章 转型升级

第三十二条 鼓励中小企业通过以下途径转型升级：

（一）加大技术改造投资力度，采用新技术、新工艺、新材料对现有生产设备、装备进行改造；

（二）引进、吸收、集成应用国内外先进适用技术、知识产权、管理方法；

（三）由传统制造企业向现代服务企业转型；

（四）开展设计创新，加快产品升级换代和品牌建设；

（五）开展人员培训和管理创新，强化智力支持和人才保障。

中小企业通过以上途径转型升级，符合本市有关规定的，有关部门应当给予政策、资金等支持。

第三十三条 市和区县人民政府应当指导和支持各类产业集聚区改造升级公共设施和服务平台，创新管理机制，提升吸纳和承载中小企业的能力。

第三十四条 市和区县人民政府应当按照国家产业结构调整方向和支持重点，推动中小企业集成、集约、集群发展：

（一）培育引进龙头骨干企业，引领带动中小企业发展；

（二）鼓励支持企业间加强研发设计、生产制造、营销服务等全产业链的系统改造和协同创新；

（三）创建集体商标，发展区域特色和品牌；

（四）支持发展产业技术创新战略联盟。

第三十五条 鼓励和支持中小企业实施清洁生产、资源综合利用、节能环保等技术改造项目，实现绿色、循环、低碳发展。

第三十六条 市和区县人民政府及其有关部门应当监督中小企业严格执行环境保护、安全生产、节能降耗等法律法规，对严重超标排放污染物的中小企业，应当依法责令关停，促使其兼并重组、有序退出。

淘汰落后产能腾出的国有土地，应当依法优先供给科技型中小企业、龙头项目、创新研发中心等建设。

第六章 市场开拓

第三十七条 支持中小企业参与政府采购，政府采购主管部门应当完善政府采购信息发布制度。对纳入政府采购的项目，采购人和采购代理机构应当公开发布采购信息，为中小企业参与政府采购提供指导和服务。

政府及有关部门在每年政府采购计划中，应当按照国家和本市规定的比例份额，安排面向中小企业的订货合同和服务协议，并逐步扩大比重。

在政府采购评审中，对小型微型企业的产品可以视不同行业情况给予百分之六至百分之十的价格扣除。鼓励大中型企业与小型微型企业组成联合体共同参加政府采购，小型微型企业占联合体份额达到百分之三十以上的，可给予联合体百分之二至百分之三的价格扣除。

第三十八条 支持引导中小企业开拓国内外市场，参加境内外展览展销等商务活动；鼓励有条件的行业协会、行业商会等行业组织利用自身优势，组织开展境内外展览展销活动。商务行政管理部门应当对中小企业参加上述活动提供指导和服务。

以政府名义主办或者政府委托主办的展览展销活动，应当为中小企业提供一定比例的展位或者展馆，并适当降低中小企业参展费用。

第三十九条 鼓励和支持中小企业专业化、精细化、特色化、新颖化发展，支持其产品、技术的研发和产业化应用。符合条件的，经市中小企业发展促进部门认定，享受国家和本市的优惠政策。

第四十条 鼓励中小企业与大企业开展多种形式的经济技术合作，引导中小企业通过专业分工、服务外包、订单生产等方式，与大企业建立稳定的供应、生产、销售等协作关系。

中小企业发展促进部门应当会同有关部门组织搭建中小企业与大企业之间的经济技术交流、协作活动平台，支持中小企业发展。

第四十一条 支持中小企业提高质量管理水平，落实企业产品质量主体责任。

质量技术监督管理部门应当鼓励、引导中小企业通过质量管理体系认证、环境管理体系认证和产品认证等国内外标准认证，提升其产品和服务质量，创建自主品牌。

第四十二条 引导中小企业利用信息技术提高研发、制造、管理和服务水平，鼓励中小企业应用电子商务平台和公共信息平台开拓国内外市场。

鼓励和支持信息技术企业开发和建立行业信息技术应用平台，为中小企业信息化提供软硬件工具、项目外包、工业设计等服务。

第七章 服务保障

第四十三条 市和区县人民政府及其有关部门应当推进中小企业服务体系建设，完善中小企业公共服务平台网络建设，集聚服务资源，为中小企业提供及时便捷服务。

政府主办或者资助建立的中小企业综合服务机构，应当向中小企业提供免费或者低收费的服务。

第四十四条 中小企业发展促进部门应当收集、汇总国家和本市有关中小企业发展的产业政策、扶持措施、行业动态、办事程序、专项资金等方面信息，并集中在中小企业信息网站上发布。有关部门应当予以配合并及时提供信息。

第四十五条 鼓励和支持创业指导、投资融资、技术、法律、知识产权、信息、管理咨询、职业技能培训等各类专业服务机构发展，增强服务功能，引导其为中小企业发展提供良好服务。

第四十六条 市统计部门应当制定符合中小企业特点的统计指标和统计方法。有关部门应当加强对中小企业统计指标数据的采集和动态监测，及时准确反映中小企业发展情况，为政府决策和管理提供服务。

第四十七条 中小企业发展促进部门应当会同有关部门编制中小企业年度发展报告，反映中小企业发展状况、行业分布及发展动态、服务环境建设等情况，及时向社会公布。

第八章 权益保护

第四十八条 任何单位和个人不得违反国家和本市规定的收费项目、标准和范围，对中小企业增设收费项目、提高收费标准、扩大收费范围或者改变计费方式。

任何机关不得将其应当依法履行的管理事项，通过行业协会、商会或者其他机构实施变相收费。

第四十九条 任何单位和个人不得利用职权或者职权影响占有或者使用中小企业财产，强制或者变相强制中小企业购买指定产品、接受指定服务或者提供赞助。

第五十条 任何单位和个人不得利用职权或者职权影响强制或者变相强制中小企业订购报刊图书或者参加考核、评比、达标、研讨、培训等活动。但法律法规规章另有规定的除外。

第五十一条 市和区县人民政府应当健全中小企业维权机制，完善受理投诉和举报制度，公开办理程序和方式，及时办理并给予答复。

第五十二条 国家机关及其工作人员违反本条例规定，失职渎职、侵犯中小企业合法权益的，由其所在单位或者上级主管部门、监察机关责令改正；情节严重的，对直接负责的主管人员和其他直接责任人员给予处分；造成损失的，依法承担赔偿责任；构成犯罪的，依法追究刑事责任。

第九章 附 则

第五十三条 本条例自2014年7月1日起施行。2005年9月8日天津市第十四届人民代表大会常务委员会第二十二次会议通过的《天津市实施<中华人民共和国中小企业促进法>办法》同时废止。

天津市人民代表大会常务委员会

2014年5月23日

天津市科学技术委员会 天津市知识产权局关于联合推动创新型城市建设和科技型中小企业创新发展的意见

（津科政〔2014〕213号）

为深入实施知识产权战略，提高科技型中小企业自主创新能力，市科委和市知识产权局决定围绕加快建设创新型城市和促进科技型中小企业创新发展进一步深化合作，并提出如下意见。

一、共同推动科技型中小企业创新发展

围绕促进科技型中小企业创新成长、科学发展，市科委和市知识产权局将深化合作交流，共同研究完善支持企业发展的政策体系，合理整合支持企业发展的工作措施，指导企业提升知识产权实力，创新和保护并重并举，助推企业夯实成长基础，扩阔发展空间，增强市场竞争能力，实现科技型中小企业转型发展。通过未来三年的共同努力，实现企业拥有有效专利超10万件，千万元R&D发明专利授权达2件。

（一）共同推进科技型中小企业“百千万”培育工程。

培育百家国家级知识产权优势小巨人企业。在科技小巨人领军企业中选取百家知识产权工作基础较好、创新能力突出的企业，通过重大科技创新项目实施，工程中心、企业重点实验室建设与认定，知识产权发展战略实施，《企业知识产权管理规范》贯彻等工作的开展，明确专利工作目标，经过三年培育，工作推进，百家企业有效专利拥有量超百件，有效发明专利快速、持续增长，比重逐年提高。形成百家创新能力强，专利获取能力强、实施效果好、保护水平高的国家级知识产权优势企业方阵，科技小巨人企业创新和保护能力得到进一步提升。

培育千个专利密集型产品（技术）。科技研发与专利规划布局紧密结合，科技小巨人企业围绕“杀手锏”产品（技术）、重点新产品（技术）、重大科技成果，制定详细的专利布局规划。推进科技小巨人企业培育工作，在“杀手锏”产品、重点新产品认定，重大科技项目实施中，明确专利战略布局要求、专利获取数量质量目标。经过三年培育，工作推进，形成千个有效专利超20件的专利密集型产品（技术），科技小巨人企业市场竞争优势、创新和保护能力得到进一步提升。

推进万家科技型中小企业专利“消零”。在万家科技型中小企业开展知识产权托管工作。通过政策引导，业务培训，逐步实现科技型中小企业专利管理者“消零”，专利管理工作“消零”，专利申请和有效专利“消零”。在科技项目实施、专利资助等工作中提出专利数量质量要求，经过三年系统工作推进，消除万家科技型中小企业无专利工作者、无专利管理、无有效专利，科技小巨人企业无有效发明专利的现象，“消零”企业有效专利拥有量超5件，有效发明专利快速、持续增长，比重逐年提高，促进科技型中小企业转型升级。

（二）共同推动科技型企业专利质押贷款工作。

为了促进科技型中小企业创新发展，充分运用专利资产价值，解决科技型中小企业融资难问题，加强科技金融与专利质押贷款的各种政策和措施融合。联合在科技型企业中建立有专利质押贷款需求的数据库，对开展专利质押贷款的金融机构和贷款需求企业进行相关业务培训；鼓励资产评估机构、专利代理机构、律师事务所、交易服务机构等中介服务机构面向企业开展专利权质押贷款的专业服务，推动天津滨海国际知识产权交易所专利投融资服务平台建设，对帮助科技型中小企业专利质押融资的对接平台给予财政资金支持；市知识产权局对企业专利质押贷款发生的专利评估费给予补贴，市科委将专利权质押贷款纳入信用贷款和风险补偿机制，对科技型中小企业专利权质押贷款的风险损失进行风险补偿，对取得专利权质押贷款的周转金项目给予贴息，对专利权质押贷款风险补偿、贴息项目，建立专家咨询制度，提高专利权质押贷款的质量。通过政策引导，搭建服务平台，提供信息和服务，促进科技型中小企业专利质押贷款占科技型中小企业信用贷款比例大幅提升。

（三）共同推动科技型中小企业专利信息服务工作。

建设天津市科技型企业专利信息服务平台。共同支持市科技型企业专利信息平台开发建设和运行维护工作，支持专业信息服务机构开发专利信息检索分析工具，为科技型企业提供专利信息分析服务。推广专利信息利用和分析工具使用，指导全市科技企业运用专利信息资源，提高创新能力。

建设天津市专利信息传播利用工作体系。以生产力促进中心、孵化器、工程中心和科技产业园区为工作载体，建立百家天津市专利信息传播利用工作站，专利信息传播利用工作列入各类创新平台的年度培训和工作考核。支持工作站开展专利信息传播利用活动，为工作站提供专利信息资源，培训专利信息利用辅导讲师；支持工作站开展专利竞争情报分析工作，推广专利信息研究成果，定期举办专利信息利用讲座等活动。

开展重点产业专利信息推广应用工作。充分利用国家知识产权局专利审查协作天津中心信息和服务资源，推进我市重点行业专利信息分析利用工作。围绕重点产业链、创新链、资金链和服务链，支持行业龙头企业开展专利预警分析工作。以新能源汽车和生物医药产业为试点，支持开展特色产业专利预警分析和专利布局前瞻工作，共同推进国家级新能源汽车专利预警与维权援助中心建设。

二、共同推动大学和科研院所科技创新和专利成果转化

根据我市经济和社会发展的需求，推动大学和科研院所创造更多的发明专利成果，开发更多的专利密集型专利产品，通过产学研结合方式加快应用和转化。

（一）共同推进大学和科研院所万件发明专利创造。

围绕大学和科研院所、重点实验室、工程中心、重大课题项目、研发团队，推进高校创新工程，在科技项目立项、专利试点示范的立项、考核、验收工作中，提出有效发明专利指标要求，通过知识产权管理规范推进、专利教育培训、专利信息平台建设，经过三年的工作推进，大学和科研院所发明专利拥有量超万件，研发水平和效率不断提高，实力进一步增强。

（二）共同促进大学和科研院所专利成果转化。

为了促进大学和科研院所专利技术成果实施转化，充分运用和发挥知识产权制度的重要作用，以企业为主体，加强产学研结合，推动专利技术商品化、产业化。整合科技、知识产权资源和政策措施，在科技立项、奖励、重点实验室、工程技术中心、工程研究中心等的认定和考核中，将专利实施转化作为重要指标和支持条件；依托大学和科研院所技术转移中心建立专利技术转移机构和工作机制；联合推动落实国家和我市出台的有关政策，大学和科研院所专利许可、转让享受免税的优惠政策，企业购买大学和科研院所专利技术的享受政府补贴政策，联合建立大学、科研院所和企业专利技术交易、转移供需数据库，开展专利价值分析研究，实现高校院所专利分级管理，定期开展对接活动。通过政策引导、市场运作、搭建平台、人才培养、加强服务，经过三年时间，使我市形成以知识产权为纽带，产学研紧密结合，专利交易转化服务完善，专利技术实施转化畅通的工作体系和机制。

三、共同推进培育科技强区、知识产权强区

充分发挥滨海新区龙头带动作用，环城工业强区、中心城区人才聚集的支撑作用，围绕可持续发展试验区、科技进步先进区和知识产权试点示范城区建设，加强科技进步考核监测、知识产权实力考核，共同推进区县科技与知识产权并举，全面提升区域创新活力和保护能力。经过三年时间，培育一批有效专利超10000件特色鲜明的知识产权强区，区县科技与知识产权的统筹管理能力全面提升。

围绕国家级知识产权试点示范园区、市级知识产权试点示范园区、国家级高新技术产业开发区、市级高新技术产业开发区、创新载体及平台建设，强化科技与知识产权工作结合，明确知识产权工作目标，经过三年时间，共同推进高新技术产业开发区实现每万名从业人员年发明专利授权超20件，成为国家级知识产权试点示范园区。

四、共同推进滨海国家自主创新示范区建设

积极推进滨海国家自主创新示范区“一区二十园”建设，围绕知识产权保护环境优良，自主创新能力显著增强；高端新兴产业发达，创新服务体系完善；高水平创新创业人才聚集；创新生态环境优化，富有创新发展活力的发展目标开展工作。科技创新、知识产权保护与自主创新示范区建设紧密结合，通过三年努力，入园企业创新能力和知识产权保护能力显著增强；园区主导产业明确，知识产权保护完善，每万名从业人员年发明专利授权超20件；创新型产业联盟和产业集聚良性发展。

五、共同推动全市知识产权服务业的发展

为提升知识产权服务业整体能力和水平，整合有关促进服务业发展的政策和措施，通过科技型中小企业认定、知识产权服务业发展规划、知识产权服务机构和人才引入、全国知识产权服务品牌机构培育、服务业集聚发展试验区建设等措施，经过三年时间，打造一批知识产权服务品牌机构，引进一批优秀知识产权服务机构和人才，知识产权服务业发展环境进一步优化，基本满足全社会创新发展的服务需求。

天津市科学技术委员会
天津市知识产权局
2014年12月17日

石家庄市人民政府
关于进一步加强金融支持小微企业发展的实施意见

（石政发〔2014〕21号）

为深入贯彻落实《国务院办公厅关于金融支持小微企业发展的实施意见》（国办发〔2013〕87号），加强小微企业金融服务，支持小微企业良性发展，结合我市实际，提出以下实施意见。

一、增加信贷，助推小微贷款“两个不低于”

（一）信贷政策向小微倾斜。提高小微企业信贷在目标考核中的权重，在新增信贷中增加小微企业贷款份额；推动银行机构单列年度小微企业信贷计划、单独配置资源、单独信贷评审、单独进行会计核算，并将任务合理分解，确保全年小微企业贷款增速不低于各项贷款平均水平、增量不低于上年同期水平。

（二）加大结构调整力度。大力发展贷款转让市场，盘活信贷资金，引导金融机构将盘活的资金主要用于小微企业贷款；支持符合条件的小贷公司、中介机构积极参与票据代理、承兑等业务，促进银行票据、商业票据加快流转。

（三）适当提高小微企业贷款不良容忍度。引导银行机构改进绩效考核机制，根据自身风险状况和内控水平，适度提高对小微企业的不良贷款容忍度，并制定相应的小微企业金融服务人员尽职免责办法。

二、促进创新，丰富小微企业金融服务方式

（四）完善推广小微科技信贷服务模式。总结小微科技信贷服务模式的工作经验，进一步完善工作流程和服务功能；鼓励金融机构加强与地方政府、园区管委会、专业化市场、行业协会开展合作，着力加强对小微科技企业的金融服务。

（五）创新小微企业信贷产品。培养高素质信贷专业团队，开发适应小微企业特点的信贷产品和抵（质）押方式，不断提高小微企业信贷创新产品占比；积极开展知识产权质押、应收账款质押、动产质押、股权质押、订单质押、仓单质押、保单质押等抵质押贷款业务。

（六）发展特色金融服务。针对不同类型、不同成长阶段小微企业发展特点，为其量身订制特色产品，大力发展产业链融资、商业圈融资和企业群融资；有序开办商业保理、金融租赁和定向信托等融资服务；不断扩大贸易保险项下的融资规模。

（七）鼓励发展票据融资服务机构。每年安排不少于5亿元再贴现额度专项用于支持全市小额票据贴现业务发展。成立河北省小额票据贴现管理石家庄分中心，专项支持小微企业签发持有的300万以下商业汇票融资，有效拓宽小微企业融资渠道。市政府从中小企业专项资金中安排部分资金用于发展全市小额票据业务。

（八）探索互联网金融创新。充分利用互联网等新技术、新工具，研究发展网络融资平台，不断创新网络金融服务模式；依托云计算、e消费大力推广各种网络金融业务。

三、整合资源，强化小微企业增信和信息服务

（九）提升担保服务能力。促进融资担保机构（主要是国有融资担保机构）整合，提升单个担保机构规模实力，拓展企业债、公司债、再担保等业务承接能力；积极吸引国内优秀担保机构在我市落户，鼓励有条件地区成立非盈利性的政策性担保机构，充实完善融资担保体系，为我市广大小微企业提供优质服务。鼓励担保机构研究推出适合小微企业、特别是新兴产业企业的担保产品，加快推广。

（十）开展小额贷款保证保险和信用保险。研究制定小额贷款保证保险业务试点办法，因地制宜加快推进贷款保证保险业务，鼓励取消反担保措施，逐步替代可能形成系统风险的联保连带方式。稳步扩大出口信用保险对小微企业服务范围，提升小微企业统保平台功能，降低统保平台费率，提高单一客户最高赔付金额和单笔损失赔付比例。推动具备业务开展资质的保险公司，利用各自优势、错位竞争，创新国内贸易信用保险产品和服务模式，共同做大市场业务规模。

（十一）搭建小微企业综合信息平台。借助互联网技术和现代物流管理，加强对资金流、信息流、实物流的有机整合，重点加大对小微企业的金融支持；建设科技金融服务联盟，整合政府、金融机构、中介服务和实体企业的各类信息资源，建立全市统一的融资信息对接平台，促进企业和项目融资信息传递，有效缓解银企对接中信息不对称的问题。

四、推进改革，加快小微企业金融服务网点和渠道建设

（十二）探索设立新型金融机构。鼓励和推动由民间资本发起设立自担风险的民营银行、金融租赁公司和消费金融公司等非银行类金融机构；探索发展融资租赁公司、商业保理公司等；全力推进农村信用社改制工作，增加农村商业银行数量；积极支持在小微企业集中的地区设立村镇银行。

（十三）丰富小微企业服务机构。引导金融机构增强“支小助微”服务理念，鼓励各银行业金融机构增设小微企业金融服务专营机构，增加对县域分支机构的信贷授权；动员更多营业网点参与小微企业金融服务，重点加大对单户授信500万元以下小微企业的信贷支持力度。

（十四）创新发展小额贷款公司。通过探索发行私募债、开展资产转让、成立小额贷款再贷款公司等方式，积极稳妥地拓宽小额贷款公司融资渠道；充分发挥科技小额贷款公司优势，重点支持科技型初创企业创新发展。

五、拓宽渠道，大力推进小微企业直接融资

（十五）推动小微企业债券融资。各地区、有关部门和单位要在完善风险控制、信用增进的基础上，推动符合条件的小微企业发行集合债券、集合票据和集合信托计划；要加快储备和培育一批适合发行私募债券的小微企业，扩大私募债发行规模；推动小微企业通过银行间市场融资，提高银行间市场融资额在地区生产总值中的占比。

（十六）推动小微企业股权融资。优先支持高科技、高成长中小微企业、小型金融机构进入市级上市后备企业资源库，享受上市后备企业的优惠扶持政策。推动小微企业在全国中小企业股份转让系统挂牌和定向融资。完善创业投资引导专项资金管理，加快引导创业投资产业集聚发展，进一步引导创业投资向科技型小微企业投资。

（十七）推动小微企业利用场外市场多渠道融资。加强与天津股权交易所、石家庄股权交易所等区域性股权交易市场的合作，支持小微企业通过各类场外市场实现定向私募融资、股权质押融资和股权流动。以“新三板”挂牌为契机，加快推动“保、投、贷”一体的科技金融服务联盟建设，形成“券商保荐+股权融资+信贷融资”多渠道融资创新。

六、规范收费，切实降低小微企业融资成本

（十八）进一步规范银行收费。推动商业银行建立科学合理的小微企业信贷风险定价机制；探索实施贴现票据询价和价格引导制度，促进金融机构降低贴现利率，适度让利于小微企业；严格执行《关于支持商业银行进一步改进小微企业金融服务的补充通知》（银监发〔2011〕94号）有关规定，除银团外，不得对小微企业贷款收取承诺费、资金管理费；严格限制银行对小微企业及其增信机构收取财务顾问费、咨询费等费用；严禁银行在发放贷款时附加不合理的贷款条件。

（十九）进一步规范担保收费。强化对融资性担保机构的日常监管，通过行业协会自律和政策激励，规范、引导担保机构合理定价和合规收费；对低费率的小微企业担保业务、科技担保业务、新兴产业担保项目分级给予补贴，对担保业务发生风险的给予一定的补助。

七、强化引导，用好用足各类政策工具

（二十）发挥政策导向作用。实施小微企业升级扩面工程，引导金融机构切实加大小微信贷投入，逐年扩大小微企业首贷、首投、首保户数；充分发挥再贷款、再贴现和差额准备金动态调整机制的导向作用，引导金融机构信贷支持符合产业政策的小微企业；完善小微企业贷款统计及考核，对金融机构支持小微企业的贷款增长情况、小微企业贷款覆盖率、小微企业综合金融服务覆盖率和小微企业申贷获得率等指标按月监测、按季考核和通报。

（二十一）设立风险补偿资金。整合设立市级科技信贷风险补偿资金池，对科技小微企业贷款造成的损失给予一定补偿；支持各级政府建立小微企业信贷风险补偿资金池，对金融机构、小型金融机构、担保机构因小微企业信贷产生的风险，依照规定予以补偿。

（二十二）用好税收优惠政策。对金融机构与小微企业签订的借款合同免征印花税；对科技小贷公司取得的主营业务收入减按3%税率缴纳营业税；允许中小企业信用担保机构和小贷公司，按照不超过当年年末担保责任余额1%的比例计提担保赔偿准备，允许在企业所得税税前扣除，同时将上年度计提的担保赔偿准备余额转为当期收入；按照不超过当年担保费收入50%的比例计提未到期责任准备，符合条件的中小企业信用担保机构在企业所得税税前扣除，同时将上年度计提的未到期责任准备余额转为当期收入。

八、优化环境，有效提升小微企业发展水平

（二十三）营造守信、用信环境。广泛开展诚信建设，普及信用知识，培育诚信文化；组织与金融机构、投资机构、信用评级机构等相互配合，开展对小微企业的信用评级工作，建立信用档案，树立守信企业典型；积极推广使用信用信息核查、信用基准评价、信用报告等信用产品。

（二十四）防范、化解金融风险。推动银行实施授信总额联合管理，防止盲目授信、过度授信。充分发挥金融法庭和资产管理公司的作用，加大对小微企业不良贷款诉讼、打包处置的力度，加快案件审理速度。在小微企业不良贷款核销中，给予银行、小贷公司财税政策优惠，降低门槛，简化手续，减少税赋负担。

石家庄市人民政府

2014年6月20日

国家创新驱动发展战略山西行动计划（2014—2020年）

（晋政发〔2014〕6号）

当前，全球新科技革命正孕育突破，新一轮产业变革蓄势待发。党的十八大作出实施创新驱动发展战略的重大决策，把科技创新作为提高社会生产力和综合国力的战略支撑，摆在国家发展全局的核心位置。为深入实施创新驱动发展战略，加快经济发展方式转变，推进国家转型综改试验区建设，实现资源型地区转型跨越发展，特制订本行动计划。

本计划执行期为2014—2020年，根据形势变化，依据国家“十三五”规划，相关指标和内容适时进行调整。

一、行动纲领

全面深入贯彻落实党的十八大和十八届三中全会精神，贯彻落实省委、省政府《关于深化科技体制改革加快创新体系建设的实施意见》，以转型综改试验区建设为统领，以低碳发展为主题，以增强创新能力为核心，着力发挥市场配置科技资源的决定性作用，着力提升政府对创新过程的治理能力，着力提升企业的创新主体地位，着力打通科技与经济的联结通道，提升区域创新体系整体效能，强化科技对经济社会发展的引领和支撑作用，实现我省由资源依赖向创新驱动的转型跨越发展。

目标：到2020年，创新型山西建设取得显著成效。低碳创新发展成为主导模式，煤基产业自主创新能力大幅提升。重点领域核心关键技术创新和标准制定取得突破，传统产业得到有效提升。科技供给能力有效增强，社会创新潜力更好释放，科技与经济结合更加紧密，形成创新驱动发展新格局。努力实现以下主要指标：

——研究与试验发展（R&D）经费占地区生产总值（GDP）的比重在2012年1.09%的基础上，年均增长10.9%，到2020年达到2.5%以上。

——有效发明专利拥有量在2012年4383件的基础上，年均增长10.9%，到2020年达到1万件以上。

——技术合同交易总额在2012年124.16亿元的基础上，年均增长10%，到2020年达到265亿元。

——高新技术产业增加值占地区生产总值（GDP）比重在2012年4.7%（按照现有的高新技术产业目录统计）的基础上，到2020年达到全国平均水平。

——科技成果转化率每年达到全国平均水平。

——科技进步对经济增长的贡献率每年达到全国平均水平，到2020年达到60%以上。

二、重大创新工程

（一）科技创新城建设工程

按照《山西科技创新城建设总体方案》，构建“纵横主轴、一核两副”的主体框架，打造国际性低碳技术创新高地、国家煤基产业科技中心、山西转型综改试验先导区。

1．部署煤、电和新材料产业创新链。吸引一批国内外高端研发机构设立分部。鼓励企业与高等院校、科研院所合作兴建新型科技研发机构，开展基础性、战略性、前沿性科学研究和共性关键技术研究，打造低碳技术创新高地。（牵头单位：省科技厅）

2．构建全程化科技服务链。重点建设集科技文献、科学数据、研发设计、检验检测、知识产权、标准信息、技术交易、专业咨询等于一体的科技资源服务平台。建立创业苗圃、创业辅导、创业实训、专业孵化、企业加速器等企业孵化培育平台。建立直接融资与间接融资有机结合的多层次科技金融服务平台，打造面向转型的创新全面服务高地。（牵头单位：省科技厅、省金融办）

3．创新体制机制和政策。把市场导向作为组织、管理科技创新活动的前提，建立和完善科技创新体制机制。建立人才、土地、资金等要素的管理创新机制。建立创新城统计制度，实行统计考核与激励机制。按照占用太原、晋中两市土地面积的比例将投资、税收等指标分别计入两市及相关园区。（牵头单位：创新城领导组办公室、省统计局）

（二）低碳创新发展工程

制订出台《山西省低碳创新行动计划》，突出低碳发展主题，加强技术创新、管理创新和政策创新的有机衔接，实现高碳资源低碳发展、黑色煤炭绿色发展，全面提高生态文明建设水平。

1．加快“气化山西”步伐。用好煤层气资源管理权限下放山西的政策，加快建设六大煤层气勘探开发基地，统筹利用煤层气、过境天然气、焦炉煤气制天然气、煤制天然气等。到2020年，逐步实现燃气在民用领域基本替代燃煤，在重点工业领域部分替代燃煤。（牵头单位：省发展改革委）

2．实施低碳科技创新专项。以煤炭资源清洁高效利用为主线，围绕洁净煤技术、节能技术、新能源技术以及二氧化碳捕集、封存和利用技术开发，实施低碳科技创新专项，实现核心技术重大突破，引领和支撑低碳创新行动。（牵头单位：省科技厅）

3．推进产业减碳、企业低碳和低碳社会建设主题计划。提高产业门槛，在煤、焦、冶、电、化工、水泥等高能耗产业，推广使用低碳工艺技术装备。开展合同能源管理推广行动，抓好晋城市国家低碳城市试点，探索开展碳排放权交易工作。建设太原东山低碳工业园区。提高电能、非化石能源在能源终端消费的比例，推进绿色能源消费。探索建立低碳统计制度，营造低碳消费、低碳出行、低碳办公等文化氛围。（牵头单位：省发展改革委、省经信委、省住房城乡建设厅、省委宣传部）

（三）技术转移促进工程

强化技术创新市场导向机制，发挥市场对各类创新要素配置的导向作用， 加快技术市场建设，健全技术转移机制，完善科技中介服务体系,提高科技成果转化率,促进科技与经济结合。

1．发展技术市场。整合现有技术转移和创新服务资源，促进技术市场建设提质升级。建设虚拟和实体市场相结合、各类市场主体相融合、国内和国际资源相配合，体制健全、结构合理、功能完善、运行有序、统一开放的现代技术要素市场。（牵头单位：省科技厅）

在山西科技创新城建设山西技术转移示范平台。全省建设一批资源配置能力强、服务功能完善、手段先进的新型综合性技术交易市场和服务当地经济的专业技术交易所。针对我省创新驱动发展的技术需求，面向全球优选科技成果，建设科技成果储备中心。力争每年有100项重大科技成果在我省落地转化。（牵头单位：省科技厅）

2．健全技术转移机制。建立健全科技成果登记制度和挂牌交易机制。积极推动财政资金支持形成的公共科技成果及其他各类科技成果入场交易。激活技术转移市场化运作机制，充分发挥技术市场对创新要素的集聚与扩散、价值发现、资源配置及规范交易的重要作用，提升技术市场运行效率。（牵头单位：省科技厅）

完善技术转移的政策和法规。巩固和完善技术合同认定制度，提高技术合同减免税的兑现水平。加快推进《山西省促进科技成果转化条例》修订工作。稳定和健全各级技术市场管理机构，加快推进和完善技术市场管理和监督体系建设。开展技术市场信用体系建设，开展技术转移机构的信用征信和绩效考核。（牵头单位：省科技厅）

3．培育科技中介服务机构。深入开展“国家技术转移促进行动”。发挥现有创业服务中心、技术转移中心、生产力促进中心等科技中介服务组织的作用，鼓励兴办各类科技中介服务机构。制定技术经纪人资质认证标准和培训大纲，支持高校建立技术转移学院，培养技术经纪人队伍，并与法律、金融、会计、资产评估等服务机构协作，为科技创新和技术转移转化的全过程提供综合配套服务。优化科技中介服务机构的组织制度、运行机制和发展环境，培育“组织网络化、功能社会化、运行规范化、服务产业化”的科技中介服务体系。（牵头单位：省科技厅、省教育厅）

三、企业技术创新主体建设行动

发挥市场对技术研发方向、路线选择、要素价格、创新资源配置的导向作用。进一步强化企业技术创新主体地位，发挥大型企业创新骨干作用，激发中小企业创新活力，建立内生增长、创新驱动的企业发展新机制。

（一）深化大中型企业研发活动

加强企业技术创新战略规划，将研发活动的投入和绩效纳入国有企业业绩考评体系。省属重点国有企业研发投入占主营业务收入的比重达到1.5%以上。加快创新型企业培育步伐，使企业成为技术创新决策、研发投入、科研组织和成果转化的主体。（牵头单位：省国资委、省科技厅、省经信委）

健全企业研发机构认定、评价机制及其奖励办法，支持企业建设企业技术中心、工程（技术）研究中心、实验室等。鼓励企业建立工业设计中心。2020年，省级以上实验室、工程（技术）研究中心、企业技术中心等达到500家以上。（牵头单位：省经信委、省发展改革委、省科技厅）

（二）加强高新技术企业培育和认定

健全高新技术企业培育机制，建立高新技术企业培育库，对入库企业进行重点扶持。完善企业分类辅导机制。发挥中介机构效能，提供高新技术企业培育及认定的全程服务。每年培育100家科技型企业通过高新技术企业认定。加强大中型企业、民营企业的高新技术企业认定工作。落实高新技术企业优惠政策，引导创新要素向企业集聚。2020年，高新技术企业达到1000家以上。（牵头单位：省科技厅）

（三）培育科技型中小微企业

开展科技型中小微企业培育行动，提升全省产业配套能力。启动科技型中小微企业认定工作。建立创新导师制度，引导中小微企业参与科技创新活动。加快建立一批开放性公共科技服务平台，为中小微企业的研发、设计、试验等提供服务。2020年，全省科技型中小微企业达到10000家。（牵头单位：省科技厅、省中小企业局）

（四）组建产业技术创新战略联盟

在装备制造、现代煤化工、节能环保、新材料、电子信息、现代农业等领域，依托优势企业，联合国内外高等院校、科研院所，运用市场机制汇聚创新资源，开展产学研协同创新，组建产业技术创新战略联盟。建立以联盟为主体承担重大创新项目的机制。2020年，全省产业技术创新战略联盟达到25家，其中国家级6家。（牵头单位：省科技厅）

四、重点产业创新行动

围绕传统产业改造升级和新兴产业培育壮大的发展需求，加强战略性、前瞻性研究。按照围绕产业链配置创新链、围绕创新链完善资金链的总体思路，通过招标、委托和自发等方式，组织引导以企业为主体的产学研合作共同体联合攻关，开发具有重大影响的关键共性技术和产品，搭建创新平台，培育创新团队，建设产业化示范工程和基地，全面提升产业创新能力和竞争力。

（一）煤炭及煤层气

开发大型矿井建设技术及边角地块、残留煤柱煤炭复采、保水、充填开采技术，复杂地质条件下煤与伴生资源安全高效、资源节约、环境友好开采技术。开发矿区采空区探测技术。研究矿井瓦斯、煤岩动力、突水、自燃火灾及热害等灾害防治技术。（牵头单位：省煤炭厅）

开发煤矿瓦斯高效增透技术、深部煤层和低透气性煤层瓦斯安全高效抽采技术、低浓度瓦斯和乏风瓦斯安全高效利用关键技术。研究煤层气先进勘探技术和安全集输技术。开展煤层气直井、水平井开发及综合利用示范应用。（牵头单位：省科技厅、省煤炭厅、省发展改革委）

研究煤炭洗选、低阶煤提质、水煤浆制备等煤炭加工技术和稀缺煤种深度分选技术。研究高灰熔点粘结性煤直接气化技术。开发煤直接液化高性能催化剂技术、直接液化残渣气化及其他高效利用技术。开发中低温煤焦油制清洁燃料及化学品关键技术。推进煤制油、煤制天然气、煤制烯烃、煤制芳烃、煤制乙二醇等示范布局。（牵头单位：省科技厅、省经信委、省发展改革委）

（二）电力及新能源

开发超超临界燃煤发电、燃气-蒸汽联合循环发电、整体煤气化联合循环发电（IGCC）、分布式能源、低热值煤发电、高效空冷发电等技术。开展大型低热值煤循环流化床发电、超超临界发电示范应用。（牵头单位：省发展改革委）

开展大型太阳能光伏发电、风光互补发电及分布式光伏发电示范应用。研究非粮生物燃料技术、生物质固化成型燃料技术。开展大中小型沼气工程及小型发电技术应用示范。（牵头单位：省发展改革委、省经信委、省科技厅）

（三）新材料

研究铝合金板材新型轧制、中厚板固溶淬火、预拉伸与多级时效技术。开发高性能铸造镁合金及高强韧变形镁合金制备技术、低成本镁合金大型型材和宽幅板材加工及腐蚀控制防护技术。开展铝镁合金材料生产汽车零部件、轨道列车等的应用示范。研制石墨烯、高导热泡沫炭、高性能球状活性炭等新型炭材料及先进复合材料，合成树脂、合成纤维、橡胶等新型高分子材料及生物化工材料、纳米材料。开展LED、OLED、高纯度金属有机源等研制和应用示范。（牵头单位：省经信委、省科技厅）

（四）装备制造

开发煤炭高效自动化采掘成套装备、千万吨级工作面自动化回采装备及现代煤化工装备。研发智能化重型机械装备、液压系统及元器件、纺织成套装备。研究轨道交通、大型风电成套设备及关键部件。开展高功率半导体和光纤激光器、传感器、高端仪表仪器、智能佩戴设备、无人机和3D打印设备等研制。创新“制造+服务”的商业模式，促进高端装备制造业与现代服务业融合发展。（牵头单位：省经信委、省科技厅）

（五）电子信息

开展信息化和工业化融合关键技术开发和应用。开展专用集成电路、关键电子元器件、基础软件、新型显示、高端摄像机技术开发及产业示范。开展云计算、物联网、大数据及地理信息等相关软硬件产品开发及应用示范。开发基于互联网及移动互联网的智能终端、电子商务、智慧旅游、游戏、APP等信息消费产品及平台，促进终端与服务一体化发展。支持面向云计算、移动互联网、工业控制系统等关键领域安全技术研发，加快安全可靠通信设备、网络设备等终端产品研发与应用。（牵头单位：省经信委）

（六）节能环保

开发高效电机、稀土永磁无铁芯电机和节能变压器等制造技术。开发炉顶压差发电、干法熄焦、转炉负能炼钢等关键技术。开发锅炉窑炉节能技术。研究保温隔热、防水密封等建筑节能关键技术。开展高效固体光源等照明技术开发及应用示范。（牵头单位：省经信委、省科技厅）

重点开展脱硝、重金属脱除、持久性有机污染物控制、挥发性有机物控制技术研究和柴油机（车）排放净化、环境监测等方面的技术研发，推进技术成果转化应用。开展流域控源减排、水资源循环利用、水环境质量改善、风险防范等整装成套技术研发和集成，开展流域水环境监控预警业务化运行管理支撑技术研究示范。开展地下水和地表水补排和协同控制技术开发及应用示范。开展高浓度有机废水、煤泥水、农村废水等综合处理和资源化利用技术开发及应用示范。开发煤矿粉尘综合治理、燃煤烟气排放污染物控制等关键技术。开展煤矸石、粉煤灰等大宗工业废物综合利用技术开发及规模化应用。研究大型炉排炉垃圾焚烧技术和垃圾堆肥技术。开展生态脆弱区、工矿区生态治理关键技术开发及应用示范。（牵头单位：省环境保护厅、省经信委、省水利厅）

（七）新能源汽车

发挥我省在节能和新能源汽车领域的产业基础和后发优势，开展节能和新能源汽车前沿技术及产业共性关键技术开发、新技术新产品示范应用。开展CNG和LNG燃气汽车技术、电动汽车电池、电机、电控关键技术开发。支持开展电动汽车整车研发和生产。布局建设一批电动汽车充换电站。支持太原市、晋城市新能源汽车推广应用城市建设。（牵头单位：省经信委、省发展改革委、省科技厅）

（八）生物医药

开发缓释剂、控释剂、微囊制剂、靶向纳米制剂等新型给药系统。开发道地药材提取、提高中药有效成分含量等的生物技术。开展基因药物、蛋白药物、单克隆抗体药物、治疗性疫苗及诊断试剂和血液制品的研制。开展利用基因工程与细胞工程技术选育优良菌种研究。开展重大疾病治疗的化学原料药物研发。开展生物复合肥、生物农药（兽药）、生物农业用品制备技术开发和应用示范。（牵头单位：省卫生计生委、省农业厅）

（九）现代农业

开展动植物优异特色新种质、新材料创制和新品种选育。研究良种、良田、良法配套技术，农机农艺融合技术，设施农业集成技术，畜牧业高效生产技术，动植物生物安全技术及应对农业灾害技术。开发区域特色小杂粮、畜牧、果蔬、中药材等绿色无公害生产、贮运物流及精深加工关键技术。开发林业生态建设关键技术和水资源高效利用技术。（牵头单位：省农业厅、省林业厅、省水利厅）

（十）文化旅游

开发数字影视、数字图书、数字地图、数字景区及三维动画、多功能信息智能终端、智能导游软件。研究文物保护和修复关键技术。（牵头单位：省文化厅、省旅游局、省文物局）

五、创新体系效能提升行动

围绕经济发展提质增效升级，大力开展产业技术研究院、创新创业园区、创新型市县建设，提升创新体系整体效能，形成全社会创新合力。

（一）组建产业技术研究院

面向产业共性关键技术、重大装备设计试验和中小型企业技术创新需求，依托骨干企业、重点高等院校和科研院所，优化配置科技资源，引导建设一批产业技术研究院，探索建立全新的运行机制、用人机制、管理机制、创新机制，有效激活创新要素，促进产业链和创新链的有机融合。2020年，产业技术研究院达到15家。（牵头单位：省科技厅、省国资委）

（二）建设创新创业园区

推进太原国家高新技术产业开发区“二次创业”，加快长治高新技术产业开发区提档升级，推进各类工业园区向高新技术产业基地转型发展，建设战略性新兴产业培育和发展的核心载体。创新“多校一园、一园多区”发展模式，提升大学科技园承载力。鼓励和支持有条件的园区建立“企业联络员+企业辅导员+创业导师”三级创业服务体系，培养创业孵化服务队伍，提升孵化器专业化服务能力。（牵头单位：有关市人民政府、省科技厅）

（三）启动创新型市县创建活动

充分发挥省会城市科教资源密集优势，推动太原国家级创新型城市试点建设，实现重大战略基础设施、重大战略主导产业和重大战略发展平台三大突破。启动省级创新型市县建设，部署建设5个省级创新型试点城市、35个省级创新型试点县（市、区），力争3个试点市进入全国创新型城市行列，提升创新型市县的辐射带动作用。加快推进太原、阳泉国家级智慧城市建设，促进信息技术在国民经济和社会发展各领域的渗透和应用，提升城市信息化和智能化水平。（牵头单位：省科技厅，有关市、县人民政府）

六、体制机制创新行动

围绕转型综改试验区建设，把发挥市场在资源配置中的决定性作用和更好地发挥政府的作用结合起来，改革体制，创新机制，切实形成创新驱动的动力机制。

（一）营造激励创新的政策环境

完善创新项目用地服务保障机制，建立土地供给按创新绩效配置的制度，按创新能力给予用地计划指标倾斜。加大财政投资，支持重大科技基础设施和公共创新服务平台建设。以资金支持、贴息、后补助、与大中型企业设立联合研发基金等方式，重点支持产业技术创新、示范工程和创新团队建设。通过市场机制引导全社会增加产业技术创新投入。创新对科技型中小微企业支持方式，加大专项基金规模，设立“创新券”，鼓励中小微企业购买技术和咨询服务。（牵头单位：省国土资源厅、省财政厅、省经信委）

（二）建立科技、金融和产业的融合机制

围绕产业发展的科技创新需求，加大金融支持力度。创新信贷管理机制，以山西省金融服务平台为依托，建立科技金融综合服务平台，加大对科技型企业的信贷投放。设立科技支行，制定专门的信贷审批、风险控制和专项拨备政策。创新金融产品，探索企业动产、股权、知识产权、订单等抵质押贷款方式。提高直接融资比例。设立省级科技型企业上市培育专项基金，通过“一对一”的专业化辅导和资金支持，培育科技企业上市。鼓励科技型企业利用银行间债券市场发行短期融资券、中期票据、集合票据等筹集资金。支持科技型企业通过山西股权交易中心挂牌，发行中小企业私募债。加大全省创业风险引导基金规模，推动地方政府设立创业投资引导基金。增强保险服务。创新保险产品，支持科技担保、互联网金融等融资模式创新。简化投保理赔服务流程，试办小额信贷保证保险，推动发展信用保险业务。（牵头单位：省金融办、省科技厅）

（三）完善人才培育、引进和使用机制

制定创新驱动人才激励政策。创新干部选拔使用机制，选拔和培育创新管理人才。加强各级管理部门、各类园区以及大学、科研院所和省管企业创新机构管理岗位负责人的遴选、使用和培育，全面提高创新管理水平和效能。加快高层次创新团队建设。对接国家“千人计划”“万人计划”，深入实施“百人计划”“三晋学者支持计划”“创新团队培育计划”，制订实施国内高端人才引进计划，加大对创新创业人才、中介人才、复合型人才的发现、培养、引进、使用和资助力度。校企结合，大力培育高技能人才，为生产一线、产业提升提供人才保障。在山西科技创新城建设人才管理改革试验区，对高端人才实行“一事一议”制度。（牵头单位：省委组织部、省人力资源社会保障厅）

（四）创新知识产权运用与保护机制

健全知识产权公共服务机构及平台。开展知识产权创造、运用、保护和管理的系统化服务。完善知识产权激励机制。高等院校、科研院所知识产权授权后2年内未实施转化的，须公开挂牌交易。在成果所有权不变更的前提下，成果完成人或者团队也可自主实施成果转化。建立知识产权法院。（牵头单位：省科技厅、省新闻出版广电局）

（五）改革科技管理体制机制

加强重大科技问题战略性、前瞻性研究。对主导产业、优势领域涉及的重大科技项目加强基础和应用联动研究。强化产学研合作的组织和引导，应用研究和产业化项目申请政府资助，必须以产学研合作为前提。开展技术预见研究，围绕产业链部署创新链，编制产业创新地图。建立创新活动标准化提前介入机制。建立科技公共资源开发共享机制，发布“大型科学仪器设备开放共享目录”和“山西省科技基础条件平台开放共享目录”，减少重复投入，提高公共资源使用效率。建立科技成果转化激励机制和协同创新机制，促进科技成果产业化。建立创新调查制度和创新报告制度，改革科技成果评价和奖励办法，构建科学透明的科研资源管理、科研项目、科技成果评价机制。（牵头单位：省科技厅）

（六）健全科技合作机制

扩大境外合作交流，鼓励和支持有条件的企业到境外设立、兼并和收购研发机构，支持企业与境外研发机构开展产学研合作，引进或共建分支研发机构等创新载体，探索建设国际联合研究中心、国际技术转移中心。建立健全省部会商机制，落实会商议定事项，在区域创新体系建设、产业转型等方面争取国家更多支持。加强与发达省市间的学习与交流，积极融入“环渤海”经济圈，开展区域协同创新，实现互利共赢。建立健全军民融合技术双向转移机制和长效激励制度，加快吕梁军民融合创新基地建设。（牵头单位：省科技厅、省商务厅）

七、保障措施

（一）加强组织领导

成立省创新驱动行动计划实施领导组，贯彻落实创新驱动战略实施的各项任务，统筹行动计划推进工作。领导组下设办公室，设在省科技厅，负责日常管理事务。（牵头单位：省政府办公厅、省科技厅）

（二）加大政府投入

省财政设立重大科技攻关专项资金，支持围绕煤炭产业清洁、安全、低碳、高效发展的重点科技攻关项目。各级政府应不断加大科技投入，引导和鼓励企业、金融机构及社会资金多元化投入，加大科技研发和科技成果转移转化力度，推动创新驱动发展。（牵头单位：省财政厅）

（三）构建创新文化环境

大力传播弘扬创新文化，突出政府创新导向，营造鼓励探索、勇于创新、宽容失败的创新氛围。倡导创新教育，培养科学精神和创新意识。开展全民科学素质行动，全面提升公民科学素质。（牵头单位：省委宣传部、省教育厅、省科协）

（四）建立考核督查体系

建立健全创新驱动监测评估制度和动态调整机制，强化投入产出统计监测。建立健全科技进步和创新绩效考核体系。探索大中型企业、高等院校、科研院所等科技进步考核机制。改进党政领导班子和领导干部政绩考核，把推进科技进步和创新能力作为政绩评价重要内容。（牵头单位：省委组织部、省统计局、省科技厅）

山西省人民政府

2014年2月25日

内蒙古自治区人民政府
关于实施创新驱动发展战略的意见

（内政发〔2014〕79号）

创新是经济社会发展的不竭动力，党的十八大提出要深入实施创新驱动发展战略，推动科技和经济紧密结合，加快建设国家创新体系。自治区“8337”发展思路明确要求，要更加注重创新驱动。创新驱动发展战略是推动自治区经济社会又好又快发展和全面建成小康社会的必然选择，应贯穿于各个环节、各个方面。为深入贯彻落实“8337”发展思路，推动创新型内蒙古建设，现提出以下意见。

一、指导思想、基本原则和发展目标

（一）指导思想

以邓小平理论、“三个代表”重要思想、科学发展观为指导，深入贯彻落实党的十八届三中全会、《中共中央 国务院关于深化科技体制改革加快国家创新体系建设的意见》（中发〔2012〕6号）和自治区“8337”发展思路，以科技体制创新、科技对外开放为动力，以增强自主创新能力为中心，全力实施实用高新技术成果转化、重点领域关键技术攻关、科技创新平台载体建设三大工程，为加快构建传统产业新型化、新兴产业规模化、支柱产业多元化的产业发展新格局提供科技支撑，逐渐将发展方式导入创新驱动、内生增长轨道，推动创新型内蒙古建设迈向新阶段，引领经济社会全面协调可持续发展。

（二）基本原则

1．围绕中心，务实创新。紧紧围绕“8337”发展思路和自治区党委、政府的重大决策部署，以前瞻性的思维确立创新驱动发展的战略举措和重点任务，以解决实际问题为创新活动的出发点和落脚点。

2．全面统筹，管理创新。以顶层设计引领各类科技计划的衔接和合理布局，营造创新环境，规范创新行为，激发创新活力。

3．企业主体，协同创新。充分发挥资源的政府引导和市场配置作用，推进产学研协同创新。

4．开放交流，合作创新。系统设计科技对外开放目标框架，集成利用全方位科技交流合作，提高创新活动的现代化水平。

（三）发展目标

经过5年至7年的努力，科技创新能力和区域综合科技实力显著增强，区域创新体系更加完善。到2017年，科技对经济增长的贡献率达到46%，全社会R&D（科学研究与试验发展）经费占地区生产总值比例（R&D/GDP）达到1.6%，每万人口发明专利拥有量达到1.8件，高新技术产业产值占规模以上工业总产值比重达到15%，战略性新兴产业增加值占地区生产总值比重达到10%，自治区本级、盟市和旗县（市、区）财政科技经费支出比例实现法定增长要求，研发孵化、示范推广、信息化服务三大科技创新体系支撑作用明显增强。到2020年科技进步贡献率达到55%以上，全社会R&D经费占生产总值比例进一步提升，每万人口发明专利拥有量达到3.3件，高新技术产业产值占规模以上工业总产值比重达到20%，战略性新兴产业增加值占地区生产总值比重达到15%。在优势产业领域取得一批重大科技成果，建立一批基本技术标准，培植一批自主品牌。在县域经济发展中，形成一旗县一特色的发展格局。

二、组织实施重大技术攻关

（一）组织实施清洁能源输出基地建设技术攻关，促进能源结构优化，实现能源的清洁、安全和高效生产利用，加快节能减排步伐。

（二）组织实施现代煤化工生产示范基地建设技术攻关，积极引导煤化工下游产品深加工技术研发，提升煤炭清洁化和综合利用水平。

（三）组织实施有色金属生产加工和现代装备制造等新型产业基地建设技术攻关，促进有色金属深加工技术的发展，提高稀土等新材料的开发利用水平，积极发展以数字化、柔性化及系统集成技术为核心的专用智能制造装备。

（四）组织实施绿色农畜产品生产加工输出基地建设技术攻关，引进集成现代农牧业技术，在产业化、规模化、集约化、标准化、良种化和信息化等六化技术研发和集成上狠下功夫，大力推进现代农牧业发展。

（五）组织实施体现草原文化和北疆特色旅游休闲基地建设技术攻关，推动我区民族文化与科技的深度融合，促进文化科技领域技术不断突破，加快高新技术在草原文化领域的应用示范。

（六）组织实施生态安全屏障建设技术攻关，开展生态建设实用技术集成与示范，推进不同类型区域综合节水技术集成与示范，提升废物资源化综合利用与污染综合治理技术水平，提高节能减排科技支撑能力。

三、建设科技创新体系

（一）建设完善研发孵化体系

1．确立企业创新主体地位。着力构建以企业为主体、市场为导向、产学研相结合的技术创新体系。引导企业设立科技创新计划，建立创新平台，组织攻关团队，加大科技投入。加大对企业研发机构建设的支持指导力度，鼓励以企业为主导，产学研联合承担自治区科技重大专项、战略性新兴产业专项以及相应的国家计划项目。发挥大型企业技术创新骨干作用，大型企业技术进步规划的重大项目可纳入自治区科技计划指导范围，视其产业化程度申请战略性新兴产业专项支持。自治区科技创新引导奖励资金、中小企业创新基金、技术进步专项资金和战略性新兴产业专项资金等，优先支持和培育一批具有自主知识产权、自主品牌和持续创新能力的创新型企业，激发中小企业创新活力，带动企业整体创新能力的跨越。健全完善统一开放的技术市场交易，促进科技成果资本化、产业化。

2．推动建立新型科技研发机构。鼓励和支持各级政府、社会力量组建一批以市场为导向、企业为主体、集科技创新与产业化为一体的新型科技研究开发机构，围绕地方产业特点，通过科技合作，建立特色产业创新研发平台，解决产业关键共性技术，拉动相关产业发展。

3．强化高校和院所创新服务功能。积极培育优势特色学科专业，加强基础与应用创新型人才培养，提升知识创新和科技服务区域经济的支撑能力。建设一批优势特色学科技术研究平台，择优支持一批高校科技创新团队进入国家“创新团队计划”。

4．优化升级创新服务平台。合理布局自治区在企业、科研机构、高等院校建设的重点实验室、工程技术研究中心、企业技术中心、工程研究中心（工程实验室）、院士工作站等创新平台，互补创新优势，完善创新功能，形成一批具有核心竞争力的自主创新基地。围绕自治区的优势特色产业支持多种形式的产学研合作，组建一批产业技术创新战略联盟。

5．拓展创业孵化体系。鼓励各类园区建立孵化机构，着力提升包头稀土等高新区创业园区科技孵化能力，形成以内蒙古软件园、留学人员创业园、大学科技园、稀土专业孵化器为主体的孵化体系。发挥京蒙高科企业孵化器的异地孵化核心优势，形成向自治区腹地辐射北京地区高科技要素的桥头堡。支持社会力量参与创办专业孵化器。提高孵化器的孵化能力和管理水平，延伸服务空间，拓展孵化对象，创新商业模式。

（二）培育发展示范推广体系

1．提升园区的示范引领作用。全面推进自治区高新技术产业开发区（园区）的升级和布局优化，重点支持一批骨干开发区（园区）二次创业。完善园区基地的创新创业环境，实现园区基地内产业集聚、产业链衔接、产业功能配套，显著提升园区基地自主创新能力。支持建设不同类型的县域科技示范园区、特色产业基地、可持续发展实验区，重视标准化示范和原料基地配套。整合利用国家在我区境内设立的野外科学观测研究站，在研究方向和任务分工上形成衔接和侧重。

2．创新发展生产力促进体系。改革生产力促进中心的体制、机制和服务模式，明确生产力促进中心科技服务枢纽的发展定位和多功能、市场化的发展方向。支持引导各类园区、基地建立生产力促进中心，带动科技要素入园。鼓励生产力促进中心对接地区科技需求，重点推动区域技术交易、成果转化、人才引进培养、创新方法推广应用等服务，形成网络化服务功能。

3．强化知识产权体系。努力创建国家级知识产权示范城市、示范园区和示范旗县，开展知识产权优势企业和知识产权管理标准贯标试点示范工作，培育专利信息利用试点企业。强化专利代理机构建设，实施知识产权托管工程，开放专利信息平台，实现资源共享。提升知识产权创造与运用、保护和管理能力，不断提高自主知识产权的数量、质量和转化能力。

（三）构建信息化服务体系

构建科技创新综合信息化服务体系。建立“内蒙古科技创新综合信息服务平台”，以此为核心，建设形成服务内容完备、功能齐全的公益性、基础性、战略性科技创新服务体系。以“12396”服务热线、农牧业技术转移“信息通”为平台，开展农牧业技术服务功能建设示范，加强资源整合，开展在线服务。积极推进云计算应用平台建设，开展物联网技术研发与重点产业物联网技术示范应用，开发产品协同设计网络制造平台技术。

四、深化科技合作创新

深化科技开放合作。强化与科学技术部“部区会商”制度，全面推进合作项目的实施，协调并争取利用国家层面的创新资源解决自治区经济社会发展中的重大技术问题。继续推进与知名院校的科技合作，促进高校的学科和人才优势与自治区经济社会发展重大需求有效对接。优先深化京蒙、东北四省区、粤蒙等合作，不断探索区域合作新模式。继续推进与盟市进行的厅市会商合作，加强部门间的横向沟通与协作，形成整合配置科技资源的合作机制。积极发展与发达国家、国际科技组织等的国际科技合作，强化与俄、蒙、独联体等周边国家地区的科技合作关系，探索以我为主、互利互惠新模式。发挥中国（满洲里）北方国际科技博览会、中蒙技术转移中心等对蒙对俄科技合作与交流平台的作用，促进东北亚地区的科技交流与合作，打造向北开放的重要桥头堡和沿边开发开放经济带的科技平台。

五、加大科技惠民助企力度

（一）支撑县域经济发展

充分发挥农业科技成果转化资金作用，扩大科技特派员创业行动的覆盖面，继续保持科技富民强县计划、星火计划、科技型中小企业技术创新基金对县域企业技术创新的倾斜支持，提升县域龙头企业、中小企业技术创新能力。

（二）引领非公经济发展

重视落实鼓励非公经济发展的各项政策，支持引导非公有制企业增加研发投入，对符合产业政策和高新技术产业发展方向的科技型中小企业给予重点扶持。支持有条件的非公有制企业与国有企业、高等院校和科研机构开展产学研合作，开发新技术、新产品，创办专业孵化器。支持非公有制企业加强自主品牌建设，创建科技名牌产品和驰名商标。大力支持非公有制科技企业开展创新型企业示范，实施自治区企业技术创新工程。

（三）促进民生科技发展

以提升人民群众生活质量为导向，发展民生科技，以技术进步促进解决生产生活安全的重大科技问题。启动实施科技惠民计划，重视解决人口健康、生态环境、公共安全、防灾减灾、城镇化建设、公共服务等领域重大科技问题。积极推进可持续发展实验区建设，开展多主题多类型示范，形成实验区社会、经济、资源、环境的可持续发展模式。

六、优化科技创新环境

（一）深化科技体制改革

分类指导建设和发展不同类型科研机构，完善科研机构管理办法，建立综合评价机制。稳定支持一批公益类科研机构，明确公益类科研机构的功能定位，增强公益技术研究能力。推动开发类转制科研院所的市场化、企业化改革，建设一批行业共性技术研发中心，组建多种形式的科技型企业、新产品中试基地、成果转化中介服务组织。自治区重大科研基础设施依照规定应该开放的一律对社会开放。

进一步推进科技管理体制改革。一是推进科技计划和项目管理改革。形成良好的项目产生机制，关系国计民生的重大科技项目要实现科技资源的统筹配置。健全科技计划管理体制，探索实行项目决策、立项、执行、评价相对独立且监督制约的运行机制。强化项目承担单位的法人责任，加强对项目的中期检查和验收管理，建立健全项目验收报告公开和项目单位信用管理制度。二是推进科技投入和经费管理改革。强化对财政科技项目经费的管理和绩效评价，修改完善评价方法和评价体系，确保项目实施效果。

（二）加强人才引进培养

大力实施"人才强区"工程，以"草原英才"工程为抓手，衔接各类国家人才计划，引进、培养和集聚高层次领军人才和高水平创新团队。依托各类科技平台载体，着力建设一批高层次创新创业人才培养基地。支持高等院校的一批优势特色学科创新团队进入国家基金委创新群体和教育部创新团队发展计划。大力培养紧缺实用人才，发展壮大法人科技特派员和科技特派员团队。以星火培训基地为基础，扶持、建设一批技能实训基地和职业教育培训联盟，培养技能型人才。创新科技人才评价机制，建立以科研能力、创新成果为导向的科技人才评价标准，改变片面将论文数量、项目和经费、专利数量等与科研人员评价晋升直接挂钩的做法。

（三）建立财政科技投入稳定增长机制

依法保障财政科技投入逐年增长，自治区财政用于科学技术的经费增长幅度，要高于自治区财政经常性收入的增长幅度。盟市和旗县（市、区）财政设立科技专项资金，财政科技经费支出比例实现法定增长要求。充分发挥财政科技投入的引导作用，建立多元化的科技投入机制，鼓励企业增加科技投入，引导经营性国有资产向重大创新领域投入，确保全社会R&D占地区生产总值的比例有明显提高。

（四）落实税收优惠政策

落实企业研发费用所得税前加计扣除、企业职工教育经费扣除、高新技术企业所得税率优惠、创业投资抵扣应纳税所得额、技术转让所得税减免等企业所得税优惠政策。执行科学研究、技术开发机构进口科技开发用品免征进口税政策；落实科研院所、高校和科技类民办非企业单位进口科学研究和教学用品免征进口税政策。执行技术市场税收优惠扶持政策，促进技术转移。

（五）完善金融支持措施

自治区财政设立科技金融合作专项资金，以贷款风险补偿、贴息、担保等方式，引导各类商业金融机构支持自主创新与产业化。加强政策性金融机构对国家和自治区科技重大专项、重大科技产业化项目、重点科技成果转化项目的支持。商业银行对国家和自治区科技重大专项、星火计划项目、火炬计划项目等，根据投资及信贷政策规定，积极给予信贷支持。自治区科技创新引导奖励资金贷款担保和贴息向盟市、旗县（市、区）科技型中小企业科技创新项目倾斜。鼓励和引导科技型企业上市融资。完善风险投资机制。鼓励和引导券商、保险公司在县域企业等开展创业投资。积极推广科技保险和知识产权质押贷款业务。

（六）营造良好法制环境

积极协调、推动有关科技法律法规的制定与实施。继续开展"创新政策进企业行动"，将鼓励创新的相关优惠政策送入基层。探索建立知识产权法院，完善知识产权政策法规体系建设，加强知识产权保护，加大对知识产权侵权和假冒行为的打击力度，规范市场秩序。在企业中建立知识产权预警机制，降低侵权风险，帮助涉外企业建立企业知识产权投诉和维权通道。鼓励科技人员发明创造的积极性，对具有较高技术含量和较好市场应用前景的发明成果予以重点资助和扶持。

（七）实施技术标准战略

在优势特色产业领域率先制定技术标准，形成技术标准体系框架。鼓励传统优势产业、高新技术产业和战略性新兴产业链企业形成技术标准联盟，形成事实标准。鼓励和引导企业、高校和科研机构积极参与各类标准的制定、修订活动，提高企业采用国际标准和国内先进标准的比例。

（八）健全考核评价制度

进一步完善科技创新统计指标体系及各项统计制度，将科技创新工作纳入自治区绩效评价和目标责任考核体系。加大科技考核指标权重，对科技创新工作绩效考核成绩优秀的部门、盟市和旗县（市、区），自治区给予通报表彰和奖励。继续开展科技进步统计监测跟踪评价，将盟市层面监测工作制度化。

（九）强化各级领导责任

各盟市要把实施创新驱动发展战略作为第一要务，纳入本地区发展战略，制定政策措施，加强统筹协调，尽快取得突破。成立科技创新工作领导小组，研究解决突出问题。各有关部门要把实施创新驱动发展战略作为重要职责，分解落实责任，确保各项政策措施的落实。

内蒙古自治区人民政府

2014年7月7日

包头市高层次创新创业和紧缺急需专业技术人才服务保障办法（试行）

（包府办发〔2014〕148号）

第一章 总 则

第一条 为全面落实自治区“8337”发展思路，进一步优化我市人才发展环境，建立健全高层次创新创业和紧缺急需专业技术人才服务保障机制，根据《包头市推进“人才强市工程”的实施意见》，制定本办法。

第二条 本办法所称高层次创新创业和紧缺急需专业人才是指：

（一）持“高层次人才服务卡”的，我市在职在岗省部级称号以上专家、享受市政府特殊津贴人员、首席专家、专业技术三级岗以上人员、“5512”领军人才等我市培养选拔的高层次人才；

（二）市人才工作协调领导小组确定的引进人才。

第三条 本办法包括高层次人才创新创业保障和住房、医疗、配偶就业、子女入学等生活保障。

市人才资源开发办公室负责综合协调，推动有关政策落实等工作；市发改委、经信委、财政局、科技局、住房保障和房屋管理局、人力资源和社会保障局、卫生局、教育局、工商局、金融办及其他相关部门按职能职责做好相关工作。

第二章 创新创业保障

第四条 享受创新创业保障对象是指本办法第二条规定的符合我市产业政策和产业规划，且具备以下条件的高层次创新创业人才：

（一）掌握核心技术，拥有自主知识产权，且技术成果达到自治区内领先水平，具有较好市场前景和产业化潜力；

（二）有丰富的创新创业经历，具有较强的企业经营管理能力；

（三）高层次创新创业人才为企业法人或占股达到30%（含技术股）以上。

第五条 鼓励各地区、单位建立企业服务机构，为创新创业型企业提供代办各类证照等全程优质高效服务。

第六条 根据“千人计划”等高层次人才创新创业需要及项目建设进度，经评估认定后，市政府给予最高100万元的创新创业启动资金资助，主要用于人才培养引进、平台载体建设等。

第七条 鼓励用人单位、创新创业载体，为高层次创新创业人才免费提供项目启动办公场所；根据高层次人才创新创业需要，经评估认定后，市政府给予最高50万元创新创业用房补贴。

第八条 鼓励各类风险投资机构、金融机构为创新创业的高层次人才（团队）提供融资支持，投资期限超过2年的，市政府按其投资总额的5‰给予一次性奖励。鼓励和支持各地区、科技企业孵化器、留学人员创业园、大学科技园、工业园等建立创业种子资金和信用担保资金，或与金融机构、保险机构合作，开展履约保险贷款业务，为创新创业型人才提供创业资金支持。

第九条 鼓励产学研合作的创新成果或专利产业化。对我市高校、科研院所与企业采取产学研合作方式形成的创新成果或发明专利产业化的，年销售额（或节省成本）贡献达到100万元以上的，市政府按贡献额度的5%一次性奖励给创新成果或专利的所有人，最高奖励100万元。

第十条 建立大型科学仪器设备资源协作共享平台。通过整合我市现有科研设备，帮助没有条件购置大型科学仪器设备的企业、单位使用相关仪器设备，实现资源共享；对使用共享仪器设备的费用给予资助。

第十一条 海外高层次留学人才创办企业的，按有关规定享受相应的税收优惠政策。其中，属于国家需要重点扶持的高新技术企业，减按15%的税率征收企业所得税。企业为开发新技术、新产品、新工艺发生的研究开发费用，未形成无形资产计入当期损益的，在按照规定据实扣除的基础上，按照研究开发费用的50%加计扣除；形成无形资产的，按照无形资产成本的150%进行摊销。企业从事农、林、牧、渔业项目的所得，从事国家重点扶持的公共基础设施项目投资经营的所得，从事符合条件的环境保护、节能节水项目的所得，可以免征、减征企业所得税。企业以《资源综合利用企业所得税优惠目录》规定的资源作为主要原材料，生产国家非限制和禁止并符合国家和行业相关标准的产品取得的收入，可以在计算应纳税所得额时减计收入。

第三章 住房保障

第十二条 享受住房保障对象是指本办法第二条第二款规定的在我市无住房的引进人才。

第十三条 鼓励用人单位从自有住房中解决引进人才的住房保障问题。

（一）刚性引进人才的住房保障方式主要有以下两种：

1．人才公寓。对符合条件的引进人才，用人单位可向市政府申请使用人才公寓，具体按我市人才公寓管理有关规定执行。

2．购房补贴。对符合条件的引进人才，除享受用人单位相关待遇外，在我市购买商品住房的，市政府按以下标准发放购房补贴：《关于引进高层次创新创业和紧缺急需专业人才办法（试行）》中第五条第一款规定人选补贴100万元，第二款规定人选补贴20万元，第三款规定人选补贴10万元。

（二）柔性引进人才，用人单位可免费使用市政府人才公寓。

第十四条 夫妻双方均符合本办法规定条件的引进人才，由层次较高的一方申请。购房补贴合同签定后，申请人在我市工作满10年的，所购房屋产权可以转让；在我市工作未满10年的，10年内所购房屋不允许交易。一次性付款的，房屋产权证暂由市人才资源开发办公室管理；产权证暂由贷款银行抵押的，市房屋产权交易部门要做好产权交易审核把关工作。

第十五条 市政府有关部门积极为引进人才开辟住房公积金贷款等绿色通道。回国留学人才可凭劳动、聘用等有效合同和组织、人事部门的证明在我市建立个人住房公积金账户，并按有关规定缴存和使用住房公积金。

第十六条 引进人才解除聘用合同的（退休的除外），用人单位自其离职之日起5日内书面通知市人才资源开发办公室。

第四章 医疗健康保障

第十七条 享受医疗健康保障对象的是指本办法第二条规定的培养和刚性引进人才。

第十八条 用人单位要按照有关规定，及时为高层次创新创业和紧缺急需专业技术人才办理医疗等社会保险的参保或转移接续事宜。引进的海外高层次留学人才，按照有关规定参加各项社会保险（有社会保险双边或多边互免协议的除外），缴费年限以实际缴纳各项社会保险费的年限为准。

第十九条 建立高层次创新创业和紧缺急需专业技术人才补充商业医疗保险制度，为高层次创新创业和紧缺急需专业技术人才办理补充商业医疗保险，投保费用由市政府承担。

第二十条 生育保险缴纳不满1年的高层次创新创业和紧缺急需专业技术人才，可参照我市城镇职工生育保险有关政策享受生育保险待遇，由高层次创新创业和紧缺急需专业技术人才所在单位持市人社局或各有关单位审核报销单据等材料，报市人才资源开发办公室办理。

第二十一条 建立高层次创新创业和紧缺急需专业技术人才健康保健和休假疗养制度，将高层次创新创业和紧缺急需专业技术人才列入保健对象。在我市三级综合医院及专科医院建立方便快捷的就医服务体系，为高层次创新创业和紧缺急需专业技术人才提供优质高效的就医保障。市人才资源开发办公室每年按计划分批组织高层次创新创业人才进行健康体检和休假疗养。

第五章 配偶就业和子女入学

第二十二条 享受配偶就业和子女入学有关政策的对象是指本办法第二条第二款规定的刚性引进人才配偶及子女。

第二十三条 引进人才配偶就业，按照引进人才单位为主、其他部门配合服务的原则促进就业，主要有以下方式：

（一）引进人才配偶原属于公务员、机关工勤人员或事业单位在编在岗人员且愿意到我市相关单位从事相应工作的，由市人才资源开发办公室会同市编办和有关部门协调解决。

（二）引进人才配偶原在企业或无工作单位的，由引进人才单位或人才中介服务机构多渠道协助推荐就业。在6个月之内未就业的，由引进人才单位按本单位职工平均工资发放生活补贴，生活补贴发放期为2年，2年内就业的，从其签订就业合同次月起停止发放生活补贴。

（三）鼓励引进人才配偶自谋职业、自主创业，自主创业的可按相关规定享受有关优惠政策。

第二十四条 引进人才子女可选择就读我市义务教育学校和高中。

第六章 附 则

第二十五条 本办法涉及的由市政府承担的资金从市人才开发专项资金列支。

第二十六条 各旗县区、稀土高新区结合实际，可制定高层次创新创业和紧缺急需专业人才服务保障的具体实施办法。

第二十七条 本办法由市人才资源开发办公室负责解释。

第二十八条 本办法自印发之日起实施，此前凡与本办法不一致的有关规定，按照“从优不重复”的原则执行。

包头市人民政府办公厅
2014年6月9日

中共鄂尔多斯市委 鄂尔多斯市人民政府
关于深化科技体制改革实施创新驱动发展战略的意见

（鄂党发〔2014〕12号）

为深入贯彻落实《中共中央关于全面深化改革若干重大问题的决定》、《中共中央、国务院关于深化科技体制改革加快国家创新体系建设的意见》（中发〔2012〕6号）、《国务院办公厅关于强化企业技术创新主体地位全面提升企业创新能力的意见》（国办发〔2013〕8号）、《内蒙古自治区人民政府关于实施创新驱动发展战略的意见》（内政发〔2014〕79号）和市委三届五次全委（扩大）会议精神，进一步深化科技体制改革，全面实施创新驱动发展战略，提升自主创新能力和内生发展动力，推动鄂尔多斯转型发展、内涵式增长，加快建设创新型城市，现提出如下意见。

一、充分认识深化科技体制改革，实施创新驱动发展战略的重大现实意义

科技兴则国家兴，科技强则经济强。从全球范围看，科学技术越来越成为推动经济社会发展的主要力量，美、德、日、韩等创新型国家科技对经济增长贡献率达70%以上，特别是以物联网、3D打印技术为代表的新一轮科技革命和产业变革正在兴起，依靠科技创新培育新的增长点，抢占发展制高点，已成为世界发展大势。从国内看，随着经济总量的不断增加，发展中不平衡、不协调、不可持续问题愈加突出，推动新型工业化、信息化、城镇化、农牧业现代化同步发展，充分发挥科技创新的引领支撑作用，实施创新驱动发展战略是发展所需、形势所迫。党的十八大因应新形势，提出了实施创新驱动的重大发展战略，十八届三中全会进一步作出了推动科技体制改革的重大部署，强调科技创新是提高社会生产力和综合国力的战略支撑，必须摆在国家发展全局的核心位置。从自治区看，自治区党委九届十一次全委（扩大）会议明确提出要更加重视创新驱动，依靠科技支撑建设“五大基地”，推动转型发展。从我市来看，随着资源环境和要素制约进一步加大，依靠资源开发和传统生产要素大量投入，获取经济高速增长的粗放型增长方式已难以为继。市委三届五次全委（扩大）会议明确提出“创新驱动是转型发展的强力引擎，也是我们的薄弱环节。实现转型发展，必须依靠创新增强发展内生动力”。目前，全市科技工作存在着公共投入相对不足、创新载体支撑不够、创新资源较为匮乏、服务体系不够健全等突出问题。要充分发挥科技创新对经济社会发展的支撑引领作用，实现科技创新驱动和服务转型发展，就必须要把创新驱动发展作为我市立足全局、面向未来的核心战略。

二、指导思想、基本原则和发展目标

（一）指导思想

深入贯彻落实党的十八大及十八届三中全会精神，习近平总书记系列重要讲话特别是考察内蒙古重要讲话精神，自治区党委九届十一次全委（扩大）会议精神和及自治区“8337”发展思路，围绕“凝心聚力、转型发展、创新创业、再铸辉煌，把鄂尔多斯建成祖国北疆亮丽风景线上的璀璨明珠”总要求，突出科技创新的核心地位，充分发挥科技创新对经济社会发展的支撑引领作用，全面实施创新驱动发展战略，着力推进体制机制创新，强化企业技术创新主体地位，构建产学研协同创新机制，提高科技创新管理水平和服务能力，完善区域创新体系，提升地区科技自主创新能力，为促进鄂尔多斯经济持续健康发展、产业转型升级和创新型城市建设提供战略支撑、作出重大贡献。

（二）基本原则

——坚持服务大局与重点突破相结合。科技创新工作以服务经济社会发展大局为主线，发挥支撑引领作用，加快实现创新驱动发展；抓住关键环节开展技术攻关，以重点突破带动整体推进。

——坚持政府引导和市场主导相结合。充分发挥政府引领和推动职责，强化宏观统筹和顶层设计，引导企业走创新发展道路；发挥市场的决定性作用，强化企业技术创新主体地位，增强企业创新的内生动力。

——坚持自主创新和协同合作相结合。鼓励和引导企业加大创新投入，把握创新环节的主动权，提升核心竞争力；加强对国内外人才、技术、资金等创新要素的引进和联合，切实提高创新资源利用效率和水平。

——坚持科技创新与体制创新相结合。构建支撑产业发展的区域技术创新体系，大力开展科技创新活动；努力突破科技创新的体制机制性障碍，促进科技资源优化配置、开放共享和高效利用。

——坚持立足当前和着眼长远相结合。立足我市实际，围绕制约主导产业发展的关键问题，确定科技创新方向，满足当前发展需要；着眼提升长远竞争力，注重前瞻性、战略性技术跟踪和储备，促进经济可持续发展。

（三）发展目标

通过4—6年的努力，科技体制改革取得明显实效，区域综合科技实力显著增强，科技创新体系优化完善，创新效益大幅提升，创新成为经济发展的主要驱动力，转型发展取得重大进展，基本建成创新型城市。

——创新能力显著增强。专利申请量平均年增长20%以上，授权量平均年增长15%以上。到2017年，国家高新技术企业达到60家以上，自治区级以上企业研发机构、科技型中小企业数量大幅增加。到2020年，规模以上企业拥有研发机构的比例不低于50%，自治区级以上企业研发机构数量占企业研发机构数量不低于50%。国家高新技术企业达到100家以上，科技型中小企业突破1000家。

——创新投入持续增加。2017年，全社会科学研究与试验发展经费支出占全市生产总值的比重（R&D/GDP）达到1.6%，地方财政科技投入占地方公共财政支出比重持续增长。2020年，R&D/GDP达到2%左右，地方财政科技投入占地方公共财政支出比重不低于1.5%，基本形成以企业投入为主体、政府投入为引导、社会资本为补充的多元化科技投入体系。

——创新绩效明显提升。到2017年，科技进步对经济增长贡献率达到55%，2020年达到60%以上；高新技术产业产值占规模以上工业总产值的比重2017年达到15%，2020年达到20%以上；技术市场实现交易额年均增长20%以上。

——创新服务体系健全完善。到2017年建成具有较强服务能力公共创新服务平台5家以上，到2020年力争建成具有较强影响力公共创新服务平台10家以上，科技创新金融产品不断丰富，区域性知识产权保护体系更加健全。

——创新环境更加优化。激励自主创新的政策措施进一步完善并全面落实，科技服务能力进一步提升，人才、资本等创新要素高度集聚，崇尚创新的氛围更加浓厚。

三、服务主导产业，实施重大科技创新工程

（四）支撑产业转型升级。围绕清洁能源、现代煤化工、铝产业、现代装备制造、新材料等主导产业，编制技术路线图，找准关键技术突破点，围绕产业链部署创新链，推动产业高端化、产品终端化。启动“科技重大专项计划”，设立科技重大专项资金，引导组建重点产业技术创新战略联盟，努力突破高盐水处理、不同煤种气化、粉煤灰提取氧化铝、二氧化碳循环利用等一批制约产业发展的技术瓶颈。实施传统产业升级科技示范工程，围绕节能降耗、生态环境、安全生产等重点领域，通过与信息化深度融合、高新技术应用推广，提升传统产业创新发展能力。支撑新兴产业培育和发展，在新能源汽车、节能环保、新一代信息技术等领域推动重大科技成果引进、转化，培育一批具有较强竞争力的创新型科技领军企业，推动我市新兴产业点状经济向块状经济、现代产业集群转型。加强农牧业重大关键技术成果引进和实施，整合农牧业科技资源，集中力量建设一批农牧业科技示范园区，带动全市农牧业经济转型发展。大力推进国家文化和科技融合示范基地建设。发展民生科技，重视解决人口健康、生态环境、公共安全、防灾减灾、公共服务等领域重大科技问题。

（五）提升产业园区创新能力。产业园区是科技创新的主阵地，科技创新是园区发展的重要支撑。根据园区产业特色，鼓励和支持通过多种形式引进或组建体制、机制灵活的企业联合技术研发中心，提升园区产业核心竞争力，承担园区科技公共研发平台功能，实现科技资源共享，提升产业核心竞争力。园区要以创新的理念着力推动项目建设和招商引资，注重先进科技成果、中小型科技企业引进，培育新的经济增长点，同时要按照高新技术产业集聚、产业链衔接、产业功能配套的要求完善和优化园区产业生态。具备条件的园区要建立科技企业孵化器，提升园区科技孵化能力。园区要加大对企业科技创新活动的服务力度，设立科技服务工作机构，为入园企业在科技创新方面提供有力支持。

（六）大力推进高新技术产业园区建设。高新技术产业园区是我市创新驱动战略实施的实验区和示范区，也是全市园区管理体制创新的先行区，要坚持招才引智与招商引资并重，走“高、新、特”之路，注重发展高新技术产业与提高自主创新能力相结合，借助公共技术服务平台和企业技术研发平台，不断提高自主创新能力。管理机制体制上要大胆探索，先行先试，探索采取“小政府、大社会，小机构、大服务”的管理体制，推行聘用制，形成机构精简、人员精干、服务高效的管理机制。进一步完善落实高新区政策措施，构建完整的园区科技创新体系，建成国家级高新技术产业园区和国家级高新技术产业化基地。

四、强化企业创新主体地位，完善技术创新体系

（七）支持企业建设高水平研发平台。鼓励和支持企业开展研发活动，优先支持具备条件的科技型企业建设一批高水平的企业研发机构、新型科研机构，鼓励企业依托研发机构积极承担国家以及自治区、市各类科技计划项目，形成一批拥有自主知识产权的产品和技术。支持企业提高研发水平，提升自主创新能力，支持引导组建工程技术研究中心、研究院、重点实验室等行业性质的公共研发平台。对新认定的国家、自治区级研发机构予以奖励资助。支持国家级科研院所、海外知名研究机构在我市与自然人、企业、园区联合建立研发机构。

（八）大力培育创新型企业。实施国家高新技术企业培育计划，遴选一批具有较强创新实力和发展潜力的企业，一企一策，加强工作指导，提供扶持、服务，在建立创新制度、提高研发能力、加强人才队伍建设、建立知识产权申请和保护机制等方面开展培育工作，加快培育一批国家级高新技术企业、国家创新型企业和技术创新示范企业。对新认定的国家级创新型企业和国家高新技术企业予以奖励，并在项目申报、成果转化、人才引进、科技奖励等方面予以重点倾斜。加大对科技型初创企业和中小微企业的扶持力度，建设一批科技小微企业创新创业基地，引导创业投资机构和社会资本投资科技型中小企业，推动其发展成为高新技术企业。

（九）引导企业增加创新投入。完善政府对企业创新的财政投入机制，充分利用财政和税收政策引导企业加大创新投入，激发企业创新投入热情。开展创新政策进企业行动，严格执行有关支持企业科技创新优惠政策，制定科技创新优惠政策落实工作细则，建立统一的工作协调机制，细化工作程序，规范操作流程，切实把国家高新技术企业所得税减免、企业研发费用加计扣除、科研仪器设备加速折旧、科技开发用品免征进口税等科技创新优惠政策落到实处。

（十）推动以企业为主导的科技成果转化与产业化。设立科技成果转化专项基金，引导企业实施重大科技成果转化项目，重点支持获国家、省（自治区）、市科技奖项，应用前景广、产业关联度大、带动作用强的共性关键科技成果产业化。鼓励并支持企业引进最新科技成果，对具有自主知识产权的科技成果首次转化在我市实施的，项目所在旗区政府、园区管委会要制定有关激励政策，在项目立项、土地、场所等方面给予支持。对我市企业经技术合同登记购买技术先进、市场前景好的科技成果，可按实际技术交易额给予一定资金补助。将具有自主知识产权的科技成果在我市转化形成的先进装备和产品纳入政府优先采购范围。

（十一）加强知识产权工作。大力推进专利中介服务体系建设，实施知识产权托管工程，出台专利代理机构资助和奖励政策。实施专利战略推进行动，培育拥有自主知识产权的名牌产品和名牌企业。新认定的国家级知识产权示范企业、知识产权优势企业在专利资助和专利成果转化奖励方面予以重点支持。将实用新型专利和发明专利的资助金额分别提高至2000元和10000元，激励企业开展自主创新。加大知识产权行政执法力度，健全知识产权保护体系，维护公平有序的市场环境。

五、大力发展科技服务业，健全区域创新服务体系

（十二）加强科技与金融结合。制定出台推动科技金融创新发展的实施意见，形成多元化、多层次、多渠道的科技创新投融资体系。按照政府引导、市场运作、社会参与原则，设立鄂尔多斯市科技创业风险投资基金，委托成熟的专业投资公司运作，推动以市场手段配置科技资源，确保基金滚动发展、保值增值，力争到2020年基金规模突破3亿元。探索科技企业贷款担保、贷款贴息、融资风险补偿、知识产权质押贷款等多种科技金融结合新模式，提升金融对中小型科技企业发展服务能力。支持成立由政府引导、社会资本参与的专业科技小额贷款公司和科技融资性担保公司，并给予风险补贴和税费优惠。搭建由银行、担保公司、股权投资机构和政府多方参与、要素齐全的科技创新型企业融资平台。鼓励商业银行设立支持创新型企业发展的专门机构，加强新型融资模式、服务手段、信贷产品、抵质押方式等创新与推广。鼓励科技型中小企业上市融资，搭建融资平台。培育和发展科技保险市场，鼓励保险机构开发创新型科技保险产品。

（十三）加强科技创新创业服务机构建设。以研发中介、技术转移、创业孵化、知识产权等领域为重点，坚持政府引导、市场导向，推动科技服务业发展壮大。支持组织和个人以各种形式建立或引进科技咨询评估、科技风险投资等各类科技中介服务机构，开展中介服务。鼓励生产力促进中心对接地区科技需求，重点推动区域技术交易、成果转化、人才引进培养等服务。加快科技企业孵化器建设，建立“创业苗圃+孵化器+加速器”多层次的孵化体系，提升科技孵化能力。根据《中华人民共和国中小企业促进法》，各级政府及其相关部门应在规划、用地、资金等方面为创业中心提供政策支持。设立科技企业孵化器专项资金，支持科技企业孵化器的建设和发展。成立市科技创新创业服务中心，加强全市创新创业工作的管理和服务，发挥示范带动和行业指导作用，以创新带动就业、培育产业。鼓励和支持高校毕业生在鄂尔多斯创办小微科技型企业。

（十四）建立科技大市场体系。以高新技术产品交易、专利产品交易、科技成果转让、技术服务、技术中介、人才交流、创业投资等为经营方向，探索建立功能齐全的常设技术交易市场。建设网上技术市场，为企业提供科技创新、成果转让和技术咨询等服务，推动科技资源共享。加强技术合同认定和登记管理工作，大力宣传并进一步落实技术开发、技术转让、技术咨询和技术服务增值税、所得税减免优惠政策。发挥行业协会、科技社团、产业技术创新联盟等社会组织的桥梁和纽带作用，为自主创新和成果转化提供专业化服务。培育技术经纪人队伍，鼓励科技人员开展技术经纪活动，支持创建民营技术经纪机构。

六、加强产学研合作，推动协同创新

（十五）创新产学研合作模式。强化企业在科技合作中的参与度，推动由政府主导的战略性、框架性校地科技合作模式，向以企业为主体的市场化、项目化、企校（院所）地科技合作模式转变。巩固发展好现有校地合作成果，原则上不再支持非企业主导建立的校地科技合作平台。搭建高校（科研院所）与企业科技合作平台，探索建立以企业为主体，以市场为导向，政府引导的科技合作模式，推动产学研各方开展针对性互动合作。加快建设鄂尔多斯国家清洁能源国际创新园，打通国际科技合作渠道，建设国际研发合作平台、国际技术成果转化平台等国际合作支撑平台体系。

（十六）构建区域技术转移机制。深入研究全市科技需求，掌握需求与供给，链接国内外优势科技资源，构建区域技术转移平台，通过先进技术转移推动产业转移、结构转型。组建鄂尔多斯技术转移联盟，建立全市科技需求动态数据平台，依据全市产业集群分布特点及需求对口开展区域合作、企校地合作及国际合作。开展与国内外知名技术转移机构战略合作，推动国内外新技术、新成果在我市实现产业化。

（十七）健全产学研协同创新机制。积极探索面向企业技术需求，统筹资源协同创新的产学研合作之路，以项目为依托，构建科技界、产业界和社会各方面广泛参与、优势互补、利益共享、风险共担的协同创新机制。以重大关键技术为突破口，联合申报国家重大科技攻关和产业化项目，联合制定产业技术路线图，推动科技项目向产业化延伸。实施鄂尔多斯市特聘科技专家进园区（企业）计划，实现科技资源与园区（企业）生产一线无缝对接。

七、集聚科技人才和创新团队，增强社会创新创造活力

（十八）培育引进高层次创新型科技人才和团队。依托我市与知名高校和科研院所的合作关系，在科技资源富集地区设立科技人才联络站，把握世界产业发展趋势及科技发展前沿，放眼全球追踪和吸引高端科技创新人才及团队。注重招商与引智相结合，吸引“两院”院士、中央“千人计划”、国家“万人计划”等海内外高层次人才在我市创新创业，形成项目与人才团队的“双招双引”。建立高层次科技人才信息库，建立与入库专家学者沟通联系机制，储备支持创新驱动发展的高层次创新人才资源。

（十九）搭建科技人才创新平台载体。深入推进博士后工作站、重点实验室、工程技术研究中心、企业院士专家工作站等科技创新载体建设，按照“不求所有，但求所用”的原则，柔性引进产业发展急需的高层次科技人才和技术领军人才，打造高端科技人才“孵化器”。鼓励有条件的企业或单位在国内外人才密集区设立研发中心和海外孵化器，吸引人才为我所用。以创业苗圃、创业园、创业服务中心等人才发展平台建设为重点，支持大学生、研究生、科技人员创新创业。重点以我市高新技术产业园区建设为载体，建立人才改革试验区，开展人才改革试点，探索创新人才引进、评价机制，提升科技人才管理科学化水平。

八、深化科技管理体制改革，提高科技创新体系整体效能

（二十）加强组织领导。加强对科技创新工作的组织领导和顶层设计，成立鄂尔多斯市创新驱动战略实施领导小组，建立长效工作协调机制，分解任务，明确责任，形成部门分工协作，旗区、园区联动的推进机制。各级党委、政府要进一步加强对科技工作的领导，把科技体制改革作为经济体制改革的重要内容，尽快制定完善相关配套政策，进一步营造促进科技创新的法制环境。加强监督检查，确保各项决策措施落到实处。组建鄂尔多斯科技专家委员会，对我市高新技术产业发展战略、重大科技项目立项、重大科技成果评价、科技资源配置提供咨询、论证和建议。

（二十一）保障科技经费投入。健全和完善财政科技投入稳定增长机制，确保市级和旗区财政科技经费支出比例实现法定增长要求，确保市级财政每年安排科技专项经费不低于1亿元，并根据财政增收状况保持持续增长。市、旗区本级财政科技投入占公共财政支出比例不得低于1.5%和1%。各级政府要将科技基础设施建设纳入基本建设投资计划，并安排专项资金，用于有关科研平台、基地等基础设施的建设、改造和维护。创新财政科技投入方式，综合运用贷款贴息、股权投入、风险补偿、融资担保、奖励补助等多种手段，提高资金使用效益，充分发挥财政资金导向和杠杆作用。

（二十二）深化项目管理机制改革。完善科技项目评价机制，建立评价专家责任制度和信息公开制度。进一步规范全市科技计划项目管理，开发科技计划项目管理系统平台，实现科技计划项目储备、指南发布、申报、立项、验收一体化、规范化管理。试行科技计划项目后补助制度，加大项目审计和监督机制，确保财政科技投入专款专用。对科技专项经费长期拨付不到位，严重影响项目实施的旗区，采取项目限批措施。对弄虚作假、挤占挪用项目经费的企业，按有关法律法规予以严肃处理，3年内禁止其承担各类科技计划项目。继续推进技术合同认定登记管理、技术贸易机构审批、科技类民办非企业单位设立审查与管理等行政审批项目下放到基层，提高行政效能。

（二十三）建立健全考核评价制度。进一步健全完善各级党政领导科技进步目标责任制，加大对旗区、园区科技考核在实绩考核指标中的权重，把实施科技创新工作业绩作为党政领导班子和主要领导干部考核、评估、使用的重要依据，形成目标明确、责任到人、措施具体、考核有力的工作体系。进一步健全完善科技创新统计指标体系及统计制度。各旗区要把实施创新驱动发展战略作为重要任务，成立科技创新工作领导小组，制定政策措施，加强统筹协调，研究解决突出问题。对科技创新工作绩效考核成绩优秀的旗区、部门、园区，市委、市政府给予通报表彰和奖励。

中共鄂尔多斯市委
鄂尔多斯市人民政府
2014年12月6日

黑龙江省重点企业引进优秀人才扶持办法

（黑政发〔2014〕32号）

为支持全省重点企业引进优秀人才，强化人才智力对经济转型发展的支撑，结合实际制定本办法。

第一条 本办法所称重点企业指对我省经济发展具有较强带动能力或示范效应、对财政收入增加有较大贡献的企业。包括下列五类企业：

（一）年营业收入4亿元以上，从业人员1000人以上的大型工业企业；

（二）纳入我省规模以上工业企业统计的中央企业；

（三）拥有国家或省级以上技术中心的工业企业；

（四）纳入省政府年度省重点推进产业项目计划表的企业；

（五）高新技术产业和高等院校、科研院所所属高新技术成果产业化的企业。

省政府对重点企业的范围实行动态界定，原则上每年进行一次调整。

第二条 本办法所称优秀人才，是指重点企业从省外引进的具有较高科研攻关能力或掌握关键技术和生产诀窍，专业技术水平行业公认的工程技术人员和具有大型企业中层正职以上管理经历、经营管理经验丰富、能力突出的高级管理人员。

第三条 引进的优秀人才应与重点企业签订不少于5年的劳动（劳务）合同，并在我省依法缴纳个人所得税和社会保险费。

第四条 重点企业引进下列优秀人才，由省财政按如下标准资助：

（一）中国科学院院士、中国工程院院士，给予安家费100万元和一次性科研资金100万元；每人每月补贴1万元。

（二）“长江学者”“千人计划”专家、“万人计划”入选者，给予安家费50万元和一次性科研资金50万元。

第五条 重点企业引进下列优秀人才，由市（地）财政和用人企业资助为主。对招聘人才数量较多造成市（地）财政困难的，省财政根据其承受能力给予适当一次性补助。

（一）国家自然科学奖、国家技术发明奖、国家科学技术进步一等奖主要完成人，享受国务院特殊津贴或国家级有突出贡献的中青年专家，大型企业高管，给予安家费30万元；

（二）国家杰出青年基金获得者，国家自然科学奖、国家技术发明奖、国家科学技术进步二等奖主要完成人，中华技能大奖获得者，享受省政府特殊津贴或省级优秀中青年专家，大型企业中层正职管理人才，给予安家费20万元；

（三）具有自主知识产权、掌握核心技术、取得专利的正高级专业技术职务人才，给予安家费10万元。

第六条 鸡西、双鸭山、七台河、鹤岗市（以下统称四煤城）高新技术企业引进下列优秀人才，以市财政和用人企业资助为主。从煤炭型城市转型发展的实际困难出发，对引进人才数量较多造成各市财政困难的，省财政给予所需资金总额40%的一次性补助。

（一）本办法第五条所列各类人才；

（二）能够解决企业生产、技术难题，具有副高级专业技术职务的人才，给予安家费5万元；

（三）能够解决企业生产、技术难题，具有中级专业技术职务的人才，给予安家费2万元。

第七条 引进的优秀人才同时符合多项安家费、科研资金资助条件的，按最高标准执行，不重复享受。

第八条 鼓励重点企业引进携带资金、项目、技术的优秀人才及创新人才团队。

（一）为企业带来200万元以上科研启动资金的人才，省、市（地）财政根据科研项目资金实际需求情况，在现有专项资金中分别给予支持；

（二）对携带我省重点产业发展急需的科研项目的人才，在申报国家部委相关项目立项方面给予支持；在我省推进成果转化获得国家部委经费资助的，省财政根据科研项目资金实际需求情况，在现有专项资金中按适当比例给予资金匹配；

（三）携带重大产业项目、重大科技成果的优秀人才或创新人才团队，5年内直接帮助企业实现累计新增销售收入30亿元、50亿元的，省财政分别给予优秀人才或创新人才团队一次性奖励50万元、100万元；

（四）对引进的优秀人才，可采取实行项目工资、以科技成果作价入股以及给予期股、期权奖励等方式，参与企业收益分配。

第九条 通过项目合作、联合攻关等柔性方式引进的优秀人才或人才团队，为企业经济效益增长和地方财政收入增加作出突出贡献的，市（地）财政可根据实际贡献给予个人或团队一次性奖励，因奖励造成市（地）财政困难的，由省财政根据其承受能力适当给予一次性补助。

第十条 鼓励重点企业聘用普通高校全日制应届博士、硕士毕业生。

（一）重点企业与省内外“985”“211”工程高校工程技术类专业全日制应届博士、硕士毕业生签订不少于5年劳动合同的，市（地）财政和用人企业按照博士5万元、硕士3万元的标准给予毕业生资助。对聘用应届博士、硕士毕业生数量较多造成各市（地）财政困难的，省财政根据其承受能力给予适当一次性补助。

（二）四煤城高新技术企业与省内外普通高校工程技术类专业全日制应届博士、硕士毕业生签订不少于5年劳动合同的，市财政和用人企业按博士5万元、硕士3万元的标准给予毕业生资助。对聘用应届博士、硕士毕业生数量较多造成各市财政困难的，省财政给予所需资金总额40%的一次性补助。

第十一条 鼓励市（地）政府（行署）和用人企业通过建设人才公寓或发放短期租房补贴等方式，为引进的优秀人才解决周转用房。

第十二条 省、市（地）财政资助的安家费和聘用应届高校毕业生资助资金实行分期兑现。自劳动（劳务）合同签订之日起，前4年每履行1年兑现资金总额的15%，5年期满后一次性兑现剩余的40%。劳动合同提前终止的停止兑现。

第十三条 重点企业引进优秀人才的，应于劳动（劳务）合同签订之日起30日内，将合同和相关证明材料报所在市（地）人社局备案。各市（地）每半年将本地区重点企业引进优秀人才信息及相关材料报省人社厅备案。

第十四条 需省财政资助的资金，由省财政根据省人社厅、省委组织部、省财政厅组织专家评审确定的资助意见安排。

第十五条 有关财政资金的使用、管理、监督检查按照省委组织部等十部门《关于印发〈黑龙江省人才发展资金管理办法〉的通知》（黑财办〔2011〕5号）规定执行。对企业和个人弄虚作假、骗取资金的，除追回资金外，取消用人单位享受相关人才政策资格；构成犯罪的，依法追究刑事责任。

第十六条 下列情形不适用本办法：

（一）从我省流出到省外工作的人才，自离开我省之日起未满2年的；

（二）大型企业内部人员工作调动的；

（三）已享受过我省类似奖励、补贴、补助的。

第十七条 各市（地）可参照本办法，结合实际制定本市（地）有关人才引进扶持办法；对本办法实施前重点企业引进的优秀人才，用人企业可参照本办法制定激励措施。

第十八条 本办法自发布之日起实施。

黑龙江省人民政府

2014年12月5日

上海市人民政府
关于加快上海创业投资发展的若干意见

（沪府发〔2014〕43号）

创业投资是指向具有高成长潜力的未上市创业企业，特别是中小微创新型企业进行权益性投资，并为之提供创业管理服务，以期所投资企业发育成熟或相对成熟后，主要通过权益转让获得资本增值收益的一种股权投资行为。为深入贯彻落实党的十八大和十八届二中、三中全会精神，充分发挥市场对资源配置的决定性作用，加快推进上海“创新驱动发展、经济转型升级”战略，努力提升上海创业投资的国际竞争力和影响力，根据《中共中央 国务院关于深化科技体制改革加快国家创新体系建设的意见》《国家中长期科学和技术发展规划纲要（2006—2020年）》《中共上海市委 上海市人民政府关于贯彻＜中共中央 国务院关于深化科技体制改革加快国家创新体系建设的意见＞的实施意见》和国家有关促进创业投资发展的文件精神，现就加快上海创业投资发展提出如下若干意见：

一、充分认识加快上海创业投资发展的重要意义

促进创业投资加快发展，是全面深化改革，充分发挥市场配置资源的决定性作用，努力提高自主创新能力的一项关键措施，是扩大直接融资规模促进实体经济发展的有效途径，也是促进产业升级和新兴产业领域中小微企业健康成长的重要举措。作为新兴产业，创业投资行业属于一种高端服务业，是加快转变经济发展方式的重要引擎，是缓解企业创业难、融资难、发展难的重要手段，是对现有金融体系的有效补充和完善。促进创业投资加快发展，是上海在新的历史时期，加快“四个中心”建设，深入实施“创新驱动发展、经济转型升级”战略的客观需要。

二、明确加快上海创业投资发展的指导思想、基本原则、目标任务

（一）指导思想。深入贯彻落实党的十八大和十八届二中、三中全会精神，全面深化科技体制改革，充分发挥市场对资源配置的决定性作用，以推进上海创新型城市建设，促进创新、创业、创造为目标，为上海深入实施“创新驱动发展、经济转型升级”战略提供有力支撑。

（二）基本原则。按照“政府引导、社会为主、专业化管理、市场化运作”的基本原则，统筹和集聚全市各部门、各区县力量促进创业投资发展。

（三）目标任务。将上海打造为具有国际竞争力和影响力的创业投资中心，争取到2017年，基本实现“五个一”，即吸引培育一支国内外知名的创业投资管理队伍（1000人）；集聚打造一批业界有影响力的品牌创业投资企业（100家）；引导带动一批创业投资资本（新增1000亿元）；投资培育一批新兴产业细分行业的领头羊企业（1000家）；打造一个享誉海内外的创业投资集聚高地。

三、发挥政府引导作用，带动各类资本进入创业投资领域

（一）建立健全创业投资引导基金持续投入机制。改革政府投入方式，更好发挥财政资金“四两拨千斤”的作用，带动各方资金特别是商业资金用于创业投资。市财政连续三年每年新增安排市战略性新兴产业发展专项资金10亿元，专项用于补充上海市创业投资引导基金（以下简称“市引导基金”），积极探索建立财政、国资收益和社会资金多渠道并举的滚动投入机制。鼓励有条件的区县政府设立创业投资引导基金，通过市场化手段，吸引形成创业投资资本，并委托专业化管理团队进行管理。（市发展改革委、市财政局、市国资委会同有关部门、区县政府落实）

（二）吸引境外专业机构组建人民币创业投资基金。探索在有效监管的前提下，开展境外机构投资人参股人民币基金一次性结售汇试点，打通境外创业投资参股人民币创业投资企业的结汇通道；进一步简化外资参股人民币创业投资企业相关行政审批流程。（市商务委、市金融办、市发展改革委、外汇局上海市分局等有关部门落实）

（三）鼓励国有产业集团参与设立创业投资企业。鼓励国有资金积极参与创业投资活动，建立健全适应创业投资行业特点的国资管理和考核办法。鼓励国有创业投资企业内部实施有效的管理人员约束激励机制，将投资效益与管理人员的约束激励相结合。探索实施国有控股创业投资企业投资项目评估管理改革试点，试点企业投资项目可采取估值报告方式，资产评估报告或估值报告可实行事后备案；对已投资项目不再参与增减资的，可采用内部估值方式；在投资时已约定退出价格的，可按约定价格退出，不再进行评估。鼓励国有创业投资企业探索创新混合所有制模式。（市国资委会同市发展改革委等有关部门落实）

（四）加快推动天使投资发展。鼓励社会各类资金参与天使投资，通过设立上海市天使投资引导基金，引导社会资本共同设立机构化天使投资企业。经政府相关部门认定的天使投资企业，可参照创业投资企业享受政府相应鼓励政策。（市发展改革委会同市科委、市财政局、市地税局等有关部门落实）

（五）鼓励重点产业领域并购。结合本市重点发展的产业领域转型升级的实际需求，鼓励本市各产业集团积极开展境内外产业并购投资，适时组建主要开展集成电路、生物医药等重点领域产业并购整合的创业投资企业。不断完善并购涉及的外汇、融资和产业等相关配套政策。（市发展改革委、市经济信息化委、市科委、市国资委、市商务委会同有关部门落实）

（六）丰富创业投资企业募集资金渠道。鼓励和支持运作规范的创业投资企业，在法律法规允许的框架范围内，创新各类募集手段，通过上市募集、发行企业债券、发行资金信托和募集保险资金等方式，拓展融资渠道，形成市场化、多元化的资金来源。(市金融办、市发展改革委会同人民银行上海总部、上海证监局、上海保监局等有关部门落实）

四、聚焦培育新兴产业，加大创业投资政策支持力度

（一）加强产学研用相结合培育优质项目源。充分利用上海高校、科研院所和产业集团的优势资源，大力加强高校、科研机构和产业集团与创业投资企业的联动合作，努力培育优秀创业企业。对创业投资企业投资培育的本市新兴产业领域创业企业所提供的新业态、新技术、新模式，鼓励各部门和国有企事业单位积极推广应用，并探索建立对新产品、新服务使用的行政免责机制。（市科委、市教委、市经济信息化委、市发展改革委、市财政局等有关部门落实）

（二）建立创业投资与政府专项对接机制。探索建立由具备资质和良好信用记录的创业投资企业，向各部门保荐专项资金支持项目的机制；鼓励创业投资企业积极投资本市新产业、新业态、新技术、新模式，进一步统筹形成本市产业发展部门联动机制，引导创业投资企业投资已获得政府专项资金支持的企业，有关部门要积极做好项目对接和服务。（市经济信息化委、市科委、市发展改革委、市财政局、市商务委等有关部门落实）

（三）探索建立早期创投奖励和风险补偿机制。试点开展创业投资奖励机制，对市引导基金参股的创业投资企业和天使投资企业，投资本市重点支持领域早期创业企业的，投资获利退出时，通过市引导基金投资收益，安排一定比例的投资奖励。对创业投资企业投资本市范围内的早期科技型创业企业，通过财政性资金，给予创业投资管理机构一定成本补助，在投资损失确认后，可按损失额的一定比例，对创业投资企业进行风险救助。（市发展改革委会同市科委、市财政局等有关部门落实）

（四）打造上海创业投资基金和孵化器集聚区。结合本市区域产业结构调整布局，探索在条件成熟的地区积极建设上海创业投资基金集聚区，让投资人、创业团队、基金管理人形成规模集聚效应，并通过市引导基金运作，积极鼓励基金加基地、孵化加投资等各类创新型基金运作模式，努力提高新兴企业孵化培育效率。鼓励有条件的区县政府为孵化器和创业投资基金集聚区制定相应的支持政策。（市发展改革委、市经济信息化委、市科委会同有关部门、区县政府落实）

五、不断完善创业投资管理和服务体系

（一）加强对创业投资工作的组织领导。充分发挥市引导基金工作领导小组及其办公室的领导和协调推进作用，由市发展改革委牵头，会同市经济信息化委、市商务委、市科委、市财政局、市国资委、市地税局、市工商局、市金融办和人民银行上海总部、上海证监局、外汇局上海市分局等部门，协调推进创业投资发展中的重大政策问题。市各有关部门和单位要结合自身职能，密切配合，加快制定完善各项创业投资发展配套政策。（市发展改革委会同有关门推进落实）

（二）做好创业投资企业备案管理工作。对符合国家十部委制定的《创业投资企业管理暂行办法》有关规定的，可按相关规定，向市发展改革委申请备案。经过备案并符合条件的创业投资企业，可享受国家和本市各级政府相关支持政策，并接受备案管理部门的监督。（市发展改革委会同有关部门推进落实）

（三）加强创业投资行业自律和协会建设。充分发挥上海市创业投资行业协会作用，加强行业自律，协助政府主管部门做好行业管理相关工作，积极为创业投资企业和会员单位提供高质量服务，深入研究创业投资行业发展中需要解决的有关问题，努力促进上海创业投资行业健康发展。鼓励具备条件的区县设立创业投资行业协会。（市发展改革委、市民政局会同有关部门、区县政府推进落实）

（四）健全创业投资中介服务体系建设。充分发挥中介服务机构在法律、财务、咨询、评估、担保等方面的重要作用。支持中介服务机构为创业投资企业提供技术经纪、信息服务、市场预测、项目评估、财务及法律咨询等服务，逐步建立和完善创业投资发展所需的社会化服务体系。（市金融办、市科委、市发展改革委、市财政局会同有关部门推进落实）

（五）加强创业投资与金融机构、市场的联动。充分利用上海金融机构和市场集聚的优势，大力推动创业投资企业与银行、证券、保险和互联网金融等机构间的业务交流和合作，积极推动投贷联动、投保联动等多种创新模式，鼓励和支持相关科技金融产品创新，加大对创业投资企业投资的小微企业金融支持力度。在大力推动新三板、创业板等多层次资本市场建设的基础上，积极鼓励产业资本投资并购，推动本市有条件的大型产业集团与创业投资基金对接，打通创新成果产业化、规模化的链条。（市金融办、市发展改革委会同有关部门推进落实）

（六）加快创业投资人才队伍引进和培养。制定实施创业投资人才专项工作计划，加大创业投资人才的培养、引进和使用力度。进一步加强本市创业投资管理和从业人员与国内外的交流与合作。对熟悉资本运作、拥有行业背景、精通现代管理、投身于上海创业投资行业的人才给予适当奖励。各级政府要加强对创业投资人才的服务，并提供居住、子女教育、医疗和出入境管理等便利服务。通过在上海有条件的高等院校开设创业投资专业课程，以及与国外知名院校合作办学等多种形式，加强人才队伍的培养。（市人力资源社会保障局、市金融办、市发展改革委会同有关部门推进落实）

本意见自2014年8月1日起施行，有效期至2019年7月31日。

上海市人民政府

2014年7月2日

江苏省人力资源和社会保障厅
关于做好留学回国人员以创业带动就业工作的通知

（苏人社发〔2014〕278号）

各市人力资源社会保障局，昆山市、泰兴市、沭阳县人力资源社会保障局：

为吸引和鼓励海外留学回国人员到江苏创业，进一步促进创业带动就业，根据《省政府办公厅转发劳动保障厅等部门关于促进以创业带动就业工作实施意见的通知》（苏政办发〔2008〕137号）和《人力资源社会保障部等九部门关于实施大学生创业引领计划的通知》（人社部发〔2014〕38号）精神，现就做好留学回国人员以创业带动就业工作通知如下：

一、切实把留学回国人员创业工作纳入促进就业创业工作总体规划

留学人员是我省紧缺急需的人才资源，是发展高新技术产业的骨干力量，对于推动经济转型升级、建设创新型省份起着重要作用。随着我省发展环境不断改善，越来越多的留学人员来江苏创业，对促进地方经济发展、缓解就业矛盾起到了积极作用。各地人力资源社会保障部门要高度重视留学回国人员创业工作，将其纳入促进就业创业工作的总体规划，享受高校毕业生及其他社会人员创业就业的同等政策待遇，努力形成政策扶持、创业培训、创业服务“三位一体”的工作机制，鼓励和支持更多留学回国人员以自主创业的形式实现就业，以创新引领创业，以创业带动就业。

二、全面落实促进留学回国人员创业的政策措施

将有创业意愿和需求的留学回国人员统一纳入创业培训范围，根据留学人员回国创业的特点，进行具有针对性、实用性和指导性的培训，并按规定享受创业培训补贴；对由留学回国人员创办且能正常运行的企业，给予相应的创业扶持；对留学回国人员创办企业在小额担保贷款、贷款贴息、吸纳就业、技能培训和社会保险等方面按规定享受当地高校毕业生创业就业的同等待遇；对自主创业的留学回国人员在房租补贴、创业补贴、融资担保等方面按规定享受高校毕业生和其他社会人员创业就业同等政策待遇。

三、着力加强留学回国人员创业载体建设

各地人力资源社会保障部门要按照创业孵化基地和大学生创业园建设的总体思路，充分发挥综合管理留学回国人员工作的职能优势，整合各种社会资源，统筹推进建设一批基础条件好、服务能力强、管理水平高的留学人员创业园。对达到省级创业示范基地创建标准的，经评估后可认定为“江苏省创业示范基地”。要把促进留学回国人员创业就业的相关政策覆盖到经济开发区、高新技术开发区、大学科技园区和大学创业园等各类园区，鼓励其吸纳留学回国人员创办符合我省和当地产业发展方向的创新型科技企业、劳动密集型企业及小微企业，推动留学回国人员在更大范围内实现创业就业。

四、积极做好留学回国人员创业服务工作

各地人力资源社会保障部门要把推动留学回国人员创业作为促进就业工作的一项重要任务，及时调查了解留学回国人员

的基本情况，把未就业的留学人员纳入当地就业信息服务网络，督促其领取《就业失业登记证》，并将留学回国人员列入创业就业服务范围。建立健全留学回国人员创业辅导制度，由政府主管业务部门负责人、创业成功人士、经济学家、投融资专家等人员组成创业导师队伍，定期举办培训班，从政策解读、市场分析、物色战略合作伙伴等方面为留学回国创业人员提供咨询服务，助推留学人员创业企业稳健成长。要充分发挥留学人员创业园、留学回国人员工作机构在服务留学回国人员创业方面的作用，积极协调配合当地就业服务机构，建立工作联动机制，完善创业服务平台，共同为留学回国人员创业就业提供全方位服务。

江苏省人力资源和社会保障厅
2014年9月19日

南京市紫金科技人才创业特别社区条例

（南京市人民代表大会常务委员会公告第11号）

《南京市紫金科技人才创业特别社区条例》已由南京市第十五届人民代表大会常务委员会第十一次会议于2014年6月26日制定，江苏省第十二届人民代表大会常务委员会第十一次会议于2014年7月25日批准。现予公布，自2014年10月1日起施行。

第一章 总 则

第一条 为了提高紫金科技人才创业特别社区发展水平，优化科技创业创新环境，保障创新驱动战略实施，建设国家人才与创业创新名城，根据有关法律、法规，结合本市实际，制定本条例。

第二条 本条例所称紫金科技人才创业特别社区（以下称特别社区），是指经市人民政府批准设立，以科技创业活动为中心，以集聚科技人才、转化科技成果、孵化创新项目、培育创新企业、发展高新技术产业为目的，以特定的科技基础设施、行政服务体系、人居环境为支撑的社区组织。

第三条 特别社区的规划、建设、管理、服务以及创业创新活动，适用本条例。

第四条 特别社区应当建立有利于科技创业活动的体制、机制和制度，营造人才优先、鼓励创业、宽容失败的氛围。

第五条 市人民政府应当加强对特别社区工作的领导，将特别社区发展纳入国民经济和社会发展规划，建立相应的资金投入和保障机制，统筹协调特别社区发展中的重大事项。

区人民政府、园区管理机构负责实施特别社区建设、管理、服务工作。

第六条 特别社区应当建立管理机构，负责特别社区日常管理和服务工作；园区的特别社区可以由园区管理机构直接履行特别社区管理机构职责。

市人民政府应当赋予特别社区管理机构必要的市级科技、经济管理权限。

特别社区管理机构的行政管理权限由市人民政府确定并公布实施。

第七条 科技行政主管部门负责制定特别社区发展规划、科技创业计划及其政策，协调科技基础设施建设和运营，指导和考核特别社区工作。

发展和改革、经济和信息化、住房和城乡建设、财政、人力资源和社会保障、国土资源、工商管理、质量技术监督、金融、规划、城市管理、税务等行政主管部门按照各自职责做好特别社区相关服务工作。

第八条 本市实行科技创业政府资助人才（项目）专业管理制度，通过科技成果、职称等要素指标，对科技创业人才进行量化评价。

设立科技创业人才（项目）专业委员会（机构）。专业委员会（机构）由有关行政主管部门和机构有关负责人、科技专家、领军科技企业家、社会投资人等组成，负责组织评审特别社区孵化器、加速器内的政府资助项目，评审结论作为项目拨款的主要依据。

未经科技创业人才（项目）专业委员会（机构）评审的项目，不得列为特别社区孵化器、加速器内的政府资助项目。

第二章 规划和建设

第九条 设立特别社区由区人民政府、园区管理机构提出申请，市科技行政主管部门会同市有关行政主管部门审核，报市人民政府批准。

经批准设立的特别社区，统一冠名“紫金（××）科技人才创业特别社区”。

第十条 市科技行政主管部门负责会同市规划、发展和改革行政主管部门编制本市特别社区发展规划，报市人民政府批准后公布实施。特别社区发展规划应当明确各特别社区发展的主导产业。

编制特别社区发展规划应当符合城市总体规划和土地利用总体规划。

市规划行政主管部门会同特别社区所在区人民政府依据城市总体规划和特别社区发展规划编制特别社区控制性详细规划，报市人民政府批准后实施。

区人民政府、园区管理机构按照控制性详细规划，组织实施特别社区建设工作。

第十一条 设立特别社区应当符合下列条件：

（一）科技基础设施及其配套设施达到规定标准和功能；

（二）行政管理和行政服务便捷高效；

（三）科技、商务、金融、信息、法律、人才服务功能完备；

（四）周边市政基础设施完善，人居环境优良。

鼓励在高等院校、科研院所周边建设大型特别社区，实现科技基础设施和科技创业资源共享。

鼓励利用现有科技创业人才基地改造建设特别社区。

第十二条 特别社区科技基础设施及其配套设施应当符合下列标准：

（一）创业苗圃、孵化器建筑面积不少于特别社区总建筑面积四分之一，其中创业苗圃建筑面积达到5000平方米以上；

（二）加速器（含中试用房）建筑面积不少于特别社区总建筑面积二分之一；

（三）人才公寓及其配套设施建筑面积不超过特别社区总建筑面积四分之一。

第十三条 创业苗圃、孵化器、人才公寓由政府投资建设为主；加速器由政府与市场主体共同投资建设；总部基地及其配套设施由市场主体投资建设。

第十四条 市、区人民政府应当统筹规划建设特别社区周边市政设施和综合环境。

第十五条 特别社区土地利用应当优先满足高新技术产业及其配套设施建设用地，并遵循下列规定：

（一）创业苗圃、孵化器、加速器用地按照科技研发用地管理，新增的科技研发用地按照招拍挂方式出让；公益性科技研发用地可以划拨方式供地；

（二）科技创业总部基地按照商务办公用地管理；

（三）利用存量土地或者现有载体改造建设科技创业人才载体需要变更土地或者建筑物用途的，依照法定程序报批；

（四）重大科技成果产业化项目可以依法通过入股、联营联建等形式使用集体建设用地；

（五）其他配套设施用地根据规划用途确定。

第三章 创业苗圃、孵化器、加速器

第十六条 创业苗圃由特别社区管理机构设立、建设和管理。加入创业苗圃由个人向管理机构提出申请。

创业苗圃应当配备创业导师和创业辅导员专门服务团队，提供下列免费服务：

（一）创业培训课程和指导；

（二）技术、商务、财务、法律咨询和指导；

（三）创业计划演示活动。

第十七条 孵化器由特别社区管理机构设立和建设，实行市场化运营。

孵化器运营商经由招投标程序确定，或者由区人民政府、园区管理机构指定。

孵化器由特别社区管理机构和运营商共同管理。特别社区管理机构派驻技术总监和财务总监，运营商负责日常管理和服务。

第十八条 孵化器应当建有完备的专业技术支撑平台、科技金融服务平台和综合公共服务平台，具有经过专业培训的管理团队，建立财务管理、项目孵化和毕业管理制度，并具备下列服务功能：

（一）技术服务功能，包括实验室、实验设备和技术指导；

（二）商务服务功能，包括市场营销和盈利模式指导，推荐潜在客户和投资人；

（三）财务金融服务功能，包括财务会计、金融服务；

（四）法律服务功能，包括律师咨询和法律指导；

（五）行政服务功能，包括政策咨询、行政手续代办、文秘、档案、劳动工资服务。

第十九条 入孵项目应当符合下列条件：

（一）具有合法的知识产权成果或者独特的解决方案；

（二）具有经过专业评估的潜在市场需求；

（三）拥有稳定的创业团队，科技人员占企业员工30%以上。

第二十条 入孵项目由单位、个人申报或者由运营商、特别社区管理机构推荐，科技创业人才（项目）专业委员会（机构）评审。

领军型科技创业人才主持的项目及其创办的相应企业在同等条件下优先进入孵化器。

第二十一条 在孵项目政府给予资金扶持的，运营商按照一定比例共同出资。暂不具备条件共同出资的，逐步建立共同出资机制。

鼓励风险投资和私募股权投资机构、天使投资人参与投资。

政府出资部分不计股权，按照项目年营业收入一定比例收回，收回资金继续用于项目孵化。运营商和其他投资人出资部分按照合同约定方式处理。

第二十二条 在孵项目孵化期限不超过3年6个月。项目经科技创业人才（项目）专业委员会（机构）评审为优秀的，可以延长1年。孵化期限特殊情况最长不超过5年。

项目孵化期满后退出孵化器，不再享受孵化器的优惠政策。

第二十三条 孵化项目毕业后，特别社区管理机构应当向风险投资、私募股权投资机构或者其他投资人推介。

第二十四条 加速器由特别社区管理机构设立，政府与市场主体共同投资建设，实行市场化运营。

加速器运营商经由招投标程序确定。不能确定的，由区人民政府、园区管理机构指定。

加速器由特别社区管理机构和运营商共同管理。特别社区管理机构派驻行政总监和财务总监，运营商负责日常管理和服务。

鼓励高等院校、风险投资和私募股权投资机构经营加速器。

第二十五条 加速器应当有具备与资本、技术、人才等创新资源对接能力的专业管理团队，建立与孵化器的对接机制，并具备下列功能：

（一）商务服务功能，包括投融资服务、科技成果转让、企业并购、培育企业上市服务；

（二）市场推广服务功能；

（三）行政服务功能，包括政策咨询、行政手续代办。

第二十六条 加速器项目应当符合下列条件：

（一）拥有优秀的管理、研发、生产、市场运营团队，以及完善的企业治理结构；

（二）拥有发明专利或者独特的解决方案，且属于国家鼓励重点发展的高科技、高附加值的产业范畴；

（三）具有较大的市场需求；

（四）具有成功的商业盈利模式。

第二十七条 加速器项目由运营商、特别社区管理机构、科技专家推荐或者单位、个人申报，科技创业人才（项目）专业委员会（机构）评审。

科技创业家主持的项目及其创办的相应企业在同等条件下优先进入加速器。

第二十八条 市、区人民政府，园区管理机构对加速器项目给予资金支持的，运营商按照一定比例共同出资。

鼓励风险投资和私募股权投资机构、天使投资人参与投资。

政府出资部分不计股权，按照项目年营业收入一定比例收回。非政府出资部分按照合同约定方式处理。

第二十九条 加速器项目期限不超过3年。项目经科技创业人才（项目）专业委员会（机构）评审为优秀的，最长可以延长1年。项目期满后退出加速器，不再享受加速器的优惠政策。

第四章 人才激励

第三十条 本市实行科技创业家培养计划。科技创业家培养对象应当入选国家、省重点人才计划或者本市领军型科技创业人才计划，具有国际化视野和持续创新能力，拥有核心自主知识产权，技术成果国内外领先，项目具有良好的市场前景，初步具备规模生产、实现产业化的条件。

经认定的科技创业家创办的企业进入特别社区孵化器或者加速器的，政府给予下列支持：

（一）根据项目需求给予贷款贴息，引导金融机构提供必要的融资担保；引入社会创业投资资金的，市创业投资引导资金按照一定比例匹配入股；

（二）参照国家高新技术企业税收优惠政策，财政按照规定给予扶持；

（三）市级各类产业和科技经费给予优先支持，承担省级以上专项的按照国家和省计划要求给予配套奖励。

第三十一条 本市实行领军型科技创业人才引进计划。领军型科技创业人才应当符合下列条件之一：

（一）国内外某一学科、技术领域带头人，拥有市场前景广阔、技术含量高的科研成果；

（二）拥有自主知识产权或者核心技术，技术成果国内外领先，具有市场潜力并可以产业化；

（三）具有硕士以上学位或者高级以上职称，有国内外自主创业经验，熟悉相关产业领域，并携技术、项目、资金在本市创业。

第三十二条 经认定的领军型科技创业人才创办的企业进入特别社区孵化器或者加速器的，政府给予下列支持：

（一）经科技创业人才（项目）专业委员会（机构）评审为重点扶持项目、扶持项目的，给予创业启动资金和3年内免租金工作场所、人才公寓；根据项目需求，引导金融机构提供创业投资和融资担保。

（二）市、区属国有股份3年内分红以及按照约定以固定回报方式退出的超出部分用于奖励。社会创业投资机构投资期限超过2年的，按照其投资总额的1%给予奖励，投资发生损失的，按照实际投资损失的30%给予风险补偿。

（三）拥有自主知识产权的，引导金融机构依据评估价值提供相应金额的知识产权质押贷款。对提供融资担保业务的社会担保机构，给予年累计担保额2.5%的补贴。推行科技保险保费补贴制度，给予一定比例的保费补贴。

（四）协调在宁高等院校、科研院所为领军型科技创业人才提供兼职教授、研究员岗位；协调在宁高等院校、科研院所图书资料、研发平台和公共技术服务平台向领军型科技创业人才开放；召集知名专家和企业家组成创业创新导师团，为领军型科技创业人才提供咨询指导服务。

第三十三条 大学生创业项目进入特别社区孵化器或者加速器的，政府给予下列支持：

（一）3年内免费提供不超过30平方米的创业场地；

（二）自工商注册登记起3年内免除登记类、管理类和证照类的行政事业性收费；

（三）创业时间可以视为参加实训、实践教育时间，按照相关规定计入学分；

（四）按照规定给予带动就业奖励；

（五）项目经科技创业人才（项目）专业委员会（机构）评审为优秀的给予奖励。

第三十四条 鼓励高等院校、科研院所、国有企业和事业单位科技人员、行政职务科技人员离岗进入特别社区创业，离岗创业人员在明确与所在单位的人事或者劳动关系后，3年内保留其原有身份和职称，档案工资正常晋升。

第三十五条 鼓励高等院校、科研院所、国有企业和事业单位将职务发明成果转让给特别社区内的企业实施，并将其转让所得收益的至少60%、最多95%奖励给参与研发的专业科技人员、行政职务科技人员及其团队。

第三十六条 鼓励特别社区内的以科技成果作价入股的企业、国有控股的院所转制企业、高新技术企业采取股权奖励、股权出售、股票期权等方式对科技人员给予股权激励。政府设立股权激励代付专项资金，对符合条件的科技人员以及团队，给予股权认购、代持以及股权取得阶段所产生的个人所得税代垫等资金支持。

第三十七条 特别社区科技创业人才符合公共租赁住房申请条件的，按照规定给予办理。

第五章 管理和服务

第三十八条 市、区人民政府，园区管理机构应当设立特别社区建设发展专项资金，列入财政预算，由科技、财政行政主管部门共同管理。

第三十九条 特别社区建设发展专项资金用于特别社区孵化器、加速器、人才公寓的建设、运营以及服务费用补贴。

市级特别社区建设发展专项资金按照下列标准补助：

（一）建设公共技术平台的，给予总额30%—50%的补贴；

（二）建设孵化器、加速器、人才公寓的，自开工起3年内给予贷款利息30%—50%的补贴；

（三）对进入孵化器、加速器的项目给予租金减免的，按照应收租金50%补贴；

（四）高等院校以其优势学科的专业实验室、工程技术中心、检测中心等与特别社区共建专业技术平台、创业实训基地的，服务费用给予30%—50%的补贴。

第四十条 特别社区建设发展专项资金应当专款专用，不得截留、挤占、挪用。

科技、财政行政主管部门应当对特别社区建设发展专项资金使用情况进行考核并向社会公布。审计、监察行政主管部门应当加强审计和监督。

第四十一条 市、区人民政府，园区管理机构应当建立科技贷款风险补偿机制。商业银行、担保机构、保险机构和小额贷款机构，在特别社区内开展专利、软件著作权和商标等知识产权质押或者融资业务的，享受一定数额补贴或者其他支持。

第四十二条 市、区人民政府，园区管理机构应当设立创业投资引导资金，采取阶段参股、跟进投资、风险补助等方式，引导和支持境内外创业投资机构在特别社区开展投资业务。

第四十三条 支持特别社区核心企业组建产业技术联盟，符合条件的可以申请登记为法人。支持有条件的产业技术联盟建设创业创新载体。

鼓励特别社区在孵企业加入相关产业技术联盟，依托联盟开展创业创新活动。

第四十四条 市、区人民政府、园区管理机构应当通过补贴、奖励等措施，支持特别社区内的创业创新主体以及相关人员获得专利权、商标权和著作权登记。

第四十五条 市科技行政主管部门负责整合资源，统筹建立科技创业公共服务平台，为特别社区企业提供研究开发、中试转化、检测测试、工业设计、咨询培训、信息沟通、项目对接、知识产权服务、科技资源检索等服务。

第四十六条 市科技行政主管部门应当会同有关行政主管部门为科技企业和科技新产品开拓市场提供支持。

第四十七条 鼓励以定制方式，首购首用特别社区内企业创制的高新技术产品。

有关行政主管部门应当建立健全使用首台（套）装备的风险补偿机制，对首购首用单位给予适当的风险补助。

第四十八条 涉及特别社区建设和管理的重大行政决策事项，决策机关应当公开征集意见，并组织专家或者研究咨询机构进行论证。

第四十九条 特别社区应当建立行政审批项目负面清单制度。

特别社区管理机构设立政务服务窗口，实行行政审批事项限时办结制度，并在工商注册、税务登记、银行开户、组织机构代码审批等方面提供代办服务。

特别社区管理机构通过多种方式，公开行政管理和行政服务的适用对象、审批标准和程序以及其他相关信息，方便单位和个人查询。

第五十条 特别社区应当建立人才信用记录，推行信用推荐制度。

特别社区应当建立企业信用制度和企业信用信息库，优先推荐信用良好的产品和服务。

在政府采购、财政资助、政府投资项目招标中应当将企业信用评价结果作为重要参考。

第五十一条 特别社区管理机构应当建立政府购买专业服务制度，对会计、律师、人才等专业服务实行外包，并按照规定对孵化器和加速器项目予以专业服务费用减免。

政府外包专业服务应当经由招投标程序确定专业服务商。

第五十二条 鼓励商务、财务金融、检验检测、评估咨询、法律、人力资源等专业服务商在特别社区建立分支机构。境内外知名专业服务商在特别社区设立分支机构开展专业服务业务的，自设立起5年内给予一定奖励；对评审为优秀的专业服务商给予一定奖励。

科技专业服务商从事技术开发、技术转让、技术咨询、技术服务的收入，依法享受税收优惠待遇。

第五十三条 支持特别社区创业创新主体设立有利于创业创新活动的社会团体、民办非企业单位和基金会，申请人可以直接向市民政行政主管部门申请登记，但国家另有规定的除外。

政府支持社会组织参与特别社区建设，开展经济技术交流与合作，制定标准；帮助企业开拓国际市场，进行品牌推广；承担法律、法规授权或者政府委托的工作。

政府及其有关行政主管部门可以通过购买服务等方式，支持服务于特别社区的社会组织的发展。

第五十四条 市科技行政主管部门应当会同有关行政主管部门和机构制定特别社区工作考核评价体系，每年对特别社区进行考核评价，向市人民政府报告，由市人民政府向市人大常委会书面报告并公布。考核评价应当包括特别社区内企业和创业人员的评议意见。

连续3年考核不合格的特别社区，应当取消冠名。本条例施行前已有特别社区未达到设立标准的，应当自条例施行之日起3年内达标。逾期未达标的，应当取消冠名。

第六章 法律责任

第五十五条 行政机关不履行法定职责的，由上级行政主管部门或者监察行政主管部门责令改正；情节严重的，对相关负责人和责任人依法给予行政处分。

第五十六条 行政机关工作人员在行政管理和服务工作中玩忽职守、滥用职权、徇私舞弊的，依法给予行政处分；构成犯罪的，依法追究刑事责任。

第五十七条 单位或者个人弄虚作假，骗取政府优惠政策或者扶持资金的，依法予以追回并追究法律责任。

第七章 附 则

第五十八条 本条例下列用语的含义：

（一）创业苗圃，是指为大学生等人员创业提供免费培训服务的科技创业指导平台；

（二）孵化器，是指以领军型科技创业人才及其创办的企业为主要扶持和服务对象的科技创业平台；

（三）加速器，是指为科技创业家及其创办的具有高成长性的高新技术企业以及孵化器毕业项目提供大规模商业化支持的科技创业平台。

第五十九条 本条例的具体实施办法由市人民政府另行制定，并报市人大常委会备案。

特别社区设立标准、科技创业人才（项目）专业委员会（机构）工作制度、孵化器和加速器项目评选制度由市科技行政主管部门会同市有关行政主管部门和机构制定，报市人民政府批准后公布实施。

第六十条 本条例自2014年10月1日起施行。

南京市人民代表大会常务委员会

2014年8月1日

南京人才居住证实施办法

（宁政规字〔2014〕7号）

第一条 为进一步深化人才管理改革，优化海内外创业创新人才安居乐业的环境，推进中国人才与创业创新名城建设，根据有关法律法规，结合本市实际，制定本办法。

第二条 《南京人才居住证》（以下称居住证）的申领、服务、使用和管理，适用本办法。

第三条 本办法所称居住证是指引进到本市创业和工作的海内外人才，按照自愿原则申领的，作为在本市居住、工作和办理相关权益的凭证。

居住证分为A证和B证两类。

第四条 市人社局是居住证的主管部门，负责居住证的申请受理、审核和发放。市人才办配合做好居住证B证的资格审核工作。

市住建委、市科委、市财政局、市教育局、市公安局、市工商局、市卫生局、市国税局、市地税局、市住房公积金管理中心、市社保中心等部门和单位应当按照职责分工，协助做好居住证的相关服务工作。

第五条 符合下列条件之一的人员可申领居住证A证：

（一）在国（境）外学习并取得学士以上学位，或者在国内取得本科以上学历或取得中级以上专业技术职务任职资格后，到国（境）外进修或作为访问学者工作一年以上，非本市户籍的留学人员；

（二）具有硕士以上学位，5年以上相关工作经验的外国籍人员。

符合下列条件之一的人员可申领居住证B证：

（一）中央“千人计划”“万人计划”等国家重点人才计划入选者；

（二）江苏省“双创计划”和本市“321计划”“高端人才团队引进计划”等省、市重点人才计划入选者。

第六条 申领居住证A证应当提交以下材料：

（一）有效身份证明；

（二）已在本市创办企业或工作的证明；

（三）相关学历、工作经历证明；

（四）其他按照规定应当提供的材料。

申领居住证B证，除以上材料外，还应提交入选国家、省、市相关人才计划的证明材料。

第七条 市人社局自受理申请之日起15个工作日内，对受理材料进行审核，符合本办法第五条规定的予以发放居住证；不符合条件的，不予发放并书面告知理由。

第八条 居住证应当载明证件编号、持有人姓名、出生日期、性别、照片、签发日期、有效期限、国外永久居留证（护照）号或身份证号、国籍（地区）、现工作单位和职务、公安部门监制等信息内容。

第九条 居住证A证持有人可享有下列权益：

（一）资金申报。可参加有关部门提供的涉及创业创新扶持项目资金的申报。

（二）创办企业。在本市创办企业，可享受工商注册登记绿色通道及开业指导、注册登记、跟踪服务等一条龙服务。

（三）税务服务。创办企业可享受便捷的“一站式”办税服务。

（四）社会保险。可参加本市职工基本养老、医疗、工伤、失业和生育等社会保险。未成年子女可在本市参加居民医保。

（五）住房公积金。可按规定在本市缴存和使用住房公积金，离开本市时按相关规定办理职工住房公积金账户存储余额转移或提取手续。

（六）免试职称外语和计算机。申报本市中高级职称时可免试职称外语和计算机。

（七）车驾服务。可在本市申请机动车驾驶证，购置小型机动车入户登记。市车辆管理所开辟绿色通道提供服务。

（八）居留和出入境。非本市户籍的持有人，可在本市免办《暂（居）住证》。持有人为外国国籍的（含外国国籍配偶、未成年子女）可根据相关规定申请长期有效居留许可或多次F字（访问）或R字（人才）签证。

（九）住宿登记。可凭居住证在本市行政辖区内的宾馆、饭店、招待所等登记住宿。

（十）住房保障。可在本市行政辖区内购买一套自用商品住房。无自有住房的，通过其所在单位申请定向公租房的，可优先安排公租房。

（十一）子女就读。未成年子女在本市就读中小学时，享受与本市市民的同等待遇。

（十二）免疫接种。未成年子女可按本市市民同等待遇参加免疫接种。

（十三）配偶就业。配偶就业可纳入公共就业服务范围，给予优先推荐。

居住证B证持有人除享有以上权益外，还可享有下列权益：

（一）职称申报。可直接申报本市副高以上专业技术资格。

（二）医疗服务。可享受医疗服务绿色通道。

（三）落户。持有人及其共同居住的配偶和未成年子女，具有中国国籍且无华侨身份的，可申请在本市落户。

第十条 居住证持有人的配偶和随行未成年子女，可申领居住证副证。

副证用于证明与居住证持有人的亲属关系。副证应当载明副证持有人姓名、出生日期、性别、照片、签发日期、有效期限、国外永久居留证（护照）号或身份证号、国籍（地区）、公安部门监制以及与居住证持有人的亲属关系等内容。

第十一条 持有《南京海外留学人才居住证》的，可直接换领居住证A证；持有《南京海外留学人才居住证》VIP卡的，可直接换领居住证B证。

居住证A证有效期限为1年，居住证B证有效期最长为5年。居住证有效期满，自动失效。需要延续的，应当在有效期届满前30日内向市人社局提出申请，符合条件的，准予延续。

持有人遗失居住证的，可携带有关材料到市人社局办理挂失和申请补办。

第十二条 持有人已享有本办法相关权益的，不再重复享有本市其他相关政策规定的权益。

第十三条 市人社局应当根据本办法会同相关部门制定实施细则。

第十四条 本办法自2014年11月1日起施行。《南京海外留学人才居住证暂行办法》（宁政发〔2009〕132号）同时废止。

南京市人民政府

2014年9月20日

南京市人民政府关于进一步鼓励和促进留学回国人员在我市创业创新的若干政策

（宁政发〔2014〕200号）

为进一步改善环境，提升服务，鼓励和促进更多留学人员来我市创业创新，制定如下政策。

一、青年留学人员来我市创业，可不受毕业时间的限制，享受我市万名青年大学生创业计划规定的扶持政策。

二、留学人员在我市首次创办企业的，三年内按企业对市级财政的贡献，由财政给予奖励，用于扶持初创企业发展。

三、定期举办留学人员创业大赛，对获奖项目进行奖励。获奖项目申报“321引进计划”的，可直接进入综合评审；在我市落户的，可直接纳入青年大学生优秀创业项目资助。

四、高层次留学人员到我市企事业单位工作的，三年内按其个人对市级财政的贡献，由财政给予奖励，累计不超过20万元，用于安家补贴。

五、加强留学人员创业园建设，提升孵化服务能力。将留学人员创业园纳入紫金科技人才创业特别社区统筹规划建设，同时鼓励社会各方力量参与留学人员创业园建设。经认定的市级留学人员创业园，给予最高50万元的一次性建园奖励。对业绩突出的市级留学人员创业园，通过以奖代补的方式，给予最高20万元的资金扶持。

六、针对留学人员企业发展规律和特点，提供政府公共培训服务。组织企业与高校、科研院所开展产学研合作对接，帮助企业解决技术难题。

七、拓宽留学人员职称申报绿色通道，留学人员职称申报时免试职称计算机、职称外语，并可根据其实际水平、能力和业绩申报相应级别的专业技术资格。其中创业创新业绩突出的留学人员，可直接申报副高以上专业技术资格。

八、留学人员在我市创业或工作，无自有住房的，可纳入定向公租房保障范围，优先安排公租房。

九、外国籍“南京蓝卡”持有人（含外国籍配偶、未成年子女）可按相关规定申请长期有效居留许可或多次F字（访问）或R字（人才）签证。入选国家、省市重点人才计划的留学人员，其具有中国国籍且无华侨身份的配偶和未成年子女，可申请在我市落户。留学人员配偶就业可纳入公共就业服务范围，给予优先推荐。

十、建立留学人员综合服务平台。市、区（园区）设立专门的服务机构（窗口），为留学人员提供政策咨询和业务办理等就近就便服务。加强留学人员信息化服务平台建设，由留学人员工作部门牵头，相关部门共同参与，提供安置落户、人才招聘、创业培训、蓝卡办理等在线服务。

以上政策与我市其他政策规定涉及同一主体、同一项目的相似政策，按照就高原则执行，不重复享受。本政策的具体实施办法，由市人社局会同相关部门另行制定。

南京市人民政府

2014年7月23日

南京市人才落户工作的实施意见

（宁政发〔2014〕258号）

为贯彻落实市委、市政府《关于实施综合改革工程第二阶段重点任务的意见》（宁委发〔2014〕3号），改进人才落户办理手续，特制定本实施意见。

一、指导思想

以党的十八届三中全会精神和《国务院关于进一步推进户籍制度改革的意见》为指引，按照市委、市政府“合理调控人口规模、吸引优秀人才、优化人口结构”的部署要求，同时紧密结合我市人才发展战略、经济社会发展需求等实际情况，科学规划、合理设计户籍管理政策，稳妥有序推进人才落户工作。

二、基本原则

推进人才落户改革工作既要突出重点，着力解决在宁高校应届本科毕业生落户问题，取消其落户限制，也要兼顾一般，不断提高技术工人、职业院校毕业生、留学回国人员等常住人口的城镇落户率。大力改进人才落户条件，对优秀人才变有条件落户为创造条件落户、变允许本人落户为允许家庭落户，并简化优化办理手续，为人才落户提供便利条件。

三、主要内容

（一）各类人才落户条件。

1. 对在宁应届全日制普通高校本科及以上学历、毕业离校未落实工作单位且户口在就读高校的毕业生，以及毕业后一年内来宁求职的海外留学人员（具有中国国籍且无华侨身份），可在江苏省高校招生就业指导服务中心落户，待落实工作单位后或在本市有合法稳定住所后，将户口迁至工作单位所在地或合法稳定住所处；也可自愿将户口转至入学前户口所在地；江苏省高校招生就业指导服务中心集体户系临时托管户口，不能办理市内户口迁移。

在本市就业的全日制大中专院校和技工学校、职业中专应届毕业生（含具有中国国籍且无华侨身份的海外留学人员），允许其本人在本市落户。

2. 往届全日制大中专院校和技工学校、职业中专毕业生（含具有中国国籍且无华侨身份的海外留学人员）实行按不同条件，分层次落户。硕士研究生及以上学历的毕业生被本市单位合法聘用，并按规定在本市缴纳社会保险；本科学历毕业生被本市单位合法聘用，工作满一年，并按规定在本市连续缴纳社会保险满一年；大专学历毕业生被本市单位合法聘用，工作满二年，并按规定在本市连续缴纳社会保险满二年；中专学历毕业生被本市单位合法聘用，工作满三年，并按规定在本市连续缴纳社会保险满三年；且办理暂（居）住证，允许其本人在本市落户。

3. 符合本市大学生创业计划要求，具有全日制普通高校大专及以上学历的毕业生以及持有《南京人才居住证》A证人员（具有中国国籍且无华侨身份），在本市自主创办企业，依法取得营业执照、具有完税凭证、且按规定在本市缴纳社会保险的，允许其本人在本市落户。

4. 持有《江苏省海外高层次人才居住证》在本市就业或创业人员和持有《南京人才居住证》B证人员，允许其本人及其共同居住生活的配偶和未成年子女（具有中国国籍且无华侨身份）在本市落户。

5. 博士后进站人员，允许其本人在本市落户；出站人员在本市就业，允许其本人及其共同居住生活的配偶和未成年子女在本市落户。

6. 允许其他符合相关政策的具有专业技能的特殊人才在本市落户。

（二）进一步完善各级人才服务中心集体户管理，增设“区（园区）人才服务中心集体户”。

省人才服务中心接受在省工商局、省民政厅注册登记的非公单位和社会组织人员的档案托管和户口落户；市人才服务中心接受在市工商局、市民政局注册登记的非公单位和社会组织人员的档案托管和户口落户；区（园区）人才服务中心接受在区（园区）工商局、区（园区）民政局注册登记的非公单位和社会组织人员的档案托管和户口落户。省、市、区（园区）三级人才服务中心集体户属本市户口，可办理市内户口迁移。

四、工作要求

（一）提高思想认识。党的十八大明确了人才优先发展战略，市委也提出了聚焦“四个第一”实施创新驱动战略打造人才科技新名城的发展战略，人才是我市科学发展的第一资源，各单位要切实提高思想认识，增强做好人才落户工作责任感和使命感，积极为人才落户我市提供便利条件，为我市人才优先发展战略提供支撑和保障。

（二）加强协作配合。做好人才落户工作政策性强、服务性强，相关单位要增强大局意识、担当意识和协作意识，各司其职、各负其责，互相配合，通力合作，努力落实好人才落户工作。市公安局负责人才落户实施细则制定和具体落实工作，市人社局负责出具人才落户相关证明资料，市教育、税务等相关部门按照职责出具相关证明。

（三）强化制度落实。人才落户工作牵涉面广、社会关注度高，并关乎群众切身利益。市公安局要加强人才落户政策宣传和解读，积极回应群众期盼和社会关注。要加强人才落户工作的监督检查，强化刚性问责，积极受理投诉举报，杜绝工作中不作为、缓作为，发现和查处违规办理户口问题，真正将人才落户落到实处、抓出实效。

南京市人民政府

2014年10月19日

南京市人民政府
关于加快推进人力资源服务业发展的实施意见

（宁政发〔2014〕316号）

人力资源服务业是现代服务业的重要组成部分，是伴随人力资源市场化配置发展起来的一个新兴产业。为更好地发挥市场在人力资源配置中的决定性作用，培育服务业发展新的增长点，现就加快推进我市人力资源服务业发展提出以下实施意见：

一、指导思想

深入贯彻落实党的十八大和十八届三中、四中全会精神，紧紧围绕民生为本、人才优先，进一步深化改革，推进人力资源服务创新，通过科学布局、市场引导、政策扶持，不断提升人力资源服务业发展水平，构筑我市经济社会发展的人力资源新优势，为我市率先基本实现现代化提供强有力的人力资源支撑和智力支持。

二、发展目标

把握人力资源服务业发展战略机遇，激发市场主体活力，提升开发配置水平，实现公共服务充分保障，经营性服务产业逐步扩大，高端服务业务快速发展，加快建立专业化、信息化、产业化的人力资源服务体系，更好地满足经济社会发展的需要。

（一）产业规模不断扩大。到2017年，人力资源服务机构总数达到800家以上，其中年营业收入超过5亿元的10家，全市人力资源服务业年营业总收入突破230亿元；到2020年，人力资源服务机构总数达到1000家以上，其中年营业收入达到10亿元的10家，全市人力资源服务业年营业总收入突破350亿元。

（二）产业发展不断集聚。到2017年，建成5家市级以上人力资源服务产业园，其中省级人力资源服务产业园2家；到2020年力争建成国家级人力资源服务产业园。

（三）专业层次不断提高。到2017年，人力资源服务业从业人员总量超过1万人，取得专业资格的人数比例达到70%以上，高层次人才比例达到15%；到2020年，从业人员总量超过1.5万人，取得专业资格人数和高层次人才比例分别达到80%和20%。

三、重点任务

（一）推进产业集聚发展。加强全市人力资源服务业布局的整体规划，加快资源整合，在江南、江北各重点打造一个人力资源服务产业示范园，充分发挥示范引领作用，引导产业集聚发展；鼓励有条件的区（开发区）建立与区域经济发展相匹配、各具特色的人力资源服务聚集区，实现产业集聚、功能集成，形成具有广泛辐射作用的产业发展核心区域，带动全市人力资源服务业快速发展。

（二）提升公共服务水平。健全全市人力资源市场公共服务体系，推进公共服务专业化、规范化、标准化建设。建立和完善公共服务平台，构建覆盖城乡的公共服务网络，提供政策咨询、职业介绍、就业创业指导、职业技能培训、社会保障事务办理、人事代理等基本公共服务。鼓励各类机构开展公益性人力资源服务，提高公共服务综合效益。

（三）创新服务产品。推进人力资源服务创新，促进人力资源服务业与其他产业深度融合，拓展人力资源服务领域。引导企业积极发展高级人才寻访、人才测评、人力资源服务外包、人力资源管理咨询、网络招聘、薪酬管理等高端化服务项目，增加服务技术含量和附加价值。鼓励人力资源服务机构开展自主研发或与高等院校合作研发，加快新知识、新技术在人力资源服务领域转化与应用，优化服务产品结构。

（四）打造特色品牌。培育一批在企业规模、管理规范、行业地位、创新能力、盈利能力等方面较为突出，具有示范引领作用和较高知名度的骨干企业。加强人力资源服务机构自主品牌建设，鼓励企业注册和使用自有商标，积极参与申报国家驰名商标，加大人力资源服务机构和服务新产品的推介力度，培育南京人力资源特色服务品牌。

（五）引进培育高层次人才。将引进人力资源服务业高级人才纳入我市“321计划”，引进一批具有国际视野、熟悉国际规则的高层次人才。充分发挥南京高校人才资源丰富的优势，支持在宁高等院校加快人力资源服务专业人才培养，鼓励行业人才在职升造，开展多层次、多形式的职业培训，提升从业人员专业化水平。加强企业与高校毕业生供需对接，鼓励人力资源服务企业为高校人才管理服务，优化配置高校毕业生等优质人力资源，使人才培养在南京、发展在南京。

（六）加强信息化建设。加快人力资源服务信息化建设，推进人力资源服务软件产品的开发和应用，大力开发人力资源供求信息查询、人才测评、远程面试、远程培训等信息化系统，提高人力资源服务效率和社会化服务能力。鼓励经营性人力资源网站建设，积极发展网上人力资源服务。

（七）推行标准化管理服务。开展人力资源服务标准化建设，引导行业规范化、标准化经营。加速人力资源服务机构等级、服务产品、服务行为、服务程序等标准的制定、实施与推广进程，鼓励行业协会和龙头企业制订服务标准，推行服务承诺、服务公约、服务规范等制度，引导人力资源服务行业公平竞争、诚信服务。

四、扶持政策

（一）放宽市场准入。鼓励外资和港澳台人力资源服务企业来我市发展，外资控股比例可放宽至70%，允许已在国内落户的合资企业在我市独资经营。建立人力资源服务“先照后证”的市场主体登记制度。人力资源服务企业在工商部门首次注册登记之日起3年内，依法免交登记类、管理类和证照类等行政事业性收费。

（二）支持园区建设。鼓励以多种方式建设人力资源服务产业园，被认定为市级、省级、国家级人力资源服务产业园的，由市财政分别给予100万元、200万元、500万元的一次性建园补助（含上级财政补助）。

（三）扶持企业发展。

1．对新引进我市的人力资源服务企业，自注册登记之日起3年内，按所缴税收地方留成部分的50%给予补贴；其中入驻人力资源服务产业园的，可由企业纳税所属区（开发区）给予一定的房租补贴。

2．对引进的经商务部认定的跨国公司地区总部，给予一次性奖励，对经认定的总部企业或成长型总部企业，按对地方的财政贡献额给予补助奖励，凡购建和租赁自用办公用房的给予补贴，具体标准按照《关于加快发展总部经济的意见》（宁政发〔2012〕194号）执行。

3．每年评选“全市人力资源服务骨干企业”和“全市诚信人力资源服务机构”，市财政每个分别给予5万元和1万元的奖励；对入选省骨干企业和诚信机构的，市财政分别给予10万元和1万元的奖励。

（四）支持产品创新。

1．人力资源服务机构为开发新技术、新产品发生的研究开发费用，未形成无形资产计入当期损益的，在按照规定据实扣除的基础上，按照研究开发费用的50%加计扣除；形成无形资产的，按照无形资产成本的150%摊销。

2．对参与国际、国家标准制定且标准出台执行的企业，市财政分别给予20万元、10万元的奖励。

3．对应用高新技术创新服务产品和服务方式的人力资源服务企业，符合条件的可申请认定为高新技术企业，按规定享受15%的企业所得税优惠税率。

（五）鼓励引进培育高端人才。

1．人力资源服务机构为我市引进的人才，2年内入选国家“千人计划”“万人计划”、省“双创计划”、市“科技创业家”或“领军型科技创业人才”的，市财政分别给予引才机构10万元、6万元、4万元、3万元的一次性奖励；3年内获得“中华技能大奖”“全国技术能手”“江苏技能状元”“全省技术能手”的，分别给予引才机构10万元、6万元、4万元、3万元的一次性奖励。

2．鼓励企业通过人力资源服务机构引进高端人才团队，团队入选南京“高端人才团队计划”的，按照企业所支付中介费用的50%给予资助，每个团队企业最高不超过30万元。对重点支持的产业和领域的企业通过我市人力资源服务机构从市外引进技术研发、设计等主管以上职务的人才，在企业担任工程、技术、项目负责人或中层以上技术管理职务，签订三年以上劳动合同并缴纳社会保险满6个月，年薪在50万元以上的，由企业纳税所属区（开发区）给予用人单位所支付中介费50%的补助，每名补助金额最高不超过10万元。

3．每年择优选派人力资源服务机构高级人才参加由省、市组织的赴国内知名高校、知名人力资源服务机构培训学习。人力资源服务机构从业人员通过技能培训获得专业资格证书的，按我市企业职工技能培训相关政策给予补贴。

五、组织保障

（一）加强组织领导。成立由市人才办、发改委、财政局、人社局、商务局、工商局、地税局等部门组成的市人力资源服务业发展工作领导小组，建立联席会议制度。领导小组办公室设在市人社局，负责统筹协调，推进落实各项具体工作。各相关部门要按照各自职责，密切配合，形成合力，共同做好组织推动工作。

（二）加大经费保障。各级财政要加大人力资源服务业发展的资金投入和保障力度，保证各项扶持政策落实兑现，支持人力资源服务业发展。

（三）营造良好环境。加强政府引导和行业自律，发挥行业协会在政府与企业间的桥梁和纽带作用，促进交流与合作。开展行业诚信评估，强化行业自我约束，建立行业信用档案，营造依法经营、公平竞争、健康有序的良好发展环境。

六、其他

（一）本意见由市人社局会同相关部门负责解释，各区（园区）可根据实际，研究制订相关配套政策。

（二）本意见自发布之日起实施。

南京市人民政府

2014年12月31日

南京市“领军型科技创业人才引进计划”入选企业配套人才引进支持计划

（宁政办发〔2014〕74号）

为促进人才集聚、产业升级，进一步加快推动“领军型科技创业人才引进计划”（简称“321引进计划”）入选企业成长壮大，支持企业形成多层次、立体化的人才梯队，特制定本计划。

一、工作目标

以“人才引领、科技创业”为导向，鼓励“321引进计划”入选企业引进技术管理人才，减少企业引才成本，形成人才集聚效应，提升企业创业创新能力。

二、适用对象

“321引进计划”入选企业自入选之日起，五年内引进的，具有硕士及以上学位的全职工作人员，且同时符合以下条件：

（一）与入选企业签订两年以上正式劳动合同，并在该企业缴纳社会保险；

（二）专业与企业研发方向或管理需求密切相关；

（三）为占股20%以上的自然人股东，或申报单位代扣代缴个人所得税计税薪酬在南京市城市居民人均可支配收入4倍以上；

（四）担任企业工程师、项目经理等中层以上职务。

特别优秀的，一事一议。

三、扶持政策

引进人才及所在企业经认定批准后，可享受以下政策：

（一）财税扶持。

1．入职后三年内首次在我市购买自住商品房的，按其上一年度个人对市级财政的贡献，给予奖励，不超过20万元。

2．鼓励企业按不低于年销售收入的0.6%设立人才发展专项资金，该资金可计入企业研发费用。

3．鼓励企业加大职工技能培训，培训费用按规定标准在税前扣除。企业对新录用员工和在岗职工开展培训的，可根据培训后取得的职业资格证书等级，按规定给予企业相应补贴；聘用高校毕业生并符合相关文件规定的，可给予社会保险费补贴、岗位补贴以及一次性奖励补贴等。

（二）住房优惠。

4．符合条件且无自有住房的引进人才，就业单位在紫金科创特别社区的，可凭相关证明向特别社区申请优先安排公租房（青年公寓）或享受其他政策优惠；就业单位不在紫金科创特别社区的，可向注册纳税所在区专项办提出申请，由市、区公租房管理部门优先安排公租房（青年公寓）。

（三）资质扶持。

5．从事工程技术研发生产且作出突出贡献的企业专业技术人员，符合相应条件的，免于职称外语和计算机应用能力考试，可直接申报工程师专业技术资格。

6．从境外引进的工程、经济类紧缺人才，可根据其实际能力和业绩申报相应级别的专业技术资格。业绩特别突出且符合相应条件的，可直接申报副高以上专业技术资格。

（四）生活配套服务。

7．为符合条件的人才办理“南京蓝卡”，给予相关市民待遇及特殊政策，其中：

（1）户口不在南京的，子女义务阶段教育享受企业注册地的南京市民同等待遇。按照属地安置、就近入学、优先安排等原则，由市教育主管部门会同相关区教育行政部门负责解决。

（2）引进的高层次人才暂无自购住房的，允许其配偶和未成年子女在本市落户，由市公安部门负责落实。

四、组织保障

（一）该政策在市人才队伍建设和科技创新工作领导小组领导下，由市“321引进计划”专项办公室负责统筹协调和具体实施。

（二）市人才队伍建设和科技创新工作领导小组负责将各区（园区）、部门对企业的服务纳入考核。

（三）本计划执行期限暂定三年，由市人才工作办公室负责解释。所有扶持政策按照就高不就低原则，不重复享受，此前规定与本计划精神不一致的，以本计划为准。

（四）本计划具体实施办法另行制定。各区人才计划入选企业可酌情参照执行。

南京市人民政府办公厅
2014年7月10日

南京市科技创新券实施管理办法（试行）

（宁政办发〔2014〕108号）

第一章 总 则

第一条 为深入实施创新驱动战略，鼓励本市企业高效利用社会科技资源，开展科技创新活动，加强创新券管理，特制定本办法。

第二条 创新券是政府为推动本市企业加大科技投入，提升科技创新能力而设计的一种激励措施。

第三条 创新券的使用和管理遵守国家有关法律、行政法规和财务规章制度，遵循公开透明、专款专用的原则。

第四条 创新券兑现资金由市本级财政预算安排，并列入年度财政预算。

第五条 市科委、市财政局共同负责创新券的政策制定、年度计划工作。市科技成果转化服务中心具体负责创新券的申请、发放、兑现材料受理及形式审查等日常管理工作。

第二章 支持对象与方式

第六条 创新券发放对象：在本市注册的具备企业法人资格的科技型中小微企业（以下简称“企业”），优先支持列入本市科技创业家等人才培养引进计划、入驻紫金科技创业特别社区及市级以上科技企业孵化器等科技创业创新载体的企业。

第七条 创新券用于企业向高校、科研院所、相关科技平台购买科技服务、科技成果以及实施科技成果转化项目的相关科技创新支出。

科技平台包括省级以上重点实验室、市级以上科技公共服务平台、市级以上公共技术平台、市开放实验室、市级以上院士工作站等。

购买科技服务、科技成果以及科技成果转化项目是指：企业在研究开发等科技创新活动中与非关联单位合作或自主开展的科技研发、试验研究、产品研制、工艺验证、检验检测、技术转让、专利购买等；创新券不支持非科技创新活动，如法定认定、执法检查、商业验货、医疗服务、强制检测、大批量验货等。

第八条 创新券采取无偿资助的方式支持企业科技创新，实行实名制及登记备案制，不得转让、买卖，不重复使用，有效期不超过2年。

第三章 发放与兑现

第九条 市科委、市财政局根据当年全市经济社会发展目标，制定创新券申请指南，明确具体审核标准，并确定年度发放额度。

第十条 创新券的申领由企业向市科技成果转化服务中心提出申请，经市科委、市财政局审核后发放。

第十一条 创新券在有效期内一次性兑现，申请兑现时，企业科技创新实际支出额应不低于创新券金额的4倍。

第十二条 企业持创新券及相关证明材料，向南京市科技成果转化服务中心提出兑现申请，经市科委、市财政局审核后，予以兑现。

第十三条 创新券兑现所需材料包括：发票或收据；技术服务合同、技术交易合同；创新成果证明材料；资金支出证明材料以及项目经费支出情况；其他证明材料等。

第四章 监督与管理

第十四条 市科委、市财政局依据国家、省、市科技经费管理的相关规定，对创新券资助项目的执行情况进行监督与管理。

第十五条 市科委、市财政局授权或委托具有资质的审计机构对申请材料的真实性进行审查和监督。对创新券申请兑现材料申报不实，恶意骗取财政资金的，依法追回创新券及已兑现资金。相关企业列入信用“黑名单”，再次申请使用创新券的，不予受理。

第十六条 市财政局会同市科委对创新券使用情况进行绩效评价，根据评价结果，对创新券实施管理适时提出调整意见。

第五章 附 则

第十七条 本办法自2014年9月17日施行。

第十八条 市科委、市财政局负责制定本办法的具体实施细则。

南京市人民政府办公厅
2014年9月17日

南京市小微企业应急互助基金实施暂行办法

（宁政办发〔2014〕132号）

第一章 总 则

第一条 为进一步健全完善小微金融服务体系，防范和化解企业资金链断裂风险，根据《市政府关于全面深化金融改革创新发展的若干意见》（宁政发〔2014〕172号）精神，设立南京市小微企业应急互助基金，特制定本办法。

第二条 按照政府引导、企业自愿、市场化运作的原则，设立南京市小微企业应急互助基金（以下简称“基金”），帮助企业防范和化解因暂时性资金周转困难而引发整体资金链断裂的风险，促进小微企业健康发展。

第三条 基金资金来源：市本级财政首期安排引导资金5000万元；各区（园区）根据本区实际情况安排引导资金，首期安排引导资金不低于500万元；会员企业可自愿认缴基金，认缴基金会员企业单户金额不低于10万元，可自愿多缴。

基金同时接受有关机构、企业和个人自愿提供的资助。

第四条 基金专项用于帮助我市小微企业进行先还后贷的贷款资金周转操作。

申请使用基金的企业须为在我市注册的小微企业，企业生产经营正常，无不良信用记录，会计核算真实，理由合理充分并能提供相关证明。

小微企业原则上应符合工业和信息化部等四部委制定的《中小企业划型标准规定》（工信部联企业〔2011〕300号）的相关标准。

第五条 基金实行专户管理，专账核算。

第二章 组织管理及各方职责

第六条 设立南京市小微企业应急互助基金管理委员会（以下简称“管委会”），管委会由市金融办、市财政局、人民银行南京分行营业管理部、紫金投资集团等单位组成。管委会主任由市政府分管秘书长兼任。管委会下设办公室，办公室设在市金融办，负责基金的统筹、协调和整体推进工作，市金融办分管领导兼任办公室主任。

管委会负责应急互助基金工作的组织、协调、管理、监督和考核；研究制定应急互助基金的规章制度、操作流程、会员企业借款收费标准等；定期召开联席会议，讨论、决定基金管理运营过程中的重大事项，审核批准基金管理运营费用预算；组织对基金的管理、使用情况及效果进行监督和评价。

第七条 各区（园区）设立应急互助基金工作小组，负责落实本区（园区）配套财政引导资金的安排和拨付到位；对本区（园区）内生产经营正常、符合转型升级方向、具有较好市场前景、与合作银行建立信贷关系，且有续贷需求的小微企业建立准入名单并审核；对本区（园区）会员企业申请使用基金进行初步审核和把关；在基金发生风险后协助追索。

第八条 南京联合产权（科技）交易所（以下简称“联交所”），作为基金的托管方和经办部门，根据管委会授权负责基金的日常运作和管理。联交所负责汇总建立会员企业名单库，对会员企业信息进行统一管理；代表基金与企业、银行等签订合作协议、借款合同文本等；排定基金使用计划，安排资金支取和收回；收取、管理会员企业借款利息费用；管理、监测基金账户；数据统计；基金发生风险后代为进行追索等。

第九条 合作银行。驻宁银行机构自愿申报，经管委会审核通过后，列入合作银行。合作银行须与联交所签订《南京市小微企业应急互助基金合作协议（合作银行）》，承诺严格按照基金管理规定操作，履行《南京市小微企业应急互助基金三方履约合同》条款。

第十条 会员企业。符合条件的小微企业自愿申请，经审核后成为基金会员企业。会员企业采取名单制管理，动态调整。会员企业承诺严格按照基金管理规定操作，遵守《南京市小微企业应急互助基金会员管理办法》，履行《南京市小微企业应急互助基金三方履约合同》和《南京市小微企业应急互助基金资金短期周转借款协议》条款。会员企业在自愿认缴基金后，可在借款额度、借款费率等方面享受优惠。会员企业申请退出，须提前1个月向管委会提出申请。

第三章 操作流程

第十一条 企业申请使用基金按以下操作流程办理：

（一）企业申请。企业贷款即将到期，须提前与合作银行进行沟通，征得合作银行同意续贷的初步认可后，原则上在贷款到期日提前30个工作日填写《南京市小微企业应急互助基金申请使用审批表》，提出借款申请。

（二）银行审核确认。合作银行原则上在收到企业《南京市小微企业应急互助基金申请使用审批表》的10个工作日内，经过审核，在《南京市小微企业应急互助基金申请使用审批表》上签署同意续贷承诺并盖章确认。

（三）各区（园区）审核确认。企业将合作银行审核确认后的《南京市小微企业应急互助基金申请使用审批表》提交所在区（园区）应急互助基金工作小组，区（园区）应急互助基金工作小组原则上在收到申请表10个工作日内，对企业资质及其真实情况进行审核，在《南京市小微企业应急互助基金申请使用审批表》上签署同意使用基金的意见并盖章确认。

（四）审核并排定资金使用计划。联交所审核《南京市小微企业应急互助基金申请使用审批表》相关信息，根据基金存量和企业所在区（园区）可用额度等对资金使用量和期限进行初步安排，原则上在5个工作日内将安排计划反馈给申请企业、合作银行和所在区（园区）。

（五）签订合同及办理相关手续。企业、合作银行和联交所就资金使用安排协商一致后，三方签订《南京市小微企业应急互助基金三方履约合同》，企业与联交所签订《南京市小微企业应急互助基金资金短期周转借款协议》，企业实际负责人签署《连带责任保证书》，预先支付15天的利息费用，联交所将相关材料送所在区（园区）工作小组备案。

（六）归还贷款。联交所根据《南京市小微企业应急互助基金资金短期周转借款协议》约定日期将资金拨付到企业还款账户上，并通知合作银行和企业，合作银行当日将该笔贷款收回、结清。

（七）银行续贷。合作银行根据《南京市小微企业应急互助基金三方履约合同》约定，在约定期限内办理好续贷手续，确定贷款发放日期后同时通知企业和联交所。

（八）归还应急互助基金。合作银行将贷款资金发放到企业贷款账户上，协助企业、联交所于当日将该笔资金汇转至基金专户。联交所根据基金实际使用情况及按约定预先收取利息费用的情况与企业结清费用。

第四章 基金账户管理及收支

第十二条 基金开立专户，进行统一管理，分区（园区）独立核算。

第十三条 联交所安排资金使用计划时，遵循认缴基金会员优先、时间优先、属地优先、首用优先的原则。资金采用封闭式管理，资金支取按照先各区（园区）、再市本级的顺序进行，使用完毕后必须归还到专户。

第十四条 实行差别化收费。对认缴基金会员企业和普通会员企业借用应急互助基金，采取差别化收费标准。具体借款费率及滞纳金费率执行标准由联交所根据市场情况提出建议，报管委会批准执行。

第十五条 由联交所核算日常管理运营支出，以及与互助基金相关的会议、活动、宣传等费用支出。具体支出费用由联交所根据上一年度实际运营情况，测算、编制预算，报管委会批准后执行。

第五章 风险控制与监督

第十六条 单户企业单笔基金借款，认缴基金会员企业原则上不超过500万元，普通会员企业原则上不超过300万元。同一区（园区）企业基金借款总余额原则上不超过区（园区）引导资金和区内企业认缴资金总额之和的5倍。借款期限原则上控制在15日以内。

第十七条 每个会计年度，按照不低于50%的净收益提取借款损失准备金。

第十八条 每个会计年度末，对基金借款发生的损失进行统一核算。偿付顺序为先借款损失准备金，再市本级引导资金和借款企业所在区（园区）引导资金按各50%比例进行分担。根据实际情况，对下一年度的各方补充资金进行安排。

如因认缴基金会员企业自身原因造成基金借款损失，其所认缴基金部分直接抵扣用于偿还基金借款，认缴基金会员企业不承担其他企业和非自身原因造成的基金借款损失风险，也不享受基金运营所取得的收益。

第十九条 因合作银行自身原因，违反《南京市小微企业应急互助基金合作协议（合作银行）》和《南京市小微企业应急互助基金三方履约合同》约定，未按期续贷并将资金归还基金账户的，取消合作资格，同时联交所代基金行使对银行的诉讼和追索，并由管委会通报给会员企业。

第二十条 因企业原因导致合作银行已同意发放的贷款不能发放，或银行放贷资金未能归还到基金账户，企业及企业实际负责人须主动筹措资金归还基金借款。对恶意违约企业，联交所代基金行使对其的诉讼和追索，同时由管委会通报在宁各金融机构并建议金融机构降低其信用等级，并取消其会员资格。

第二十一条 基金发生损失，由联交所代位行使追索权，追索回来的资金返还专户。

第二十二条 管委会对基金管理、经费使用等加强监督管理，根据工作需要，可委托第三方中介机构进行审计。

第六章 附 则

第二十三条 本办法由市金融办会同市财政局负责解释。

第二十四条 本办法自印发之日起施行。

南京市人民政府办公厅

2014年12月5日

南京市人才落户工作的实施细则（试行）

（宁公人〔2014〕103号）

根据《南京市人才落户工作的实施意见》，结合我市实际，特制定本实施细则。

一、各类人才落户条件和办理手续

符合下列情形之一的各类人才，可以向落户地公安机关申报户口迁移：

（一）1．在宁应届全日制普通高校本科及以上学历毕业生，毕业离校未落实工作单位且户口在原就读高校的，提交以下材料，可在省高校招生就业指导服务中心落毕业生集体户：

（1）居民身份证；

（2）《就业报到证》；

（3）《户口迁移证》（省毕业生主管部门审核后加盖专用章）；

（4）集体户管理单位相关证明。

2．毕业后一年内来宁求职的留学回国人员（具有中国国籍且无华侨身份），提交以下材料，由鼓楼区公安分局签发户口《准予迁入证明》后，可在省高校招生就业指导服务中心落毕业生集体户：

（1）户口簿、居民身份证；

（2）市人社部门开具的《留学回国人员申报户口介绍信》；

（3）集体户管理单位相关证明。

3．在本市就业的全日制大中专院校和技工学校、职业中专应届毕业生（含具有中国国籍且无华侨身份的留学回国人员），允许其本人在本市落户，需提交以下材料：

（1）户口簿、居民身份证；

（2）与用人单位签订的《就业协议书》或劳动（聘用）合同；

（3）普通大中专院校毕业生提交《就业报到证》，技工学校毕业生提交《技工学校毕业生分配工作介绍信》（人社部门审核后加盖专用章），职业中专毕业生提交《毕业生推荐就业登记表》（教育部门审核后加盖专用章）；

（4）《户口迁移证》（毕业生主管部门审核后加盖专用章）；

（5）拟落户地相关证明。

4．毕业后一年内在本市就业的留学回国人员（具有中国国籍且无华侨身份），允许其本人在本市落户，提交以下材料，由公安分局签发户口《准予迁入证明》后办理落户：

（1）户口簿、居民身份证；

（2）省、市人社部门签发的《留学回国人员录用审批表》或《留学回国人员申报户口介绍信》；

（3）拟落户地相关证明。

（二）往届全日制大中专院校或技工学校、职业中专毕业生（含具有中国国籍且无华侨身份的留学回国人员）实行按不同条件，分层次落户。硕士研究生及以上学历的毕业生被本市单位（含中央、省属在宁单位）合法聘用，并按规定在本市（含在省级）缴纳社会保险；本科学历毕业生被本市单位合法聘用，工作满一年，并按规定在本市连续缴纳社会保险满一年；大专学历毕业生被本市单位合法聘用，工作满二年，并按规定在本市连续缴纳社会保险满二年；中专学历毕业生被本市单位合法聘用，工作满三年，并按规定在本市连续缴纳社会保险满三年；且办理暂（居）住证，允许其本人在本市落户，提交以下材料，由公安分局签发户口《准予迁入证明》后办理落户：

1．户口簿、居民身份证；

2．毕业证书（留学回国人员提交市人社部门开具的《留学回国人员申报户口介绍信》）；

3．社保缴纳证明；

4．劳动（聘用）合同；

5．暂（居）住证或《南京人才居住证》A证；

6．拟落户地相关证明。

（三）符合本市大学生创业计划要求，具有全日制普通高校大专及以上学历的毕业生，以及留学回国人员（具有中国国籍且无华侨身份，含持有《南京人才居住证》A证人员），在本市自主创办企业，依法取得营业执照、具有纳税凭证、且按规定在本市缴纳社会保险的，允许其本人在本市落户，提交以下材料，由公安分局签发户口《准予迁入证明》后办理落户：

1．户口簿、居民身份证；

2．毕业证书（留学回国人员提交市人社部门开具的《留学回国人员申报户口介绍信》）；

3．《南京青年大学生创业证》（留学回国人员提交市人社部门开具的《留学回国人员申报户口介绍信》）；

4．企业法人营业执照副本；

5．企业纳税证明；

6. 单位参保缴费证明；

7. 拟落户地相关证明。

（四）持有《江苏省海外高层次人才居住证》在本市就业或创业人员和持有《南京人才居住证》B证人员的，允许本人及其共同居住生活的配偶和未成年子女（具有中国国籍和非华侨身份）在本市落户。

1. 夫妻一方或双方持有《江苏省海外高层次人才居住证》或《南京人才居住证》B证其未成年子女未申报户口的，提交以下材料，办理落户：

（1）夫妻双方的户口簿、居民身份证（没有国内户口的提交本次入境的护照、旅行证等出入境证件）；

（2）夫妻一方或双方持有的《江苏省海外高层次人才居住证》或《南京人才居住证》B证；

（3）结婚证；

（4）《出生医学证明》；

（5）拟落户地相关证明。

2. 夫妻一方持有《江苏省海外高层次人才居住证》或《南京人才居住证》B证，其具有国内户口配偶或未成年子女申报户口迁移的，提交以下材料由公安分局签发户口《准予迁入证明》后，办理落户：

（1）《江苏省海外高层次人才居住证》或《南京人才居住证》B证持有人的户口簿、居民身份证（没有国内户口的提交本次入境的护照、旅行证等出入境证件）；

（2）迁移人的户口簿、居民身份证；

（3）夫妻一方持有的《江苏省海外高层次人才居住证》或《南京人才居住证》B证；

（4）家庭关系证明；

（5）拟落户地相关证明。

3. 本人持有《江苏省海外高层次人才居住证》在本市就业或创业人员和持有《南京人才居住证》B证，申报户口迁移的，提交以下材料，由公安分局签发户口《准予迁入证明》后，办理落户：

（1）户口簿、居民身份证；

（2）《江苏省海外高层次人才居住证》或《南京人才居住证》B证；

（3）拟落户地相关证明。

（五）博士后进站人员，允许其本人在本市落户；出站人员在本市就业，允许本人及其共同居住生活的配偶和未成年子女在本市落户。

1. 博士后进站人员，提交以下材料，由公安分局签发户口《准予迁入证明》后办理落户：

（1）户口簿、居民身份证；

（2）省人社厅出具的落户介绍信；

（3）《调动人员情况登记表》；

（4）拟落户地相关证明。

2. 博士后出站人员允许本人及其共同居住生活的配偶和未成年子女在本市落户，提交以下材料，由公安分局签发户口《准予迁入证明》后办理落户：

（1）户口簿、居民身份证；

（2）家庭关系证明；

（3）省人社厅出具的落户介绍信；

（4）《调动人员情况登记表》；

（5）拟落户地相关证明。

（六）其他符合相关政策的具有专业技能的特殊人才，允许本人及其共同居住生活的配偶和未成年子女在本市落户。提交以下材料，由公安分局签发户口《准予迁入证明》后办理落户：

1. 户口簿、居民身份证；

2. 家庭关系证明；

3. 市级以上人社部门审批签发的准予调入通知；

4. 拟落户地相关证明。

上述各种情形落户地为本人的合法稳定住所的，提交房屋所有权或使用权证明；落户地为本人直系亲属处的，提交亲属关系证明、房屋所有权或使用权证明、房屋所有产权或使用权人同意迁入证明；落户地为单位集体户、各级人才服务中心（省、市职业介绍中心）集体户的，提交集体户管理单位同意落户相关证明。

二、进一步完善各级人才服务中心集体户管理，增设"区（园区）人才服务中心集体户"

省人才服务中心集体户接受在省工商局、省民政厅注册登记的非公单位和社会组织人员的档案托管和户口落户；市人才服务中心集体户接受在市工商局、市民政局注册登记的非公单位和社会组织人员的档案托管和户口落户；区（园区）人才服务中心集体户接受在区（园区）工商局、区（园区）民政局注册登记的非公单位和社会组织人员的档案托管和户口落户。本细则实施之前建立代理关系的单位，户籍挂靠机构不再进行调整。省、市、区（园区）三级人才服务中心（省、市职业介绍中心）集体户属本市户口，可办理市内户口迁移。

三、有关说明

本实施细则所称"合法稳定住所"包括公民、单位因购买、自建、继承、受赠等享有所有权的住所，以及房产管理部门或者单位办理公有房屋租赁使用证明的住所。农村地区的“合法稳定住所”包括农村自建房，有村镇房屋所有权证、房屋准建证、建设许可证或者房屋主管部门（或土地主管部门）出具的房屋所有权（或土地使用权）凭证证明，以及经街道（镇）证明有建房申请表的住所。

本实施细则所称“直系亲属”是指配偶、父母、子女、（外）祖父母、（外）孙子女。

本实施细则自2014年12月1日起执行，本市原有规定与本细则相抵触的以本细则为准，其他不相抵触的仍按原规定执行。

本实施细则，由市公安局负责解释。

南京市公安局

2014年11月24日

中共无锡市委 无锡市人民政府关于深化科技体制改革加快人才引领创新驱动发展的实施意见

（锡委发〔2014〕31号）

为贯彻落实党的十八大和十八届三中全会精神，加快实施《中共无锡市委关于全面深化改革的意见》，全面深化科技体制改革，加快人才引领、创新驱动发展，提出如下实施意见。

一、总体要求

（一）指导思想。以邓小平理论、“三个代表”重要思想、科学发展观为指导，全面贯彻落实党的十八大和十八届三中全会精神，按照打造“东方硅谷”的总体要求，深入推进科技体制改革，大力实施“科教兴市、人才强市”战略，激发全社会创新创造活力，全面提升区域创新创业能力，为推动产业升级和城市转型，率先基本实现现代化，优化提升“四个无锡”建设提供强有力的科技支撑。

（二）主要目标。建立完善市场导向的技术创新与协同创新机制，强化企业在技术创新和人才集聚中的主体地位。到2020年，全市主要创新指标、人才指标在国内同等城市中处于领先水平：科技进步贡献率达到67%，全市高新技术产业产值占规模以上工业总产值比重达到48%，全社会研发投入占地区生产总值比重达到3.1%，每万人有效发明专利拥有量达到20件；人才贡献率达50%，人才资源总量突破180万人，高层次人才总量突破13万人，留学归国人才达1.5万人，高技能人才占技能劳动者比例达到42%。

二、完善技术创新市场导向机制

（三）加快关键核心技术突破。积极推动技术升级，在我市具有比较优势的产业领域强力推进科技攻关，围绕产业链部署创新链，集中组织实施自主创新专项，加大优势产业高技术研发支持力度，力争在增材制造、石墨烯、新能源、基础软件、光电器件、集成电路、低能耗高性能传感器、新医药、节能环保、燃气轮机和航空发动机核心零部件等领域突破一批关键核心技术，迅速形成新的核心竞争力，抢占新一轮新兴产业发展的制高点。积极争取国家和省重大科技项目在无锡实施，健全完善集成支持机制和推进管理制度，加快承接一批国家863、973重大项目，力争在前沿先导技术和核心关键技术率先取得突破，推动带领我市相关行业产业关键核心技术的突破，提升我市在国家和省创新体系中的地位。

（四）加快改造提升传统产业。推动高新技术、网络信息技术、文化创意设计等向传统产业的渗透扩散，推进信息化与工业化的深度融合，通过技术改造、商业模式创新和兼并重组等多种方式，向传统产业注入创新活力，推动我市具有传统优势的机械装备、冶金及金属制品、汽车及关键部件、化工等行业的技术水平达到国内领先或国际先进水平。加速运用现代新兴技术、生产方式、经营模式等改造提升传统产业，发展以知识密集、技术密集、人才密集、资本密集为特征的高新技术企业，形成以高技术含量、高成长性、高带动性、高附加值为特征的高端产业业态，走创新驱动型的发展道路。

（五）加快培育战略性新兴产业。面向未来产业发展，超前部署物联网、电子商务、软件外包、下一代信息网络、高性能芯片、智能制造及装备、新材料、生物技术、航空航天、海洋科技等一批战略性新兴产业，抢占先发优势，提升综合竞争力。加快形成较为完整的、上下游配套的产业链，加速实现资源集约利用和发展方式的根本性转变，整体提升相关产业的持续竞争优势。新建一批特色产业基地，形成一批具有较强核心竞争力的新兴产业集群，力争到2020年全市各类省级以上科技园区、特色产业基地（园区）达到40个。

（六）加快民生领域科技创新。推进科技惠民工程，围绕医疗卫生、智能交通、社区服务等组织实施一批科技示范项目。积极推进“智慧城市”建设。使我市成为智慧应用水平领先、智慧产业集群发展、智慧基础设施比较完善的智慧城市。加快农业领域生物、信息、生态等关键技术研发与集成创新，加大物联网在农业领域的应用，建立精准可控、集约高效的智慧农业示范体系。围绕环境污染治理和生态保护，开展生态修复与水环境改善、清洁能源、资源高效利用等领域的技术开发和示范应用。大力提升公共安全、食品卫生等领域科技保障水平，建立健全动态监控及预警预报技术体系。

三、健全企业创新主体机制

（七）推动创新要素向企业集聚。营造鼓励企业创新的市场环境，发挥市场在创新资源配置中的决定性作用，推动资源向企业集中、人才向企业集聚、政策向企业集成，重点推动高新技术企业税收减免、研发费用税前加计抵扣、“四技服务”等优惠政策的落实兑现。深入实施创新型领军企业培育计划，加快培育一批以高端人才集聚、创新引领驱动、行业领军先导和全球战略布局为特征的创新型领军企业集群，推动企业创新能力整体提升。加大扶持力度，采用首购、订购、首台（套）重大技术装备试验示范项目和推广应用等政府采购方式，加速自主创新产品的市场化和产业化。到2020年，培育销售收入超百亿元的科技领军企业30家，经认定的高新技术企业总数达到2500家。

（八）加快企业创新体系建设。引导和鼓励企业加大研发投入，到2020年全市企业研发投入占销售收入比重达到1.8%。强化大型骨干企业创新引领作用，重点围绕传统产业升级和突破关键核心技术，建立10家企业技术研究院。提升大中型企业创新能力，加快推进企业研发机构建设计划，到2020年大中型工业企业研发机构覆盖率与规模以上高新技术企业研发机构覆盖率达到95%以上。激发中小微企业创新活力，充分发挥科技型中小企业创新基金的引导作用，重点支持种子期、初创期的科技型中小微企业技术创新活动。鼓励企业间的联合创新，发挥工商联、行业协会等的作用，引导、鼓励企业围绕产业链、技术链、创新链，通过技术合作、资本运作、兼并重组、配套协作等多种形式强强联合，开展联合创新，推动资本与技术、技术与市场、人才与企业的全方位融合，加速企业创新进程。到2020年全市建成技术创新联盟20个。

四、完善“东方硅谷”聚才机制

（九）发挥企业引才主体作用。坚持才企适用、才尽“企”用的原则，支持企业采用多种方式引进创新创业领军人才、高级经营管理人才以及外籍工程师、外国智力。加大助企引才、强企提升的力度，放大和推广“一家领军企业+聚才社会平台+一批关联企业”的集成创业模式、“本土企业+高端人才+创新项目”的企业创新模式、“一镇一院一产业”的产业提升模式。发挥开发园区引才强企促转型的主阵地作用，实现招商引资与招才引智高度融合，引领推动产业转型升级。到2020年，引进企业高级经营管理人才300名，柔性引进海外专家、外国智力300名，建立外籍工程师工作站50家，建立企业院士、博士后工作站170家。

（十）提升“530”计划。完善以深化“530”计划、建设“东方硅谷”为核心的人才政策体系，更加突出“高、精、尖、缺”的导向，广泛集聚海内外高层次人才和团队以及优秀大学毕业生。打造升级版“530”企业，重点培育100家发展潜力较大的“530”企业，树立一批“东方硅谷”“530”创新创业典型。到2020年，新增国际国内顶尖人才30名，创新创业领军人才500名，海归领军人才300名，力争销售收入超100亿元“530”企业3—5家、超10亿元的20家、超亿元的60家，“530”企业销售规模达500亿。

（十一）完善科技人才集聚与保障体系。推动苏南人才管理改革实验区建设，在人才流动、人才评价、人才激励等方面先行先试，创新人才发展体制机制。加大人才培养力度，建立和完善创新型后备人才的发现培养体系，健全以能力业绩为导向的人才培育和评价体系。深化市、市（县）区两级人力资源服务机构改革，推动人力资源产业园建设。发挥市场配置人力资源的决定性作用，构建公共服务和市场服务共同发展、中高端业态多元发展的人力资源服务产业体系。发挥“欧美同学会·中国留学人员创业报国无锡基地”作用，加快海归人才向无锡汇集。落实人才引进的各项政策措施，建设多元开放包容的人才发展环境。

五、完善创新资源集聚机制

（十二）推进产学研合作。加强与国内高校科研机构的合作，按照“出成果、出人才、出品牌”的要求，加速高校科研机构创新资源向无锡集聚，向企业转移与扩散。大力推进高等教育，积极探索联合办学，切实增强高校研发实力。建立研发机构服务地方经济的绩效评价体系，重点扶持成果转化与产业化、技术交易与服务成效显著的十强产学研合作机构。鼓励企业发挥资本和市场优势，提前参与境内外高校、科研机构的研发活动，主动切入创新链前端领域，积极抢占技术制高点。

（十三）建立新型协同创新平台。加快我市物联网、集成电路、工业设计、环保、金属材料、新能源电动车等省级协同创新基地建设。重点支持由骨干企业牵头组建的产业技术创新联盟，主导产学研协同创新，促进企业、高校、科研机构在产业链、创新链、资金链上的融合，培育组建高水平、有影响力的市级产业研究院。制定新型协同创新平台管理办法和扶持政策，将我市建成产业特色鲜明、规模集聚明显、产学研合作紧密、科技服务体系完善、产业竞争优势显著的协同创新集聚区。

（十四）优化科技成果转化机制。把加速科技成果转化和产业化作为推动和支撑经济发展方式转变的核心手段，建立有利于企业自主创新和科技成果转化的激励分配机制。企业以科技成果实施产业化、对外转让、合作转化、作价入股形成的净收益为标的，采取项目收益分成方式对激励对象实施激励。科技成果转化所获收益可按比例，用于对科技成果完成人和为科技成果转化做出重要贡献的人员进行奖励。高校、科研院所转化职务科技成果时可以进行一次性奖励，也可使用科技成果入股。建立科技创新和成果转化项目储备制度，鼓励高校和企业联合推动科技创新和成果转化，建立重大科研成果转化项目储备库，进行跟踪支持。

六、完善知识产权创造运用保护机制

（十五）加快知识产权示范城市建设。以高标准建设无锡国家知识产权示范城市，构建知识产权强市建设的管理机制，强化知识产权与产业转型融合发展，提升企业知识产权管理运用水平。到2020年，万人发明专利拥有量达到20件，PCT专利申请累计达到1000件；90%以上各市（县）区和省级以上科技园区成为知识产权示范区域或知识产权示范园区，80%以上乡镇（街道）成为知识产权示范乡镇（街道）；培育200家以上知识产权优势企业；培育核心专利500项以上。

（十六）加大知识产权运用保护力度。制定出台加快建设知识产权强市的意见，探索推进知识产权管理体制改革，启动实施高价值和产业核心专利培育计划。探索知识产权综合执法制度，建立专利执法机构，进一步发挥知识产权法院的作用，健全知识产权执法与刑事司法的衔接机制，推进专利执法体系建设。鼓励和支持成立具有独立法人资格的知识产权运营机构，进一步提升知识产权运营能力。

七、完善科技创新服务体系

（十七）促进科技金融合作创新。推进无锡海峡两岸金融与科技合作试验区建设。深化“创投先行、信贷跟进、担保支持、上市助推、多种金融工具并举”的科技金融服务体系。鼓励企业新三板挂牌和境内外融资市场上市。探索建立未上市股份公司股权集中托管、转让、市场监管等配套制度。到2020年，科技支行、科技小额贷款公司等新型科技金融组织超过40家，全市创业投资规模超过800亿元。

（十八）加大企业融资服务力度。立足培育科技型企业和发展战略性新兴产业，加快推进省级科技金融合作创新示范区建设，建设省级科技金融服务中心，发展投贷联动联盟，实现贷款、投资联动，加快发展知识产权质押、专利和高新技术产品保险等业务，为高成长性科技企业上市提供更好的融资服务。市本级设立1.7亿元的科技风险补偿资金，解决科技型中小企业融资担保难题。

（十九）大力发展技术市场。加快发展科技人才中介服务业，促进科技投融资、知识产权、科技咨询、法律咨询、财务咨询等行业的有序发展。发展技术市场，健全技术转移机制，建立知识产权交易平台，积极创建国家技术转移中心。支持民营资本建设新型技术交易平台，建立网上技术交易市场、网上技术合同认定、网上民营科技企业登记平台，定期发布企业技术需求目录、高校和科研院所的科技成果目录，鼓励企业吸纳高校、科研机构创新成果。完善技术市场交易的一体化政策和发展机制，加大股权激励、科技成果处置权、收益权改革等先行先试力度。

八、创新科技园区管理体制和发展机制

（二十）完善科技园区创新发展机制。强化与北京中关村等境内外著名科技园区合作对接机制，引进科技园区建设的成熟理念和模式，制定出台加快科技园区发展意见，完善园区科技人才工作队伍网络，配强配齐工作力量，提升我市科技园区建设能力与管理水平。加强园区服务体系建设，优化创新发展环境，构建“小机构、大服务”的管理体系，出台无锡市科技园区管理办法，对通过考核的科技园区，赋予市级相应的经济和行政管理权限。

（二十一）提升科技园区载体建设水平。全力打造“孵化器+加速器+产业园区”的接力式孵化体系，强化综合服务功能和科技创新促进功能，不断提升科技园区的整体水平。加快新区国家传感网创新示范区、国家软件园，滨湖国家工业设计园，宜兴环科园、光电科技产业园，江阴特钢新材料产业园，锡山新能源电动车产业园，惠山石墨烯产业发展示范园等重点园区建设。到2020年全市“三创”载体的入驻率达到85%以上，集聚硕士以上人才8000名。大力吸引境内外高校、科研机构、知名企业和高层次人才来锡设立或共建专业特色科技园区。推进大学生创业园建设，建立优秀高校毕业生创业的激励扶持机制。加快外观专利信息中心、石墨烯新材料等一批专业公共技术服务平台的建设，为创新创业企业提供专业化服务。

九、构建区域创新国际化体系

（二十二）支持企业跨国创新。支持企业参与国际间技术创新活动。通过联合研发、定向研发、收购技术等多种形式，迅速切入创新链的高端环节，积极抢占行业制高点。鼓励有条件的企业在境外并购或设立海外研发机构，提升配置全球创新资源的能力与水平。鼓励海外知名高校、科研机构的教授特别是学有所成的华人教授来无锡企业开展合作，共建重点实验室、研发中心、技术转移或转化中心、中试基地。

（二十三）拓展国际科技合作。深化与以麻省理工学院（MIT）为代表的国际著名高校和科研院所的合作。依托江阴中德、宜兴中芬、锡山麻省、惠山中美、滨湖中以、新区中欧等市级以上国际技术转移中心，探索建立开放协同的国际科技产业园，健全国际科技交流机制，积极推动企业参与国际科技交流合作，选择一批在下一代信息技术、新能源、新材料、生物等重点技术领域具有领先优势的境外知名高校、科研机构建立技术合作与交流的长效机制，实现境外创新成果长期稳定向无锡企业扩散。

十、完善科技人才项目和资金管理机制

（二十四）统筹科技人才计划管理机制。立足科技创新、人才集聚规律，加快建立统筹协调、科学规范、公开透明、监管有力的项目和资金管理机制。优化整合各部门各类科技人才项目计划，建立统筹协调决策机制。科技和人才主管部门会同有关部门建立完善会商与沟通制度，加强科技人才发展优先领域、重点任务、重大项目等统筹协调。形成年度科技计划重点工作安排和部门分工，协同推进计划的实施。

（二十五）改进科技人才项目的管理方式。改革科技计划项目的形成机制，面向企业技术需求编制项目指南，遴选有条件的企业牵头组织实施产业导向类科研项目。加强对科技项目的分类管理，基础前瞻类研发项目突出创新导向，公益类项目聚焦重大需求，市场导向类项目突出企业主体，发挥好市场对技术研发方向、路线选择、创新要素配置的导向作用。改革人才项目遴选体系，结合全市产业发展实际，进一步完善“东方硅谷”“530”项目推荐、评审、管理体系，遴选优秀人才、优质项目。构建公开透明的科技资源管理和项目评价制度，加强对科技和人才计划相关责任主体的信用管理。优化项目评审方法，简化申报流程，压缩评审时间，严把项目质量关。

（二十六）改进科技人才资金管理方式。完善科技人才经费投入方式，探索资金投入新渠道，发挥“后补助”贴息和间接投入的引导作用，进一步放大公共财政投入的拉动效应。继续探索改革公共财政支持科技创新创业的新方式，市本级设立科技发展专项资金和人才发展专项资金，并以2014年为基数形成稳定增长机制，分别用于科技发展、成果转化、知识产权、科技条件、国际合作、科技惠民和人才引进、培养、激励、服务、高层次人才创业等。依托农业银行无锡分行建立科技资金管理平台，对政府科技资金进行账户监管、用途监督、预警管控等，确保科技资金专款专用。建立项目经费巡视检查等制度，加强项目从申报到验收的全过程监督管理。

中共无锡市委
无锡市人民政府
2014年7月31日

徐州市高层次创新创业人才引进计划实施办法

（徐委办〔2014〕123号）

第一章 总 则

第一条 为加快推进人才强市建设，进一步加大高层次创新创业人才引进力度，根据市委、市政府《关于加强高层次创新创业人才队伍建设的意见》（徐委发〔2009〕29号）、《关于加快建设人才强市的意见》（徐委发〔2010〕48号）、《徐州市招才引智工作考核奖励办法》（徐委发〔2011〕39号）等文件精神，学习借鉴先进地区经验做法，制定本实施办法。

第二条 全市人才工作坚持以“彭城英才计划”为统领，高层次创新创业人才引进计划（以下简称高层次人才引进计划）是“彭城英才计划”的重要组成部分，与人才培养、使用等工作统筹推进。高层次人才引进计划的主要任务是，围绕我市重点产业、重点领域和重点学科，5年内至少新引进10个高水平创新创业团队、100名创新创业领军人才、500名高层次创新创业紧缺人才，为全市“两个率先”提供人才保证和智力支持。

第三条 高层次人才引进计划的引才范围包括：符合全市经济社会发展重大战略、主导产业、重大科技创新工程以及“三重一大”项目建设需要；在推进六大千亿元工业高端发展、九大战略性新兴产业跨越发展、五大千亿元服务业提速发展、现代农业高效发展中发挥重要促进作用；高端装备制造、智能电网、工业电子、新能源、新材料、节能环保、电信通讯、物联网、生物医药、生态农业、IT动漫等重点产业领域以及卫生、文化、教育、交通、城建、金融、物流等重点行业发展急需的高层次人才。

第四条 高层次人才引进计划由市人才工作领导小组组织实施。各县（市）区、各部门（单位）的高层次人才引进工作都是其组成部分，都应围绕主要任务积极开展工作。

第二章 引进对象和条件

第五条 引进高层次创新创业人才须符合以下条件：

（一）创新创业团队

1．创新创业团队成员中，领军人才、核心成员须有3人以上，至少有1人应全职来徐创新创业，其余成员每年应在徐州工作3个月以上。领军人才及核心成员须符合省“双创计划”个人基本申报条件，成员间的专业结构合理，具有关联性和互补性，可在徐稳定合作工作5年以上。

2．创新创业团队在相关领域达到国际先进或国内领先水平，在同行中具有重要的创新地位和学术影响，拥有可产业化的发明专利或自主知识产权的创新成果，具备突破重大技术、学术问题的持续创新能力和成果转化能力，并能产生显著经济社会效益。

3．创新团队成员与用人单位签订5年以上工作合同，且认真履约；创业团队所创办企业须在徐完成工商注册、参保等相关手续。

（二）创新创业领军人才

1．创业领军人才

取得硕士以上学位或副高级以上专业技术职称，且有5年以上海内外大中型企事业单位工作经历，年龄不超过55周岁，引进后每年在徐工作时间不少于6个月，并同时具备以下条件：

（1）拥有自主知识产权和发明专利，且其技术成果国际先进，能够填补国内空白、具有市场潜力并处于中试或产业化阶段。

（2）有自主创业经验，在国际国内知名企业担任管理职位3年以上，熟悉相关领域和国际规则的经营管理人才。

（3）创办科技型企业，本人投入企业的注册资本不少于200万元人民币（不含技术入股）；非法人代表的，股权不得低于总投资的30%。

2．创新领军人才

取得博士学位或正高级专业技术职称，且有5年以上海内外大中型企事业单位工作经历，年龄不超过55周岁，引进后在签约企业或平台工作时间不少于3年且每年不少于3个月，并符合以下条件之一：

（1）在国内外著名高校、科研院所担任教授、研究员、首席科学家或相当职务的专家学者，掌握关键技术并拥有自主知识产权的重大成果。

（2）在国际知名企业、金融机构、国际组织中担任中高级职务，熟悉相关产业发展和国际规则的专业技术人才和经营管理人才。

（3）承担过重大科技项目相关的任务，具有较强的产品开发能力和产业化潜力的领军人才。

（4）能够解决关键技术和工艺操作性难题，或自主创新产品具有国际水平的企业领军人才。

对于研发水平或拥有核心技术的产品处于国内领先、国际先进的创新创业领军人才，经专家评审机构认定后，可以适当放宽学历和年龄限制。

（三）高层次创新创业紧缺人才

1．高层次创业紧缺人才

（1）取得硕士以上学位或副高级以上专业技术职称，年龄不超过50周岁，有5年以上工作经验。

（2）拥有与创业领域产品、技术相应的自主知识产权或关键技术，相关技术能够转化，相关产品能够产业化，并具有市场前景。

（3）创办科技型企业，本人投入企业的注册资本不少于100万元人民币（不含技术入股）。

2．高层次创新紧缺人才

（1）企业紧缺的具有博士学位或副高级以上职称人才（高技能人才要求大专以上学历且具有副高级以上职称）；事业单位急需的具有博士学位或正高级职称人才（基础教育单位急需的要求硕士以上学位且具有副高级以上职称）。

（2）具有5年以上在国内外知名企业、高校、科研机构及相关单位关键岗位从事科研、管理或教学工作经历，拥有核心技术和重要科技成果，或具有学科重要奖励，业绩突出。

（3）与所在企业或平台签订3年以上聘任合同，并保证每年至少有3个月在签约企业或平台工作。

对于特别优秀的高层次创新创业紧缺人才，经专家评审机构认定后，可以适当放宽学历和年龄限制。

第三章 集成支持政策

第六条 资金资助

1．引进的创新创业团队，经省评审认定，按不同层次给予支持。由诺贝尔奖获得者，经认定的外国科学院（工程院）院士，中国科学院、工程院院士领衔的创新创业团队，每个团队给予1000万—3000万元项目经费支持，同时给予团队领军人才200万元的资助，核心成员（不超过5人）每人100万元的资助；国家“千人计划”专家团队及同等层次创新创业团队，每个团队给予500万—1000万元项目经费资助，同时给予团队领军人才100万元的资助，给予核心成员（不超过4人）每人50万—100万元的资助；经认定的其他创新创业团队，每个团队给予300万—500万元项目经费资助，同时给予团队领军人才100万元的资助，给予核心成员（不超过3人）每人50万元的资助。省资金资助差额部分由市和团队落户县（市）区补齐。（牵头落实单位：市人才办、财政局，责任单位：市人社局、科技局、发改委、经信委、农委、卫生局，各县区）

2．经省、市评审认定的创新创业领军人才，按不同类型给予支持。创业领军人才给予不低于200万元项目资金资助；全职引进创新领军人才给予不低于100万元项目资金资助；非全职引进创新领军人才给予50万—100万元项目资金资助。省、市资助资金可以兼得。（牵头落实单位：市人才办、财政局，责任单位：市人社局、科技局、发改委、经信委、农委、教育局、文广新局、卫生局）

3．经省、市评审认定的高层次创新创业紧缺人才，按不同类型给予支持。高层次创业紧缺人才，给予100万元项目资金资助；全职引进高层次创新紧缺人才，给予50万元项目资金资助；非全职引进高层次创新紧缺人才，给予30万—50万元项目资金资助。省、市资助资金可以兼得。（牵头落实单位：市人才办、财政局，责任单位：市人社局、科技局、发改委、经信委、农委、教育局、文广新局、卫生局）

第七条 科技扶持

1．对创办企业新认定的国家级、省级企业研发机构，分别由受益财政给予30万元、10万元的奖励。引进人才的技术成果申请或获得发明专利的，由知识产权管理部门给予申请补助和奖励。对获得国家专利金奖、优秀专利奖的，分别给予一次性最高奖励100万、20万元；获得省杰出专利发明人，给予一次性最高奖励5万元。以上奖励资金含国家、省、市资金。（牵头落实单位：市科技局、财政局，责任单位：市发改委、经信委，各县区）

2．对于在徐州工作期间获得国家自然科学、国家技术发明奖、国家科技进步奖的引进人才所在项目承担单位，给予一次性奖励10万—50万元；属于集体成果的，项目承担单位对首位人员奖金可不低于奖金总额的50%。（牵头落实单位：市科技局、财政局，责任单位：市教育局、人才办，各县区）

3．优先推荐引进高层次创新创业人才申报国家和省重大科技计划项目，对申报成功的，市和县（市）区、徐州经济技术开发区的科技经费可按照一定比例给予匹配支持。用人单位和高层次创新创业人才获得授权的高价值专利，最高给予8000元的奖励；获得受理的向国外申请专利所需申请费、实审费给予全额补贴。（牵头落实单位：市科技局、财政局，责任单位：市人才办、人社局，各县区）

4．已经立项支持的领军人才领办或创办企业，3年内年销售收入超过1000万元的，再择优给予最高100万元的科研经费资助，支持其开展新的科技研发和产品开发项目。（牵头落实单位：市科技局、财政局，责任单位：市人才办、发改委、经信委、人社局，各县区）

第八条 融资支持

1．对全市重点产业发展具有重大促进作用的创新创业团队项目，可由市创投机构采用股权投资方式优先给予支持。成功吸引权威部门认定的社会风险投资的，可由人才创投基金提供10%—30%的跟进配套投资，最高可达1000万元。（牵头落实单位：市人才办、财政局，责任单位：市科技局、发改委、经信委、人社局，各县区）

2．经评审认定的创新创业项目已进入中期或产业化初期，因流动资金不足申请融资的，由市有关担保机构可给予最高500万元的融资担保，并由同级财政给予一定的风险补偿。（牵头落实单位：市中小企业局、财政局，责任单位：市人才办、发改委、经信委、人社局、科技局，各县区）

3．经过评审认定的创新创业项目，市各金融机构可给予一定的银行授信和优惠的贷款利率，不另收取各种附加费用。（牵头落实单位：市金融办，责任单位：市人才办、财政局、发改委、经信委、人社局、科技局，各县区）

第九条 税费减免

1．创业团队和创业领军人才、紧缺人才所创办企业处于孵化期的创业项目，除按国家和省规定的减免税政策以外，自公司成立之日起3年内，在徐缴纳企业所得税、增值税地方留成部分由同级财政全额奖励给企业用于发展。（牵头落实单位：市财政局，责任单位：市国税局、地税局、人才办、人社局、发改委、经信委，各县区）

2．对于科技含量高、市场前景好的创业项目，经评审认定，创业初期3年内融资所付银行利息，由同级财政全额补贴。（牵头落实单位：市财政局，责任单位：市人才办、发改委、经信委、科技局、人社局，各县区）

3．政府给予引进人才（团队）的各种生活补贴、创业扶持资金，符合相关政策规定的可以免缴企业所得税和个人所得税。（牵头落实单位：市地税局，责任单位：市国税局、财政局、人才办，各县区）

第十条 用房支持

1．创新创业团队、创业领军人才及高层次创业紧缺人才由所在地或平台提供不低于300平方米、200平方米、100平方米的创业场所，3年内免租金。（牵头落实单位：市人社局，责任单位：市住房局、人才办、财政局，各县区）

2．创新创业团队、领军人才和紧缺人才需要生产性标准厂房和建设用地的，可视具体情况给予政策优惠。（牵头落实单位：市国土局，责任单位：市人才办、建设局、人社局、财政局，各县区）

3．创新创业团队领军人才3年内由所在地免费提供不低于100平方米的人才公寓，或由同级财政给予相应的房租补贴。不使用人才公寓，在徐首次购房的，由用人单位或所在县区（载体）一次性给予50万元的购房补贴。（牵头落实单位：市人社局，责任单位：市住房局、人才办、财政局，各县区）

4．创新创业团队核心成员、创新创业领军人才及高层次创业紧缺人才3年内由所在地免费提供人才公寓，或由同级财政给予相应的房租补贴。不使用人才公寓，在徐首次购房的，由用人单位或所在县区（载体）一次性给予不低于20万元的购房补贴。（牵头落实单位：市人社局，责任单位：市住房局、人才办、财政局，各县区）

第十一条 学术支持

1．徐州市与中国矿业大学联合成立企业发展研究院，经评审认定的引进高层次创新创业人才可以在研究院评聘教授、研究员职称。在徐高校、科研院所的图书资料及各类研发平台向引进的高层次创新创业人才开放、相关费用由市财政补贴。优先推荐引进人才兼职任在徐州高校和科研院所客座教授、研究员以及博士生导师或硕士生导师。（牵头落实单位：市人社局，责任单位：市人才办、财政局、科技局）

2．成立徐州市高层次人才创新创业促进会，吸收各领域专家、学者、企业家和主管部门负责人，组建技术咨询、管理支持、市场拓展、融资服务等专委会，专门对人才创业企业提供服务。（牵头落实单位：市人才办，责任单位：市民政局、人社局、科技局、市财政局、发改委、经信委、科协，各县区）

3．优先推荐引进高层次创新创业人才代表我市企事业单位参加境内外学术会议；定期组织引进高层次创新创业人才参加境内外培训，所需费用由同级人才工作经费承担。（牵头落实单位：市人才办，责任单位：市经信委、人社局、科技局、财政局、外办、科协，各县区）

第十二条 生活服务

1．经评审认定的引进高层次创新创业人才享受市优秀专家医疗保健待遇，建立健康档案，每年提供一次个性化免费健康体检，在市定点医疗保健机构就诊可享受VIP门急诊、住院、出诊、专家会诊服务。（牵头落实单位：市卫生局，责任单位：市人才办、人社局、财政局，各县区）

2．设立海内外招才引智绿色服务窗口，为引进高层次创新创业人才提供咨询和服务。经评审认定的引进高层次创新创业人才及其随迁配偶和未成年子女办理《外国人永久居留证》或申请长期有效居留许可、多次往返签证的，可协助服务。需要转换驾照、购买汽车、办理各类保险的，优先给予办理相关手续。（牵头落实单位：市人社局，责任单位：市人才办、公安局、外办，各县区）

3．经评审认定的引进高层次创新创业人才的配偶、子女以及已到退休年龄的父母、岳父母可以随迁来徐。配偶在原单位属公务员或事业单位在编在岗人员的，由人社和编制部门在空编单位协调调动工作。（牵头落实单位：市人社局、编办，责任单位：市人才办、公安局，各县区）

4．经评审认定的引进高层次创新创业人才的适龄子女接受学前教育的，由教育行政部门在公办幼儿园就近优先安排；接受义务教育的，免试免费就近安排公办学校入学；接受高中教育的，按公办教育生收费标准给予补贴。（牵头落实单位：市教育局，责任单位：市人才办、财政局、人社局，各县区）

第十三条 其他激励

1．优先推荐评审认定的引进高层次创新创业人才申报国家“千人计划”“国家特支计划”和省“创新团队”“双创计划”等人才引进资助计划以及市以上重点人才培育计划。（牵头落实单位：市人才办，责任单位：市人社局、科技局、发改委、经信委、农委、教育局、文广新局、卫生局）

2．对于有突出贡献的引进高层次创新创业人才，市委市政府授予“徐州市创新创业明星”、“科技创新创业功臣奖”等荣誉称号，并给予重奖。市政府设立“海外人才来徐创新创业奖”，每两年评选一次，奖金20万元。建立专家咨询制度，对作出突出贡献、有参政议政能力的人才，优先推荐参评各级劳动模范等荣誉。（牵头落实单位：市人才办，责任单位：市科技局、人社局、发改委、财政局、科协，各县区）

3．经评审认定的引进高层次创新创业人才评聘专业技术职务职数，实行专项申报，可突破引进单位的岗位职数，引进后作出较大贡献且符合条件的，可按规定提前或破格晋升专业技术职务。事业单位引进的高层次创新创业人才确实需要入编的，引进单位应在编制空缺限额内，按照相关程序办理。（牵头落实单位：市人社局、编办，责任单位：市人才办、科技局，各县区）

4．对引进高层次创新创业人才（团队）入选省“双创计划团队”、国家“千人计划”、省“双创计划个人”的单位（载体）或人才中介机构，由市和人才落户县（市）区给予20万元、10万元、2万元奖励。（牵头落实单位：市人才办，责任单位：市科技局、人社局、财政局，各县区）

5．申请设立高科技企业，经评估或协商，允许引进人才以科技成果、知识产权和专利技术等无形资产按注册资本最多70%的比例作价入股，允许股份制公司注册资本分期到位。（牵头落实单位：徐州工商局，市科技局，责任单位：市人才办、财政局、人社局，各县区）

6．坚持领导干部挂钩联系高层次人才制度，定期了解联系对象创新创业及生活情况，及时帮助协调解决遇到的困难和问题。（牵头落实单位：市人才办，责任单位：市科技局、人社局、财政局，各县区）

第四章 申报评审

第十四条 徐州市范围内注册创办或领办企业以及企事业单位引进的高层次人才及团队，均可申报高层次人才引进计划。常年接受申报，每年集中组织评审两次，具体要求以当年申报公告或通知为准。

第十五条 申报及评审程序：

1．信息发布。根据我市产业发展需求和人才引进计划发布引才公告，引导符合条件的人才与我市相关单位和载体对接。（牵头落实单位：市人才办，责任单位：市科技局、人社局，各县区）

2．组织申报。印发申报通知，申报材料包括申报表、创新创业计划书及相关证明材料。各县区、市直部门及各企事业单位积极组织符合条件的单位和个人通过彭城英才网（http://www.pcyc.gov.cn）进行申报，根据提示填写信息并上传各类证明附件。（牵头落实单位：市人才办，责任单位：市人社局、科技局、发改委、经信委、教育局、农委、文广新局、卫生局，各县区）

3．审核推荐。市级评审申报名额确定后，由县区人才办集中申报，并明确推荐排序。市科技局核实引进人才拥有科技成果、专利以及重点实验室创新人才等申报资料；市人社局核实引进人才的身份、年龄、学历、经历和业绩等申报资料；市公安局核实引进人才护照、国籍。市教育局、卫生局、文广新局分别核实教育创新人才、卫生创新人才和文化创新人才申报材料。（牵头落实单位：市人才办，责任单位：市人社局、科技局、发改委、经信委、教育局、农委、文广新局、卫生局、公安局，各县区）

4．评审遴选。市人才办会同科技、人社、财政等部门组织专家对申报对象进行资格审查、技术评审、综合评审和实地考察，形成评审意见和推荐人选，并按照省相关要求和标准，择优推荐参评省以上引才计划。（牵头落实单位：市人才办，责任单位：市人社局、科技局、财政局，各县区）

5．确定人选。拟资助人选经市人才工作领导小组审定，提请市委、市政府研究同意后，面向社会公示。经公示无异议，确定为资助对象。（牵头落实单位：市人才办，责任单位：市人社局、科技局、财政局）

6．项目资助。根据人才落户及创新创业项目进展情况，分批拨付资助资金，兑现其他扶持政策。（牵头落实单位：市财政局，责任单位：市人才办、人社局、科技局）

第五章 资金管理与绩效评估

第十六条 市级财政不断加大人才工作投入，保证人才资助资金使用。同时，每年安排3000万元引导资金，联合其他创投机构，成立“彭城英才创投基金”，对人才创业项目进行扶持。各县（市）区、徐州经济技术开发区、按不低于公共财政预算收入3%标准加大人才工作资金投入，设立高层次创新创业人才引进专项资金，用于人才引进工作。（牵头落实单位：市财政局，责任单位：市人才办、人社局、发改委、科技局，各县区）

第十七条 根据市委、市政府《关于加强高层次创新创业人才队伍建设的意见》（徐委发〔2009〕29号），高层次人才奖励资助经费按现行财政体制分级承担，市直单位引进的，其奖励资助经费由市级财政承担；各县区引进的，奖励资助经费由市、县（市）区两级财政按1:1比例共同承担。科研资助经费由市、县（市）区分别承担，鼓楼区、云龙区、泉山区、徐州经济技术开发区按1:1分担，其他县（市）区由同级财政承担。市财政分担的科研资助经费由市科技局会同市财政局安排。（牵头落实单位：市财政局，责任单位：市人才办、科技局、人社局，各县区）

第十八条 经评审认定的引进高层次创新创业人才落户安家、生活补助、子女入学等补贴，由市财政或人才工作专项经费承担的，经徐州市人才工作领导小组核准，由徐州市人力资源和社会保障局按有关规定划拨。由县区财政或人才工作专项经费承担的，遵照市级办法执行。（牵头落实单位：市人社局，责任单位：市财政局、人才办、教育局，各县区）

第十九条 各县区、引进人才及所在单位、创新创业载体应对申报材料的真实性负责，对弄虚作假的，一经查实，即取消申报资格，并进行通报，5年内不再接受该单位和个人的申报，并记入信用档案。（牵头落实单位：市人才办，责任单位：市财政局、人社局、科技局，各县区）

第二十条 无正当理由逾期未能完成项目验收或擅自中止项目的人才及企业，给予通报批评、按规定追缴已资助的经费等处理，并在两年内不再受理该项目承担单位申报的项目。（牵头落实单位：市人才办，责任单位：市财政局、经信委、人社局、科技局，各县区）

第二十一条 探索建立多元化的人才开发投入机制，完善人才投入绩效评估机制，提高人才投入资金的规范化、精细化、科学化管理水平。（牵头落实单位：市财政局，责任单位：市人才办、科技局、人社局，各县区）

第二十二条 市人才工作领导小组对各县（市）区、市人才工作领导小组成员单位人才工作进行年度考核，考核结果分别纳入县区科学发展综合考核和市级机关绩效考核，并作为对领导班子和领导干部综合分析评判的重要依据。（牵头落实单位：市人才办，责任单位：市发改委、经信委、科技局、人社局、财政局，各县区）

第六章 附 则

第二十三条 各县区和市人才工作领导小组各成员单位要按照本政策，制订实施细则，强化工作措施，保证任务落实。

第二十四条 本意见自颁布之日起实施，由徐州市人才工作领导小组负责解释。

徐州市人才工作领导小组

2014年9月15日

连云港市人民政府
关于鼓励企业在“新三板”挂牌的意见

（连政发〔2014〕53号）

为进一步拓宽本市企业融资渠道，鼓励成长型、创新型企业改制进入代办股份转让系统（以下简称“新三板”）融资发展，加快构建多层次资本市场，扩大企业直接融资规模，更好促进全市产业结构调整和经济结构转型升级，现制定以下意见。

一、适用范围

对在本市纳税、拟在“新三板”挂牌交易且符合下列所有条件的企业，市政府将予以扶持和奖励。

（一）企业注册地在连云港市，且具有企业法人主体资格。

（二）符合国家产业政策和全市产业发展规划，成长性强，具有较大发展潜力。

（三）存续期满两年，主营业务突出，具有持续经营能力。有限责任公司按原账面净资产值折股整体变更为股份有限公司的，存续期可以从有限责任公司成立之日起计算。

（四）公司治理结构健全，运作管理规范。

（五）已与券商等中介机构签订“新三板”辅导服务协议。

二、对“新三板”拟挂牌企业扶持政策

（一）“新三板”拟挂牌企业（以下简称“拟挂牌企业”）认定改制设立股份有限公司过程中涉及的税费征收、土地出让、变更登记等，根据国家、省、市支持金融业发展的相关政策，给予在主板、中小板、创业板上市企业同等的股改扶持政策，具体参照《市政府印发关于加快推进资本市场发展指导意见的通知》（连政发〔2008〕104号）和《市政府印发关于加快金融产业发展若干政策意见的通知》（连政发〔2010〕9号）文件规定的相关政策执行。

（二）拟挂牌企业在股份制改制、股权登记、转让等过程中涉及的项目审批、房产过户、环境评价、税收证明、工商登记等事项，各相关部门要简化程序，积极协助解决。

（三）对优先协助拟挂牌企业申报国家和省高新技术产业资金、中小企业专项资金、科学技术经费等各项政策性扶持资金。

（四）对拟挂牌企业募集资金新建、扩建符合国家产业政策的项目所需建设用地，优先保证土地指标、办理核准预审和报批。

三、对“新三板”拟挂牌企业奖励政策

（一）对“新三板”拟挂牌企业，按照下列标准予以奖励：

1．拟挂牌企业完成改制，在国家主管部门备案确认并受理的，奖励10万元；

2．拟挂牌企业进入“新三板”挂牌交易的，奖励60万元；

3．拟挂牌企业成功挂牌后，募集资金60%以上用于本市生产性、经营性项目（房地产项目除外）建设的，按照募集资金额的3‰给予奖励。

以上奖励资金不包括省补资金，均由市县（区）财政安排。挂牌企业属市区企业的，由市级财政承担60%，区级财政承担40%；挂牌企业属县属企业的，市级财政承担40%，县级财政承担60%。

（二）对企业在江苏股权交易中心、上海股权托管交易中心等区域性股权交易市场挂牌的，根据融资到位比例市级财政给予5万—10万元奖励，县区财政根据实际，给予相应配套。

四、奖励申请条件和监督管理

（一）企业申请“拟挂牌企业奖励政策”中第（一）类中的第1、2项奖励时，应当提供以下证明材料：

1．与中介机构签订改制上“新三板”顾问协议、辅导协议及推荐挂牌协议；

2．被全国中小企业股份转让系统有限责任公司受理挂牌申请的证明文件；

3．在“新三板”成功挂牌的证明文件；

4．成功挂牌后，企业股份在交易市场持续挂牌的证明文件；

5．其他需要提供的证明材料。

（二）企业申请“拟挂牌企业奖励政策”中第（一）类中的第3项奖励时，除提供上述材料外，还应当提供下列材料：

1. 企业募集资金的开户银行及账号；

2. 募集资金用途说明及资金使用情况证明材料；

3. 其他需要提供的证明材料。

（三）奖励程序。

财政资金补助奖励按年兑现，由企业在年底提出申请，并提供相关证明材料。企业申请材料报所在县区金融办、财政局初审后，分别报市金融办、财政局审核。市金融办在受理企业申请后，会同市财政局进行审核，提交市政府分管领导签批后，对（拟）挂牌企业进行奖励。

（四）监督管理。

申请扶持奖励的企业应当据实报送有关材料。对弄虚作假、以不正当手段骗取奖励资金的，一经查实，将依法追回奖励款项，并按财政资金管理的相关规定予以处罚。

五、转板上市后补贴及奖励政策

企业挂牌后转至主板、中小板、创业板或境外市场上市，有关补贴和奖励按照国家、省、市支持金融业发展的相关政策执行。

六、其他事项

本意见自2014年7月11日起实施，有效期暂定3年。

连云港市人民政府

2014年6月11日

连云港市人民政府办公室
关于金融支持小微企业发展的若干政策意见

（连政办发〔2014〕143号）

为深入贯彻落实《国务院办公厅关于金融支持小微企业发展的实施意见》（国办发〔2013〕87号）、《国务院办公厅关于多措并举着力缓解企业融资成本高问题的指导意见》（国办发〔2014〕39号）等文件精神，进一步改善小微企业金融服务，化解小微企业融资难题，促进小微企业健康发展。现制定如下政策意见：

一、加大小微企业融资支持力度

1. 增加有效信贷投入。各银行业金融机构要加大对小微企业的信贷资金投入，确保小微企业贷款增速不低于全部贷款增速、增量不低于上年同期水平；农村金融机构、小额贷款公司要将小微企业作为支持重点，贷款增速要高于其他金融机构。各银行业金融机构根据小微企业风险特点，建立区别于大型企业授信业务的贷前审查审批和贷后管理机制，在风险可控前提下简化授信业务审批流程、提高审批效率，确保授信审批服务的时效性。由市经信委牵头，市金融办、人民银行市中心支行、连云港银监分局等部门配合，定期梳理小微企业融资需求情况，组织银企对接，提高银企合作成效。

2. 提高贷款审批和发放效率。优化商业银行对小微企业贷款的管理，通过提前续贷审批、设立循环贷款、实行年度审核制度等措施减少企业高息“过桥”融资。鼓励商业银行开展基于风险评估的续贷业务，对达到标准的企业直接滚动融资，优化审贷程序，缩短审贷时间。对小微企业贷款实施差别化监管，缩短企业融资链条，清理不必要资金“通道”和“过桥”环节，引导相关业务健康发展。

3. 加强机制建设。推进银行业金融机构小微企业风险定价机制、独立核算机制、高效贷款审批机制、激励约束机制、专业化人员培训机制、违约信息通报机制等“六项机制”建设，落实单列信贷计划、单独配置人力资源和财务资源、单独客户认定与信贷评审、单独会计核算等“四单原则”。连云港银监分局要加强检查，对“六项机制”和“四单原则”落实不到位的要督促限期整改。

4. 落实差异化监管政策。连云港银监分局要加强对银行业金融机构小微企业贷款增长情况、年度小微企业信贷计划执行情况及“两个不低于”的监测和考核，引导和督促银行业金融机构切实加大对小微企业信贷支持力度。要坚持正向激励，认真落实小微企业专项金融债发行、风险资产权重、存贷比考核、不良贷款容忍度等方面差异化监管政策，并将银行业金融机构服务小微企业情况与市场准入、监管评级等监管措施挂钩。人民银行市中心支行要对涉农贷款投放较多、年度新增资金70%（含70%）以上用于投放当地贷款的县域法人金融机构和涉农贷款投放较多的县域农业银行“三农事业部”适当降低存款准备金率。加强货币政策工具运用，利用再贷款、再贴现引导三农和小微企业贷款投放，增强金融机构信贷投放能力。支持法人金融机构发行小微企业及“三农”专项金融债。

5. 加快推动小微企业利用资本市场融资。完善小微企业上市培育机制，大力培育后备上市资源，对有上市需求的企业提供多层次培训和配套服务；积极落实《连云港市人民政府关于加快金融产业发展的若干政策意见》（连政发〔2010〕9号）

和《连云港市人民政府关于鼓励企业在新三板挂牌的意见》（连政发〔2014〕53号），对上市和新三板挂牌企业给予财政和税收支持政策。鼓励和扶持有条件的企业通过境内外市场上市筹集资金；重点推动一批成长性、自主创新型小微企业在创业板、新三板和区域性股权交易中心挂牌融资。

6. 扩大小微企业债券融资规模。支持小微企业运用短期融资券、中期票据、非金融企业资产支持票据、集合票据、中小企业私募债等融资工具进行融资。各县区要成立小微企业创业投资基金，扶持科技型、成长性小微企业发展。鼓励符合条件的创业投资企业、股权投资企业、产业投资基金发行企业债券，专项用于投资小微企业；支持符合条件的国有企业和地方政府投融资平台试点发行“小微企业增信集合债券”，募集资金在有效监管下，通过商业银行转贷管理，扩大支持小微企业的覆盖面。

7. 健全金融服务体系。连云港银监分局要合理规划金融机构网点布局，引导各银行在有条件的园区、乡镇、小微企业集中区增设营业网点，提升网点服务功能。加快发展村镇银行、科技银行、小额贷款公司等机构。

二、加强小微企业融资方式创新

8. 设立小微企业应急基金。市区和各县要在年底前设立小微企业应急基金，按照市场化原则运作，设立专户管理、实行封闭运作，按照应急、有偿、短期、安全的原则，帮助小微企业防范和化解因资金周转临时出现困难而有可能发生的资金链断裂风险。

9. 开展小微企业转贷方式创新试点工作。积极落实《省政府办公厅关于开展小微企业转贷方式创新试点工作的意见》（苏政办发〔2014〕36号），对符合条件、有转贷需求的小微企业建立准入名单，纳入名单制管理的小微企业，在结清当期所有贷款利息和部分贷款本金的前提下实行转贷。江苏银行、东方农商行、赣榆农商行、东海农村信用联社等试点银行机构要积极向上争取试点政策，建立我市企业准入名单，制定转贷工作方案。没有纳入试点的银行，要根据自身条件，参照省里模式，自行开展转贷创新工作。

10. 发展小微企业统贷平台。充分利用省国开行、进出口银行小微企业统贷统还模式，为小微企业争取政策性贷款。各县区要确定一个政府融资平台作为统贷平台与省国开行、进出口银行合作，通过委托贷款形式提供给小微企业。各统贷平台适当降低委托贷款利率，降低担保费率，主动让利小微企业。

11. 大力发展供应链融资。鼓励银行业金融机构积极开展订单融资、预付款融资、应收账款融资、存货融资等供应链融资业务，通过打通上下游融资瓶颈，降低供应链条融资成本，提高核心企业及配套企业的竞争力。

12. 探索开展知识产权质押融资。市知识产权局要积极探索制定我市企业知识产权质押融资的实施办法，加强企业知识产权质押融资的宣传和指导，鼓励企业通过知识产权质押获得银行信贷融资。各金融机构要积极向上争取知识产权质押融资信贷政策。

三、降低小微企业融资成本

13. 规范银行融资定价行为。各银行业金融机构要根据筹资成本、风险程度，在确保收益覆盖风险的前提下，主动让利于小微企业；实行灵活的计结息方式，减轻企业财务压力。落实《国务院办公厅关于多措并举着力缓解企业融资成本高问题的指导意见》（国办发〔2014〕39号）要求，严格执行银监会“七不准”“四公开”规定，对于直接与贷款挂钩、没有实质服务内容的收费项目，一律取消；对于发放贷款收取利息应尽的工作职责，不得再分解设置收费项目。严禁“以贷转存”“存贷挂钩”等变相提高利率、加重企业负担的行为。连云港银监分局要加大监督检查力度，对违反上述行为的，及时查处整改到位。

14. 适当降低中介评估机构收费。评估中介机构对专门用于抵押的房地产评估收费，按政策规定标准的30%执行；同一标的物超出有效期仍由同一评估中介机构重新评估的，按现行政策规定标准的20%执行。市国土、住房、工商等部门要认同有资质评估机构的评估结果，不得要求本行业的评估机构再次对抵（质）押物评估收费。

15. 降低部分经营服务性收费。市房屋登记机构在房产登记簿中不再记载抵押期限（抵押登记期限不得以一年为期）和抵押物价值，只记载债务履行期限和被担保债权的数额；债务人和债权人对债务履行期限作重新约定的，房屋登记机构只收取登记费。市国土部门在办理房屋产权抵押时，涉及土地使用权抵押实行登记备案制，除依照省价格管理部门规定收取证书工本费外，不再收取其他费用。市工商部门要对办理贷款业务的小微企业减免工商档案查询费。切实降低经营服务性收费，对小微企业办理土地使用证、房屋产权证和办理贷款涉及的土地测绘费、房屋面积测绘费、防雷技术服务费、消防设施检测费等经营性收费项目，一律按政策规定的低限减半执行。

四、增强小微企业融资能力

16. 企业要科学治理和依法运营。引导和鼓励广大小微企业按照法律法规要求，加强科学治理，完善治理结构，完善内控机制；树立科学合理负债的融资理念，通过增加注册资本金、盘活存量资产、增加现金流、实现公司收益等方式，提高公司实力和价值。

17. 企业要规范财务管理。小微企业要高度重视资产率和资产有效化，建立资本权属清晰、财务关系明确、资产负债合理、依法规范核算的财务管理制度，保证资金合规使用、资产安全完整、权属清晰可靠、权益及时有效。要及时办理体现各类权属的权证，依法维护产权、物权、知识产权、商标权、著作权等各项权利。

五、加强小微企业融资服务

18. 增强小微企业融资抵押能力。对工业园区内需办理土地使用证和房屋产权证的企业，达到协议约定投资强度的，由企业所在园区管委会牵头，发改、国土、住房、规划、建设、环保、消防、工商等部门配合，按照“一企一办”原则，及时为正常生产营运和刚建成投运企业依法办理竣工验收、发放土地使用证和房屋产权证手续。对以前建成投运但至今尚未办理土地使用证和房屋产权证的企业，相关部门依法及时补办相关手续。

19．设立小微企业担保平台。建立健全小微企业融资担保体系，市经信委会市国资委、财政局牵头整合担保公司，在市区发起或增资设立1家注册资本2亿元以上的市级国有担保公司，各县区要发起或增资设立1家注册资本1亿元以上的市级国有担保公司，对小微企业担保贷款实行优惠费率；探索财政资金与银行信贷资金相结合的有效方式，建立小微企业融资风险补偿机制，通过风险共担的方式撬动银行信贷资金，加大对小微企业的融资支持；鼓励园区政府融资平台为小微企业融资提供担保支持。市经信委要将小微企业融资服务纳入对各类园区和开发区的考核内容。

20．营造良好的金融环境。加强金融生态环境建设，建立健全地方信用体系。切实落实融资性担保公司、小额贷款公司、农民资金互助社、典当行、投资（咨询）公司等机构的监管和风险处置责任，加大对非法集资等非法金融活动的打击惩处力度。公安部门要切实打击逃废银行债务行为，维护银行债权；人民银行市中心支行、连云港市银监分局要定期梳理小微企业不良贷款，对于提交法院审理的案件，要加强沟通配合，提高审判效率、案件审结率和执行率，降低小微企业不良贷款率，切实维护地方金融市场秩序。

六、落实小微企业发展扶持政策

21．进一步简政放权。市相关部门要深入研究，加快清理不必要的证照和资质、资格审批，为小微企业降门槛、除障碍。

22．加大税收支持力度。市国税局、地税局等相关部门要积极落实国家关于金融企业小微企业和涉农贷款损失准备金税前扣除、金融机构与小微企业签订借款合同免征印花税以及金融企业涉农贷款、农村金融机构、农村小额贷款公司、科技小额贷款公司的营业税、企业所得税减免等相关政策；按照国务院常务会议要求，在现行对月销售额不超过2万元的小微企业、个体工商户和其他个人暂免征收增值税、营业税基础上，从今年10月1日至2015年底将月销售额2万—3万元的也纳入暂免征税范围；对小微企业从事国家鼓励类项目，进口自用且国内不能生产的先进设备，免征关税。

23．充分发挥财政资金引导作用。市财政局要研究推动采取业务补助、增量业务奖励等措施，引导担保、金融和外贸综合服务等机构为小微企业提供融资服务。落实县域金融机构涉农贷款增量奖励政策；充分发挥我市科技型企业贷款风险补偿资金池作用，按照“财政出资、市场运作、风险共担”原则，构建“资金池+银行+担保”风险共担运作模式，鼓励金融机构加大对科技型企业的资金投放；加大中小企业扶持资金对小微企业创业基地的支持，将小微企业纳入中小企业扶持资金支持范围；对吸纳就业困难人员就业的小微企业，给予社会保险补贴。

连云港市人民政府办公室

2014年11月13日

仪征市“凤来仪”人才引进计划实施意见

（仪委发〔2014〕53号）

为深入实施科教与人才强市战略，大力引进高层次创新创业人才，推动汽车名城和更高水平小康社会建设，经市委、市政府研究，决定实施“凤来仪”人才引进计划。现制定如下实施意见：

一、引进重点和目标

围绕我市经济社会发展需要，自2015年起用5年时间，从国内外重点引进和支持50名左右汽车及零部件、石化、船舶、新能源、新材料、新一代信息技术、现代服务业、现代农业等产业领域以及教育、卫生、文化等社会事业领域发展急需的创业创新领军人才和高技能人才。

二、引进对象和条件

1．创业领军人才

创业领军人才是指以带技术、带项目、带资金的形式来我市投资创办高成长性科技型企业或现代服务业企业的人才，应同时具备以下条件：

（1）具有硕士以上学位，年龄一般不超过55周岁，拥有与创业领域产品相关的自主知识产权或关键技术，在产品开发和企业经营管理方面具有比较丰富的实践经验；

（2）一般为所创办企业法定代表人，本人投入企业的实收资本不少于100万元（不含技术入股），股权一般不低于30%；

（3）创办企业的主导产品具有自主知识产权，技术水平处于国际先进或国内领先，对相关产业集聚发展具有引领作用，有较好的市场前景和预期经济效益；

（4）创办企业有清晰的商业模式，在仪征独立经营及核算，所拥有的核心技术成果能够在短期内实现产业化。

2．创新领军人才

创新领军人才是指来我市企事业单位从事创新活动的高层次人才，包括企业创新领军人才、教育创新领军人才、卫生创新领军人才、文化创新领军人才等。

创新领军人才年龄一般不超过55周岁，引进后能连续为引进单位服务3年以上。企业创新领军人才应具有博士学位，教育创新领军人才、卫生创新领军人才、文化创新领军人才须为全职引进。同时，还应分别具备下列条件：

（1）企业创新领军人才：有5年以上在国内外知名企业、高校、科研单位及相关机构从事研发或管理等岗位工作经历，并取得突出业绩；拥有能够促进企业自主创新、技术升级的产权明晰的核心技术成果，且能进行产业化生产。

（2）教育创新领军人才：担任高级专业技术职务，在基础教育、职业教育领域取得丰硕教育教学成果，被评为地市级以上特级教师或学科带头人，近5年主持过省级以上教育科研课题。

（3）卫生创新领军人才：具有临床医学博士学位；或担任高级专业技术职务，理论基础扎实，临床经验丰富，在本专业领域学术、技术工作中成绩突出，近5年主持承担过地市级以上医学科研课题。

（4）文化创新领军人才：一般应担任高级专业技术职务，在国内外文学艺术、新闻出版、广播影视、经营管理等门类具有较高知名度和影响力，近5年获得过省级以上与申报专业相关的重要奖项。

3．高技能人才

高技能人才是指来我市企事业单位从事技术技能工作或技能人才教育培训工作的人才，应同时具备以下条件：

（1）具有国家一级职业资格（高级技师）或同等技能水平，年龄一般不超过55周岁，境外引进的高技能人才年龄一般不超过65周岁；

（2）具有5年以上在企事业单位关键岗位从事技术技能工作或技能人才教育培训工作的经历，并取得突出的成果和业绩；

（3）我市产业发展急需紧缺，具有一流技术技能水平或绝技绝活，在本行业有较高声誉，近5年获得省级以上行业表彰奖励；

（4）能全职在引进单位连续工作3年以上。

三、扶持政策和待遇

1．资金扶持：根据项目评审结果，按重点推荐、优先推荐、一般推荐三个等级，分别给予创业领军人才100万元、50万元、30万元的资助资金，给予创新领军人才60万元、30万元、15万元的资助资金；给予高技能人才20万元的资助资金。

2．办公场所：创办企业处于孵化阶段的，由企业注册所在镇、园区提供不少于100平方米的办公场所，3年内免收租金。

3．政府奖励：创业创新领军人才自引进之日起，每年按个人所得税缴纳数额的20%由市财政给予奖励，连续奖励5年。

4．其他待遇：

（1）优先推荐申报国家“千人计划”、省“双创计划”、扬州市“绿扬金凤计划”等人才引进计划，以及国家“万人计划”、省“333工程”“科技企业家培育工程”、省市有突出贡献的中青年专家、“扬州英才培育计划”等人才培养计划。

（2）创业创新领军人才领衔实施的科技转化、科技研发项目，优先推荐申报国家、省、市各类科技计划，优先给予我市在科技创新、技改投入、专利申报、品牌创建等方面的支持。

（3）创业创新领军人才所在企业生产的产品，符合相关条件的，列入政府采购产品计划目录，同等条件下优先采购使用。

（4）依据我市出台的相关文件，享受金融支持、住房保障、健康保健、子女就学等优惠政策。

“凤来仪”人才引进计划资助对象若入选上级人才引进计划，“凤来仪”人才引进计划资助资金与上级人才引进计划要求我市配套的资助资金按就高原则不重复享受，后获得的资助资金高于先获得的资助资金的，补足差额。

四、组织实施

“凤来仪”人才引进计划在市人才工作领导小组领导下，由市人才工作领导小组办公室负责统筹协调和具体实施。

1．申报受理。申报通知由市人才工作领导小组办公室发布。符合申报基本条件的人才，经相关镇、园区或主管部门同意后由所在单位负责申报。市人社局受理创业领军人才和高技能人才申报，市科技局受理企业创新领军人才申报，市教育局受理教育创新领军人才申报，市卫生局受理卫生创新领军人才申报，市委宣传部受理文化创新领军人才申报。

2．资格审查。市人社局重点负责对申请人的学历（学位）、工作经历、资质证明等进行初审，并会同市经信委、工商局、地税局、财政局等，对创业领军人才提供的创办企业相关材料和创新领军人才、高技能人才提供的薪酬、股权等进行审核。市科技局重点负责对创业领军人才和企业创新领军人才项目计划书及相关材料进行初审，对其提交的发明专利等知识产权进行审核。市委宣传部、市教育局、卫生局分别负责文化、教育、卫生等领域相关材料的审核。

3．综合评审和实地考察。按照公平公正原则，由市人才工作领导小组办公室牵头组织相关职能部门和专家，对人才项目技术水平、市场前景、预期经济效益和社会效益等进行综合评审与实地考察。

4．确定人选。市人才工作领导小组办公室根据综合评审和实地考察结果，研究确定拟资助人选，报市人才工作领导小组审定，并在媒体上进行公示。

五、申报材料

1．《仪征市“凤来仪”人才引进计划申报书》；

2．创业创新计划书；

3．引进人才的身份证明（身份证或护照）、学历学位证书、职称和资质证明（证书）、在原单位担任重要岗位职务的证明、工作经历和其他有关资历的证明材料；

4．科技成果鉴定书、查新报告、专利等知识产权证书及权属证明，或其他技术权益证明等相关辅证材料，反映人才能力、业绩的其他相关证明材料；

5．创业领军人才需提供企业营业执照、会（审）计事务所的验资证明、公司章程、近期财务报表；申报时尚未进行工商注册登记的创业领军人才需提供与地方签订的来仪创业意向协议书；

6．已到我市工作的创新领军人才、高技能人才需提供与引进单位签订的劳动合同或引进协议，薪酬、股权等待遇证明；申报时尚未到我市工作的创新领军人才，需提供与相关单位签订的引进意向协议书。

六、资金拨付与管理

1．资助资金分三期拨付，引进人才签订《资助协议书》后拨付总资助金额的40%；经项目中期考核，完成协议书约定的阶段性指标，拨付总资助金额的40%；完成协议约定的全部内容，通过项目终期验收后拨付其余20%。

2．引进人才在受资助期间，每年须向所在镇、园区或主管部门报告项目进展及资金使用和效益情况。各镇、园区或主管部门对资助资金使用和效益情况进行跟踪管理与监督，每年年底向市人才工作领导小组办公室提交书面报告。

3．受资助人才和所在单位应对申报材料的真实性负责，若有欺诈行为，或无正当理由中止项目的，取消其受资助的资格，追回已资助的资金，5年内不再接受该单位的申报，并追究相关当事人的法律责任。

本意见自下发之日起施行，以往文件与本意见不符的，以本意见为准；本意见未尽事宜由市人才工作领导小组办公室负责解释。

中共仪征市委员会
仪征市人民政府
2014年12月30日

仪征市鼓励企业柔性引进高层次人才实施细则等五项人才政策

（仪委办〔2014〕77号）

仪征市鼓励企业柔性引进高层次人才实施细则

为进一步提升人才引进的实效性，树立“不求所有、但求所用”的导向，吸引更多优秀人才助推我市汽车名城和更高水平小康社会建设，根据《关于开展江苏省“教授博士柔性进企业活动”的通知》（苏人才办〔2011〕2号）、《关于进一步加快引进培养和用好优秀人才的若干意见（试行）》（仪委发〔2011〕65号）文件精神，制定本实施细则。

一、引进对象和条件

柔性引进的高层次人才是指在法律法规允许范围内，不改变原有户籍和人事关系，来我市开展创新服务的高层次人才，须同时符合以下条件：

1．具有博士学位（含在读博士）或副高以上职称；

2．与我市企业签订项目协议或工作合同，明确每年在仪工作时间，合同期内工作成果涉及知识产权的，还需明确知识产权的归属。

二、支持措施

1．工作津贴

通过“教授博士柔性进企业活动”来我市挂职的教授、博士，根据在仪服务月数，给予累计不超过3个月、每人每月1000元工作津贴（其中500元由市财政承担，500元由镇、园区承担）。

2．引才奖励

引进人才与我市企业签订的项目协议或工作合同期限达3年以上，且企业每年给付的计税劳动报酬达6万元以上，根据人才在企业的工作成效，择优按劳动报酬的一定比例给予企业引才奖励。其中：6万元以上、10万元以下（含）奖励实际劳动报酬的3%，10万元以上、15万元以下（含）奖励实际劳动报酬的6%，15万元以上、20万元以下（含）奖励实际劳动报酬的10%，20万元以上奖励实际劳动报酬的15%，奖励时间不超过3年。同一人才累计奖励金额最高不超过5万元；同一项目柔性引进多名人才，累计奖励金额最高不超过10万元。

对于企业引进的同一人才，若在我市获得引才计划资助，从获资助当年度起，不再给予企业引才奖励。

三、办理程序

工作津贴和引才奖励发放工作在市人才工作领导小组办公室领导下，由市人社局组织实施。

1．市人社局每年年底发布工作津贴和引才奖励申报通知。

2．工作津贴由企业填写《教授博士柔性进企业挂职补贴申请表》，向所在镇、园区（市工业总公司）申报，镇、园区（市工业总公司）进行初审汇总，报市人社局审核，经市人才工作领导小组办公室审定后发放。

3．引才奖励由企业填写《仪征市“柔性引才”奖励申请表》并附相关材料，经所在镇、园区或主管部门同意后，报市人社局。申报材料包括：企业与人才签订的工作合同、企业营业执照，人才在企业发挥作用的材料、企业给付劳动报酬的相关证明等。市人社局会同有关职能部门按照公平公正、择优奖励的原则，对申请人进行资格审查和综合评审，提出奖励建议名单，报市人才工作领导小组办公室审定。

四、其他事项

1．柔性引进的高层次人才，在合同期内符合“风来仪”人才引进计划申报条件的优先支持，并优先推荐申报市级以上各类引才计划。

2. 工作津贴（市级财政承担部分）和引才奖励在市人才发展专项资金中列支。

3. 企业因不可抗力或其他原因终止协议的，须在终止协议后30日内向市人社局备案。企业有欺诈行为的，经查实将追缴资助资金并按规定追究责任。

本细则自颁布之日起施行，未尽事宜由市人社局负责解释。

仪征市金融支持高层次人才创业实施办法

为深入实施科教与人才强市战略，营造支持高层次人才创业的良好金融环境，根据《扬州市金融支持高层次人才创业实施办法》（扬发〔2013〕37号）、《关于进一步加快引进培养和用好优秀人才的若干意见（试行）》（仪委发〔2011〕65号），特制定本实施办法。

一、支持对象

国家“千人计划”创业人才，省“双创计划”创业人才、创业团队，省“博士计划”创业博士，扬州市“绿扬金凤计划”创业领军人才，仪征市“凤来仪”人才引进计划创业领军人才，经市人才办认定的其他高层次创业人才。

二、政策措施

1. 给予创业投资支持。设立市级科技型中小企业创业发展基金，首期规模2000万元，由市经济开发区代为管理。基金以债权投资方式支持高层次人才创业项目，单个项目债权投资原则上不超过企业实到资本的30%，最高不超过基金规模的20%。大力引进知名基金管理公司，培育本土创业投资管理团队。高层次人才创业项目适合创业投资的，优先向创投机构、科技小额贷款公司推荐。（责任单位：经济开发区、财政局、金融办）

2. 鼓励引导信贷投放。

（1）鼓励金融机构发展以企业信用为基础的股权质押、知识产权质押、应收账款保理与质押、仓单质押等信贷创新产品，为高层次人才创业和拓展市场空间提供高效优质服务。各银行对高层次人才创业贷款原则上实行基准利率。（责任单位：人民银行、金融办）

（2）建立科技信贷风险补偿制度，由市财政在市工业企业贷款担保公司设立风险补偿专项资金，对金融机构支持高层次人才创业项目发放的贷款，在超过3%以外的不良贷款风险损失给予一定比例的补偿，补偿认定按照市财政局、科技局、经信委制定的操作细则执行。（责任单位：财政局、科技局、经信委）

3. 加快发展科技担保。增强对高层次人才创业项目的担保服务，对项目融资需求，在银行做好前期尽职调查的基础上，由市工业企业贷款担保公司给予担保，担保费用市财政给予50%的补贴。（责任单位：经信委、财政局）

4. 强化科技保险服务。加大科技保险产品创新，提高科技保险产品理赔效率，为高层次人才创业项目的产品责任、产品质量、环境污染责任、新产品研发、成果转化等方面提供保险保障。（责任单位：人民银行）

5. 建立金融顾问制度。从金融机构选聘业务知识全面、工作能力强、服务意识好的业务骨干，担任高层次人才创业项目金融顾问，提供个性化的金融信息咨询服务。（责任单位：金融办）

6. 组织金融知识培训。为高层次创业人才举办专题培训班、专家学者讲座、沙龙等培训活动，提升现代金融和现代企业管理等专业知识水平，促进创业项目健康快速发展。（责任单位：人才办、金融办）

三、其他事项

1. 同一高层次人才创业项目已享受扬州市级金融支持政策的，不重复享受本办法支持政策。

2. 本办法由市金融办负责解释，自发布之日起施行。

仪征市高层次人才住房保障实施细则（试行）

第一章 总 则

第一条 为解决引进高层次人才的住房问题，根据《扬州市区引进高层次人才住房保障办法》（扬发〔2013〕35号）和《关于进一步加快引进培养和用好优秀人才的若干意见（试行）》（仪委发〔2011〕65号）文件精神，制定本实施细则。

第二条 高层次人才住房保障工作在市人才工作领导小组的领导下，由市人才办、房管局、财政局、人社局具体负责实施。

第二章 补贴对象和标准

第三条 补贴对象所在用人单位需属我市重点发展的汽车及零部件、石化、船舶、新能源、新材料、新一代信息技术、现代服务业、现代农业等产业领域或教育卫生、农林水利、城市建设、文化旅游等社会事业领域，且符合下列条件之一：

1. 规模以上企业；

2. 经认定的扬州市级以上创新型企业、高新技术企业、软件和信息产业企业、两化融合试点示范企业、文化创意企业、现代农业科技企业、科技型小微骨干企业；

3. 在省级以上科技孵化器和市规划建设的科技综合体内创业的企业；

4. 市级以上引才计划资助过的企业；

5．社会事业领域相关事业单位。

第四条 补贴对象须为符合下列条件之一的人才：

1．中国科学院院士、中国工程院院士；

2．国家“千人计划”“万人计划”专家，国家级有突出贡献的中青年专家，省“333”工程第一层次培养对象；

3．享受国务院特殊津贴专家，部省级有突出贡献的中青年专家，省“333”工程第二层次培养对象；

4．省“双创计划”人才，省“双创计划”团队核心成员，扬州市“绿扬金凤计划”创业创新领军人才；

5．省“博士计划”资助对象，扬州市“绿扬金凤计划”优秀博士人才；

6．省“333”工程第三层次培养对象，“扬州英才培育计划”培育对象，具有全日制博士学位或正高级专业技术职务任职资格的人才，地市级有突出贡献的中青年专家，地市级以上特级教师；

7．具有全日制硕士学位或副高级专业技术职务任职资格的专业技术人才、经营管理人才，高级技师，“985”高校理工类全日制本科毕业生。

或具有相应资质，经市人才工作领导小组认定的其他高层次人才。

第五条 对引进到我市企业工作且每年服务时间不少于6个月的第①②③类人才，由政府提供人才公寓供其居住，3年内免收租金。或其在我市另行租房，分别给予最高每月3000元、2000元、1500元租房补贴，期限不超过3年。在我市购房，按100平方米普通商品房均价的100%、50%、40%分别给予购房补贴。

第六条 对在我市申报入选或全职在我市企业工作的第④类人才，由政府提供人才公寓供其居住，3年内免收租金。或其在我市另行租房，给予最高每月1000元租房补贴，期限不超过3年。在我市购房，按100平方米普通商品房均价分别给予创业人才30%、创新人才20%的购房补贴。

第七条 对在我市申报入选或全职在我市企业工作的第⑤类人才，在我市购房，按100平方米普通商品房均价的15%给予购房补贴。

第八条 对正式落户并全职到我市企业工作，经市人社局备案的第6、7类人才，在我市购房，按100平方米普通商品房均价的15%、10%分别给予购房补贴。

第九条 对我市相关事业单位引进紧缺专业上述各类人才，租房和购房补贴按引进到企业工作同类人才的50%发放。

第十条 租房补贴发放金额不超过房屋租金，租金低于补贴标准的，按实际租金发放；租金高于补贴标准的，按补贴标准发放。租房补贴发放期限不超过房屋租赁期限，房屋租赁期限小于3年而另行租房的，人才可以再次申请租房补贴，累计补贴期限不超过3年。

第十一条 购房补贴一律按申请人购房上年度我市市区新建普通商品房均价（以市房管局统计确认的价格为准）进行核定。实际购房面积小于100平方米的，按照实际购房面积核定；实际购房面积大于100平方米的，按照100平方米核定。

第十二条 补贴申请需在签订租房或购房合同后一年内提出，逾期不再受理。对于2014年12月31日前来仪工作，且在2012年1月1日后在仪租房或购房，符合相关条件的人才，可在2015年12月31日前提出申请，逾期不再享受补贴。

第十三条 对本人或其配偶在仪有住房，或镇、园区、主管部门、用人单位已提供住房的人才，不再给予租房补贴；已享受过我市住房保障政策的，不再给予相关补贴；2011年12月31日前在仪租房或购买住房的人才，不给予相关补贴。

第十四条 同一名人才，符合多个条件的，按“就高、不重复”原则享受补贴。夫妻双方均符合条件的，由其中一方享受补贴，另一方不享受。

第十五条 对符合公租房条件的人才，优先提供租住。

第十六条 符合条件的人才，根据《关于认真做好住房公积金制度支持优秀人才实现住房保障工作的通知》（仪金管〔2013〕10号），在住房公积金的缴存、提取、贷款等方面可同时享受相应优惠政策。

第三章 申请材料及程序

第十七条 符合申请条件的人才，经所在单位同意，镇、园区、主管部门初步审核后，凭以下材料，向市高层次人才服务中心提出申请。具体材料包括：

1．《仪征市人才租房（购房）补贴申请表》；

2．申请人及配偶身份证、户口簿、结婚证（未婚者需提供民政部门出具的未婚证明）；

3．申请人相关资格证书（证明）；

4．申请人聘用（劳动）合同、工资发放表、在本市正常缴纳社会保险记录、个人所得税完税证明；

5．用人单位营业执照和符合相关条件的证明材料；

6．申请人出具自购房之日起在所在用人单位工作5年以上的书面承诺；

7．申请租房补贴的需提供房屋租赁合同，申请购房补贴的需提供房屋买卖合同（已注明“申请人才房”并经市房管局备案）、房款足额支付的购房发票；

8．其他相关材料。

第十八条 市人才办每半年牵头相关职能部门对申请材料进行审核，就申请人是否符合条件、补贴金额等提出审核意见。市经信委、科技局、统计局等部门负责审核申请人所在用人单位符合相关条件的证明材料。市人社局负责审核相关资格证书（证明）、聘用（劳动）合同、工资发放表、缴纳社会保险记录和个人所得税完税证明等人才个人材料。市房管局负责审核租房（购房）合同、发票等租房购房材料，并核查该人才是否在我市享受过其他住房保障政策、本人或配偶在仪是否已有住房。审核意见报市人才工作领导小组。

第十九条 市人才工作领导小组研究确定租房和购房补贴发放人员名单，经公示无异议，由市房管局与用人单位、申请人签订《仪征市人才租房（购房）补贴三方协议》。协议一式三份，三方各执一份。

第四章 资金拨付与管理

第二十条 人才租房和购房补贴所需资金在市人才发展专项资金中列支。

第二十一条 租房和购房补贴经审核认定后，补贴资金由市财政局拨付到人才所在用人单位，再由用人单位发放给人才。

第二十二条 享受租房补贴的对象，用补贴所租房屋须为本人居住。享受购房补贴的对象，自购房之日起在用人单位工作满5年后，所购房屋方可交易。

第二十三条 补贴对象未满相应年限解除劳动合同的，终止租房补贴；离开仪征的，已发放的购房补贴由用人单位根据《仪征市人才购房补贴三方协议》负责追回。人才退还购房补贴后，用补贴所购房屋方可交易。

第二十四条 市房管局建立“人才住房”信息库，对领取购房补贴的房产加注“人才房”信息，加强房产交易管理。

第二十五条 人才和用人单位应对申请材料的真实性负责，凡弄虚作假、骗取补贴的，一经查实，立即取消申领补贴资格，并收回已发放补贴，追究相关责任。

第五章 附 则

第二十六条 本实施细则由市房管局负责解释，自公布之日起试行。以往文件精神与本细则不符的，以本细则为准。

仪征市高层次人才子女就学保障实施细则（试行）

为贯彻落实《扬州市高层次人才子女就学保障实施办法》（扬办发〔2013〕55号）和《关于进一步加快引进培养和用好优秀人才的若干意见（试行）》（仪委发〔2011〕65号），现就做好高层次人才子女就学保障工作制定以下实施细则。

一、服务对象

在我市企事业单位工作的下列人才：

1. 中国科学院院士、中国工程院院士；

2. 国家“千人计划”专家、享受国务院特殊津贴专家；

3. 省“双创计划”人才、“双创计划”团队核心成员、“博士计划”入选者，在管理期内的省“333工程”培养对象，省有突出贡献的中青年专家；

4. 扬州市“绿扬金凤计划”创业创新领军人才、扬州市有突出贡献的中青年专家、“扬州英才培育计划”培育对象；

5. 仪征市“凤来仪”人才引进计划资助对象；

6. 具有博士学位的人才。

二、保障措施

非本市户籍高层次人才子女，需在本市各级各类学校就读的，享受下列待遇：

1. 有义务教育入学或转学需求的，根据高层次人才和子女暂住地所在学区确定就读学校，不受户籍限制。

2. 有幼儿教育入学或转学需求和普通高中教育转学需求的，由市教育局根据其需求直接协调安排。在我市参加中考并报考普通高中的，在中考成绩达到我市普通高中最低录取分数线的情况下，按照扬州市教育局有关规定及我市高中招生政策，实行优先录取。

三、办理程序

1. 提出申请。有转学需求的，申请人应在每学期开学前1个月持本人身份证件、居住证、户口簿、符合就学服务对象条件证明等材料向市高层次人才服务中心提出申请，并填写《仪征市高层次人才子女转学申请表》。有入学需求的，申请人应在每年5月底（招生工作实施前），持上述证件、证明材料向市高层次人才服务中心提出申请，并填写《仪征市高层次人才子女入学申请表》。

2. 审核办理。市人才办对申请人相关情况进行审核，市教育局根据市人才办审核意见，统筹安排高层次人才子女就读学校（幼儿园）。

3. 安排入学。申请人持《申请表》及居住证、户口簿（户籍证明）、学籍证明等材料到市教育局协调安排的学校（幼儿园）对接就读。接受高层次人才子女就读的学校（幼儿园）协助家长办理好学籍手续，并负责落实就读年级、班级。

仪征市高层次人才健康保健服务工作实施细则

为贯彻落实扬州市《关于进一步加强高层次人才健康保健服务工作的实施办法》（扬办发〔2013〕56号）和我市《关于进一步加快引进培养和用好优秀人才的若干意见(试行)》（仪委发〔2011〕65号），现就做好高层次人才健康保健服务工作，制定本实施细则。

一、服务对象

在我市企事业单位工作的下列人才：

1．中国科学院院士、中国工程院院士；

2．国家“千人计划”专家、享受国务院特殊津贴专家；

3．省“双创计划”人才、“双创计划”团队核心成员、“博士计划”入选者，在管理期内的省“333工程”培养对象，省有突出贡献的中青年专家；

4．扬州市“绿扬金凤计划”创业创新领军人才、扬州市有突出贡献的中青年专家、“扬州英才培育计划”培育对象；

5．仪征市“凤来仪”人才引进计划资助对象、“510人才培养工程”中青年领军人才；

6．具有博士学位的人才。

二、工作措施

1．落实服务定点医院。确定市人民医院、中医院为高层次人才健康保健服务定点医院。定点医院为高层次人才就医组建优质服务专家队伍，编制《绿色就医手册》，提供医院基本情况、特色专科、专家简介、服务流程、联系电话等信息。

2．建立服务绿色通道。高层次人才持“扬州市绿色通道医疗证”“仪征市高层次人才服务证”等证明，到定点医院就医，由专人引领、全程陪同，享受优先服务，并可通过电话进行保健咨询和诊疗预约。

3．提供优质医疗服务。针对高层次人才工作特点和健康需求，及时提供便捷化、个性化、专业化的优质医疗服务。（1）门诊或急诊就医优先安排专家进行诊疗。（2）住院者优先提供条件相对较好的病房及床位，由病区主任医生负责治疗。（3）根据需要，聘请上级医院专家为高层次人才提供会诊服务，对需转诊的，积极帮助联系有关医院。（4）对特殊情况不能到医院就医的，可提供上门服务。

4．开展定期健康体检。每两年组织对高层次人才及其配偶进行一次健康体检。定点医院要精心选派技术精湛的专家提供优质体检服务，及时出具健康体检结果和健康状况分析报告。

5．实施健康指导服务。定点医院为高层次人才建立健康档案，及时记录健康信息，实行动态更新与管理，为高层次人才提供常态化健康咨询和全面、个性化的保健指导服务。

三、组织保障

高层次人才健康保健服务工作在市人才工作领导小组办公室领导下，由市卫生局、人社局负责组织协调和具体实施。定点医院要积极拓展服务举措，创造良好环境，确保高层次人才健康保健服务工作有序推进、有效落实。

中共仪征市委办公室
仪征市人民政府办公室
2014年12月30日

浙江省人民政府办公厅
关于加快培育发展科技型小微企业的若干意见

（浙政办发〔2014〕156号）

为深入贯彻落实省委十三届三次、四次全会精神，大力推进“八倍增、两提高”科技服务专项行动，加快培育发展科技型小微企业，经省政府同意，现提出如下意见。

一、把培育发展科技型小微企业作为支撑经济转型升级的大事来抓

（一）重要意义和主要目标。科技型创业是迈向互联网经济时代创业的主要形态。科技型小微企业是最为活跃、最具潜力的技术创新群体。大力培育发展科技型小微企业，是抓住新一轮科技革命和产业变革形成历史性交汇的机遇，推动经济发展由要素驱动、投资驱动转向创新驱动，促进科技型创业的必然要求，是实现科技与经济紧密结合，加快产业结构调整，促进发展方式转变的重要举措。各地、各有关部门要按照省委十三届三次、四次全会的部署和要求，把培育发展科技型小微企业作为支撑经济转型升级的大事来抓，摆上重要议事日程，加强统筹规划和科学布局，采取扎实有效措施，营造良好环境，形成科技型小微企业万众创新、大众创业的“星火燎原”态势，全力打造科技型小微企业的创业天堂和创新高地。到2015年，全省科技型小微企业达到20000家；到2017年，科技型小微企业达到30000家。

二、建立引导科技型创业健康发展的指导目录制度

（二）重点领域。根据浙江经济转型升级需要、市场可持续增长的需求与产业政策，建立引导科技型创业健康发展的指导目录制度，定期公布科技型小微企业培育的优先领域和技术方向。重点培育大数据、云计算、互联网、物联网等网络信息技术产业企业，持续培育支撑引领传统产业升级的高端微型服务器、芯片、多功能传感器、新型控制器、高端显示器、业务软件等专用电子及软件产业企业，着力培育新材料、生物医药、新能源及节能、资源与环境、高端装备、健康、海洋开发等领域的新兴产业企业，加快培育研究开发、工业设计、技术转移、检验检测认证、创业孵化、知识产权、科技成果交易、信息技术、数字内容、电子商务、生物技术等支撑转型升级的高技术服务业企业。

三、激发社会资本活力

（三）鼓励科技人员领办或参与创办科技型小微企业。省内高校、科研院所科技人员在完成本职工作和不损害本单位利益的前提下，征得单位同意后在职创业的，其收入在照章纳税后归个人所有。支持职务成果转化工作，应用职务发明成果转化所得收益，除合同另有约定外，高校可按60%—95%的比率、科研院所可按20%—50%的比率，划归参与研发的科技人员及其团队拥有。

（四）鼓励民间资本投资科技型创业。鼓励和引导民间资本通过设立创业投资企业、管理机构投资高新技术产业化项目。有限合伙制创业投资企业对外投资分回的利息、股息、红利，作为投资者个人所得，按“利息、股息、红利所得”项目，适用20%税率缴纳个人所得税。

（五）鼓励海外高层次人才团队回国创业。通过实施领军型创新创业团队和“千人计划”等人才计划，积极吸引海外高层次人才特别是留学生团队携带科技成果来浙创办科技型小微企业。对入选的领军型创新创业团队首个资助周期为3年，资助期限内对每个团队投入经费不低于2000万元，其中省级财政投入不低于500万元，团队所在地政府按照不低于省级财政投入额度进行配套资助，团队所在企业按照不低于各级财政资助资金总额对团队进行配套投入。

（六）鼓励并购海外企业、研发机构实现再创业。鼓励企业加大科技投入，引进国外先进技术消化吸收再创新，通过并购海外企业和研发机构吸纳国外高层次人才，领办或参与创办科技型小微企业。以科技型小微企业为主体，组织实施一批技术引进消化吸收再创新项目。对收购国外研发机构的企业，符合条件的，按收购合同金额的5%给予最高不超过500万元的一次性奖励。

四、完善创业政务服务体系

（七）发挥高新园区的核心载体作用。高新园区要加强规划，合理布局，加快科技型创业基地建设。围绕主攻方向、主导产业或支柱产业，加快培育和集聚相关的科技型小微企业。围绕产业链上下游配套，引进培育和集聚发展一批“补短板”的科技型小微企业。各高新园区要设立不少于500万元的创业投资种子资金或引导基金，并逐年增加，重点扶持新创办的科技型小微企业。

（八）加快创业平台建设。以“专业化、企业化、产业化、国际化”为发展方向，加快建设科技企业孵化器、大学科技园和留学人员创业园，为科技型小微企业提供创业平台。经认定的国家级科技企业孵化器、大学科技园，按国家规定在一定期限内享受营业税、房产税和城镇土地使用税的减免优惠政策；对符合非营利组织条件的科技企业孵化器、大学科技园和留学人员创业园的相关收入，允许作为免税收入处理。新认定的省级和国家级科技企业孵化器分别给予100万元和200万元的奖励。全面清理整顿、提升省级以上科技企业孵化器，对入驻科技型小微企业占比不到60%的予以清理。开展省级以上科技企业孵化器绩效考评，对排序前15%和后15%的分别实行激励和惩戒机制。

（九）完善技术交易平台服务。加快完善提升浙江网上技术市场，推动科技型小微企业和高校、科研院所之间的对接与合作交流，促进科技成果交易，拓宽科技型小微企业利用信息网络获得先进适用技术的渠道。对科技型小微企业通过浙江网上技术市场交易实施的产学研合作项目，符合条件的，省财政安排专项补助经费给予一定比例的补助，地方财政也可根据其年销售收入、税收金额等给予一定额度的补助。大力培育技术中介机构，鼓励各地建立按技术中介机构的实绩给予支持的机制。

（十）强化公共技术服务。深化完善各类科技创新平台的运行机制，为科技型小微企业提供研发设计、检验检测、技术转移、标准质量品牌、人才培训等方面服务。建立健全科研设施和仪器设备等科技资源向科技型小微企业开放的运行机制及科技型小微企业科技文献共享服务系统，引导和鼓励高校、科研院所、区域行业创新平台等的科研基础设施、大型科学仪器设备，以非营利方式向科技型小微企业开放，支持社会资金购买的大型科学仪器设备以合理收费方式向科技型小微企业提供服务。

五、着力破解创业资金难题

（十一）加大财政支持力度。设立省级科技型中小企业扶持和科技发展专项资金，每年安排3亿元，重点支持科技型小微企业快速发展和科技创新能力提升。平台建设等科技计划项目要把科技型小微企业作为重要的扶持对象，省创业风险投资引导基金等财政投入为主导的投资基金应重点向科技型小微企业倾斜。对科技型小微企业获得县级以上财政性资金资助的科研项目经费，如符合不征税收入条件，可以作为不征税收入，在计算应纳税所得额时从收入总额中扣除。

（十二）拓宽创业投资渠道。鼓励种子资金和天使基金等投资始创期和初创期科技型小微企业。鼓励通过股权投资基金等方式投资成长期和成熟期的科技型小微企业。推动科技型小微企业发行集合债券、集合票据和集合信托，鼓励已开展股份制改造和符合挂牌条件的科技型小微企业到全国中小企业股份转让系统或地方股权交易场所挂牌，积极利用场外交易市场进行融资。建立拟上市科技型小微企业后备资源库，符合条件的优先纳入各地和省上市重点后备企业库，予以重点指导和培育。大力发展知识产权质押融资工作，优化信贷结构，加强对科技型小微企业的信贷支持，鼓励各地为科技型小微企业在一定时期内获得金融机构信贷支持，按照实际贷款额提供贷款贴息补助。

（十三）健全风险保障机制。鼓励保险公司开发自主创新首台（套）产品（设备）推广应用、融资以及人员保障类等适合科技型小微企业的保险产品，建立健全科技型小微企业创新产品市场应用的保险机制，防范化解科技型小微企业产品研发与创新风险。鼓励社会资本独立或参股设立科技融资担保公司，进一步开发适合科技型小微企业的担保新品种，加大对科技型小微企业创新风险的分担支持力度。鼓励各地出台加大贷款担保力度，共建风险池资金、科技型小微企业融资周转金等扶持措施。

六、营造良好的创业制度环境

（十四）依法保护企业权益。按照“让一切劳动、知识、技术、管理和资本的活力竞相迸发，让一切创造社会财富的源泉充分涌流”的要求和“非禁即入”的市场准入原则，对科技型小微企业从事未列入《国民经济行业分类》的新兴行业的，可根据实际需要灵活核定体现其行业特点的名称和经营范围。推进金融服务不合理收费清理纠正工作。加大知识产权保护，探索建立科技型小微企业的法律援助制度，严厉打击侵犯知识产权行为。

（十五）推进技术中介服务机构企业化改革。推进科技型小微企业创业技术中介服务机构的企业化运作，推动事业性质的公共技术服务机构实行企业的经营管理制度，逐步推行企业化运作；进一步打破中介服务市场垄断，减少限制，放宽准入，鼓励社会力量创办服务科技型小微企业的各类中介服务机构，提供创业指导、市场开拓、企业管理、法律政策咨询、权益维护和财会事务等市场化服务。建立健全以市场化运作、企业化经营、服务绩效激励为导向的技术中介服务机构运行模式。

七、完善政策扶持体系

（十六）完善高科技产品与服务的政府采购制度。鼓励各级重点工程和政府性投资项目通过首购、订购等，优先应用具有核心自主知识产权的新技术、新工艺、新产品、新服务与网络技术新工程。完善政府采购产品和服务目录并向社会公开，面向战略性新兴产业领域内掌握核心技术、拥有自主知识产权、技术创新活跃的科技型小微企业采购。获得年度浙江省首台（套）产品认定的单位，按规定给予支持。

（十七）支持节能、环保、绿色的高科技产品与服务应用。以重大科技专项形式，鼓励和支持水利建设等基础设施、公共安全和公益事业等省重点工程应用科技型小微企业在互联网与物联网融合、新能源、新材料和高端装备制造等领域的科技创新成果，进一步提升省重点工程的科技水平和示范效应，加快科技型小微企业创新产品的市场开发与培育。

（十八）强化政策落实的服务与督查。做好《国务院关于扶持小型微型企业健康发展的意见》（国发〔2014〕52号）、《国务院办公厅关于强化企业技术创新主体地位 全面提升企业创新能力的意见》（国办发〔2013〕8号）等一系列扶持科技型小微企业创新发展政策的落实工作。认真贯彻落实科技型小微企业享受研发费用加计扣除和高新技术企业所得税优惠等政策。各地要根据国家和省委、省政府的工作要求，制订相应的政策措施。

（十九）开展政府职能部门的精准服务。各地、各部门要切实转变工作作风，创新服务方式，坚持问题导向、需求导向，强化精准服务，重点在企业开办注册、科技创新优惠政策落实、产学研紧密合作、科技支撑条件建设、知识产权保护和引进创业资本等方面为科技型小微企业提供系统性、分类别和个性化的服务，切实解决实际问题。

八、建立协同工作机制

（二十）切实加强组织领导。充分发挥省“八倍增、两提高”科技服务专项行动协调小组的作用，形成工作合力，统筹安排和协调解决科技型小微企业培育发展中的重大事项。各地要建立科技、经信、人力社保、人民银行、金融办等部门与高新园区管委会联合推动科技型小微企业培育发展的促进机制，把扩大民间投资、发展科技创业投资与融资、促进科技型小微企业发展工作列入各级政府对上述部门与高新园区管委会的年度目标责任制考核。

（二十一）完善统计监测制度。建立科技型小微企业信息交流和统计监测制度，开展科技型小微企业网上备案和动态监测工作，分析培育发展科技型小微企业的成效和存在问题，有针对性地提出对策建议。

（二十二）强化绩效考核督查。对各县（市、区）科技型小微企业培育发展绩效进行评价，并将评价结果作为市、县（市、区）党政领导科技进步目标责任制考核的重要依据。强化督促检查，对成效突出的市、县（市、区）予以通报表扬。

浙江省人民政府办公厅

2014年12月23日

杭州市高层次人才住房保障实施意见

（市委办发〔2014〕77号）

为大力实施人才强市战略，优化人才发展环境，更好地吸引留住各类高层次人才到杭州创业创新，特制定杭州市高层次人才住房保障实施意见。

一、总体要求

加强高层次人才住房激励和保障工作，是吸引和留住人才，优化我市人才发展环境的重要举措。针对高层次人才的不同住房需求，把业绩贡献作为解决人才住房问题的重要依据，按照货币补贴和住房租赁相结合的原则，多渠道解决高层次人才住房问题，进一步优化人才住房条件，提升人才发展环境，集聚更多高层次人才，为我市实施创新驱动战略，加快发展信息经济、智慧经济，全面推进美丽中国先行区建设，推动高起点上的新发展提供人才支撑和智力保障。

二、高层次人才分类目录

依据国家相关文件规定，参考国内其他城市对人才的分类标准，结合我市实际，我市高层次人才分类目录为5个层次，分别是：国内外顶尖人才、国家级领军人才、省级领军人才、市级领军人才、高级人才（分别用A、B、C、D、E来指代，其中A、B、C、D为高端人才）。

A类：国内外顶尖人才。主要包括：诺贝尔奖获得者；国家最高科学技术奖获得者；中国科学院院士；中国工程院院士；中国社会科学院学部委员、荣誉学部委员；国家“万人计划”杰出人才人选；相当于上述层次的顶尖人才。

B类：国家级领军人才。主要包括：入选国家有突出贡献的中青年专家；国务院批准的享受政府特殊津贴的专家；国家“万人计划”中除杰出人才之外的人选、国家“千人计划”人选、百千万人才工程国家级人选；全国宣传文化系统“四个一批”人才；“长江学者奖励计划”教授；国家杰出青年基金项目完成人；国家级教学名师；中国工艺美术大师；国家级非物质文化遗产传承人；中华技能大奖获得者；省科学技术重大贡献奖获得者；省特级专家；相当于上述层次的领军人才。

C类：省级领军人才。主要包括：省有突出贡献的中青年专家；省“千人计划”人选；省宣传文化系统“五个一批”人才；省“钱江学者”特聘教授；全国优秀教师；省特级教师；省高校教学名师；卫生部有突出贡献的中青年专家；省级工艺美术大师；省级建筑大师；通过综合考评的省“151”人才工程重点资助和第一层次培养人选、“新世纪优秀人才支持计划”入选者；全国技术能手；国家级技能大师工作室领衔人；省级非物质文化遗产传承人；钱江技能大奖获得者；省首席技师；中国500强企业、中国民营企业500强企业主要经营管理人才（特指职业经理人）；相当于上述层次的领军人才。

D类：市级领军人才。主要包括：杭州市杰出人才奖获得者；享受杭州市政府特殊津贴人员；杭州市科技创新特别贡献奖和杭州市成绩突出的科技工作者获得者；杭州市青年科技奖获得者；市级宣传文化系统“五个一批”人才；市全球引才“521”计划人选；市钱江特聘专家计划人选；通过综合考评的省“151”人才工程第二层次、市“131”人才工程重点资助和第一层次培养人选、省卫生领军人才培养对象；具有正高级专业技术职务任职资格，并作为主要成员承担过市级以上研究课题或成果获市级以上奖励的专业技术人才；省级技能大师工作室领衔人；省级高技能人才创新工作室领衔人；省技术能手；市首席技师；杭州市大企业大集团主要经营管理人才（特指职业经理人）；相当于上述层次的领军人才。

E类：高级人才。主要包括：其他具有正高级专业技术职务任职资格的专业技术人才；具有副高级专业技术职务任职资格，并作为主要成员承担过市级以上研究课题或成果获市级以上奖励的专业技术人才；市级工艺美术大师；通过综合考评的市“131”人才工程第二层次培养人选、杭州市青年文艺家发现计划重点培养人选、中国杰出女装设计师发现计划重点培养人选、杭州青年设计师发现计划（含工业设计、广告设计、建筑设计）重点培养人选；市级技能大师工作室领衔人；市级技术能手；具有高级技师职业资格证书，并作为主要成员承担过市级以上研究课题或成果获市级以上奖励的技能人才（含农村实用人才）；具有高级社会工作师职业资格证书，并作为主要成员承担过市级以上研究课题或成果获市级以上奖励的社会工作人才；杭州市规模以上企业获市级以上奖励的经营管理人才（特指职业经理人）；在国内外核心期刊发表过重要学术论文的博士；相当于上述层次的高级人才。

三、提供多渠道住房保障

依据高层次人才分类目录，按照“保高端、保无房”的原则，为我市引进培养的高层次人才提供多渠道的住房保障。

（一）国内外顶尖人才即A类人才。

采取特事特办、一人一议的方法办理。

（二）高端人才发放购房补贴。

购房补贴申请对象主要为B类（国家级领军人才）、C类（省级领军人才）和D类（市级领军人才）人才。申请人须同时符合以下3项条件：①应在市区（不含萧山区、余杭区，下同）用人单位工作满3年（含）以上或与市区用人单位签订5年（含）以上全职正式聘用服务合同，且已连续缴纳社会养老保险半年（含）以上，属创业人员的，应持有市区营业执照和半年（含）以上完税证明；②持有市区常住居民户口（外籍人才持永久居留证或浙江省“红卡”，下同）；③个人、配偶及未成年子女从政策出台前1年到申请之日期间在市区无住房，且未享受相关住房优惠政策（包括安家补助，下同）。

申请高层次人才购房补贴，经审核符合申请条件的，由本人在市区自行购买住房，财政给予货币化补贴。人才购房补贴的申请工作，原则上每年集中进行一次，一般在上半年完成申报，也可根据人才引进情况适时启动申请工作。补贴标准为：B类人才100万元；C类人才80万元；D类人才60万元，夫妻双方均符合条件的按高的一方享受一次。

制定高层次人才购房补贴管理暂行办法，明确申请审核程序和有关要求。

（三）高级人才提供人才租赁住房或租赁补贴。

人才租赁住房或租赁补贴的申请对象限于E类（高级人才）人才，放弃享受购房补贴政策的B类、C类、D类人才可以申请人才租赁住房，申请人须同时符合以下3项条件：①与市区用人单位签订全职正式聘用服务合同且已连续缴纳社会养老保险半年（含）以上，属创业人员的，应持有市区营业执照和半年（含）以上完税证明；②持有市区常住居民户口（外籍人才持永久居留证或浙江省“红卡”，下同）；③个人、配偶及未成年子女从政策出台前1年到申请之日期间在市区无住房，且未享受相关住房优惠政策。

人才租赁住房房源由市、区两级分别解决，市属单位的人才租赁住房房源由市本级解决，区属单位（含民营企业，下同）人才租赁住房原则上由各区自行落实。

人才租赁住房租赁价格根据同期同类地段房屋租赁市场价评估确定。根据人才租赁住房建设情况，向各类不同人才提供不同面积的租赁房。B类、C类和D类不设租赁最长期限，E类最长租赁期限为5年。B类免租金，C类、D类按评估价的20%支付租金，E类按评估价的40%支付租金。夫妻双方均符合条件的按高的一方享受一次。

高级人才优先安排人才租赁住房，如果人才租赁住房数量不能满足引进人才需求时，可由政府出面，采取购买服务的方式（即政府统一向市场租赁，再转租给人才）；也可允许人才在市场上自行租房，政府提供租赁补贴，标准暂定为每人每月1200元，补贴标准可视情调整，租赁补贴期限最长为5年。已享受人才租赁住房的人才不能再申请租赁补贴。

人才租赁住房和租赁补贴的申请工作，原则上每年集中进行一次，一般在上半年完成申报。制定高层次人才租赁住房管理暂行办法，明确申请审核程序和有关要求。

高级人才经过培养，成长为高端人才，可以享受购房补贴，但要扣除原享受的租金优惠。

杭州本地培养成长的相同层次人才，在杭无住房的，参照上述两条标准执行。

已享受过住房优惠政策的人才不重复享受上述政策。

（四）其他人才根据当年度公租房申请条件统一纳入市公共租赁住房保障。

四、落实经费保障

高层次人才住房保障经费由市本级财政和区级财政及用人单位分别承担。市本级设立高层次人才住房保障专项资金，在5年时间内（2015—2019年），由市本级财政统筹安排8亿元专项资金，用于保证高层次人才购房补贴和租赁补贴的资金需要。

在杭市属财政全额补助事业单位有关人才的购房补贴所需经费，由市本级财政承担；在杭市属企业和非财政全额补助事业单位有关人才的购房补贴所需经费，市本级财政承担70%，用人单位承担30%。区属单位有关人才的购房补贴所需经费，区用人单位承担30%，市和所在区财政承担70%（市财政承担其中的30%，即补贴总额的21%）。在杭市属单位有关人才的租赁补贴所需经费，由市本级财政承担；区属单位有关人才的租赁补贴所需经费，由区财政承担。市属用人单位、区属用人单位之间调动的高层次人才购房补贴所需经费，市、区两级财政按照互相补差、互不结算的原则落实。国家、省“千人计划”、市“521”计划人选安家补助按原有政策落实。

五、设置制约和退出机制

（一）购房补贴。享受购房补贴人员和用人单位申领补贴时应签订《杭州市区高层次人才购房补贴发放协议》。按年度发放购房补贴，第1年发放补贴总额的40%，第2至5年每年各发放补贴总额的15%，其购买的住房为个人和政府共有，申请人在杭州市区工作累计满10年，所购住房拥有完全产权并允许上市交易。不满10年终止在杭州市区工作的，应按服务年限的比例退还购房补贴（用人单位负责追回），退还购房补贴后，所购住房拥有完全产权并允许上市交易。服务期不满10年未按规定退还购房补贴的，所购住房不得上市交易，同时在《杭州市区高层次人才购房补贴发放协议》中明确具体的退出机制。

（二）人才租赁住房和租赁补贴。租赁期限满后，人才应及时退出租赁住房。建立用人单位保证金制度，人才租赁住房和租赁补贴申请需要人才和用人单位一同申请，且需要用人单位缴纳一定额度的保证金，促使用人单位履行好相关监督责任，及时告知并帮助清退不符合申请条件的人员。

（三）建立年审制度。每年对申领购房补贴、租用人才租赁住房、申领人才租赁补贴人才的在岗工作情况等进行收集分析，加强资格条件的检查核实，避免弄虚作假违规现象的发生。同时，对弄虚作假违规获取购房补贴、骗租人才租赁住房或骗取租赁补贴的，一经发现追回购房补贴或租赁补贴，或收回人才租赁住房，撤销其享受资格，并取消今后的申请资格。

六、加强组织领导

落实高层次人才住房保障政策，要在市委、市政府的统一领导下，由市委人才工作领导小组牵头组织实施，由市委人才办、市人力社保局、市建委、市住保房管局、市财政局、市物价局等部门负责人组成专项工作小组，协调解决实施过程中的问题，相关职能部门各司其职、加强协作。

市建委负责协调落实市本级人才租赁住房房源及装修工作；市住保房管局负责人才住房情况的审核认定、市本级用人单位人才租赁住房的分配管理、购房租赁补贴的发放管理及相关审批流程等工作；市委人才办、市人力社保局会同有关部门负责全市高层次人才的分类界定和资格认定等工作；市物价局负责人才租赁住房的出租价格管理等工作，并制定相应的管理办法；市财政局负责人才租赁住房装修资金、人才住房保障专项资金的落实、使用管理等工作；市行业主管部门分别负责市属本行业用人单位人才的资格复审及协助年审工作。

各区人才工作领导小组在党委政府的领导下，负责牵头各区有关高层次人才住房保障工作的组织实施。区住建局负责本区人才住房情况的审核认定、区属用人单位人才租赁住房的分配管理、购房租赁补贴的发放管理及相关审批流程等工作；区委人才办、区人力社保局会同区有关部门负责区属单位高层次人才的初步分类界定和资格认定等工作；区行业主管部门分别负责区属本行业用人单位人才的资格复审及协助年审工作。

用人单位负责本单位人才的申请受理、资格初审及协助年审等工作。

此前发布的相关人才住房政策与本意见不一致的，以本意见为准。萧山区、余杭区及各县（市）可根据实际情况制定相应的人才住房保障政策。

附件1：杭州市区高层次人才购房补贴管理暂行办法

第一章 总 则

第一条 制定目的。为贯彻落实《杭州市高层次人才住房保障实施意见》（以下简称《意见》），有序开展高层次人才购房补贴申请管理工作，特制定本办法。

第二条 基本原则。高层次人才购房补贴管理工作遵循公开透明、公平公正、自愿申请、动态监管的原则。

第三条 概念定义。本办法所称高层次人才购房补贴是指根据《意见》规定，政府按设定分类目录分期向符合申领条件的B类（国家级领军人才）、C类（省级领军人才）、D类（市级领军人才）3类人才发放货币补贴，以资助其通过购置市场房源解决住房问题的一项人才住房优惠政策。

第四条 适用范围。杭州市区（不含萧山区、余杭区，下同）市属、区属用人单位（含民营企业，下同）高层次人才购房补贴的申请管理工作适用本办法。

第五条 职责分工。高层次人才购房补贴工作由市委人才工作领导小组牵头组织实施。市委人才办联合市人力社保局、市住保房管局等部门负责购房补贴的资格审核及年审工作。

市委人才办、市人力社保局及相关部门负责各类人才的分类界定和资格认定工作，区委人才办、区人力社保局负责区属用人单位各类人才的初步分类界定和资格认定工作。

市住保房管局负责各类人才住房情况的审核认定工作，负责市属用人单位人才购房补贴的发放管理工作。区住建局负责区属用人单位人才购房补贴的发放管理工作。

杭州经济开发区等开发区用人单位高层次人才购房补贴的资格审核工作参照区属单位实施，发放管理工作参照市属单位实施。

市、区行业主管部门分别负责市属、区属本行业用人单位人才的复审及协助年审工作。市行业主管部门是指按照发改、金融、经信、农办、旅贸、城建、宣文、教育、国资等划分的归口管理部门，其中用人单位所属行业主管部门不明确的，原则上归口发改委管理。区行业主管部门由各区参照确定。

用人单位负责本单位人才的申请受理、初审及协助年审工作。

第二章 申请准入

第六条 准入条件。高层次人才购房补贴的申请对象除应属于《意见》中明确的B类（国家级领军人才）、C类（省级领军人才）、D类（市级领军人才）中的一类外，还应同时符合以下条件：

（一）在市区市属或区属用人单位工作满3年（含）以上或与市区市属或区属用人单位签订5年（含）以上全职正式聘用服务合同，且已连续缴纳社会养老保险半年（含）以上，如属创业人员的，应持有市区营业执照和半年（含）以上完税证明；

（二）持有市区常住居民户口（外籍人才持永久居留证或浙江省“红卡”）；

（三）个人、配偶及未成年子女从本办法出台前1年到申请之日期间在市区无住房，且未享受相关住房优惠政策（包括安家补助）。

第七条 相关住房优惠政策。相关住房优惠政策是指申请人、配偶及未成年子女在市区享受过公有住房、集资合作建房、解困房、安居房、经济适用住房以及批地建房等按政府优惠购（建）住房，以及高校等事业单位发放的购房补贴。

第八条 补贴标准。符合高层次人才购房补贴申请条件的B类人才补贴标准为100万元；C类人才补贴标准为80万元；D类人才补贴标准为60万元，夫妻双方均符合申请条件的按高的一方享受一次。

第九条 申请时间。高层次人才购房补贴申请工作原则上每年集中进行一次，具体启动时间由市委人才办联合市人力社保局、市住保房管局等部门以发布受理公告的形式明确，也可根据人才引进情况适时启动申请工作。

第十条 申请材料。申请高层次人才购房补贴应填写《杭州市区高层次人才购房补贴申请表》，并提交以下材料原件及复印件：

（一）申请人及配偶的身份证明、户籍证明、婚姻状况证明，未成年子女的户籍证明；

（二）符合人才资格的相关证明材料（具体以受理公告为准）；

（三）申请人、配偶及未成年子女在市区的房产状况证明；

（四）申请人在市区市属或区属用人单位工作满3年（含）的证明或与市区市属或区属用人单位签订的5年（含）以上全职正式聘用服务合同，属创业人员的，提供市区营业执照；

（五）申请人连续缴纳社会养老保险半年（含）以上的证明，属创业人员的，提供半年（含）以上完税证明；

（六）其他相关材料。

第十一条 申请审核程序。高层次人才购房补贴按照人才所属的市属、区属用人单位实行分级申请。由市住保房管局负责开发全市统一的人才购房补贴管理信息系统。

市属用人单位高层次人才购房补贴申请审核程序如下：

（一）提出申请。申请人如实填写《杭州市区高层次人才购房补贴申请表》，并按第十条规定提交相关材料，向所在市属用人单位提出申请。

（二）资格初审。市属用人单位受理申请材料，对申请材料的真实性和完整性进行审核，并将通过初审的申请人情况在本单位公示7天，公示无异议的，报市行业主管部门进行复审。

（三）资格复审。市行业主管部门对市属用人单位提交的申请材料进行复审并签署意见，将相关材料送市人力社保局审核。

（四）资格终审。市委人才办会同市人力社保局等相关部门对市属用人单位申请人进行人才的分类界定及资格认定。对不符合人才资格条件的，予以退回并说明理由；对材料不齐全需补正的，通知限期补正，期限届满未补正的，视为放弃。审核结束后出具相应的资格认定凭证，将符合条件的名单、相关资格认定凭证及申请材料送市住保房管局。

市住保房管局对市属用人单位申请人的住房情况等进行核查，对不符合条件的，予以退回并说明理由；对材料不齐全需补正的，通知限期补正，期限届满未补正的，视为放弃。审核结束后形成最终符合条件的高层次人才享受购房补贴人员名单。

（五）资格公示。市住保房管局将符合条件的高层次人才享受购房补贴人员名单送市委人才办，市委人才办会同市人力社保局、市住保房管局在杭州人才网上公示7天。

（六）资格认定。经公示无异议的，市委人才办会同市人力社保局、市住保房管局等部门根据符合条件的高层次人才享受购房补贴人员名单核发《杭州市区高层次人才享受购房补贴资格证》。

区属用人单位高层次人才购房补贴申请审核程序如下：

（一）提出申请。申请人如实填写《杭州市区高层次人才购房补贴申请表》，并按第十条规定提交相关材料，向所在区属用人单位提出申请。

（二）资格初审。区属用人单位受理申请材料，对申请材料的真实性和完整性进行审核，并将通过初审的申请人情况在本单位公示7天，公示无异议的，报区行业主管部门进行复审。

（三）资格复审。区行业主管部门对区属用人单位提交的申请材料进行复审并签署意见，将相关材料送区人力社保局审核。

（四）人才资格的初步认定。区委人才办会同区人力社保局对区属用人单位的申请人进行初步的人才分类界定及资格认定，并将相关材料报市人力社保局。

区属用人单位高层次人才购房补贴的资格终审、资格公示、资格认定等环节，按照市属用人单位高层次人才购房补贴的审核程序操作。

第三章 使用限制

第十二条 使用补贴限制。持《杭州市区高层次人才享受购房补贴资格证》的人才购买市区（包含萧山区、余杭区）住房，在签订正式购房合同以后，办理房屋权属登记以前申请领取购房补贴，如购房总价低于可享受的购房补贴标准的，按购房总价金额发放购房补贴。

第十三条 签订补贴协议。持《杭州市区高层次人才享受购房补贴资格证》的人才凭正式购房合同，会同用人单位到市住保房管局签订《杭州市区高层次人才购房补贴发放协议》，协议应明确所购房源的具体信息、补贴发放形式和责任单位、所购房源办理权属登记及上市交易限制、用人单位的协助管理责任等内容。

第十四条 房源信息备案。市住保房管局与人才以及用人单位签订《杭州市区高层次人才购房补贴发放协议》后，应将已享受购房补贴的相关信息记入相应信息系统。

第十五条 补贴发放。高层次人才购房补贴按年度进行发放。市属用人单位高层次人才持《杭州市区高层次人才购房补贴发放协议》到市住保房管局领取购房补贴，区属用人单位高层次人才持《杭州市区高层次人才购房补贴发放协议》到区住建局领取购房补贴。第1年补贴发放金额为财政补贴总额的40%，此后第2至5年每年均在同一日期（如遇双休日、节假日的顺延至下一个工作日）发放补贴（金额为财政补贴总额的15%）。

第十六条 购房管理。按第十三条规定领取购房补贴的人才所购住房为个人和政府共有，产权登记在个人名下，办理权属登记时，应提交《杭州市区高层次人才购房补贴发放协议》，房屋权属登记部门应在房屋所有权证附记栏中注明享受政府高层次人才购房补贴金额。

该注明内容未撤销，房屋所有权证未变更前，享受购房补贴的人才不能以买卖、赠与、抵押（除购房按揭外）等方式处置该住房。

第十七条 上市交易。享受购房补贴的人才须在杭州市区市属、区属用人单位工作累计满10年。

达到该年限后，由人才提出申请，市属、区属用人单位出具《人才服务期满证明》，并分别按照第十一条中市属、区属高层次人才购房补贴申请审核程序申报审核后，最终由市委人才办会同市人力社保局、市住保房管局等部门审核后出具意见，人才凭经认定的《人才服务期满证明》方可向房屋权属登记部门申请变更所购住房的房屋所有权证。

未达到该年限终止在杭州市区市属、区属用人单位工作的，人才应按服务年限的比例退还购房补贴，应退还的金额=已发放的购房补贴-（购房补贴总额/120月×实际服务月数），市属、区属用人单位负责追回人才应退还的购房补贴后分别上交市住保房管局、区住建局，追回的购房补贴继续作为购房补贴资金使用。市住保房管局、区住建局将款项已收回的情况报市委人才办，市委人才办会同市人力社保局、市住保房管局等部门出具购房补贴款项已收回的凭证，人才凭该凭证方可向房屋权属登记部门申请变更所购住房的房屋所有权证。

第十八条 人才在市属、区属单位间变动工作的，享受购房补贴的高层次人才在市属用人单位、区属用人单位之间调动的，购房补贴可以继续享受。

已全额发放购房补贴的暂不进行结算，如该人才未达到10年服务年限终止在杭州市区市属、区属用人单位工作，应按累计服务年限的比例退还购房补贴，调动后的用人单位负责追回应退还的购房补贴后上交原补贴发放部门。

未全额发放购房补贴的，剩余年限的购房补贴由调动后的用人单位所属的区住建局或市住保房管局按第十五条规定继续发放。如该人才未达到10年服务年限终止在杭州市区市属、区属用人单位工作，应按累计服务年限的比例退还购房补贴，调动后的用人单位负责追回应退还的购房补贴后上交该用人单位所属的区住建局或市住保房管局。

第十九条 特殊情况产权转移。领取购房补贴的人才所购住房在限制交易期限内，因继承、遗赠、离婚析产以及法院裁定、判决、调解等须发生房屋所有权转移的，应结合该人才在市区市属、区属用人单位累计工作年限，按本办法第十七条规定申请取得经市委人才办会同市人力社保局、市住保房管局等部门认定的《人才服务期满证明》或按服务年限的比例退还购房补贴，并向房屋权属登记部门申请变更房屋所有权证后，方可办理该套住房房屋所有权转移手续。

第四章 监督管理

第二十条 年审制度。市委人才办联合市人力社保局、市住保房管局等部门建立对高层次人才的购房补贴使用情况、婚姻情况、在岗情况的年审制度。

第二十一条 年审期间，高层次人才购房补贴首次发放后，次年补贴金额发放日期之前两个月为首次资格年审期间，享受购房补贴资格的个人应在此期间开始的7天内提交年审相关材料，且在发放补贴期间每年均以上述时间为年审申报审核期间。

第二十二条　年审程序。高层次人才购房补贴年审由人才个人按规定向用人单位提交购房补贴使用情况、婚姻情况的证明，用人单位对相关材料进行初审，并出具人才在岗情况的说明，市属、区属用人单位分别按照第十一条中市属、区属高层次人才购房补贴申请审核程序申报审核后，最终由市委人才办会同市人力社保局、市住保房管局等对相关材料进行终审。

第二十三条　年审内容。市委人才办会同市人力社保局对人才在岗情况、婚姻情况等进行审核后送市住保房管局，市住保房管局对购房补贴使用情况等进行审核，并将最终审核结果报市委人才办备案。

第二十四条　合同变更。如遇个人变更用人单位或者用人单位调整、破产的，应由个人、变更后的用人单位与市住保房管局签订《杭州市区高层次人才购房补贴发放协议》。

第二十五条　主动申报。享受购房补贴的人才在享受补贴期间，购房情况、婚姻情况、在岗情况等发生变化的，应会同用人单位主动进行申报，如工作变动，不在市属、区属用人单位工作的，应在规定期限内按服务年限的比例退还购房补贴，期限届满未退还的，由原用人单位先行垫支后，再由其向个人追回。

第二十六条　停发及收回补贴情形。享受购房补贴的人才存在下列情形之一的，购房补贴将停止发放：

（一）婚前夫妻双方均以个人名义享受购房补贴的，婚后停止发放享受标准低的一方的购房补贴；

（二）享受购房补贴的人才签订正式购房合同后，因各种原因撤销购房合同的；

（三）享受购房补贴的人才不在杭州市区市属、区属用人单位工作的；

（四）查实享受购房补贴的人才存在弄虚作假违规申请购房补贴或违反相关使用管理规定的；

（五）其他应停止发放购房补贴的情形。

属上述第（二）、第（四）种情形的，人才个人应退回已发放的购房补贴，属上述第（三）种情形的，人才应按服务年限的比例退还购房补贴，由用人单位负责追回已发放的购房补贴，如在规定期限无法追回的，用人单位先行垫支后，由其向人才追回。其中属上述第（二）种情形的，人才个人向市住保房管局或区住建局退回已发放的购房补贴后，市住保房管局或区住建局将款项已收回的情况报市委人才办，市委人才办出具购房补贴款项已收回的凭证，凭该凭证，方可办理合同撤销手续；属上述第（四）种情形的，由市委人才办会同市人力社保局、市住保房管局等撤销该人才享受购房补贴的资格，由用人单位负责追回已发放的购房补贴，如在规定时间无法追回的，用人单位先行垫支后，由其向人才追回。

第二十七条　违规责任一。对存在弄虚作假违规申请购房补贴或违反相关使用管理规定的，市委人才办会同市人力社保局、市住保房管局等部门，可采取以下措施对申请人进行严肃处理：

（一）将其行为通报人民银行及市联合征信系统管理部门，市联合征信系统管理部门应将申请人的行为记入相应的征信系统。

（二）将申请人相关违规信息在有关媒体上曝光。

（三）申请人属于监察对象的，应将其行为通报工作单位监察部门，并由监察部门按照有关规定予以处理。

用人单位及行业主管部门未如实提供申请人员的相关证明材料，或拒不配合市委人才办、市人力社保局、市住保房管局等的资格审核及使用管理工作的，市委人才办会同市人力社保局、市住保房管局等通报上级监察机关或相关职能部门，由其对相关责任人作出处理，并可将相关信息在有关媒体上曝光。

第二十八条　违规责任二。高层次人才购房补贴工作管理人员在资格审核、监督管理过程中滥用职权、玩忽职守、徇私舞弊的，由监察机关追究其责任；涉嫌犯罪的，移送司法机关处理。

第五章　附　则

第二十九条　相关政策衔接。已享受购房补贴的，不再享受本市其他人才住房政策和住房保障政策。

第三十条　区县（市）制定要求。萧山区、余杭区及各县（市）可根据实际情况制定相应的人才购房补贴政策。

第三十一条　实施时间。本办法自出台之日起30日后施行。

第三十二条　解释权限。本办法由市委人才办会同市人力社保局、市住保房管局等部门负责解释。原有文件与本办法不一致的以本办法为准。

附件2：杭州市区高层次人才租赁住房管理暂行办法

第一章　总　则

第一条　目的意义。为贯彻落实《杭州市高层次人才住房保障实施意见》（以下简称《意见》），有序开展高层次人才租赁住房保障工作，特制定本办法。

第二条　基本原则。高层次人才租赁住房管理工作遵循公开透明、公平公正、自愿申请、动态监管的原则。

第三条　概念界定。本办法所称的高层次人才租赁住房保障是指通过提供人才租赁住房、发放住房租赁补贴等方式解决高层次人才住房问题的保障方式。

本办法所称的人才租赁住房是指由政府建设或筹集，租赁给符合条件的高层次人才，并限定租赁价格的专项过渡性租赁住房。

本办法所称的住房租赁补贴是指政府向符合条件的高层次人才按照规定的标准发放的货币补贴。

第四条　适用范围。杭州市区（不含萧山区、余杭区，下同）范围内市属、区属单位（含民营企业，下同）高层次人才的人才租赁住房分配管理和住房租赁补贴发放管理工作，适用本办法。

第五条 市区分工。杭州市区高层次人才租赁住房保障由市、区两级分别解决，市属单位高层次人才由市本级解决，区属单位高层次人才原则上由各区自行落实。

第六条 职责分工。高层次人才租赁住房保障工作由市委人才工作领导小组牵头组织实施。

市委人才办联合市人力社保局、市住保房管局等部门负责市属单位人才的保障资格审核工作，区委人才办联合区人力社保局、区住建局等部门负责区属单位人才的保障资格审核工作。

市委人才办、市人力社保局等相关部门负责市属单位人才的分类界定和资格认定工作，区委人才办、区人力社保局负责区属单位人才的分类界定和资格认定工作；市住保房管局、各区住建局分别负责市属、区属单位人才住房情况的审核认定、人才租赁住房的分配管理和住房租赁补贴的发放管理工作。

杭州经济开发区等开发区用人单位高层次人才租赁住房保障的资格审核工作参照区属单位实施，人才租赁住房的分配管理和住房租赁补贴发放管理工作参照市属单位实施。

市、区行业主管部门分别负责市属、区属本行业用人单位人才的复审及协助年审工作。市行业主管部门是指按照发改、金融、经信、农办、旅贸、城建、宣文、教育、国资等划分的归口管理部门，其中用人单位所属行业主管部门不明确的，原则上归口发改委管理。区行业主管部门由各区参照确定。

用人单位负责本单位人才的申请受理、初审及协助年审工作。

第二章 准入管理

第七条 准入条件。高层次人才租赁住房保障的申请对象为《意见》中明确的E类人才，以及放弃享受购房补贴政策的B类、C类、D类人才，并同时符合以下条件：

（一）与市属或区属用人单位签订全职正式聘用服务合同，且已连续缴纳社会养老保险半年（含）以上，属创业人员的，应持有市区营业执照和半年（含）以上完税证明；

（二）持有市区常住居民户口（外籍人才持永久居留证或浙江省“红卡”）；

（三）个人、配偶及未成年子女从本办法出台前1年到申请之日期间在市区无住房，且未享受相关住房优惠政策（包括安家补助）。

第八条 相关住房优惠政策。相关住房优惠政策是指申请人、配偶及未成年子女在市区享受过公有住房、集资合作建房、解困房、安居房、经济适用住房以及批地建房等按政府优惠购（建）住房，以及高校等事业单位发放的购房补贴。

第九条 申请时间。高层次人才租赁住房保障申请工作原则上每年集中进行一次，具体启动时间由市委人才办联合市人力社保局、市住保房管局等部门以发布受理公告的形式明确，上半年完成申报，也可根据人才引进情况适时启动申请工作。

第十条 申请材料。申请高层次人才租赁住房保障应填写《杭州市区人才租赁住房申请表》，并提交以下材料原件及复印件：

（一）申请人及配偶的身份证明、户籍证明、婚姻状况证明，未成年子女的户籍证明；

（二）符合人才资格的相关证明材料（具体以受理公告为准）；

（三）申请人、配偶及未成年子女在市区的房产状况证明；

（四）申请人与市属或区属用人单位签订的全职正式聘用服务合同，属创业人员的，提供市区营业执照；

（五）申请人连续缴纳社会养老保险半年（含）以上的证明，属创业人员的，提供半年（含）以上完税证明；

（六）其他相关材料。

第十一条 申请流程。高层次人才租赁住房保障按照人才所属的市属、区属用人单位实行分级申请，由市住保房管局负责开发全市统一的人才租赁住房保障管理信息系统。

市属用人单位高层次人才租赁住房保障按照以下程序申请审核：

（一）提出申请。申请人如实填写《杭州市区高层次人才租赁住房保障申请表》，并按第十条规定提交相关材料，向所在用人单位提出申请。

（二）资格初审。用人单位受理申请材料，并对申请材料的真实性和完整性进行审核，并将通过初审的申请人情况在本单位公示7天，公示无异议的，报市行业主管部门进行复审。

（三）资格复审。市行业主管部门对用人单位提交的申请材料进行复审并签署意见，并将相关材料送市人力社保局审核。

（四）资格终审。市委人才办会同市人力社保局根据市行业主管部门报送的市属用人单位人才的申请材料，对申请人进行人才的分类界定及资格认定，对不符合人才资格条件的，予以退回并说明理由；对材料不齐全需补正的，通知限期补正，期限届满未补正的，视为放弃。审核结束后出具相应的资格认定凭证，将符合条件的名单、相关资格认定凭证及申请材料送市住保房管局。

市住保房管局对申请人的住房情况等进行核查，对不符合条件的，予以退回并说明理由；对材料不齐全需补正的，通知限期补正，期限届满未补正的，视为放弃。审核结束后形成最终符合条件的高层次人才租赁住房保障人员名单。

（五）资格公示。市住保房管局将符合条件的高层次人才租赁住房保障人员名单送市委人才办，市委人才办会同市人力社保局、市住保房管局将名单在杭州人才网上公示7天。

（六）资格认定。经公示无异议的，市委人才办会同市人力社保局、市住保房管局等部门根据符合条件的高层次人才租赁住房保障人员名单核发《杭州市区高层次人才租赁住房保障资格证》。

区属用人单位高层次人才租赁住房保障按照以下程序申请审核：

（一）提出申请。申请人如实填写《杭州市区高层次人才租赁住房保障申请表》，并按第十条规定提交相关材料，向所在用人单位提出申请。

（二）资格初审。用人单位受理申请材料，并对申请材料的真实性和完整性进行审核，并将通过初审的申请人情况在本单位公示7天，公示无异议的，报区行业主管部门进行复审。

（三）资格复审。区行业主管部门对用人单位提交的申请材料进行复审并签署意见，并将相关材料送区人力社保局审核。

（四）资格终审。区委人才办会同区人力社保局根据区行业主管部门报送的区属用人单位人才的申请材料，对申请人进行人才的分类界定及资格认定，对不符合人才资格条件的，予以退回并说明理由；对材料不齐全需补正的，通知限期补正，期限届满未补正的，视为放弃。审核结束后出具相应的资格认定凭证，将符合条件的名单、相关资格认定凭证及申请材料送区住建局。

市住保房管局指导区住建局对申请人的住房情况等进行核查，区住建局对不符合条件的，予以退回并说明理由；对材料不齐全需补正的，通知限期补正，期限届满未补正的，视为放弃。审核结束后形成最终符合条件的高层次人才租赁住房保障人员名单。

（五）资格公示。区住建局将符合条件的高层次人才租赁住房保障人员名单送区委人才办，区委人才办会同区人力社保局、区住建局将名单在一定范围内公示7天。

（六）资格认定。经公示无异议的，区委人才办会同区人力社保局、区住建局等部门根据符合条件的高层次人才租赁住房保障人员名单核发《杭州市区高层次人才租赁住房保障资格证》。

第十二条 资格期限。高层次人才租赁住房保障资格有效期为2年，2年后须重新审核。

第十三条 保证金制度。高层次人才租赁住房保障须申请人和用人单位一同申请，用人单位须缴纳相当于6个月住房租赁补贴的保证金，并履行监督责任，及时告知并协助清退不符合条件的人员。

第三章 配租及租赁补贴管理

第十四条 实物配租。高层次人才租赁住房配租由市、区两级分别实施，根据人才所属的市属、区属用人单位差别，由市、区两级分别实施。市住保房管局负责市属单位高层次人才租赁住房的摇号、选房等配租管理，各区住建局负责区属单位高层次人才租赁住房的摇号、选房等配租管理。

高层次人才租赁住房配租根据申请人所属人才层次高低确定先后顺序，按照B类、C类、D类和E类分为四档，分别公开摇取选房顺序号，并根据房源数量确定选房人员数量。

列入选房范围的申请人未参加当期选房或选房后放弃承租的，1年内不得再次申请高层次人才租赁住房保障。

未列入选房范围的人员进入轮候，轮候期2年，轮候期内根据房源情况按选房顺序依次配租；轮候期满，根据届时制定的申请条件对轮候人员的资格再次进行审核后，符合条件的，根据房源情况按选房顺序依次配租，不符合条件的，保障资格终止。E类人才在资格轮候期间可享受住房租赁补贴。

第十五条 合同签订。高层次人才租赁住房的产权单位根据市住保房管局、区住建局提供的选房确认单，与承租人、用人单位签订三方租赁合同，并负责人才租赁住房的租金收缴、房源维修等日常经租管理。

第十六条 租赁期限。E类人才租住人才租赁住房的最长期限为5年，B类、C类和D类人才不设租赁最长期限。

第十七条 租金标准。高层次人才租赁住房的租金实行政府定价，每两年调整一次，具体定价方法由市价格主管部门另行制定。

第十八条 租赁补贴。符合条件的E类人才选择在市场上租赁住房的，由政府提供租赁补贴，补贴期限最长为5年。已享受人才租赁住房的不能再申请租赁补贴。

E类人才取得保障资格后，选择租赁补贴的，须提供房屋租赁合同。

第十九条 租赁补贴。租赁补贴款按月计算，市属单位高层次人才由市住保房管局直接发放至申请人账户，区属单位高层次人才由区住建局直接发放至申请人账户，一次最多发放6个月补贴款。

住房租赁补贴标准暂定为每人1200元/月，补贴标准可视情调整。

第四章 退出管理

第二十条 主动申报。保障对象在资格有效期内因购买、赠与、继承等途径取得各类房产或工作单位、户籍地等发生变动的，保障对象本人及用人单位应主动如实申报，不再符合保障条件的，应及时退出人才租赁住房或停发住房租赁补贴。

第二十一条 退出条款。保障对象有下列情形之一的，由人才办会同人力社保局、住保房管局（住建局）等部门取消其保障资格，停止发放租赁补贴，承租人才租赁住房的由经租管理单位按照合同约定收回住房；拒不配合的，经租管理单位可申请法院强制执行：

（一）采取隐瞒事实、提供虚假资料、伪造证明材料等手段，取得人才租赁住房或租赁补贴的；

（二）无正当理由，累计6个月以上未实际居住的；

（三）累计6个月以上未缴纳租金的；

（四）擅自将人才租赁住房转租、出借给其他人员居住的；

（五）擅自改变房屋结构或装修现状的；

（六）不再符合本办法规定的申请条件，未按要求及时办理退出手续的；

（七）存在违反政策规定的其他行为的。

第五章 监督管理

第二十二条 违规罚则1。保障对象有本办法第二十一条规定情形之一的，人才办可会同人力社保局、住保房管局（住建局）等部门采取以下措施：

（一）将其行为通报人民银行及市联合征信系统管理部门；

（二）将其相关违规信息在有关媒体上曝光；

（三）属于监察对象的，将其行为通报工作单位监察部门，并由监察部门按照有关规定予以处理。

第二十三条 违规罚则2。保障对象有本办法第二十一条规定情形之一的，按以下方式处理：

（一）租赁人才租赁住房的，自取消其人才租赁住房租赁资格之日起至实际退房之日，按标准租金的三倍收取租金；发放住房租赁补贴的，追回已发放补贴款。

（二）对有第二、三项规定情形的，自取消其保障资格之日起2年内，不再具有高层次人才租赁住房保障的申请资格；对有其他规定情形的，自取消其保障资格之日起5年内，不再具有高层次人才租赁住房保障的申请资格。

申请人采取隐瞒事实、提供虚假资料、伪造证明材料等手段的，自发现并退回其申请之日起5年内，不再具有高层次人才租赁住房保障的申请资格。

第二十四条 监督管理1。用人单位、行业主管部门及其他社会组织未如实提供申请人的相关证明材料，或拒不配合相关审核及管理工作的，可通报上级监察机关或相关职能部门，由其对相关责任人作出处理，并可将相关信息在有关媒体上曝光。

第二十五条 监督管理2。政府相关职能部门工作人员在资格审核、监督管理过程中滥用职权、玩忽职守、徇私舞弊的，由监察机关追究其责任；涉嫌犯罪的，移送司法机关处理。

第六章 附 则

第二十六条 区县（市）制定要求。萧山区、余杭区及各县（市）可根据实际情况制定相应的高层次人才租赁住房保障政策。

第二十七条 实施时间。本办法自出台之日起30日后施行。

第二十八条 解释权限。本办法由市委人才办会同市人力社保局、市住保房管局等部门负责解释。原有文件与本办法不一致的以本办法为准。

中共杭州市委办公厅

杭州市人民政府办公厅

2014年10月20日

杭州市人民政府关于进一步推动企业利用资本市场加快发展的实施意见

（杭政〔2014〕39号）

为进一步鼓励和引导我市企业通过资本市场实现资源优化配置和制度创新，支持企业转型发展、做大做强，成为服务我市经济社会发展和改革创新的骨干力量，根据国务院、省政府关于推进资本市场改革发展的部署和市委市政府关于健全“个转企、小升规、规改股、股上市”各项政策配套体系的要求，现就进一步推动我市企业利用资本市场加快发展提出以下意见。

一、总体思路

充分利用当前资本市场改革发展的有利时机，积极引导和推动企业加快改制，创造条件赴境内外证券市场上市或赴场外股权交易市场挂牌，借助资本市场的力量实施并购重组，促进资源优化整合与产业转型升级，加快提升我市企业法人治理水平和综合竞争力，培育和做强优势产业，推动全市经济又好又快发展。

二、工作原则

（一）政府引导，加强政策扶持。充分发挥政府在推动企业股改、上市、挂牌过程中的引导作用，出台必要的扶持政策，建立有效的协调机制，加强对企业利用资本市场的指导、协调、扶持和服务工作。

（二）企业自主，开展市场化运作。充分尊重企业的自主决策权，鼓励企业按市场化原则做好利用资本市场工作，提升企业利用资本市场的认识和能力，形成优势企业与重点产业提升间的良性互动。

（三）部门合力，优化发展环境。各级政府部门要与证券监管部门、证券交易所、场外交易市场建立合作机制，开展合格市场主体培育和推介对接、宣传培训等工作，共同营造良好环境。

（四）中介助推，强化服务质量。营造良好环境，引导证券中介机构提升服务多层次资本市场的能力，发挥证券中介机构在多层次资本市场建设中的助推作用。

三、加大政策引导和扶持力度

（一）鼓励企业改制为股份有限公司。

鼓励符合国家和我市产业政策导向、特别是属于我市重点扶持和发展产业的企业改制为股份有限公司，建立现代企业制度，推进规范经营和法人治理。对已与证券公司（或交易场所认可的推荐商）、会计师事务所、律师事务所签订上市或挂牌服务协议的新设股份有限公司，可享受以下扶持政策：

1. 对设立股份有限公司并完成工商注册登记的企业，分两类情况给予一次性30万元的补助：对拟上市企业，在完成上市辅导备案后兑现补助；对拟挂牌企业，在场外交易市场成功挂牌后兑现补助。

2. 在企业股份制改造过程中，对符合税法规定的资本公积金转增个人股本，不征收个人所得税。

3. 在企业改制重组过程中，凡符合特殊性重组规定条件的，财务核算可按原有计税基础计价，暂不缴纳企业所得税。

（二）推进企业到场外交易市场挂牌。

对暂不具备上市条件的企业，鼓励其到全国中小企业股份转让系统、浙江股权交易中心等场外交易市场挂牌，发挥场外交易市场的作用，推进企业多元化融资和规范发展。

1. 鼓励有限责任公司赴浙江股权交易中心创新板挂牌，支持浙江股权交易中心创新融资品种，开展投融资对接和教育培训活动，为活跃区域性股权市场交易创造条件。

2. 支持股份有限公司在全国中小企业股份转让系统、浙江股权交易中心成长板挂牌。对挂牌企业给予一次性20万元补助。股份有限公司在场外交易市场间转板，不重复享受此项补助。

（三）支持企业上市融资。

支持符合条件的企业赴境内外证券交易所上市融资，鼓励外地上市公司尤其是浙商控股上市公司迁址杭州，打造上市公司"杭州板块"。

1. 企业向中国证监会递交首发上市申请材料并获受理，或以直接上市方式向境外交易所递交上市申请材料并获受理的，给予一次性50万元补助。此项补助每家企业仅限享受一次。

2. 企业在境内外证券交易所成功上市的，给予一次性100万元补助。企业由场外交易市场转板至交易所上市的，差额享受此项政策。

3. 外地上市公司注册地和纳税登记地迁入杭州的，给予一次性200万元补助。

（四）推进企业开展持续资本运作。

鼓励企业通过并购重组、股权融资等途径开展持续资本运作，不断提升企业的竞争力和综合实力。

1. 上市公司通过配股、增发新股等方式实施股权再融资的，按不超过募集资金规模1‰的比例给予一次性补助。单个上市公司年度再融资补助金额不超过50万元。

2. 上市公司实施并购重组，并达到中国证监会关于《上市公司重大资产重组管理办法》规定的重大资产重组标准的，给予一次性150万元补助。上市公司享受补助后5年内将注册地迁出杭州的，要求退还此项补助。

3. 挂牌企业实施直接股权融资，按实际到位资金5‰的比例给予一次性补助。单个企业年度补助资金不超过50万元。

4. 挂牌企业实施重大并购重组，对其次年度地方财政贡献比上年度增长部分通过项目给予补助，最高补助金额不超过50万元。挂牌企业享受补助后5年内将注册地迁出杭州的，要求退还此项补助。

四、强化企业梯队培育和服务机制建设

（一）明确责任部门。

由市金融办负责组织协调全市企业上市的培育推荐、改制和报会工作，牵头推进地方资本市场建设，进一步加强对企业利用资本市场的指导、协调和服务工作。各区、县（市）政府要明确责任部门，落实专项经费，加强工作力量，建立考核机制，出台和完善相关扶持政策，扎实推进辖区内企业利用资本市场加快发展。

（二）建立协调服务机制。

建立全市企业利用资本市场协调服务机构，由市政府分管领导牵头，负责研究解决企业改制、上市、挂牌进程中遇到的重大困难和问题。协调服务机构下设办公室（设在市金融办），负责落实协调服务机构研究确定的事项，并做好与人民银行、证监、海关、法院等单位的沟通协调工作。协调服务机构具体成员及运作方案由市金融办报市政府批准后另行发布实施。各级发改、经信、人力社保、税务、工商、房管、国土资源、环保、公安、国资等部门要对企业改制、上市、挂牌需办理的变更手续、证明性材料等事项开辟"绿色通道"，简化办事程序，提高办事效率。

（三）完善梯队培育机制。

各区、县（市）要将辖区内符合产业政策导向、特别是属于我市重点扶持和发展产业的企业纳入企业后备培育库。要根据企业发展情况对企业后备培育库进行补充、调整和更新，建立起"储备一批、培育一批、改制一批、辅导一批、申报一批、上市一批"的梯队培育机制。市金融办要将具有良好发展前景和增长潜力、产品竞争力强、有上市挂牌计划的企业纳入市级重点培育计划，加强跟踪服务和政策兑现工作。

（四）注重分类指导服务。

市金融办要建立和完善资本市场专家库，积极组织专家库专家为我市企业开展咨询、辅导等服务，普及资本市场知识，引导企业正确定位，帮助企业合理利用资本市场。各级金融（上市）服务部门要根据企业发展的不同阶段，加强对后备培育库企业的分类指导和专项培育，对具有创新能力和行业带动性、注重自主品牌建设的企业，要积极指导其在境内上市；对产品外向度较高的上市后备企业，要积极帮助其引进境外战略投资者，引导企业境外上市；对暂不具备上市条件的后备企业，要积极引导其赴场外交易市场挂牌。同时，要积极搭建后备培育库企业与金融、投资、中介等机构的对接交流平台。

（五）实施要素保障倾斜。

企业通过上市、并购重组等方式实现主营业务扩大或产业转型升级的，各有关部门要优先保障土地、电力、科技研发等要素资源的供给，改善金融和信贷融资服务。各级政府要优先支持上市公司的产品和服务纳入政府招标采购，优先支持上市公司享受我市金融创新相关扶持政策。上市公司、挂牌企业及拟上市企业引进高级管理人才的，可享受我市人才招引的相关政策。

（六）提升中介服务质量。

市金融办要协助证券监管部门共同支持境内外证券公司、会计师事务所、律师事务所、投资公司等中介机构在我市开展业务，为企业上市、挂牌提供优质服务，并根据上市成功率、执业质量、职业道德等综合信息建立中介机构业绩档案，及时通报各类中介机构的业绩和服务水平；对资信良好、执业能力强的中介机构，要向社会和后备培育库企业宣传、推荐；对弄虚作假、不认真履行合同、给企业造成重大损失的中介机构，要通过通报、列入黑名单等形式，提醒企业审慎与其开展合作。

（七）加强宣传培训活动。

各级金融（上市）服务部门要会同证券监管部门、证券交易所、场外交易市场加强对国家有关资本市场发展政策法规、相关要求及成功案例的宣传，调动企业利用资本市场的积极性；会同有关部门、媒体，根据不同梯次企业的要求，不定期举办各种形式的讲座、培训班、研讨会等，为企业搭建与证券交易所、场外交易市场、证券公司、会计师事务所、律师事务所、股权投资机构等进行沟通交流的平台。

本意见中涉及的补助和扶持资金由市财政及有关区、县（市）财政共同承担。其中，涉及上城区、下城区、江干区、拱墅区、西湖区、杭州高新开发区（滨江）、杭州经济开发区、钱江经济开发区、杭州西湖风景名胜区的，由市财政和当地财政按各50%的比例承担；涉及萧山区、余杭区和五县（市）的，由市财政和当地财政按照25%和75%的比例承担。

本意见中涉及的政策兑现操作办法，由市金融办会同市财政局另行制定。

本意见由市金融办负责牵头组织实施，自发布之日起30日后施行，有效期至2018年12月31日。前发《杭州市人民政府关于促进企业上市的若干意见》（杭政〔2007〕7号）同时废止。

杭州市人民政府
2014年9月17日

杭州市人民政府办公厅
关于加快发展人力资源服务业的实施意见

（杭政办函〔2014〕71号）

为适应新形势下经济社会发展要求，进一步加快我市人力资源服务业的发展，根据《浙江省人民政府办公厅关于加快发展人力资源服务业的意见》（浙政办发〔2012〕130号）和《杭州市人民政府关于进一步加快发展服务业的实施意见》（杭政函〔2012〕66号）等文件精神，经市政府同意，现就加快发展人力资源服务业提出如下实施意见。

一、指导思想和工作目标

（一）指导思想。

以科学发展观为指导，积极实施人才强市战略，把加快发展人力资源服务业摆到经济、就业和人才工作的突出位置，大力培育和扶持人力资源服务机构，不断完善服务体系，积极营造良好发展环境，为打造东方品质之城、建设幸福和谐杭州提供强有力的人才支撑。

（二）工作目标。

到2015年，力争建立市级人力资源产业园5家以上，省级人力资源产业园2家以上，国家级人力资源产业园取得新突破。引进国内外知名人力资源服务企业10家左右，培育人力资源服务机构500家以上，人力资源服务业营业总收入力争超过130亿元，从业人员达到1万人左右。实现基本公共服务充分保障，市场经营性服务产业逐步壮大，市场秩序不断完善，高端服务业快速发展，人才资源服务业在整个服务业中的比重明显提升，每个从业人员3年内至少获得一次岗位培训。初步形成专业化、信息化、产业化、国际化的人力资源服务体系。到2020年，力争人力资源服务业发展水平达到中等发达国家水平，较好满足经济社会发展的需要。

二、加大扶持力度，促进产业集聚

（三）进一步加大对人力资源服务业的税收优惠力度。2012年1月1日至2015年12月31日，对年应纳税所得额低于30万元（含）的小型微利企业，超出国家规定的应纳税所得额6万元以上部分的地方税收贡献，可部分或全部返还给企业用于转型升级；对应纳税所得额低于6万元（含）且符合税法规定条件的小型微利企业，其所得减按50%计入应纳税所得额，按20%的税率征收企业所得税。

（四）逐步提高人力资源服务业企业入选服务业重点企业比例。对认定为省、市级服务业重点企业的，以上一年实交地方税收为基数，每年上交的地方税收增速超过10%部分，由市和区、县（市）政府给予补助；报经地税部门批准，2年内对其新增房产和用地减免房产税和城镇土地使用税。贯彻落实国家和省促进就业政策规定，确保经营性人力资源服务机构平等享受补贴政策。支持企业通过连锁经营、加盟经营等方式，扩大服务规模。鼓励社会资本进入人力资源服务领域，支持企业通过兼并重组做大做强。

（五）支持人力资源服务业产业园的建设和发展。经市人力社保局认定、市财政局审核的人力资源服务业产业园，可参照《杭州市现代服务业重点集聚区认定管理暂行办法》给予一次性补助50万元；对获得国家级人力资源产业园称号的，可给予一次性补助100万元，补助资金可用于产业园区编制规划、打造公共平台、建设基础设施等方面的支出。具体按照《杭州市人民政府办公厅关于规范财政扶持企业专项资金管理有关工作的通知》（杭政办函〔2010〕244号）规定执行。

（六）鼓励人力资源服务业产业园公共服务平台建设。经市人力社保局、财政局等相关部门审核认定，对服务业产业园公共服务平台建设给予一次性补助，补助总金额为平台建设期内实际投入的20%—30%，最高不超过100万元。

（七）对新引进人力资源总部企业购建或租赁办公用房给予资金补助。其中，新购建的自用办公用房（不包括附属和配套用房），对属办公用途部分的建筑按每平方米1000元的标准给予补助，最高补助不超过1000万元，自开业之日起3年内分期补助完毕；本部租赁的自用办公用房，3年内每年按照房屋租金的30%给予补助，实际租赁价格高于房屋租赁市场指导价的，按市场指导价计算租房补助，每年最高补助不超过200万元。享受补助政策的总部企业应承诺办公用房投入使用后5年内不改变房屋用途、不转让或转租；如因特殊原因必须改变房屋用途、转让、转租的，应退还已领取的补助金。

（八）理顺人力资源服务机构连锁企业税收管理。人力资源服务机构连锁企业跨区、县（市）设立的不具有法人资格的分支机构，其经营收入纳入所在区、县（市）营业收入统计范围；连锁企业上缴的税收按各分支机构所在地的现行财政体制分成，具体按财政（地税）部门有关规定执行。

（九）支持服务产品创新。鼓励发展猎头、人力资源服务外包、薪酬管理、人力资源管理咨询等新兴业态和产品，引导创业风险投资机构和信用担保机构予以扶持。企业为开发新技术、新产品发生的研究开发费用，未形成无形资产计入当期损益的，在按照规定据实扣除的基础上，按研究开发费用的50%加计扣除；形成无形资产的，按无形资产成本的150%摊销。

（十）加大资金扶持力度。市服务业发展引导资金中每年安排不少于5%的资金用于支持人力资源服务业发展，各区、县（市）也要安排一定的财力予以积极支持,主要用于人力资源服务业标准的研究制订、高端人才的培养和引进、人力资源服务网站和数据库等服务平台的建设、知名人力资源服务机构的引进、人力资源服务企业的扶持，全市性人力资源服务业重大活动的举办等。

三、培育引才载体，积极引进人才

（十一）加大人力资源服务业企业人才培训力度。充分利用人才中介协会等行业协会开展人力资源服务业人才的再培训、再教育以及相关行业资质培训；选拔人才中介机构高层管理人员参加“杭州市服务业高级人才培养工程”培训，不断提升从业人员素质。

（十二）鼓励人力资源服务业企业引进高层次、高级专业人才。人力资源服务机构为我市引进的人才，2年内入选国家“千人计划”、国家高层次人才特殊支持计划、省“千人计划”、省“151人才工程”第一层次、市“521计划”的，或3年内获得“中华技能大奖”“全国技术能手”“钱江技能大奖”的，市和区、县（市）政府可给予引才机构适当补助，具体办法由市人力社保局会同市财政局另行制定。鼓励人力资源服务业企业加快引进文化创意、现代物流、金融、营销管理、软件与信息服务等高级服务业专业人才，吸引在国内外著名人力资源服务业机构从业的人才来杭创新创业，所产生的住房货币补贴、安家费、科研启动经费等费用，可列入企业成本核算。列入市政府以纳税贡献和企业成长性为依据确定的人力资源服务业企业，其高层次管理人才和科技人才的工资性收入个人所得税地方留存部分，3年内予以全额返还。支持各类股权投资人力资源服务业企业、股权投资管理企业发展，具体按照《杭州市人民政府办公厅关于印发促进我市股权投资业发展实施办法的通知》（杭政办〔2010〕11号）及其补充意见执行。

（十三）实行特殊人才政策。鼓励离退休人员，高职院校、科研院所、团体的专业人才，通过兼职方式从事人力资源服务业，并获取薪酬；高层次人才到人力资源服务企业工作，经本单位同意，报人力社保部门备案，其人事关系5年内可保留在原单位，由原单位继续为其缴纳单位部分的养老、失业、医疗等社会保险，同时允许其回原单位评审专业技术资格，其在企业从事本专业工作期间的业绩，可作为评审相应专业技术资格的依据；允许事业单位为距法定退休年龄不足5年（含）且工作年限满20年或工作年限满30年的人员提前办理退休手续到人力资源服务企业工作。对规模较大或创新能力较强、能引领行业发展的人力资源服务企业的副总经理职务以上人员，经有关部门批准，可不受学历、资历、任职资格等限制，破格直接申报高级经济师资格；对经资格认定的留学回国人员，可根据其学历、资历，直接申报相应专业技术资格。

（十四）帮助解决人才住房问题。允许市级以上人力资源服务产业园在市政府批准后自建公租房性质的公寓，用于解决符合条件的引进专业人才和具有一定技能员工的住房问题。

四、搭建交流平台，实施发展推进工程

（十五）实施领军人才集聚工程。制订实施人力资源服务业领军人才培养引进计划，积极培育海外人才市场，利用海外人才交流活动和“浙江·杭州国际人才交流与合作大会”的平台，设立人力资源服务机构招聘专区，大力引进高层次紧缺人才。

（十六）实施供需双方对接工程。鼓励人力资源服务企业与市内外中、高职院校“联姻”，开展“订单式”培训，探索“工学结合、半工半读”的培养模式。定期召开学校与企业见面会，搭建校企合作对接的信息沟通平台。支持人力资源服务企业设立实训基地，企业支付给见习学生的报酬，按规定在企业所得税前扣除。

（十七）实施基地建设推进工程。鼓励和引导各区、县（市）设立人力资源服务业发展基地或服务街区，集聚一批知名人力资源服务企业，把基地打造成人力资源服务业发展平台。设立基地的区、县（市），要制订人力资源服务业基地优惠政策，对入驻人力资源服务业基地的企业进行重点扶持。支持有条件的区、县（市）设立杭州市级或省级人力资源服务业集聚区，充分发挥其集聚产业、拓展服务、孵化企业、培育市场的功能。

（十八）实施品牌建设推进工程。大力支持人力资源服务机构开展自主品牌建设，鼓励企业注册和使用自主的服务商标。对新获得国家级、省、市知名品牌或驰名商标、著名商标、省知名商号称号的人力资源服务业企业，按照有关规定给予奖励。加大品牌创建推介力度，每两年开展一次“全市星级人力资源服务机构”评定活动，对依法诚信规范开展服务、取得良好业绩的机构，给予相应星级评定，并予以大力宣传。

五、保障措施

（十九）加强组织领导。成立由市政府分管领导任组长，市委组织部（人才办）、市人力社保局、市发改委、市经信委、市教育局、市科委、市公安局、市财政局（市地税局）、市国税局、市统计局、市市场监管局、市金融办等部门为成员的杭州市人力资源服务业发展领导小组，领导小组下设办公室（设在市人力社保局），负责全市人力资源服务业发展具体协调工作。市级各相关部门要按照各自职责，密切配合，形成合力，共同做好组织推动工作。

（二十）强化行业监管。完善日常监管制度，充分利用信息跟踪、市场巡查、受理投诉举报等手段，加大对人力资源市场的监管力度。组织开展“春蕾行动”，清理整顿人力资源市场秩序，打击非法中介，严肃处理各类违法违规行为。开展行业诚信评估，建立行业信用档案。建立人力资源市场突发事件应急处置机制，加强安全防范，规范市场秩序。健全从业人员职业资格制度，加大职业技能培训，提高从业人员素质。研究制定人力资源服务指标体系和统计调查办法，建立科学、统一、全面的人力资源服务业统计制度，强化统计结果的应用，推动行业科学发展。

（二十一）引导行业自律。指导组建市人力资源服务行业协会，增强行业协会在人员培训、协调沟通、业务交流等方面的服务功能。鼓励行业协会制订服务标准，对暂不能实行标准化的服务产品，应推行服务承诺、服务公约、服务规范等制度，引导人力资源服务行业公平竞争、诚信服务、自我约束、健康发展。行业协会要加强与政府职能部门的联系，积极反映企业诉求，充分发挥政府与企业之间的桥梁和纽带作用。

（二十二）加强舆论宣传。加大对发展人力资源服务业重大意义、目标任务、政策措施的宣传力度，积极总结推广各人力资源服务企业和产业园的经验，努力营造全社会重视、关心、支持人力资源服务业发展的浓厚氛围。

本实施意见自公布之日起30日后施行，由市人力社保局负责牵头组织实施。

杭州市人民政府办公厅

2014年5月15日

宁波市人民政府
关于加快推进科技成果转化的若干意见

（甬政发〔2014〕42号）

为深入实施创新驱动发展战略，加快推进重大科技成果转化和产业化，根据《中共宁波市委关于强化创新驱动加快经济转型发展的决定》（甬党发〔2013〕4号）精神，制定本意见。

一、推进科技成果规范化管理

（一）构建开放协作的科技成果信息平台。整合科技计划项目库、科技成果数据库、产学研公共服务平台等数据资源，加快建成规范、统一的科技成果信息平台。创新科技成果信息发布和互动制度，强化成果信息透明（涉及国家机密的除外），促进科技成果信息的相互开放和共享。

（二）加强科技成果登记管理。建立重大科技项目报告制度，强化重大科技成果的登记，凡获财政资金资助的各级各类科技计划项目，其产生的科技成果必须进行登记。鼓励非财政资助产生的科技成果进行自愿登记。

（三）完善科技成果评价机制。加快建立以科研质量、市场价值、产业化风险为主要标准的科技成果评价体系，积极推进重大科技成果第三方评估，客观评价科技成果投资价值与风险，为成果对接企业提供投资咨询和指引服务。

二、推进科技成果转化服务体系建设

（四）加快发展技术市场。依托宁波国家高新区（新材料科技城），启动建设集科技成果展示、技术评估、成果交易、科技金融、创业服务等五大功能于一体的“一站式”科技大市场。运用现代信息技术，加快改造和提升网上技术市场，增强网上技术市场成果推介、技术交易服务功能。培育发展社会化、专业化技术市场主体，鼓励社会资本投资、合资兴办技术市场，推进技术市场建设企业化运作。支持县（市）区根据产业需要，发展专业化技术市场，对被评为省级先进网上技术市场和技术市场工作先进县（市）区，分别给予100万元和50万元的奖励。

（五）组织开展科技成果对接活动。充分发挥技术市场对科技成果资源的决定性配置作用，建立企业和市内外高等院校、科研机构常态性的对接机制。借助宁波人才科技周、高交会等平台，组织开展形式多样的科技合作洽谈、科技成果推介、科技资本对接会，推进成果供需双方信息交流与合作。组织举办科技成果竞价（拍卖）会，选择一批具有自主知识产权、产业化前景较好的科技成果，通过竞价（拍卖）方式实现产业化对接。

（六）培育发展技术中介服务机构。依托宁波国家高新区（新材料科技城）和各产业集聚区，引进和培育一批技术中介服务机构，到2017年全市技术中介机构达到100家。重点支持技术转移机构开展产学研合作服务，对服务绩效优秀的技术转移机构，根据其年度促成的技术交易额给予一定的奖励。对其促成的技术交易额度在1000万元以内的，按1.5%予以补助，1000万元以上的部分按1.0%予以补助，最高补助额度不超过30万元。

（七）建设技术经纪人队伍。积极引导高等院校、科研机构、科技中介机构、企业等专业技术人员专职、兼职从事技术经纪工作，加快建立专职和兼职相结合的技术经纪人队伍。设立专项培训经费，组织开展技术经纪人培训，全面提高技术经纪人技术收集、成果识别、科技评估、成果推介等业务能力。

三、强化科技成果转化的政策支持

（八）加强对科技成果转化项目的财政扶持。设立科技成果转化资金（以下简称转化资金），对技术转让额（技术股）超过100万元以上的科技成果转化项目，按实际支付的技术合同交易金额，或相关股权进行折算的金额，给予成果供给方和受让方一定比例的经费补助。具体标准为：对成果来源于我市高等院校、科研机构自主研发，在宁波市内转化的项目，给予成果供给方5%、成果受让方10%的经费补助，两方补助最高额度分别不超过200万元和400万元；对成果来源于我市高等院校、科研机构自主研发，在宁波市外浙江省内转化的项目，给予成果供给方不超过1.5%的经费补助，最高额度不超过60万元；对成果来源于宁波市外高等院校、科研机构开发的，在宁波市内转化的项目，给予成果受让方不超过5%的经费补助，最高额度不超过200万元。为鼓励发展技术市场，对通过竞价（拍卖）方式在我市成功实现转化的科技成果，在享受以上政策的同时，再给予成果受让方5%的激励补助，最高额度不超过100万元。对技术交易额在100万元以下的科技成果，按《宁波市网上技术市场产学研合作项目管理暂行办法》予以支持。市财政在2014年先期安排1亿元转化资金的基础上，以后根据当年科技成果实际交易额增长幅度，同步增加转化资金规模。

（九）推动重大科技成果催生新兴产业。按照“一项成果引领一个产业”的发展思路，建立健全转化资金优先支持战略性新兴产业领域重大科技成果转化的扶持机制。对符合我市战略性新兴产业发展方向，拥有自主知识产权、技术交易额度高、产业化开发投入大，且对上下游企业带动作用强，能够迅速提升产业竞争力和形成新兴产业的重大科技成果转化项目，转化资金实行“一事一议”的支持方式。各县（市）区对在本地区实施的重大科技成果转化项目应当根据地方财力情况予以经费配套。

（十）构建科技资源向成果转化集聚的科技计划体系。改进和优化财政科技资源配置机制，进一步强化科技计划项目的产业化目标任务导向，将科技成果转化和产业化绩效作为科技计划项目立项和验收的主要依据之一。市财政科技资金用于产业技术创新的部分，每年安排不低于70%的比例支持企业实施重大科技成果转化和产业化项目，主要用于科技成果的中试与产业化技术开发投入。

（十一）加大对科技成果转化项目的奖励力度。改进和完善科技奖励制度，强化科技奖励政策的产业化目标导向，建立以创新质量和实际贡献为主要标准的科技奖励评审和激励机制，提高科技奖励评审中产业化绩效权重系数和成果转化类项目的奖励比例，优先奖励已在我市成功实现成果转化和产业化，并取得明显经济社会效益的重大科技成果转化项目。

本意见自公布之日起30天后施行。

宁波市人民政府

2014年5月12日

宁波市人民政府办公厅
关于引进人才及家属落户实施意见

（甬政办发〔2014〕117号）

为进一步发挥户籍政策服务经济建设的作用，改善我市人口结构，吸引人才向城镇集聚，推进人才强市建设，根据党的十八届三中全会精神，结合我市实际，现就引进人才及家属落户制定实施意见如下：

一、按照梯度配给的原则，对引进不同层次的人才及随迁家属，分别给予相应配套的优惠政策。

二、根据《宁波市引进重点高层次人才配偶就业子女入学暂行办法》（甬政发〔2012〕84号）所划分的标准，对引进的持有《重点高层次人才优惠证》的高层次人才，若在宁波无合法固定住所的，按照自愿原则，可挂靠市人力社保部门人才服务机构集体户口开设“高层次人才专户A类家庭户”，允许其配偶、未成年子女、成年未婚子女和符合投靠条件的双方父母迁入，并统一发放家庭户的户口本（享受家庭户待遇）。该人才在原单位集体户的，在办理家属落户的同时，本人一并迁入高层次人才专户。

三、对引进的高级专业技术人员、博士、高级技师，在甬服务三年以上的硕士、中级专业技术人员、技师，及有一定贡献的紧缺人才，若在宁波无合法固定住所的，按照自愿原则，可统一挂靠工作地人力社保部门人才服务机构集体户口开设

“高层次人才专户B类家庭户”，允许其配偶、未成年子女、成年未婚子女迁入，并统一发放家庭户的户口本（享受家庭户待遇）。该人才在原单位集体户的，在办理家属落户的同时，本人一并迁入高层次人才专户。

四、对引进的具有全日制本科以上学历人员及高级技工，若在宁波无合法固定住所的，按照自愿原则，允许新生儿随其本人在集体户内申报出生登记。

各县（市）区、宁波杭州湾新区、宁波保税区、宁波国家高新区、大榭开发区、东钱湖旅游度假区可结合本地实际，对人才层次划分及政策配套作适当调整。

本实施意见自2014年7月5日起施行，由市公安局商市委组织部（市委人才办）、市人力社保局负责解释。

宁波市人民政府办公厅

2014年6月4日

中共义乌市委办公室 义乌市人民政府办公室关于进一步落实人才子女入学工作的实施意见（试行）

（市委办〔2014〕42号）

为更好地改善投资环境，优化人才结构，推动我市加快转型发展，为在我市创业创新的各类人才做好服务，现就进一步落实人才子女入学工作明确如下意见。

一、适用范围

本意见所指的人才子女入学适用于我市义务教育阶段各公办小学、初中。

二、落实原则

经市人才部门确认，符合本意见所指的人才子女，按照父母工作或居住地相对就近的原则，由市教育局统筹安排入学。

三、保障对象

（一）经市人才部门确认，符合下列条件之一的创业创新人才（Ⅰ类），由市教育局统筹，优先安排其子女入学。

1. 中国科学院院士、中国工程院院士；

2. 国家级重点人才（包括国家“千人计划”专家，国家“万人计划”专家，国家级有突出贡献的中青年专家，国家杰出青年基金获得者，长江学者特聘教授，国家级重点学科、重点实验室、工程技术研究中心学术技术带头人，国家“百千万人才工程”第一、二层次人选等）；

3. 省部级重点人才（包括浙江省“千人计划”专家，享受国务院特殊津贴人员，省特级专家，省部级有突出贡献的中青年专家，省“151人才工程”第一、二层次培养人员，博士生导师等）；

4. 具有博士学位或正高级专业技术职务任职资格人员；

5. 市政府公布的上年度本市20强工业企业副总经理、技术总监及以上的领军人才；市税务、国土部门联合认定的上年度用地5亩以上、纳税总额300万元以上，按亩产税收从高到低排名前50名的工业企业主要负责人；

6. 市税务部门认定的上年度纳税前20名非工业企业的副总经理、技术总监及以上的领军人才（在国资企业或国有控股企业工作的本地户籍人员除外）；

7. 市委、市政府签约的重大招商引资项目负责人；

8. 经市委人才办认定的其他高层次人才。

（二）经市人才部门确认，符合下列条件之一、且人才子女户籍不在本市的创业创新人才（Ⅱ类），按照父母工作或居住地相对就近原则，由市教育局统筹安排其子女入学。

9. 具有硕士学位或副高级专业技术职务任职资格人员；

10. 技师、高级技师等高技能人才；

11. 经市人力社保部门认定引进的转型发展所需的紧缺人才；

12. 市政府公布的上年度20强工业企业中层骨干，市政府公布的上年度50强工业企业、50个成长型工业企业副总经理、技术总监及以上人才，市税务、国土部门联合认定的上年度用地5亩以上、纳税总额300万元以上，按亩产税收从高到低排名前100名的工业企业主要负责人，工业开发办认定近三年已落地的及当年列前10名的高税无地企业负责人；

13. 市税务部门认定的上年度纳税前50名非工业企业的副总经理、技术总监及以上的人才，上年度纳税前100名的非工业企业负责人（在国资企业或国有控股企业工作的本地户籍人员除外）；

14. 市委、市政府签约的重大招商引资项目团队骨干，部门、镇街签约的重大招商引资项目主要负责人；

15. “义乌英才”计划入选项目团队骨干；

16. 经市委人才办认定的其他人才。

（三）其他。

17. 浙江大学医学院附属义乌医院人才、电子商务人才、国际生产资料市场市外引进的市场经营主体，及父母双方已取得本市的《浙江省居住证》的人员，经相关业务主管部门审核、市委人才办审定，按市委、市政府明确的相关扶持政策落实其子女入学。

四、工作要求

相关单位要高度重视人才子女就学工作，积极采取措施为人才提供便利。人才子女入学工作由市人力社保局统一受理并负责审核，经市委人才办审定后，由市教育局与学区生同步统筹落实。人才子女就学具体操作方案由市委人才办、市人力社保局、市教育局另行制定公布。

五、附则

本意见自发文之日起执行，由市委人才办负责解释，之前有关规定与本意见不一致的，以本意见为准。

中共义乌市委办公室

义乌市人民政府办公室

2014年4月3日

中共安徽省委　安徽省人民政府关于实施创新驱动发展战略进一步加快创新型省份建设的意见

（皖发〔2014〕4号）

为深入贯彻落实党的十八大和十八届三中全会精神，实施创新驱动发展战略，进一步加快创新型省份建设，提出如下意见。

一、进一步增强实施创新驱动发展战略的紧迫感

（一）实施创新驱动发展战略是推动安徽经济社会持续健康发展的必由之路

当前，世界经济深度调整，全球竞争日趋激烈，新一轮科技和产业革命蓄势待发，支撑安徽经济社会发展的条件正在发生重大变化，传统增长模式难以为继。唯有实施创新驱动发展战略，建设创新安徽、推动转型发展，才能破解发展瓶颈制约，增强经济社会发展的内生动力和活力，促进经济社会持续健康发展。各级党委、政府务必从战略和全局的高度，充分认识创新驱动是大势所趋、刻不容缓，紧紧抓住和用好新一轮科技革命和产业变革的机遇，坚持把创新驱动贯穿到经济社会发展各方面，走出一条具有安徽特色的创新发展之路。

（二）总体要求和主要目标

总体要求：以转变经济发展方式为主线，以深化科技体制改革为重点，以推动科技成果转化、培育新的经济增长点和增长极为主攻方向，充分发挥市场配置创新资源的决定性作用，更好发挥政府作用，强化产业融合、开放联合、集成整合，着力推进产业转型、培育创新型企业、打造创新型城市、构建区域创新体系、营造良好创新环境，率先建成充满活力、富有效率、更加开放的创新型省份，为打造三个强省、建设创新安徽注入强大动力。

主要目标：力争通过5年的努力，高新技术产业、战略性新兴产业、规模以上工业新产品产值实现翻番。高新技术和创新型（试点）企业达到4000家，其中销售收入超百亿元的企业20家；技术创新能力居行业领先水平的科技“小巨人”企业达到1000家。8个左右设区的市进入创新城市行列；培育10个左右营业总收入超千亿元创新型开发园区，建成20个左右国家和省级高新区。新增国家级研发机构50家；大中型工业企业80%以上建有研发机构，平均研发投入占主营业务收入的比例达到1.6%；全社会研发经费占生产总值的比例达到2.3%；每万人有效发明专利拥有量达到5.1件；每万名就业人员的研发人力投入达到45人年；科技进步对经济增长的贡献率达到60%。培养引进一流创新创业团队50个左右、省主导产业技术创新高层次人才1000名以上；专业技术人才达到350万人，高技能人才达到125万人，农村实用人才达到220万人。

二、进一步加快产业结构优化升级

（三）推动产业融合发展

以提升省主导产业和各市首位产业核心竞争力为重点，促进新兴产业与传统产业融合发展，加快推进新兴产业规模化和传统产业新兴化。围绕产业融合发展，部署创新链，强化原始创新、集成创新、引进消化吸收再创新。对属于省主导产业和各市首位产业的国家重点新产品研发，省、市或县财政分别给予一定比例的补助。

加快培育战略性新兴产业，实施重大科技专项，建立产学研用协同创新机制，推进产品创新、品牌创新、产业组织创新、商业模式创新和管理体制创新，力争打造2—3个整体创新能力强、在全国具有较大影响的特色新兴产业。

实施科技应用示范工程和技术改造升级工程。以数字化、网络化、智能化等为重点，推进信息化和工业化深度融合，提升钢铁、建材、有色、汽车、家电、食品等产业发展水平。以强化研发、设计和商业模式创新为重点，推进制造业与现代服务业深度融合，引导安徽制造向安徽创造转变。以加强数字文化建设、培育新型文化业态为重点，推进文化与科技深度融合，加快发展文化创意、动漫游戏、数字出版、移动多媒体、科普等科技文化产业。

加强农业科技创新。建立以企业为主体的育种创新体系，培育推广高产、优质、抗逆、适应机械化生产的新品种。加强农业科技攻关，深入实施以小麦、水稻、玉米为重点的粮食生产“三大行动”，推进以设施农业和农产品精深加工为重点的新兴产业技术研发。建设以农业物联网和精准装备为重点的农业全程信息化和机械化技术体系。加大农业先进适用技术推广应用和农民技术培训力度。

（四）推进产业开放发展

加快“引进来”步伐，鼓励外商投资战略性新兴产业、高新技术产业和现代服务业。围绕省主导产业和各市首位产业发展需求，加强对外科技合作，建设一批国际技术转移机构和合作基地，着力引进关键核心技术和高层次人才。鼓励支持国内外知名高校、科研院所、企业等在我省设立研发机构。积极参与泛长三角区域发展分工，深化合芜蚌试验区与中关村示范区等战略合作，促进区域经济技术联合协作。

加快“走出去”步伐，重点支持主导产业和各市首位产业的龙头企业到海外建立或兼并企业、研发机构，参与国际产业和研发分工。积极争取国家驻外机构支持，拓展我省对外科技合作渠道，促进全球创新资源与安徽创新需求有效对接，为企业“走出去”创造良好条件。推进科技兴贸，提高技术、高新技术产品和成套装备出口比重。

对我省企业在国（境）外设立、合办或收购研发机构，或省外单位、境外机构在我省设立国家级应用研发机构或分支机构，省、市或县财政分别给予资金补助。

三、进一步提升企业核心竞争力

（五）发挥大中型企业创新骨干作用

围绕省主导产业和各市首位产业，重点支持销售收入2亿元以上的骨干企业建立省级以上重点（工程）实验室、工程（技术）研究中心、企业技术中心等研发机构。对省主导产业和各市首位产业的企业购置关键研发仪器设备，省、市或县依据研发绩效，分别按年度实际支出额的一定比例给予补助。对新认定的国家级研发机构，省、市或县分别给予一次性奖励；对已有的国家级研发机构，在绩效评价中获得优秀的，省、市或县分别给予奖励。

（六）加快培育壮大科技“小巨人”企业

实施科技“小巨人”扶持计划，选择1000家左右技术创新绩效明显、产权明晰、具有一定规模、成长性好的科技型企业，设立政府主导的风险投资公司，对其参股投资，增强企业实力和融资能力，推动建立现代企业制度。

（七）加快培育壮大自主品牌

综合运用政府采购、市场培育、创新奖励、风险补偿等多种方式，推进名牌、商标、技术标准等战略实施。加强名牌产品和商标品牌培育，新增安徽名牌产品600个、驰名商标100件、著名商标1200件。支持企业、高校、科研院所主导或参与国际标准、国家标准制（修）订，新制订国家标准500项。

四、进一步完善区域创新布局

（八）放大合芜蚌试验区龙头效应

加强试验区战略平台建设，着力在人才特区建设、产学研用实体建设、重大原创成果研发、股权和分红激励等重大政策试点等方面取得新突破。试验区高新技术企业数、高层次人才数、新型产学研用实体数、高新技术产业产值、战略性新兴产业产值、研发投入、发明专利授权量等主要创新指标占全省60%左右，整体创新能力居全国领先地位。

（九）推进创新型城市建设

加强合肥国家创新型试点城市建设，支持有条件的市申报建设国家创新型试点城市。支持各市围绕首位产业，依托骨干企业，建立产业技术研究院等新型产学研用实体和中试基地，根据运行绩效，省、市或县分别给予研发经费补助。开展省级创新城市建设试点工作，设区的试点市应培育建设1个以上营业收入达百亿元的高新技术企业或创新型企业、1个以上营业收入达千亿元的园区，培育发展1—2个在全省有影响的特色新兴产业。

（十）加快创新型园区建设

实施开发园区提升计划，有针对性地加大扶持力度，建立以科技创新、节能环保、节约集约用地等为导向的考核激励约束机制，促进科技资源、人才资源和金融资本向开发园区集聚，引导各类开发园区争创创新型园区。加快农业科技（示范）园区建设。支持符合条件的开发园区建设国家级高新区，鼓励国家级高新区健全机制，优化环境，集聚高层次人才，培育高新技术龙头企业，形成若干具有竞争力的创新产业集群，成为实施创新驱动发展战略、加快转型发展的核心区和示范区。

（十一）推动创新和服务平台建设

瞄准科技发展前沿，支持国家大科学工程建设，争取国家在我省布局重大创新平台和科技基础设施。支持中科大先进技术研究院等研发机构加快发展。构建全省科技条件共享共用平台，完善科技资源向全社会开放共享的运行管理机制。采取财政补贴的方式，支持高校、科研院所、检验检测机构、大企业的大型科学仪器设备对社会开放，支持中小企业利用外单位大型科学仪器设备开发新产品、新技术。

五、进一步优化创新创业环境

（十二）深化科技管理体制改革

健全技术创新市场导向机制，发挥市场对技术研发方向、路线选择、要素价格、各类创新要素配置的导向作用，推进科技项目、经费、评价和奖励等管理体制改革，建立主要由市场决定技术创新项目和经费分配、评价成果的机制。鼓励高校、科研院所放宽职务发明成果处置权，依据贡献大小重奖参与研发的科技人员。建立更为灵活的人才管理机制，破除人才流动、使用的体制机制障碍，鼓励科技人员在我省兼职创业、在岗创业。支持中央在皖科研机构加快产业化步伐，推进省属科研机构分类改革和民办科研机构发展壮大。

（十三）创新企业体制机制

在改革中加快推进国有企业升级和科技民营企业成长。鼓励科技型非公有制企业参与国有企业改革，鼓励发展非公有资本控股的科技型混合所有制企业。支持混合所有制企业实行员工持股，形成资本所有者和劳动者利益共同体。加快建立企业主导产业技术研发的体制机制，推动企业成为创新决策、研发投入、科研组织和成果转化应用的主体。健全由市场决定资本、知识、技术、管理等要素报酬的机制。鼓励国有企业将研发机构分离，组建独立核算的法人实体。

（十四）加大创新人才培养引进力度

实施高层次科技人才团队扶持计划，以市或县为主，省、市或县共同支持，每年面向全球公开引进10个左右来我省创办企业的高层次创新创业人才团队，省里按不超过市或县支持额度，对每个落地团队参股支持1000万元。财政投入形成的股权按合同约定，部分或全部奖励给科技人才团队。推进国家“千人计划”等各类引才、引智计划实施，对引进的特殊人才团队，实行一事一议、特事特办。实施创新创业人才培养计划，以国家和省“特支计划”为牵引，造就一批推动主导产业发展高层次人才；支持高校与企业联合培养本科生、研究生，鼓励大学生创新创业，积极发展职业教育，完善企业职工培训制度，培养一批高技能人才。

（十五）强化金融对科技创新的支撑

加快发展风险投资，支持和引导社会资金设立创投机构，在我省开展创业投资业务。支持具备条件的科技型企业开展股份制改造，争取在主板、中小企业板、创业板或到境外上市融资。支持高新技术企业进入全国中小企业股份转让系统。加大科技中介及审计、评估、法律、信用评级等专业服务机构培育力度。拓展省股权托管交易中心功能，引导科技型中小企业在省股权托管交易中心开展股权登记、托管、交易和融资服务。鼓励金融机构创新科技金融产品和服务，加大对科技型企业的信贷支持，推广知识产权和股权质押贷款。加快培育完善科技保险市场。

（十六）提高财政科技投入绩效

省设立创新型省份建设专项资金，市、县设立专项资金，引导支持推动区域科技创新。推进科技经费管理改革，整合优化各级各类财政科技资金，采取合同管理、绩效挂钩、以奖代补、贷款贴息、创业投资、担保等多种扶持方式，发挥财政资金杠杆作用和集聚效应，引导带动企业、社会增加科技投入，形成多元化、多渠道、多层次的科技投入体系。

（十七）推进政策创新和落实

拓展合芜蚌试验区先行先试政策，鼓励各地开展专项特色科技创新试点工作。建立科技、财税等部门定期会商制度，加大创新政策宣传培训力度，开展业务辅导，帮助企业正确归集、分配、汇总和核算研究开发费用，全面落实高新技术企业所得税优惠、企业技术开发费用税前加计扣除等政策。

（十八）大力弘扬创新文化

树立创业优先、创新驱动，科教兴省、人才强省的发展理念，营造勇于探索、敢为人先，崇尚创新、宽容失败以及爱科学、学科学，重视科技、推广应用科技的浓厚社会氛围。大力宣传优秀创新创业典型，最大限度地激发全社会创新创业热情。建立健全科研活动行为准则和规范，加强科研诚信和学术道德建设。强化知识产权运用和保护，依法加大侵权行为惩处力度。倡导科学、文明、健康的生产方式和生活方式，加强科普教育与交流平台建设，推动科普产业发展，完善科普教育培训体系，增强未成年人对科学的兴趣，提高领导干部和公务员科学决策水平和推进科技创新的能力，提升农民、城镇劳动者、社区居民的科学素质，力争到2017年我省公民具备基本科学素质的比例达到5%。

六、进一步强化责任落实

（十九）明确责任主体

坚持党政一把手抓第一生产力，建立健全组织领导机制。建立省抓推进、市县为主、部门服务的责任体系，把创新型省份建设的目标任务分解落实到各市县及相关部门，逐级明确任务和责任，确保按时序进度落实到位。

（二十）强化评价考核

建立市、县创新能力评价制度，定期发布评价报告，并将评价结果纳入政府目标管理考核。

各地各有关部门要根据本《意见》，研究制定具体的实施办法和配套政策。

中共安徽省委
安徽省人民政府
2014年2月23日

安徽省扶持高层次科技人才团队来皖创新创业实施细则（试行）

（皖政办〔2014〕8号）

第一条　为吸引、扶持省外、境外高层次科技人才团队（简称科技团队）来我省创新创业，根据《中共安徽省委 安徽省人民政府关于实施创新驱动发展战略进一步加快创新型省份建设的意见》（皖发〔2014〕4号）精神，制订本细则。

第二条　省、设区的市（简称市，含省直管县）对携带具有自主知识产权的科技成果、高新技术产品，来我省创办公司或与省内企业共同设立公司，开展科技成果转化、高新技术产品产业化活动的省（境）外科技团队，给予支持。

第三条 省科技部门会同省发展改革等部门以及各市政府，根据省主导产业、战略性新兴产业发展和各市招引需求，制定年度科技团队招引方案，报省政府审定。

第四条 省科技部门按照省政府批准的年度科技团队招引方案，面向全球公开招引科技团队，并组织专家从技术、领军人才和商业运营模式等方面对申报的科技团队进行综合评估，排出顺序，列入省科技团队备选库，向各市发布。

第五条 各市主动与省科技团队备选库的科技团队进行对接，商定组建公司方案，签订创业合作协议（市里支持每个科技团队不少于1000万元），项目成功落地后可申请省科技团队来皖创新创业扶持资金（以下简称“省扶持资金”）。

第六条 省科技部门根据各市申报情况，按照进入省科技团队备选库的科技团队排序，提出拟支持的10个左右科技团队建议名单，原则上每个市不超过2个。建议名单经公示后报省政府审定。

第七条 省、市对省政府审定的科技团队，重点进行以下支持：

（一）省创新型省份建设专项资金每年安排1亿元作为省扶持资金，支持10个左右的科技团队来皖创新创业。

（二）对来我省创新创业的科技团队，省对每个团队出资参股1000万元。

（三）科技团队创办的企业5年内在国内主板、中小板、创业板成功上市的，省扶持资金在企业中所占股份全部奖励给团队成员，每延迟1年上市奖励比例减少20%；或达到协议约定的主营业务收入、上缴税收等，按照协议约定给予奖励。

（四）科技团队可以其携带的科技成果、高新技术产品、资金及研发技能、管理经验等人力资本入股，团队在所在企业的股份一般不低于20%。

（五）相关市在土地供给、基础设施配套、前期工作场所和生活场所提供以及科技团队成员配偶就业、子女就学等方面给予支持。

第八条 省政府委托省属企业作为出资人，按照相关法律法规和政策规定，与省政府重点支持的科技团队及其他投资主体共同签订投资协议。

第九条 各市是支持、服务科技团队创新创业的责任主体。省科技部门会同省发展改革、经济和信息化、财政、人力资源社会保障、公安、国土资源、外事等部门，负责协调相关市落实支持科技团队创新创业的有关政策。

第十条 科技团队必须提供真实、有效的申请资助材料，所在市要严格审查把关。对以弄虚作假等方式套取财政资金的，一经核实，追回全额资金，并按规定予以处罚，列入省诚信数据库，5年之内不得申报各类政府补助资金；构成犯罪的，依法追究刑事责任。

第十一条 凡实名举报套取财政资金经查证属实的，由省科技部门奖励举报人。

第十二条 本细则由省科技、财政等部门解释，自公布之日起施行。

安徽省人民政府办公厅

2014年2月23日

中共安徽省委组织部 安徽省人力资源和社会保障厅等七部门关于进一步加强企业人才工作的意见

（皖人社发〔2014〕7号）

为贯彻落实党的十八大、十八届三中全会关于进一步加强人才工作的新部署和省委、省政府关于大力实施人才强省战略、加快创新型省份建设的新要求，推进全省经济转型升级、持续健康较快发展，经省人才工作领导小组研究同意，现就进一步加强企业人才工作提出以下意见。

一、总体要求

1．指导思想。以科学发展观和科学人才观为指导，深入贯彻落实人才强企战略，紧紧围绕企业人才队伍建设，坚持政府引导与企业主导相结合，坚持突出重点与整体推进相结合，坚持创新型人才开发与技能型人才培养相结合，创新企业人才体制机制，优化企业人才发展环境，构筑企业人才集聚高地，依托重大人才工程实施和创新载体建设，扎实开展企业专项人才活动，下大力气培养人才，加大力度引进人才，千方百计用好人才，促进企业发展上水平，为打造三个强省、建设美好安徽提供有力的人才智力支撑。

2．目标任务。到2020年，全省企业人才总量大幅度增长，人才结构进一步优化，培养造就一支规模宏大、结构合理、素质优良的企业人才队伍，企业自主创新能力和经济发展核心竞争力显著提升。企业经营管理人才总量达到113万人，专业技术人才总量达到156万人，技能人才总量达到300万人，其中高级工以上高技能人才达到108万人。企业发明专利授权量达到5000件以上，企业研发人员占全社会从事研发工作人员总量的比重提高到80%。

二、进一步加强企业人才队伍建设

3．加强企业高端人才队伍建设。以扩大领军人才规模为重点，培养造就一支引领企业发展、推进行业进步、取得显著效益的高端人才队伍。围绕主导产业、战略性新兴产业，加大引进产业急需紧缺高端人才力度；突出企业主体，加快实施“千人计划”“外专千人计划”“百人计划”“外专百人计划”、技能人才振兴计划等重大人才工程；深化校企产学研合作，继续加强企业院士工作站、博士后科研工作站、技能大师工作室、留学人员创业园、科技人员创业园等载体建设。重点培育100家高水平的企业科技创新团队，扶持1000名左右引领产业发展的企业技术领军人才。

4. 加强企业经营管理人才队伍建设。以优秀企业家和高级职业经理人为重点，培养造就一支职业化、市场化、专业化、国际化的企业经营管理人才队伍。深入实施国有企业领导班子成员脱产培训计划和民营企业家能力提升工程。依托国内外知名高校、企业和专业培训机构，重点选拔300名国有骨干企业负责人参加脱产培训，组织1000名较大规模非公企业高层管理人才参加境内外专题培训，组织500名小微企业负责人开展EMBA、MBA研修。大力实施高级职业经理人培养计划，鼓励设立职业经理人培训中介机构，完善市场化、社会化的职业经理人资质评价制度，开展企业职业经理人任职资格培训与认证工作。

5. 加强企业专业技术人才队伍建设。以产业发展急需紧缺高层次人才为重点，培养造就一支专业精湛、结构合理、梯次衔接的专业技术人才队伍。推进专业技术知识更新工程、万名企业专业技术骨干培训活动，加大企业学术技术带头人和后备人选选拔力度。探索建立校企合作服务中心，建立企业专技人才导师制。根据企业的人才培养、项目需求情况，面向国内外知名院校和科研院所柔性聘用一批专家，组成专家咨询服务团队，“一对一”确定导师，使专技人才导师制成为推进产学研转化的重要载体。

6. 加强企业技能人才队伍建设。以培养企业技师、高级技师为重点，培养造就一支门类齐全、数量充足、技艺精湛、素质优良的技能人才队伍。深入实施高技能人才培养工程和企业岗位技能提升工程。依托大中型骨干企业（集团）、技师学院、公共实训基地等，建设示范性高技能人才培训基地，规模化培养高技能人才。引导企业结合岗位需求，开展新录用人员岗前培训和岗位技能提升培训，增强职工岗位适应能力。推动企业广泛开展岗位练兵和技术比武活动。探索建立企业新型学徒制度，采取“企校双制，工学一体”模式，通过校企合作、以师带徒方式，对定岗、定向职工或新录用人员开展学徒培训。

三、进一步建立健全人才政策体系

7. 企业高层次人才引进政策。对民营企业引进省外两院院士、“千人计划”“百人计划”“万人计划”人员并签订3年以上工作合同（每年在我省实际工作时间6个月以上）的，分别给予100万元、50万元、20万元、20万元的补助资金。对认定的“安徽省战略性新兴产业技术领军人才”，一次性给予2万元资金资助。鼓励扶持猎头公司等高端人力资源服务业发展，组织大中型企业参加海内外有影响的人才展会。在重点企业设立引才（智力）工作站。依托公共人才服务机构举办公益性、专题性、常态性的招聘活动，为企业引进高层次人才搭建平台。

8. 企业高层次人才培育政策。鼓励各类企业建立院士工作站、博士后科研工作站、技能大师工作室，分别给予20万元、10万元、10万元资助。推动高校博士后科研流动站与企业博士后科研工作站对接，吸引博士后人员直接进入企业开展研发，所选科研项目属于企业发展急需解决的研究课题，可优先立项资助。鼓励支持行业龙头企业自建或与高校、科研机构共建企业技术中心和工程技术研究中心、工程中心等研发平台。力争5年内新增国家级博士后科研工作站、技术中心和研发中心60个以上。重点支持高新技术产业、先进制造业、新能源新材料产业、现代农业的龙头企业引进外国智力、开展出国（境）培训。

9. 企业技能人才培养政策。企业的职工技能培训经费支出，按规定标准税前扣除。企业组织实施新录用人员技能培训的，按培训合格人数，给予企业不低于每人300元的补贴；企业对在岗职工实施技能提升培训的，根据培训后取得职业资格证书情况，按规定给予企业相应补贴；对小微企业聘用毕业年度高校毕业生并组织开展岗前培训的，给予人均500元的培训补贴。支持技工院校和职业院校面向中小企业开展职工培训，根据培训效果对承担培训的院校给予相应补助。鼓励有条件的企业培训中心面向社会开展职业培训。统筹失业保险基金用于企业人员就业技能培训，在一个预算年度内，原则上不超过统筹地区当年实际征收失业保险费用总额的12%。

10. 企业人才评价政策。从事工程技术研发生产且作出突出贡献的企业专业技术人员，符合相应的业绩条件，免于职称外语和计算机应用能力考试，直接申报相应专业技术资格。在野外艰苦岗位以及县城以外（不含县城）基层单位从事工程技术研发生产的企业专业技术人员，不受论文数量限制，可凭相应篇数的具有一定学术水平的技术报告，申报评审相应专业技术资格。支持非公企业优秀经营管理人才参加高级经济师等职称资格的申报评审。将企业高层次人才纳入各级各类优秀人才培养选拔范围，定期调整各级各类专家库，逐年加大企业人才入选比例。企业生产一线技能高超、业绩突出的职工，直接认定为高级工或破格申报技师、高级技师职业资格。

11. 企业人才激励政策。建立健全与工作业绩紧密联系、鼓励创新创造的企业人才激励机制。扩大人力资本作价入股等股权激励范围，健全企业人才产权激励机制。鼓励引导企业对高层次人才、高技能人才实行年薪制、协议工资制和项目工资制等多种分配形式，对高端人才按国际标准支付报酬。对获得省级政府及以上的人才项目奖励，依法免纳个人所得税。注重认可和宣传企业优秀人才的创新成果，积极开展安徽省突出贡献人才奖、“黄山友谊奖”、全省高技能人才评选表彰等人才奖励活动，企业入选人数比例不低于60%。鼓励企业对引进的技师和高级技师，比照高层次人才享受相关政策。

12. 企业人才保障政策。支持成立企业人力资源工作者协会。依托公共服务机构，探索建立中小企业服务中心，宣传人才政策，提供人才服务。支持企业为各类人才建立补充养老、医疗保险，及时便捷地为到企业就业的高校毕业生办理落户、档案托管等人事代理服务。企业人才被国家机关和事业单位录（聘）用，在企业中从业的年限可计算为连续工龄。鼓励地方政府在企业相对集中的各类园区为园区企业统一建设人才廉租公寓。加强知识产权保护，保障人才合法权益，建立企业劳资纠纷协调处置机制，有关部门和机构要积极地为企业人才提供法律援助。凡引进高层次人才的户籍管理、档案管理、住房和子女入学（托）等方面的优惠政策，企业人才同等享受。

13. 引导人才向企业流动政策。有计划地选拔部分机关事业单位人员到企业挂职锻炼。鼓励事业单位专业技术人员按照有关规定领办和创办企业。建立更为灵活的企业人才管理机制，破除人才流动、使用的体制机制障碍，鼓励各类科技人员在我省兼职创业、在岗创业。

14．鼓励人才创业政策。支持市、县级政府依法建立创业扶持专项资金，重点扶持高层次人才创办有发展潜力的创新科技型民营企业。鼓励个体工商户转型升级创办私营有限责任公司、私营股份有限公司。对符合条件的劳动密集型小企业，按规定给予200万元以内的小额担保贷款及财政贴息扶持。加快发展各类创投机构，促进知识产权质押融资、创业贷款等业务的规范发展，完善知识产权、技术等作为资本参股的措施。

四、扎实开展专项人才活动

15．开展企业人才工作服务年活动。从2014年起开展“企业人才工作服务年”活动。每年确定一个服务主题，从市场和企业需求出发，以解决企业实际问题、促进企业良性发展为目标，加大政策支持，讲求工作实效，完善服务平台，促进政府资源向企业倾斜，引导人才资源向企业集聚。

16．实行企业人才开发目录常态化发布。依托金保工程平台，逐步探索建立企业人才信息统计制度。建立全省一体化、实时化、信息化的发布平台，支持主导产业和战略性新兴产业领域重点企业定期发布人力资源信息供需动态目录和紧缺高层次、高技能人才目录，指导大型骨干企业制定人才队伍建设中长期规划。建立企业高端人才信息库，定期编制、发布全省“产业人才结构分布图”和未来3—5年产业人才开发指导目录。

17．实施企业人才培训计划。坚持政府扶持与企业自主培养相结合，依托高校、行业协会和社会专业培训机构，重点面向企业经营管理和研发人员开展培训。组织实施“安徽省千人赴港培训”、非公企业创新人才培训、跨国经营管理人才培训计划、高技能人才培养工程等人才培训项目，为企业“走出去”战略培养一批复合型的高级企业管理人才、科研人才和技术、技能型人才。

18．推进产业人才项目对接。启动“安徽省主导产业才智项目对接会”系列活动。积极推进“校企联盟”行动，以产、学、研、用为纽带，重点开展产业人才培养对接、校企重大项目产业化对接、企业技术难题攻关项目对接、企业与人力资源服务机构对接等活动，为企业发展提供持续的智力支持。

五、加强企业人才工作组织领导

19．加强统筹指导。坚持党管人才原则，发挥市场在人才资源配置中的决定性作用，各职能部门分工协作、密切配合，形成协调有力、齐抓共管的企业人才工作局面。组织部门负责企业人才工作的牵头抓总、统筹规划、督促检查，为实施人才强企战略提供坚强组织保证；人力资源社会保障部门负责企业人才工作的综合协调，在吸引、培养、使用和服务企业人才等方面创新工作机制，加强政策引导；国资委、经信委、工商联等部门负责指导企业发挥人才开发的主体作用，优化人才发展环境，努力培养和造就高素质企业人才队伍；科技部门负责抓好科技领军人才队伍建设，加强人才载体建设，提升企业自主创新能力；财政部门负责统筹各类资金，加大对企业人才队伍建设的投入。

20．加大人才投入。各地要将企业人才工作纳入人才工作目标考核范围。合理安排人才开发项目，确保资金科学投向，为人才强企战略的有效实施提供保障。企业要不断加大对自身人才工作的投入，切实做到人才资源优先开发，人才投入优先保证。

21．强化绩效评估。各地要建立健全人才项目的绩效评估机制，通过科学合理的评价指标体系，检验人才工程实施、人才开发培养以及体制机制创新的效果，充分发挥人才资金效益，促进人才政策落实。

22．加强宣传引导。各地要注重发现和推广先进典型，广泛宣传企业引进、培养和使用人才的成功经验，深入宣传有突出贡献企业人才的先进事迹，大力营造尊重劳动、尊重知识、尊重人才、尊重创造的社会氛围。

中共安徽省委组织部　安徽省人力资源和社会保障厅
安徽省科学技术厅　安徽省经济和信息化委员会
安徽省财政厅　安徽省国有资产监督管理委员会
安徽省工商业联合会
2014年3月17日

福州市人民政府关于推动非上市企业进入场外市场挂牌融资工作若干意见

（榕政综〔2014〕195号）

为贯彻落实《国务院关于全国中小企业股份转让系统有关问题的决定》（国发〔2013〕49号）和《福建省人民政府办公厅关于推进海峡股权交易中心建设的若干意见》（闽政办〔2014〕22号）文件有关精神，有效缓解中小微企业融资难问题，进一步推动非上市企业进入场外市场挂牌融资工作，现提出如下意见：

一、目标任务及适用范围

（一）按照“后备一批、股改一批、挂牌一批、上市一批”培育企业上市梯队，着力优化上市后备企业资源库，通过资本市场做大做强，促进全市经济快速发展。

（二）本意见适用于在福州地区工商注册、税务登记、具有独立法人资格，合法规范经营未发现违法违规行为，最近一个会计年度缴纳企业所得税额100万元（含）以上或被认定为高新技术企业，并在全国中小企业股份转让系统或海峡股权交易中心挂牌交易的企业。

二、扶持奖励政策

（一）实施财政资金奖励。

对进入全国中小企业股份转让系统、海峡股权交易中心挂牌交易的企业，一次性奖励每家企业60万元。

上述财政资金奖励兑现办法为：税收在市、区两级的，由市、区财政各承担50%；福州高新区托管区域范围的企业奖励，由市、福州高新区财政各承担50%，其中福州高新区承担的部分由其管委会兑现，由福州高新区与闽侯县财政按照收益分成按比例共同承担；税收在各县（市）、福州保税港区的，由所在县（市）、福州保税港区财政全额承担。

（二）实施股改优惠政策。

1．企业股改重组涉及土地使用权证、房屋所有权证变更、过户且实际控制人未发生变化的，可依法依规办理变更手续。

2．企业因历史原因未办理土地使用权证、房屋所有权证且权属无争议的，可依法依规补办土地使用权证、房屋所有权证。

3．企业在股改过程中涉及补办土地使用权出让手续的，原土地使用功能不改变，土地出让金（地段差价）按规定的标准收取。

（三）建立“一企一议”制度。

企业启动挂牌融资工作应向所在县（市）区政府、福州保税港区管委会、福州高新区管委会和市金融办报备企业基本情况资料。遇到困难和问题可提出书面申请，所在地县（市）区政府、福州保税港区管委会、福州高新区管委会应及时召开专题会议，采取“一企一议”办法解决企业挂牌过程中遇到的困难和问题。

企业在全国中小企业股份转让系统或海峡股权交易中心成功挂牌交易后，自动列入市重点上市后备企业。

三、其他事项

（一）本《意见》相关扶持奖励政策的兑现，属于企业所在县（市）、福州保税港区应兑现的政策，由企业提出书面申请，报所在县（市）、福州保税港区企业上市工作部门；属于市、区（含福州高新区）两级共同应兑现的政策，由企业提出书面申请，送各区（含福州高新区）企业上市工作部门初审后报市金融办。

（二）企业从海峡股权交易中心转板到全国中小企业股份转让系统挂牌交易的，只享受一次财政资金奖励。在场外市场挂牌交易的企业成功转板到主板、中小板、创业板上市或境外上市的，按《福州市人民政府关于进一步推进企业上市的意见》（榕政综〔2010〕94号）奖励标准执行，但应扣除政策重叠部分奖励资金。

扣除政策重叠部分奖励资金后，剩余部分奖励资金兑现办法为：税收在市、区两级的，剩余部分奖励资金由市、区两财政各承担50%；福州高新区托管区域范围的企业，剩余部分奖励资金由市、福州高新区财政各承担50%，其中福州高新区财政承担的部分，由福州高新区与闽侯县财政按照收益分成按比例共同承担；税收在各县（市）、福州保税港区的，剩余部分奖励资金由市财政承担。

（三）本《意见》自发布之日起施行，有效期五年。《福州市人民政府关于鼓励福州高新区企业进入代办股份转让系统的暂行办法》（榕政综〔2010〕187号）同时废止。

本《意见》施行前，在全国中小企业股份转让系统、海峡股权交易中心已经挂牌交易的企业，参照本《意见》执行。

（四）市金融办、市财政局负责制定实施细则。

福州市人民政府

2014年8月13日

福州市引进高层次优秀人才办法

（榕政综〔2014〕303号）

第一章 总 则

第一条 为深入实施闽都人才集聚工程，构建福州大都市区人才高地，吸引更多海内外高层次优秀人才来榕创业创新，结合我市实际，制定本办法。

第二条 本办法所称引进的高层次优秀人才，是指为促进我市经济社会发展、优化产业结构、推进科技创新、繁荣文化事业，从福州市外经办理有关手续到福州市企事业单位工作的以下人员：

（一）中国科学院院士、中国工程院院士。

（二）国家有突出贡献的中青年专家；“新世纪百千万人才工程”国家级人选；“长江学者”；国家级教学名师；获得国家自然科学奖、国家技术发明奖、国家科学技术进步奖或相当奖项一、二等奖的主要完成人（排名前3位）；国际知名实验室、工程技术研究中心和国家重点实验室、工程技术研究中心的学术、技术带头人；享誉国内外的经济学家、法学家（主要是知识产权法、环境与资源保护法、国际法、国际经济法等学科）、心理学家等知名学者；在国际知名艺术团队、文化机构、大型文化企业担任重要职务，近五年策划、组织、推广过国际性文化项目或具有较大国际影响的文化活动的大师级文化艺术名家；在国际著名高校、科研院所、文化机构担任高级研究职务，从事文物保护、图书馆学、舞台技术等专业研究运用的知名专家。

（三）具有担任世界500强或国内500强企业高级管理人员3年以上经历的人员；享受政府特殊津贴人员；“闽江学者”；省级学科带头人；获省科学技术奖等相当省部级奖项一等奖的主要完成人（排名前2位）；获得中华技能大奖或全国技术能手的高技能人才；培养出奥运会冠军或世锦赛冠军的国家级教练员。

（四）“新世纪百千万人才工程”省级人选；一级演职人员；中小学特级教师；具有博士学位且具有副高以上职称的人员；具有硕士学位且具有正高职称的人员；拥有独立知识产权且其科技成果具有市场潜力，来榕实施成果转化的创新型人才。

（五）市级重大项目、支柱产业、新兴产业发展需要，具有突破关键技术或掌握核心部件制造工艺的专业技术人员，以及其他经济建设和社会发展特别急需的紧缺人才。

第二章 引进措施

第三条 经我市申报，入选国家“千人计划”“万人计划”、省“海纳百川”高端人才聚集计划的引进高层次优秀人才，我市给予配套奖励。

第四条 拓宽引进人才渠道，发挥用人单位主体作用，鼓励用人单位灵活采用调动、聘用、合作等多种方式引进国内外高层次优秀人才。

第五条 鼓励和支持留学归国人员来榕创业。对来榕发展的留学归国人员，经认定，给予5万—30万元的创业启动资金支持；对特别优秀并带项目、带资金、带团队来榕发展的，经认定，给予50万元—200万元的创业启动资金支持。

第六条 鼓励和支持企业设立博士后科研工作站、省级博士后创新实践基地。对建立博士后科研工作站、省级博士后创新实践基地的企业，一次性分别给予30万元、15万元建站（基地）资助；对进站（基地）开展科研的博士后，每年每人分别资助5万元、3万元，发放两年。

第七条 人员编制或专业技术岗位数已满的单位，在引进高层次优秀人才时，经过编制或人事部门统筹，可先引进再逐步调整。具有特殊才能的特别需要的人才，引进时不受学历和职称的限制。

第八条 对引进到高新技术企业工作，年缴纳工薪个人所得税不低于3万元的高层次优秀人才，市财政按其上一年度所缴工薪个人所得税地方留成部分的50%返还，返还期不超过5年。

第九条 引进高层次优秀人才生活津贴按照以下规定发放：

（一）符合第二条第（一）项的，每月发给10000元，发放5年；

（二）符合第二条第（二）项的，每月发给6000元，发放5年；

（三）符合第二条第（三）项的，每月发给3000元，发放5年；

（四）符合第二条第（四）、（五）项的，每月发给800元，发放5年。

事业单位所需经费由市财政列支，其他单位自行发放。

第十条 市政府按照以下规定为引进高层次优秀人才提供人才配套补贴：

（一）符合第二条第（一）项的，补贴200万元；

（二）符合第二条第（二）项的，补贴60万元；

（三）符合第二条第（三）项的，补贴40万元；

（四）符合第二条第（四）项的，补贴30万元；

（五）符合第二条第（五）项的，补贴20万元。

享受人才配套补贴的引进人才，必须与用人单位签订不低于5年的聘用合同，每年在榕工作时间不少于6个月。人才配套补贴分5年发放。人才配套补贴每个家庭只享受一次，夫妻双方均为引进优秀人才的，按一方全额、一方半额标准发放。

第十一条 市政府为引进高层次优秀人才提供人才公寓、租房补贴、购房补贴。

第十二条 引进高层次优秀人才配偶及随迁子女，以组织安置、单位协助和个人联系相结合的方式予以妥善安置：

（一）符合第二条第（一）、（二）、（三）项的，其配偶按照身份或专业对口原则，由市政府职能部门负责安置；

（二）符合第二条第（四）、（五）项的，其配偶按照身份或专业，由各职能部门协助安置；

（三）义务教育阶段及学龄前随迁子女由市教育部门安排优质学校入学入园。随迁子女入学入园的优惠政策只享受一次。

第三章 管理制度

第十三条 引进高层次优秀人才工作，在市委、市政府和市委人才工作领导小组的领导下进行。引进高层次优秀人才的评价认定和管理服务工作，由市公务员局负责。

第十四条 建立引进人才业绩评估制度。市公务员局负责组织专家对引进高层次人才进行综合评估，对业绩达不到聘用要求或违反合同的人员，取消其相应待遇，并由用人单位负责追缴有关款项。

第四章 附 则

第十五条 各县（市）区、市直有关单位可根据本办法，结合实际制定相应的人才引进政策规定。

第十六条 本办法由福州市公务员局负责解释。

第十七条 本规定自发布之日起实施，同时《福州市引进高层次优秀人才暂行办法》（榕政综〔2009〕66号）停止执行。

福州市人民政府
2014年12月3日

三明市“海纳百川”高端人才聚集计划（2015—2019年）等五个人才政策文件

（明委办发〔2014〕26号）

三明市“海纳百川”高端人才聚集计划（2015—2019年）

为贯彻落实《福建省“海纳百川”高端人才聚集计划（2013—2017年）》（闽委办发〔2013〕3号），加快各类人才聚集，推动三明科学发展跨越发展，现制定三明市“海纳百川”高端人才聚集计划。

一、总体目标

坚持人才资源优先开发、人才结构优先调整、人才投资优先保证、人才制度优先创新，切实加大人才工作力度，不断提升三明人才工作新水平。经过5年努力，实现人才资源总量、人才素质、人才竞争力和人才贡献率与我市经济社会发展在全省位次相适应，为推动科学发展跨越发展提供强有力的人才保障。

二、主要任务

1．引进一批高层次人才（团队）。着力引进一批创业创新能力强，学术技术、经营管理水平达到国内先进或省内领先，能引领和带动我市某一领域科技进步、产业升级、文化繁荣、社会发展的高层次人才（团队）。全市每年引进80名以上重点产业发展急需紧缺的高层次人才，力争5年内有20名入选福建省引进高层次创业创新人才“百人计划”。对入选国家“千人计划”的由市财政和受益地财政各承担50%配套奖励200万元，对入选省“百人计划”的由市财政和受益地财政各承担50%配套奖励团队100万元、海外人才80万元、国内人才40万元。

2．支持一批领军人才。有计划、有重点地遴选支持一批在产业发展、自然科学、工程技术和哲学社会科学领域中能够代表全市一流水平、具有领军才能的杰出人才。每年积极推选科技创业领军人才、科技创新领军人才、企业高级经营管理人才、百千万工程领军人才、青年拔尖人才、哲学社会科学领军人才等6类特殊高层次人才申报福建省特殊支持高层次人才“双百计划”，力争5年内有30名以上入选。实施三明人才“特支计划”，每三年评选表彰一批领军人才，市财政对受表彰的科技创业领军人才、科技创新领军人才每人一次性奖励20万元，对受表彰的企业高级经营管理人才、百千万工程领军人才、青年拔尖人才每人一次性奖励15万元，对受表彰的哲学社会科学领军人才每人一次性奖励10万元。对入选国家“特支计划（万人计划）”、省特支人才“双百计划”的自然入选三明人才“特支计划”，入选国家“万人计划”的由市财政和受益地财政各承担50%配套奖励100万元，入选省特支人才“双百计划”的由市财政按三明人才“特支计划”奖励标准进行配套奖励。

3．激励一批优秀人才。每年积极推选文化名家、技能大师、农村实用人才、社会工作专业人才、在明台湾人才等5类优秀人才申报福建省优秀人才“百人计划”，力争5年内有20名以上入选。坚持每三年评选表彰一批市优秀人才制度，主要对象是各行业各领域中长期在一线工作、有突出贡献、有创新成果、同行业有较高声望、能代表全市同行业一流水平的各类人才，每人由市财政奖励5万元。对入选省优秀人才“百人计划”的自然入选三明市优秀人才，每人由市财政配套奖励5万元。

三、重点工程

1．打造海西三明生态工贸人才聚集区。围绕生态工贸区发展需要，服务绿色腹地产业振兴，印发实施《关于实施海西三明生态工贸区“111”人才集聚工程的意见》，力争5年内引进选拔100名高层次创业创新人才（团队），招聘选拔1000名工贸区重点产业发展急需紧缺专门人才，招聘培养10000名企业高技能人才，为生态工贸区发展提供人才支撑，努力把聚集区建设成福建省特色人才聚集区。

2．建设6条特色产业链人才聚集基地。研究制定加快建设林产加工、汽车及机械、冶金及压延、矿产品深加工、纺织、生物医药及生物产业等6条特色产业链人才聚集基地的措施，从中选定2—3个发展前景看好的重点产业给予重点支持。会同有关部门研究制定重点产业高层次人才队伍建设方案，广泛集聚产品研发、生产技术、经营管理等各类高层次人才，建设具有明显产业特色和优势的高端人才聚集基地。宣传推广将乐人才强县经验，鼓励支持县（市、区）加大产业人才聚集基地建设。每三年评选2—3个产业人才聚集基地，每个基地由市财政给予30万元重点支持，力争5年内有2—3个产业人才聚集基地入选“福建省产业人才聚集基地”，对入选者由受益地财政按1:1配套经费给予重点支持。

3．培育10个企事业人才高地。重点培育人才聚集度高、贡献率大，科研成果居全省前列或核心技术产业化市场前景开阔的企事业人才高地。其中，高等院校、科研机构人才高地必须拥有国内领先、省内一流的科研领军人才，组成实力雄厚的科研核心团队，科研成果具有领先性和原创性。企业人才高地必须拥有国内或国际领先的核心技术，核心技术产品年增加值达1亿元以上，成长性和人均利税明显高于省内同行业水平。每三年评选3—5个企事业人才高地，每个高地由市财政给予20万元重点支持，力争5年内有3—5个企事业人才高地入选“福建省企事业人才高地”，对入选者由受益地财政按1:1配套经费给予重点支持。

4. 搭建6大工作平台。坚持高端引领、整体开发方针，完善高端人才工作机制，创建高端人才工作特色品牌，着力打造明台人才合作交流平台、产学研合作平台、人才孵化平台、人才创新创业投融资平台、覆盖国内外的引才网络平台、人才资源市场公共服务平台等6个平台，探索建立人才投资基金，推动人才与资本、科技、项目、企业、产业有机结合，确保高端人才引得进、留得住、用得好，充分发挥支撑和引领作用。

四、保障措施

1. 加强人才工作组织领导。实施本计划要认真贯彻落实中央、省委和市委关于进一步加强党管人才工作的意见，在市委统一领导下，形成组织部门牵头抓总、综合协调，职能部门各司其职、密切配合，用人单位主体作用充分发挥，社会力量广泛参与的合力，积极推进高端人才聚集。建立人才服务“绿色通道”，在市人事人才公共服务中心设立“一站式”服务窗口，具体负责人才政策的宣传、咨询和服务工作。

2. 加大人才资金投入力度。市、县（市、区）要将人才经费纳入同级财政预算予以保障，根据人才计划实施情况，逐步加大人才资金投入力度，以满足我市人才发展需要，确保人才专项经费达到地方公共财政预算收入的1.5%（省级扶贫开发工作重点县1%）以上。

3. 切实开展人才宣传工作。系统宣传科学人才观，广泛宣传人才工作好的做法和成效，集中宣传人才工作先进典型和优秀人才典型，为加快高端人才聚集提供思想保证、精神动力和舆论支持。

五、其他事项

1. 本计划各项奖励、补助资金视同政府奖金，免征个人所得税。在施行过程中，与市委、市政府出台的相关人才政策文件不一致的，只就高享受一种，不重复享受。

2. 本计划印发施行后，中共三明市委办公室、三明市人民政府办公室关于印发《三明市贯彻落实＜福建省引进高层次创业创新人才暂行办法＞等三个文件的实施意见》的通知（明委办〔2010〕97号）同时废止。

三明市推进人才集聚的十条措施（试行）

一、扶持创新创业

1. 对能引领我市某一领域发展或拥有行业领先技术的高层次创新创业人才在我市注册创办企业，由受益地财政根据企业前3年盈利情况及对当地财政的贡献，从企业发展专项经费中给予适当扶持。对掌握自主知识产权且在我市进行产业化生产、有望形成新的经济增长点的创新团队，当地政府给予100万元人民币的专项工作经费。落户到园区的，由园区提供不小于100平方米的工作场所，5年内免租金。

2. 建设科技创新创业孵化器，为科技人员在我市创办企业提供办公场所，3年内免租金，并减免地方审批的相关行政事业性收费。每年遴选10个发展前景好、带动就业能力强的创业项目，受益地财政给予3万元创业启动资金扶持。

3. 对以技术入股或到企业任职的科技人员所申报的科研项目（课题），市科技局给予优先立项，并优先推荐申报国家、省级科技计划。同时，受益地财政按科研立项课题经费的10%—50%给予补助，补助资金主要用于立项课题经费支出。

4. 鼓励和支持在外地（含海外）工作和创业的三明籍各类人才返乡创新创业，对返乡创业工程项目用地优先规划、优先安排、优先审批。

二、加强人才培养

1. 企业一次性招聘大中专毕业生10人及以上，且工作满2年及以上的，受益地财政按每人1000元给予企业一次性补助。

2. 市内高校、职业院校、技校与企业合作开展高技能人才订单式培训30人及以上，且学员在本市企业实现就业3个月及以上的，除省上补助外，由同级财政给予培训机构补助。培训目标为高级工，取证率达到40%以上的，补助1万元；培训目标为技师，取证率达到30%以上的，补助3万元；培训目标为高级技师，取证率达到20%以上的，补助5万元；未达到标准的，按比例相应扣减补助经费。

3. 资助符合条件的各类在职青年高层次人才到国内外知名高校、科研机构、企业及重点实验室开展访学进修、科研合作或技术攻关，对在国内的给予每人每月（不超过6个月）3000元补助，出国的参照因公短期出国培训费用管理办法执行。

4. 支持企事业单位举办专业技术人员高中级研修班，对经市组织、人事部门批准举办的专业技术人员高中级研修班，市财政每期资助5000元。

5. 经省、市认定并在我市企事业单位工作的高层次创业创新人才，对按“一带一”制度实施科研项目，经市委人才办考核有成效的，市财政每年给予5000元科研资助经费；对从事科研工作，参加研发的项目被国家、省、市科技部门立项的，经市委人才办考核有成效的，市财政每年分别给予3万元、2万元和1万元科研资助经费。

三、实施安居工程

1. 符合年度引进人才指导目录并与用人单位签订3年及以上劳动合同的引进人才，或到各类企业工作并签订1年及以上劳动合同的本科毕业生，由当地财政给予一次性2000元的安家补助。

2. 对符合《三明市人才公寓建设与管理办法（试行）》第六条规定的各类高层次人才，按照该文件规定可免租金租住一套人才公寓；对符合《三明市人民政府关于印发三明市区限价商品住房管理暂行规定的通知》（明政文〔2014〕202号）规定的各类人才，按照该文件规定可购买一套限价房。不在三明市区的高层次人才可享受所在县（市）人才住房政策。

3. 对符合《三明市区公共租赁住房建设管理暂行办法》（明政文〔2013〕128号）文件规定的新就业大中专毕业生和技能人员，组合租住公租房，租金由入住人和用人单位各承担50%。不在三明市区的新就业大中专毕业生和技能人员可租住所在县（市）的公共租赁房。

4. 对按规定逐月足额缴存住房公积金的各类人才，在三明市区域内购买首套自住房申请住房公积金贷款时，可享受双职工贷款额度。

四、放宽户籍政策

1. 所有大中专毕业生在三明就业，不受任何限制给予落户。

2. 在民营企业可设立集体户，用工人数达10人及以上，以厂址宿舍楼设立集体户，供企业用工及家属落户。

3. 引进人才没迁户口、没转人事关系的，由当地人事部门和公安部门发给《三明市人才居住证》。

4. 对在我市合法经营、依法纳税，缴纳养老保险或连续劳务就业等达6个月及以上的各类人才，可申请办理本人及家属落户。

五、完善社会保障

1. 鼓励有条件的用人单位在办理养老、失业、医疗、工伤、生育保险的基础上为各类人才购买商业补充保险。

2. 完善机关、事业、企业各方面人才顺畅流动的社会保障衔接制度，对从市直党政机关事业单位流动到企业的人才给予养老保险的一次性补助，其标准为：流动时上年度月平均工资×在机关事业单位工作年限×0.9%×120。

3. 引进人才纯属流动原因而不能正常接转人事关系并需重建档案的，经市组织人事部门确认后，可重新建档，如出现医疗保险、住房公积金无法转入的情况，可以参照同等条件的人员，由用人单位为其补缴，缴费年限可连续计算。

4. 参加本市城镇养老保险的企业中具有副高职称及以上专业技术人员，到达法定退休年龄、符合在本市领取养老金条件，可选择申请延长退休或退休后被企业返聘，可享受在职同类人员同等待遇。

六、提供医疗保健

1. 中国科学院院士、中国工程院院士、中国社会科学院学部委员（荣誉学部委员）等到我市开展技术咨询服务期间可按规定享受省部级医疗保健待遇。

2. 入选国家“千人计划”、省“百人计划”的海外高层次创业创新人才，在明服务期间可享受二级医疗保健待遇，并可为其未就业的配偶、子女缴交城镇居民医疗保险。

3. 在各类企事业单位中年龄满55周岁及以上，且入选省、市“海纳百川”高端人才聚集计划的各类高层次人才或聘任时间满5年及以上的国家有突出贡献的中青年专家、享受政府特殊津贴专家、“百千万人才工程”人选、省、市优秀人才、市管拔尖人才、特级教师的高级专业技术职务人员，可享受干部保健待遇。

4. 服务我市经济社会发展的其他各类人才享受与本市同等条件人员相同医疗保健待遇，所需医疗保健资金通过现行医疗保障制度解决。

七、妥善安置家属

1. 具有博士学位、正高级职称的专业技术人才配偶或子女，具有大专及以上学历的可采取直接面试办法招聘到事业单位。

2. 对我市经济社会发展作出突出贡献的引进人才及其团队核心成员、市各类优秀人才、本科及以上学历且具有中级职称或技师及以上等各类人才子女，就学义务教育阶段由当地教育行政管理部门就近安排到城区公办学校就读，并负责为其办理入学手续；升入高中学习，在同等条件下优先录取；普通高中阶段的子女转学，同类别学校可以互转。

八、创新编制管理

1. 建立派遣人才“专项事业编制”制度，在市、县两级人事人才公共服务中心设立专项事业编制，用于市、县属规模以上企业招聘本科及以上学历、中级及以上职称且年龄一般不超过35周岁的各类紧缺急需人才。市、县人事人才公共服务中心采取直接考核的办法确定拟派遣人选，再采取人才派遣的形式，将其派遣到用人企业工作。派遣人才使用市、县人事人才公共服务中心的专项事业编制，工资、福利参照事业单位同类人员标准，费用由用人企业承担。派遣人才可申请职称评审或参加职称考试，取得专业技术职称的工资标准，按事业单位同类人员职称兑资程序进行。派遣人才在明连续工作3年及以上，可按事业单位性质办理人才流动手续。

2. 完善职业院校、高级技工学校从企业招聘专业教师制度，设置不超过总编制数15%的“特聘教师”岗位，不受人员学历、身份限制，吸收具有丰富实践经验的专业技术人员、高级技师、技师和“能工巧匠”担任专业课、实习指导教师，并按所聘专业技术职务或技术等级岗位由当地财政兑现相应待遇。对符合“高等职业院校、中等职业学校紧缺急需人才补充目录”条件的，采取符合岗位特点要求的测评考核办法招聘入编。

3. 事业单位接收博士或硕士学位的紧缺急需专业技术人员，可不受编制限制，编制满员的事业单位先聘用入编，后核补编制；已有专业技术职务的可由人事部门下达专项指标直接聘任。

九、鼓励招聘引进

1. 企事业单位招聘高级职称、硕士及以上学位的研究生、被列入我市紧缺急需专业的全日制本科毕业生，可采取面试考核的方式直接招聘。我市省级扶贫开发工作重点县按闽委办发〔2013〕19号文件施行。

2．企事业单位引进博士或正高职称专业技术人员，受益地财政按每人2万元标准给予用人单位一次性补贴；企业引进硕士或副高职称专业技术人员的，受益地财政按每人1万元标准给予用人单位一次性补贴。

3．鼓励支持在明高校、医院等人才聚集的事业单位通过自筹资金方式，可以对在职高层次人才发放生活津补贴。对正高职称或重点引进专业技术人员每月给予3000—5000元的生活津补贴；对博士、副高职称专业技术人员每月给予2000—3000元的生活津补贴；对硕士与三明市确定的急需紧缺人才每月给予800—1000元的生活津补贴。

4．市委、市政府成立专家顾问服务团，从明籍港澳台及海外专业成功人士或具有发展潜力人士、异地三明商会威望较高人士中聘请一部分与三明关系密切、有一定合作基础的代表性人物担任顾问，为我市经济社会发展提供决策咨询服务。

5．鼓励用人单位柔性引进国（境）外智力，根据国家、省外专局对我市引进海外智力项目的经费支持情况，受益地财政按1:1的比例配套经费给予支持。

十、享受其他待遇

1．对在本市工作的国家“千人计划”“外专千人计划”“万人计划”人选，国家有突出贡献的中青年专家，享受政府特殊津贴专家，百千万人才工程国家级人选，在职期间可享受当地政府每人每月600元津贴补助；省“海纳百川”高端人才聚集计划人选，市拔尖人才，在职期间可享受当地政府每人每月400元津贴补助；市“海纳百川”高端人才聚集计划人选，具有博士学位人员、硕士学位的留学回国人员，在职期间可享受当地政府每人每月300元津贴补助；特级教师，具有正高级职称的专业技术人员，在职期间可享受当地政府每人每月200元津贴补助。

2．获得市劳模及以上称号的外籍人员、聘请担任荣誉顾问（职务）的明籍港澳台人士及华人华侨可享受引进的高层次创新创业人才同等待遇。

3．评选劳模时，安排适当名额由市委人才办组织推荐国家“千人计划”“万人计划”及省、市“海纳百川”高端人才聚集计划入选的人才。

4．引进人才依法享受国家规定的探亲和休假制度，按规定应休而未休探亲假的，可由用人单位每年报销其一人次家属前往服务地探亲往返的交通费。

5．对在我市工作、见习或实习的各类人才均可享受当地市民公交月票卡待遇。

本措施由市委人才工作领导小组办公室负责解释，自2015年1月1日起施行，中共三明市委办公室、三明市人民政府办公室关于转发《中共三明市委人才工作领导小组关于进一步加强人才工作的若干意见》的通知（明委办〔2009〕85号）同时废止。在施行过程中，与市委、市政府出台的相关人才政策文件不一致的，只就高享受一种，不重复享受。

三明市人才公寓建设和管理办法（试行）

第一章 总 则

第一条 为全面落实人才强市部署，发挥住房在吸引人才方面的重要作用，结合本市实际，制定本办法。

第二条 人才公寓是指高层次人才在我市工作或创业创新期间的政策性租赁周转用房，专门用于解决高层次人才在市区（含梅列区、三元区）工作的短期租赁和过渡周转用房。

第三条 人才公寓按照“政府指导、只租不售、周转使用、契约管理”的原则进行租赁和使用管理。

第二章 规划建设

第四条 市委人才工作领导小组负责对人才公寓规划、建设和使用等工作的统筹协调，根据我市引进人才情况，结合各类人才的住房需求和引进人才的区域分布，每年召集市财政局、住房和城乡建设局、人力资源和社会保障局、经贸委、科技局、国土资源局、城乡规划局等部门，研究制定人才公寓配建、购买方案，并提交市政府审定。经市政府同意后，市住房和城乡建设局牵头负责配建人才公寓；市财政局负责通过购买政府安置房、商品住房等方式筹集人才公寓。

第五条 市财政局下属单位三明市市直行政事业资产管理营运中心（以下简称资产中心）拥有人才公寓的产权，并负责对人才公寓的适当装修，配备必要的生活设施，满足基本的租住要求，资金由市人才工作专项经费列支。

第三章 申请条件及程序

第六条 申请对象本人及其配偶、子女在市区无住房，且申请之日前五年内在市区没有住房交易行为，在我市创办企业（研发机构）、已被我市机关、企事业单位正式录用或长期在我市开展科技咨询服务，同时符合以下条件之一：

（一）中国科学院院士、中国工程院院士；

（二）国家级高层次创新创业人才及其团队核心成员（如“千人计划”人选、“万人计划”人选等），享受政府特殊津贴人员，获得国家级科技奖项目的主要完成人（排名前三位），国家级重点学科、重点实验室、工程技术研究中心、企业技术中心的学术技术带头人；

（三）福建省高层次创新创业人才及其团队核心成员（如“百人计划”人选、“双百计划”人选等），省、市优秀人才，福建省科技奖项目的主要完成人（排名前三位），省级重点学科、重点实验室、工程技术研究中心、企业技术中心的学术技术带头人；

（四）具有全日制博士学位的各类人才，具有正高职称的专业技术人才或具有副高职称且符合我市年度急需紧缺专业人才指导目录的专业技术人才，获得中华技能大奖、全国技术能手、省或市技能大师、首席技师等荣誉称号的高级技师；

（五）工业企业缴纳税收地方留成部分超过100万元的研发团队核心专业技术人才；

（六）经市委人才工作领导小组办公室认定的其他高层次人才。

第七条 市人力资源和社会保障局调查分析人才公寓需求情况，受理人才公寓入住对象的申请、审核等工作。资产中心负责人才公寓的分配工作。

（一）受理。符合入住条件的高层次人才向用人单位提交书面申请和相关材料，由用人单位审核后，统一向市人力资源和社会保障局报送，并提供以下申请材料：

1．三明市人才公寓申请表（详见附件）；

2．申请对象的身份证及学历、学位、专业技术资格证书、技能等级证书、荣誉证书等原件和复印件；

3．劳动（聘用）合同原件和复印件；

4．参加我市基本养老、医疗保险证明和用人单位工资支付凭证原件、复印件；

5．申请人及其配偶在市区住房状况的证明材料；

6．用人单位出具的引进理由、主要业绩贡献、在明工作时间证明（原则上每年至少要在明工作3个月及以上）及有关证明材料（营业执照、法人登记原件等）。

（二）审核。市人力资源和社会保障局在收到申请材料之日起五个工作日内提出审核意见。经审核符合条件的，在三明市主要媒体公示后，报市委人才工作领导小组研究审批；不符合条件的，由市人力资源和社会保障局通知用人单位，并说明理由。

（三）分配。资产中心按照“高端优先、逐步解决”的原则，根据市委人才工作领导小组办公室审批的名单、人才公寓房源情况，综合人才层次、实际贡献、工作时间长短和申请先后顺序等因素，制定分配方案，对第六条中第一、二类人才提供不少于100平方米人才公寓一套，第三至第六类人才提供不少于60平方米人才公寓一套，并报市委人才工作领导小组审批后，向用人单位发放租住通知单。租住人凭租住通知单到资产中心签订入住协议，办理入住手续。

第四章 租住管理

第八条 市住建局下属单位三明市房屋权属登记中心负责人才公寓及其配套设施的管理、维修、养护等工作，费用由市人才工作专项经费列支。房屋维修参照公共租赁住房有关规定执行。

第九条 人才公寓一次签约租住期不超过五年。租住期满如确实需要继续租住的，应在合同期满三个月前，由租住人通过所在单位再次提出申请，经市人力资源和社会保障局审定同意后再行续签。

第十条 人才公寓免租金居住，租住人不享有人才公寓住房收益权、处分权、占有权，不得出借、转租、闲置或从事其他经营活动，并按有关租住协议、物业管理协议，及时缴纳房屋使用过程中发生的水、电、燃气、通讯、有线电视、物业服务等费用。

第十一条 租住期满，资产中心向用人单位发放停止租赁通知单，租住人应自接到停止租住通知后十五日内搬离人才公寓。有下列情况之一者，应停止租住，并由资产中心责令租住人退回：

（一）以弄虚作假或其他不正当手段取得人才公寓租住权的；

（二）转租、转借或改变住房用途的，或无正当理由连续六个月未居住，或在规定期限内不缴纳协议规定费用的；

（三）租住人由单位、个人或其他方法解决了住房的；

（四）调离本市或辞职、辞退、自动离职满一个月后未在本市重新就业的，或在本市变动工作后三个月内未重新办理租住手续的；

（五）扰乱人才公寓管理秩序，影响他人正常生活的；

（六）租赁协议到期，租住人未办理再续租住手续的；

（七）根据租赁协议的约定其他应当停止租住的。

第十二条 资产中心应当经常了解人才公寓使用情况，发现违规行为及时处理，定期向市委人才工作领导小组办公室报备租住人员居住情况。并定期收集有关房屋入住变动情况等信息，及时在市政府网上发布。

第五章 相关责任

第十三条 用人单位与租住人解除或终止劳动（聘用）合同的，应在十五日内将变动情况分别向市人力资源和社会保障局、资产中心书面报告。

第十四条 用人单位及其租住人以欺骗、出具虚假证明材料等不正当手段取得人才公寓租住资格的，由市委人才工作领导小组办公室责令其退回并追究当事人责任，租住人自被责令退回之日起三年内不得再次申请人才公寓，对用人单位给予通报批评，情节严重的追究相关人员的责任。

第十五条 用人单位及其租住人不得擅自对人才公寓房屋进行装修，不得用于从事其他经营活动。违反上述规定的，资产中心应追缴其不当得利，因使用不当造成房屋或附属设施损坏的，用人单位及其租住人应负责维修或赔偿。

第十六条 用人单位及其租住人应自接到停止租住通知后十五日内搬离人才公寓，拒不搬离的，按市场价格补缴租金，半年后再不搬离的，资产中心可依法申请人民法院强制执行。

第十七条 人才公寓管理机构及其他相关部门的工作人员在人才公寓管理工作中滥用职权、玩忽职守、徇私舞弊的，依规依法追究其纪律或法律责任。

第六章 附 则

第十八条 本办法由市委人才工作领导小组办公室负责解释。

第十九条 本办法自2015年1月1日起试行。

附件：三明市人才公寓申请表（略）

关于实施海西三明生态工贸区“111”人才集聚工程的意见

为贯彻落实省政府《海西三明生态工贸区发展规划》，加快推进海西三明生态工贸区（以下简称“生态工贸区”）建设发展，打造全省具有区域特色的人才集聚区，现就实施海西三明生态工贸区“111”人才集聚工程提出以下意见。

一、目标任务

围绕生态工贸区发展规划，用5年左右时间，引进选拔100名（个）高层次创业创新人才（团队）；招聘选拔1000名生态工贸区重点经济增长区域、重点产业、重点项目、重点企业、重点学科等“五个重点”领域发展急需紧缺专业人才；招聘培养10000名企业高技能人才，把生态工贸区建设成为海西最具创新创业活力的人才聚集区之一。

二、主要内容

（一）引进选拔100名（个）高层次创业创新人才（团队）

1．重点引进50名（个）高层次创业创新人才（团队）

（1）重点引进对象：①中国科学院院士、中国工程院院士；国家“千人计划”“外专千人计划”人选；②获得国家最高科学技术奖、国家自然科学奖、国家技术发明奖、国家科学技术进步奖、国际科学技术合作奖、国家自然科学基金杰出青年项目的主要完成人；③海外高层次创业创新人才；④国家有突出贡献专家、承担国家“863”计划、“973”计划或国家级科技支撑计划、国家重点工程建设的项目首席科学家或主要负责人，“长江学者”，国家有突出贡献的中青年专家、“新世纪百千万人才工程”国家级人选，国家级重点学科、重点实验室、工程技术研究中心、企业技术中心的学术技术带头人；⑤享受国务院政府特殊津贴专家、省级重点学科、重点实验室、工程技术研究中心、企业技术中心的学术技术带头人，“新世纪百千万人才工程”省级人选，或在国内外著名高校、科研院所具有博士学位、担任相当于副教授、副研究员及以上职务，学术技术水平达到国际先进、国内领先水平的专家、学者或学科带头人。

（2）政策措施：

①人才津贴。对重点引进①—⑤类人才并与引进单位签订服务协议的，市财政按年度实际在工贸区服务月数分别给予每人每月8000元、6000元、5000元、3000元、1000元津贴补助。

②住房待遇。按照《三明市人才公寓建设与管理办法（试行）》规定可免租金租住一套人才公寓或按照《三明市人民政府关于印发三明市区限价商品住房管理暂行规定的通知》（明政文〔2014〕202号）规定可购买一套限价房。不在三明市区的高层次创业创新人才可享受所在县（市）人才住房政策。

③创业扶持。对带项目、带技术、带资金（自带资金50万元及以上）到工贸区创业创新的领军人才（团队），经专家评审和市委人才工作领导小组认定，受益地财政无偿给予30万—300万元的创业启动资金；优先入住当地科技孵化器，提供不低于100平方米的办公场地，连续3年免租金使用；优先推荐申报国家、省各类科技计划项目。

④促成融资。搭建政府、金融机构、投资机构、企业“四位一体”的融资沟通平台，通过“知识产权换资本”融资模式，优先向企业推荐风险投资机构、专利质押贷款等融资渠道，促成高层次人才创新创业项目快速简便融资。

⑤社会保障。引进人才纯属流动原因而不能正常接转人事关系并需重建档案的，经市组织人事部门确认后，可重新建档。如出现社会保险关系、医疗保险、住房公积金无法转入的情况，可以参照同等条件的人员，由用人单位为其补缴，缴费年限可连续计算。原在外地获得的专业技术资格按相关政策予以确认。

⑥家属待遇。引进人才的配偶来生态工贸区工作，具有大专及以上学历可采取直接面试办法招聘到事业单位。暂时未安排的，用人单位可参照本单位人员平均工资水平，以适当方式为其发放生活补贴。引进人才需要迁移户籍的，由公安和人才管理部门创设户籍安置平台在居住地落户。引进人才子女就学义务教育阶段可按本人意愿，一次性选择当地学校就读，由当地教育行政管理部门负责为其办理入学手续；升入高中学习，在同等条件下优先录取；普通高中阶段的子女转学，同类别学校可以互转。

⑦返乡支持。对我市辞职的专业技术人员或已按自动离职处理的自费出国留学回国人员，具有高级及以上专业技术职务或博士学历的人员，本人自愿返回生态工贸区内工作，经用人单位考核，报政府人事行政主管部门批准，给予办理复职，其复职前后的工作年限可连续计算，在补齐社会保险后，再按规定办理社会保险、医疗保险、住房公积金等接续手续。

2．选拔培养50名（个）“海西三明生态工贸区优秀创业创新人才（团队）”

（1）选拔对象：生态工贸区主导产业、特色产业、传统优势产业、新兴产业、现代服务业、现代农业等领域中的龙头骨干企业（主要指国家高新技术企业，市级及以上创新型企业，设有院士专家工作站、博士后科研工作站、工程研究中心、工程实验室、企业技术研究中心、重点实验室等研发平台的企业），以及高校、科研机构中与产业紧密结合并具有产学研优势的市级及以上技术和产品研发平台的高层次创业创新领军人才（团队）。

（2）培育措施：

①培训资助。经市人事行政部门备案核准，有计划地由用人单位选派一批思想素质较好、专业技术有潜力的年轻人员到国外学习深造，由市财政一次性给予每人10000元资助；由用人单位选派参加国内各类培训并取得相关结业证书或选送优秀青年科技工作者到院士身边访学进修半年及以上的，由市财政一次性给予每人5000元资助（培训费用低于5000元的，据实资助）。经市人事行政部门备案核准，由用人单位推荐选送到国内外高校、科研院所攻读硕士、博士学位，取得毕业证书和学位证书后与用人单位签订3年及以上服务期协议的，市财政按照国内每人5000元、国外每人10000元的标准给予用人单位一次性补助。

②创新激励。引导和鼓励企事业单位重视创业创新人才（团队）培养，加大科技创新的投入，研发的项目纳入国家“863”计划、国家级科技支撑计划、省级科技重大专项和区域科技重大项目计划，受益地财政分别给予50万元、30万元、20万元、10万元的科研经费资助。

③项目扶持。优先推荐生态工贸区优秀创业创新团队（个人）申报国家、省、市科学技术奖，有突出贡献的中青年专家，科技创新领军人才等6类特殊支持高层次人才，劳动模范、特级专家等。

④成果奖励。受益地财政对生态工贸区优秀创业创新团队（个人）获得国家最高科学技术奖、国家科技奖一、二等奖和省科技奖一、二、三等奖的第一完成单位，分别给予500万元、100万元、30万元、20万元、10万元、5万元奖励。

（二）招聘选拔1000名急需紧缺专业人才

1．重点对象：在机械（冶金及压延、机械及汽车）、林产加工、矿产品深加工、纺织、旅游、物流、高新技术产业（生物医药及生物产业、新材料、新能源、节能环保等）、文化创意产业、生态环境保护、农业科技、城乡建设规划等经济建设重点领域和教育、文化、体育、医药卫生等社会发展重点领域，符合市年度急需紧缺专业人才指导目录或海西三明生态工贸区急需紧缺的专业人才。

2．优惠政策：

（1）人才津贴。与用人单位首次签订3年及以上劳动合同的，合同期内受益地财政按实际在工贸区服务月数给予每人每月800元的津贴补助（不再重复享受过去文件规定的人才津贴及安家补助）。3年期满后，继续留在生态工贸区工作的，可按规定享受在职同类人员的人才工作津贴补助。

（2）住房待遇。对符合《三明市人才公寓建设与管理办法（试行）》第六条规定的急需紧缺专业人才，按照该文件规定可免租金租住一套人才公寓；其他急需紧缺专业人才可租住公共租赁房，租金由入住人承担30%、用人单位承担70%。对符合《三明市人民政府关于印发三明市区限价商品住房管理暂行规定的通知》（明政文〔2014〕202号）规定的急需紧缺专业人才，按照文件规定可购买一套限价房。不在三明市区的急需紧缺专业人才可享受所在县（市）人才住房政策。

各经济开发区、工业（产业）园区管委会建设的公共租赁住房和人才公寓，租赁给外地来生态工贸区工作的急需紧缺专业人才居住，5年内免租金，或提供相应租房补贴。

（3）优先聘用。对聘用到事业单位的可按相关政策，直接采取面试和考核相结合的方法办理聘用手续，对编制满员单位给予先聘用入编，后核补编制。

（4）家属待遇。引进急需紧缺专业人才的配偶来生态工贸区工作的，由用人单位和地方政府有关部门本着专业对口或相近的原则协调安排；暂时未安排的，用人单位可参照本单位人员平均工资水平，以适当方式为其发放生活补贴。引进人才需要迁移户籍的，由公安和人才管理部门创设户籍安置平台在居住地落户。引进急需紧缺专业人才子女就学义务教育阶段由当地教育行政管理部门就近安排到城区公办学校就读，并负责为其办理入学手续；升入高中学习，在同等条件下优先录取；普通高中阶段的子女转学，同类别学校可以互转。

3．干部选派：充分利用省上支持生态工贸区培养引进人才政策，积极争取选派科技服务团到生态工贸区服务。同时，根据生态工贸区人才需求情况，每两年从市直机关事业单位、科研院所选派一批优秀干部或专业技术人才到工贸区开展对口挂职帮扶，在帮扶期间工作与原单位脱钩，具体由派出单位和市委组织部共同管理。选派干部在帮扶期间享受派出单位工作人员同样的工资福利待遇。帮扶工作结束后，由派出单位和生态工贸区共同作出书面鉴定，报市委组织部备案，存入干部个人档案。

（三）招聘培养10000名企业高技能人才

1．重点对象：在机械（冶金及压延、机械及汽车）、节能环保、林产加工、矿产品深加工、纺织、旅游、物流、高新技术产业（生物医药及生物产业、新能源、新材料）等经济发展重点领域的各类技能人才。

2．政策措施：

（1）培养措施。鼓励职业（技工）院校通过调整专业设置、与企业联合培养、扩大招收高中毕业生等方式，大力培养急需的高技能人才；支持在六条特色产业链的重点企业中，通过集中培训、技能竞赛、岗位锻炼等方式，选拔产业发展急需的技师和高级技师；鼓励行业技能领军人物和有绝技绝活的高技能人才建立“技能大师工作室”，通过名师带徒的方式培养高技能人才。

（2）培养补助。对生态工贸区内的企业职工参加技能培训并获得相应职业资格证书，受益地财政按技师、高级技师分别给予企业1500元/人、2000元/人一次性补助。

（3）住房待遇。对符合《三明市人才公寓建设与管理办法（试行）》第六条规定的高技能人才，按照该文件规定可免租金租住一套人才公寓；其他高技能人才可租住公共租赁房，租金由入住人承担30%、用人单位承担70%。对符合《三明市人民政府关于印发三明市区限价商品住房管理暂行规定的通知》（明政文〔2014〕202号）规定的高技能人才，按照文件规定可购买一套限价房。不在三明市区的高技能人才可享受所在县（市）人才住房政策。

各经济开发区、工业（产业）园区管委会建设的公共租赁住房和人才公寓，租赁给外地来生态工贸区工作的高技能人才居住，5年内免租金，或提供相应租房补贴。

（4）申报资助。对申报并获得中华技能大奖或全国技术能手等高技能人才称号的企业、全国职业院校技能竞赛一等奖获得者的院校，市财政给予申报单位5万元的一次性奖励。

三、组织保障

（一）成立领导机构。成立海西三明生态工贸区“111”人才集聚工程领导小组，组长由市委组织部分管人才工作的副部长担任，副组长由海西三明生态工贸区管委会分管人事工作的副主任担任。领导小组下设办公室，办公室设在海西三明生态工贸区管委会。

（二）明确责任分工。市委组织部主要负责“111”人才集聚工程实施的整体统筹和综合协调工作。海西三明生态工贸区管委会负责制定实施意见的工作任务分工方案，具体抓好实施意见的落实工作。市人力资源和社会保障局负责定期征集汇总生态工贸区企事业单位人才需求信息，制定年度急需紧缺专业人才指导目录和年度引才计划，经市委人才工作领导小组审核后发布，负责为引进人才协调办理相关手续和落实政策；负责对高技能人才培养计划的制定和组织实施，向省上申报“技能大师工作室”，审核取得技师、高级技师相关材料。市科技局负责对科技项目申报进行审查并组织专家评审，对生态工贸区优秀创业创新人才负责的科技项目择优资助，优先推荐生态工贸区优秀创业创新人才承担省级及以上科技计划等工作。市财政局负责实施人才集聚工程专项资金的落实、拨付和跟踪监督管理。市发改、税务、工商、经贸等部门、各经济开发区、工业（产业）园区及相关县（市、区）党委政府要各司其职，密切配合。

（三）实行目标考核。把实施人才集聚工程列入生态工贸区有关县（市、区）和市直有关部门年度目标考核内容。各县（市、区）、各部门要高度重视，切实加强人才集聚工程实施工作的统筹组织和协调联动，制定政策措施，完善工作机制，不断优化环境，积极开展引才育才活动，确保人才引进目标的实现。企事业单位应发挥用人主体的作用，充分利用各项政策，创造良好的工作、生活条件，大力引进培养高层次创业创新人才。要加强对各类人才的跟踪考核，市委组织部、市人力资源和社会保障局每年组织专家对入选对象绩效情况进行全面考核评估。对能够按照计划实施，达到管理目标的，继续给予支持；对措施不力、效果不佳、达不到管理目标的，将终止各项政策待遇支持。

四、其它事项

（一）本意见从企业发展专项经费中给予适当扶持的企业或个人，以该企业或个人对当地财政的贡献为限兑付。本意见中各项奖励、扶持资金视同政府奖金，免征个人所得税。

（二）鼓励中央、省属企事业单位和高校科研院所到生态工贸区设立总部、研发机构、培训基地等，对在生态工贸区设立总部、研发机构或培训基地的中央、省属企事业单位引进培养人才，享受本意见规定的同等待遇。

（三）本意见在施行过程中，与市委、市政府出台的相关人才政策文件不一致的，只就高享受一种，不重复享受。

（四）本意见由市委人才工作领导小组办公室负责解释，自2015年1月1日起施行。

三明市鼓励支持企业引进培养和使用人才奖励办法（试行）

第一章 总 则

第一条 为推进人才强市和产业结构优化升级，鼓励企业积极引进、培养和使用人才，增强科技创新能力，提高核心竞争力，特制定本办法。

第二条 本市各类企业作为引进、培养和使用人才的主体，应当树立科学人才观，落实优惠政策，创新激励机制，优化人才环境，确保人才和智力引得进、留得住、用得好，形成人才在企业成长、企业靠人才发展的良好局面。

第三条 凡在本市工商行政管理部门依法登记、具有独立法人资格，纳税关系在本市的企业（含中央、省属在明企业），可以申请享受本办法规定的优惠政策。

第二章 人才智力引进

第四条 企业人才智力引进的重点是：

1．中国科学院院士、中国工程院院士；

2．海外高层次创业创新人才（团队）；

3．获得国家最高科学技术奖、国家自然科学奖、国家技术发明奖、国家科学技术进步奖、国际科学技术合作奖的主要完成人，国家级重点学科、重点实验室、工程技术研究中心、企业技术中心的学术技术带头人；

4．省级有突出贡献的中青年专家、省级重点学科、重点实验室、工程技术研究中心、企业技术中心的学术技术带头人，“新世纪百千万人才工程”省级人选，在大型知名企业或著名高校、科研机构关键岗位从事研发、管理工作的高级专家或高级管理人才，掌握核心技术、拥有自主知识产权或具有高成长性项目的创业人才；

5．获得中华技能大奖或全国技术能手称号的高级技师、享受政府特殊津贴的高技能人才；

6．我市急需紧缺的、能够带来明显经济效益和社会效益的其他优秀人才。

第五条 支持企业引进人才与项目。企业与引进人才首次签订3年及以上工作（聘用）合同且有具体合作项目、工作满1年及以上，且年度新增税收在100万元及以上的，由受益地财政根据企业盈利情况及对当地财政的贡献，从企业发展专项经费中给予适当扶持，年度扶持额度最高不超过50万元。

第六条 鼓励人才带项目、专利成果来我市创业。对人才创办的企业项目投产后，年度新增税收500万元及以上的，由受益地财政给予创业人才一次性奖励50万元。

第七条 鼓励支持企业通过技术研发机构引进高层次人才。

1．省级及以上企业工程技术研究中心（重点实验室）引进3名及以上硕士或副高职称及以上的项目主要承担者，在企业参与技术研发1年及以上且有承担省级及以上科研项目工作，经市科技部门认定、人事部门备案的，由受益地财政给予企业一次性补助10万元。

2．企业院士专家工作站每邀请1名院士进站，经市委人才工作领导小组考核有成效的，由受益地财政按每人每年5万元给予工作站经费资助。

3．企业博士后科研工作站或博士后创新实践基地每招收1名博士或博士后进驻，经市委人才工作领导小组考核有成效的，由受益地财政按每人每年5万元给予工作站经费资助，研究期满后继续留明工作，符合相应条件的，享受引进人才有关待遇。

第八条 为企业引进人才提供良好的工作和生活条件。

1．对与企业首次签订3年及以上劳动（聘用）合同的下列人才，受益地财政从劳动合同生效起始月连续发放3年津贴：符合省引进人才指导目录的，每月发放1000元津贴；具有博士学位或高级职称的，每月发放800元津贴；具有硕士学位或中级职称的，每月发放600元津贴；急需紧缺的普通高校本科毕业生到中小型企业工作的，每月发放300元津贴，并可申报省级毕业生就业见习补助。3年期满后，继续留在企业工作的，可按规定享受在职同类人员的人才工作津贴补助。

2．国家高新技术企业、省级及以上创新型企业、龙头企业、重点企业的创新团队主要成员子女就学，义务教育阶段由当地教育行政管理部门就近安排到城区公办学校就读，并负责为其办理入学手续；升入高中学习，在同等条件下优先录取；普通高中阶段的子女转学，同类别学校可以互转。

3．各级政府每年根据需求提供一定数量的人才公寓、公共租赁住房和限价商品住房，切实解决企业引进人才和新就业大中专毕业生的住房困难问题。

第三章 人才培养使用

第九条 企业人才培养的重点对象：

1．本市经济发展所需要的学术和技术带头人；

2．本市高新技术产业、重点产业、特色产业、新兴产业、现代农业、林业等领域急需的专业技术人才；

3．高层次企业经营管理人才和营销人才；

4．熟悉国际规则的经济、贸易、法律、金融类专业人才；

5．经济发展急需的其他各类人才。

第十条 鼓励企业培养人才。企业出资每培养1名博士生或硕士生，受益地财政按学费50%的比例给予企业一次性补助；对企业职工参加学历教育并取得相应学历的，受益地财政按大专、本科学历分别给予企业1000元/人、1500元/人的一次性补助。对获得国家规定的专业技术职称或职业技术资格的，每晋升1名副高、正高职称，受益地财政分别给予企业5000元、1万元的一次性补助；工业类企业每培养1名技师、高级技师，受益地财政分别给予企业3000元、5000元的一次性补助。

第十一条 激励企业推荐申报各类高层次人才。受益地财政对推荐申报企业给予资金补助，主要用于科技创新、创业启动和改善工作生活条件等。补助标准如下：

1．对推荐并当选“两院”院士的，给予推荐企业200万元的一次性补助；

2．对推荐并入选国家“千人计划”或“万人计划”、省“百人计划”的，分别给予推荐企业100万元、50万元的一次性补助；

3．对推荐并获得国家有突出贡献的中青年专家、全国杰出专业技术人才、享受政府特殊津贴专家（高技能人才）、“新世纪百千万人才工程”国家级人选；国家级重点学科、重点实验室、工程技术研究中心、企业技术中心的学术技术带头人、福建省杰出科技人才称号的，给予推荐企业20万元的一次性补助；

4．对推荐并获得“新世纪百千万人才工程”省级人选、省级重点学科、重点实验室、工程技术研究中心、企业技术中心的学术技术带头人的，给予推荐企业10万元的一次性补助；

5．对选送人员参加省级及以上技能大赛，并获得省级一类大赛前2名，国家级一类大赛前5名的，给予推荐企业5万元的一次性补助。

第十二条 鼓励支持企业通过加大研发创新投入培养人才。

1．企业科技创新平台新增研发仪器设备按照《三明市科技创新奖励资金管理办法》（明政办〔2014〕6号）文件规定给予资助。

2．对涉及我市产业发展的关键核心技术、重大装备的研发项目，或重大引进技术、装备的消化吸收再创新项目，单个项目3年内的研发费用经审计超过300万元及以上的，受益地财政给予20%研发费用、最高500万元的一次性资助。

3．对获得国家各类科技计划，国家工信部电子信息产业发展基金项目，国家、省发改委高技术产业发展计划项目等，并在本地产业化，其所获拨款资金在200万元以内的，受益地财政给予拨款额50%配套资助；其所获拨款资金超过200万元以上的部分，给予拨款额10%配套资助，最高配套资助不超过1000万元。

4．对申报项目获得国家最高荣誉奖的，受益地财政给予500万元奖励；获得国家科技奖一、二等奖的，分别给予100万元、50万元奖励；获得省科技奖一、二、三等奖的第一完成单位，分别给予30万元、10万元、5万元奖励。

第十三条 支持企业通过建立科技创新平台集聚人才。

1．对企业新认定的省级及以上研发机构（如企业重点实验室、工程技术研究中心、技术中心等），市财政按《三明市科技创新奖励资金管理办法》（明政办〔2014〕6号）文件规定给予奖励；

2．对企业建立的省级、市级院士专家工作站，市财政分别给予每个工作站启动经费10万元、5万元；

3．对企业建立的国家级、省级博士后科研工作站或博士后创新实践基地，市财政分别给予每个工作站启动经费10万元、5万元；

4．对企业经批准成立的“技能大师工作室”，市财政给予每个工作室启动经费3万元；

5．对市总工会指导企业成立的“劳模工作室示范点”，市财政给予每个工作室启动经费2万元。

第四章 附 则

第十四条 企业用于人才引进、培养、使用的各项费用，由职工教育经费开支，按有关政策列入经营成本。

第十五条 企业应对申报材料的真实性负责，如发现有骗取、套取财政奖励或补助的，市、县（市、区）委人才工作领导小组有权停止或收回，并永久取消其享受引进、培养和使用人才政府奖励资格，情节严重的，依法追究相关人员的法律责任。

第十六条 企业人才发生下列情况的，企业应及时告知市、县（市、区）委人才工作领导小组办公室，终止财政奖励或补助资金发放。

（一）与企业解除劳动关系的；

（二）与企业失去联系30日及以上的；

（三）有其他违规、违法行为的。

第十七条 市政府设立人才专项经费。每年根据人才发展实际需要，安排一定的人才专项资金，专门用于企业引进、培养和使用人才等方面的表彰奖励。各县（市、区）也应根据各自的实际，突出重点，加大人才开发资金的投入。

第十八条 本办法中各项奖励或补助经费，属市财政受益的企业由市级负担，属市和县（市、区）财政共同受益的企业由市和县（市、区）按受益分成比例承担，属县（市、区）财政受益的企业由同级财政负担。本办法中各项奖励、补助资金视同政府奖金，免征个人所得税。

第十九条 本办法在施行过程中，与市委、市政府出台的相关人才政策文件不一致的，只就高享受一种，不重复享受。

第二十条 本办法由市委人才工作领导小组办公室负责解释，自2015年1月1日起施行。

中共三明市委办公室
三明市人民政府办公室
2014年12月12日

南昌市优势科技创新团队认定管理暂行办法

（洪科创字〔2014〕153号）

第一章 总 则

第一条 为深入贯彻落实《中共江西省委、江西省人民政府关于大力推进科技协同创新的决定》（赣发〔2012〕12号）和《中共南昌市委、南昌市人民政府关于深入推进科技协同创新的实施意见》（洪发〔2013〕7号）精神，加快我市优势科技创新团队（以下简称“创新团队”）建设，规范创新团队管理，更好地发挥人才和科学技术对经济发展方式转变的支撑引领作用，结合我市实际，制定本办法。

第二条 创新团队是南昌市科技人才队伍建设的重要组成部分。创新团队建设管理遵循“自愿申请、择优认定、重点支持、目标考核”原则，按照“公开、公平、公正、科学”程序进行认定。

第三条 创新团队包含知识创新团队和技术创新团队，每个团队建设周期一般为3年，力争到2020年培育100个创新团队。

第四条 创新团队每年组织申报、评审一次，由南昌市科技局会同南昌市财政局负责创新团队认定管理工作，并实施动态监督及考核。

第二章 认定条件

第五条 具有明确的目标和可行的规划。团队建设须以具体项目为载体，具有明确的技术指标创新或切实可行的基础性研究方案，具有可行的项目研发实施和人才培养计划，周期内有明确的阶段性自主知识产权和标志性创新成果目标。

第六条 具备高素质团队领军人才。领军人才政治品质优良，学术造诣深厚，必须是本学科、本领域公认的、成就卓著的专家学者，有能力在全市范围内整合本学科的人才、技术和科研条件资源，形成跨学科、跨部门、跨地域的开放式创新团队，并带领团队不断取得创新突破，推动和引领该学科的发展。鼓励国内外高端创新型人才参与进来。

第七条 具备合理的结构和较好科研合作基础。团队为具有一定规模的创新群体，有较强的互补性，团队成员具有合理的专业结构、年龄结构、梯队结构；团队成员不少于10人，其中知识创新团队应有不少于2/3的副高级以上职称或硕士以上学位的核心成员，技术创新团队应有不少于1/2的副高级以上职称或硕士以上学位的核心成员；领军人才年龄一般不超过55岁，团队成员平均年龄不超过45岁。

第八条 具备较好的技术创新基础和条件。创新团队以国家、省、市级重点学科、重点实验室、工程技术研究中心等创新平台为依托，具有完成技术创新任务所必备的人才和技术装备基础，具备良好的工作氛围和环境条件；归口部门、依托单位有扶持团队建设的环境和措施；依托单位在经费和政策配套等方面有承诺；合作单位责、权、利明确。

第九条 具有较强的自主创新能力。依托单位拥有自主知识产权的核心技术，能持续产生创新成果特别是重大科研成果，在本行业中处于国内或省市领先水平，有较为著名的自主品牌，并具有较好的市场竞争力，能产生重大经济和社会效益。

第十条 创新团队依托单位应能为创新团队提供良好的工作氛围和环境条件，具备完成创新任务所必需的技术装备基础，前期已投入创新团队用于项目（课题）研发、人才培养、购置研发和检测设备等团队建设经费20万元以上。

第三章 申报流程

第十一条 创新团队实行依托单位申报制。依托单位如实填写《南昌市优势科技创新团队推荐书》会同相关要求提供材料一起上报。所提供材料必须真实完整。

第十二条 创新团队申报实行网上申报和书面申报相结合。创新团队依托单位通过南昌市科技局网（www.ncinfo.gov.cn）或者南昌市科技服务平台（www.oa.ncppc.cn）登录“南昌市科技计划项目申报管理系统”提交相关材料，通过网上审核后报送与电子材料吻合的书面材料。

第十三条 市科技局相关部门负责对创新团队申报材料进行审核，汇总合格材料后会同市财政局组织专家进行评审，依据评审结果由高到低确定创新团队初步名单。

第十四条 市科技局与认定的创新团队签订《南昌市优势科技创新团队建设计划任务合同书》，作为支持、管理、考核的依据。

第十五条 对认定的创新团队，市级科技发展专项经费一次性安排10万元的建设经费，依托单位按不低于2:1的比例安排创新团队建设专项经费。

第四章 监督管理

第十六条 创新团队的日常管理由所在依托单位负责，依托单位应为创新团队提供良好的工作氛围和环境条件。

第十七条 市科技局依据《南昌市优势科技创新团队建设计划任务合同书》对创新团队进行监督管理，监督管理范围包括科研基础与条件运行情况、配套资金使用情况、阶段工作完成情况等。创新团队及依托单位如因具体原因需要变更《南昌市优势科技创新团队建设计划任务合同书》中约定的相关条款的，必须及时以书面形式通知市科技局、市财政局，通知中需明确列出更改明细及具体原因。

第十八条 市科技局会同市财政局组织专家对创新团队进行定期、不定期的考核评估，主要考核《创新团队建设任务书》年度目标和建设期目标的实施和完成情况。对考核不合格的，取消市科技创新团队称号，并向社会公告。

第十九条 对于创新团队建设过程中弄虚作假，截留、挪用、挤占专项经费等违反财经纪律的行为，市科技、财政部门将取消有关单位和个人今后三年内申请科技项目的资格。

第五章 附 则

第二十条 本办法由市科技局、财政局负责解释。

第二十一条 本办法自发布之日起执行。

南昌市科学技术局
南昌市财政局
2014年10月31日

南昌市“专精特新”中小企业认定办法（试行）

（洪工信发〔2014〕291号）

为贯彻落实国家工信部《关于促进中小企业“专精特新”发展的指导意见》（工信部企业〔2013〕264号）和省中小企业局《关于印发〈江西省“专精特新”中小企业认定办法（试行）〉的通知》（赣中小企发〔2013〕7号）要求，结合我市实际，在全市范围开展“专精特新”中小企业认定，引导中小企业走专业化、精细化、特色化、新颖化发展之路，促进中小企业结构调整和转型升级，助力全市打造核心增长极，特制定本办法。

第一条 本办法所指的"专精特新"中小企业是指具有"发展战略专一化、管理及生产精细化、产品或服务特色化、技术或经营模式创新化"等鲜明特征，能够在产品、技术、业态和经营方式上代表细分行业发展方向，科技含量和管理水平较高，成长性好，发展潜力大的中小企业。

第二条 南昌市"专精特新"中小企业由市工信委组织认定。

第三条 南昌市"专精特新"中小企业认定原则上每年组织申报一次，具体时间按照当年申报工作通知要求进行。

第四条 南昌市"专精特新"中小企业采取逐级推荐申报方式。推荐申报按照属地原则，由企业自愿提出申请，按要求提交申报材料，县区中小企业主管部门负责受理、汇总和初审，行文推荐报市工信委。

第五条 对各县区推荐的企业，由市工信委组织实地考察、专家评审，提出审核意见，确定入围名单对外公示，公示无异议的发文认定并颁发证书和授牌。认定文件和企业名单在市工信委门户网站和有关媒体公告。

第六条 申报南昌市"专精特新"中小企业应符合以下两项共性条件和任一专项条件：

（一）共性条件。

1．规模效益。市内注册登记，具有独立法人资格，符合《中小企业划型标准规定》（工信部联企业〔2011〕300号）的中小企业。年营业收入1000万元以上，近两年连续盈利，营业收入与税收保持两位数增长（政策规定免税企业除外）。

2．管理水平。企业家具有战略眼光和开放思维，能紧跟市场发展步伐，注重运用现代管理手段和企业文化建设；企业通过质量管理体系认证，基础和现场管理科学规范，银行信用、纳税信用和社会信用良好。

（二）专项条件。

1．企业发展战略专一，协作配套能力强，在某一产品细分市场处于领先地位。

2．生产、管理或服务精细，四率（全员劳动生产率、人均创利率、资金利润率、资源能源利用率）水平高，装备水平居同行业领先，产品质量精良，品牌知名度高。

3．工艺、技术、配方或资源独特，产品有特色。

4．技术、管理或商业模式新，在技术创新上舍得投入，企业拥有自主知识产权，至少拥有1项发明专利、软件著作权或通过市级科技成果鉴定的专有技术，或建有企业研发中心，研发和应用成果能力领先同行业。

其中参与国家或行业标准制定的企业、获得中国驰名商标的企业、当地特色产业集群的龙头企业、通过市级以上企业技术中心或工程中心认定的企业或高技术人才创办领办的高新技术企业优先。

第七条 申报企业应提交以下材料：

（一）南昌市"专精特新"中小企业认定申请；

（二）营业执照和组织机构代码证复印件；

（三）企业生产经营基本情况文字材料和近两年财务报表（资产负债表、现金流量表和损益表），上年度纳税凭证复印件或纳税证明；

（四）能够证明符合申报条件的有关证书和证明复印件。如生产许可证、行业资格认证，专利证、软件著作权证、科技成果证明，质量体系认证，驰名商标、著名商标证，省部名牌产品、重点新产品证，高新技术企业证，政府重点扶持龙头企业文件，创办或领办人技术职称或学历证明等。

（五）对申报材料真实性的声明。

第八条 经认定的南昌市"专精特新"中小企业，市工信委整合相关专项资金和公共服务资源，发挥资金杠杆效应，给予重点扶持。

（一）支持技术改造。通过贴息、资金有偿使用等方式，以项目形式，支持"专精特新"中小企业进行技术改造，提升企业技术装备水平和技术创新能力。

（二）支持多渠道融资。支持"专精特新"中小企业进行抱团融资，提高利率市场化后的价格谈判能力，享受优惠的担保费率以及贷款利率政策；支持"专精特新"中小企业发行债券、票据等直接融资产品，优先推荐进入全国中小企业股份转让系统等多层次资本市场。

（三）支持培育品牌。支持"专精特新"中小企业参加专业展会、发展电子商务，开拓国内外市场；支持"专精特新"中小企业申报国家驰名商标、省著名商标以及名牌产品称号，创立品牌。

（四）支持提升管理水平。支持"专精特新"中小企业开展管理咨询和管理诊断，通过创业大学开展培训辅导，提升管理水平。

（五）支持技术转化应用。支持"专精特新"中小企业积极转化科技成果。

第九条 市工信委对"专精特新"中小企业实行动态管理，每两年复核一次。复核不合格的按有关程序取消认定。"专精特新"中小企业应珍惜荣誉，加强规范化管理，如实提供有关数据，切实发挥示范带动作用，为政府加强运行监测和调度，服务更多中小企业作出贡献。

第十条 本办法自公布之日起实施，并由南昌市工信委负责解释。

南昌市工业和信息化委员会办公室

2014年9月3日

吉安市人民政府
关于加快推进科技创新升级的实施意见

（吉府发〔2014〕2号）

为贯彻落实党的十八届三中全会、省委十三届八次和市委三届七次全会精神，促进全市科技创新加快升级，推动经济发展方式向创新驱动转变，根据省政府办公厅《关于转发省科技厅加快推进科技创新升级的实施方案及任务分工的通知》（赣府厅字〔2013〕148号）文件精神，结合我市具体实际，特制定本意见。

一、总体目标

认真落实全国科技进步考核和省政府对设区市政府科技创新综合指数考核要求，不断提高科技进步综合水平。力争到2015年，全市所有县（市、区）通过全国科技进步考核，全社会研发投入占GDP比重达到1.5%，高新技术产业增加值占工业增加值的比重达到25%以上，科技进步贡献率达55%，科技进步综合水平在全省排位前移2位以上。

二、具体任务

（一）着力优化科技创新环境。各级党委、政府切实把科技工作摆上重要议事日程，每年研究科技工作不少于4次。全市所有县（市、区）政府都设有科技管理部门，没有单设的，机构名称必须有“科技”两字，并在“三定”方案中有具体明确的科技工作职能；所有乡镇（街道）全部设有科技工作专门机构或配置专人负责科技工作。2014年起，市、县两级财政科技拨款占地方财政支出的比例不低于2%。（责任单位：市科技局、市编办、市财政局，列第一位者为牵头单位，下同）

（二）着力完善协同创新体系。力争五年内，培育35个市级创新团队，建设20个市级研发平台，在此基础上争取申报组建5个省级创新团队和2个国家级、20个省级研发平台。（市科技局、市工信委、市发改委、市财政局）

（三）着力提高企业自主创新能力。到2015年，全市企业研发人员投入强度达20人年/每万劳动力，高新技术企业总数达70家以上，组织实施市本级协同创新项目30个，专利申请、授权量在2013年的基础上翻一番，争取年开发省级以上新产品50项。（市科技局、市工信委、市财政局）

三、工作措施

（一）加强创新主体建设，促进科技创新提速升级

1. 培育申报高新技术企业。根据国家重点支持的高新技术领域，建立我市高新技术企业备选数据库，每年从中选择不少于20家企业作为重点培育对象。按照“宽进严管”原则，每季度组织一次高新技术企业申报。大力支持省外高新技术企业在我市投资设立的生产同一高新技术产品的全资子公司，推荐申报备案后核发高新技术企业证书。通过开展业务培训，逐个帮扶指导，落实税收优惠政策，力争新认定高新技术企业年均增长50%以上。（市科技局、市财政局、市国税局、市地税局）

2. 推动高新技术企业上市。对符合上市条件的高新技术企业，积极做好企业上市前的培育、指导和服务工作。对成功上市的高新技术企业，按市政府《关于做大总量、加快集聚，打造千亿产业百亿企业的实施意见》（吉府发〔2011〕2号）文件予以奖励。对已上市高新技术企业研发的核心发明和重大新技术、新产品，由受益财政给予不低于100万元的支持。到2015年，力争全市新增上市高新技术企业1-2家。（市工信委、市政府金融办、市财政局、市国税局、市地税局）

3. 强化高新技术企业服务。根据高技术服务业发展需要，建立针对性的统计监测分析体系，加强电子商务技术的研发和运用，为高技术服务业提供信息、咨询等服务，推动全市高技术服务业加快发展。对符合工商注册登记要求的高技术服务企业，提供便捷的登记服务。鼓励高技术服务企业连锁经营，享受连锁经营优惠政策。（市工商局、市发改委、市统计局、市商务局、市工信委、市国税局、市地税局）

（二）大力实施知识产权战略，促进科技成果转化提速升级

4. 加强专利的创造和运用。鼓励出口创汇企业在境外申请专利和PCT专利；鼓励企业自主创新和其他合法方式取得国内外专利技术；支持创新主体及时将科研成果、核心技术和名优产品等形成自主知识产权，提高对专利申请和授权的资助力度。（市科技局、市工信委、市财政局）

5. 强化知识产权保护。以推进知识产权管理执法、公共信息服务、中介代理和交易转化四大体系建设为重点，加强知识产权工作，依法保护专利、商标、版权等知识产权权利人的合法权益。加大对违反知识产权的打击力度，切实保护知识产权所有者的合法权益。（市科技局、市工商局、市文广新局、市财政局、市工信委）

6. 加大知识产权扶持奖励力度。对以我市自主知识产权专利技术为主而产生的国际标准、国家标准、行业标准和地方标准，给予项目立项、资金等方面的支持；鼓励企业申报成立国家级专业标准化技术委员会、分技术委员会和省级专业标准化技术委员会，加快专利技术、核心关键技术转化为国际标准、国家标准、行业标准、地方标准的步伐，对申报成立了以上三种专业技术委员会的企业，由受益财政分别给予10万元、6万元、5万元的奖补；对制定国际标准、国家标准、行业标准和地方标准的企业，由受益财政分别给予20万元、15万元、10万元、5万元的奖补；对我市获得中国专利金奖、优秀奖的专利技术和全国版权保护示范基地、示范单位予以重点扶持和奖励。所需经费在科技协同创新计划专项资金中统筹安排。（市财政局、市科技局、市质监局、市文广新局、市工信委）

（三）加大科技投入力度，促进科技投融资体系提速升级

7. 进一步加大财政科技经费投入。建立科技经费投入的稳定增长机制，把科技经费纳入政府预算管理，保障财政用于科技经费的增长幅度高于本级经常性财政收入增长幅度。从2014年起，设立市科技协同创新计划专项资金，主要用于支持我市电子信息、绿色食品、生物医药、先进装备制造等战略性新兴产业和井冈蜜柚等农业富民产业技术协同攻关项目，以及科技国际合作平台、科技协同创新条件平台、科技孵化器等中介服务机构和成果转化基地建设。凡由市本级承担的各项科技奖补资金，由市财政在年初预算安排的科技专项经费中统筹安排。（市财政局、市科技局、市工信委、市农业局）

8. 大幅提高企业研发投入。按照有技术人员、固定场所、研发经费、科研设备、现代管理制度、具体研发方向的要求，引导企业设立研发机构，加大研发投入，提高研发能力。在此基础上，设立企业研发费用专账，并如实在网上填报“工业企业科技项目情况表”和“工业企业科技活动及相关情况表”。确保规模以上工业企业设立研发机构比例大幅度增加，企业研发投入增速高于营业收入增速。全市有R&D活动的规模以上的大中型工业企业占比达到25%以上。（市工信委、市国资委、市统计局、市科技局、市发改委）

9. 积极引导社会机构投入。积极引导银行、信托等金融机构加大对协同创新的支持，鼓励各类担保机构为科技创新提供担保服务。完善和推进科技保险工作，通过保费补贴等政策，有效防范和化解协同创新风险。（市政府金融办、吉安银监局、人行吉安中心支行、市保险协会、市财政局、市科技局、市发改委、市工信委）

（四）加快协同创新平台建设，促进企业创新能力提速升级

10. 加快产业技术联盟建设。每年建设2个以上市级产业技术创新战略联盟，推荐符合条件的申报省级和国家产业技术创新战略联盟，分别给予10万元和20万元的市级科技经费扶持。对协同创新成效显著并进入国家和省级产业技术创新战略联盟的，由受益财政分别给予30万元、20万元的奖励。（市科技局、市财政局、市发改委、市工信委）

11. 加强企业研发中心建设。支持和引导规模以上企业普遍建立企业研发中心。每年新增市级工程技术研究中心（重点实验室）5个左右，并争取4个以上进入省级工程技术研究中心（重点实验室）或企业技术中心。推荐符合条件的升级建设国家级工程技术研究中心（重点实验室）或企业技术中心、博士后科研工作站和院士工作站。凡被认定为省级以上工程技术研究中心（重点实验室）或企业技术中心的，按市委办、市政府办《关于进一步推进科技入园工作的意见》（吉办发〔2012〕9号）予以奖励；凡经批准设立博士后科研工作站或院士工作站的，按市委办、市政府办《关于印发吉安市引进创新创业人才办法的通知》（吉办字〔2012〕245号）予以奖励。（市科技局、市工信委、市人社局、市科协、市财政局）

12. 加强科技孵化器建设。积极鼓励符合条件的申报省级以上科技孵化器（科技创业服务中心），对获批认定的省级科技孵化器（科技创业服务中心），由市科技经费给予5万元的奖励，并由属地财政给予20万元的一次性补助。力争到2015年，每个省级以上工业园区都有一个科技孵化器或科技服务中心。（市工信委、市科技局、市财政局）

13. 加强协同创新体建设。以有研发中心的龙头企业为重点，支持组建政产学研用协同创新体，每年组织申报不少于2个省级协同创新项目，争取上级对口部门给予重点项目资金支持。统筹推进企业协同创新平台、公共协同创新平台、军民协同创新平台等科技协同创新平台建设，建立政产学研用协同创新机制。（市工信委、市科技局、市国资委、市发改委、市农业局）

（五）加强科技入园工作，促进科技服务园区提速升级

14. 抓好科技园区升级建设。通过争取国家和省级项目，实施科技计划和推进科技入园，提升全市各级工业园区和农业科技园区自主创新能力。充分发挥各类科技园区的引领示范作用，推动符合条件的工业园区和农业科技园区升级为省级和国家科技园区，争取吉安高新技术产业园区升格国家高新区。制定和实施推进园区科技平台和企业创新联盟建设的有关计划，认真执行市委办、市政府办《关于进一步推进科技入园工作的意见》（吉办发〔2012〕9号），促进鼓励和扶持企业科技创新的政策措施落实到位。（市科技局、市工信委、市发改委、市财政局、市农业局）

（六）加强科技重大专项攻关，促进产业转型提速升级。

15. 申报实施一批协同创新重大项目。围绕高新技术产业、战略性新兴产业等重点领域，每年有针对性地设计实施5个协同创新重大项目，力争突破一批核心关键技术。做优做强电子信息高新技术产业化基地，培育微生物农药高新技术产业化基地。着力开发品牌产品，培育高新技术产品。（市科技局、市工信委、市发改委、市财政局）

16. 组织实施一批农业科技项目攻关。积极争取实施国家科技富民强县、星火、农业科技支撑等重大农业科技项目，加强农业领域科技创新。围绕井冈蜜柚、高产油茶等富民产业发展升级，依托高等院校、科研院所，组建产业协同创新中心或研究中心，组织科技攻关，建立一批现代农业产业技术路线图、创新研发平台，以及示范基地。（市科技局、市农业局、市财政局）

17. 组织实施一批社会领域科技项目攻关。在生态环境保护领域方面，实施一批国家或省级可持续发展试验区、节能减排项目，加快水土、空气污染等技术成果的转化应用，保护生态环境。在节约能源方面，加快太阳能利用、节能等技术成果的转化应用，培育发展30家左右创新能力强的节能减排企业。（市科技局、市环保局、市工信委、市农业局、市林业局、市财政局）

18. 组织实施一批民生领域科技项目攻关。在人口健康方面，加大严重影响人民群众身体健康的常见多发性疾病的技术研究力度，建立远程医疗等技术应用平台，加速成果转化应用。积极争取国家支持，提高实施人口健康领域的国家科技惠民项目覆盖面。大力推广健康医药、绿色食品等生产技术，提高产品质量。组织实施防灾减灾、社会管理创新等一批公共安全科技项目，促进民生科技创新升级。（市科技局、市卫生局、市食品药品监督局、市发改委、市工信委、市财政局）

（七）加快人才培养引进，促进创新团队建设提速升级

19. 加强高层次创新人才培育。主动对接国家“千人计划”“万人计划”和省“赣鄱英才555工程”、青年科学家培养计划，围绕我市优势主导产业发展，大力实施“学科带头人计划”“杰出人才培养计划”，以及高技能人才、农村实用人才培

养计划，重点扶持企业创新创业和领军人才。争取到2015年获准设立博士后科研工作站的企业达到3—4家，获批1—2个院士工作站；五年内培养省主要学科学术和技术带头人5名左右、青年科学家培育对象10人左右。（市委组织部、市人社局、市科协、市财政局）

20．加强高层次创新人才引进。重点引进一批包括吉安籍在内的海内外高层次创新人才和团队。通过院企、校企合作等途径，采取联合实施省级以上科技项目，联合组建研发平台、产业技术创新战略联盟等方式，五年内引进院士3人左右。（市委组织部、市人社局、市科协、市财政局）

21.加强优势创新团队建设。认真落实吉安市“十二五”科技发展专项规划，优先考虑产业布局、支持吉泰走廊建设需要，按照由点及面、全面覆盖的原则，在一些行业骨干企业组建一批市级以上优势创新团队，并从市本级科技经费中安排3万—5万元予以扶持。力争每年组建市级优势创新团队5个，推荐申报省级优势创新团队1—2个。（市科技局、市委组织部、市财政局）

22．创新高层次人才使用和管理机制。坚持“不求所有，但求所用”的人才观，进一步创新人才柔性流动机制，以用人单位为主体，充分发挥市场在人才配置中的决定性作用，建立有利于各类优秀人才脱颖而出、人尽其才的人才管理制度和收入分配制度。认真落实市委、市政府《关于深化人才制度改革进一步激励创新创业的意见》（吉发〔2013〕18号）等相关文件规定，真正做到感情留人、待遇留人、事业留人，让高层次人才在吉安充分施展才华。（市委组织部、市人社局、市工信委、市财政局）

吉安市人民政府

2014年1月28日

山东省人民政府办公厅转发省科技厅关于支持高新区科技型小微企业创新发展的若干意见

（鲁政办发〔2014〕11号）

为促进高新区科技型小微企业（以下简称小微企业）创新发展，现提出以下意见：

一、强化对小微企业的社会化服务

1．提供公共服务。以高新区为载体，健全“小微企业综合服务中心”或“小微企业综合服务窗口”，不断完善服务功能，为小微企业提供科技、工商、融资、担保、法律、财税、知识产权、创业辅导、企业管理等方面的政策咨询、行政审批、综合协调等服务，实现资源共享、协同服务。

发挥省科技企业孵化器协会的作用，依托高新区成立小微企业专家顾问团，设立管理咨询、技术创新指导、融资服务和信息服务等专业委员会，为小微企业经营活动提供决策咨询服务。高新区要建立针对小微企业的需求调查制度，全面了解小微企业在技术、市场、融资、知识产权、人员培训等方面的需求，积极协调帮助解决。

鼓励高新区创办、引进第三方科技服务机构，通过委托或购买服务的方式，为小微企业提供法律咨询、技术转移、知识产权、科技融资、信用评价等配套服务。

2．提供科技情报服务。依托省科技情报研究院科技文献共享服务系统、科技检索查新系统、科技信息推送服务系统以及科技报告共享系统，免费向小微企业提供国内外科技文献查询、查新检索、科技情报咨询、科技报告阅读、科技信息定制推送等服务，帮助小微企业确立技术发展方向，规避技术创新风险。

3．提供技术成果转移服务。加快省技术产权交易市场建设，以网上技术交易平台为依托，搭建省科技成果转化服务平台，构建科技成果供方信息库和小微企业技术需求信息库，健全网上技术市场的技术交易机制。免除小微企业上线宣传费、管理费等相关费用，促进小微企业知识流动和技术转移。建立适应现代农业发展的以物联网和信息服务为支撑的农产品电子商务平台，探索建立农业技术产权交易和托管平台，推进农业科技成果转化。

完善鼓励小微企业技术成果转化和产业化的措施，对通过省科技成果转化服务平台获得技术成果并在高新区产业化的小微企业，省科技计划给予优先支持；对通过消化吸收再创新形成新的自主知识产权并通过科技成果转化服务平台实现技术转让的，由省知识产权专项资金择优另行安排1万元资助。对小微企业的技术开发、技术转让所得，落实好国家确定的给予减免增值税和企业所得税的优惠政策。

4．提供知识产权服务。构建省、市、重点行业三级专利信息网络服务体系，打造区域特色和行业特色专利服务平台，集中为小微企业提供知识产权咨询、知识产权预警分析等服务。在国家高新区设立维权援助中心，为小微企业提供维权援助。向高新区和科技企业孵化器派驻知识产权服务人员，在知识产权信息查询与分析、专利申请、知识产权保护及纠纷处理等方面提供专业服务。在高新区和科技企业孵化器开展专利导航产业发展、知识产权集群管理、重大科技经济项目知识产权评议试点。对小微企业申报获权的首件发明专利，在现有资助的基础上再增加5000元。

积极发展知识产权服务业。鼓励高新区完善知识产权代理服务、评估服务、评议服务、信息服务、技术交易等中介机构，对引进高水平知识产权服务机构进驻园区的，择优给予10万元的奖励。率先启动建设鲁中知识产权服务中心，加快推进国家知识产权局区域专利信息服务（济南）中心建设。

5．鼓励大型科学仪器设备资源向小微企业开放。发挥省大型科学仪器设备资源共享平台作用，鼓励由各级财政资金投资建设的大型科学仪器设备在完成规定公益服务任务前提下，面向小微企业开放使用。对应用省大型科学仪器设备资源共享平台的小微企业所需费用，探索实行发放“创新券”的方式给予优惠支持，省科技厅负责制定具体实施办法，可选择先行试点再逐步推开。

鼓励社会科技条件资源加入大型科学仪器设备资源共享体系，把服务小微企业创新发展作为绩效考核重要指标，纳入对重点实验室、工程实验室、工程（技术）研究中心、企业技术中心的考核。支持社会公益类科研机构为小微企业提供检测、检验、标准化服务，鼓励有条件的大型企业向小微企业开放研究实验条件。省大型科学仪器设备资源共享平台定期发布全省大型仪器设备资源信息和使用情况，对服务小微企业绩效突出的依托单位，按照《山东省人民政府办公厅转发省科技厅等部门山东省大型科学仪器设备资源共享实施意见的通知》（鲁政办发〔2006〕56号）给予奖励或仪器设备升级改造补助。

二、加快小微企业创新孵化

6．加强公共技术创新服务平台建设。实施山东省创新创业专业技术服务平台建设计划，以高新区、科技企业孵化器、高新技术产业基地以及产业集群为依托，按照“开放共享”的原则，专项支持为小微企业提供设计、信息、研发、试验、检测、新技术推广、技术培训等服务的公共技术创新服务平台建设。按照“盘活存量、用好增量”要求，2015年完成全省30个高水平专业公共技术创新服务平台建设布局。

7．完善小微企业孵化创新体系。按照“基金+基地+基业”的发展模式，以满足高新区主导产业发展需要为目的，建设专业科技企业孵化器，并逐步提升市场化运营水平和融资能力，引导相同领域企业、服务机构和创新资源协同创新，促进小微企业集群式发展，培育和壮大高新区主导产业。有针对性地加强培育现有省级科技企业孵化器，争取更多省级科技企业孵化器进入国家级科技企业孵化器行列。省科技厅对新认定的国家级科技企业孵化器给予补助经费支持，同时严格落实科技企业孵化器应享受的各项优惠政策。

完善“苗圃——孵化器——加速器”科技创业孵化链条，针对不同发展阶段的小微企业提供差异化服务。支持科技企业孵化器作为第三方服务平台，与专业化服务机构合作，以在孵企业为中心，不断提升服务水平和质量，帮助在孵企业提高技术研发、企业管理、人力资源、市场开拓等方面的经营管理水平，降低创新风险和创业成本，提高创业成功率。省科技厅每年选择10家绩效突出的科技企业孵化器给予重点扶持。

三、强化对小微企业的融资服务

8．加强对小微企业的金融支持。到2015年，力争每个国家高新区至少建立1家科技支行，1家注册资本1亿元以上的创业投资机构，1家注册资本1亿元以上的科技融资担保机构，大力发展面向小微企业的融资租赁机构，积极发展融资租赁业务。根据需要，由高新区或科技企业孵化器设立种子资金、天使资金，扶持初创期小微企业发展。依托高新区建立省小微企业融资信息库，由省科技厅牵头，联合高新区及相关金融机构、担保机构，按照风险共担原则，为入库小微企业贷款融资开辟绿色审批通道，降低申贷门槛，提高审批效率。加强与金融机构的沟通合作，搞好项目对接，努力降低企业融资成本，力争入库企业贷款利率上浮水平不高于同期基准利率的20%，上浮部分由省科技厅通过科技计划项目经费补助形式酌情予以贴息支持。对入库的初创期小微企业，省科技厅每年择优选定100家企业，通过项目扶持方式予以支持。拓宽小微企业直接融资渠道，鼓励和引导符合条件的小微企业到境内外上市融资或通过“新三板”和区域股权交易市场挂牌融资，支持小微企业发行各类债务融资工具，加快推进区域集优债务融资和中小企业私募债券试点，推动开展科技保险试点。

9．积极发展创业投资和风险投资。各级设立的产业投资基金向初创期的小微企业倾斜，鼓励创业投资引导基金参股支持的创投企业积极支持初创期小微企业创新发展。在现有科技资金中安排专门经费，与有条件的高新区联合，采取天使投资、风险补偿、绩效奖励等方式扶持小微企业创新发展。

省发展改革、财政等部门积极落实省级政府出资，支持符合条件的创投机构申报中央财政参股的新兴产业创投基金，重点投向初创期、早中期的小微企业。创业投资企业采取股权投资方式投资于未上市中小高新技术企业2年（24个月）以上，凡符合规定条件的，可以按照其对中小高新技术企业投资额的70%，在股权持有满2年的当年抵扣该创业投资企业的应纳税所得额；当年不足抵扣的，可以在以后纳税年度结转抵扣。

面向进入成长期小微企业，充分发挥省科技风险投资资金、中央财政参股新兴产业创投基金的引导作用，吸引社会资本对重点培育的科技型“小巨人”企业参股投资。省科技风险投资资金委托专业机构管理，投资3—5年后，通过管理层回购、第三方受让、资本市场上市等方式退出，退出资金滚动使用。

10．完善小微企业融资担保机制。面向进入产业规模扩张的小微企业，以省科技融资担保公司为平台，通过与高新区、金融机构合作，放大担保授信额度，引导金融机构加大对小微企业放贷力度，贷款利率上浮水平不高于同期基准利率的20%。充分运用中央和省支持小微企业信用担保各项政策，解决小微企业融资难问题。

四、强化对小微企业的人才服务

11．加大对小微企业创新人才支持力度。建立科技项目对科技人才成长的持续支持机制，实现创新能力、产业发展与人才培养相互促进。省优秀中青年科学家科研奖励基金有针对性向小微企业创新人才倾斜。对认定为省级服务业创新团队的小微企业，按《山东省人民政府关于加快服务业发展的若干意见》（鲁政发〔2013〕25号）规定给予奖励资助。对小微企业中的优秀专业技术创新人才和优秀创业人才，优先推荐进入国家级和省级创新人才计划。高新区要积极探索与高等院校联合办学的人才培养模式，围绕产业发展需求，实行定向委托培养，为小微企业培养高水平专业人才。支持科技企业孵化器作为高等院校、职业学院的实训基地，建立定向、订单式的专业人才培养机制。

12．鼓励创新人才向小微企业聚集。加强高新区创新产业技术联盟建设，鼓励小微企业加入创新联盟，支持联盟内骨干企业高端人才为小微企业开展技术指导，带动小微企业创新发展。科技企业孵化器要进一步完善“创业导师”制度，聘请有成功创业经验的企业负责人、科技服务机构专业人员担任“创业导师”，帮助企业解决经营管理、企业发展、市场营销等方面的困难和问题。鼓励高等院校、科研院所选派科技人员到企业担任科技特派员，为企业提供技术改造、技术开发、成果转化等服务。对考核优秀、产学研合作成效明显的科技特派员单位，在执行科技计划时予以优先支持。

13．鼓励科技人员创新创业。认真落实《山东省人民政府关于加快科技成果转化提高企业自主创新能力的意见（试行）》（鲁政发〔2012〕45号），在鲁高等院校、科研院所科技人员创办的企业，其知识产权等无形资产可按至少50%、最多70%的比例折算为技术股份。允许和鼓励在鲁高等院校、科研院所和科技推广机构的科技人员（包括担任行政领导职务的科技人员）在完成本单位布置的各项工作任务前提下兼职从事科技创业、科技成果转化活动，其收入归个人所有。鼓励在鲁高等院校允许全日制在校学生休学创业，凡创办科技型企业的学生，可视为其参加学习、实训、实践教育的时间，并按相关规定计入学分。在规定时间内，可重返学校完成学业。对于落实政策成效显著的单位，在科技计划安排等方面给予优先支持。

五、加强对小微企业的政策扶持

14.落实好国家和省支持小微企业发展的优惠政策。小微企业经认定为高新技术企业的，按规定减按15%征收企业所得税。小微企业为开发新技术、新产品、新工艺发生的研究开发费用，未形成无形资产计入当期损益的，在按照规定据实扣除的基础上，符合规定条件的按照研究开发费用的50%加计扣除；形成无形资产的，按照无形资产成本的150%摊销。按照国家税法规定，小微企业1个纳税年度内技术转让所得不超过500万元的部分，免征企业所得税；超过500万元的部分，减半征收企业所得税。小微企业从事环境保护、节能节水项目所得，自项目取得第一笔生产经营收入所属纳税年度起，第一年至第三年免征企业所得税，第四年至第六年减半征收。按照《国务院关于进一步支持小型微型企业健康发展的意见》（国发〔2012〕14号）规定，小微企业与大中型企业组成联合体共同参加政府采购，且占联合体份额达到30%以上的，享受联合体2%—3%价格扣除。对参与政府采购活动的小微企业，可以选择省财政指定的担保机构出具的担保函缴纳投标保证金、履约保证金或者办理融资担保。对参与省级政府采购项目的中小企业供应商，可凭《中标通知书》向试点银行申请授信，试点银行要降低中小企业的贷款准入门槛，并提供贷款利率优惠。自2012年1月1日至2015年12月31日，对年应纳税所得低于6万元（含6万元）的小微企业，其所得减按50%计入应纳税所得额，按20%的税率缴纳企业所得税。自2013年8月1日起，对增值税小规模纳税人中月销售额不超过2万元的企业或非企业性单位，暂免征收增值税；对营业税纳税人中月销售额不超过2万元的企业或非企业性单位，暂免征收营业税。对国家级技术类公共服务示范平台进口科技开发用品给予税收优惠。至2014年10月31日止，免征金融机构与小微企业借款合同印花税。国家级科技企业孵化器、大学科技园享受国家规定的税收优惠政策。

六、优化小微企业发展环境

15．加强政策宣讲和典型宣传。围绕国家和省市出台的鼓励支持小微企业创新发展的政策措施，组织对小微企业宣讲培训，发放科技政策明白纸、一览表。定期组织金融、管理等领域国内高水平专家对科技企业孵化器高层管理人员开展培训，定期组织科技型小微企业管理、技术、财务人员培训班，规范小微企业财务核算。要通过新闻媒体对小微企业典型成长历程和创新创业成就进行全方位系列宣传，在全社会营造尊重创造、鼓励创新、宽容失败的创新创业氛围。

16．建立有利于小微企业发展的跟踪调查和考核评价机制。建立科技调查统计制度，利用大数据等技术手段，重点围绕高新区、高新技术产业、科技服务业、高新技术企业、科技企业孵化器、知识产权、技术交易等科技创新要素的动态发展情况进行统计分析，定期发布发展动态、行业预警分析等信息，为小微企业和政府决策提供参考。把支持小微企业发展成效作为重要指标纳入全省高新区人才工作考核，作为省科技计划项目布局的重要参考依据。

17．健全支持小微企业发展的组织保障。建立省、市科技部门与高新区联动机制，省科技厅负责制定支持小微企业发展的政策措施，加强宏观布局和顶层设计，统筹科技计划对小微企业的支持，组织开展扶持小微企业试点示范。各市研究制定具体落实措施，在项目立项、土地供给、资源配置、优惠政策落实等方面，加大对小微企业的支持力度，实现资源的优势集成和政策的配套联动。科技企业孵化器、生产力促进中心等服务机构要加强政策宣传，发挥桥梁作用，促进信息互通，不断提高服务水平。

山东省人民政府办公厅

2014年2月27日

山东省实施创业孵化基地和创业园区项目管理办法

（鲁人社发〔2014〕15号）

第一章 总 则

第一条 为进一步促进劳动者自主创业，加强创业孵化基地和创业园区（以下简称“孵化基地和创业园区”）项目建设管理工作，加快建立政府激励创业、社会支持创业、劳动者勇于创业的新机制，根据《山东省人民政府办公厅关于促进创业带动就业的意见》（鲁政办发〔2013〕25号），制定本办法。

第二条 孵化基地和创业园区建设，坚持政府推动、社会支持、市场导向、统筹规划、整合资源、合理布局的原则，以科学发展观为指导，以培育创业主体为目标，以促进创业带动就业为主线，以完善创业服务为重点，在全省培育扶持一批特色突出、功能完善、承载能力强，具有一定示范和辐射带动作用的孵化基地和创业园区，为创业者提供良好的创业环境和创业服务。

第三条 本办法适用于省内孵化基地和创业园区的认定和管理。创业孵化基地主要培育初始或初创企业，并为之提供相关创业服务；创业园区主要面向初创企业、成长成熟期创业实体，落实创业扶持政策，开展创业服务。

第四条 省人力资源社会保障厅负责组织实施省级创业孵化示范基地和省级创业示范园区评估认定工作。各级人力资源社会保障部门要把孵化基地和创业园区建设，作为促进创业带动就业工作的重要措施，负责对孵化基地和创业园区建设、创业扶持政策落实、开展创业服务等提供有效指导和跟踪服务。各孵化基地和创业园区要结合实际，进一步丰富创业服务内容，健全各项管理制度和运行机制，提高创业孵化和创业服务能力，促进入驻创业实体健康发展。

第二章 设立条件

第五条 各地要坚持实事求是、因地制宜的原则，组织专家对设立孵化基地和创业园区的必要性、可行性以及设立运行后的社会经济效益进行严格论证，从源头上确保孵化基地和创业园区建设的科学性。

第六条 孵化基地和创业园区设立的基本条件

（一）具有独立的企业或事业法人资格、固定的办公场所、健全的财务制度和具备相应专业知识技能的管理服务人员；

（二）有一定规模的生产经营场地、办公场地和共享的服务空间，有相应的道路、停车、供电、供水、消防、通讯、网络和职工生活等基础配套设施；

（三）有为创业者提供服务的管理服务机构和相关中介服务机构，有条件的引入风险投资公司或设立小额贷款担保分支机构；

（四）有配套的创业服务，能够提供政策咨询、信息服务、项目推介、风险评估、开业指导、融资服务、跟踪扶持等“一条龙”创业服务，并建立网络信息服务平台，开展网上咨询、专题讲座、互动交流，为创业者创业提供各项服务；

（五）有健全的管理制度，建有完善的创业实体评估准入、财务管理、日常管理服务等规章制度，能为入驻创业实体降低门槛，简化手续，提供优质服务，提高创业成功率；

（六）有相应创业就业政策扶持，设有为入驻孵化实体的创业资助、经营场地费用和水电暖费用补贴或减免等项目以及扶持期限；

（七）每年新入驻一定数量创业实体，入驻创业实体数量达到一定规模，每个创业实体能够带动一定数量的人员实现就业，符合当地产业发展方向，产业特色鲜明。

第七条 孵化基地和创业园区的主要功能

（一）提供生产经营场地、基本办公条件和后勤保障服务，指导协助办理开业相关手续；

（二）实施创业项目开发、对接和融资服务，指导协助退出孵化基地的企业做好迁址、工商税务登记变更等服务工作；

（三）免费提供创业能力测试、创业指导、政策咨询和信息服务，协助开展创业培训；

（四）开展法律、会计、审计、评估、专利、金融、企业管理、人才培养、战略设计和市场营销等服务；

（五）指导协助落实税费减免、一次性创业补贴、一次性创业岗位开发补贴、小额担保贷款及贴息、创业培训补贴等扶持政策，加强宣传引导，营造创业文化与氛围；

（六）孵化基地要注重发挥孵化功能，建立创业实体退出机制，商贸、物流、家庭服务企业孵化期不超过2年，工业、高新技术、文化创意等其他类企业孵化期不超过3年。孵化期满后创业实体未退出孵化基地的，不再继续享受孵化基地扶持政策。

第三章 省级创业孵化示范基地和省级创业示范园区的认定

第八条 省级创业孵化示范基地认定标准

除符合孵化基地和创业园区基本条件外，还需具备下列条件：

（一）生产经营厂房面积10000 平方米以上(楼宇型基地面积5000平方米以上)，以文化创意、新兴产业技术研发应用等为主体的科技含量较高、特色鲜明的孵化基地可适当放宽；

（二）入驻创业实体100个以上，创业和稳定吸纳就业（签订一年以上劳动合同，下同）500人以上；

（三）创业实体有较强的成长性，科技含量高，孵化成功率不低于70%，孵化基地入驻率不低于80%，每年新入驻初创企业20户以上（孵化成功企业是指已办理工商营业执照和税务登记证、现仍在从事经营活动的创业实体；孵化成功率是指孵化成功企业数量占入驻创业实体总数的比率；孵化基地入驻率是指已入驻企业使用厂房楼宇面积占创业孵化基地厂房楼宇总面积的比率；新入驻初创企业是指入驻孵化基地时申领营业执照1年以内的创业实体）。

第九条 省级创业示范园区认定标准

除符合孵化基地和创业园区基本条件外，还需具备下列条件：

（一）入驻创业实体100个以上，创业和稳定吸纳就业1000人以上，对网络创业园、现代农业创业园，在入驻创业实体个数、稳定吸纳就业人数方面可适当降低10－30个百分点；

（二）企业成长性好，企业存活率不低于80%，每年至少新增20户以上创业3年以内的企业（存活企业是指已办理工商营业执照和税务登记证、现仍在从事经营活动的创业实体；企业存活率是指存活企业数量占入驻园区创业实体总数的比率）。

第十条 评估认定时间

2014—2018年，全省每年评估认定不超过20家省级创业孵化示范基地和省级创业示范园区。省级创业孵化示范基地和省级创业示范园区评估认定工作于每年一季度开展，每年评估认定一次。各市、各部门申报材料应于每年3月底前报省人力资源社会保障厅。

第十一条 评估认定程序

省级创业孵化示范基地和创业示范园区的评估认定按照下列程序进行。

（一）申报。申请省级创业孵化示范基地、省级创业示范园区的单位，应向所在地县级人力资源社会保障部门提出申请。中央驻鲁单位和省直部门（单位）设立的创业孵化基地和创业园区直接向省人力资源社会保障厅提出申请。申请单位需提交以下材料：

1.《山东省省级创业孵化示范基地/创业示范园区认定审批表》；

2.创业孵化基地或创业园区建设和发展报告。主要包括孵化基地或创业园区建设运行情况，创业培训、创业服务开展情况，入驻企业发展情况以及社会经济效益等情况；

3.孵化基地或创业园区制定的扶持创业优惠政策情况，入驻实体享受孵化基地或创业园区房租补贴、经营场地补贴、水电费补贴等创业扶持证明材料；孵化基地或园区协助落实税费减免、一次性创业补贴、创业岗位开发补贴、创业培训补贴等政策证明材料；

4.服务管理机构和人员情况；

5.入驻孵化基地或创业园区创业实体名册、创业实体基本信息以及营业执照副本原件及复印件、法定代表人身份证原件及复印件；

6.创业和稳定吸纳就业人员花名册及相关证明材料。

（二）初审和复核。当地县级人力资源社会保障部门对申请材料进行初审，符合条件的，报设区的市人力资源社会保障部门复核。设区的市人力资源社会保障部门根据初审意见和申报材料进行复核，提出复核意见，并于每年3月底前将符合条件的单位申报材料及审核意见报省人力资源社会保障厅。

（三）评估。省人力资源社会保障厅组织专家，采取孵化基地或创业园区负责人集中现场答辩、基地园区实地评审相结合的方式进行评估。孵化基地或创业园区负责人集中答辩时，应结合认定标准全面介绍基地园区促进创业的理念、规模、措施和成效，制作幻灯片；集中答辩实行现场评分，其中专家评分占70%，参加答辩人员互评占30%，发挥以评审促交流、以交流促建设的作用。省人力资源社会保障厅根据集中答辩评分情况，组织开展实地评审。

（四）公示和认定。对拟认定为省级创业孵化示范基地或省级创业示范园区的，在省级媒体进行为期7天的公示。公示无异议的，省人力资源社会保障厅正式行文批复，认定为“山东省创业孵化示范基地”“山东省创业示范园区”并授牌。

第四章 扶持奖励

第十二条 省里对被认定并授牌的省级创业孵化示范基地和省级创业示范园区，根据入驻企业个数、创业孵化成功率、存续期、促进就业人数、实现经济价值等，给予一次性奖补。奖补资金主要用于为入驻企业提供就业创业服务、房租减免以及孵化基地和创业园区管理运行经费。奖补资金不得用于人员经费和基本建设支出。

第十三条 奖补资金实行一次性核定发放额度，授牌后首期拨付50%，第二年上半年复查合格的再拨付50%。对运行情况达不到省级标准的第二年的50%不再拨付，并收回省级创业孵化示范基地、省级创业示范园区授牌。

第十四条 省级创业孵化示范基地、省级创业示范园区奖补标准

（一）省级创业孵化示范基地奖补标准。生产经营厂房面积10000平方米以上（楼宇型基地面积5000平方米以上），入驻孵化实体100个，创业和稳定吸纳就业500人以上，给予孵化基地300万的奖补资金，在此基础上，每增加1户创业实体且创业和稳定吸纳就业5 人以上（含5人），给予孵化基地增加3万元奖补资金，每有1户孵化成功迁出孵化基地继续创业，给予孵化基地增加2万元奖补资金，省级创业孵化示范基地奖补资金最高不超过500万元。

（二）省级创业示范园区奖补标准。入园创业实体100个，创业和稳定吸纳就业1000人以上，给予享受200万元的奖补资金，在此基础上，每增加1户创业实体且创业和稳定吸纳就业5人以上（含5人），给予创业园区增加2 万元奖补资金，省级创业示范园区奖补资金最高不超过500万元。

第五章 监督管理

第十五条 省人力资源社会保障厅建立信息统计制度，定期对各地孵化基地和创业园区建设推进情况进行统计调度，通报工作情况。各设区的市人力资源社会保障局要建立信息统计、日常管理、资金扶持、监督考核等制度，加强对孵化基地和创业园区的管理，按照各孵化基地和创业园区的隶属关系，由各市、省直企事业单位按季度向省人力资源社会保障厅报告孵化基地或创业园区建设情况及专项资金使用管理情况。各孵化基地、创业园区要健全规章制度和基础资料台账，孵化基地或创业园区内企业数、就业人数、劳动合同签订、参保缴费、政策兑现、跟踪服务等记录要真实、准确、规范。

第十六条 各市要结合实际，研究制定市级创业孵化示范基地和创业示范园区认定管理办法，报省人力资源社会保障厅备案，并不断加强创业带动就业扶持资金的使用管理，坚持专款专用。对违反资金管理规定，随意变更使用范围或挪用专项资金的单位，按有关规定作出严肃处理。

第十七条 省人力资源社会保障厅、省财政厅负责每年对省级创业孵化示范基地、创业示范园区进行绩效考评。重点考评孵化基地和创业园区的持续发展能力、奖补资金的管理使用情况和创业扶持政策落实情况。对发展后劲不足、孵化能力下降、创业扶持政策落实不到位的，取消其省级示范资格。

第六章 附 则

第十八条 各设区的市人力资源社会保障部门、财政部门可根据本办法，结合本地实际情况，制定具体的实施细则对市级孵化基地和创业园区进行奖补，所需资金从各市创业扶持资金中列支。中央驻鲁单位和省直部门应参照本办法对其被认定为省级创业孵化示范基地或省级创业示范园区的，根据实际情况进行适当奖补。

第十九条 本通知自2014年3月5日起施行。

附件：山东省省级创业孵化示范基地/创业示范园区认定审批表（略）

山东省人力资源和社会保障厅

山东省财政厅

2014年3月3日

山东省科技人才推进计划实施方案

（鲁科字〔2014〕88号）

为深入实施人才强省和创新驱动发展战略，全面落实《山东省中长期人才发展规划纲要（2010—2020年）》，按照省人才工作领导小组的部署要求，制定“山东省科技人才推进计划”实施方案。

一、总体要求

（一）基本思路。

认真贯彻落实党的十八大和十八届二中、三中全会精神，紧紧围绕省委省政府工作部署，深化科技体制改革，统筹配置科技资源，完善科技人才选拔培养机制，优化人才创新创业环境，进一步加大对科技人才支持力度，构建覆盖全面、层次分明的科技人才支持体系，为加快推进转方式调结构、实现我省经济由大到强的转变提供科技人才支撑和智力支持。

（二）总体目标。

进一步深化改革，加强体制机制创新，营造尊重人才、鼓励创新、宽容失败的良好氛围。每年重点支持千名科技人才创新创业，培育形成一支自主创新能力强、服务社会意识强、引领带动示范性强的创新型科技人才队伍。

经过3至5年的努力，实现全省科技人才队伍规模更加壮大、结构更加合理、素质更加优秀、成长环境更加优化、创新成果更加丰富、创新引领作用更加突出的目标，充分发挥科技人才服务全省经济社会发展的重要作用。

二、工作原则

1．坚持党管人才。加快科技人才发展体制机制改革和政策创新，落实鼓励科技人才创新发展的政策措施，始终坚持用党的方针政策激励和保障广大科技人才的创造热情和活力，为科技人才干事创业、实现价值提供良好服务，使科技人才创业有机会、干事有舞台、发展有空间。

2．坚持服务中心。紧紧围绕全省经济社会发展这个中心，充分发挥市场对资源配置的决定性作用和更好地发挥政府引导作用，突出企业技术创新主体地位，鼓励引导各层次科技人才发挥聪明才智，服务于重点区域、重点领域、重点产业和重点企业，为经济社会发展做出贡献。

3．坚持遵循规律。遵循科研规律和人才成长规律，突出以用为本，按照人才成长链配置科技资源，探索建立人才培养与发现、评价与激励、服务与保障等管理机制，形成科学有序、持续稳定的支持科技人才态势，营造有利于人才潜心研究、创新创业的良好环境。

4．坚持协同推进。按照“整体部署安排、分类实施推进”的工作思路，统筹推进人才计划与科技计划、平台建设的实施，实现人才项目平台一体化发展。加强部门协作和区域统筹，整合各级各部门科技资源，形成协调有效、落实有力、实施有序、配置合理的科技人才工作格局。

三、主要内容

根据人才成长需要，综合考虑科技人才的年龄结构、科研水平、创新能力等因素，构建多层次、全方位的科技人才计划体系，集中现有科技资源予以支持。

创新创业扶持计划。重点支持处于起步阶段的科技人员，鼓励引导在校大学生、研究生和刚刚进入科研领域的基层科研人员开展创新创业、科技服务或携带科技成果创办科技型小微企业，培育形成覆盖面广、涵盖领域宽、队伍规模大、基础扎实牢固的科技人才后备力量。

创新创业人才应具备以下条件：

——在校或刚毕业大学生、研究生，或初创期科技型小微企业、科技服务机构创办人；

——参与或者主持过创新性研究，并取得阶段性创新成果；

——获得中国创新创业大赛等二等奖以上的主要参与者（前二位），或拥有发明专利等知识产权第一位的人员。

青年人才培养计划。重点支持科技创新能力强、科研素质高的科研人才从事基础研究和应用基础研究，巩固和提升原始创新能力和整体科研实力，培育未来发展需要的高素质、专业化科研人才。

青年人才应具备以下条件：

——年龄35周岁以下，具有硕士以上学位，在高等院校、科研机构能独立主持开展科学研究工作；

——具有较好的科研基础、创新能力、发展潜力，较强的团队组织能力和协调能力；

——科研项目属于国家和省鼓励的学科范围，目标明确、研究技术路线合理可行。

杰出青年接力计划。重点支持处于省内领先、在国内有一定影响的科研人才开展重点领域关键共性技术攻关，为进入国家杰出青年人才培养计划、青年拔尖人才支持计划等国家人才计划打好基础。

杰出青年人才应具备以下条件：

——年龄45周岁以下，主持或承担过省部级以上科技计划项目，或已入选省部级以上人才计划；

——主持的项目已取得重要创新成果，具有前瞻性和良好发展前景；

——作为前两位完成人获得过国家科学技术奖，或作为首位完成人获得过省科学技术奖二等奖以上。

拔尖人才支持计划。重点支持在国内相关科研领域具有领先水平的科研人才，支持其突破行业或领域重大关键技术难题，引领带动创新能力强、结构合理的科研团队成为科研中坚力量。

拔尖人才应具备以下条件：

——“长江学者”“千人计划”“万人计划”“创新人才推进计划”“国家杰出青年基金”等国家人才计划入选者，或“泰山学者”等省人才计划入选者，或主持过国家和省重大科技计划的首位科研人员。

——在科技前沿和战略性新兴产业等领域取得高水平创新成果。

领军人才助推计划。重点支持具有国际一流水平的科研人才，支持其完成全省乃至国家重点科研任务，保持和提升我省在若干重点领域的科技创新能力，创建齐鲁科技英才品牌。

领军人才应具备以下条件：

——驻鲁院士或提名院士，或国家“863”“973”重大科技专项等科技计划项目的首席专家；

——研究领域在世界科技前沿和国内学科领域具有领先水平。

四、组织实施

（一）建立科学公正的人才遴选方式。根据人才计划的不同特点，确定相应的遴选条件和方式。坚持科学公正、保证质量的原则，每年按照自主申请、单位审核、主管部门推荐、省科技厅组织专家咨询认证的程序进行科技人才遴选，丰富完善山东省科技人才库。人才遴选过程自觉接受社会监督，遴选结果实行社会公示，做到公开、公正、透明。

（二）实现科技计划与人才计划的有效对接。充分发挥现行科技计划和科技资金的作用，建立完善科技计划、科技资金与人才计划相衔接的有效途径。省市两级各类科技计划和科技资金要适当调整其定位和支持条件，明确科技计划和科技资金对应的人才计划及每年重点支持的科技人才数量，实现科技计划与人才计划协同推进、合作共赢。

（三）建立完善人才计划动态考核制度。根据人才计划的实施进度和目标要求，建立完善以创新业绩和服务效益为导向的科技人才计划评价体系，建立科技人才计划年度报告制度和动态考核评估制度，加强对人才计划入选对象的跟踪管理和评估考核，根据考核结果及时调整科技资源配置，确保科技人才的创新能力得到充分发挥。

（四）协同推进科技人才计划。重点加强省市两级科技管理部门的协同配合，调动高校、科研机构的积极性，形成工作合力。各市各单位要按照职责分工制定适合本地区、本单位的科技人才扶持计划及保障措施，注重加强与省科技人才计划的衔接，形成人才扶持政策梯次结构，为科技人才的创新活动提供政策保障。

五、保障措施

（一）落实人才政策，健全完善人才激励机制。进一步落实国家和省的各项人才政策，着力推进《关于加快科技成果转化提高企业自主创新能力的意见（试行）》（鲁政发〔2012〕45号）等政策文件的贯彻落实。围绕用好用活人才、提高人才效能、完善人才管理，研究制定科研管理、人才考核、人才激励、人才评价等相关配套措施，在人才培养开发、评价发现、选拔任用、流动配置、激励保障等方面形成更加科学、更具活力的运行机制，最大限度地激发科研人员创新创造的热情和活力。

（二）深化科技改革，建立有利于人才成长的推进机制。按照产业发展需要，统筹布局建设工程技术研究中心、重点实验室、院士工作站、国际科技合作基地等创新平台，吸引集聚一批优秀人才。改革科技管理方式，科技计划项目、科技成果奖励实行不限项申报，调动科研人员的申报积极性；评审过程和结果面向社会公开，营造科研人员公平竞争的环境。完善项目管理，推动项目管理由单个项目的任务合同管理向项目负责人的创新业绩、创新成效的管理转变；完善项目综合评估和绩效考评措施，探索建立分段、连续、滚动支持机制，为科研人员潜心研究创造条件。改进科技奖励工作，加大科技人才培养和团队建设指标权重，鼓励科技人才在科技创新、成果转化中做出突出贡献。

（三）加强资源整合，建立稳定持续支持科技人才的长效机制。按照平台项目人才一体化的要求，紧紧围绕科技人才成长和人才队伍培育，加快构建人才计划与科技计划、平台建设协同推进的有效机制。鼓励各市、科技人才所在单位和社会力量重视支持科技人才创新创业。各级科技管理部门要在计划立项、平台建设、人员培训、人才推荐与管理等方面加强配合，建立必要的联动措施，不断加大科研投入，为科技人才创新提供支持。高等院校、科研单位要为科研人员潜心研究创造提供必要的条件，解决好科研人员创新创业的后顾之忧。企业要利用重点实验室、工程技术研究中心、院士工作站以及国际科技合作基地等创新平台，加大培养人才力度，支持科技人才不断创造新成果。逐步形成各级政府、用人单位、社会力量共同关心支持科技人才创新创业的良好局面。

（四）营造良好氛围，鼓励支持科技人才服务经济社会发展。科学绘制我省科技人才分布图及产业分布图，坚持人才培养与引进并重，引导科技人才合理引进和流动。不断提高科技金融服务水平，健全风险投资体系，形成更加有利的融资环境，支持科技人才创办科技型企业，转化科技成果。完善提升科技服务能力，支持生产力促进中心、科技企业孵化器、科技创新平台在信息、研发、设计、试验、检测、新技术推广等方面为科技人才创新创业提供优质服务。加大宣传培训力度，及时总结推进计划实施中的典型经验和成功做法，加强对优秀人才的宣传报道，为创新人才发挥作用营造良好的社会氛围。

山东省科技厅办公室
2014年5月30日

济南市实施创新驱动发展战略 加快创建国家创新型城市若干政策

（济政发〔2014〕22号）

为深入实施创新驱动发展战略，进一步强化企业自主创新主体地位，加速科技经济融合，加快实体经济发展，推进国家创新型试点城市建设，制定本政策。

一、支持企业科技创新

1．鼓励企业建设高水平研发机构。经市政府主管部门推荐，新获批国家级重点（工程）实验室、工程（技术）研究中心、企业技术中心等研发机构的企业，给予最高100万元扶持；新获批省级研发机构的企业，依据当年实际研发投入和建设绩效给予最高50万元扶持；对世界500强企业、国内外高校和科研院所来济设立的独立研发机构，依据投资强度和建设成效给予适当扶持。市级以上研发机构建设单位申请市级研发项目，立项时予以倾斜。

2．支持企业加大研发投入。落实国家关于企业研发费用加计扣除、技术转让所得税减免、高新技术企业和技术先进型服务企业所得税减免等税收扶持政策，执行国家认定企业技术中心、国家中小企业公共技术服务示范平台、科技重大专项等有关进出口税收优惠政策，将企业研发投入强度（企业研发投入占主营业务收入的比重）作为申报市级各类科技项目的重要依据。

3．促进企业创造知识产权。对获得中国专利金奖或中国外观设计金奖的企业，分别给予最高100万元、20万元扶持；对当年进入全省发明专利申请量前50名的企业，给予每家10万元扶持。

4．扶持技术标准创制和品牌建设。对当年牵头制定并获批国际标准、国家标准的企业，分别给予最高60万元、40万元扶持；对当年承担国家标准化技术委员会及分技术委员会建设的企业，分别给予最高40万元、20万元扶持；对新获行政认定中国驰名商标的企业，给予最高40万元扶持。

二、加速科技企业成长和产业集聚

5．促进高成长性企业发展。设立领军企业、小巨人企业、金种子企业关键产品提升计划，提高企业自主创新能力，培育发展科技型龙头骨干企业和高成长性中小企业。

6．加快科技型企业孵化器建设。鼓励企业和其他社会力量建设各类科技企业孵化器，对新认定的国家、省、市级孵化器分别给予最高100万元、50万元、30万元扶持。在孵企业被新认定为高新技术企业的，每认定1家给予孵化器10万元扶持。

7．鼓励科技园区载体建设。对新认定的国家级科技园区、特色产业基地，分别给予最高300万元、100万元扶持，用于载体内创新平台建设。

8．支持产业技术创新联盟和产业集群发展。对以产业技术创新战略联盟或产业集群形式申报科技创新项目的，优先给予扶持。

三、促进产学研合作和科技成果转化

9．支持企业和高校、科研院所共建研发机构及产学研合作基地。依托高校和龙头企业，在条件成熟的技术领域和产业，探索设立政产学研协同创新、以应用技术研发和产业化为主的工业技术研究院等研发机构。对企业与高校、科研院所共建的研发机构和产学研合作基地，市科技计划优先予以支持。

10．鼓励高校和科研院所科技创新和成果转化。全面落实我市《发挥省会优势打造科技人才创新创业高地若干政策措施》（济政发〔2012〕21号），通过实施股权激励、允许科技人员离岗创业、提高企业注册资本中无形资产所占比例等政策，鼓励高校和科研院所科技人员创新创业。

11．支持企业承接转化先进适用科技成果。对成功实现技术和成果转化并实际取得效益的企业，予以重点扶持。科技成果转化绩效突出的高校和科研院所作为市科技成果转化基地。创新发展绩效突出的科技型企业作为市自主创新暨成果转化示范企业。对科技创新绩效突出的科研人员按规定给予表彰奖励。

四、激发科技人才创新创业活力

12．加快高层次人才引进与培养。对我市“5150”等高层次引进人才在启动创业、科研开发、定居安家等方面给予扶持，在办理出入境、户籍、工商税务、海关、金融、子女入学、医疗保健、社会保险等手续时提供绿色通道服务。对特别优秀的高端领军型人才和团队，给予重点扶持和服务。

13．支持高端科技人才创新创业。我市“5150”人才所创办的企业，年销售收入首次达到2000万元、5000万元、1亿元的，依据企业研发投入分别给予最高50万元、100万元、200万元产品研发创新扶持。

14．完善创新人才流动机制。支持企业建立多种形式的人才载体，对新认定院士工作站、国家博士后科研工作站的企业，给予最高30万元创新扶持。

15．加速创新团队培养。支持以创新团队模式开展科技创新，对入选我市优秀创新团队的，连续4年每年给予30万元创新扶持。

五、鼓励引导社会资本参与支持科技创新

16．积极深化科技金融结合。综合采取买（卖）方信贷、知识产权和股权质押贷款、融资租赁、科技小额贷款、公司（企业）债券、集合信托、科技保险等方式，支持科技型企业开展技术创新融资。

17．引导投资机构支持科技型中小企业。对创业投资机构投资于年销售收入不超过2000万元的初创期科技型中小企业的投资项目，给予风险补助，风险补助比例不超过实际投资额的5%，单个项目最高不超过50万元，每家创业投资机构年度累计补助额度最高不超过100万元。

对获得创业投资机构投资的年销售收入不超过2000万元的初创期科技型中小企业，按照不超过所获投资额10%的比例，给予最高100万元投资后扶持，用于资助企业高新技术产品产业化费用支出。

18．支持企业上市融资。对企业上市按规定给予政策扶持，对成功上市企业给予奖励，具体政策按照我市关于推进企业上市有关规定执行。

不重复享受支持政策的情况，按照《济南市人民政府办公厅转发市财政局等部门关于改进和加强市级产业发展财政专项引导资金使用管理工作的意见的通知》（济政办发〔2010〕71号）有关规定执行。

本政策自公布之日起施行，有效期5年。《济南市人民政府关于印发济南市创建国家创新型城市若干政策的通知》（济政发〔2010〕6号）同时废止。

济南市人民政府

2014年12月10日

青岛市人民政府
关于加快推进科技改革发展的若干意见

（青政发〔2014〕12号）

为深入贯彻落实党的十八届三中全会精神，进一步深化科技体制改革，营造有利于科技创新和成果转化的政策和市场环境，加快创新型城市建设，结合我市实际，现就加快推进科技改革发展，提出以下意见：

一、强化企业技术创新主体地位

1．健全技术创新市场导向机制。充分发挥市场对技术研发方向、路线选择、要素价格、各类创新要素配置的导向作用，积极引导企业成为技术创新决策、投入、组织和成果转化的主体。改革产业化目标明确的科技项目形成机制和支持方式，鼓励企业先行投入和组织重大项目研发，政府采用后补助及间接投入等方式给予支持，形成主要由市场决定技术创新项目和经费分配、成果评价的机制。

2．建立健全产学研协同创新机制。支持企业牵头组建产业技术创新战略联盟，主导产学研协同创新，促进企业与高校、科研院所在产业链、创新链、资金链上的融合，对绩效突出的联盟每年给予运行经费补贴。引导支持企业加大研发投入，建设高水平的研发机构。综合运用项目、平台、金融、人才等政策，激发科技型中小微企业创新活力。

3．强化技术创新激励措施。贯彻落实企业研发费税前加计扣除、高新技术企业税收优惠等激励政策。对新认定的国家创新型企业、高新技术企业、国家技术创新示范企业和国家重点实验室、国家工程技术研究中心（实验室）、国家认定企业技术中心等，给予一次性奖励。对高新技术企业和孵化器在孵企业使用大型科学仪器共享协作平台开展的研发活动，给予20%的检测费用补贴。

4．加强高校、科研院所对企业创新的支持。支持高校、科研院所建立技术转移机构，与企业共建研发机构、学科专业和实施合作项目。鼓励高校、科研院所对不同岗位科技人员采取差异化评价标准，推动更多科技人员参与企业创新活动。

二、加快集聚高端创新资源

5．创新研发机构发展模式。改革研发机构引进支持方式，以财政投入为引导，逐步引入共建基金、股权投入等多种市场化运作方式，建立产权明晰、机制灵活、运行高效的体制机制，将研发机构服务地方的绩效评价结果作为优先列入政府共建支持的主要依据。推进应用型技术研发机构市场化、企业化改革，完善法人治理结构。鼓励和支持新型研发组织建设，积极推进产业技术研发体制机制创新。

6．推动国际创新资源链接与集聚。聚焦全球高端创新资源，明确国际合作重点领域和方向。吸引海外著名高校、科研机构和企业在我市设立研发中心和技术转移机构，建立各具特色的国际科技合作基地。支持企业“走出去”设立海外研发中心和国际孵化器，利用全球资源开展创新。加强国际产学研协同创新，探索建立国际科技合作创新联盟。

7．加强高端人才引进培育。深入实施“英才211计划”，重点做好高端创新创业人才和团队的引进培育工作。加强人才政策协同，坚持引技与引人并举、引资与引智并重，健全“引、育、用、留”人才政策体系。扩大人才政策支持范围，加大对科技金融、科技中介等各类科技服务业人才的支持。

8．加大创新创业激励力度。对做出突出贡献的科技人员和经营管理人员，鼓励科研机构和企业实施期权、分红、技术入股、股权奖励等多种形式的激励措施。对高层次科技人才，探索按其上年度所缴工资、薪金个人所得税地方留成部分给予一定补贴。进一步加大对高校、科研院所科技人员创办科技型企业的支持力度，提高实施科技成果转移转化中个人收益比例。

三、大力发展技术市场

9．建立健全技术市场体系。推进技术转移促进条例地方立法及配套政策制定工作，建立科技成果确权、评估、交易和激励机制。建立健全“政府、行业、中介、经纪人”四位一体的技术市场服务体系，实施“培育10家国家级技术转移示范机构、100家市级技术转移服务机构和1000名技术经纪人”的“十百千”技术市场发展工程。全面建成青岛市技术交易市场，支持各类市场主体建立各具特色的专业技术交易平台，积极争创国家海洋技术转移中心。

10．完善成果转化、技术转移激励机制。鼓励企业吸纳高校、科研院所科技成果。支持高校、科研院所开展技术服务和技术咨询，鼓励以挂牌、拍卖等方式交易科技成果和专利技术。对各类促进成果转化、技术转移活动给予一定比例补贴和奖励，单项不超过100万元；对各类技术转移服务机构和技术经纪人，以政府购买服务、奖励等方式予以补贴，每年每家不超过200万元。

11．大力推动国际技术转移。鼓励和支持各类市场主体联合国际知名技术转移机构，在我市建设国际技术转移服务平台。拓展国际技术转移渠道，积极开展多种形式的国际技术转移活动，探索国际化平行基金的国际技术转移并购模式。

四、加快构建创业孵化生态体系

12．完善科技创业孵化链条。建立“苗圃—孵化器—加速器”创业孵化链条，完善孵化器配套政策体系，建立选苗、育苗、移苗入孵及加速成长的政策链接机制，实现政策全覆盖。加强专业孵化器建设，支持创业投资机构、平台型企业等创办新型孵化器。推行孵化器招商引智“一站式”服务。开展孵化器服务绩效社会化评价，对绩效突出的孵化器予以奖励。

13．健全孵化服务体系。以政府购买服务为引导，健全“联络员+辅导员+创业导师”三级辅导体系，建立孵化器从业人员、创业者多层次培训系统。加强公共研发平台和专业技术服务平台建设，结合大型科学仪器共享协作平台，为在孵企业开发“平台创新优惠服务包”。支持社会组织成立孵化器协会和孵化服务联盟，加快构建以创新型孵化器为核心、各类创业服务机构协同发展的创业孵化生态系统。

五、促进科技与金融深度融合

14．探索科技金融资本运营模式。按照“政府资金引导、多元化融资、多业态经营、市场化运作、社会化服务”的原则，加大政策引导力度，强化国有资本运营，广泛吸纳社会资本参与，逐步构建国有资产管理、国有资本运营、混合所有制实体公司运作的科技金融体系。

15．围绕创新链完善资金链。启动科技成果转化引导基金，通过设立智库基金、天使投资、创业投资、新兴产业培育等各类政策性引导资金，撬动社会资本组建各类投资基金，促进科技与金融融合。鼓励大中型骨干企业设立科技型投融资机构，重点投向科技创新。

16．发展社会化科技金融专营机构。广泛吸纳社会资本，发起或参与组建科技投资公司、科技融资担保公司、科技小额贷款公司、科技融资租赁公司、社区科技银行等多业态的混合所有制科技金融机构。开发股权融资、知识产权质押、融资租赁等特色金融产品，全方位服务科技企业融资发展。

六、加快培育蓝色、高端、新兴产业

17．强化海洋产业科技支撑。充分发挥海洋生物医药、新材料、现代海水种苗等领域科研优势，突破一批关键技术，开发一批战略产品，引领海洋高端产业创新发展。加强海洋工程装备领域研发机构、人才和项目引进建设。

18．积极抢占高端新兴产业制高点。紧跟科技前沿，开展技术预见和产业技术路线图研究，加强顶层设计。围绕产业链部署创新链，组织实施自主创新重大专项，加大战略高技术研发支持力度，力争在智能机器人、石墨烯、清洁能源等领域拥有更多核心技术、标准规范和市场份额。

19．大力发展科技服务业。制定发展规划，出台促进科技服务业发展的政策措施。加快发展研发设计、技术转移转化、创业孵化等科技创新服务，大力强化检验检测、知识产权、科技信息、科技咨询、科技金融等科技支撑服务，积极推进科技集成服务。积极促进农业农村、民生等领域科技服务业发展，加快培育科技服务新业态。

七、完善科技惠民新机制

20．创新现代农业科技发展模式。加快建设青岛大沽河流域国家农业科技园区，设立园区发展基金，促进技术、资本等要素向园区集聚。实施科技特派员创新创业行动计划，引导传统农业向加工、流通、服务等领域延伸，促进现代农业一二三产业融合发展。对接国家农业科技成果托管中心，组建青岛市农业科技成果库，探索农业科技成果转化和技术推广新模式。

21．强化生态环境和公共安全科技支撑。加强部门间协同创新，围绕环境污染治理和生态保护，开展清洁能源、资源高效利用等领域的技术开发和示范应用。大力提升生产、食品、卫生、社会等领域公共安全科技保障水平，加快建立健全各级各类危险源、事故隐患动态监控及预警预报技术体系，研发应急技术装备，提高安全风险评估、处置能力。

八、加大知识产权运用和保护力度

22．争创国家知识产权服务业综合改革试验区。积极争取国家专利复审（山东）中心、专利代办处和培训中心等国家高端资源落户我市。加快引进培育高端知识产权服务机构和专业人才，鼓励成立知识产权运营公司。建立科学高效的知识产权服务业发展体系，打造东北亚知识产权服务中心。

23．加强知识产权运用。推动专利条例地方立法和配套政策制定工作，探索专利商品化、资本化运用机制。加强专利信息资源利用，建立重大经济活动知识产权审议机制，构建知识产权分析预警体系。以产业技术创新战略联盟为试点，探索构建全产业链核心技术专利池。

24．健全知识产权保护体系。加强中国（青岛）知识产权维权援助中心建设，健全维权援助工作体系。以中德生态园等重点园区为依托，探索建立知识产权快速维权体系。完善市、区两级专利执法联动机制，加快提升区（市）独立执法能力。

九、深化科技资金和项目管理改革

25．调整科技资金投入方向。财政资金积极支持基础前沿、战略高技术、社会公益和重大共性关键技术研发，重点用于创新创业平台建设、科技人才引进培育以及成果转移转化。建立科技创新能力提升、战略性新兴产业培育、民生科技支撑、科技金融保障相互配套衔接的科技计划支撑体系。

26．创新科技资金投入方式。建立财政科技投入与社会资金搭配机制，进一步提高财政资金资本性支出范围和比重。综合运用“拨、投、贷、补、奖、买”（即无偿拨款、股权投资、科技信贷、事后补助、奖励、购买服务）等多种方式，引导各类资本支持科技创新，充分放大财政资金效益。

27．改革科技项目管理制度。简化审批流程，建立面向市场、公开透明的申报评审和立项制度。健全绩效评估、动态调整和终止机制，实现项目立项和管理全过程实时监管并可查询、可追溯。建立科研信用“黑名单”制度，阶段性或永久取消严重不良信用记录者申请项目或参与项目管理、评审的资格。

28．改革科技奖励和评价制度。优化奖励结构，重点奖励重大科技贡献和杰出科技人才，提高对发明专利转化应用和重大产业化成果的奖励比例。建立主要由市场评价项目和成果的机制，制定导向明确、激励约束并重的评价标准和方法，加强对科技项目决策、实施、成果转化的动态评估。

十、加强科技宏观统筹协调

29．着力构建“大科技”发展格局。加强创新驱动发展战略顶层设计，制定“十三五”全市科技发展规划。完善科技创新资源配置协调机制，避免重复部署建设。加强科技部门与行业主管部门协作，推动行业技术进步。强化多领域协同，推动创新向技术、产业、金融、管理、商业模式等综合创新转变。

30．推动重点功能区试点示范。支持青岛高新区参照国家自主创新示范区优惠政策，积极探索激励创新创业改革措施。支持蓝色硅谷核心区开展海洋国家实验室、国家深海基地科技体制改革综合试点，建设国际化海洋研发公共服务平台。支持西海岸经济新区建设军民融合创新示范区，促进军民科技成果双向转化。

31．建立健全科技资源开放共享机制。加快建立科技创新平台开放共享的运行服务模式和后补助支持方式，完善绩效考核办法。组建全市检测服务联盟，建立财政资金购置大型科研仪器设备的查重机制和联合评议制度，防止重复购置和闲置浪费。建立科技报告制度，加强财政资金资助科技项目和科技基础设施的开放共享。建立公益性科技成果发布推广机制，开展先进适用技术综合集成和示范应用，使更多的科技成果惠及民生。

32．构建创新青岛社会评价指标体系。建立科技创新调查制度，支持社会力量开展创新评价指标体系研究，逐步建立青岛市创新指数第三方评价和定期公布制度。对各区市和重点功能区进行科技创新系统监测评价，对高校、科研院所、重点企业、科技园区开展分类评价，并推进评价成果的应用。

青岛市人民政府

2014年4月29日

青岛市科学技术局创业创新领军人才计划实施细则（试行）

（青科字〔2014〕6号）

第一章 总 则

第一条 为加快实施青岛创业创新领军人才计划（以下简称领军人才计划），根据《关于实施“青岛英才211计划”加快推进“百万人才集聚行动”的意见》（青办发〔2012〕19号），制定本细则。

第二条 创业创新领军人才是指，围绕新一代信息、新医药、新能源、新材料、高端装备、现代服务业、海洋产业等我市优先发展的重点产业，引进培育能够突破关键技术、发展高新技术产业、带动新兴学科和新兴产业发展的产业化领军人才和高水平研究专家。每年重点支持的领军人才原则上不超过50名。

第三条 在青岛市行政辖区内注册的企、事业单位，新引进的符合申报条件的人才，适用于领军人才计划。

第二章 职责分工

第四条 领军人才计划由市人才工作领导小组统一领导。市委组织部负责协调制定政策措施和考核评估，解决计划实施中的重大问题，抓好各项任务监督检查。

第五条 市科技局负责领军人才计划的具体实施。会同市委组织部、市财政局组织人才遴选、计划管理，负责编制经费预算、提出用款申请和开展人才绩效评价等工作。

第六条 市财政局负责预算审核、预算评审、资金拨付、资金使用绩效评价和监督检查等工作。

第七条 区（市）组织和科技部门、市直和驻青单位是人才推荐的主体，负责领军人才申报信息审核、中期预先评估和结题预先验收等工作，定期向市科技局报送工作进展。

第八条 人才依托单位是人才引进和培育的主体，负责领军人才引进培育、项目组织实施及结题、经费配套及管理、使用、监督等工作，定期向推荐部门报送工作进展。

第三章 申报条件

第九条 领军人才须为我市新引进的高层次创业或创新人才，遵纪守法，具有良好的科研诚信和职业道德，研究方向和目标明确。

第十条领军人才计划分为创业领军人才、创新领军人才两类。除具备第九条外还应具备以下条件：

（一）创业领军人才

1．须为科技型企业的主要创办人且是第一大股东（股权一般不低于30%）。每家企业限报1人。

2．具有本科以上学历，年龄一般不超过55周岁，具有3年以上工作经历或自主创业经历。

3．拥有的技术成果国际领先或填补国内空白，具有较好的市场前景和产业化潜力，产品已处于中试或产业化阶段，属于我市优先发展的重点产业；属科技服务业等新兴业态的，应有成熟的商业模式和一定数量的客户。

4．引进到我市时间不超过6年，创办的企业成立1年以上5年以内。工业企业需最近1年盈利且主营业务收入不少于500万元。

5．企业技术团队和管理团队成员专业结构、年龄结构、学历结构合理。

（二）创新领军人才

1．具有博士学位或副高级以上职称，年龄一般不超过45周岁，用人单位3年内引进或即将引进的可放宽至55周岁。

2．研究领域符合我市优先发展的重点产业方向。项目立项后，原则上全职在青工作时间不少于3年。新引进人才与依托单位签订至少连续3年、每年在青工作时间不少于9个月的合同。

3．具有国内外知名企业、高校、科研单位关键岗位5年以上研发工作经历，或具有主持承担国家科技计划项目和市级以上重大科研项目经验，拥有多项发明专利或自主知识产权成果，具有较强的团队组织能力。

4．所在团队组织结构合理，主要成员稳定，团队规模不少于5人。

5．依托单位具有良好的科研支撑环境，并能提供良好的生活条件。每家单位每批次原则上限报2人。

国家、省相关人才计划有新规定的，按国家、省规定执行。

第四章 遴选程序

第十一条 市科技局会同市委组织部、市财政局下发年度申报通知，依托单位组织进行网上申报，推荐单位审核后将申报书（详见附件）报送市科技局。

创业领军人才通过区（市）科技局推荐；创新领军人才通过区（市）科技局、市直和驻青单位推荐。

第十二条 市科技局对申报材料形式审查后，会同市委组织部、市财政局组织综合评审。评审重点包括创业创新水平及业绩、项目可行性、市场前景、预期经济社会效益、依托单位保障能力等。

第十三条 市科技局会同市委组织部、市财政局及有关专家对通过综合评审的人员现场考察，形成推荐建议，报市人才工作领导小组办公室审核。

对审核确定拟入选的领军人才，由市科技局进行公示。

公示无异议的，由市委组织部、市科技局、市财政局联合下达立项资助通知。

第五章 实施与管理

第十四条 领军人才计划自签订任务书起正式实施，执行期为3年。

第十五条 立项资助通知下达后，市科技局与领军人才签订《青岛市领军人才计划任务书》，明确实施内容、经费总额、完成目标等。

第十六条 任务书签订后12—18个月，经推荐单位对领军人才预先评估后，市科技局会同市委组织部、市财政局对领军人才开展中期评估。项目经费100万元以上的，进行书面和实地审查；项目经费100万及以下的，进行书面审查和实地抽查。

未通过中期评估的，限期整改；整改不合格的，终止计划。

第十七条 计划执行期满3个月内，经推荐单位预先验收后，市科技局会同市委组织部、市财政局组织结题验收。验收不合格的，按要求整改后参加次年度验收；验收仍不合格的，按照青岛市人才发展专项资金使用管理实施细则执行。

第十八条 计划执行期内，领军人才发生工作变动的，推荐单位应及时报告市科技局。因在市内工作变动影响计划实施的，按有关规定对经费进行调整；调离市外的，按有关规定终止计划并收回经费。

第六章 支持政策

第十九条 根据对领军人才的创业创新水平及业绩、项目可行性、市场前景、预期经济社会效益、依托单位保障能力等评审结果，分别给予50万—400万元项目经费和30万—100万元安家补贴经费支持。

第二十条 领军人才的办公用房、人才公寓、“一卡通”服务、入选国家“千人计划”和省“泰山学者海外特聘专家”的配套资金等政策按有关文件规定执行。

第二十一条 领军人才已享受我市其他人才政策或近3年获得科技计划项目立项的，按照就高不就低的原则，不重复享受同类政策支持。

第七章 经费管理

第二十二条 根据“青岛英才211计划”要求，领军人才计划所需经费列入市财政预算。

第二十三条 安家补贴经费用途执行青岛市人才发展专项资金使用管理实施细则有关规定。项目经费用途执行青岛市科技专项资金管理办法有关规定。

第二十四条 项目经费实行分期拨付，200万元及以上的，分启动期（签订任务书后1个月）、中期（中期评估后1个月）和验收后（结题验收后1个月）三个阶段，按照5:3:2的比例拨付；200万元以下的，分启动期和中期两个阶段，按照5:5的比例拨付。

安家补贴经费经市人才工作领导小组办公室审批后，由市财政局拨付至市科技局组织实施。

第二十五条 各级组织、财政、科技部门和各人才推荐及依托单位要加强经费监管，重点对经费的使用情况进行监督检查，确保资金使用安全，提高资金使用效益。

第二十六条 对经费使用不当、无正当理由不按计划实施、弄虚作假骗取财政资金的单位和个人，市人才工作领导小组予以通报批评，按规定追回经费，3年内不得申报领军人才计划。情节严重的，依照相关法律法规追究责任。

第八章 附 则

第二十七条 每位领军人才只享受一次本计划支持。

第二十八条 本细则由市委组织部、市科技局、市财政局负责解释。

第二十九条 本细则自2014年8月3日起施行，有效期至2016年8月2日。

附件：青岛市创业创新领军人才计划申报书（略）

中共青岛市委组织部
青岛市科学技术局
青岛市财政局
2014年7月3日

青岛市经济和信息化委员会
促进我市小微企业健康发展政策措施

（青经信字〔2014〕94号）

为切实缓解当前小微企业面临的经营压力大、成本上升、融资难和税负偏重等突出问题，充分发挥小微企业在扩大就业、推动经济增长和社会稳定等方面的作用，现制定以下措施。

一、支持小微企业创新升级

（一）支持小微企业研发生产“专精特新产品（技术）”。每年培育认定一批中小企业“专精特新”产品（技术）和专精特新示范企业，在研发费加计扣除、产学研对接、技改、融资、培训、市场开拓、品牌创建等方面给予全方位服务。设立中小企业“专精特新”发展引导基金，以阶段参股形式支持中小企业“专精特新”固定资产投资项目。

（二）加强小微企业人才培训。实施“银河培训工程”“千人千企工程”“优秀企业经营管理人才培养造就工程”等，每年培训不少于1000人次，各级财政负责落实培训经费；支持专业培训机构对小微企业从业人员进行专业技术培训，以政府购买服务形式，由各级财政部门给予经费补贴。

二、缓解中小企业融资难

（三）完善中小企业贷款风险补偿政策。每年根据金融机构中小微企业新增贷款的规模，按照不高于0.5%的比例设立风险补偿金，置换金融机构的不良贷款，为中小企业提供普惠服务。引导银行金融机构支持实体经济特别是制造业、农业、科学技术等重点领域的发展。

（四）引导金融机构加大对中小微企业支持力度。鼓励金融机构针对不同类型的中小微企业开展融资模式、服务手段和产品创新，提供多层次金融服务。鼓励银行、担保等机构与政府合作搭建政策性融资平台，为中小微企业提供低利（费）率、信用放大融资支持，财政以提供增信资金的方式给予支持。其中，对金融、担保等机构与区（市）政府合作搭建的政策性融资平台，市级财政按不超过区（市）财政增信资金的50%给予支持。

（五）支持担保机构拓展中小企业贷款担保业务。鼓励我市担保机构开展低收费中小企业、农户融资担保和再担保业务，对符合条件的担保机构开展的融资担保业务，按照不超过年担保额的1.5%给予补助，重点向小微企业贷款担保业务倾斜；对符合条件的再担保机构开展的中小企业融资再担保业务，按照不超过年再担保额的0.5%给予补助。在不提高其他费用标准的前提下，对担保机构开展的担保费率低于银行同期贷款基准利率50%的中小企业、农户融资担保业务给予保费补助，补助比例不超过银行同期贷款基准利率50%与实际担保费率之差。

（六）缓解企业贷款周转难题。落实《国务院办公厅关于多措并举着力缓解企业融资成本高问题的指导意见》（国办发〔2014〕39号）"续贷"新规要求，着力解决小微企业"倒贷"问题。鼓励担保等投（融）资服务机构按要求为中小企业提供政策性（低收费）贷款周转金服务，对符合条件的贷款周转金服务机构和所服务的中小企业，均按不超过周转金额度的0.1%给予补助。

（七）推动企业多渠道融资。鼓励担保机构为中小企业集合债券、集合票据、集合信托和中小企业私募债等提供低收费担保或免收反担保费服务。对发行中小企业集合债券、集合票据、集合信托和私募债提供担保的机构，按担保额的1%（不超过100万元）给予补助，机构须同额减少担保收费；对上述融资方式提供免费反担保的国有控股担保机构，市财政每年按反担保额的1%（单户企业不超过100万元）以注入资本金方式拨付。鼓励大企业带动中小企业发行集合债券，同只债券（票据、信托）中，中小企业发行总额超过50%的，大型企业可享受同等扶持政策。鼓励中小企业通过区域性股权交易市场挂牌融资，对改制挂牌过程中发生的审计、评估、律师、验资、推荐等中介费用按不超过实际发生费用的70%给予补助，每个企业最高补助金额不超过50万元。鼓励中小企业通过融资租赁方式融资，对实现融资的企业按不超过融资租赁额的2%给予补助。

三、减轻小微企业税负

（八）落实小微企业税收优惠政策。自2014年10月1日起至2015年12月31日止，对营业税纳税人中月营业额不超过3万元的企业和非企业性单位，暂免征收营业税。对符合条件的小型微利企业，年应纳税所得额低于10万元（含10万元）的，其所得减按50%计入应纳税所得额，按20%的税率缴纳企业所得税。

四、扶持小微企业创业

（九）鼓励创办小微企业。对失业人员、军队退役人员、残疾人、普通高校毕业生从事个体经营依法免收相关管理类、登记类和证照类等行政事业性收费。对毕业5年内的普通高等学校毕业生、驻青高校毕业年度毕业生，以及本市户籍城乡失业人员、返乡农民工，在本市行政区域内从事个体经营或创办企业的，给予5000元创业补贴。对法定劳动年龄内的各类人员首次创办小微企业，正常经营1年以上、吸纳就业1人以上的，给予1万元小微企业创业补贴。对持《就业失业登记证》人员从事个体经营的，3年内按照每人每年9600元的限额标准扣减相关税费。

（十）落实创业贷款和贴息政策。全市各类符合条件的创业人员，从事个体经营的，可申请最高15万元的小额担保贷款；创办企业的，可申请最高45万元的小额担保贷款；首次小额担保贷款从事微利项目（除国家限制行业外）的，给予全额贴息；对还款及时、无不良信贷记录的，允许再申请一次小额担保贷款。对正常经营满1年以上的小企业，符合条件的可申请最高300万元的小企业小额贷款；对新招收毕业年度和择业期内未就业毕业生达到职工总人数30%的科技型小微企业，可申请最高300万元的小额贷款；对符合条件的小企业、科技型小微企业，按照中国人民银行公布的同期限贷款基准利率的50%给予贷款贴息。

（十一）落实用工补贴政策。对本市行政区域内各类用人单位招用本市城乡就业困难人员和就业困难高校毕业生，以及小微企业新招用毕业年度和择业期未就业毕业生，与其签订1年以上（含1年）期限劳动合同并按规定及时足额缴纳社会保险费的，可享受社会保险补贴和岗位补贴。对同一就业困难人员或就业困难高校毕业生，享受社会保险补贴和岗位补贴期限累计不超过3年；对小微企业招用毕业年度和择业期未就业毕业生的社会保险补贴和岗位补贴期限为1年，政策执行期限截至2015年底。对法定劳动年龄内的创业人员，在本市行政区域内从事个体经营或创办企业，创造岗位新招用规定人员就业，符合条件的，可按每个岗位2000元的标准，给予一次性创业岗位开发补贴。对符合条件的企业在新增岗位中，当年新招用登记失业1年以上且持《就业失业登记证》人员，3年内根据实际招用人数定额扣减相关税费，定额标准为每人每年5200元。

（十二）大力推进小企业产业园及创业孵化基地建设。设立小企业产业园股权投资基金，以阶段参股形式支持各类资本投资建设小企业产业园。把小企业产业园建设用地纳入各级用地规划和年度计划。小企业产业园内工业中小企业取得土地可分期缴纳土地出让价款，期限原则上不超过一年，特殊项目可约定在两年内全部缴清，首次缴纳比例不得低于全部土地出让价款的50%。鼓励创建创业孵化基地，被认定为市级创业孵化基地的，由市级财政给予补助；对入驻的创业者，给予最长3年的房屋租赁补贴。

五、搭建企业服务平台

（十三）深化中小企业服务体系建设。鼓励各类投资主体在重点乡镇、园区、基地建立中小企业服务平台，对具有公益服务功能的服务平台，市财政可通过参股方式给予支持。各区市要进一步强化公共服务平台建设和运营服务，加大人力、物力和资金扶持力度。加强各级公共服务平台考核、认定，对服务绩效考核优秀的给予表彰。

（十四）支持服务机构提供公益优惠服务。制定政府购买服务目录，通过政府购买服务的方式，支持服务机构为小微企业提供管理咨询、技术服务、财税顾问、工业设计、产品研发、创业辅导等优惠服务；支持中小企业云服务平台组织合作服务商开展中小微企业特惠服务活动；鼓励中介机构、专家解读我市政府相关部门政策，及时到中小企业云服务平台发布。

（十五）扶持小微企业开展电子商务应用。鼓励电子商务交易平台建设运营，初期可采取政府直投的方式，由政府和运营商共同投资建设，政府投入比例不超过20%；对跨境贸易电子商务公共服务平台建设、推广和应用，以及与青岛海关通关管理平台成功对接并正常运行的公共服务平台，政府可按实际投资额的30%进行投资，单个项目投资额最高200万元。

（十六）帮助小微企业开拓市场。组织小微企业参加各类国内外交易会、展销会、博览会等，组织统一参展、布展，并对参展企业展位费给予适当补助。通过政府购买服务方式，支持为中小微企业开拓国内、国外市场开展交流对接与合作的服务活动。

（十七）支持中小企业参与政府采购。落实国家、省支持中小企业发展、节能环保等政府采购政策，严禁在政府采购活动中对中小企业设置门槛。部门预留年度政府采购预算总额的30%以上，专门面向中小企业采购，其中预留给小型、微型企业的比例不低于60%。对于非专门面向中小企业的项目，采购人或者采购代理机构应对小型、微型企业产品的价格给予6%-10%的价格扣除，用扣除后的价格参与评审。对生产环保节能产品的企业，在企业投标时，分别在价格和技术等方面给予4%-8%的加分。定点采购项目，优先购买中小企业的产品和服务。加快推进政府采购信用担保业务，为中小企业提供投标、履约和融资担保等服务。

以上政策措施有效期截至2015年12月。

青岛市经济和信息化委员会
2014年9月29日

淄博英才计划实施办法（试行）

（淄办发〔2014〕37号）

第一章 总 则

第一条 为深入贯彻落实党的十八大和十八届三中、四中全会精神、习近平总书记系列重要讲话和视察山东重要讲话精神，深入实施人才强市战略，做好“加减乘”促转调三篇文章，进一步优化创新创业环境，增强人才在引领产业转型升级中的重要作用，根据我市产业发展对高端人才的需求，决定实施“淄博英才计划”。

第二条 “淄博英才计划”的目标任务是：到2020年，以企业为主体，突出产业化导向，围绕加快我市新材料、精细化工、新医药、新能源和节能环保、汽车及机电装备、电子信息等战略性新兴产业以及现代服务业、现代农业发展，围绕推动我市传统产业升级改造，培养、引进并重点支持60名左右高层次科技创新人才、60名左右高层次科技创业人才，攻克一批重大关键技术，研发一批拥有自主知识产权、具有核心竞争力的新产品，支持一批科技型中小企业做大做强，为全面深化改革、加快转型发展，开创淄博老工业城市新局面提供人才支撑。

第三条 “淄博英才计划”由市人才工作领导小组统一领导，市委组织部、市科技局负责具体实施。市发展改革委、市经济和信息化委、市财政局、市人力资源社会保障局等部门结合各自职能，负责落实相应支持政策。

第二章 范围条件

第四条 “淄博英才计划”坚持政策引领、聚焦高端，突出产业技术创新，突出科技成果转化，促进人才、科技、产业融合发展。围绕增强自主创新能力，培养和引进一批高层次科技创新人才；围绕推动科技成果产业化，培养和引进一批高层次科技创业人才。

第五条 科技创新人才是指我市企业、高校、科研机构培养、引进的在相关学科或技术领域掌握关键技术的高层次研发专家。入选条件为：

1. 一般应具有博士学位，有3年以上在国内外知名企业、高校、科研机构从事研发工作的经历，并取得突出业绩。

2. 拥有能够显著促进企业创新发展、技术升级的产权清晰的核心技术成果，所带领的团队专业结构和职责分工合理，研究方向和目标明确，具备重大技术研发和科技成果转化能力。

3. 研发项目符合我市产业发展方向，能够实现重大突破或开发出新产品新工艺，带来显著经济社会效益。

科技创新人才申报主体为市内企业（指工商、税务登记在淄博市辖区内，具有独立法人资格的企业）、高校、科研机构。具备下列条件之一的予以优先支持：市外创新人才全职来我市工作，并与申报单位签订4年以上劳动合同的；创新人才所在企业为我市“创新发展500强”或纳入高新技术产业创新链的；申报单位承担省级以上科技项目，或拥有市级以上科技创新平台（工程技术研究中心、企业技术中心、重点实验室、工程实验室等）的；已入选区县人才工程，并获得相关支持的。

第六条 科技创业人才是指以带技术、带项目、带资金的形式来我市投资创（领）办科技型企业或科研机构的高层次人才。入选条件为：

1．一般应具有海内外创业经验或知名企业中高级职务管理经验，所带领的创业团队拥有技术研发、经营管理、市场开发等专业人才，具备重大科技成果产业化能力。

2．创（领）办企业、科研机构的主导产品或研发项目具有自主知识产权，技术水平达到国际先进或国内领先，符合我市产业发展方向，已处于中试或产业化阶段，具有良好的市场效益前景。

3．已在我市依法注册创办企业或科研机构，具有独立法人资格，注册时间不超过5年（以申报截止日期计算），经营或运行状况良好，具有较好的经营业绩和成长性。

4．申报单位是企业的，申报人选应为企业的主要创办人之一，本人持股不低于30%；申报单位是科研机构的，申报人选应为科研机构的主要创办人，且为研发团队的核心研发人员。

科技创业人才申报主体为市内企业、科研机构。具备下列条件之一的予以优先支持：已在外市入选“千人计划”“万人计划”、省“泰山产业领军人才工程”、留学人员来鲁创业启动支持计划，来我市创业的；已入选区县人才工程，并获得相关支持的；创业人才及团队投入所创办企业的实际到位资金达到200万元以上的；创业人才以技术入股等形式与我市本地企业合作创办企业或获得创业投资机构支持的。

第三章 遴选程序

第七条 市人才工作领导小组办公室下发遴选通知，细化申报条件，明确目标任务、申报重点、申报程序和工作要求等。

第八条 申报。“淄博英才计划”实行网上申报，每年组织一次评审。对急需的人才可成熟一个、审批一个。市内申报单位向所在区县（含淄博高新区、文昌湖旅游度假区）科技主管部门提交申报书，经所在区县人才工作领导小组办公室审核同意后，同时向市委组织部、市科技局申报。申报人选及单位应对申报材料的真实性负责，所在区县要严格审核有关资料。

第九条 初审

1．资格审查。市委组织部、市科技局对申报材料的真实性、项目可行性、团队技术水平、项目建设目标等进行审核，并对提报的资料进行鉴别。

2．专家评审。市委组织部、市科技局组织相关技术、投资、管理等领域专家组成专家评审组，采取独立评价、现场答辩、实地考察等方式对申报人选进行评审，重点审查申报人选的科研成果水平、项目可行性、市场前景、预期经济社会效益等。

第十条 复评。市人才工作领导小组办公室组织市发展改革委、市经济和信息化委、市科技局、市财政局、市人力资源社会保障局等部门对符合支持条件的人选进行复评。

第十一条 征求意见和公示。对通过评审的申报人选进行公示，公示期为7个工作日。

第十二条 审定和公布。经市人才工作领导小组研究，报市委、市政府同意，由市政府发文公布。

第四章 支持政策

第十三条 对入选的科技创新人才的支持措施：

1．全职在用人单位工作（指申报人选与申报单位签订4年以上全职劳动合同，与其他单位无劳动关系，在申报单位工作时间每年累计9个月以上）的，每人每年给予10万元人才津贴和20万元科研补助经费。

2．兼职在用人单位工作（指申报人选的劳动关系在其他单位，在申报单位工作时间每年累计3个月以上）的，每人每年给予5万元人才津贴和10万元科研补助经费。

3．对从市外、海外引进的全职人选（已到岗工作1年以上、3年以内，以申报日期为准），除享受本条第一项支持措施外，再给予一次性安家补贴20万元。

以上人才津贴、科研补助经费和安家补贴从市人才工作专项资金中列支。人才津贴和安家补贴主要用于改善入选人才及团队的工作生活条件，科研补助经费主要用于入选人才为完成研发项目所必需的仪器设备和图书资料购置、实验室建设和学术交流活动资助等。

在管理期内，用人单位要按不少于1:1的比例为入选的科技创新人才安排配套经费。

第十四条 对入选的科技创业人才的支持措施：

1．对入选人才作为项目负责人承担的科技创新项目，一次性给予30万-50万元科研成果产业化配套资金，从市级应用技术研究与开发专项资金中列支。

2．入选人才创（领）办的项目获得1年期以上贷款且未列入其他贴息计划的，在管理期内由市财政按银行同期贷款基准利率的50%给予补助，每名入选人才管理期内累计贴息金额不超过100万元，从市创新发展专项资金中列支。

3．优先纳入市产业发展基金扶持范围，以阶段性股权投资等方式对入选人才所在的企业给予支持。鼓励金融机构、创业投资机构提供融资支持。

4．入选人才所在企业优先享受一次性创业补贴、创业岗位开发补贴，从创业带动就业扶持资金中列支。符合条件的，优先获得小额担保贷款，最高不超过300万元。

5．根据企业实际需求，由企业注册所在区县负责提供不少于100平方米的办公及研发场所和不少于100平方米的住房租赁使用，三年内免收租金。免收的租金由所在区县承担。

上述政策可叠加享受。

第十五条 对入选人才优先推荐申报国家和省各类人才工程（计划），在项目立项、政府采购、科技项目、分配激励等方面，对入选人才给予优先支持。优先安排入选人才参加各类专项培训。

第十六条 入选人才在居留落户、子女入学、家属安置、医疗保健等方面，按照市级高层次人才待遇提供便利条件。

第十七条 对全市产业发展产生重大影响、具有重大经济社会生态效益的领军人才及团队，经认定，可实行特事特办、一事一议，给予特别支持。

第五章 管理评估

第十八条 规范合同管理。“淄博英才计划”管理期为4年。期满符合条件的科技创新人才，可以继续申报，最多连续支持两个管理期。入选人才要与用人单位（所在区县、园区）签订工作合同，约定产业化期限和效益目标，并作为管理评估的依据。

第十九条 强化绩效评估。每年年初由申报单位提交上年度工作报告，经评估达到合同约定阶段性目标的，拨付下年度补助资金。4年管理期满后，市委组织部会同市科技局、市财政局等单位对科技创新成果、产业化效益、资金使用情况进行评估。探索委托专业机构参与评估工作。

第二十条 实行退出机制。管理期内，入选人才本人表示不再担任、经年度评估认定为不合格或其他原因不能继续担任领军人才的，将视情停止其相关待遇。对在入选人才及团队管理服务中出现重大问题、配套措施落实不到位的用人单位，要限期整改，整改期间停拨经费。

第二十一条 加强资金监管。用人单位要严格执行资金管理规定，对财政资助经费专款专用，提高使用效益。对于存在弄虚作假骗取财政资金、违反相关法律法规等情况的，3年内不再接受该单位和个人申报，并按相关规定作出处理处罚，追回有关经费。

第二十二条 支持企业拓展引才渠道，采取委托专业招聘公司、以才引才等方式，引进高层次人才及团队。对市内企业直接申报入选国家“千人计划”和“万人计划”、省“泰山学者”和“泰山产业领军人才工程”“淄博英才计划”科技创新人才的，分别一次性给予该企业主要负责人10万元、5万元和3万元奖励，从市人才工作专项资金中列支。

第二十三条 实行招才引智与招商引资一体化考核。区县和市直部门、单位每从市外引进1名“淄博英才计划”科技创业人才或来我市创业的“千人计划”“万人计划”人选的，视同完成5000万元的招商引资任务；每从市外全职引进1名“淄博英才计划”科技创新人才的，视同完成3000万元的招商引资任务。

第二十四条 将实施“淄博英才计划”情况纳入人才工作目标责任制考核，作为区县委书记抓人才工作述职的重要内容，加强督促落实，形成长效机制。

第六章 附 则

第二十五条 本办法中第13条关于科技创新人才的支持措施由市委组织部负责落实；第14条关于科技创业人才的5项支持措施，其中第1项由市科技局负责落实，第2、3项由市财政局负责落实，第4项由市人力资源社会保障局负责落实，第5项由各区县人民政府和淄博高新区、文昌湖旅游度假区管委会负责落实。

第二十六条 对我市先入选国家“千人计划”（“万人计划”）、省“泰山产业领军人才工程”的，在享受国家、省政策扶持的基础上，市财政分别给予每人100万元、50万元的一次性配套资金支持，不再申报“淄博英才计划”。对先入选“淄博英才计划”、后入选国家“千人计划”（“万人计划”）、省“泰山产业领军人才工程”的，按照就高不就低的原则，不重复享受市级人才资金支持。

第二十七条 本办法自2015年1月1日起施行。

第二十八条 本办法由市人才工作领导小组办公室负责解释。

中共淄博市委办公厅

淄博市人民政府办公厅

2014年12月18日

淄博市人民政府
关于进一步加强引进国外智力工作的意见

（淄政发〔2014〕14号）

为大力实施人才强市战略，更好地发挥引进国外智力（以下简称“引智”）在加快推进自主创新，转变经济发展方式，促进全市经济社会发展中的重要作用，根据《国家外专局经济技术专家司、山东省外国专家局和淄博市人民政府引进国外智力促进经济社会发展战略合作备忘录》的有关要求，现就进一步加强全市引智工作提出如下意见。

一、重要意义

引智是我国对外开放事业的重要组成部分和实施人才强国战略的重要内容，是需要长期坚持的重大战略方针，也是促进科学发展的重要举措。改革开放以来，我市引智工作紧紧围绕经济建设中心，服务改革开放大局，初步形成了全方位、多渠道、宽领域的引智格局，为促进全市各项事业科学发展提供了有力的智力保障。当前，我市经济社会发展正处在关键时期，紧紧围绕人才强市和可持续发展战略的深入实施，积极开展引智工作，积极利用好国际国内两个市场、两种资源，在若干重点特色领域率先实现突破并形成优势，是进一步增强我市综合经济实力和核心竞争力，实现经济社会持续健康发展的必然要求。

二、指导思想和总体要求

（一）指导思想。以邓小平理论、“三个代表”重要思想、科学发展观为指导，以黄河三角洲高效生态经济区、济南都市圈建设为契机，大力实施人才强市战略，按照“以我为主、按需引进、突出重点、讲求实效”的原则，围绕中心，服务大局，创新工作机制，充分开发和利用国际人才资源，加快集聚以高新技术和现代产业为主体的国外专家智力，培育国内优秀人才，加快推进区域转调创、做好“加减乘”三篇文章步伐，为推进全市经济社会全面协调可持续发展提供国外智力支持。

（二）总体要求。服务全市经济社会总体战略，把促进发展作为引智工作的根本出发点，进一步扩大引智工作规模，调整优化引进国外高层次人才和派出培训人才的结构，提高引智质量和效益；拓宽引智服务领域，努力做到与国家、省、市区域带动战略部署和地方经济社会发展、产业结构调整相适应；健全引智工作服务体系，加强队伍建设，增强服务能力，提高服务水平。大力引进海外高层次紧缺人才，着力加强出国（境）培训管理，积极推广引智成果，形成政府主导、多元引智的良好局面，使引智在数量上稳步增长，层次上较大提高，结构上更趋合理，在我市经济建设中发挥应有的作用。

三、主要工作

（一）围绕新农村建设开展引智工作。紧紧围绕农业增效、农民增收和壮大县域经济，大力支持现代农业、优质果品、有机食品和畜牧业等方面的引智项目，积极引进先进适用的种植、养殖技术，生态环保技术，病虫害防治和节水灌溉技术。以农业引智成果示范推广基地为依托，继续扩大农业引智成果向农户转移、转化，大力发展生态农业、无公害农业和外向型农业，促进优质高效农业发展，努力创出一批农业名品、名牌，推进农业产业化经营和农业结构的优化调整，增强我市农产品在国内外市场的竞争力。

（二）围绕战略性新兴产业培育开展引智工作。紧紧围绕我市培植壮大新材料、精细化工、新医药、新能源和节能环保装备、汽车及机电装备、电子信息等六大战略性新兴产业，实施“引智扶强”工程。以“创新发展500强企业”为重点，积极引进国外高水平专家和企业急需的新技术、新工艺、新材料、新成果，为加快企业技术改造、产品升级、增强竞争力提供支撑。积极聘请国外高层次的管理者和经营者到企业任职或兼职，提供技术咨询和指导。通过举办高级研修班、出国（境）培训等方式，学习借鉴国外企业管理经验，促进现代企业制度的建立，提高企业管理水平。

（三）围绕民生建设开展引智工作。加大对大气污染防治、太河水库水源地保护、生态湿地建设、河流污染综合治理方面的引智服务力度，重点支持可再生能源领域发展的引智项目。积极引进国外节能减排先进技术成果，促进我市环境友好型和资源节约型社会建设。积极支持科教文卫领域领军人才的培养和重点学科建设、国外先进教育管理模式的引进以及文化卫生体育领域的引智工作。按照“更加注重社会建设，着力保障和改善民生”的精神，加大社会领域引智工作力度，学习借鉴国外在社会保障、公共卫生体系建设、应急管理等方面的经验，推动社会主义和谐社会建设。

（四）实施“淄博市高端外国专家引进计划”。为加快推进我市企业转型升级和产业结构调整，推进核心技术和关键工艺研发、新产品设计制造、新材料技术开发，提升企业自主创新能力和综合竞争力，制定实施我市“高端外国专家引进计划”。按照“政府引导、企业为主”的原则，将引进的掌握核心技术、重点领域创新创业的高层次外国专家或团队纳入“淄博市高端外国专家引进计划”，实行年薪补贴，市财政给予外国专家或团队一次性补贴30万元。

（五）加强引智成果示范推广工作。加强国家、省、市三级引智成果示范体系建设，健全完善引智成果示范推广的机制，强化对引智成果的消化、吸收和再创新。加大市级引智成果示范推广基地建设力度，给予每个市级引智示范基地一次性补助10万元，专门用于优秀引智成果的示范推广。通过建立一批引智示范基地和示范单位，做强一批有重大影响的品牌项目，树立一批有突出贡献的外国专家典型，扩大引智成果的推广运用，使引智成果尽快转化为现实生产力。

（六）加强出国（境）培训管理。坚持突出重点、从严掌握、择优安排的原则，切实增强出国（境）培训的针对性和实效性。每年有计划、有重点地组织我市重点发展领域、急需工艺技术开发的专业技术人员和管理人员到国外科研机构、知名大学、跨国公司学习培训，通过引智渠道加快培养一批高层次、复合型的专业技术人才、优秀企业家和中青年优秀公共管理人才。切实加强组织管理，进一步规范出国（境）培训工作程序，严格出国（境）培训纪律，控制培训规模，严禁借培训名义变相公费出国（境）旅游等行为。

（七）深化国际人才交流合作。立足我市需要，进一步加强与驻外机构、外国专家组织、人才中介机构、教学科研机构、大型企业，以及海外华人华侨社团、先期引进的人才等独特平台的联系，挖掘更多的国外智力资源，对于引进符合条件的外国专家组织专家的单位给予适当补助。把引智工作纳入友好城市交往、招商引资、经贸合作、科技交流和引进设备等活动的重要内容，官方引智和民间引智并举，广开引智渠道。充分发挥好我市各类海外科技园区的作用，挂牌建立引智联络站，使其成为我市国际人才引进的桥头堡。积极组织参加中国国际人才交流大会、山东省海内外高端人才交流暨技术项目洽谈会等大型活动，探索我市国际人才交流平台的建设，增强引智的针对性和有效性。积极参与山东半岛蓝色经济区、黄河三角洲高效生态经济区、济南都市圈等区域性引智成果交流活动，学习借鉴外市先进经验，加强区域交流合作，促进引智成果的推广和共享。

四、保障措施

（一）切实加强组织领导。各区县、各部门要高度重视引智工作，切实加强对引智工作的领导，把引智工作纳入本地区、本部门发展规划，提上重要议事日程。各级政府要建立引智工作领导小组和联席会议制度，及时了解掌握基层和企业的引智需求，定期研究涉及引智工作发展的重大事项，积极帮助解决制约引智事业发展的突出问题，支持引智部门积极发挥职能作用。

（二）完善引智工作投入机制。市财政每年安排2000万元，作为引智专项资金，主要用于各类引智项目补贴、重大引智活动资助和优秀外国专家奖励等。具体实施办法由市人社局、市财政局另行制定。对列入国家、省外专人才引进计划和国家、省引智项目且获得10万元（含）以上资助的，按照国家和省补助额的1:1予以补助；列入市重点引智项目的，每个项目补助5万元。各区县财政要将引智经费列入年度财政预算，安排必要的专项资金，并随着经济的发展逐步增加。鼓励和引导企事业单位增加对引进国外人才智力的投入，多渠道、多层次吸纳社会资金为引智事业服务，进一步完善政府、引智单位和社会多渠道筹措资金的引智工作投入机制。将引智专项经费用于支持经济效益和社会效益显著的引智项目，不断提高引智专项经费的使用效益。

（三）提高引智公共服务水平。不断改进管理方式，提高公共服务水平，公开办事规则和程序。加强对外国专家的社会管理，及时处理涉外违法聘用事件。建立引智领域涉外突发性事件的应急预警机制，认真落实外国专家行政许可事项限时办结制，进一步完善外国专家来淄工作准入、居留、优惠政策和权益保障等方面的政策法规，落实好引智各项优惠政策，研究解决外国专家在医疗、社会保险、子女入学和家属就业等方面的实际困难，加快推进外国专家公寓和翻译中心的建设，通过政府购买服务的方式，为外国专家提供良好的工作和生活条件，把全市各级外国专家管理部门建设成为“外国专家之家”。积极提升引智工作信息化水平，加快推进政务公开和网上办理。建立健全海外高层次人才、“友谊奖”获奖专家信息库，扩大人才信息存量，加强联系互动。

（四）健全引智工作机制。各级人社（外专）、发改、经信、教育、科技、公安、财政、农业、卫生、外事等部门要密切合作，树立大引智观念，发挥职能作用，共同做好引智工作。各企事业单位和行业主管部门要进一步增强做好引智工作的主动性。要重点开辟高层次人才引进渠道，吸引海外人才以合作研究或学术交流、人员培养以及工作任职等多种形式为全市经济社会发展服务。各级外专部门要发挥引智工作的主导作用，加强与有关部门的协调配合，充分调动各方面的积极性，形成上下联动、互相支持、协调高效的工作新格局，促进引智工作科学发展。

（五）加强引智工作队伍建设。按照“相对稳定、逐步优化”的原则，加强引智队伍建设，充实配备素质高、能力强的人员承担引智工作任务。加强对引智工作人员培训，重视关心引智工作干部，充分调动和发挥他们的积极性和创造性。

本意见自2015年2月1日起施行，有效期至2019年12月31日。

淄博市人民政府

2014年12月26日

烟台市级小微企业创业园区认定暂行办法

（烟中小企〔2014〕24号）

第一条　为推进全民创业，加快建设民营经济特色产业镇，加快培育中小企业产业集群，促进结构调整、产业升级、布局优化，在全市培育一批特色鲜明、优势突出、用地集约、生态环保的小微企业创业园区，依据市委、市政府《关于培育发展市场主体的意见》（烟发〔2013〕15号）文件精神，制定本办法。

第二条　本办法所指烟台市级小微企业创业园区（以下简称园区）是指由县市区政府集中统一规划，区域内产业优势明显，主导产业突出，基础设施完善，公共服务平台健全，集聚了一定数量小微企业进行创业创新，对小微企业集聚发展具有示范作用的园区。小微企业划型以工业和信息化部、国家统计局、国家发展和改革委员会、财政局发布的《关于印发中小企业划型标准规定的通知》（工信部联企业〔2011〕300号）为标准。

第三条　烟台市级小微企业创业园区应同时具备以下条件：

（一）园区产业定位明确，符合国家、省市产业政策、产业布局规划、环保要求和安全生产要求，符合城市发展总体规划。

（二）园区已制定经当地政府批准的区域规划。

（三）园区连片开发区域面积在500亩以上，基础设施基本完善，区域内配套能力和可持续发展能力强。

（四）园区内入驻的创业小微企业户数60户以上，并且已纳入山东财政企业财务管理信息平台。

（五）园区设立了具有独立法人资格的管理服务机构，管理服务机构内部管理制度健全，办公设施齐全。

（六）园区内设立综合型公共服务平台或者3处以上公共服务平台。

（七）园区已获得当地政府政策支持，当地政府已出台对园区服务机构及入驻企业的优惠政策。

第四条　应提交的申请材料：

（一）烟台市小微企业创业园区申报表；

（二）园区发展基本情况（包括发展概况、基础设施建设，园区内产业、企业、扶持政策、品牌建设、技术创新、管理机构及公共服务体系等方面的情况）；

（三）园区内入驻企业情况汇总表；

（四）园区发展规划及批准文件；

（五）园区管理机构企业营业执照副本或事业单位法人证书；

（六）当地政府出台的优惠政策；

（七）园区建设资金投入及相关凭证复印件；

（八）其他材料。

第五条 烟台市级小微企业创业园区认定工作每1到2年开展一次。符合条件的园区向县市区中小企业主管部门申请，经所在县市区中小企业主管部门会同同级财政部门审核同意，联合上报市中小企业局、市财政局。市中小企业局会同市财政局依据申报条件等要求组织评审、认定并命名。

第六条 实施动态管理，市中小企业局会同市财政局每两年对已认定的烟台市级小微企业创业园区进行复核，复核合格的，给予公布。已认定的园区应在醒目位置，标识“烟台市级小微企业创业园区”。

第七条 本办法自发布之日起施行。

第八条 本办法由市中小企业局进行解释。

附件：1. 烟台市级小微企业创业园区申报表（略）

2. 园区内入驻企业情况汇总表（略）

烟台市中小企业局

烟台市财政局

2014年8月25日

威海市留学人员创业园区管理办法

（威政发〔2014〕9号）

第一章 总 则

第一条 为加快留学人员创业园区发展，吸引更多的海外留学人员来我市创新创业，根据国家和省有关规定，结合我市实际，制定本办法。

第二条 本办法适用于威海市留学人员创业园区内的留学人员和留学人员企业。

第三条 本办法所称留学人员企业，是指经有关部门批准成立，由留学人员独自创办或者参与创办的企业。

第四条 市人力资源社会保障部门负责全市留学人员创业园区建设和发展的规划、指导，协调处理园区建设和发展中的重大问题。主要履行下列职责：

（一）负责留学人员的身份认定；

（二）负责留学人员企业的资格认定；

（三）制定园区发展政策；

（四）负责申报留学人员科技活动资助资金；

（五）负责管理留学人员创业专项扶持资金；

（六）负责与上级有关部门共建园区工作。

发展改革、科技、财政、商务、工商等部门，应当按照各自职责，协同做好园区管理工作。

第五条 设立留学人员创业园区的市区（含国家级开发区、南海新区，下同），应当成立园区管理服务机构，为留学人员企业提供工商注册、税务登记、财务管理、融资、物业管理、网络通讯等服务和商务洽谈、会议接待、人员培训、产品展示等场所。

第二章 留学人员企业认定

第六条 下列人员可在留学人员创业园区内创办留学人员企业：

（一）获得国（境）外学士以上学位的；

（二）在国内取得大学本科以上学历或者中级以上专业技术职务任职资格后，到国（境）外高等院校或科研机构研修一年以上的；

（三）出国留学并取得外国长期（永久）居留权或留学国再入境资格的；

（四）其他符合规定的人员。

第七条 进入园区的留学人员企业的生产、经营项目除应符合国家产业政策外，还应具备下列条件之一：

（一）属高新技术领域；

（二）达到国际、国内领先水平，具有较强的市场竞争力；

（三）能够推动产业结构调整和产品升级换代，具有较好的发展前景和可持续发展潜力。

第八条 创办留学人员企业主要包括下列形式：

（一）留学人员独自创办；

（二）留学人员与国内外公司、企业或者其他经济组织合资、合作创办；

（三）其他符合规定的创办形式。

第九条 合资、合作创办留学人员企业，留学人员可以通过下列形式出资：

（一）以货币出资；

（二）以工业产权、专有技术作价出资；

（三）以机器设备及其他物料作价出资。

留学人员的出资额应当不低于注册资本的25%；以高新技术成果作价出资的，其占注册资本的比例可按国家有关规定由出资各方书面约定。

第十条 留学人员企业认定按照下列程序进行：

（一）留学人员应当向园区管理服务机构提供下列材料：

1. 创办企业申请书；

2. 证明留学人员身份及其项目（成果）、工业产权、专有技术、资金、机器设备、其他物料状况和作价金额材料；

3. 项目申请报告，合资或者合作创办企业合同；

4. 企业法定代表人、董事会成员人选名单；

5. 留学人员资信证明文件。

（二）园区管理服务机构经初步审查认为符合进驻园区条件的，应当协助留学人员到发展改革、商务、工商等部门办理项目核准、企业登记等手续。

（三）留学人员应当将本条第（一）项所列材料和项目核准、企业登记等材料报市人力资源社会保障部门。市人力资源社会保障部门对上述材料进行审核，审核合格的，应当于15个工作日内发放留学人员企业证书；审核不合格的，应当向留学人员书面说明理由。

第十一条 申请成立留学人员企业有下列情形之一的，不予批准：

（一）损害国家主权或者危及国家安全的；

（二）损害社会公共利益的；

（三）不符合环保要求的；

（四）其他违反国家法律、法规规定的情形。

第十二条 留学人员企业有下列情形之一的，应当重新申请认定：

（一）与其他公司、企业或经济组织合并的；

（二）企业分立的；

（三）更换名称的。

第十三条 留学人员企业有下列情形之一的，取消资格：

（一）不再符合本办法认定条件的；

（二）有本办法第十二条所列情形之一，且超过60日未重新申请认定的；

（三）骗取留学人员企业资格的。

第十四条 留学人员企业被取消资格后，不再享受有关优惠政策。对骗取留学人员企业资格的，还应当由有关部门追回资助资金和相关收益；构成犯罪的，移交司法机关依法追究刑事责任。

第三章 优惠政策

第十五条 留学人员创业园区内的留学人员和留学人员企业享受下列优惠政策：

（一）留学人员携带科研项目和技术创办、领办企业，从事产品研发、实施科技成果转化、进行高新技术研究的，可申请一次性创业资助资金。市人力资源社会保障部门应当组织相关部门和专家，对项目的科技含量、市场前景等进行评估，并按照一般、优秀、重点三档推荐，由市财政部门视评估情况分别给予留学人员企业10万元、20万元、30万元资助资金。

（二）对从事高新技术项目研发和成果转化的留学人员企业给予融资扶持。企业可委托园区管理服务机构向有关部门申请科技项目转化资金、科技成果孵化资金、贴息资金等；充分发挥科技支行、小微企业贷款风险补偿基金作用，向企业提供知识产权质押、“科助通”、中小企业风险担保等融资服务。经评审认定的企业，可优先获得相应资金支持。

（三）留学人员在园区内创办、领办的企业，可委托园区管理服务机构向科技主管部门申请认定高新技术企业，并可按15%税率缴纳企业所得税。

（四）留学人员创办的高新技术企业以及持有的科技含量高的转化项目，可给予专门的优惠政策予以扶持。

（五）留学人员进入园区孵化或创办高新技术企业的，优惠提供200至500平方米工作用房。工作用房面积在200平方米以内的部分，前3年免收租金，后3年按市场价格的50%收取租金；超出200平方米的部分，3年内按市场价格的50%收取租金。如园区不能提供工作用房，留学人员在园区外租赁房屋用于创业的，3年内由同级财政按年租金的20%给予补贴，每年最高不超过1万元。

（六）在园区内创业的留学人员，可向园区管理服务机构申请住房。如园区不能提供住房，留学人员在园区外租赁住房的，由同级财政每月给予800元房租补贴，补贴期限不超过1年。

第十六条 留学人员企业除享受本办法规定的优惠政策外，还享受所在市区的相关优惠政策，但不得重复奖励或补助。

第四章 附 则

第十七条 落户园区外的留学人员企业的认定、管理和优惠政策，参照本办法执行。

第十八条 本办法由市人力资源社会保障局负责组织实施。

第十九条 本办法自2014年4月1日起施行，有效期至2019年3月31日。威海市人民政府1999年6月24日威政发〔1999〕38号公布、2002年1月19日威海市人民政府第37号令修改的《威海留学人员创业园区管理暂行办法》自本办法施行之日起废止。

威海市人民政府
2014年2月20日

河南省人民政府
关于创新机制全方位加大科技创新投入的若干意见

（豫政〔2014〕64号）

为深入贯彻落实《中共河南省委河南省人民政府关于加快自主创新体系建设促进创新驱动发展的意见》（豫发〔2013〕7号）精神，建立健全科技投入保障机制，全方位加大科技投入，加快实施创新驱动发展战略，特提出如下意见：

一、重要意义和总体要求

（一）重要意义。近年来，我省深入实施创新驱动发展战略，加快构建自主创新体系，全社会科技投入不断增长，但科技投入的总量与强度不足，投入方向与结构不尽合理，科技投入机制与实施创新驱动发展的要求不相适应。当前我省经济发展仍处于靠大量消耗物质资源维持发展的阶段，创新投入不足，技术创新能力不强，高层次科技人才匮乏，缺乏拥有自主知识产权的技术和产品，高新技术产业规模不大，科技创新对经济结构调整、转型升级的支撑引领能力不强。要实现从传统比较优势向新的竞争优势转换，根本出路在于创新，关键要靠机制创新和加大科技投入。在新形势下，要充分认识全方位加大科技投入的重大意义，把科技投入作为战略性投资，作为提高科技创新能力、提升核心竞争力的重要保障，进一步加大政府科技投入力度，引导企业和社会增加研发投入，切实增强自主创新能力，着力推进创新驱动发展，加快构建自主创新体系，以科技创新支撑和引领经济结构优化升级，努力建设富强河南、文明河南、平安河南、美丽河南。

（二）总体要求。以邓小平理论、“三个代表”重要思想、科学发展观为指导，深入贯彻党的十八大和十八届二中、三中全会精神，围绕粮食生产核心区、中原经济区、郑州航空港经济综合实验区建设，以切实增强创新驱动能力为核心，以着力推动科技创新与经济社会发展紧密结合为重点，围绕产业链部署创新链，围绕创新链完善资金链，加快建立完善以政府财政投入为引导，以企业投入为主体，以银行信贷和风险投资等金融资本为支撑，以民间投资为补充的多元化、多渠道、多层次的科技投入体系，建立健全适应发展社会主义市场经济要求的科技投入机制，为实施创新驱动发展战略提供有力保障。

到2015年，初步建立与经济社会发展相适应的全方位科技投入体系，财政科技支出占公共财政支出的比重达到中部地区的平均水平，大中型工业企业研发投入占当年销售收入的比例达到1.5%左右，全社会研发投入占生产总值的比重达到1.6%。到2020年，科技投入体制机制更加完善，财政科技支出占公共财政支出的比重达到全国平均水平，大中型工业企业研发投入占当年销售收入的比例不低于3%，全社会研发投入占生产总值的比重达到2.5%。

二、建立健全企业技术创新长效激励机制

（三）完善企业研发投入持续增长机制。支持企业加强自主创新，加快新产品、新技术开发与产业化。鼓励和引导企业按照国家战略和市场需求先行投入实施研发项目，产业化目标明确的重大科技项目由有条件的企业牵头组织实施。鼓励企业建设高水平研发平台，引导和鼓励重点企业特别是外资企业研发中心从境外、省外迁入我省或设立分支机构。鼓励企业与高校、科研机构紧密合作，加快科技成果转化。加强企业研发投入情况统计和考核评价，建立健全国有企业技术创新经营业绩考核制度，把研发投入、重大技术创新成果产出、成果应用与转化经济效益纳入国有企业负责人业绩考核内容。

（四）发挥支持企业自主创新优惠政策的激励作用。通过税收、企业财务、资产管理等政策，为企业技术创新和科技成果转化营造良好的政策环境。重点落实促进企业技术创新的税收扶持政策，包括高新技术企业税收优惠、企业研发投入加计扣除、技术转让税收优惠、科技企业孵化器和国家大学科技园发展、软件产业发展等方面的税收政策，以及对购买相关科技开发用品、科研和教学用品、重大技术装备和产品涉及的关键零部件和原材料等进口税收优惠政策。积极开展科技成果处置权和收益权管理改革试点，鼓励科研人员创办科技型企业，对拥有科技成果的科研人员采取股权奖励、股权出售、股票期权方式进行股权激励，采取项目收益分成方式进行分红激励。

（五）构建科技型中小企业创新资金供应链。将支持科技型中小企业发展作为健全产业链和创新链的关键环节，以财政科技投入为引导，股权融资与债权融资、直接融资与间接融资相结合，建立覆盖科技型中小企业成长全过程的资金供应链。对种子期、初创期的科技企业，财政资金采用以奖代补方式给予扶持，引导社会资金设立天使投资基金进行权益投资。对成长期的科技企业，财政资金采用风险补偿方式给予支持，引导金融机构、担保机构、保险机构和创业投资机构进行信贷支持和股权投资。对成熟期的科技企业，鼓励其通过多层次资本市场融资。发挥债务融资工具的作用，支持科技型中小企业发行公司债券、短期融资券、中期票据，组织科技型中小企业发行集合票据、集合债券。

三、建立健全科技金融紧密结合机制

（六）加大科技信贷投入。建立政府引导、多方参与的科技型中小企业信贷体系，探索科技型中小企业贷款风险补偿机制，各级财政设立的中小企业贷款风险补偿基金优先对科技型中小企业贷款给予风险补偿，引导和支持金融机构加大对科技的信贷投入。鼓励金融机构加大对企业自主创新和成果转化的信贷支持力度，有条件的安排专项信贷规模和资金支持科技创新，科技贷款年均增长率要高于其他各类贷款的年均增长率，逐步完善科技贷款审批机制，充分利用互联网技术，建立科技贷款“绿色”通道，提高科技贷款审批效率，为科技企业提供高效、便捷的金融服务。完善科技信贷风险管理机制，探索设计专门针对科技信贷风险管理的模型，提高科技贷款管理水平。落实授信尽职免责机制，有效发挥差别风险容忍度对银行开展科技信贷业务的支撑作用。

（七）支持金融机构产品创新。鼓励银行业金融机构与创业投资、证券、保险、信托等机构合作，以客户需求为导向，加大创新力度，设计更多符合市场需求的新业务、新产品、新工具，建立完善金融支持科技创新的信息交流共享机制和风险共控合作机制。全面推动符合科技企业特点的金融产品创新，逐步扩大专利权、商标权、版权、股权质押以及产业链融资贷款规模。支持金融机构开展科技型中小企业集合贷款业务，对转制科研机构、产业技术创新战略联盟以及企业自律组织联盟等进行集合授信支持。

（八）支持科技信贷专营机构发展。鼓励金融机构设立科技信贷业务部，在创新型产业聚集区、高新区、郑州航空港经济综合实验区等有条件的各类园区设立科技支行、科技小额贷款公司和科技金融租赁公司等新型金融服务组织，为科技型中小企业提供金融服务。对设立科技支行的金融机构，财政资金给予贷款贴息或一次性开业奖励。鼓励科技小额贷款公司采取贷款和投资相结合的方式，支持科技型中小企业发展。支持金融租赁公司与金融机构搭建交流合作平台，发展成熟适用的租赁融资模式，为科技型中小企业提供研发、生产设备租赁服务。

（九）支持科技担保公司发展。建立科技型中小企业融资担保公司的资本注入和补充机制，探索科技型中小企业融资担保损失补偿机制，各级财政扶持担保机构的奖励、代偿补偿专项资金要对科技型中小企业融资担保业务予以倾斜扶持，鼓励和引导担保机构扩大对科技型中小企业的担保业务规模。鼓励担保公司设立科技担保事业部，在创新型产业聚集区、高新区、郑州航空港经济综合实验区等有条件的各类园区设立科技担保公司，为高成长、轻资产科技型中小企业提供融资服务。支持具备科技金融服务能力的社会资本参与设立科技担保公司。鼓励各银行对科技担保机构在国家规定范围内适当提高其担保放大倍数。

（十）推动科技保险发展。探索建立科技型中小企业科技保险费补贴机制。鼓励保险机构积极开展科技保险业务，在创新型产业聚集区、高新区、郑州航空港经济综合实验区等有条件的各类园区设立保险机构，创新科技保险产品和服务，制订和完善个性化的保险方案。积极开发首台（套）重大技术装备质量保证保险、首台（套）重大技术装备产品责任保险、小额信贷保证保险、国内贸易信用保险、科技型企业融资保险以及科技人员保障类保险等产品，分散企业技术创新的市场风险。探索保险资金投资优先股等新型金融工具，为科技型中小企业提供长期股权投资。

四、建立健全科技创业投资机制

（十一）加快科技创业投资主体培育。设立河南省科技创业投资引导基金，按照政府引导、市场运作、不以营利为目的的原则设立科技创业投资子基金，重点投资处于种子期和初创期的科技企业。支持省辖市、省直管县（市）及创新型产业聚集区、高新区、郑州航空港经济综合实验区等有条件的各类园区设立科技创业投资引导基金，吸引社会资金在各自区域内设立科技创业投资子基金，重点投资处于初创期、成长期的科技企业，促进科技成果转化，支撑经济发展。积极争取国家科技成果转化引导基金、科技型中小企业创业投资引导基金、国家战略性新兴产业创业投资引导基金和国家农业科技园区协同创新战略联盟基金等在我省设立相应投资基金。

（十二）支持科技创业投资机构发展壮大。建立科技创业投资风险补偿机制，完善科技创业投资政策环境。发挥河南省股权投资引导基金的作用，引导社会资本创办科技创业投资机构，支持境内外风险投资机构参股我省科技创业投资机构，扩大我省科技创业投资规模，重点投资处于成长期的科技型中小企业。外资参股我省科技创业投资机构实行出资承诺制，按项目投资进度实际出资，投资省内科技型中小企业的，给予结汇便利。创业投资企业采取股权投资方式，投资未上市的中小高新技术企业2年以上的，可以按照其投资额的70%，在股权持有满2年的当年抵扣该创业投资企业的应纳税所得额；当年不足抵扣的，可以在以后纳税年度结转抵扣。

（十三）充分发挥资本市场作用。推动多层次资本市场建设，促进科技成果资本化、产业化。各省辖市、省直管县（市）及创新型产业聚集区、高新区、郑州航空港经济综合实验区等有条件的各类园区要建立上市企业后备资源库，加大对科技型中小企业改制和上市辅导等环节的支持力度，为拟上市科技型中小企业在改制重组过程中办理资产置换、剥离、收购、财产登记过户等开辟“绿色”通道，加快科技型中小企业上市融资发展步伐。加快发展统一的区域性技术产权交易市场，加强省级技术产权交易市场建设，支持科技型中小企业在全国中小企业股份转让系统挂牌交易。推进股权、技术产权交易中心（所）建设，向非上市科技型中小企业提供股权登记托管、产权交易、知识产权登记评估质押等服务。

五、建立健全高校、科研机构和社会其他力量协同创新机制

（十四）加大对协同创新的投入力度。充分发挥产学研合作专项资金的作用，引导高校、科研机构与企业开展合作，实现项目、基地、人才等创新资源共享；充分调动各类创新主体的积极性和创造性，建立政产学研用协同创新机制，完善科技评价制度，建立知识产权处置收益分配和科技成果转化奖励等激励机制;消除科技创新中的“孤岛现象”，破除制约科技成果转移扩散的障碍，支持高校、科研机构对企业特别是科技型中小企业开放科研仪器设备，促进科技资源开放共享，提升我省自主创新体系整体效能。

（十五）支持我省高校参与实施国家“高等学校创新能力提升计划”。按照“河南急需、国内一流、制度先进、贡献突出”的总体要求，以我省国民经济和社会发展重大需求为导向，以重大协同创新任务为牵引，以体制机制改革为保障，以高校人才培养质量和创新服务能力的显著提升为目标，通过政策和资金引导，着力推进高校与其他创新要素深度融合，努力把高校协同创新中心建成科技体制改革的试验区、创新人才的集聚区和经济转型升级的助推器。

（十六）充分发挥我省科研机构在协同创新中的作用。整合设立科研机构发展专项资金，实施“科研机构振兴计划”，重点支持基础条件好、方向明确、优势特色突出、与经济社会发展结合紧密、对行业具有支撑引领作用的科研机构，使其成为我省行业技术的龙头；支持科研机构与高校、骨干企业合作，建立产业技术创新战略联盟和产业技术研究院，开展产业发展战略研究、产业共性关键技术研究和成果产业化技术研究。充分发挥中央驻豫科研机构的骨干和引领作用，鼓励其通过并购重组、成立产业技术创新战略联盟等多种形式，与我省相关科研机构和企业建立战略性合作关系。

（十七）鼓励社会公益捐赠。积极鼓励个人、联合体以及各种组织以承包、租赁、合作等形式进入科技研发领域，鼓励社会团体或个人在高校和科研机构设立创新活动基金，属于公益性捐赠的可按国家有关规定，在缴纳企业所得税和个人所得税时予以扣除。企事业单位、社会团体和个人通过公益性社会团体和国家机关，捐赠非关联的高校和科研机构的研发经费、奖励经费和科普活动经费，属于公益性捐赠的，企业在年度利润总额12%以内的部分，个人在申报个人所得税应纳税所得额30%以内的部分，准予在计算缴纳所得税时税前扣除。

六、建立健全财政科技投入稳定增长机制

（十八）创新财政科技投入方式。加快推进科技计划和科技经费管理制度改革，打破行政主导和部门分割，建立主要由市场决定技术创新项目和经费分配、成果评价的机制。综合运用无偿资助、后补助、政府采购、风险补偿、股权投资等多种投入方式，使各类创新活动和创新链的各个环节都能得到政府资金的支持，带动社会资源向创新链的各个环节集聚，形成与创新链紧密关联的资金链。充分发挥科研基地后补助资金作用，统筹全省科研基地建设。发挥科技金融结合引导资金作用，建立完善科技投融资机制，促进财政科技投入与银行信贷、创业投资、企业研发资金及民间投资深度合作，增强财政科技投入的引导、放大效应。研究设立河南省科技投融资机构，为科技型中小企业发展和科技成果转化提供融资服务。明晰政府与市场的边界，对政府引导企业开展的科研项目，主要采用后补助及间接投入等方式予以支持。

（十九）加强财政科技经费管理。研究制定改进和加强省级财政科研项目和资金管理的意见。完善财政科技专项资金管理制度，加快建立适应科技创新规律、统筹协调、职责清晰、科学规范、公开透明、监管有力的科研项目和资金管理机制，使科研项目和资金配置更能满足经济社会发展重大需求，财政资金使用效益明显提升，科研人员的积极性和创造性充分发挥。加强科技项目经费预算评审评估，完善沟通反馈机制，提高经费预算的科学合理性。建立健全针对不同创新活动的分类评价机制，发挥绩效评估在科技资源配置中的作用，推动科技成果转化。加强财政科技经费监督管理，完善多层次、内外结合的监管体系。实行经费巡视检查制度，强化过程监管。积极实施公告、公示制度，加强科研诚信建设和信用管理。优化整合各类科技计划（专项、工程等），完善财政科研项目经费管理信息系统。

（二十）加大财政资金引导科技创新投入力度。认真落实《中华人民共和国科学技术进步法》，建立完善财政科技投入稳定增长机制。各级政府要把科技投入列为公共财政的支出重点，在年初预算安排和年度预算执行中的超收安排时予以重点保障。充分运用产业集聚区技术创新平台奖补专项资金、政府引导市场主体技术创新专项资金、天使资金等，加大对科技创新的支持力度。省投资集团等各级各类政府投融资公司要安排一定比例资金，对科技项目和科技企业进行孵化和投资。

七、保障措施

（二十一）加强组织领导，建立统筹协调机制。各级政府要进一步提高对实施创新驱动发展战略重要性的认识，切实把全方位加大科技投入作为实施创新驱动发展战略的有效抓手，摆上重要议事日程。建立完善科技部门与财政部门、金融机构、行业主管部门等的科技投入统筹协调机制，协同促进科技创新和产业化目标制定和相关支持政策措施落实。要落实全方位加大科技创新投入的工作责任，把增加科技投入目标任务的完成情况纳入各级政府、各有关部门年度工作考核指标和领导干部政绩考察内容，作为评价实施创新驱动发展战略的一项重要依据和标准。

（二十二）加强市、县级科技投入考核工作。研究制定河南省市、县级科技投入考核办法，建立全社会研发投入强度、企业研发支出占销售收入比重、金融机构科技贷款余额增长率、财政科技支出增长率和财政科技支出占公共财政支出比重等考核指标体系，确保各地2015年、2020年全方位科技投入目标实现。

（二十三）推进科技投融资服务体系建设。建立和培育发展科技金融服务中心，推动创业投资、银行信贷、科技企业改制服务、融资路演、数据增值服务、科技项目管理、人才引进等方面联动发挥作用。支持有条件的省辖市、省直管县（市）及创新型产业集聚区、高新区、郑州航空港经济综合实验区等各类园区建设综合性的科技投融资服务平台，为科技型中小企业定制全方位、专业化的投融资解决方案，提供“一站式”服务。开展科技型中小企业备案工作，建立科技型中小企业数据库。整合科技企业的科技、质检、工商、税务、金融等信息，建立科技企业信用指标评价体系和信用报告制度。建立科技金融服务专项统计制度，加强对科技企业贷款的统计与监测分析，探索建立科技金融服务的专项信贷政策导向效果评估制度。

河南省人民政府

2014年8月5日

河南省科技企业孵化器发展三年行动计划（2015—2017年）

（豫政办〔2014〕179号）

科技企业孵化器（以下简称孵化器）是指以促进科技成果转化、培养高新技术企业和企业家为宗旨，通过开展创业培训、辅导、咨询，提供研发、试制、经营的场地和共享设施以及技术、金融等相关服务，降低科技型中小企业创业风险和创业成本，提高企业成活率和成长性的科技创业服务载体。孵化器是创新创业人才培养基地，是我省创新体系的重要内容。孵化器包括高新技术创业服务中心、科技园、大学科技园、软件园、留学人员创业园及国际企业孵化器等，分为综合型和专业型。

一、总体思路与发展原则

（一）总体思路。以科学发展观为指导，坚持实施创新驱动发展战略，坚持市场主导、政府引导、分类指导、质量并举原则，以培育战略性新兴产业源头企业、激发创新创业活力、培养创新创业领军人才为目标，以提高各类孵化器的孵化水平和服务能力为核心，加快建设覆盖全省的创新创业孵化体系，着力营造创新创业服务环境，打造良好孵化生态系统，促进科技型中小企业发展，为全省高新技术产业和战略性新兴产业发展提供支撑。

（二）发展原则。

——市场主导原则。坚持市场在资源配置中的决定性作用，在孵化器建设和运营中引入市场机制，遵循市场发展规律，鼓励各类投资主体参与孵化器建设与发展。

——政府引导原则。坚持孵化服务社会公益目标，发挥政府规划引导、科技政策和公共财政支持的核心作用，集成创新创业要素，推进孵化器发展。

——分类指导原则。充分发挥各地产业和区域发展优势，确立孵化器发展方向、目标，建立覆盖全省、高效运行的孵化服务网络，建设国内领先、区域特色和专业明晰的多层次孵化体系，打造创业苗圃、孵化器、加速器为一体的创业孵化链条。

——质量并举原则。在整体规模不断扩大的基础上，持续提高孵化能力和服务水平，积极拓展服务领域，提升服务质量，提高孵化效率，增强孵化器在人才凝聚、产业培育等方面的支撑能力。

二、发展目标与整体布局

（一）发展目标。

——加快孵化器发展。到2017年，实现全省18个省辖市、10个省直管县（市）和所有高新区全覆盖，力争每个城乡一体化示范区和一星级以上的产业集聚区至少建设一家省级及以上孵化器。新认定（组建）省级孵化器60家以上，省级及以上孵化器数量达到120家，新增孵化场地面积1000万平方米，达到1500万平方米以上。

——加速创新创业服务能力提升。到2017年，开展孵化器从业人员培训600人次，孵化器从业人员累计参加专项培训的比重达到70%，提升孵化器服务能力；完善研发试验服务平台，建设各类专业创新创业服务平台60个以上，为1200家在孵企业提供专业化技术服务。

大力培育科技企业。到2017年，新增在孵企业2000家；培育高新技术企业及后备企业300家，备案科技型中小企业4000家。

——推进科技协同创新。到2017年，实现高校协同创新中心与孵化器全面合作，建设协同创新服务平台10个以上。

（二）整体布局。打造良好孵化生态系统，实现所有省辖市、省直管县（市）和高新区全覆盖，力争每个城乡一体化示范区和一星级以上的产业集聚区至少建设一家省级及其以上孵化器。鼓励各类金融机构建设新型孵化器，推进与高校协同创新，建设大学科技园和科技创新型孵化器。推动不同层次、不同类型孵化器协调发展。

——国家级孵化器。国家级孵化器以发展战略性新兴产业为重点，加快创新苗圃和企业加速器建设，形成完整的“苗圃+孵化+加速”的孵化服务链条。

——省级孵化器。鼓励省级孵化器专业化发展，结合区域产业发展优势，积极与省内外高校、研究院所合作建设专业孵化服务平台，支撑产业发展。

——大学科技园。鼓励省内有条件的高校在省级及以上高新区、产业集聚区创办、合办大学科技园，原则上省内主要理工类大学均要建设大学科技园。积极引进国内外高校在我省创办、合办大学科技园，引进创新资源，加快创业孵化。

——创新型孵化器。鼓励金融机构、企业等各类投资主体积极探索建设多种运营机制、多种发展模式的专业孵化器，探索建设网络虚拟孵化器、微型孵化器、农业科技孵化器、创新工场等类型的创新型孵化器，辐射更多科技创新创业者。推动孵化器与高校协同创新中心深度合作，建设科技创新型孵化器。

三、重点工作

（一）加快载体建设步伐。通过整体推进、合理布局、科学规划，引导全省孵化器建设与发展。一是以高新区、省定产业集聚区和城乡一体化示范区为重点，积极建设创业中心、大学科技园、留学生创业园、专利孵化中心等各类孵化器。二是鼓励各省辖市、省直管县（市）加快孵化器建设，组织认定市、县级孵化器，在全省形成多层次、多运作模式的创新孵化体系。三是围绕新能源、新材料、高端装备制造、信息技术、节能环保、生物医药等产业，规划建立一批专业孵化器，为培育和发展战略性新兴产业提供源泉。四是鼓励依托创投机构创办、主办孵化器，充分发挥投融资优势，以天使投资为核心，打造“早期投资+全方位孵化服务”新模式，构建创新创业生态环境，推进孵化器多模式发展。

（二）鼓励与高校合作做好科技创新型孵化器建设工作。一是鼓励孵化器与依托高校建设的协同创新中心对接合作，集聚技术、人才、项目、资金等各类创新资源要素，加快技术研发和成果转化步伐，推动协同创新中心与企业、产业、实体经济深度融合。二是支持高校加快科技创新型孵化基地或大学科技园建设。全省有条件的高校原则上都要规划建设孵化器，尽快启动孵化器大楼规划建设工作，完善配套设施和服务功能，建成一批高校孵化基地和大学科技园。以经济社会发展需求为导向，将高校建设成为技术、产品、企业、产业孵化基地，让产业技术研究院、协同创新中心、各类企业、风险投资机构有效结合，为市场持续培育提供高新技术产品。

（三）积极引进先进孵化器、大学科技园。组织开展与先进地区和投资机构对接活动，做好我省高新区与国家大学科技园对接工作，通过引进技术、资金、高端管理人才等方式共建孵化器；积极引进国内外孵化器运营机构在我省投资建设或领办孵化器，全面提升我省孵化器创新服务能力和对外开放水平。

（四）鼓励创新创业综合社区建设。围绕区域主导产业，建设包括科技创业专业孵化器、加速器、人才公寓和综合配套服务设施等在内的创新创业综合社区。重点发展以办公室为载体的软件和信息服务业、以实验室为载体的研发产业和以工作室为载体的文化创意产业，积极发展优势特色产业，集聚各类创新要素、创新资源，完善配套服务功能，努力使其成为培育新的经济增长极、吸引高层次人才的重要载体。

（五）提升创新创业服务能力。通过建立专业技术支撑平台、投融资体系、人才培训服务体系，逐步完善孵化服务功能。建设一批公共技术服务平台，持续提升孵化器专业技术服务能力；加强孵化器人才队伍建设，完善从业人员培训体系，推进孵化器从业人员培训工作；建设省级创业导师库，强化对在孵企业的创业辅导。

（六）组织开展创新创业大赛。与中国创新创业大赛相衔接，组织开展“河南省科技创业雏鹰大赛”，以大赛为平台，发掘优秀创业企业和创业团队，引导创业投资机构和金融机构进行支持，鼓励大学生、青年科技人才创新创业，促进初创期科技型中小企业创新发展。

（七）完善孵化器金融投资功能。鼓励各级政府、省级及以上高新区、产业集聚区设立创业投资引导基金，重点支持孵化器内科技创业企业。鼓励孵化器及其管理人员持股孵化，鼓励孵化器与创业投资机构合作，加快孵化器内种子资金建设，建立孵化体系内的天使投资网络，建立全省孵化体系内资金和项目共享机制，加大与银行、担保等金融机构的合作力度，积极创新面向科技创业企业的金融产品。

（八）加强品牌建设和宣传工作。建设运行河南省科技企业孵化器信息化平台，鼓励各孵化器做好自身网站建设工作，完善孵化成效展示平台，扩大孵化器的社会影响。推动创新创业品牌建设，统一“CTP科技企业孵化器”标识，发挥孵化器品牌的影响、辐射和对创业企业的集聚作用。

四、保障措施

（一）加强领导。各级政府、高新区、产业集聚区、城乡一体化示范区要把发展孵化器作为创新驱动发展战略的重要内容，组织制定孵化器发展总体规划，制定出台政策措施，减免相关税费。强化考核评价，对全省孵化器进行动态管理，对通过考核的国家级孵化器、年度考核优秀的省级孵化器给予表彰和奖励。

（二）保障建设用地。各地要根据土地利用总体规划，统筹安排使用建设用地计划指标和增减挂钩指标，运用国家有关支持政策，有序合理保障孵化器用地需求。将符合国家产业政策的孵化器重大建设项目优先列为省重点建设项目进行支持。鼓励和支持多元化主体投资建设孵化器，在符合土地利用总体规划和城市规划的前提下，以出让方式取得土地使用权用于孵化器建设，孵化器在不改变孵化服务用途的前提下，可按规定分割转让。

（三）加强财政支持。对新认定的国家级孵化器、省级及以上大学科技园，省财政给予一次性300万元奖补；对新认定的省级孵化器，给予一次性100万元奖补。对已认定的省级及以上孵化器、大学科技园，经年度考核合格，按照其上年度服务数量、效果等的量化考核结果，每年给予一定的运行成本补贴。对省政府确定的新建、引进重大科技公共服务平台项目，可采取“一事一议”的方式给予重点支持。

（四）推进人才队伍建设。深化孵化器人事制度、分配制度改革，培养和引进一批具有先进孵化理念、专业知识和管理水平的优秀孵化服务团队和“千人计划”创业人才。科技部门对引进“千人计划”创业人才的科技项目优先支持，省财政对引进“千人计划”创业人才的孵化器进行奖补。保障并完善孵化器人才的工作条件，在子女入学、住房购置等方面放宽户籍限制条件，予以妥善安置和照顾。鼓励孵化器建设专家公寓，为引进的人才提供优良居住条件和工作环境。

附件：1．河南省科技企业孵化器孵化场地建设重点项目（2015—2017年）（略）

2．河南省科技企业孵化器公共技术服务平台建设重点项目（2015—2017年）（略）

河南省人民政府办公厅

2014年12月22日

湖北省支持科技人员创新创业实施细则（试行）

（鄂人社〔2014〕1号）

第一章 总 则

第一条 为充分调动全省高等院校、科研院所（以下简称高校、院所）科技人员创新创业积极性，促进科技成果在鄂转化，加快将我省科教人才优势转化为创新发展优势，根据《省人民政府关于印发促进高校院所科技成果转化暂行办法的通知》（鄂政发〔2013〕60号）精神，制定本实施细则。

第二条 本实施细则所称科技人员创新创业，是指在鄂高校、院所的科技人员或大学生，采用科技成果转让、许可、作价入股等方式在鄂开展技术转移和成果转化活动。鼓励科技人员或大学生将成果作价入股后创办科技型企业或持有企业股权在鄂转化科技成果。

第二章 支持科技人员离岗创新创业

第三条 高校、院所应支持科技人员离岗创新创业。经单位同意，高校、院所科技人员可以离开所聘任的岗位创新创业。离岗5年内，保留人事关系，停发工资，人事档案由原单位管理；定期向原单位报告创新创业等情况；工龄连续计算，按国家和省里的规定正常调整档案工资；由原单位比照同类人员，执行国家、省社会保险政策。

第四条 高校、院所科技人员离岗5年内返回原单位的，其聘用岗位可纳入特设岗位管理，所聘岗位等级不降低；从批准回原单位的次月起按规定核发工资待遇；距法定退休年龄不足5年的，可签订聘用合同至退休；按照原单位性质，执行国家、省社会保险政策。

第五条 高校、院所科技人员在离岗5年内自愿与原单位脱离人事关系的，原单位应予批准，其人事档案交由政府公共人才服务机构管理，社会保险按照国家和省关于职工在事业单位与企业之间流动时有关规定处理。

第三章 允许科技人员在岗创新创业

第六条 允许高校、院所科技人员（含兼任院、系、所等二级单位领导职务的科技人员）在认真履行所聘任岗位职责的前提下利用本人及所在研发团队的科技成果在岗创新创业。担任高校、院所机关职能部门处以上（含处级，下同）领导职务的科技人员在岗创新创业，必须辞去领导职务，给予5年时限以科技人员身份在岗创新创业，5年后根据本人意愿和原行政级别，按照干部管理权限和程序安排相应职务。

第七条 担任高校、院所机关职能部门处以上领导职务的科技人员辞去相应领导职务后创新创业，应办理备案手续。在岗创办企业的，应在企业注册之日起30个工作日内，将本人及所在研发团队的科技成果证书、企业营业执照、企业法人证书复印件按干部管理权限报所在单位或上级主管部门备案。持有企业股权的，应在持有股权之日起30个工作日内，将股权证明复印件按照干部管理权限报所在单位或上级主管部门备案。

第八条 辞去高校、院所机关职能部门处以上领导职务的科技人员，5年内（从创办的企业注册起或者持有企业股权起计算）要求重新担任党政领导职务的，应当先行转让本人股权，并在转让之日起30个工作日内，将股权转让凭证复印件按照干部管理权限报所在单位或上级主管部门备案。备案后按照干部管理权限和程序安排相应职务。

第四章 支持高端人才创新创业

第九条 鼓励和支持"两院"院士、"973"和"863"首席专家、"长江学者""楚天学者""千人计划"和省"百人计划"人选等高层次人才及其创新团队在鄂转化科技成果或科技创业，省级科技、人才计划每年安排一定资金予以支持。

第十条 支持楚天学者等引进的高端人才创新创业。增设楚天学者创业型特聘教授，聘期一般为5年，每人每年资助30万元。

第五章 创新科技成果转化评价机制

第十一条 建立高校教师分类评价机制，制定相应的社会服务与推广型评价标准，突出科研成果转化后形成的产值、利润和经济效益的考核权重，不硬性规定教学工作量要求。提高社会服务与推广型职称评审占教师职称评审总数的比例。畅通创新创业科技人员职称申报、评审渠道，对在技术转移、科技成果转化中贡献突出的科技人员，实行特殊评审或破格申报相应的专业技术职务任职资格。

第十二条 高校、院所应将参与技术转移、科技成果转化作为竞聘上岗的重要条件。对在技术转移、科技成果转化中贡献突出的科技人员，应优先竞聘。

第十三条 将在技术转移、科技成果转化中贡献突出的科技人员，优先纳入各级专家等高层次人才选拔培养范围。支持符合条件的高校、院所科技人员创办的科技型企业申报博士后科研工作站、创新实践基地等博士后工作平台。

第六章 支持大学生创新创业

第十四条 在鄂普通高校、研究生培养单位（以下简称学校）应支持在读大学生（含研究生）保留学籍，休学在鄂从事有利于促进科技成果转化和技术转移的科技创业活动，创业之后可重返原校完成学业。

对休学创业的学生，应免修实习实训等实践教学课程以及创业教育类课程，并按规定计入学分。免修课程的范围、相应课程成绩考核评定方式由学校决定。

第十五条 加强在校大学生创新创业教育，将创新创业教育融入专业教学和人才培养全过程，把创新创业能力作为人才培养质量的重要指标，大力开展大学生科技创新竞赛活动，鼓励大学生积极参加创业实践活动，强化教学评估和监督检查。

第十六条 在校大学生创新创业，依法在鄂办理工商税务登记，并吸纳3人及以上就业的，经评审可享受1万元至20万元的无偿资金扶持。

第十七条 在校大学生在省级大学生创业孵化基地创办企业，依法办理工商税务登记，注册资本不超过50万，成立时间2年内，正常开展生产经营半年以上的，给予场租、水电费补贴，补贴期限不超过3年。

第十八条 实施“湖北省科技促进大学生创业就业专项行动”，优先支持毕业3年内的大学生和研究生、在校大学生和研究生，以及海外归国留学生创业转化自有科技成果或他人科技成果。发挥科技创新平台的承载作用，推进大学生创新创业。设立科技见习岗位，吸纳离校未就业大学毕业生就业。

第七章 优化创新创业环境

第十九条 高校、院所科技人员创办科技型企业，对科技成果进行转化开发，申请科技计划项目，不受申报指标限制，同等条件优先支持。每年从科技计划项目经费中集成不少于1000万元资金支持科技人员在鄂创业转化。

第二十条 引导优质科技企业孵化器向高校、院所输出创业服务，发挥高校、院所技术、成果、人才等创新资源优势，通过双方合作共建等方式，在高校、院所设立科技企业孵化器分支机构，为高校、院所科技人员创新创业提供物理空间和服务平台。

第二十一条 实施“湖北省科技企业创业与培育工程”。以促进科技企业创立、成长为目标，突出科技企业孵化器承载创业、对接资源的枢纽功能，提升孵化器创业服务的专业化、集约化水平，动员集成各类创新资源服务科技创业一线，搭建助推科技创业企业发展壮大的阶梯，实现科技创业企业倍增。

第二十二条 建立“湖北省科技天使投资基金”“湖北省科技成果转化基金”，重点投资注册在省内科技企业孵化器内的科技创业企业。建立科技企业孵化器投融资顾问定点服务站，促进在孵企业与天使投资基金零距离对接。

第八章 附 则

第二十三条 各高校、院所可根据本实施细则，结合本单位实际制定具体管理办法。中央在鄂高校、院所参照本实施细则执行。

第二十四条 本实施细则由省人力资源和社会保障厅会同相关部门解释，自公布之日起施行。

中共湖北省委组织部

湖北省人力资源和社会保障厅

湖北省科学技术厅湖北省教育厅

2014年5月13日

湖北省科技厅深化科技体制改革推进“创新湖北”建设的实施意见（试行）

（鄂科技规〔2014〕1号）

为贯彻落实党的十八届三中全会和省委十届四次全会精神，充分发挥市场在科技资源配置中的决定性作用，积极引导科技资源向经济社会发展一线聚集，全面调动激活科技创新创业活力，大力实施创新驱动发展战略，深入推进“创新湖北”建设，现就进一步深化科技体制改革，制定实施意见如下：

一、改革财政科技资金投入管理模式

1．创新财政科技资金投入方式。对基础性、战略性、前沿性、公益类、共性技术类项目，根据目标导向，主要采取前资助方式支持；对创新平台建设，主要采取后补助方式支持；对公共科技服务平台、科技中介服务机构，主要采取政府购买服务方式支持。

2．强化企业技术创新主体地位。面向企业技术需求编制项目指南，吸纳企业参与项目评审，引导企业成为技术创新决策、研发投入、科研组织、科技成果转化应用的主体。

3．加强各类项目资金统筹使用力度。2014年起，集中省科技厅50%以上项目资金，采取竞争性分配方式，每年支持5条重点产业链技术创新体系建设，着力突破产业发展共性关键技术，着力提升技术创新能力，着力培养创新人才和团队，全面提升产业整体竞争力。

4．改革省级科技项目申报、推荐、受理、评审、立项、检查验收方式，常年受理各类科技项目建议，实行全流程信息化管理，加强绩效评价，开展立项预算评审和验收审计。

5．改革省自然科学基金分配方式。鼓励高校组织科技人才服务科技创业，开展高校服务科技创业绩效考评，2014年起，省自然科学基金每年安排不低于1500万元资金额外分配给考评前20名高校，对排前3名高校重点倾斜。

6．改革人才团队支持方式。省自然科学基金重点项目主要面向省重点产业发展前沿的知识创新、技术创新需求，对服务产业成效明显的杰出人才和创新团队给予滚动支持。

二、推进科技企业创业与培育

7．改革科技企业孵化器补贴方式。启动“湖北省3A科技企业孵化器”创建工作，以“单位面积在孵企业数”“新增企业数”等指标，对科技企业孵化器的服务成效进行考核，2014年度对第一批符合条件的前10名孵化器给予奖励。

8．扩大省级科技型中小企业创新基金规模，重点支持种子期、初创期的科技企业。

9.设立1000万元的“湖北省大学生科技创业专项”，重点支持毕业3年内的大学生和研究生、在校大学生和研究生、以及海外归国留学生在省级以上科技企业孵化器科技创业。

10．建立行业龙头企业引导孵化器在孵企业发展的机制，定期组织龙头企业到相关专业孵化器发布研发计划、配套需求信息，鼓励龙头企业兼并重组孵化器在孵企业，将龙头企业服务绩效纳入省级重大科技项目申报评价指标体系。

三、加强对高新技术企业的服务

11．建立高新技术企业跟踪服务系统，指导高新技术企业进一步规范研发经费专帐管理，加大研发投入力度，落实税收优惠政策。

12．对高新技术企业与孵化器在孵企业使用省仪器共享协作网入网仪器设备进行新产品、新材料、新工艺检验检测的，给予30％的检测费用补贴。

13．免费向高新技术企业与孵化器在孵企业开放省科技信息共享平台。

14．会同有关部门，发布高新技术企业年度发展报告和年度百强高企，营造高新技术企业加快发展的社会氛围。

四、创新产业技术支撑平台建设模式

15．鼓励行业龙头企业、高校、科研院所及高新区，围绕我省重点产业技术创新需求，建设面向行业的新型产业技术研究院。在3年建设期内，省科技厅以委托研发项目、科学仪器设备购置费用补贴等形式给予稳定支持。

16．支持条件成熟的产业技术研究院建设国家级工程技术研究中心等创新平台，协助其落实进口科研仪器设备税收减免政策；优先支持产业技术研究院申报国家科技项目。

17．鼓励产业技术研究院建立现代企业制度，对以公司形式注册的，支持其成长为高新技术企业。

五、推进科学仪器设备资源开放共享

18．加大仪器共享协作网建设力度，扩大入网仪器设备数量，使用财政性科技资金购置的单位价值在10万元以上科学仪器设备全部纳入协作网。鼓励民营企业和民办科研机构自购的仪器设备加入协作网。

19．改革协作网设备补贴方式。对协作网入网仪器设备提供单位，依据其入网仪器设备数、设备原值、服务高新技术企业与孵化器在孵企业开展新产品、新材料、新工艺检验检测的运行机时数、样本数，给予绩效补贴。给予非财政性资金购买的仪器设备提供单位更高标准的补贴。

六、促进科技成果转化和技术转移

20．推进落实《省政府促进高校、院所科技成果转化暂行办法》，建设集科技信息服务、技术转移对接、科技投融资、网上技术交易等于一体的科技成果转化服务工作体系。按照细分行业专业领域建立科技成果、专利、人才数据库，免费向企业、高校、科研机构开放。

21．支持科技成果转化中介服务机构向经营专业化、功能投行化、收益股份化、信誉品牌化方向发展。重点建设10家科技成果转化中介服务机构，对受托组织重大科技成果转化的中介机构，采取政府购买服务（工作成本费用前资助、收益股权补助）的方式支持。

22．省内科技型中小企业以技术开发、技术转让方式承接科技成果，自技术合同认定登记年度之后起两年内，按成果所形成的新产品的累计销售收入给予一定比例补贴，单项补贴不超过30万元。

23．完善省级科技奖励制度，加大经济效益评审权重，进一步提高科技进步奖中产学研合作项目、在省内直接产生经济效益研发项目的比重，引导技术开发类项目在本省实施应用转化。

七、促进科技与金融结合

24．扩大省创业投资引导基金规模，建立“天使投资”风险补偿制度，重点支持天使投资发展。

25．设立“湖北省科技成果转化基金”“湖北省天使投资基金”，重点投资在省内科技企业孵化器注册的在孵科技企业和大学生创业企业。

26．实行科技型中小企业贷款贴息制度，建立“科技型中小企业统贷统还平台”，筹建贷款风险池、担保保证金池。

八、加强知识产权运用保护

27．围绕发展我省支柱产业、战略性新兴产业，支持高校、院所及高新技术企业组建以核心专利为纽带的知识产权联盟，为各行业的龙头企业提供重点知识产权服务。

28．围绕重点高新技术产业组织开展知识产权评议，建立产业预警机制，在国家级高新区内开展知识产权集群化管理试点。

29．建立完善集专利信息、质押融资、评估、担保、出资入股及交易于一体的一站式专利投融资综合服务平台。

30．完善知识产权维权援助与举报投诉热线电话系统，建立知识产权快速维权机制。

湖北省科学技术厅

2014年1月6日

长沙市引进紧缺急需和战略型人才计划

（长办发〔2014〕6号）

为大力引进一批紧缺急需和战略型人才，促进我市加快转型创新发展，为率先建成“三市”、强力实施“三倍”，加快现代化进程提供强大的人才支撑，制定如下计划。

一、总体目标

着眼集聚人才、发挥作用、创造效益、提升优势，用3年时间支持鼓励以企业为主体的用人单位，在工程机械、汽车及零部件、生物医药、电子信息及现代物流、新能源及新材料、文化创意等6个重点产业领域，引进500名左右经济社会发展紧缺急需和战略型人才（其中，领军人才50名左右，高级经营管理和研发人才100名左右，专业技术骨干人才350名），使长沙成为全国重要的产业基地、创业基地和现代化人才集聚中心。

二、基本原则

按需引进。着眼长远，注重实际，围绕我市人才队伍结构现状、用人单位需求和产业发展规划，引进一批当前紧缺、长远必需的优秀人才。

政策鼓励。制定出台引进紧缺急需和战略型人才的政策意见和实施细则，激励有关部门和企业自觉做好人才引进工作，吸引各类优秀人才投身长沙发展和建设。

单位主体。发挥用人单位引进人才、聚集人才、使用人才的主体作用，由用人单位提出人才需求计划，创设事业平台，安排岗位职务，落实配套服务。

市场配置。健全和完善现代市场体系，按照公开、竞争、择优原则，优化人才资源配置，用人单位和优秀人才之间实行双向选择。

分类指导。针对用人单位和优秀人才的不同特点，因地制宜，因人施策，实现分层、分级、分类引进。探索各具特色的激励、约束、评价管理办法，形成责任明确、操作规范、运行高效的紧缺急需和战略型人才引进培养管理机制。

三、引进人才标准

引进的紧缺急需和战略型人才，应具有良好的职业道德、心理素质和能力素质，身体健康，善于与团队成员合作共事。针对不同层次的人才，明确相应的选引标准。

——领军人才：主要是指拥有国际先进水平或国内领先水平，熟悉相关产业领域发展状况和国际规则，能引领长沙产业发展、带来重大经济或社会效益的重量级人才。如中国科学院院士、中国工程院院士，以及经认定代表国际学术研究最高层次的院士、专家；符合长沙经济社会发展需要，具有国际一流专业水平的国家“千人计划”专家及与其层次相当的国家级人才工程人选和国家重点实验室学术带头人；国家自然科学奖、国家技术发明奖、国家科学技术进步一等奖获得者（项目）前三名，二等奖获得者（项目）前两名，或条件相当的其他优秀高层次人才；引领我市产业发展方向和传统产业转型，带团队、技术、项目、资金来长自主创业、创办企业的高层次人才；人文社会科学领域国内著名、国际知名的专家学者。

——高级经营管理和研发人才：主要是指具有优良教育和专业背景，工作经验较丰富，行业认可度较高的经营、管理、金融和研发人才。具体是指具有应聘职位所要求的专业知识、专业技能和实践能力；具有高级职称或博士研究生学历（含经国家教育部认定的境外学历），或在大型企业总部（世界500强企业、中国500强企业）担任过中层及以上职务，熟悉相关领域和国际规则，有较强的经营管理能力；有5年以上专业工作经历；业绩比较突出，在行业内有一定影响力的专业人才。具有独立知识产权或特殊专长的人才可适当放宽职称、学历限制。

——专业技术骨干人才：主要是指具有高级技师资格证书或中级以上职称的人才。中级职称应有5年以上专业工作经验，在公司或部门担任过专业技术领域负责人，具有应聘职位所要求的专业知识、专业技能和实践能力，在专业领域内参加全国评比竞赛获得前三名或参加全省评比竞赛获得前两名的专业技术骨干。

四、引进主体

（一）工程机械、汽车及零部件、生物医药、电子信息及现代物流、新能源及新材料、文化创意等6个重点产业领域内，具有一定规模的企业，或技术先进、创新能力强的科技企业。一定规模的企业具体标准为：在省市工商行政管理部门依法登记注册、具有独立法人资格，且年缴税总额中地方所得部分在100万元以上的企业（或当年入库市级和区县（市）级税收总额100万元以上的企业）；技术先进、创新能力强的科技企业具体标准为：在省市工商行政管理部门依法登记注册、具有独立法人资格，且年缴税总额中地方所得部分在50万元以上（或当年入库市级和区县（市）级税收总额50万元以上的企业），经认定符合长沙产业发展导向的高新技术企业。

（二）国家级、省级园区。承载引进的领军人才、高级经营管理和研发人才及团队，进行创新研发、成果转化或带项目创业。

（三）急需专业人才的市属企事业单位。具体指宣传、文化创意等事业单位，轨道公司、城投公司等市属企业和投融资平台。

五、优惠政策

（一）安家补助政策。领军人才：自主创业或与用人单位签定3年以上聘用合同，给予100万元安家补助；高级经营管理和研发人才：自主创业或与用人单位签定3年以上聘用合同，给予50万元安家补助；专业技术骨干人才：与用人单位签定3年以上聘用合同，给予10万元安家补助。安家补助分年度按比例支付到位，具体支付办法根据工资关系、人事关系等另行制定。

（二）创业扶持政策。

1. 贷款贴息。计划实施3年时间内，对领军人才、高级经营管理和研发人才及团队创办企业的，根据项目情况，经论证评审后，帮助协调融资贷款，并按同期中国人民银行贷款基准利率发生利息额的50%，给予每个项目不超过3年的贷款贴息，每年贴息总额分别不超过100万元、50万元。

2. 配套支持。引进的紧缺急需和战略型人才或团队领衔的项目，可由市委人才办优先推荐享受科技、发改、工信等资金项目和人才项目支持。同时，按属地原则，享受各园区和区县（市）相关的配套人才优惠政策，带项目创业的，经评审论证可享受代建厂房、免租厂房、股权投资等优惠政策。

3. 风险投资。对领军人才、高级经营管理和研发人才及团队创办的企业，鼓励园区或区县（市）经过评审，实行风险投资。风险投资办法另行制定。

（三）奖励政策。

1. 引进的领军人才、高级经营管理和研发人才或团队带项目创业的，从企业正式注册起，5年时间内，根据创办企业当年入库税收市、各园区和区县（市）所得部分总额及年度增长情况给予奖励。当年入库税收市、各园区和区县（市）所得部分总额达50万元以上，且税收总额较上一年度增长20%以上（含20%）的，奖励该企业20万元；当年入库税收市、各园区和区县（市）所得部分总额达100万元以上，且税收总额较上一年度增长15%以上（含15%）的，奖励该企业50万元；当年入库税收市、各园区和区县（市）所得部分总额达300万元以上，且税收总额较上一年度增长10%以上（含10%）的，奖励该企业100万元。

2. 引进的领军人才、高级经营管理和研发人才或团队，从与企业正式签约起，3年时间内，所带项目在企业实施产业化投产，当年该项目实现入库税收市、各园区和区县（市）所得部分总额100万元以上，且税收总额较上一年度增长15%以上（含15%）；或帮助企业进行技术改造升级，当年该项目、该产品实现入库税收市、各园区和区县（市）所得部分总额200万元以上，且税收总额较上一年度增长10%以上（含10%）的，奖励引才企业50万元，其中用于奖励人才及团队不低于30万元。

（四）管理服务政策。设立“引进高层次人才服务窗口”，为引进人才提供“一站式”服务。

1. 建立各级领导联系人才制度。市级领导重点联系领军人才，引进人才所在园区、区县（市）、行业主管部门主要领导联系高级经营管理和研发人才。建立领军人才服务专员制度。

2. 落户。对引进人才具有中国国籍要求取得长沙市常住户口的，市公安机关简化程序，优先办理；对于愿意放弃外国国籍而申请加入或恢复中国国籍的，市公安机关根据《中华人民共和国国籍法》有关规定优先办理。

3. 住房保障。引进人才愿意购买住房的，参照长沙市居民购房政策执行。海外高层次人才购房，由服务专员陪同办理相关手续。规划设立高层次人才公寓房，供引进高层次人才临时居住。

4、子女就学。对引进人才，按照本人意愿，解决其子女就近入读公办中、小学；其中引进的海外高层次人才子女愿意就读长沙玮希国际学校的，每人每年补助5000元教育补贴，累积最高额度为5万元。

5. 医疗。市委人才工作领导小组负责协调，在市属医院和经协商的部分省属医院开辟医疗绿色通道。

6. 保险。引进人才社会保险由用人单位负责办理，市委人才工作领导小组提供协调服务。对引进人才外籍无业配偶和子女不能参加职工医疗保险的，可由服务专员协助办理居民基本医疗保险。

7. 配偶安置。引进人才配偶愿意在长沙市就业的，由引进人才用人单位积极解决，市委人才工作领导小组提供协调服务。人事关系可免费挂靠市人才服务中心。

8. 居留和出入境。对引进的外籍人才，由服务专员协助办理居留和出入境相关手续。协调省公安机关在受理申请一个月内，完成《外国人永久居留证》的申报和审核程序，报公安部审批；对于尚未获得《外国人永久居留证》的引进人才及其配偶和未成年子女，需多次临时出入境的，协调办理2—5年有效期的多次往返签证等；对引进的外籍高层次人才，市外专局协调省外专局在服务窗口受理申请一周时间内办理《外国专家证》。

9. 通关。由服务窗口派专人协助办理进境有关物品免税等工作。

10. 高级专家疗养。每年组织为长沙经济社会发展作出突出贡献的高层次人才进行一次度假疗养。

11. 聘用引进高层次人才为市委市政府智囊团成员，发挥好参谋决策作用。在推选各级劳动模范和党代表、人大代表和政协委员、评比表彰优秀专家等方面积极推荐引进人才。

12. 发挥好高层次人才联谊会作用，定期组织人才沙龙等活动，为引进人才搭建交流和沟通平台。

六、引进方式

引进紧缺急需和战略型人才，可以通过以下方式进行：

（一）举行新闻发布会，面向社会权威媒体发布引才计划及有关政策。在市政府门户网站和“长沙人才网”分别设立专门窗口和系统，发布人才政策、需求信息等，接受人才举荐和报名咨询。

（二）用人单位通过专业猎头公司、网上发布信息、组织招聘活动等方式自主遴选人才。

（三）每年在长沙举办一次紧缺急需和战略型人才专场招聘会，到重点高校聚集、产业人才集中的城市举行专场宣传推介和现场招聘会，依托科技成果转化对接交易活动等平台开展人才引进洽谈专场，在大型招商引资活动中组织用人单位随团招聘人才。

（四）依托重大项目和课题等，以院士专家工作站、企业博士后工作站、重点（工程）实验室、工程（技术）研究中心等为载体，采取技术合作开发、产业技术联盟、课题招标、项目协作等方式集聚人才和柔性引进。

（五）加强与海外留学生组织、海外华人协会、人才中介机构等组织的合作，建立人才工作海外合作中心，发挥驻外机构、华人华侨和“人才特使”的作用，在美国、欧洲、香港等地建立人才联络站，聘请兼职引才联络员。市委市政府每年适时开展境外人才引进洽谈活动。

（六）充分发挥在长沙创新创业的“千人计划”“百人计划”和“313计划”等各类高端人才的积极作用，以才荐才，以才引才。

七、工作程序

（一）制定目录。开展人才摸底统计和前期调研，充分了解各类用人单位人才需求情况，制定有针对性的年度紧缺急需和战略型人才需求目录。

（二）发布计划。统一在国家、省、市权威媒体和境外华人影响力较大的报纸、网络媒体公开发布年度紧缺急需和战略型人才引进计划。

（三）落实引进。鼓励核心人才带团队来长创业，积极依托高新技术项目及特大项目引进人才，对拔尖领军人才，开辟绿色通道，可采取一人一策、一事一议的方式引进，允许领军人才以兼职、技术承包、技术入股、合作研究等多种方式来我市工作。

（四）单位试用。各用人单位自主对意向人选进行试用，试用期一般为3—6个月。对试用合格的人选，按程序申报享受优惠政策资格。

（五）资格确认。设立由两院院士领衔的专家评审委员会。领军人才、高级经营管理和研发人才严格按照“用人单位申报、主管部门初审、权威专家评审、领导小组认定、媒体公示”的操作流程进行认定。专业技术骨干人才严格按照“用人单位申报、主管部门组织评审、领导小组认定、媒体公示”的操作流程进行认定。

（六）落实政策。从计划正式颁布实施开始，3年时间内，经评审认定的引进人才，按照有关政策规定，分类落实各项优惠政策。

八、保障服务

（一）建立组织机构。为切实加强和推进全市紧缺急需和战略型人才引进工作，市委、市人民政府成立市引进紧缺急需和战略型人才工作领导小组，由市委书记任组长，市长任第一副组长，市委副书记任常务副组长，市政府常务副市长、市委组织部部长和市政府分管人才工作副市长任副组长，市委办公厅、市政府办公厅、市委组织部、市委宣传部、市编委办、市发改委、市工信委、市教育局、市科技局、市公安局、市财政局、市人社局、市商务局、市卫生局、市外侨办、市国资委、市知识产权局、市科协等为成员单位，市委组织部负责引进紧缺急需和战略型人才的统筹协调。领导小组办公室设市人力资源和社会保障局，负责具体工作实施。

（二）落实经费保障。财政扶持经费由市财政统筹，市、各园区和区县（市）共同落实安排资金。市财政调整优化支出结构，整合项目资金，统筹安排。市财政安排专门工作经费用于该计划的组织实施。

（三）营造良好氛围。充分发挥电视、报刊、网络等媒体的宣传主渠道作用，采用制作宣传片、开设专版和专栏等形式，加大对引进紧缺急需和战略型人才工作的宣传力度，宣传引进人才的相关政策、创业环境、工作动态和典型经验。在全社会营造尊重劳动、尊重知识、尊重人才、尊重创造的浓厚氛围。

中共长沙市委办公厅
长沙市人民政府办公厅
2014年2月19日

中共郴州市委 郴州市人民政府
关于加快科技创新驱动产业转型发展的意见

（郴发〔2014〕10号）

为贯彻落实党的十八大和十八届三中全会精神，实施创新驱动战略，加快建设创新型郴州，通过科技创新驱动产业转型发展，助推郴州起飞，结合郴州实际，特提出如下意见。

一、明确总体要求和主要目标

1．总体要求：坚持政府引导、企业主体、改革创新、开放合作原则，组织实施科技创新驱动战略，以科技创新促产业转型，以产业转型促科学发展，全力打造郴州经济升级版，为全面建成小康社会提供强劲动力。

2．主要目标：围绕市委市政府确定的产业转型目标，立足郴州产业发展基础，整合科技资源，进一步深化科技管理改革创新，组织实施九大科技创新工程，用3-4年时间，重点实施40项重大科技专项、培育30家科技创新示范企业、转化20项重大科技成果、建设10个省级以上公共科技创新服务平台，组建院士专家工作站3个、博士后工作（流动）站3个，全面提升企业自主创新能力，驱动产业转型升级，科技创新能力进入全省先进行列。到2017年，全市高新技术企业总数突破100家，总产值突破2000亿，高新技术产业增加值占规模工业增加值比重提高到40%。6大高能耗工业占规模工业增加值比重比2014年再下降8个百分点。全市年专利授权量达到1400件。

二、着力实施创新驱动工程

3．实施科技重大专项工程。围绕我市稀贵金属和LED等创新产业集群及创新链，每年支持一批有投入、有平台、有效益的企业实施10个重大科技专项，开展产业共性、关键技术攻关，突破制约产业转型发展的瓶颈，抢占科技与产业竞争的制高点。

4．实施创新型企业示范工程。按照创新能力强、研发投入大、成果应用快、经济效益好的要求，每个产业选择2-3家企业进行重点培育，在全市范围内建设30家科技创新示范企业，作为全市创新驱动产业转型发展的标杆企业，市相关部门在项目立项、产品采购、税收优惠和人才引进等方面给予优先支持。

5．实施高新技术产业发展工程。围绕电子信息、新材料、机械制造、生物与新医药、新能源与节能环保等高新技术产业领域，每年培育新增10家以上高新技术企业，研发一批高新技术产品，打造高新技术产业发展新的增长极。

6．实施现代农业科技示范工程。大力发展集约、安全、高效农业，围绕我市农业产业优势和资源特点，依托农业产业化龙头企业，培育6个国家科技富民强县试点县、8个省级农业科技特色产业基地。加强农村农业信息化建设，建立100个省级农业农村信息化示范站点。建立和完善科技特派员工作机制，逐步打造一支农村实用技术人才队伍。

7．实施科技产业园区提质工程。把高新技术产业园区建成全市科技创新驱动产业转型发展的主阵地，支持郴州高新技术产业园区在股权激励、科技成果权益分配等方面参照《长株潭国家高新技术产业开发区企业股权和分红激励试点实施办法》（湘政发〔2012〕31号）执行，允许园区内符合条件的企业为企业内部技术人员提供股权激励、股权出售、股票期权、分红激励等激励方式，进一步激发园区内部创新活力。全市各产业园区要加快实现从增量扩容到量质齐升的转变，把科技立园和科技兴园作为园区建设目标。整合科技创新资源，在园区内重点规划建设10个高新技术特色产业基地、科技企业孵化器和科技成果转化示范基地等科技载体。

8．实施科技创新服务体系强化工程。通过政府购买服务、合作共建等多种形式，重点建设10个公共科技创新服务平台，为全市产业转型发展提供研发设计、成果转化、检测检验、知识产权服务、文化创意设计、服务外包和人才培训等公共服务。加快发展科技中介服务机构，为企业开展科技咨询、专利代理和技术交易等科技中介服务。

9．实施科技金融结合工程。进一步落实《湖南省人民政府关于促进科技和金融结合加快创新型湖南建设的实施意见》（湘政发〔2012〕32号），建立科技金融服务的统筹协调机制，开展科技金融合作试点，支持和鼓励金融机构在我市设立1家以上科技支行，面向科技中小企业开展金融服务，重点对科技型企业开展知识产权质押贷款和信用贷款等信贷支持。

10．实施科技创新人才引进培育工程。围绕我市产业转型发展需求，通过聘请、兼职、合作研究、技术入股、科技咨询等形式，有计划地引进一批科技领军人才和创新团队。经组织、人事和科技部门认定，由受益财政给予每人（团队）最高100万元的创业启动资金，并在科研、创业、融资和政府津贴等方面提供“一站式”服务。支持高层次青年科技人才创新创业，对引进到企业的硕士以上、到事业单位的博士以上学位的青年科技创新创业人才，给予专门的立项支持。进一步加快“院士专家工作站”“博士后工作站”、大学生创业园、留学生创业园和创新创业孵化基地等人才平台建设。到2017年，力争全市规模以上工业企业专业技术人员占从业人员的比例达到15%。

11．实施科学素质提升工程。切实推进《全民科学素质行动计划纲要（2006—2010—2020）》实施，发挥政府主导作用，建立健全全民科学素质建设的政策制订、条件保障、监测评估等机制，整体提升全民科学素质。深入开展国家、省级科普示范县市区创建活动，建设一批科技推广和科普示范基地。

三、构建完善创新驱动发展机制

12．深化科技资金分配与管理改革。财政资金重点支持我市产业转型发展的应用基础研究、优势特色产业发展的共性、关键技术的研究与开发以及重大公共科技成果转化和创新创业平台基地的建设。属于企业自身发展需求的科技创新，应以企业先行投入为主，政府采取补助形式给予支持。各县市区要把对科技创新驱动产业转型的投入作为预算保障的重点，确保财政的科技投入逐年增长。

13．切实落实鼓励科技创新的优惠政策。财政、科技、税务等部门要建立工作联系制度，按中、省有关规定全面落实企业研究开发费用所得税税前加计扣除、技术转让所得税减免、高新技术企业税收优惠、科研设备加速折旧、科技企业孵化器税收优惠等各项优惠政策。

14．开展自主创新产品和“两型”产品认定。由市科技局会同有关部门按照权限对全市范围内企业申报市级自主创新产品和“两型”产品进行认定，对获得国家自主创新产品、国家重点新产品认证的企业，由受益财政一次性奖励50万元。经认定的自主创新和“两型”产品，可按中、省有关规定享受政府采购优惠政策。

15．加强对自主知识产权的管理保护。在重点行业和企业建立专利、商标、版权数据库，建设覆盖全市的知识产权信息网络。积极培育一批优质中介机构，开展咨询代理、许可贸易、信息服务、资产评估、维权诉讼等知识产权服务。充分发挥市专利奖、专利产业化专项资金的导向作用，加强知识产权保护体系建设，探索建立健全政府部门知识产权监管执法机构，加快建立行业知识产权维权组织，建立健全政府监管、行业自律、舆论监督、群众参与的知识产权保护体系。

四、发挥企业创新主体作用

16．强化企业研发创新的主体地位。企业要按照市场需求和产业发展确定自主研发方向。科技型企业要创造条件，加大力度建设一批高质量的重点（工程）实验室、工程技术（研究）中心、企业技术中心。重点建设20家以上省级工程（技术）研究中心、重点（工程）实验室和企业技术中心，力争建成1个国家级企业研发平台。鼓励和支持传统产业企业利用高新技术成果和先进适用技术改造生产工艺流程，提高生产技术和管理水平。

17. 增加企业的研发投入。企业享受科技政策优惠所得和科技项目给予企业的资金原则上要再用于企业科技创新、新产品研发和促进生产技术进步。科技创新型企业的研发投入占销售收入的比例要达到5%以上，全社会研发投入占GDP比重达到全省平均水平以上。

18. 引导企业加大科技研发投入。把企业的研发投入力度作为我市产学研产业引导资金立项的基本条件，引导企业成为科技研发投入的主体。鼓励企业开展引进消化吸收再创新工作，对企业承接高校、科研院所的科技成果中试项目，由受益财政给予50万元以上的项目经费扶持；对企业以研发为目的引进的关键技术装备、以提高生产技术和管理水平为目的引进的高新技术成果和先进适用技术给予适当的项目经费支持。鼓励企业通过购买、股权激励或技术入股等多种形式加速科技成果转化与产业化，支持科技人员以科技成果入股企业，以知识产权作价占股最高可达到70%。

19. 建立产学研协同创新机制。鼓励企业与高校院所建立紧密科技合作，共建研发机构和教学实践基地，共同组织承担各类科技项目。以产业为基础、企业为主体、利益为纽带，率先在有色金属新材料、电子信息、机械制造、节能环保和现代农业等产业领域，建立5个产业技术创新战略联盟。对成功列入国家级、省级技术创新战略联盟（或产业示范基地）的项目，由受益财政给予配套支持。

五、强化保障措施

20. 健全领导工作机制。坚持党政一把手抓科技创新工作，充分发挥全市科技工作领导小组的作用，市委市政府每年召开1—2次会议，研究部署全市科技创新驱动产业转型发展工作。各县市区、市直各单位和各产业园区要按照全市的统一部署，结合实际工作，出台具体的实施办法，形成工作合力。

21. 建立政策督导和考核机制。由市科技工作领导小组办公室会同有关部门建立科技创新驱动产业转型发展的评价指标体系，把科技驱动产业转型发展的各项目标任务分解落实到责任单位。加大奖惩力度，把创新驱动产业转型发展目标纳入市委市政府绩效考核重要内容，确保科技创新推动产业转型各项目标任务落到实处。

22. 营造有利于创新创业的良好氛围。深入实施全民科学素质行动计划，加强科学普及工作，全面提高公民科学素养和创新意识。建立重大创新评选与发布制度，开展郴州市青年科技奖评选，加大对创新企业、创新人才和优秀科技工作者的宣传、表彰和奖励力度。进一步树立创新理念，大力营造敢为人先、勇于创新、公正公平、宽容失败的良好氛围。

中共郴州市委
郴州市人民政府
2014年6月25日

广东省推进珠江三角洲地区科技创新一体化行动计划（2014—2020年）

（粤办函〔2014〕519号）

为贯彻落实《珠江三角洲地区改革发展规划纲要（2008—2020年）》，推进珠三角科技创新一体化进程，提高珠三角整体创新能力和创新绩效，力争率先建成全国创新型区域和亚太地区重要的科技创新中心，制定本行动计划。

一、总体要求和总体目标

（一）总体要求

大力实施创新驱动发展核心战略，以创新资源的共建共享以及科技产业的协同发展为抓手，以开展珠三角区域科技资源共享开放行动、重大科技项目联合攻关行动、产业集群协同创新行动、社会民生保障科技行动、联合构建人才高地行动、科技金融合作行动、自主知识产权促进行动为重点，着力构建开放型、一体化的区域创新体系，为推进珠三角转型升级、优化发展提供强大的科技支撑。

（二）总体目标

到2020年，珠三角地区整体自主创新能力明显提高，在若干重点领域接近或达到世界先进水平，在一批优势重点产业领域形成跨区域的高端创新型产业集群，形成具有国际竞争力的高技术产业带；区域科技创新合作机制更加完备，创新资源开放共享程度明显提高，统一的大型科学仪器共享、技术开发与检测、科技金融等公共服务网络基本建成，形成较为完善的区域性国际化创新体系，力争率先建成全国创新型区域和亚太地区重要的科技创新中心。

珠三角地区相关指标按2015、2017、2020年分解目标（略）。

二、区域科技资源共享开放行动

（一）共建科技创新平台。（省科技厅牵头，省发展改革委、经济和信息化委、教育厅及珠三角九市政府等参与）

——以共建共享公共服务平台为突破口，继续推进广佛肇、深莞惠、珠中江三大创新圈产业公共服务平台的共建共享，重点推进国家重点实验室、工程中心、综合性研究院等科技创新平台建设。

——围绕重要产业领域和产业集群发展，引导各市按照产业关联度和相似度，加强磋商和合作，按照优势互补、合作共赢原则，共同遴选、支持、投入一批产业公共服务平台建设项目，减少重复建设。

——鼓励和支持高等院校围绕产业转型升级和经济社会发展需求，牵头整合行业、企业、科研院所等创新资源。

（二）推动科技资源共享开放。（省科技厅牵头，省教育厅、质监局、知识产权局及珠三角九市政府等参与）

——鼓励科研院所、高等院校通过加强产学研合作实现科技资源的共享开放，加快推进内部创新资源向社会开放并提供服务。

——建设统一的科技信息共享平台。继续建设各类科技成果数据库、技术标准、专利、论文、专家等科技数据库信息共享平台，统一数据交换标准和接口，加快推进各类基础性科技资源的联网共享，整合构建统一的科技资源共享信息平台。

——探索完善科技资源合作共享机制。继续深化科技体制改革，建立健全科技资源开放共享的规章制度和政策措施，探索建立财政科技投资的创新平台和科学仪器设备对外开放制度，逐步形成国有投资的公共服务平台资源一体化、服务一体化、收费一体化的运作机制；探索建立科技资源开放共享的利益分享机制，推动落户珠三角的国家级质检中心、省级授权质检机构、重点实验室、工程技术研究中心、中试基地、标准化研究机构、WTO/TBT研究咨询机构、大型公共仪器设备向社会全面开放。

（三）搭建对接平台。（省科技厅牵头，省经济和信息化委、教育厅及珠三角九市政府等参与）

——发展新型研发机构。按照市场主导、政府引导的原则，引导地方政府、各类社会主体投身新型研发机构建设，力争更多的中科院、工程院以及央属科研机构到珠三角建设新型研发机构。引导新型研发机构建立健全理事会等现代院所治理机制、产业化导向的研发模式，强化与企业、市场的对接，加快推进科技研发和成果产业化。

——推进产学研技术创新联盟建设。积极支持产学研合作，鼓励各市加强协调，引导、组织行业龙头企业、科研机构共建产学研创新联盟，联合开展关键核心技术攻关，扩大合作范围和规模。到2015年，珠三角产学研创新联盟数量达到120家。

——鼓励发展各类科技联盟组织。引导和支持区域内企业、科研机构、中介组织以及科技园区创办各类科技联盟组织，组织各类科技论坛，积极开展科技创新交流对接活动，吸引区域内相关创新主体参与联盟活动。对符合一定条件的科技联盟组织，各级财政可给予适当的经费资助或通过政府购买服务形式予以支持。加强珠三角各地生产力促进中心、各高新区科技创业服务机构的合作交流，联合开展科技创新宣传与教育活动。

（四）优化科技服务业布局。（省科技厅牵头，省商务厅、质监局、知识产权局及珠三角九市政府等参与）

——推动科技服务业集聚发展。重点推进广州、深圳两大科技服务集聚区建设。加快建设广州南沙、深圳前海、珠海横琴、东莞松山湖科技园区、佛山金融高新技术服务区等一批科技服务产业集群。

——积极培育连锁式科技服务机构。引导科技中介服务机构在珠三角积极布局，设立分支机构。联合搭建区域创新服务平台，提供委托研究、联合攻关、信息服务、技术检测、成果孵化等创新创业服务，重点打造一批小微民营科技企业服务平台。

（五）提升对外科技合作水平。（省科技厅牵头，省外办、港澳办及珠三角九市政府等参与）

——联合开展对外科技合作与交流。引导各市联合开拓对外科技合作新渠道，进一步深化与港澳台产业、科技合作，共建科技创新平台和园区。

——共同办好对外交流合作平台。完善省市联动机制，引导各市积极参与，共同办好中国（东莞）国际科技合作周、中国留学人员广州科技交流会、中国国际高新技术成果交流会等国家级科技博览会。

三、重大科技项目联合攻关行动

（一）共同承担国家、省重大科技专项。（省科技厅牵头，省发展改革委、经济和信息化委、教育厅及珠三角九市政府等参与）

——加强省市联动，联合各市共同做好与国家重大科技专项的对接与申报工作，积极争取国家计划的立项支持，努力承担更多的国家重大科技专项和973、863计划等项目，积极承担省级重大科技专项的组织实施。

——联合各市共同推进中国（东莞）散裂中子源、广州和深圳超算中心、大亚湾中微子实验室（二期）、国家基因库、中国科学院（惠州）加速器驱动嬗变系统研究装置（CIADS）和强流离子加速器装置（HIAF）等重大科学工程的建设以及下游成果应用和产业化工作，加快实现重大科学工程的共建共享。加大联合引进力度，继续推动一批国家级战略性创新平台落户珠三角。

（二）跨地区组织一批科技专项。（省科技厅牵头，省发展改革委、经济和信息化委、教育厅及珠三角九市政府等参与）

——积极参与粤港联合科技攻关及产业化工作。鼓励和引导各市选择具有特色优势和对经济与社会发展有重大带动作用的关键领域，在重点领域关键技术粤港联合科技攻关的框架下设立地方专项或扩大专项规模，开展关键核心技术攻关，突破产业发展技术瓶颈。

——联合开展产业共性和关键技术攻关。加强顶层设计和科学规划，重点加大对高端新型电子信息、LED照明、新能源汽车、生物医药、节能环保、新材料、新能源、高端装备制造等重点领域共性关键技术的协作攻关力度，组织攻克一批对产业发展具有重大带动作用的核心技术。

四、产业集群协同创新行动

（一）推进重大科技成果推广应用。（省科技厅牵头，省发展改革委、经济和信息化委、住房城乡建设厅及珠三角九市政府等参与）

——深入开展商业模式创新，省市联动组织实施一批重大项目和新产品示范应用工程，引导各市积极开展重大科技成果推广应用示范试点，重点在高端新型电子信息、半导体照明（LED）产品、建筑节能与绿色建筑技术和产品、“数控一代”机械产品、新能源汽车等领域实施示范推广工程；举办科技成果与产业对接活动，推动创新成果加速产业化，加快重大科技成果产业化进程。

（二）推动高新区协同发展。（省科技厅牵头，省发展改革委、经济和信息化委及珠三角九市政府等参与）

——加快推动高新区“二次创业”。全面推进高新区以发展现代服务业、完善技术创新体系、优化创新创业环境和文化为主要内容的“二次创业”，重点推进广州、深圳创建国家自主创新示范区，支持佛山顺德建设省自主创新特区。加快高新区创业孵化载体建设，推动各市共同打造前孵化器协作网络，到2015年，珠三角各市均建有特色鲜明、服务独特的前孵化器，形成10家以上的前孵化器试点。

——推进高新区差异化发展。进一步推动高新区战略联盟发展，充分发挥高新区战略联盟在搭建资源共享、合作交流的互动性平台以及推动各高新区实现优势互补、错位和协同发展方面的作用，引导各高新区围绕特色重点领域开展核心技术攻关和重大项目建设，推动差异化发展。

——打造高新技术产业集群。积极落实《广东省高新区创新型产业集群建设方案》（粤科函高字〔2012〕893号），加快建设深圳下一代互联网、惠州智能终端与云计算应用、中山健康科技等国家创新型产业集群建设试点，培育和建设广州北斗卫星导航、珠海软件及集成电路设计等省级创新型产业集群，推进各高新园区形成优势特色产业。

（三）推动专业镇协同升级。（省科技厅牵头，省经济和信息化委及珠三角九市政府等参与）

——发展专业镇产业联盟。支持各市专业镇在家具、家电、纺织服装等特色优势产业重要环节加强合作与交流，促进专业分工和产业链延伸，形成专业镇产业发展联盟。

——推动专业镇协同创新。推动专业镇通过产业联盟结对选择高等院校、科研院所，引导高等院校、科研院所在各相关专业镇合理布点，构建产学研长效合作机制，共同推进专业镇特色产业关键技术攻关和科技创新服务平台建设。

——推动专业镇协同建设中小微企业技术创新服务平台。推动区域相邻的专业镇合作共建中小微企业技术创新服务体系，加快建设功能差异化、特色化的专业镇生产力促进中心，共同建设各有侧重、优势互补的中小微企业服务平台。

五、社会民生保障科技行动

（一）加强食品安全保护。（省食品药品监管局牵头，省科技厅、农业厅及珠三角九市政府等参与）

——加强食品安全的联合研究。加快建设一批食品安全科研机构，开发和应用食品原料安全生产技术，加强农产品、食品安全加工的联合研发与推广应用，推进无公害食品、绿色食品和有机食品认证。

——加强食品安全快速检测能力建设。加大食品安全检验检测技术研究和推广应用，加快推进食品检验检测重点实验室、应急实验室和风险监测实验室建设，利用信息化手段加快建设珠三角食品安全监管体系，建立从种养殖、生产、流通到消费的食品安全溯源保障体系，健全食品安全标准与评估体系，逐步提高食品安全风险评估能力。扩大食品安全科普教育。

（二）提升医疗卫生水平。（省卫生计生委牵头，省科技厅及珠三角九市政府等参与）

——加强重大疾病关键技术攻关。针对恶性肿瘤、心血管等珠三角地区常见公共性重大疾病和重大传染疾病，共同建设一批国家级医学科技公共平台、支撑平台、临床医学研究与转化中心和示范基地，联合组织实施一批重大科技项目，开展疾病监测和预警体系、防治关键技术、生物技术应用、社区医疗体系、产学研结合及医学基地与平台建设等研究工作。

——加强区域内常见多发病防治技术体系建设。重点研究常见病和多发病的监控、预防、诊疗和康复技术，研制小型诊疗和移动式医疗服务装备以及远程诊疗和技术服务系统。

（三）加强应急处置能力建设。（省政府应急办牵头，省科技厅、安全监管局及珠三角九市政府等参与）

——深入落实《珠江三角洲地区应急管理合作协议》，围绕区域公共安全需求，在突发事件信息通报、应急资源共享、突发事件协同处置、应急联合演练等方面加强应急联动合作技术研发，加快完善珠三角应急指挥技术体系，继续推进清华大学公共安全研究院广东分院建设，加快推进应急指挥技术支撑系统相关技术的发展和应用，联合开发和储备一批应对重大自然灾害、重大事故和突发公共事件的关键共性技术、前瞻性技术及产品，加强相关专业装备配备开发，开展高危行业企业安全标准化建设，促进公共安全科研成果有效转化，培育和发展公共安全科技产业。

（四）协同推进环境保护科技创新。（省环境保护厅牵头，省科技厅及珠三角九市政府等参与）

——完善协同推进机制。针对区域内需要协同解决的跨区域环境问题，推进科技资源共享、技术联合攻关，共同推进区域资源环境保护与可持续利用。

——加强技术攻关和应用。重点开展污染减排、水环境污染防治、大气环境污染防治等技术的研发和推广应用，加快推进重点行业污水集中处理及再生利用技术，大力开展重点企业清洁生产，推进建立清洁生产示范工业园。

六、联合构建人才高地行动

（一）协同推进高端创新人才的引进培养。（省委组织部牵头，省科技厅、教育厅、人力资源社会保障厅及珠三角九市政府等参与）

——协同吸引集聚高端创新人才。依托区域内高新技术企业、高等院校、科研院所与重大科研基地，加快引进更多创新团队和领军人才，联合培养一批科研、经营管理、技术技能型人才和公共服务高层次人才，鼓励社会与高校联合开展高层次人才培养，共建高层次人才培养实践基地、研究生联合培养基地等。推动各市积极参与、支持和利用好中国广州留学人员科技交流会、深圳国际高新技术交易会和国际人才交流大会等人才引进平台，联合引进各类高端创新人才，共同打造珠三角人才高地。

——推动高端创新人才区域内流动。鼓励高层次科技人才采取柔性流动方式到异地从事咨询、讲学、兼职、科研和技术合作、技术入股、投资兴办高新技术企业或从事其他专业服务。

（二）加强区域创新人才的交流与合作。（省科技厅牵头，省教育厅、人力资源社会保障厅及珠三角九市政府等参与）

——推进创新人才的共享。以产业分工和科研合理布局为导向，建立与区域经济发展要求相符合的人才资源动态优化机制，优化人才合作机制，积极开展人才互访和学术交流，共同合作研究、共建试验基地、共同申报科研项目。鼓励各市引导企业创新人才使用理念，通过“异地研发、孵化，本地产业化”的方式，共享广州、深圳的人才、信息集聚优势，支持区域内的高等院校在各市设立分支机构与产学研基地，推动人才智力的交流与合作，畅通高层次人才的工作和创业渠道，实现人才互补和共享。

——推动人才政策的相互衔接。促进各市在科技人才资质互认、科技人才居住证制度、区域社会保障制度等方面实现有机衔接，畅通区域内人才流动渠道，实现高层次人才互认、互动，促进高层次科技人才有序流动。

（三）建设统一的人才服务与交流公共平台。（省科技厅牵头，省教育厅、外办及珠三角九市政府等参与）

——推动各市科技专家库资源共享，充分发挥科技专家在区域科技创新、产学研合作、项目评审等活动中的作用。

——建立统一规范、高效共享的国家级国际科技人才交流平台和人才信息服务平台，促进“广州留学生网”等信息数据库的对接，推进外国专家和留学人员系统数据共享，共建珠三角网上科技人才中心，推进高层次人才、海外留学人员等人才资源共享。

七、科技金融合作行动

（一）积极发展创业投资。（省科技厅、发展改革委牵头，省财政厅、金融办及珠三角九市政府等参与）

——鼓励各市大力发展政策性种子基金，积极参与国家新兴产业创投计划，充分发挥省战略性新兴产业创业投资引导基金的积极作用，引导社会资金投资处于初创期、早中期的创新型企业，引导社会资本设立科技孵化基金，支持前孵化器、孵化器、加速器等公共服务平台建设及服务；推动有条件的地市探索开展科技产品金融化试点。

——鼓励和支持各市在自愿的基础上，采取股份制等形式联合建立风险投资机构和担保机构，加大对创业投资机构的支持和激励力度，鼓励跨地区开展科技风险投资活动，扶持种子期、初创期科技型企业发展，促进科技成果转化。

（二）引导发展科技信贷。（省科技厅牵头，省财政厅、金融办及珠三角九市政府等参与）

——强化广州、深圳、东莞、佛山市科技和金融结合试点的辐射带动作用，促进各市发展新型科技金融机构；鼓励各市设立政府科技贷款风险补偿金和科技贷款贴息资金，引导各类金融机构创新科技型企业贷款模式、产品和服务。支持粤科科技小额贷款公司、粤科融资担保公司在珠三角高新区、专业镇与当地政府合作设立子公司、分支机构，吸引社会资本，搭建覆盖高新区和专业镇的业务网络平台。积极开展知识产权投融资服务，推动科技保险产品创新和科技担保业务发展，提高科技信贷水平，形成科技金融产业发展新格局。

（三）构建多层次资本市场。（省科技厅牵头，省金融办及珠三角九市政府等参与）

——支持佛山市加快建设广东金融高新技术服务区，支持佛山市建设金融科技产业融合创新综合试验区，支持广州、深圳、佛山等市规范发展区域性股权交易中心，引导和鼓励符合条件的企业到广州股权交易中心、前海股权交易中心和广东金融高新区股权交易中心等区域性股权交易市场挂牌交易，支持各区域性股权交易市场结合珠三角科技型企业融资需求，不断创新产品和服务模式。

——推动珠三角有条件的市开展战略性新兴产业区域集优集合票据试点工作。积极推动科技型企业上市，推动高新区加强与金融机构合作。

（四）完善科技金融服务体系。（省科技厅牵头，省金融办及珠三角九市政府等参与）

——鼓励各市加快聚集一批创业投资和科技金融服务机构和平台，强化已建科技金融服务机构的作用，鼓励保险机构参与广州、深圳、佛山、东莞4市的科技保险试点，建立功能较完善、专业性强、水平较高的区域性科技金融服务体系，加快创建珠三角科技金融服务集聚区。

——依托中国（广州）国际金融交易博览会、深圳高交会等大型会展平台，强化其对科技金融交易和服务的辐射功能。

八、自主知识产权促进行动

（一）深入实施知识产权战略。（省知识产权局牵头，省科技厅、质监局及珠三角九市政府等参与）

——推进知识产权的创造与使用。加快实施战略性新兴产业自主创新工程及重大专利技术与产业化计划，推进专业镇知识产权专项行动，完善知识产权评估交易机制，探索实施重大项目的知识产权评议制度，加快形成一批具有自主知识产权的产业和产品。推动珠三角各行业建立跨行政区域的知识产权保护联盟，加快发展专利联盟，构建重点产业专利池，贯彻企业知识产权管理规范，提升企业专利运用和管理水平。

——支持共建共享知识产权公共服务平台。建立重大战略性新兴产业专利信息数据库和信息发布系统，加快国家级质检中心和省级授权质检机构等公共检测服务平台建设，力争到2015年省级公共检测服务平台达100个以上，其中国家级质检中心达50个以上。

——强化知识产权保护合作。加强区域内知识产权执法协作，建立和完善行政保护、司法保护、自律保护互为补充的全方位、多层次的珠三角知识产权保护体系。

（二）推动技术标准和区域品牌建设。（省质监局牵头，省科技厅、知识产权局及珠三角九市政府等参与）

——积极推动珠三角地区率先建设先进标准体系。加强科技攻关和标准研制的产学研合作，在珠三角若干重点产业领域研制一批自主知识产权的先进标准。鼓励和支持珠三角企业和行业联合有关高校、科研机构积极参与地方标准、行业标准、国家标准和国际标准的制修订。在产业集聚区加快研制实施一批优势技术、关键技术和高新技术联盟标准。

——深入开展“标准与研发同步、标准与产业同步、标准与技术同步”试点工作，提升产业竞争力和自主创新能力，深化珠三角区域技术性贸易措施应对与防控合作。

——推进区域品牌创建，积极开展创建“全国知名品牌示范区”和“广东省知名品牌示范区”活动，加强广东名牌产品培育工作，大力推动区域内特色优势产业集群联合申请集体商标和证明商标，积极引导新兴行业集群打造区域品牌。

九、工作保障措施

（一）加强组织协调。

1．进一步完善省市联动共同推进的合作机制。建立珠三角科技创新一体化联席会议制度，完善珠三角各市间的磋商机制，建立多边的直接协商机制，共同商定跨地区的重大科技合作事宜和项目，形成畅通的对话交流与区域合作决策沟通机制。

2．强化跨部门联动合作机制。加强税收、社保、人力资源、知识产权等管理部门与科技部门在落实税收优惠政策、人才流动和专利成果保护等方面的合作与磋商，凝聚政策合力，努力突破阻碍科技创新一体化的体制机制。

3．强化行动计划的执行力。珠三角各市和省有关单位要把实施珠三角科技创新一体化行动计划纳入相关专项工作和年度计划中，制定相应的工作计划和任务目标。建立健全合作共建项目的管理监督机制，充分发挥科技中介机构作用，建立科技合作项目考核评估机制，确保各项行动任务得到认真落实。相关工作情况纳入省实施《珠三角规划纲要》年度评估考核。

（二）强化资金保障机制。

进一步发挥省级财政资金的引导作用，强化各级地方政府配套资金对行动计划项目的支撑，确保各项行动任务顺利执行和贯彻落实。充分发挥政府资金的引导和杠杆作用，创造良好的投资金融环境，引导企业和社会的资本投入行动计划项目。

（三）优化政策环境。

进一步完善促进珠三角地区企业参与技术创新联盟、联合开展研发和创新资源开放共享的政策法规体系。探索实施有利于科技创新一体化的财税优惠政策，对科技企业、产品、机构等资质予以互认。共同研究制定科技创新项目合作、合作平台开放共享、合作资金、人才交流、成果跨地区转化等管理办法，为各项行动任务的顺利实施提供制度保障。

（四）加强宣传与交流。

开展巡回宣讲和媒体宣传，加大珠三角科技创新合作宣传力度，营造科技合作氛围，弘扬科技合作文化，提高科技合作意识。

广东省人民政府办公厅

2014年11月6日

深圳市人才安居办法

（政府令第273号）

《深圳市人才安居办法》已经2014年9月18日市政府五届一百一十七次常务会议审议通过，现予公布，自2015年1月1日起施行。

第一章 总 则

第一条 为加快实施人才强市战略，优化人口结构和创新创业环境，提高城市竞争力，根据《深圳市保障性住房条例》及相关规定，制定本办法。

第二条 本办法适用于使用财政资金和政府筹措的其他资金、实物，对本市经济社会发展需要的各类人才实行的安居活动。

第三条 市住房保障部门负责全市杰出人才、领军人才的人才安居申请的受理、审核、分配及监管；负责市级公共租赁住房（以下简称公租房）的配租（售）及监管；负责定期向社会公布人才安居实施情况；负责提供人才租住公租房情况以及由其负责的购房优惠情况。

市人力资源和社会保障部门（以下简称市人力资源部门）按照职责分工负责新引进人才租房补贴申请的受理、审核、发放及监管；负责提供人才社会保险、人才认定证书以及享受海外高层次人才奖励补贴情况。

市财政部门负责审核本市人才安居年度货币补贴预算和决算，报市政府批准后实施；负责根据住房保障部门和人力资源部门提出的拨付申请，在10个工作日内拨付补贴款。

第四条 市住房保障部门和市人力资源部门应当会同相关职能部门、各区政府建立全市统一的人才安居信息系统，逐步实现全市人才的身份、户籍、婚姻家庭、社会保险、住房和住房保障情况等信息共享，逐步实现人才安居网上申请、受理、查询、公示、投诉、监督等功能。

规划国土、公安、税务部门负责根据住房保障或者人力资源部门提出的核查申请，在10个工作日内分别提供房屋产权登记、户籍、纳税等信息。需要由住房保障或者人力资源部门提供的相关核查信息，应当在10个工作日内提供。

第五条 区人力资源部门按照职责分工负责本区新引进人才租房补贴申请的受理、审核、发放及监管。

区住房保障部门负责本区公租房的配租（售）及管理；负责提供区住房保障情况。

第六条 市人才安居工作联席会议由市政府分管领导召集，市住房保障部门、市人力资源部门、市人才工作领导小组办公室、市财政部门以及相关行业主管部门参加，研究审议人才安居有关重大事项，日常工作由市住房保障部门负责。

第七条 人才安居采取实物配置和货币补贴两种方式实施。

实物配置包括免租金租住、产权赠与、租住公租房和购买安居型商品房等形式；货币补贴包括购房补贴和租房补贴等形式。

第八条 申请人已婚的，应当以家庭为单位申请租住公租房或者购房优惠政策，其配偶、未成年子女应当作为共同申请人。申请人及共同申请人都符合租房补贴申请条件的，可以各自申请。

杰出人才、领军人才应当在本市用人单位全职工作并通过用人单位提出安居申请。用人单位负责对申请人的资格和申请材料进行查验，并对其真实性、合法性负责。

第九条 申请人同时符合租房补贴、购房补贴和公租房申请条件的，不得同时享受。

申请人自愿承租或者购买低于其人才层级所对应的面积标准住房的，低于标准部分不予补偿；自愿承租高于其人才层级所对应的面积标准住房的，超出标准部分，按照同期同区域普通商品住房的市场租赁指导租金（以下简称市场指导租金）缴交租金。

人才安居政策与其他住房保障政策不得同时享受。

机关事业单位在编人员不得申请租房补贴。

各类人才已享受广东省有关人才住房货币补贴的，在享受本市人才安居政策时应当扣除广东省人才住房货币补贴。

第十条 住房保障部门和人力资源部门对申请人的资格条件审核合格后，应当在本部门政府网站公示5个工作日，公示无异议或者异议不成立的，方可落实相关人才安居政策。

第二章 杰出人才安居

第十一条 本人及共同申请人在本市未享受过购房优惠政策的杰出人才，可以通过用人单位向市住房保障部门申请免租金租住建筑面积200平方米左右的住房。

第十二条 杰出人才租住免租金住房应当签订租赁合同，免租金期限累计不超过10年。免租金期限届满后可以续租3年，但应当按照公租房租金标准缴交租金。

承租人不得转租住房。租赁期间发生的物业管理、水电气等费用由承租人自行负担。承租人未按时缴交的，由用人单位先行垫付。

承租人离职的，原用人单位应当自离职之日起15日内书面通知市住房保障部门。承租人离职未退房的，自离职之日起至被本市新用人单位录用之日止，按照公租房租金标准缴交租金，1年后仍未被本市新用人单位录用的，按照市场指导租金缴交租金。

第十三条 杰出人才签订免租金住房租赁合同后，在本市全职工作满10年，贡献突出并取得本市户籍的，可以通过其用人单位向市住房保障部门申请赠与所租住房。

经审核符合赠与条件的，市住房保障部门应当提交市人才安居工作联席会议审定。经审定同意赠与的，由市住房保障部门与杰出人才签订住房赠与合同。

第三章 领军人才安居

第十四条 本人及共同申请人在本市未享受过购房优惠政策、未拥有商品住房、未领取过领军人才租房补贴的领军人才，可以申请租住免租金住房3年，其中地方级领军人才、后备级人才应当具有本市户籍。

领军人才免租金住房建筑面积标准为：

（一）国家级领军人才不超过150平方米；

（二）地方级领军人才不超过100平方米；

（三）后备级人才不超过80平方米。

领军人才租住免租金住房期间的管理以及续租，参照本办法第十二条执行。

第十五条 本人及共同申请人在本市未享受过购房优惠政策、未租住过免租金住房、未拥有商品住房的领军人才，可以申请累计不超过3年的租房补贴，其中地方级领军人才、后备级人才应当具有本市户籍。

领军人才租房补贴标准为：

（一）国家级领军人才4800元/月；

（二）地方级领军人才3200元/月；

（三）后备级人才2560元/月。

领军人才租房补贴申请经审核合格后，由市住房保障部门按季度发放。

第十六条 本人及共同申请人在本市未享受过购房优惠政策、在本市拥有不超过一套商品住房的领军人才，可以向市住房保障部门申请购房补贴，其中地方级领军人才、后备级人才应当具有本市户籍。

领军人才购房补贴由用人单位和政府按照1:1的比例分担，政府根据用人单位实际补贴情况确定补贴金额，但政府补贴金额不超过以下标准：

（一）国家级领军人才每年15万元，总额75万元；

（二）地方级领军人才每年10万元，总额50万元；

（三）后备级人才每年8万元，总额40万元。

领军人才购房补贴申请经审核合格后，由市住房保障部门在5年内按年度发放。

购房补贴续发期间购买商品住房的，不影响余额发放。

第十七条 领军人才在领取货币补贴期间离开原用人单位的（退休的除外），原用人单位应当自其离职之日起15日内书面通知市住房保障部门。市住房保障部门自其离职当月起暂停发放货币补贴。

领军人才被本市新用人单位录用后，可以通过新用人单位向市住房保障部门申请继续发放货币补贴剩余部分。

第十八条 申请购房补贴之前已经领取过领军人才租房补贴的，应当从购房补贴中相应扣减；租住过免租金住房的，应当按照公租房租金标准从购房补贴中相应扣减。

已经领取购房补贴的领军人才或者其配偶的人才层级提升后，可以向市住房保障部门申请补发购房补贴差额，且不受拥有商品住房套数的限制。

第十九条 领军人才自首次领取购房补贴之日起10年内，用以申请购房补贴的房屋产权限制转让，在限制转让期内申请转让该房屋产权的，应当退回已经领取的购房补贴。

第二十条 领军人才可以申请购买安居型商品房，按照本市安居型商品房管理有关规定执行时，领军人才可以申请不超过90平方米的住房，且不参加安居型商品房轮候，住房面积不受家庭人数的限制。

第四章 新引进人才租房补贴

第二十一条 人力资源部门在办理新引进人才的接收、调入或者引进手续时，应当告知新引进人才申请租房补贴的条件和程序。

本办法所称新引进人才是指本市接收的应届毕业生、新调入的在职人才、新引进的归国留学人员。

第二十二条 新引进人才符合下列条件的，可以向办理接收、调入或者引进手续的人力资源部门申请发放租房补贴：

（一）本科以上学历；

（二）具有本市户籍；

（三）本人在本市未享受过购房优惠政策、未正在租住公租房。

新调入的在职人才除符合前款规定条件外，还应当符合下列年龄条件：本科未满30周岁、硕士未满35周岁、博士未满40周岁。上述年龄条件以调入年度的1月1日为判断时点。

新引进人才应当在引进审批文件签发之日起1年内提出租房补贴申请，未在规定期限内提出申请的，视为自动放弃申请资格。

第二十三条 新引进人才的租房补贴标准为：

（一）本科6000元/人；

（二）硕士9000元/人；

（三）博士12000元/人。

第二十四条 新引进人才租房补贴申请经审核合格后，由人力资源部门发放50%补贴。首次补贴发放半年后，经审核申请人户籍仍在本市、未正在租住公租房且已累计缴纳3个月社会保险的，由人力资源部门发放剩余补贴，经审核不符合条件的，不再发放剩余补贴。

新引进人才不得重复享受租房补贴。

新引进人才在领取租房补贴期间不得租住公租房。租房补贴期间为人力资源部门首次发放租房补贴之日起1年内。

第五章 公租房配租（售）

第二十五条 公租房通过个人轮候、重点企事业单位定向配租（售）等方式面向人才出租。

本市户籍人才可以按照深圳市公租房轮候的有关规定申请轮候。

市、区住房保障部门可以将公租房定向配租给重点企事业单位或者经本级政府批准的企事业单位，租金按照公租房租金标准由承租单位统一缴交。

市、区住房保障部门可以将公租房或者安居型商品房出售给经本级政府批准的企事业单位。

第二十六条 市相关行业主管部门负责根据市政府重点扶持产业政策，定期拟订本行业人才安居重点企事业单位遴选条件及初选名录。

市住房保障部门将初选名录汇总后，形成本市人才安居重点企事业单位名录草案，在市政府网站和本部门政府网站公示不少于5个工作日，公示无异议或者异议不成立的，经市人才安居工作联席会议审议并报市政府批准后对外公布。

名录的增减由行业主管部门提出并按照上述程序确定。

各区政府可以根据本区重点扶持产业政策确定本区重点企事业单位名录。

第二十七条 重点企事业单位人才租住公租房的建筑面积标准为：

（一）单人20平方米左右；

（二）两人35平方米左右；

（三）三人50平方米左右；

（四）四人及以上65平方米左右。

第二十八条 面向重点企事业单位定向配租的公租房的首次租赁期限不超过3年，期满后可以申请续租一次，续租期限不超过3年。

续租期满后再次申请续租的，应当按照市场指导租金标准缴交租金。

定向配租的承租单位被取消重点企事业单位资格的，公租房租赁合同期满后，住房保障部门不再与之续租。

第二十九条 住房保障部门应当每年在本级政府网站和本部门政府网站公布面向重点企事业单位配租（售）的公租房的数量、位置以及配租（售）情况。

实行定向配租（售）的住房由承租（买受）单位负责日常管理。承租（买受）单位只能出租给本单位在本市未拥有商品住房或者政策性住房的职工。

定向配租（售）的承租（买受）单位应当将本单位配租公租房的条件、程序以及结果等在本单位网站或者信息公告栏公示，并将配租结果报住房保障部门备案。

第六章 法律责任

第三十条 相关主管部门及其工作人员不按照规定履行职责，滥用职权、玩忽职守、徇私舞弊的，依法追究行政责任；涉嫌犯罪的，依法移送司法机关处理。

第三十一条 申请人以隐瞒或者虚报年龄、学历、职称、人才认定文件、户籍、婚姻家庭、社会保险、住房和住房保障等情况弄虚作假的，或者以贿赂等不正当手段骗取本办法规定的人才安居待遇的，由住房保障部门依照《深圳市保障性住房条例》及相关法律、法规处理，但骗取本办法规定的新引进人才租房补贴的，由人力资源部门处3万元罚款。

第三十二条 杰出人才、领军人才租住住房或者领取货币补贴后，有下列情形之一的，市住房保障部门应当书面通知用人单位，单方解除房屋租赁合同，并收回所租住住房，或者终止发放货币补贴：

（一）人才认定文件被市人力资源部门撤销的；

（二）被刑事处罚的；

（三）擅自将住房转租他人的；

（四）累计3个月未按时缴交租金或者相关费用的。

第三十三条 定向配租（售）住房的承租（买受）单位有下列情形之一的，由住房保障部门责令限期改正，处3万元罚款；逾期未改正的，处10万元罚款，提请取消其重点企事业单位资格：

（一）向本单位不符合条件员工或者非本单位员工出租配租（售）住房的；

（二）未将本单位配租（售）住房的配租条件、程序以及结果依法公示的；

（三）未将本单位配租（售）住房的配租情况报住房保障部门备案的；

（四）未及时查处本单位员工违规转租配租（售）住房行为的；

（五）累计3个月未按时缴交租金或者相关费用的。

定向配租（售）住房的承租（买受）单位有下列情形之一的，由住房保障部门责令限期改正，处5万元罚款；逾期未改正的，处20万元罚款，提请取消其重点企事业单位资格：

（一）擅自改建、扩建配租（售）住房的；

（二）擅自改变配租（售）住房用途的；

（三）利用配租（售）住房从事非法活动的；

（四）违规出售配租（售）住房的。

第三十四条 用人单位及人才违反本办法规定，被依法处以行政处罚的，或者被解除租赁合同、终止发放货币补贴的，住房保障部门和人力资源部门应当将其纳入不良行为记录，并在本部门政府网站上向社会公示。

住房保障部门和人力资源部门应当将不良行为记录提供给相关征信机构，相关征信机构应当依法将相关个人、用人单位的违法行为在征信记录中作不良行为记录。

第七章 附 则

第三十五条 本办法所称购房优惠政策，包括购买过政策性住房或者享受过购房补贴、海外高层次人才奖励补贴。领军人才因违法行为被终止发放购房补贴的，视为已享受购房优惠政策。本办法施行前针对高层次人才实行的购房贴息视为本办法规定的租房补贴。

本办法所称政策性住房是指各类带有政策优惠性质的住房，包括准成本房、全成本房、社会微利房、全成本微利房、经济适用住房、安居型商品房以及政府赠与住房等。

本办法所称在用人单位全职工作是指人才的人才安居政策申请单位与其劳动合同签订单位、社会保险缴纳单位、纳税申报单位一致。社会保险或者纳税申报中断的，视为该人才已离开用人单位。

第三十六条 相关主管部门要求申请人提供的申请材料仅限于以下种类：

（一）人才认定证书；

（二）劳动合同；

（三）申请人及配偶身份证、户籍证明、结婚证（仅限已婚人员），非本市户籍人员需提供居住证，港澳台同胞以及外籍人士还需要提供护照或者其他合法身份证明；

（四）申请人及配偶、未成年子女在本市未享受过购房优惠政策、未拥有商品住房和政策性住房的声明；

（五）用人单位担保文件；

（六）房地产证（权利人为申请人、共同申请人），用人单位已发放由其分担的年度购房补贴的凭证。

第三十七条 杰出人才、领军人才应当在人才认定证书有效期内申请人才安居政策。

人才期末评估为不合格的，停止续发货币补贴，不再受理其赠与住房的申请。人才期末评估为合格的，申请赠与房产或者续发货币补贴，不受人才认定证书有效期限制。

第三十八条 人才安居的条件、标准以及申请材料等需要调整的，由相关主管部门提出调整方案，经市人才安居工作联席会议审议并报市政府批准后公布执行。

市住房保障部门和市人力资源部门可以根据工作需要制定具体操作规程。

第三十九条 本办法施行后，相关事项按照以下规定处理：

（一）已受理的领军人才购房补贴的发放，除发放标准和条件按照《深圳市人才安居暂行办法》（深圳市人民政府令第229号）规定执行外，其他按照本办法执行；

（二）已受理的领军人才租房补贴的发放，不受户籍条件限制，但购买商品住房的，终止发放租房补贴；

（三）原高、中初级人才租房补贴申请截至2014年12月31日，并发放至2014年12月，其中，2014年受理的中初级人才（包括本科、硕士和博士），可以按照原标准和条件发放至2015年12月，2015年度的租房补贴与2014年最后一期租房补贴一并发放；

（四）2015年1月1日后新引进人才可以按照本办法申请新引进人才租房补贴；

（五）重点企事业单位已承租的公租房到期后，可以按照本办法规定续租；个人承租的公租房到期后，符合深圳市公租房轮候与配租条件的，可以续租，不符合该条件的，应当退租，或者按照市场指导租金标准缴交租金。

前款所称已受理是指本办法施行前住房保障部门已经受理相关申请的情形；已承租是指本办法施行前相关单位或者个人已经在住房保障部门办理租赁手续的情形。

第四十条 本办法自2015年1月1日起施行，2011年6月1日颁布实施的《深圳市人才安居暂行办法》（深圳市人民政府令第229号）同时废止。

市长 许勤

2014年12月1日

珠海市建设创新型城市行动计划（2014—2016）

（珠府办函〔2014〕92号）

为全面贯彻落实党的“十八大”及十八届三中全会精神，加快建设创新型城市，有效增强我市自主创新能力，根据《中共珠海市委、珠海市人民政府关于加快实施自主创新战略建设创新型城市的意见》，制定本行动计划。

一、发展目标

（一）总体目标。

到2016年，珠海市科技创新体制进一步完善，科技政策环境进一步优化，区域创新体系形成特色。企业创新主体地位进一步加强，全市技术创新能力和技术创新条件得到显著改善。全社会科技创新意识和全民科技素质明显提高，科技综合实力和产业竞争力位居全省前列。

（二）具体目标。

到2016年，高新技术产业得到较快发展，高新技术产品产值占规模以上工业总产值比重超过50%。高新技术企业达到350家，继续保持在全省的前列。

全市R＆D经费支出占GDP的比重超过2.6%，市和所属区地方财政研发投入占同级财政支出的比例达到3%，科技投入的规模和质量得到显著提高，初步形成较为完善的科技创新投融资体系。

研发人员超过2万人。引进和培养一批在行业知名的领军人才，培育数个具有特色的省级技术创新团队，人才缺口问题得到有效改善，从业人员素质明显提高。

专利申请量和授权量继续保持稳步增长，每百万人发明专利申请量超过1800件。

国家及省重点实验室、工程技术研究开发中心、企业技术中心等增加20家，国家级创新机构合计达到7—10家，为珠海市主导产业服务的共性技术平台达到10个，创新资源共享平台达到5个。

智慧城市建设初见成效，初步建成泛在、融合、智能、可信的网络基础设施，3G/4G宽带网络市区覆盖率超过99%，光纤入户率稳步提升，全市WiFi热点覆盖率超过40%；互联网普及率超过82%。

二、主要工作任务

（一）建设一批产业基地和产业集群，打造良好的产业创新载体。

1. 推进航空产业基地建设。以珠海航空产业园为主体，以中航通用飞机、摩天宇航空、翔翼航空技术等龙头企业为依托，重点发展公务机、水陆两用机、轻型涡桨飞机及大中型地效飞行器等航空制造，通航作业、运营服务、维修改装等通用航空运营与配套服务。建立“通飞航空研究中心”以及博士后工作站，合作共建FBO实验站。进一步加强与中国航空工业集团公司的战略合作关系，加快推进中航通飞等在珠项目建设，扩大双方合作领域，完善包括研发、维修、飞行培训、交付服务等在内的航空产业链条。

2．推进海洋工程装备制造产业基地建设。围绕海洋工程装备的前端工程设计和基本设计、大型平台油气生产功能模块设计、海洋工程装备建造、安装调试技术和项目管理、装备和设备的安全可靠性等基础技术，研制海洋工程装备关键系统和设备、系列化船用低中高速柴油机及关键部套件，推动优势配套产品的集成化发展，形成研发、制造、配套产业链。重点建设中海油深水海洋工程装备珠海基地、三一海洋重工产业园一期、珠江钢管二期、瓦锡兰中速船用柴油机等项目。

3．推进软件与集成电路设计产业基地建设。以高新区主园区为主体，围绕软件与集成电路设计、移动互联网、物联网等重点领域，构建和完善企业孵化器等载体，提升南方软件网络检测中心、南方集成电路设计服务中心、南方数字娱乐公共服务中心等现有公共服务平台专业服务水平，打造珠海市软件和集成电路设计产业高端环节集聚区和技术研发创新核心区，形成一批拥有核心技术的龙头企业和具有自主知识产权的产品。

4．推进新能源客车基地建设。以银隆新能源、泰坦科技等核心企业为依托，以LNG客车为切入点，重点发展纯电动和混合动力客车、市政公用工程专用车。通过技术引进和自主开发，掌握整车与系统集成、整车轻量化、整车匹配标定与试验等新能源汽车整车关键共性技术。重点发展纯电动及混合动力汽车整车制造及动力电池、电机、电控等关键零部件产品制造，加快固定式整车直流和移动式便携等多种充电设备的发展。

5．推进生物医药产业基地建设。统筹规划建设生物医药园区，实行整体规划、分步实施、滚动发展。重点抓好金湾生物医药产业园、富山生物医药产业园、粤澳合作横琴中医药科技产业园等重点园区建设。加快南医大生物医药等公共技术平台建设，为生物医药企业提供包括研发外包、检验检测、中试孵化等公共技术服务。鼓励生物医药企业重点攻克生物制药产业化关键技术，发展单克隆抗体、基因工程等生物技术药物及新型疫苗，发展重大传染疾病快速检测试剂、血液检测系列配套试剂等重点产品。

6．推进智能环保家电产业集群建设。以格力电器为主导，发展环保型、舒适型变频产品及高能效等级的定频产品，推动变频技术，空调制冷剂和材料替代技术、智能化等技术的研发及产业化。继续推进格力高效直流变频离心机组技术改造项目。采用节能环保技术，提升空调器压缩机等关键零部件的制造水平。在现有物联网空调产品的基础上，强化网络技术、通讯技术与自动化控制技术的结合，进一步提升规模优势和技术优势，延伸和完善产业链，推进关键配套本地化。

7．推进电子信息制造业产业集群建设。紧密结合珠海电子信息产业优势，以自主研制、自主创新为抓手，推动伟创力等龙头企业加快发展和转型升级。重点发展半导体、集成电路、物联网及其制造设备，大力发展晶片制备、芯片制造、超净、封装测试等半导体和集成电路专用设备，加快电子基础元器件和关键材料的绿色化改造，积极发展以混合集成电路为代表的新型电子元器件，提升产品竞争力。

8．推进石油化工产业集群建设。以高栏港经济区为主要载体，加强技术创新，完善产业链条，大力发展PTA、高级合成树脂、纤维单体、合成纤维聚合物、化学纤维、PET切片等精细化工上游产业；重点发展功能性高分子材料、油田化学品、高档溶剂、化学药物新制剂等精细化工产业。最终形成具有强大创新能力、上下游产品关联紧密、资源能源循环利用、生态安全、可持续发展的国家级化工产业基地。

9．推进办公自动化设备及耗材产业集群建设。以赛纳科技、天威飞马、纳思达等龙头企业为依托，形成上下游配套的打印设备产业链，加速核心技术的研发，争取在芯片、光电、精密机械等若干领域取得突破，以核心技术的突破促进产品创新体系的建立和完善，提升打印设备及耗材产品竞争力。加快国家耗材质检中心、打印设备制造、国家再制造试点项目建设，推动建设中国（珠海）国际办公设备暨耗材采购交易中心。

10．推进游艇制造产业集群建设。依托平沙游艇与休闲旅游区的游艇产业基础，以整船设计和制造为核心和起步点，推动豪华游船、游艇及配套设备和各类帆船等产品的研发和制造，引进上下游产业和关键零部件制造企业，打造特色鲜明、布局合理、产业链条完整的游艇产业发展格局，形成具有世界影响力的游艇产业基地。重点发展游艇俱乐部、游艇驾驶培训学校、游艇维修业、游艇会展业等配套服务业，打造国内外有影响力的游艇消费中心。

11．推进智能电网产业集群建设。以许继电气、优特电力、兴业新能源等龙头企业为依托，在配电自动化、变电站综合自动化的基础上，进一步向分布式发电、用户需求侧管理、综合能源管理、高压大容量电力电子、设备状态监测等领域发展。建设高新区智能电网产业集群升级示范区，构建技术共享平台，加快发展智能电网科技企业孵化器、大学科技园等创新创业载体。积极推进以横琴岛为试点的智能电网示范项目建设，推进“基于智能微电网技术的多能源互补电力网”项目建设。

12．推进海洋高科技产业基地建设。建设珠海（万山）海洋科技示范园，重点培育海洋工程装备与新材料业、海洋生物医药业、海洋可再生能源业、海水资源综合利用业等海洋高科技产业，构建跨区域产学研一体化的集科技研发、技术服务、成果转化、高技术生产功能于一体的海洋科技示范园，吸引涉海科技型企业、国家重点涉海科研机构以及高等院校国家重点涉海实验室入驻园区。

（二）突出企业自主创新的主体地位，提高企业创新能力。

13．加强企业研发机构建设。大力推动企业研究开发机构建设工作，全市企业拥有的国家级或省级的技术中心、工程中心、工程实验室等数量逐年增加，科研成果的工程化与系统集成能力不断提高。积极组织企业与重点高校和科研院所的产学研项目对接活动，鼓励市内高新技术企业与高校和科研院所开展合作，为企业解决技术难题，拓宽企业引进科技人才的渠道。

14．加强高新技术企业培育。全市每年培育一批技术创新能力强、发展势头好的科技型中小企业，引导企业提升和规范企业日常管理、科研管理和财务管理，成长为国家高新技术企业。鼓励各（功能）区设立专项资金，用于高新技术企业培育辅导，支持企业设立研发机构、引进高端创新人才、申报及维护知识产权等，促使企业自觉积极开展研究开发活动及加大研发经费投入，提升科技成果转化能力。

15．实施科技型中小企业扶持计划。加强科技型中小企业扶持资金力度，市财政预算安排每年不少于1000万元用于支持珠海市科技型中小企业技术创新，各区财政也要安排专门资金用于扶持高成长性科技型中小企业。挖掘和储备一批重点扶持的高成长性科技型中小企业，优先享受扶持政策。

（三）不断完善行业创业创新公共服务。

16．建设一批公共服务平台。重点建设好软件与集成电路设计、生物医药、动力电池检测、化工产品质量检测、打印耗材质量检测、船舶及海洋工程装备材料质量监督检验。继续建设和积极引进与我市产业密切相关的国家重点实验室，开展共性技术和关键核心技术攻关，加快成果转化。加快推进广东省药品审评分中心和广东省药品不良反应监测分中心建立，积极推动建设国家级口岸药检所和新药临床试验平台。

17．推动工业设计产业化。重点将工业设计与产业发展相结合，以“设计产业化”与“设计人才职业化”为目标，推进珠海工业设计产业发展。支持V12文化创意产业园等工业设计产业园建设，吸引工业设计企业、人才、资金等要素向园区集聚。支持南方工业设计可视化服务中心等公共服务平台建设，鼓励平台为汽车、飞机、游艇等生产行业提供专业化的服务，推进工业设计专业化进程。支持工业设计企业开拓市场，将具有自主知识产权的工业设计成果产业化，促进工业设计与产业的衔接。

18．大力发展科技服务业。鼓励各类提供技术和产品研发、创新活动开展手段支持、咨询、评估、技术交易、知识产权等服务内容的服务机构的发展。鼓励各类基础性、公益性科技支撑服务机构的发展，形成全社会良好的科技氛围。积极推动珠海与港澳地区的科技服务领域的人才和技术交流，鼓励本地科技服务机构与港澳地区相关机构合作开展技术攻关、人才培训、技术咨询、战略研究等活动。引导国外知名科技服务机构在我市设立分支机构或共建联合实验室、研发中心、技术转移机构、咨询机构。

（四）促进政产学研一体化建设。

19．加强产学研合作平台和孵化器建设。合理规划并完善建设公共技术平台，支持现有公共技术平台健全管理制度，逐步走向独立化运作。加快清华科技园（珠海）二期等项目建设，提升其科技研发、成果转化、企业孵化和风险投资能力；加强科技企业孵化器建设，实现科技企业孵化器面积和在孵企业数量的大幅增长。在软件、集成电路设计、生物医药、新能源汽车、打印耗材、石化、造船和食品安全等领域建设和完善具有行业科技服务能力的共性平台，有效增强大型仪器设备、科研设施、科技文献共享和科技成果转化等科技服务功能。

20．丰富产学研合作方式。通过“请进来、走出去”相结合的方式，组织多种形式的产学研对接活动，为我市产学研活动拓展广泛的空间。实现我市高校办学思路的调整，增强本地高校的科研能力建设，为产业发展提供必要的技术支持。建设“中国科学院广州技术转移中心珠海中心”，充分发挥院市合作的桥梁和纽带作用，从事技术转移的组织与中介服务工作，促进中科院属研究所科技成果在珠海转移、转化和规模产业化。

（五）推进科技与金融紧密结合，引导社会资金支持科技创新。

21．搭建金融服务平台和建立多层次创业投融资体系。引导设立“科技金融网上超市”和“科技金融俱乐部”，实现科技金融的线上无缝对接、线下面对面对接。制定优惠政策，鼓励设立风险投资、创业投资、私募股权、基金信托等创新型金融机构，引导社会资本投向高新技术产业和战略性新兴产业。引进广东粤科风投集团服务平台，推动科技企业与粤科风投集团建立长效对接机制。加快推进组建银行设立科技金融支行或科技金融专营机构，加大对科技型企业融资支持。

22．加强科技型企业上市培育工作力度。加快推进高新区申报国家新三板试点。完善企业上市扶持政策，制定扶持企业上市财政补贴制度，提高企业上市积极性。创新培育上市企业梯队各项措施，强化部门联动，完善“绿色通道证”服务制度。挖掘和储备一批重点扶持的科技型中小企业。认定一批金融合作机构，组织金融机构与企业对接。引入科研机构研发成果与企业嫁接，从而加快一批科技型中小企业成长。

23．加大财政资金对科技金融的引导作用。设立担保“基金池”，给予担保机构一定的风险补偿，增强担保机构抗风险能力。加大“四位一体”融资平台对科技型企业支持力度，担保贷款风险准备金最高可达10%、贴息比例最高可达50%、对单个企业每年贷款贴息最高可达50万元。进一步做大高新区“成长之翼”融资平台，对科技型企业贷款给予全额担保费用补贴，对贷款利率上浮低于20%的银行给予奖励，提高金融机构为科技型企业发放贷款积极性。

（六）加快建设国家知识产权试点城市，提升知识产权与产业融合。

24．激励知识产权创造。完善专利奖励机制，优化专利资助政策，提升专利创造能力，提升专利质量。鼓励企业拥有高附加值的专利以及核心专利权的产品，促进企业转变发展方式。实施商标战略，增强企业商标意识，引导企业加强自主品牌建设，鼓励境外商标注册，提升珠海品牌的国际形象。促进版权产业发展，推进“版权兴业工程”，扶持骨干版权企业，打造版权知名品牌。

25．促进知识产权运用。制定珠海市知识产权质押融资政策，鼓励金融机构建立健全知识产权质押融资管理体系，开展知识产权质押融资。健全知识产权转化交易机制，依托“珠海市创新成果公共服务平台”，为企业提供专利交易信息。深化知识产权信息利用，鼓励中介机构开展打印耗材等重点行业专利信息的检索、加工、分析和专利布局、预警、战略制定等服务。鼓励和支持企业建立健全知识产权管理制度，培育一批国家、省和市知识产权试点、示范企业。

26．加强知识产权保护。加强知识产权行政保护，推进知识产权行政执法下移至各行政区，建立专项执法与常态监管相结合、单部门执法与多部门联动相结合、政府监管与行业协会自律相结合、行政执法与调节相结合的立体保护模式。加强知识产权司法保护，加强打击侵犯专利、商标、著作权、商业秘密等违法犯罪行为的力度。推进行政执法和刑事司法相衔接，健全知识产权行政执法和刑事司法相衔接工作机制，畅通行政执法部门与公安机关的犯罪线索移送渠道。加强对珠海本土企业知识产权海关备案的宣传，打击进出口侵犯知识产权违法犯罪行为。

（七）优化创新人才环境，促进人才引进和发展。

27. 实施“蓝色珠海高层次人才计划”。重点引进具有国内外领先水平的创新创业人才和创新创业团队，对高层次创新、创业人才，给予项目经费补贴、工作场地租金补贴、研发费用补贴、工作津贴补助和住房保障等优惠，并在子女入学、配偶就业、补充养老保险和特定医疗保障等方面享受相关待遇。引进的创新、创业团队可按规定享受科技和金融结合的贷款贴息、无息借款、科技保险、再担保、股权投资等无偿资助和投融资资助，项目经费补贴，工作场地租金补贴，研发费用补贴等支持，并优先推荐申报广东省创新创业团队引进计划。

28. 优化科技人才创新创业环境。加大对中国珠海留学人员创业园的扶持力度，建立创业快速通道，为人才创业从企业注册、场地租赁到人事关系办理等提供全程服务。设立科技工作者专项资助资金，对科技人才参加国内外高层次学术会议、出版科技著作等进行资助。通过积极创办政府引导、行业协会主导的各类“企业家沙龙”“博士俱乐部”等交流平台，形成企业家群体效应，营造企业家创新创业氛围。

29. 优化科技人才公共服务环境。建立领导干部与高层次科技人才挂点联系制度。加快推动我市建立“一站式”科技人才服务机制，实行“一站式受理、一次性告知、一条龙服务”。建立科技人才服务联席会议制度，协调涉及人才的各个相关职能部门，共同打造引进高层次科技人才服务“绿色通道”。

30. 加强人才的引进和培育力度。 发挥珠海各高校的教育优势，引导高校针对珠海产业需要设立相关专业，加快职业技术学校和职业技能培训机构的建设步伐。创新培训方式，培养一批掌握科学思维、科学方法和科学工具的创新型人才。引导我市大型企业通过在大学设立专项奖学金等方式，定点定向培养创新型人才。

（八）切实加强民生领域科技创新。

31. 完善社会保障领域信息化。建设市、区、街道、社区四级社会保障信息网络，建设以服务窗口、互联网、手机、家庭有线电视终端和社区显示屏“五位一体”的全方位社会保障数字化宣传和自助办理服务系统。实现社保卡在社会保障及居民健康、惠民待遇发放等服务领域的推广与应用；推动跨地区医保费用与中央和省级结算信息平台联网，通过制定跨地区的医保社保联网结算标准规范实现就医费用医保持卡即时结算。

32. 提高医疗卫生领域信息化水平。建设覆盖全市医疗卫生机构的医疗卫生信息网络，建立和完善区域卫生信息化标准体系。建立医疗卫生数据中心，构建数据交换与信息共享平台，实现全市各级各类医疗卫生机构的互联互通和资源共享，提高医疗卫生资源使用效益。进一步推进公共卫生事件应急指挥、预防控制、卫生监督执法、医疗救治、妇幼保健、健康教育等信息系统和数字化医院的建设，提高医疗卫生的服务、管理和决策水平。

33. 推动优质教育资源共享。加强数字化教育资源的建设、整合和共享，深化信息技术在教育教学中的应用。积极推进数字化校园建设，建设15所“智慧校园”和“粤教云”计划应用试点校，构建云、端结合的多模式教学环境和公共服务平台。探索基于“粤教云”平台的资源汇聚与共享机制，提供超市式数字教育资源云服务，形成“企业竞争提供、政府评估准入、学校自主选择”的资源建设新机制，促进区域数字化教育资源开发与应用。

34. 提升公共安全服务。在公共安全领域，以现有的公共安全视频图像信息源为基础，整合从城区到乡村、从陆地到海洋的公共视频图像信息以及社区安防监控视频图像信息，拓展政府、民众对视频图像信息的综合应用，形成公共安全信息化支撑、服务体系，力争主城区实现重要公共视频资源共享应用、立体化综合防控体系。

35. 推广数字化社区建设。建设与完善社区信息化基础设施，构建联通市、区、街道、社区四级的网络平台，建立开放式的社区综合信息平台和分布式数据中心。建立社区信息资源共享机制，整合各类社区信息资源，形成社区信息资源的目录体系。加快住宅小区智能化建设。推广新建楼宇的综合布线系统和已建小区的信息化改造，实现光纤到户。推进购物消费、医疗卫生、科技、文化教育、休闲娱乐、社保、家政服务等网络化应用服务，促进信息化进入社区与家庭，让公众充分享受数字生活。

（九）优化创新文化环境。

36. 弘扬创新精神。大力宣传在自主创新中涌现出的先进人物和先进典型，特别是科技创新的领军人物，引导和鼓励科技人员创新创业。积极倡导创新价值观，形成尊重知识、尊重人才、鼓励创新、宽容失败的创新氛围。大力提倡团结协作、开放包容、博采众长、兼容并蓄的团队精神。发挥政府奖励的引导作用，对在自主创新工作中做出突出贡献的人员给予重奖。

37. 推进科普工作。全面实施《全民科学素质纲要》，实施科普示范工程，健全科普工作政策法规体系和联席会议制度。各级政府财政应按人均不少于2元/人/年的标准足额安排科普经费。鼓励国内外企业、社会团体和个人支持科普事业，形成多渠道科普工作投入体系。充分发挥各级科协作为科普工作主要社会力量的作用，组织举办各类科普展览、讲座、培训，建设科普画廊、科普场馆、科普基地、科技教育特色学校。实施科普志愿者行动，努力吸引各类专业人员参与科普工作。

三、保障措施

（一）加强组织领导。完善自主创新联席会议制度，加强科技与发改、人事、财政、国土、金融、税务等部门以及区级政府的沟通和协调，形成部门联动、市区联动机制，整合各方面的资源，形成创新合力。建立领导目标责任制，使各级、各部门的负责人，特别是一把手将科技进步作为地区经济发展和提高竞争力的关键环节来抓，做到领导到位、责任到位、措施到位。

（二）强化资金保障。按照“市区联动、以区为主、属地管理、切块使用”的原则，在整合现有科技财政资金的基础上，从2014年—2016年，市、区两级财政三年投入科技研发费用不少于24亿元，专项用于建设创新型城市，资金在市、区年度财政预算内安排,原则1:1配套使用，为本级行政区域内重大工程和重点项目的实施提供引导资金。

（三）落实责任分工。各区各部门要对照本《行动计划》中各项任务落实工作责任，提出具体实施方案，报市自主创新联席会议办公室（市科工贸信局），每年年初就相关工作和实施方案（特别是约束性指标）的落实情况进行梳理总结，突出工作亮点，查找问题不足，并提出下一步的工作计划并报自主创新联席会议办公室。重大事项由办公室汇总上报联席会议协调解决，确保提升自主创新能力和创建国家创新型城市取得实效。

（四）强化考核督察。结合国家科技进步先进市（区）和珠三角规划纲要考核，将科技创新主要指标和成效作为组织部门考察党政领导职务拟任人选和各区党政领导班子成员工作实绩的重要基础和依据。市监察部门负责对各相关部门、各区政府履行职责情况进行监督检查，对未按工作计划履行职责或者工作不力的，责令整改并追究责任。领导小组办公室定期邀请市人大代表、市政协委员对我市创新型城市建设工作进行监督和视察，同时积极发挥新闻舆论的宣传和监督作用。

珠海市人民政府办公室

2014年6月23日

珠海市高层次人才评审办法

（珠人社〔2014〕122号）

第一章 总 则

第一条 为重点培养和引进一批能够突破关键技术、发展现代产业的创新创业高层次人才，建立科学、规范的人才选拔和评价体系，根据《中共珠海市委、珠海市人民政府关于加强高层次人才队伍建设若干意见》（珠字〔2011〕11号）、《中共珠海市委、珠海市人民政府关于“蓝色珠海高层次人才计划”的实施意见》（珠字〔2013〕8号）及相关文件精神，制定本办法。

第二条 本办法所指高层次人才，是在我市高端制造业、高新技术产业、高端服务业、特色海洋经济和生态农业等现代产业某一领域或某一方面贡献突出、业绩及专业水准处于领先地位的创新创业人才。

依业绩与专业水平的差异性，高层次人才划分为一级、二级、三级三个层级。

第三条 高层次人才通过评审方式产生，评审工作每年组织一次。

第四条 高层次人才评审工作，坚持公开、公平、公正的原则；坚持品德、知识、能力和业绩并重，突出专业水平的原则；坚持业内认可、社会认可的原则。

第五条 加强青年优秀人才队伍建设。对高端制造业、高新技术产业、高端服务业、特色海洋经济和生态农业等现代产业领域工作的青年人才，根据业绩和发展潜力，每年择优选拔150名左右优秀人才（分为创业类和创新类），作为高层次人才的后备人才进行培养。青年优秀人才通过评审方式产生，评审工作与高层次人才评审工作一并组织进行。

第六条 高层次人才评审和青年优秀人才选拔工作，由市人才工作领导小组统筹，市委组织部、市人力资源行政主管部门、市科技行政主管部门负责组织实施。

第七条 高层次人才评审及青年优秀人才选拔不受国籍、地域、户籍和身份的限制。

第二章 高层次人才评审对象与条件

第八条 凡我市高端制造业、高新技术产业、高端服务业、特色海洋经济和生态农业等现代产业领域内的创新人才，其创新成果达到省内先进水平以上，符合申报条件的，均可申报评审高层次创新人才。

凡我市新引进的，携带技术、项目、资金来珠海自主创业、兴办企业的创业人才，其掌握的核心技术成果达到省内先进水平以上，拥有自主知识产权，产品已处于中试或产业化阶段，符合申报条件的，均可申报评审高层次创业人才。

第九条 高层次人才申报评审条件：

（一）遵纪守法，诚实守信，有良好的职业道德、严谨的工作作风和科学、求实、团结、协作的精神。

（二）近5年来在工作岗位上取得突出业绩和成果，其从事的主要工作与本人专业专长高度相关且专业水准在所从事的领域中处于领先地位，在业内具有较高声望。

（三）高层次人才（一级），年龄一般在60周岁以下，近5年来取得的研究开发、创意成果达到国内领先水平以上，或做出重大贡献，或拥有处于国内领先水平以上的创新创业项目且项目发展潜力巨大，在业界有很大影响力的拔尖人才。

（四）高层次人才（二级），年龄一般在55周岁以下，近5年来取得的研究开发、创意成果达到省内领先水平以上，或做出较大贡献，或拥有处于省内领先水平以上的创新创业项目且项目发展潜力较大，在业界有较大影响力的拔尖人才。

（五）高层次人才（三级），年龄一般在50周岁以下，近5年来取得的研究开发、创意成果处于省内先进水平以上，或工作成绩显著，或拥有处于省内先进水平以上的创新创业项目且项目有一定的发展潜力，在业界有一定影响力的优秀人才。

有特别突出贡献者，年龄条件可适当放宽。

第三章 青年优秀人才选拔对象与条件

第十条 凡我市高端制造业、高新技术产业、高端服务业、特色海洋经济和生态农业等现代产业领域工作的青年人才，符合申报条件的，均可申报评审青年优秀人才。

第十一条 申报评审青年优秀人才者，应当遵纪守法，有良好的职业道德，潜力较大或业绩较突出，年龄在40周岁以下，并具备以下条件之一：

（一）具有5年以上技术研发、创意设计工作经历，且近5年来取得的研究成果对企业技术创新和产品升级有明显促进作用的技术研发人才。

（二）担任大中型企业管理中层以上职务3年以上，业绩突出的经营管理人才。

（三）创办小微企业，且企业有良好成长性的创业人才。

（四）符合《珠海市紧缺技工工种目录》、具有高级以上国家职业资格证书的技能人才；按照《珠海市优秀技能人才评选奖励办法》评选产生的优秀技能人才；获得省级以上职业技能竞赛荣誉奖项或本市职业技能竞赛前三名的技能人才。

第四章 评审程序与方法

第十二条 市委组织部、市人力资源行政主管部门、市科技行政主管部门会同各行业行政主管部门，根据我市现代产业体系建设需要和高层次人才及青年优秀人才队伍结构现状，制定年度申报指南，经市人才工作领导小组审批后公布。

第十三条 设立高层次人才评审委员会（以下简称“评委会”），评委会办公室设在市人力资源行政主管部门，负责高层次人才和青年优秀人才的组织评审工作。

评委会设主任委员1人，副主任委员1－2人，委员若干名；评委会按专业（学科）设若干个专业组，每个专业组由5－7名评委组成，设组长1名。

第十四条 依据本办法聘请省内外各行业领域和相关专业的优秀专家，建立评委会委员库。每次评审前，在监督员的监督下，从评委库中随机抽取评委，组建评委会和专业评审组。在评委会和专业评审组中，同一单位的评委人数不得超过2名。

第十五条 设立珠海市高层次人才服务窗口，负责高层次人才、青年优秀人才申报受理、政策咨询、待遇兑现等服务工作。

第十六条 高层次人才评审，按下列程序进行：

（一）公告。向社会发布公告，宣传有关政策，公开申报指南。

（二）个人申报。个人填写申报材料，提交学历（学位）、主要业绩、成果、贡献的相关证书及证明材料。

（三）单位推荐。所在单位核实个人申报材料，将推荐人员名单在单位显著位置张榜或单位网站上进行公示，公示期为7个工作日。公示无异议的，由单位加具推荐意见后报市高层次人才服务窗口。

（四）初审。对申报材料进行初审，重点审查申报人是否符合申报条件。必要时可进行实地考察。

（五）评审。

（1）专业组提名。各专业组根据评审指标体系，对申报人的材料进行审阅，从技术水平、业务能力、业绩贡献、创新创业项目水平及其实施情况、所在企业发展情况等方面进行评议打分，并按照层级分配名额1:2的比例，依分数从高到低的原则确定提名人选。

（2）评委会评审。评委会听取专业组对提名人选的评议汇报，审阅提名人选的材料，充分讨论和评议，根据专业、层级名额分配进行投票，确定候选人，必要时可进行现场答辩。候选人得票必须达到半数以上。

（六）审核。根据评委会评审结果，将候选人员名单报市人才工作领导小组审核。

（七）公示。审核通过的候选人员名单向社会进行公示，公示期为7个工作日。

（八）审定。经公示无异议，将候选人员名单报市人民政府审定后，由市人民政府颁发《珠海市高层次人才证书》。

第十七条 青年优秀人才评审，按下列程序进行：

（一）公告。向社会发布公告，宣传有关政策，公开申报指南。

（二）个人申报。个人填写申报材料，提交学历（学位）、主要业绩、成果、贡献的相关证书及证明材料。

（三）单位推荐。所在单位核实个人申报材料，将推荐人员名单在单位显著位置张榜或单位网站上进行公示，公示期为7个工作日。公示无异议的，由单位加具推荐意见后报市高层次人才服务窗口。

（四）初审。对申报材料进行初审，重点审查申报人是否符合评审条件。必要时可进行实地考察。

（五）评审。

（1）专业组提名。各专业组根据评审指标体系，对申报人的材料审阅后进行评议打分，并按照分配名额1:1.5的比例，依分数从高到低的原则确定提名人选。

（2）评委会评审。评委会听取专业组对提名人选的评议汇报，审阅提名人选的材料，充分讨论和评议后进行投票，并根据专业分配名额，按得票多少确定候选人，必要时可进行现场答辩。候选人得票必须达到半数以上。

（六）审核。根据评委会评审结果，将候选人员名单报市人才工作领导小组审核。

（七）公示。审核通过的候选人员名单向社会进行公示，公示期为7个工作日。

（八）审定。经公示无异议，将候选人员名单报市人民政府审定后，由市人民政府颁发《珠海市青年优秀人才证书》。

第五章 考核与管理

第十八条 建立我市高层次人才、青年优秀人才信息库，实施动态管理服务，高层次人才管理服务期为5年，青年优秀人才培养期为3年，在管理服务期和培养期内享受有关政策待遇。

高层次人才在管理服务期内，达到更高层级申报条件的，可按规定申报评审相应层级高层次人才，且评审通过后管理服务期重新计算。

第十九条 高层次人才管理服务期满后，不再享受相关政策待遇，符合条件的可再次申报评审高层次人才。青年优秀人才培养期满后，不再享受相关政策待遇，不能再次申报评审青年优秀人才。

第二十条 对高层次人才和青年优秀人才进行考核管理。市人才工作领导小组统筹考核管理工作，市委组织部会同市人力资源行政主管部门具体组织实施，各区（经济功能区）和市直相关部门协助、所在单位配合考核管理。考核工作每年组织一次。

第二十一条 高层次人才、青年优秀人才待遇的终止。对离开我市或不再与我市用人单位履行工作协议的高层次人才和青年优秀人才，终止其享受的相关政策待遇。

第二十二条 高层次人才、青年优秀人才资格的取消。有下列情形之一者，取消高层次人才或青年优秀人才资格，收回高层次人才证书或青年优秀人才证书，终止其享受的相关政策待遇：

（1）年度考核结果不合格的；

（2）学术、业绩、成果弄虚作假的；

（3）提供虚假材料骗取高层次人才证书或青年优秀人才证书的；

（4）管理服务期或培养期内受刑事处罚的；

（5）其他需要取消高层次人才或青年优秀人才资格的情形。

第六章 附 则

第二十三条 在我市高端制造业、高新技术产业、高端服务业、特色海洋经济和生态农业等现代产业领域工作的人员，经我市推荐，通过国家或省的选拔评审，入选全国杰出专业技术人才、新世纪百千万人才工程国家级人选、国家有突出贡献的中青年专家、国家“千人计划”人选、广东省创新创业团队带头人、广东省领军人才的，直接享受我市高层次人才（一级）政策待遇。

第二十四条 高层次人才和青年优秀人才评审、考核、管理等费用在市人才专项资金中列支。具体开支标准，由市委组织部、市人力资源行政主管部门会同市财政部门另行制定。

第二十五条 本办法由市人力资源行政主管部门负责解释。

第二十六条 本办法自印发之日起实施。

珠海市人力资源和社会保障局

2014年7月11日

珠海市高层次人才创新创业扶持办法

（珠人社〔2014〕126号）

第一章 总 则

第一条 为鼓励更多的高层次人才和青年优秀人才在珠海创新创业，根据《中共珠海市委、珠海市人民政府关于加强高层次人才队伍建设若干意见》（珠字〔2011〕11号）、《中共珠海市委、珠海市人民政府关于“蓝色珠海高层次人才计划”的实施意见》（珠字〔2013〕8号）及相关文件精神，制定本办法。

第二条 本办法所称高层次人才，是指取得《珠海市高层次人才证书》并在管理服务期内的创新创业人才，分为一级、二级、三级三个层级。

本办法所称青年优秀人才，是指取得《珠海市青年优秀人才证书》并在培养期内的青年创新创业人才。

第三条 对符合条件的高层次创业人才和青年优秀人才（创业类），以创业项目经费资助、工作场地租金补贴和研发费用补贴的形式给予扶持；对高层次创新人才和青年优秀人才（创新类），以工作津贴补助的形式给予扶持。

第四条 按照客观、公正、科学和竞争择优的原则，在市人才工作领导小组的统筹下，开展高层次人才的创新创业扶持工作。

第二章 扶持对象及标准

第五条 创业项目经费资助

（一）扶持对象：高层次人才和青年优秀人才创业项目的实施企业，且企业具有与项目实施相匹配的场地需求、研发设备和工作人员。

（二）扶持标准：可享受包括创业补贴、创业投资和担保贷款等最高200万元的项目经费资助。

第六条 工作场地租金补贴

（一）补贴对象：高层次人才和青年优秀人才所创办的企业。

（二）补贴标准：按每月每平方米30元标准给予工作场地租金补贴，低于每月每平方米30元的按实际租金补贴，补贴面积不超过500平方米，补贴期限为3年。具体补贴面积根据高层次创业人才和青年优秀人才在企业中的实际出资额确定。

1．实际出资额超过100万元（含100万元）但低于200万元的：企业租用场地面积≤300平方米，补贴面积按实际租用面积计算；企业租用场地面积>300平方米，补贴面积按300平方米计算。

2．实际出资额超过200万元（含200万元）的：企业租用场地面积≤500平方米，补贴面积按实际租用面积计算；企业租用场地面积>500平方米，补贴面积按500平方米计算。

第七条 研发费用补贴

（一）补贴对象：高层次人才和青年优秀人才所创办的企业。

（二）补贴标准：创业项目实施企业当年对地方财政的贡献不超过10万元的给予全额补贴；超过10万元的，除全额补贴10万元外，超出部分按50%的比例给予补贴，每企业每年补贴额最高不超过20万元。

第八条 工作津贴补助

（一）补助对象：在管理服务期内的高层次创新人才和在培养期内的青年优秀人才（创新类）。

（二）补助标准：

1．高层次创新人才一级，每人每年可享受10万元的工作津贴补助；

2．高层次创新人才二级，每人每年可享受6万元的工作津贴补助；

3．高层次创新人才三级，每人每年可享受4万元的工作津贴补助。

4.青年优秀人才（创新类），每人每年可享受2万元的工作津贴补助。2012、2013年评定的青年优秀人才，享受原政策待遇不变，即在3年培养期内，每人每年可享受6000元的工作津贴。

第九条 经我市推荐，入选国家“千人计划”和省“领军人才”的高层次创新创业人才以及入选国家、省创新创业资助计划的留学人员，根据所获得国家和省的扶持额度，市财政按照1:1的比例给予配套扶持。

第三章 创业项目申报、评审及扶持资金拨付

第十条 创业项目经费资助申报评审工作一般每年组织一次，与高层次人才和青年优秀人才选拔评审工作一并进行。对我市急需引进的高端人才所带来的创业项目，或对推动我市高新技术重点领域发展预期将产生关键影响和实现重大突破的创业项目，可适时启动评审程序。

第十一条 根据创业项目实施计划和企业发展需要制定创业补贴、创业投资和担保贷款等具体资助方案。并由项目实施企业与市科技行政部门签订项目资金使用协议书，明确创业项目研发及产业化目标，规范创业项目扶持资金的使用，按规定程序拨付资助资金。

第十二条 本办法所列创业项目经费资助与市本级财政其他扶持相重复的，按照“就高不重复”的原则，不重复扶持。

第四章 工作场地租金补贴的申请拨付

第十三条 工作场地租金补贴采取企业申请、集中受理、核准发放的方式进行。市人力资源行政主管部门负责申请材料的受理、审核和租金补贴的拨付。具体程序：

（一）申请。按申报要求提交申请材料。

（二）审核。审核申请材料，确定是否符合补贴条件。

（三）公示。符合条件的企业，向社会公示，公示期为7个工作日。

（四）拨付。经公示无异议的，按规定程序拨付。

第五章 工作津贴补助的申请及发放

第十四条 高层次创新人才和青年优秀人才工作津贴，采取个人申请、常年受理、核准发放的方式进行。市人力资源行政主管部门负责申请材料的受理、审核和每季度一次的工作津贴发放。具体程序：

（一）申请。申请人按申报要求提交申请材料。

（二）审核。审核申请材料，确定是否符合补助条件。

（三）发放。按规定程序发放津贴。

第六章 研发经费补贴的申请及发放

第十五条 采取企业申请、集中受理、核准发放的方式进行。市人力资源行政主管部门负责申请材料的受理、审核和研发经费补贴的拨付。具体程序：

（一）申请。 按申报要求提交申请材料。

（二）审核。 审核申请材料，确定是否符合拨付条件。

（三）拨付。 按规定程序拨付。

第七章 附 则

第十六条 本办法所需经费在市人才发展专项资金中列支。

第十七条 本办法由市人力资源行政主管部门负责解释。

第十八条 本办法自印发之日起实施。

珠海市人力资源和社会保障局

2014年7月14日

汕头市科学技术局关于民营科技企业评价管理办法

（汕府科〔2014〕23号）

第一章 总 则

第一条 为贯彻落实《汕头市人民政府办公室关于运用三资融合建设模式促进民营科技园发展的实施意见》（汕府办〔2013〕129号），大力培育和发展民营科技企业，不断壮大民营科技企业规模，提升民营经济质量和水平，根据《广东省民营科技企业管理条例》，结合汕头实际，制定本办法。

第二条 民营科技企业评价管理工作应遵循突出企业主体、鼓励技术创新、实施动态管理、坚持公平公正的原则。

第三条 民营科技企业评价管理工作采取市区（县）联动方式。市科技局负责民营科技企业的宏观指导、评价命名和扶持发展等工作。各区（县）科技主管部门负责本地区民营科技企业的培育发展、评价申报和服务管理等工作。

第二章 申报与评价

第四条 各区（县）科技主管部门培育扶持的民营企业，自愿提出申请，经评价符合民营科技企业条件的，由市科技局命名为“汕头市民营科技企业”。

第五条 民营科技企业应具备以下条件：

（一）非政府经营，从事技术开发、技术转让、技术咨询、技术服务以及新科技产品生产经营的企业，依法经营一年以上，运行机制良好；

（二）拥有合法的专利或科技成果、新技术产品、专有技术，开发、生产相关产品，或具有从事科技咨询或科技服务的能力；

（三）企业上一年度主营业务收入达500万元以上，研究开发费用占年主营业务收入2%以上；

（四）与业务经营范围相适应的大专以上科技人员占专职从业人员30%以上；

（五）设立专门的研究开发机构，并有与业务经营范围相适应的固定场所和设备设施。

第六条 民营科技企业申报评价程序：

（一）申请评价企业须向所属区（县）科技主管部门提交《汕头市民营科技企业申请表》及其相关证明材料；

（二）区（县）科技主管部门对企业申报材料进行初评，并将通过初评的企业申报材料集中提交市科技局；

（三）市科技局组织专家对申报企业进行评价；

（四）通过评价的企业，市科技局发文命名为“汕头市民营科技企业”，并授予证书和牌匾。

第七条 申报民营科技企业评价需提交以下材料：

（一）《汕头市民营科技企业申请表》；

（二）企业工商营业执照副本复印件；

（三）专利证书、科技成果鉴定证书等技术成果证明复印件；

（四）企业上一年度资产负债表和损益表复印件；

（五）企业科技人员情况表；

（六）国家法规规定必须持有的特殊行业经营许可证复印件；

（七）其他能证明企业经营和科研实力的材料。

第八条 民营科技企业申报评价常年受理，每半年集中办理一次。

第三章 运行管理

第九条 民营科技企业实行属地管理。各区（县）科技主管部门负责指导本地区民营科技企业技术创新和发展壮大，协助解决企业发展过程中的困难和问题。

第十条 民营科技企业更名或变更经营范围、合并、分立、转业的，应及时按申报评价程序向市科技局申请办理变更。

第十一条 民营科技企业实行动态管理。市科技局每三年对民营科技企业进行一次复评，复评不合格的取消其“汕头市民营科技企业”资格。

第十二条 民营科技企业实行年度统计报告制度。在每年的3月底前，企业应将上年度统计报表上报市科技局，并作为复评的重要评价依据。

第四章 扶持措施

第十三条 扶持民营科技企业开展技术创新，在申报各级各类科技计划项目时，优先给予推荐或立项。

第十四条 扶持民营科技企业加强企业研发机构建设，在申报组建省、市工程技术研究开发中心时，优先给予推荐或立项。

第十五条 优先推荐民营科技企业申报高新技术企业认定，开展创新型企业试点。

第五章 附 则

第十六条 本办法由市科技局负责解释。

第十七条 本办法自2014年4月1日起施行，有效期至2019年3月31日止。有效期届满，经评估认为需要继续施行的，根据评估情况重新修订。

汕头市科学技术局

2014年3月17日

南宁市加快人才特区建设三年行动计划（2014—2016年）

（南办发〔2014〕81号）

为贯彻落实《中共南宁市委 南宁市人民政府关于建设人才特区的决定》（南发〔2012〕34号）（以下简称《决定》），加快集聚更多高层次创业创新人才，推动人才与首府经济社会发展深度融合，奋力提升南宁在广西经济社会发展中的首位度，特制定本行动计划。

总体目标：全面落实市委、市政府关于建设人才特区的决定精神和工作部署，奋力提升南宁各项人才工作在全区中的首位度，力争通过三年时间，把南宁人才特区建设成为北部湾人事人才改革综合实验区中的龙头引领，使人才工作与产业贴合更加紧密，人才机制体制更加灵活，人才队伍结构更加优化，人才创业创新能力更加活跃。

一、加快引进急需紧缺高端人才（团队）

围绕生物医药、电子信息、铝深加工、机械装备制造、食品、清洁能源等六大重点产业和我市重大项目建设，以引进产业、项目和研发机构为核心，大力引进急需紧缺高端人才。

1．探索“招商+引才”模式引高端人才。强化人才资助扶持政策在招商引资活动中的吸引力，将招才引智融入招商引资活动，围绕六大重点产业和重点领域，在引进产业、项目和研发中心（机构）的同时，同步引进一批高层次创业创新人才（团队）。对引进的人才（团队）给予50万—500万元的创业扶持和创新资助，引导高层次人才（团队）流向重点产业，形成“6+X”的高端引才模式。

2．依托“海智计划”引创业创新人才。以“海智计划”南宁基地为招才引智平台，依托欧美等发达国家和地区的外事资源、行业协会组织设立海外引智工作站，紧扣我市重点产业需求开展海外引才引智工作，每年引进2—3名海外领军人才（团队）到南宁创业创新；在“两会一节”期间举办南宁海内外人才与项目对接会，组织人才（项目）接洽活动，每年引进2-3名海内外创业创新领军人才（团队）和一批骨干人才（团队）。

3．借助知名猎头公司引高级经营管理人才。鼓励市属国有企业、优势民营企业依托国内外知名猎头公司，面向海内外引进一批高级经营管理人才和投融资人才。每年引进4—6名具有国内外大型知名企业中、高管任职经历的高级经营管理人才、投融资人才。对与企业签订3年以上劳动合同的企业高管人才，一次性给予入企补贴50万元。

4．实施“百名工科博士硕士入邕企”计划。发挥企业引才、用才的主体作用，以企业自主引才、政府资金引导形式，引导和鼓励应用型高层次人才向企业流动，三年推动100名以上工科博士、硕士进入六大重点产业。对与企业签订5年以上劳动合同的工科博士、硕士，连续5年每年分别给予5万元、2万元入企业补贴。

5．开通“绿城联合引智”直通车引才。市人社部门每年组织联合引智行动，扶持我市重点企事业单位赴国内知名高校引进急需紧缺专业人才。对事业单位引进符合条件的专业人才，简化招聘程序，实行优先办理。

二、鼓励企业搭建创业创新平台

6．植入政产学研一体化平台。鼓励我市重点产业、重点领域的龙头骨干企业与中科院等国内外科研院所或专业院校合作，设立联合产业研究院、先进技术研究院等政产学研一体化平台，三年内至少植入1个市级重点扶持政产学研一体化平台。各开发区依托自身优势产业的骨干企业至少建成1个政产学研一体化平台。

7．建设高端科技创新平台。着力培育中恒制药、百洋水产、瞭望车灯、灵康赛诺科、慧云信息、力源宝科技等一批企业设立高层次创新中心，推动我市大型企事业单位与大专院校、科研院所合作设立各级重点实验室、工程技术研究中心、企业技术中心。一次性给予国家级（含国家地方联合共建）创新平台补助100万—200万元，自治区级补助30万—50万元。到2016年底新增省级重点实验室、研究中心、企业技术中心8家以上，国家级（含国家地方联合共建）3家以上。

8．打造科技成果转化平台。加快产业共性技术区建设，推动南宁高新区生物技术中心、软件产业基地、田园生化创制农药中试基地2016年建成并投入使用。在南宁高新区建设国家科技成果转化服务（南宁）示范基地，构建南宁市国家科技成果转化综合信息服务平台，每年安排不少于300万元的科技经费，支持创新平台、高校、科研院所科技成果在我市转化和产业化，科技成果产业化成效显著并符合条件的企业，可优先推荐享受西部大开发优惠政策。

9．扶持建设科技企业孵化平台。引入社会资本，探索运用市场化运作模式，推动南宁高新区、南宁经开区、广西—东盟开发区、横县六景工业园区、良庆经开区、隆安宝塔医药园区开展各级孵化器建设。对新获得国家级、自治区级、市级称号的孵化器，分别一次性给予500万元、200万元、100万元基础实施建设扶持资金。到2016年，高新区中盟科技园软件外包孵化器、东盟开发区生物科技孵化器、六景工业园区轻工电子孵化器、宝塔药园等产业孵化器建成并投入使用；南宁市科技企业孵化基地培育成为国家级孵化器。

三、围绕产业发展分层分类培育人才

10．借力人才专业机构培育高级经营管理人才。依托人才专业机构资源，举办企业管理升级服务活动等各类企业高管培训活动，每年支持一批重点产业（领域）的企业董事长、总经理及企业核心管理人才团队参加各类培训活动，在促进企业高级经营管理人才成长的同时有效提升企业经济效益。

11．依托"三站"培育核心技术人才。重点支持田园生化、博世科、慧云信息、恒煊生物和瑞特种子等企业建设院士工作站，南南铝、百洋水产、灵康赛诺科、培力药业、中诺生物、邦尔克生物和南宁新技术创业者中心等企事业单位建设博士后工作站和研究生工作站。依托"三站"和人才小高地载体单位柔性引进两院院士、"国家百千万人才"等领军人才，通过给予"三站"工作经费和项目资助扶持等手段，以"1名领军人才+5名核心人才+100名骨干人才"的人才链式培养模式，培育重点产业、重点领域核心技术人才团队。

12．培养提升企业骨干人才。每年选派100名重点产业、重点领域的管理、营销、研发、投融资骨干人才，到国内外高校、产业研究机构、大型知名企业开展研发、设计、生产、物流、营销、金融等各类专题培训或实训。帮助重点产业骨干人才提高经营管理能力和解决实际问题能力，提升骨干人才的业务水平和综合素质。

13．加强重点产业高技能人才培育。以产业技师、高级技师培养为重点，实施技师培训、高技能人才培训基地建设和技能大师工作室建设等项目，力争用3年时间，全市新培养2000名技师、500名高级技师，建成5个高技能人才培训基地，建设10个技能大师工作室，造就一批具有精湛技艺、高超技能和较强创新能力的产业技能顶尖人才。

四、加大政策落实力度强化人才服务

14．完善人才政策体系。各相关部门要围绕市委、市政府关于建设人才特区决定中提出的创业创新资助、税收奖励、住房优惠、成果转化、自主创新等各项特惠政策，以及人才特区建设三年行动计划的各项任务，出台简便易行的实施办法或操作细则，推动各项政策、各项任务落到实处。重点推动出台急需紧缺人才的税收奖励办法，对银行业金融机构、重点产业和高新技术企业的高层次创业创新人才和高级经营管理人才，按其缴纳的个人所得税市留成部分予以奖励。

15．落实人才政策和各项任务。定期召开人才工作联席会或专项工作协调会，交流、通报各项人才政策及配套细则的完善、落实情况，推动人才政策落到实处；检查、督促各责任单位推进、落实三年行动计划各项任务，确保人才特区建设取得实效；专题研究人才工作难点、热点问题，协调各相关部门共同解决人才工作专项问题。

16．加快建设"人才公寓"。加快推进南宁市凤岭片区人才公寓建设，力争3年内建成不少于2000套人才定向租赁住房。鼓励各开发区和人才密集的用人单位自行建设人才公寓，推动高新区人才公寓2014年内投入使用，为人才提供安居保障。调整我市安家费发放政策，加大产业急需紧缺人才的住房保障力度，推动人才向重点产业、重点领域流动。

17．建设人才一站式服务中心。建强人员编制配备，建立健全政府人才公共服务机构职能。由市、县、各开发区人社部门牵头成立各级人才一站式服务中心，开通人才服务热线，设立一站式服务窗口，为人才提供政策咨询、安居落户、签证办理、人才认定和落实资助等服务事宜。鼓励服务中心通过政府购买服务等形式，设立人才服务专员和建立专业服务团队，为我市重点产业企业（项目）引进的高层次人才（团队）提供人才创业创新与生活保障全程跟踪服务。

各县（区）也要参照本行动计划，以服务县（区）域产业发展为着力点，以本县（区）产业园区为平台，以各类农村实用人才队伍建设为载体，全面加强和改进县（区）域人才工作。

中共南宁市委员会办公厅

2014年8月12日

南宁市鼓励和扶持企业上市（挂牌）若干规定

（南府办〔2014〕80号）

第一条 为贯彻落实《中共中央关于全面深化改革若干重大问题的决定》，加快推进沿边金融综合改革试验区建设，推动更多企业改制上市和再融资，鼓励企业通过资本市场做大、做强，推动南宁市经济跨越式发展，特制定本规定。

第二条 本规定中所称拟上市企业，是指注册地在我市，拟在境内外首次公开发行股票上市，并已取得市金融办拟上市企业备案登记函的企业。重点拟上市企业，是指已在广西证监局办理上市辅导备案登记或已向中国证监会等监管机构上报首次公开发行股票申请材料的拟上市企业。

本规定所称拟挂牌企业，是指注册在我市，拟在全国中小企业股份转让系统（以下简称"新三板"）或经国家有关监管部门批准设立的区域性股权交易市场挂牌，已取得市金融办拟上市企业备案登记函的企业。

本规定所称上市公司，是指注册地在我市，已在境内外证券市场发行股票上市融资的公司；或注册地在境外，并已在境外证券市场实现发行股票上市融资的公司，此类上市公司实际控制上市资产的独立法人企业注册地在南宁市，且募集资金80%以上在南宁市投资。

第三条 加大拟上市企业境内上市工作经费补助。

（一）拟上市企业与保荐机构签订上市辅导协议，并在广西证监局办理上市辅导备案登记的，给予一次性股份公司设立及上市辅导等工作经费补助50万元。

（二）拟上市企业经广西证监局辅导验收合格的，给予一次性工作经费补助50万元。

（三）拟上市企业首次公开发行股票申请材料获中国证监会正式受理的，给予一次性工作经费补助100万元。

（四）拟上市企业在境内证券市场实现首次公开发行股票上市，且募集资金80%以上在市内投资的，给予一次性工作经费补助200万元。

第四条 建立境外上市扶持机制。

（一）拟上市企业境外首次公开发行股票申请材料获中国证监会正式受理的，给予一次性工作经费补助200万元。

（二）拟上市企业在境外证券市场实现首次公开发行股票上市，且募集资金80%以上在市内投资的，给予一次性工作经费补助200万元。

（三）拟上市企业以境外壳公司到境外证券市场实现首次公开发行股票上市（包括但不限于红筹方式上市），且募集资金80%以上在市内投资的，给予一次性工作经费补助300万元。

第五条 建立企业上市融资工作奖励机制。

（一）拟上市企业在境内外证券市场实现首次公开发行股票，且募集资金80%以上在市内投资，按其募集资金的2‰对企业高管予以奖励，奖励最高限额为100万元。

（二）拟上市企业引进境内外股权投资资本进行私募股权融资，单次融资额1000万元（含1000万元）人民币以上的，按其单次融资总额的2‰对企业高管予以奖励，单次奖励金额最高不超过50万元。

（三）上市公司再融资（包括配股、增发和发行可转换债券、公司债券等）申请材料获中国证监会受理的，且再融资募集资金80%以上在市内投资的，给予一次性工作经费补助70万元。

（四）上市公司再融资募集资金80%以上在市内投资的，按其募集资金投资额的2‰对企业高管予以奖励，奖励最高限额为100万元。再融资募集资金用于偿还债务的不在奖励范围。

（五）对符合奖励条件的国有及国有控股企业负责人的上市融资奖励不列入所在企业当年工资总额和其当年薪酬额。

第六条 鼓励中小企业到场外市场挂牌。

（一）对同时符合以下条件的，给予拟挂牌企业一次性改制工作经费补助50万元：

1. 拟挂牌企业完成股份有限公司设立，并经工商登记注册的。

2. 拟挂牌企业与中介机构（证券公司、会计师事务所、律师事务所等）签订挂牌服务协议，中介机构正式进场开展工作，并完成尽职调查报告的。

（二）对计划在“新三板”挂牌，申请材料获全国中小企业股份转让系统公司受理的拟挂牌企业，给予一次性工作经费补助30万元，对正式在“新三板”挂牌的企业给予企业高管一次性奖励20万元。

（三）对在设在南宁的区域性股权交易平台正式挂牌的股份制企业，给予一次性工作经费补助20万元。

第七条 支持同一行业和产业之间的并购，对通过开展主动并购来扩大市场份额，进行产业链整合，且并购完成后注册地仍在我市的上市公司和“新三板”挂牌企业，予以工作经费补助。

（一）本规定所指的并购限于公司合并和股权收购的两种形式，不包括资产收购。

（二）对并购交易实际完成，且进行股东变更后的企业，给予并购的法律、财务等中介服务费用补助。

1. 对国内并购交易额在5000万元（含）以下的交易，按并购中介服务费用实际发生费用的50%给予一次性补助，单笔交易补助额最高不超过25万元；对5000万元以上的交易，按并购中介服务费用实际发生费用的60%给予一次性补助，单笔交易补助额最高不超过35万元。同一并购标的资产只能申请一次补助。

2. 对跨境并购交易额在5000万元（含）以下的交易，按并购中介服务费用实际发生费用的60%给予一次性补助，单笔交易补助额最高不超过35万元；对5000万元以上的交易，按并购中介服务费用实际发生费用的70%给予一次性补助，单笔交易补助额最高不超过50万元。同一并购标的资产只能申请一次补助。

（三）对商业银行为企业开展并购发放一年期以上的并购贷款，按银行贷款同期基准利率的40%给予企业贷款贴息，对单个企业的年度贴息总额不超过50万元，每家企业享受贴息的时限不超过自发放并购贷款起三年。

第八条 实施企业股份制改造优惠政策

（一）拟上市企业和拟在“新三板”挂牌企业在上市过程中改制重组的，涉及土地使用权证、房产证、车船使用证、专利技术、自有品牌产权等过户登记，企业控股股东或法人代表没有发生变化的，地方行政事业性规费除自治区征收部分外，其余免收。

（二）拟上市企业和拟在“新三板”挂牌企业在改制上市过程中，需办理房地产权初始登记且具备办理条件的，国土资源和房屋管理、城乡建设、规划、公安消防等部门应尽快予以补办相关手续。涉及其他资产产权、企业产权界定、处置等历史遗留事项，凡符合当时有关规定的，政府各有关部门均应予以补办或办理相关手续，提供有关证明文件，积极推动相关确权工作。

（三）拟上市企业和拟在“新三板”挂牌企业在改制上市过程中，因审计调账、资产评估增值而补缴的税款（包括企业所得税、增值税、营业税等），按预算级次，由同级财政部门按其补缴税款地方留成部分50%给予财政补助。

（四）拟上市企业和拟在“新三板”挂牌企业在改制上市过程中，因利润分配需缴纳的个人所得税，按预算级次，由同级财政部门按其缴纳税款地方留成部分的50%给予财政补助。

（五）拟上市企业和拟在“新三板”挂牌企业在改制上市过程中，涉及两个或两个以上法人企业需要通过股份制改造或重组上市，并入拟上市企业的资产在调整股权、划转资产时实际控制人未发生变更的，对因此增加的税费，按预算级次，由同级财政部门按其缴纳税费地方留成部分全额给予财政补助。

（六）对拟上市企业和拟在“新三板”挂牌企业将非货币性资产经评估增值转增股本的，以及用未分配利润、盈余公积金、资本公积金转增股本的，经向主管税务机关备案，在取得股权分红派息或上市限售期满后股票套现时，一并缴纳个人所得税。

第九条 拟上市企业和拟在“新三板”挂牌企业申请政府预算内的各类技术改造、技术开发与创新、科技成果转化以及专项贴息资金等专项资金，凡符合条件的，有关部门要优先予以安排。

第十条 对符合条件的拟上市企业和拟在“新三板”挂牌企业，发展改革、财政、经济、科技等有关部门在申报国家高新技术产业化基金和自治区高新技术成果转化风险投资基金、国家高技术产业项目配套资金、中小企业发展专项资金、科技型中小企业技术创新基金、国债项目财政贴息资金等各类政策性资金方面给予优先支持。

第十一条 国有中小企业改制上市时，符合国有企业资产损失认定条件的各项资产损失和挂账，经同级国有资产管理部门核准，可用企业所有者权益进行冲减。

第十二条 建立募投项目建设审批绿色通道。对拟上市企业、“新三板”挂牌企业和上市公司申请募集资金的投资项目，相关部门要优先办理立项、转报或核准、土地、规划、环评等手续。其中，对拟上市企业和上市公司申请新增用地，可以根据项目投资规模、产业类别等情况核定用地规模，优先保证土地使用计划指标，并实施供地。

（一）市国土和土储部门在制定年度土地供应计划时，应充分考虑拟上市企业和上市公司募集资金投资项目对土地的实际需求，合理制定年度产业发展土地供应计划。开展土地供应“招拍挂”工作时，积极组织上市公司和重点拟上市企业参与。

（二）现有产业集聚园区及各种存量调整产业用地，在同等条件下，优先安排上市公司及重点拟上市企业进驻。

第十三条 鼓励县区、开发区培育和推进企业上市和挂牌。县区政府每成功培育1家企业上市，市财政给予一次性奖励100万元，开发区管委会每成功培育1家企业上市，市财政给予一次性奖励50万元；县区政府和开发区管委会每成功培育1家“新三板”挂牌企业，市财政给予一次性奖励10万元，用于补助推动企业上市和挂牌专项工作经费。

第十四条 市人民政府每年通过市财政预算在金融产业发展专项资金中统筹安排上市扶持资金，用于落实上述鼓励企业上市和挂牌的相关政策。

第十五条 建立企业上市工作联席会议制度，集中研究并协调解决拟上市和挂牌企业、上市公司在改制上市和再融资过程中的问题，做好全市企业上市的宣传和培育工作，研究制定加快企业上市的发展规划、扶持政策等。

联席会议办公室设在市金融办，负责联席会议日常工作。

各县区、开发区应明确负责本级企业上市工作的主管部门，并积极配合联席会议开展相关工作。

第十六条 建立“企业上市直通车”制度。对企业在上市或挂牌过程中的困难和问题，由联席会议办公室或提交联席会议开会研究解决，各相关单位根据会议纪要的要求限时办结。对企业在上市或挂牌过程中需开具的合规性证明文件，相关部门应在收到企业申请或联席会议办公室的文函后10个工作日内办结。

第十七条 实施企业上市及挂牌培育计划。建立拟上市及挂牌企业后备资源库，纳入资源库的企业名单定期向联席会议成员单位公布，相关单位在本单位管理的财政专项资金安排上给予企业适当倾斜。

第十八条 企业在异地“买壳”“借壳”上市，并将上市公司注册地迁回我市的，视同拟上市企业改制上市，适用本规定。

第十九条 符合条件的企业申请兑现资金扶持政策的，经企业所在辖区财政管理部门进行初审后报市金融办审核确认，并由市金融办牵头组织相关部门落实和办理。

符合条件的县区、开发区申请企业上市和挂牌工作奖励的，经市金融办审核确认后，牵头组织相关部门落实和办理。

第二十条 享受第三条、第四条、第五条、第六条和第七条资金补助的企业，如两年内迁出南宁市，应全额退还补助资金；对弄虚作假、采取欺骗手段套取补助或奖励资金的，撤销其补助和奖励，责令退回补助和奖励所得，并记入企业信用档案；触犯法律法规的，依法依规处理。

第二十一条 本规定自发布之日起执行。《南宁市人民政府关于印发南宁市鼓励和促进企业上市若干规定的通知》（南府发〔2009〕84号）同时废止。执行过程中，如遇到国家新股发行体制发生由核准制转为注册制的重大变化，本规定将中止执行。

南宁市人民政府办公厅

2014年9月18日

南宁市企业技术创新奖励办法

（南府办〔2014〕103号）

第一章 总 则

第一条 为进一步调动我市工业企业开展技术创新工作的积极性，促进企业自主创新和产业升级，加快推进我市新型工业化进程，制定本办法。

第二章 奖项设置

第二条 南宁市企业技术创新奖设置南宁市技术创新企业奖、南宁市新产品优秀成果奖2个奖项，每年评选奖励1次。

第三条 南宁市技术创新企业奖分为标杆企业奖和优秀企业奖，每年度评选奖励南宁市技术创新标杆企业奖1个、优秀企业奖2个。

第四条 南宁市新产品优秀成果奖分为一等奖、二等奖、三等奖，每年度评选奖励10个。其中，一等奖2个、二等奖3个、三等奖5个。

第五条 因评选条件不达标致使名额不足可空缺。

第三章 奖励范围

第六条 南宁市技术创新企业奖和南宁市新产品优秀成果奖申报单位必须是在南宁市注册登记、列入南宁市统计口径，且在南宁市纳税的规模以上工业企业。申报南宁市新产品优秀成果奖的产品必须是在市域范围内生产的工业产品。

第四章 奖励条件

第七条 申报南宁市技术创新企业奖的条件。

（一）申报标杆企业奖应同时具备以下条件：

1．建立了技术开发机构和人才管理制度及激励机制；

2．属市级以上（含市级）技术创新示范企业，或拥有市级以上（含市级）企业技术中心或研发中心；

3．近两年完成鉴定验收的技术创新项目（指国家、自治区、市各级项目）5项以上（含5项）；

4．近两年获授权专利3项以上（含3项），其中发明专利1项以上（含1项）；

5．申报年度研究与试验发展（R&D）经费占主营业务收入比例达到3%以上（含3%）；

6．申报年度新产品产值达到5000万元以上（含5000万元），且比上年有所增长；

7．企业申报年度没有因发生较大以上安全事故、较大（含较大）以上突发环境事件、重大产品质量事件、重大涉税违法行为、严重以上能源违法及其他重大违法违纪行为被依法处理。

（二）申报优秀企业奖应同时具备以下条件：

1．建立了技术开发机构和人才管理制度及激励机制；

2．近两年完成鉴定验收的技术创新项目（国家、自治区、市各级项目）2项以上（含2项）；

3．近两年获授权专利2项以上（含2项）；

4．申报年度研究与试验发展（R&D）经费占主营业务收入比例达到2%以上（含2%）；

5．申报年度新产品产值达到2000万元以上（含2000万元），比上年有所增长；

6．企业申报年度没有因发生较大以上安全事故、较大（含较大）以上突发环境事件、重大产品质量事件、重大涉税违法行为、严重以上能源违法行为及其他重大违规违法行为被依法处理。

第八条 新产品是指采用新技术原理、新设计构思研制生产，或在结构、材质、工艺等某一方面有所突破或较原产品有明显改进，从而提高了产品性能或扩大了使用功能，并对提高经济效益有一定作用的产品。申报南宁市新产品优秀成果奖的条件：

（一）符合国家、自治区、南宁市产业政策，且通过市级以上（含市级）鉴定验收三年以内，并已形成批量生产一年以上三年以内，性能稳定可靠，具有显著的经济、社会效益。

（二）申报一等奖的产品，技术水平达到国内领先以上，年销售收入5000万元以上（含5000万元）；申报二等奖的产品，技术水平达到国内先进，年销售收入2000万元以上（含2000万元）；申报三等奖的产品，技术水平达到区内领先，年销售收入1000万元以上（含1000万元）。

（三）技术上有重大突破，或对社会有重大贡献的新产品可破格申报。

第五章 奖励内容

第九条 市人民政府对获得南宁市技术创新企业奖、南宁市新产品优秀成果奖的企业和个人予以表彰奖励，颁发牌匾、荣誉证书和奖金。奖励资金列入市政府财政预算，从我市工业发展资金中列支。

（一）获得南宁市技术创新标杆企业奖和优秀企业奖的企业分别奖励50万元和30万元，颁发牌匾。

（二）获得南宁市新产品优秀成果一等奖、二等奖和三等奖的企业分别奖励30万元、20万元和10万元，颁发牌匾；向开发人员颁发荣誉证书，一等奖不超过8人，二等奖不超过6人，三等奖不超过5人。奖金的30%奖给企业，用于科技人员学习、培训；70%奖给个人。

第六章 考评指标

第十条 主要考评指标：

（一）南宁市技术创新企业奖考评指标包括创新机制、技术与人才、产出与效益及品牌建设等四个方面的16项指标，按照《南宁市技术创新企业奖考评计分表》评定。

（二）南宁市新产品优秀成果奖考评指标包括先进水平、效益、知识产权等3个方面的11项指标，按照《南宁市新产品优秀成果奖考评计分表》评定。

（三）得分达60分以上（含60分）方可列入奖励备选名单。

（四）按得分高低确定候选名单，同分者按规模大小排序。

第七章 组织机构

第十一条 由市工信委组织成立南宁市企业技术创新奖励评审领导小组，下设办公室（以下称领导小组办公室，设在市工信委），负责组织评审工作组开展评审工作。

第八章 评奖程序

第十二条 评奖程序：

（一）各企业按属地向县（区）人民政府、开发区管委会申报，由各县（区）人民政府、开发区管委会初审并将初审结果和企业申报材料报送领导小组办公室。市直属企业直接将申报材料报送领导小组办公室。申报时间依据当年的申报通知，一般为每年4月前。

（二）领导小组办公室负责组织各行业专家组评审，评审工作组复评，评审结果由领导小组办公室复核。

（三）领导小组负责审议获奖名单，由领导小组办公室将结果在市属主要媒体予以公示，公示期5天。在公示期间如有异议，由领导小组办公室核实。

（四）公示期满后，由领导小组办公室将获奖名单上报市人民政府批准，评审结果以市人民政府名义公布。

第九章 监督管理

第十三条 如发现因弄虚作假而获奖的单位和个人，将撤销其奖励，收回牌匾、荣誉证书和奖金，并予通报，同时报市信用信息中心。

第十章 附 则

第十四条 获得南宁市技术创新企业奖的企业，三年之内（含三年）不能再申报。

第十五条 本办法的具体应用问题由市工业和信息化委员会负责解释。

第十六条 本办法自发布之日起施行。

附件：1. 南宁市技术创新企业奖考评计分表（略）

2. 南宁市新产品优秀成果奖考评计分表（略）

南宁市人民政府办公室

2014年12月2日

海南省柔性引进人才暂行办法

（琼办发〔2014〕34号）

第一章 总 则

第一条 为加快实施人才强省战略，进一步完善我省柔性引才机制，吸引海内外人才参与国际旅游岛建设，根据国家有关法律法规，结合我省实际，特制定本办法。

第二条 本办法所称柔性引才是指我省用人单位在不改变省外人才的人事、档案、户籍、社保等关系的前提下，吸引省外人才通过顾问指导、短期兼职、候鸟服务、退休返聘、对口支援及其他适宜方式，为我省经济社会发展提供智力支持。

第三条 柔性引才按照“不求所有，但求所用”的总体思路和“市场调节、政府引导、契约管理、绩效激励”的运作方式，在省委、省政府和省人才工作领导小组的指导下，在相关党政职能部门的支持配合下，以用人单位为主体具体负责组织实施。

第二章 引才标准和方式

第四条 结合国际旅游岛建设需要，我省柔性引才的重点领域包括：

（一）以旅游业为龙头的现代服务业；

（二）以集约、集群、园区化、高科技为基本定位的新型工业；

（三）以做优做强热带产品为特色的现代农业；

（四）以维护国家海洋权益、服务南海资源开发保护为主要职责的海洋经济；

（五）以适应城市化需要、满足公共管理社会服务职能的基础设施建设；

（六）以适应共建共享幸福家园为追求的社会事业；

（七）以满足可持续发展需要的生态环境建设。

第五条 柔性引进的人才应具备下列基本条件：

（一）具有良好的职业道德和较强的团队协作精神；

（二）具有扎实的专业知识或专门技能，能够满足我省用人单位的合作需要，能够显著促进我省经济社会发展；

（三）具备来琼开展智力服务所需的良好身体条件，有健全的医疗保险、养老保险及其他社会保险；

（四）年龄原则上不超过70周岁，特别急需紧缺的高层次人才可适当放宽；

（五）不存在法律法规规定不得流动的情形；

（六）仍在岗工作的，能与本人全职所在的工作单位就来琼开展柔性智力服务事宜达成一致意见。

第六条 我省开展柔性引才的用人单位应具备下列基本条件：

（一）注册地在海南行政区域内；

（二）具有独立法人资格，经营或运行状况良好；

（三）有明确的智力、技术、项目合作需求和具体的合作事项；

（四）能够按照市场化方式为柔性引进的人才提供良好的报酬福利和适宜的工作生活条件。

第七条 我省用人单位柔性引进省外人才的主要方式包括：

（一）顾问指导：通过聘请省外人才担任顾问的方式，吸引其提供战略咨询、技术指导、业务拓展及其他相关方面的智力支持；

（二）短期兼职：通过聘请省外人才定期或不定期来琼进行短期兼职服务的方式，吸引其提供科学研究、课题攻关、课程讲授、人才培养、成果转化、技术推广、工艺改造、项目开发及其他相关方面的智力支持；

（三）候鸟服务：通过聘请旅居我省休养度假的“候鸟型人才”在琼开展服务的方式，吸引其提供科学研究、课题攻关、课程讲授、人才培养、成果转化、技术推广、工艺改造、项目开发及其他相关方面的智力支持；

（四）退休返聘：通过返聘已经退休的省外人才来琼工作的方式，吸引其提供科学研究、课题攻关、课程讲授、人才培养、成果转化、技术推广、工艺改造、项目开发及其他相关方面的智力支持；

（五）对口支援：通过与省外用人单位签订整体合作协议的方式，吸引其轮流选派本单位优秀人才，集中、定向、定期为我省相关用人单位提供对口智力支援；

（六）其他适宜方式：经省人才工作领导小组办公室备案的其他柔性引才方式，如服务外包、人才租赁等。

第三章 管理和服务

第八条 省人才工作领导小组办公室会同省人力资源社会保障厅负责依托国内知名商业招聘网站、我省网上人才市场及其他适宜渠道，搭建柔性引才网络信息平台，及时发布柔性引才需求信息，吸引省外人才同我省用人单位对接洽谈并来琼开展柔性智力服务。

第九条 相关党政职能部门要根据自身职能定位，主动与省外人才密集的用人单位洽谈对接，拓展柔性智力引进方面的合作交流，为我省用人单位柔性引进人才提供渠道和支持。

第十条 省人才工作领导小组办公室会同省委宣传部负责引导省内外主流媒体对我省柔性引才工作进行宣传报道，扩大我省柔性引才工作在省内外人才群体中的知晓度和影响力，在全社会营造关心支持柔性引进人才的良好舆论氛围。

第十一条 我省用人单位在开展柔性引才工作时，应严格遵守相关法律法规，及时与柔性引进的人才或其全职所在工作单位签订顾问指导协议、短期兼职协议、候鸟服务协议、退休返聘协议或对口支援协议等。协议应充分明确相关各方的权利、责任和义务，主要内容包括：

（一）柔性引才的方式、工作时限、工作目标和相关要求；

（二）保密、知识产权保护等方面的要求；

（三）人才在柔性引进期间的劳务报酬、福利待遇；

（四）人才在柔性引进期间的医疗、意外伤害及其他相关方面的补充保险；

（五）人才在柔性引进期间创造产生的专利成果的使用、归属和转让等事宜；

（六）双方需约定的其他事项。

第十二条 柔性引进的人才在我省开展智力服务期间，我省相关用人单位应为其建立临时档案并做好日常管理服务工作。

第十三条 柔性引进的人才聘期在1年以上的，经本人提出，省人才工作领导小组办公室应按规定程序向其颁发《海南省柔性引进人才聘任证书》，作为其本人和我省相关用人单位享受相关优惠待遇、参与表彰奖励的重要凭证。

柔性引进的人才申请办理《海南省柔性引进人才聘任证书》时应提供下列材料：

（一）《海南省柔性引进人才聘任证书申请表》；

（二）合法有效身份证件、学历学位证书、专业技术资格证书以及能够佐证其业务水平的相关证明材料；

（三）与我省用人单位签订的柔性引才协议以及相应用人单位的企业法人营业执照（事业单位法人证书、社会团体法人证书、民办非企业登记证书、党政机关介绍信或同类证明材料）。

《海南省柔性引进人才聘任证书》的申办工作按照属地管理和省属单位归口管理相结合的原则进行。各市县用人单位柔性引进的人才按规定程序向本市县人才工作领导小组办公室提出办理申请，省属企事业单位柔性引进的人才向其所在单位的上级部门提出办理申请。市县人才工作领导小组办公室和省属企事业单位的上级部门应在收到办理申请后的10个工作日内对申报资料的真实性进行核查，并签署意见报送省人才工作领导小组办公室。对于符合条件的申报人选，省人才工作领导小组办公室在收到申报材料后的10个工作日内发放聘书。

《海南省柔性引进人才聘任证书》有效期与持有人的柔性引才协议聘期相当，最长不超过3年，逾期自动失效。有效期满需要延期的，应至少提前30个工作日提出申请。

柔性引才协议因故提前终止的，我省用人单位应及时向柔性引进的人才收回《海南省柔性引进人才聘任证书》，并按规定程序上交省人才工作领导小组办公室。

第十四条 省人才工作领导小组办公室负责协调各市县和相关党政职能部门建立柔性引进人才信息库，对已办理《海南省柔性引进人才聘任证书》的人才进行信息采集和定期更新；并负责协调各市县和相关党政职能部门开通柔性引才网络服务窗口，指定专人受理相关用人单位和柔性引进的人才的咨询、申请、意见和建议。

第十五条 省人才工作领导小组办公室牵头负责对我省相关用人单位进行柔性引才绩效评估。

绩效评估每年集中开展一次，评估结果作为用人单位享受相关优惠待遇的主要依据。用人单位可自主选择是否进行申报。用人单位参加过一次绩效评估后，应间隔一个年度方可进行下一次申报。

绩效评估主要程序：

（一）通知发布：省人才工作领导小组办公室发布绩效评估通知，组织开展柔性引才工作满1年且上一年度未参与柔性引才绩效评估的用人单位进行申报；

（二）单位申报：用人单位根据通知要求，按照柔性引进人才的不同专业（行业）领域，按规定程序向相关党政职能部门报送《海南省柔性引进人才绩效评估申报表》《柔性引进人才使用情况报告》《海南省柔性引进人才聘任证书》及相关佐证材料；

（三）专业评审：相关党政职能部门对申报材料的真实性进行核查，邀请相关专业（行业）领域的高级专家组成项目评估专家组，对相关用人单位开展柔性引才工作所取得的经济社会效益进行全面评估和实地考察，并形成绩效评估报告和专家推荐意见；

（四）综合复审：省人才工作领导小组办公室会同省人力资源社会保障厅、省科技厅邀请相关领域的高级专家组成综合复审专家组，对专业评审结果进行复审，并形成专家复审意见；

（五）公示报批：专家复审意见分为优秀、合格和不合格等三类，经公示后，由省人才工作领导小组办公室提请省人才工作领导小组核准，核准为优秀的绩效评估结果由省人才工作领导小组办公室向社会公布。

第四章 优惠待遇

第十六条 柔性引进人才在我省工作生活期间，依照有关法律法规和相关规定，凭《海南省柔性引进人才聘任证书》，享受下列优惠待遇：

（一）在科技项目立项、科技成果奖励等方面，可享受我省同类人员待遇；

（二）持有《海南省柔性引进人才聘任证书》满1年的，可在我省参加职业（执业）资格考试和登记；

（三）可在我省就近申办前往香港、澳门地区旅游的手续；

（四）外籍人才需多次临时出入境的，可根据受聘期限办理有效居留许可证；

（五）可按我省人才安居工程专项政策的有关规定，免费或以优惠价格租住人才公寓；

（六）符合《海南省高层次人才认定标准》“大师级人才”和“杰出人才”标准的人才，可在指定医疗卫生机构享受就医绿色通道服务；

（七）可在指定时间段内，以优惠协议价格游览指定景区、入住指定酒店；

（八）符合计划生育规定的子女可在我省接受义务教育，并按有关政策办理就读手续；

（九）柔性受聘满2年，且评奖当年仍在我省开展柔性智力服务的，可申报参评“海南省人才功勋奖”，入选者根据《海南省人才奖励办法》（琼发〔2012〕7号）享受补充优惠待遇；

（十）柔性引才协议聘期不少于5年，且每年在我省工作时间不少于3个月的，可申报参评“海南省高层次创新创业人才”，入选者根据《海南省引进高层次创新创业人才办法（试行）》（琼发〔2009〕6号）享受补充优惠待遇。

第十七条 我省用人单位柔性引才绩效评估结果为优秀的，享受下列优惠待遇：

（一）根据柔性引进人才实施项目的实际情况，由省人才工作专项经费一次性给予10万元—200万元项目经费资助，专项用于后续科技创新、成果转化和人才培养工作；

（二）自绩效评估结果公布之日起2年内，由柔性引进人才主持申报、以我省用人单位名义（排名第一）承担的国家级重大科研项目（课题），尚未享受过省级经费配套支持的，由省人才资源开发专项资金一次性给予40%的配套经费支持，最高额度不超过200万元，专项用于科研项目（课题）实施；

（三）自绩效评估结果公布之日起2年内，由柔性引进人才在我省用人单位主导建设并被批准认定的国家（重点）实验室、国家工程实验室和国家工程技术研究中心，尚未享受过省级经费配套支持的，由省人才资源开发专项资金一次性给予100万元配套经费支持，专项用于相应实验室（研究中心）的基础设施建设、设备采购和科研项目（课题）实施；

（四）自绩效评估结果公布之日起2年内，与柔性引进人才共同开展的、符合相关政策规定的产学研合作项目可优先申报省产学研一体化专项资金；

（五）自绩效评估结果公布之日起2年内，柔性引进人才的劳务报酬可在单位成本中列支。

第五章 附 则

第十八条 用人单位和柔性引进人才应相互尊重对方的合法权益，在法律法规许可的范围内按合同约定开展合作。柔性引才过程中发生争议的，可通过协商、调解或仲裁等方式解决。

第十九条 严禁通过签订虚假协议、谎报工作业绩等方式骗取柔性引进人才优惠待遇，对弄虚作假的个人和单位，取消《海南省柔性引进人才聘任证书》申办资格和柔性引才绩效评估申报资格，追缴已享受的优惠待遇，并依法依规追究责任。

第二十条 柔性引才工作经费从省人才资源开发专项资金中列支，按实核拨，专款专用。

第二十一条 各市县可参照本办法，结合本地实际，制定具体实施办法。

第二十二条 本办法由省人才工作领导小组办公室负责解释。

第二十三条 本办法自发布之日起施行。

中共海南省委办公厅
海南省人民政府办公厅
2014年9月30日

海南省人民政府
关于进一步支持小微企业健康发展的实施意见

（琼府〔2014〕10号）

为贯彻落实国务院关于进一步支持小微企业发展的系列政策措施，加大对我省小微企业的扶持力度，促进小微企业健康发展，结合我省实际，提出如下实施意见。

一、加大财税扶持力度

（一）扩大专项资金规模。2014年省中小企业发展专项资金增加至1.45亿元，以后逐年增加，重点支持小微企业融资担保、创业创新、转型升级、服务体系建设及成长性奖励等；省财政现有的其他专项资金，对符合条件的小微企业应当给予倾斜支持；各市县政府应在本级财政预算中安排中小企业发展专项资金，并随财力增长逐年增加资金额度。（责任单位：省工业和信息化厅、省财政厅、各市县政府）

（二）设立创业投资引导基金。基金的资金来源包括财政性专项资金、基金收益、捐赠等，基金总规模为10亿元，首期从省级财政一般预算安排资金2亿元。基金主要用于引导创业投资机构及其他社会资金进入创业投资领域，以参股、跟进投资、风险补助等方式，支持科技型、创新型中小企业发展。（责任单位：省财政厅、省工业和信息化厅、省发展改革委、省科技厅、省政府金融办等）

（三）增加小微企业政府采购份额。编制部门预算时，在满足机构自身运转和提供公共服务基本需求的前提下，要预留年度政府采购项目预算总额的30%以上，专门面向中小微企业采购，其中预留给小微企业的比例不低于60%；对于非专门面向中小微企业的项目，采购人或者采购代理机构应对小微企业产品价格给予6%至10%的扣除，用扣除后的价格参与评审。（责任单位：省财政厅等）

（四）强化税收扶持政策落实。严格落实国家和我省已出台的各项税收优惠政策；按照国家规定的最优标准执行我省小微企业增值税、营业税优惠政策。各级税务部门要及时梳理国家关于小微企业的税收优惠政策，加强政策宣传，做好纳税辅导，细化操作办法，优化办税流程，确保政策落实。（责任单位：省国税局、省地税局）

二、缓解企业融资难题

（五）创新融资服务。鼓励金融机构发展产业链融资、商圈融资及企业群融资；扩大小微企业抵押担保物范围，开展存货、订单、仓单、保单、股权、应收账款、知识产权、林权、土地使用权、海域使用权、商铺使用权等质押贷款和在建工程、机械设备抵押贷款业务；公安、国土、住房和城乡建设、工商、海洋渔业、林业、知识产权、房产交易管理等部门要完善相关产权登记管理制度，简化登记流程，降低收费标准。（责任单位：省政府金融办、人行海口中心支行、银监会海南监管局、省公安厅、省国土环境资源厅、省住房城乡建设厅、省工商局、省海洋渔业厅、省林业厅、省知识产权局、各市县房产交易管理部门）

（六）实行金融服务差异化监管。允许商业银行将单户500万元以下且占本行信用风险暴露总额的比例不高于0.5%的小微企业贷款，视同零售贷款计算风险权重；对商业银行发行金融债所对应的单户500万元以下的小微企业贷款，不纳入存贷比考核范围；对小微企业贷款不良率容忍度，可在全辖各项贷款不良率基础上提高2个百分点。（责任单位：银监会海南监管局）

（七）鼓励小型金融机构发展。鼓励民间资本依法设立融资性担保公司、小额贷款公司、村镇银行、农村资金互助社等，简化小型金融机构的设立审批程序、提高审批效率，有序扩大小型金融机构在各市县的覆盖范围；放宽小额贷款公司法人投资者最高持股比例，自然人投资者合计持股比例提高至60%；资信优良的小额贷款公司融资比例最高可放宽至资本净额的200%；支持符合条件的小额贷款公司根据有关规定改制为村镇银行。（责任单位：省政府金融办、省财政厅、人行海口中心支行、银监会海南监管局）

（八）强化小微企业信贷绩效监督考核。金融监管部门建立小微企业信贷工作定期监测与考评激励机制，按月通报，按季考核，年底对各银行金融机构的小微企业信贷绩效进行年度考核评比；将考评结果与金融奖励政策挂钩，对达到小微企业贷款"两个不低于"要求的金融机构，除了给予一定资金奖励外，优先给予办理再贷款、再贴现业务。（责任单位：省金融办、人行海口中心支行、银监会海南监管局、省财政厅等）

（九）支持融资担保行业发展。综合利用保费补助、奖励和资本投入等方式，支持小微企业融资担保机构建设；设立小微企业担保贷款风险准备金，完善小微企业担保贷款风险补偿机制；支持担保机构与银行业金融机构建立利益共享、风险共担机制，鼓励银行业金融机构与管理规范、信用度高的担保机构协商确定具体的风险分担比例。（责任单位：省财政厅、省工业和信息化厅、人行海口中心支行、银监会海南监管局）

（十）支持小微企业担保融资。继续实施中小微企业担保融资奖补政策，按当年实际发生信用担保贷款额，对小微企业给予不超过2%的贴息，对担保机构给予1%的风险补偿。（责任单位：省工业和信息化厅、省财政厅）

（十一）支持小微企业直接融资。支持符合条件的小微企业上市融资，鼓励小微企业在全国中小企业股份转让系统挂牌融资；加快建设我省区域性股权交易市场，鼓励小微企业进行场外股权交易和流转；对于成功融资、进行场外股权交易和流转的小微企业，省财政给予一定额度的补贴和奖励。（责任单位：省政府金融办、省财政厅、银监会海南监管局、人行海口中心支行等）

（十二）发挥保险行业风险分担作用。引导保险机构发展小微企业履约保证保险、贷款保证保险等产品，鼓励创新展业、承保、理赔和风险管理等服务。（责任单位：保监会海南监管局、省财政厅）

三、优化创业兴业环境

（十三）进一步放开市场准入。取消限制性经营条件，对于法律、法规未明确禁止的经营领域，均向小微企业开放；进一步打破市场垄断，将各类评价、评估、审查、检验、检测、培训等中介服务及相关设备、产品购置推向市场，不得指定供应或服务。（责任单位：省工商局、省国土环境资源厅、省住房城乡建设厅、省国税局等）

（十四）改革企业登记制度。落实《海南省企业登记制度改革十六条意见》，对小微企业登记实行"先照后证、宽进严管、网络管理"，进一步完善企业登记服务，降低企业准入门槛。（责任单位：省工商局）

（十五）推进小微企业诚信制度建设。构建全省统一的市场主体信息公示平台，将企业登记备案、年度报告、资质资格、监管等信息公示，健全守信激励和失信惩戒机制，督促和引导小微企业守信用、重合同。（责任单位：省工商局、省政府金融办、省工商联）

（十六）进一步减轻企业负担。严格落实国家和我省各类取消或减免涉企行政事业收费的规定；全面清理取消省级设立的涉企行政事业性不合理收费及其他不合理收费；执行收费公示制度，防止变相收费和隐性收费，严肃查处乱收费、乱罚款及各种摊派行为。（责任单位：省财政厅、省地税局、银监会海南监管局、省监察厅等）

（十七）实行小微企业首次违规预警制度。小微企业非因主观故意，未造成危害后果的首次违规、违章行为，工商、税务、质监、药监、环保、安全监管、消防、城市管理等行政执法部门实行"处罚预警"制度，企业及时纠正的，不予立案调查和行政处罚。（责任单位：省工商局、省国税局、省地税局、省质监局、省食品药品监管局、省安全监管局等）

（十八）鼓励高校毕业生到小微企业就业。对小微企业新招用高校毕业生并组织开展岗前培训的，按规定给予培训费补贴；对小微企业与新招用高校毕业生签订1年以上劳动合同并按时给其足额缴纳社会保险费的，按规定给予社会保险补贴；落实已出台的鼓励高校毕业生自主创业的税费减免、小额担保贷款等扶持政策，加大公共就业服务力度。（责任单位：省人力资源社会保障厅、省地税局等）

四、促进结构调整和技术创新

（十九）优化小微企业产业结构。大力发展创新型、创业型和劳动密集型小微企业，引导小微企业向专业化、精细化、特色化方向发展；引导小微企业发展电子信息、节能环保、新能源新材料等战略性新兴产业，发展信息服务、文化创意、现代物流等新兴服务业，发展海岛旅游服务、农产品精深加工、农业休闲旅游等特色产业；引导小微企业实现集约、集群发展，加强与龙头企业的配套链接，形成产业集群，增强竞争力。（责任单位：省工业和信息化厅、省发展改革委、省商务厅、省旅游委、省农业厅等）

（二十）支持成长性小微企业发展。重点扶持机械电子、农产品加工、生物医药、商贸服务、新能源新材料及节能环保等行业的成长性小微企业发展，省财政每年继续安排1000万元资金，对这些行业中纳税情况好、成长性强的50家小微企业给予奖励；发挥省资本市场发展专项资金的激励引导作用，每年筛选2至3家成长性小微企业进行上市前培育辅导，推动成长性企业上市融资。（责任单位：省工业和信息化厅、省政府金融办、证监会海南监管局、省财政厅等）

（二十一）支持小微企业技术创新。加大各类扶持资金对小微企业技术改造和转型升级的支持力度；鼓励大型企业、高校和科研院所向小微企业提供研发试验设施，与小微企业开展智力和技术经济合作，推动产学研成果转化与应用；小微企业的固定资产由于技术进步原因需加速折旧的，可按规定缩短折旧年限；对于小微企业按照《海南省高新技术项目、产品认定暂行办法》认定的高新技术项目、产品，每项给予20万元奖励。（责任单位：省科技厅、省工商局等）

（二十二）支持小微企业提高管理水平。引导小微企业完善法人治理结构；推动小微企业完善安全、环保、节能、质量、财会、营销等基础管理；加强小微企业质量诚信体系建设，开展质量承诺活动；督促小微企业建立健全质量管理体系，严格生产许可、经营许可、强制认证等准入管理；加强品牌建设指导，引导小微企业创建自主品牌。（责任单位：省工业和信息化厅、省质监局、省工商局、省工商联等）

（二十三）支持小微企业创业基地建设。各市县政府要统筹安排，在产业园区规划部分区域用于建设小微企业创业基地，建设标准厂房并减免租金，引导小微企业集聚发展；对小微企业入孵率达到标准的创业基地，可优先认定为省级小微企业创业基地。到2015年，重点支持20家以上省级小微企业创业基地建设。（责任单位：省工业和信息化厅、省财政厅、省地税局、各市县政府等）

五、完善企业公共服务

（二十四） 建设小微企业公共服务体系。实施中小企业公共服务平台建设工程，到2015年，重点培育认定50个省级中小企业公共服务示范平台，争创10个国家级中小企业公共服务示范平台，逐步建立资源共享、服务协同、覆盖全省的中小企业公共服务平台网络，为小微企业提供信息、技术、创业、培训、融资等全方面的服务。（责任单位：省工业和信息化厅、省商务厅、省工商联）

（二十五）推进社会化培训。推广“海南中小企业大讲堂”和“中小企业融资大讲堂”培训品牌，联合社会培训机构，开展小微企业高技能人才、经营管理人才和专业技术人才培训，每年培训2万名。（责任单位：省工业和信息化厅、省人力资源社会保障厅）

（二十六）支持开拓市场。支持小微企业参加国家级大型展会，给予展位费补贴；对小微出口企业参加商品展览、开展境外商标注册和专利申请、进行国际市场宣传推介等国际市场开拓活动给予补助；加强对小微企业知识产权的海关保护，提升我省小微企业的进出口贸易质量。（责任单位：省工业和信息化厅、省商务厅、海口海关等）

（二十七）加强信息化服务。完善海南省中小企业信息网络平台建设，全面推行网上申报、许可、审批和招标采购；支持小微企业在研发设计、生产制造、经营管理、市场营销等核心业务环节的信息化应用；鼓励信息技术企业、通信运营商为小微企业提供信息化应用服务；积极探索运用云计算、移动商务等新一代信息技术，提高小微企业信息化水平。（责任单位：省工业和信息化厅、省财政厅）

六、强化保障措施

（二十八）加强组织领导，优化政府服务。省促进中小企业发展工作领导小组要加强对小微企业工作的统筹规划、组织协调和督促检查；各地、各部门要结合实际，建立起领导亲自抓、一级抓一级、层层抓落实的工作机制，切实抓好本实施意见的贯彻落实。（责任单位：省政府办公厅、各市县政府、各相关部门）

（二十九）加强统计和监测分析。各级统计部门要按照国家划型标准，利用经济普查和常规统计及部门行政记录资料，对小微企业开展统计监测和分析；各级中小企业主管部门要加强对小微企业的动态跟踪和监测分析，强化对小微企业的服务协调，指导促进小微企业健康发展。（责任单位：省统计局、省工业和信息化厅等）

（三十）强化监督检查。省促进中小企业发展工作领导小组每年组织开展小微企业工作专项督查，进行绩效评估，对执行政策不力、落实政策不到位的地区和部门予以通报批评。（责任单位：省政府办公厅、各市县政府、各相关部门）

海南省人民政府

2014年3月4日

重庆市完善小微企业扶持机制实施方案

（渝府发〔2014〕36号）

小微企业是经济社会发展的重要力量，对于稳定增长、扩大就业、促进创新、繁荣市场等具有重要作用。近年来，我市出台一系列扶持小微企业发展的政策措施，着力降低创业成本，激发创造活力，各类市场主体快速增长，吸收社会就业成效显著，助推经济增长效果明显，但仍然存在市场准入门槛较高、融资难融资贵、企业负担偏重、发展空间不足、服务环境有待提升等问题。为进一步促进我市小微企业持续健康发展，特制定本方案。

一、总体思路

认真贯彻落实党的十八届三中全会精神，围绕五大功能区域发展战略，发挥市场在资源配置中的决定性作用，发挥政府的政策导向和服务作用，按照“放开、减负、解难、引导”的要求，以问题为导向，放宽市场准入，缓解企业融资困难，切实减轻企业负担，拓展企业发展空间，优化服务环境，进一步激发创业热情，带动社会就业，增强市场活力，促进企业发展壮大，加快推进全市小微企业持续健康发展。

二、主要任务

（一）进一步放宽市场准入

1．深化工商登记制度改革。在全市范围内执行小微企业注册资本认缴登记和“先照后证”制度，除国家法律法规明确规定外，取消小微公司制企业最低注册资本、首次出资比例、货币出资比例以及出资期限的限制，不再将工商年检、验资报告作为行政审批、证照审验、资质认定和市场准入的前置条件。

2．大力推进注册登记便利化。建立微型企业申办快速通道，建立完善微型企业网上登记系统，实现申请、受理、审核、公示、发照等全程电子化网上登记管理。推进工商营业执照、税务登记证、组织机构代码证及公章并联审批，一次性办结企业设立的相关证照和手续。

3．放宽住所（经营场所）登记条件。对市场主体以产业园区（楼宇产业园）内正在建造的房屋作为住所（经营场所）的，可凭相关证明材料办理登记。对利用住宅从事不扰民的经营活动，以及用于行政办公、通讯联络的小微企业，工商登记免予提交相关证明材料。

（二）着力缓解融资困难

4．加大对小微企业信贷倾斜。各商业银行要单列信贷计划，确保小微企业贷款增速不低于各项贷款平均增速，增量不低于上年同期。对引入了抵质押或保险、担保机制的小微企业贷款，利率原则上低于本机构同类同档次贷款利率平均水平。采取续贷提前审批、设立循环贷款等方式，提高贷款审批发放效率。严禁“以贷转存”“存贷挂钩”等行为。积极推广小额贷款保证保险，大力发展支持小微企业获得信贷服务的保险产品，开展“保险+信贷”合作。

5．加大对微型企业融资扶持。微型企业可申请15万元以内2年期的创业扶持贷款，贷款利率执行同期基准利率的，市财政给予承贷银行1个百分点的奖励。对符合国家有关规定的人群，可享受小额担保贷款财政贴息。

6．加大贷款担保扶持。担保机构为中小企业和微型企业融资性贷款收取的担保费率在2%以下的新增担保发生额，由市财政补助担保机构0.5个百分点。市属担保公司为中小企业和微型企业融资性贷款收取的担保费率控制在2%以内。

7．健全风险补偿机制。设立市级微型企业贷款风险补偿金，对承贷银行按基准利率贷款形成的逾期不良部分，审核后按照一定比例拨补。争取国家支持，建立市级再担保专项资金，对中小企业融资担保予以支持。

8．支持小微企业直接融资。吸引社会资金投入，按照股权投资等市场化运作方式，建立市级小微企业发展产业引导基金，重点支持市场潜力大、创新能力强的小微企业发展壮大。支持小微企业依托全国中小企业股份转让系统和重庆股份转让中心开展挂牌融资。

（三）切实减轻企业负担

9．完善政府补贴办法。民营经济发展专项转移支付，主要用于高校毕业生、返乡农民工、失业人员、军队复员人员等重点人群创办的科技创新、电子商务、节能环保、文化创意、特色效益农业等鼓励类微型企业创业补助，以及小微企业场地租金和贷款贴息等补贴。市级微型企业发展专项资金主要用于微型企业孵化园、微型企业特色村建设及微型企业后续培训、水电等运营补贴。

10．落实税收扶持政策。对月销售额或月营业额不超过2万元的小微企业，暂免征收增值税或营业税。对年应纳税所得额低于10万元（含10万元）的微利企业，其所得减按50%计征所得税。对新办微型企业和鼓励类中小企业，按其缴纳企业所得税、营业税和增值税地方留成部分给予2年补贴。

11．加大就业社保扶持。小微企业吸纳登记失业高校贫困毕业生和招用本市特殊人群就业的，可按规定享受岗位补助和岗前培训补贴，对微型企业经营者和员工开展有针对性的岗位培训。微型企业招用高校毕业生，与其签订劳动合同并缴纳社会保险费的，财政给予一定的社保补贴。

12．加强涉企收费管理。清理规范行政审批前置服务项目及收费，并向社会公示。对涉企的行政事业及经营性收费均实行目录清单制度，严禁清单外的涉企收费。对符合规定的各类收费标准进行清理，并对小微企业实行优惠或者减免。清理各类协会、中介机构的涉企收费，坚决查处乱收费、乱罚款和摊派等行为，维护小微企业合法权益。

（四）拓展集聚发展空间

13．完善创业平台扶持政策。采取市场化运作方式，鼓励社会资金投入楼宇产业园建设。利用工业用地新建的市级楼宇产业园、小企业创业基地，其生产性用房及配套用房同等享受工业园区标准厂房扶持政策。根据楼宇产业园的产业功能定位和产出强度要求，在容积率不突破和土地使用性质不改变的前提下，合理确定覆盖率和建筑高度。利用工业用地建设的楼宇应实行限价、定向租售，为小微企业提供低成本、低租金的生产活动空间。市、区县两级用于中小企业发展的财政专项资金对楼宇产业园、小企业创业基地的楼宇维护、配套服务设施建设给予补助。

14．引导小微企业集聚发展。都市功能核心区和拓展区范围内经认定的市级楼宇产业园和市级小企业创业基地，根据其连续3年对市级财政的贡献，通过转移支付奖补各区，用于支持楼宇产业园、小企业创业基地建设及入驻企业的发展。对重点楼宇产业园，按照市、区县两级财政补助和楼宇业主让利的“三个一点”支持方式，对入驻小微企业给予房租补贴。

（五）协力优化服务环境

15．建立完善服务体系。培育发展服务机构，构建服务网络平台，对服务机构能力建设及其提供的服务给予补助或奖励。加大政府购买服务力度，为小微企业提供低收费或免费服务，相关服务机构可享受西部大开发相关税收政策。

16．落实各级工作职责。要充分发挥区县（自治县）的主体责任，将中小企业和微型企业发展作为重要任务，列入议事日程，确保相关政策措施落到实处。市级各部门要各司其职，协调配合，加强指导服务、督促检查。各区县（自治县）、市级各部门要用好各类媒体资源，宣传小微企业扶持政策，宣传创业兴业典型，弘扬创业精神，激发全社会的创业活力，形成以创业带动就业的良好局面。

重庆市人民政府
2014年7月29日

重庆市技术创新示范企业认定管理办法（试行）

（渝经信发〔2014〕72号）

第一章 总 则

第一条 为深入推进创新驱动战略的实施，规范重庆市技术创新示范企业认定管理，促进和完善以企业为主体、市场为导向、产学研相结合的技术创新体系建设，引导和鼓励企业加大技术创新力度，提高技术创新能力，依据工业和信息化部、财政部联合下发的《技术创新示范企业认定管理办法（试行）》，特制定本办法。

第二条 重庆市技术创新示范企业(以下简称示范企业)是指本市工业主要产业中技术创新能力较强、创新业绩显著、具有重要示范和导向作用的企业。

第三条 示范企业认定工作遵循公平、公正、公开原则，统筹规划，合理配置资源，规范、有序推进。

第四条 重庆市经济和信息化委员会（以下简称市经济信息委）联合重庆市财政局（以下简称市财政局）负责示范企业认定的相关管理工作，并对示范企业的运营和发展给予指导。

第二章 认 定

第五条 示范企业的认定每年组织一次，具体时间以每年下发的申报通知文件为准。

第六条 申报示范企业的基本条件：

（一）具有独立法人资格，企业成立3年以上，财务管理制度健全，会计信用、纳税信用和银行信用良好；

（二）具有市级及以上企业技术中心；

（三）具有一项以上自主知识产权的技术创新成果且已实现产业化，并取得显著经济效益；

（四）具有一定的生产经营规模，年销售收入3000万元以上。

第七条 认定基本标准

（一）具有核心竞争能力和领先地位。掌握企业发展的核心技术并具有自主知识产权，整体技术水平在本市同行业处于先进水平。有较完善的质量标准管理体系，积极参与或推进标准的制修定工作。

（二）具有持续创新能力。企业研发投入强度在全市同行业处于较高水平，有健全的研发机构并与国内外大学、科研机构建立了长期稳定的合作关系。在领先的技术领域具有较强的发展潜力。重视科技人员和高技能人才的培养、引进和使用。

（三）具有行业带动性和自主品牌。在行业发展中具有较强的带动性或带动潜力。注重自主品牌建设，通过竞争发展，形成了企业独特的品牌，并在市场中享有相当知名度。

（四）具有较强的盈利能力和较高的管理水平。企业近3年连续盈利，整体财务状况良好，销售收入和利润总额呈稳定上升势头，现金流量充足。

（五）具有较强应用新技术能力。积极实施技术改造，质量管理体系健全，具有重大科技成果的转化能力，节能减排降耗具有较强示范作用。

（六）具有创新发展战略和创新文化。重视企业经营发展战略创新，努力营造并形成企业的创新文化。

第三章 工作程序

第八条 认定申请

企业向相关主管部门提出申请并按要求上报申报材料，相关主管部门对企业上报的申请材料进行初审，并将推荐企业的申请材料和推荐意见在规定的时间内上报市经济信息委；各控股（集团）公司、市级企业可按要求将申请材料直接上报市经济信息委。

第九条 申报材料

（一）申报材料包括：

1．《技术创新示范企业申报书》《企业基本情况表》《企业技术创新评价数据表》（见附件）；

2．上年度财务报表；

3．本办法第六条和第七条有关的可用于证明企业技术创新能力及成果的其他证明材料。

（二）申报材料中的有关数据以各级统计机构、职能部门公开数据或经会计师事务所审计的财务报表为准。

（三）上述申报材料要求提供原件一式三份及电子版。

第十条 组织评审

（一）市经济信息委组织专家或委托中介机构对企业申报材料进行评审。

（二）市经济信息委联合市财政局依据产业政策、重庆市技术创新战略导向、专家评审意见等进行综合审查，或组织必要的实地考察，择优确定重庆市技术创新示范企业拟认定名单，并在市经济信息委门户网站上公示10个工作日。

第十一条 认定及授牌

市经济信息委联合市财政局对符合条件的企业进行认定，并授予“重庆市技术创新示范企业”称号。每年集中认定和授牌一次。

第四章 示范企业管理

第十二条 获得认定的示范企业名单将在市经济信息委等有关部门门户网站公布。

第十三条 示范企业每年4月30日前将上一年度企业技术创新发展情况通过区（县）经信委或相关主管部门报市经信委。

第十四条 市经济信息委和市财政局对示范企业的技术创新工作优先予以支持，在市工业振兴专项资金中对技术创新示范企业的创新项目择优予以资助奖励，优先从市级企业技术创新示范企业中推荐申报国家级技术创新示范企业认定。

第十五条 市经济信息委对示范企业实行动态管理，依据本办法每三年进行一次评价，对合格的示范企业予以确认，对不合格的撤消称号、发布有关公告并摘牌。

第十六条 申报企业利用弄虚作假等不正当手段骗取示范企业认定资格的，撤销示范企业称号，予以通报批评，同时取消其三年内申报示范企业的资格。

第五章 附 则

第十七条 本办法由市经济信息委、市财政局负责解释。

第十八条 本办法自发布之日起施行。

附件：1. 《技术创新示范企业申报书》编写提纲（略）

2. 企业基本情况表（略）

3. 企业技术创新评价数据表（略）

重庆市经济信息委

重庆市财政局

2014年10月20日

四川省人民政府关于支持中小微实体经济企业加快发展若干措施

（川府发〔2014〕54号）

为贯彻落实国务院关于支持中小微实体经济企业持续健康发展的系列政策精神，加快推进中小微实体经济企业转型升级、持续健康发展，夯实我省深入实施“三大发展战略”、推进“两个跨越”的产业基础，结合我省实际，特制定支持中小微实体经济企业加快发展的若干措施。

一、对企业承接高校、科研机构且属于战略性新兴产业的具有有效职务发明专利的科技成果在省内成功实施转化的，根据产出效率，按企业购买研发服务合同交易额的10%以内给予后补助或贷款贴息支持，最高不超过100万元，所需资金在省科技专项资金中安排（责任单位：科技厅）；对企业转化的项目年度投资总额或年度新增产值达到2000万元以上的，按其年度投资总额或年度新增产值的5%给予最高不超过200万元的项目资金补助，所需资金在省工业发展专项资金中安排（责任单位：省经济和信息化委）。

二、对企业研发并取得自主知识产权、价值在100万元以上且具有产业化前景的省内首台（套）装备应用产品，一次性给予购买应用单位20%、最高不超过200万元的补助；对国内首台（套）装备应用产品，一次性给予购买应用单位30%、最高不超过300万元的补助。所需资金在省工业发展专项资金中安排（责任单位：省经济和信息化委）。

三、对企业主持国际、国家、行业标准制定的，分别给予100万元、50万元、30万元的补助；对参与制定、主持修订及参与修订上述各级标准的，按同类标准制定补助额度的60%、50%、30%给予补助。所需资金根据标准所处行业领域，分别在省工业、农业、服务业发展资金等相应专项资金中安排（责任单位：省经济和信息化委、农业厅、商务厅、省质监局，排第一位的为牵头单位，下同）。

四、对企业参与“惠民购物全川行动”“川货全国行”“万企出国门”市场拓展三大活动，在省直有关牵头部门的专项资金中给予补助（责任单位：商务厅、四川博览局、省贸促会）。鼓励省内电子商务平台为中小微企业提供服务，对在平台上在线注册服务的中小微企业数量比上年有增加的平台企业及线上小微企业，在省电子商务资金中给予奖励和贷款贴息（责任单位：商务厅）。

五、制定四川省地方名优产品推荐目录（责任单位：省经济和信息化委、商务厅、省质监局、省工商局）。在预算资金安排上贯彻落实并鼓励各级机关、事业单位、行业系统、国有企业优先采购、购买省内产品〔责任单位：各市（州）人民政府，财政厅、省政务服务和资源交易服务中心〕。各地、各部门年度政府采购项目和政府投资项目预算总额30%的份额，专门面向中小微企业采购〔责任单位：各市（州）人民政府，财政厅、省政务服务和资源交易服务中心〕。在政府采购评审中，对同质同价情况下全部使用省内产品的投标单位，在评标环节予以优先考虑，对小微企业产品可视不同行业情况给予6%—10%的价格扣除；鼓励小微企业与大中型企业组成联合体共同参加采购投标，其中小微企业占联合体份额达到30%以上的可给予联合体2%—3%的价格扣除〔责任单位：各市（州）人民政府，财政厅、省政务服务和资源交易服务中心〕。

六、支持行业优势企业围绕产业链延伸拓展开展跨地区、跨行业、跨所有制的兼并重组，对重大兼并重组项目按照“一事一议”、“一企一策”制定扶持措施，可争取利用银行并购贷款等支持，省工业发展专项资金可给予贴息补助（责任单位：省经济和信息化委、省政府金融办、人行成都分行、四川银监局）。

七、对全省重点产业园区实施直购电试点，对试点园区供电设施基本电费进行补助，并对园区相应供电设施改造进行补助。所需补助资金在外送电价差资金中安排（责任单位：省经济和信息化委、省发展改革委）。

八、对正常装载、合法运输车辆的高速公路通行费，按计重收费标准实行20%以上的优惠（责任单位：交通运输厅、省发展改革委、财政厅）。按照中国铁路总公司、成都铁路局运价下浮管理相关办法，给予中小微企业价格优惠，降低企业物流成本（责任单位：成都铁路局）。

九、完善省级财政国库存款资源配置机制，在现有国库现金管理框架内，将商业银行直接支持企业的“过桥”融资需求情况，作为国库存款资源配置的重要指标，设立30亿元国库现金管理资金额度，引导和鼓励金融机构加大对企业的信贷投放力度（责任单位：财政厅、人行成都分行、省政府金融办、四川银监局）。

十、依法设立四川省中小企业发展基金，采取市场化运作方式促进先进制造业、高科技产业、现代服务业、现代农业等优势产业发展，优先支持为五大高端成长型产业提供“成链配套”协作服务的省内中小微企业加快发展。有条件的市（州）和扩权试点县（市）可设立中小企业发展基金〔责任单位：财政厅、省经济和信息化委、科技厅、商务厅、农业厅，各市（州）人民政府〕。依法设立省产业发展引导投资基金，以股权投资等方式，积极引导和鼓励以省内行业领军企业、产业技术联盟等为主体发起设立各类创业创新投资等基金，足额配套国家新兴产业创投计划参股创业投资基金、国家科技成果转化引导基金和科技型中小企业创业投资引导基金等项目（责任单位：财政厅、省发展改革委、科技厅、省经济和信息化委）。

十一、支持创新创业孵化。支持各地建立一批小企业创业基地，土地供应以租赁为主，各市（州）在每年用地指标中安排不少于30亩用地指标，支持小微企业创业基地、大学生创新创业园和各类孵化器（大学科技园）建设〔责任单位：各市（州）人民政府，国土资源厅、省经济和信息化委、科技厅〕。按上限确定重点群体创业就业税收扣减限额（定额）标准，支持失业人员、高校毕业生等重点群体自主创业（责任单位：省国税局、省地税局、财政厅、人力资源社会保障厅）。

十二、对符合条件的大学生创新创业园，根据规模和发展情况，给予100万—500万元资金补助，主要用于基础设施、孵化平台、创新创业团队和项目资助及创新创业辅导培训等。对在“51025”重点产业园区中的创新创业园，所需补助资金分别从科技厅、省经济和信息化委、省发展改革委相关资金中列支；对在其他园区中的创新创业园，由市（州）、县（市、区）人民政府给予资金补助〔责任单位：省经济和信息化委、省人才办、省发展改革委、科技厅、财政厅、人力资源社会保障厅，各市（州）人民政府〕。对新进入省级小企业创业示范基地的科技型小微企业，给予企业50%的厂房租金补助（责任单位：省经济和信息化委、科技厅、财政厅）。

十三、实施担保风险财政补偿政策，对担保机构在2014年9月1日—12月31日期间支持企业转型升级、技术创新新增担保的，省级财政按新增担保发生额的2%给予支持（责任单位：财政厅、省经济和信息化委）。

十四、健全风险补偿机制，省设立小微企业信用贷款风险补偿金，对银行类金融机构发放小微企业信用贷款产生的贷款损失给予一定比例的风险补偿。争取国家支持，建立省级再担保专项资金，对中小企业融资担保予以支持（责任单位：财政厅、省政府金融办、人行成都分行、四川银监局、省经济和信息化委）。

十五、各法人银行业金融机构用好“定向降准”、支小再贷款、支农再贷款、再贴现和调整存贷比统计口径等政策，持续提高资本充足率水平，积极增加小微企业贷款，确保信贷增长总量适度、节奏均衡、结构优化。各银行业金融机构对全省“小巨人·成长型”中小企业的合理信贷需求要予以重点保障，并根据企业生产经营特点、规模、周期等因素合理确定贷款期限（责任单位：省政府金融办、人行成都分行、四川银监局、省经济和信息化委）。

十六、深入推进“小微企业金融服务提升工程”，创新适合小微企业需求特点的金融产品、信贷模式和服务流程。各银行业金融机构要单列信贷计划，确保小微企业贷款增速不低于各项贷款平均增速，增量不低于上年同期。采取续贷提前审批、循环贷款、年审制贷款等方式，提高贷款审批发放效率，减轻企业还款压力。积极推广小额贷款保证保险，大力发展支持小微企业获得信贷服务的保险产品，开展“保险+信贷”合作（责任单位：人行成都分行、四川银监局、四川保监局、省政府金融办）。

十七、推动城市商业银行、农村商业银行、农村信用社向小微企业集中的县域、城镇延伸服务和网点，引导大型银行业金融机构加快建设小微企业专营机构和“下沉”经营重心。各银行业金融机构要扩大县域信贷业务审批权限，简化信贷审批流程，提高审批效率，大力推动中小微企业信用体系和农村信用体系建设，加大对“三农”、小微企业的信贷支持力度，确保县域内新增存款的60%及以上主要用于支持当地实体经济发展（责任单位：人行成都分行、四川银监局、省政府金融办）。

十八、各银行业金融机构严格执行《商业银行服务价格管理办法》和“七不准”“四公开”规定，严禁“以贷转存”“存贷挂钩”等行为，对于直接与贷款挂钩、没有实质服务内容的收费项目，一律予以取消。加强对影子银行、同业业务、理财业务等方面的管理，清理不必要的资金“通道”和“过桥”环节。切实规范企业融资过程中担保、评估、登记、审计、保险等中介机构和有关部门收费行为。对生产经营正常、产品有市场、企业有效益、诚实守信、符合产业政策和信贷条件的企业贷款，或引入了抵质押、保险、担保机制的企业贷款，银行业金融机构应给予适当的利率优惠〔责任单位：四川银监局、人行成都分行、省政府金融办、省发展改革委，各市（州）人民政府〕。

十九、融资性担保公司要坚持服务中小微企业，坚持依法合规经营。从2014年9月1日起，各融资性担保机构开展中小微企业融资担保业务时，应继续适当下调保费费率，不得附加不合理要求或违规占用资金，切实降低企业融资成本。对依法合规经营、年化担保费率低于3%且放大倍数达到5倍以上的融资性担保机构，省财政和同级财政按其年末在保贷款平均余额增加额的0.5%，分别给予最高不超过100万元的奖励〔责任单位：省政府金融办、财政厅、省经济和信息化委，各市（州）人民政府〕。

二十、各银行业金融机构对生产经营基本正常、因外部冲击导致资金链存在断裂风险的重点贷款企业，要帮助制定企业自救方案，争取地方政府财税扶持政策，制定“一户一策”的分类管理和转型帮扶措施，防止“一刀切”式的抽贷、停贷、压贷造成企业资金链断裂，通过最大限度地帮助企业恢复生产经营来有效控制风险〔责任单位：四川银监局、人行成都分行、省政府金融办，各市（州）人民政府〕。

二十一、严格禁止地方和部门以任何方式征收企业“过头税”。中央和省财政专项项目预算下达市（州）、县（市、区）后，市（州）、县（市、区）应及时落实预算执行主体，除因项目发生变化外，应在1个月内启动预算执行并拨付资金〔责任单位：财政厅、省国税局、省地税局，各市（州）人民政府〕。

二十二、全省各级人民政府及其部门或事业单位向企业的借款或占用资金，必须在2014年底以前归还到位。严格控制涉及企业的各类会议、评比、达标、庆典、培训、评价评估等活动，禁止摊派企业参加各种展会〔责任单位：各市（州）人民政府，省经济和信息化委、四川博览局〕。

四川省人民政府

2014年10月10日

四川省人民政府办公厅
关于加快科技企业孵化器建设与发展措施

（川办发〔2014〕87号）

为贯彻落实省委十届四次全会精神，深化科技创新体制改革，加快培养科技型中小微企业和创业领军人才，搭建创新创业平台，促进科技成果转化，推动我省高新技术产业加快发展，特提出如下支持措施。

一、鼓励多元投入。支持企业、高等院校、科研院所和高新技术产业开发（园）区利用存量土地和存量房新建、扩建和改建孵化器。鼓励国内外著名科技企业孵化器主办机构通过承建、合作投资和服务外包等方式来川自建或共建孵化器。在符合城市规划的前提下，优先安排孵化器用地指标和土地供应，可按工业用地性质以出让方式用于孵化器建设，并可配以一定比例的生产服务设施用地。新建或改扩建项目，涉及城建等有关规费，报经相应权限机关批准后予以减免。对符合非营利组织条件的孵化器收入，经认定后免征企业所得税；孵化器符合规定条件的固定资产，确需加速折旧的，可缩短折旧年限或采取加速折旧的方法。

二、支持创新服务平台建设。支持孵化器自建或合作共建科技创新平台和服务平台。平台内的仪器设备加入四川省大型科学仪器设备协作共用网并对外提供仪器设备共享服务的，享受四川省大型科学仪器设备协作共用相关优惠政策。鼓励和支持孵化器创造条件，吸引科技中介服务机构、知识产权中介服务机构为在孵企业开展专利代理、检测、咨询、维权等服务。支持设立孵化器的单位建立博士后科研工作站和博士后创新实践基地。

三、鼓励创新创业。鼓励支持高等院校自建或合作共建科研项目孵化器，推进高校科研成果产业化进程。允许和鼓励高校教师、科研人员到孵化器从事科技成果转化，参与企业技术创新。职务科技成果一年内未实施转化的，科技成果项目完成人或团队到孵化器内自行创办企业转化或者以技术入股在本省进行转化，其享有该科技成果在企业中收益的比例可高于70%。重点支持孵化器引进一批高层次创新人才和创新创业团队，鼓励创新创业。落实对引进人才颁发符合条件的奖金免征个人所得税等扶持政策。允许向符合条件的高层次创业创新人才供应公共租赁住房。

四、扶持在孵企业。对入驻孵化器的科技型内外资有限公司（不含1人有限公司），注册资本在100万元以下的，允许注册资金零首付，股东在核发营业执照6个月内缴足不低于注册资本20%的出资，其余部分在2年内依法缴足。免收在孵企业注册登记费。在孵企业涉及省级及以下的行政服务性收费事项，报经相关机关批准后予以减免，国家规定的行政事业性收费事项按照收费标准下限收取。对在孵初创企业技术含量及附加值高、市场前景好、能形成较好经济社会效益的创新项目，省科技型中小企业技术创新资金予以优先支持。在孵企业转化重大科技成果的，按《四川省人民政府关于加强自主创新促进科技成果转化的意见》（川府发〔2012〕23号）重点给予支持。孵化器所在地政府要制定相应的优惠政策，鼓励和引导孵化毕业企业在当地落户，到高新技术产业开发（园）区发展壮大。

五、加强投融资服务。深入推进科技金融结合试点工作，引导银行业金融机构为在孵科技企业提供信贷支持，支持金融机构设立科技支行或专营机构。实施科技型中小微企业融资培育计划，开展科技型中小微企业信用体系试验区建设。推动在孵科技企业实现多层次、多元化融资。鼓励支持地方政府及民营企业等单独或联合设立科技信贷风险补偿资金，推动组建科技小额贷款公司和科技专业担保公司，优先为符合条件的在孵企业提供贷款、融资担保或风险补偿。允许在孵企业以其专利、软件著作权、商标等知识产权向担保机构提供反担保。担保机构负连带责任担保的在孵企业高新技术孵化项目(产品)的担保金，符合财产损失税前扣除条件的，可以申请税前扣除。鼓励设立扶持在孵企业的创业种子资金。采用孵化基金、房租入股、孵化服务投入等多种形式开展风险投资。凡风险投资机构投资在孵企业高新技术孵化项目(产品)因开发失败而导致的损失，符合财产税前扣除条件的，可以申报资产损失税前扣除。加大力度引进和培育具有天使投资功能的孵化器管理团队。

六、加大财政资金支持力度。将科技企业孵化器建设纳入科技计划项目资金支持范围，在省级科技计划项目经费中每年设立5000万元以上孵化器建设专项资金，采用以奖代补、后补助、风险补助、担保补助等方式，对省级以上孵化器建设、仪器设备购置、创业项目扶持、高层次创新人才引进等方面予以资助，支持孵化器建设和发展。在孵化器建设过程中，对符合科技型中小企业创业投资补助、科技基础条件平台建设、产学研联盟及平台建设等各类科技专项资金支持条件的项目，按规定给予优先支持。各级人民政府要结合当地实际和财政状况，统筹科技专项资金，支持当地孵化器建设和发展。新建孵化器按30元/平方米的标准给予孵化器建设项目支持（指在孵企业使用面积，含公共服务场地），最高支持100万元；改扩建的孵化器按15元/平方米的标准给予孵化器建设项目支持，最高支持50万元。省级以上科技孵化创新平台新增实验仪器设备，可按其新购研发仪器设备实际投资总额的10%申请相关专项资金支持，最高可达100万元。在孵企业从设立之日起两年内，根据企业实际投入额，在科技专项资金中以项目支持方式给予一次性补贴，企业实际投入额累计达到100万元及以上的，给予投入额10%的补贴，最高可补贴50万元（需扣除已享受启动经费扶持的部分）。对申报国家高新区的省级高新区孵化器和各市（州）重点建设的孵化器给予专项支持500万—1000万元。对新认定的国家级孵化器给予专项项目支持50万—100万元。孵化企业在孵化期间或毕业后5年内成功上市，其法人机构注册地依然在四川省的，原孵化该企业的孵化器可获得50万元的一次性奖励。

七、强化孵化器自身建设。提高孵化器综合服务能力水平，培养和引进一批具有先进孵化理念、专业知识和管理水平的优秀孵化服务团队。建立创业导师辅导机制，拓展创业导师、专业孵化、种子资金、天使投资等增值性服务，探索和推动持股孵化及市场化运行机制，实现孵化服务倍增效益。加强孵化器品牌建设，整合创业孵化资源，打造创业服务产业链，构筑孵化载体、技术平台、人才培育、融资担保一体化的孵化服务体系。

八、建立健全责任制。各市（州）人民政府是本行政区域孵化器规划和发展的责任主体，科技行政部门具体负责孵化器的建设和发展工作。高新技术产业开发（园）区、高新技术产业化基地都应建有省级以上孵化器，经济技术开发区、工业园区等原则上都应建有孵化器。建立孵化器绩效评估制度，实行动态管理，每两年对省级以上孵化器建设和发展情况进行一次考核。

本文件自印发之日起施行，有效期5年。

四川省人民政府办公厅
2014年9月30日

四川省人力资源和社会保障厅关于进一步做好留学回国人员专业技术职务任职资格评定工作的通知

（川人社办发〔2014〕232号）

各市（州）人力资源和社会保障局，省级有关部门：

为创新完善留学回国人员服务政策，进一步鼓励和吸引高层次留学人员来川创业，根据《中组部、人力资源社会保障部印发<关于支持留学人员回国创业意见>的通知》（人社部发〔2011〕23号）、人力资源社会保障部《关于加强留学人员回国服务体系建设的意见》（人社部发〔2011〕46号）有关规定，现就做好留学回国人员专业技术职务任职资格评定工作通知如下：

一、范围对象

来川工作的留学回国人员，在国（境）外经过完整学制的学习并取得博士、硕士学位后，可根据本人的学习和专业技术工作经历、学识水平以及业绩贡献，按本通知首次申报评定相应专业技术职务任职资格（不含国家实行“以考代评”的专业）。

二、申报条件

（一）基本条件

1．拥护中国共产党，热爱祖国，遵守中华人民共和国宪法和法律、法规；

2．具备履行相应职责的专业知识和实际工作能力；

3．具有良好的职业道德和敬业精神，科研、学术方面无不良诚信问题；

4．凡国家规定实行人员准入控制的，必须取得相应的执业资格；

5．实行考评结合的专业，必须资格考试合格且在有效期内。

（二）符合基本条件且具备下列条件之一者，可申报评定相应系列正高级专业技术职务任职资格：

1．国（境）外博士后期满经批准出站，业绩贡献十分突出；

2．国（境）外取得博士学位后，在国（境）内外从事本专业或相近专业工作2年以上，业绩贡献十分突出。

（三）符合基本条件且具备下列条件之一者，可申报评定相应系列副高级专业技术职务任职资格：

1．国（境）外取得博士学位后，在国（境）内外从事本专业或相近专业工作1年以上，业绩贡献突出；

2．国（境）外取得硕士学位后，在国（境）内外从事本专业或相近专业工作6年以上，业绩贡献突出。

（四）来川工作的留学回国人员，如业绩特别突出，并经本专业3名（含）以上具有正高级职称的专家联名推荐，申报专业技术职务任职资格可不受工作年限限制。

三、评定标准

留学回国人员专业技术职务任职资格评定，依据国家和省有关政策规定进行，重点考查其业绩、学术技术水平和实际工作能力。能够参照各职称系列相应等级专业技术职务任职资格评审条件的，可按该职称系列任职资格评审条件评定。因在海外学习或工作，与国内各职称系列相应等级专业技术职务任职资格评审条件及其破格条件所规定条款内容不一致的，可按以下条件予以评定。

（一）具备下列条件之一者，可评定相应专业的正高级专业技术职务任职资格：

1．获得国际上有较大影响的学术、技术特殊荣誉奖；

2．国家自然科学奖、发明奖、科技进步奖，或省、部级科技进步奖特等奖、一等奖的主研人员；

3．拥有重要发明专利或专有技术，并取得重大经济、社会效益；

4．推广、应用新技术、新工艺和科技成果取得重大经济、社会效益，处于国内本行业领先水平；

5．在某一学术、技术领域取得重大突破，学术技术成果在国内外产生重大影响，或在学科建设、理论研究等方面取得突破，处于国际先进水平，或填补国内重要空白；

6．在某一领域的科研能力处于国际前沿水平，得到国内外同行认可，或直接受教于某一领域的国际顶尖专家，且学术技术研究具有较大国际影响；

7．主持或负责过大型科研或工程项目，科研、工程技术经验丰富的专家、学者、技术人员；

8．在国外著名高校、著名科研机构担任相当于副教授、副研究员及以上职务2年以上的专家、学者，或在国（境）外政府机构、政府间国际组织、著名非政府机构、世界著名跨国公司中担任技术领域的高层管理职务2年以上、业绩突出、熟悉相关领域业务和国际规则的专家、学者、管理人员、技术人员。

（二）具备下列条件之一者，可评定相应专业的副高级专业技术职务任职资格：

1．获得国际上有一定影响的学术、技术特殊荣誉奖；

2．在国内获得省、部级科技进步奖的主研人员；

3．拥有较好产业化开发前景的专利、发明或专有技术；

4．推广应用新技术、新工艺和科技成果，在提高产品质量（产量）等方面取得突破性进展，达到国内先进水平或具有较大经济、社会效益；

5．在某一学术、技术领域取得重大进展，学术技术成果在国内外有一定影响，或具有较好的经济、社会效益；

6．在某一领域有较强的科研能力，获得国内外同行认可，或在某一领域学术技术研究有一定国际影响；

7．参与过较大的科研或工程项目，科研、工程技术经验丰富的专家、学者、技术人员；

8．在国外知名高校、科研机构担任相当于助教、讲师、访问学者2年以上的专家、学者，或在国（境）外政府机构、政府间国际组织、著名非政府机构、发达国家知名跨国公司中担任技术领域的中层管理职务2年以上、熟悉相关领域业务和国际规则的专家、学者、管理人员、技术人员。

四、申报评审程序

（一）个人申报。留学回国人员根据所学知识、从事专业、工作需要等，在自愿的基础上，向所在单位申报相应系列和级别的专业技术职务任职资格，签订《诚信承诺书》（见附件）。

（二）单位考核推荐。用人单位对申报人的思想品德、学历、资历、论著、学术技术水平、实际工作能力、科研成果和业绩贡献等进行全面考核，形成考核推荐意见填入《四川省留学回国人员专业技术职务任职资格申报表》（见附件），在单位公示不少于7天，无异议后，将以下材料（若为外文需附有省级教育行政部门指定翻译机构出具的中文译件）报送到省人力资源和社会保障厅留学人员服务中心进行资格审查：

1．《四川省留学回国人员专业技术职务任职资格申报表》（一式2份）；

2．我国驻外使（领）馆教育机构出具的申报人留学证明；

3．申报人护照复印件（验看原件）；

4. 申报人在国（境）外学习的学历、学位证明（就读学校必须是经国家教育部认定的）；
5. 申报人在国（境）外受聘担任学术、技术职务的证明材料；
6. 申报人取得的专业技术资格或执业资格证书；
7. 申报人出国（境）前取得的学历、学位证书或专业技术资格证书；
8. 申报人取得的学术、技术业绩证明材料；
9. 用人单位对申报人思想品德、实际工作能力等方面的考查、考核情况；
10. 用人单位与申报人签订的劳动合同（或聘用合同）以及社保交费凭证；
11. 评聘结合的事业单位还须提供岗位空缺证明；
12. 诚信承诺书（见附件）。

（三）资格审查。省人力资源和社会保障厅留学人员服务中心对申报人进行条件、资格审查，并于每年4月、10月底前，将审查无误的申报材料汇总后送省职改办。

（四）专家评议。由“四川省留学回国人员专业技术职务任职资格评定专家委员会”（以下简称“专家委员会”）对申报人的思想品德、学历、资历、论著、学术技术水平、实际工作能力、科研成果和业绩贡献等进行全面考查，客观、公正地评价申报人是否具备担任相应专业技术职务的实际工作水平和能力。

（五）审核确认。评议通过人员在四川省人力资源和社会保障厅网站上公示10天。对公示无异议或虽有异议但经调查核实无问题的人员，由省职改办办理批准手续并下发任职资格通知。

五、其他事项

（一）留学回国人员既可按国家和省相关规定参加各系列专业技术职务任职资格评审，也可按本通知申报评定专业技术职务任职资格。

（二）留学回国人员申报评定专业技术职务任职资格对职称外语、计算机和继续教育暂不作要求。

（三）“专家委员会”由省职改办组建，组成人员根据评定工作需要在“省专家评议（审）委员会”中选聘，并按学科、专业设置若干评议组。评议组主要采取答辩、小组评议等方式，对申报人的业绩、成果等进行评估，确认申报人的专业技术水平，向“专家委员会”推荐评议人选；“专家委员会”在听取评议组评估意见的基础上，采取无记名投票表决，赞成人数超过出席会议人数的三分之二即为通过。

（四）在国（境）外博士后期满经批准出站可按相关“资格评审条件”申报认定副高级专业技术职务任职资格。国（境）外取得博士学位，或国（境）外取得硕士学位后在国（境）内外从事本专业或相近专业工作3年以上，经用人单位考核合格可聘为中级职务，也可按程序申报认定中级专业技术职务任职资格。

（五）各相关单位须按职称工作的有关政策规定，严格标准条件，规范工作程序，确保质量。对在工作中违反原则，伪造学历、资历、业绩成果和提供虚假证明的单位、个人，一经查实，将按有关规定严肃处理相关责任人员，取消评定结果并通报。

（六）本通知自2014年10月1日起施行，有效期2年。原四川省人事厅《关于做好海外留学回国人员职称认定工作的通知》（川人办发〔2002〕131号）同时废止。

附件：四川省留学回国人员专业技术职务任职资格申报表四川省留学回国人员专业技术职务任职资格申报表（略）

四川省人力资源和社会保障厅
2014年9月29日

成都市科技人才创新创业资助管理办法

（成科字〔2014〕31号）

第一章 总 则

第一条 按照市委市政府《关于实施创新驱动发展战略加快创新型城市建设的意见》、市委市政府办公厅《促进国内外高校院所在蓉协同创新的若干政策措施》，为进一步聚集高层次创新创业人才，推动高校院所人才服务企业，支持企业培养创新人才，充分调动科技人员的积极性和创造性，促进科技成果转化，增强企业自主创新能力，特制定本办法。

第二条 科技人才创新创业资助主要包括高层次创新创业人才研发经费、高校院所创新创业人才和市校企联合培养战略性新兴产业领域在职博（硕）士三类人才资助。

第二章 高层次创新创业人才研发经费资助

第三条 高层次创新创业人才研发经费资助的对象

高层次创新创业人才研发经费资助（简称“高层次人才资助”）对象应当是在本市重点产业领域中带技术、带项目、带资金注册创办独立纳税企业的高层次创新创业人才，研发项目具有自主知识产权和国际一流、国内领先的核心技术，属于我市战略性新兴产业、特色优势产业、现代服务业和都市现代农业相关领域，并已进入中试或产业化阶段，能在较短时间内取得突破性发展或引领带动形成新的产业，具有较好的市场前景和产业化潜力。可按以下两类条件进行申报：

（一）在蓉高层次创新创业人才。是指“中科院或工程院院士”、已入选国家“千人计划”、四川省“千人计划”、中科院“百人计划”“长江学者”“国家杰出青年科学基金”的在蓉高校院所高层次人才及入选“成都人才计划”创新类的高层次人才，在蓉创办企业并担任企业主要负责人，且企业注册资本不少于100万元，申请人自有资金或技术入股持股比例不低于30%，企业注册成立时间不超过三年。

（二）外地来蓉高层次创新创业人才。是指我市市域外的“中科院或工程院院士”、已入选国家“千人计划”、四川省“千人计划”、中科院“百人计划”“长江学者”“国家杰出青年科学基金”的高层次人才，来蓉创办企业并担任企业主要负责人，且注册资本不少于100万元，申请人自有资金或技术入股持股比例不低于30%，企业注册成立时间不超过三年。

第四条 申请资助所需提供的材料

（一）高层次创新创业人才研发经费资助项目申报书。

（二）证明材料：

1．申报人有效身份证明、学历学位证书、职称及职务证明；

2．创办企业证明材料复印件（营业执照、验资报告、公司章程及股权构成、税务登记证、组织机构代码证、上年度财务报表等）；

3．主要科技成果证明材料复印件（授权专利证书、产品证书及相关权威部门检测报告、科技成果鉴定或科技成果评价报告、代表性论著、已立项的各级科技计划项目、已获得的各级科技奖励等）。

（三）其他相关资料。

第五条 资助金额

对立项资助对象一次性给予100万元研发经费资助。

第三章 高校院所创新创业人才资助

第六条 高校院所创新创业人才资助的资助对象

高校院所创新创业人才资助专项（以下简称“高校院所人才资助”）资助对象分为以下两类：

创业资助：国内外高校院所硕士学历或副高级职称以上科技人才带技术、带项目、带资金在蓉创办企业，注册资本不少于50万元，申请人自有资金或技术入股持股比例不低于30%，企业注册成立时间不超过三年。创业项目具有自主知识产权和国内领先的核心技术，并已完成小试和样品试制等，具有较好的市场前景和产业化潜力，属于我市战略性新兴产业、特色优势产业、现代服务业和都市现代农业相关领域。

创新服务资助：在蓉高校教师（已取得副高级及以上职称或取得硕士以上学位）经所在单位同意，全职或兼职服务企业，担任在蓉企业技术负责人，开展关键技术合作研发，提供技术指导服务，在企业技术升级和新产品研发方面取得明显成效，与相关企业的合作时间在两年以上。研发项目具有自主知识产权和国内领先的核心技术，并已完成小试和样品试制等，具有较好的市场前景和产业化潜力，属于我市战略性新兴产业、特色优势产业、现代服务业和都市现代农业相关领域。

第七条 申请资助所需提供的材料

（一）高校院所创新创业人才资助项目申报书。

（二）申报创业资助证明材料：

1．申报人有效身份证明、学历学位证书、职称及职务证明；

2．创办企业证明材料复印件（营业执照、验资报告、公司章程及股权构成、税务登记证、组织机构代码证、上年度财务报表等）；

3．主要科技成果证明材料复印件（授权专利证书、产品证书及相关权威部门检测报告、科技成果鉴定或科技成果评价报告、代表性论著、已立项的各级科技计划项目、已获得的各级科技奖励等）。

（三）申报创新服务资助证明材料：

1．申报人有效身份证明、学历学位证书、职称及职务证明；

2．服务企业证明材料复印件（营业执照、税务登记证、组织机构代码证）；

3．创新服务证明材料复印件（申请人所在高校相关机构同意或委派其服务企业的证明材料、企业聘书或合作协议、服务企业期间获得的授权发明专利和省级以上科技成果鉴定证书、联合承担的各级科技项目、联合获得的各级科技奖励等）。

（四）其他相关资料。

第八条 资助金额

对创业资助立项资助对象一次性给予20万元经费资助；

对创新服务资助立项资助对象一次性给予10万元经费资助。

第四章 市校企联合培养战略性新兴产业领域在职博（硕）士资助

第九条 市校企联合培养战略性新兴产业领域在职博（硕）士资助的对象

为充分发挥相关高校在战略性新兴产业领域的学术和师资优势，加强我市战略性新兴产业领域创新人才的培养，成都市科技局联合相关高校，实施市校企联合培养战略性新兴产业领域在职博（硕）士计划（以下简称“联合培养计划”），支持我市相关企业选派在职人员攻读战略性新兴产业领域工程博（硕）士学位。

第十条 相关单位的职责

（一）成都市科技局的主要职责：

1．负责“联合培养计划”的组织协调工作；

2．负责确定予以资助的专业领域及研究方向；

3．负责学费资助的审核及发放。

（二）相关高校的主要职责：

负责组织实施相关专业工程博（硕）士的招生、考试、录取、培养工作。

（三）企业的主要职责：

1．选派本企业员工报考相关高校战略性新兴产业领域工程博（硕）士；

2．为本企业在职攻读战略性新兴产业领域工程博（硕）士人员提供必要的工作及学习条件，并提供不少于30%的学费资助。

第十一条 资助金额

经参与“联合培养计划”的高校考试录取攻读工程博（硕）士的我市企业在职人员，其攻读的专业领域及研究方向在成都市科技局确定的支持范围内，成都市科技局按50%比例给予学费资助，在完成入学报到手续后发放。

第十二条 申请资助所需提供的材料

申请“联合培养计划”学费资助需出示录取通知书、学费缴费凭证、培养服务协议、身份证等原件，并提交以下材料：

（一）《成都市联合培养战略性新兴产业领域在职博（硕）士学费资助申请表》；

（二）参与“联合培养计划”的高校工程博（硕）士录取通知书复印件；

（三）攻读工程博（硕）士学位学费缴费凭证复印件；

（四）申请人与所在企业签定的培养服务协议复印件。协议应明确企业和个人在战略性新兴产业领域工程博（硕）士培养中的权利和义务，包括企业提供必要的培养条件、申请人取得工程博（硕）士学位后在企业的服务年限（原则上不低于三年）等；

（五）申请人身份证复印件；

（六）申请人所在企业与相关高校签订的人才联合培养协议或项目合作开发协议（非必备材料）。

第五章 附 则

第十三条 申请时间及相关程序

常年受理申报，经评审（审核）后确定资助对象，并报成都市科技局局务会审定。

第十四条 对弄虚作假、虚报冒领资助经费的单位及个人，将采取通报批评、停止拨款、终止项目、取消申报资格等措施予以相应的处罚。构成犯罪的，依法追究刑事责任。

第十五条 本办法由成都市科技局负责解释。

第十六条 本办法自发布之日起实施，有效期为三年，原管理办法（成科字〔2013〕37号）同时废止。

成都市科学技术局

中共成都市委组织部

成都市人力资源和社会保障局

2014年10月14日

乐山市吸引优秀人才落户试行办法

（乐府发〔2014〕15号）

第一章 总 则

第一条 为吸引高层次人才、创新型人才、学术技术带头人、有突出贡献人员（以下简称“优秀人才”）来我市落户，加快区域人才发展高地建设，根据市委、市政府《印发〈关于加快区域人才发展高地建设支撑新型工业化新型城镇化互动发展的意见〉等8个文件的通知》（乐委发〔2012〕3号）、市政府《关于深化地方户籍管理制度改革的意见》（乐府发〔2013〕15号）等政策规定，特制定本办法。

第二条 本办法所称的优秀人才落户，是指被引进的优秀人才将户籍从乐山市行政区域外迁入本市、与乐山市内用人单位签订5年以上劳动（聘用）合同或具有本市户籍在外地的优秀人才回本地工作。

第三条 优秀人才的引进落户遵循急需紧缺、能力优先、实绩突出的原则，坚持以用人单位为主体，政府引导与市场配置相结合。

第二章 界定及落户方式

第四条 本办法所指的优秀人才主要是以下几类人员：

（一）中国科学院院士、中国工程院院士；

（二）国家级有突出贡献的中青年科学、技术和管理专家，新世纪百千万人才工程国家级人选，“长江学者奖励计划”特聘教授或讲座教授和长江学者成就奖获得者，中央“千人计划”入选者，以及其他同层次人才；

（三）享受国务院政府特殊津贴的人才，省级有突出贡献的优秀专家、学术和技术带头人，省杰出创新创业人才奖获得者、省科技杰出贡献奖获得者，省“千人计划”入选者，以及其他同层次人才；

（四）具有正高级专业技术职务任职资格人员；

（五）急需紧缺、具有丰富工作经历的副高级专业技术职务任职资格人员或全日制博士研究生；

（六）经省级以上权威部门认定的具有特殊专长、才能、技艺等人员；

（七）省委组织部面向基层、定向选调的“985”“211”高等院校优势专业或急需紧缺专业的应届优秀毕业生。

第五条 优秀人才的认定程序：由各县（市、区）、市级各部门、市直管单位或中央（省）驻乐单位申报，市人才办审核，市委、市政府批准，颁发《乐山市优秀人才证书》，凭此证享受相关优惠政策。

第六条 优秀人才可通过就业、调动工作或携带项目、资金、技术来乐创业的方式落户乐山。

第三章 经济待遇

第七条 落户的优秀人才，按所在单位同类人员核定工资和津补贴，办理相应的社会保险。

第八条 落户的优秀人才与我市用人单位签订5年以上劳动（聘用）合同，服务期内，经个人申请，并提供合法房屋购买合同，相关部门认定其能力和业绩突出的，按照以下标准给予相应的安家补助：第一类人才200万元，第二类人才150万元，第三类人才80万元，第四类人才20万元，第五类人才10万元，第六类人才8万元，第七类人才5万元。安家补助按5年计算，分年度平均支付。

第九条 优秀人才与我市用人单位签订5年以上劳动（聘用）合同，落户初期暂无居住条件，可享受政府为期不超过5年的租房补贴，属本办法第四条前四类优秀人才的，每人每月3000元；属第五类人才的，每人每月2000元；属第六类人才的，每人每月1500元；属第七类人才的，博士研究生每人每月2000元，硕士研究生每人每月1500元，本科生每人每月1000元。租房补贴按月支付。租房补贴不得与第八条规定的安家补助同时享受，且享受安家补助时应扣除之前享受过的租房补贴。

第十条 与用人单位签订劳动（聘用）合同，在乐山工作3年以上、落户乐山的优秀人才，经认定，符合市委、市政府《关于加快引进重点产业高层次领军人才的实施意见》引进对象要求的，一次性给予每人30万元的工作生活补助。

第十一条 管理期限内，落户乐山或目前在乐山，在职或在岗的国贴专家、省优专家、省学术技术带头人等省级以上优秀人才，给予每人每月500元的政府岗位激励奖；对获得“四川杰出创新创业人才奖”等省级及以上重大人才奖项的人才，给予等额配套奖励。

第十二条 对入选中央“千人计划”、省“千人计划”等人才培养扶持计划的来乐优秀人才，按照中央、省要求，市财政给予等额配套扶持。入选多项培养计划的，按最高额度执行。

第四章 创业扶持

第十三条 对经评估确认具有国际国内领先水平、符合我市产业发展方向、自主创新能力突出、能够引领我市产业升级换代并带来重大经济社会效益的优秀创新创业团队，带头人或骨干落户的，给予每个团队100万—150万元的创新或创业资助。

第十四条 落户创业的优秀人才，通过多种形式与高等院校、科研院所建立产学研联盟，成功在乐山新创建国家级、省级、市级院士专家工作站、博士后流动站、博士后科研工作站、产业技术研究院、企业技术中心、工程技术研究中心、重点实验室（试验基地）、技能大师工作室等，经考核确认并保持正常运行的，分别给予150万元、80万元、20万元的创建工作补助。

第十五条 3年内，对从事与乐山重点优势产业密切相关，特别是文旅、新能源、新材料、冶金建材、盐磷化工、农产品加工、现代商贸物流等基础性研究、科技创新、技术攻关等科研项目，具有较大项目价值或成果贡献的，经申请认定，分别给予国家级、省级、市级项目科研经费资助100万元、50万元、20万元，主研人员落户的，项目科研经费资助相应提高30%—50%。

第五章 配套措施

第十六条 优秀人才可在全市范围内自由选择落户地，凭《乐山市优秀人才证书》，由公安部门及时办理，其配偶和未成年子女可一并随迁落户。

第十七条 优秀人才的未成年子女就读我市中小学或幼儿园，可以根据个人意愿，由当地教育行政主管部门负责统筹协调、优先办理入学手续。

第十八条 优秀人才配偶愿意在乐山就业的，原则上由用人单位妥善安排工作；确有困难的，由组织人事部门推荐就业。具有公务员或事业人员身份的，根据各单位职位空缺和人员配备情况，由组织人事部门按管理权限办理调动手续。

第十九条 卫生部门确定有条件的公立医院作为定点医疗机构，为优秀人才提供方便、快捷、优质医疗服务。第四条所列的前四类优秀人才享受专家特约医疗、每年一次免费体检等相关医疗保健服务。

第二十条 优秀人才的配偶、子女到我市境内居住或就业的，可按照相关规定，参加各项社会保险并缴纳社会保险费，享受社会保险待遇，享有本市公民同等权利。

第二十一条 落户的优秀人才之前在外地获得的专业技术资格，经审核无误后予以确认。

第二十二条 市级事业单位（不含参公事业单位）引进的本办法第四条前六类优秀人才，其所需编制纳入市级事业单位高层次人才、紧缺人才专项编制库，不占用本单位编制。

第六章 工作保障

第二十三条 加大对优秀人才开发的投入，对市级人才开发专项资金和人才工作经费在设立并纳入财政预算的基础上，根据中央、省要求和人才开发的实际需要，随财政收入逐步增加，确保引进优秀人才政策、重点人才队伍建设和人才项目实施落到实处。各县（市、区）和乐山高新区、峨眉山景区、乐山大佛景区要设立不少于100万元的人才开发专项资金。

第二十四条 市属企事业单位引进优秀人才所需补助、补贴、资助和奖励等经费，由市级财政负担；各县（市、区）、乐山高新区、峨眉山景区、乐山大佛景区引进优秀人才所需经费，由市和县（市、区）、乐山高新区、峨眉山景区、乐山大佛景区按照25%和75%的比例分担；中央（省）驻乐单位引进优秀人才所需经费，视具体情况按“一事一议”的方式给予补助、资助或奖励。

第二十五条 市、县要整合资源，在政务服务中心设立优秀人才服务窗口，提供“一站式”服务，相关部门按照各自职能，限时办理，落实政策。用人单位派专人为优秀人才办理生活、工作、创业等服务手续。

第二十六条 服务期限内，优秀人才因个人原因未履行相关协议、经考核不称职（不合格）、受到行政处分或刑事处罚等情况的，由相关县（市、区）、市级部门、市直管单位或中央（省）驻乐单位书面报告市委组织部（市人才办），经审核，并报市委、市政府批准，收回《乐山市优秀人才证书》，取消其享受相关待遇的资格，由用人单位负责收回其已经享受的补贴、补助、资助和奖励，按资金来源渠道归位。

第二十七条 对弄虚作假、截留、挪用或挤占资助资金的单位或个人，给予通报批评、终止或取消申报资格等处理；对情节严重的，依据法律法规追究相关责任人责任。

第七章 附 则

第二十八条 本办法应用中的具体问题，由市人才办负责解释。

第二十九条 本办法自印发之日起执行，试行期限2年。各地各单位可根据本办法制定实施细则。

第三十条 我市过去作出的相关规定与本办法不一致的，以本办法为准。

乐山市人民政府

2014年12月11日

贵州省人民政府办公厅
关于切实用好扶持政策推动微型企业健康发展的通知

（黔府办发〔2014〕17号）

各市、自治州人民政府，贵安新区管委会，各县（市、区、特区）人民政府，省政府各部门、各直属机构：

为进一步落实《省人民政府关于大力扶持微型企业发展的意见》（黔府发〔2012〕7号），完善扶持微型企业发展的政策和配套措施，及时解决实施中存在的问题，不断提升服务效能，积极推动微型企业健康发展，经省人民政府同意，现就有关事项通知如下。

一、完善发展措施

（一）放宽部分重点行业扶持条件。从事科技创新、创意设计、软件开发和民族手工艺品加工行业的微型企业，创业者实际货币投资额从10万元放宽为不低于3万元；带动就业人数从5人放宽为不得少于2人，且原则上按照每2万元实际投资额带动1名就业人员进行确定；财政补助资金按照创业者实际货币投资额的50%进行补助，最高不超过5万元。（牵头责任单位：各县〔市、区、特区〕人民政府）

（二）适当增加重点扶持行业范围。在原有加工制造、科技创新、创意设计、软件开发、民族手工艺品加工和特色食品生产等六大类重点扶持行业外，放宽为各地可结合县域经济发展特点确定不超过两个行业为重点扶持行业（从事第一产业的除外），并逐级上报省扶持微型企业发展工作领导小组。各地扶持的重点行业微型企业不低于年度基础指标任务的60%。（牵头责任单位：各县〔市、区、特区〕人民政府）

（三）建立微型企业风险补偿机制。遵循政府引导、市场化运作的原则，2014年起，按照打捆操作、风险分担、全面覆盖的要求，从省级财政安排的微型企业扶持资金中提取10%，并从已安排的相关专项经费中筹集部分资金，通过担保再担保平台，建立微型企业贷款风险补偿机制。（牵头单位：省政府金融办；责任单位：省财政厅、中国银监会贵州监管局、人行贵阳中心支行）

二、提升扶持效能

（一）优化扶持微型企业指标管理模式。年度扶持微型企业发展指标由年初一次性下达模式调整为基础指标和调控指标分项下达。基础指标由省扶持微型企业发展工作领导小组于年初下达，调控指标由各地围绕“5个100工程”、扶贫生态移民工程、微型企业创业园区等建设的重点项目，逐级申请上报，由省扶持微型企业发展工作领导小组办公室审核后下达。（牵头单位：省工商局；责任单位：省财政厅）

（二）建立金融机构扶持微型企业发展工作考评机制。将开展扶持微型企业金融服务工作情况纳入全省对金融机构的考核评价体系，由金融监管部门加强考评结果的运用，充分调动银行业金融机构参与扶持微型企业发展工作的积极性和主动性。（牵头单位：省政府金融办；责任单位：中国银监会贵州监管局、人行贵阳中心支行）

（三）引导规范微型企业账务管理。结合税收政策和我省实际，实行有利于微型企业发展的税收征缴方式，引导微型企业规范建账。积极鼓励和引导第三方机构为微型企业提供代理记账服务，降低微型企业财务成本，促进规范健康发展。（牵头单位：省国税局、省地税局;责任单位：省财政厅，各县〔市、区、特区〕人民政府）

三、加大监督考评力度

（一）严格执行扶持微型企业创业评审规定。按照公平、公正、公开的原则，严格依据相关程序和标准开展创业评审工作。各地要进一步细化职责，优化办理流程，加快财政资金预拨进度，缩短评审时限，完善考核督查机制，督促各级各部门提升履职质量和效率。（牵头单位：各市〔州〕人民政府，贵安新区管委会；责任单位：省、市、县三级财政主管部门，各县〔市、区、特区〕人民政府）

（二）严格执行财政补助资金监管规定。按照自有资金先行使用的原则，进一步做好微型企业财政补助资金的使用监管。审计部门要加强对各级财政补助资金的审计监督，切实提高财政资金使用效益。（牵头单位：省工商局；责任单位：省财政厅、省审计厅、人行贵阳中心支行）

（三）加大督办督查力度。对扶持微型企业发展各项政策执行情况进行督办督查，通过定期通报、考核问责等方式，促进各项工作有序推进，确保扶持政策落实不出现偏差。（牵头单位：省政府督查室、省工商局；责任单位：各市〔州〕人民政府、贵安新区管委会，各县〔市、区、特区〕人民政府）

（四）完善考核评价机制。依托督办督查、年终考核及绩效核查等方式，以微型企业出生率、存活率、成长率“三率”为主要考评指标对各地工作开展情况进行考核评价，考评结果用于对各地基础指标进行调整。（牵头单位：省工商局；责任单位：省财政厅）

贵州省人民政府办公厅

2014年4月18日

中共贵阳市委 贵阳市人民政府
关于实施“筑巢引凤”计划推进科技创新的意见

（筑党发〔2014〕5号）

为认真贯彻党的十八届三中全会和中央关于“实施创新驱动发展战略”精神，落实省委十一届三次、四次全会及市委九届三次全会精神和建设“中国人才创业首选地”部署，深入实施人才强市战略，紧紧围绕“两加一推”主基调，坚持“快、转、高”并举，依靠人才创业、科技引领、创新驱动，大力发展高新技术产业、现代制造业等实体经济，根据《中共贵州省委、贵州省人民政府关于加强人才培养引进加快科技创新的指导意见》（黔党发〔2013〕12号）和《中共贵州省委关于贯彻落实〈中共中央关于全面深化改革若干重大问题的决定〉的实施意见》（黔党发〔2013〕24号），结合贵阳实际，现就实施“筑巢引凤”计划、推进科技创新提出如下意见。

一、总体思路和发展目标

（一）总体思路。以邓小平理论、“三个代表”重要思想和科学发展观为指导，坚持人才优先发展，紧紧围绕北京与贵阳开展创新驱动区域合作、建设中关村贵阳科技园等重点工作，打破体制壁垒，完善创新创业人才引进、培养和顺畅流动机制，拓展科技创新和科研成果转化平台，优化创新创业环境，加快形成具有较强竞争力的人才制度优势，以实施“筑巢引凤”计划为总抓手，以黔籍人才为重点，大力集聚经济社会发展急需的领军人才、核心人才、高层次人才及团队，促进人才创业兴业，为实施创新驱动发展战略、发展实体经济、建设全国生态文明示范城市提供智力支撑和人才保证。

（二）发展目标。以集聚科技创新要素、增强科技创新能力、促进科技成果转化为核心，以服务高新技术产业、现代制造业发展和传统产业转型升级为重点，推动人才、项目、平台、环境“四位一体”、相互促进，实现产学研对接融合和创新创业资源优化配置，确保创新创业人才总量年均增长4%以上，高新技术产业增加值年均增速35%以上。到2015年，建设省级创新团队30个以上；力争引进海外高层次人才创业团队10个以上，引进处于国内领先水平的高层次人才创业团队20个以上，引进各类高层次人才1000名以上；全市产业人才总量达到60万人，人才贡献率达到35%，科技进步贡献率达到55%。到2020年，全市产业人才总量达到82万人，人才贡献率达到40%；人才助推科技创新和产业发展效益大幅度提升，建成西部地区有较强吸引力和竞争力的人才高地。

二、健全科技创新人才引进培育机制

（三）实施“黔归人才”计划。依托海内外黔籍同学会、社团组织、异地商会和贵州博士网等，建立黔籍人才经常性沟通联系机制，建立黔籍优秀人才、黔籍学子信息库，组建黔籍人才网站，定期发布贵阳经济社会发展信息、重大工作动态、招商引资和招才引智政策及人才、技术、项目需求，畅通人才联络和智力引进渠道，适时开展黔籍人才座谈会、招聘会、专家博士故乡行等活动，以亲情、乡情和优惠政策，吸引和激励黔籍人才回乡干事创业、投资兴业，开展学术交流、项目合作，为家乡发展建言献策、建功立业。

（四）实施人才创业兴业工程。深化与国内外高校、科研院所、知名人才机构和产业园区的合作，在北京、上海、广州等地建立一批人才引进长效合作单位，依托市政府驻外联络处设立人才引进联络点或服务站，完善项目引才、协议引才、以才引才等工作机制，吸引人才到我市创业兴业。深化与“千人计划”专家联谊会的合作，建设以“千人计划”专家项目为主体的创新创业示范园，探索“千人计划”专家推动产业发展的贵阳模式。大力整合在筑科研和人才资源，支持高校、科研院所及各类事业单位科技人才开展创新创业活动。

（五）加强科技创新人才培养。鼓励支持基层和一线科技人员进修深造、提升学历。每年从乡镇、工业园区遴选50名左右中青年专业技术人才赴外培训，选派50名以上科技特派员到基层开展科技创新、技术服务，与国内外知名高校联合举办1期以上科技创新管理高级研修班，组织开展10期“科技大讲堂”系列活动，培训科技人才、技术骨干1000人次以上。实施创新型青年人才培养计划，每年遴选150名35岁左右有创新前景和发展潜力的优秀人才，采取“人才+项目”模式进行重点培养。开展创新创业项目资助，支持高层次人才开展科技创新、学术研究和技术攻关，重点在市管专家队伍和创业领军人才中培养有实力竞争国家级、省部级专家的候选人才。

（六）加大职业技能人才教育培养力度。积极配合省有关部门推进大学城建设，支持在筑省属高校发展，统筹推进清镇职教城、民办职业教育机构和技能人才实训基地建设。加强贵阳职业技术学院、贵阳护理职业学院、贵阳幼儿师范学校等高等职业学校建设，在贵阳职业技术学院加挂技师学院牌子。加快推进中职二期规划建设任务，争取上级支持，将我市重点建设的中职学校全部纳入国家职业教育基础能力建设规划。深入实施教育“9+3”计划，推进职业院校课程设置与国家职业技能鉴定标准、企业需要相衔接，实行职业院校毕业生“双证书”（职业院校毕业证书、职业资格证书）制度。适应经济发展方式转变和产业结构调整需要，采取校企联合、产教结合、工学交替、以师带徒等方式，每年培养高技能人才3000名以上。

（七）大力培养引进重点岗位管理人才。以经济类管理人才为重点，加大本地干部培训力度，选派有潜力、执行力强的干部到中央国家机关、省直单位、发达地区、基层一线、产业园区、企业及“三重”工作中挂职锻炼，抓好北京贵阳经济金融干部双向挂职选派、跟踪管理、动向了解、监督考核和定期考察等工作。以中关村贵阳科技园发展、科技金融支持新型战略产业发展及园区建设实践、贵阳综合保税区建设与发展、现代服务业发展、大数据时代、规划等为主题，邀请有关专家学者及领导讲学，举办“贵阳市领导干部周末大讲堂”。实施高层次企业经营管理人才培养工程，每年遴选150名左右企业经营管理领军人才、核心人才赴外培训、专题研修、挂职锻炼。按照省“六个一批人才”引进工作安排，引进科技、经济、金融等方面高层次专业人才到区（市、县）、园区管委会、学校、医院、银行、国有企业等挂职或任职。

三、加强科技创新平台建设

（八）建设科技项目承载平台。以中关村贵阳科技园为载体，完善技术协同创新机制，全面对接北京和其他地区科技创新资源，推动各类创新要素、科研资源聚集。深化产学研合作，积极引进国家级科研院所、重点高校设立独立法人的研发机构；在产业园区申报建设一批省级以上人才基地，建立创新创业孵化器和科技成果转化平台，推进科技城建设。支持企业建立省级以上研发机构，与高校、科研院所合作共建研发平台，承担国家、省科技重大专项和科技计划项目，开展原始创新、集成创新、引进消化吸收再创新。实施一批科技重大专项，突破一批关键共性技术，造就一批科技创新领军人才和创新团队，培育和发展一批具有竞争力的科技型企业。到2015年，力争全市高新技术企业达到250家以上，培育国家级、省级产业技术创新战略联盟5个以上，市级产业技术创新战略联盟10—15个。

（九）搭建科技资源共享平台。大力推进技术创新服务机构、科技公共服务平台建设，畅通科技成果、科研项目资源信息渠道，建立科技成果交易便捷通道和创新资源共享机制。充分发挥首都科技条件平台贵阳合作站、北京技术市场贵阳服务平台的作用，整合北京科技创新优势资源和贵阳企业、科研机构的人才、技术、项目需求，推动两地创新创业资源对接整合、协同创新。完善科技成果转化信息平台、孵化平台、交易平台，构建多元化科技成果转化投入机制、交易促进机制。以贵阳高校科研院所科技创新联盟为依托，建设产学研结合的重点产业科技创新团队或联盟，围绕同一技术领域和研发方向聚集科技人才群体，促进创新要素有效整合和资源共享，推动科技创新和成果转化。到2015年，通过平台发布1000条以上科技成果信息，实现成果交易、成果转化100次以上。

（十）完善科技创新服务平台。加强科技中介服务机构建设，推进贵阳生产力促进中心、航天生产力促进中心、贵州科创新材料生产力促进中心等现有中介机构改造提升，积极引进有资质的中介组织在贵阳市建立分支机构。到2015年，全市生产力促进中心达到50个。建设一批布局合理、人员专业、流程科学、高效透明的技术交易平台，开展第三方评估、评价试点。积极组织申报国家技术转移示范机构，全力推进各产业园区、特色产业基地科技创新支撑体系建设。整合以贵阳科技大厦、西部研发基地和高新开发区标准厂房为核心的孵化器资源，加强国家军民结合（装备制造）高新技术产业基地及贵阳经济技术开发区孵化器项目建设，促进装备制造企业集群发展。实施知识产权优势企业培育工程，培育形成一批中国驰名商标、贵州省著名商标和贵阳市知名商标。

（十一）构建科技金融支撑平台。加快科技金融与创新创业融合步伐，构建多元化、多层次、多功能的创业融资服务体系。建立政府引导、社会参与、市场运作的科技创新基金，支持科技人才开展技术创新、项目研发。鼓励银行、保险等金融机构设立科技支行（科技信贷业务部）、科技保险子公司（科技保险业务部），开发适应创业型科技企业特点的信贷（保险）产品和抵（质）押方式，满足创业型科技企业发展资金需求。制定政府引导创业基金管理办法，设立市科技创业贷款担保基金、天使创业投资基金，为创业型科技企业提供贷款担保、融资服务。扩大市级财政科技风险投资、创业投资规模，促进创业型科技企业加快发展。鼓励各类资本发起、设立科技小额贷款公司、科技担保和再担保公司，支持民间资本出资的融资性担保机构提供微利担保。

四、完善创新创业支持政策

（十二）实行现有人才能力提升资助政策。对事业单位攻读硕士以上学位、企业攻读博士学位并取得证书的专业技术人才，给予50%以上学费补贴。对每名“创新型青年人才培养计划”人选，给予最高50万元的科研项目经费、1万元培训补贴或研修津贴。继续实施贵阳市户籍学生就读市属中等职业（技工）学校免除学费政策，对企业自主培养或自学成才并取得国家职业资格证书的高技能人才，给予1400—2000元一次性奖励。

（十三）实行企业引才支持政策。推行企业猎头引才补贴政策，对企业通过猎头引进人才的最高给予20万元的猎头服务补贴。建立领军人才引进奖励制度，对直接引进人才入选国家“千人计划”专家的中介机构和用人单位分别给予10万奖励。对直接引进到企业从事技术创新、项目研发、成果转化、经营管理，经认定并持“贵阳市人才服务绿卡”的高层次人才，分别给予5万—100万元的住房补贴，5年内按月发放500元—2万元生活津贴。对企业引进取得国家职业资格证书的高技能人才，给予1400—2000元一次性奖励。企业引才费用符合企业所得税法及有关规定的，凭合法凭证在企业所得税税前扣除。

（十四）实行引进人才创业资助政策。经认定并持“贵阳市人才服务绿卡”的引进人才，带项目、带技术、带资金创办科技型企业，给予50万—500万元科研启动经费和创新创业资金资助，提供5万—100万元住房补贴或3年内免费入住100—200平方米的高级人才公寓，3年内免费提供100—500平方米的工作场所。根据招商引资相关规定，享受相应的税收支持、财政鼓励、土地优惠、金融服务等方面优惠政策。对黔籍人才回贵阳创业兴业的适当放宽条件并优先支持。

（十五）实行现有人才创新创业鼓励政策。市属事业单位（参照公务员法管理的事业单位和义务教育及高中阶段学校除外）的科技人员经单位同意、组织批准，可离岗创业、到企业任职或兼职，3年内“保职保薪”。自主创业的在科研启动经费、创新创业资金资助、工作场所、税收支持、财政鼓励、土地优惠、金融扶持等方面与引进人才享受同等待遇。到企业从事技术研发、成果转化、信息咨询、技术服务等工作的，可获取相应报酬。

（十六）实行企业建站支持政策。对获得国家级科技企业孵化器资格认定的单位，给予100万元专项建设补助。对新批准建立的省级以上工程技术研究中心、工程研究中心、企业技术中心和院士工作站、“千人计划”专家工作站、博士后科研工作站、高技能人才培养基地、技能大师工作室等，给予10万—500万元补贴。对进入企业博士后科研工作站的博士按每人10万元标准资助科研经费。对贵阳高校科研院所创新联盟成员单位，在科技项目合作创新、科技创新平台建设、科技成果转化、科技人才创新创业等方面，给予经费资助、补贴奖励等。

（十七）实行政府采购支持政策。对符合条件的自主创新型企业、科技创新型企业的自主产品优先列入政府采购产品计划目录，采用首购、订购、重大技术装备试验示范项目、推广应用等方式采购自主创新产品。在政府资金投资重大工程项目的招投标过程中，同等条件下向自主创新型企业、科技创新型企业倾斜。

（十八）实行税收优惠政策。政府给予高层次人才创办企业的创业启动资金、科技资助资金，符合税收法律法规规定的可作为企业所得税的不征税收入。对人才个人从事技术转让、技术开发业务和与之相关的技术咨询、技术服务业务获得的收入，经省、市科技主管部门认定后可免征营业税。允许企业将人才开发、培养、引进和奖励费用列入经营成本，符合税收相关规定的实行企业所得税税前扣除。企业被认定为国家高新技术企业、软件企业的，可享受相关税收优惠政策。

（十九）实行财税奖励政策。对各类人才创办并经省级以上认定的高新技术企业，自工商登记之日起5年内，其上缴的营业税、企业所得税、增值税区（市、县）留用部分，采取“先征后奖”形式，由所在区（市、县）财政全额奖励给企业。对高新技术企业年度实缴税收金额首次超过1000万元、3000万元、5000万元、8000万元、1亿元的，由区（市、县）按企业对本级财政收入实际贡献的30%给予奖励。对领军人才和创新团队的核心成员（最多3人），3年内以其所缴纳个人所得税中市、区（市、县）留用部分为标准全额奖励给个人。将科技型企业中国有股份3年内分红以及按投入时约定的固定回报方式退出的超出部分，奖励科技领军人才和团队。

（二十）实行职称评定特殊政策。构建以品德、知识、能力、业绩和贡献等要素为衡量标准的人才评价快捷通道，逐步增加专利、技术转让、成果转化等职称评定要素权重。经认定并持“贵阳市人才服务绿卡”的创新创业人才，申报专业技术职称，可不受资历、工作年限等条件限制。在身份、学历、资历等方面不具备申报专业技术职务任职资格社会化评审条件的特殊专业技术人员，可破格评定专业技术职称。

（二十一）实行自主创新鼓励政策。允许人才以科技成果、知识产权和专利技术等无形资产按注册资本最多70%的比例作价入股。完善知识产权资助办法，对获得国家、贵州省专利金奖或优秀奖的发明人，贵州省外观设计金奖或优秀奖的设计人，由市级知识产权相关专项经费按国家、省奖励标准给予同等奖励。对获得中国驰名商标认定的企业，给予每件50万元奖励；获得贵州省著名商标认定的前5家企业，给予每件20万元奖励；获得贵阳市知名商标认定的前10家企业，给予每件5万元奖励。对经省级以上认定的高新技术产品，按省有关奖励政策执行。

（二十二）实行特别荣誉激励政策。在重点产业发展和重大项目建设中作出突出贡献、创新能力强、社会公认度高的专业技术人才，可破格入选贵阳市市管专家。对贡献突出、有参政议政能力的创新创业人才，优先推荐为党代表、人大代表、政协委员、劳动模范、三八红旗手等，可列席旁听党委、人大、政府、政协有关会议，优先推荐到人大、政府、政协有关部门兼职。

（二十三）实行安居乐业服务政策。经认定并持有“贵阳市人才服务绿卡”的创新创业人才，按照《贵阳市高层次人才认定暂行办法》有关规定，在住房、落户、医疗、社保、子女入学、配偶就业、职称评定、创业手续办理等方面享受相应优惠待遇。

五、优化创新创业人才发展环境

（二十四）加强组织领导。全市创新创业人才队伍建设工作在市委、市政府的领导下，由市人才工作协调小组组织实施，市直有关部门、各区（市、县）具体负责，相关单位大力支持、积极配合，不断创新工作模式，提升工作水平，形成工作合力。完善人才工作目标考核机制，加大创新创业人才队伍建设考核权重，将人才政策落实情况作为考核的重要内容，加强督促检查，强化结果运用，确保落实到位。

（二十五）加大资金投入。强化政府引导，市、区（市、县）两级财政人才资源开发资金预算安排重点向创新创业人才资源开发倾斜。充分发挥企业在技术创新中的主体作用，探索建立多元化的科技创新人才开发投入机制，完善人才投入绩效评估机制，提高人才投入资金的规范化、精细化、科学化管理水平。本意见涉及的相关资助、补贴、奖励等资金按现行政策或财政体制承担，管理、审批、使用按原开支渠道由主管部门负责，财政根据实际需要审核拨付。

（二十六）提升服务水平。强力推进贵阳国际人才城建设，搭建集公共服务、创业孵化、科技金融、成果展示、活动交流等为一体的人才发展综合体。按照“拎包入住”的要求，加快推进高级人才公寓建设，鼓励有条件的区（市、县）建设人才公寓，完善入住和退出机制，切实解决引进人才创新创业初期的住房问题。推进市人力资源市场升级改造，完善市人才服务中心运行机制，设立“一站式”服务窗口，开通服务专线，落实服务专员，相关职能部门集中办公，实行随时申报、及时受理、限时办结，为人才创新创业提供优质、便捷、高效的“全程代理制”服务。

（二十七）注重人文关怀。大力弘扬“知行合一、协力争先”的贵阳城市精神，营造“鼓励创新、宽容失败、开放包容、创先争优”的良好社会氛围。完善领导干部联系专家和优秀人才制度，开展深入访谈、节日慰问等活动，定期组织体检疗养，积极营造良好的工作、生活环境，及时排忧解难，解决人才的后顾之忧，真正做到以事业留人，以待遇留人，以感情留人。充分利用广播、电视、报刊、网络等媒体，大力宣传创新创业政策和人才在创新创业中取得的重大成果，提升人才的社会知名度和影响力，营造全社会关心、支持科技创新人才发展的浓厚氛围，激励更多优秀人才为经济社会发展作贡献。

中共贵阳市委
贵阳市人民政府
2014年1月3日

贵阳市人民政府办公厅
关于切实用好扶持政策推动微型企业健康发展的通知

（筑府办函〔2014〕136号）

各区、市、县人民政府，高新开发区、经济技术开发区管委会，市政府有关工作部门：

为进一步加大对微型企业发展的扶持力度，积极推动微型企业健康发展。根据《省人民政府办公厅关于切实用好扶持政策推动微型企业健康发展的通知》（黔府办发〔2014〕17号）和《市人民政府关于大力扶持微型企业发展的意见》（筑府发〔2012〕17号）精神，经市人民政府同意，现就有关事项通知如下：

一、完善发展措施

（一）放宽部分重点行业扶持条件。从事科技创新、创意设计、软件开发和民族手工艺品加工行业的微型企业，创业者实际货币投资额从10万元放宽为不低于3万元；带动就业人数从5人放宽为不得少于2人，且原则上按照每2万元实际投资额带动1名就业人员进行确定；财政补助资金按照创业者实际货币投资额等额进行补助，最高不超过10万元。（牵头责任单位：各区、市、县人民政府，高新开发区、经济技术开发区管委会）

（二）适当增加重点扶持行业范围。除省级确定的加工制造、科技创新、创意设计、软件开发、民族手工艺品加工和特色食品生产等六大类重点扶持行业外，各地可结合县域经济发展特点确定不超过两个行业为重点扶持行业，并报市扶持微型企业发展工作领导小组办公室备案。各区、市、县扶持的重点行业微型企业不低于年度基础指标任务的60%，其中，省级确定的六大类重点行业不低于年度基础指标任务的30%。“3个20万”延伸行动计划扶持农村集体经济中涉及的微型企业可纳入重点行业进行统计。（牵头责任单位：各区、市、县人民政府，高新开发区、经济技术开发区管委会）

（三）建立建全微型企业融资担保风险机制。遵循政府引导、市场化运作的原则，2014年起，按照打捆操作、风险分担、全面覆盖的要求，从省级财政安排的微型企业扶持资金中提取10%，并从已安排的相关专项经费中筹集部分资金，通过担保再担保平台，建立省级微型企业贷款风险补偿机制。各区市县、市各相关单位要认真按照《贵州省扶持微型企业贷款实施方案（试行）》的要求，结合各地实际抓好落实。（牵头单位：市政府金融办；责任单位：各区、市、县人民政府，高新开发区、经济技术开发区管委会）

（四）实施“3个20万”微型企业扶持政策延伸行动计划。鼓励支持和引导有条件的村集体及村集体经济实体设立组织形式为有限责任公司或合伙企业的微型企业，享受“3个20”微型企业扶持优惠政策。（牵头单位：市农委、市工商局；责任单位：各区、市、县人民政府，高新开发区、经济技术开发区管委会）

二、提升扶持效能

（一）优化扶持发展微型企业指标管理模式。微型企业发展指标原则上为每年5000户。微型企业扶持指标以省下达的扶持基础指标为基数。各地可围绕“5个100工程”、扶贫生态移民工程、微型企业创业园区建设、大数据建设等重点项目积极申请调控扶持指标。（牵头单位：市工商局；责任单位：各区、市、县人民政府，高新开发区、经济技术开发区管委会）

（二）建立金融机构扶持微型企业发展工作考评机制。将开展扶持微型企业金融服务工作情况纳入全市对金融机构的考核评价体系，由金融监管部门加强考评结果的运用，充分调动银行业金融机构参与扶持微型企业发展工作的积极性和主动性。（牵头责任单位：市政府金融办）

（三）引导规范微型企业账务管理。结合税收政策和我市实际，实行有利于微型企业发展的税收征缴方式，引导微型企业规范建账。积极鼓励和引导第三方机构为微型企业提供代理记账服务，降低微型企业财务成本，促进微型企业规范健康发展。（牵头单位：市国税局、市地税局；责任单位：市财政局，各区、市、县人民政府，高新开发区、经济技术开发区管委会）

三、加大监督考评力度

（一）严格执行扶持微型企业创业评审规定。各地要进一步细化职责，优化办理流程，加快财政资金拨付和支付进度。要按照公平、公正、公开的原则，严格依据相关程序和标准开展创业评审工作，不断提高创业评审质量和效率。（牵头责任单位：各区、市、县人民政府，高新开发区、经济技术开发区管委会）

（二）严格执行财政补助资金监管规定。按照自有资金先行使用的原则，进一步做好微型企业财政补助资金的使用监管。市计部门要加强对财政补助资金的审计监督，切实提高财政资金使用效益。（牵头单位：市工商局；责任单位：市财政局、市审计局）

（三）加强督查和考核工作。对扶持微型企业发展各项政策执行情况进行督办督查，确保扶持政策落实不出现偏差。通过督办督查、年终考核及绩效核查等方式，以省扶持微型企业发展工作考核内容为主要考评指标对各地工作开展情况进行考核评价，考评结果用于对各地基础指标进行调整。（牵头单位：市工商局、市督办督查局、市财政局；责任单位：各区、市、县人民政府，高新开发区、经济技术开发区管委会）

贵阳市人民政府办公厅

2014年8月14日

遵义市引进高层次人才实施办法（试行）

（遵人领发〔2014〕6号）

第一章 总 则

第一条 为切实做好全市引进高层次人才工作，根据《中共遵义市委关于贯彻落实＜中共贵州省委关于进一步实施科教兴黔战略大力加强人才队伍建设的决定＞的实施意见》《关于加强人才培养引进加快科技创新的实施意见》有关规定，制定本办法。

第二条 遵义市人才工作领导小组负责引进高层次人才工作的组织领导和统筹协调，中共遵义市委组织部、遵义市人力资源和社会保障局会同相关部门和用人单位负责引进高层次人才工作的组织实施，遵义市人才工作办公室负责引进高层次人才工作的具体事宜。

第三条 引进高层次人才不受国籍、户籍、地域和身份限制，全市各级机关、企事业单位、社会团体（以下统称用人单位）从市外引进的高层次人才均适用本办法。

第二章 对象条件

第四条 引进高层次人才应具备以下条件之一。

（一）第一类：中国科学院院士、中国工程院院士；

（二）第二类：国家最高科学技术奖获得者，国家自然科学奖、技术发明奖、科学技术进步一等奖前2位完成人，长江学者、国家“千人计划”、国家“万人计划”入选者，国家有突出贡献中青年专家、国家杰出专业技术人才、国家杰出青年科学基金获得者，国家级重点学科、重点实验室、重点工程技术研究中心学术技术带头人；

（三）第三类：具有正高级专业技术职称人才，年龄原则上不超过50周岁；具有国家教育部认可的研究生学历博士学位人才，年龄原则上不超过45周岁。

第五条 引进高层次人才应当拥护中国共产党的领导，遵纪守法，诚实守信，勤奋敬业，具有良好的道德品质和职业操守。

第三章 引进方式

第六条 引进高层次人才分全职引进和柔性引进（柔性引进要求每年在我市工作时间不得少于三个月），采取任职、挂职、兼职、聘任、技术承包、技术或管理入股、项目合作（开发）、创办企业等多种形式，可长期工作或短期服务。引进高层次人才一般侧重于企事业单位、科研院所和产业园区，确需到党政机关工作的，应符合干部队伍建设需要。

第七条 引进高层次人才应当按照以下程序办理。

（一）发布公告。市人才工作办公室综合有关单位岗位需求，汇总形成全市引进高层次人才需求目录，报市人才工作领导小组审定后向社会发布公告。

（二）人才申报。按照引进高层次人才需求目录，凡符合相关条件、有意来遵义工作的各类高层次人才均可直接向市人才工作办公室申报，申报需提交以下申报材料：

1. 《遵义市引进高层次人才信息登记表》；

2. 工作经历、相关业绩材料以及学历学位证书；

3. 专业技术职称和其他佐证能力与水平的材料。

（三）初审。市人才工作办公室对个人申报材料的真实性和有效性进行审查。

（四）复审。市人才工作办公室会同相关部门、相关领域和用人单位的专家组成专家评审组，对申报人选进行评审，推荐考察候选人。由市人才工作办公室牵头组织对考察候选人进行考察。

（五）审定。结合初审和复审情况，形成综合意见报市人才工作领导小组审定，确定引进对象。

（六）签订协议。用人单位与市人才工作领导小组确定的引进对象签订书面合同或协议，明确双方权利和义务，对服务期限、工作内容、人才待遇、违约责任等进行约定。

（七）办理手续。市人才工作办公室根据《遵义市引进高层次人才绿色通道实施办法（试行）》相关规定，为引进高层次人才办理《人才绿卡》。市委组织部、市人力资源和社会保障局、用人单位等有关单位按照干部管理权限为高层次人才办理调动和录（聘）用手续。

第八条 除柔性引进挂任乡科级以上职务的高层次人才外，其他柔性引进的高层次人才参照第七条第（一）、（二）、（三）款由市人才工作办公室审定并办理引进手续。

第九条 本办法规定的第一、二类高层次人才，可采取“一事一议、特事特办”原则，简化引进程序，直接报市人才工作领导小组研究决定。

第四章 待 遇

第十条 引进到机关、事业单位的高层次人才可按以下条件聘用。

（一）原具备公务员身份的，可调入机关单位，担任乡科级正职；也可进入事业单位，聘用为正科级岗位或副高级以上岗位。

（二）原具备事业身份的，可调入事业单位，聘用为正科级岗位或副高级以上岗位。

（三）原不具备干部身份的，可实行考核聘用直接录入事业单位，转正后可聘用正科级岗位或副高级以上岗位。

（四）引进到机关、事业单位的高层次人才，原则上试用期1年。

第十一条 特别优秀的高层次人才，可按程序挂任乡科级以上职务，挂职期为1年或2年。挂职期满后，按照《贵州省引进人才到党政机关挂职管理办法（试行）》规定，可考察留任。

第十二条 支持引进高层次人才申报成为贵州省“百千万人才引进计划”的百人领军人才和千人创新创业人才、省核心专家、省管专家、遵义市“15851人才精英工程”一、二层次人才、市管专家等人才项目，并享受相应人才待遇。

第十三条 对采取全职引进方式到我市工作，与用人单位签订5年以上工作合同或协议的高层次人才，按照以下标准发放人才津补贴。

（一） 人才津贴

1. 第一类高层次人才，每月发放1万元人才津贴；

2. 第二类高层次人才，每月发放4000元人才津贴；

3. 第三类高层次人才，对在县（市、区）以下或企事业单位工作的，每月发放1200元人才津贴；对在市级机关工作的博士，每月发放300元人才津贴。

（二）购房补贴

1. 第一类高层次人才，提供100万元的购房补贴；

2. 第二类高层次人才，提供60万元的购房补贴；

3. 第三类高层次人才，提供15万元购房补贴；

4. 夫妻双方均为高层次人才，一方为引进，另一方为随迁的，在享受引进人才购房补贴的基础上再增加5万元补贴。

以上所需资金，按照“就高不就低”原则，高层次人才的人才津贴由用人单位向同级财政申请人才专项资金拨付；购房补贴发放参照《遵义市引进高层次人才住房保障实施办法（试行）》执行。

第十四条 对采取柔性引进方式来我市工作的高层次人才，按照以下标准发放租房补贴和生活补贴。

（一）柔性引进高层次人才享受的租房补贴，按人才租房面积乘以其工作所在地公共租赁住房单位面积月租金计算。原则上本办法规定的第一、第二类人才租房面积不低于120平方米，第三类人才租房面积不低于80平方米。

（二）柔性引进到我市挂职的各类高层次人才每月发放不少于3000元的生活补贴，其他柔性引进人才参照本办法第十三条第（一）款的标准，由用人单位根据工作时限和工作内容给予相应的生活补贴。

以上所需资金，由市人才工作领导小组审定同意引进的高层次人才，租房补贴从市级人才发展专项资金中列支，其他资金由用人单位发放。用人单位已提供住房的不再发放租房补贴。

第十五条　引进高层次人才颁发《遵义市引进高层次人才服务绿卡》，享受《遵义市高层次人才引进绿色通道实施办法》规定的相关服务。本办法规定的第一类、第二类颁发《遵义市引进高层次人才服务绿卡》A卡；第三类颁发《遵义市引进高层次人才服务绿卡》B卡。

第五章　管　理

第十六条　引进高层次人才工作由市人才工作领导小组统一领导，市人才工作领导小组成员单位要按照各自职能，积极配合协调，抓好政策落实。引进高层次人才工作纳入全市人才工作目标考核内容。

第十七条　用人单位是人才引进和使用的实施主体，负责提出人才需求、推荐拟引进人选、搭建工作平台、安排岗位和职务、落实配套政策等具体工作。要采取措施，做好高层次人才的管理、服务工作，合理使用人才，充分发挥人才的作用，切实防止和纠正闲置、浪费人才的现象。

第十八条　引进高层次人才实行试用期管理制度，试用期间，若发现违法违规行为或重大失职行为，可解除引进协议；若发现工作能力与工作岗位不相适应，可调整至其他相应岗位。

第十九条　对试用期满后的引进高层次人才实行评价考核制度。采取分类分层次、定期或不定期相结合的方式，对引进高层次人才进行考核评价，并将考核结果作为兑现奖惩的依据。

第六章　附　则

第二十条　本办法由市人才工作领导小组办公室负责解释。

第二十一条　原有规定与本办法不一致的，以本办法为准。本办法未涉及事宜，按国家、省、市有关规定办理。

第二十二条　本办法自发布之日起施行。

遵义市人才工作领导小组

2014年10月28日

铜仁市引进高层次人才绿色通道实施办法（试行）

（铜人领发〔2014〕3号）

第一章　总　则

第一条　为进一步做好高层次人才引进服务工作，创造良好的人才服务环境，根据《贵州省高层次人才引进绿色通道实施办法》《贵州省引进高层次人才住房保障实施办法》，结合铜仁市实际，制定本办法。

第二条　绿色通道是指为引进的高层次人才提供各类便捷服务的机制。铜仁市高层次人才引进绿色通道，在市人才工作领导小组领导下，市委组织部、市人力资源和社会保障局会同市直相关部门共同实施。

第二章　对象条件

第三条　本办法所称高层次人才，是指从市外引进的以下各类人才。

第一类：中国科学院院士、中国工程院院士，国家最高科学技术奖获得者，国家自然科学奖、技术发明奖、科学技术进步一等奖的前2位完成人。

第二类：长江学者，国家“千人计划”和“万人计划”入选者，国家有突出贡献中青年专家、国家杰出专业技术人才、国家杰出青年科学基金获得者和国家级重点学科、重点实验室学术技术带头人，中华技能大赛优秀奖获得者，以及其他省、部级以上管理的高层次人才。

第三类：省管专家，博士生导师，省（部）级学术技术带头人、有突出贡献的中青年专家，省级重点学科、重点实验室、工程技术研究中心的学术技术带头人。

第四类：具有学历学位的全日制普通高等教育博士研究生，正高级职称专业技术人才，掌握国际国内领先技术、引领产业发展的科技型创新创业领军人才或人才团队（不超过3人）。

第五类：具有副高级职称专业技术人才，以及经济社会发展所需的急需紧缺人才。

第四条　引进的高层次人才，除本办法第三条规定的第一类人才外，其他人才年龄一般应在55周岁以下；柔性引进的，每年在铜仁市工作时间不少于3个月。

第三章　人才认定

第五条　市委组织部、市人力资源和社会保障局会同市直相关部门，根据市委、市政府确定的急需紧缺人才引进计划，共同开展高层次人才认定工作。

第六条 认定程序

（一）申报。认定对象填写《铜仁市引进高层次人才审核认定申报表》，提供相关证明材料，用人单位核实后上报行业主管部门。

（二）评审及认定。行业主管部门对材料审核后，提出意见报市人力资源和社会保障局。对可直接认定的，由市人力资源和社会保障局认定并颁发服务绿卡；对需要评审认定的，由市委组织部、市人力资源和社会保障局会同相关部门自受理之日起7个工作日内开展评审认定工作，对通过评审认定的颁发服务绿卡。

第四章 绿色通道服务内容

第七条 编制管理。确因工作需要引进的高层次人才，编制管理部门凭服务绿卡列编；到满编单位工作的，采取先进后出、逐步消化的方式逐步实现单位编制平衡。

第八条 职称评（认）定。引进的高层次人才，需评定专业技术职称的，可按正常程序申报，随年度参加评审；也可根据其学术、技术水平和工作需要，通过市人力资源和社会保障局按条件评审后，享受相应等级专业技术职务待遇；对具有学历学位的全日制普通高等教育博士研究生，在第一个聘期内享受副高级专业技术职务待遇。取得市外人力资源和社会保障部门授权评审的专业技术职务资格，均予以承认并享受同类人员待遇。

第九条 岗位聘用。引进到事业单位工作的，凭服务绿卡不受单位岗位总量和最高等级结构比例限制，单独设立岗位进行聘用。

第十条 出入境和居留服务。经公安部审核批准的持外国护照入境的海外引进人才及其配偶、未成年子女，可以申请办理2—5年多次入境有效访问签证；符合永久居留条件的，可申请外国人永久居留证，作为其在铜仁市的合法身份证件。相关手续可到当地公安机关出入境管理部门及外事侨务办办理。永久居留，业务公安机关自受理之日起30个工作日内办结；2—5年多次入境有效访问签证办理，在3个工作日内办结。

第十一条 户籍办理。引进的高层次人才，可在其工作地或居住地落户，其配偶、未婚子女及父母可随本人迁移户口，由落户人或接收单位向拟落户地公安机关提出申请，公安机关提供户籍绿色通道服务。

第十二条 医疗保障。每年安排一次医疗保健和体检服务；因病就医凭服务绿卡享受医院就诊绿色通道服务，所需医疗费用通过现行医疗保障制度解决。卫生部门对本办法第三条所列第一、二、三类人才，建立健康档案，实行跟踪服务。

第十三条 科研服务。需要借助市内科研平台进行资料查阅、实验和产品研发的，在不涉及国家秘密或商业秘密的情况下，可无偿使用相关单位的科研场地、仪器设备等。申报国家和省、市有关科技项目时，市级科技行政部门应优先立项、优先推荐，并做好相关服务工作。

第十四条 创业培训。可免费接受政府相关部门提供的创业培训服务，根据需要可向相关部门申请为其聘请创业导师、咨询顾问及科技助手。

第十五条 社会保险。引进的高层次人才到铜仁市工作后，人力资源和社会保障部门应提供绿色通道服务，为其办理或接续基本养老、失业、工伤、医疗等社会保险。用人单位可为其购买商业性补充保险。

第十六条 档案重建。档案无法转入的，人力资源和社会保障部门对其以前的工作经历核实后予以承认，引进人才的单位可为其重新建立人事档案。

第十七条 车辆购置和年检。引进人才自购1辆自用国产小汽车，凭其服务绿卡、身份证明及购买机动车相关凭证，到公安部门办理机动车注册登记手续，并免征车辆购置税。申办本人机动车相关业务的，公安机关提供绿色通道服务。

第十八条 配偶安置。根据“身份对等、双向选择、统筹调配”原则，按以下方式解决：

（一）属公务员（含参公管理人员）愿意到铜仁市继续从事公务员工作的，由引进人才所在单位提出公务员调配申请，由市委组织部、市人力资源和社会保障局按有关程序协调安置。

（二）属事业身份的，根据本人条件和相关事业单位编制、职位空缺情况协调安置。

（三）属企业身份的，原则上安排在企业单位工作；具有本科以上学历的，可通过面试、考察等形式招录到相关事业单位工作。

（四）自谋职业、自主创业的，可直接向市人力资源和社会保障局提出自主创业申请，按程序审批后，享受贷款扶持等自主创业的优惠政策。参加职业技能培训和相关鉴定的，按有关规定给予职业技能培训补贴和鉴定补贴。

（五）尚未就业且愿意就业的，市人力资源和社会保障局协商用人单位按程序安置到有关单位工勤岗位工作；愿意参加铜仁市公务员或事业单位公开招考（聘）的，非本市户籍人员可按铜仁市户籍人员条件报考；暂时不能安置的，二年内由用人单位按当地城镇居民最低生活保障金标准发放生活补助金。

第十九条 子女入学。原则上根据本人意愿就近安排就读，享受铜仁市户籍学生同等待遇。报考铜仁市普通高中时，在同等条件下优先录取。

第二十条 住房保障

（一）保障面积。本办法第三条所列第一类人才为200平方米以内，第二类人才为150平方米以内，第三类人才为120平方米以内，第四类人才为100平方米以内。

（二）保障办法。分租房补贴和购房补贴两种，由引进人才自愿选择其中一种。柔性引进的，以租房补贴方式提供住房保障。

1．租房补贴。租房补贴由用人单位发放，标准按对应层次享受的住房面积乘以其工作所在地公共租赁住房单位面积月租金，按月计算，每年集中发放一次，发放期限不超过5年。

2．购房补贴。工作关系转入铜仁市，与用人单位签订5年以上工作合同，在铜仁市购买住房的，按标准享受购房补贴：第一类为60万元，第二类为45万元，第三类为36万元，第四类为30万元。符合享受购房补贴条件，先租后买，其剩余服务年限不足5年的，购房补贴为：按标准应享受的购房补贴扣除已享受的租房补贴。

（三）申请程序

1．出具申请报告（引进人才自愿申请，明确租房补贴或购房补贴形式，用人单位初审意见，住房保障部门签署未获住房补贴意见）、引进文件或劳动合同、申请人（含配偶和未成年子女）身份证及户籍证明，每年10月底报市人才工作领导小组办公室统一审批后，财政部门12月底前核拨至用人单位。

2．购房补贴合同签订后，财政部门一次性拨付50%的购房补贴资金，剩余50%在5年内按年度等额拨付。购房者一次性付完全部购房款的，以房产证或相关材料为依据，余下购房补贴按年度等额拨付给申请人。购房补贴仅限于在铜仁市购房，不得挪作他用。

（四）监督管理

1．申请人在铜仁市工作满5年的，获得用购房补贴所购住房的全产权，可上市交易，同等条件下政府有优先购买权。工作未满5年的，申请人申请办理房屋权属转移登记、抵押登记（因按揭购房贷款而进行的抵押登记除外）时，房屋登记管理机构应当暂缓登记；特殊原因需上市的，经审查批准后由政府按原购房合同价回购。

2．服务期未满离开铜仁市及其他违反人才引进相关规定的，单位应在15日内书面通知财政部门，停发租房补贴或收回已发放的购房补贴。

第二十一条 其他由市人才工作领导小组认定需纳入绿色通道服务内容事项。

第五章 工作机制

第二十二条 建立铜仁市引进高层次人才绿色通道服务工作联席会议制度，统筹绿色通道服务工作涉及的重大事项。

第二十三条 市人力资源和社会保障局设立引进高层次人才服务办公室（一站式综合服务中心），负责日常工作。

第二十四条 市政务服务中心设立高层次人才绿色通道服务窗口，具体负责为高层次人才办理相关事务和落实服务政策。服务窗口实行并行办理，根据服务需求，服务窗口协调各责任部门，按职责分解服务需求，按时办结后，汇总至绿色通道服务窗口。

第二十五条 绿色通道服务事项原则上要求即时办理，当日完成。因法律规定须在规定时限内完成的，服务窗口（责任部门）在规定的时间完成；因特殊情况需延长的，应及时告知，并在延长时限内完成。

第二十六条 引进单位专人负责办理服务事宜，涉及法律、法规规定必须本人亲自办理的，引进单位引导至相关部门（窗口）办理。

第二十七条 绿色通道服务工作纳入年度绩效目标考核，对绿色通道服务中出现拒不受理、拖延时限、互相推诿或逾期没有办结等情况的，市效能办对相关部门负责人和责任人给予问责处理。

第二十八条 市人力资源和社会保障局建立铜仁市引进高层次人才信息库，定期更新、动态管理。

第二十九条 获得服务绿卡的人才，享受本办法规定的相关服务内容。夫妻双方同属引进高层次人才的，按较高一方享受相关服务和待遇。引进人才同时持有省、市服务绿卡的，所享受政策待遇按较高标准执行。引进的人才除享受本办法规定的相关优惠政策外，可同时享受用人单位提供的其他优惠政策。

第三十条 本办法涉及资金，按以下渠道筹集。

1．财政全额拨款行政事业单位，由财政全额承担；

2．财政差额拨款事业单位，财政承担60%、用人单位承担40%；

3．自收自支事业单位、企业、区（县）按各自开支渠道筹集；

4．财政承担经费在人才发展专项资金中列支。

第六章 附 则

第三十一条 引进的人才符合本办法规定的，颁发《铜仁市引进高层次人才服务绿卡》；符合申领《贵州省引进高层次人才服务绿卡》的，帮助其协调争取省级层面的政策支持。

第三十二条 引进人才未履行合同的，用人单位提出意见，按人事管理权限经市委组织部或市人力资源和社会保障局审核，报市人才工作领导小组审定后，取消其享受的相关待遇。

第三十三条 鼓励各单位结合实际，制定差异性激励政策，属于财政全额、差额拨款单位制定的差异性激励政策，经主管部门审核后，报市人才工作领导小组审批。

第三十四条 本办法由市人才工作领导小组办公室负责解释。

第三十五条 本办法自印发之日起执行。

铜仁市人才工作领导小组

2014年3月14日

中共云南省委 云南省人民政府 关于创新体制机制加强人才工作的意见

（云发〔2014〕1号）

为全面贯彻党的十八大、十八届三中全会及省第九次党代会精神，深入落实国家和省中长期人才发展规划，大力推进人才强省战略，进一步解放人才生产力，在全省形成人人皆可成才、人人尽展其才的生动局面，为科学发展和谐发展跨越发展提供有力的人才保证和智力支持，现就创新体制机制加强人才工作提出如下意见。

一、强化重点人才培养

（一）大力培养高层次创新人才

实施"院士后备人才"培养工程。从2014年到2020年，分批选拔20名左右科技领军人才作为院士后备人选，进行重点培养。培养期5年，在培养期内由省级财政给予每名后备人选及其团队1000万元专项培养经费，同时所在企业和有条件的单位按不低于1:1的比例安排配套经费。

实施"云岭学者"培养工程。从2014年到2020年，分批选拔100名左右科研学术居国际国内领先水平的各类高层次人才，授予"云岭学者"称号，进行重点培养。培养期5年，在培养期内由省级财政给予每人200万元科研工作支持经费，同时所在企业和有条件的单位按不低于1:1的比例安排配套经费。

（二）大力培养产业建设人才

实施"云岭产业技术领军人才"培养工程。从2014年到2020年，分批选拔认定200名左右产业技术领军人才，领衔组建产业技术创新团队，进行重点培养。培养期5年，在培养期内由省级财政给予每人100万元工作经费支持，同时所在企业按不低于1:1的比例安排配套经费。

实施"云岭首席技师"培养工程。从2014年到2020年，分批选拔认定300名左右首席技师，领衔组建"技能大师"工作室，进行重点培养，开展技术传承创新。培养期5年，在培养期内由省级财政给予每人50万元工作经费支持，同时所在企业按不低于1:1的比例安排配套经费。

实施"云岭企业职工职业技能"提升工程。围绕工业、现代服务业、文化产业、高原特色农业等重点产业发展需要，加大职工职业技能提升培训工作力度，大中型企业职工职业技能培训的经费应不少于当年工资总额的2.5%。

（三）大力培养社会事业人才

实施"云岭教学名师"培养工程。从2014年开始，每年遴选一批教学和科研水平居全国前列的优秀教师进行重点培养，力争到2020年，培养造就300名各级各类教学名师。

实施"云岭名医"培养工程。从2014年开始，结合重点和特色临床专科建设，每年遴选一批医术水平居全国前列的优秀医生进行重点培养，力争到2020年，培养造就100名各类名医。

实施"云岭文化名家"培养工程。从2014年开始，每年遴选一批各类优秀文化人才进行重点培养，力争到2020年，培养造就100名文化名家。

实施社会工作人才培训工程。从2014年开始，开展大规模、系统化的社会工作人员培训，力争到2020年，全省社会工作人才总量达到7万人。

（四）大力培养青年人才

实施优秀贫困学子奖励计划。从2014年开始，凡考入国家部（委）属院校的云南籍贫困学子，在其本科学习期间，由省级财政给予每人每年5000元学费奖励。

实施青年技能人才培养工程。从2014年开始，凡在我省参加高级工、预备技师学制教育的云南籍学子，在学习期间，由省级财政给予每人每年2000元学费补助。

实施博士后定向培养计划。从2014年开始，依托我省博士后站，每年招收50名左右博士后研究人员。在2年培养期内，由省级财政给予每人每年5万元培养经费补助。

二、引进急需紧缺人才

（五）实施特殊政策引才

实行特别引才政策。重点引进一批拥有国内外领先专利技术和教学科研成果、能推动我省重点产业技术突破、能带动高新技术产业和金融服务业发展的特殊人才和创新团队，允许特殊人才自带优秀助手，并不受学历、职称、身份和专业技术人员岗位比例设置等条件限制。省级引进的高端科技人才、海外高层次人才采购的试验仪器设备，经批准，可以自主采购。

探索聘任制公务员引才政策。在金融、外贸、文化、战略性新兴产业等领域的相关政府管理部门，针对稀缺特殊专业人才，开展聘任制公务员试点。

依托招商引资引才。招商引资项目落地中引进的人才及其团队，符合条件的，可享受高层次人才、科技入滇人才、服务业人才等扶持政策。

大力引进职业经理人。支持国有企业采取年薪制、管理入股、股权激励等多种方式，引进急需经营管理人才，建立健全职业经理人制度。

实行引进高层次人才职称评定特殊政策。开辟引进高层次人才职称资格评定特殊通道，从海内外引进的高层次人才，可不受学历、资历和年度评审计划的限制，直接进行考核认定。

（六）支持民营企业引才

鼓励民营企业采取高薪聘用、股权激励、兼职兼薪、特聘顾问等方式积极引进海内外高层次人才、创新团队和职业经理人，引进人才所需的购房货币补贴、安家费以及科研启动经费等人才开发费用可依法列入成本。经评审认定后的引进人才，按认定等次由省级财政分别给予一次性30万元、20万元、15万元的购房补贴，所在企业按高于1:1的比例安排配套经费。

（七）鼓励社会中介组织积极引才

对环境影响评价、人才中介服务、资产评估（土地、林地和知识产权评估）、金融和信息服务等中介组织引进的人才，所需的购房货币补贴、安家费等人才开发费用可依法列入成本。经评审认定后的高层次引进人才纳入全省高层次人才统一管理，并享受相应待遇。建立省级中介人才网上专家库，探索网上评估、评价等方式，推进中介组织人才资源共享。

三、创新人才激励政策

（八）鼓励高层次人才开展科技创业

允许和鼓励在滇高校、医疗机构、科研院所科技人员在完成本单位布置的各项工作任务的前提下在职创业，收入归个人所有。

（九）鼓励各类人才转化科研成果

允许和鼓励在滇高校、医疗机构、科研院所和国有企事业单位将职务发明成果的所得收益，按不少于60%的比例划归参与研发的科技人员及其团队拥有。

允许各级各类高层次、高技能人才创办的企业，知识产权等无形资产可按不少于50%的比例折算为技术股份。科研机构、高校转化职务科技成果以股份或出资比例等股权形式给予个人奖励，获奖人在取得股份、出资比例时，暂不缴纳个人所得税；取得按股份、出资比例分红或转让股权、出资比例所得时，应依法缴纳个人所得税。

允许和鼓励在滇高校、医疗机构、科研院所以科技成果作价入股的企业、国有和国有控股的院所转制企业、高新技术企业实施企业股权激励（股权奖励、股权出售、股票期权）及分红激励试点。设立股权激励专项资金，对符合股权激励条件的团队和个人，经批准，给予股权认购、代持及股权取得阶段所产生的个人所得税代垫等资金支持。

（十）建立政府科技成果转化与创业投资扶持机制

省科技成果转化与创业投资基金对经认定的科技型创业企业，以投资入股的方式给予支持，同时引导和支持金融机构、社会资本参与投资。对科技成果转化给予一定投资补贴，引导和支持金融机构、社会资本对专利技术成果转化进行风险投融资。

支持科技型企业对科技成果转化、新产品开发等进行科技保险，对参保企业给予不超过保费50%的补助，单个企业年度补助总额不超过20万元。对首购首用云南自主创新高科技产品的单位给予适当的风险补偿。

建立信贷风险补偿机制，银行为高新技术企业利用专利技术成果或中试成果提供融资所发生的损失，经法定中介机构确认后，给予不高于实际发生损失本金部分30%的补偿，每项补偿最高不超过100万元。

四、引导人才合理流动

（十一）建立人才特区

在滇中产业新区和瑞丽重点开发开放试验区建立人才特区，在人事管理、经费使用、税收、股权激励、成果转化、收益分成等方面进行创新试点，打造人才智力高度密集、体制机制不断创新、新兴产业高速发展的示范区，最大限度集聚高端人才、最大限度促进创新创业、最大限度激发人才活力。

（十二）设立专家基层工作站

支持国家级和省级专家到县及县以下，围绕当地优势特色产业发展，设立科研工作站。从2014年到2020年，支持每个县建立2—3个科研工作站，省级财政连续3年给予每个工作站每年10万元工作经费支持，当地政府无偿配套相应的工作场地，同时遴选有培养潜力的专业技术人员进站兼职服务。工作站科研成果就地进行转化的，成果所得收益按不少于90%的比例划归参与研发的科技人员；专家在基层领衔创办科技型企业的，知识产权等无形资产最高可按不少于70%的比例折算为技术股份由科技人员持有。

（十三）放宽基层专业技术人员职称评聘条件

在县及县以下单位工作的专业技术人员，除国家执业准入制度有明确要求的行业外，具有大专或中专文凭，从事专业技术工作分别满15年或20年，中级专业技术职务履职满5年，可申报评审副高级专业技术职务任职资格。在职称申报评审中，对论文不作硬性要求，可将年度考核结果或获得州（市）级以上的表彰奖励等，作为基层专业技术人员职称评审的主要依据。在县级单位专业技术工作岗位工作，取得高级专业技术职务任职资格，女年满50周岁，男年满55周岁，或连续工作满30年的，因受到单位专业技术高级岗位数量限制未聘用到相应岗位等级的，可先聘任，再进行岗位设置方案调整或自然消化;在乡（镇）及以下单位专业技术工作岗位取得高级专业技术职务资格的，可不受单位岗位职数限制聘任相应的专业技术职务。

（十四）实施基层人才对口培养计划

从2014年到2020年，每年从县及县以下的教育、卫生、农业科技单位中，各选派100名40岁左右的业务骨干，到省级学校、医院和农业科研单位进行为期1年的对口专业进修，省级财政对接收单位给予每人5万元培养经费补助。

（十五）鼓励专业技术人员到基层服务

县及县以上具有中级以上职称的专业技术人员、具有执业医师资格的卫生技术人员，到乡（镇）连续工作满2年以上的（含2年），从到乡（镇）工作之年起，给予每人每年1万元工作岗位补贴。

（十六）建立边境民族贫困地区基层人才特别招录机制

降低艰苦贫困地区基层公务员录用门槛，边境民族贫困地区县及县以下机关在招录公务员时，可放宽学历要求，放宽基层工作经历限制，鼓励工人农民报考；可定向招录少数民族或懂少数民族语言人员，设置民族人才录用门槛；减少专业限制，吸引集聚各类人才到边境民族贫困地区建功立业。少数民族地区、艰苦贫困地区基层事业单位公开招聘人员，具备中专及其以上文化程度可应聘管理和专业技术岗位。急需紧缺岗位，可适当放宽开考比例和招聘条件。

五、改革人才评价机制

（十七）创新人才评价政策

修改完善各系列职称评审实施细则，合理确定或降低论文在职称评审中的权重，建立以能力和业绩为导向、行业和社会认可的人才评价标准，注重靠实践和贡献评价人才。

组建特殊人才评审委员会。在省、州（市）、县（市、区）三级组建特殊人才评审委员会，对引进人才和职称、学历不达标但学术技术水平超群的特殊人才，进行评审认定，有效解决特殊人才专业技术职务、职业资格鉴定等问题。

（十八）建立高级专家延时工作制度

国家“百千万人才工程”国家级人选，国家有突出贡献的科学技术管理专家，国家“特聘专家”，以及我省院士后备人才、“云岭学者”、受聘二级岗位者和云岭教学名师、云岭名医、云岭文化名家，达到退休年龄后，确因工作需要，本人愿意，经组织批准可延长3—5年工作时间。

（十九）开辟技能人才上升通道

符合条件的高级技师、技师、高级工等技能人才，可以参加专业技术职称评审和参加机关事业单位招考。

鼓励各类职业院校学生、企业职工参加国家级、省级技能大赛，胜出的优秀选手，可破格晋升为技师或高级技师。

六、改善高层次人才待遇

（二十）增加高层次人才生活补贴

在滇工作的“两院”院士每人每年生活补贴提高到20万元；进入国家“百千万人才工程”国家级人选，国家有突出贡献的科学技术管理专家，在岗期间每人每年生活补贴提高到5万元。

给予院士后备人才、“云岭学者”、国家“特聘专家”，在岗期间每人每年生活补贴5万元。给予云岭产业技术领军人才、云岭首席技师、云岭教学名师、云岭名医、云岭文化名家，在岗期间每人每年生活补贴3万元。

（二十一）提高人才奖励标准

探索建立政府荣誉制度，对作出杰出贡献的优秀人才授予荣誉称号和颁发荣誉勋章。省有突出贡献的优秀专业技术人才一、二、三等奖人员的一次性奖励分别提高到5万元、4万元、3万元，享受省政府特殊津贴人员的一次性奖励提高到2万元。鼓励各地区、各单位对作出突出贡献的人才给予重奖和发放生活补贴。

七、提升人才服务水平

（二十二）畅通人才服务绿色通道

认真落实引进高层次人才绿色通道服务政策，在出入境和居留、户籍办理、工商、税务、金融、住房、海关、配偶随迁、子女就学、社会保险、职称评定等方面为引进人才提供快捷高效服务。建立高层次人才联络员制度，用人单位要指定专人，负责与培养、引进的高层次人才联系，及时了解他们在工作、生活中的实际困难，并采取有效措施，切实予以解决。在各级政务服务中心设立“一站式”人才服务窗口，加强各类园区的人才服务中心和人才创业基地建设，做好各类社会人才的服务、协调工作。

（二十三）大力发展人力资源服务业

加大人才中介服务机构培育力度，鼓励各类社会力量在产业园区大力发展人力资源服务社会中介机构，逐步把政府人才服务机构中经营性业务交给中介服务机构办理，加大政府购买人才公共服务力度。大力引进国内外知名猎头公司，拓宽各类人才发现、引进渠道，推动人力资源市场服务多元化、专业化和产业化。加快人力资源无形市场建设，整合各级人才服务信息网络资源，建设政府与企业、人才互联互通的“云南人才淘宝网”，将其打造成国内具有一定影响力的人才网站。

各级党委、政府要坚持党管人才原则，切实加强对人才工作的领导，不断完善人才工作职责体系，将人才工作情况作为党政领导和部门绩效考核、提拔任用的重要依据，建立人才开发财政投入保障机制，统筹推进各类人才队伍建设。建立健全全省人才资源统计调查制度和人才发展报告制度。加强人才工作法制建设，完善知识产权保护措施，维护人才合法权益，形成公正、和谐、包容、平等的人才法制环境。加大人才工作宣传力度，积极倡导鼓励创新、宽容失误的社会风气，努力在全社会形成尊重劳动、尊重知识、尊重人才、尊重创造的浓厚氛围。

组织、宣传、发展改革、人力资源社会保障、教育、科技、民政、商务、卫生、国资等部门要尽快制定出台实施细则。各州（市）、县（市、区）党委和政府要建立健全人才工作目标责任制，加强督查考核。

云南省人民政府

2014年1月20日

云南省引进高层次人才享受政府购房补贴和工作经费资助评审认定暂行办法（2014年修订）

（云人社发〔2014〕113号）

根据《中共云南省委、云南省人民政府关于印发＜云南省中长期人才发展规划（2010—2020年）＞的通知》（云发〔2010〕8号）和《中共云南省委云南省人民政府关于创新体制机制加强人才工作的意见》（云发〔2014〕1号）文件精神，为进一步健全完善我省引进高层次人才享受政府购房补贴和工作经费资助评审认定的相关措施，特对《云南省引进高层次人才享受政府购房补贴和工作经费资助评审认定暂行办法》做进一步修订完善，制定此办法。

一、申报范围

（一）通过机关企事业单位人员调配程序从外省（市、区）引进到我省工作的取得硕士以上学位或副高以上职称的高层次人才；

（二）从博士后科研流动站、博士后科研工作站出站，通过博士后出站安置程序到我省机关企事业单位工作的高层次人才；

（三）国家公派或自费出国留学，在国外获得博士学位后回国或在海外金融机构、跨国公司、国际组织、著名高校、科研机构等从事金融、技术、教育、科研、管理等工作，取得显著成绩后回国，通过回国留学人员安置程序到我省国有机关企事业单位工作的高层次留学人才；

（四）2006年以来通过公开招聘方式引进的获得博士学位或副高以上职称，到我省国有机关企事业单位工作，且近3年来在现工作岗位上取得突出业绩和成果的高层次人才。

二、评审认定条件

（一）一等。在国内外本学科或技术领域享有较高声誉的高层次人才：

1. 中国科学院、中国工程院院士；

2. 937项目首席科学家，国家863计划、支撑计划主持人，国家“千人计划”项目引进专家，“长江学者”特聘教授和讲座教授获得者，国家杰出青年基金主持人；

3. 国家级重点学科、重点实验室、工程技术研究中心主要负责人；

4. 国家“杰出专业技术人才奖章”获得者；

5. 国家有突出贡献的中青年科学、技术、管理专家或者享受国务院特殊津贴的人员，“百千万人才工程”国家级人选；

6. 获得国家科学技术二等奖或国家哲学社会科学基金项目优秀成果二等奖以上的前三位完成人员；

7. 研发出具有重大影响的新产品或技术，并且产生了巨大经济效益。

（二）二等。在国内本学科或技术领域享有较高声誉的高层次人才：

1. 省级学术技术带头人，省有突出贡献专业技术人才或者享受省政府特殊津贴专业技术人员；

2. 省部级科学技术二等奖以上或者省部级哲学社会科学优秀成果一等奖的前三位人员；

3. 省级重点学科、重点实验室、工程技术研究中心主要负责人；

4. 博士研究生导师，并主持完成2项以上国家自然科学基金项目和国家社会科学基金或省部级重点项目；

5. 在Nature或Science、Cell等影响因子20以上刊物发表学术论文1篇以上者（第一作者或通讯作者）；

6. 研发出具有重要生产和应用价值的产品、新品种或技术（取得国家级注册商标或认定）。

（三）三等。在本学科或技术领域内起骨干核心作用的优秀人才：

1. 主持并完成国家自然科学基金项目1项；

2. 主持并完成国家社会科学基金课题1项或教育部人文社科基金课题1项；

3. 省部级科学技术三等奖以上的前三位完成人员，或者条件相当的其他优秀高层次人才；

4. 获得省部级哲学社会科学优秀成果二等奖以上的前三位完成人员；

5. 研发出具有生产和应用价值的产品、新品种或技术（取得省级以上注册商标或认定）。

三、申报程序与要求

（一）符合申报范围前三项条款，并达到评审认定专项条件之一的高层次人才，在引进的3年内均可申报。符合申报范围第四项条款，并达到评审认定专项条件之一的高层次人才，均可申报，但只认定近3年来的成果。每人只能申报一次。

（二）申报按照个人自愿申请、用人单位推荐、主管部门把关、专家评审认定、省人力资源和社会保障厅审核、对外公示、省政府审批、财政下拨经费的程序进行。

（三）申报人员需严格按照《云南省引进高层次人才享受政府购房补贴和工作经费资助评审认定申报表（2014年版）》的内容认真填写，用A3纸张双面打印中央装订，一式三份，并同时报送电子表格。

（四）申报人员需提交以下材料：进入引进单位时人事（组织）部门出具的文件凭据，国内学历证明、学位证书，专业技术职务任职资格证书，同时附上可证明其学术水平的成果证明、获奖证书及身份证复印件；学成回国的高层次留学人才提供本人护照、国外学历证明、学位证书，国外高等院校、科研机构、我国驻外使（领）馆的有效证明原件复印件及其学术水平的成果证明材料。证明材料（复印件）只需一份，由用人单位审核材料真伪，并加盖人事（组织）部门公章。

（五）引进单位要认真审核（原件），提出符合的条件及申报等次，送主管人事部门审查并签章，两级单位对材料的真实性负责。

四、评审认定

（一）由省人力资源和社会保障厅组织专家评审委员会评审认定。

（二）评审认定工作每年进行一次，各申报单位在每年7月份向省人力资源和社会保障厅上报申报材料，10月份完成评审认定工作报省政府批准，下一年由同级财政部门向引进人才单位下拨相关经费。

（三）已经在我省其他引进人才项目中通过财政资金享受过改善工作和生活条件等相关优惠政策的高层次人才不得重复享受。

五、经费管理

（一）经专家评审委员会评审认定享受政府购房补贴和工作经费资助一等、二等、三等的高层次人才，机关、事业单位按财政供给经费渠道，由同级财政一次性分别给予30万、20万、15万元的购房补贴和7万、5万、3万元的工作经费资助。国有企业和中央驻滇单位按照本办法认定的高层次人才，购房补贴和工作经费由单位按标准自行筹措给予保障。

（二）购房补贴必须用于引进人才解决个人住房需求，财政下拨经费到位后，引进人才凭省内有效购房合同或房产证向用人单位申请发放，用人单位必须将发放情况及相关证明材料复印件报省人力资源和社会保障厅备查。

（三）用人单位发放购房补贴和工作经费时需与引进人才约定不少于5年的服务期限，因引进人才个人原因造成违约的，用人单位必须全额追回购房补贴经费并返还财政部门。

（四）省人力资源和社会保障厅、省财政厅负责督促检查经费的管理使用情况，如发现有骗取或不当使用购房补贴和工作经费的，省人力资源和社会保障厅有权取消其享受政府购房补贴和工作经费资助的资格，并责令用人单位和个人在规定时限内将购房补贴和工作经费全额返还财政部门；情节严重的，依法追究相关人员的法律责任。

六、其他

（一）本办法自发布之日起执行，原有关规定与本办法不一致的，以本办法为准。

（二）本办法由省人力资源和社会保障厅负责解释。

云南省人力资源和社会保障厅
云南省财政厅
2014年6月23日

云南省扶持初创期优秀科技型中小企业管理办法

（云南省科学技术厅公告第38号）

《云南省扶持初创期优秀科技型中小企业管理办法》已经2014年2月27日云南省科技厅厅长办公会议通过，现予公布，自2014年5月10日起施行。

第一条 为加快培育我省科技型中小企业，增强科技型中小企业创新创业能力，改善我省科技型中小企业创新创业环境，促进科技型中小企业在我省经济发展方式转变和产业结构调整中发挥重要作用，根据《中共云南省委 云南省人民政府关于加快实施创新驱动发展战略的意见》（云发〔2013〕8号），结合本省实际，制定本办法。

第二条 本办法适用于对本省行政区域内的初创期优秀科技型中小企业进行扶持的相关管理活动。

第三条 云南省科学技术厅（以下简称省科技厅）负责初创期优秀科技型中小企业的遴选、扶持政策落实及相关管理工作。

第四条 遴选条件

（一）经省科技厅认定的本省科技型中小企业。

（二）企业依法在本省登记注册1年以上、3年以内。

（三）企业注册资金30万元以上。

（四）企业上年度主营业务收入50万元—1000万元，其中，上年度主营业务收入不足50万元的企业，应拥有核心自主知识产权。

（五）企业注册成立以来尚未获得过省以上财政科技经费资助。

第五条 遴选程序

（一）符合遴选条件的企业自愿申请，向省科技厅提交《初创期优秀科技型中小企业研发项目补助经费申请表》（一式两份）。

（二）云南省科技型中小企业服务中心（以下简称“服务中心”）负责初创期优秀科技型中小企业的遴选推荐，从企业自主知识产权、科技投入及经营状况等三方面制定遴选指标体系对申请企业全面评价，择优遴选。

（三）省科技厅负责对服务中心遴选推荐的初创期优秀科技型中小企业进行审定。

第六条 扶持方式

（一）经省科技厅审定的初创期优秀科技型中小企业，给予每家企业培育补助资金10万元，资金来源为省级财政科技经费。

（二）省科技厅对遴选审定的初创期优秀科技型中小企业优先提供科技金融、技术转移、科技专家等科技创新服务。

第七条 实施管理

（一）省科技厅立项扶持的初创期优秀科技型中小企业，其补助资金专项用于企业研发创新项目，企业应有相应自筹资金投入创新项目，企业自筹与补助资金的比例应在1:1以上。

（二）企业研发创新项目由获资助企业根据产业发展需要自主确定，实施期限一般为1年，应有明确的目标、任务要求和相应的考核指标。

（三）省科技厅与获资助企业签订项目任务书，委托服务中心按照科技项目管理的有关规定进行管理。

第八条 申请扶持的企业对提供材料的真实性承担责任，凡以提供虚假资料等手段骗取和截留、挤占、挪用补助资金的，省科技厅将追回补助资金，今后不再受理其相关财政科技经费补助申请。违反法律、法规的，追究其法律责任。

第九条 本办法自2014年5月10日起施行。

附件：初创期优秀科技型中小企业研发项目补助经费申请表（略）

云南省科技厅
2014年4月10日

昆明市科技企业孵化器认定管理办法

（昆明市科学技术局公告第17号）

《昆明市科技企业孵化器认定管理办法》已经2014年9月5日昆明市科学技术局第17次局长办公会议通过，现予公布，自2014年10月14日起施行。

第一条 为进一步提升昆明市的创新创业环境，提高科技企业孵化器的创业辅导能力与服务管理水平，促进科技成果转化和产业化，促进科技与经济的结合，促进战略性新兴产业和高新技术产业的发展，根据《昆明市科学技术进步与创新条例》和《中共昆明市委昆明市人民政府关于实施创新驱动战略推动昆明创新发展的实施意见》（昆发〔2013〕8号）、《中共昆明市委昆明市人民政府关于印发〈昆明市贯彻建设创新型云南行动计划（2013-2017年）加快国家创新型城市建设的实施方案〉的通知》（昆发〔2013〕9号），参照科技部《关于印发科技企业孵化器认定和管理办法的通知》（国科发高〔2010〕680号）和云南省科技厅《云南省科技企业孵化器认定和管理暂行办法》《云南省科技企业孵化器建设及运行经费补助办法》，结合我市实际情况，制定本办法。

第二条 市级科技企业孵化器（以下简称市级孵化器），是以促进科技成果转化、培养科技型创业企业、高新技术企业和企业家为宗旨的科技创新创业服务载体，是我市科技创新体系的重要组成部分。孵化器的建设应坚持“服务专业化、发展市场化、功能社会化”的发展方向，构建“专业孵化+创业辅导+投资”的孵化模式，增强孵化器的增值服务功能，提高孵化器的可持续发展能力。

专业孵化器是指围绕特定技术领域或特殊人群，在孵化对象、服务内容、运行模式和技术平台上实现专业化服务的孵化器。

第三条 孵化器的主要功能是以科技型创业企业（以下简称在孵企业）为服务对象，通过开展创新创业培训、辅导、咨询，提供研发、试制、经营的场地和共享设施，以及政策、法律、财务、投融资、企业管理、人力资源、合作与交流、市场推广和加速成长等方面的服务，以降低在孵企业创新创业风险和成本，提高科技创新项目的成功率，提高企业的成活率和成功率，培育成功的科技企业和企业家。

第四条 鼓励和支持各类产业园区、城市综合体兴办科技企业孵化器，鼓励和支持国内外高等院校、科研院所、企业等主体在昆兴办科技企业孵化器，充分利用科研院所、高等院校、企业和企业服务机构的研究、试验、测试、生产等条件，扩展科技企业孵化器的服务功能，提高孵化服务水平。

第五条 昆明市科学技术行政部门对本市辖区内市级孵化器进行业务指导；各县区、开发（度假）园区科学技术行政部门负责对本辖区内市级孵化器进行业务指导。市科学技术行政部门负责市级孵化器认定和复审工作。被认定为孵化器的机构，其产权和原隶属关系不变。

第六条 市级孵化器认定分为培育和认定两个层次。具备基本条件，在本市行政区域内经登记注册，具有独立法人资格机构可向所在县区、开发（度假）园区科学技术行政部门申报市级孵化器培育，由所在地科学技术行政部门受理申请，按规定下达确认文件。孵化器所在地科学技术行政部门应在市级孵化器确认文件下达后的十个工作日内，将确认文件及孵化器相关申报培育的材料报市科学技术行政部门备案。达到市级认定条件的孵化器，可由所在地科学技术行政部门向市科学技术行政部门推荐申报市级孵化器认定。

第七条 申请进入培育的孵化器应当具备的条件：

（一）发展方向明确，符合本办法第二条、第三条规定条件。

（二）有固定的工作场所和孵化场地。第一板块各区、开发（度假）区综合孵化器场地面积不少于1500平方米；专业孵化器场地面积不少于1000平方米，第二、三板块各县区可适度降低，在孵企业和科技型企业使用的场地面积不低于场地总面积的55%。

（三）有一定数量的在孵企业。第一板块各区、开发（度假）区综合孵化器在孵企业数不低于15家；专业孵化器在孵企业数不低于10家，第二、三板块各县区可适度降低。

（四）有孵化器组织机构和管理团队，制订了相应的管理办法。

（五）能够为入驻企业提供基础性的创业服务。

（六）专业孵化器应具备支持企业专业化发展的服务能力。

（七）在保证孵化服务质量的前提下，可在辖区内将对孵化器自有场地之外符合在孵企业条件的企业纳入服务范围，在申报培育市级孵化器时，场外服务企业和面积可计入孵化器在孵企业和孵化场地面积。

第八条 申请认定市级孵化器应具备的条件：

（一）发展方向明确，机构设置合理，管理制度健全，管理团队具有相适应的管理能力和经营水平。孵化器管理人员应不少于10人，其中具有大专以上学历人员的比例占70%以上，接受孵化器专业培训的人员比例达到20%以上。

（二）具有可自主支配的孵化场地。第一板块各区、开发（度假）区综合孵化器可自主支配的场地面积不少于2500平方米，第二、三板块各县区不少于1000平方米；专业孵化器可自主支配的场地面积不少于1500平方米，第二、三板块各县区不少于800平方米，其中，在孵企业和科技型企业使用的场地面积占场地总面积的55%以上。

（三）具有一定数量的在孵企业。第一板块各区、开发（度假）区综合孵化器在孵企业总数不低于20家，第二、三板块各县区不低于10家；第一板块各区、开发（度假）区专业孵化器在孵企业总数不低于10家，第二、三板块各县区可适度降低。

（四）年均毕业企业数不低于在孵企业总数的5%或累计毕业企业数达5家以上。

（五）孵化器中的在孵企业应有20%以上拥有自主知识产权或正在申报知识产权，在孵企业中的大专以上学历人数占企业总人数的30%以上。

（六）孵化器自有孵化资金或种子资金总额不少于100万元，并与创业投资、担保机构等建立了正常的业务联系。

（七）形成了创业辅导工作机制和创业服务体系，能够为在孵企业提供共享设施和创业咨询、辅导、政策、法律、投融资、人力资源和市场推广等方面的服务；专业孵化器应具备专业技术公共平台或中试基地等专业化的技术服务能力。

（八）孵化器正式运营不少于半年，运营状况良好；能够按要求向市科学技术行政部门组织上报孵化器及在孵企业的统计数据，且统计数据真实、齐全。

（九）在保证孵化服务质量的前提下，在孵化器所在县区和开发（度假）园区辖区内，可将对孵化器自有场地之外符合在孵企业条件的企业纳入服务范围，在申报认定市级孵化器时，服务企业和面积可计入孵化器在孵企业和孵化场地面积。

第九条 在孵企业应具备的条件：

（一）企业注册地和主要研发、办公场所应在孵化器场地内，经县区、开发（度假）园区科学技术行政部门确认也可在辖区内。

（二）申请为在孵企业的企业成立时间一般不超过2年或上年营业收入一般不超过200万元。

（三）在孵时限一般不超过5年，特殊情况下可适当延长。

（四）在孵企业从事研究、生产的主营产品应符合我市战略性新兴产业和高新技术产业的发展导向，知识产权明晰。

（五）单一在孵企业入驻时使用的孵化场地面积，一般不超过1000平方米，特殊情况下可适当增加。

（六）在孵企业团队具有开拓创新精神，对技术、市场、经营和管理有一定驾驭能力。

第十条 毕业企业应具备以下条件中至少两条：

（一）有自主知识产权。

（二）连续2年累计营业总收入超过500万元或上年营业总收入超过300万元。

（三）被认定为高新技术企业。

（四）被兼并、收购或在资本市场上市。

第十一条 认定市级孵化器的程序：

（一）由孵化器向市科技行政部门提出申请，在市科学技术行政部门门户网站（http://kjj.km.gov.cn）下载并填报《昆明市科技企业孵化器认定申请书》（以下简称《申请书》）；

（二）孵化器所在地的县区或开发（度假）区科学技术行政部门对其申请进行初步审查，在《申请书》上提出推荐意见；

（三）登录科技计划项目申报系统进行申报，并将《申请书》作为附件上传；

（四）市科学技术行政部门发布市级孵化器认定年度申报通知后开始受理、并组织专家评审，进行实地考察。通过专家评审并经认定的孵化器，由市科学技术行政部门发文公布，并统一授予“昆明市科技企业孵化器”标牌。

第十二条 申请认定市级孵化器须提交的材料：

（一）《昆明市科技企业孵化器认定申报书》。

（二）所在县区或开发区科学技术行政部门的书面推荐意见。

（三）附件：

1．申报主体关于认定市级科技企业孵化器的申请；

2．所在县区或开发区科学技术行政部门对孵化器组建的批文；

3．孵化器的法人代码证书或营业执照复印件，法定代表人身份证复印件；

4．孵化器场地的产权证明（或租赁合同等）复印件；

5．孵化器机构设置与相关管理的文件复印件；

6．孵化器管理人员情况表及学历证书、培训证书复印件；

7．在孵企业名单和营业执照、入孵协议复印件；

8．毕业企业名单和营业执照、入孵协议复印件，毕业企业符合毕业条件相关证明材料复印件；

9．在孵企业拥有知识产权的证明材料复印件；

10．拥有孵化资金或种子资金的相关证明材料复印件和上年度资金使用说明；

11．建立创业辅导工作机制和创业服务体系的相关证明材料复印件；

12．申报专业孵化器，需附能提供专业技术平台或中试基地等专业化技术服务的相关证明材料复印件；

13．孵化器内实施的各类科技计划项目名录；

14．近两年成功孵化案例介绍（2—3个）。

15．其他附件。

所有材料一式7份（含电子版）。

第十三条 孵化器按照国家、省、市有关文件规定享受相关优惠政策扶持。孵化器所在地科学技术行政部门应坚持正确导向、强化目标管理、推动体制创新，把发展孵化器事业作为培育战略性新兴产业和高新技术产业的重要内容，探索和推动持股孵化及市场化运行机制，鼓励孵化器在辖区内扩大孵化服务范围，可不受自有孵化场地限制，将孵化服务范围在辖区内延伸，引导孵化器的创新发展；对孵化器及在孵企业予以支持，并对孵化器实行年度统计、审核和动态管理。

第十四条 市科学技术行政部门对经认定的孵化器给予奖补：

（一）通过认定的孵化器，一次性给予5万元科技资金奖补。

（二）积极组织推荐孵化器申报省级、国家级孵化器，通过省级、国家级认定的，分别再一次性给予2万元、4万元科技资金奖补。

（三）按本办法第十条的条件对孵化器毕业企业的情况进行审核，符合毕业条件的准予毕业，当孵化器毕业企业累计每超过20家时，给予10万元资金奖补。

（四）鼓励孵化器积极扩大孵化面积，对直接服务于在孵企业的每新增直接管理的孵化面积1000平方米给予2万元补助。对新认定市级孵化器时直接服务于在孵企业的直接管理面积超过3000平方米的，每超1000平方米给予2万元补助。同一孵化器在同一年度内原则上不超过50万元。

（五）对在孵企业申报的项目给予优先支持。

各县区、开发（度假）园区应制订相应的扶持措施。

第十五条 各类孵化器要加强科技创业服务建设，拓展、完善孵化功能，提高服务水平。应积极开展对在孵企业的培训、咨询、辅导服务和对毕业企业的跟踪服务。围绕大学生的创业与就业工作，积极创建大学生科技创业见习基地。有条件的孵化器要适时完善企业成长加速机制，推动科技企业加速器建设，满足科技型高成长企业的发展需求。

第十六条 孵化器的性质、产权、地点、场地面积若发生变更，应及时将变更情况上报市科学技术行政部门，并视其变更情况办理相关手续。孵化器毕业企业、到期尚未毕业企业或改变科技性质的企业，一般应在规定期限内迁移出孵化器，并办理有关法律和约定手续。

第十七条 市科学技术行政部门按本办法对已认定的市级孵化器根据所提交的统计资料进行年度审核，每2年根据提交的运行报告进行资料和现场复核，对复核不合格的孵化器，取消其市级资格，2年内不得再次申报认定。

第十八条 在组建、认定、复核过程中隐瞒真实情况、提供虚假信息或采取其他欺诈手段的，取消其科技企业孵化器称号，并在两年内不得申报。

第十九条 本办法自2014年10月14日起施行。昆明市科技局2009年12月14日公布实施的《昆明市科技企业孵化器认定管理办法》（昆明市科技局6号公告）同时废止。

昆明市科学技术局

2014年9月13日

中共玉溪市委 玉溪市人民政府关于加快实施创新驱动发展战略建设创新型玉溪的决定

（玉发〔2014〕39号）

为认真贯彻落实全国和全省科技创新大会精神，根据《中共云南省委、云南省人民政府关于加快实施创新驱动发展战略的意见》（云发〔2013〕8号）、《中共云南省委、云南省人民政府关于实施建设创新型云南行动计划（2013—2017年）的决定》（云发〔2013〕9号），现就加快实施创新驱动发展战略建设创新型玉溪作如下决定。

一、重大意义

科学技术是第一生产力，是人类智慧的精华，是社会文明进步的象征。习近平总书记指出："实施创新驱动发展战略决定着中华民族的前途命运，全党全社会要充分认识科技创新的巨大作用，敏锐把握世界科技创新发展趋势，紧紧抓住和用好新一轮科技革命和产业变革的机遇，把创新驱动发展作为面向未来的一项重大战略实施好。"近年来，我市科技工作紧紧围绕市委、市政府确定的奋斗目标，扎实开展创新型玉溪行动计划，努力优化创新环境、加大创新投入、壮大创新队伍，创新成果不断涌现，在支撑引领全市经济社会发展中发挥了重要作用。未来五年，是玉溪全面建成小康社会的关键期，是加快调整产业结构、转变经济发展方式的攻坚期，也是大有作为的重要战略机遇期。必须抓住当前难得的发展机遇，突破制约产业转型升级的关键技术，加快发展战略性新兴产业，走出由要素驱动向创新驱动转变的发展路子，着力解决我市科技创新资源偏少、自主创新能力不强、科技投入不足、科技创新体制机制不完善、高层次创新人才匮乏等问题，在更高的层次上依靠创新发展寻求经济增长新的动力源。实施创新驱动发展战略，通过科技的渗透作用放大各生产要素的生产力，提高社会整体生产力水平，加快实现由低成本优势向创新优势的转换，为我市持续发展提供强大动力，对形成竞争新优势、增强发展的长期动力具有战略意义。实施创新驱动发展战略，加快产业技术创新，用高新技术和先进适用技术改造提升传统产业，既降低消耗、减少污染，改变过度消耗资源、污染环境的发展模式，又提升产业竞争力，对降低资源能源消耗、改善生态环境、促进经济社会可持续发展具有长远意义。实施创新驱动发展战略，围绕全市人民的切身利益和紧迫需求，把改善民生作为科技工作的根本出发点和落脚点，大力发展民生科技，使科技创新的成果惠及广大群众，对早日建成开放富裕文明和谐美丽幸福的新玉溪具有重大的现实意义。

二、指导思想

高举中国特色社会主义伟大旗帜，以习近平总书记系列重要讲话和党的十八届三中、四中全会精神为指导，紧紧围绕"生态立市、农业稳市、工业强市、两烟富市、文化旅游兴市"战略，坚持"自主创新、重点跨越、支撑发展、引领未来"的指导方针，以支撑加快产业结构调整、经济方式转变为主线，以提高自主创新能力为核心，建立鼓励原始创新、集成创新、引进消化吸收再创新和协同创新的体制机制，培育全民创新意识、搭建协同创新平台、拓展开放创新空间，促进企业真正成为研究开发投入的主体、技术创新活动的主体和创新成果应用的主体，努力形成以自主技术、自主品牌为核心的自主创新局面，推进我市产业结构调整升级，使创新成果更多地惠及人民，不断推进玉溪跨越发展，为谱写"中国梦"云南篇章玉溪章节而努力奋斗。

三、总体目标

到2017年，基本形成以企业为主体、市场为导向、产学研紧密结合的科学技术创新体系，建立起比较完善的区域创新空间，把玉溪建设成为云南科技成果孵化、示范、推广的重要基地之一，成为创新能力居云南前列、科技进步支撑引领经济社会发展作用突出的创新型城市。

——全市科技进步对国民经济增长的贡献率达到60%以上。

——科技投入大幅增加，各级财政科学技术支出占当年同级财政公共预算支出的比例不低于2.0%；创新型企业和高新技术企业研发经费投入强度达到4%以上，其余规模以上工业企业、科技型中小企业研发经费投入强度分别达到1.5%、1%以上；全社会研发（R&D）经费投入强度达2.2%以上。

——取得对重点产业、重点领域发展具有支撑和引领作用的关键核心技术50项以上。

——加快高新技术产业发展，力争全市高新技术企业达80户以上，高新技术产业产值占GDP比重达20%以上。

——培育特色重大产品（系列）50个以上，产值达到500亿元以上。

——建成院士、专家工作站10个以上，各级重点实验室、工程（企业）技术中心达到80个以上。

——建立"创新驱动专家院士咨询团"，吸引50名以上的院士、专家、教授入团。中青年学科技术带头人达150人以上。

——发挥好玉溪国家高新技术产业开发区的示范带动和辐射作用，推动2个以上现有工业园区转型升级为省级高新技术产业开发区，建成7个以上高新技术特色产业基地。

——建成20个农业科技示范园，20个优质种业基地，20个农产品深加工科技型企业。

——大力实施知识产权战略，专利申请量和授权量年均增长10%以上，专利转化实施率达到60%以上，引进实施专利技术数量明显增长。

——加强科普宣传，全市公众具备基本科学素养的比例达到5.5%以上，市级财政安排人均科普经费1.5元以上。

四、主要任务及政策

（一）实施高新技术产业引领工程

加快推进园区经济创新步伐。以玉溪国家高新技术产业开发区为引领，充分发挥各县区工业园区的区位、政策、服务等优势，加快特色产业的聚集和发展，创建一批企业研发中心，实施一批技术创新项目，培育一批高新技术企业，促进园区成为集聚创新要素，承载高新技术成果转化，推动高新技术产业集群发展的开发区。支持各县区工业园区积极申报省级高新技术产业开发区，对认定为省级高新技术产业开发区的，补助100万元；升级为国家级高新技术产业开发区的，补助300万元。

加快高新技术产业发展步伐。围绕我市重点、优势产业，加快对高新技术企业、创新型企业、科技“小巨人”企业的培育。对认定为高新技术企业的，补助20万元；复审通过的高新技术企业，补助3万元。对认定为省级创新型试点企业的，补助20万元；升级为国家创新型企业的，补助30万元。对认定为省级科技“小巨人”企业的，补助20万元。

加快优势传统产业提档升级步伐。在卷烟及配套、矿冶、装备制造、印刷包装、农产品加工、陶瓷等产业中推广应用先进适用技术，全力推进加快技术改造，提升企业精深加工、新产品开发、节能降耗、技术装备水平。切实抓好自动化、智能化、生态化的技术改造，提升产业核心竞争力，实现发展方式新突破。鼓励推动有研发设计能力的企业优化产业链，实现从“制造基地”向“总部基地”升级。认定为国家级、省级产业技术创新战略联盟的领衔企业，分别补助20万元、5万元；认定为省级农产品深加工科技型企业的，补助20万元。

加快战略性新兴产业培育步伐。以高端装备制造、生物医药、电子信息、新能源、新材料、节能环保等产业为重点，实施重大科技专项，以技术链支撑产业链，把战略性新兴产业培育成为玉溪产业结构中最具成长性和渗透性的支柱产业。推进和建设一批国家级、省级战略性新兴产业基地，形成一批具有自主知识产权、技术含量高、产品附加值高、市场竞争力强的战略性新兴产业集群。

加快科技型中小企业成长步伐。加大对科技型中小企业创新创业的支持力度，吸引科技型中小企业落户玉溪，对新成立的科技型企业，实施“非禁即入”的市场准入政策，鼓励以专利、非专利技术等出资，最高可占到注册资本的70%。我市科技人员创办科技型企业，注册资本在10万元以下，按照工商登记管理有关规定可实行“自主首付”办理注册登记的，其余出资2年内缴足。对经省科技厅认定为科技型中小企业的，补助5万元。

（二）实施高原特色农业科技示范工程

开展农业科技示范基地建设行动。围绕优势农产品和特色农业发展需要，引领传统农业向高科技农业方向转变，推动建设一批烟草、粮油蔗、果蔬菜、畜禽渔、中药材、花卉等优势特色农业科技示范基地，使其成为新品种、新技术试验示范基地，规模化、标准化、信息化生产基地，农技人员、种养大户和农民科技培训基地，农情信息采集和传播基地。对认定为省级优质种业基地的补助10万元。

开展农业科技示范园培育行动。采取“公司（科技型农村经济合作组织）+科技人员+基地+农户”的组织方式和运行模式，建设一批集科技示范、技术创新、辐射带动、信息交流、观光农业为一体的现代化、综合性的高原特色农业科技示范园，提升玉溪高原特色农业的经济效益、社会效益和生态效益。列为国家农业科技园区的补助30万元；认定为省、市农业科技示范园的分别补助20万元、10万元。

开展农村科技示范户引领行动。以培养有文化、懂技术、会经营的新型农民为目标，根据我市高原特色农业主导产业，按照公开、公平、公正、自愿的原则，每个行政村培育1户以上思想观念新、生产技能好、既懂经营又善管理、辐射带动能力强的农村科技示范户，鼓励他们在技术引进、技术推广、科学种养中发挥示范带头作用，广泛普及农业科学技术，把农业科技推广到千家万户，带动农村经济发展和农民增收致富。认定为玉溪市农村科技示范户的，补助2万元。

开展高原特色农业新产品开发行动。发挥玉溪特殊的地理、气候和种质资源条件，加大优质种质资源收集、保护、鉴定力度，发掘地方特色种植、畜禽、水产品种资源，加大新品种引进选育扩繁、配套栽培养殖技术集成及深加工技术研究，选择基础性好、带动力强、特色鲜明、影响长远的优势特色产业，实施一批科技项目，开发一批具有重大应用前景和自主知识产权的“高产、优质、高效、生态、安全”的高原特色农业新产品，走“人无我有、人有我优”的产业发展路子，培育和打造一批特色品牌，提升品牌知名度和市场占有率。对通过省级重点新产品认定的补助20万元。

开展农村科技特派员创新创业行动。制定《玉溪市科技特派员创新创业行动计划》，开展科技特派员认定工作，鼓励科技特派员领办、创办、协办科技型农业企业和专业合作经济组织，培育新型农村生产和经营主体，将科技、知识、资本、管理等生产要素向农村聚集，通过发展农业高新技术产业、发展高原特色农业产业、促进农业科技成果转化、促进民生良性发展、开展科技合作交流等形式，搭建科技特派员创新创业服务平台，充分发挥高校、科研院所和事业单位科技人员在科技成果推广和转化中的作用。加强科技特派员创新创业行动的组织领导，完善部门联合推进科技特派员工作机制，注重舆论宣传，强化绩效考核，营造良好环境。探索形成科技特派员创业的利益激励机制和财政金融支持机制，由市财政设立200万元以项目经费给予支持，引导各类科技资源有效集成，拓展融资渠道，逐步建立多元化、多渠道、高效率的科技特派员创业投资支持体系，增强科技特派员工作的内在动力。

（三）实施科技惠民服务工程

推进以“三湖”治理为重点的生态保护。树立“科学治湖”理念，开展以抚仙湖为重点的“三湖”保护治理重要课题科学研究，调整沿湖农业种植结构，防治农业面源污染，加强城镇和农村生态居住环境动态监测及治理。强化生态环境保护及旅游资源开发利用研究，努力做到开发与保护的有机结合，实现经济社会与环境保护的协同发展。

推进以节能降耗为重点的资源循环利用。开展节能低碳、余热余压发电、节能产品和服务、城市垃圾和污水处理等行动，加大再生能源利用、水资源节约与利用、矿产资源综合利用、固体废物综合利用、再生资源利用、农林废物资源化利用和餐厨废弃物资源化利用等方面的研发力度。积极开展新能源汽车示范推广应用工作。

推进以人口健康为重点的科技创新。围绕人民群众最关心、最直接、最现实的民生和社会发展重大需求，优先支持人口健康、教育发展、食品药品安全、康复医疗、民族医药等技术的转化应用。继续推进我市生物医药产业发展，支持科技型生物医药企业建设，实施一批科研项目，抓好名药名方二次开发和医药保健品新产品研发，形成一批具有自主知识产权的新产品。

推进以服务公共安全为重点的技术支持。加强社会管理领域的科技创新，加快科技成果的综合集成、示范应用和推广普及，围绕公共安全、反恐维稳、智能交通、防灾减灾、科技强警等重点领域，优先支持重大自然灾害监测预警、重大生产事故预防、重大突发事件应急等技术的转化应用，建立网络化、广覆盖的公共安全服务平台和应急体系，提高社会管理信息化水平。

推进以提升科学素养为重点的科普宣传。紧密结合科技文化卫生"三下乡""科技活动周""知识产权宣传周"等活动，开展形式多样、重视民生、贴近群众、惠及民生的科普宣传活动，进一步在全社会弘扬科学精神，反对封建迷信和邪教，普及科学知识，传播科学思想和科学方法，提高人民群众的科技意识和科学素养。对新认定为省级精品科普教育基地、科普教育基地的，分别补助5万元、3万元。

（四）实施科技创新平台推进工程

构建科技基础服务平台。整合现有科技资源，推动大型科学仪器设备、科技文献、种质资源、科学数据等以非营利方式向企业和社会开放共享。抓好生产力促进中心建设，在中小企业与政府机构、科研机构、教育机构、金融机构等机构之间架起桥梁，通过整合社会科技资源，为中小企业提供技术信息、技术咨询、技术转让和人才培训等服务，提高中小企业的技术创新能力和市场竞争力，促进科技与经济的紧密结合。

构建创业创新孵化平台。按照政府引导、市场运作、多元投资的原则，大力支持为我市主导产业服务的专业型孵化器建设。省级以上科技企业孵化器，经省科技厅考核，科技创业和企业培育成效突出的，除按其3年内在孵企业缴纳税收的相应额度省科技厅给予一次性奖励外，补助10万元。对通过市级认定的重点实验室、工程技术研究中心，补助30万元。支持研发机构提档升级，对市级认定的各类重点实验室、工程技术研究中心，升级为省级、国家级的，分别补助30万元、50万元。对新成立的具有独立法人资格的企业研究院，经省科技厅认定并补助的，补助50万元。

构建科技成果转化平台。鼓励科技人员实施科技成果转化，我市科研院所、高校和国有企事业单位持有的科研成果完成后一年未实施转化的，支持科技成果完成人和参加人在不变更职务科技成果权属的前提下，根据其与本单位的协议进行该项科技成果转化，并享有协议约定的权益。职务发明成果的所得收益，可按至少60%、最多95%的比例划归参与研发的科技人员及其团队拥有。科研院所、高校等单位对其持有的科技成果进行转化、创办企业，其知识产权等无形资产所占的技术股份可按至少50%、最多70%的比例折算，奖励给参与研发的科技人员持有，或按相应比例参与分红，奖励的股权按规定暂不征收个人所得税。

构建科技投融资平台。进一步发挥政府科技投入在全社会科技投入中的引导作用，加强对企业技术创新、科技创业的补助、贴息、奖励、创业投资引导、风险补偿等，引导带动更多企业、金融机构和社会资金投向科技创新领域。鼓励国内外各类投资机构、投资基金在我市设立创业投资机构，对新设立注册资金5000万元以上且带动社会资金在我市投资规模达2亿元以上的，除享受省给予的一次性开办补贴外，市级再给予一次性20万元开办费补贴。加大对科技创新的金融支持，鼓励银行业金融机构加大对玉溪市科技项目、科技型企业信贷等方面支持。

（五）实施知识产权战略工程

加大知识产权创造激励力度。大力开展知识产权"强县区工程"，深入开展以小发明、小革新、小改造、小设计和小建议为内容的"五小"活动，推动群众性发明创造活动深入开展。鼓励专利申请，第一申请人为我市行政辖区内具有法人资格的单位或有经常居所的个人，专利申请权或专利权权属明确，获国外授权的发明专利奖励5万元，获国内授权的发明专利、实用新型专利、外观设计专利分别奖励5000元、2000元、1000元。申请且被受理的国内发明专利奖励2000元。列入国家级、省级知识产权试点示范企业、优势企业，分别奖励5万元、3万元。成功申报为国家级、省级知识产权试点示范县（区）的，分别奖励10万元、5万元。鼓励和支持科技型企业将自主知识产权转化上升为企业标准、行业标准、国家标准。对参与起草国家标准、行业标准、地方标准的企业，优先列入技术改造、技术创新和新产品开发扶持。

加大知识产权运用转化力度。支持一批具有自主知识产权的核心技术或关键技术成果转化，扶持一批科技型中小企业、民营企业以及非职务发明人的专利技术实施，全面提升知识产权竞争能力，加快自主知识产权的商品化、产业化。鼓励优先采购我市具有自主知识产权的设备、产品，对拥有自主知识产权的发明专利、实用新型专利产业化，年销售收入超过5000万元的，奖励20万元。被认定为国家级、省级重点新产品的，分别奖励企业10万元、5万元。

加大知识产权保护执法力度。健全知识产权行政执法工作体系，深化信息通报制度、案件移送制度和联合执法制度建设，及时调解调处知识产权纠纷，依法查处假冒、冒充知识产权行为；重点针对反复性、群体性侵权以及大规模假冒、盗版等行为，开展专项行动，进行集中整治；建立知识产权维权援助机制，充分调动和整合各种资源，开展知识产权维权援助活动。

加大知识产权管理服务力度。加强知识产权机构和队伍建设，重视科技、经济、贸易、工商、文化等部门的协同，统筹协调全市知识产权重大事项，优化知识产权信息公共服务平台，不断提高知识产权宏观管理水平，营造良好的法治环境、政策环境、市场环境和舆论环境，促进知识产权工作科学化、规范化。

（六）实施科技合作交流工程

强化国际科技合作交流。紧扣我市科技、经济和社会发展需求，积极参与对外科技合作与交流，重点支持解决制约我市经济、科技发展的重大科学问题和关键技术问题，支持具有高层次、高水平、紧迫性特点的国际科技合作项目，加强与国外一流科研机构、著名大学、企业开展实质性合作研发，推动我市国际科技合作基地建设，建立完善政府引导、民间参与、机构互动、产学研结合的对外合作架构。

强化国内科技合作交流。充分借助“科技入滇”平台，进一步加强国内科技合作交流，围绕我市特色优势产业，重点推进与中东部地区的合作，重点引进机构、人才团队和重大项目，重点解决我市技术需求和创新难题，吸引知名高校、科研院所、科技型企业、科技人员到玉溪创新创业，吸引大型企业在玉溪设立研发中心，与本地企业、研究机构进行战略性技术合作，吸引优势科技资源融入玉溪的科技创新和产业发展，形成全方位、多层次、宽领域的科技交流合作新格局。

强化科技合作环境营造。对国内外知名科技型企业来玉溪设立总部或区域性总部、战略性新兴产业领军企业的，采取领导联系推进制，实行“一企一策、一事一议”，积极推动合作成果在我市实现产业化生产经营。对企业的技术领军人才，按其当年在本地缴纳的个人所得税的100%比例，由本级财政给予住房和生活补助。鼓励国内外企业、科研院所、高校、社会团体以及个人等在玉溪设立研发机构。对进入我市新设立的高水平研发机构，经省科技厅认定的，补助20万元。

（七）实施科技创新人才培引工程

抓好高层次科技人才的引进。积极引进院士到我市建立院士工作站，对已建成的院士工作站补助60万元工作经费。列为省“海外高层次人才引进计划”和“高端科技人才引进计划”的人才到我市工作，补助20万元工作经费。建立“创新驱动专家院士咨询团”，聘请50名由院士、专家、教授组成智囊团定期到我市开展“科技创新驱动玉溪高峰论坛”，每年据实追加专项工作经费。

抓好本土科技人才的培养选拔。围绕我市特色优势学科和重点产业的培育，加大对青年创新人才的发现、使用和资助力度，努力培养一批科技创新能力和学术水平省内领先的学科技术带头人，每年给予中青年学科技术带头人3600元的科技专项津贴；对当选为省级学术技术带头人后备人才、技术创新人才培养对象的，奖励１万元。

抓好科技创新创业团队建设。加快高层次创新团队建设，实施领军型创新团队引进培育计划，建设一批创新能力强、充满生机与活力的科技创新创业团队。认定为省级、市级科技创新团队的，分别奖励20万元、10万元；获玉溪市科学技术突出贡献奖和科技进步一、二、三等奖的，分别奖励30万元和10万元、6万元、3万元。

五、保障措施

（一）加强组织领导

各级党委、政府要从健全技术创新市场导向机制的高度，把加快实施创新驱动发展战略，建设创新型玉溪纳入重要议事日程。市级成立由市长任组长、分管副市长任副组长，市科技局等有关部门为成员单位的建设创新型玉溪工作领导小组，统筹协调建设创新型玉溪工作。各县区、高新区、市直各单位要成立相应领导机构，统筹推进本辖区、本单位的科技体制改革和区域创新体系建设各项工作。全市各级党委、政府要建立每年２次以上专题研究科技工作的制度，政府每年向同级人民代表大会及其常务委员会报告科技工作１次以上，充分听取政协及民主党派的意见和建议，切实加强和改进科技创新工作。深入推进全市科技体制改革工作，充分发挥各类创新主体的积极性。

（二）加大科技投入

认真落实国家、省鼓励创新驱动的各项政策及其相关配套文件，加大财政资金对科技工作的投入力度，构建以政府投入为引导，企业投入为主体，全社会共同参与的多元化科技投入体系。2014年，在年初预算的基础上，市级财政追加科技专项拨款不低于1000万元。市、县区每年按高于同级财政经常性收入的增幅且不低于10%比例安排年度科技预算经费。进一步发挥政府科技投入在全社会科技投入中的引导作用。积极争取国家、省的科技经费支持。积极引导企业增加研发投入，企业研发经费支出比重占全社会科技投入达到70%以上。引导社会资金投向自主创新，完善科技经费管理，建立适应自主创新要求的科技经费监督管理和绩效评估体系，进一步完善贴息、后补助、创新奖励等经费资助方式，提高科技经费的使用绩效。

（三）落实税收优惠

落实对企业研发费用税前加计扣除、符合条件的设备和软件等加速折旧、高新技术企业税收优惠、技术转让所得税减免、创业投资企业税收抵扣、科技型小型微利企业所得税优惠、高端人才引进税收优惠等鼓励科技创新的各项税收优惠政策，切实做到应减则减、应免尽免。相关部门应当结合具体政策的落实，制定方便企业申报和享受政策的实施办法。

（四）优化创新环境

加大创新成果、创新创业人才、创新型企业等自主创新典型的宣传力度。认真实施《全民科学素质行动计划纲要》，推动形成社会化科普工作格局。进一步解放思想，更新观念，增强公众创新创业意识，营造鼓励创新、激励探索、包容个性、宽容失败的创新文化氛围，丰富敢为人先、务实进取、开放兼容、敬业奉献的玉溪科技文化精神内涵，努力实现人的全面发展，激发全社会创新潜力。

（五）强化考核激励

建设创新型玉溪工作领导小组要建立责任明确、高效有序的工作机制，把创新型玉溪行动计划的各项任务分解落实到各级政府及相关部门，逐级明确任务和职责。建立建设创新型玉溪行动考核评价体系，实施科技创新督导制度，加强对各级党委、政府及有关部门落实创新型玉溪建设工作和任务的督导评估，将督导评估情况作为各级党委、政府及有关部门领导班子和领导干部任期目标考核和年度考核的重要内容，作为干部任用的重要依据。

中共玉溪市委办公室

2014年12月3日

陕西省全面提升企业创新能力行动方案

（陕政办发〔2014〕138号）

为深化科技体制改革，深入实施创新驱动发展战略，推进陕西创新型省份建设，进一步强化企业技术创新主体地位，提升企业创新能力，增强企业核心竞争力，加快产业结构调整和转型升级，推动全省经济发展方式转变，制订本行动方案。

一、主要目标

到2017年，全省企业创新主体地位基本建立，创新能力显著提升，多元化研发投入体系、研发平台体系、创新人才体系、产学研联动体系、科技金融服务体系和创新创业服务体系更加完善，基本形成以企业为主体、市场为导向、产学研相结合的技术创新体系。企业研发投入、研发机构、研发人员、发明专利申请量和授权量较2012年实现翻一番，培育200家创新型企业（集团），形成15个具有核心竞争力的创新型产业集群，高新技术产业产值占规模以上工业总产值比重达35%以上。到2020年，企业主导产业技术研发创新的体制机制更加完善，实现区域创新体系整体效能显著提升，带动经济发展方式转变实现重大进展。

二、重点工作任务

1．引导企业加大研发投入。深入实施企业创新能力提升工程，培育企业自主创新的内生动力。鼓励企业建立研发准备金制度，根据市场需求自主决策先行投入开展项目研发，形成适应市场化和全球化竞争需要、创新驱动发展的内在动力和机制。强化企业技术创新责任，健全企业组织技术研发、产品创新、科技成果转化的机制，引导企业逐年提高研发投入占销售收入的比重，力争大中型工业企业研发经费翻番。启动创新型领军企业培育计划，瞄准世界一流水平，遴选一批具有较强规模优势和创新实力，具备发展潜质的骨干企业，加快培养具有国际眼光、战略思维的创新型企业家，打造在行业内有国际影响的创新型领军企业。（省工业和信息化厅、省国资委、省财政厅、省科技厅。列在首位的为牵头部门或单位，其他部门和单位按职责分工负责，下同）

2．加强企业研发投入考核。在省属国有工业企业（集团）研发投入量化考核试点的基础上，建立规模以上工业企业研发投入考核、报告制度，加强对不同行业研发投入和产出的分类考核、评价，不断促进企业增加研发投入。落实和完善国有企业研发投入视同税后净营业利润的考核措施，加大国有资本经营预算科技创新等财政专项资金对企业重大技术研发和创新的支持力度。（省科技厅、省财政厅、省国资委、省工业和信息化厅）

3．创新财政科技投入方式。进一步优化科技计划项目经费资助结构，综合运用引导基金、股权投资、科研项目经费后补助、科技贷款风险补偿、科技保险补贴等多种新方式，充分发挥财政资金的引导作用，支持研发投入持续增长、拥有自主知识产权并形成良好经济效益的企业创新发展。鼓励企业、科技园区与政府共同建立研发和科技成果转化基金，开展关键技术攻关，加快成果中试转化、产业化步伐。省级科技计划优先支持相关产业技术创新战略联盟、专利联盟、工程技术研究中心、企业技术中心等依托企业牵头组织实施产业化目标明确的科技项目。（省财政厅、省科技厅、省工业和信息化厅、省知识产权局）

4．落实鼓励企业创新的优惠政策。进一步强化企业研发费用税前加计扣除、研发设备加速折旧、高新技术企业认定等税收优惠政策的落实，完善首台（套）大型科研生产装备、替代进口的高新技术产品政府采购及研发补助办法，提高对企业技术创新投入的回报，引导形成公平、普惠的技术创新政策环境。加大省科技奖励对企业技术创新的引导激励，优先奖励企业牵头或产学研合作完成的重大科技创新及产业化成果。积极创建丝绸之路经济带关中国家自主创新示范区，择机先行先试开展科技成果处置权和收益权、股权激励分期纳税、职工教育经费税前扣除等改革试点。（省财政厅、省国税局、省地税局、省科技厅）

5．支持企业研发机构建设。实施企业研发机构培育建设工程，按照有研发人员、有研发经费、有研发条件、有研发方向、有研发项目的标准，鼓励支持省内企业自建或共建重点（工程）实验室、工程技术研究中心、企业技术中心（研究院）、院士工作站、博士后工作站、中试基地、设计中心、检测中心、数据中心等研发机构，国有大中型工业企业和高新技术企业至少要建立一个研发平台。（省科技厅、省工业和信息化厅、省发展改革委、省国资委）

6．增强企业研发机构创新能力。鼓励现有的企业研发机构对标省级或国家级科技创新平台，提升科研条件建设水平，积极承担省级或国家级各类技术创新项目，提高工程化开发和产品研发能力，持续增强对企业创新活动的支撑与服务能力。新建国家级和省级重点（工程）实验室、工程技术研究中心、企业技术中心以及各类科技计划的立项，优先在已建立研发机构和中试基地的企业布局。支持打造一批集技术研发、人才集聚、成果转化为一体的综合性企业创新平台，抢占技术制高点，确立行业的领先地位。（省科技厅、省工业和信息化厅、省发展改革委、省国资委）

7．支持国内外组织来陕设立研发机构。依托省内各类科技园区，大力引进世界500强企业和知名创新型企业来陕建设研发机构，吸引中央企业、军工企业、跨国公司的研发总部或区域性研发中心落户陕西。鼓励和支持省内企业、高等学校和科研院所与国内外机构采取多种形式建立科技合作机制，在陕设立国际科技合作基地，开展科技项目研发和产业化合作。以展会等形式加强我省各类产学研单位与东部省份相关单位、投融资机构、工商企业的互利合作，促进科技成果转化。（省科技厅、省工业和信息化厅、省发展改革委、省国资委、省商务厅、省教育厅、省工商局）

8．健全企业知识产权管理制度。在优势企业普遍构建知识产权、技术创新与生产营销“三位一体”的管理体制，增设以知识产权总监为代表的知识产权管理机构，确立企业在知识产权创造、运用、保护和实施中的主体地位与作用，确保企业知识产权战略的实施。推进企业知识产权管理规范化、标准化建设，为创新型企业培养和引进知识产权专家，组织开展知识产权申请、评估、运用、管理和保护等工作。（省知识产权局）

9．支持组建产业技术创新战略联盟。支持以我省战略性新兴产业、资源主导型产业的骨干龙头企业为主导，以产业技术创新需求和转型升级为目标，围绕产业技术创新链，组建产学研用联合、技术标准构建和应用推广的各类产业技术创新战略联盟。通过联盟完善产学研合作的信用机制、责任机制和利益机制，推进产业链、创新链上下游的对接和整合，促进产业技术集成创新，提高产业技术创新能力，加快区域创新型产业集群的形成和发展。（省科技厅）

10．强化产学研用协同创新。支持省内相关高等学校联合企事业单位，建立3D打印、煤的清洁高效利用等30个省级协同创新中心、5个国家级协同创新中心。充分发挥陕西科技控股集团和陕西省稀有金属科工集团作用，鼓励科研院所联合行业领军企业集团和大型企业组建产业共性技术研发基地，共同开展技术研发和创新，突破产业关键技术。（省教育厅、省科技厅、省国资委、省工业和信息化厅）

11．建设企业技术创新团队。支持企业以研发平台为载体，以重大科技创新工程为引导，联合科研院所、高等学校，瞄准产业高端与技术前沿，引进、培育“千人计划”“万人计划”和省“百人计划”、“科技新星”人才等高端科技人才和科技创新创业领军人才，在传统优势产业领域、战略性新兴产业领域和社会与民生领域，着力打造高层次技术创新和创业领军团队。（省科技厅、省人力资源社会保障厅、省教育厅）

12．创新科技人才激励机制。促进企业建立和完善技术创新绩效评价与收入分配制度，采取股权奖励、股权出售、股票期权、分红激励等方式，激发科技人员的创新活力，吸引创新人才向企业聚集。建立重要人才和特殊人才的补充保险和政府投保制度。省内高等学校、科研院所和国有事业单位利用财政资金形成的职务发明成果在企业转化所得收益，可按最高95%的比例划归参与研发的科技人员及其团队拥有。支持科技成果出资入股并确认股权，调动科技人员创办、领办科技型企业的积极性。（省科技厅、省人力资源社会保障厅、省工业和信息化厅、省教育厅、省知识产权局）

13．引导社会资本聚焦科技创新。扩大陕西省科技成果转化引导基金规模，支持商业银行、保险机构、投资机构等带动民间资本，组建40亿元规模的子基金群，投资孵化具有产业化发展潜力的企业研发项目，支持一批成长性高的科技型企业快速发展。加强政府投资对社会资金的引导，促进社会资本和境外资金进入创业投资业，设立创业（风险）投资引导基金，加大对资助创新种子期项目、初创期企业的投资。（省财政厅、省科技厅、省发展改革委）

14．引导金融机构支持科技创新。完善科技贷款风险补偿机制，引导金融机构创新金融组织、金融产品和服务模式，增加科技支行数量，发展政策性强的科技融资担保和小额贷款公司，建立融资风险与收益相匹配的激励机制，在信用贷款、知识产权和股权质押贷款、中小企业集合贷款上实现新突破。鼓励金融机构向产业技术创新战略联盟、工程技术研究中心、企业技术中心等平台授信、贷款。完善科技保险补贴机制，简化科技保险补贴资金申请手续，扩大科技保险补贴险种，推动企业购买产品研发责任保险、关键研发设备保险、信用保险、高管人员和关键研发人员团体健康保险等保险服务，有效分解企业创新风险。利用互联网金融平台服务科技创新，完善投融资担保机制，破解科技型中小微企业融资难问题。（省金融办、省科技厅、省财政厅、陕西银监局、陕西保监局、省知识产权局）

15．支持科技型企业上市融资。支持科技型企业利用资本市场融资。出台针对创业投资机构的工商注册、财税优惠等政策，鼓励创业投资机构加大对科技型企业的投资。充分利用陕西股权交易中心，加快建立科技型企业股权流转和产权交易平台，为科技型企业提供综合融资服务。加大上市辅导力度，支持科技型企业上市融资。对符合条件的高新技术企业上市融资及已上市创新型企业再融资给予奖励。（省金融办、省财政厅、陕西证监局、省科技厅、省发展改革委）

16．强化科技资源统筹中心和生产力促进中心体系服务功能。完善省科技资源统筹中心功能定位，优化运行和服务模式。择优支持各设区市建立科技资源统筹分中心，与省中心联网运行，按照“科技型企业—科技资源统筹中心—中介服务机构—金融机构”四位一体的科技投融资合作运营新模式，建成集风险投资、信贷融资、担保、保险、评估、咨询、法律、财务、培训等多功能为一体的综合性服务平台，实现科技、金融、资源集聚共享和高效对接。支持各级生产力促进中心面向行业技术创新需求，建立专业化、社会化、网络化的产业共性技术服务平台，提高专业化服务能力和网络化协同水平，为科技型中小企业提供研发设计、检验检测、技术转移、大型共用软件、知识产权、标准、质量品牌、人才培训等服务。引导全省各级各类生产力促进中心延伸服务范围，进驻省内科技园区、产业园区，服务产业集群、服务科技型企业。（省科技厅）

17．加强科技型企业孵化器建设。鼓励和支持企业、社会资本等多元化主体参与投资新建一批专业、创新型或综合类孵化器、加速器，进一步扩大孵化规模，创新孵化模式，完善孵化功能，提升孵化能力。鼓励孵化器合作共建或自建专业和特色公共服务平台，单独或者联合各类社会投融资机构，设立创业种子资金，推广“孵化+创投”等孵化模式，积极探索基于互联网的新型孵化方式，支持研发团队及其研发成果整体孵化转化为科技型企业。支持省级以上科技型企业孵化器在市、县建设分支机构，支持市、县结合区域特色产业发展态势，建设科技型企业孵化器或者引进省级以上科技型企业孵化器。加强创业教育，营造创业文化，办好创新创业大赛，充分发挥大学科技园在大学生创业就业和高校科技成果转化中的载体作用。（省科技厅）

18．完善技术交易中介服务体系建设。发展多层次的技术（产权）交易市场体系，支持技术交易机构探索基于互联网的在线技术交易模式，推动技术交易市场做大做强。大力发展研发、设计服务业，完善科技成果供需对接机制，推进企业研发机构成为技术交易和科技成果转化的主要力量。加强技术经纪人队伍建设，引导扶持科技经纪、技术评估、信息咨询等各类机构发展，培育具有专业化水平的技术转移服务机构。鼓励技术转移机构创新服务模式，积极发展国际技术转移服务，为企业提供先进适用技术引进、国际技术收购、技术与知识产权入股等跨领域、跨区域、全过程的技术转移集成服务，促进科技成果加速转移转化。建设国家技术转移西北中心，形成技术转移集聚区。（省科技厅）

陕西省人民政府办公厅

2014年12月30日

陕西省科学技术厅
关于促进科技园区和创新平台发展的意见

（陕科政发〔2014〕126号）

科技园区和创新平台（以下分别简称“园区”和“平台”）是集聚创新要素的重要载体。按照功能定位，园区主要包括高新区、专业园区和特色产业基地；平台主要包括研究开发平台、成果转化平台和公共服务平台。加快园区和平台建设，是激活创新资源、转化创新成果的重要途径。为深入实施创新驱动发展战略，充分发挥园区和平台在促进区域经济社会科学发展中的引领、支撑、辐射和带动作用，经省政府同意，现提出以下意见：

一、总体要求

（一）指导思想。以深化科技体制改革为指引，以建设创新型陕西为目标，以各类园区、平台为抓手，以企业需求为导向，深入实施创新驱动发展战略，健全技术创新市场导向机制，加快产学研用相结合，构建一批集成创新资源、公共创新服务的园区和平台，形成完善的技术创新服务体系。

（二）基本原则。按照“政府引导、市场运作，面向产业、服务企业，资源共享、注重实效”的总体思路，坚持政府引导与社会广泛参与相结合，坚持公益性服务与市场化服务相结合，坚持促进产业升级与服务中小企业发展相结合，坚持资源开放共享与统筹规划、重点推进相结合，充分发挥市场在配置资源中的决定性作用，围绕产业链部署创新链，增强服务功能，扩大服务范围，提高服务水平。

（三）发展目标。到2017年，把园区、平台建设成为激活创新资源、转化创新成果、推进科技人才创新创业、孵化科技企业的重要基地，成为深入推进创新驱动发展战略和建设创新型省份的重要载体，主要目标包括：

——科技园区。显著提升各类园区自主创新能力，使其成为我省依靠科技进步和技术创新推进经济社会发展、建设创新型陕西的中坚力量。力争新升级国家级高新区2个，新建省级高新区10个，努力建成80个产业特色鲜明的专业园区，建设一批促进县域经济发展的特色科技产业基地。

——创新平台。稳步推进科技创新平台建设，形成集研究开发、成果转化和公共服务于一体的，为科技企业提供从技术研发到最终产品的全过程、一站式服务的创新平台体系。新建国家级重点实验室2家、国家级工程技术研究中心2家，实现全省80%以上的大中型企业建有研发机构；全省省级以上技术转移示范机构数量达到70家，其中国家级30家；创业投资机构数量突破100家，科技企业孵化器数量达到100家；全省大型科学仪器设备协作共用网汇集设备信息达到8000台（套），新建3个跨部门的专业化分析检测中心，各类科学数据和科技文献总量达1.5亿条。

二、重点任务

（一）促进科技园区创新发展，提升发展水平

1．加快高新区创新发展，发挥集聚和示范引领作用。推进西安高新区打造全球研发中心聚集地，建设世界一流园区，成为国家自主创新示范区；加快建设杨凌农业高新技术产业示范区，使其成为国际知名的干旱半干旱现代农业示范园区；支持宝鸡高新区建成国家创新型科技园区；支持渭南、咸阳、榆林高新区完善体制机制，成为带动区域经济发展方式转变的重要载体。进一步加快安康高新区建设，支持其升级为国家级高新区。新建汉中、府谷等一批省级高新区。

2．加大专业园区建设支持力度，提高区域经济竞争力。按照专业化、集群化发展的原则，结合地方特色和比较优势，建设50个特色工业园区，引导每个园区确定1—2个具有较强区域带动作用的产业集群，形成产业相对集中、服务能力较强、规模效应明显的科技企业聚集区。以统筹农业科技资源，搭建农业科技创新与成果转化平台为重点，积极参与科技部“一城两区百园”工程，支持30家国家级、省级农业科技园区建设。

3．加强特色科技产业基地建设，构建创新型陕西的战略支点。支持国家高新技术产业化基地和现代服务业产业化基地建设，新建30家省级高新技术产业、现代服务业及科技文化融合示范基地；支持建设30家省级现代农业科技创业示范基地，支撑现代农业发展；完善医药产业技术创新支撑体系，促进医学研究成果惠及百姓，建设10个省、市级医药科技产业园区，30个省级药用植物科技示范基地，组织建设20个左右临床医学研究中心；发挥我省科技优势，建设国际科技合作基地，助力“新丝绸之路经济带”发展；依托大中型企业和科研院所，在优势产业领域建立成套技术、关键技术中试基地，依托园区基地，建立产业共性技术中试基地，服务中小企业技术创新。启动实施重大科技成果中试专项，组织50个优势主导产业中试项目在省内实现转移、转化。

（二）推进研究开发平台建设，提升产业技术创新能力

1．加强重点实验室建设，提升原始创新能力。围绕我省特色优势产业、资源主导型产业和战略性新兴产业，有针对性地补充建设一批重点实验室，形成学科群与创新链；支持有条件的大中型企业、转制院所建设省级重点实验室，鼓励企业立足产业前沿，开展基础和应用基础研究，引导创新资源尤其是高层次研发人员向企业聚集，推动技术扩散和技术储备，提升企业技术创新能力；支持企业与科研院所、高校共建重点实验室。支持有条件的省级重点实验室申报省部共建国家重点实验室培育基地或国家重点实验室；鼓励省级重点实验室承担国家级各类科技计划项目，以项目为载体，开展跨部门和地区的多学科合作研究；支持重点实验室开展关系区域经济社会发展的重大基础研究，培育创新团队。

2．加强工程技术研究中心建设，推进科研成果产品化。在我省经济社会发展的重点领域，围绕产业链的缺失环节、薄弱环节、延伸环节，依托科技实力雄厚的骨干企业，联合重点高校和科研院所，建设一批产学研相结合的省级工程技术研究中心。对省级工程技术研究中心进行科学分类，在定位、目标、运行等方面实行差异化评价和支持。强化省级工程技术研究中心对外开放共享服务功能，并以接受服务方的评价作为考核的重要依据。鼓励依托单位加强对工程技术研究中心的支持和投入，推进科技成果转化。

3．支持企业牵头建立产业技术创新战略联盟，提升协同创新能力。建立以企业为主导，高校、科研机构和中介组织共同参与的产业技术创新战略联盟，围绕我省战略性产业的关键共性技术，通过资源共享和创新要素优化组合，实现较大范围内的资源调配以及各联盟成员间优势互补，积极拓展发展空间、提高产业或行业竞争力。建设农业领域产业技术创新战略联盟15家、工业领域产业技术创新战略联盟35家。

4．支持企业技术中心建设，培育企业核心竞争力。以我省支柱产业和战略性新兴产业中技术创新能力较强、创新业绩显著、示范带动作用明显的企业为依托，加快建设企业技术中心；鼓励产学研合作，形成行业关键和共性技术的研究基地，引领行业发展，在项目组织、人才培养、团队建设等予以支持，使企业技术中心成为技术创新和产品开发的重要源头。

（三）提升成果转化平台服务能力，为科技企业发展壮大提供有力支撑

1．加强科技企业孵化器建设，完善创业孵化体系。鼓励科技企业孵化器、留学人员创业园和大学科技园等创新孵化模式，提高服务能力和管理水平，在服务空间、服务内容、服务手段、商业模式等方面开展新业务，推进技术转移、成果推广、国际合作、人才引进和融资服务，为科技企业提供一站式服务。完善孵化器的投融资功能，推进投资主体多元化。鼓励孵化器及其管理人员持股孵化；鼓励孵化器与创业投资机构合作，建立天使投资网络，实现孵化体系内资金和项目的共享。

2．推进技术转移机构建设，加速科技成果转移转化。依托西安高新区，稳步推进陕西技术转移集聚区建设。优化专业性技术转移机构在高校、院所及地市的布局，跨区域整合资源，推动技术转移机构网络化发展。以技术合同交易额为主要依据，稳步推进省级技术转移示范机构的认定和考核工作；构建技术交流与技术交易信息平台，探索技术转移服务联盟模式，实现机构间的资源共享和分工协作，提升技术转移机构的承载能力；实现陕西区域试点站与中国创新驿站的有效对接，促进跨区域技术转移，切实解决中小企业的创新需求。

支持已有6家工业技术研究院通过科技成果产业化或者技术入股，孵化培育科技型企业；以强化管理和绩效考评，奖励、后补助等方式加大支持力度，推动工业技术研究院创新运行模式，提升集成创新、企业孵化、产业化推广能力。

3．完善科技金融服务体系，为科技企业成长创造良好融资环境。整合集聚科技金融需求方、供给方等多方资源，构建政府资金与社会资金、股权融资与债权融资、直接融资与间接融资有机结合的区域性科技金融服务体系，开展科技信贷、科技保险、科技担保、科技创业投资、企业信用评级、项目推荐、企业上市辅导等科技金融服务，实现“科技资源产品链”和“金融资本供给产品链”无缝对接，满足不同成长阶段科技企业的融资需求。

（四）加快科技公共服务平台建设，提升科技服务能力和水平

1．提升科技资源统筹中心服务能力，构建创新服务体系。支持陕西省科技资源统筹中心和以西安为中心的统筹科技资源改革示范基地建设，推进科技创新体制改革，加快产学研一体化，统筹军民科技互动发展，促进科教优势向经济优势转化，为建设创新型国家探索新路径。发挥省科技资源统筹中心主体功能作用，搭建创新链和产业链的融汇平台，支持各市建立科技资源统筹分中心，建立覆盖全省的创新服务体系，发展技术市场。支持生产力促进中心创新发展，提升服务能力。

2．加快科技基础条件平台建设，促进科技资源开放共享。建立陕西省公共检测服务平台，开展专业化检测服务，建设若干个跨部门的专业化分析检测中心，增强对外开展分析检测服务的专业性、针对性；扩大陕西省大型科学仪器设备协作共用网规模，提高协作共用网员单位及入网仪器数目；加强与国家及各省市相关平台的信息交流与数据汇交；扩大科技文献共享成员单位的范围和文献数据拥有量，拓展开放权限，提高全文文献获取率；开展全省科学数据调查，实行科技报告制度，扩大科学数据资源共享范围，建立科学数据标准规范体系；加强实验动物品种资源与质量监督检测中心建设，研究制定相应的管理制度与运行机制。加强动物、植物、微生物菌种等种质资源保护、利用与共享体系建设。

3．完善科技中介服务体系，强化专业化服务能力。根据科技中介机构的不同性质，建立分类绩效考评指标，对于在科技创新中做出突出贡献的担保、律师、会计、专利、咨询、评估等科技中介服务机构以后补助形式予以支持。支持有条件的科技中介机构提供专业化的服务；加强科技中介服务队伍建设，提高从业人员的综合素质。鼓励各类科技中介机构引进国内外优秀科技中介人才。

4．加强知识产权服务平台建设，促进科技成果资本化、产业化。强化科技创新活动中的知识产权政策导向作用，引导支持创新要素向企业集聚，促进高等学校、科研院所的创新成果向企业转移，形成自主知识产权；推动知识产权的应用和产业化，探索股权质押登记试点；支持和鼓励从事知识产权信息服务、知识产权战略研究、知识产权资产评估和许可转让业务的各类服务机构发展。

三、保障措施

（一）加强组织领导，强化监督考核。加快园区和平台创新发展是我省创新型省份建设确定的重点任务之一。省科技厅负责对全省各类园区、平台建设进行统筹规划、指导和协调，并对省级各部门、各地市园区、平台建设工作进行督促考核，确保各项措施落实到位。各设区市人民政府作为区域性园区、平台建设的主体，承担规划、投入和体制机制改革的主要责任，负责园区、平台建设的具体实施。

（二）优化支持方式，加大支持力度。省内各类科技计划重点向园区、平台倾斜；省级以上园区、平台可以申报各类科技计划项目，并在同等条件下予以优先支持。省级重点实验室、工程技术研究中心、企业技术中心、中试基地和产业技术创新战略联盟可以作为项目承担单位，组织实施科技计划项目；鼓励省级孵化器、技术转移示范机构、公共服务平台、中介机构等增强服务企业的功能，对年度评估为优秀的给予奖励和后补助。积极贯彻落实与园区、平台相关的税收政策，落实“营改增”后原有营业税部分税收减免政策。

（三）加强绩效评估。制定科学的评价指标体系，规范绩效评价程序，建立并形成严格的绩效评估机制，委托第三方评估机构对园区、平台定期开展绩效评估，评估结果作为补贴奖励的主要依据。

（四）营造良好环境，彰显建设效果。加大宣传和培训力度，及时反映全省园区、平台的相关动态，让社会各界充分了解园区、平台，并有效利用园区、平台，切实发挥园区、平台在我省科技和经济社会发展过程中的引领、支撑、辐射和带动作用，促进各类人才向园区、平台集聚，使园区和平台成为凝聚和培养人才的洼地。

陕西省科学技术厅
2014年6月16日

西安市加快培育科技企业小巨人三年行动方案（2014—2016年）

（市政发〔2014〕20号）

为深入贯彻党的十八大、十八届三中全会精神，落实市委市政府《关于深化统筹科技资源改革 加快创新驱动发展的实施意见》（市发〔2012〕12号），促进科技型中小企业快速发展，制定本方案。

一、总体要求和目标

（一）总体要求

以促进科技与经济紧密结合为主线，以深化统筹科技资源改革为动力，以增强企业创新能力为核心，通过实施“科技企业小巨人培育工程”，培育千家自主创新能力强、成长速度快、市场前景好，年销售收入5000万元以上的科技企业小巨人，并带动万家中小企业集群式发展。力争通过发展壮大一批小巨人企业和领军企业，形成“千企千亿带万家”的发展格局，进一步提高创新驱动发展能力，提升发展规模和质量效益。

（二）发展目标

1．到2016年，实现全市科技企业小巨人总数超过千家，销售收入超过千亿元；科技型中小企业总数达到1.5万家，研发经费投入强度达到3%，专利申请量占全市总量达到70%。

2．科技企业孵化器、工程技术研究中心、技术转移服务机构等公共服务平台总数超过200个，技术成果交易额达到800亿元，就地转化率提高到30%。

3．形成技术水平和市场影响力明显优于行业同类产品的“杀手锏”产品100个，培育小巨人领军企业100家，在10个领域内形成具有国内领先水平的科研高地。力争科技服务业增加值突破700亿元，占现代服务业比重超过22%；高新技术产业增加值实现900亿元，占GDP比重超过13%。

二、主要任务和措施

针对不同发展阶段的科技型中小企业，以打造小巨人企业为重点，通过市场机制，整合科技资源和政策资金措施，引导创新链、资金链向企业和产业聚集，大幅提升科技型中小企业对全市产业发展的支撑和引领作用。

（一）打造百家领军企业

对销售收入亿元以上的科技企业，通过支持建设一流企业研发中心等措施，实现100家企业产品技术水平国内领先、市场占比进入全国前列，增强300家骨干企业的内生发展动力。

1．实施小巨人领军企业培育计划。每年从全市小巨人企业中遴选出30家具有一定市场占有率和发展潜力、专业技术领先的领军企业，整合各类资源，实施政策聚焦和一企一策，推动其更快发展。

2．建设一流企业研发中心。通过西安科技大市场和科技专项规划，重点支持企业自建或与高校院所联建研发条件国内领先、科研团队国内一流、创新产出效益显著的研发中心，鼓励企业与国内外研发机构开展战略合作。支持企业加大研发投入，对增长速度快、发展潜力大、行业带动作用明显的骨干企业，按其年度研发投入增量，给予后补助和滚动支持。对获得省级以上认定的研发中心、工程实验室等创新平台，给予最高80万元支持。

3．支持企业开发“杀手锏”产品。鼓励企业与高校院所建立完善产学研协同创新机制，通过实施以企业为主导的科技专项和产业化项目，突破一批具有行业领先水平的核心技术，形成一批具有自主知识产权和竞争优势的重大创新产品，带动产业链上下游企业配套协作。对主导制定国家（国际）技术标准的牵头企业，给予50万—100万元奖励。对列入国家战略性创新产品和国家重点新产品的，市级科技计划给予优先支持，加快形成市场规模效益。

4．激励企业开拓国际国内市场。组织专业服务机构，帮助企业制定发展战略、市场营销战略、技术发展路线图，促进企业利用互联网技术平台创新商业模式，推动制造业企业向系统集成和服务商转型，占据价值链高端。组织科技型中小企业与重大项目、工程配套对接，做大规模和品牌。组织中小企业参与国内外专业展会、技术交流活动，提高行业影响力和市场知名度。

（二）发展壮大优势企业

对规模以上科技企业，通过拓宽多元化融资渠道等措施，促进其成为科技小巨人企业，拥有核心技术和自主品牌，使全市销售收入5000万元以上的小巨人企业达到1000家。

1．加速技术成果转移。完善技术交易奖补政策，提高财政资金对促进技术转移的撬动作用。对企业转化高校院所技术成果效益明显的，采取后补助等多种方式予以重点支持；对在科技创新和产业化方面作出突出贡献的企业家和创新团队，每年予以表彰奖励。

2．组织人才服务企业。每年组织高校院所千名科技人才，解决百户规模以上工业企业技术难题，对服务成效显著的，予以表彰奖励。支持高校院所开展人才评价体系改革试点，对将技术转移纳入职称评价体系的，在平台和项目建设上予以重点倾斜。完善企业引进高端人才的支持政策，在住房保障、子女入学等方面予以优先照顾。

3．拓宽企业融资渠道。发挥1亿元科技金融合作资金的杠杆作用，引导金融机构创新金融产品，加大信贷投放力度，扩大知识产权质押贷款、信用贷款、助保金贷款等业务规模，解决小巨人企业融资难题。加强科技金融服务平台建设，大力推进科技企业股权融资，扩大集合资金信托业务规模，重点组织100家科技企业开展埠外融资。

（三）催生一批创业企业

通过完善扶持政策体系，激发全社会创业热情，扩大科技型创业企业群体，力争每年新增1500家科技企业，壮大小巨人企业后备力量。

1．支持科技人员创办企业。对高校院所创新团队新办企业，国家“千人计划”、省“三秦人才”“百人计划”和海内外高层次留学人才创办科技企业，市级科技计划和创业种子基金予以重点支持。对国家和省级重大项目成果以无形资产入股转化的，参照技术交易补贴政策给予奖补。

2．鼓励社会创办科技企业。举办西安科技创业大赛，对优秀创业人才、团队及大学生创业者，予以表彰奖励和资金扶持。支持区县、开发区建设创新创业社区，在投融资、人才培训、技术对接等方面，加大对初创企业的扶持力度，降低创业成本。

3．建设高水平创新创业载体。在高新区、经开区，大力发展完善创新创业孵化体系，新建一批具有专业特色的科技企业孵化器，吸引各类民营资本投入。鼓励社会资本组建公司性质的科技企业孵化器，对孵化效果明显的予以支持。建立各类载体运营绩效考核和补贴机制，提升其服务创业能力。

4．加强科技招商引智引资。以丝绸之路经济带新起点建设为契机，支持各类科技园区、工业园区与国内外高校院所、知名企业共同建设科技合作平台，创办科技企业。支持跨国公司实施本土化战略，充分利用我市创新要素资源，组建由外籍工程师、留学归国人员、本地科技人才组成的研发团队，就地实现创新发展。

（四）培育创新企业集群

着眼“两块短板求突破”，通过培育科技企业小巨人，带动万家企业创新发展，提升民营经济发展活力，促进区县产业转型升级、新兴产业快速发展。

1．带动中小企业创新发展。针对我市传统产业中小企业发展现状，制定转型升级技术路线图，支持企业技术攻关和专利创造，逐步向科技型企业转变；对首次达到小巨人标准的传统企业，按其当年研发投入增量，择优给予后补助支持，力争100家传统企业转型升级为小巨人骨干企业。

2．带动区县科技产业园区提升发展。结合区县产业特色和发展需求，按照“一类一策”的原则，每年投入5000万元，对区县科技产业园区进行专题支持，重点建设阎良国家级创新型产业集群、碑林环大学创新产业带、户县电子信息产业配套基地、雁塔科技创新基地，促进中心城区转型发展，提高渭北工业区和副中心城市产业园区支撑县域经济发展的能力。

3．带动科技服务业快速发展。落实国家现代服务业综合试点任务，用好中省政策资金，支持以研发设计、检验检测、技术转移、科技文化融合等为重点的科技服务业快速发展。在高端软件和新兴信息服务、卫星应用及数据服务、文化创意与数字内容等领域，建设一批高水平的产业技术服务平台，培育一批自主创新能力强的企业，形成以科技服务业为龙头，现代服务业创新发展的良好格局。

三、创新环境和组织保障

（一）深化科技金融结合

整合科技金融结合扶持政策，完善科技信贷风险补偿机制、创业投资激励机制、科技保险补贴机制，健全信贷、担保、债券、股权融资等多元化融资体系，拓宽企业融资渠道，降低企业融资成本。完善企业上市及全国中小企业股份转让系统挂牌扶持政策，鼓励企业进入资本市场。加强科技金融风险评估，防范和化解科技金融风险。

创新投入方式，提高财政资金的引导和杠杆作用，强化科技金融服务平台功能。市级财政科研资金3年累计投入8亿元，各区县、开发区投入20亿元，撬动信贷资金80亿元。在创业投资引导基金、信用平台建设、贷款风险补偿等方面，市级相关部门要加强与区县、开发区的分工协作，积极争取中省资金支持；发挥西安创业投资联盟、市级创业（风险）投资资金等作用，力争吸引各类投资突破100亿元，为科技企业小巨人发展提供资金保障。

（二）完善创新服务体系

创新利益引导机制，鼓励高校院所围绕优势产业链条和企业创新需求，优化学科结构和科研方向，面向企业开展设备共享、成果转化等技术服务；共同搭建高端科研和管理人才培训平台，每年开展100名中小企业新型企业家的培训工作。

发挥西安科技大市场服务功能，围绕技术交易和设备共享，建设专业支撑平台；围绕分析检测、制造资源、工业品采购，建设市场化运营平台；围绕政策推送、技术供需对接，建设移动互联平台；到2016年，大市场共享设备达到1万台套，加盟专业服务机构500家。加强科技公共服务平台建设，对提升服务能力的平台建设项目，按核定总投资额的一定比例给予补助；对中小企业发展迫切需要、市场供给不足的公共服务，采用政府购买服务方式予以支持。

（三）强化知识产权能力建设

加强企业知识产权保护，成立维权援助中心，建立维权援助体系，加大专利执法力度，完善司法保护环境。提高企业知识产权创造、运用和管理能力，重点推进《企业知识产权管理规范》贯标工作。引进专业服务机构，帮助企业开展专利信息分析利用，降低研发成本，提升研发效率。

（四）提升政府服务效能

市级相关部门要按照任务分工，制定和落实优惠政策；要建设小巨人企业数据库，建立动态跟踪服务机制，落实企业发展统计分析制度。各区县、开发区要制定本级工作方案和措施，明确企业培育数量、财政投入等具体指标；要建立重点企业联系人制度，形成分工明确、重点突出、高效联动的工作机制。

附件：西安市加快培育科技企业小巨人三年行动方案（2014—2016年）任务分解安排（略）

西安市人民政府

2014年6月23日

中共甘肃省委 甘肃省人民政府 关于加快推进人才工作创新发展的意见

（甘发〔2014〕16号）

为全面贯彻落实习近平总书记系列讲话精神，深入实施人才强省战略，着力破除束缚人才发展的思想观念，积极推进体制机制改革和政策创新，充分激发各类人才的创造活力，更好地为全省改革发展提供人才保障和智力支撑，现就加快推进人才工作创新发展提出如下意见。

一、狠抓关键，切实加大重点人才开发力度

（一）选拔一批领军拔尖人才

完善领军人才选拔标准，扩大领军人才规模。合理确定领军人才选拔中的职称、论文、奖项等因素，突出工作业绩和实际贡献权重，每年从重点领域、重点产业、重点学科、重大项目和基层一线，选拔100名左右优秀拔尖人才进入领军人才队伍。

激发领军人才队伍活力，建立激励和退出机制。对年度考核优秀和有突出贡献的，第一、二层次每人分别增发10000元和5000元津贴。对年度考核不合格的停发当年津贴，连续三年考核不合格的退出领军人才队伍。

（二）引进一批急需紧缺人才

围绕重点领域、重点产业、重大项目、重点学科发展和建设，依托各类企业、高等院校、科研院所、医疗机构、文化机构、金融机构、高新技术和产业园区等用人主体，大力引进新能源、新材料、生物和中医药、信息技术、节能环保、煤电化工、有色冶金、装备制造、城市规划及建设管理、农产品深加工、农作物育（制）种、文化旅游、现代物流、金融服务、资本运作等方面的急需紧缺人才。

创新人才引进方式，坚持“不求所有、但求所用、来去自由、合同管理”原则，采取兼职挂职、定期服务、技术开发、项目合作、科技咨询等多种方式，柔性引进人才和智力。广泛与国内外有关高等院校、科研机构、金融机构建立战略合作关系，借助人才和科技优势助推我省发展。每两年从国家有关部门、金融机构、科研机构、高等院校引进100名左右金融人才、50名左右科技人才来我省挂职服务，每人每年给予1万元生活补贴。加强对引进人才的日常管理和跟踪考核。

（三）培养一批行业骨干人才

围绕落实国家人才、科技、教育发展规划确定的重大项目，特别是支持西部地区人才发展的相关政策，积极联系对接，主动衔接落实，用足用好国家层面人才培养平台，利用外派挂职、进修深造、培训锻炼等途径，提升整体素质、培养骨干人才。

深入推进我省人才、科技、教育发展规划确定的重点项目，不断完善措施，加大工作力度，全面实现科技、教育、工业、农业、医疗、文化、旅游、金融、非公企业等重点行业领域骨干人才培养目标。采取创新载体、项目扶持、资金支持、跟踪培养等方式，重点培养一批“陇原名师”“陇原名医”“陇原科技明星”“陇原优秀企业家”“陇原文化名家”“陇原技能大师”“陇原创业明星”，引领和带动各领域人才队伍建设。

（四）选派一批智力帮扶人才

围绕“1236”扶贫攻坚和“双联”行动，每年从省、市、县三级的企事业单位选派10000名科技人才，通过联县区、联乡村、联企业、联产业、联项目或挂任科技副职、担任科技特派员等方式，重点到贫困县开展科技帮扶，推广先进技术，培养实用人才，提升“造血”机能，助推富民产业发展。

围绕实施科教兴省战略，鼓励支持科技人才到国有企业、非公企业和各类园区，开展合作研究，解决技术难题，转化科技成果，提供咨询服务。各级各类科研单位要把服务地方科技创新发展作为重要职责，支持科技人才为企业提供技术服务。相关地方和企业要根据实际贡献大小，对提供服务的科技人才给予适当报酬。

围绕解决基层一线人才短缺，特别是教师、医疗人才匮乏问题，深入实施高校毕业生到基层服务计划，继续做好选调优秀大学毕业生、大学生“村官”“进村进社区”“三支一扶”，医疗卫生大中专毕业生进农村等工作。加大高校毕业生进企业计划实施力度，每年组织引导一批理工、经济等专业门类的毕业生，到国有企业、非公企业从事专业技术和经营管理工作。

（五）扶持一批青年创新人才

拓展实施陇原青年创新人才扶持计划，每年从企事业单位遴选100名有发展潜力的青年学术技术骨干，给予5万元至10万元的项目扶持资金；遴选10个具有较强创新能力的青年学术技术团队，省级财政给予20万元至50万元的项目扶持资金。各行业领域和企事业单位根据发展需要和自身实际，设立各具特色的扶持项目，大力培养青年创新人才和团队。

启动实施“陇原之光”访问学者计划，每年从基层企事业单位遴选100名青年技术人才，到中央驻甘和省内科研机构、高等院校、大型企业进行为期一年的进修深造，省级财政给予接收单位每人2万元培养经费补助。各地各单位根据实际需要，有计划地选派青年科技人才赴外进修深造。

（六）奖励一批优秀杰出人才

继续实行在甘“两院”院士、“甘肃省科技功臣”“甘肃省领军人才”奖励办法。“享受国务院特殊津贴人员”一次性配套奖励、“甘肃省优秀专家”一次性奖励由1万元提高到2万元。对入选国家“千人计划”“万人计划”的高级专家，按实际贡献大小给予一次性奖励。对入选国家“杰出专业技术人才”“百千万人才工程”“文化名家暨‘四个一批’人才工程”“长江学者”“杰出青年科学基金”的专业技术人才，直接纳入省领军人才第一层次管理，并享受相应津贴待遇。

规范各类人才奖项设置，形成以政府奖励为导向、用人单位和社会力量奖励为主体的人才奖励体系。省直行业主管部门每2—3年评选表彰一批长期扎根基层一线、立足本职岗位、默默无私奉献、积极创新创业、社会充分认可、做出突出贡献的优秀人才。鼓励支持各地各单位对有突出贡献的各类人才进行重奖。

二、破解难题，积极创新人才发展体制机制

（七）创新人才培养机制

建立人才培养结构与经济社会发展需求相适应的动态调控机制。加强人才形势分析和需求预测，定期发布需求信息，引导人才培养方向。支持高校以科研项目和重大工程为依托，开展研究生培养模式改革。加快推进部分普通本科高校向应用技术型高校转型。优化高等教育学科专业设置，调整压缩重复过剩专业学科，增设急需专业学科，扩大紧缺专业招生规模，逐步缓解大学生就业难和急需人才短缺矛盾。积极协调教育部直属和省外高校扩大在甘招生规模，采取定向或委托培养方式，大力培养重点行业、贫困地区、民族地区急需紧缺专业人才。

建立健全人才教育培训和实践锻炼常态机制。坚持产教融合、校企合作、依托企业、贴近需求的原则，加强教育实训基地建设，大力培养适应经济社会发展需要的技术技能人才和实用人才。各行业主管部门、市（州）、县（市、区）和企事业单位都要研究制定人才教育培训和实践锻炼长期规划和年度计划，采取学习培训、进修深造、挂职锻炼、鼓励参加非学历教育等多种形式，确保各类人才都有提升能力素质的时间和机会。各级培训机构、高等院校、科研单位要充分发挥资源优势，为各类人才提供培训服务。

（八）创新人才流动机制

建立“双联”行动人才智力帮扶机制，省、市、县各级党政机关和企事业单位制定具体措施，有组织、有计划地选派专业人才到“双联”点服务，帮助指导产业发展，推广先进农业技术，培养乡村实用人才，提升致富带富能力。引导人才向基层一线流动，制定出台教育、文化、卫生、农业等领域专业技术人员基层服务年限规定，县级事业单位遴选补充人员须有乡镇三年以上工作经历。

建立专家科技服务平台，鼓励支持省、市（州）和县（市、区）相关科研机构、产业园区、各类企业设立科研工作站，与院士工作站、博士后科研流动站（工作站）、留学生创业园建设结合起来，吸引省内外高层次人才进站服务，指导开展技术研发，促进特色优势产业发展。

研究制定推进党政人才、企业经营管理人才、专业技术人才流动的政策，打破身份界限，促进党政机关之间、企业之间、事业单位之间及其相互之间各类人才有序流动、合理配置。改进科技人才薪酬和岗位管理制度，允许事业单位科技人员带着科研项目和成果、保留基本待遇到企业开展创新工作或创办企业，鼓励有创新实践经验的企业管理和科技人才到高校、科研机构兼职，建立健全企业与事业单位之间的社保体系有效衔接制度，促进人才双向自由流动。构建人才交流信息平台，引导各类优秀人才在地区间柔性流动，实现省内人才互利互惠、合作共享。

（九）创新人才评价机制

积极推进职称制度改革，修订完善各系列职称评审实施细则，根据专业特点和工作需要，合理确定论文、外语成绩等在职称评审中的权重，逐步建立由政府主管部门委托授权、行业协会或学会组织评审、以品德、能力和业绩为导向、社会认可的人才评价体系。研究打开尚未设置正高级职称资格通道，逐步制定出台相关政策标准。设定专业门类推行“凡晋必下”制度，对晋升副高以上专业技术职称的人员，须有在县及县以下对口专业岗位服务一年以上的工作经历。

制定评聘专业技术职称向重点行业领域和基层一线倾斜政策，适当放宽高等院校、科研院所、医疗机构高级职称评聘限额，适当放宽县乡副高及以下职称评聘条件和职数限额。完善农村技术人才、文化人才、乡村教师、乡村医生职称评价标准和办法，加大农村实用人才评价力度。将农村实用人才评聘经费纳入财政预算，对获得相应职称资格人员由市、县财政给予适当补贴。畅通和拓展非公经济组织、新社会组织的人才职称评审渠道。

建立特殊人才评聘机制，对具有较高学术造诣、重大研究成果或特殊技能的，视其情况可适当放宽政策，在职称评聘上有所突破。组建省、市、县三级特殊人才评审委员会，对因身份、职称、学历、职业资格等因素影响，无法按一般性政策规定解决，但又必须引进的特殊人才，采取一事一议办法，单独进行评审认定、聘任上岗。

鼓励各地研究出台“地方标准”评定实用人才，对当地涌现出来的“能工巧匠”“民间艺人”“土专家”“田秀才”“好村医”等各类实用人才，根据实际技能水平和社会影响力，经评审给予具有行业特色、有别于国家职称系列的专门称号，颁发相应证书，并给予适当补贴。

（十）创新人才激励机制

鼓励高层次人才开展科技创业。研究出台具体政策，允许和鼓励在甘高等院校、科研院所、医疗机构、农技推广机构的科技人才，在完成本职工作任务的前提下在职创业，收入归个人所有。

鼓励各类人才转化科技成果。研究出台具体政策，允许和鼓励国有企事业单位将职务发明成果的所得收益，按一定比例划归参与研发的科技人员及其团队拥有；允许各类高层次、高技能人才创办的企业，知识产权等无形资产可按一定比例折算成技术股份。

探索健全有利于科研人员潜心研究和创新的政策。调整科研项目经费支出结构，允许单独列支科研人员工资和劳务费用。改进科技评价和奖励方式，推行科研单位分配向关键岗位和优秀拔尖人才倾斜的政策。探索建立首席科学家、首席教授、首席工程师、首席技师年薪制。鼓励企业建立“技能大师工作室”，支持高技能人才开展技术攻关创新。

（十一）深化人才管理改革试点

研究制定深化人才管理改革试点的指导性意见，总结“人才特区”建设试点工作，鼓励有关市（州）、企业、高校、科研机构深入开展人才管理改革试点，继续围绕解决制约人才发展的突出问题和制约因素，在创新人才培养、引进、流动、评价、使用、激励、保障等方面先行先试、大胆探索，为全省人才工作体制机制创新积累经验、提供示范。

三、凝心聚力，不断改进人才联系服务工作

（十二）完善联系服务人才制度

建立完善联系专家制度，每名党政领导班子成员直接联系一些专家，通过登门看望、座谈交流、假日联谊、信函电话等方式，至少每半年主动联系一次。建立分级分类联系服务专家工作网络，推动人才工作领导小组成员单位和各级组织人事部门建立人才联系点。

建立高层次人才重要事项报告制度，对高层次人才岗位变动、职务调整、个人奖惩、健康变化及取得重大成果等情况，专家所在单位和主管部门要及时向党委（党组）组织人事部门报告。落实高层次人才保健待遇，定期组织开展健康体检、休假疗养等活动，做好特殊一线岗位专家医疗和预防保健工作。

（十三）完善专家咨询服务制度

广泛吸纳省内外高层次人才，组建省、市、县三级“专家智库”，为党委、政府重大决策和项目论证提供咨询服务。搭建咨询平台，畅通建言渠道，通过召开专家恳谈会、专家基层行等活动，为各地各单位改革发展提供咨询论证和智力服务。

（十四）加强人才服务平台建设

组织筹建“省内高层次人才信息库”“省外高层次人才信息库”和“海外高层次人才信息库”，全面掌握省内外高层次人才基本信息，加强与甘肃籍和有志于甘肃发展的各类高层次人才的沟通联系。建设“甘肃人才网”，为各级党委政府和用人单位与省内外各类人才建立信息交流平台。创办“领军人才论坛”，分行业领域定期组织高层次人才开展学术技术交流。

依托省政府驻外办事处，在北京、上海、广东等地设立驻外人才工作站，加强与在外甘肃籍高端人才的联络沟通，做好政策宣传、产业对接、人才引进、联系服务等工作。

（十五）加强高层次人才政治思想教育

制定高层次人才研修计划，依托省内外各类培训机构，每年有计划地组织开展党情、国情、省情专题教育研修活动，重点对优秀中青年专家进行中国特色社会主义理论教育和创新方法培训。积极选派省内专家参加中央、国家部委举办的各类研修活动。

组织引导各类人才认真学习中央和省委的重大方针政策，模范遵守国家的法律法规，自觉践行社会主义核心价值观，立足本职、创新创业，自尊自爱、甘于奉献，努力为建设幸福美好新甘肃献智出力。

四、强化保障，努力形成人才工作齐抓共管格局

（十六）加强人才工作组织领导

各级党委、政府要牢固树立“人才是富民兴陇第一资源”理念，把人才工作摆上转型跨越、富民兴陇的重要议事日程，纳入经济社会发展全局，认真研究谋划，及时安排部署，扎实有效推进。市（州）、县（市、区）党政主要领导要带头抓好人才工作，党委常委和政府副职要按照分工抓好分管领域或系统的人才工作。地方党委人才工作领导小组及办公室要完善议事决策、分工协作、沟通交流、督促落实机制，进一步加大人才工作统筹协调力度。党委、政府所属系统内人才资源规模比较大的职能部门，都要成立人才工作领导小组及办公室。各级党委组织部门要切实担负起牵头抓总责任，着力在分析人才形势、研究人才政策、服务人才需求、加强人才思想教育、营造人才发展环境方面下功夫。各级政府人力资源和社会保障部门要在制定人才政策法规、构建人才服务体系、培育和发展人才资源市场等方面积极发挥作用。党委、政府其他部门要明确职责、各司其职，认真抓好本行业领域人才队伍建设。

（十七）健全目标责任考核体系

加大人才工作考核力度，将人才发展规划中确定的人才发展指标纳入经济社会发展综合考核体系。地方党委向全委会述职，要将人才工作情况作为必述内容之一。在领导班子和领导干部考核中，要加大人才工作考核权重。实行人才工作领导小组成员单位工作报告制度，每年汇报一次人才工作任务落实情况。各级党委人才工作领导小组每年组织开展一次专项督查活动，并向同级党委、政府专题报告。

（十八）加大人才开发资金投入

落实人才投资优先保证的政策要求，建立以政府投入为主导，用人单位、社会和个人积极参与的多元化人才投入机制。逐步改善经济社会发展的要素投入结构，较大幅度增加人力资本投资比重。省、市、县三级要将人才发展资金纳入财政年度预算，保障人才培养、引进、奖励等重点项目的实施。各类企事业单位要建立人才发展基金，专门用于急需紧缺人才引进、专业技术人才继续教育、职工技能培训、突出贡献人才奖励等事项。在重大建设和科研项目经费中，列支资金专门用于人才培养开发。加大贫困地区、民族地区人才工作资金投入，帮助培养开发急需人才和实用人才。

（十九）营造重视人才浓厚氛围

各级党委、政府及相关部门要高度重视宣传策划和舆论引导，深入解读党和国家关于人才工作的重大战略思想和方针政策，积极推广省内外人才工作的创新做法和先进经验，大力宣传长期扎根陇原大地、立足本职岗位、创新创业奉献的先进事迹和人才典型，进一步激发广大人才奋发有为、干事创业的蓬勃热情，在各地方、各行业、各领域、各单位形成惜才、爱才、敬才、用才的良好风尚，在全社会营造“尊重劳动、尊重知识、尊重人才、尊重创造”的浓厚氛围。

中共甘肃省委

甘肃省人民政府

2014年12月15日

甘肃省人民政府
关于支持兰州新区引进高层次人才政策的意见

（甘政发〔2014〕28号）

为进一步加强兰州新区高层次人才引进和服务工作，打造“人才高地”，推动兰州新区建设中国高新技术产业基地、创新基地、成果转化基地，根据《甘肃省中长期人才发展规划（2010—2020年）》（甘发〔2010〕17号）和《甘肃省人民政府关于支持兰州新区开发建设政策的意见》（甘政发〔2012〕135号），结合兰州新区人才现状和需求实际，特提出如下支持政策意见。

一、引进对象

（一）引进的高层次人才主要是指以兰州新区范围内企事业单位为主体（包括各类产业园区、非公有制经济组织和其他社会组织），经兰州新区管委会认定，从兰州新区以外引进的兰州新区经济社会发展急需紧缺、与兰州新区签订3年以上工作合同的副高级及其以上专业技术职称的各类创业创新、经营管理和实用技术人才。

（二）引进的高层次人才团队主要是指以兰州新区范围内企事业单位为主体（包括各类产业园区、非公有制经济组织和其他社会组织），经兰州新区管委会认定，从兰州新区以外引进的由高层次人才领军、具有自主知识产权、在兰州新区独资或合资创办企业并有望形成兰州新区新的经济增长点的创新创业人才团队，以及能够在兰州新区重点产业发展、关键技术创新方面实现突破的实用型和经营管理类人才团队。

二、安居政策

（三）为引进高层次人才提供专家公寓或发放住房补贴。与用人单位签订5年以下劳动（聘用）合同的高层次人才可享受200平方米的专家公寓。与用人单位签订5年及以上劳动（聘用）合同的高层次人才，可每人一次性给予200万元的安家补助。

（四）根据兰州新区总体规划和社会需求，引入优质教育资源，建设适应兰州新区发展和服务高层次人才的各类中小学、幼儿园，解决高层次人才子女入学问题。高层次人才子女需在兰州新区入学的，由兰州新区教育主管部门协调安排优先入学，不得收取教育收费政策规定以外的费用。

（五）按照双向选择原则，解决高层次人才配偶就业问题。高层次人才配偶愿意在兰州新区就业的，由高层次人才用人单位积极帮助安排工作；用人单位确有困难的，兰州新区组织人社部门可推荐到公益性岗位就业。

三、科研政策

（六）在兰州新区设立的国家级工程技术研究中心和重点实验室，经兰州新区管委会审核批准，一次性给予500万元奖励；设立的省级企业工程技术研究中心，一次性给予200万元奖励；对新建的院士专家工作站，一次性给予100万元资金支持，并按进站院士人数人均每年给予5万元工作经费；对重点产业领域的骨干企业组建博士后科研工作站、博士后创新实践基地，一次性给予10万元资金支持，并按进站博士后科研人员人数人均每年给予5万元工作经费。

（七）对由高层次人才主持的兰州新区重点产业科技创新项目，经兰州新区管委会审核确认，可给予300万元科研启动经费；对由高层次人才主持并获得国家及国家部委、甘肃省科技计划资助的重大科研项目，兰州新区按国家、省上规定比例配套资助。在项目研发过程中需使用国内公共技术服务平台大型仪器设备的，给予实际使用费用30%的资助。

（八）对高层次人才科研成果转化为社会产品且属于全省各级政府采购目录的产品，在同质同价的基础上优先采购使用。

四、创业政策

（九）兰州新区要设立科技人才创业园，搭建微型企业、中小企业孵化平台，为高层次人才到兰州新区创业提供办公场所和政策咨询、风险评估、人员培训、技术研发、投融资等相关配套服务，大力发展科技金融、科技保险，降低创业风险，提高创业成功率。

（十）兰州新区要设立科技创新创业政府引导性基金，支持各类高层次人才携带科技成果和高新技术项目来兰州新区创业发展。对高层次人才创办高新技术企业所发生的固定资产投资贷款利息，经兰州新区管委会审核批准，可按贷款基准利率计算的贷款年利息的25%给予补贴，同一企业累计贴息总额不超过100万元。

五、培训政策

（十一）用人单位要每年资助高层次人才参加国内外专业技术培训，并给予培训费用60%的资助；鼓励企业开展内部培训，积极为高层次人才参加短期培训、专题讲座、考察学习、远程教育、进修深造等创造条件。

（十二）高层次人才在一年内可向用人单位申请享受1次研修。研修地在国外的，用人单位按每人1万元给予补贴；研修地在国内的，用人单位按每人5000元给予补贴。

六、激励政策

（十三）支持引进人才团队广泛开展与行业协会、中介组织等机构的合作，整体引进的具有高端研发、产品试制、产业化运作能力和先进技术、管理、营销水平的一体化高层次人才团队，经兰州新区管委会认定，可给予不低于200万元的项目转化扶持资金。

（十四）探索推行股权、期权激励制度，创新业绩考评、人才评价机制。鼓励各类企业将高层次人才或团队的专利、发明、技术和管理等生产要素作为企业的前期投资，按产生效益和贡献参与分配。同等条件下，省直相关部门对兰州新区在职称申报、课题立项、项目评审、评先选优、经费申请等工作方面，可简化程序，优先受理、优先推荐、优先审批。支持兰州新区各类高层次人才申报科技项目、参加人才项目评选。

（十五）兰州新区管委会要适时对兰州新区开发建设做出突出贡献的高层次优秀人才给予奖励，具体奖励标准和办法由兰州新区管委会研究确定。在此基础上，对获得国家级人才奖项的，再给予10万元奖励；对获得省级人才奖项的，再给予5万元奖励；同时获国家级和省级人才奖项的，按就高奖励和不重复原则执行。

七、税收政策

（十六）对引进的高层次人才按照国家统一规定取得的一次性安家补助免征个人所得税；对高层次留学人员和海外科技专家到兰州新区工作、进境合理数量的生活自用物品，按照国家现行政策规定执行。

（十七）高层次人才创办的企业，经认定为国家需要扶持的高新技术企业的，减按15%税率征收企业所得税；从事技术转让、技术开发以及与之相关的技术咨询、技术服务所得，符合国家税收法律法规规定的，免征增值税；在一个纳税年度内，从事技术转让所得不超过500万元的，免征企业所得税；超过500万元的部分，减半征收企业所得税。

八、保障政策

（十八）对进入兰州新区党政机关和事业单位工作的高层次人才，在编制上予以特殊保障，在职位上可设置特殊岗位；需担任专业技术职务的，不受岗位数额限制；外语和计算机应用能力可不作为晋升职称否决条件；有突出贡献的，可破格提拔或晋升专业技术职务。对引进到党政机关专业技术岗位的高层次人才，可实行聘任制，岗位职务、薪酬可由用人单位与本人协商确定；对引进到企事业单位和各类经济、社会组织的高层次人才，经协商可采取岗位绩效工资制、年薪制、协议工资制、效益工资制、项目工资制、成果工资制等办法给付薪酬。

（十九）积极培育优质医疗资源，保障各类高层次人才就医需求。引进的高层次人才参加兰州市医疗保险的，发放专门医疗保健证，作为医疗照顾人员，享受医疗照顾政策。每年为兰州新区开发建设做出突出贡献或取得显著科研成果和经济效益的高层次人才，在定点医院进行一次免费健康体检。

（二十）实施高层次人才疗养制度，兰州新区管委会每年为高层次人才提供不少于15个工作日的省外疗养。

（二十一）建立高层次人才意外救助机制，在高层次人才遭遇重大突发事件或重大变故挫折时，由兰州新区管委会会同用人单位进行特殊救助帮扶。

（二十二）建立健全法律服务机制，优先为高层次人才提供法律咨询、法务代理、纠纷维权等法律服务，营造良好法治环境。

（二十三）设立兰州新区人才发展专项资金。主要用于高层次人才引进、培养、资助、奖励等。吸引国内外各类组织和个人对人才发展进行投入，形成多元化的人才开发投入机制。

（二十四）加强人才交流服务、人才实训鉴定等平台建设，大力发展人才招聘、档案托管、用工登记、就业培训以及人事代理、人才派遣、薪酬设计、人才猎头等业务，为引进人才和用人单位提供优质服务。

九、有关要求

（二十五）本意见所涉及的各项资金，由兰州新区管委会在省政府和兰州市政府每年给予兰州新区的开发建设专项资金中统筹安排。政府投入高层次人才和团队的资金占用人单位相应股份，从产生效益的第3年起，参与利润分红。

（二十六）引进重点产业领域急需紧缺人才或重大人才项目可采取一事一议的方式研究确定。

（二十七）本意见与现有其他人才政策不一致的，按就高原则执行，同一项目不重复享受同一类优惠政策。

（二十八）本意见适用于兰州新区范围内各级党政机关、各类企事业单位和各类经济社会组织，由兰州新区管委会制定实施细则并组织实施。

附件：支持兰州新区引进高层次人才政策职责任务分工表（略）

甘肃省人民政府
2014年3月21日

甘肃省人民政府
关于进一步优化中小微型企业发展环境的意见

（甘政发〔2014〕111号）

为认真贯彻落实《国务院关于扶持小型微型企业健康发展的意见》（国发（2014）52号）和2014年9月17日、11月15日国务院常务会议精神，进一步优化中小微型企业发展环境，推动创业创新，促进中小微型企业快速健康发展，提出以下意见：

一、营造中小微型企业政策环境

（一）进一步加大简政放权力度。加快清理不必要的证照和资质、资格审批，为中小微型企业降门槛、除障碍。凡没有明确规定必须由省、市州级行政主管部门承担的行政审批事项，一律下放到县市区。坚持“非禁即准、非限即许”原则，除法律法规明确禁止或限制的行业外，市场主体可依法平等进入各类投资领域。投资项目实行告知备案、审批事项限时办结制度，凡涉及审批事项的部门要向社会公示办结流程及时限，并在规定期限或承诺期限办结。（牵头部门：省审改办、省发展改革委，配合部门：省政府有关部门）

（二）实行收费清单制度。加强涉企收费管理，建立中小微型企业减负长效机制，出台全省统一的涉企收费清单，严格控制收费项目和数量，进一步提高收费政策的透明度，对保留的行政事业性收费、政府性基金和实施政府定价或指导价的经营服务性收费，实时对外公开，清单外的收费一律取消。（牵头单位：省财政厅、省发展改革委，配合部门：省政府有关部门）

（三）不得实行垄断干预。不得强制指定涉及中小微型企业财务审计、法律咨询、安全评价、节能评估、环境影响评价、消防安全、卫生等方面的第三方服务机构，除国家有明确规定必须指定购买的特种产品外，不得指定中小微型企业购买任何相关产品和有偿服务。支持中小微型企业以银行承兑汇票缴纳水、电、燃气等费用。（牵头单位：省发展改革委、人行兰州中心支行，配合部门：省政府有关部门）

（四）政府采购向中小微型企业倾斜。负有编制部门预算职责的单位，在满足机构自身运转和提供公共服务基本需求的前提下，应当预留本部门年度政府采购项目预算总额的30%以上，专门面向中小微型企业进行采购，其中预留给小型和微型企业的比例不低于60%。鼓励大中型企业与小微型企业组成联合体共同参加政府采购活动，联合协议中约定小微型企业的协议合同金额占到联合体协议合同总金额30%以上的，可给予2%—3%的价格扣除。（牵头单位：省财政厅、省公共资源交易局）

二、营造中小微型企业融资环境

（五）落实企业融资服务优惠政策。对于直接与贷款挂钩、没有实质性服务内容的收费项目，一律予以取消。严禁“以贷转存、存贷挂钩”等变相提高利率、加重中小微型企业负担的行为。进一步规范企业融资过程中担保、评估、登记、审计、保险等中介机构的收费行为和工作时限。金融机构要加快受理审批中小微型企业贷款申请，不断优化信贷流程，简化审批程序，缩短审批时间，提高贷款办理效率；在审慎经营的原则下，开展对评估机构的考察筛选，对操作规范、信誉良好的评估机构，要建立合作准入的名单制管理。中小微型企业在银行贷款、直接融资需要进行抵押质押登记时，可自主选择符合金融机构准入条件的评估机构，金融机构不得指定评估机构对抵押物进行评估。（牵头单位：甘肃银监局、人行兰州中心支行、省政府金融办，配合部门：各金融机构）

（六）实行差别化审批监管。加大对中小微型企业贷款支持力度，在风险总体可控的前提下，确保中小微型企业贷款增速不低于当年各项贷款平均增速，增量不低于上年同期水平。加强中小微型企业综合金融服务覆盖率、贷款覆盖率和申贷获得率的考核。进一步优化商业银行对中小微型企业贷款管理，通过提前进行续贷审批、设立循环贷款等方式，对达到标准的中小微型企业直接进行滚动融资。通过实行年度审核制度等措施，减少企业高息“过桥”融资。对中小微型企业贷款实行差别化监管，不良率容忍度可比一般贷款不良率高出2—3个百分点。（牵头单位：甘肃银监局、人行兰州中心支行、省政府金融办，配合部门：各金融机构）

（七）加快发展中小金融机构。鼓励大型国有银行充分利用机构和网点优势，加大对中小微型企业金融服务专营机构的建设力度，单列中小微型企业信贷计划。积极推行民间资本发起设立中小银行等金融机构，稳妥发展面向小微型企业和“三农”特色的中小金融机构。（牵头单位：省政府金融办，配合部门：甘肃银监局、人行兰州中心支行）

（八）建设中小微型企业信息服务系统，促进中小微型企业信用体系建设。通过信息公开共享，利用大数据、云计算等现代信息技术，推动政府部门和银行、证券、保险等专业机构提供更有效的服务。定期发布诚信企业信用等级评价结果，对诚信度较高的中小微型企业，各金融机构根据信用贷款发放条件，直接授予相应的信用贷款额度。逐步增加适合中小微型企业特征的动产、存货、应收帐款、知识产权等弱担保方式比重。（牵头单位：省工信委、人行兰州中心支行，配合部门：甘肃银监局）

（九）大力发展中小微型电子信贷。依托各金融机构，搭建针对中小微型企业的电子融资平台，拓宽资金募集渠道，为中小微型企业提供"金额小、期限短、随借随还"的金融服务。（牵头单位：人行兰州中心支行、省政府金融办，配合部门：省商务厅、省工信委、各银行业金融机构）

（十）落实中小微型企业融资担保相关税收政策。对符合条件的中小微型企业信用担保（再担保）机构免征营业税，融资担保机构在办理抵押登记时按同金融机构平等对待。2015年12月31日前，对符合条件的中小微型企业信用担保机构，按照不超过当年年末担保责任余额1%的比例计提担保赔偿准备，允许在企业所得税税前扣除，同时将上年度计提的担保赔偿准备余额转为当期收入；按照不超过当年担保费收入50%的比例计提的未到期责任准备，允许在企业所得税税前扣除，同时将上年度计提的未到期责任准备余额转为当期收入；其实际发生代偿损失，符合税收法律法规关于资产损失税前扣除政策规定的，应冲减已在税前扣除的担保赔偿准备，不足冲减部分据实在企业所得税税前扣除。（牵头单位：省国税局、省地税局、省财政厅）

三、营造中小微型企业创业环境

（十一）鼓励创办中小微型企业。积极推进企业登记制度改革，依法放宽市场主体住所（经营场所）登记条件，实行注册资本认缴登记制，实行"先照后证"。取消或暂停征收依法合规设立、但属于政府提供普遍公共服务或体现一般性管理职能的收费，包括企业、个体工商户注册登记费等12项收费。自2015年1月1日起，对小微企业免征组织机构代码证书费等42项行政事业性收费。2015年1月1日至2017年底，对月销售额或营业额不超过3万元的小微企业，自登记注册之日起3年内免征教育费附加、文化事业建设费等5项政府性基金。鼓励中小微型企业进入工业园区，各工业园区在规划中要预留中小微型企业的用地用房。对中小微型企业项目用地在年度用地计划指标中优先给予安排，对符合《甘肃省优先发展目录》和《农产品初加工项目目录》且用地集约的工业项目，在确定土地使用权出让底价时，按照《全国工业用地出让最低价标准》，以不低于所在地土地类别相对应的70%执行。（牵头单位：省工商局、省发展改革委、省国土资源厅，配合部门：省财政厅、省工信委）

（十二）简化个体工商户转型升级为企业的程序。按照"一注一开"的原则和程序办理，可保留原个体工商户的字号及行业特点。在经营场所（住所）不变并在有效期内，原登记前置许可的有效证件、经营场所证明可以继续使用；因"个转企"而发生的土地、房屋权属名称变更，不视为交易。对"个转企"的小微企业给予不低于5年的过渡期，在过渡期内企业社会保险保持原有缴费方式不变。（牵头单位：省工商局，配合部门：省国税局、省地税局、省人社厅）

（十三）促进创业带动就业。2016年12月31日前，对持《就业失业登记证》（注明"自主创业税收政策"或附着《高校毕业生自主创业证》）人员从事个体经营的，在3年内按每户每年9600元为限额依次扣减其当年实际应缴纳的营业税、城市维护建设税、教育费附加、地方教育附加、价格调节基金和个人所得税；对商贸企业、服务型企业、劳动就业服务企业中的加工型企业和街道社区具有加工性质的小型企业实体，在新增加的岗位中，当年新招用在人力资源社会保障部门公共就业服务机构登记失业一年以上且持《就业失业登记证》的人员，与其签订1年以上期限劳动合同并依法缴纳社会保险费的，在3年内按实际招用人数予以定额依次扣减营业税、城市维护建设税、教育费附加、地方教育附加、价格调节基金和企业所得税优惠，定额标准为每人每年5200元。税收优惠政策在2016年12月31日未享受满3年的，可继续享受至3年期满为止。对安排残疾人就业未达到规定比例、在职职工总数不超过20人的小微企业，自登记注册之日起3年内免征残疾人就业保障金。对养老和医疗服务机构建设减免土地复垦费、房屋所有权登记费等7项收费。继续对高校毕业生、登记失业人员、残疾人和复转军人自主择业创业，免收管理、登记和证照类行政事业性收费。（牵头单位：省财政厅、省人社厅、省国税局、省地税局、省残联、省国土资源厅、省建设厅）

（十四）加大财政支持力度。逐年增加省级中小企业发展专项资金规模，其中用于小微企业的比例应不低于80%，重点支持中小微型企业创业孵化基地建设、融资、服务体系建设和技术改造。对吸纳就业困难人员就业的中小微型企业，按相关规定给予社会保险补贴。（牵头单位：省财政厅、省工信委，配合部门：省人社厅）

（十五）落实税收优惠政策。2014年10月1日起，月销售额或营业额不超过3万元的小微型企业，暂免征收增值税、营业税。2014年1月1日至2016年12月31日，将享受减半征收企业所得税优惠政策的小型微利企业范围由年应纳税所得额低于6万元（含6万元）扩大到年应纳税所得额低于10万元（含10万元）。对小微企业从事国家鼓励类项目，进口自用且国内不能生产的先进设备，免征关税。自2014年11月1日至2017年12月31日，对金融机构与小微型企业签订的借款合同免征印花税。（牵头单位：省国税局、省地税局、省财政厅、兰州海关）

（十六）支持中小微型涉农企业创业发展。凡从事畜牧业、种植业、林果业等特色优势产业生产、加工、营销的中小微型企业，落实财政、税收、金融、土地、水电等扶持政策。鼓励和引导工商资本到农村发展适合企业化经营的现代种养业，向农业输入现代生产要素的经营模式。对进行陇药种植和精深加工的中小微型企业，给予优先扶持。（牵头单位：省农牧厅、省工信委）

（十七）加快中小微型企业公共服务体系建设。到2015年，全面建成1个省枢纽服务平台、14个市州综合窗口平台和7个产业集聚区综合窗口平台，形成具有创业、信息、技术、培训、人力资源、法律、融资等特色服务功能，互联互通、资源共享、服务协同、功能完善，覆盖全省的中小微型企业公共服务网络。（牵头单位：省工信委、省财政厅）

四、营造中小微型企业创新环境

（十八）加快企业设备更新和科技研发创新。对生物药品制造业，专用设备制造业，铁路、船舶、航空航天和其他运输设备制造业，计算机、通信和其他电子设备制造业，仪器仪表制造业，信息传输、软件和信息技术服务业等行业企业，2014年1月1日后新购进的固定资产，可缩短折旧年限或采取加速折旧的方法。对上述行业的小型微利企业2014年1月1日后新购进的研发和生产经营共用的仪器、设备，单位价值不超过100万元的，允许一次性计入当期成本费用在计算应纳税所得额时扣除;单位价值超过100万元的，可缩短折旧年限或采取加速折旧的方法。对所有行业企业2014年1月1日后新购进专门用于研发的仪器、设备，单位价值不超过100万元的，允许一次性计入当期成本费用在计算应纳税所得额时税前扣除；单位价值超过100万元的，可缩短折旧年限或采取加速折旧的方法。符合上述条件的企业最低折旧年限不得低于企业所得税法实施条例第六十条规定折旧年限的60%，加速折旧方法可采取双倍余额递减法或者年数总和法。对所有行业企业持有的单位价值不超过5000元的固定资产，允许一次性计入当期成本费用在税前扣除。（牵头单位：省财政厅、省国税局、省地税局）

（十九）鼓励企业建立技术研发机构。企业开发新产品、新技术、新工艺所发生的研究开发费，未形成无形资产计入当期损益的，在按照规定据实扣除的基础上，按照研究开发费用的50%加计扣除；形成无形资产的，按照无形资产成本的150%摊销。（牵头单位：省国税局、省地税局）

（二十）加强产学研协同创新。鼓励支持科研机构、高等院校和重点企业作为开放科研设施机构，为中小微型企业实施创新提供研发设计、检验检测、大型共用软件、人才培训等服务。组建一批产业技术联盟，开展行业关键共性技术研发，解决中小微型企业发展中的技术难题。（牵头单位：省科技厅、省工信委、省教育厅）

（二十一）鼓励支持科研机构、高等院校的科技人员创办科技型中小微型企业或离岗到中小微型企业创业。经本单位同意，离岗创业期间允许在一段时间内保留原专业技术职务资格、人事关系和其他待遇，具体内容可由其本人与原单位以合同形式约定，但离岗时间最长不超过2年。离岗期满或者离岗期间，本人不愿意回原单位的，按有关政策规定办理辞职、解除合同约定及相关手续。辞职、解除合同约定后，个人档案转入人才市场统一管理。辞职前原单位按国家规定未开展养老保险统筹的工作年限视为社会保险缴费年限，所需养老保险个人账户补助资金部分按相关政策规定的经费来源渠道解决。高校毕业生到中小微型企业就业期间，相关公共就业人才服务机构免费保管档案。（牵头单位：省人社厅、省科技厅）

（二十二）实施股权激励。对有突出贡献的科技人员和经营管理人员，通过科技成果入股、科技成果收益分成、科技成果折股、股权奖励、股权出售、股票（份）期权等方式进行激励，推动科技成果转化和产业化。（牵头单位：省工信委、省科技厅）

（二十三）鼓励制造企业分离发展生产性服务业。分离后的生产性服务企业在不改变土地权属关系、符合土地利用总体规划和城镇规划的情况下，经批准建设的生产性服务业项目，符合规定的减免城市基础设施配套费。（牵头单位：省发展改革委、省建设厅、省工信委）

（二十四）推动中小微型企业两化融合，提高中小微型企业生产制造、运营管理、市场开拓的信息化应用水平。依托全省中小企业公共服务平台网络体系，搭建全省电子商务公共服务平台和特色产业电子商务交易平台。根据市州产业特点、区域优势，扶持电商企业加快发展，重点打造一批电子商务功能区。利用电子商务平台在各县市区布局建设电子超市，形成属地化的购物门户；支持电商物流企业在全省建设消费品物流周转库，为全省消费品生产企业提供高效储存、配货、快递、收件等物流服务。（牵头单位：省工信委、省商务厅）

甘肃省人民政府

2014年11月25日

甘肃省人民政府办公厅
关于着力缓解企业融资成本高问题的实施意见

（甘政办发〔2014〕175号）

为深入贯彻落实《国务院办公厅关于多措并举着力缓解企业融资成本高问题的指导意见》（国办发〔2014〕39号）精神，进一步完善工作措施，着力缓解企业融资成本高问题，促进金融与实体经济良性互动，经省政府同意，现提出以下实施意见。

一、扩大信贷有效供给

全面落实与中央金融机构签署的战略合作协议，争取各银行总行对我省从信贷计划、发债融资等方面给予多元化的金融支持。积极争取支农支小再贷款、再贴现限额，充分发挥“定向降准”对金融机构贷款投放的导向、激励作用，为货币信贷总量合理适度增长提供流动性支持。鼓励和支持金融机构发行专项用于小微企业和“三农”的金融债。推动金融机构开展信贷资产证券化，盘活信贷资产存量，提高资金周转效率。支持地方银行业金融机构持续补充资本，增强贷款投放能力。（责任单位：人行兰州中心支行、甘肃银监局）

二、加大对实体经济的支持

金融机构要不断创新金融产品，紧紧围绕推进“丝绸之路经济带”甘肃段、循环经济示范区、华夏文明传承创新区、国家生态屏障综合试验区和兰州新区开发建设，以及战略性新兴产业等重点领域的融资支持。各银行业金融机构要根据不同企业的特点和生产周期，在贷款期限、利率定价和现金流测算等方面提供差异化的信贷产品；对生产经营正常、贷款不逾期、不欠息的企业要提供持续、稳定的信贷支持；对生产经营正常但因“短贷长投”出现暂时流动性困难的企业要合理采用期限调整、分期偿还贷款本金等还款方式，减轻企业还款压力；对产能过剩行业中有市场、有效益且符合信贷条件的企业要给予融资支持，不搞“一刀切”。同时，要加强对中小企业的金融辅导，促进票据贴现、贷款承诺、信用证、保函等各类表内外授信工具的综合运用，提高资金使用效率。各有关部门要健全完善全省项目融资信息平台，促进企业与金融机构充分对接，提高项目贷款的可获得性。（责任单位：甘肃银监局、人行兰州中心支行、省政府金融办、省发展改革委、省财政厅）

三、降低企业融资成本

银行业金融机构要认真贯彻落实《商业银行服务价格管理办法》，坚决取消不合理收费项目，降低过高的收费标准；要实行收费项目、服务质价、优惠政策和效用功能公开，严禁以贷转存、存贷挂钩、以贷收费、浮利分费、借贷搭售、一浮到顶、转嫁成本等加重企业负担的行为，特别是对于发放贷款收取利息应尽的工作职责，不得再分解设置收费项目。要研究制定提高审批效率、下放信贷审批权限和适当放宽续贷审批、循环贷款、年审制贷款等具体措施，切实降低企业融资成本。各有关部门要规范企业融资过程中担保、评估、登记、保险等中介机构和有关部门的收费行为，严格按标准收费，取消各种不合理收费；积极组织开展对银行和相关中介机构的收费情况现场检查，对检查发现的违规问题依法依规严肃处理。（责任单位：甘肃银监局、省发展改革委、省工信委、省国土资源厅、省建设厅、省工商局、省政府金融办、甘肃保监局）

四、对小微企业贷款实施差别化监管

金融监管部门要切实落实小微企业贷款存贷比考核优惠政策，对运用支小再贷款和小微企业专项金融债券募集资金发放的小微企业贷款不纳入存贷比考核，对小微企业贷款不良率实行差异化考核，适当提高容忍度。落实支小再贷款和再贴现考核政策，各银行业金融机构借用再贷款期间的小微企业贷款增量要不低于借用的再贷款总量，贷款加权平均利率低于其他同期同档次小微企业贷款加权平均利率。各银行业金融机构应单列小微企业信贷计划，适当提高分支机构小微企业客户增量授信权限，扩大分支机构对小微企业业务自主权。（责任单位：甘肃银监局、人行兰州中心支行、省政府金融办）

五、规范整顿各类融资通道

金融机构要深入贯彻落实国务院《关于加强影子银行监管有关问题的通知》（国办发〔2013〕107号）精神，建立单独的理财业务组织机构和管理体系，强化全业务流程监管，严密监测贷款资金流向，防止违规挪用。信托公司不得开展非标准化理财资金池等具有影子银行特征的业务。金融机构之间的交叉产品和合作业务，必须以合同形式明确风险承担主体和通道功能主体。各有关部门要进一步健全完善融资性担保公司、小额贷款公司、典当行、投资公司、融资租赁公司业务规范，严肃查处违规吸收存款和发放高利贷行为。（责任单位：甘肃银监局、人行兰州中心支行、省政府金融办、省发展改革委、省工信委、省商务厅、省工商局）

六、加强对金融机构经营评价考核

银行业金融机构不得设立时点性存款规模考评指标，不得设定单纯以存款市场份额或排名为要求的考评指标，分支机构不得层层加码提高考评标准及相关指标要求。金融监管部门要加强检查督促，加大惩处力度，遏制商业银行存款“冲时点”、变相高息揽储等非理性竞争行为，规范市场定价竞争秩序；通过科学的绩效考核评价，引导金融机构优化内部考核机制，合理设定利润等目标，纠正单纯追逐利润、攀比扩大资产规模的经营理念；开展综合信贷政策导向评估，引导金融机构优化信贷投向。（责任单位：甘肃银监局、人行兰州中心支行、省政府金融办）

七、健全企业贷款风险补偿和化解机制

建立以政府为主导、金融机构共担的小微企业和“三农”贷款风险补偿机制。加快中小企业信用体系建设，研究建立省级信用再担保公司，进一步完善融资担保体系，降低金融机构贷款风险。建立牵头银行协调制度，对在多家银行均有贷款的风险企业，由贷款资金最多的债权银行作为牵头银行，与其他各债权银行建立企业风险化解联动机制，加强信息沟通，“一致行动”“同进共退”，推动风险企业的债务重组、资产处置和风险化解等工作，防止个别债权银行单方面抽贷、压贷而引发资金链断裂风险。各级政府及有关部门要主动配合牵头银行，支持建立企业风险化解联动机制，特别是对因涉及民间高利贷导致经营困难、资金链断裂的企业要及时介入，通过停止支付高息、已付高息抵扣本金等措施予以化解；对采用暴力逼债、追债等违法的高利贷发放者要坚决予以打击，涉嫌犯罪的要移送司法机关追究刑事责任。（责任单位：省政府金融办、省财政厅、甘肃银监局、人行兰州中心支行、省公安厅）

八、积极发展中小金融机构

加快推进全省农村合作金融机构改革，优化产权结构和治理机制。支持甘肃银行和兰州银行加快发展，引导金融机构向基层延伸服务。积极争取开展民营银行试点。大力培育村镇银行等新型金融机构。鼓励县域政策性融资担保机构持续补充资本金，并在整合资源的基础上，吸引民营资本参与。支持组建主要服务小微企业和“三农”的融资租赁公司。鼓励和支持省属大型企业集团成立财务公司，拓宽企业融资渠道，降低融资成本。（责任单位：甘肃银监局、省财政厅、人行兰州中心支行、省工信委、省政府金融办、省商务厅）

九、推动企业扩大直接融资

加大宣传和引导力度，进一步增强企业利用多层次资本市场融资的意识，不断提升企业运用多种直接融资工具的能力。组织推动省内企业分步实现在主板、中小板、创业板上市和在全国中小企业股份转让系统、区域性股权交易市场等不同层级市场间挂牌、交易、融资，鼓励和支持中小微企业通过发行集合债券（票据）、私募债实现融资。建立省市县三级政府分担的小微企业集合债券（票据）风险缓释基金，并研究出台具体管理办法，确保规范运行。设立政府产业发展引导资金，吸引政府、各类机构及企业积极参与，并以直接投资、信贷投放、担保增信等方式，支持传统优势产业、战略新兴产业等重点产业转型升级和加快发展。出台促进区域性股权交易市场发展的指导性意见，支持甘肃股权交易中心为企业提供多元化、低成本的融资服务。加强对证券公司资管、直投、理财等业务的检查指导，强化与实体经济的直接对接。积极探索企业资产证券化，盘活存量资产，壮大企业发展实力。（责任单位：甘肃证监局、省发展改革委、人行兰州中心支行、省财政厅、省政府金融办）

十、积极推进利率定价机制建设

积极开展地方法人金融机构合规审慎评估，为参与市场利率报价及同业存单发行奠定基础。通过对地方法人金融机构利率定价能力进行评估和指导，推动其积极参与银行间同业拆借市场交易，切实提升利率风险定价理念和定价能力，积极适应利率市场化改革进程。（责任单位：人行兰州中心支行）

各地、各有关部门和单位要切实加强组织领导，密切衔接协调，注重分工协作，形成工作合力，切实抓好各项政策措施的组织落实，积极促进企业融资成本不断降低。

甘肃省人民政府办公厅

2014年10月31日

青海省引进人才智力实施办法

（青人社厅发〔2014〕99号）

第一章 总 则

第一条 为深入贯彻落实《青海省“昆仑英才”计划实施办法》，全面推进人才强省战略，进一步加大人才智力引进力度，吸引各类优秀人才服务青海经济社会发展，制定本办法。

第二条 引进重点为高层次人才和急需紧缺人才。包括：

1．省（部）级重点学科、重点实验室、企业技术研发中心学术技术带头人和优秀拔尖人才。

2．研究生毕业并获得博士学位或具有正高级职称的专业技术人才。

3．研究生毕业并获得硕士学位或具有副高级职称的紧缺专业技术人才。

4．企业急需的高级技能人才和复合型经营管理人才。

5．拥有专利、发明或专有技术的人才。

6．我省急需紧缺的其他类人才。

第三条 高层次人才的认定，以国家有关部委公布的名单、国家承认的国民教育学历学位证书或以相关专业职称评审委员会评审、行政管理部门颁发的资格证书为准；急需紧缺人才的认定，以近两年省政府人力资源管理部门发布的《青海省人才需求目录》为准，且为省内人力资源市场暂不能提供的人才。

第四条 凡我省急需的各类人才、智力，可采取调动方式引进，亦可采取柔性流动的方式引进，即：不受其户籍、档案、人事关系等方面的限制，依法与之签订聘用（劳动）合同或者工作项目协议，或与其所在单位以及人才中介服务机构签订租赁或派遣协议。具体可采取以下方式：

（一）不变更户籍关系，到我省企事业单位长期工作。

（二）不转入任何关系，在我省重点领域、重点工程、重点项目中从事某方面的管理和科研、技术创新工作。

（三）在我省各类企业、高校、科研院所和重点实验室从事兼职、咨询、讲学或者担任顾问、名誉职务等。

（四）在我省开展专利、专有技术、科研成果推广应用或实施转化。

（五）不来青海工作，利用所在地先进科学技术、设备和资金等条件，与我省各类企业和高校、科研院所进行合作研究；接受我省企事业单位委托，承担项目或课题研究，提供智力服务。

（六）依托所在地区、单位的科研、教育、培训等资源优势，担任青海定向培养的博士、硕士研究生导师和选派的高级访问学者指导教师；利用新型远程技术开展医疗、科技、教育、文化等服务。

（七）用人单位与本人协商确定的其他方式。

第二章 政策待遇

第五条 对符合本办法第二条规定的人员，与用人单位签订工作协议，经省政府人力资源管理部门审核后颁发《青海省引进人才智力聘书》。本人可持聘书到公安机关办理迁移、落户手续；其子女户籍迁入我省的，到教育部门办理入学事宜，可按有关规定在青参加高考。

第六条 引进人才工资报酬可采取下列方式确定：

（一）引进到事业单位的，按照我省现行工资政策确定工资待遇。

（二）引进到企业单位的可采取以下方式确定：

1．通过双方协商的方式实行协议工资。

2．以技术、工作项目为核算单位，实行项目工资。

3．以科技成果作价入股，参与收益分配。

4．给予期股、期权奖励，分享企业红利。

（三）对重要岗位引进的高层次人才，用人单位可发给特殊岗位津贴。所需经费由用人单位自行解决。

第七条 引进的人才来青从事技术转让、技术开发和与之相关的技术咨询、技术服务取得的收入，免征营业税。在省内各经济开发区和工业园区创办企业的，在税收、场租、资金扶持和信息服务等方面享受所在区的优惠政策。

第八条 用人单位对来青定居、长期工作的高层次人才可采取提供周转住房、租房补助和购房补贴等方式解决住房问题。所需经费由用人单位自行解决。

第九条 对符合第二条第1、2款规定的引进高层次人才，在青工作满一年后，在职期间可享受高原工作补贴。其标准为：博士研究生导师每年5万元；硕士研究生导师每年3万元；博士或正高职称人员每年2万元。

第十条 引进人才在青工作期间或以柔性方式为青海服务的，在职称评审、专家选拔、科技成果申报、项目资助、人才表彰奖励等方面，享受本省同类人员的同等待遇。

第十一条 引进人才可在我省参加社会保险。用人单位应按规定为引进人才办理基本养老、基本医疗、工伤、失业、生育等社会保险手续，缴纳社会保险费。

第十二条 对为青海科技进步、经济社会发展以及人才引进做出突出贡献的，取得显著效益的，可参加我省科技奖励和其他表彰奖励活动的评选。

第十三条 对有显著贡献的我省现有人才，经省、市（州）政府批准，可以享受本办法的相关优惠政策。

第三章 管理服务

第十四条 省、市（州）政府安排人才智力引进专项资金，用于支持用人单位引进人才智力、资助引进人才适当科研启动经费等方面。凡报经政府人力资源管理部门批准引进的且符合享受高原工作补贴条件的高层次人才，在青工作满一年后，按单位隶属关系分别由省、市（州）政府人力资源管理部门发放高原工作补贴。

事业单位引进高层次人才高原工作补贴所需经费按财政补助比例由用人单位和同级财政分别承担。企业单位可参照执行，其支出经费列入成本。

第十五条 省、市（州）政府人力资源管理部门要发挥引导作用，支持鼓励用人单位根据人才紧缺情况，扩大引进渠道和范围。

第十六条 经用人单位考核（考察）合格拟引进的人才，须填写《青海省引进人才情况登记表》，并提供与单位签订的合同文本、引进人才身份证、学历（学位）证、专业技术资格证、执业资格证等原件及复印件，由用人单位逐级审核报批。属于省级企事业单位的，经主管部门审核同意后，报省政府人力资源管理部门审核批准。属于市（州）及所属县（区）企事业单位的，经主管部门和同级政府人力资源管理部门审核同意后，逐级上报省政府人力资源管理部门审核批准，并办理相关手续。

第十七条 用人单位对引进人才的履职情况和业绩成果等进行全面考核，考核结果及时上报省人力资源社会保障厅，作为兑现高原工作补贴的依据。省、市（州）人力资源社会保障、财政、教育、科技等相关部门要定期组织相关专家对引进的高层次人才在青发挥作用情况进行综合考核评估，依据评估结果实行动态管理。

第十八条 本办法适用于我省各类事业、企业单位。中央驻青企事业单位可参照本办法规定执行。

第四章 附 则

第十九条 本办法自印发之日起实施。本办法由省人力资源和社会保障厅负责解释。

中共青海省委组织部　青海省人力资源和社会保障厅
青海省经济和信息化委员会　青海省教育厅
青海省财政厅　青海省科技厅
青海省公安厅
2014年9月9日

宁夏回族自治区支持企业引进和培养人才暂行办法

（宁人社发〔2014〕20号）

第一章 总 则

第一条 为充分发挥企业在引进和培养人才方面的主体作用，加快推进企业科技创新，根据《自治区党委人民政府关于进一步发挥现有人才作用和引进急需紧缺人才的若干规定（试行）》(宁党发〔2009〕47号)、《自治区党委 人民政府关于加快推进科技创新的若干意见》（宁党发〔2013〕37号），结合企业引进和培养人才工作实际，制定本办法。

第二条 本办法适用于我区从事高新技术产业、战略性新兴产业和现代服务业企业，重点支持煤炭石油化工、先进装备制造、生物医药、信息技术、新能源、新材料、特色优势农产品生产加工等领域以及金融、经贸、文化创新等。

第三条 企业引进和培养人才应坚持“高端引领，按需引进；专业对口，人岗相适；以用为本，注重实效；多措并举，多方培养”的基本原则。

第四条 本办法所指引进急需紧缺高层次人才，是指从区外引进的具有较强研发能力、较高经营管理水平和一技之长，在我区产业发展、科技攻关和技术进步中能够发挥领军和团队核心作用，与我区相关企业签订劳动合同或聘用合同且实际工作3年以上的各类专业技术人才、企业经营管理人才和高技能人才。

第二章 人才引进

第五条 鼓励企业运用各种方式引进国内外急需紧缺的高层次人才和智力。除规范签订劳动合同外，用人单位可协商以兼职、科研和技术合作、技术入股、合作经营、聘请顾问等柔性方式引进人才。引进的急需紧缺高层次人才，必须遵守国家的法律法规，具有较高的创新能力、专业技术水平或丰富的管理经验，在相关领域取得突出成就，身体健康，一般应具有高级职称或硕士研究生以上学历，重点引进下列人才：

（一）中国科学院院士和中国工程院院士。

（二）国家“千人计划”人选、“国家高层次人才特殊支持计划”人选、“百千万人才工程”国家级人选、国家有突出贡献中青年专家、国家自然科学奖、国家技术发明奖和国家科学技术进步奖一等奖主要完成人及何梁何利奖获得者。

（三）国家杰出青年基金获得者、省（部）级有突出贡献的中青年专家、国家自然科学奖、国家技术发明奖和国家科学技术进步奖二等奖主要完成人、省（部）级科学技术突出贡献奖获得者；中华技能大奖获得者。

（四）享受国务院特殊津贴人员、全国文化名家暨“四个一批”人才、省级以上优秀专家、全国技术能手。

（五）省（部）级及以上科学技术、管理等奖项获得者；省技术能手。

（六）主持或参与过国内外大型科研或工程项目，有较丰富的科研、工程技术、资本运营经验的专家或科技带头人。

（七）国家级或省部级重点实验室、技术中心、工程技术研究中心等研发机构的科研技术骨干。

（八）拥有自主知识产权，其技术成果国内领先，具有较好市场潜力，能够进行成果转化、有望取得较大效益的创新型科技研发人才。

（九）在产业发展、科技攻关、技术进步等方面具有较强研发能力、较高经营管理水平和一技之长，能够发挥领军作用和团队核心作用的我区急需紧缺的高层次专业技术人才、经营管理人才和高技能人才。

（十）其他带资金、带项目、带技术的人才及人才团队。“带资金”是指能为引进企业带来200万元人民币以上科研启动资金；“带项目”是指带来科研、生产项目，并经有关部门评估预测可产生较好经济效益；“带技术”是指拥有专利或专有技术并能进行产业化运作的。

第六条 企业引进符合第五条规定条件的人才与企业签订3年以上服务合同，且从事专业对口的工作，在服务期内，政府给予生活补助和购房补助。第五条第（一）项人员每年生活补助15万元，一次性购房补助50万元；第五条第（二）项人员每年生活补助10万元，一次性购房补助20万元；第五条第（三）项人员每年生活补助5万元，一次性购房补助20万元；第五条第（四）项人员给予一次性购房补助20万元；第五条第（五）项人员给予一次性购房补助15万元；第五条第（六）项人员给予一次性购房补助10万元。一次性购房补助分五年实施。

同时具备两项以上引进条件的，补助标准就高执行，不重复享受。政府生活补助、购房补助由自治区财政和企业所在地政府财政分别承担80%和20%。企业可按照不少于政府补助标准配套住房补助。

第七条 按照第五条第（七）项引进人才，为企业发展做出突出贡献的，经相关部门评估认定，按每人5—10万元的标准，由自治区财政给予企业连续3年的补助。按照第五条第（八）项引进人才，其高新技术项目落地且产生显著经济效益的，投产达产达效后按项目经济效益15%的比例给予企业一次性奖励，资金由受益的市、县（区）共同筹措。

第八条 按照第五条第（九）项引进人才，月薪超过5000元的，自治区政府财政每月按照引进人才月薪的8%比例，给予企业薪金补贴，补贴期限3年。

第九条 对带资金引进的，自治区财政按照20%的比例配套科研启动资金。对带项目、带技术引进的，项目投产达产达效后，按项目经济效益10%的比例给予企业一次性奖励，资金由受益的市、县（区）共同筹措。

第十条 引进人才来宁工作，本人及其配偶、子女、父母户口可随调随迁，在全区范围内自由选择落户地。引进的外籍高层次人才或中国籍回国高层次人才，其外籍配偶和未满18周岁外籍子女，需多次临时入、出境的，可办理5年多次有效、每次停留不超过180天的长期多次签证；需在中国工作或长期居留的，可办理工作签证或2至5年有效的外国人居留证件；符合办理永久居留条件的，可申请办理永久居留手续；符合条件的，颁发来华居留许可和外国专家证。

第十一条 引进的高层次人才其配偶的工作，由用人单位会同当地组织、人力资源社会保障部门协调落实；其成年子女求职就业，由用人单位联系公共就业人才服务机构推荐解决；其未成年子女入托和入学，可在全区范围内优先安排，由用人单位会同当地政府教育主管部门负责落实。其他引进人才的配偶就业由用人单位落实；社会求职的人才配偶，人力资源社会保障部门应给予重点推荐；因单位或项目地偏远，引进人才配偶就业暂时无法实现的，用人单位可以适当方式为其发放生活补贴。

第三章 人才培养

第十二条 支持和鼓励企业采取学历进修、继续教育、实践培养、传帮带等多种形式培养人才。企业应当积极为中青年人才参加国家、自治区重大项目、重点工程建设、科技攻关、项目开发研究等国内外技术交流合作活动创造条件。凡入选自治区重大人才工程的在岗高层次人才、享受政府特殊津贴人员和引进的特殊人才，须在相关企业选定1—2名助手，在协助工作的同时，接受本专业领域的培养锻炼。

第十三条 实施“企业经营管理人才素质提升工程”。每年从列入我区重点产业、战略型新兴产业和部分创新型、科技型的非公有制企业经营管理人才中，选拔1000名高级经营管理人才，分层次重点培训，努力培育具有国际市场开拓能力和经营管理水平的优秀企业家。自治区财政每年安排400万元资金，保障“工程”实施。

第十四条 加大专业技术人才知识更新工程向企业倾斜的力度，资助企业单独或企业联合举办高级研修班，支持企业开展急需紧缺人才培训和岗位培训；鼓励企业选派人才参加国家级高级研修班。对取得技师、高级技师职业资格的高技能人才培养企业，自治区财政分别按每人3000元、5000元的标准给予培养企业一次性补助。

第十五条 支持企业与企业，企业与高校、科研机构联合组建人才培养基地，推行以企业为主体、产学研结合的培养模式，支持重点企业、重大产业化项目建立博士后科研工作站、技术研发中心和院士工作站、人才高地、科技创新团队、专家服务基地、高技能人才培训基地、技能大师工作室。企业和高等院校、科研院所组建人才培养基地，符合条件的可以纳入自治区专业技术人员继续教育基地或高技能人才培训基地，按自治区继续教育基地资助标准和职业培训补贴标准补贴。企业或企业联合与高校在宁建立急需紧缺专业硕士、博士教学点的，纳入自治区硕士和博士教学点考核。全区硕士和博士教学点每年考核评估一次，按照不高于15%的比例确定优秀教学点，每个优秀教学点自治区财政给予20万元的一次性奖励，未列入优秀教学点的不再给予补贴。

第十六条 支持企业各类人才在职或脱产攻读硕士、博士研究生。由企业出资进修符合企业主要发展方向的专业硕士研究生以上学历的科技人员，按约定继续在企业服务的，由企业所在地政府给予企业出资的20%的一次性补助，资金由人才工作经费支出。自费到国外留学的在职人员，人事档案由就职单位所在地人才交流服务机构代管，学成后回我区工作的，工龄连续计算。

第十七条 科研成果和工作成绩突出的专业技术人员，具备条件的可破格任职年限1年或外语的条件晋升专业技术职务。对掌握高超技能、取得显著经济效益的企业技能人才，可破格或越级参加技师、高级技师考评或竞赛。引进人才来我区工作后需要评定专业技术职务任职资格的，不受原有专业技术资格、任职年限的限制，根据其工作经历、实际水平、能力、业绩成果，参加相应级别的专业技术职务任职资格评审。

第十八条 企业对急需紧缺或关键岗位上并做出重要贡献的专业技术人才和高技能人才，应当实行协议工资、年薪工资、项目工资等灵活多样的分配办法，激发各类人才的创造活力。鼓励有条件的企业对做出突出贡献的经营管理人才实行期权、股权激励。鼓励建立多元化的分配机制，允许各种生产要素参与分配。

第四章 经费投入和使用管理

第十九条 自治区财政每年安排一定数量的人才资源开发专项资金，专门用于支持企业引进和培养人才，并随财力增加逐年提高。人才资源开发专项资金专款专用，当年结余部分，结转下年使用。

第二十条 本办法各项补助、补贴、资助及奖励支付项目从人才资源开发专项资金列支，由自治区人才办牵头，自治区财政厅、人力资源社会保障厅等部门配合，制定专项资金的使用管理办法，加强资金使用绩效评估，提高资金使用效益。本办法用于人才奖励的费用免征个人所得税。

第二十一条 建立多元化的企业人才引进和培养资金投入渠道。企业应足额提取职工教育经费。鼓励和支持有条件的企业和社会组织设立人才发展基金，用于企业人才的引进、培养和奖励。

第二十二条 实行人才经费申报备案制度。引进人才（或团队）申请各项补助、补贴、资助及奖励，时间以与企业签订劳动合同或服务合同起计算。企业应在每年11月底将本年度引进人才的补助申请，按相应支付渠道逐级报政府人力资源社会保障部门审核，作为人才工作专项经费预算的依据。

第五章 附 则

第二十三条 驻宁中央企业和区内企业之间的人才流动不适用本办法。人才在来我区企业之前取得的学历（学位）提升、技能提升不适用本办法人才培养部分。曾经在我区工作，后又流出宁夏的人才，离开宁夏两年内不适用本办法。已经享受过我区类似奖励补贴补助的人才和企业不适用本办法。

第二十四条 本办法自印发之日起施行。此前的引进和培养人才政策与本办法不一致的，以本办法为准。

第二十五条 本办法由自治区人力资源社会保障厅负责解释。

中共宁夏回族自治区委员会组织部
宁夏回族自治区人力资源和社会保障厅
宁夏回族自治区财政厅
宁夏回族自治区经济和信息化委员会
宁夏回族自治区科学技术厅
2014年5月13日

新疆维吾尔自治区高层次人才引进工作实施细则

（新人社发〔2014〕95号）

第一章 总 则

第一条 为贯彻落实《新疆维吾尔自治区高层次人才引进暂行办法》《自治区高层次紧缺人才引进工程实施方案》，进一步加大高层次人才引进力度，提高引进人才工作的规范性，制定本细则。

第二条 本细则所指的引进人才，是《新疆维吾尔自治区高层次人才引进暂行办法》中通过“特聘专家”岗位从疆外（海外）引进的高层次人才。

第三条 引进人才工作在自治区党委人才工作领导小组领导下，由自治区引进高层次人才工作协调小组（以下简称协调小组）负责，协调小组办公室（以下简称专项办，设在自治区人力资源和社会保障厅）具体承办。

第四条 协调小组的主要职责是负责引进人才工作的统筹协调，研究决定引进人才工作的重要事项，协调解决工作中的重大问题等。专项办的主要职责是负责落实协调小组决定的重要事项，组织引进人才工程的实施，开展引进人才招聘活动和引进人才评选、考核、管理等工作。

第五条 用人单位是引进人才的主体，应拓宽引进人才渠道，积极开展引进人才活动，认真做好引进人才的使用、服务和管理等工作，为引进人才提供良好的事业平台和生活环境。

第二章 需求信息发布

第六条 自治区建立引进人才需求信息发布制度，每年组织用人单位上报引进人才需求信息，经专项办汇总、协调小组同意后向社会公开发布。各地各部门各单位也可自行对外发布引进人才需求信息。

第七条 需求信息的收集。各用人单位结合本单位事业发展需要，提出引进人才特设岗位（计划），按照隶属关系分别上报各地州市人力资源社会保障部门、自治区区直部门。经其初审后，上报专项办。自治区直属企事业单位和中央驻疆单位直接上报专项办。

特设岗位（计划），须明确岗位名称、岗位职责和学历、资历、身份等要求以及提供的薪酬、住房和福利保障等待遇。

第八条 需求信息的审核。专项办对申报部门（单位）上报的引进人才岗位（计划）提出审核意见，提请协调小组研究决定。

第九条 需求信息的发布。专项办根据协调小组的决定意见，以公告形式在相关媒体向海内外公开发布。

第十条 需求信息发布后，用人单位不得无故取消引进人才岗位（计划）或降低相关待遇。

第三章 申报类别与条件

第十一条 引进人才分为全职引进的创新人才、创业人才和柔性引进人才。柔性引进人才是指在不改变与原单位人事关系的前提下，实际为自治区用人单位使用、承担工作任务的疆外（海外）高层次人才及其科研团队。

已入选国家“千人计划”相关项目的人员，不在申报范围。

第十二条 用人单位应与引进人才签订正式聘任（用）合同书或工作（任务）合同书，明确双方的责任和义务。柔性引进人才的工作（任务）合同书中，应明确科研和创新任务、项目资金投入和支付方式及每年应在疆内和疆外累计完成的工作量。

第十三条 申报前，用人单位应认真审核申报人选个人身份和与申报专业领域相关的证明材料，确保相关信息真实准确。

第十四条 创新人才申报条件。

（一）基本条件。

1．拥护中国共产党的领导，爱国爱疆。维护祖国统一，反对民族分裂。职业道德和团结合作精神良好，乐于奉献。

2．具有博士学位或高级以上职称，有一定疆外（海外）工作经历；年龄不超过55周岁。地州市所属单位引进的，可放宽到硕士学位。能够解决关键问题、有重大贡献或带来重大经济社会效益的特殊人才，可不受学历、资历、身份等限制。

3．已在用人单位工作，签订3年以上聘任（用）合同。

（二）专业条件。须符合下列条件之一：

1．掌握核心技术，能够解决自治区重点产业发展中重大技术难题的专业技术人才及其创新团队；

2．在国内外知名企业重要岗位任职，具有丰富企业经营管理经验的高层次管理人才及其管理团队；

3．在国内外知名高校、科研院所、重点实验室、工程技术研究中心等承担科研攻关项目，取得突出研究成果的学术（技术）带头人及其科研团队；

4．在国内外能源化工、卫生医疗、环境保护、文化艺术、交通旅游、城市建设、金融管理、司法管理、社会管理和现代农牧业等领域从事科学研究，具有较高学术（技术）水平和实践经验的专业技术人才及其创新团队。

第十五条 创业人才申报条件。

（一）具有硕士以上学位或高级以上职称，有一定疆外（海外）工作经历；

（二）拥有自主知识产权，创业能力较强，熟悉相关产业领域和国内外通行规则；

（三）领办创办企业满1年且不超过5年，为创办企业的法人代表或占有企业股权30%以上（1家企业只能申报1人）。

第十六条 柔性引进人才申报条件。

（一）获得省（部）级二等奖以上奖励项目的主要完成者或国内外知名专家学者；

（二）承担以自治区用人单位为主体或主要承担单位，经国家或自治区立项的重要科研项目或企业技术攻关项目，项目一般应在3年内完成；

（三）申报时，用人单位已为柔性引进人才及其团队支付了费用。

第四章 申报与评选程序

第十七条 单位推荐。用人单位按隶属关系逐级推荐到各地州市人力资源社会保障部门、自治区区直部门，自治区直属企事业单位和中央驻疆单位直接上报专项办。申报人选需填写《自治区高层次人才引进工程申报书》，并提供以下附件材料：

（一）创新人才：引进人才与用人单位签订的聘任（用）合同书；学历、学位、职称等证件复印件；获得的科技奖励、专利技术、论文著作、企业技术发明和工艺流程改造成果等有关证明材料复印件以及其他需要提交的相关证明材料。

（二）创业人才：学历、学位、职称等证件复印件；获得的科技奖励、专利技术、论文著作等有关证明材料复印件；领办创办企业的工商营业执照、税务登记证书、产品检验合格证书复印件和公司章程、上年度企业财务报表（资产负债表、损益表、现金流量表等）以及其他需要提交的相关证明材料。

（三）柔性引进人才：学历、资历、知名专家身份等证件（证明）复印件；与用人单位签订的工作（任务）合同书；国家级或自治区级合作项目批准文件；用人单位已为柔性引进人才支付的经费证明材料以及其他需要提交的相关证明材料。

第十八条 部门审核。各地州市人力资源社会保障部门、自治区区直部门和直属企事业单位、中央驻疆单位组织学术（技术）委员会或类似机构对申报人的学术（技术）水平进行评价后，将相关材料上报专项办。

第十九条 材料初审。专项办对申报人材料进行分类整理，依据引进人才条件进行初审，提出初审人选名单。

第二十条 专家评审。组成专家评审委员会，成员由有关部门负责同志和各领域专家等担任。评审采取材料评审与面试评审、分组评议与大会评选相结合，以无记名投票的方式进行。

第二十一条 社会公示。对通过专家评审的人选，以一定方式向社会公示。对有异议的，由专项办进行调查核实。

第二十二条 人选确定。专项办将评审有关情况和通过名单向协调小组报告，经研究同意后确定最终入选名单。

第五章 扶持政策与保障措施

第二十三条 引进人才可受聘担任企业、高等院校、科研机构、金融机构等单位高级专业技术职务或中层以上领导职务（外国国籍人员担任法定代表人的除外），担任重大科技项目、工程技术负责人，参与重大项目咨询论证、重大科研计划和重点工程建设等工作。

第二十四条 引进人才担任单位领导或重大科技项目、工程技术负责人，需增加单位领导职数或高级专业技术岗位职数的，可调整单位领导职数或增加高级专业技术岗位。

第二十五条 引进人才申请自治区重点科技项目、科研资助经费的，给予优先支持；对做出突出贡献的，优先作为各类政府奖励候选人。

第二十六条 引进人才的工资待遇由用人单位与本人协商确定，按国家有关规定，可采取年薪制、期权制、股权制、协议工资、岗位工资和绩效工资等收入分配形式，实行知识、技术、资本、管理等生产要素参与收益分配。

第二十七条 依法保护引进人才的知识产权，鼓励其将取得的成果申请国内外专利，支持通过专利转让、技术入股等形式，加快成果产业化。

第二十八条 引进人才可参加各种学术组织、各类政府奖励申报和评选，可参加自治区专业技术资格评定或考试、执业（职业）资格考试和注册登记。引进人才做出突出业绩的，可直接申报高一级专业技术职务任职资格。用人单位可根据工作需要，对引进人才实行低职高聘。

第二十九条 引进人才享受当地同等条件人员医疗待遇，所需医疗资金通过现行医疗保障制度解决。

第三十条 引进人才本人及其配偶参加当地社会保险的，个人缴费部分由用人单位给予全额补助。

第三十一条 引进人才及其配偶、子女，随迁居住需办理落户的，及时办理落户手续；随迁居住、户籍仍保留在原地的，发给自治区居留证，享受当地户籍居民同等待遇。拥有别国永久（长期）居留权、持有中国护照的，可按规定办理本人及其配偶、子女普通护照、往来港澳地区或台湾地区通行证和签注。已加入外国国籍的，可由本人及其外国籍配偶、未满18周岁子女申请，办理5年以内的居留许可或多次“F”（访问）签证，并可按国家有关规定申请《外国人永久居留证》。

第三十二条 引进人才配偶随迁后，由有关部门和用人单位协调安排工作。尚未安排工作期间，由用人单位参照本单位职工平均工资水平发给生活补贴。

第三十三条 引进人才子女入学（托）由当地教育部门优先安排，享受当地学生同等待遇。义务教育阶段的，由其居住地教育部门按照就近入学的原则办理入、转学手续，不收取国家规定以外的费用；学前和高中阶段的，按照当地有关规定执行。

外籍子女申请自治区高校留学，同等条件下，予以优先考虑，可享受奖学金政策。港澳台侨子女参加教育部组织的统一招生考试，录取到自治区高校的，可申请港澳台侨学生定额专项补助和奖学金。

第三十四条 用人单位应积极为引进人才提供住房保障。对住房保障困难的单位，由自治区和各地建设引进人才专家公寓，作为周转房供引进人才居住。愿意购买住房的，可参照当地居民购房政策，按规定购买自住房。未购买自住房的，所在单位应为其提供便于生活、工作的住房或给予相应的租房补贴。申请租赁保障性住房的，不受收入、财产限制，优先予以解决。可按规定在自治区缴存、使用和转移住房公积金。

第三十五条 自治区给予引进的创新人才、创业人才每人40万元的经费支持，对柔性引进人才每人给予30万元的经费支持。支持经费为政府奖励资金，按有关规定应免征个人所得税。

用人单位应为引进人才提供配套经费支持，额度不得低于自治区支持经费标准，可将年薪福利、人才培养、安家补助、厂房租赁和用人单位提供的科研经费、仪器设备等计算在内。

第三十六条 在自治区高层次人才引进工程中设立南疆四地州引进人才专项，适当放宽条件，给予名额单列和政策倾斜。

第六章 经费使用与管理

第三十七条 支持经费主要用于改善引进人才及其团队在疆的工作和生活条件。创新和创业人才的支持经费可用于生活补助，额度控制在30%以内。柔性引进人才的支持经费全部用于工作支出。

工作补助经费的使用范围包括工作启动、团队建设、人才梯队培养、学术技术交流、科研项目申报、专利技术申请、论文著作发表、仪器设备购置、技术研究试验、技术成果推广、团队成员津贴补贴、会议差旅补助、绩效考核奖励、贷款贴息、厂房短期租赁等。

第三十八条 支持经费由专项办一次性拨付给引进人才申报部门（单位），由其拨付给用人单位。创新人才、柔性引进人才的支持经费，分入选和年度考核合格后两次拨付用人单位。创业人才的支持经费，一次性拨付。

第三十九条 在支持经费到位后1个月内，用人单位应与引进人才协商制定用款计划，分别报申报部门（单位）、专项办备案。

第四十条 支持经费的管理期限为3年，用人单位应单独建账，专款专用，不得截留挪用。用人单位于每年11月将支持经费使用情况分别书面报告申报部门（单位）、专项办。

第四十一条 专项办应加强支持经费使用情况的监督管理。在管理期内，适时组织会计审计部门采取查对财务账目、同引进人才谈话问询等方式进行核查，并将核查情况向协调小组报告。凡发现弄虚作假、截留、挪用或挤占行为的单位或不按规定使用的个人，立即终止或取消资助资格。情节严重的，按有关规定追究相关人员责任，追缴全部支持经费。

第七章 评估考核

第四十二条 对引进人才实行目标评估考核。评估考核分为年度（项目周期）考核、期满考核。

第四十三条 评估考核的内容如下：

（一）创新人才：履行岗位职责情况；取得研究成果情况；促进成果转化情况；取得经济社会效益情况；学术（技术）水平和科研团队建设情况。

（二）创业人才：产品创新和研发投入情况；经济指标完成情况；人员配备和团队建设情况；生产环境和生产状况情况；市场前景和预测情况。

（三）柔性引进人才：项目合同完成情况；项目完成时限和执行效果情况；创造的经济价值和社会效益情况；重大创新成果、获奖和专利技术情况；科研团队建设情况。

第四十四条 评估考核实行百分制，每项内容满分20分。评估考核分值85分以上的为优秀，60－84分的为合格，59分以下的为不合格。

第四十五条 年度（项目周期）考核。由申报部门（单位）组织实施，考核结果在用人单位公示，考核有关情况及定等意见上报专项办。专项办对考核情况进行抽查。对考核合格以上的，发给“特聘专家”证书，继续履行聘任（用）合同；对考核不合格的，限期整改，否则取消资助资格和相关待遇，追缴部分或全部的支持经费。

第四十六条 期满考核。由专项办会同申报部门（单位）组织实施，考核结果在用人单位公示，并向协调小组报告整个考核情况。对考核不合格的，取消“特聘专家”称号，追缴部分或全部的支持经费。

第八章 数据统计

第四十七条 建立引进人才数据年度统计制度，各地各部 门各单位按照隶属关系，于每年年底将全年引进人才实名信息逐级上报专项办。

第四十八条 专项办建立引进人才数据库，每年对引进人才数据进行统计分析，为加强和改进引进人才工作提供参考。

第九章 附 则

第四十九条 本细则由自治区人力资源和社会保障厅负责解释。

第五十条 本细则自发布之日起施行。

中共新疆维吾尔自治区委员会组织部

新疆维吾尔自治区人力资源和社会保障厅

2014年11月10日

乌鲁木齐市加快推进科技企业孵化器建设与发展的若干意见

（乌政办〔2014〕72号）

根据国家科技部《关于印发国家科技企业孵化器“十二五”发展规划的通知》（国科发高〔2012〕1222号）要求，为进一步增强自主创新能力，大力发展高新技术产业，促进经济发展方式转变，推进现代化国际城市建设，结合我市实际，提出如下意见。

一、指导思想、基本原则和发展目标

（一）指导思想

坚持以邓小平理论、“三个代表”重要思想和科学发展观为指导，深入实施创新驱动发展战略，围绕全面贯彻落实市委十届五次七次全委（扩大）会议确定的经济社会发展战略目标任务，以体制机制创新为动力，以扩大孵化空间为突破口，不断提升服务能力。通过政府引导、政策扶持，鼓励社会资本多元化投资，重点发展专业型和区域特色产业孵化器，引导孵化器向专业化、网络化、国际化的科技服务业发展，成为区域创新体系的重要支撑。

（二）基本原则

1．政府引导原则。坚持孵化服务的社会公益目标，强化政府规划引导、公共财政支持的核心作用，统筹科技孵化器的主体建设与多元化发展，充分发挥市场配置社会资源的基础性作用，逐步形成多种管理体制和运营机制并行的建设发展模式。

2．质量优先原则。在增加数量、扩大规模的基础上，努力提高孵化能力和服务水平，拓展服务领域，提升服务质量，提高孵化效率，强化孵化器在人才凝聚、产业培育、研发支撑、资本驱动和市场渠道等方面的组织功能。

3．分类指导原则。以产业和区域优势资源为依托，实施错位发展，突出主体功能，确立孵化器专业化发展方向和高效运行机制，建设区域一流、行业示范和具有专业特色的孵化器，促进新兴产业孵化器、高新技术企业孵化器、小微科技企业孵化器的能力提升与数量质量并举。

4．突出重点原则。以战略性新兴产业的创新成果及创业领军人才的培育为重点，加强孵化器与高校和科研院所的密切合作，完善企业加速成长机制，打造科技创业孵化链条，开辟大学生和社会就业创业有效途径，发掘和培育拥有自主知识产权的科技创业企业。

（三）发展目标

在“十二五”期间，建设和完善科技创新创业服务体系，提升区域科技企业孵化能力，培育战略性新兴产业，培养高水平、高素质、高层次的创业团队，营造科技创新创业良好环境，形成科技创新带动创业高潮，转变经济发展方式，为建设国家创新型城市奠定坚实基础。到2015年，孵化器总数达到10家，在孵企业达到3000家以上，孵化器总面积达到100万平方米以上。

二、基本类型和建设重点

（一）基本类型

1．建设综合型孵化器。以国家级开发区和各区（县）政府为主建设的科技创业服务中心、科技合作基地等，是综合型孵化器的代表和孵化器发展期的主要组织形式。现阶段，科技创业服务中心要充分利用社会资源，找准市场定位、发展方向和价值取向，更好地适应市场经济要求，建立创业孵化基金，切实解决科技人员创业融资难问题。鼓励有条件的科技创业服务中心，以其科技资源聚集和优势服务品牌进行盘活国有存量资产为主的低成本扩张，建立多种形式的科技成果产业化基地，为在孵和毕业的科技型企业创造更大的发展空间，进一步带动楼宇经济和区域经济的发展。

2．建设专业型孵化器。专业型孵化器是孵化器发展到一定阶段出现的较高层次的新型组织形式。要把推进专业型孵化器建设作为孵化器体系建设的重要工作，围绕会展片区现代服务业、经济技术开发区（头屯河区）先进制造业、高新技术产业开发区（新市区）高新技术产业、甘泉堡经济技术开发区战略性新兴产业四大特色产业基地和12个产业集群的发展，突出新能源、新材料、先进装备制造、节能环保、生物技术与民族医药、电子信息六大战略性新兴产业和优势技术领域，面向符合条件的区（县）、高校、科研单位和企业，创新多种方式组建专业型孵化器。引导和鼓励有条件的综合型、面向特定群体的专门孵化器向专业型孵化器方向发展，促进孵化器之间的协同与竞争，实现共同发展的良性循环。

3．建设专门型孵化器。

（1）建设大学科技园。国家级大学科技园要结合高校科技人员和大学生创业的特点，注重发挥高校的科技优势，将其重点学科、重点实验室和工程技术研究中心与大学科技园对接，形成互动共享关系，强化商业策划、企业诊断、现代企业管理培训和人力资源合理配备等方面的服务，使孵化企业在创业之初就掌握面向市场的技能。同时，要尽量降低创业门槛，使大学生创业者在初期得到适宜的服务。

（2）建设留学人员创业园。孵化器建设单位要注重提供与国际接轨的工商注册、多次往返、方便居留、子女入学、生活服务等方面的特殊服务，并与高校、科研单位的重点实验室实施资源共享，形成良好的合作关系。

（3）建设科研院所孵化器。支持科研院所在改制过程中与区（县）共建孵化器，发展具有科研院所特色的高新技术产业。各区（县）和各类科技园要充分利用科研院所的人才、信息、仪器设备等科研和产业化优势，形成凝聚科研院所科技人员创业的公共平台。

（4）建设专利创业园。孵化器建设单位根据专利的特点，开展专利检索、专利申请、技术标准制定、知识产权保护等方面的服务。同时，注重专利的二次开发，建立相应的专利转化基金，强化重点专利项目产业化工作。

（二）建设重点

"十二五"期间，围绕全面建成小康社会目标，突出传统优势产业转型升级和新兴产业发展，加快构建"研发—孵化—产业化"的技术转移链与上下游紧密衔接的精品产业链，重点布局建设10个孵化器。

——高新技术产业开发区（新市区）孵化器建设重点

1．围绕全疆人才管理改革试验区建设，依托高新技术产业开发区（新市区）院士工作服务中心和数码港人才服务中心，规划建设以服务于全疆高端人才和技能型紧缺人才为主体的高新技术创新创业示范基地。重点开展煤电煤化工、光伏太阳能、风电、有色金属、电子信息等新能源新材料产业技能人才，生物医药技能人才，科技金融、空港物流、现代商贸等现代服务业人才和总部经济管理人才等创新型人才和产业适用人才的培养孵化。通过实施"领军人才计划""创新团队引进计划"，建设人才公寓、专家楼、博士楼，进一步完善服务职能，加强与高校和职业培训机构合作，着力打造高新技术产业开发区（新市区）人才培养引进与孵化服务平台和新疆高层次人才聚集地。

2．依托高新技术产业开发区（新市区）北区规划建设11万平方米的生物制药产业园专业孵化器。通过建设新药研发平台、公共试验平台、中间试验中心和中试车间，吸引国内外生物医药知名专家团队和领军人才入园创业，研发一批具有鲜明地方特色和自主知识产权的生物医药项目，孵化培育一批生物医药企业，促进生物医药产业快速发展。实现生物医药产值5亿元，在孵企业200家，提供就业岗位2000个。

3．依托高新技术产业开发区（新市区）北区工业园中心功能区，规划占地6.86万平方米、建设18万—20万平方米的新疆国际创新园综合型孵化器。该项目作为高新技术产业开发区（新市区）国家创新型特色园区—天山慧谷和北区工业园—创新科技城的重要组成部分，以高新技术产业为先导，以现代制造业和现代服务业为支柱，积极吸引中亚及周边地区的创新资源与高新区的产业集聚优势相结合，创新技术，转化产品，建设国际化科技创新平台，建立科技合作、技术转移和信息交流与战略研究"三大基地"。到2015年，建成面向中亚国家技术交流合作、成果转移孵化的重要基地和西北地区高新技术产品出口的增长极、中亚区域高新技术产业的创新源头。

4．依托高新技术产业开发区（新市区）北区和新疆高校院所科技、人才及创新环境的综合优势，规划建设5万平方米的新疆国家大学科技园专门性科技孵化器，有效链接政府、企业以及资金、管理、市场需求等互补性资源，实现投入资金主体多元化、运行机制多样化、组织体系网络化、创业服务专业化和服务平台标准化。到2015年，入驻科技型企业120家，实现产值2亿元，提供就业岗位1500个。

——经济技术开发区（头屯河区）孵化器建设重点

5．依托高铁新区和白鸟湖新区规划建设30万平方米，集新疆软件园、新疆留学人员创业园、云计算产业园、大学科技园、博士后科研工作站、工程技术研究中心、先进制造业基地等多位一体的综合性科技企业孵化器。重点培育先进制造、软件信息、新能源和科技服务等领域的科技型中小企业。到2015年，实现200家以上软件企业入驻，近万人在软件园从业，实现企业销售收入总额30亿元以上。

6．围绕经济技术开发区（头屯河区）服务外包基地建设，规划建设科研院所孵化器。积极吸纳新能源、新材料、工业设计、新型建材等领域的科研院所入驻园区，打造全疆基础性和专业性的科技创新聚集区；结合培育和发展知识流程服务产业，鼓励科研院所面向全市的企业提供创意研发、工业设计、项目孵化、电子商务、技术交易等专业化科技外包服务，为推进国家级服务外包示范城市建设提供有力支撑。

7．依托经济技术开发区（头屯河区）小微企业园，规划建设40万平方米的先进装备制造业小微科技企业专业孵化器，大力发展科技型、创新型和高成长性的优质小微企业，鼓励小微企业围绕汽车装备、工程机械制造、电子信息等全疆重点产业的上下游产业链，开展专业化协作配套服务，建立健全创业辅导、管理咨询、融资担保、人才培训等公共服务体系，打造全疆小微企业的科技创新示范基地和优秀企业孵化园。

——水磨沟区孵化器建设重点

8．规划建设4万平方米的新疆上海科技合作基地创业孵化大厦。整合新疆上海科技合作基地和7坊街机构、场地及人才资源，围绕东部技术转移、新兴产业培育、科技金融服务业、会展业和总部经济，规划建设集研发中心、培训中心、信息服务中心、创业辅导中心、知识产权服务中心和文化产业公共研发服务平台于一体的综合型孵化器。吸引国内外从事文化创意、动漫制作、服装设计等方面的领军人才团队入园创新创业。培育孵化一批科技创新、文化创意中小企业，调整优化区域经济新增长点，打造区域经济人才库，推动传统产业实现创新发展。

——米东区孵化器建设重点

9．将新疆米东科技创新服务基地，打造成石油化工煤化工自治区级产学研基地，建设石油化工煤化工专业型孵化器。基地规划建设面积260亩，其中，一期工程110亩，已完成公共实验室、中试基地、综合孵化楼、科技中介服务中心、信息共享服务平台的建设完善相关配套物业设施。二期工程150亩，在一期工程的基础上，分步建设研发大楼、创业实训基地，逐步建立精细化工工程技术中心、技术转移中心等专业技术服务体系。孵化一批石油化工煤化工产业的科技型中小企业。项目完成后，将优化米东区产业布局，完善产业链，达到孵化100家以上中小企业的能力，带动新增就业岗位2000个，新增工业总产值达5亿元以上。

10．依托米东区长山子镇小动物试验场，发挥米东区城郊型现代农业优势，规划建设租赁面积为174亩的新疆米东现代高效农业孵化基地。基地以促进农民增收为目的，以发展精品农业、生态农业为主线，集现代设施农业、新品种及新技术引进、农产品深加工、农业科研成果转化、农业技术推广、农民创业及技术培训为一体，建设成农村科技人才的培养基地、农业科技成果的转化基地、特色优势产业的孵化基地、设施农业的推进基地、农村劳动力的就业基地。基地可带动周边乡镇农户进行水产养殖、食用菌栽培、蔬菜种植培训及创业活动，实现每户农民年收入增加2万元以上，每年带动300人以上就业。

三、支持政策

（一）加大对科技企业孵化器公共服务条件和基础设施建设的财政税收支持力度

1．各区（县）要切实加大对孵化器建设的投入力度。建立健全政府主导下的多元化投入机制，发挥政府资金引导作用，鼓励风险投资机构、民间资本通过股权投资、作价入股、租赁等形式参与科技孵化器建设。

2．市级科技孵化器建设引导补助资金从科技三项经费中列支，区（县）财政对每个孵化器安排500万元，专门用于建设孵化器公共科技服务平台、奖励国家认定的科技孵化器和对在孵企业购置设备及提供服务进行补贴；市、区财政每年安排不低于科技经费预算总额10%的比例用于支持孵化器在孵企业技术研发、成果转化、完善服务功能以及孵化器管理工作补助和奖励等。

3．各区（县）要加大孵化器基础设施建设投入，把孵化器建设列为“十二五”期间培育战略性新兴产业和高新技术产业、促进转型升级的重大平台建设项目，纳入区（县）固定资产投资预算，并积极争取国家和自治区项目经费支持，提升孵化器的区域创新辐射功能。

4．加强对科技企业孵化器在孵企业的金融支持。加大创新基金对孵化器和在孵企业的支持力度，鼓励设立多种形式的孵化种子基金，加快建立和完善覆盖种子期、成长期、成熟期等各个阶段的科技企业投融资服务体系；金融机构要改进信贷服务，增加信贷品种，合理确定贷款期限，主动做好在孵企业的信贷服务工作。

5．各类担保机构和创业投资机构要优先为在孵企业提供信用担保和创业投资，鼓励各孵化器运营主体建立自己的担保公司；允许在孵企业以其专利、软件著作权、商标等知识产权向担保机构提供反担保。

6．孵化器配套的公用服务设施，按国家和自治区关于固定资产加速折旧的有关政策，由企业在申报纳税时自主选择采用加速折旧办法，同时报主管税务机关登记备案。

（二）加大政策引导扶持力度，确保孵化器建设质量和孵化效益

1．建立“政府引导、社会参与、市场化运作”孵化器管理运行模式，吸引高校、科研机构、企业、投资机构等社会资本参与孵化器建设，采取市场化运作方式，建立产权关系明晰、责权利关系明确的现代化企业管理运营体制，实现孵化器健康、快速、可持续发展。

2．认真落实国家和自治区加快孵化器建设的相关优惠政策。建立支持孵化器建设的协同工作机制，优先安排科技企业孵化器新（扩）建项目的农用地转用计划指标，确保科技企业孵化器新（扩）建项目用地的选址符合我市土地利用总体规划和城市总体规划。各区（县）和相关部门要创设绿色通道，在建设用地审批、土地划拨、城建规费减免等方面给予支持，提升审办效率，加速推进孵化器建设重点项目的实施。

3．科技企业孵化器按有关规定在工商行政管理部门注册为企业法人，实行独立核算、自负盈亏、自主经营、自我发展。对符合科技类民办非企业单位条件的，可先在民政部门核准登记为民办非企业单位，并同时享受国家对民办非企业单位的优惠政策。

4．支持符合条件的孵化器申报国家级科技企业孵化器，并享受相应的优惠政策。国家级科技企业孵化器，经认定为高新技术企业的，可按照国家和自治区有关政策享受高新技术企业的各项优惠。为鼓励符合“毕业”条件的在孵企业离开孵化器，提高孵化器的利用率，孵化器所在区（县）要制定相应的优惠政策，鼓励“毕业”企业在当地落户，并可按“毕业”企业和所交纳各税的数量，制定对孵化器的奖励政策，专项用于孵化器的建设。

5．加强孵化器及在孵企业的知识产权管理和保护。各级知识产权管理部门要积极组织开展有关知识产权法律、法规的宣传培训活动，引导孵化器及在孵企业增强知识产权保护意识，建立和完善知识产权管理制度；加大知识产权行政保护力度，维护孵化器、在孵企业及创新创业人员的合法权益；帮助孵化器及在孵企业建立知识产权保护制度，对在孵企业及创新创业人员申请有关专利等知识产权的，按有关规定给予专项补助；对符合条件的孵化器或在孵企业，积极推荐其成为国家或自治区专利试点示范企业。

6．加强孵化器人才队伍建设。享受我市引进人才的各项优惠政策。各级人才交流服务中心要积极为孵化器及在孵企业提供人才招聘、推荐和人事代理等服务，鼓励大中专毕业生到孵化器及在孵企业工作。各区（县）政府及有关部门要积极帮助孵化器及在孵企业办理外地专业技术和管理人才引进手续，妥善解决其配偶安置和未成年子女就学事宜。同时，加强对全市孵化器负责人及其管理骨干的组织培训，提高孵化器管理队伍的整体素质和业务水平。

7．加大对孵化企业和科技成果的奖励支持力度，鼓励支持和积极培育孵化企业成长为高新技术企业和创新型企业；对优秀孵化企业给予政策扶持和科技项目优先申报支持，并对孵化企业创造的科技成果给予奖励。

8．支持科技企业孵化器及在孵企业开展国内外合作与交流。借鉴国内外创办孵化器的成功经验，为在孵企业提供良好的服务，发展与境内外企业孵化机构之间的交流与合作，建立孵化器信息网络，实现资源共享。

四、工作要求

（一）强化组织领导。市科技局负责组织、协调加快推进孵化器的建设工作，研究解决工作中存在的困难和问题，开展日常工作，抓好孵化器建设工作的推进与落实。

（二）明确职责分工。市发改委、市财政局、市规划局、市国土局、市科技局、市人社局、市教育局、市工商局、市国税局、市地税局、市公安局等部门，要站在全局和长远的高度，立足自身职能，研究工作措施，在孵化器平台建设、工商注

册、税收优惠、土地规划等方面提供高效优质服务。对涉及多个单位的重大决策和工作措施，主动沟通，密切协作，合力推进，确保完成阶段性目标任务。

（三）由市科技局牵头，成立由科技企业孵化器、高校、科研机构、高新技术企业、中介机构等相关单位组成的乌鲁木齐市孵化器行业协会，制定协会章程，确定协会理事单位，选举产生孵化器协会组织机构。定期举办孵化器行业发展论坛，加快研究未来的发展趋势，探索集聚社会力量推动孵化产业发展的新路子，促进科技企业孵化器间的培训、交流与合作，进一步改善和营造良好的科技创业环境，提升孵化器服务能力，为孵化器及科技创业者做好服务。

（四）严格督查考核。将孵化器建设与发展工作纳入我市科技进步目标责任制考核体系。每两年对认定的孵化器进行考核，考核坚持日常督查和年终考核相结合，考核指标由孵化环境、孵化服务、孵化效率、社会效益、管理创新等要素组成。对考核结果为优秀的，给予奖励。

乌鲁木齐市人民政府办公厅
2014年3月18日

第三部分

园区篇

北大留学人员创业园

园区概况

北大留学人员创业园成立于2002年9月，由北京大学与中关村科技园区管理委员会共建，开创了国内高校与地方政府合作共同扶持留学人员回国创业的先例，实现了地方政府与国家高等院校共同利用大学优势资源服务高层次留学人员自主创业的先河。

创业园在响应国家和中关村人才战略，大力发展自主创新和人才优势实现高新技术成果产业化的背景下，由中关村管委会留学服务总部和北大留创园管理团队共同推动，在全国掀起了首都高校与地方政府合作吸引海外留学生回国自主创业的高潮，为国家引智战略输送了新鲜的血液。2006年2月，被北京市人事局和市科委评审认定为首批“北京留学人员创业园”。

创业园地处中关村核心区，依托北京大学，汇聚多领域的创新技术、管理思想和人文精神，吸引着众多海外留学人员回国入园创办高科技企业。同时，创业园积极为园区企业提供专业的咨询辅导、投融资、建立营销渠道、促进技术成果转化等服务，是一家为具有原创自主知识产权的项目提供全程创业孵化及促进科技成果转化的专业机构。

创业园实施以“3M+T”孵化服务模式（Money、Mentor、Marketing、TLO）为核心的融资服务体系、创业辅导体系、市场营销服务体系以及技术成果转化服务。为入驻企业提供完善的全方位服务，提供创业资金支持，专业的投资、融资服务；提供宝贵的境内外上市联合推荐机会；提供熟知国际惯例、符合中国国情的全程创业咨询与孵化服务；同时协助申请国家科技产业资金，提供更多留学人员创业贷款贴息机会；协助办理专利注册申请、科技成果鉴定、新技术企业资格认证、先进技术企业申报；协助办理“火炬计划”“新产品开发计划”“成果推广计划”；协助申报北京市人民政府设立的北京市留学人员创业奖、科技进步奖；集中政府审批，集中工商、税务服务；专业的政府公关、媒体运作、市场推广及广告服务等。此外，园区搭建企业共性技术平台，整合北京大学52家省部级重点实验室，推动北京大学科技成果转化及横向技术交流与合作；搭建知识产权平台、微构分析测试平台、光电子精密测量仪器研发平台，为入园企业提供国际顶尖的技术以及系统服务，加速园区企业发展。

创业园重点搭建的服务支撑平台包括：（1）节能环保新材料研究室。通过“商业型应用技术工程化研究模式”，实现学校技术源为创新技术平台的科研成果转化模式，创新技术平台围绕北大工学院科技成果、科研实力及人才优势，开展产学研合作，初步建成先进技术研究/转化机构13个。（2）专门成立北京北达燕园微构分析测试中心有限公司，一方面为园内在孵企业及所有客户提供便捷的高度专业的测试分析服务，另一方面通过合作研究早期发现和介入原创性种子项目，采用具体技术手段支持“3M+T”核心孵化服务模式。（3）科技园通过汇聚、梳理并协调组织核心区的科技创新、成果转化和科技服务资源，依托海淀园网络化的协作体系，建设创新驿站，并与平台形成良性互动。

2014年，创业园着力打造“网上科技园”与实体科技园O2O的服务体系，为园区实施“大数据驱动发展”战略建立基础，其战略目标是采用线上（云服务、大数据、物联网）服务与线下服务相结合方式，推出“科技创新与创业解决方案”及“创新型科技企业增值服务体系”，从而使北大留创园发展成为“技术转移顶层设计及商业模式”的提供商，“创意及技术提供、需求解决方案”的信息港，战略新兴产业孵化基地服务商和投资创新企业投资商和特色产业发展基地及加速器运营商。

截至2014年底，北大留创园有在园企业195家，在园留学人员创办企业46家，2014年企业收入总额59302万元；在园海外人才88人，累积入选国家“千人计划”6人、北京市级人才引进计划4人。

联系方式

地　址：北京市海淀区中关村北大街127-1号
邮　编：100080
电　话：86-10-62769088
传　真：86-10-82667188
邮　箱：pkuincubator@pkusp.com.cn
网　址：www.pkusp.com.cn

北工大留学人员创业园

园区概况

北工大留学人员创业园成立于2005年12月，由北京工业大学和中关村科技园区管理委员会共同建设，主要服务对象是海外留学归国人员创办的高新技术企业。2012年被北京市人力资源和社会保障局评为北京市留学人员创业园。

创业园位于北京工业大学西校区，面积共2万平方米，先期启动4000平方米，园区一期孵化器已经驻满，二期孵化器目前也已投入使用，该孵化器集科研、开发、办公为一体，为留学人员创办的高科技企业提供水、电、暖、电梯、通讯、健身、会议、网络接入、绿地、停车场、打印、收发、卫生、安保等物业服务，可容纳50多家留创企业，内设学术报告厅、会议室、中介服务中心、健身房等基础设施，宽敞明亮、造型别致的阳光厅将为留学人员营造又一个幽雅、舒适、安全、现代的创业环境。

为加速北工大留学人员创业园的创新发展，进一步优化创新创业服务环境，提升创业园的服务层次和质量，更好地为园内企业服务，北工大留创园2012年申请政府专项，投资14万余元建立了北工大留学人员创业园的网上“园区创新创业公共服务平台”。该平台将针对留学人员来园创业所关心的各种优惠政策及主管部门的行政审批统一整合，形成网上宣传与办公的窗口，为留学人员创业提供更加便捷的服务，为园区科学管理和服务提供保障，打造国内领先的创新创业软环境。目前该平台已开始试运行。平台具体包括：（1）建设园区对外门户官网，实现园区对外形象宣传展示。（2）建设网上办公平台，提升办公能力和效率。（3）建设创业绿色服务通道。（4）建设企业商务服务支持平台。（5）建设园区创业专家智库。（6）建设企业资源和设备共享平台。（7）建设企业研发技术和成果推介平台。（8）建设校企对接人才服务平台。（9）建设创业者俱乐部。（10）建设创业园“虚拟微企业群”孵育管理平台。

联系方式

地　址：北京市海淀区车公庄西路35号

邮　编：100048

电　话：86-10-68458163

传　真：86-10-68458163

邮　箱：zhenxiaohang@bjut.edu.cn

北航留学人员创业园

园区概况

北航留学人员创业园成立于2003年4月12日，由北京航空航天大学和中关村科技园区管委会共同建立，以促进北京航空航天大学及周边高校科技成果转化、培育中小企业及造就科技企业家为宗旨，加速创业企业的群体成长，推动区域经济发展，提高区域创新能力。

创业园位于北航国家大学科技园内，共有孵化场地2.7万平方米，下设企业服务部、财务服务部、人力资源部及投融资部等部门，为企业提供工商注册、高新技术企业认证、财务代理、税收申报、人事代理、人才引进与招聘、科技企业优惠政策咨询，并协助企业进行市场开拓与融资。

截至2014年底，创业园有在孵企业90余家，累计毕业企业30多家，初步形成了以软件企业为主，生物医药、机电一体化、环保节能、新材料企业为辅的高新技术创业群体。

创业园将不断提高服务队伍素质，聚集与整合政府有关部门、中关村科技园区与海淀园区、北京航空航天大学、北航大学科技园以及其他社会资源，构建完善的企业服务支撑体系，有效地支持大学科研成果的转化，更好地开展企业创业辅导、优惠政策咨询、企业管理与发展规划、企业体制改革咨询及投融资服务，逐步形成以北航科技园、北航创业园入驻企业为服务主体，面向中关村科技园区及海淀园区企业的开放式发展格局，打造北航创业园的企业孵化服务品牌。

联系方式

地　址：北京海淀区北四环中路238号柏彦大厦406室

邮　编：100083

电　话：86-10-82316255

传　真：86-10-82338204

邮　箱：zhaibin@bbi.com.cn

北京化工大学留学人员创业园

园区概况

北京化工大学留学人员创业园成立于2009年3月，由北京化工大学和中关村科技园区管理委员会共同建立。园区位于北京化工大学西校区，拥有良好的交通环境、办公设施和服务功能，为入驻企业提供了良好的创业平台。创业园日常管理工作由北京化大科技园科技发展中心负责，作为北京化工大学科技园的园中园，充分依托北京化工大学的资源优势，为留学生从事高科技创业提供优质服务。园区的建设宗旨是吸引更多优秀海外留学人员回国创业，促进科技创新，为首都的经济发展增添新的活力。

作为创业园的资源平台，北京化工大学是教育部直属的全国重点大学、国家“211工程”和“优势学科创新平台”重点建设大学。经过近50多年的建设，已经发展成为理科基础坚实，工科实力雄厚，文、法、管、经济学科富有特色的多科性重点大学，形成了从本科生教育到硕士研究生、博士研究生、博士后流动站以及留学生教育等多层次人才培养格局。北京化工大学科技园于2004年经国家科技部、教育部批准，被认定为“国家大学科技园”。

创业园积极扶持鼓励留学人员来园区创业，为留学人员创业提供了诸多优惠政策。首先，可申请管委会设立的中关村科技园区归国留学人员创业企业扶持资金；其次，落户创业园的高新技术企业自成立之日起，将享受有关税收优惠政策；留学人员创办企业注册公司时，在申办营业执照和高新技术企业认定等方面中关村管委会将给予优先办理和减免相关费用的支持。同时，入园企业第一年可免交40平方米孵化场地面积的租金，第二年开始采取优惠收取租金的方式，优惠期限为3年。入驻园区的优秀企业，在申请银行贷款时，可以享受管委会制定的留学人员贷款贴息和担保政策，另外，园区高新技术企业还可以享受北京市财政专项资金和其他形式的资金支持。

创业园自成立以来，经过一段时间的发展，已有10多家留学人员企业入住，吸纳了来自美国、日本、英国、法国、德国、瑞典、巴西、韩国等国的20多名留学人员来园创业，从业人员近百人，行业涉及新材料、新能源、电子信息、机械、远程教育等多个领域。

联系方式

地　址：北京市海淀区紫竹院路98号北京化工大学（西校区）科技园写字楼

邮　编：100029

电　话：86-10-88588552，64435482

传　真：86-10-51589055

网　址：www.bhlcy.com

北京交通大学留学人员创业园

园区概况

北京交通大学留学人员创业园成立于2007年7月，由北京交通大学与中关村科技园区管委会共建。创业园依托北京交通大学的学科优势、专业优势、教育资源优势和中关村科技园区企业创新机制优势、政策优势，旨在吸引更多轨道交通领域专业人员创业，促进科技创新、服务创新、人才创新等新型创业企业的发展，加快中关村科技园区的全面建设，为首都高新技术产业的发展增添新的活力。

创业园位于北京交通大学东校区内，由交大科技园划拨5000平方米科教楼房屋用于孵化建设，办公设施齐全，服务功能完备，拥有良好的公共服务平台和共同技术平台，能够满足留学回国人员创办企业需要。创业园主要为轨道交通技术及相关领域业务的企业提供创业孵化服务，通过构造新型实验平台，提供专业化的技术服务，增强轨道高新技术企业的自主创新能力。同时，创业园通过产学研结合和完善的孵化服务体系致力于打造强优企业，为地区培育出新的经济增长点和产业热点。

联系方式

地　址：北京海淀区高粱桥斜街44号一区89号科教楼1018室

邮　编：100044

电　话：86-10-51686946

传　真：86-10-51686946

邮　箱：dinglei-1983@hotmail.com

北京经济技术开发区留学人员（汇龙森）创业园

园区概况

北京经济技术开发区留学人员（汇龙森）创业园正式挂牌成立于2005年5月，是在北京经济技术开发区管委会和中关村科技园区管委会大力支持下，经北京经济技术开发区管委会批准，由北京经济技术开发区人才交流服务中心与汇龙森国际企业孵化（北京）有限公司共同创建的北京第一家民营留学人员创业园。

创业园地处北京经济技术开发区和中关村科技园区亦庄园的重叠区域，是目前开发区唯一一家留学人员创业园。2006年3月，正式被纳入中关村科技园区留学人员创业服务体系，命名为“中关村科技园区亦庄汇龙森留学人员创业园”。

汇龙森2006年12月被科技部火炬中心授予“国家高新技术创业服务中心”及被北京市科委授予“2006年度北京市优秀科技中介机构”；2012年被北京市经信委认定为“北京市中小企业公共服务平台”“北京市小企业创业基地”；被市科委认定为“战略性新兴产业孵育基地”；被北京市委组织部、北京市科委、北京市人社局等共同认定为“北京市优秀留学人员创业园”。

创业园以“迎来创业者、送出企业家”为宗旨，按照“政府指导、企业运作”的模式，本着人才培养与成果转化相结合的原则，充分发挥园区自主经营、高效便捷的机制优势，集中资金、人才、市场、管理、政府等各种资源，为园区留学人员企业提供多层次、多角度的创业服务。创业园通过专业技术服务平台、综合服务支撑平台及企业资金服务平台等服务载体建设和服务内容建设，为园区企业提供专业化的服务和支持。专业技术服务平台主要包括“国家生物产业基地中小企业公共技术服务中心”“先进材料公共技术服务平台”“国际化创新医疗产业化平台”；综合服务支撑平台主要包括“孵化器管理应用平台”“软件技术支撑平台”“综合商务平台”；资金服务平台主要由园区的债权服务与股权服务两大板块构成。目前，园区在生物医药、新材料、医疗器械这三个产业领域均具备了较强的服务支撑能力。

截至2014年底，汇龙森创业园累积孵化企业500家，其中，留学人员企业156家；目前在园企业427家，其中，留学人员企业61家，主要分布在生物医药、电子信息、高端制造等行业领域；2014年园区企业总收入23625万元，企业专利总数271项，企业各项融资总额3390万元。在园创业和工作的留学人员138人，累积入选中央“千人计划”15人，北京市级人才引进计划35人，培育出上市或挂牌企业14家。

联系方式

地　址：北京经济技术开发区科创十四街99号

邮　编：101111

电　话：86-10-59755345，59755588-8835/8833/8832

传　真：86-10-59755396

邮　箱：liuchuangyuan@huilongsen.com

网　址：www.huilongsen.com

北京经开·北工大软件园留学人员创业园

园区概况

北京经开·北工大软件园留学人员创业园是北京经开工大投资管理有限公司为深入贯彻落实北京经济技术开发区科技强区、人才强区战略，在北京经济技术开发区管委会相关部门指导下，于2011年11月份成立。创业园以“营造环境、培育企业、孵化项目、造就人才”的发展思路，积极整合各种资源，提升和拓展创业服务功能，不断加大对入驻企业的扶持力度，园区被评为“北京市小企业创业基地”“院士专家工作站”，并先后设立北京12330知识产权服务工作站、工商服务工作站等，为园区企业提供全程、全方位的服务。

创业园位于北京新城市发展规划的“东部发展带”——北京经济技术开发区的核心发展区域。总占地面积17.41万平方米，一期A区3.7万平方米2003年建成开园，二期B区11万平方米建筑于2010年开园投入使用。包括研发办公、孵化器、教育培训、综合配套服务等功能分区，统一规划，整体开发，具备良好的硬件设施、完善的服务体系，可为上万名研发人员提供良好的工作、生活环境。

创业园周边各大生活配套、商务配套均已呈现规模，形成高档、成熟的生活社区氛围，区内可供出租与出售的房源充足。开发区“青年公寓”“博大永康公寓”项目，可为入区各企业员工提供居住服务。并且开发区有完善的医疗、商业、金融及休闲配套，满足办公居住的各种需要。凉水河景观公园环绕园区，为入孵企业创造出极优的生态商务环境。

创业园为入孵企业提供独栋专享办公区域，将36号研发楼8000平方米面积用作孵化器第一期专用孵化场地，研发楼地下一层为孵化器专用停车场，地上8层为办公区，可为入园孵化企业提供多种规格的独立办公空间作为孵化单元。园区内拥有1.4万平方米的公共服务设施，包括会议中心、企业会所、员工餐厅、银行自助取款机、便利店等，孵化企业可同其他入园企业共享园区内便利的配套设施。

作为北京市三大软件园之一，北工大软件园拥有北京云基地、美国应用材料、中国路桥研发中心、中国电子、民生证券、贝达药业等世界500强在内的众多国内外著名企业。北工大软件园以创新驱动、聚力发展，通过完善公共服务平台，升级园区“软”服务，来构建差异化的竞争优势。目前园区已初步形成包括基础物业、技术支撑、中介咨询、创业孵化、投融资等五大服务模块。

截至2014年底，北京经开·北工大软件园留学人员创业园有在园企业130余家，涉及软件研发、集成电路、互联网信息服务、生物医药等领域。

联系方式

地　址：北京经济技术开发区地盛北街1号A区2号楼4层
邮　编：100176
电　话：86-10-67862520
传　真：86-10-67877560
邮　箱：zhangchuntao0530@126.com
网　址：www.bpusp.com.cn

北京科大留学人员创业园

园区概况

北京科大留学人员创业园成立于2003年6月，由北京科技大学和中关村科技园区管理委员会共同组建。2005年9月，创业园被原北京市人事局和北京市科委首批认定为“北京留学人员创业园”；2007年12月，被教育部、科技部联合授予“春晖杯创业大赛创业基地”荣誉称号；2011年底，通过“北京市留学人员创业园”复核考评。

创业园依托北京科大国家大学科技园、方兴孵化器等平台，始终坚持企业化、专业化、网络化的发展模式，围绕新材料、制造业信息化、新能源行业领域建设专业园区，先后搭建了北京市新材料技术转移中心、北京科大分析测试服务中心、北京市留创新材料共性技术支撑体系、北京北科大新兴产业技术研究院等重要支撑平台，可为企业、项目提供孵化资金、中试、生产场地、项目管理、市场咨询等成果转化服务，以及联合研发、材料分析测试、技术咨询、实验室建设，人员培训等技术咨询特色服务。同时，园区与多类型专业机构、中介服务公司建立长期战略合作伙伴关系，为园区企业提供法律、工商、税务、人才、融资、培训、策划、知识产权等各类综合性咨询与服务。

创业园以新材料研究与制备技术、制造业信息化技术为办园特色，重点吸纳新材料领域的留学回国人员入园创办企业，项目和业务领域涉及新材料、制造业信息化、电子信息、能源环保等诸多领域，其中，41%属于新材料领域。

截至2014年底，在园留学人员企业总数50余家，累计孵化留学人员总数90余家，培育出上市留学人员企业1家；在园留学人员总数40余人，累积入选中央“千人计划”6人，北京市级人才引进计划4人，区级人才引进计划7人。

联系方式

地　址：北京市海淀区学院路30号方兴大厦6层617室
邮　编：100083
电　话：86-10-62316722
传　真：86-10-62316722
邮　箱：zhanghq@ustbcm.com
网　址：www.ustbsp.com

北京理工留学人员创业园

园区概况

北京理工留学人员创业园成立于2003年，由北京理工大学和中关村管委会共建。创业园以服务企业为宗旨，追求高效务实的工作作风，致力于为留学人员搭建创业平台，落实政府专项政策，创造和谐创业环境。根据园区的功能定位，着力于创新创业能力建设，通过资源整合提供各种增值服务，搭建有特色的创新创业平台，加强了学校与园区及园区留学人员企业的合作和交流，为企业与风险投资、中介机构等搭建了沟通的桥梁，完善了创业服务体系和创新支撑体系，促进了园区的发展、留学人员企业的成长，为更多的海外留学人员回国创业搭建了平台。2006年5月，经北京市人事局、北京市科委认定为“北京市留学人员创业园”；2012年5月，经北京市社保局、北京市科委认定为“北京市优秀留学人员创业园”。自成立以来，北理工留创园多年的建设与发展成绩得到了各级政府部门的肯定。2012年2月9日，通过国家级科技企业孵化器复核；2012年3月31日，通过国家大学科技园绩效评价；2012年11月6日，通过战略性新兴产业孵育基地年度答辩；2012年12月12日，被北京市经信委授予“北京市小企业创业基地”称号。

创业园为入驻企业提供落实国家、北京市、中关村有关创办企业支持政策方面的服务。包括制作政府项目申报动态，推送项目申报信息；对企业项目申报出现的问题，安排有经验的专人答疑解惑；针对企业申报众多的项目，如科技型中小企业创新资金，举办项目申报专题培训。在北京理工科技园12330工作站的基础上，北理工留创园有针对性地开展知识产权活动，为企业的知识产权工作保驾护航。

创业园采取引导投资与融资相结合的原则，为企业提供一系列投融资服务，帮助企业争取融资机会。一方面，设有500万元种子资金，对部分在孵企业进行股权投资，通过实践，对“孵化+创投”及“持股孵化”进行初步有益的探索。另一方面，开辟多元化的投融资渠道，通过企业融资辅导、留创园主任投资能力培训、承办中关村留学人员企业精品项目推介会等形式做好企业融资服务。

截至2014年底，创业园累计吸引217家留学人员创业企业，在园留学人员企业107家，企业分布在新一代信息技术、新能源汽车、新材料、新能源环保等领域，普遍具有技术水平高、团队素质好、自主知识产权多、视野开阔等优势。创园至今，先后吸引了400余名留学人员，其中，3人入选中央“千人计划”，14人入选北京市“海聚工程”，6人入选中关村“高聚工程”，另引进4名被外省推荐入选的“千人计划”创业人才。

联系方式

地　址：北京市海淀区中关村南大街9号理工科技大厦902室
邮　编：100081
电　话：86-10-68470073，68470075
传　真：86-10-68470073转8999
邮　箱：bitrp@126.com
网　址：www.bitrp.com.cn

北京市留学人员大兴创业园

园区概况

北京市留学人员大兴创业园是由北京市留学人员服务中心与大兴开发区开发经营总公司于1997年成立的北京市第二

家留学生创业园，于2003年9月被市科委认定为“北京市高新技术产业孵化基地”。

创业园位于国家新媒体产业基地核心地带，占地50亩，分为一期、二期、三期工程，总建筑面积5万多平方米，是集办公、商务、娱乐、生活为一体的高档综合服务园区。

创业园致力于打造以新媒体产业为主的专业集聚区，建设集文化创意产业、现代服务业、现代制造业等业态为主的新型园区，并建立了相应的孵化服务平台，具备研发、培训、创作、孵化、制作、交易、展示与体验和配套服务等八大功能。园区目前孵化面积38000平方米，管理团队17人。

联系方式

地　址：北京市大兴经济开发区科苑路18号
邮　编：102600
电　话：86-10-61271941/42、61273247
传　真：86-10-61271943
邮　箱：msx7060@126.com
网　址：www.coeland.com

北京市留学人员海淀创业园

园区概况

北京市留学人员海淀创业园成立于1997年10月，是北京市人社局与海淀园创业服务中心共建的北京市第一家留学人员创业园，现有总建筑面积4.6万平方米。2007年10月，海淀创业园成为国家人社部与北京市政府的共建单位，并正式命名为中国北京（海淀）留学人员创业园。1998年7月，园区被国家科技部授予国家高新技术创业服务中心；2000年1月，被北京市科委列为高新技术产业孵化基地；2000年10月，被国家科技部、人事部、教育部和外国专家局确定为国家留学人员创业园示范建设试点单位；2001年9月，被国家科技部认定为国家高新区先进孵化服务机构；2003年7月，被北京创业孵育协会评为在孵企业素质最佳奖；2003年9月，被国家科技部评选为火炬计划十五周年先进高新技术创业服务中心；2005年12月，被荷兰科技联盟评选为最佳社会投资收益奖；2008年12月，被评为“实施国家科技计划先进服务机构”；2009年3月，获得“中关村科技园区20周年突出贡献奖”。

创业园坐落于环境优美的中关村科技园区上地信息产业基地，处于北京著名的文化旅游区，紧邻清华、北大、中国科学院等全国最高学府和研究机构，形成强大的科技条件支撑和技术依托，是集科研、开发、生产、经营、生活和服务于一体的新型社区。

创业园自成立之日起，就树立了把自身建设为一所“针对特殊人群，培育明星企业和优秀企业家”学校的宗旨，在孵化器建设就是学校建设的理念引导下，目前已经形成一个中心、三个平台、六项服务的完整孵化服务体系，即围绕海淀园创业服务中心，构建企业孵化平台、科技条件平台、创业导师平台，以推进对企业的创业辅导、人才引进、企业融资、成果转化、股权投资、产业促进六项服务，促进创业者向企业家的转变，助力科技成果快速转化。

创业园下设三大孵化基地，分别是创业谷、留学人员创业园、留学人员发展园，孵化面积近5万平方米，配有良好的通信条件、完善的共用设备及完备的服务设施。

创业谷，亦叫“零成本创业谷”，于2013年9月正式启动，目前完成创业谷办公场所、公共会议室等基础设施改造，并陆续启动了创业谷-微学堂、微沙龙、微咨询等系列创业辅导活动。“零成本创业谷”办公区域面积超过1000平方米（公共办公场地面积300平方米左右），是面向早期创业者而专门设立的，分为开放区、洽谈区和工位区域等。

留学人员创业园孵化场地面积22000平方米，主要服务于留学人员新办的科技型中小企业，创业园通过整合多种资源为入园企业提供全方位的创业辅导，包括政策咨询、管理咨询、融资协助、人才引进等，为企业提供优惠的办公用房并协助办理工商、税务、知识产权代理等相关事务。

留学人员发展园孵化场地面积17000平方米,主要服务于留学人员创业园毕业企业,为快速发展的企业提供配套的办公场地，服务的重点为融资咨询、产品宣传及推广。

截至2014年底，创业园累积孵化企业977家，毕业企业296家，培育出上市或挂牌企业12家；目前有在园企业278家，在园留学人员企业135家，主要分布在电子信息、生物医药、光机电、环保与节能、新材料等行业领域；迄今累计引进827名留学人员入园创业，累积入选中央“千人计划”26人、北京市“海聚工程”37人、中关村“高聚工程”19人，3名创业者获得了六部委颁发的“留学回国人员成就奖”，6名创业者分别获得第一、二届北京市留学人员创业奖；目前在园留学人员总数221人，其中博士占近50%。

2014年，在园企业共81家次获得政府资金1597万元；40家企业获得股权投资42015万元；9家企业获得债权融资1340万元。截至2014年底，在园企业共申请知识产权专利179项，获得授权专利99项，其中发明专利69项；共有31家企业的64项知识产权累计获得30900元补贴。

联系方式

地　址：北京市海淀区上地信息路26号中关村创业大厦106室
邮　编：100085
电　话：86-10-82898748，82898799
传　真：86-10-62984933
邮　箱：chuangye@ospp.com
网　址：www.ospp.com

北京望京留学人员创业园

园区概况

北京望京留学人员创业园成立于1999年8月，依托于北京望京科技园。2000年2月，望京科技园被市科委认定为北京市首批高新技术企业孵化基地。2000年8月，被科技部火炬中心认定为国家级高新技术创业服务中心。2000年12月，北京市人事局留学人员服务中心与朝阳区人事局和望京高新技术产业区签订协议，在望京科技创业园基础上共建“北京市留学人员望京创业园”。2001年6月12日，经国家科技部批准，望京高新技术产业区内以望京科技创业园为中心的3平方公里范围，正式加入中关村园区，称为“中关村科技园电子城西区”，在税收、人才、财政等各方面享受与中关村园区同等的优惠政策。2002年7月，国家人事部批复，与北京市政府共建中国北京（望京）留学人员创业园。2003年4月，中国北京（望京）留学人员创业园正式揭牌。2005年12月，望京科技园被团中央和全国青年联合会正式授予“中国青年留学人员创业基地”的称号。2006年2月，望京科技创业园被北京市人事局与市科委于联合授牌为首批8家“北京留学人员创业园”之一。园区现有孵化场地约2.5万平方米，并于2012年底承租朝来高科技发展园9号楼作为创新企业加速器，面积近8000平方米。

截至2014年底，望京创业园累计孵化入园企业600余家，目前在园企业80余家，其中，留学人员创办企业70余家，主要产业方向包括电子信息、软件开发、移动通讯技术、生物试剂、文化创意、新能源及大数据处理技术等；累计吸引留学人员接近300人，其中博士68人、硕士97人，目前在园留学人员100余人。在创新方面，入园企业专利申请量累计达到1008件，其中发明专利425件，专利授权355件，承担国家各级科技项目达42件，充分体现了科技园区的高技术性及承担重要项目的卓越能力。

联系方式

地　址：北京市朝阳区望京新兴产业区利泽中二路2号

邮　编：100102

电　话：86-10-64390345

传　真：86-10-64392019

邮　箱：wangjingkejiyuan@126.com

网　址：www.wangjing.gov.cn

北师大留学人员创业园

园区概况

北师大留学人员创业园于2005年12月成立，由中关村科技园区管委会和北京师范大学共同创建。园区在中关村科技园区管委会、海淀园区管委会的支持下，依托学校的优势资源，不断完善孵化服务体系，吸引了来自美国、加拿大、法国、日本、澳大利亚、俄罗斯等数十个国家的近百名海归精英在此创业。借鉴国内外大学留创园的建设经验，本着特色办园的思想，依托百年师大的优势资源，北师大留创园充分整合北京师范大学科研资源、人才资源、产业资源，以“北师大教育服务产业研究院”和“高科技产业研究与技术转移中心”为依托，以中医药现代化、特色新材料、现代放射性化学药物、环境保护及减灾与公共安全等技术平台为支撑，搭建大学资源与社会资本对接的有力平台。

创业园以“中关村国大中小微企业成长促进会”和“中关村科学城”建设项目两个新的平台为契机，全面延伸留创园企业服务范围，重点挖掘和培育“金种子”企业、高端人才创业企业，进一步完善了专业技术平台和科研资源。

目前，创业园已获得科技部“火炬计划重点单位”、团中央“青年就业创业见习基地”“北京市专利试点单位”“北京市海淀区产学研示范基地”、教育部“高校学生科技创业实习基地”“北京留学人员创业园”“北京市高新技术产业专业孵化基地“等称号，加入“中关村科学城”项目，全面构建以北师大产学研为核心的地缘文化经济产业链，打造中国领先的教育、科技、文化联动产业聚集区，并获得中国产学研合作促进奖。

截至2014年底，北师大创业园累积孵化企业147家，其中，留学人员企业42家，培育上市或挂牌企业1家；目前在园企业87家，其中，留学人员企业25家，主要分布在电子信息、文化创意、现代服务等行业领域，园区主要发展的特色产业是电子信息与现代服务业；在园创业或工作的留学人员有49人，累积入选中央“千人计划”2人。2014年园区企业总收入42940万元，企业专利总数126项，企业各项融资总额1295万元。

联系方式

地　址：北京市海淀区学院南路12号北师大科技园

邮　编：100082

电　话：86-10-62205399

传　真：86-10-62206051

邮　箱：Bsd_kjy@163.com

网　址：www.park.bnu.edu.cn

北邮留学人员创业园

园区概况

北邮留学人员创业园成立于2003年12月4日，由北京邮电大学和中关村管委会共建。创业园位于北京邮电大学校内，总建筑面积为1万平方米，先期启动5000平方米，办公设施齐全，服务功能完备。

创业园是以北京邮电大学为依托，充分利用北京邮电大学的综合智力资源优势，通过包括风险投资在内的多元化投融资渠道，在政府政策的引导和支持下，建立从事技术创新和企业孵化的信息通信类孵化基地。更好地吸引海外留学人员归国创业，加快中关村科技园区的建设，提升北京邮电大学产学研相结合的能力，发挥一流高校服务区域经济的社会职能。创业园结合北京邮电大学的学科特点和优势，主要面向IT行业，着眼通讯领域，立足信息特色，定位于专业的信息科技园，以特色求发展，以创新达成功。在产业定位上，以通信信息为特色，企业不求多、求大、求全，而是求精、求质、求孵育成功率；在经营定位上，强调要服务、投融资、运营管理、相关培训、市场拓展五位一体，不仅着眼于一般的服务性收入，更应着眼于孵化项目成功后的利润分成。强调高额经济回报应源于孵化成功后的资本运作。

创业园搭建了面向信息通信领域的“3+2”服务体系，可为入园企业提供具有专业特色的科技创新和成果孵化服务。创业园在确保为入驻企业提供基本商务、管理咨询和资本运作等立体式服务同时，充分利用北邮在信息产业的行业优势，在园区内搭建了互联网技术条件、电信产品推广服务和电信增值业务条件三个核心公共技术平台。开放时间每周在20小时以上，可以向企业提供信息通信领域的科学研究和技术开发平台，为企业科技创新提供覆盖整个通信信息领域从底层到应用，各种不同媒介的，向企业提供试验开发平台，测试平台，验证平台的使用服务。切实帮助创业企业降低了IT行业准入门槛和创业成本。创业园与北邮生命电子科学工程中心EMC—EMB实验室以及北邮宽带通信网络实验室合作，为入园企业提供优惠的专业服务，并以此为契机，共同向北京市申报实验室开放平台资助。

截至2014年底，园区孵化总面积3万平方米，累计孵化留学人员企业40余家，在园留学人员企业20余家，主要集中在电子信息、软件、集成电路、生物医药、新能源等行业领域。

联系方式

地　址：北京市海淀区西土城路10号北京邮电大学178信箱（邮寄）
北京市海淀区西土城路10号北京邮电大学综合服务楼5楼510室（办公）
邮　编：100876
电　话：86-10-62281497，62281487
传　真：86-10-62285259
邮　箱：1409000@sina.com
网　址：www.buptincubator.com

瀚海智业留学人员创业园

园区概况

瀚海智业留学人员创业园是在中关村科技园区管委会和东城区政府的大力支持和指导下，于2009年依托汉潮大成国家级科技企业孵化器创建而成。瀚海智业留学人员创业园是北京市中心城区第一家留学人员创业园，园区位于东直门商圈，交通便利、商务配套设施齐全，园区周边总部林立、人才密集。园区拥有创业孵化面积7000多平方米，种子孵化基金500万元，并配备留创服务专业团队，为留学人员企业提供政策指引、创业辅导、投融资等多层次、多角度的优质配套服务，助力企业健康快速发展。

创业园秉承"商以载道、成人达己"的经营理念，按照"政府指导、企业运作"的运营思路，充分发挥园区自主经营、高效便捷的机制优势，集聚资金、人才、市场、管理等各种资源，协助留学人员企业将技术、信息、智力等优势与政策有效结合，致力于成为培育具有创新能力和国际竞争力的留创企业的摇篮。

创业园成功打造了文化创意和中医药两个特色专业品牌，截至目前，瀚海智业留创园在园留创企业19家，聚集了一批如招通致晟、永航科技、宇信金实、朗动科技等由海外高层次人才回国创办的优秀留创企业，带动了园区内中小企业创业创新活力以及上下游产业生态的形成，正逐步成为东城区高层次人才引进的聚集高地和新的亮点。

2012年，瀚海智业留学人员创业园的海外窗口——中关村瀚海硅谷科技园正式运营，开启了瀚海智业留创园国际化发展新征程。海外窗口的建设旨在引导和帮助海外留学人才归国创业，促进海外优质项目和人才与国内留创园全面对接，实现归国留学人才聚集，打造文化与科技高端人才和项目汇聚的创业生态基地。

联系方式

地　址：北京市东城区东直门内海运仓1号瀚海海运仓大厦1018室
邮　编：100007
电　话：86-10-64050488，64050575，51239477
邮　箱：bjhcdc2011@163.com
网　址：www.bjhcdc.com

华北电力大学留学人员创业园

园区概况

华北电力大学留学人员创业园成立于2008年10月，由华北电力大学和中关村科技园区管委会共同建立，旨在吸引优秀海外留学人员回国创业，加快中关村科技园区建设，提升华北电力大学产学研结合能力，发挥一流高校服务区域经济的社会职能。创业园位于华北电力大学国家大学科技园内，面积约2万平方米，办公设施齐全，服务功能完备。

创业园地处昌平区与海淀区交界地带，紧邻京藏高速，交通便捷，配套设施完善。创业园充分利用和发挥华北电力大学创新创业环境和人才、学科、科研、设施及成果转化等综合资源优势，同时依托国内外的校友资源优势，着重吸引、发掘、培育一批创业团队完备、跨洋研发能力出众、拥有自主知识产权的国际领先技术、产业化前景巨大、国家重点支持领域项目的优秀留学人员创业企业，业已发展成为科研孵化、人才聚集、高新技术成果转化的重要基地，为首都科技创新体系建设和区域经济发展做出贡献。

目前，创业园已拥有科技创新创业实习基地、小企业创业基地服务、展示平台等系列服务设施，为园区企业营造了优良的服务环境和完善的创新创业服务体系。园区通过一系列配套服务的推行，完善企业基础服务平台、技术服务平台、创新创业平台及金融服务平台以及综合商务服务平台的建设，为在园企业提供综合性、全方位的孵化服务。

截至2014年底，创业园已集聚了科技型企业120余家，其业务范围涉及电力、新能源、电子信息、节能环保等领域，构筑了华北电力大学成果转化、科技创新的产业化框架。

联系方式

地　址：北京市昌平区北农路2号华北电力大学主楼D1006
邮　编：102206
电　话：86-10-61772723
传　真：86-10-61772866
邮　箱：chx@ncepu.edu.cn

清华留学人员创业园

园区概况

清华留学人员创业园成立于2002年12月，是清华大学和中关村管委会共同发起设立，由北京启迪创业孵化器有限公司负责日常运营和管理。

创业园依托清华大学的科技优势和清华科技园的资源优势，采用"孵化＋风险投资"的经营模式，重点吸引回国留学人员创办的拥有国际先进技术、具有高附加值、高成长性的企业入园。清华创业园通过整合"政、产、学、研、金、介、贸、媒"等创新资源、搭建成熟完善的创新创业孵化体系、开发建设信息化的创新服务网络平台，并借助清华科技园辐射全国近30个城市和地区的分园网络，已经成为促进区域经济发展和科技型创业企业发展的强大支撑力量。

创业园先后被评为“国家级留创园”“国家级孵化器”“优秀留学人员创业园”；是火炬中心认定的国家级孵化器之一；是北京市科技条件平台首批试点机构；海淀区企业服务体系首批合作伙伴；曾被荷兰科学联盟组织的全球科技孵化器评为“科学孵化器最佳实践奖”。

清华留创园和启迪孵化器不断谋求为中小企业发展提供多种增值服务，探索创新服务内容，与企业共同成长，与各类金融机构进行沟通合作，联合浦发银行推出了中小企业信用贷款一站式服务平台；与齐鲁证券达成战略合作意向，为园区企业开展新三板上市咨询与相关服务工作。启迪孵化器和启迪创投联合设立了启迪天使投资（北京）有限公司，专注于投资早期企业，基金规模5000万，覆盖TMT、清洁技术、新能源、生命科学、消费品等领域。清华科技园知识产权服务平台始建于2008年，是国知局首批“企业专利工作交流站”之一、“海淀园知识产权服务平台”、北知局企业知识产权托管服务平台。

联系方式

地　址：北京市海淀区清华大学科技园创新大厦A座15层
邮　编：100084
电　话：86-10-62785888
传　真：86-10-62772777
邮　箱：xuyy@tuspark.com
网　址：www.spmember.com，www.tusstar.com

首都师范大学留学人员创业园

园区概况

首都师范大学留学人员创业园成立于2007年10月，由首都师范大学与中关村科技园区管理委员会共同建立，是中关村科技园区创业体系的组成部分之一，是留学人员回国创业的重要基地。

创业园位于北京市海淀区首都师范大学校内，一期与首都师范大学科技园共用一座教学楼，办公环境良好，软硬件设施一应俱全。

创业园充分发挥首都师范大学深厚的文化、教育资源优势，突出“以文化、教育为特色，以高新技术为依托”的建园方针，以产学研联合工作为纽带，在留学人员创业企业与高校间建立通畅的桥梁，为企业的孵化、发展、壮大提供优质高效的服务。创业园重点吸纳、培育在文化创意及科技创新方面具有特色优势，具有自主研发能力和自主知识产权，与国内文化及经济建设需求紧密结合的留学人员创业企业。

经过不断的努力，园区逐步确立了“以高新技术为依托，以文化教育优势为特色，以产学研联合工作为主体，以科学技术成果的市场转化为手段，以服务于北京市社会、经济、文化建设发展为目标”的建设宗旨。一批优秀科研成果进入科技园进行孵化，并取得了良好成绩。2003年7月，首都师范大学科技园被市科委、市教委认定为北京市大学科技园，标志着科技园整体工作跃上了一个新的台阶。到目前为止，创业园已初步形成了文化创意、教育技术、高新技术三个重要产业化发展方向。

联系方式

地　址：北京海淀区西三环北路105号首师大科技园（留学人员创业园）教一楼207室
邮　编：100037
电　话：86-10-68907023
邮　箱：kjy@mail.cnu.edu.cn

中关村多媒体创意产业园博雅留学人员创业园

园区概况

中关村多媒体创意产业园博雅留学人员创业园由北京市人民政府中关村科技园区管理委员会和北京市海淀区人民政府共同建立，是中关村多媒体创意产业园吸引海外人才、推动留学生回国创业工作的重要组成部分。创业园的建设是为了积极落实中关村人才特区的总体要求，促进科技创新、体制创新，吸引更多的以海外高层次人才为代表的发展所特需的各类留学人员回国创业，服务于留学归国人员创办的高新技术企业。

中关村多媒体创意产业园是中关村国家自主创新示范区的专业科技园，地处示范区核心区，位于中国北京市海淀区西三环紫竹桥与西四环四季青桥之间，占地95公顷，是北京率先以多媒体创意产业为核心发展方向的跨媒体专业园区。

创业园依托中关村多媒体创意产业园的资源与服务体系，为入园的留学归国创业人员提供行业指导、战略顾问、金融投资、创业辅导、品牌建设、市场推广、项目融资、高层次人才对接和运行团队组建等方面的系统服务，为企业的创新发展提供有力的支持。

目前，园区已聚集企业及机构800余家，累计吸引投资超过26亿元，其中已产生区域经济贡献的企业685家。园区企业创新活跃、发展迅猛，产值增幅迅速，形成涵盖物联网、移动互联网、电子支付、动漫游戏、软件开发、系统集成、广告会展等领域在内，集产品、服务和应用等方面于一体的跨媒体产业集合。园区产业生态循环体系发展完善，企业已呈现出以产业集群模式进行集群化、规模化发展趋势，具有显著的产业聚集与辐射带动能力。

联系方式

地　址：北京市海淀区紫竹院路116号C座
邮　编：100097
电　话：86-10-51709191

中关村法大科技服务园

园区概况

中关村法大科技服务园成立于2007年5月28日，由中关村科技园区管理委员会和中国政法大学共同建立，是全国首家以法律服务为主的大学科技园。

创业园位于中国政法大学校内，创建初期启动面积为3000平方米，总规划建筑面积共约25000平方米，致力于建设一流的硬件设施，提供优良的工作环境和物业管理。

创业园依托中国政法大学优势学科，发展法律服务产业，包括法律咨询服务、知识产权和专利服务、法律信息和法律出版服务、法学教育培训服务、证据和法庭科学技术服务、律师和公证服务等法律相关领域的新兴特色产业。

创业园的发展目标是重点培育一批国内一流法律服务企业，并逐步扩大发展规模，使法律服务范围覆盖中关村科技园区的所有创新企业，把园区建设成为国际知名的法律服务基地；建立与全国法律信息资源的建设者、所有者、使用者之间的多边联合；与中关村其他专业园区形成产业互补，促进和服务高科技产业发展。

联系方式

地　址：北京市海淀区西土城路25号中国政法大学旧1号楼109室
邮　编：100088
电　话：86-10-58908009
传　真：86-10-58908007
邮　箱：lyl0312@163.com

中关村国际孵化园

园区概况

中关村国际孵化园（北京中关村国际孵化器有限公司）创立于2000年12月26日，是科技部认定的“国家级高新技术创业服务中心”“北京市高新技术产业孵化基地”“北京留学人员创业园”和“北京市小企业创业基地”。按照“政府引导，市场运作”的模式，园区为留学人员归国创业提供“孵化＋创投”的全程、全方位服务。2003年1月，胡锦涛同志在刘淇等领导的陪同下到北京中关村国际孵化器有限公司视察，对留学人员归国创业做出了重要指示。

园区地处上地信息产业基地，毗邻地铁13号线、昌平线西二旗站，交通便利。拥有两幢共2.14万平方米的现代化商务楼，设有贵宾厅、大小会议室、免费洽谈间、展示厅及可容纳150人的报告厅，可满足入驻企业不同发展阶段的各类商务需求。园区整合各方资源，引入工商注册、法律、会计、人才等中介机构，搭建产学研平台，争取政府资助，设立贷款担保保证金和投资基金，带动风险投资，为企业走向成功铺路搭桥。

园区与北京大学光华管理学院、清华大学经济管理学院、北京航空航天大学软件学院、中国科学院软件学院、新加坡南洋理工大学联手打造了国际MBA和创业与创新学生实习基地、软件工程师实训基地。

园区与中关村科技园区驻硅谷、伦敦、多伦多、马里兰、东京、伦敦、悉尼联络处建立了密切关系，为海外留学人员回国创业提供服务，为园内企业向海外拓展、寻求国际合作创造条件。

园区引入专业科技中介服务机构，搭建中介服务平台；组织企业成立企业家沙龙，促进企业间及企业与社会各界间的交流与合作；与北京软件产品质量监测检验中心合作建立共享软件技术平台；与海淀生物医药园合作建立生物医药技术平台；投资建立电子信息技术测试与展示中心；投资开发企业评估体系软件等。

在园企业可享受诸多优惠政策，孵化园为企业提供免费创业服务；组织各种项目推介会及融资洽谈会；协助企业申请“留学人员开办费”“国家创新基金”以及各类政府专项资助；通过对优秀企业给予投资支持，帮助企业引进风险投资；协助企业申请各种贷款。同时，园区搭建了中介服务平台，组织企业家沙龙，促进企业间及企业与社会各界间的交流与合作；投资建立电子信息技术测试展示中心等，为园内创业者营造一个实现梦想的良好环境。

截至2014年底，中关村国际孵化园累积孵化企业675家，其中，留学人员企业580家，培育出上市企业1家；目前在园企业125家，其中，留学人员企业98家，主要分布在电子信息、新材料、生物医药、环保等行业领域，园区主要发展的特色产业为大数据。目前，在园创业或工作的留学人员有862人。2014年园区企业总收入640152万元，企业专利总数480项，企业各项融资总额3.9亿元。

联系方式

地　址：北京市海淀区上地信息路2号创业园D栋
邮　编：100085
电　话：86-10－82893008
传　真：86-10－62974804
邮　箱：fjy1726@139.com
网　址：www.incubase.net

中关村集成电路留学人员创业园

园区概况

中关村集成电路留学人员创业园是在充分依托北京集成电路设计园现有的专业技术优势，于2006年1月由北京集成电路设计园和中关村科技园区管委会共同建立的。创业园位于中关村科技园区高科技企业云集的核心地带——北京市海淀区知春路27号北京集成电路设计园内，包括量子芯座和量子银座两座写字楼，创业园总面积约20000平方米。

园区自建设以来，先后被国家及地方科技部门授予国家（北京）集成电路产业园、中关村开放实验室、中关村科技园区海淀园高新技术企业服务平台、国家中小企业公共服务示范平台等称号，具有鲜明的专业特点和服务特色。2007年3月，中关村科技园区管理委员会在北京集成电路设计园挂牌“中关村集成电路EDA开放实验室”；2011年11月，由工信部授予“国家中小企业公共（技术）服务示范平台”的牌匾，科技部授予“北京现代服务业基地”；2012年12月，北京市经信委授予“北京市小企业创业基地”。

创业园依托北京地区丰富的集成电路设计资源优势，重点建设了以EDA工具为主的集成电路设计公共技术平台，为集成电路设计留创企业提供包括：EDA工具、IP、芯片生产、封装、测试和专业人才培养等集成电路设计产业链专业技术服务，帮助留创企业降低研发成本和技术门槛，加快留创企业发展。创业园建设的留创企业服务体系，可为留创企业提供政策法规咨询、企业注册咨询、行业信息发布、招商引资及知识产权等服务内容，结合园区掌握的国际国内行业发展情况，提供行业咨询，帮助留创企业迅速融入国内的产业环境；另外，根据集成电路留创企业的投融资需求，创业园积极与国资公司系统内的投融资机构及创业投资机构进行交流与合作，为留创企业与创投机构之间牵线搭桥，助力留创企业的成长。同时，创业园在对留创企业孵化及服务的过程中，积极落实各级政府制定的支持留创企业发展的支持政策，并配以园区的服务支持，已成功协助园区留创企业获得了企业开办费、房租补贴等；并成功推荐园区的优秀海归人才入选了国家"千人计划"、北京市"海聚工程"等。

创业园现有入驻企业70余家，截至2014年底，累计入驻留学归国人才创业企业13家，毕业11家，主要为集成电路电子信息和设计领域的中小科技企业，企业产品涉及视频解码、网络通讯、有线电视等众多领域；先后推荐3人入选国家"千人计划"，6人入选北京市"海聚工程"。

联系方式

地　址：北京市海淀区知春路27号量子芯座508
邮　编：100191
电　话：86-1082357176
传　真：86-1082357178
邮　箱：service@bjicpark.com
网　址：www.bjicpark.com

中关村京仪海归人才创业园

园区概况

中关村京仪海归人才创业园由中关村科技园区管委会与北京京仪集团有限责任公司共建，北京京仪科技孵化器有限公司负责创业园的组织实施和日常管理。

京仪留创园总孵化面积9098平方米，其中大钟寺总园面积2300平方米，百万庄分园面积6798平方米。园区主要吸引新一代信息技术以及高端装备制造领域海归人才企业，通过整合京仪集团相关技术和市场资源为入驻企业提供创业服务。

京仪集团在创业园建设上给予政策方面的支持，一是开放集团自身的试验测试和加工资源，二是开放产业化的市场推广和销售渠道，三是在房租和场地上给予优惠，四是充分发挥北京市仪器仪表工业人才服务中心的人才服务功能，为海归人才创业企业提供人才培训、人事代理和人力资源咨询等相关人力资源服务。

同时，创业园通过公共服务平台（关键共性技术服务平台、科技咨询服务平台、市场推广服务平台、技术转移服务平台、中介服务平台）的建设运营，把海归人才创业企业的研发和成果资源与京仪集团产业化资源进行结合，实现产、学、研、用联合，促进行业技术进步和产业升级，助力海归人才创业企业的发展。

联系方式

地　址：北京市海淀区大钟寺东路9号
邮　编：100098
电　话：86-10-82121529
传　真：86-10-62252281
邮　箱：lijin5903@sohu.com
网　址：www.jyfhq.com.cn

中关村科技园区丰台园留学人员创业园

园区概况

中关村科技园区丰台园留学人员创业园成立于2004年4月，依托中关村科技园区丰台园，由中关村科技园区丰台园科技创业服务中心（北京IBI）具体运作。北京IBI以输出品牌和管理的方式，低成本、高速度运营，整合丰台园基地一期及"科技一条街"资源，已形成中关村丰台园软件孵化中心、赛欧科园孵化中心、颐安鑫鼎孵化中心、生命科学孵化中心等分中心，作为留学生企业发展园、产业园。以北京IBI为龙头的孵化器网络，已实现了"由点到线、由线到面"的发展格局，形成了丰台区的高科技产业聚集地。2007年，被北京市人事局、北京市科委批准为"北京留学人员创业园"。

创业园积极响应国家大力吸引海外高层次人才的号召，以"五大创新服务体系"和综合性技术服务平台为支撑，以提高自主创新能力和可持续发展能力为核心，不断推进留学人员创业服务体系建设，优化创业服务措施，营造优质创业环境，努力打造产业聚集区和高端人才聚集区。园区为企业推出"留学生服务直通车"计划，推动科技中介服务体系建设，打造交流合作平台，营造引资引智氛围，申请政府资助，落实优惠政策，搭建引智渠道，完善人才资源服务平台。

截至2014年底，创业园累积孵化企业153家，全部为留学人员企业，培育出上市企业2家；目前有在园企业90家，全部为留学人员企业，主要分布在电子信息、生物医药、节能环保、新能源等行业领域，园区主要发展的特色产业有电子信息、生物医药。

联系方式

地　址：北京市丰台区科兴路9号
邮　编：100070
电　话：86-10-63744650
传　真：86-10-63728448
邮　箱：zxx@bjibi.org.cn
网　址：www.bjibi.org.cn

中关村软件园留学人员创业园

园区概况

中关村软件园留学人员创业园法人单位为北京中关村软件园孵化服务有限公司，公司成立于2001年11月28日，由北京中关村软件园发展有限责任公司、中关村高科技产业促进中心、北京软件与信息服务业促进中心以及北京赛西电子科技公司联合出资成立，注册资金5300万元。在十余年的建设和发展中，创业园集成政府、社会、团体和企业的多种资源，在软件企业的专业服务领域不断探索和实践，期间得到了政府的大力扶持和认可。2002年1月1日被北京市科委认定为“北京高新技术产业孵化基地”；2004年1月被正式命名为“中关村科技园区留学人员创业园”；2006年被国家科技部认定为“国家高新技术创业服务中心”；2006年获“2006年度北京市优秀科技中介机构”称号；2007年被北京市人事局和北京市科委联合命名为“北京留学人员创业园”；同时园区还获“中关村科技园区20周年突出贡献企业”“海淀区企业党的纪检工作优秀党组织”“海淀园先进基层党组织”“北京市知识产权托管基地”“北京市小企业创业基地”“北京市战略性新兴产业孵育基地”等称号。

多年来，中关村软件园孵化器一直注重“学习型组织”的建设，加强理论学习，瞄准孵化服务领域最前沿，行动研究及时跟进。同时，积极与国内外孵化器同行保持沟通和交流，学习对方先进的管理经验，努力提升自身服务水平。创业园孵化服务建设围绕公司贴身、贴心的服务宗旨，建立了一中心七平台及特色服务体系。一中心指企业服务中心，为企业提供基础的创业服务，七平台包括软件人才服务平台（为企业提供人才招聘及人才互济服务）、网络产品发布平台（在中国软件网宣传企业产品）、投融资服务平台（为企业提供投融资对接服务）、科技创新平台、软件综合资源平台（建立项目库，促进企业间技术合作）、产业促进平台（促进企业与企业间的合作）、国际交流合作平台（促进企业进行国际技术转移及合作）。此外，特色服务包括创业导师行动（为企业提供融资、知识产权、法律、管理、技术、市场等方面的创业指导）、知识产权托管基地（帮助企业建立知识产权规划、申请、维权等服务）、信用工作平台（帮助企业建立信用制度及与信用有关的服务）、商标工作平台（帮助企业建立商标制度及商标维权等服务）、创业企业家俱乐部（促进企业间的交流合作）。

创业园在未来规划中，将继续依托国家软件产业基地、国家软件出口基地良好地产业发展态势，利用丰富的政府资源、科技资源和社会资源，不断完善面向中小软件企业的创业孵化服务体系。始终把握“做专业资源的整合者”和“聚集‘一横两纵’企业”的产业定位，在创业服务不断深化、细化、专业化的过程中，促进软件企业的产业合作与发展。

联系方式

地　址：北京市海淀区东北旺西路8号中关村软件园3号楼B座1318室
邮　编：100093
电　话：86-10-82825187，82825188
传　真：86-10-82825186
邮　箱：spi@zgcspi.com
网　址：www.zgcspi.com

中关村生命科学园留学人员创业园

园区概况

北京中关村生命科学园留学人员创业园成立于2004年，由生物医药科技孵化有限公司负责运营。创业园的主要宗旨是帮助中小型生物医药企业成长，为归国留学创业人员提供良好环境，推动生命园区及北京市生物医药产业的发展。

创业园成立以来受到了社会各界的肯定与好评，获得了包括国家级科技企业孵化器、国家中小企业窗口示范平台、北京市战略新兴产业孵化基地、北京市科技成果转化基地、北京市优秀留学人员创业园、北京市优秀基层科技工作单位、中关村20周年突出贡献奖单位等众多资质和荣誉。

创业园总孵化面积50000平方米，包括各类实验室，细胞室、中试洁净车间、清洗消毒室、纯水制备间、洁净空调室、试验废水处理间、行政办公室和公共会议室等各种类型的场地和专业设施，能为企业提供完备的办公和生物医药研发条件。

在基础设施建设方面，创业园能为企业提供包括分析检测实验室、分子生物学实验室、固体制剂实验室、纯水系统、实验污水处理系统、通风及空调系统、中试车间、万级细胞培养室及公用会议室在内的工作条件，以确保创业企业工作的顺利展开。

在产业引导与合作方面，创业园建设和组织成立了中关村生命科学园开放实验室、中关村生物医药研发外包联盟、生命科学园资源网络同盟、生命园产业及孵化公共服务平台网等技术或产业联盟，整合了大量科技资源，为生物医药企业提供了良好的资源环境。生命园孵化器在留学生创业、专业技术服务、产业资金申请、医药产品注册咨询，引导性创业投资等方面形成了自身的服务优势。

创业园累计投入1500万元用于平台的建设工作，先后获得北京市科技条件平台、中关村开放实验室、国家CNAS认证。目前，具有较强服务能力的四个平台包括分析检测平台、分子生物学平台、固体制剂平台及细胞级药筛平台。同时，创业园还整合各类仪器资源近2亿元人民币，充分实现了科技资源的优惠共享。

截至2014年底，创业园有在园留学人员企业60余家，企业主要集中在战略新兴企业，行业涉及生物及化学药物研发、新型诊断试剂、医疗器械、生物农业、健康环保、医疗保健、研发外包服务、科研设备及试剂生产销售等各个门类，完成了上下游产业链条，形成了具有产业辐射及汇集作用的产业集群。

联系方式

地　址：北京市昌平区生命园路29号孵化科研生产大楼B-215
邮　编：102206
电　话：86-10-80715731
传　真：86-10-80715732-1005
邮　箱：zgcbmi@yahoo.com.cn

中关村数字娱乐留学人员创业园

园区概况

中关村数字娱乐留学人员创业园成立于2006年9月8日，是中关村科技园区管理委员会和北京市石景山区政府的第一个合作项目，主要服务于北京市文化创意产业留学生企业，是全国第一个专注于数字文化产业的留学人员创业园，是全国第一个以文化创意产业为服务对象的留学人员创业园。

创业园坐落于北京西山脚下，背靠八大处风景区，周边环绕着具有悠久历史的旅游文化博览圣地。整个地区风景秀丽、富含创意、宜居宜商，为从事文化创意创业的留学人员提供了得天独厚的工作及生活环境。创业园一期建筑面积8000平方米，拟扩充至28000平方米。优雅的人文环境、便捷的交通环境和齐全的基础设置配备，为海归留学人员企业的发展推波助澜。

对于从事文化创意、数字娱乐产业创业企业，在办公环境上“求新、求变”的特别需求，创业园给予了充分考虑。创业园配套有米黄色大型沙发茶座，在整个楼层无线网络的覆盖下，拓展了创业人员办公及思考空间。园内设有24小时保安和电子指纹式门禁系统。为进一步降低创业企业运营成本，创业园设立独立房间分体式空调、集团程控电话分机和计算机网络宽带接入。水、电、暖等基础配备24小时均设专人负责维护，复印机、传真机以及会议室等公用设施对入驻企业全部开放。

创业园在中关村石景山园管委会的指导下，依托石景山区打造首都休闲娱乐中心区的特点，旨在打造具有知名品牌、最多服务功能、最低创业成本的留学人员创业园，为留学人员归国后从事文化创意、高科技产业的创业提供全方位的服务，协助创业企业在全球创意经济迅猛发展的浪潮中不断壮大。

联系方式

地　址：北京市石景山区八大处高科技园区实兴东街11号楼北楼1层
邮　编：100043
电　话：86-10-88794725
传　真：86-10-88794725
邮　箱：suppersix@gmail.com

中国科学院中科海外人才创业园

园区概况

中国科学院中科海外人才创业园（原中国科学院中自留学人员创业园）成立于2004年10月，由中国科学院与中关村科技园区管委会共建而成，是中国科学院北京地区第一家海外人才创业园；同时，也是中国科学院目前唯一的一家海外人才创业园。

创业园现建有主园区和分园区（与北京市科委创业中心共建）两部分。其中，主园区位于海淀区中科资源大厦、中科院自动化所；分园区位于朝阳区北京创业大厦。中科院中科海创园由北京中科喀斯玛科技孵化器有限公司负责具体管理和运营。中科喀斯玛公司重组于2013年底，前身是中科院自动化所国有资产管理公司、中科院国家技术转移中心子平台，现为（中科院）北京中科资源有限公司控股、中科院自动化所参股的国有控股企业。

创业园作为中关村国家自主创新示范区人才特区创新创业服务的组成部分，围绕北京市和中关村整体发展部署，偕同中科院的尖端科技、优秀人才和先进研究成果以及各科研院所的支持等丰厚的资源优势，为海外人才企业提供有力的技术支持、良好的创业氛围和中介机构增值服务的同时，也开展了一系列为企业提供科研成果转化、科技资源整合、科学研究交流与大型企业对接合作等园区特色服务，充分满足海外人才创办企业的需求，现已发展成为独具特色的、带有鲜明中科院品牌的海外人才创业园。

创业园以中科院院所科技、信息、政策、品牌、专家等为基础，依托海淀区、中关村高科技园区的广阔行政服务网络，引进风险投资资本，凝聚区域内现有科技成果转移机构资源共同打造科技协同创新机制，发挥新形势下政产学研合作新途径的优势，努力推动海外人才归国创业、中科院科技成果的转移、转化，带动相关产业升级，服务地方、区域经济。近年来，随着平台体系建设的不断加强，转移中心为高校、院所、企事业单位提供的服务也愈发系统和专业，逐步探索具有中科院特色的体系化服务模式。创业园充分发挥中科院科技创新资源，建立的“科技条件平台”包括专家顾问库、项目资源库、专利数据库和科研设备库等多个单元的中科院共享体系资源。

截至2014年底，创业园累积孵化企业115家，其中，留学人员企业90家；目前有在园企业76家，其中，留学人员企业32家，主要分布在电子信息、新材料、新能源与环保、装备制造等行业领域，园区主要发展的特色产业为电子信息。目前，在园创业或工作的留学人员80人，累积入选中央“千人计划”1人，北京市“海聚工程”2人。2014年园区企业总收入6100万元，企业专利总数43项，企业各项融资总额1000万元。

联系方式

地　址：北京市海淀区中关村东路95号自动化大厦东楼309室
邮　编：100080
电　话：86-10-61943380
传　真：86-10-61943380
邮　箱：casmpark@126.com，Zhouy_work@126.com
网　址：www.casmpark.com

中国矿业大学留学人员创业园

园区概况

中国矿业大学留学人员创业园暨中关村能源安全科技园成立于2007年7月12日，是中国矿业大学（北京）与中关村科技园区管委会共建的具有显著能源与安全特色的专业科技园区，是我国第一家能源安全科技园，是中国矿业大学（北京）产学研结合及科技创新体系、中关村国家自主创新示范区及首都区域创新体系建设的重要组成部分。2014年9月，矿大科技园获“海淀·创业期科技型企业集中办公区”认定。

国家、北京市和相关部委领导十分重视和关心创业园的建设发展，时任国务委员刘延东，教育部部长周济，国家安全生产监督管理总局局长骆琳，教育部副部长陈希、吴启迪，科技部副部长刘燕华、尚勇，国家安全生产监督管理总局副局长梁嘉琨，国务院研究室副主任江小涓，北京市委常委赵凤桐等先后来创业园视察工作，并对创业园成立以来取得的成绩给予了充分肯定。

创业园地处中关村科技园区的核心地带，交通便利，位于城市主干道学院路和清华东路的交汇处附近，一期已启动孵化面积1.5万平方米，其中在园企业用房12002平方米，公共服务用房845平方米，办公用房421平方米。

创业园始终致力于打造能源安全品牌，为能源安全新技术产业集聚创造一流的服务平台，在完善多项基础设施建设的同时，搭建了创业服务、企业经营服务、公共技术服务、知识产权服务、信息服务、物业服务等15项软环境平台，开展了高效、快捷、全面的企业专业服务工作，累计为入园企业提供各项服务共2000余次。

创业园紧密服务于学校的产学研体系和人才队伍建设，将学校优秀科研成果在科技园推广，鼓励学校教师到园区创业。创业园累计实现科技成果转化和技术转移115项，有11家教师创办的企业入驻园区。

创业园针对煤炭能源行业的现状和亟待解决的突出问题，创新性地以“孵化+创投”的形式进行“项目孵化”，即对有前景的高新技术项目和项目所有人进行吸收，设立工程技术研究中心，直接面向矿山一线，形成产学研紧密结合的技术与产业平台。目前，已成立节能减排、绿色开采、矿山建设、固液处理、矿山机电和矿山数字化等6个工程技术中心，投入孵化资金近1800万元。

同时，创业园公司（北京矿大能源安全科技有限公司）利用中国矿业大学的科研优势和工程技术中心的产业优势，自主研发核心技术，培育核心竞争力，2009年通过了国家级高新技术企业认证，获得了中小企业创新基金，研发成功两项煤矿高新技术产品，研发项目“矿井回风源热泵系统与配套技术”获得煤炭行业科技进步一等奖。

截至2014年底，创业园共有入园企业60余家，其中新三板上市企业3家，在园企业50余家。此外，入驻专业科研机构4家，其中，国家重点实验室1家；入园企业总注册资金近5亿元，职工总人数约1400余人，入选“国家创新人才推进计划”1人。

联系方式

地　址：北京市海淀区清华东路16号3号楼中关村
能源与安全科技园A2-1803
邮　编：100083
电　话：86-10-51733888
传　真：86-10-51733590
邮　箱：menggy@263.net

中国农大留学人员现代农业创业基地

园区概况

中国农大留学人员现代农业创业基地成立于2005年8月4日，由中国农业大学和中关村科技园区管理委员会共同创建，主要服务对象是海外留学归国人员创办的以现代农业和生物技术领域为主的高新技术企业，重点吸引、发掘、培育一批创业团队完备、跨洋研发能力出众、拥有自主知识产权的国际领先技术、农业产业化潜力巨大、国家重点支持领域项目特别是面向“三农”的高质量留学人员创业企业。

创业基地位于中国农大科技园的西区核心园区，面积共20000平方米，先期启动7200平方米。创业基地拥有完善的供电系统、供水系统和供暖系统，可供租用已装修不同档次的各种规格研发单元；对入驻企业提供各类的会议室、报告厅、接待室、餐厅、客房和娱乐、购物场所；提供宽带多媒体通讯网络服务，光缆已进入室内，每个单元均配置CATV接口。创业基地有可供租用的会议室、洽谈室共计15间，具备多媒体音像、投影设备。

创业基地依托中国农业大学在种子、农兽药、畜牧、肥料、农产品与食品、农业工程与装备及农业信息化等领域的人才和科研优势及在高新技术转化方面积累的经验，进一步将孵化功能向企业发展的上下游延伸。通过产学研的有机结合、孵化体系的日益完善，创业基地将吸引更多优秀海外留学人员归国创业，从而为地区培育出新的经济增长点及产业热点，形成中关村科技园区中的农业研发、推广和示范基地，成为国家农业高技术创新创业源头。

联系方式

地　址：北京市海淀区清华东路17号科贸楼C201
邮　编：100083
电　话：86-10-62732266
传　真：86-10-62736902
邮　箱：hujy@cau.edu.cn
网　址：www.cau.edu.cn

中国人民大学留学人员创业园

园区概况

中国人民大学留学人员创业园成立于2005年12月，由中国人民大学与中关村科技园区管委会共建，是全国第一家文化主题的留学人员创业园，在留学人员创业园普遍只服务高新技术企业的背景下开始针对非科技类的文化创意企业提供创业服务。由人大文化科技企业孵化器公司负责运营。2012年3月，创业园被北京市委组织部、北京市人力资源和社会保障局、北京市科学技术委员会评为“优秀留学人员创业园”；2012年4月，中国人民大学文化科技园运作公司北京人大文化科技园建设发展有限公司，全资设立子公司北京人大文化科技企业孵化器有限公司，专业负责中国人民大学留学人员创业园运营管理；2012年12月，获中国留学人员创业创新大赛组委会授予“春晖杯”创业大赛创业基地；2013年，被认定为“北京市战略性新兴产业孵育基地”；2013年4月，获得第七届中国北京国际文化创意产业博览会“单项活动优秀组织奖”；2013年5月，获得第九届中国（深圳）国际文化产业博览交易会“优秀组织奖”。

创业园地处中关村核心区域，交通便捷，人才、资本高度密集，拥有13520平方米的孵化面积，园区内建设有全国第一家文化创意产业特色的国家大学科技园、全国第一家国家版权贸易基地、全国第一家依托大学建立的国家文化产业示范基地。创业园致力于孵化文化创意企业，为初创企业提供30—150平米不同户型的孵化场地。除了为企业切实落实政府优惠政策外，还为孵化企业提供部分租金减免、种子资金投资、国际合作补贴、企业上市补贴等优惠政策，着力打造中国文化创意产业品牌和有全球影响力的文化创新中心。

创业园借助中关村国家自主创新示范区的政策优势和中国人民大学在人文社会科学方面的资源优势，建立了以科技及文化创意相关产业为主导方向，享受园区以“创业服务+创业投资+创业导师”为核心的综合孵化服务体系。园区为留创企业提供“全流程、全方位、全链条、立体化”的专业优质孵化服务。“全流程”是对文化企业从孵化前，到孵化中，再到加速成长过程中提供的一系列服务；“全方位”是为创业团队提供创业培训课程、帮助创业融资、配备创业导师、营造创业人脉圈；“全链条”是指打造从“项目孵化”到“企业孵化”再到“新兴文化科技产业链孵化”的全产业孵化链条；“立体化”是指整合孵化器现有线上、线下资源，为文化企业提供线上企业诊断软件加线下企业会诊等集成服务。园区不断提升并创新孵化模式，打造自服务体系，建立了企业跟踪评价系统，为园区企业的健康发展提供了强有力的支撑，企业对园区的认同感、归属感不断增强，企业与园区已形成良性互动、共赢发展的格局。

截至2014年底，创业园累计孵化留学人员企业187家，有7家企业获得中关村“金种子企业”称号，3家企业获得“中国留学人员创业园百家最具成长潜力留创企业”称号，留创企业自主知识产权累计达160项；目前在园企业143家，其中，留学人员企业46家，文化创意类企业占园区企业总数的85%，分布于新媒体、数字出版、动漫游戏、信息技术等多个新兴文化行业，在版权领域有安德鲁•纳伯格、麦克米伦、泰勒•弗朗西斯等全球出版15强的企业入驻；累积吸引了280多名留学回国人才在园创业，其中2人入选中央“千人计划”。2014年园区企业总收入2380万元，企业专利总数66项，企业各项融资总额2210万元。园区在运营过程中一直得到北京市、中关村和海淀区的大力支持，仅2014年，园区获得中关村和海淀区支持资金超过200万元，在园留创企业共获得各类政府支持资金共计380万。

联系方式

地　址：北京市海淀区中关村大街甲59号人大文化大厦2104室
邮　编：100872
电　话：86-10-82509532
传　真：86-10-62516386
邮　箱：cspruc@ruc.edu.cn
网　址：www.cyruc.com

中央财大留学人员创业园

园区概况

中央财大留学人员创业园成立于2006年12月8日，由中央财经大学与中关村科技园区管委会合作共建，是中关村留学人员创业园协会秘书长单位。园区管理机构为北京中财园科技有限公司。创业园的服务对象是海外留学回国人员创办的各类高新技术企业、文化创意企业和创新服务企业。创业园重点培育、孵化在海外学有所成、学有特色、有跨国研发能力、创业团队较为完备、拥有自主知识产权、产业发展潜力大的留学回国人员的创业企业。

依托中央财经大学及中央财经大学科技园的资源优势，创业园搭建了财税事务公共服务平台、经济法律事务公共服务平台、科技认证及工商注册公共服务平台、人才交流培训平台、投融资事务公共服务平台等创业孵化服务平台，为企业提供财税咨询、法律咨询、科技企业认证及注册、企业文化宣传、人才培训、融资推荐等服务。平台不仅为创业园内企业提供各类服务，而且已将服务功能拓展至整个中关村科技园区。

创业园新建规划位于北京市海淀区学院南路39号中央财经大学校内东南角。规划用地面积10000平方米，规划建筑面积将达3万余平方米。建成后的创业园将是一个办公环境优美、配套设施齐全、服务功能完备的一流企业孵化器。创业园将利用中央财经大学在财经、金融领域的学科、人才等资源优势，通过产学研的结合和完善的孵化服务体系，为入园留学人员企业创造良好的成长环境。创业园重点吸引、发掘、培育、孵化在海外真正学有所成、学有特色、有跨洋研发能力、创业团队较为完备、拥有自主知识产权、产业发展潜力巨大的高质量留学人员创业企业，从而为首都培育出新的经济增长点及产业热点。

联系方式

地　址：北京市海淀区学院南路39号
邮　编：100081
电　话：86-10-62288385
传　真：86-10-62288385
邮　箱：cufezcy@163.com
网　址：www.cufesp.org

天津滨海高新技术产业开发区海外留学生创业园

园区概况

天津滨海高新技术产业开发区海外留学生创业园成立于1998年8月，是天津滨海高新区管委会创办并直接管理的孵化器，是国内唯一一个处于都市中心区的留学人员创业园。作为国家级留学人员创业园，创业园先后被批准为部市共建“中国留学人员创业园”“国家留学人员创业园示范建设试点”，被中央组织部授予“全国留学回国人员先进工作单位”等9个国家级创业基地品牌和8个国家级和市级荣誉称号。

创立十余年来，创业园始终以“促进科技成果转化、培育高新技术企业和企业家”为宗旨，坚持“孵化精品企业”的基本工作方针，求真务实，不断进取，形成了以归国留学人员创办的企业为重点孵化对象，以具有自主知识产权的高科技项目为重点孵化项目的发展特点。创业园高效的孵化机制和优良的孵化业绩得到了国家各有关部委、天津市各有关部门以及社会各界的一致肯定和高度评价，目前已成为天津滨海高新区国家海外高层次人才创新创业基地的核心孵化载体、部市共建国家生物医药国际创新园核心实施主体和天津滨海新区的核心孵化器。

创业园重点围绕天津滨海高新区绿色能源、高端信息制造、生物医药、先进制造、现代服务业等主导产业领域吸引高层次人才，重点吸引能够参与全球竞争、处在世界科技前沿和产业高端、熟悉国际市场和国际规则的海外高层次人才来区创新创业，以培养战略性新兴产业企业、高成长性企业、领军企业、科技小巨人企业、上市企业为目标，深入开展精品孵化服务。园区重点打造了公共技术平台、人力资源服务平台、投融资平台与公共秘书平台等四大平台，为创业者提供无障碍、一站式、个性化、全方位的“全案式”服务。

截至2014年底，创业园拥有孵化场地总面积3.7万平米，其中，生物医药专业加速器1万平米，医疗器械专业加速器1万平米，TMT“智慧社区”专业孵化器1.7万平米；在孵企业320家，累计孵化毕业企业591家；专职孵化员工14人，全部本科以上学历，其中博士1人、硕士7人；拥有7名天津市创业导师，其中1人入选科技部火炬创业导师。

联系方式

地　址：天津滨海高新技术产业开发区华苑科技园华天道2号
邮　编：300384
电　话：86-22-83710085
传　真：86-22-83710936
邮　箱：tibi@thip.gov.cn
网　址：www.tibi.com.cn

天津经济技术开发区留学生创业园

园区概况

天津经济技术开发区留学生创业园（天津泰达国际创业中心）成立于1996年8月，创业园位于天津滨海新区核心区——天津经济技术开发区（泰达），与天津经济技术开发区生产力促进中心系同一机构，是天津开发区管委会下属事业单位，是天津泰达科技发展集团的核心成员单位，担负战略性新兴产业促进、高水平人才创业、科技平台运营、科技中小企业孵化和加速成长、科技园管理运营的职责。2002年，经科技部认定成为国家级高新技术创业服务中心；2004年经国家人事部批准成为国家级留学生创业园；2009年，荣获“天津市留学回国人员工作先进单位”称号；2010年，成为首批高校学生科技创业实习基地，被科技部火炬中心批准为中国创新驿站天津基层站点；2011年，加入两个国家级留学人员工作联盟——“中国技术创业协会留学人员创业园联盟”和“中国留学人员回国服务联盟”，创业中心被授予滨海国家科技创意创业园；2012年，被推选为中国留学人员创业园联盟副理事长单位和天津市国际人才交流协会常务理事单位。

创业园目前孵化总面积为15万平方米，孵化场地由创业中心、天大科技园等构成，一直以来担负着战略性新兴产业促进、海外高层次人才创业、科技平台运营、科技中小企业孵化和加速成长、科技园区管理运营的职责。作为天津滨海新区最大的中小科技企业孵化器，园区已经成为滨海新区科技创新创业的旗舰，为海外人才创业营造了良好的办公、生产、技术研发、资本运作、人才培育、信息交流的发展环境，成为滨海新区高新技术企业和海外高层次人才创新创业的聚集地。

为了更好的为园区企业服务，创业园建立了“四化六板块”的企业服务工作体系。“四化”为系统化、专业化、定制化、长期化。“六板块”为：一是管理提升，包括企业培训、企业家成长、创业导师、管理咨询、企业信息化应用推广等；二是技术创新，包括公共技术平台、产学研合作、成果转化、技术转移等；三是人力资源，包括人才招募、人才培训等；四是科技融资，包括担保、银行产品创新、投资对接、直投等；五是政策咨询，包括政策宣讲、项目申报、政策兑现、政府关系、留学生服务等；六是市场开拓，包括企业宣传、产品推介、专业会展等。作为推进企业服务工作的主要依托载体，园区重视做好公共服务平台建设与运营、产业联盟组建与活动、科技中介服务网络搭建与服务三项工作。创业园建立和完善了滨海新区集成电路设计平台、生物技术公共服务平台、云计算平台、物联网服务平台、软件与服务外包平台、开发区科技企业融资服务中心、滨海科技信息服务平台等公共服务平台，依托公共平台开展专业技术服务、大型仪器共享和企业融资服务，为广大留学生企业和海外人才创新创业进行服务。

截至2014年底，创业园累积孵化留学人员企业182家，培育出上市企业2家；目前有在园留学人员企业135家，主要分布在新一代信息技术、高端健康、新能源、新材料等行业领域，园区主要发展的特色产业有新一代信息技术、高端健康、高端制造等；在园创业的留学人员170人，累积入选中央“千人计划”创业人才13人，天津市人才引进计划创业人才28人。2014年园区企业总收入121855万元，企业专利总数660项。

联系方式

地　址：天津经济技术开发区第四大街80号天大科技园A1楼四层
邮　编：300457
电　话：86-22-66211527
传　真：86-22-66211504
邮　箱：caoyp@teda.net
网　址：www.newteda.com

海外留学人员石家庄市创业园

园区概况

海外留学人员石家庄市创业园于2000年5月经河北省人事厅批准成立，坐落在石家庄高新技术产业开发区（西区）。创业园的建立旨在依托石家庄高新区的政策、职能优势，充分发挥创业服务中心创新孵育功能，营造良好的软硬环境，吸引高层次的海外留学人员来石创办高新技术企业，促进经济发展。

十几年来，在党和各级政府有关部门的悉心关怀和大力支持下，创业园作为留学人员归国创新创业的重要载体和平台，在推动整个河北省经济社会发展中发挥了重要的作用。经过近十年的发展，创业园区已初具规模，拥有12000平方米的孵化场地，以优美的自然环境和融洽的人文环境成为海外学子报效祖国的创业乐园，一批又一批的留学人员在这里取得累累硕果，一批又一批的留学人员企业从无到有从小到大从弱到强走向更广阔的天地。

截至2014年底，创业园累积孵化企业78家，全部为留学人员企业；在园留学人员企业40家，主要分布在电子信息、新能源、生物医药等行业领域；在园创业或工作的留学人员有46人，有2人入选河北省人才引进计划。2014年园区企业总收入6800万元，企业专利总数15项。

随着人才竞争的国际化，大批的海外留学生回国创业，创业园将不断创新思维，全面进行孵化服务体系建设，不断完善服务机制。同时，在如何提高园区企业的市场竞争力，如何发展特色园区、促进以园区为核心的产业聚合等方面进行思考与探索，为回国留学人员提供报效祖国、施展才华的舞台，为地区的科技和经济发展注入新鲜的力量。

联系方式

地　址：河北省石家庄市新石北路368号科技创业园
邮　编：050091
电　话：86-311-83815014，83818546
传　真：86-311-83825920
邮　箱：hbsjzlcy@126.com
网　址：www.sjzlcy.com

海外留学人员晋州市创业园

园区概况

海外留学人员晋州市创业园成立于2011年6月10日，创业园位于河北省晋州市经济开发区。晋州经开区成立于2008年，规划面积6.16平方公里，以生物、化工、医药和装备制造业为主。石德铁路、307国道、衡井公路横穿园区，樵营公路纵穿南北，地理位置优越，交通十分便利。开发区土地资源丰富，新一轮土地修编完成后，园区一期用地全部调整为工业用地，未来发展空间很大。2011年，获批省级经济开发区。

创业园占地800亩，环境优良，不仅做到水、电、路、气、暖、污、信等硬件上的“七通”，还实现了信息通、配套通、服务通等软件上的“三通”，以便捷的交通、畅通的信息、优美的环境吸引客商投资和留学人员入园创业。创业园致力于发展高新技术产业，积极引进高端人才，产业以生物、化工、制药和装备制造业为主导，积极推进清洁生产，实现工业和环境的可持续协调发展，努力打造高科技产业集群。

创业园推出了“重点项目VIP服务”“一站式”保姆服务，对高新技术企业前3年的贷款利息以及担保费给予全额补贴；晋州市财政预算每年安排“创业园创业专项基金”3000万元，以支持“创业园”的发展。

创业园目前成功引进了加拿大籍博士李玮等7位海外留学博士到园区创业。

联系方式

地　址：河北省晋州市槐树镇经济开发区
邮　编：052260
电　话：86-311-84322334，843253
传　真：86-311-83825920
邮　箱：jzsjyfwj@sina.com

唐山市归国留学人员创业园

园区概况

唐山市归国留学人员创业园成立于1999年9月，是唐山市人事局和唐山市高新技术开发区管委会共同创办的为归国留学人员提供科技创业服务的公益性孵化器。2001年6月，被团中央、国家青联授予“中国青年科技创新行动示范基地”；2002年7月，被国家人事部批准为人事部和唐山市政府共建的“中国唐山留学人员创业园”；2002年12月，被团省委、省青联授予“河北省青年科技创新杰出奖”；2002年4月，唐山高新技术创业中心被科技部认定为国家级创业中心，是省内唯一的一家由省级开发区主办的创业中心晋升为国家级的创业中心。

创业园与共同管理的唐山高新技术创业中心、高校科技创业园实行三个园区、一套机构的管理模式，构成唐山市的技术创新以及高新技术创业基地。园区内有孵化场地26000平方米，每个孵化间有独立计量的水、电设施以及供暖设施，配有语音接口和到桌面10兆的国际互联网接口，配备会议室、学术报告厅、产品展示厅、餐厅、客房以及停车场、商务、餐饮、住宿、健身等服务设施完备，可为入驻企业提供完善的生产及经营条件，是适合IT、生物工程、新材料、节能环保、机电一体化等高新技术项目创业的理想环境。

创业园积极创造良好条件促进入驻企业发展，免费为入驻企业办理或协助办理工商、税务登记、日常服务等基本服务，并向更高层次服务发展。成立以来，在国家、省、市人事部门的大力支持与帮助下，创业园实现了快速发展，已成为唐山科技创新体系的重要环节。

联系方式

地　址：河北省唐山市高新区西昌路北口创新大厦
邮　编：063020
电　话：86-315-3859345，3856847
传　真：86-315-3856847
邮　箱：info@mail.tsdz.gov.cn
网　址：www.iodd.com.cn

秦皇岛市留学生创业园

园区概况

秦皇岛市留学生创业园成立于2006年8月，依托秦皇岛经济技术开发区国家级高新技术创业服务中心为平台，是秦皇岛市唯一针对海外留学人员归国创业成立的创业服务机构。创业园以服务留学人员创业为宗旨，为创业初期的中小型留学生企业提供办公及研发场地，资金筹措、人员培训等方面的综合性服务，重点发展光机电一体化、电子信息、生物工程等国家鼓励支持的行业。

创业园下设综合部、项目部、企业发展部、园区管理办公室、专家评审委员会。为吸引高新技术企业入驻，一是从房租、税收、项目申报等方面提供一系列优惠政策；二是由秦皇岛市财政和开发区财政每年共同出资200万元，设立留学人员创业基金，重奖为该市作出突出贡献的留学人员；三是扶持中小企业里有上市条件的企业上市，培育更多更好的企业，为他们提供项目储备和经济支撑。

创业园利用秦皇岛开发区已建成的河北省软件产业（秦皇岛）基地、秦皇岛开发区服务外包基地、在建的秦皇岛数据产业园等高新技术产业集群优势大力发展高新技术产业。

成立至今，创业园已经成功地引入秦皇岛海纳电子设备有限公司和秦皇岛燕秦纳米科技有限公司等70多家企业，涉及的领域包括机电、化工、环境保护、电子、计算机软件、医疗设备、新材料及纳米技术等，企业产品和技术研发、市场营销、企业管理等方面均处于良好状态，表现出很高的成长性。

联系方式

地　址：河北省秦皇岛经济技术开发区珠江道29号
邮　编：066004
电　话：86-335-8576605
传　真：86-335-5909689
网　址：www.qhdcy.cn

海外留学人员邯郸创业园

园区概况

海外留学人员邯郸创业园是经河北省人事厅正式批准的新型科技园区，主要为留学人员提供优质服务和良好的孵化条件，创造与国际接轨、适合中外科技型企业发展的环境，进行科技成果转化，推动经济与科技的结合，进一步促进本地区产业结构的优化。

创业园位于邯郸经济技术开发区内，拥有研发用房及科技孵化大楼，内部设施完善，水、电、宽带等各项配套设施全部齐全到位，并具有多功能展示厅、多功能休闲活动室、会议室、洽谈室、培训中心、商务中心。

经过多年的发展，邯郸经济技术开发区已经从一片荒沙地发展为配套设施完善、管理完备的科技区，并以加快建设“生态型、文化型、科技型”现代化综合性新城区为目标，不断优化投资环境，同时就高层次人才创业、技术创新和技术改造等制定扶持政策，营造了宽松、高效的创业环境。目前，邯郸开发区以新材料、生物医药、信息技术、先进制造业为支柱产业的产业布局基本形成，并以建设国家级新材料基地为目标，重点引进一批科技含量高、产业关联度大的项目，设立研发基地，加快形成特色产业集群。

经过多年的发展，创业园已经形成了一个完善的科技企业培育体系，吸引了一大批从美国、瑞士、荷兰、土耳其等国家留学回国人员创办的企业进驻，累计孵化了勇龙陶瓷、鑫诺光纤、克莱锐富、凯利奥拉色谱分析、土金科技、凯瑞特科技、长寿源健康科技等70余家科技企业。

联系方式

地　址：河北省邯郸市开发区世纪大街2号
邮　编：056107
电　话：86-310-8067891，8067896
邮　箱：chenghui315@126.com

沧州市海外留学人员创业园

园区概况

沧州市海外留学人员创业园由沧州市人市局、沧州市经济技术开发区联合创办，于2000年12月12日正式开园。其宗旨是利用创业园的优惠政策和良好的投资环境，专门吸引海外留学人员回国创办企业，以促进高新技术成果商品化，培育一流科技企业，促进劳动区域经济发展。

创业园提供先进的数字智能新硬件环境，提供办公、研发、中试生产、会议等场地及配置设施。协助企业办理进区审批、工商注册、税务登记银行开户手续；协助项目申报、转移嫁接，以及新产品研究开发、鉴定；提供咨询服务；提供打字、复印、电传及互联网通信等。在创业园注册企业，从事研发的博士、硕士，由“开发区科技发展基金”分别给予每人每年1万—3万元不等的补助经费，由其个人支配；属于高新技术企业的，还享受其他政策优惠。

联系方式

地　址：河北省沧州经济技术开发区纬二路18号
邮　编：061000
电　话：86-317-3093322
邮　箱：lige77999@163.com

海外留学人员廊坊燕郊创业园

园区概况

海外留学人员廊坊燕郊创业园成立于2001年12月，是河北省人事厅批准成立的省级海外留学人员创业园。其宗旨是充分发挥人事系统的人才管理优势，利用创业园的优惠政策、良好的投资环境和一流的服务水平，创造海外留学人员回国创业的局部优化环境，加速高科技成果的商品化、产业化、国际化，促进高新技术产业发展和国内外科技交流。

创业园设在燕郊经济技术开发区创业大厦内，与燕郊经济技术开发区创业中心合署办公，是河北省距北京市最近的一家留学人员创业基地，具有独特的区位优势、明显的人才优势、“九平一通”的高质量园区服务优势。创业中心初建于1999年10月，正式成立于2005年3月，隶属于燕郊开发区管委会，属事业单位、实行企业化管理，以促进科技成果转化、培植高新技术企业和企业家为宗旨的社会公益性科技服务机构，属于综合性科技企业孵化器。

创业园孵化面积2.3万平方米，拥有燕郊创业大厦。根据创业大厦建筑格局，按照“一器多区”发展模式设立了电子信息、生物医药、光机电一体化、新材料、环保新能源等5个专业孵化功能区，可满足不同类型科技型中小企业的孵化需求。并设有商务中心、网络中心、多功能厅、接待室、洽谈室、会议室、图书室、健身活动室、餐厅等完善的配套设施以及会计师事务所、律师事务所、公证处、风险投资公司、管理咨询公司、生产力促进中心等中介服务机构，可为入驻企业提供全方位、多层次的优质服务，解决企业在创业发展过程中的困难和问题。

创业园遵循“瞄准制高点、服务争一流、创新求发展”这一总体发展思路，依托燕郊开发区得天独厚的区位、环境、政策、产业等优势以及北京的各科技信息、人才资源，为高新技术成果向现实生产力转化提供孵化场地、资金支持、创业辅导、企业诊断、项目包装、技术产权交易、中介服务、人才培训及对外交流等综合性配套服务，努力营造适合于科技型中小企业发展的局部优化环境，从而降低创业风险和创业成本，提高孵化成功率，为燕郊开发区培育有市场竞争力、成熟的高新技术企业。

联系方式

地　址：北京市东燕郊迎宾北路2号
邮　编：101601
电　话：86-316-3314523
传　真：86-316-3327322
邮　箱：quhongbo@yanjiao.jov.cn

太原高新区留学人员创业园

园区概况

太原高新区留学人员创业园成立于2003年，是太原高新区管委会的直属事业单位，是山西省唯一一家国家级留学人员创业园。创业园管理办公室负责创业园的管理和高新区内所有留学人员及留学人员企业的服务工作，具体包括留学人员创业园的招商引资、引智，留学人员企业的项目申报、项目扶持和国家“千人计划”、山西省“百人计划”的申报工作；落实留学人员回国创业的各项优惠政策，以及依托中介服务机构为留学人员及留学人员企业提供商务服务、企业代理、投融资、培训、讲座、财务代理、项目对接、市场运作等系列服务。创业园依托太原高新区的整体资源优势，弘扬“勇于创新、敢于冒险、宽容失败、讲求诚信”的创业文化，构建了标准的“6S企业服务平台”为海外学子提供全方位、高层次的创业孵化服务，已成为山西省吸引海外归国人员创新创业的重要载体和高新技术成果转化的主要基地。

在高新区管委会的领导下，通过多年的努力，创业园投资环境渐趋优良，基础设施日臻完善，为胸怀大志的创业者们搭建了一个理想的创业平台，成为广大企业家投资兴业、报效家乡的一片沃土。目前，创业园总孵化面积15万平方米，孵化项目涉及电子信息技术、软件开发、生物医药与新医药开发、环保节能、新材料等多个先进技术领域，逐步形成山西特色的产业发展格局。创业园重点提供以下政策支持：留学人员来园创业，可享受60—100平方米研发、办公场地，免房租费三年；留学人员在园新创办经认定符合条件的企业，太原高新区财政配给一定的启动资金；留学人员在园新创办经认定符合条件的企业，可获得山西省人事厅留学人员科技活动项目择优资助经费；留学人员在园创办经认定项目优秀的企业，可优先获得山西省科技厅科技攻关计划项目资助；留学人员在园创办符合条件的企业，可优先享受太原高新区的所有相关优惠政策。同时，高新区和创业园还在留学人员及家属居住便利化、子女入学入托、微利房分配、职称评定、驾证管理等方面连续出台了多项政策，方便留学回国创业者在太原工作生活。

创业园自成立以来，已吸引了来自美国、德国、加拿大、日本等12个国家的250多名留学人员，其中，国家“千人计划”创业人才12名、山西省“百人计划”创业人才15名，累计孵化留学人员企业150多家。截至2014年底，在园留学人员企业80多家，在园留学人员总数达到150余人。

联系方式

地　址：山西省太原高新技术产业开发区科技街15号
邮　编：030006
电　话：86-351-7033799，7033029
传　真：86-351-7033799
邮　箱：gxqcz@126.com
网　址：www.sxlcy.cc

内蒙古自治区留学人员创业园

园区概况

内蒙古自治区留学人员创业园成立于2002年5月23日，是自治区人民政府批准成立的第一家省级留学人员创业园。先后被中国留学人员创业园联盟、教育部留学服务中心、科技部火炬中心、中共中央组织部认定为中国留学人员创业园联盟——内蒙古产业化基地、“春晖杯”创业大赛创业基地、国家级科技企业孵化器、国家级海外高层次人才创新创业基地，被自治区党委组织部、自治区发改委、自治区科技厅、自治区人社厅认定为“内蒙古自治区高层次人才创新创业基地”“草原英才”工程高层次创新创业基地，2013年获得内蒙古自治区“优秀科技中介服务机构”荣誉称号。

创业园坐落于包头稀土高新区，拥有留学人员创业场地1.1万余平方米、产业化用地700亩。创业园借助国家级稀土高新技术产业开发区和园区自身的政策优势，积极打造引进海外高层次人才的政策洼地。针对高层次留学回国人员这一特殊创业群体，制定了一系列特殊政策，包括对其领办、创办的企业比照高新技术企业享受各项优惠政策，为其免费提供办公场所，对入驻的创业人员根据创业性质、科技含量、市场潜力和预期经济效益等要素，从项目启动资金、住房补贴、贷款贴息、优先推荐申报国家各类资金等多方面给予重点支持等，以优惠的政策环境和良好的软硬环境为留学人员服务于自治区社会、经济建设搭建了良好的创业平台。

创业园建立了资金库，引入风险投资机构，组织投融资座谈会、项目资本对接会，加强与银行、担保、风险投资、产权交易等融资服务机构和民营企业家的联系，通过多种渠道为企业融通资金。

创业园与上级科技主管部门和高校科研院所加强联系合作，通过开放仪器设备和研究基地，共享科学数据和科技文献，建设一个资源配置更优、开发能力更强、服务水平更高、具有良性自我发展机制的公共服务平台，为中小企业的发展提供公用设计、研发、试验、分析、检验检测、质量认证等方面的技术支持与服务。

创业园帮助企业制定营销策略、创新营销方式、扩大营销渠道，为企业提供形象设计、产品推广、展览展销、品牌打造和传播、对外贸易、技术合作、招商引资等服务，组织企业参加各类展销展示会、产品交易会、供需洽谈会，为中小企业开拓国内外市场，提高市场占有率和产品知名度，提供优质和有效的服务。

截至2014年底，创业园累积孵化留学人员领办或创办的企业328家；目前有193名留学人员创办的189家企业在孵，企业多分布于新能源、新材料、高端装备制造、生物医药、电子信息等高新技术领域。历年累计吸引330名海外留学人员入园创业，其中博士108名、硕士111名；拥有国家“千人计划”创业人才5人，内蒙古自治区“草原英才”创业人才21人，“草原英才”创业团队5个。

联系方式

地　址：内蒙古包头稀土高新区创业园区软件园大厦B座203室

邮　编：014010

电　话：86-472-5328646，5326636

传　真：86-472-5165902

邮　箱：ldqre@163.com

网　址：www.nmglcy.org.cn

呼和浩特留学人员创业园

园区概况

呼和浩特留学人员创业园成立于2004年，是国家人事部批准设立的省部共建的国家级留学人员创业园，新园于2010年3月26日正式揭牌运行。创业园是内蒙古自治区打造“草原硅谷”的核心区，是首府“一体两翼”人才建设工程和科技创新体系的重要载体，是首府正在建设的如意总部基地的重要组成部分，是开发区实现“二次创业”的重要引擎，是中国留学人员创业园联盟产业化基地。2010年12月，国家科技部正式批准创业园为国家级科技企业孵化器，填补了自治区首府没有国家级高新技术创业服务中心的空白；2012年4月，创业园与内蒙古自治区团委共建“内蒙古青年创业人才示范基地”和“内蒙古青年就业创业见习基地”；2012年4月，被自治区人才工作协调小组批准认定为“内蒙古自治区高层次人才创新创业基地”；2013年9月，被自治区人才工作协调小组认定为首批“自治区级人才改革试验园区”；2013年12月，被内蒙古自治区中小企业局授予“自治区小企业创业示范基地”称号。

创业园孵化基地位于呼和浩特中心区。为整合原有优质资源，提供更加完善配套的创业平台，市人民政府批准新建呼和浩特留学人员创业园，项目总投资13.8亿元，用地面积164.64亩，建筑面积35.8万平方米，有公共会议室、公共洽谈室、科技信息咨询中心、专利检索中心、知识产权服务中心、科技创业一门式服务中心等。同时，在呼和浩特经济技术开发区正在规划建设的202平方公里沙尔沁工业新区中，已规划出10平方公里作为创业园产业化基地，包括加速器（标准厂房）、电子信息产业区、生物技术产业区、新材料新能源产业区，以实现孵化+加速+产业化示范的发展模式。

截至2014年底，创业园累积孵化企业123家，其中，留学人员企业58家；目前有在园企业102家，其中，留学人员企业48家，主要分布在新材料、新能源环保、生物医药、电子信息、文化创意等行业领域，园区重点发展电子信息、种植业和乳业。目前在园留学人员83人，先后有2人入选国家“千人计划”，有7人入选自治区“草原英才”工程。

联系方式

地　址：内蒙古呼和浩特市赛罕区如意工业园区腾飞大道1号众生大厦

邮　编：010010

电　话：86-471-4617766，4614220

传　真：86-471-4617766，4610755

邮　箱：hhhtibi@163.com

网　址：www.hhhtibi.com

内蒙古鄂尔多斯留学人员创业园

园区概况

内蒙古鄂尔多斯留学人员创业园成立于2013年9月9日。创业园以新能源、节能环保、新材料、清洁煤、生物医药、电子信息、智能装备、云计算、文化创意及服务外包等产业为重点领域，以培育战略性新兴产业源头企业和创新创业领军人才为建设目标，努力营造科技创新创业的良好环境，致力于成为海内外高层次人才和创新创业团队的首选之地，打造鄂尔多斯市招才引智、科技创新和培育高新技术企业的重要基地和对外开放的重要窗口。

创业园位于鄂尔多斯市高新技术产业园区核心区域——科教孵化区，在空间格局设置上分为科技研发区域、中试生产区域、商务配套服务区域和人才生活区域。已建成投入使用孵化器两栋共2万平米孵化场地，3万平米的中试基地、8万平米的标准化厂房已经开工建设，能满足项目的产业化需求。高新区还为创业园规划了科技项目产业化基地，用于毕业企业的产业拓展。同时，配套建设了6万平米的专家公寓、人才住房、健身场地、餐饮服务等较完备的配套生活设施和商业环境，全方位为入驻企业提供普适普惠的标准化硬件平台及相关政策保障。创业园针对留学回国人员这一特殊群体，以及入驻企业的不同发展阶段，开展“特殊人才政策+项目孵化+风险投资+市场开拓”的个性化服务，将服务企业与服务人才相结合，为入驻企业提供深度孵化服务，打造国家级高层次留学人员创业示范基地。

此外，创业园进一步完善产学研合作模式，与中科院、中国工程院、清华大学、浙江大学、武汉理工大学、大连理工大学等国内知名院所合作共建了大规模储能技术研究所、中科镓谷高技术（内蒙古）研发中心等14家科研机构，其中大规模储能技术研究所被认定为国家级重点实验室。投资3000万元建设了生物技术实验室、环境治理综合实验室、光电材料综合实验室、理化分析检测综合实验室、超级计算机运算中心、鄂尔多斯技术转移与协同创新服务平台等公共技术平台。这些平台与载体已经成为鄂尔多斯科技创新资源的源头活水，也为入驻企业的技术研发和成果转化提供了有力支撑。

截至2014年底，创业园累积孵化企业27家，全部为留学人员企业；现有在园留学人员企业27家，主要分布在生物医药、节能环保、电子信息等行业领域。在园创业或工作的留学人员有42人，有1人入选中央“千人计划”。2014年园区企业总收入4100万元，企业专利总数35项，企业各项融资总额800万元。

联系方式

地　址：内蒙古鄂尔多斯市高新技术产业园区
科教孵化园孵化器B座503
邮　编：017010
电　话：86-477-2299112
邮　箱：limin@ordostp.com

沈阳海外学子创业园

园区概况

沈阳海外学子创业园成立于1999年8月，与沈阳国家高新技术创业服务中心一套机构、两块牌子，是沈阳国家高新区管委会所属的社会公益性科技创新服务机构和海外归国高层次人才创新创业基地。创业园以吸引海外学子、促进科技成果转化和高新技术产业化、培养高新技术企业和企业家为宗旨，坚持“孵化梦想，助推创业，实践成功，传递感悟”的服务理念，按照重点产业集群化、创业服务专业化、服务平台标准化、服务内容国际化的发展原则，积极整合各种资源，努力创造适合技术创新、利于中小科技企业发展的软硬环境，有效促进科技成果商品化、产业化和国际化。2000年5月，创业园被国家科技部、人事部、教育部、国家外专局联合批准为“国家留学人员创业园示范建设园区”；2001年3月，成为国家人事部和沈阳市人民政府共建园区；2002年5月，被中国侨联评为“科技兴业示范企业”；至2009年连续7年被国家科技部评为“国家高新区先进孵化服务机构”，连续6年成为国家创新基金小额资助项目依托单位；2010年3月，被科技部评为全国首批“大学生科技创业见习基地”。

创业园孵化场地由生物医药孵化园、火炬信息园、德宝大厦3个园区构成，总建筑面积3.5万平方米，其中可用于海外学子创业面积2.8万平方米。此外，创业园在原有规模的基础上，结合高新区的主导产业，逐步建设了生物医药、地理信息、软件和动漫等领域的专业孵化器。

截至2014年底，园区累计孵化留学人员企业100余家；目前在园留学人员企业40余家，领域涉及电子信息、材料科学和新材料、现代通讯技术、医疗设备、电网控制、现代农业等。累积成功孵化留学人员200余人；目前有120余名留学人员在园创业和工作。

联系方式

地　址：辽宁省沈阳市浑南新区世纪路22号
邮　编：110179
电　话：86-24-23745001
传　真：86-24-23781091
邮　箱：sykjcyzx@163.com
网　址：www.sy-incubator.com

大连海外学子创业园

园区概况

大连海外学子创业园创建于2000年，其管理主体为大连市高新技术创业服务中心，是为海外留学人员归国创业而设立的专业孵化器。创业园以科技型中小企业为服务对象，提供场地、资金、人才、市场、技术、信息、政策、培训、中介、商务等多方面的服务，为创业企业成长创造良好的环境；通过搭建平台、促进孵化链条建设、落实各项优惠政策及实施细则，充分发挥科技孵化器的作用；以专业化、多样化、系统化的孵化手段，成为吸引留学人员回国创业的基地，为科技企业的创新创业提供有力保障。创业园先后获得“国家留学人员创业园示范建设试点基地”“全国留学回国人员先进工作单位”“全国最佳留学人员回国工作机构”“中国青年留学人员创业基地”“国家中小企业公共服务示范平台（培训、创业）”“苗圃—孵化器—加速器科技创业孵化链条建设示范单位”“春晖杯中国留学人员创新创业大赛创业基地”“火炬计划15周年先进服务机构”“火炬计划20周年先进服务机构”等荣誉称号。

创业园坐落于大连高新区核心功能区内，依山傍海，交通便捷，大连理工大学、大连海事大学、东北财经大学等十几所高等院校和中科院大连化物所等科研机构怀抱其中，为其发展提供充足的人才储备和科技支撑。目前，形成以大连海外学子创业园、大连创意产业园、大连海外学子产业园等为主体的全方位、多功能的孵化格局，它们分布在大连高新区产业带内，可满足不同科技类创业企业的发展需要。创业园始终秉承“勇于担当、善于合作、乐于创新、期于成事”的工作理念，坚持“破围墙、延手臂、搭平台”，进一步创新孵化手段、完善孵化体系、提升孵化水平，全面提升孵化平台的整体服务功能。2014年，由创业园精心培育的以投资功能为主导的新型孵化器——创业工坊，成功获批国家级科技企业孵化器。目前，创业工坊已形成了以创业苗圃、咖啡厅、投资基地创业生态链为核心，创业高校、创业ABC、新媒体营销中心为平台，创业社区为主线的服务模式。同时，创业园全力支持创业工坊实施“走出去”战略，将本土项目带到北、上、广、深等资本市场活跃地区以吸引更多的投资人及投资机构，有39家企业或项目获得天使投资、风险投资1.15亿元。通过组织建设创投俱乐部、创业者俱乐部、小产业集群，加强创业者间的相互交流，让企业与企业之间相互融合，形成创新生态系统。

截至2014年底，创业园孵化面积12.66万平方米；累计孵化企业1217家，其中，留学人员企业480家；培育出新三板挂牌企业5家，创业板上市企业1家，有近40家企业购地83万平方米，自建34万平方米厂房用于研发和生产。在园创业或工作的留学人员169人，在孵企业361家，其中，留学人员企业97家，国家“千人计划”企业8家，辽宁省“十百千工程”企业12家，大连“海创工程”企业58家。在孵企业技工贸年总收入25亿元，上缴税金2.4亿元。创业园累计认定高新技术企业75家；软件企业118家，累计软件产品登记832项；企业共申请专利880件，授权641件，其中申请发明专利243件，授权176件。2004年至2014年，创业中心及孵化企业累计有1006个（次）项目获得国家财政资金4.312亿元。

联系方式

地　址：辽宁省大连高新区火炬路32号创业大厦A座6楼
邮　编：116023
电　话：86-411-84754903
传　真：86-411-84792713
邮　箱：wsl@dhbi.cn
网　址：www.dhbi.cn

鞍山海外学子创业园

园区概况

鞍山海外学子创业园成立于2001年6月29日，是鞍山市政府为海外学子回国创业建设的专业园区，是鞍山高新区创业中心直属单位。为进一步优化海外学子创业环境，创业园采取民办公助共建孵化器的模式，并建成了鞍山海外学子创业大厦。同时，创造了二级孵化新理念，通过采取二级孵化的模式为园区内的中小企业提供一定规模的产业化基地，大大降低了园区企业生产经营成本，实现快速发展。

与国内同类园区相比，创业园是依托鞍钢老工业基地改造和鞍山产业结构调整而建立的，因此围绕钢铁冶金这一产业发展特色，鞍山海外学子创业园的发展目标是建成具有钢铁冶金自动化产业特色的全国一流高科技园区。

目前，创业园拥有孵化基地3.5万平方米，有来自美国、加拿大、澳大利亚、日本等国家和地区的70多名海外学子在园区创业，先后有90余家海外学子企业落户园区，企业注册总资本达2.2亿元。其中，毕业企业46家，实现产业化企业9家。企业主要涉及信息技术、光电子、生物医药、环保、新材料等产业，涉及项目60多项，多数具有国际领先水平。大多数海外学子企业从孵化期逐步发展进入成长期，呈现了良好的发展势头，不仅为鞍山高新区的经济发展和科技进步做出了巨大贡献，而且也为海外学子回国创业起到了良好的示范带头作用。

联系方式

地　址：辽宁省鞍山市千山中路288号
邮　编：114044
电　话：86-412-5216552
传　真：86-412-5212221

长春海外学人创业园

园区概况

长春海外学人创业园成立于1999年6月，是由吉林省人事厅、科技厅、教育厅、长春市人民政府外事办公室、人事局、科技局、教育局、长春高新区、长春科技创业服务中心，以及吉林大学、东北师大、中科院长春应化所、中科院长春光机所等13家单位共同发起创办的。2001年3月，创业园被国家人事部、科技部、教育部和外国专家局联合认定为“国家留学人员创业园示范建设试点”园区；2003年被国务院侨办确定为重点联系单位。

创业园建立以来，按照营造良好的创新创业环境，吸引和扶持海外留学人员归国创业，促进了国外先进技术、管理经验与国内资源的有效结合，培育了一批具有国际竞争力的高新技术企业和复合型的企业家，成为吉林省相关产业中的骨干企业和地方经济新的增长点。

围绕留学人员为国服务的需求，创业园通过协调各级政府部门职能，整合资源、扩张自身服务功能，初步形成一整套覆盖长春市的服务体系。创业园立足留学人员企业的需求变化趋势，围绕打造孵化企业核心竞争力，对孵化流程进行了重新定位，把创业园自身的孵化功能和能调动的社会资源，综合运用于各个流程阶段，以最高的效率，最少的资源占用量，使企业得到量身定制的有效服务。

创业园先后搭建了工程咨询中心、生产力促进中心、留学人员服务中心、中小企业创业服务网、中国留学人员之家和博士后中国专业网站，并通过协调政府职能，整合社会资源，完善自身孵化服务功能，构建了10大类30项专业化服务功能，覆盖了企业成长的全过程，为科技企业营造一流的创业平台和交流平台。

为使入驻园区能够快速发展，创业园推出了做好组织保障、做好资金保障、做好政策和法规保障的运行机制。进一步创新了工作方式，拓展了工作领域，在资金注册、税费、房租和信息服务等方面给予了企业更大的政策扶持，吸引更多的海外高层次人才到创业园进行技术转让、技术承包、技术入股，自办或合办民营科技企业、股份制企业，促进了智力成果的产业化、市场化。

在国家、省市有关部门的关怀和指导下，同时依托吉林省科技、政策和环境优势，实施人才战略，创业园正逐步成为吉林省和长春市促进高新技术产业发展、培养引进高素质人才的重要基地。

联系方式

地　址：吉林省长春市高新开发区锦湖大路1357号
邮　编：130012
电　话：86-431-85542465
传　真：86-431-85528550
邮　箱：adele0814@hotmail.com
网　址：www.chida.gov.cn

吉林高新区留学人员创业园

园区概况

吉林高新区留学人员创业园始建于2000年，由吉林高新技术创业服务中心负责运营管理。创业中心先后获得“先进高新技术创业服务中心”“优秀国家高新技术创业服务中心”“国家科技计划（火炬计划）实施二十周年先进服务机构”，吉林市委、市政府“科教兴市先进集体”，吉林市科技局“科技管理工作先进集体”等荣誉。

经过多年发展，创业园目前已初具规模。为了强化科技创新工作，围绕企业研发共性需求，创业中心依托高校、科研院所及行业龙头企业技术资源，自2003年起先后建设了国家级精细化工平台、国家级软件开发公共测试平台、国家级电力电子科技研发公共服务平台、国家级嵌入式控制技术开发平台和省级精细化工平台等多个公共服务平台，累计为区域各类中小企业提供各类平台服务超过1000项次，降低了研发投入，取得了良好的社会效益。2014年，创业中心针对众多企业提出的人才瓶颈问题，联合国内知名职业教育上市公司上海智翔集团以及吉林电子职业技术信息学院联合打造了高新区科技人才实训服务平台，极大程度的缓解了企业人才压力，并正在谋划电力电子检测试验公共服务平台及自动化控制公共服务平台建设。为了推动产学研合作，促进高校技术成果产业化，经过多方共同努力，北华大学科技园、东北电力大学科技园先后进驻创业园。其中，北华大学科技园面积1500平方米，东北电力大学科技园面积3300平方米，为高校教师和留学人员回国创业提供了良好的平台。创业园还集聚了为企业提供工商注册、财务记账、投融资服务、商务中心、科技咨询和服务、组织项目评审、专利申请等中介服务机构，并且积极拓宽融资渠道，为企业加快产业化步伐提供良好的软硬件环境。

创业园为企业集聚营造了良好的创业氛围，产业集群效应初现。目前，园区已形成了以中讯软件、吉智工场、东忠大全股份有限公司、万奇软件、大连易尚阳光科技、鹏福网络、天通宝业等30余家企业为代表的信息产业集群；以特纳普节能环保、沃尔姆、长城科技、芯微电子及东北电力大学科技园内的数十家企业为代表的电力电子产业集群。

2014年，创业园积极争取各级各类项目扶持，全年累计申报国家、省、市各类专项11项，获得国家专项1项，省级专项2项，省级称号两个。创业中心被省工信厅授予省级中小企业服务平台称号，高新区电力电子规划园区被省政府授予省级电力电子特色工业园区称号。创业园自身及园区企业共申请各类扶持资金3000多万元，到位700多万元。同时，创业中心还组建了第一批由企业精英、行业专家和高校教授组成的11人规模导师团队，导师领域涉及电子信息、碳纤维、3D打印、工业设计、财务、企业管理等，为初创企业提供创业培训和一对一指导。

截至2014年底，创业园累计毕业企业达到186家，在孵企业达到230家。

联系方式

地　址：吉林省吉林市深圳街86号创业园A419
邮　编：132013
电　话：86-432-4648201
传　真：86-432-4648207
网　址：www.jlincubator.com.cn

哈尔滨海外学人创业园

园区概况

哈尔滨海外学人创业园创建于2000年6月，是在哈尔滨市委市政府支持下，由哈尔滨开发区管委会投资建设的专门为海外学人来哈创办科技型企业服务的专业孵化器，由哈尔滨高科技创业中心负责管理。2010年6月8日，被国家科技部、国家人事部、国家教育部、国家外专局联合认定为“国家留学人员创业园示范园区”。

哈尔滨市政府为营造良好的政策环境，于2000年12月出台了《哈尔滨市鼓励留学人员入创业园创业的若干规定》，开发区在资金、服务等方面也给予了特殊的倾斜。

为突出软件服务外包产业特色，在原海外学人创业园的基础上，开发区管委会于2006年投资建设了留学生创业二园，配备了功能完善的报告厅、会议室、接待室、活动室、信息中心、商务中心、多功能厅等共享服务设备设施，建设了电子产品共享实验室、软件开发平台等专业技术服务平台，使创业园总规模达到17500平方米，孵化企业的能力达到140家左右，硬件建设总体上达到了“环境优美、设施优良”，实现了与国际接轨。

为做好为创业园入驻企业服务工作，创业中心还设立专门机构留学生服务部负责创业园的建设与管理，并负责对区内企业的培育与服务，全力培育一批能与国际接轨的、在国内外市场上都有竞争力的高新技术企业，成为振兴地方经济的生力军。

联系方式

地　址：黑龙江省哈尔滨开发区南岗集中区嵩山路5号
邮　编：150090
电　话：86-451-82344005
传　真：86-451-82321334
邮　箱：huangrf100@sina.com
网　址：www.hrbincubator.com

大庆留学人员创业园

园区概况

大庆留学人员创业园成立于2001年6月，是大庆市委市政府和大庆高新区工委、管委会为鼓励海外学子创新创业、报效祖国，按智能化、国际化、高标准建设的创业基地。创业园内环境优美、共享设施配套齐全，配备高素质的管理队伍，为留学人员回国创业提供高效快捷、热情周到的服务。

创业园依托大庆高新技术创业服务中心的孵化管理服务，以吸引高素质的海外留学人员和高科技含量的科技项目进驻创业园创业为宗旨，为企业提供优良的创新创业环境，落实优惠政策，提供资金支持。为支持和培育中小科技企业发展，创业园已建设了商务、中介、研发、信息、资金、培训等服务平台，为企业从创立到发展，提供产、学、研、资、介、贸全程服务。

目前，创业园已吸引了留学美国、加拿大、德国、澳大利亚、英国、日本、法国、俄罗斯等10多个国家的回国人才，在新材料、精细化工、节能环保、生物医药、软件、先进机械制造业等高新技术领域开发和实施了一批技术含量高、发展潜力大的项目，已经发展成为高新区技术创新体系的核心、人才聚集的高地、小型科技企业创新创业的理想家园。

联系方式

地　址：黑龙江省大庆高新区高新路10号
邮　编：163316
电　话：86-459-6282541
传　真：86-459-6282536
邮　箱：hancq6618@163.com
网　址：www.dhbi.org

上海宝山留学人员创业园

园区概况

上海宝山留学人员创业园成立于2003年3月，是由上海市人事局、上海市宝山区人民政府、上海市宝山区城市工业区建立的高科技、外向型创业园区，以企业孵化为主，重点引进留学人员开发的高新技术项目。创业园位于上海宝山城市工业园区内，环境优越，交通便捷，四通发达。

宝山区委、区政府对创业园的发展在政策、人力、资金上给予大力支持，明确城市工业园区两个楼面共3500平方米、纳米大楼一个楼面1400平方米供创业园使用，在租金上给予优惠，在税收上享受三资企业的待遇，对留学生创业具有极大的吸引力。创业园从起步到逐步规范，从体制调整到创业基地的拓展，现已走上健康发展的轨道，逐步成为宝山吸引海外高层人才的集聚地和高新技术企业的孵化基地。

创业园分为三个部分，总部坐落于上海宝山科技园区的海纳大厦内，位于上海宝山区大场镇上大路以南、中环路以北、祁连山路以东、沪太路旁侧。海纳科技大楼由加拿大HOK设计师事务所设计，建筑面积1.2万平方米，可使用面积7246.2平方米，共112间办公室；外部通体玻璃设计，外观时尚前卫；内部采用扇形设计，通风采光充足。真陈路分部位于上海宝山城市工业园区，南接普陀西连嘉定，距铁路新客站8公里，虹桥国际机场15公里，浦东国际机场50公里，上海港码头15公里，外环线0.5公里，交通便捷，四通发达。淞宝路分部为企业服务部办事处，位于淞宝路50号科委科协院内，临近宝山区中心、吴淞口码头以及宝山区招商大楼，为企业办证服务提供便利。

联系方式

地　址：上海市宝山区丰翔路1409号
邮　编：200436
电　话：86-21-56171777
传　真：86-21-36161568

上海虹桥临空留学人员创业园

园区概况

上海虹桥临空留学人员创业园成立于1996年6月，是上海市人事局下设的市级留学生创业园区。创业园位于上海市长宁区虹桥临空经济园区民营经济城内，环境配套均已臻成熟。创业园区作为由长宁区人民政府和新泾镇人民政府投资兴建的上海虹桥临空经济园区的重要组成部分，其日常管理机构实行两块牌子、一套班子，即日常管理机构为上海虹桥临空经济园区开发建设办公室和上海虹桥临空经济园区发展有限公司，长宁区人民政府专门设立了上海虹桥临空经济园区开发领导小组。

虹桥临空经济园区的产业规划重点是鼓励发展以IT为主的高科技产业和高附加值的电子电器、服装服饰，吸引跨国公司、国内外著名企业的地区总部、研发中心、销售中心、现代物流中心、营运管理中心落户，并涌现出了一批以奥雷、贝奥路、奥米、我武、昂信等为代表的优秀在园企业。

长宁区属上海中心城区，城市基础设施健全，人文环境良好，长宁区域内的虹桥开发区和古北新区向归国留学人员展示了现代化城市的魅力。临空园区品牌效应、招商的集聚效应日渐显现，留学人员企业与其他企业一同纷纷落户园区。目前，创业园已引进企业200多家。同时，长宁区政府已将大量吸引留学人员来区创办企业作为实施“五业拓展”发展战略，推动长宁区新一轮经济发展的重要任务。

联系方式

地　址：上海市长宁区天山西路789号1楼
邮　编：200335
电　话：86-21-52180000
传　真：86-21-52187709
邮　箱：jemmyxie@vip.163.com
网　址：www.hqlk.com.cn

上海留学人员漕河泾创业园区

园区概况

上海留学人员漕河泾创业园区成立于1996年6月，是由上海漕河泾新兴技术开发区与上海市人事局共建的上海第一批留学人员创业园区。创业园区位于国家级漕河泾新兴技术开发区内，拥有6.8万平方米创业基地，其中，孵化基地大楼1.6万平方米，国际孵化中心5.2万平方米，环境良好，交通便利，区内基础设施齐全，通讯捷达，集中了众多的科研院所和高新技术企业。十余年来，园区始终致力于以优惠条件、优良环境和优质服务支持科技型中小企业及加速企业，特别是归国留学人员企业的创办和发展，全方位地积极做好留学生企业服务工作，充分发挥企业孵化培育的功能，为留学人员企业的快速发展创造与国际接轨的环境。同时，作为上海市重要的留学人员创业基地，园区也是促进科技成果转化和技术创新、推动地方经济发展的一个重要基地。注重科技成果商品化、商品的市场化和市场的国际化，营造适合留学人员企业发展的办公环境、技术环境、人才环境、资本环境、信息环境和市场环境，为入驻的留学人员企业提供入驻、孵化、毕业三个阶段的完整规范、高效优质的服务。

创业园区在体制上三位一体，由留学人员创业园区、国家级高新技术创业服务中心和上海国际企业孵化器（漕河泾基地）共同组成。园区管理机构为上海漕河泾新兴技术开发区科技创业中心，是由上海市漕河泾新兴技术开发区发展总公司全额投资并主管的以培育和支持高新技术企业及其产业发展，促进科技成果商品化、产业化、国际化为目的的企业孵化器。创业中心先后被国家科技部评为“国家级高新技术创业中心”“国家高新区先进孵化服务机构”，被国家科技部与联合国开发计划署（UNDP）共同认定为“上海国际企业孵化器（基地）”。2009年4月，园区与徐汇区共建“大学生创业创新园”，重点帮助大学生和留学生创业，获团中央“大学生创业就业见习基地”；2009年9月，被中国技术创业协会留学人员创业联盟评为“第一届理事会常务理事单位”，园区总经理韩宝富任选为中国留学人员创业园联盟第一届理事会副秘书长；2011年，园区成立国际孵化中心，同年，园区管理机构创业中心被亚洲企业孵化器协会（AABI）授予“2010年度亚洲最佳企业孵化器”奖，被上海市孵化行业协会评价为年度优秀孵化器、再获2009—2010年度上海市文明单位、并被市中小办推荐为上海市“2011年度科技创新创业（双创）品牌服务”单位。此外，还荣获“国家级海外高层次人才创新创业基地”“上海市首批知识产权示范园区”“上海张江高新技术产业开发区建设发展突出贡献单位”“百家企业文化建设优胜单位”等荣誉称号；2013年，第八次被上海市孵化行业协会评价为年度优秀孵化器，获2013中国技术创业协会科技创业服务机构模式奖。

截至2014年底，创业园园区有在园企业368家，其中，留学人员企业158家，企业主要分布在新能源、新材料、电子信息、生物医药等行业领域，园区重点发展电子信息产业。在园创业人才入选中央“千人计划”1人，上海“千人计划”3人，累计培育出上市及挂牌企业9家。2014年园区企业总收入21.98亿元，企业专利总数3737项，企业各项融资总额1.3亿元。

联系方式

地　址：上海市徐汇区桂平路410号国际孵化中心B区3楼
邮　编：200233
电　话：86-21-64952625
传　真：86-31-64951721
邮　箱：scic@caohejing.com
网　址：www.caohejingibi.com

上海留学人员嘉定创业园

园区概况

上海留学人员嘉定创业园建立于1996年，是上海国家高新技术产业开发区“一区六园”之一，也是第一批被国家人事部、科技部、教育部确立的“国家级留学人员创业园示范园区”。南北两大园区采取“两块牌子、一套班子”的方式进行企业化管理。2000年，创业园获批“国家留学人员创业园示范建设试点单位”；2002年，被评为“全国十佳民营科技园区”；2003年，荣获“上海市火炬计划先进集体奖”，被评为“上海最具影响的科技园区”；2005年，荣获“上海最具活力科技创业园”；2006年，被评为“全国先进科技产业园”；2010年，获批“上海市知识产权试点园”；2012年，获批“上海市海外高层次人才创新创业基地”，被评为“上海张江高新技术产业开发区建设发展突出贡献单位”“上海市高新技术企业认定工作优秀单位”“上海科技创新创业服务先进集体”；2013年，获批“上海市知识产权示范园区”。

创业园位于张江国家自主创新示范区嘉定园内，地处上海西北部——长三角15个城市群的中心地带，总面积800亩，新规划的上海嘉定高新技术园北园区占地500亩，划分为4个板块：打造面向头脑型、研发型和孵化型企业的“嘉定硅谷园”，建设成高新技术研发和科技孵化基地；集中多功能商务会所、培训中心、宾馆酒楼、展示大厅等的生产生活配套服务区；建设高档标准厂房，并提供智能化安全技术防范和物业管理的先进制造业生产加工区；用以吸引国内外的著名高科技企业投资建厂的高新技术企业生产用地。

凭借自身优势和嘉定工业区的广阔空间，创业园得到长足发展，已经成为引导企业自主创新、发挥孵化器功效的重要载体。创业园以高起点的布局规划，以汽车零部件、信息电子、医疗设备、机电配件的现代制造业为产业导向，力求凭借标准的设计建设程序、产学研一体的创新制度、功能齐全的配套服务，为嘉定工业区不断聚集科技动力，成为海外学子归国创业的摇篮，科技企业投资开发的热土，是全国留学人员创业园中聚集留学生最多的园区之一。

截至2014年底，创业园累计孵化企业480家，其中，留学人员企业275家，培育出上市及挂牌企业4家；目前有在园企业1700家，其中，留学人员企业275家，主要分布在电子信息、科技服务、生物医药等行业领域，园区重点发展新能源汽车及零部件、高端医疗装备、新材料、新能源等新兴产业。在园创业或工作的留学人员1030人，入选中央“千人计划”10人，上海“千人计划”15人。2014年园区企业总收入2620000万元，企业专利总数1045项，企业各项融资总额5000万元。

联系方式

地　址：上海市嘉定区叶城路1288号
邮　编：201821
电　话：86-21-59166232
传　真：86-21-69524530
邮　箱：Zhangyf@jdhitech.com
网　址：www.jdhitech.com

上海留学人员张江创业园区

园区概况

上海留学人员张江创业园区成立于1996年6月，由上海市人事局与上海张江高科技园区发展总公司共建。2000年，创业园区被国家科技部、教育部、人事部、国家外国专家局认定为国家留学人员创业园示范基地。创业园区作为国家批准设立的国家级高新技术产业开发区，经过十年的开发建设，已成为集科研、教育、科技创业孵化、高科技产业和休闲生活于一体的国际化的高新技术开发区。

创业园区具有优美的自然环境，北邻汤臣高尔夫球场，西靠中央公园和新国际博览中心，南依川杨河自然景观。园区绿化面积40%，设置公共绿化链，绿化链由大片有坡度的共享绿地和人工湖泊组成，形成主导景观。高标准的住宅小区与高雅的别墅、齐全的文化娱乐设施、良好的医疗卫生条件、各类学校、商业中心等构成了令人满意的园区环境。

为了推动张江高科技园区的发展，上海市和浦东新区先后出台了《上海市促进张江高科技园区发展的若干规定》等一系列推动园区发展的专项优惠政策，为创业园区的建设提供了迅速发展的机遇。浦东新区留学生服务中心对在张江服务和创业的留学人员提供更直接、更便捷的一揽子服务，帮助已落户的留学人员企业和个人解决融资贷款、厂房用地、进口关税、商检外汇、子女入学、户口档案挂靠等实际困难。园区建造了2.3万平方米的创业公寓，为归国留学人员解决安居问题；建有实行双语教学的上海外国语大学附属中学，留学人员子女义务教育阶段可在浦东新区自选学校。

为了支持创业园区的发展，浦东新区工商、财税、科技、海关、出入境和招商中心等政府部门在园区内设一门式办事机构，新区留学生服务中心、生产力促进中心、创业服务中心和人才交流中心张江分部纷纷进驻园区，银行、产权交易、律师事务所、会计师事务所、审计师事务所等中介机构等服务部门一应俱全，为进驻和落户园区的企业提供“一门式”服务。浦东新区财政还拨专款设立了浦东新区海外留学人员创业专项资金和每年1000万元的浦东科技创业（人才）资助资金；在园区设立了专项担保基金，解决中小企业担保难的问题；设立专门机构协助企业申请国家及市区有关基金，如国家中小企业创新基金、上海市种子基金、浦东新区科技发展专项基金等；引入了政府为主体的财政资本与民间资本相结合的机制并成立了相应的运作机构，如上海创投、浦东创投、浦东科投、张江创投等10多家投资公司，积极探索风险投资的市场化运作机制，培养和发展风险投资公司，吸纳境内外风险投资管理基金，探索风险投资退出机制，使风险投资行为规范化；推动高新技术企业在国内和国外上市；成立专业协会，作为对金融服务体系的补充，如投资银行家俱乐部、张江创业俱乐部等。

创业园区从人才吸引、开发和人才培训、服务两方面入手加强人才服务体系建设。连续多年赴海外招聘，吸引美国、加拿大、法国、德国、英国和香港等国家和地区人才加盟园区，建成了浦东海外人才网。在人才培训、服务方面，针对大型高科技项目及关联的新兴产业部门开展专业人才培训和继续教育，引进了复旦国际信息科技学院、中科大培训中心、软件园培训中心等机构。

联系方式

地　址：上海市张江高科技园区科苑路1300号2楼
邮　编：201203
电　话：86-21-61053526
邮　箱：hyw205@hotmail.com
网　址：www.zjpark.com

上海南汇留学人员创业园

园区概况

上海南汇留学人员创业园成立于2009年1月19日，由上海市人力资源和社会保障局与原南汇区人民政府共同批准设立，采取“企业化运作、公益性服务”的运作模式。

创业园位于地处浦东核心位置的上海国际医学园区内，一期占地面积60亩，总建筑面积约4.3万平方米，包括1栋综合服务楼以及6栋研发办公楼；二期占地面积8.7亩，总建筑面积1.34万平方米，包括2栋研发办公楼和1个地下车库。为满足小微企业创业兴业的需求，创业园在一期内特辟了1.2万平方米场地用于提供孵化服务。

创业园以服务和扶持海外归国人员创业为主，产业定位以生物医药、医疗器械以及相关的医疗产业为主，同时辅以发展其它具备科技含量的生产性服务业及相关产业，旨在推动先进制造业和与之配套的生产性服务业快速发展，提升园区的自主创新和科技成果转化能力。

借助各级政府的服务平台以及依托创业园已有的优质服务，加之创业园颇具潜力的地理位置，截至2014年底，创业园已吸引了包括科文斯、金域检测等知名企业在内的留学人员创业企业及其它符合园区产业定位的企业170余家，其中，留学人员企业40家；集聚有留学人员近100人，共引进中央“千人计划”专家1人，上海市“千人计划”专家8人，浦东新区“百人计划”专家2人，上海市“浦江人才计划”人才8人。

联系方式

地　址：上海市浦东新区周祝公路337号5号楼
邮　编：201318
电　话：86-21-021-68119873，38019036，38019189

上海普陀留学人员创业园

园区概况

上海普陀留学人员创业园设立于上海天地软件园内。上海天地软件园成立于2004年11月，是由上海市经济和信息化委员会与普陀区人民政府联合创办的、以软件和信息服务业、文化创意产业为主的高科技产业园区。园区空间集中，占地面积近100亩，由26栋花园式标准厂房组成，整体建筑面积为11万平方米，入驻企业180多家，是上海中心城区最大的信息产业集聚地。2005年，园区被市经委认定为“上海市创意产业集聚区”；2006年，被上海市发改委和上海市信息委联合认定为“上海市级软件产业基地”，并通过上海市人事局评审认定为“上海市留学人员创业园”；2007年，被中国电信上海公司授牌“信息化应用示范产业园区”；2009年，被中共上海市委宣传部、上海市经济和信息化委员会、上海市文化广播影视管理局、上海市新闻出版局四部门联合认定为“上海市文化产业园区”，并通过中共上海市委宣传部、上海市科学技术委员会、上海市教育委员会、上海市科学技术协会的联合评审认定为“上海市科普教育基地”。此外，还先后被评为“国家级文化产业示范基地”“上海市服务外包专业园区”“上海市电子商务示范园区”“上海市文化创意产业示范园区”“上海市软件出口（创新）园区”“上海市明星软件园（领先型）”等。

创业园依托上海天地软件园的硬件设施，通过建设一流的宽带数据通讯平台，形成“千兆作主干，百兆到桌面”的网络结构和300多平方米的园区中心机房；通过建设动漫制作公共服务平台和多媒体紧缺人才培训基地，为园区企业的发展提供强大的技术和人才支撑，降低企业的成本；园区还建设了全覆盖的监控、电子巡更等安保系统，能够全天候保障入驻企业的安全。

自创建以来，创业园确立了以软件园的硬件和软件资源优势，吸引集聚海外留学人员创业，鼓励和培育一批软件企业、孵化一批软件创新成果、培养一批中高级软件人才为工作重点，吸引海外留学人员来园区施展才华。为促进留学人员在园发展，园区从财税、公共服务、人事人才、资金扶持等方面提供相应的配套服务，除享受区政府制定的财税扶持政策、相应的创业资金资助和部分“中小企业贷款信用担保资金”融资贷款贴息支持外，还在“一门式”免费服务、人事人才代理和家属就业推荐、子女入学，以及海外人才信息交流沟通、专业化增值服务等方面提供服务，积极搭建优质、高效的留学人员服务平台。同时，创业园定期和不定期举办科技政策宣讲、大型人才招聘会、企业经理人沙龙等活动，为园区企业申报各类创新项目、招聘人才、获得风险投资和相关行业资讯提供帮助，营造了一个良好的发展环境。

联系方式

地　址：上海市中江路879号天地园管理有限公司
邮　编：200333
电　话：86-21-61423089
传　真：86-21-52595508
邮　箱：15821056781@139.com
网　址：www.universal.sh.cn

上海莘闵回国留学人员科技创业园区

园区概况

上海莘闵高新技术暨回国留学人员科技创业园区成立于2000年7月，是由上海市人保局与闵行区人民政府共建留学人员创业园，是政府为留学人员创业企业和科技孵化企业搭建的服务平台，是以促进科技成果转化、培养高新技术企业和企业家为宗旨的社会科技创业服务机构。创业园区是国家科技部认定的“国家高新技术创业服务中心”、科技部教育部命名的“春晖杯”中国留学人员创新创业大赛创业基地、上海市人保局与闵行区人民政府共建的市级留学生创业园区、“YBC中国青年创业国际计划服务站”、上海市科委认定为“科技产业化基地”。2008年，被评为上海市火炬计划实施20周年先进单位；2009年，获上海市科技孵化协会颁发“最佳创新孵化环境奖”；2010年，被上海市科技创业中心评为“创新创业服务先进集体”；2011年，通过国家级孵化器复核，并获得上海市孵化器考评A级称号。

创业园区拥有近12万平方米的6大孵化基地，以“打造具有全球影响力的科技创新中心”为整体目标，承载科技企业孵化和留学人员创业服务，全面优化园区各项服务体系，始终坚持高层次人才为主、高新技术优先的发展策略，为留学回国人员创业提供全方位、全天候、人性化的服务。园区提出建立一个有特色的、高效的“创业企业技术孵化服务体系”，针对孵化企业成长发展中的需求，有效帮助和支持这些企业克服影响阻碍他们发展的技术、市场、资金瓶颈性问题，通过提供全面的、专业化的孵化服务，营造一个促进自主研发和自主创新的良好环境，使园区成为留学人员企业自主创新之源、优秀企业和人才、品牌的发源地、科技成果转化的摇篮。

随着张江国家自主示范区“八大平台”+“人才网”的开通，创业园区成为第一批试点单位，使得知识产权服务、科技中介服务、人才服务、科技金融服务得以深入开展。而智慧园区3.0时代的到来，促使园区的服务功能配套正从传统的招商，衍生至金融、管理、法务等企业运营各环节，进一步拓展企业服务的新内涵，增加服务的深度和广度，探索全生态链服务模式，形成园区新服务增值的优势。

从企业自主创新意识的引导，政府政策的传递、宣传、落实，各级政府科技扶持资金的申报，到企业项目与资金的对接、产品的推广、市场的开拓，以及毕业企业的“后孵化”服务，莘闵创业园区在吸引人才、成果转化、发展自主知识产权、培养创新创业人才，创造就业机会等方面作出了显著成绩。截至2014年，园区已孵化成功毕业且达到一定规模的企业达67家，其中90%的毕业企业选择留在闵行区发展，继续实施高新技术成果的产业化，其中，更是涌现了不少创业典型，包括上市及挂牌企业4家。目前创业园区有在园企业230家，其中，留学人员企业178家，企业主要分布在电子信息、生物医药、现代服务等行业领域。在园创业或工作的留学人员205人，入选中央“千人计划”10人，上海市“千人计划”11人。

联系方式

地　址：上海市金都路4299号
邮　编：201109
电　话：86-21-34121224
传　真：86-21-64123218
邮　箱：xmxmxm@263.net
网　址：www.shxinmin.org

上海徐汇留学人员创业园

园区概况

上海徐汇留学人员创业园是由上海徐汇区人民政府根据有关鼓励留学人员归国发展的相关政策和徐汇区现有的科技产业功能、形态布局而建立。徐汇区作为科技资源集聚之地，拥有包括复旦大学、交通大学在内的10余所高校和包括中科院上海分院、上科院在内的100多家科研院所和国家级的漕河泾新兴技术开发区。近年来，徐汇区委、区政府坚持“科教兴区”的主战略，依托辖区内丰富的科技资源，不断优化科技创新的综合环境，形成了以高新技术产业为先导、各类科技产业同步协调发展、科技进步促进区域经济持续发展的良好格局。

创业园以“一园多基地”形态构成，分别利用各个不同的高新技术产业化基地现有的功能，为留学人员创业和企业发展提供空间和服务。主要包括：

徐汇软件基地：国家级产业化基地，基地共辖虹桥路628号、虹桥路550号、天文大厦等六块基地，建筑面积46500平方米。徐汇软件基地第七、八块基地——两幢5A级智能化大厦已经在建，面积共达40000平方米。

慧谷高科技创业中心孵化基地：面积43000平方米，在孵企业中70%以上是IT企业，是上海市绿色都市型工业园区、上海市级软件产业基地（软件园）、国家高新技术创业服务中心、上海国际企业孵化器基地。

上海聚科生物园区是徐汇区人民政府和中国科学院上海生命科学研究院联合创办的生物技术创业企业孵化园区，园区现有漕宝路500号和关港共两期基地。

上海纳米技术孵化基地位于梅陇地区，孵化面积6000多平方米，与华东理工大学、上海交通大学、上海市计量测试技术研究院、上海材料研究所等单位联合成立了“上海市纳米材料检测中心”，为上海市及全国提供纳米材料检测、分析、评估服务。

徐家汇青年创业孵化园区占地面积2100平方米，作为徐汇区留学人员创业园区的一个点，既充分发挥了园区“青年”和“创业”特色，又提升了园区的科技含量。

可拓展和持续发展的基地：在徐汇区今后要发展的枫林国际医学城和南站新媒体城项目中，将会不断嵌入相应产业领域的留学人员创业基地的形态和功能，给予留学人员创新创业以更广的产业空间和可持续发展的园区生态结构。

在原有服务功能的基础上，创业园还增加了投融资、进出口、信息综合等体现中心城区国际化的商务、便捷的生活功能，并对留学人员企业在人力资源建设、市场开拓及本土融入等方面进行指导。同时，提供各类政府绿色通道，加速留学人员企业高科技成果产业化，打造成为海外归国留学人员回国创业的成长基地。

联系方式

地　址：上海市徐汇区番禺路1028号102室
邮　编：200030
电　话：86-21-64077973
传　真：86-21-64077973
邮　箱：mail@decsh.org
网　址：www.decsh.org

上海杨浦海外高层次人才创新创业基地

园区概况

上海杨浦海外高层次人才创新创业基地成立于2009年6月，是全国第一家综合性、区域性海外高层次人才创新创业基地。基地占地9.46平方公里，集中了复旦、同济、上海财大、二军大、上海理工等10余所知名高校、150余家科研机构、66个国家重点学科和22家国家重点实验室，专业科技园区12家，5000余家知识密集型企业云集于此，成为上海最大的科技企业孵化基地。

基地推出“3310”计划，即“三大工程三大目标十项政策”。实施“百千万”工程，实现标志性人才集聚的目标；实施人才环境工程，实现标志性成果突出的目标；实施主导产业集群发展工程，实现标志性产业清晰的目标，并配套十项创新创业扶持政策，海外高层次人才带技术、带资金、带项目在杨浦创业，可以通过“三方两审”（“三方”指技术专家、风险投资专家、经营管理专家，“两审”指函审和面审），分别给予A、B、C类扶持。基地还设立5年共3亿元专项资金，用于扶持海外高层次人才创新创业，设立杨浦区高层次人才创新创业服务中心，为海外高层次人才提供“一口式受理”“一门式服务”，具体推进基地建设。

杨浦高层次人才创新创业服务中心是专门为海外高层次人才提供全方位、动态服务的机构，其主要职能包括：在杨浦海外高层次人才创新创业基地建设领导小组领导下，具体承担领导小组办公室的日常工作；负责杨浦海外高层次人才创新创业基地政策推介、对外宣传工作，引进海外高层次创新创业人才；会同区有关职能部门，推进“3310”计划，落实杨浦海外高层次人才创新创业基地扶持政策；四是负责组织海外高层次人才创业项目申报、评审、对接、服务工作；跟踪反馈海外高层次人才创新创业活动信息，提供政策制定、调整与决策依据；负责开展海外高层次创新创业人才申报中央“千人计划”、上海“千人计划”的工作。

基地秉持“基地共建、人才共享、资源共用、发展共赢”的“四共”原则，整合大学校区、科技园区、公共社区的优势资源，为海外高层次人才提供创新创业的广阔舞台。

联系方式

地　址：上海市杨浦区大学路243号8楼
邮　编：200433
电　话：86-21-55062055
传　真：86-21-55067190
邮　箱：yp3310@vip.163.com
网　址：www.yp3310.sh.cn

上海杨浦知识创新区留学人员创业园

园区概况

上海杨浦知识创新区留学人员创业园是根据上海新一轮发展总体规划，由上海市人事局和杨浦区人民政府共同组建的创业园区。创业园位于上海中心城区东北部，地处高校集中的地区，开发占地3.4公顷，拥有建筑面积9.5万平方米的商务办公大楼和中试综合楼。

创业园围绕杨浦大学城的建设，以教育服务、科学研究、科研成果孵化、产学研一体化为核心，以IT产业、微电子、生命科学、生物医药、建筑设计、环保科技、新材料、评估咨询为主要发展方向，重点引进留学人员开发的高新技术项目，为创办企业的留学人员提供免费办理证照和税务登记等“一条龙”服务。

为进一步吸引海外学子到杨浦知识创新区创业，杨浦区发布了一系列优惠政策，包括提供100万元的创业启动资金、100万元的创业补偿金、200万元的信用担保贷款、500万元的创业贷款息贴、100万平方米的创业办公用房、100平方米的人才公寓等。

联系方式

地　址：上海市杨浦区大学路243号8楼
邮　编：200433
电　话：86-21-55062055
传　真：86-21-55067190
邮　箱：yp3310@163.com
网　址：www.yp3310.sh.cn

南京留学人员创业园

园区概况

南京留学人员创业园于2005年由国家人事部、教育部与南京市人民政府共建，前身为1994年由南京市人事局和南京高新区共建的“金陵海外学子科技工业园”；2005年，共建“中国•金陵留学人员创业园”；2006年9月，经南京市编委同意成立“南京高新技术产业开发区留学人员创业园管理服务中心”，行政隶属南京高新区管委会；后更名为“中国•南京留学人员创业园”。2010年12月，获科技部“国家级科技企业孵化器”称号，综合影响力在业内名列前茅。创业园成立后依托于南京国家科技创业服务中心，是国家人事部、教育部和南京市政府共建的全国第一个留学人员创业园，是江苏省第一家科技成果转化、创新创业以及企业的孵化基地。

经过多年的发展，当年的金陵海外学子创业园已成长为当前包括经济技术开发区创业园、江宁经济技术开发区创业园、金港科技创业园、珠江路科技创业园、东南大学国家大学科技创业园、南京大学—鼓楼高校国家大学科技创业园、高淳外向型农业综合资源创业园、傅家边现代农业创业园和河西新城创业园在内的“一区十园”的规模，形成了“十园共建、资源共享”的创业网模式。目前，创业园正积极通过“三创”载体搭建产学研合作模式，集中大学院所的科教优势和高新区创业平台，与南京高新区和南京工业大学共同引进海内领军型人才进行创新、创业、创优。同时，通过医药研发平台带动企业研究发展。2004年3月份建成的“江苏省新药创业服务中心”作为江苏省的重点技术基础设施平台，建立了41500平方米生物医药专业孵化器和国内一流的生物医药公共技术服务平台；建设规模3.6万平方米的国际生物医药孵化器已投入使用并通过省级认证；另有南京大学国家小鼠基因库、南京工业大学国家生化工程中心等创新平台。

创业园以“集约化、专业化、信息化、社区化、国际化”为建设和运营标准，通过集聚科技创业企业、科技成果、科技创业人才，构建“创业苗圃+孵化器+加速器”科技创业链条和服务体系，全力推进高新区创新孵化体系从单体孵化器、专业园向品质一流、功能完善的科技创业园区提升。

截至2014年底，创业园累计孵化企业135家，毕业企业30家，涉及新一代信息技术、节能环保、医药及生物技术、新能源新材料、高端服务、高端装备制造及服务创意等行业；园内企业注册资金累计近4亿元，企业科技成果转化成功率达70%；承接国家“千人计划”项目4个，南京“321”人才项目29个，高新区“三创人才”项目14个；自有孵化资金6000万元，在孵企业累计获得各级财政资助额达2297万元。先后吸引498名海内外留学人员在园区内就业、创业，为社会提供2813个就业机会，是高新区高端人才的聚集地。

联系方式

地　址：江苏省南京高新区惠达路9号A座508室
邮　编：210061
电　话：86-25-66000613
传　真：86-25-66000623
邮　箱：zhaohang0903@163.com

南京金港留学人员创业园

园区概况

南京金港留学人员创业园成立于2000年10月，与2000年8月成立的南京金港科技创业中心施行“两块牌子、一套人马”。创业中心于2004年被科技部认定为“国家级高新技术创业服务中心”。创业园位于南京市东北部栖霞区，地处南京仙林大学城和南京经济技术开发区的中间地带，直接受惠其人文与产业辐射，投资环境优美、开发潜力巨大、科技人才优越、人居环境舒适。

创业园依托自身雄厚的场地和科技孵化资源优势，积极与劳动、人事、发改、工商、税务等部门合作，全力打造海外学人创业发展基地，为归国创业的学人提供场地和资金等方面的优惠政策扶持和专业化服务。

创业园针对中小型科技企业的需求特点，不断完善创业服务体系，以系列化、全程化、模块化的服务方式，拓宽服务范围，提升服务品质，全力满足企业在金融、培训、项目申报等方面的新需求。

创业园与省标准化研究院共建“江苏省射频识别产品质量监督检验中心暨省射频识别技术公共服务中心”。园区配备建设射频识别产品公共检验检测服务平台和产品研发公共实验室，为物联网领域中小科技型企业的孵化和培育提供技术支持；与南京师范大学共建“南京师范大学科技创新中心”，切实推进高校的应用技术研究与发展，促进高校优秀应用型成果转化和孵化。

创业园大力推进金融服务体系建设，初步建立起可满足企业多种资金需求的金融服务网络体系，园区与交通银行签订金融服务协议，与广发银行合作设立特色信贷产品基地。同时，积极探索建立企业融资担保和股权投资机制，为符合条件的企业提供信用担保，对有潜力的企业进行股权投资。

联系方式

地　址：江苏省南京市栖霞区甘家边东108号
邮　编：210046
电　话：86-25-85551126
传　真：86-25-85550902
邮　箱：njjgkjcyzx@163.com
网　址：www.njqxkj.gov.cn

南京归国博士创业园

园区概况

南京归国博士创业园成立于2009年6月，由江宁开发区与硅谷留美博士企业家协会合作共建。创业园主要围绕新能源、新材料、节能环保、生物医药、电子信息、服务外包、动漫设计等新兴产业，着力引进在国内外具有创新创业经历、引领相关产业发展、市场开发前景广阔的人才，以及引领产业发展的带技术、带项目、带资金和具有自主创新能力的创业领军人才。

在各级领导的关怀和支持下，2009年11月，创业园大厦正式投入使用。目前，已接待创业博士100多人，创业项目50多个，有12名高层次人才通过综合评审入孵，其中2人获江苏省“双创”计划扶持，6人获开发区“千百十”政策资助。

联系方式

地　址：江苏省南京市江宁区秦淮路20号
邮　编：211106
电　话：86-25-52078592
网　址：www.jndz.gov.cn

无锡留学人员创业园

园区概况

无锡留学人员创业园成立于2000年3月。2004年，创业园与无锡国家高新技术创业服务中心合署办公；2006年，国家人事部与江苏省人民政府合作共建“中国无锡留学人员创业园”；2008年，由无锡科技创业发展有限公司和无锡市创业投资有限公司共同出资组建了无锡留学人员创业园发展有限公司，注册资本1亿元，公司负责无锡留学人员创业大厦（530大厦）的规划建设及留学人员创业园的运营管理。创业园是全国首批科技型中小企业创新基金创业项目投资补贴型地方服务机构、科技部火炬中心首批国际科技合作依托机构试点单位之一、2007年度国家唯一实施创新基金项目地方现场评审的服务机构。多年来，先后获得国家科技部授予的“国家高新技术创业服务中心”“国家高新区先进孵化器服务机构”、火炬计划十五周年“先进国家创业服务中心”、火炬计划二十周年“先进国家创业服务中心”、江苏省“优秀科技企业孵化器”、江苏省高新技术产业化工作先进集体、江苏省服务业名牌、无锡市腾飞奖等荣誉称号。2013年，获得国家科技部首批“苗圃—孵化器—加速器”科技创业孵化链条建设试点。

创业园目前拥有孵化总面积25万平方米，孵化场地主要由无锡新区长江路地块约6.1万平米、新区太湖国际科技园地块约20万平米、生命科技园总部研发区5万平米构成。

创业园的孵化服务有两大特色：（1）率先推行辅导员制度：传感网大学科技园通过以服务股权为特色的辅导员工作，开展个性化增值服务，建设孵化器、加速器核心服务优势的长效机制。按照不同孵化企业的发展阶段和发展特点，向企业派遣不同特长的工作人员担任企业辅导员，推行个性化服务。辅导员既要帮助企业解决问题，建立个性化的科技战略和产业战略，又要对企业实行监督，防止无谓的损失。辅导员一般由创业中心派人出任，部分通过外部专家聘用形式，通过双向选择、定期考核的原则对辅导员进行聘任、评估。为更好推进辅导员工作制度，园区引入了服务股权的概念。通过服务股权这一市场化手段，完善了园区的造血机制，降低财政压力，从孵化成果中为传感网大学科技园的生存和发展争取了更大的空间。（2）积极构建中介支撑服务联盟：根据孵化企业的实际运作需求和园区的实际管理要求，将中介支撑平台划分为三种类型：第一、基础服务类。为创业企业提供法律咨询、知识产权保护、财务咨询、环境认证等服务。第二、延伸服务类。为创业企业提供管理咨询、质量认证、广告策划、语言培训等服务。第三、核心服务类。为已经度过创业风险期企业提供投融资咨询、运作管理、上市指导和策划以及科技申报咨询等服务。目前，已签约机构达16家，包括会计师事务所、律师事务所、专利事务所等，通过引入这些中介机构的专业技能，丰富了服务手段，提升了服务能力，为促进科技成果转化以及实现产业化持续发展奠定了基础。

截至2014年底，创业园累积孵化企业1500家，培育出上市及挂牌企业13家；在园企业450家，其中，留学人员企业22家，主要分布在传感网、生命科技等行业领域。在园创业或工作的留学人员有5625人，入选中央“千人计划”36人，省级人才引进计划60人。2014年园区企业总收入达到135亿元，企业专利总数1263项。

联系方式

地　址：江苏省无锡新区太湖国际科技园大学科技园清源路530大厦A区2层

邮　编：214135

电　话：86-510-85229915

传　真：86-510-85213590

邮　箱：lxs@wnd.gov.cn

网　址：www.wxsp.gov.cn

无锡崇安区留学生创业创意园

园区概况

无锡崇安区留学生创业创意园成立于2008年5月，是江苏省首家以文化创意产业为发展重点的留学人员创业园。创业园紧靠闻名中外的京杭古运河边，规划建筑面积2万余平方米，一期建筑面积约7000平方米，利用一幢民族工商业特色鲜明的丝茧仓库改造而成，创业园的设计被中央电视台、时尚杂志共同评为年度“中国最具创意奖”。目前，各类设计企业已入驻经营。

创业园二期建设将通过整体收购、承租等形式，总投资3亿元，沿古运河建成占地约20亩，建筑面积2万平方米以上的创意产业集聚区，使其成为集艺术创作设计、文化传媒、工艺装饰、服装设计、前卫演出、美术展览、休闲会客于一体的文化创意高地。另配套建设2000多平方米的餐饮、购物、娱乐等各种生活设施，把创业园建成留学生创业的摇篮以及成长的家园。

联系方式

地　址：江苏省无锡市崇安区北仓门37号

邮　编：214008

无锡南长留学人员创业园

园区概况

无锡南长留学人员创业园是依托南长区科技创业服务中心（2008年12月批准认定的省级科技孵化器）运营管理的创业载体、服务体系和发展平台，采取“一套班子、两块牌子”的运作方式，在创业中心增挂“无锡南长留学人员创业园”牌子，办公地点设在无锡市清扬路333号南长创业大厦内。为吸引更多海外留学人员来南长创业发展，提升南长科技创新水平，营造南长发展新优势，推进南长经济社会又好又快发展，2009年南长区政府决定在原南长区科技创业服务中心的基础上，积极争创省级留学人员创业园；2009年10月，获批成为省级留学人员创业园。

创业园目前拥有“三创”载体三个，分别是扬名高新科技创业园、扬名奕淳大厦1—6层和南长创业大厦，总面积约4.56万平方米。扬名高新科技创业园位于无锡市下甸桥堍，总建筑面积1.01万平方米，园内已成功孵化出年销售上亿元的无锡国盛精密模具有限公司和无锡意昂数字技术有限公司。扬名奕淳大厦为南长区科技创业服务中心营运管理的科技孵化器二期，总面积1.8万平方米，主要引进以电子信息技术、现代信息技术为基础的科技型服务外包企业和研发机构。南长创业大厦于2006年破土动工，2008年年底交付使用，总投资7000万元左右，占地面积3000平方米，发展定位是建成一个以软件研发、委托设计、动漫制作、外包服务为主导，融培训、展示、贸易、孵化于一体的特色专业楼宇。为进一步帮扶归国留学人员创业，创业园在硬件设施和软件设施上加大投入，配备了双回路供电，保证入驻企业24小时连续供电，并为归国留学人员提供千兆网络、地下停车场、一站式服务中心，同时配备了多功能会议中心和接待中心，为入驻企业提供便利。另外，配有无锡市国际商务人才培训中心、无锡纵横知识产权代理有限公司、无锡润德管理培训有限公司、江苏洲豪风险投资担保有限公司、江苏苏亚金诚会计师事务所有限公司、无锡市基础信息安全测评认证中心等配套服务机构。

目前，创业园有在孵企业44家，其中，包括多个江苏省“双创”人才计划项目和无锡市“530计划”项目。

联系方式

地　址：江苏省无锡市南长区清扬路333号金匮苑27号楼
邮　编：214021
电　话：86-510-85025990

无锡北塘留学人员创业园

园区概况

无锡北塘留学人员创业园（无锡市北塘区北创科技创业孵化基地）由无锡产业发展集团有限公司、无锡创业投资集团有限公司、无锡市北塘区资产经营有限公司共同出资成立于2002年，是集“创业苗圃—孵化器—加速器”为一体化的科技创业孵化园区。创业园先后被各级政府职能部门命名为“国家高新技术创业服务中心”“江苏省科技企业孵化器”“江苏省现代服务业（科技）集聚区”“江苏省无锡北塘留学人员创业园”“无锡市创业孵化基地”。

创业园注册资本3.15亿元，计划投资35亿元，规划总占地100亩，建设总建筑面积50万平方米。园区一期现有一幢地下二层、地上二十一层的“530创业大厦”，于2010年12月竣工建成，总建筑面积87585平方米，具备较为完善的为科技成果转化提供信息、中介、培训、资金、市场等综合服务的功能。

目前，创业园已逐渐形成了以电子产业、信息产业、科技服务业、节能产业为产业特色的创业集群。截至2014年底，创业园累计孵化创业企业287家，成功孵化企业135家，先后培育省、市高新技术企业23家，省级民营科技企业32家，软件企业21家，企业共拥有专利326件，软件著作权63项。入驻孵化创业企业有留学博士28人，留学硕士56人，无锡市“530计划”专家38人。

联系方式

地　址：江苏省无锡市新源北路401号
邮　编：214043
电　话：86-510-82600211
传　真：86-510-82600211

无锡滨湖留学人员创业园

园区概况

无锡滨湖留学人员创业园前身为江苏省无锡蠡园经济开发区。2003年5月，被国家科技部批准为国内首家以工业设计为主题的高新技术专业化园区；2006年9月，被国家知识产权局认定为无锡（国家）工业设计知识产权园；2007年被认定挂牌为江苏省现代服务业集聚区、江苏省国际服务外包示范区、江苏省无锡滨湖留学人员创业园。

创业园投资建成了创意园、工业设计大厦、530大厦、中锐大厦、联创大厦等80多万平方米的“三创”载体，已初步形成了以汽车设计、集成电路设计、软件研发、模型和工具设计、建筑设计、产品设计、自控系统设计、服务外包为主的创意产业格局。同时，创业园结合无锡“530”政策，努力吸引国外领军型海外留学归国创业人才来园区创业，一批涉及无线射频技术、汽车检测系统研发、纳米生物科技的创新企业已入驻园区。

联系方式

地　址：江苏省无锡市太湖西大道1890号
　　　　太湖明珠发展大厦
邮　编：214072
电　话：86-510-85101872
传　真：86-510-85102785
网　址：www.dpark.gov.cn

东陇海留学人员创业园

园区概况

东陇海留学人员创业园成立于2008年9月22日，经省人事厅正式批准，在无锡—新沂工业园创建。鼓励海内外留学人员以知识、技术、专利等到新沂市创业，从事新产品研发，实施科技成果转化，进行高新技术研究、技术交流合作等活动，为他们在东陇海产业带创业、创新、实践提供一流的基地和发展平台。创业园与无锡新区留学人员创业园、江阴留学人员创业园联合，实行人才、项目、技术对接，努力打造先进制造业、现代服务业和高新技术研发的“人才高地”，以增强开发区创新能力，加快科技成果转化。新沂市是江北唯一的“三级一类中心城市”，被省委、省政府定位为“江苏新兴工业城市”“苏鲁接壤地区新兴的交通枢纽和商贸旅游中心”，先后两次当选“长三角最具投资价值县（市）”“全国最具投资潜力中小城市百强”，是江苏省“人才特区”试点单位之一，是东陇海产业带上的高新产业基地、物流服务基地。新沂市工业基础扎实雄厚，拥有省级经济技术开发区和无锡—新沂工业园，拥有大中型企业100多家，其中，高新技术企业20多家。新沂市和无锡—新沂工业园区较好的工业、农业、旅游、服务、社会事业等行业和产业基础，为创业园建设发展提供了有力的保障。

创业园占地8平方公里，4000平方米的办公大楼已经建成并投入使用，一期专家楼项目2011年2月竣工，总投资5000万元、建筑面积5万平方米的标准厂房已经全部建成，作为留学人员科技成果转化的孵化基地。创业园设立了专门的管理机构，根据职能设有主任室、综合管理部、科技招商部、企业发展部和财务部，新沂市发改委、税务、国土等13部门一次授权到位，由园区代替部门行使行政职权，为来新沂创业的留学人员提供全方位的快捷服务。为留学人员提供税收、高新科技项目研发经费，获得财政匹配奖金支持及职称评审、住房、配偶就业、子女就学等一系列服务。

为了扎实推进“江苏省东陇海留学人员创业园”建设，

新沂市采取有力措施和扶持政策支持留学人员创业园建设，先后制订出台了《江苏省东陇海留学人员创业园管理暂行办法》《关于加快引进高层次人才和紧缺人才的意见》《江苏省东陇海留学人员创业园组织机构及职能》等政策文件，推进留学人员创业园建设，达到了“五有”：有优惠的政策条件、有科学规范的管理体系、有完善的基础设施、有健全的组织机构、有配套齐全的办公场所。

经过一段时间的建设，创业园已经形成了一个初步的高新企业培育体系，引进了一批高层次人才和高科技项目，促进了无锡—新沂开发区创新能力、科技成果的转化，为打造先进制造业、现代服务业、高新技术研发的“人才高地”，起到了强有力的推动作用。

联系方式

地　址：江苏省无锡市滨湖区龙山路4号
旺庄科技创业中心大楼B栋9层

邮　编：221400

电　话：86-516-81600111，88898366

邮　箱：liuluping001@126.com

无锡海泰留学人员创业园

园区概况

无锡海泰留学人员创业园（中国无锡国际科技合作园）是无锡市科技局构筑国际新技术高地、人才高地的重要载体，主要面向留学归国人员创新创业、国际研发中心、电子信息产业成果转化。园区位于无锡国家高新技术产业开发区内，区位优势明显，交通便利，享受国家级高新技术产业开发区的所有优惠政策。

创业园建筑面积15000平方米，综合服务楼内建有多功能会议室、咖啡吧、商务中心、产品展示厅等，功能齐全、布局合理，环境舒适幽雅，是一个智能化、园林化、现代化的科学园区。无锡市科技局集其政府职能为入园企业进行政策、资金、项目专项支持，并根据入园企业特点对工程中心、国际合作、知识产权保护等重点项目进行资金扶持，为符合政策的企业进行流动资金担保。同时，积极协助入驻园区的科技创业企业申报高新技术产品、高新技术企业及申报市、省、国家的各类科技攻关项目、中小企业创新基金等。

联系方式

地　址：江苏省无锡新区泰山路2号

邮　编：214028

电　话：86-510-8525971

邮　箱：spsp0722@163.com

无锡锡山留学人员创业园

园区概况

无锡锡山留学人员创业园（江苏省锡山经济开发区科技创业园）成立于2008年6月，是锡山经济开发区投资建设的综合型科技园区，是中国科学院—清华大学（无锡）青年创新创业实践基地、清华大学无锡科技成果转化基地、江苏省电子信息产业基地、江苏省省级留学生创业园，也是无锡市重点建设的十大主题科技园区之一。2008年9月，被认定为省级科技创业园和省级留学人员创业园；2008年12月，被认定为江苏省中小企业创业基地；2009年1月，被批准建设江苏省博士后工作站。

创业园位于江苏锡山经济开发区腹地，沪宁杭经济圈中心，东靠上海，南临杭州，西临南京，北依长江，处于得天独厚的水陆枢纽位置。规划建设面积750亩，目前已建成区面积18万平方米，16栋研发楼，已启用一期12万平方米。

创业园以电子信息、生物医学、新材料，软件外包为主要发展方向，引进海外留学人员、科研院所科技人员创业项目，以及具有高科技含量和成长性的产业类项目和建设商、运行商、投资商、各类中介机构的服务类项目。同时，为海外领军人才创业提供创业投资、孵化场地、决策咨询、项目研究论证、科技攻关、信息化支持、人才支撑、投融资等全方位的服务，推行管家式、专家型服务。目前，园区几乎集中了锡山区所有的无锡市“530”计划项目。

联系方式

地　址：江苏省锡山经济开发区芙蓉中三路99号

邮　编：214192

电　话：86-510-83781855

传　真：86-510-83781733

邮　箱：xs.vpark@gmail.com

网　址：www.xkkj.org.cn

无锡惠山留学人员创业园

园区概况

无锡惠山留学人员创业园成立于2006年10月，依托于无锡惠山国家高新技术创业服务中心，致力于为科技型中小企业提供优质高效服务和良好的创业环境，加速科技成果的商品化、产业化、国际化，为地区培育高新技术企业和企业家。2007年，被江苏省科技厅和江苏省人事厅认定为省级高新技术创业服务中心和省级留学人员创业园；2009年，被科技部认定为国家级科技企业孵化器；2011年，通过了国家级科技企业孵化器复核；2013年，被科技部认定为国家级国际科技合作基地，被江苏省人社厅认定为省级创业示范基地，被省经信委认定为省级小企业创业基地；2014年通过科技部火炬中心的评价考核，列入A类（优秀）国家级科技企业孵化器，获评了江苏省三星级服务平台、江苏省科普教育基地、江苏省创业示范基地等荣誉资质。

创业园位于惠山经济开发区内，现有建筑面积10.68万平方米，占地60多亩，设有初创企业孵化区、成长企业加速区、总部经济集聚区和公共配套服务区四大功能区域。园内水、电、电梯、通讯、互联网接入及绿地、广场、餐饮、会议、娱乐、健身等基础设施完备，环境优美，为进园企业提供良好的办公、科研和生产空间。创业园以惠山区良好的投资环境为基础，以政府的相关职能为依托，为进园企业提供包括税收、人才、资金、用房、征地、工商行政管理等各方面的优惠待遇和全方位、全过程的高效优质服务，是留学人员回国创业的理想天地。

经过多年的发展，目前创业园已经成为惠山区重要的科技成果转化基地、创新人才集聚高地和创新服务体系建设载体。截至2014年底，创业园累计有6名海归人才被列入国家“千人计划”引进人才，37名高层次人才被列入江苏省“双创计划”“江苏省企业博士集聚计划”等省级人才引进计划，近80名人才被列入无锡市市级高层次人才引进计划，并建立2个院士工作站，对全区发展高新技术产业、促进经济增长方式转变、提高自主创新能力作出了积极贡献。

联系方式

地　址：江苏省无锡市惠山区政和大道189号
邮　编：214174
电　话：86-510-83593668
传　真：86-510-83595062
邮　箱：whedzcn@yahoo.com.cn
网　址：www.whedz.com

无锡江阴留学人员创业园

园区概况

无锡江阴留学人员创业园（江阴高新技术创业园）成立于2005年1月，隶属江阴经济开发区。2005年9月，被江苏省人事厅批准为省级留学人员创业园，与江阴高新技术创业园“两块牌子、一套班子”，合署办公。2006年8月，经江阴市委，市政府调整改用江阴市人民政府直接管理。2007年8月，被江苏省科学技术厅正式认定为省级高新技术创业园；2008年12月，被认定为国家高新技术创业服务中心。

创业园总规划面积20万平方米，一期4.5万平方米建筑入驻率达100%，二期2.8万平方米的研发用房和3万平方米的人才公寓楼及其他配套设施已于2009年底启用。创业园以新传感、新医药、新能源、新材料、新装备、文化创意设计等为研发培育重点，搭建了五大公共服务平台，初步形成了“项目引进—孵化育成—科技加速—产业化”的科技企业成长路线。

目前，创业园已累计引进孵化企业130多家，引进留学归国人员60多人，培育了一批以远景能源、力博生物、迈康升华、德飞激光、强顺科技等为代表的重点企业。

联系方式

地　址：江苏省江阴市澄江中路159号
邮　编：214434
电　话：86-510-81602108
传　真：86-510-81602220
邮　箱：jycyy@jycyy.com
网　址：www.jycyy.com

宜兴经济开发区留学人员创业园

园区概况

宜兴经济开发区留学人员创业园成立于2007年10月，是江苏宜兴经济开发区为进一步加快高新技术产业的发展，提高园区自主创新能力，引进高层次创新创业人才，实施转型发展、优化发展战略而设立的综合性科技企业孵化机构。2008年6月，被江苏省科技厅认定为省级高新技术创业园；2009年9月，被江苏省人力资源和社会保障厅认定为省级留学人员创业园。

创业园现拥有创业园一期、二期和创意软件大厦等各类“三创”载体30万平方米。同时，正在加紧建设以华东光电子科技创新基地、创业孵化大厦、投影产业园和白领公寓等项目为核心，总面积超40万平方米的“三创”载体。为进一步支持高层次人才创新创业，创业园组建了一期总额1亿元的风投基金，投入创业风险投资总额2000万元以上。

目前，创业园已引进各类高新技术孵化企业30余家，入围无锡市“530计划”项目超过30多个，以“世界液晶先生”张宏勇博士和“中国投影光源第一人”沈立博士为代表的高层次科技领军人才100人以上，初步形成了以光电子、汽车关键零部件、软件服务外包等为代表的特色产业。

联系方式

地　址：江苏省宜兴经济开发区锦城大道11号
邮　编：214213
电　话：86-510-87822622
邮　箱：webmaster@hky.gov.cn
网　址：www.hky.gov.cn

徐州留学人员创业园

园区概况

徐州留学人员创业园于2005年经江苏省人事厅批准建立，由徐州市人事局会同市科技局、徐州经济开发区创办，是以促进科技成果转化、培育高新技术企业、为留学人员回国创业提供综合服务的公益性科技中介机构。

创业园位于江苏徐州科技创业园内，毗邻中国矿业大学。按照徐州的特色产业、医疗器械企业的共性需求，提供医疗电子产业研发的常规设备及测试仪器，减少企业的前期投入，提高企业的自主创新能力，培育医疗电子特色基地，打造医疗电子企业特色产业群。

徐州市委、市政府十分重视留学人员来徐创业创新工作，先后制定出台了《徐州市引进海外留学人员来徐创业服务规定》《关于徐州科技创业园进园项目的优惠政策》等文件，不断加大创业园的建设力度。针对徐州市医疗电子企业研发能力弱的情况，创业园建立了医疗电子共性技术的共享研发平台，提供安全测试、超声测试、细胞显微、频谱分析、红外热成像、微波试验、光纤测温等医疗电子产品研发中的共性技术研发测试、实验手段。同时，整合与江苏徐州市医疗电子企业合作的东南大学毫米波实验室、上海交大电力实验室、中国矿大信电学院等研发力量，提升研发能力。在强化徐州市在超声仪器设备和光学仪器与窥镜等优势产品领域的市场竞争优势，扶持企业在优势产品领域做大、做强的同时，提高高档医疗电子产品的研发，树立品牌，促进产品升级和换代，提升企业的核心竞争力，将徐州建成我国医疗电子行业的研发基地和特色产业基地。

目前，园区已累计孵化中小科技企业146家，8家企业被评为省级高新技术企业。

联系方式

地　址：江苏省徐州市解放南路科技城
　　　　高新技术创业中心307室
邮　编：210000
电　话：86-516-83897228
传　真：86-516-83990238
邮　箱：cyzx2004@126.com

常州留学人员创业园

园区概况

常州留学人员创业园（常州国家高新技术创业服务中心）是隶属于常州高新区管委会的公益性科技服务机构。中心经江苏省科委批准始建于1993年；1994年，经省科委批准成为省级科技创业服务中心；1999年12月，被认定为国家级高新技术创业服务中心；2001年3月，由省人事厅认定为省级留学人员创业园；2001年10月，被科技部授予“先进孵化服务机构”称号；2008年，被江苏省政府授予“江苏省留学归国工作先进单位”。

创业园始终贯彻区委、区政府提出的“加强自主创新，加快建设创新型园区”的指导思想，以大力推进高科技产业发展为目标，以“项目聚集、人才聚集和资金聚集”为抓手，坚持创新的理念，围绕光伏、创意、生物医药和新能源车辆等重点产业，突出专业孵化，加强孵化服务体系建设，培育企业自主创新能力，取得了明显成效。

随着园区服务功能的不断完善，中心积累了大量企业孵化服务的先进管理经验和服务经验，目前除了提供常规服务外，建立起了咨询、留学生专项服务等个性化的服务。为创业者和企业提供入驻、成长直至毕业的过程中所需的培训、项目申报、咨询、创业导师、分级分类、种子资金、融投资、知识产权、公共技术平台、国际合作以及会议、餐饮、物业服务等全方位的服务。使一大批科技型中小企业从无到有，从小到大，实现了超常规发展，已经成为区域科技创新的重要力量、科技成果产业化的重要基地、吸引和集聚科技人才的重要载体和培育中小科技企业的重要载体。

联系方式

地　址：常州新北区高新科技园10号楼310室
邮　编：213022
电　话：86-519-85106846
传　真：86-519-85106846
网　址：www.czibi.com.cn

常州钟楼留学人员创业园

园区概况

常州钟楼留学人员创业园成立于2006年，是在2003年成立的钟楼科技创业服务中心的基础上演化而来。创业中心与创业园实行“两块牌子、一套班子”的运行机制，由江苏常州钟楼经济开发区管委会直接领导。2008年，被江苏省人力资源和社会保障厅批准为江苏省留学人员创业园；2009年，被科技部批准为国家级高新技术创业服务中心。创业园还先后获得江苏省工程技术文献中心、常州市大学生创业见习基地、常州市小企业创业示范基地、常州市五大产业发展专项资金三大重点创业平台之一等多项认定。

创业园由主基地和4个分基地组成，总孵化面积8.8万平方米。主基地位于钟楼经济开发区玉龙路和星港大道的交汇处，临近钟楼区行政中心、生活居住区、商贸商务区、产业开发区。主楼高16层，总建筑面积2万平方米，整个大楼由留学人员创业区、高新项目孵化区、创意设计研发区、风险投资中介机构工作区、科技成果展示区、共享设施配套区等六大区域组成。主基地同时是旅法博士留学生中国（常州）创业基地、旅日华人工程师协会中国（常州）创业基地的所在地。4个分基地分别是：星港路65号标准厂房科技创业孵化基地、白云路3号南大紫金科技创业孵化基地、童子河西路壹地科技创业孵化基地、机场路新闸科技创业孵化基地。

为支持各类主体来园创新创业，钟楼区政府制定了《关于进一步加快常州钟楼高新技术创业服务中心和壹地创意设计产业园发展的政策意见》《常州市钟楼区关于引进高层次创业创新人才的实施意见》《科技孵化企业认定办法》《科技孵化企业毕业认定考核办法》等文件，对软件企业、动漫企业、高层次人才创办的企业、科技创新型企业分别给予优惠政策。

创业园十分注重与相关科技创新资源单位的联系。通过各种形式和渠道，已与江苏省孵化器网络、省创业投资协会、省科技咨询协会、省科技条件管理服务中心、省大型科学仪器设备资源共享服务平台、省三药创制公共服务平台、市制造业信息化服务中心等机构以及部分高校、科研院所建立了工作联系。同时，把整合社会创新资源作为重要服务内容，在选择部分科技、中介机构进驻大楼直接为被孵化企业服务的同时，与40多家科技咨询、科技成果转让、科技创业投资、人才服务、财务服务、法律服务、报关货代、速递物流、创意策划、快速成型、工业设计、专利代理、商标服务、图文快印、电信服务、科技创新、质量检测等机构建立了战略合作关系，方便进驻企业与社会创新资源互动，放大服务功能和服务能力。“企业科技创新管理”是创业园精心打造的优势服务项目，亮点是帮助进驻企业构建和运营好企业内部的技术创新管理系统，使进驻企业在科技创新中合理解决“有事做、有人做、有机构做、有资金做、有能力做”的问题。创业园多次给企业作辅导，向企业发放《科技创新服务手册》光盘，转发各种创新管理的电子资料，使初创型小企业的科技创新很快走上了科学规范有序的轨道。为增大海归人才申报项目和落户创业的成功率，创业园及时指导海归人才起草项目申报表、创业计划书，为海归人才寻求创投公司和项目投资者牵针引线。

截至2014年底，创业园已有90多余家企业和10多家科技中介服务机构入驻，其中，留学归国人员创业企业40多家；在园创业的海归人才中，有2人入选中央“千人计划”，3人入选江苏省“双创”计划，1人为教育部“长江学者”。

联系方式

地　址：江苏省常州市钟楼区玉龙路6号
邮　编：213014
电　话：86-519-88890740，83976971
传　真：86-519-83976972
邮　箱：sun995110@163.com

常州市天宁留学人员创业园

园区概况

常州市天宁留学人员创业园成立于2009年12月，依托于常州市天宁高新技术创业服务中心。创业中心位于天宁经济开发区，是天宁区政府创办的公益性科技企业孵化器，成立于2008年4月。2009年2月，被省科技厅认定为省级科技企业孵化器；2009年12月，被批准为常州市天宁留学人员创业园；2012年12月，被国家科技部认定为国家级科技企业孵化器。

创业园目前已建成4个园区，其中河海东路、高阳路、丰润大厦为孵化园区，弘达园区为加速园区，孵化总面积5.7万平方米。园内建有会议室、接待室、餐厅、人才公寓、公共技术服务平台、标准厂房等基础设施。

创业园以“引进海外高层次人才、培育高新技术企业和培养科技型企业家”为宗旨，以建设“企业孵化、公共服务、招才引智”三大平台一体化发展为目标，充分发挥园区服务高效、机制灵活、政策优惠、团队优秀等优势，整合资金、人才、市场、管理等社会资源，为园区创业企业提供多层次、全方位的创业服务。

截至2014年底，创业园已有入驻企业90多家，企业拥有授权专利107项，其中，发明专利13项，软件企业获软件著作权28项。在园创业人才中，有留学回国博士46人、硕士94人，国家“千人计划”专家11人。

联系方式

地　址：江苏省常州市河海东路9号

邮　编：213164

电　话：86-519-8550623

邮　箱：tncy@tncy.org

网　址：www.tncy.org

常州市三晶世界科技产业发展有限公司（孵化基地）留学人员创业园

园区概况

常州市三晶世界科技产业发展有限公司（孵化基地）留学人员创业园成立于2006年，由新北区三井街道办事处投资建设。2008年，被江苏省科技厅认定为省级科技企业孵化器；2010年12月，被国家科技部认定为国家高新技术创业服务中心；2012年，被认定为市级留学人员创业园。创业园是以信息技术及相关功能新材料为特色的孵化基地，是常州市高新区创新创业的重要载体之一。

创业园在吸引海外人才、转化科技成果，孵化科技企业、发展高新技术产业，培养创新创业人才、创造新的就业机会等方面具有有利条件，已经取得明显的经济效益和社会效益。目前，创业园拥有海归创业团队44家，在孵企业创办人中，有3人入选中央 “千人计划”，1人荣获中国侨界“双百”贡献奖，11人入选江苏省“双创”计划，6人入选“江苏省企业博士集聚计划”，2人荣获“常州市十佳海归人才”奖。

联系方式

地　址：江苏省常州市长江北路25号园区内

邮　编：213022

电　话：86-519-81238780

常州科教城留学人员创业园

园区概况

常州科教城由江苏省教育厅、江苏省科技厅与常州市人民政府共同建设，2011年经省人力资源和社会保障厅批准为省级留学人员创业园，管理机构是常州市国家大学科技园管理中心。创业园位于武进区，占地5平方公里，分为高教园区、科技园区两部分，是国家高职教育发展综合改革实验区、国家大学科技园和国家海外高层次人才创新创业基地。胡锦涛、江泽民、温家宝等党和国家领导人先后视察常州科教城，对常州大力发展高职教育和构筑产学研协同创新平台给予了充分肯定。2007年，园区被江苏省发改委认定为江苏省“现代服务业集聚区（科技服务业）”；2008年，被科技部国际合作司认定为“国际科技合作基地”，被科技部认定为“国家可再生能源基地”，被江苏省对外贸易经济合作厅认定为“江苏省国际服务外包人才培训基地”；2009年，被科技部、教育部认定为“国家大学科技园”，被江苏省商务厅认定为“江苏省国际服务外包示范区”；2010年，被江苏省科技厅确认为首批“省级科技企业加速器”，被江苏省人力资源与社会保障厅认定为“江苏省留学人员创业园”，被江苏省发展和改革委员会认定为“江苏省新能源汽车特色产业基地”，被中国科学技术协会认定为“海外智力为国服务行动计划工作站”；2011年，被中央人才工作协调小组定为“国家海外高层次人才创新创业基地”，被省经信委授予“江苏省信息化和工业化融合服务产业示范园”称号。

创业园推行在常州科教城、武进高新区建立“一园两区”的发展格局，在创新创业环境的建设上充分积聚创业优势和产业优势，实现联动双赢发展。“创业孵化区”设在常州科教城，“产业拓展区”设在武进高新区。园区全力打造了科技金融中心，积极组织投融资对接会、精品项目路演、科技创业投资论坛等活动，拓宽支持创业企业发展的融资渠道，包括财政拨款、风险投资、银行贷款、信用担保、民营或私人自募资金等，建成一个以PE/VC为主、股权投资基金为特色的综合金融服务平台，实现科技和金融的无缝对接。园内目前有公共研发机构30家，其中，中科院已有20多个研究所在园设立了14个分中心和6个研究院所，建成了26个专业实验室，与企业共建26个研发中心，科研人员达420余人。同时，南京大学、东南大学、北京化工大学、合肥工业大学、西南交通大学等17所著名高校在园设立了研发机构或孵化基地，其中，9家大学建立研究院，为园区企业的发展提供技术支持。为进一步深化产学研合作，创业园还每年均举办中国常州先进制造技术成果展示洽谈会，组织成果发布、对接洽谈、专题论坛、开工揭牌等活动。

联系方式

地　址：江苏省常州市常武中路801号
邮　编：213164
电　话：86-519-86339226
传　真：86-519-86339658
邮　箱：czlian@yeah.net
网　址：www.czkjc.gov.cn

津通留学人员创业园

园区概况

津通留学人员创业园由津通集团有限公司建设、运营，位于长三角地理心脏和沪宁高速公（铁）路中段的江苏省武进高新技术产业开发区内的津通国际工业园内，距上海1小时40分钟车程，离南京禄口国际机场40分钟车程，2小时可达杭州，具有吸收沪宁杭等特大城市辐射并向周边腹地扩散的焦点区位。津通国际工业园总规划建筑面积90万平方米，已建成近30万平方米的高标准工业厂房、生产服务中心和生活服务中心。园区完全参照国际先进科技工业园的标准建设，吸纳众多科技工业园的特点和要求，整体形态、功能设置和运作拓展已形成了以现代化高标准厂房为主体，集科研孵化中心、制造生产中心和现代服务中心为一体，以花园式社区为环境特征的智能化管理新型高新技术产业园区。整个园区已通过ISO9001和ISO14001体系认证，从设计风格、建筑形态、企业运营和物流保障等都一步到位地实现了与发达国家产业环境及企业平台的完美对接。工业园作为一个省级开发区内的“区中园”，受到海内外的广泛关注和高度赞赏，曾先后被联合国中小企业联合会、美国电子协会、欧盟机械制造协会等国际组织列为“外商在华投资重点推荐园区”；被美国威斯康星州商会等六个州商会列为“首推在华投资营运平台”。 园区受到国家及省市各级领导的表彰鼓励，先后获得国家级“国际科技合作基地”“海外人才中国创业示范基地”“科技企业孵化器”；省级“江苏省两化融合产业服务示范园”“现代服务业集聚区”“重点培育小企业创业基地”“留学人员创业园”“特色产业园”；华侨华人专业人士江苏创业基地、中国民营科技促进会“津通科技产业化示范基地”等荣誉称号。

创业园建筑面积10.2万平方米，为津通国际工业园1号、2号、5号、16号楼。园内建有信息电子产品检测平台、基于提供远程服务的SaaS生产性信息服务平台、嵌入式信息技术平台、先进制造与科技服务集成平台等专业平台，并与常州佰腾科技有限公司合作共建中国企业专利信息服务平台、高校科技成果转化平台，为在孵企业提供各类专业服务。同时，通过集聚大量的服务业企业，为在园留学人员企业提供生产性服务、生产要素公共支撑服务、公共技术支撑服务、投融资服务、信息化服务和创业辅导服务，使企业将其非专业、不经济的业务流程外包，通过社会化资源配置，以实现其运作的扁平化，降低运作成本、提升运行效率，帮助初创型企业快速成长。此外，常州市及武进区政府通过领军型海外留学归国人才创业计划、“龙城英才”计划、科技基础设施计划、国际科技合作专项等计划，对引进的具有前瞻性的留学人员人才及企业实施的项目，在资金上给予专项支持，在政策上给予优惠待遇。

联系方式

地　址：江苏省常州市武进高新区西湖路8号
邮　编：213164
电　话：86-519-86220888转8107，8056
传　真：86-519-86220616
邮　箱：yppei@jinton.com
网　址：www.jinton.con

武进留学人员创业园

园区概况

武进留学人员创业园创立于2004年8月，经常州市人事局批准设立，2007年4月，被认定升级为省级园区。从“高效、精简”的角度出发，创业园依托武进（国家）高新技术创业服务中心的现有条件，与创业中心合署办公，实行“两块牌子、一套班子”的运作机制。在武进区委和深圳清华大学研究院领导的全力支持下，2005年初，创业中心与深圳清华力合国际技术转移有限公司共同出资设立了江苏武进力合企业孵化器有限公司，将创业中心的主营业务采取委托方式，由孵化器公司运营。孵化器公司的成立，整合了地方政府和深圳清华大学研究院双方的优势资源，在孵化项目筛选、高层次人才引进、为孵化企业提供创业投资等增值服务方面，提供了更广阔的发展空间。

创业园坐落在常州市城南，已投入资金近5000万元，建成了3.6万多平方米的孵化场地，办公设施齐全，服务功能完备。创业园注意瞄准当今世界科技发展潮流，把孵化重点放在电子信息、新材料、机电一体化等新兴产业，严格把好项目入口关，加快引进高新技术项目，努力营造高新技术优势，对每一个洽谈项目进行科学的评估和决策。企业批准进驻后，园区在创业环境、创业条件、创业资金、创业政策等方面提供方便，以及管理咨询、人才培训、融资担保、物业支撑等优质高效服务，并按不同企业的实际情况进行针对性孵化，使企业在宽松广阔的创业平台上运作。

创业园目前有留学人员创办企业近20家，涉及电子信息、软件开发、精密机械、新材料、生物医药等行业领域。

联系方式

地　址：江苏省常州市武进人民东路158号
邮　编：213161
电　话：86-519-86322963
传　真：86-519-86574082
邮　箱：bcd_cz@hotmail.com
网　址：www.wjibi.com

江苏中关村留学人员创业园

园区概况

江苏中关村留学人员创业园成立于2012年3月，由江苏中关村科技产业园投资建设，日常管理机构为溧阳高新技术创业中心。产业园是常州市政府与北京中关村开展体制创新与区域合作的成果，也是中关村在北京市外设立的第一个科技产业园区，已被江苏省政府确定为省级高新技术开发区，并将优先申报国家级高新区。创业中心成立于2001年；2007年，被原常州市人事局批准为常州市级留学人员创业园；2008年，被省科技厅认定为省级科技孵化器；2012年3月，溧阳市成立江苏中关村创业园，溧阳高新技术创业中心并入其中；2013年，被江苏省人社厅批准成立省级留学人员创业园。创业园致力于为初创阶段高科技企业及项目提供综合服务，培育高新技术企业。作为承载江苏中关村产业园及整个溧阳市高新技术成果转化和技术创新的重要基地，创业园力求打造成为高素质人才、高水平研发机构、高科技创业企业集聚的一流的科技创业基地。

创业园现有孵化面积15.7万平方米，建成面积8万平方米，专门设立了领导工作小组，配备了专职员工开展工作，除为入孵企业提供全程免费代理工商、税务登记等一条龙服务和周到的后勤服务外，着手搭建了政策咨询、投融资中介、管理培训、信息交流、人才支撑与技术支撑等服务平台，并与11家大学、研发中心建立了产学研基地及共建研究中心。

创业园通过多年的努力，一批优秀高科技企业成功毕业，培养了一批成功的企业家。目前有在园留学人员企业27家，已毕业22家，其中有多家毕业企业被认定为高新技术企业，覆盖了小型风机、太阳能薄膜电池、新材料等多个行业领域。

联系方式

地　址：江苏省溧阳市泓口路218号
邮　编：213399
电　话：86-519-87310357

金坛留学人员创业园

园区概况

金坛留学人员创业园成立于2007年11月，是由原常州市人事局批准设立的综合型科技创新创业场所，隶属江苏省金坛经济开发区，与金坛市高新技术创业服务中心合署办公，实行“两块牌子，一套班子”的运作机制。2009年2月，被省科技厅认定为省级高新技术创业服务中心；2009年10月，被省中小企业局认定为省重点培育小企业创业基地；2010年7月，被省中小企业局认定为江苏省小企业创业示范基地；2011年5月，中国科协海智基地金坛工作站在中心挂牌成立；2011年12月，被认定为“江苏省留学人员创业园”。

创业园依托政府平台与北京中关村、清华科技园建立了紧密的合作关系，利用中关村科创硅谷孵化器这一大平台搭建国内外区域政府间的合作交流平台，实现国内外高端创新要素的集成和流通。同时，着力加强与海外各科技团体和科技专家学者的联系，拓展交流渠道，与海外人才网、美国华人专业团体、中国旅美科技协会、北美华人创业协会、加拿大华人信息技术专业人士协会等多家海外科技团体形成了友好的合作。

创业园推行“一站式”“保姆式”服务，在此基础上强化服务功能，开展个性化、增值化服务，对在孵企业按规模、分门类提供有针对性的帮扶，促进创业者尽快成长和创业企业发展壮大。针对创业孵化器要求管理人员综合素质好、知识面广、活动能力强等特点，创业园采取多种形式加强学习和培训，着力打造一支充分履行服务和管理职能的高效能队伍，细化工作措施，分解落实责任，创新工作方法，不断提升各项工作成效。在做好基础性服务工作的同时，创业园强化政策配套的实施，积极与各类中介结构如会计事务所、律师事务所、专利事务所等加强合作；加快创投公司和科技小贷公司的引进，引进成立了金坛协立创投、江苏凯迪创投、东华矿业投资、行知常峰创投4家创投公司，成立了金坛瑞丰科技小贷公司，有力推动了技术与资本的深度融合，促进优质企业的快速发展。

联系方式

地　址：江苏省金坛市华城路296号
邮　编：213200
电　话：86-519-82693333
传　真：86-519-82693333
邮　箱：jsjtlh@126.com

苏州留学人员创业园

园区概况

苏州留学人员创业园创建于1998年2月，依托苏州高新技术创业服务中心，由教育部留学服务中心、科技部火炬中心、江苏省人才流动服务中心、苏州市科技发展中心、苏州新区管委会等部门联合组建，是苏州国家高新技术产业开发区重要的科技创新创业载体和国际科技合作基地，也是苏州高新区重点打造的两个服务外包集聚区之一。1999年12月，创业园被团中央、全国青联授予“中国青年科技创新行动示范基地”；2001年5月，被国家科技部、人事部、教育部和外国专家局联合授予“国家留学人员创业园示范园区”称号；2003年，被中共中央组织部、宣传部、统战部，国务院人事部、教育部、科技部共同授予“留学回国人员先进工作单位”，被科技部授予“先进高新技术创业服务中心”，被江苏省科技厅授予“江苏省高新技术产业化工作先进集体”；2004年8月，被中共江苏省委、省政府授予“江苏省留学回国人员工作先进单位”；2005年，被江苏省科技厅工商局等联合授予“江苏省AAA级信誉咨询企业”；2006年，被中国民营科技促进会授予“全国民营科技企业奉献奖”；2007年，被苏州市政府授予“苏州市服务业发展重点集聚区”，被江苏省名牌战略推进委员会授予“江苏服务业名牌”称号；2010年，被科技部确认为“全国大学生科技创业见习基地试点单位”；2011年，被苏州市知识产权局授予“苏州市知识产权工作示范园区”。

创业园内的服务平台包括国家火炬计划现代化中药工艺研究和中试平台、国家软件和集成电路公共服务平台江苏分中心、江苏省生物医药创业服务平台和苏州高新区嵌入式系统软件公共服务平台等，并与中科院医工所、浙江大学、中国传媒大学、苏州大学等科研院所和高校开展了广泛而深入的产学研合作。创业园还为企业搭建各种市场推广平台，包括南京国际软件博览会，中国国际进口产品博览会，中国苏州文化创意设计产业交易会，苏州市公共机构节能新产品、新材料、新技术推介会，苏州电子信息博览会，中国（泰州）国际医药博览会等大型展会活动。

作为中国国际企业孵化器网络成员单位之一，创业园通过“走出去”“引进来”的策略促进国内外合作与交流平台的建设。在引进来策略上不断吸引海外留学生回国创业，建立外资研发机构服务中心，在走出去方面引导并帮助园内企业走出去，主动寻求国际交流与合作。目前，已经与德国海德堡科技园、芬兰德里玻里科技园、土耳其梅尔辛科技园等多个海外孵化器签订了合作协议。

联系方式

地　址：江苏省苏州市竹园路209号
邮　编：215011
电　话：86-812-68089925
传　真：86-812-68783306
邮　箱：qth@csibi.cn
网　址：www.csibi.cn

苏州国际科技园

园区概况

苏州国际科技园成立于2000年4月，是苏州工业园区科技创新、知识创新和企业孵化的重要载体，是国家级科技企业孵化器、软件产业基地、动画产业基地、欧美软件出口工程试点基地以及中国服务外包示范基地骨干成员。国际科技园以软件研发、集成电路设计和数码娱乐三大特色产业为基础，大力发展以业务流程外包和信息技术外包为核心的服务外包产业，以及以动漫游戏、工业设计为核心的创意产业。

国际科技园地处苏州中国新加坡合作区的西南角，总体规划占地面积62公顷，规划建筑面积114万平方米，总投资逾40亿元，分六期建设。一至四期工程建筑面积32万平方米，主要承担科技企业孵化基地、服务外包基地和软件产业基地的功能；正在建设的占地74万平方米的五期“创意产业园”，以及已建成的占地2万平方米的六期工程“创意泵站”，主要在软件开发、动漫游戏等现有特色产业的基础上，大力引进、培育和扶持艺术、传媒、广告、数码娱乐、时尚设计及工业设计等服务外包和现代创意产业。同时，逐渐完善了创业咨询、政策信息、技术支撑、成果转化、知识产权保护等服务体系，以及以软件评测中心、知识产权保护中心、软件园培训中心、集成电路设计中心、动漫影视技术平台、综合数据服务中心、中小企业信息化平台等七大公共技术服务平台体系。

截至2014年底，苏州国际科技园累计注册企业1500多家，集聚各类高科技人才32000多名。园内聚集的企业包括9家财富500强跨国公司的研发机构，以及国内最大的旅游B2B电子商务平台、国内知名CAD软件开发商、国内领先的高端光模块供应商、国内最早从事3D网络游戏开发企业。

联系方式

地　址：江苏省苏州工业园区金鸡湖大道1355号
邮　编：215021
电　话：86-512-62529888
传　真：86-512-62529777
邮　箱：hej@sipis.com.cn
网　址：www.sispark.com.cn

苏州吴中留学人员创业园

园区概况

苏州吴中留学人员创业园成立于2004年12月，位于吴中科技创业园内，是专门为海外留学人员回国创业服务的载体。苏州吴中科技创业园是由政府投入、以企业化机制运作的公益型科技企业孵化器，2006年12月，被科技部认定为“国家级科技创业园”。

在区域医药和IT产业快速发展的大背景下，创业园通过创造局部优化的创新创业环境，提供特殊优惠政策和优质高效服务，积极有效地培育和引进电子信息及软件企业、生物医药和光机电一体化企业。入驻企业不仅享受企业注册、税务登记、人才支撑及政策咨询等“一站式”服务，而且还可以获得国家高新技术产业园区的各项相关优惠政策。在提供场地租用及物业服务同时，创业园还建设了中心机房、多功能厅、电子阅览室和公共实验室，完善了相关配套设施。建立并完善了吴中科技创业园网站，同时连接江苏省工程技术文献信息中心，对专业数据库、专业性数据软件、数字化图书杂志进行筛选和协议使用，为企业开通专业信息服务、科技查新服务。

2014年，园区在已有5万平方米左右的场地空间的基础上与苏州电信合作，按照国际T3标准已经建有40个机柜的独立IDC数据中心。经有关部门批准，IDC数据服务中心正式开通网站备案绿色通道，该绿色通道是苏州市内，除了苏州市电信之外的唯一合法备案渠道，并在此基础上形成信息服务业企业集聚基地，积极探索新兴产业培育与企业做强做大的新模式。

截至2014年底，创业园内有软件及信息服务型企业159家，其中生产性信息服务企业62家，“两化融合”的生产型企业97家，已形成以互联网增值服务、软件及服务外包、电子商务等产业为特征的新兴产业发展格局。

联系方式

地　址：江苏省苏州市吴中区东吴北路31号
邮　编：215128
电　话：86-512-65270617
邮　箱：zhu_qin1@163.com
网　址：www.wzcy.cn

常熟留学人员创业园

园区概况

常熟留学人员创业园成立于2010年4月，位于常熟市经济开发区内，交通便利，环境优美，政策宽松、人才资源和资金资源丰富，具有良好投资环境。其创办旨在为给学有所成、回国创业的留学人员创造良好的创业环境。

创业园已建成孵化场地13.5万平方米，有智能化大楼1幢，标准化厂房5000多平方米，配套设施齐全，创业环境优越，可提供一流水准的孵化服务。创业园鼓励留学人员回国创业，科研院所来常合作，加速科技成果商品化、产业化、国际化，进一步推动经济与科技的结合，促进常熟市产业结构的调整，为区域经济的发展不断培育拥有民族自主知识产权的高新技术企业群体。

创业园依托教育部“春晖杯”创业基地，以“综合孵化器+专业孵化器+加速器”的载体建设、优质的专业服务、良好的创新创业环境吸引了越来越多的海外留学人员来常工作。截至2014年底，累计引进留学人员创办企业32家，毕业企业12家，涉及高端基础器件、新兴行业电子等多种领域；在园留学人员企业20家，悉数入选常熟市“海内外领军型创业创新人才计划项目”。累计引进海外留学人员62名，其中博士41名、硕士21名，其中，入选国家“千人计划”1人、江苏省“双创”计划7人，苏州市“姑苏创新创业领军人才计划”6人。

联系方式

地　址：江苏省常熟经济开发区滨江新城
电　话：86-512-52805327
传　真：86-512-52805310
邮　箱：info@ppos.com.cn

常熟高新技术产业开发区留学人员创业园

园区概况

常熟高新技术产业开发区留学人员创业园成立于2010年4月，是由常熟高新区依托常熟国家大学科技园建立的市级留学人员创业园。2013年10月，获批省级留学人员创业园。创业园立足优化产业结构、提升产业层次、培育新兴产业，把引进海外高层次留学人员放在最突出位置，不断加强载体建设，深化创业服务，创新与整合留学人员人才政策比较优势，吸引和聚集国外高端科技人才入园创新创业，为区域产业转型升级提供智力保障。

创业园依托教育部“春晖杯”创业基地，以“综合孵化器+专业孵化器+加速器”的载体建设，以“创业孵化+创业投资+创业导师”的专业服务，营造良好的创新创业环境。创业园先后承办或参加苏州国际精英创业周、海外华侨华人高层次人才江苏行、美南中国专家协会联合会江苏行、美中高层次人才常熟行等活动，每年参与广州春晖杯留交会、大连海外学子创业周等各地人才盛会。通过一系列的举措，为留学人员搭建了优质的创业平台。

目前，创业园建成孵化场地13.8万平方米，累计引进留学人员创办企业42家，毕业企业12家；在园企业30家，涉及高端基础器件、新兴行业电子等领域。累计引进海外留学人员82名，其中博士51名、硕士31名，其中，入选国家“千人计划”2人、江苏省“双创”计划8人、苏州市“姑苏创新创业领军人才计划”12人。

联系方式

地　址：江苏省常熟市东南大道333号科创大厦3楼
电　话：86-512-52350317
传　真：86-512-52355339
邮　箱：gl@changshu.net

张家港留学人员创业园

园区概况

张家港留学人员创业园成立于2001年，由张家港市人民政府投资兴建，是张家港市为留学人员回国创新创业、施展才华提供的重要舞台。为强化管理与服务，创业园与张家港市高新技术创业服务中心实行“两块牌子、一套班子”的运作模式。2003年11月，创业园被江苏省人事厅批准为省级留学人员创业园；2004年4月，被苏州市委、市政府授予“苏州市留学人员先进工作单位”；2006年12月，被国家科技部认定为国家级科技企业孵化器；2011年，被苏州市知识产权局授予“苏州市知识产权示范园区”。

创业园按照整体规划、分步实施、滚动发展的建设模式，建有孵化大楼8幢、建筑面积6万多平方米，包括综合服务楼1幢、生物医药专业孵化楼1幢。此外，拥有总投资1200万元、总面积1200平方米的生物医药公共技术服务平台，为园区内处于初创期的生物医药类企业提供研发实验、分析检测等方面的专业技术服务。该平台建成以来，吸引了越来越多的海外高层次人才落户，生物医药产业链初显端倪。

创业园通过“政府投资、公益性引导、事业单位管理”的运营模式，全力培养拥有自主知识产权的科技企业和具备自主创新能力的科技企业家。以公共服务为主线，推行融资推荐、项目申报、定期走访、创业导师以及市场推广等增值服务，引入中介服务机构，打造专业服务，增强孵化能力。

截至2014年底，创业园累计孵化留学人员企业70余家，孵化企业主要涉及电力电子、新一代信息技术、新型材料、智能装备、生物医药等产业领域；成功培育高新技术企业15家，获批省级以上高新技术产品60个，1家企业成功上市，2家企业进入上市预备期，企业承担国家、省、市科技型中小企业技术创新项目80多项。在园留学人员总数达到接近200人，拥有国家“千人计划”专家8人，江苏省“双创人才”9人，姑苏领军人才8人，张家港市领军型人才45人。

联系方式

地　址：江苏省张家港市国泰北路1号
邮　编：215600
电　话：86-512-58541960
传　真：86-512-58541980
邮　箱：htic@zjghtic.gov.cn
网　址：www.zjghtic.gov.cn

张家港保税区留学人员创业园

园区概况

张家港保税区留学人员创业园成立于2011年4月，2014年11月获批江苏省省级留学人员创业园。创业园主要为高层次人才发展高新技术产业提供服务，并为来保税区的国内外大专院校、科研机构和社会各类科技人员的创业需求提供服务，通过落实扶持政策，营造宽松优惠的创业环境，帮助企业渡过营运初期的风险阶段，加快商品化和产业化进程。

创业园位于张家港保税区环保新材料产业园内，规划面积210亩，首期规划103亩。一期和二期共7万平方米的研发生产大楼已建设完成交付使用，三期7万平方米场地正在建设中。研发大楼内水电气管网等基础设施全部按照国际一流工业园区标准设计到位，企业可以根据自己的需要进行隔断，分出实验室、生产车间、办公室、休息室等。研发大楼现已入住企业30家，入住企业人数270人。入驻企业涉及技术领域包括锂电新能源、有机硅新材料、汽车零部件再制造、物联网现代通信、生物医药等。

截至2014年底，创业园有在孵企业40余家，累计吸引留学人员100多人，先后引进国家“千人计划”人才10人。

联系方式

地　址：江苏省张家港保税区环保新材料产业园
邮　编：215633

昆山留学人员创业园

园区概况

昆山留学人员创业园成立于1998年，是由江苏省人事厅、科技厅和昆山经济技术开发区联合创办的吸引海外留学人员回国创业的科技园区。创业园先后被命名为“全国首批中国青年科技创新行动示范基地”“国家火炬计划先进管理单位”“国家先进高新技术创业服务中心”“江苏省优秀科技企业孵化器”“江苏省先进科技企业孵化器”“江苏省火炬先进管理单位”“江苏省留学回国人员工作先进单位”“江苏省博士后管理工作先进单位”“江苏省文明单位”；被国家科技部、人事部、教育部、国家外国专家局联合评审为全国首批“国家留学人员创业园”，成为全国县级市中唯一进入“国家队”的创业园区；被中央组织部、宣传部、统战部、国家人事部、教育部、科技部联合授予“全国留学回国人员先进工作单位”荣誉称号；2011年，获批为国家人社部和江苏省人民政府共建的国家创业园，成为全国唯一一家设立于县级市的“省部共建”创业园。

创业园现有孵化面积14万平方米，包括科技广场、现代广场、科技创业基地等载体，设有公共会议室、学术报告厅、图书馆、“第三空间”咖啡室、工程技术文献检索服务平台，非核心业务公共服务中心等。园区先后建立了全国县市级首家微软技术中心公共平台、专利信息检索服务平台、工程技术文献检索服务平台、集成电路失效分析技术平台、知识产权网络公共服务平台、园区网络信息服务平台等，为企业提供个性化科技公共服务，已服务企业5000余次。园区不断完善创业园“科技企业评估诊断系统”，对企业经营及发展中遇到的问题进行诊断评估，为企业决策提供政策、信息咨询和各种帮助，建立完善“1+3”跟踪服务机制，确保每家企业均有1名联络员、1名辅导员、1名创业导师负责帮扶指导，定期举办专业培训、创业沙龙，为初创型科技企业的培育、成长，传授经营经验，提供业务辅导。

目前，创业园已形成了比较完善的科技企业培育体系，吸引了一批海外学者创办的科技企业，引进了一批高层次科技人才，开发了一批技术领先并拥有自主知识产权的产品，推动了与大院大所的项目合作，培育了华恒、网进、锐芯、澳昆等一批明星企业。

联系方式

地　址：江苏省昆山市前进东路科技广场2楼
电　话：86-512-50360660，50360661
传　真：86-512-50360660
邮　箱：ksppcn@yahoo.com.cn
网　址：www.kscyy.com.cn

吴江市留学人员创业园

园区概况

吴江市留学人员创业园（吴江市科技人员创业园）成立于2007年2月，由吴江市科技局与吴江经济开发区管委会共同建设，并由开发区发展总公司和市科技开发中心共同出资5000万元成立吴江科技创业投资有限公司，负责创业园内项目建设管理、物业管理和各类专业申报等业务。创业园的设立主要用于鼓励和吸引国内外优秀科技人才来开发区创新创业，加快企业科技创新水平和高科技成果的转化，提升开发区的自主创新能力，加快企业科技创新的速度和加强科技创新能力，是促进产业由劳动密集型向科技密集型转变，加快实现从“吴江制造”向“吴江创造”转化的有效载体。

创业园位于吴江经济开发区内，占地面积1万平方米，其中研发大楼占地面积1500平方米，6层建筑面积为7500平方米，6幢生产厂房为2.45万平方米，总建筑面积3.2万平方米。园内设有多功能厅、多媒体会议室、商务、展示厅、超市、物业、专家用住房、餐厅、车库、停车场、警卫室等齐全的配套设施，二期研发大楼2万平方米业已动工。2008年，吴江市政府下发了《关于明确我市科技人员暨留学人员创业园优惠政策的意见》，明确了吴江市科技人员暨留学人员进入园创业可享受的优惠政策。

联系方式

地　址：江苏省吴江经济技术开发区云梨路1688号
邮　编：215200
电　话：86-512－63960806
传　真：86-512－63960811
网　址：www.wjkfq.gov.cn

太仓市留学人员创业园

园区概况

太仓市科技创业园暨留学人员创业园成立于2004年9月，以生物医药、电子信息、新材料、新能源、节能环保及服务外包、文化创意等产业为重点开发领域，以培育战略性新兴产业源头企业和创新创业领军人才为目标，致力于营造科技创新创业良好环境，打造成为海内外高层次人才和团队的首选园区之一。创业园先后被认定为国家级科技企业孵化器、国家大学生科技创业见习基地、省级留学人员创业园、省级博士后科研工作站、省级小企业创业示范基地、省三星级中小企业服务机构、苏州市服务业重点集聚区。

创业园位于太仓经济开发区北京西路，占地约100亩，总建筑面积10万平方米，拥有餐厅、宿舍、超市等配套服务设施。园区为入驻企业提供普适普惠的标准化硬件平台及政策性保障，并深入研究入驻企业的个性化服务需求，搭建企业深度孵化服务平台，以创业协作中心、创新研究中心为核心，针对不同的企业和不同发展阶段，为入驻企业提供深度孵化服务，帮助企业成长。

截至2014年底，园内企业已申请专利及软件著作权150余项，获国家创新基金项目3项、国家重点新产品1项、省中小企业创新资金4项，省基础研究项目1项、省文化产业引导资金项目1项；创业人才已入选国家“千人计划”1名，省“科技创新团队”1支、江苏省“双创”人才引进计划4名、“姑苏人才计划”4名。

联系方式

地　址：江苏省太仓市经济开发区北京西路6号
电　话：86-512-53990555
传　真：86-512-53990556
邮　箱：kjcyy@yahoo.com.cn
网　址：www.kjcyy.com

南通市经济技术开发区留学人员创业园

园区概况

南通市经济技术开发区留学人员创业园成立于2003年，由江苏省南通市人事局联合市经济技术开发区共同创办。作为高新技术产品和项目的孵化器，创业园通过营造优良的环境、优质的服务、优惠的政策，已逐渐成为留学人员创业和不断走向成功的支点。

创业园孵化总面积28.2万平方米，采取一中心多园区的建设模式，实现园区孵化器规模扩大、质量提升、环境优化的和谐推进。在平台建设方面，园区建立了商务服务平台、科技服务平台、中介服务平台三大服务平台，实现了园区与园区间、园区与企业间、企业与企业间的信息交流与技术合作等功能，极大地提高了园区管理和服务效率。在创业启动资金方面、办公场地房租的租金、创业平台载体建设等方面园区也在进一步制定适合区情的创业园优惠政策，吸引更多的留学生入园，增强园区的创新能力和成果技术的转化能力，建立种子期创业基金，引入风险投资公司，促进中心和创业园的科技企业的发展。同时，创业园鼓励各大企业和省级以上科研院所、全国重点高等院校产学研合作共建创新载体，钻研攻关关键技术，同时将科研院所、高等院校的成果和当地产业相结合，寻求产业化。围绕骨干企业整合资源，依托国家火炬计划椒江缝制设备高新技术特色产业基地和省级化学原料药高新技术特色产业基地，加大对企业技术创新能力的建设，着力培育一批高技术含量、高附加值、高市场占有率的高新技术企业。

近年来，创业园在市人事局、外侨办、科技等部门的支持下积极加强与外国专家组织、海外留学生团体、海外同乡会、华侨社团组织的沟通与联系，先后与中国旅美科技协会、中国留日同学会、中国海外科技创业投资协会、中国海外博士专家回国创业联合会达成了多项合作协议。相继组织举办了中国南通国际人才技术合作洽谈会、中国留日同学会技术项目交流洽谈活动、中国海外人才项目洽谈会等多项海外留学人员交流活动，邀请了近千名海外留学人才来通开展项目交流与合作，达成合作协议200多项。

联系方式

地　址：江苏省南通市经济技术开发区中央路29号
邮　编：226009
电　话：86-513-85922263
邮　箱：ntchyy@163.com
网　址：www.ntkfqrl.gov.cn

南通产业技术研究院留学人员创业园

园区概况

南通产业技术研究院留学人员创业园成立于2013年9月，是深化自主创新、提升区域科技竞争力，为推动新兴产业发展，提升传统产业能级而提供统筹、支撑、服务的创新平台。2014年5月，获批江苏省省级留学人员创业园。

创业园致力打造长三角北翼的科技创新示范平台，着力建设产业技术创新中心和高端人才集聚中心，构建行政推动、企业化运作、产学研支撑，研究机构、科技园区、产业园区三位一体的运作模式。围绕新材料、新能源、电子信息和生物技术等四大产业，努力完成产业技术研究机构建设、搭建公共技术服务平台、加速创新成果转移转化、吸纳培育技术创新人才、提供产业发展决策参考等五大任务。

创业园的发展目标是，到“十二五”末，全面实现研发孵化面积35万平方米，引进大院大所10家，企业研发机构10家，建设公共技术服务平台10个，合作引进天使、风投机构10家，引进培育国家“千人计划”人才10名、创新创业人才团队50个，新增自主知识产权500项，促进3—5家科技企业上市等六大目标。

联系方式

地　址：江苏省南通市崇川路58号
邮　编：226019
电　话：86-513-85012988
传　真：86-513-85012982
网　址：www.ntiti.com.cn

海安留学人员创业园

园区概况

海安留学人员创业园位于省级开发区江苏海安经济开发区内，是由江苏省海安县人民政府领导、策划，南通华新建工集团投资3.6亿元兴建，旨在鼓励和吸引海外留学人员创业、创新，促进高新技术成果产业化，为区域经济长远发展提供人才支撑、技术支撑和项目支撑的科技创业服务机构。创业园由海安高科技创业园管理中心负责管理运营。创业园先后被认定为市级科技孵化器、省级科技企业孵化器。

创业园目前已建成孵化载体3万平方米，留学人员创业项目主要涉及软件开发、机械制造、精细化工、新能源等高新技术领域。

联系方式

地　址：江苏省南通市海安县海安镇长江西路288号
邮　编：226602
电　话：86-513-88783122
传　真：86-513-88783119
邮　箱：hakech@163.com
网　址：jshxbi.com

连云港留学人员创业园

园区概况

连云港留学人员创业园成立于2003年，是苏北地区第一家留学人员创业园，设在省级高新技术产业开发区内。园区管理机构为连云港经济技术开发区管委会、连云港市人社局，连云港经济技术开发区经济发展局和区党群工作部共同负责管理。创业园与市科技创业服务中心、省级服务外包示范区实行“三块牌子、两套班子”的管理模式。

创业园占地面积16亩，孵化面积7000平方米，拥有52个孵化单元。留学人员入园创业除了可以享受国家规定的各项优惠政策，还可以享受该园专门制定的一系列优惠政策。如：可享受开发区“科技发展金”和“科技创业风险基金”的扶持和融资担保，并提供贷款贴息；土地实行优惠地价，直至零地价，并提供孵化场地，减免租金供企业使用；免费办理常住户口，免费提供设施完善的住房；对于贡献突出的创业人员，将授予科技贡献奖，奖励现金20万—50万元，并授予荣誉称号等。

截至2014年底，创业园累计孵化企业10余家，在园留学人员企业主要集中在软件、电子、机电、新材料、服务外包、医疗器械等行业领域。在园留学人员总数10余人，其中，拥有博士学历的占45%，有1人入选江苏省“双创”计划，5人入选市区级人才引进计划。

联系方式

地　址：江苏省连云港经济技术开发区振华路15号
邮　编：222047
电　话：86-518-82341701
传　真：86-518-82341025

连云港科教创业园区留学人员创业园

园区概况

连云港科教创业园区留学人员创业园成立于2008年，主要为海外归国留学人员为主的高层次人才创新创业和具有自主知识产权的高新技术成果孵化提供服务，江苏省海洋资源开发研究院、淮海工学院大学科技园同年正式启动建设。通过多年的发展建设，创业园形成了“一园多区”的发展格局，“一园”即科教园区留学人员创业园，“多区”主要由花果山大学科技园、淮海工学院大学科技园、省海洋资源开发研究院三大板块组成。2011年12月，经省人力资源和社会保障厅批准，科教园区留学人员创业园正式升格为省级留学人员创业园。创业园管理机构为连云港市新海新区建设指挥部，园区设立管理委员会、留学人员创业园服务中心、工商分局、投资公司等机构，成立专业招商及管理队伍，80%工作人员拥有大专以上文凭，为留学人员来园区创业创新提供全方位的服务。

创业园孵化总面积4万平方米，其中科研孵化面积3万平方米，公共服务面积1万平方米。拥有科教、旅游、文化三大特色产业板块，着力打造以人才培养、科技研发为主体的智慧产业集聚区，以低碳便捷、山水田园为特色的自然生态宜居区，以文化创意、旅游休闲为要素的城市软实力核心区。创业园设立帮办制度，一对一企业服务，免费提供工商注册、税务登记等服务，协助办理高新技术产品、科技发展计划等项目及技术成果鉴定、登记等，并提供人事、财务等多项代理服务。创业园出台了《连云港市科教创业园区关于支持留学人员创业园建设若干优惠政策的规定》并配合落实；与各银行开展对接，建设了留创园融资平台，择优推荐留学人员企业向银行申请贷款服务，优先推荐与国内外投资者进行嫁接和建立联系；帮助园区企业与各大高校、科研院所开展产学研合作，吸引了南京大学、南京理工大学、南京工业大学高新研究院落户，成立合作科研机构。

截至2014年底，创业园累计孵化企业60多家；在园留学人员企业30余家，主要集中在新医药、机械制造、环境保护等行业。在园留学人员总数30余人，其中，博士学历占35%，入选中央“千人计划”1人，入选省级人才引进计划6人，入选市区级人才引进计划5人。

联系方式

地　址：江苏省连云港市新浦区晨光路2号
　　　　职业技术学院科技南楼
邮　编：222006
电　话：86-518-81089913
传　真：86-518-81089915

淮安留学人员创业园

园区概况

淮安留学人员创业园成立于2006年，是淮安市政府直属事业单位，下设综合管理部、企业发展部、规划建设部等部门，主要为海外归国留学人员为主的高层次人才创新创业和具有自主知识产权的高新技术成果孵化提供服务。作为淮安市高新技术产业孵化的重要载体，留创园紧紧围绕新一代信息技术、新能源新材料、生物医药、高端装备制造四大战略性新兴产业的功能定位，全力打造科技成果转化基地、高新技术创业基地、高层次人才汇聚基地、现代服务业集聚基地、总部经济基地。2007年，被国家人力资源和社会保障部批准为省部共建国家级留学人员创业园，目前是江苏省江北地区唯一一家国家级留学人员创业园；2009年，被科技部批准为国家高新技术创业服务中心、国家级大学生创业见习基地；留创园还先后获得“省级现代服务业集聚区”“省级小企业创业示范基地”“省级博士后工作站”“省级文明单位”等多个荣誉称号。

创业园位于淮安经济技术开发区，总占地面积约200亩，载体孵化面积约23万平方米。迎宾大道园区（一期）占地100亩，可提供孵化面积约10万平方米，建有1幢23层研发大楼、1幢综合办公大楼、2幢留学生公寓、4幢孵化楼，定位为光机电一体化、生物医药、电子信息、高端装备制造科技型企业小试、中试以及小型规模生产载体。生态新城园区（二期）占地88亩，孵化面积约13万平方米，建有1幢23层科研大厦、2幢23层专家公寓楼、4幢孵化楼，定位为集高端研发、创意设计、总部经济于一体的多功能新型园区。此外，节能环保、电子信息、新能源新材料等多个科技企业加速器已投入运营。

创建至今，创业园累计吸引以归国留学人员为主的高层次创新创业人才近百名，其中，留学回国人员60多名，国家“千人计划”专家12名，江苏省省“双创”计划人才20名。园区孵化毕业企业45家，在孵企业105家，省市级高新企业34家，省市级高新产品42项，孵化企业专利、软件著作权等各类知识产权达到100多件。

联系方式

地　址：江苏省淮安市经济技术开发区海口路9号
邮　编：223005
电　话：86-517-83600288
传　真：86-517-83600262
邮　箱：liyueping0707@163.com
网　址：www.hacyy.com

盐城留学人员创业园

园区概况

盐城留学人员创业园（高新技术创业园）成立于2004年10月，是盐城市人民政府兴办的培育和扶持高新技术企业的服务机构。2009年4月，获批为省级留学人员创业园。

创业园位于江苏省盐城经济开发区内，地理位置优越，占地约百亩，2.6万平方米的孵化用房已竣工，并实现了“六通一平”，具备了企业入驻的必备条件。江苏盐城市科技局、盐城经济开发区管委会、盐城市财政局联合组建了盐城高新技术创业园有限公司，对进园企业实行服务承诺制度，推行“一站式”全程服务。

创业园通过提供政策优惠、免费物理空间、项目扶持等各种有效的支持和服务，降低创业者的创业风险和创业成本，吸引高等院校、科研院所和科技人员的高新技术成果到创业园实现产业化，提高创业成功率，促进科技成果转化，培育科技型企业和企业家，推动盐城高新技术产业的发展。

联系方式

地　址：江苏省盐城市世纪大道东路15号
邮　编：224007
电　话：86-515-88155332
传　真：86-515-88155332
网　址：www.ycdc.cn

大丰留学人员创业园

园区概况

大丰留学人员创业园的建设依托于省级孵化器——大丰市科技创业园。大丰市科技创业园建成于2008年，2009年被省科技厅命名为省级科技孵化器。科创园利用24层的国际商务大厦部分楼层设立了专区，集留学人员办公、休闲为一体，配备了多功能展示厅、网络中心、会议洽谈室、健身中心、餐厅等公共服务平台，专门服务留学人员创新创业。

创业园主要分为两大区域。一是科技研发区，为留学人员提供科技研发平台和生活娱乐设施。该区域利用层高24层的国际商务大厦裙楼及主楼部分楼层建设，针对海外留学人员科技、办公、生活的不同需求，配备了功能齐全、技术先进的科技研发平台、技术创新平台等相关专业平台，以及多功能展示厅、网络中心、会议洽谈室、健身中心、酒店式公寓、公园等公共服务配套设施；二是科技孵化区，为留学人员提供科研成果孵化和中试基地。该区域占地面积5.6万平方米，基础设施配套齐全，建设了高标准、高规格的创业孵化厂房4万平方米。

创业园按照“支持创新、鼓励创业、优化环境、拓展功能”的原则进行运作，为留学人员及企业提供孵化、企业推介及产品展示、信息资源等多种有效的服务措施。创业园内设五大信息平台。一是开发区规划展示平台。将大丰经济开发区的总体规划、控制性详规及相关专项规划制作成沙盘结合视频，利用这一平台对外进行展示；二是风电产业信息平台。以大丰风电产业园这一载体，向风电企业及时提供国内外风电产业发展最新信息，并进行软件开发、新产品研发及展示等；三是科技信息平台。帮助园区企业进行发明专利包装申报，争取科技项目经费等；四是企业公共服务平台。为园区所有企业提供生产经营等一系列综合服务，包括数据统计、图纸设计、产品推介、信息咨询、人才培训、商务洽谈等；五是园区网络共享平台。这一平台与开发区管委会办公机构进行联网，提高办事效率，纵向组织和协调好相关中介服务机构，横向联合企业、高校、研发机构等，组成网络，形成合力，建立一个快速、高效的信息资源配置平台。

联系方式

地　址：江苏省大丰市南翔西路666号
邮　编：224100
电　话：86-515-83855923
传　真：86-515-83855922
邮　箱：xzqyk@163.com，jssdflcy@163.com

扬州留学人员创业园

园区概况

扬州留学人员创业园于2003年8月由江苏省人事厅批准成立，2004年6月30日正式挂牌。创业园依托于扬州高新技术创业服务中心的现有条件，与创业中心实行“两块牌子、一套班子”。创业中心成立于1998年11月，是集管理、科研、生产、经营、服务于一体的科技服务机构。创业园的主要职能是为企业和科技创业者提供多种有效服务，创造一个局部优化适合体制创新和技术创新的环境和条件，引进、开发和转化高新技术成果、孵化高新技术企业，并吸引留学回国人员来园创业。

创业园自建成以来，已经有来自日本、法国、英国、德国等国的留学人员创办的多家企业入驻，主要以软件及电子行业为主，许多产品和软件具有国际先进水平。

联系方式

地　址：江苏省扬州市邗江中路119号
邮　编：225009
电　话：86-514-87898911
传　真：86-514-85126567
邮　箱：yzgxjs@yahoo.com
网　址：www.yzgxjs.com

江苏信息服务产业基地（扬州）海外留学人员创业园

园区概况

江苏信息服务产业基地（扬州）成立于2007年，2008年经市人事局批准成立留学人员创业园，成为扬州市第2家专为扶持留学人员回国创业而建立的市级科技企业孵化器。2011年11月，被省人力资源和社会保障厅批准为省级留学人员创业园。

创业园占地63亩，建设总投资10亿元，规划建筑单体6座，其中标准面积的产业楼3幢，配套服务楼1幢，配套会所及展示中心2座，总建筑面积近5万平方米。创业园先后组织同济大学建筑学院、南京大学设计院、北京蔡德勒设计院、中国电子工程设计院等专业设计机构，从建筑物的层高、承重、网络等方面，针对性地对首发项目单体建筑物的形态进行了设计，在“国际研发社区”的标准中创造性地植入了“商务公园”的理念，为投资者提供“成本最低化、效益最大化、质量最优化”的创业空间。建设规划包括呼叫中心产业区、数据服务产业区、软件研发产业区、教育培训区和综合配套区共五个专业区，以及便利店、健身房、员工宿舍、员工餐厅、声谷咖啡厅、多功能报告厅等配套设施。一期已完成投资3亿元，初步实现了环境园林化、区域功能化、交通网络化、后勤社会化、办公数字化、研发系列化、服务优质化、招商国际化。

创业园以引进、研发和转化信息服务类高新技术成果、孵化高新技术企业、双软企业，培养懂技术、善管理的高新技术企业家，为科技创业者提供多种有效的技术服务为运作目标和原则。为此，园区管理办公室不断创新方法，采取切实有效措施，为入驻企业提供研发、中试生产、经营场地和办公方面的有利条件，以及政策、管理、法律、财务、融资、市场推广和培训等方面的服务支持。

目前，创业园累积孵化留学人员企业20多家，其中，毕业企业7家，在孵企业16家；留学人员中有6人入选中央“千人计划”，4人入选江苏省“双创”计划，，5人入选扬州市“绿扬金凤”引才计划。

联系方式

地　址：江苏省扬州市广陵新城信息大道1号
　　　　信息服务大厦2层
邮　编：225000
电　话：86-514-87456015
邮　箱：glgeyb2010@gmail.com
网　址：www.cnccdc.com

扬州市邗江区留学人员创业园

园区概况

扬州市邗江区留学人员创业园是以国家级科技企业孵化器——扬州市邗江区高新技术创业服务中心为依托所建立的为留学人员企业提供科技创新创业公共服务的载体，2005年被认定为市级留学人员创业园。作为全区高新技术成果孵化的重要载体和高层次人才创业的重要平台，创业园紧紧围绕“打造一流环境、引进一流人才、赢得一流效益”的目标，全力营造创新创业环境，全面推进标准化服务工作，在区域经济结构优化、区域经济协调发展中发挥了重要作用。

创业园地处江苏省扬州高新技术产业开发区北园科技集聚区，交通便捷，是人流、物流、资金流聚集之地。园区占地面积88亩，总投资约1.2亿元，建筑面积6.3万平方米，其中孵化用房面积5.9万平方米、配套设施面积4000平方米。

创业园充分运用高新区和国家级创业中心的影响力、辐射力，增强对留学人员的吸引力，在特色定位上与扬州高新区的产业特色相呼应，将智能装备、电子信息和生物医药及其配套业作为创业园的主导产业，通过高新区产业特色和大企业的配套和带动，以产业吸引项目，以项目集聚人才。

截至2014年底，创业园有在孵留学人员企业近20家，孵化毕业企业9家；在孵企业中，有36项专利，有11个产品认定为省高新技术产品，承担国家科技型中小企业创新基金2项、省市创新资金6项；毕业企业中，有7家企业承担市级以上科技计划12项。有海外留学人员30余名在园创业工作，其中，国家“千人计划”4名，江苏省“双创”计划、扬州市“绿扬金凤“计划人才10名。

联系方式

地　址：江苏省扬州市开发西路217号
邮　编：225127
电　话：86-514-87860259
传　真：86-514-87860259
邮　箱：Hjkj1118@163.com

仪征留学人员创业园

园区概况

仪征留学人员创业园由仪征高创科技发展有限公司负责管理和运营，在企业注册、租金减免、项目申报、投资融资等方面为入驻孵化企业提供一系列的优惠政策和服务。2008年，被认定为省级高新技术创业服务中心；2009年7月，被批准为扬州市县级首家省级留学人员创业园。

创业园占地面积100亩，总投资1.1亿元，一期工程2幢5层共1.42万平方米的孵化厂房及附属设施已于2009年投入使用，二期工程2.84万平方米的4栋研发用房和8880平方米6栋厂房于2011年建成。

目前，创业园累计孵化企业30余家，引进了真云计算马庆鸣、稻源微电子王彬、万能动力李林峰等各类高层次人才15人，其中，海外创新创业领军人才5人，江苏省“双创”计划人才3人，扬州市“绿扬金凤”计划人才2人。

联系方式

地　址：江苏省仪征经济开发区闽泰大道9号

邮　编：211400

邮　箱：gxb200910@163.com

镇江留学人员创业园

园区概况

镇江留学人员创业园成立于2000年，由镇江市人事局与镇江新区管委会联合创办，2002年，经国家人事部批准成为首批由人事部与地方政府共建的国家级留学生创业园。园区聚合镇江国家大学科技园、国家级镇江高新技术创业服务中心、省级镇江软件园、镇江国际服务外包示范区，实行“五位一体，资源共享，合署办公”。创业园先后被评为“镇江市科技进步先进集体”“镇江市创业实训基地”“镇江市大学生创业见习基地”“国务院侨务办公室引智引资重点联系单位”“清华大学研究生江苏省就业实践基地”。

创业园在管理中不断创新完善动态跟踪机制，通过“中心积极推动企业加强与上级部门沟通、激发企业主动申报、带动企业科技专员专职做好项目申报”三线联动，加强重大项目的组织和申报工作。并根据企业的孵化情况，为入园企业提供专属资助、共享科技创新平台、人力资源服务、资本技术服务、商务物业服务等多种个性化特色服务。

创业园依托北交大、东大、南大等合作高校的研究院、技术转移中心，通过广泛宣传、上门走访等多种形式，鼓励企业与合作高校科研院所进行深度产学研合作。同时，与中科控股、银河证券、深创投等十余家风投机构和金融机构建立合作，为在园企业提供融资和信贷支持。

联系方式

地　址：江苏省镇江市高新园区丁卯经十二路

邮　编：212009

电　话：86-511-88895106

传　真：86-511-88895106

邮　箱：lgyonline@163.com

镇江市丹阳留学人员创业园

园区概况

镇江市丹阳留学人员创业园与丹阳留学人员科技创业园于2009年8月同时获镇江市人事局批准成立，这也标志着镇江市留学生创业园规范化建设正式启动。丹阳留学人员创业园与丹阳留学人员科技创业园分别位于该市经济技术开发区和云阳镇高新技术产业集中区，各占地面积180亩和1500亩。创业园的成立，进一步完善了丹阳海外留学人员回国创业的重要条件，将显著提升高新技术产业的积聚和人才的吸纳效应，在引导留学人员企业向规模化、高端化发展等方面具有重大的战略意义。

目前，创业园已经吸引了来自加拿大、挪威以及美国等多个博士团队领军的生物医药、新能源、软件开发和半导体存储等企业落户。

联系方式

地　址：江苏省丹阳经济开发区金陵西路101号

邮　编：212300

电　话：86-511-86987909

传　真：86-811-86989005

网　址：www.dykfq.com.cn

扬中留学生创业园

园区概况

扬中留学生创业园成立于2007年，由扬中市政府创办，是一家公益性的综合科技服务机构，主要为留学人员创业企业提供全方位服务和一流的孵化条件，促进区域产业结构调整和经济持续发展。创业园成立了江苏大行临港产业投资有限公司，与扬中经济开发区形成政企合一的管理模式，为园区发展提供资产整合、投资、融资等服务。2009年，经镇江市人事局批准为镇江市扬中留学生创业园；2011年，经江苏省人力资源和社会保障厅批准为省级留学人员创业园。

创业园孵化总面积7.5万平方米，建立了光伏产业平台和省级光伏产业网上平台，并与复旦大学、浙江大学、东南大学、厦门大学、华中科技大学等高校科研院所建立了良好的合作交流机制，开展产学研合作，推进企业工程中心、技术中心建设。

创业园对入园企业提供“一条龙”“全过程”服务，在企业注册、人力资源、技术开发、科技人才立项等方面提供“保姆式”服务。同时，落实省、市、县人才政策，为入园企业提供免费研发场所，提供配套资金支持。

联系方式

地　址：江苏省扬中市开发区2号线港隆路科创中心

邮　编：212215

电　话：86-511-88224055

传　真：86-511-88224055

邮　箱：my2890756@163.com

网　址：www.yzedz.gov.cn

镇江市句容留学人员创业园

园区概况

镇江市句容留学人员创业园成立于2009年9月，由句容市人事局与句容经济开发区联合创建，并由后者具体负责具体管理运营工作。创业园的设立，旨在进一步加强句容经济开发区的建设和发展，增强区域科研开发的实力和水平，吸引留学归国人员来句容创办新产品研究开发基地，兴办实业和各种科技服务机构，推动园区经济和科技的整合，促进科技成果的商品化、产业化和国际化。

创业园位于句容经济开发区的核心位置，占地面积100亩，总建筑面积11.2万平方米，项目总投资1.6亿元，基础和配套设施完备，并为进驻企业提供研发、生产、市场营销等全方位的“一条龙”服务。

目前，创业园已有句容弛遨运动器材有限公司等多家企业入驻，未来将建成长三角地区具有鲜明特色的光电子、输变电、新材料和运动休闲的研发、应用的服务业集聚区。

联系方式

地　址：江苏省句容市华阳西路开发区综合服务部
邮　编：212400
电　话：86-511-87265575
传　真：86-811-87266222
邮　箱：jrkfq@jrkfq.com.cn

泰州留学人员创业园

园区概况

泰州留学人员创业园位于江苏泰州开发区高新技术园内，2003年8月，经江苏省人事厅批准成为省级留学人员创业园。

园区规划总面积140亩，建筑面积近13万平方米，绿化面积1.2万平方米，项目总投资8000万元。分办公区、生产区、研发区、生活服务中心区，已建成综合办公楼4000多平方米、标准厂房12万平方米，另有会议中心、接待室、健身房、餐厅、展览中心等配套设施。

创业园根据泰州的产业基础和产业特色，结合开发区招商引资实际，产业定位于精密机械、机电一体化、生物医药、嵌入式软件、汽车零部件、新型材料等。目前，创业园已有近20家留学人员企业落地。

联系方式

地　址：江苏省泰州市凤凰西路98号1号楼
邮　编：225300
电　话：86-523-80660007
邮　箱：tonyblire@hotmail.com
网　址：www.tzibi.com

泰州海陵留学人员创业园

园区概况

泰州海陵留学人员创业园成立于2010年，以泰州市海陵区高新技术创业中心为依托。创业中心于2007年12月28日挂牌成立，2009年5月，被省科技厅认定为省级科技企业孵化器；2012年12月，被国家科技部认定为国家级科技企业孵化器；2014年，被省人社厅认定为省级创业示范基地。

创业园位于海陵区工业园区内，西临兴泰公路，北靠泰州火车站，交通便利，环境优美。园区规划用地51亩，规划建筑面积5万平方米，总投资7000万元。现已建成孵化场地3.15万平方米，道路、下水、消防、绿化、供电、网络、门卫等配套工程一应俱全，并筹建一幢6层大楼作为核心部分，重点招引软件类、广告创意类等科技项目入驻。

自创业园建立以来，海陵区不断完善留学人员创业政策，制定了“3个100”优惠政策，即提供不少于100平方米的创业场所、100平方米的住所、100万元的扶持资金，积极倡导为留学人员创新创业提供“101%”的服务。

截至2014年底，创业园共有留学人员企业22家，包括4家高新技术企业，1家省后备高新技术企业；累计吸引以归国留学人员为主的高层次创业创新人才近30人，其中，江苏省“双创”创业人才1人，“江苏省博士集聚计划”2人，市级高层次创新人才7人、创业人才6人。

联系方式

地　址：江苏省泰州海陵工业园区
邮　编：225300
电　话：86-523-86227765

泰兴留学人员创业园

园区概况

泰兴留学人员创业园位于泰兴市经济开发区高新产业园内，区位优越、交通便捷、设施齐全，是研发、创业、投资、发展的理想场所。2010年11月，被江苏省人力资源和社会保障厅批准为省级留学人员创业园。创业园以促进科技成果转化、培育高新技术产业、带动全市工业转型升级发展为目标，依托完善的创新培育体系和优越的创业服务体系，降低留学人员创业成本，吸引更多的留学人员来泰创业。

创业园首期占地100亩，建筑面积3.5万平方米，总投资8000万元，内设电讯网络、商务会议中心、科技展示交易大厅、科技报告厅、职工餐厅、留学人员公寓等公用设施，拥有60多个孵化单元，可为不同类型的留学人员回国创办企业提供50—300平方米的孵化空间和研发基地。

目前，有留学美、德、加拿大、日等国家的近20名从事电子信息、新材料、机械等高新技术领域研究开发的博士在园创业创新。

联系方式

地　址：江苏省泰兴市大庆西路39号
邮　编：225400
电　话：86-523-87662686
邮　箱：yongzhong@126.com

浙江海外高层次人才创新园

园区概况

浙江海外高层次人才创新园（浙江杭州未来科技城）成立于2010年12月27日。海创园按照“属地政府建园区、企业投资办平台、条块政策做支撑”的开发模式，由浙江省委组织部牵头推进，省市区三级共建，定位为浙江省按照全新机制运行的人才改革发展试验区和国内一流的人才创新基地。

海创园位于杭州市余杭区，规划面积113平方公里，毗邻西溪国家湿地公园和浙江大学，区位优越、环境优美、资源丰富、空间广阔，是浙江省十二五期间重点打造的杭州城西科创产业集聚区的创新极核。围绕电子信息产业、生物医药研发、新能源新材料研发、装备制造研发、软件与创意设计、金融中介及生产性服务业等门类，海创园全力打造二三产融合发展的2.5产业集聚区，制定了涵盖人才、研发及产业化的全方位的扶持政策体系，浙江省委、省政府专门出台《关于在浙江杭州未来科技城（海创园）建设人才特区打造人才高地的意见》，集聚全省资源加快打造科技资源充分集聚、体制机制充满活力、公共服务便利优质、创业创新高度活跃的人才特区，形成了集浙江省扶持海外高层次人才创新创业政策和个性化优势政策于一体的价值洼地，积极吸引和支持海外高层次人才创新创业，建设产城融合的科技新城。

相对于现有各类高新园区、科研平台，科技城努力打造自身特色。一是以引进海外高层次人才为优先目标，尤其重视“带项目、带技术、带资金”的高端人才及创业团队的引进，走内涵式发展道路；二是以浙江经济特色为核心支撑，支持研发项目与民企、民资合作，引导民间资本成为产业资本，形成“人才+资本”的创业特色；三是以全新的引才用才机制为重要保障，通过创新政策和体制机制，引导中央企业、大型民企搭建平台，发挥引才用才主体作用，构建人才吸收和开发利用体系。

自建设以来，海创园招商引才工作得到海内外投资者及高层次人才积极响应，高层次人才和高端项目快速聚集，城市建设和产业配套不断推进，与浙江大学的战略合作全面开启。在中组部、国务院国资委和省委、省政府的高度重视下，海创园已与北京、天津、武汉等地未来科技城一起，列入中央企业集中建设人才基地。

截至2014年底，海创园已累计引进海外高层次人才超过1200名；目前园区内的1700余家企业中，373家是留学人员企业，占比约22%，在产业领域上大都选择“高、精、尖”，几乎涉足全省所有重点发展的产业。其中，主导产业领域包括电子信息、生物医药、节能环保、新能源、新材料等。同时，涌现出了一批优秀的创业企业家，代表人物有被称为“网络保镖”“黑客杀手”的范渊、会用手机遥控路灯的美国博士宋宏伟等。

联系方式

地　址：浙江省杭州市文一西路1500号

邮　编：311121

电　话：86-571-88607711，88606688

传　真：86-571-88607677

网　址：www.xs-ti.gov.cn

杭州高新区留学人员创业园

园区概况

杭州高新区留学人员创业园成立于1998年，是浙江省第一家留学人员创业园。创业园先后成为国侨办两家重点联系单位之一，国家“三部一局”的国家留学人员创业园示范建设试点单位，国家人事部与杭州市政府共建单位，被中组部、国家人事部等六部委联合授予“全国留学回国人员先进工作单位”称号。

2009年，创业园被中央人才工作协调小组批准成为“海外高层次人才创新创业基地”。基地成立后，园区在工作机制、服务机制、政策扶持、创业环境等方面进行改革和创新，出台《关于进一步鼓励海外留学人员来杭州高新区（滨江）创新创业的若干意见》和《关于实施海外高层次留学人才来杭州高新区（滨江）创新创业的“5050计划”的暂行办法（试行）》，进一步鼓励扶持海外高层次人才创新创业，推进基地建设，打造人才特区。目前，创业园已成为海外高层次人才创新创业的重要舞台。

截至2014年底，创业园已累计引进留学人员3700余人，创办企业将近600家，拥有国家“千人计划”专家33人，浙江省“千人计划”专家71人。

联系方式

地　址：浙江省杭州市滨江区江南大道100号
　　　　区政府1楼1129室

邮　编：310051

电　话：86-571-87703201

传　真：86-571-87702525

邮　箱：hhtzrc@163.com

网　址：www.hhrc.com.cn

杭州市经济技术开发区留学人员创业园

园区概况

杭州市经济技术开发区留学人员创业园成立于2005年10月。创业园以科技产业园区的建设为支撑，充分依托杭州经济技术开发区的综合优势，全面利用国家级开发区对人、财、物的集聚效应，积极营造与国际接轨、符合国际惯例的留学人员创业软硬件环境。杭州经济技术开发区党工委、管委会专门成立以工委主要领导为组长、各部门负责人为成员的人才工作领导小组和创业园领导小组，建立了人才工作联席会议制度，加强对开发区留学人员创业工作的指导。

创业园着力打造“四优四新”现代产业体系（生物医药、电子信息、食品饮料、装备制造四大优势产业，汽车及零部件、新能源新材料、服务外包及文化创意、现代物流四大新经济产业）的人才创业天堂。杭州经济技术开发区拥有新加坡科技园、高科技孵化器、服务外包人才培训基地等创新创业平台，这些创新创业平台包括以高新技术项目的研发、生产为主体，配套商务中心、金融管理、法律咨询等服务的综合性平台，可以为留学人员科技企业研发、孵化提供完善的共享设施和配套服务。近年来，在省、市有关部门的指导和帮助下，创业园申报的多个留学人员项目获得了杭州市留学人员创业资助资金的扶持。2007年，杭州经济技术开发区出台了《关于加强高层次人才队伍建设的暂行办法》《关于鼓励留学人员来杭州经济技术开发区创业发展的若干意见》《关于鼓励设立博士后科研工作站的暂行规定》等

“三大人才政策”体系，设立了1000万元人才发展专项资金。2008年，开发区根据杭州市委、市政府的相关要求，制定了“留学回国人员创业三年行动计划”，通过明确目标、落实责任、开拓创新，建立起招商、工商、税务等部门的定期联络制度，强势推进开发区创业园的建设，为留学人才创业提供“一条龙”服务。为不断健全服务制度，创业园每年都会定期举办留学人员座谈会和联谊会，并通过日常的上门走访、电话访谈、问卷调查等多种形式，在加强与留学人员沟通交流的同时，及时了解留学人员的最新动态以及对创业园建设的合理建议。

目前，创业园已有海外创业人员580名，其中列入国家“千人计划”1名，浙江省海外高层次人才引进计划5名；留学人员创办的企业37家，留学人员服务企业90家，行业涉及电子信息、生物医药、新能源环保、精密机械等多个领域，已经成为开发区推进科学发展、跨越发展的一支重要力量。

联系方式

地　址：浙江省杭州经济技术开发区学林路1288号
邮　编：310018
电　话：86-571-86794698
传　真：86-571-86878786
邮　箱：chenyaoya@163.com
网　址：www.hedarc.gov.cn

杭州市留学人员拱墅区创业园

园区概况

杭州市留学人员拱墅区创业园成立于2008年8月，由拱墅区与杭州市人事局共同创立，与拱墅区国家级创业服务中心、北部软件园相互依托，实行“三园一中心”统一管理服务模式。

创业园坐落在杭州市中心城区北部，孵化面积20万平方米。依托拱墅区科技功能区的实体平台，创业园为留学人员创业提供政策咨询和扶持、融资、商务、信息交流、场地管理等“一站式”“一条龙”配套服务。留学人员在园区创业可享受的优惠政策包括：资助资金配套，经认定纳入拱墅区科技企业孵化器的可享受区级孵化器相关优惠政策、科技立项企业税收优惠、投资奖励；鼓励技术成果投资，对于办高新技术企业、中介服务企业、文化创意产业业绩突出的给予政府奖励；减免部分房租，优先列为拱墅区杭州市专项经济适用住房的申购对象等。此外，拱墅区出台了《关于印发吸引和鼓励留学人员来拱墅区创业的若干意见（试行）的通知》，实施政府支持、政策配套；拱墅区人事局下属人才交流中心成立了“拱墅区留学人员创业服务中心”，为留学回国人员提供政策咨询、人事代理、项目代理申报、落户以及组织开展文化交流活动等一系列服务。

目前，创业园已有留学人员创办的企业15家。

联系方式

地　址：浙江省杭州市台州路1号区政府大楼1号楼1325
邮　编：310015
电　话：86-571-88259665
网　址：www.hzzjlx.com

杭州市留学人员上城区创业园

园区概况

杭州市留学人员上城区创业园成立于2006年9月，由杭州市人事局与上城区政府联合创建，是杭州市首家位于老城区的留学人员创业园。

创业园自成立以来，以上城区科技创业中心和工业功能区为依托，坚持政府推动与企业主导相结合、政策支持与优化环境相结合，招商引资与招才引智相结合，加大高层次、创新型人才引进力度，加强创业园规模化建设，不断增强创新创业优势，充分发挥了海归群体在构筑区域创新体系中的引领作用，发展成效显著，以促进高新成果转化和自主创新为有效载体，形成了电子信息、生物医药、食品化工为主，创意产业为新内容的发展格局，实现了经济效益和社会效益双丰收。

目前，创业园集聚了留学回国人员60多名，创办或合办了20多家企业，其中，省级高新技术企业2家，省市级研发中心3家，企业已获得授权专利180多项，涌现出了一大批高新产品和专利成果。其中，近江染化的“阳离子染料”被列入国家“火炬计划”项目；微宏软件的“支撑大型企业工作流程的学习型知识管理平台”软件获国家科技部中小企业创新基金；奥普电器被《福布斯》杂志评为亚洲10亿美元收入企业200强，并在中国香港成功上市。

联系方式

地　址：浙江省杭州市惠民路26号区政府综合楼510室
邮　编：310002
电　话：86-571-87822813
邮　箱：hzscrc@163.com
网　址：www.scrcw.com

杭州市留学人员下城区创业园

园区概况

杭州市留学人员下城区创业园暨杭州市大学生创业园（下城）成立于2009年5月31日，由杭州市人事局和下城区政府共同创建，依托于下城区科技创业中心和科技孵化园。

创业园位于下城区星火电子商务产业园内，建筑面积3600平方米，一期建设1200平方米。园区内办公场所、会议室、休息洽谈室、通信网络、员工餐厅、商务中心、员工宿舍、物业管理等工作、生活配套设施一应俱全。为了能给留学人员到下城创新创业营造氛围，创业园不仅为留学生提供包括政策咨询、扶持资金申请、企业登记注册、商务、融资等在内的“一站式”服务，还同时配套出台了一系列优惠扶持政策。

联系方式

地　址：浙江省杭州市下城区东新街道费家塘路588号
邮　编：310004
电　话：86-571-85820625

杭州市留学人员江干区创业园

园区概况

杭州市留学人员江干区创业园成立于2009年12月，由杭州市人事局与江干区政府联合创建，以江干区科技创业中心和江干科技经济园为依托，并逐步向全区辐射。创业中心以吸引创业初期尚处在起步阶段的留学人员企业为主，科技经济园则重点吸引初具规模、具有一定科研与成果转化能力的留学人员企业。

江干区科技创业中心（天城信息产业研发基地、海潮信息产业研发基地）是浙江省科技厅认定的省级重点科技企业孵化器，研发基地位于城市核心商务区，地理位置优越，交通便捷，周边配套设施齐全，浓郁的研发氛围和优良的环境是创业者的理想选择。

杭州市江干科技经济园位于杭州城市东部，总规划面积505公顷，是杭州市高新技术产业园和特色城镇工业功能先进单位，已成为拉动江干经济稳健强劲发展的重要平台。园区着重以引进、培育、调整、服务为手段，鼓励企业走“品牌+研发+网络+核心工厂”的发展路子，通过多元招商和项目筛选，引进、培育生物医药、新材料、新能源等高新技术产业，加快高新技术企业的发展。

创业园在充分发挥孵化器和产业基地的高新技术企业培育功能的基础上，集人事、科技、发改、工商、招商、财税、劳动、教育等各职能部门于一体，强化创业服务体系建设，为留学人员来江干创业提供政策咨询、人才人事、融资、公用、商务等一站式、一条龙配套服务，构筑留学人员创业平台。

联系方式

地　址：浙江省杭州市九堡九盛路9号
江干科技经济园管委会408室
邮　编：310000
电　话：86-571-86905958
传　真：86-571-86909219
网　址：www.eastcloud.com.cn

杭州市留学人员西湖区创业园

园区概况

杭州市留学人员西湖区创业园成立于2008年12月，由西湖区政府经市人事局批准设立。创业园以“一街二带六园”及九大科技企业孵化器为载体，初期以西湖科技园、之江文化创意园为基地，逐步向浙大科技园、转塘科技经济区块、西溪文化创意园等园区辐射，建设泛西湖区域的留学人员创业园。

创业园依托西湖区推出六大服务新举措，致力打造一个具有最佳创业环境的创业摇篮。

一是为创业企业提供房租补贴和配套设施，同时为创业企业提供共享服务设施，方便创业企业开展商务活动，降低企业运营成本。

二是推荐和协助企业申报政府资金扶持计划。设立“西湖区留学生创业专项资金”，给予留学人员创业企业20万元以下一次性创业资助资金，同时积极帮助创业企业申请浙江省各类科技计划项目、杭州市科技创业种子资金项目，解决制约初创企业发展的投融资瓶颈，帮助高科技、高成长性、高附加值创业企业做大做强。

三是免费为企业提供人才代理服务。根据企业需求，加强创业企业人才档案管理、人才引进、外地人员进杭落户手续办理等服务工作。

四是打造信息服务平台。开设“西湖人才邮箱”、短信服务平台，为创业企业提供便捷、高效的网络信息服务，举办创业者沙龙和创业论坛，为创业企业经理人创造信息交流和思维碰撞的互动平台。

五是建立公共技术服务平台。依托浙江大学雄厚的科研技术和完善的设备条件，目前已建成“浙江大学国家大学科技园光与电技术开放实验室”和“浙江大学科技园生物医药技术测试中心”，为信息技术、光机电一体化、生物医药、新材料、新能源和生命科学等技术领域的留学人员企业技术研发和分析测试提供便利条件。

六是强化创业培训。帮助创业企业联络辖区高校、科研院所及有关培训机构，为创业企业提供政策、管理、金融、税务、法律、市场、财务等方面的培训。

联系方式

地　址：浙江省杭州市浙大路1号
邮　编：310013
电　话：86-571-87935180
网　址：www.xhkjy.com

杭州市留学人员萧山区创业园

园区概况

杭州市留学人员萧山区创业园成立于2006年1月。创业大厦坐落于杭州市萧山区金融、行政、商务中心区，总面积约8000平方米，配备多功能厅、接待室、会议室、健身活动室等完善的配套设施，以及会计师事务所、律师事务所、公证处、风险投资公司、管理咨询公司、生产力促进中心等外围中介服务机构，可为入驻企业提供全方位、多层次的优质服务。

创业园主要针对高科技企业和回国创业的留学人员，通过免租、减租、奖励、资助等手段重点扶持电子信息、生物与医药科技、新型材料、机电一体化、新能源、高效节能与环保等高科技产业。依托得天独厚的区位、环境、政策、产业等优势以及杭州的科技信息、人才资源，营造适合于科技型中小企业发展的优化环境，为萧山培育有市场竞争力的、成熟的高新技术企业。

联系方式

地　址：浙江省杭州市萧山区金城路1038号
邮　编：311201
电　话：86-571-82898583
邮　箱：ljping@xs.zj.cn
网　址：xiec.xswjm.gov.cn

杭州市留学人员余杭区创业园

园区概况

杭州市留学人员余杭区创业园成立于2009年3月，由杭州市人事局与余杭区政府共建，由杭州余杭高新技术产业园区创业中心负责管理。

创业园占地11亩，建筑面积6787平方米，可供孵化面积5772平方米。以余杭经济开发区（省级高新园区）、仓前高新高教园区余杭创新基地——生态科技岛两个重点集聚地为依托，按实体与虚拟相结合的原则建成，并逐步向全区辐射。创业园以吸引创业初期尚处在起步阶段的留学人员企业为主，基地则重点吸引初具规模、具有一定科研与成果转化能力的留学人员企业。创业园在硬件配套上，拥有公共接待大厅，配有培训室、会议室及休息洽谈室；在软件服务上，设立了留学人员服务办公室和科技项目服务办公室等部门，一对一地为项目发展做好服务。

联系方式

地　址：浙江省杭州市余杭区东湖街道保健路67号

邮　编：311199

电　话：86-571-86223642

杭州市留学人员富阳创业园

园区概况

杭州市留学生人员富阳创业园成立于2009年12月28日，由杭州市人事局和富阳市政府共同创建，是杭州五县市中首家留学人员创业园，以吸引创业初期尚处在起步阶段的留学人员企业为主。创业园依托富阳国家级经济开发区，按照“一园多点多基地”模式，搭建创业平台，完善政策体系，优化服务环境。目前，设有杭州市留学人员富阳创业园银湖科创总部、杭州市留学人员富阳创业园东洲分园、杭州市留学人员富阳创业园杭科院分园。2013年12月，经浙江省人力资源和社会保障局批准成为省级留学人员创业园。

创业园位于东洲街道，拥有5000平方米的创业孵化楼，集工作、休闲、娱乐于一体，设有会议室、报告厅、展示中心、商务中心等开放设施，并且提供税收、土地、资金、用房等各方面的优惠待遇，为园区企业提供全方位、全过程的优质高效服务。2010年4月，杭州市留学人员富阳创业园生物医药基地正式成立，是创业园设立的首家留学人员专业性创新创业孵化基地。基地的建立，可以有效地满足生物医药科研项目的环境孵化需求，加快生物医药项目落地转化步伐，更好地实现留学人员和企业互利双赢。

联系方式

地　址：浙江省富阳市江滨东大道138号

邮　编：311499

电　话：86-571-87196586，87196588

传　真：86-571-87196587

邮　箱：hzfylcy@163.com

宁波保税区留学人员创业园

园区概况

宁波保税区留学人员创业园成立于1999年9月，由浙江省人事厅、宁波市人事局、宁波保税区管理委员会联合组建，是目前我国唯一一家设在保税区内的留学人员创业园。2000年10月，被国家科技部、人事部、教育部和国家外国专家局批准为首批9家国家留学人员创业园示范园区之一；2001年12月，被团中央、全国青联授予“中国青年海外学人创业基地”；2005年7月，被命名为2004年度宁波市“青年文明号”，并经国家人事部批准设立了区域博士后科研工作站；2006年，被授予“国家高新技术创业服务中心”称号。

创业园已建成并投入使用创业大楼3栋，拥有创业孵化场地总面积13.7万平方米，目前已转让给孵化毕业企业9.1万平方米。创业孵化场地配套齐备，拥有学术交流、网络教学、商务接待、样品展示等综合服务设施和各类文体休闲娱乐设施及人才公寓等生活服务设施，大部分设施均供创业企业免费使用。十多年来，除硬件设施建设投入外，区管委会累计投入创业平台运作经费4000多万元，投入种子孵化资金3000多万元，获得上级科技经费资助8300多万元，累计转化科技成果360多项；在孵企业和毕业企业共获得各级各类科技计划立项项目280项，承担并完成国家科技计划项目53项，拥有发明专利80多件。同时，创业园形成了具有自身特色的“三级孵化模式”（即成果孵化、创业孵化、实现产业化）和“六大服务体系”（由创业支撑服务、政策信息服务、人力资源服务、后勤保障服务、创业融资服务、科技合作服务构成）。

截至2014年底，入园创业和开展技术合作的留学人员来自欧美和日本、澳大利亚、新西兰等10多个国家，聚集了一大批以电子信息、机电一体化、新能源、新材料、生物医药五大高新技术产业群为重点引进优质项目和企业，引进了理工监测、金瑞弘、威瑞泰、晶元太阳能等一批拥有强烈创新意识和雄厚研发实力的企业，人才聚集效应突出，直接创造就业岗位上万个。

联系方式

地　址：浙江省宁波市保税区大厦6楼

邮　编：315800

电　话：86-574-86865661

传　真：86-574-86869112

邮　箱：zjie@nftz.gov.cn

网　址：www.pioneers.gov.cn

宁波高新区留学人员创业园

园区概况

宁波高新区留学人员创业园经宁波市人事局批准成立于2001年2月。2003年12月，经浙江省人事厅批准为浙江省留学人员创业园；2007年，成为国家人事部与宁波市人民政府共建的中国宁波留学人员创业园。创业园原与宁波市科技创业中心实行“两块牌子，一套班子”合署运营；2013年，宁波市科技创业中心、宁波研发园合并成立宁波创新创业管理服务中心，单位行政级别由处级事业单位升格为副局级事业单位，创业园隶属服务中心管理。近十年来，创业园不断完善孵化设施建设、优化海外人才创业平台服务功能，已成为区域科技自主创新，培育高新技术产业，吸引海外高技术人才来宁波创业的重要载体。2002年12月，被国家科技部批准为国家高新技术创业服务中心；2004年2月，被国家科技部创新基金管理中心正式列为创新基金小额资助依托机构；2005年10月，成为国务院侨办的重点联系单位；2006年4月，成为科技部火炬中心全国16家国际科技合作依托机构之一；2007年4月，成为宁波市科技创业孵化协会会长单位；2010年3月，被科技部列为国家大学生科技创业见习基地试点单位；2011年1月，荣获省级文明单位称号。

创业园创业大厦建筑面积3.07万平方米，按智能化要求建造，网络宽带千兆到大楼，孵化场地宽敞，拥有学术报告厅、会议中心、电子阅览室、商务中心、咖啡厅、商场等配套设施。2009年建成10万平方米标准厂房并投入使用，为留学人员创业企业提供后期产业化基地，现已形成了以人才创业为核心，项目孵化、企业加速、规模上市一体化的递进式孵化服务体系。

截至2014年底，创业园累积孵化企业301家，其中，留学人员企业301家；在园企业167家，其中，留学人员企业167家，主要分布在电子信息、生物医药、文化创意、新能源与节能、新材料等行业领域，园区重点发展新材料产业。在园创业工作的留学人员260人，入选中央“千人计划”13人，省级人才引进计划10人。

联系方式

地　址：浙江省宁波国家高新区光华路299弄19号302室
邮　编：315040
电　话：0574-87914605
传　真：0574-87907758
邮　箱：236840571@qq.com
网　站：www.nbiip.com

宁波经济技术开发区留学人员创业园

园区概况

宁波经济技术开发区留学人员创业园成立于2000年5月，是专供海外留学人员回国从事科研、开发、生产的创新基地。旨在充分发挥国家级开发区的综合功能优势，鼓励和吸引国内外优秀科技人才创新创业，促进高新技术成果产业化，为区域的长远发展提供充分的人才支撑、技术支撑和项目支撑。2002年5月，被中华全国侨联授予“科教兴国示范基地”称号。创业园采用独特的“一园多基地”组建模式，同时设立留学人员创业园、宁波国际软件园开发区基地，其中宁波国际软件园已被国家科技部认定为国家火炬计划宁波软件出口加工实验园。

创业园创业大厦高8层，采用智能化综合布线系统，适合不同产业的科技企业从事研发、办公。标准厂房高三层，空间布局灵活，便于分隔，适合不同产业的科技企业入驻，从事研发、中试和生产。同时，园区高标准地配备了供水、排水、排污、电力、通信、蒸汽、宽带网络、员工餐厅等基础设施。留学人员、科研人员、国内外中小型科技企业以及科研院所、大专院校等均可在创业园设立外资企业、中外合资（合作）经营企业和内资性质的各类有限责任公司，享受各级政府及开发区管委会提供的优惠政策。

目前，园区累计入驻各类科技型创业企业200多家，涉及电子信息、生物工程、新材料等高新技术领域；引进各类人才378人，其中海外留学人员164人，留学归国博士李霖、张发饶入选国家“千人计划”，5名留学归国人员入选省“千人计划”。园区企业共获得各类科技项目141项，包括国家级科技项目34项，留学人员项目26项，其中国家“863”计划1项、“星火计划”2项、“火炬计划”2项，国家重点新产品计划3项，国家科技型中小企业技术创新基金9项，国家科技攻关计划引导项目1项，国家电子信息产业发展基金项目1项，国家留学回国人员科技活动择优资助6项。创业园获得各级各类科技项目补助资金4400多万元，其中留学人员创业项目资助3100万元。

联系方式

地　址：浙江省宁波市北仑明州西路477号
邮　编：315800
电　话：86-574-86783582
传　真：86-574-86783589
邮　箱：zhangliang@mail.netd.gov.cn
网　址：www.nbcyy.com

宁波江北区留学人员创业园

园区概况

宁波江北区留学人员创业园成立于2009年11月，是由宁波市人事局批准的首家海外人才创业园，也是宁波首家由政企结合进行企业化运作的创业园。创业园由宁波蓝野医疗器械有限公司等4家民营企业投资建设的江北区中部科技创业服务有限公司进行管理，与宁波海外人才江北创业中心以“两块牌子、一套班子”的方式运营，为传统的园区建设管理模式注入了新的活力。

创业园有孵化用房8700平方米，可容纳几十家创业企业入驻。入驻企业在享受政府专业服务的同时，也可以享受到一定的政策、税收优惠。

目前，创业园已入驻18家企业，包括来自法国、美国、瑞典和澳大利亚等4个国家的8名海外外籍人才创办的外资企业，以及4家归国留学人员创办的企业，涉及电子信息、技术研发、医疗器材等高新产业。

联系方式

地　址：浙江省宁波市江北区洪塘街道长阳路35号
邮　编：315033
电　话：86-574-55003300
传　真：86-574-55003300
邮　箱：incubator@cn4311.com
网　址：www.nscse.com

宁波镇海区留学人员创业园

园区概况

宁波镇海区留学人员创业园于2007年12月经宁波市人事局批准设立，是宁波市11个县（市）、区中首家市级留学人员创业园。

创业园坐落于风景优美的宁波市高教园区（北区）宁波市大学科技园内，该区块毗邻中科院材料所、宁波大学、宁波工程学院等科研院所和高等院校，规划为未来宁波市的高端研发机构集聚基地、科技创新创业孵化基地、高新技术产业化基地、创意产业基地和留学人员创业基地。创业园所在的科技创业大厦建筑面积2.6万平方米，集研发办公、创业孵化、展示交易及专业市场等综合功能和一流物业管理于一体，为包括留学人员在内的人才创业发展提供良好的平台。

目前，创业园已建设成为集技术创新、高新技术企业孵化、创新人才培育、科研成果产业化等四大功能为一体的新型园区，拥有国内著名大中型企业40多家。

联系方式

地　址：浙江省宁波市镇海区胜利路112号
邮　编：315200
电　话：86-574-86681188
传　真：86-574-86256470
邮　箱：zhdxscyy@163.com
网　址：www.zhrsrc.gov.cn

宁波鄞州区留学生创业园

园区概况

宁波鄞州区留学生创业园于2008年8月经宁波市人事局批准建立，依托宁波市鄞创科技孵化器管理服务有限公司，旨在吸引留学人员到鄞州区创业，为海外留学人才及其项目开发提供新的平台。鄞创孵化器是由区内5家核心机构（宁波市鄞州区科技创业投资有限公司、宁波杉杉科技创业服务有限公司、浙江中物九鼎科技孵化器有限公司、宁波恩科投资有限公司、宁波市鄞州区青年创业协会）出资成立的一家“资源整合一体、功能覆盖全区”的孵化器管理机构，实行“政府指导、企业化运作”模式，采用“孵化器＋加速器＋产业园”的器园结合发展方式，把创业苗圃、孵化器、加速器、产业园紧密相连，形成完整的科技孵化产业体系。创业园先后被评为“国家级科技企业孵化器”“国家级大学生科技创业见习基地试点单位”“浙江省留学人员创业园”。

创业园位于鄞州区中心城区，孵化总面积8.76万平方米，包括科技中心孵化器1万平方米，恩科科技创业园2.08万平方米，首南科技创业园0.7万平方米，鄞州大学生创业园0.7万平方米，杉杉科创孵化器2.96万平方米，高桥普天科技创业园0.72万平方米，中河街道和邦孵化器0.6万平方米。除入驻服务、创业培训、人才招聘、项目申报、风险投资、中介服务等基本服务外，创业园还建立了联络员、辅导员、创业导师“三位一体”的创业辅导服务模式，总部与基地配备两级专职联络员，帮助企业健康快速的成长。同时，鄞州区政府与杭州银行宁波科技支行建立合作关系，成立风险池基金，在无需抵押或担保前提下，在孵企业科技贷款可达100万元，毕业企业可达300万元，特别优秀的企业经科技管理部门核准后还可放宽贷款额度。

截至2014年底，创业园累计孵化企业170余家，在园留学人员企业30余家，主要集中在软件、网络服务等新一代信息技术行业。

联系方式

地　址：浙江省宁波市鄞州区学士路298号
邮　编：315100
电　话：86-574-87417791
传　真：86-574-87417791
邮　箱：2658298410@qq.com
网　址：www.yzbizs.com.cn

宁波（浙江慈溪出口加工区）留学生创业园

园区概况

宁波（浙江慈溪出口加工区）留学生创业园于2008年8月经宁波（浙江慈溪出口加工区）留学生创业园于2008年8月经宁波市人事局批准设立，由慈溪市和杭州湾新区共同投资建设，受杭州湾新区科技创业服务中心管理。

创业园占地面积60亩，建筑面积3.86万平方米，总投资1.2亿元，由服务外包产业基地、高端研发机构集聚基地、科技创新创业孵化基地、高新技术产业化基地四大基地和一个博士后工作站、一个院士工作站组成，是一个以应用型开发为主，兼具孵化、中试、商务办公及娱乐休闲为一体的综合性公共服务平台。创业园主要扶持的产业包括创意设计、广告策划、电子信息、生物医药、新能源新材料、机电一体化、环保节能等高新创新产业。创业园依托杭州湾新区的区位优势和政策优势，全力吸引慈溪及周边地区海外留学人员回国创业，打造宁波市人才智力引进的又一个重要平台。

联系方式

地　址：浙江省慈溪市杭州湾新区兴慈一路1号
电　话：86-574-63071029
传　真：86-574-63071000
邮　箱：office@cepz.ningbo.gov.cn
网　址：cepz.ningbo.gov.cn

温州留学人员创业园

园区概况

温州留学人员创业园是2002年7月经国家人事部批准，由人事部与温州市人民政府共建的国家级留学人员创业园。2003年12月，创业园被中国侨联列为全国第二批23个“科教兴国示范基地”之一。

创业园坐落在温州高新园区黄金地段，紧邻温州市行政中心区和城市“绿色之肾”三垟湿地。目前，创业园已拥有设施齐全的花园式办公及生产用房9万平方米，以及完善的后勤服务设施。坐落在高新园区的温州科技城核心区已全面动工建设，几大机构共享园区资源，在技术、人才、设施、服务平台、资金等要素资源方面产生互动发展的集聚效应。

创业园提供特殊优惠政策和优质高效服务，为海外归国留学人员创造一个良好的创业环境和创业平台，吸引留学人员回国创办科技型企业，从事高新技术研究开发和技术创新活动，已成为海外学子回温州创业的首选之地。

联系方式

地　址：浙江省温州市龙湾区中兴大道高新技术产业园
邮　编：325000
电　话：86-577-81581002
传　真：86-577-86581003
邮　箱：4718199@qq.com
网　址：www.wzbi.com

嘉兴留学人员创业园

园区概况

嘉兴留学人员创业园于2000年7月与嘉兴科技创业服务中心同时挂牌成立，实行“两块牌子、一套班子”的管理运营方式。2006年，成为由嘉兴市科技局、嘉兴市人事局、嘉兴高新技术产业园区管委会和浙江省留学生工作站联合共建的省级创业园区。创业中心是浙江省嘉兴市首家国家高新技术创业服务中心，先后被认定为“浙江省小企业创业基地”“浙江省软件产业（嘉兴）基地”“浙江省重点科技企业孵化器”“浙江省青年创业基地”等。

创业园占地近200亩，坐落于国家级浙江嘉兴经济开发区内，交通便利，紧邻高教园区，占地近200亩，规划孵化面积18.6万平方米，现已拥有1幢科技大楼，1幢创业大厦，17幢标准孵化楼，共12万多平方米的孵化及加速场地，集孵化器与加速器于一体，满足企业从初创期到成长期对孵化场地的不同需求。创业园以“创造环境、孵化项目、培育企业、造就人才”为宗旨，努力优化创业环境，强化孵化功能，利用各项优惠政策，通过有效服务，吸引海外留学人员前来创业，并为入驻企业提供租金扶持、创业指导、中介咨询、项目申报、培训服务、人才服务、融资服务、研发支持等创业服务，努力打造科技企业的摇篮、技术创新的基地、科技创业的舞台。

目前，创业园入驻孵化企业累计近300家，先后有45家企业孵化成功，培育了省、市级高新技术企业40余家，软件企业29家；现有在孵企业140余家，在园创业和从业人员2000多人。

联系方式

地　址：浙江省嘉兴市城南路1369号
邮　编：314031
电　话：86-573-82651772
传　真：86-573-82651779
网　址：www.jxbi.com

嘉兴科技城留学人员创业园

园区概况

嘉兴科技城留学人员创业园成立于2003年12月，是嘉兴市政府根据浙江省政府“打造环杭州湾先进制造业基地”、实施“引进大院名校共建创新载体”的战略要求而设立的。

创业园设在南湖科技创业中心，5万平方米孵化园已全面投入使用，构筑起了以浙江清华长三角研究院、中国科学院嘉兴中心为核心，以软件园、通讯园、芯片园、新材料园、生物园、孵化园为主体的高新技术产业创业群的“双核六园”创新创业发展格局。

创业园为海外高层次留学生的创业营造了良好的创业氛围，积极贯彻嘉兴市政府出台的《关于进一步加强高层次人才和智力开发工作的若干规定》《关于鼓励引进海外高层次留学人才的若干规定》等7个政策和南湖区政府制定的《关于进一步加强人才队伍建设的若干规定》等一系列政策措施，通过科技创新种子资金、留学人员创业补助基金等，为留学人员投资创业创造了一流的环境。

创业园立足自身创新创业品牌，通过“人才引人才”“活动引人才”等形式引进海内外高层次人才。截至2014年底，先后引进博士220人、硕士326人，其中，留学回国人员188人，开办了软件开发、无线终端、集成电路、精密装备、新材料、节能环保等多个领域的研发制造企业；创业创新人才中，入选“中国留学人员回国创业启动支持计划”2人，国家“千人计划”5人，省“千人计划”17人，嘉兴市领军人才95人；入选省重点创新团队1家，市级重点创新团队14家。

联系方式

地　址：浙江省嘉兴市南湖区凌公塘路3339号
　　　　嘉兴科技城
邮　编：314006
电　话：86-573-83915021，83915022
传　真：86-571-83915022
邮　箱：jiaxing812@hotmail.com
网　址：www.jxsc.gov.cn

嘉善留学人员创业园

园区概况

嘉善留学人员创业园设立于2006年，是由嘉善县人民政府全额投资的公益性科技服务机构，与嘉善科技创业服务中心合署办公。2006年6月，被浙江省人事厅认定为省级留学人员创业园，是浙江省首家设立在县一级的省级留学人员创业园；同年12月，被浙江省人事厅定为省级博士后试点工作单位。

创业园占地面积7.5万平方米，总投资1.6亿元，规划建筑面积6.3万平方米。一期投资7500万元，建设孵化用房3万平方米，公寓房、报告厅和食堂等7000平方米。已建成的中心分为三个区域包括：东区为五栋孵化楼，主要是新型材料和电子信息项目的孵化区；中区为综合孵化楼，用于综合项目、软件企业的孵化和服务管理机构用房；西区为后勤服务区。园区内硬软件配套设施齐全，每栋孵化楼均配有齐全的通信、网络、有线电视、供水、排污、通风管道和客货两用电梯。整个园区实行双回路供电，装备了监控系统、一卡通系统、广播系统等，网络实现“千兆到中心、百兆到桌面”。中心配有大小不等的会议室、计算机教室、接待室、可容纳200人的报告厅，是中国长三角地区规模较大、设施齐全的综合性孵化园。

嘉善县政府为了增强地方科技创新能力，发展高新技术产业，每年安排2000多万元科技专项经费，重点扶持高新科技企业的发展，并降低创业者的创业风险和创业成本推出了多项扶持政策。同时，创业园为入驻企业提供商务、融资、信息、咨询、培训、技术开发与交流、国际合作等多方面的服务。为扶持入驻企业快速成长，从入驻项目的洽谈，到评审、签约、入驻、种子资金初审和考核等，制定了一整套的服务和管理制度。

创业园目前已吸纳了众多留学美国、德国、加拿大、日本、芬兰、西班牙等国的归国学者出资创办企业，入园项目主要涉及电子信息、软件开发、生物医药和新材料等高科技产业。

联系方式

地　址：浙江省嘉兴市嘉善县晋阳东路568号
邮　编：314100
电　话：86-573-4228239
传　真：86-573-4228250
邮　箱：office@fhq.zj.cn
网　址：www.fhq.zj.cn

湖州留学人员创业园

园区概况

湖州留学人员创业园成立于2001年，由浙江省留学生工作站、湖州市人事局、湖州高新技术园区管委会共同组建，与湖州经济技术开发区、湖州高新技术产业园区合署办公。2002年5月，经浙江省人事厅批准升格为省级园区。

创业园位于湖州市西北部，地处湖州经济技术开发区、湖州高新技术产业园内，规划面积2平方公里，分为研发和创业投资两个区块。依托经湖州经济技术开发区近十年来开发建设所积累的通信、电力、能源、污水处理等资源优势，创业园按照市场经济的运作要求，建立了与国际接轨的经济运行体制，土管、城建、财政、公安、工商行政管理等市级职能部门在开发区设立了分局，对园区内企业实行全过程“宾馆式”服务。

建园之初，创业园就以吸引留学人员发展高新技术产业为目的，紧紧围绕“高科技、产业化”的发展方向，着力推进技术创新和科技进步，积极鼓励企业以实施高新技术项目和产品为准绳，企业技术创新势头强劲。为支持园区建设，创业园着力吸引具有较高技术含量的留学人员企业入驻，并设立了科技创业基金，每年安排100万元，重点支持高科技企业产业化和海外留学人员创业项目产业化。此外，创业园大力规划建设了南太湖科技创新中心、生物技术产业化公共平台，旨在更好地服务留学人员创新创业。南太湖科技创新中心总建筑面积30余万平方米，建设了生物技术、环保技术、电子信息技术等科技产业化公共平台，目前已有中科院湖州应用技术与产业化研究中心、中电15所等4家单位提出入驻意向。生物技术产业化公共平台一期建设细胞基因生物技术和抗体技术两个相关技术研究及产业化中心，分别由相关生物技术企业及技术团队为主建设。同时，在园区建设发展的过程中，创业园借助长三角人才开发一体化的大好发展机遇，积极开展与留学人才的交流与合作，与其他兄弟城市协作，进一步扩大园区的影响力。

截至目前，创业园先后引进国家“千人计划”人才3名，浙江省“千人计划”人才9名，“南太湖精英计划”创业团队19个；培育留学人员企业36家，年产值过亿的企业2家，超过2000万元的5家，国家重点扶持高新技术企业5家。

联系方式

地　址：浙江省湖州市龙溪路208号
邮　编：313000
电　话：86-572-2101018
传　真：86-572-2101753
邮　箱：kfqgw@mial.huptt.zj.cn
网　址：www.hetd.gov.cn

吴兴留学人员创业园

园区概况

吴兴留学人员创业园成立于2008年3月。2010年10月，被认定为浙江省留学人员创业园吴兴园区，是全市三县两区仅有的一家省级创业园、首家国家级孵化器。

创业园总面积25.45万平方米。其中，研发基地1.68万平方米，中试产业化标准厂房20万平方米，总投资约3亿元。为了给留学人员创业营造优良环境，园区构建了专业技术服务、投融资服务、技术合作与交流、人才引进四大平台，并为入驻企业提供工商注册、创业培训、商务支撑等一系列基础性服务。创业园按照科技创新引领全区产业转型升级的总目标，充分发挥公共技术服务平台的技术支撑作用，加大力度培育战略性新兴产业，加深科技与金融的结合，积极推动高新技术产业示范园的建设，不仅成为留学回国人才的聚集之地，还有力促进了吴兴区“三电”等产业集群发展。

截至2014年底，创业园有在孵企业70余家。其中，留学人员企业30余家，“南太湖精英计划”项目创业16个；园区企业总计拥有发明专利460余项，累计认定国家级高新技术企业11家，承担国家级项目25项。硕士学位及以上人才在园区创新创业100人，从业总人数1200余人；入选国家“千人计划”人才2名，省级“千人计划”人才3名。

联系方式

地　址：浙江省湖州市吴兴区八里店镇曹报村
　　　　中小企业创业园
邮　编：313028
电　话：86-572-2282122，2282630
邮　箱：117901415@qq.com
网　址：www.wxkcy.com

南浔留学人员创业园

园区概况

南浔留学人员创业园成立于2011年10月，2014年经浙江省人力资源和社会保障厅批准，升格为浙江省留学人员创业园南浔园区。创业园按照“科创园+孵化基地+中试基地+产业化基地”的“一园三基地”模式运作，以规划先行为龙头，以平台建设为抓手，以引领产业为支撑，以有效投入为保障，通过夯实基础配套建设、完善政策保障体系、健全海外引才服务等措施，加强留学人员创业载体建设，优化南浔创业环境。2013年，获得“湖州市海外高层次人才创业创新基地”称号，被浙江省科技厅认定为省级科技企业孵化器。

创业园占地15.36亩，总投资约2亿元，园内基础设施完善，服务功能健全，配备办公研发场所、中试产业化标准厂房、人才公寓等，为入驻企业提供政策咨询、信息与管理咨询、项目洽谈、立项申请、工商注册、税务登记、财务管理、法律事务、项目推介等全方位服务。

截至2014年底，创业园已引进各类高层次人才321名，创办留学人员企业21家，主要产业涉及先进装备、新能源、生物医药等三大战略性新兴产业与金属新材、绿色家居、特色纺织等三大特色优势产业，留学人员创办企业总产值达1.87亿元，年销售收入1.62亿元。

联系方式

地　址：浙江省湖州市南浔区南浔镇朝阳路666号
邮　编：313009
电　话：86-572-3013686
传　真：86-572-3013686
邮　箱：nx3013686@163.com

绍兴留学人员创业园

园区概况

绍兴留学人员创业园经浙江省人事厅批准于2004年4月成立，位于绍兴袍江工业区科技企业孵化中心内，与科创中心合署办公，是绍兴市区唯一的一家省级留学人员创业园。创业园依托绍兴袍江工业区的软硬环境和多年来形成的健全服务体系，为广大留学人员、博士等高层次人才创业和发展提供政策指导、优惠政策、投融资服务、管理咨询、培训等全方位的服务，在局部构建一个优化的创业环境，以吸引海内外学人前来进行科技成果转化，提高绍兴市的科技水平和国际化程度，培育具有一定竞争能力的高新技术企业和高素质的科技型企业家。

创业园内基础设施完善，拥有研发用房及智能化科技孵化大楼1.8万平方米，水、电、宽带等各项配套设施完备，并具有多功能展示厅、会议室、洽谈室、培训中心、人才公寓等。创业园成立以来，积极通过组织和参加各种博士、留学人员座谈会，走访全国重点院所、院校等形式，为入园企业拓展资源，开辟发展空间。经过多年的发展，已引进和培育了一批高层次人才和高科技项目。

联系方式

地　址：浙江省绍兴市袍江工业区教育路66-9号
邮　编：312000
电　话：86-575-88132889
传　真：86-575-88132889
邮　箱：wuyan020@163.com

金华留学人员创业园

园区概况

金华留学人员创业园成立于2003年6月，由金华省级高新技术产业园区管委会与金华市人事局共同创建。为培育和提升企业的自主创新能力，高新区管委会构筑了一套功能完善的技术创新服务体系和健全的管理服务机制，并依托金华科技园创业服务中心的孵化场地和共享设施，为企业自主创新提供强有力的人才引进、技术研发与合作平台，使创业园建设取得跨越式发展。2005年，经浙江省人事厅批准成为省级留学人员创业园。

金华科技园创业服务中心成立于2001年3月，目前已建成六个孵化基地，场地面积5万平方米，孵化器规模名列浙江省前茅。2005年，被评为国家级高新技术创业服务中心。创业中心可为留学人员创业园在孵化场地、办公、研发、生活和园区信息化等方面提供配套齐全的共享设施，在企业孵化、科技创新、成果转化等方面提供全方位的配套服务，成为留学人员强有力的创新、创业支撑体。

创业园充分利用中科院金华科技园、浙江网上技术市场“工科会”等科技合作与人才交流平台，推动园区企业与院校所开展科技合作和引进人才；积极筹办“金华籍博士故乡行”、海外博士科技成果展示交易会、海外博士科技信息发布会和海外博士座谈会等活动，吸引留学人员来园区创业。为解决企业在引进技术、管理、技能人才方面的困难，创业园还成立了博士后科研工作站，与金华职业技术学院建立了全面合作关系，建立起一套多层次的高、中、初级人才引进体系。

近年来，创业园充分利用海外留学人员在技术、观念、管理、市场等方面的优势，培育一批高科技企业，留学人员创业园发展呈现出“一快三高”的特点，即增速快、创业人员素质高、发展产业档次高、孵化项目科技含量高。近几年入园的留学人员年龄大多在40岁以下，大多在国外从事产品研发，充分了解各自领域的最新科技发展动态，掌握关键技术。留学人员企业涉及电子信息、生物医药、机电一体化、环保、新材料等高新技术产业，为高新园区已成规模的电子信息、生物医药、汽车及配件、机电一体化及新材料四大特色产业提供了量的补充和质的提升，并涌现出了一批技术含量高、销售前景广阔的高新技术产品。

联系方式

地　址：浙江省金华市双溪西路620号
邮　编：321017
电　话：86-579-83183913
传　真：86-579-83183913
邮　箱：7427098@qq.com
网　址：www.jhcy.cn

舟山留学人员创业园

园区概况

舟山留学人员创业园（浙江省留学人员创业园舟山园区）由浙江省人力资源和社会保障厅于2012年11月批准建立。创业园位于浙江舟山群岛新区新城，背依舟山行政中心，面向浩瀚的大海，占地面积约1000亩，是中国（舟山）海洋科学城的核心组成部分。

创业园充分依托舟山作为群岛新区的发展优势，吸引一流研发机构、科技型企业和高素质人才入驻，是舟山新区发展的创新园、高端人才的集聚地。园区重点打造海洋科技研发产业集群（海洋资源研发、涉海基础设施工程研发、数字海洋信息应用研发）和海洋电子信息产业集群（船舶及海工电子、海洋地理信息、海洋创意及信息服务），并根据区位功能分为启动区、核心区和综合区。其中，启动区块布局涉海科技研发中心、海洋电子信息产业示范中心、工业设计中心、科技创业创新服务中心和孵化器等；核心区块以园中园模式设置海洋科技研发园、海洋产业示范园和集聚院士工作站、博士后工作站及留学人员创业中心的创新创业园。

联系方式

地　址：浙江省舟山市新城体育路18号

邮　编：316021

电　话：86-580-2291909

传　真：86-580-2291900

邮　箱：zskc@zskc.gov.cn

台州留学人员创业园

园区概况

台州留学人员创业园成立于2010年，由台州市人力资源和社会保障局、台州经济开发区牵头组成创业园办公室，负责优秀留学人员入园创办的企业相关事项的协调落实，台州经济开发区管委会具体负责创业园的建设和管理工作。

创业园重点引进汽车零部件、新材料、装备制造业、金融、商贸、现代商务、电子商务、文化创意等各类产业。优秀留学人员入园创办企业和研发机构，可享受《台州市海外优秀人才引进计划实施办法》规定的各项优惠政策，如：实施产业化生产后，3年内企业所得税形成的地方财政收入部分，全额奖励给企业用于研发或扩大生产；给予创办企业或作为企业主要股东的优秀留学人员，相当于在该企业实施产业化生产后3年内所缴纳的个人所得税地方留成部分总金额的一次性奖励等。

联系方式

地　址：浙江省台州市东环大道五联大厦3楼

邮　编：318000

电　话：86-576-88530327

传　真：86-576-88538888

邮　箱：tzslcy999@163.com

合肥留学人员创业园

园区概况

合肥留学人员创业园成立于2000年6月，经安徽省人民政府批准设立，由安徽省科技厅、省人事厅、省教育厅、合肥市人民政府、合肥国家高新区管委会联合创办。2001年，被科技部、人事部、教育部确定为“国家留学人员创业园示范建设试点单位”；2008年5月，被国家人事部正式授牌“中国合肥留学人员创业园”，成为安徽省第一家省部共建的留学人员创业园。

创业园依托合肥高新区优良的软硬环境，经过十多年的运作发展，孵化设施已配套完善，服务范围也由原来的一两幢楼的三四万平方米延伸至整个高新区。创业园以项目引才、政策引才、外出引才等方式，大力引进海外留学人才，强力构建高新区海外留学人才创新创业的基地，并形成了较为健全的创业服务体系，为留学人员创业和发展提供政策咨询、优惠待遇、投融资服务、人才培训、合作交流、企业发展战略指导、物业管理等全方位、全过程的优质高效服务。

目前，合肥留学人员创业园已经成为海外留学人才科技创新、智力创新的高地，在实施高新区“二次创业”、打造“千亿”园区的战略中，为经济社会发展做出了积极贡献。

联系方式

地　址：安徽省合肥市望江西路860号307室

邮　编：230088

电　话：86-551-5869520

邮　箱：yimingfan888@yahoo.com.cn

网　址：www.hefei-stip.com.cn

留学人员芜湖创业园

园区概况

留学人员芜湖创业园成立于2003年4月，是经安徽省人民政府批准成立的科技服务机构。2013年，被国家人力资源和社会保障部认定为部省共建留学人员创业园。

创业园位于国家级芜湖高新技术创业中心内，规划建筑面积30万平方米，现已建成面积5.7万平方米。创业园致力于引进留学归国人才，建立了一整套服务体系，从申请孵化、申办企业、产品鉴定到成熟毕业，提供全过程、全方位的服务，并设置了人才交流培训、法律咨询、商务信息、财税代办、产品质量检测等服务机构。截至2014年，园区累计吸引留学回国人员43人，创办企业20多家。

联系方式

地　址：安徽省芜湖市经济技术开发区银湖北路

邮　编：241009

电　话：86-553-5848089

传　真：86-553-5848005

邮　箱：whcyzx@163.com

网　址：www.whgkc.com

留学人员马鞍山创业园

园区概况

留学人员马鞍山创业园成立于2007年8月，是经安徽省政府批准的全省第三家专门服务留学人员创业的孵化基地。创业园与马鞍山市高新技术创业服务中心合署办公，市人社局、市科技局、马鞍山经济技术开发区管理委员会共同组建了创业园管理办公室，配有专职管理服务人员。

创业园位于马鞍山市经济技术开发区的国家“863”新材料成果产业化基地主体园区内，距南京禄口国际机场仅38公里，距南京南站40公里，交通便利、环境优美，是研发创业、投资发展的理想场所。创业园占地20亩，建筑面积8464平方米，大楼为7层结构，配有公寓式工作单元、生产办公用房，以及多功能报告厅、展示厅、会议室、商务中心、网管中心、餐厅等公共服务设施。创业园为留学人员创业企业提供物业管理、商务、政策咨询、企业培训、投融资、招才引智等“一站式”服务。此外，鉴于留学创业人员不熟悉国内政策与金融环境的特殊情况，创业园积极落实政府各项优惠政策，提供场地资金减免、创业咨询等服务。

截至2014年底，创业园累积孵化企业334家，其中，留学人员企业26家；在园企业86家，其中，留学人员企业14家，主要分布在生物医药、新材料、电子信息、新能源等行业领域。在园创业工作的留学人员20人。2014年园区企业总收入11170万元，企业专利总数56项，企业各项融资总额3605万元。

联系方式

地　址：安徽省马鞍山市经济技术开发区红旗南路88号
邮　编：243000
电　话：86-555-8323440
邮　箱：1370647855@qq.com

留学人员淮北创业园

园区概况

留学人员淮北创业园成立于2014年，是以安徽海聚信息科技有限责任公司为主体，由淮北经济开发区、市人社局共同创建的高科技创业园。

创业园设在淮北经济开发区龙湖高新技术产业园区内，总占地面积120余亩，拥有孵化场地约3万平方米，一期项目总建筑13.4万平米，项目总投资5亿元。创业园以丰富的人才储备为根本，以完善的投资环境为依托，整合各大产业资源和优势，将人才、技术、电子信息等资源与淮北的区域功能、政策优势、产业优势、企业集群效应相结合，加快高新技术成果转化，为留学人员提供创业的平台。

为实现创业园更高水平发展，淮北市出台《打造“百亿海聚”行动计划》等一系列优惠政策，成立了以市政府主要领导任组长的淮北市海聚创业园领导小组，从项目资金、人才招聘、资金投入等方面提供支持，多措并举力争创建安徽省一流的留学回国人员创业园。

联系方式

地　址：安徽省淮北经济开发区新区滨河路
邮　编：235000
电　话：86-561-3199500

留学人员安庆创业园

园区概况

留学人员安庆创业园成立于2006年8月，经安徽省人民政府批准设立。创业园围绕“活力安庆”的目标，积极引进包括留学回国人员在内的各类人才，重点鼓励汽车零部件、生物制药、电子信息、光机电一体、精细化工、新能源新材料及提升传统产业升级换代的新工艺新技术等高新技术项目入园发展。

创业园坐落在安庆经济技术开发区的中心区域，建筑面积9万平方米，已建成首期创业基地5000多平方米。创业园提供“一条龙”的优质服务，包括接待留学创业人员，提供咨询服务和创业辅导；为进园企业提供政策指导、优惠政策、投融资、企业发展战略指导、物业租赁等全方位、全过程的创业服务；提供注册登记、项目申报、财务代理、人事代理、物业管理、网络通信等系列服务；提供办公（部分免费）、生产、商务洽谈、会议接待、产品展示等场所；协助申报高新技术产品、“火炬计划”、科研成果等认定、科研项目的资助经费等。留学人员进园创业，可享受的优惠政策包括创新奖励、税费减免、资金扶持、房租减免、科研经费补助、用地扶持等。

联系方式

地　址：安徽省安庆市经济技术开发区天柱山路80号
邮　编：246005
电　话：86-556-5317981
邮　箱：aqlxcyy@163.com

福建留学人员创业园

园区概况

福建留学人员创业园成立于1998年11月，由福建省公务员局、福建省人力资源开发办公室主管，福建省留学人员创业园管理中心是创业园的管理部门。2000年10月，被国家科技部、人事部、教育部和外国专家局列入首批国家留学人员创业园示范建设试点单位之一；2003年9月，被中央组织部、中央宣传部、中央统战部、人事部、教育部、科技部授予“留学回国人员先进工作单位”荣誉称号；2004年12月，成为国家人事部与福建省人民政府共建的“中国福建留学人员创业园”。

创业园一期建设总建筑面积为5.5万平方米，其中研究试验综合用房建筑面积3.2万平方米，另有高新技术孵化用房、研发楼和科研配套用房等。创业园管理中心组建了专业团队，为入园创业的留学人员提供工商、税务、经济资助、项目论证推广、投融资策划、人力支撑等相关服务，包括协助企业办理登记、注册、报批、开户等手续；协助办理高新技术企业、高新技术产品认定；提供文印、会务、后勤等低成本服务；提供人才招聘、人才评价等系列人事服务；提供人事档案管理、职称评定、出国政审等系列配套服务；提供法律咨询、财务顾问、信息交流、展览培训等专业服务；帮助企业申报“火炬计划”“新产品开发计划”、科技企业技术创新基金等。

自创建以来，创业园始终致力于建设成为基础设施完善、信息网络发达、生态环境优美、企业富有活力、对高科技产业具有强劲推动力的智能型园区，吸引、聚集海内外高层次人才来闽创业和培养高素质创新人才的高地，大力开展招才引智和项目引进工作，通过举办“海外留学博士海峡西岸行”“福建（厦门）海外留学人才与项目对接洽谈会”等活动，并以“中国海峡项目成果交易会”为平台，促进海外留学人才与项目对接，为福建省企事业单位引进留学人才与智力牵线搭桥，为留学人员服务海峡西岸经济区提供渠道和平台，取得了良好成效。

联系方式

地　址：福建省福州市马伟江滨东大道108号
邮　编：350015
电　话：86-591-87609259
传　真：86-591-87677833
邮　箱：office@fjlx.net

厦门留学人员创业园

园区概况

厦门创业园是厦门高新技术创业中心、厦门留学人员创业园、厦门台湾科技企业育成中心、厦门光电子孵化器、厦门科技企业加速器的总称，拥有孵化场地总建筑面积40多万平方米，是科技部重点扶持、海峡西岸最大、厦门火炬高新区管委会直属的国家级科技企业孵化集群，总体孵化实力位居全国500多家国家级孵化器前10名。

厦门高新技术创业中心于1996年12月成立，2001年8月，被科技部认定为“国家高新技术创业服务中心”；2002年，经人事部批准设立“博士后科研工作站”；2006年，被共青团中央、中国科协、教育部、全国学联联合认定为首批“中国大学生创业园”；2010年，被教育部、科技部联合认定为全国首批“高校学生科技创业实习基地”，先后获得科技部“实施火炬计划十五周年先进高新技术创业服务中心”“国家科技计划（火炬计划）实施二十周年先进服务机构”“优秀国家高新技术创业服务中心”“第四届中国技术市场协会金桥奖先进集体奖”和福建省“火炬计划先进管理单位”“科技管理系统先进集体”“青年创业示范基地”等荣誉称号。

厦门留学人员创业园创建于2000年4月，占地面积6.8万平方米，建筑面积10.84万平方米。2001年6月，被科技部、人事部、教育部、国家外专局联合认定为“国家留学人员创业园”；2004年12月，人事部与厦门市人民政府共建“中国厦门留学人员创业园”；2006年1月14日，中共中央总书记、国家主席、中央军委主席胡锦涛亲临厦门留学人员创业园视察，对创业园的孵化工作给予了充分肯定，并对创业园的未来发展做出重要指示。

在厦门市委、市政府“着力打造新火炬”政策方针和厦门火炬高新区管委会“项目、研发、资本、人才”四个带动发展战略引导下，创业园大力实施“空间、人才、项目、资本、平台、品牌”的六大驱动发展战略，汇聚政府、投融资及中介机构、大学科研院所等创新要素与各种人才物资源，重点构建市场推广网络平台、专业化技术研发平台、规模化融资平台、高端人才服务平台等四大创业促进公共服务平台，为科技人才建立起全方位、高效率的创新创业孵化平台。同时，不断完善政策环境，通过提供无偿资助金、配套资本金、创新基金、房租减免、专利资助、名牌奖励等优惠政策扶持，为留学人员入园创业创造良好条件。可享受的优惠政策包括：符合条件的留学人员企业每家10万元人民币，高层次留学人员创办的企业，符合条件还可享受30万元的创业启动资金；符合条件的留学人员企业可申请获得最高达总注册资本49%、500万元以内的配套资本金，并允许在3年内按优惠价回购股份；优先推荐申请各级政府技术创新基金，获得科技部创新基金立项支持的项目，可获得火炬高新区财政配套支持；留学人员企业租用厦门留学人员创业园80—150平方米以内，第一年免交租金，第二年、第三年分别按市场价的50% 、80%交纳租金，并可按优惠价租用留学人员配套生活公寓；申请国内发明专利并获得授权的每件资助3万元，申请国际发明专利并获授权的资助4万元，申请国内实用新型专利并获授权的资助2000元；获中国名牌产品或中国驰名商标的企业除享受市财政给予100万元奖励外，高新区财政还给予50万元奖励，获省级名牌产品或省级著名商标的企业给予15万元奖励，获市级著名商标的企业给予3万元奖励；留学人员以专利、专有技术出资入股创办企业，科技成果作价占注册资本的比例不受限制等。

经过创业园的精心孵化和培育，截至2014年底，已有470多家科技企业成功孵化毕业，部分企业已发展成为科技小巨人，其中，年产值超亿元企业有20家，规上企业110家，上市公司3家，新三板挂牌公司4家。在孵企业达705家，37家跟踪服务的规上企业，实现全年产值46.71亿元。

联系方式

地　址：福建省厦门市湖里区火炬东路11号
邮　编：361015
电　话：86-592-3923888
传　真：86-592-3923999
邮　箱：office@xmibi.com
网　址：www.xmibi.com

南昌留学人员创业园

园区概况

南昌留学人员创业园于2000年4月经省政府批准在南昌国家高新技术产业开发区内成立。2003年4月，成为国家人事部与江西省人民政府共建的国家级创业园。创业园坚持“优质为留学人员服务，优质为园区服务，组织开展为社会服务”的服务宗旨，开拓创新，不断进取，为有效地发挥留学人员的聪明才智，起到了积极的作用。

江西省先后出台了《中国江西留学人员创业园管理暂行办法》《江西留学人员创业园专项资金评审办法》《关于支

持留学人员企业发展的政策措施》等文件；南昌市为大力引进海外高层次人才，出台了“洪城计划”“洪城特聘专家”计划、引进国外智力计划等一系列引才优惠政策。这些政策措施的出台，加大了创业园对外的影响，极大地调动了留学人员创业的积极性。同时，省财政从2004年始，每年拨出200万元专项资金，用于重点扶持留学人员创业园企业的项目延续、衔接和开发，重点扶持的项目有信息技术、电子技术、食品开发、建筑材料、新能源、电器、电化学、遥感技术、中药开发、新药开发等。在省市政府高度重视下，创业园得到了较快的发展，形成了江西省高技术产业发展中心园区、南昌高新技术产业开发区创业服务中心园区、南昌大学国家科技园园区“三块孵化基地”的发展格局。

目前，创业园已建成孵化场地6.7万平方米，累计吸引来自英、美、法、日、德等20余个国家的500多名海外留学人员来区创新、创业，成功孵化海外留学人员高科技企业50多家，并涌现出了一批包括国家“千人计划”“中国留学人员回国创业启动支持计划”入选者的创新、创业拔尖人才。

联系方式

地　址：江西省南昌高新区火炬大街201号
邮　编：330029
电　话：86-791-8113085

济南留学人员创业园

园区概况

济南留学人员创业园成立于1999年5月，2000年，被国家科技部、人事部、教育部、国务院外国专家局联合批准为全国首批“国家留学人员创业园”；2002年，成为国家人事部与济南市政府共建的“中国济南留学人员创业园”。创业园经过15年的发展，目前已成为海外高端人才归国创业的乐土、高新技术企业集中发展的聚集地和自主知识产权项目转化的发源地。

经过近几年的加速发展，创业园孵化场地实现了飞速扩张，总计已达85万平方米，其中自建孵化基地53万平方米，联建孵化器9万平方米，产业园加速器23万平方米，21万平米的药谷平台区和产业化基地也已投入使用，为留学人员来济创业提供了场地保证。

创业园以健全、成熟的孵化培育服务体系为依托，以“一切为企业着想、为企业创造价值、让企业百分之百满意”为宗旨，以促进科技成果转化为己任，快速、有效地帮助企业将外围的技术、人才、资本、信息、市场、环境等创新资源合理、科学配置于企业创新创业的全过程，为技术创新提供全方位的服务，建成了适合初创中小科技企业生存发展的配套较为完善、环境优良、孵化服务体系较为健全的科技企业创业孵化基地。为了降低留学生归国创业的成本，凡入驻园区的普通留学生根据其项目大小，可享有3万到10万元的资金补贴，高端人才能享有50万到300万元的项目补贴。此外，园内所有企业都能享有100平方米3年内免房租的办公场地。为了使留学人员科研成果尽快产业化，园区还提供全方位的一体化服务。

面对国家科技重大专项——山东省重大新药创制平台和创新药物孵化基地落户高新区这一契机，创业园加快专业孵化器、加速器、产业区建设。以山东国家重大新药创制平台为技术支撑，以山东国家创新药物孵化基地为产业支撑，广纳海外生物医药领域高端人才和技术项目，全力打造生物医药产业集群，推动引进海外高层次人才创新创业实现新跨越。

创业园按照技术链和产业链相结合打造高新区生物医药创新产业体系，以“一平台、一基地、一园区”的发展思路，加大力度进行空间建设和企业聚集，突出优势构建起化学药、生物工程、预防与健康、医疗器械、医药物流五大产业集群，加快建设“济南药谷”。 济南药谷产业园位于两河片区，一期占地326亩，建筑面积20万平方米。产业园区的开发建设，将为规模生产企业提供更大的发展空间。

截至2014年底，创业园已先后吸引来自美、日、英、法、德等20多个国家和地区的500多名留学归国人员创业，创办企业400余家，累计申请专利1300余项，累计申请各级各类科技项目计划898项，获得政府资助1.6亿元。同时，创业园在综合孵化基础上，探索由综合孵化向专业孵化、由孵化企业向培育产业转型，着力打造以生物医药产业为主导的“济南药谷”，目前已聚集生物医药企业380家，形成年销售收入130亿元产业的规模。

联系方式

地　址：山东省济南市高新区出口加工区港源二路
邮　编：250100
电　话：86-531-88037888
传　真：86-531-88037860
邮　箱：deng003@vip.sina.com
网　址：www.jnbi.com.cn

山东省医疗卫生行业留学人员创业园

园区概况

山东省医疗卫生行业留学人员创业园成立于2002年10月，由山东省人事厅、山东省卫生厅联合批准成立，是全国第一家医疗卫生行业的专业性留学人员创业园。创业园根据卫生行业的特点，发挥专业优势，为全国医疗卫生行业的科技成果转化和产业化担负起开路先锋并起到示范作用，努力把创业园办成促进医疗卫生高新技术产业发展，培养引进高素质人才的重要基地。

创业园以山东省立医院为依托，充分利用和享受同高新技术开发区及经济技术开发区等同的企业孵化优惠政策，按《山东省人才柔性流动若干规定》标准，为广大留学人员创造了良好的创业环境和巨大的发展空间。山东省立医院拥有国内先进的配套设施和科技人才，充足的留学人力资源和国际、国内学术交流合作网络，并得到了国家卫生部等部委和山东省人民政府有关部门的大力支持，为归国留学人员创业提供优质高效的孵化服务和现代化的孵化环境。创业园享受济南高新技术开发区和经济开发区企业内孵化机构的优惠政策，为留学人员回国创业提供研发基地、税收优惠，以及创业咨询、投资、融资、市场开发、人才、信息、后勤等各方面的服务，促使其发展成为成功企业。

联系方式

地　址：山东省济南市经五路纬七路324号

邮　编：250001

电　话：86-531-86881659

传　真：86-531-87904002

邮　箱：syrsc@tom.com

青岛留学人员创业园

园区概况

青岛留学人员创业园成立于2002年4月，2012年8月，经国家人力资源和社会保障部批准，由人社部与青岛市政府在青岛高新区共建中国青岛留学人员创业园；2014年5月，创业园在高新区正式揭牌。创业园由主孵化园、企业加速分园、工业科创分园、蓝色生物医药产业园组成，经过近3年筹建，已引进中星微电子、迪玛尔海洋工程等一批留学人员企业，逐渐形成主园孵化、分园加速、集群化产业发展模式，并获批建设国家“千人计划”青岛创新基地、山东省海外高层次人才创新创业基地、青岛“人才特区”。

创业园主孵化园总面积4.6万平方米，企业加速分园规划总建筑面积约11.5万平方米，现已入驻留学人员企业21家；工业科创分园总建筑面积6.2万平方米，重点引进信息、通讯、仪器仪表、高端装备制造四个产业方向，已有28家留学人员企业入驻；蓝色生物医药产业园规划总建筑面积195万平方米，主要集聚生物技术及生物医药产业企业、新兴的生物医药研发外包企业、生物医药企业研发中心、生物医药中介机构等，形成生物医药产业集群。目前一期已经投入使用，7名千人计划专家和部分留学人员入驻创业。

高新区发挥青岛“人才特区”的政策优势，整合产业、科技、金融、创新创业等方面政策，在集聚高端海归人才上打出一系列“组合拳”。在人才政策方面，制定了鼓励留学回国人才干事创业的若干意见和办法。每年设立亿元青岛“人才特区”专项资金，给予单个人才项目最高5000万元的创业扶持，给予“千人计划”专家创业项目100万元的扶持资金。给予优秀留创企业5万—20万元的创业补贴。同时，创业园在青岛市政府支持下，结合海外高层次人才的特点，通过提升留学人员创业基地水平，整合资源、规范管理、整体推进、合作新建留学人员创业园区5家（青岛留学人员市南创业园、青岛留学人员市北创业园、青岛留学人员四方创业园、青岛留学人员崂山创业园、青岛留学人员开发区创业园），共有创业孵化面积80多万平方米，全市形成各具特色、优势互补、功能完善的留学人员创业园体系。

截至2014年底，创业园已累计引进国家“千人计划“专家21名，山东省“泰山学者”特聘专家6名，海外归国留学人员200余名，创立留学人员企业80余家。

联系方式

地　址：山东省青岛市海尔路178号

邮　编：266101

电　话：86-532-88911726

传　真：86-532-88911726

邮　箱：xch0618@126.com

网　址：www.qdpb.gov.cn

青岛留学人员开发区创业园

园区概况

青岛留学人员开发区创业园成立于2010年1月，前身是青岛开发区高科技创业服务中心。创业中心创办于2001年，2006年被国家科技部认定为国家高新技术创业服务中心。创业园有健全、成熟的孵化培育服务体系，以促进科技成果转化，培育科技企业家，扶持和帮助留学人员回国创业为己任，依托青岛开发区雄厚的科技资源，努力营造适合于中小科技企业的发展环境和创新环境，力争不断促进高科技成果的商品化、产业化、国际化。

目前，创业园孵化基地总面积已达1.5万平方米，累计吸纳电子信息、新材料、生物医药等多类孵化企业148家，其中，在孵企业100家，已毕业企业48家；吸纳管理咨询、投融资、专利代理、会计事务所、保险等中介服务机构23家；园区企业入住率达95%；转化科技成果250余项，申请专利170余项，为社会提供就业岗位4000多个。

联系方式

地　址：山东省青岛市经济技术开发区香江路110号

邮　编：266555

电　话：86-532-86971838

传　真：86-532-86971838

青岛留学人员市南创业园

园区概况

青岛留学人员市南创业园成立于2010年1月29日，由青岛市人力资源和社会保障局与市南区共建，依托市南区软件园和青岛国际动漫游戏产业园，为留学人员在青岛创业搭建专业平台。

市南软件园背靠浮山生态山林，直面黄海之滨的奥帆赛场，是全国少有的坐落在城市中心区的软件产业园区。园区占地12.6万平方米，规划建筑面积26万平方米，已有约20万平方米办公面积投入使用，建有1.5万平方米的停车场、3.5万伏变电站、3500平方米公共餐厅、综合性商务酒店等配套设施。

青岛国际动漫游戏产业园占地150亩，建筑面积11.6万平方米，由5栋独立楼宇组成，包括大企业研发楼、培训楼、公共技术平台及孵化器和综合研发楼。园区三面环山，秀美自然风光和贯穿其中的万米人工湖使动漫游戏园被誉为“深林中的产业园，山谷中的研发楼”。

创业园为入园企业提供完善的“一条龙”配套服务和创业启动资金资助、购房安家补贴等优惠政策

联系方式

地　址：山东省青岛市宁夏路288号青岛软件园3号楼

邮　编：266073

电　话：86-532-88728875

传　真：86-532-88728588

青岛留学人员市北创业园

园区概况

青岛留学人员市北创业园创建于2010年1月。创业园依山而建，环境优雅，拥有总建筑面积达6万平方米的多功能、综合性文化创意产业基地。创业园利用特有的高低错落台地，分成南北两个园区，以现代艺术、建筑设计、工业设计、广告和时尚品牌设计、管理咨询、创意产品展示等创意产业为主要特色，吸引国际、国内各创意产业门类中的领军企业入驻。

创业园为入园企业提供完善系统的工商、税收、资金、产业支持等“一条龙”配套服务，另有政府贴租、税收奖励、著作权登记奖励、留学归国人员创业小额资金扶持、科技专项资金扶持，以及子女就近入学、入托等政策扶持。

联系方式

地　址：山东省青岛市上清路12-16号

邮　编：266022

电　话：86-532-83631379，83641669

传　真：86-532-83631379

青岛留学人员四方创业园

园区概况

青岛留学人员四方创业园成立于2010年1月，依托于青岛科大都市科技园建立，由青岛科大都市科技园发展有限公司进行管理运营。2006年，科技园被确定为青岛市科技企业孵化器；2009年2月，经青岛市工商行政部门的批准，由发展公司变更为集团公司；2010年12月，科技园被国家科技部认定为国家级科技企业孵化器。

科技园总体规划面积1.8平方公里，以青岛科技大学校本部为中心，以郑州路为轴线，向学校四周幅射，并争取在三期规划中与位于岛城东部的高科园接轨。园区规划由“一街二园三区”组成：一街即郑州路科技创业一条街；二园即青岛造纸厂科技产业园、青岛软控科技产业园；三区即研发区，东、西孵化区。一期70亩地块已于2011年6月建成竣工并投入使用。

2013年，青岛科技大学与青岛市北区人民政府签订共建国家大学科技园全面战略合作协议。根据协议，双方将依托青岛科大都市科技园，在创新创业人才培养、科技成果转化孵化、产学研合作等方面开展全面战略合作，共同建设集总部经济、研发中心、信息中心、孵化中心、创业中心、生活配套服务中心等于一体的国家大学科技园，形成大学校区、科技园区、公共社区三区合一的高端产业聚集区。

联系方式

地　址：山东省青岛市四方区郑州路53号

邮　编：266045

电　话：86-532-68606066

传　真：86-532-68606066

青岛留学人员崂山创业园

园区概况

青岛留学人员崂山创业园成立于2010年1月，是经国家科技部认定的“国家高新技术创业服务中心”，市政府批准的“民营与中小企业创业辅导基地”。

创业园孵化基地总面积近30万平方米，配套有水、电、宽带网、公共餐厅、商务中心、网络系统、多媒体报告厅、接待室、洽谈室、会议室、活动室等，并为入园企业提供场地、注册登记、咨询、培训、融资、协助申报国家科技型中小企业技术创新基金及相关事务代理等专业化服务。

联系方式

地　址：山东省青岛市崂山区株洲路153号

邮　编：266101

电　话：86-532-88998816

传　真：86-532-88998816

淄博留学人员创业园

园区概况

淄博留学人员创业园成立于1999年，是淄博高新区管委会投资建设的科技企业孵化器，与淄博高新技术创业服务中心合署办公。2002年被认定为国家级科技创业服务中心。

创业园切合实际情况和孵化器的发展趋势，在整体布局上形成了高层次人才创业区、生物医药暨新材料孵化区、电子信息暨软件孵化区、环保暨光机电一体化孵化区、综合服务区等专业功能相对集中的“一器多区”的格局，并规划逐步建立完善无机非金属材料、生化技术、电子信息等专业技术孵化平台，实现由专业孵化区向专业孵化器的转变，最终形成“一园多器”的格局。同时，在资金扶持、办公、住宿、家庭子女、土地使用、项目发展等方面给予扶持。

联系方式

地　址：山东省淄博高新区政通路135号

邮　编：255086

电　话：86-533-3583091，3580205

传　真：86-533-3583091

邮　箱：muxianquan@hotmail.com

网　址：www.ziboibi.com

烟台留学人员创业园区

园区概况

烟台留学人员创业园区成立于1996年10月，是全国最早设立的留学人员创业园区之一。2001年，被国家科技部、人事部、教育部和外国专家局联合认定为国家级留学人员创业园；2003年，被中组部、中宣部、统战部、人事部、科技部和教育部授予“留学回国人员先进工作单位”，被科技部认定为国家高新技术创业服务中心；2009年，被省政府授予“全省留学人员回国创业工作先进单位”，被市政府授予“人才工作先进单位”，被市民营企业经济发展局与市财政局联合认定为烟台市中小企业创业辅导基地；2010年，被国家科技部认定为“大学生科技创业见习基地试点单位”，被山东省发改委认定为“省重点服务业科技创业园区”。近年来，创业园区建载体、引人才、强服务，逐步形成了海内外人才高地和特色产业品牌，被各界誉为“金种子工程”。

创业园区位于山东省烟台经济技术开发区黄金地段，孵化面积12万平方米，其中科技大厦、大型标准厂房等公共孵化平台近8万平方米，专业孵化场地2.8万平方米，“孵化加速器”1.2万平方米，配备了安防消控等智能化系统，可满足各类高层次人才创业和高新技术企业研发生产需求。

创业园区设立管理服务中心，内设综合处、项目推进处和企业服务处三个处室，负责园区管理服务，承担引进海外留学人员、各类高层次人才、高科技项目、培育在园区孵化创业的企业等工作。管理服务团队牢固树立“企业和人才的成功就是我们的事业”的服务理念，想创业者所想，做创业者所需，形成了“一站式服务”“交钥匙工程”、企业走访调研、专业知识培训、项目入园论证、企业发展评价等完善的服务体系和高效的运行机制，努力做到“创业之前当保姆，创业之中当导师，创业之后当保安”。

截至2014年底，创业园园区累计孵化企业580家，其中，留学人员企业341家，培育上市或挂牌企业5家；在园企业212家，其中，留学人员企业43家，主要分布在生物医药、电子信息、精细化工、新材料等行业领域。在园创业或工作的留学人员64人，累计入选中央“千人计划”20人，省级人才引进计划18人。2014年园区企业总收入157000万元，企业专利总数1115项，企业各项融资总额6800万元。

联系方式

地　址：山东省烟台开发区珠江路28号科技大厦10楼
邮　编：264006
电　话：86-535-6385289
传　真：86-535-6379571
邮　箱：yt_cyyq@126.com
网　址：www.cyyq.org

潍坊留学人员创业园

园区概况

潍坊留学人员创业园成立于1999年，位于潍坊高新技术产业开发区科技孵化基地。创业园依托高新区完善的服务体系和优越的创业环境条件，吸引海外留学人员到潍坊工作和创业，发挥留学人员在信息技术、科研等方面的优势，把在国外学到的知识、掌握的技术、积累的经验和研究的成果带到本市进行开发，加快科技成果向现实生产力的转化，促进潍坊市高新技术产业发展。

创业园在为留学人员企业提供必要的基本服务基础上，引进了金融、会计师事务所、律师事务所、国际货运代理公司、报关代理公司、企业策划等社会中介服务机构，为企业提供更为丰富的业务咨询和服务。

联系方式

地　址：山东省潍坊高新区玉清东街高新大厦
邮　编：261031
电　话：86-536-2999009
传　真：86-536-2999009

威海留学人员创业园

园区概况

威海留学人员创业园成立于2006年5月，由威海经济技术开发区创新中心与教育部留学服务中心共建。创业园秉承“引进原创性，鼓励创新型，促进产业化”的原则，引进科技创新企业，促进科技成果转化，主要服务对象是中小型高新技术企业、海外留学人员回国创办的企业及中小型韩日科技企业。

2006年，创业园与北京中关村国际孵化园共建威海产业化基地，将中关村先进的技术及科研成果引进威海，实现和威海传统产业的对接，在实现先进技术产业化的同时，促进了威海传统产业的技术升级，达到双赢的目的。同时，与国家教育部留学服务中心、科技部火炬中心共建“春晖杯”中国留学人员创新创业大赛评审基地，为留学人员创办船舶制造、港口信息管理、软件信息等为核心的高科技企业提供有力支持和理想服务。

截至2014年年底，创业园入园留学人员企业61家，其中，高新技术产业企业4家，研发企业57家，核心企业26家。2014年，留学人员企业年技工贸收入超过9.7亿元，吸纳社会就业人员2100余人。

联系方式

地　址：山东省威海经济技术开发区海滨南路28号
　　　　建设大厦1层
邮　编：264209
电　话：86-631-5980656

威海海外学人高科技创新园

园区概况

威海海外学人高科技创新园成立于1999年12月，由威海高新区高新技术创业服务中心与中国留日同学总会共同创建。2001年，创业园与自26个国家归国的32个留学生团体创建了“威海留学人员创业创新示范基地”，并由国家人事部批准设立“博士后科研工作站”；2001年7月，被共青团中央命名为“中国青年创新行动示范基地”。

创业园拥有3.1万平方米设施齐全的创业孵化大楼和4000平方米的科技公寓。孵化大楼内设有报告厅、各种类型会议室、接待室、展厅以及餐厅、咖啡厅、网球场、健身房等，满足企业创业发展多方面需要。近年来，为提升服务功能，创业园又引进了会计公司、银行代办处、技术交易等中介服务机构，为企业提供社会化、专业化服务。

截至2014年底，创业园先后吸引了61家留学人员企业入驻，培育了吉威医疗、远航科技、海富光子等一批拥有自主知识产权的高科技企业，有3位创业人才入选国家“千人计划”。2014年园区企业技工贸收入超过9.7亿元，吸纳就业2100余人。

联系方式

地　址：山东省威海市文化西路288号火炬大厦
邮　编：264200
电　话：86-631-5629100
邮　箱：webmaster@whctp.gov.cn
网　址：www.whtdz.com.cn

济宁留学人员创业园

园区概况

济宁留学人员创业园成立于2001年11月，由山东省济宁市人事局、济宁市高新区管委会联合创建。创业园依托高新区完善的服务体系和国家级创业中心优越的创业环境，为归国留学人员来济宁搭建创业的载体和平台。济宁留学人员创业园在做好“待遇留人”“感情留人”的同时，更加注重“事业留人”，立足搭建“政、产、学、研、资、介、贸”等创业要素集合的平台，让留学人员的成果在这里得到转化，让留学人员企业在这里扬名，让留学人员的个人价值在这里实现。创业园先后获得山东省政府“归国留学人员工作先进单位”、国家人事部“国家博士后科研工作站建站单位”、国家科技部“火炬计划国家生物产业基地”、国家科技部“全国优秀国家级高新技术创业服务中心”、山东省首批软件产业基地和全国博士后管委会“全国博士后科研工作先进单位”等称号。

创业园占地101亩，拥有2.1万平方米的高标准孵化厂房。园区积极扶持留学人员创业企业项目申报政策支持，在产业化初期投入一定高科技风险投资资金，推动中小高新技术企业快速成长。同时，对于留学人员承担的科技攻关计划项目，优先列入济宁市各类科技计划，优先安排科技三项经费，并采取贴息补助和无偿支持的办法给予扶持。

目前，创业园共有34位留学人员牵头创办了21家高科技企业，研制开发的拥有自主知识产权的高科技项目45项。

联系方式

地　址：山东省济宁市金宇路52号
邮　编：272023
电　话：86-537-2363611
传　真：86-537-2168952
邮　箱：jncyzx109@163.com
网　址：www.jnhn.gov.cn

泰山留学人员创业园

园区概况

泰山留学人员创业园成立于2000年8月，是泰安高新技术产业开发区管委会管理下的社会公益型科技事业服务机构，与泰安高新技术创业服务中心合署办公，是泰安市和高新区的技术创新基地和科技成果转化基地，是发展高新技术、培育中小型科技企业和企业家的摇篮。创业园旨在引进高层次的科技人才，吸引海外人员创办高新技术企业，进行科技成果转化，推动科技与经济结合，使之成为留学人员回国创业的基地、发展高新技术产业的孵化器、对外开放和招商引资的窗口。

创业园依托国家、省、市、及高新区的优惠政策，以及泰安高新区良好的投资环境和完善的基础设施，为有发展前景的高新技术成果以及中小型科技企业提供创业服务。自运行以来，孵化服务能力不断增强，创新创业服务体系逐步健全，在创办初期的3万平方米孵化场地的基础上，又相继创办了泰山科技城和星火科技园二次孵化基地，使泰安创业中心孵化场地达到19万平方米。目前，创业园拥有公共EDA实验室、孵化器信息管理系统等，可提供设施齐全的孵化场地和相应的物业管理、投融资、商务信息、发展咨询、培训、企业注册咨询、落实优惠政策，以及申报科技计划、技术成果、高新技术企业和申请创新基金支持等全方位、全过程的优质高效服务。

创业园成立以来，培育和孵化了近300家拥有高新技术成果的科技企业，涉及仪器仪表、软件开发、光机电一体化、生物技术、环保节能等高新技术领域，成为留学人员施展才干、成就事业的理想天地。

联系方式
地　址：山东省泰安高新区泰山科技城
邮　编：271000
电　话：86-538-8515685
传　真：86-538-8938300
邮　箱：tcyzx@taigx.cn
网　址：www.taigx.cn

日照留学人员创业园

园区概况

日照留学人员创业园成立于1999年9月，属于公益性科技事业服务机构。创业园按照国际惯例进行建设，重点发展以电子信息、生物技术、新型材料、海洋化工、机电一体化为主导的高新技术产业，积极引进各类高级专业技术人才、管理人才、留学归国人员，鼓励各类人才带项目、带资金、带课题进园创业。

创业园位于日照开发区的黄金地段，拥有孵化面积3万余平方米，设有精简高效的管理服务机构，在项目建设、劳动人事等方面享有市级管理权限，实行封闭管理，为留学人员进园创业提供便捷高效的“一条龙”优质服务。为吸引广大的海外留学人员进园区创办企业，创业园初步建立了适合中小科技企业发展的体制和机制，先后引进凯威数码、凯讯电子、斯文电子、哈工大微电机项目、红惠医药、中科生物、平易软件等20余家高科技企业和科研机构，并在税费政策、房屋租赁、工商注册、资金等方面给予最大限度的优惠和扶持。

目前，创业园有入驻企业70余家，引进留学人员和各类高科技人才50余名，入驻企业绝大部分属于科技、教育、文化、创意、低碳环保、新能源等国家重点扶持的领域。创业园将积极发挥对外交流和人才引进的窗口带动作用，以建设成为全市高新技术产业基地为发展目标，进一步加大园区建设力度，加强对科技企业的孵化，吸引更多的留学人员和高科技人才来园区创业。

联系方式

地　址：山东省日照经济技术开发区
邮　编：276800
电　话：86-633-8339816
传　真：86-633-8331049
邮　箱：rdp@rz-public.sd.cninfo.net
网　址：www.lietou.com

莱芜市留学人员创业园

园区概况

莱芜市留学人员创业园成立于2001年9月，由莱芜高新技术产业开发区挂牌，是山东省政府批准的省级高新区。

创业园坐落于莱芜城区东部，紧连市区，总规划面积35平方公里，两条高速公路、两条铁路专用线贯穿其中，与济青高速、京沪高速以及胶济、京沪两大铁路相连，距济南国际机场80公里，距青岛港300公里，形成了四通八达的交通网络。区内现已形成“十纵十横”的道路主网络，并建设了110千伏输变电站、热力站、水厂等一批能源设施，在14.5平方公里范围内实现了“九通一平”，30平方公里范围内实现了“五通一平”。另设有青岛海关莱芜办事处，通关快速便捷。

创业园始终致力于创业环境的不断优化，以“亲商、富商、安商”和“你投资经营、我服务全程”为最高服务理念，设立了“一站式”服务大厅，全面落实了服务承诺、首问负责、违诺处罚、手续代办等制度，实现了涵盖“项目审批、开工建设、投产经营”的一条龙全过程服务。入驻企业除享有山东省省级高新区的优惠政策外，还享有莱芜市委、市政府在土地政策、财政政策、收费政策等各方面赋予的更大程度的优惠。

创业园优美的环境、优惠的政策、优良的秩序、优质的服务，已经吸引了来自美国、德国、加拿大、韩国等10多个国家和地区归国的留学人员前来投资兴业。

联系方式

地　址：山东省莱芜市汇源大街108号
邮　编：271100
电　话：86-634-8867136
传　真：86-634-8867960

临沂留学人员创业园

园区概况

临沂留学人员创业园位于临沂高新技术产业开发区科技孵化基地内，与临沂高新技术创业服务中心合署办公，其主要任务是通过国家、省、市及高新区的优惠政策和创业服务中心的优质服务，为学有所成的归国留学生人员提供广阔的发展空间。

创业园现有创业场地25万平方米，包括创新大厦、科苑广场以及科技企业加速器（科技园区），设有高标准办公研发场所、中试厂房、公用会议室、科技报告厅、商务中心等，餐饮服务、健身娱乐、通讯网络等配套设施齐全，可满足企业研发、中试和产业化不同阶段的需求。为快速聚集科技资源和产业要素，实现资源共享，降低创业成本，解决科技企业发展中遇到的共性难题、关键技术，创业园通过“政府引导、企业参与、多元化投资”方式，建设了山东省分析测试中心临沂分中心、金属材料强度国家重点实验室临沂研究中心、山东省分析测试中心临沂分中心、临沂光影动漫技术服务中心、生物医药分析测试中心等公共技术服务平台，同时可为留学人员创办的企业提供技术、人才、信息、咨询、培训、融资等一系列的服务。 留学人员创办的企业可享受的主要优惠政策有：享受国家、省、市及高新区对高新技术企业制定的相关政策；设立“科技创业基金”以无偿补助、贴息和资本金投入等方式扶持科技型企业的发展；对留学人员创办的企业，在一定的开发、生产及经营用房面积内，实行房租减免政策，并实行税收返还政策；对于科技含量高、市场前景好、具有自主知识产权的项目，在资金、税收、工商行政管理、出入境等方面享受更优惠的待遇等等。

截至2014年底，应用累计孵化各类科技型中小企业543家，其中毕业企业90家，在园企业206家，涉及电子信息、文化创意、生物医药、新材料、新能源和先进装备制造等新兴产业领域；园区企业共拥有自主知识产权300多项，企业承担国家项目22项、省级项目51项；先后为社会提供创业、就业岗位12000多个。2014年园区企业累计实现技工贸总收入10.9亿元，实现税收2278万元。

联系方式

地　址：山东省临沂高新区新华路西段创业大厦
邮　编：276017
电　话：86-539-7109126
传　真：86-539-7109096
邮　箱：lycyzx@126.com
网　址：www.lycyzx.org.cn

德州市留学人员创业园

园区概况

德州市留学人员创业园成立于2007年，是由德州市人民政府投资兴办的社会公益性科技服务机构，主要职责是为留学人员创业提供综合服务，促进科技成果转化，培养高新技术企业和企业家。2010年2月，被国家科技部火炬中心授予“大学生科技创业见习基地”荣誉称号；2010年12月，被科技部认定为“国家级科技企业孵化器”，并先后被认定为山东省大学生创业孵化示范基地、德州市中小企业创业辅导基地示范单位、中国留学人员创业园联盟理事单位。

创业园坐落于国家级开发区德州经济技术开发区，环境优美，位置优越，规划面积70万平方米，规划建筑面积45万平方米。建设有研发服务核心区、大学生创业孵化基地、科技企业孵化基地、科技企业加速器和新能源新材料、电子信息、光机电装备制造、生物医药、农产品深加工五个专业孵化器，初步形成了集“发生、孵化、加速、产业化”四位一体的现代孵化体系。其中，研发服务核心区占地3.2万平方米，建筑面积2.5万平方米，建有多功能报告厅、展厅、会议室、培训室、接待室等公共设施，并配套建设新能源新材料公共技术服务平台、科技中小微企业创业综合服务大厅和科技成果展示交易大厅，主要对接大学科研院所建设科研机构，引进高端科技人才创新创业。大学生创业孵化基地现有孵化面积7500平方米，水、电、暖、通讯等设施齐全，配有专业孵化指导和服务团队，能够为大学生创业提供良好的环境和培训、指导等服务。科技企业孵化基地占地15亩，建筑面积1.1万平方米，孵化楼主体现已完工，拟建生物医药、先进装备制造产业孵化器。科技企业加速器位于高铁新区，交通便利，距高铁德州东站仅5分钟车程，占地900亩，一期占地360亩，建成标准厂房10万平方米，服务楼2万平方米。

创业园拥有一支素质优良、精干实效的管理服务团队，引进了各类科技中介服务机构，能够为在孵企业提供完善的投融资、对外合作交流、专利代理等服务。

联系方式

地　址：山东省德州经济开发区晶华大道587号
邮　编：253076
电　话：86-534-2558586
传　真：86-534-2556586
邮　箱：Dz587@163.com
网　址：www.dzgczx.com

河南留学人员创业园

园区概况

河南留学人员创业园成立于1998年1月。2002年7月，由国家人事部和河南省政府共建，成为河南省唯一的国家级留学人员创业园；2010年12月，成功进入科技部“国家级科技企业孵化器”行列；2014年11月，被共青团中央首批命名为“全国青年创业示范园区”，是河南省中小企业创业基地、郑州市创业孵化基地、河南省留学归国工作先进单位。创业园基本功能定位于孵化、服务、示范、聚集，紧紧围绕海外归国留学生的科技创业活动，输入园区政策、资金、服务，使海外科技成果转化为生产力，培养大批高素质的留学生科技企业和企业家，成为转变经济发展方式、调整经济结构和发展高新技术产业的重要载体。

创业园位于国家郑州经济技术开发区内，地理位置优越，交通便捷，新的创业孵化基地占地40万平方米，已完成8万平米的建设施工。按照国家科技部对科技企业孵化器“苗圃——孵化——加速——产业化”的要求，创业园出台各项优惠政策，在孵化基地设立了创业苗圃，提供企业创新创业服务通道、组建投融资平台、设立人才引进培训机制、成立园区公共实验室、组建创业导师团队，积极辅导扶助初创期的留学人员企业发展。

截至2014年底，创业园累积孵化企业164家，其中，留学人员企业52家，成功培育上市企业1家；在园企业299家，其中，留学人员企业83家，主要分布在电子信息、生物医药、新能源环保、文化创意等行业领域；聚集了市级以上重点实验室和工程技术中心8家，其中，科技部“十二五支撑计划”研发中心1家；省级重点试验室1家，市级重点实验室6家。在园创业工作的留学人员122人，入选中央“千人计划”5人，省级人才引进计划2人。2014年在园企业总收入50亿元，实现税收1.2亿元，企业专利总数500项，企业各项融资总额1400万元。

联系方式

地　址：河南省郑州经济技术开发区航海东路1356号
　　　　创业大厦A座507室
邮　编：450016
电　话：86-371-66786588
邮　箱：hnlxrycyy@126.com
网　址：www.hnchuangtou.com

郑州留学人员创业园

园区概况

郑州留学人员创业园于2001年8月由河南省人事厅批复成立，是郑州高新区为充分发挥我国留学人员特殊的智力资源优势，在园区营造有利于留学人员创新创业的良好环境而兴办的公益性科技服务机构。

创业园位于郑州国家高新区，现有孵化场地3.5万平方米，内设中央空调系统，停车场、商务中心、休息室、会议室、宽带等公共设施，服务健全，环境幽雅、舒适，是集办公、生产、科研、休闲、娱乐、餐饮于一体的综合型现代化的孵化基地，适合中小型科技企业入驻创业。入驻创业园的孵化企业，符合相应条件的，除可以享受郑州高新区的有关税收优惠政策之外，还可以申报中小型科技企业创新基金，高新区孵化基金等科技计划项目。此外，创业园建立了一套趋于完善的服务体系，包括多元化的投融资服务体系、宣传培训体系、专家咨询体系、中介服务体系等，全力提高对企业的孵化成功率。

目前，入驻创业园的留学人员企业有50余家，留学人员分别来自美国、加拿大、英国、澳大利亚、日本等国家，大都具有硕士以上学位，从事的行业涉及光机电、电子信息、生物医药等领域。

联系方式

地　址：河南省郑州高新技术产业开发区长椿路11号
邮　编：450001
电　话：86-371-67980650
传　真：86-371-67986162
邮　箱：chenbr@zzgx.gov.cn

洛阳留学人员创业园

园区概况

洛阳留学人员创业园成立于2007年7月，由河南省人事厅批准，洛阳高新技术创业中心和捷威精密制造（洛阳）有限公司共同创办。

创业园坐落于洛阳高新技术开发区滨河路中段，交通便利，环境优美。园区建有多层标准厂房3栋3.3万平方米，钢结构厂房4000平方米，综合办公楼8000平方米，高层科研商务楼和生活服务设施2.9万平方米，是集办公、科研、生产、商住于一体的智能化、多功能、花园式的高新技术产业孵化基地。作为连接政府、企业、社会资源的纽带，创业园按照“政府引导、市场运作、专业服务”的运营模式，利用政府及社会资源优势，拓展和提升服务功能，不断加大对入驻企业的扶持力度，实行规范化的统一物业管理，为留学人员归国创业提供“孵化＋创投”全方位服务。

入驻创业园的企业可享受国家高新技术开发业的各项优惠政策，如留学人员创办企业从事技术转让、技术开发和与之相关的技术咨询、技术服务取得的收入，经税务机关认定后免征营业税；对获得省高新技术产品证书、获得科技进步奖、获得专利、获得著作权的企业，给予一定的经济补贴等。创业园还为入驻企业搭建起广阔的服务平台，提供全方位的优质服务。比如引进、协调各类中介机构，建立中介服务体系，为入驻企业提供包括工商登记、高新技术企业资格认证、科技成果鉴定、法律业务咨询、财务顾问、信用评估、专利申请、媒体策划等全方位的综合性服务；协助入驻企业办理引进人才的户口、人事档案、技术职称评定、社会劳动保险等相关事宜；为企业提供价格优惠的标准厂房、写字间、会议室和商住两用房，以及科研实验室等场地，并提供水电、通讯、交通等配套服务。

创业园积极整合多种优势资源，不断拓展、提升自身的服务功能，加大对入驻企业的扶持力度。除了给予入驻企业良好的发展环境外，还积极通过中小型企业贷款平台、担保平台、孵化基金和联保基金等向符合条件的入驻企业提供融资服务，并与国内著名院校、科研机构和海外留学人员等建立密切联系，为企业积极寻求技术扶持，铺就发展之路。创业园与清华大学和西安交通大学等著名院校建立了研发合作战略联盟，建立了中关村国际孵化园洛阳基地，使优势资源入驻园区，推动了高新技术产业化发展。

创业园积极探索科技成果转化的有效形式和机制，不断优化园区的创业环境，推动高新技术企业快速成长。自建立以来，创业园已汇集了捷威精密制造（洛阳）有限公司、洛阳美克金刚石有限公司和河南健古生物工程有限公司等一大批知名企业，覆盖多行业高新技术领域。

联系方式

地　址：河南省洛阳高新区滨河路22号
邮　编：471003
电　话：86-379-64338125
传　真：86-379-64310818
邮　箱：zhcluoyang@tom.com

平顶山留学人员创业园

园区概况

平顶山留学人员创业园成立于2012年7月，经河南省人力资源和社会保障厅批准，由平顶山高新区与平顶山市人力资源和社会保障局联合设立，依托平顶山高新技术创业服务中心，是国家级科技企业孵化器、省级留学人员创业园。

创业园孵化基地4.7万平方米，建有标准厂房12栋，环境优雅，基础设施齐全，可为入驻的留学人员企业和科技企业提供厂房、水电等物业管理，以及融资、技术开发、信息咨询、人才培训、企业管理、质量认证、项目审批等综合性服务，帮助企业不断地成长壮大。

目前，创业园已入驻企业30余家，其中已有4家企业5个产品分别被认定为高新技术企业和高新技术产品，1个项目被认定为河南省火炬项目。创业园将以促进科技成果转化、培育高新技术企业和企业家为宗旨，以新材料、新能源和机电装备为重点产业方向，引进海外高层次留学人员，发挥其科技创新优势，提高企业参与国际竞争的能力，为促进平顶山地区经济结构调整和经济增长方式的转变，为建设创新型城市、促进区域知识经济发展做贡献。

联系方式

地　址：河南省平顶山市建设路东段高新区创业服务中心
邮　编：467000
电　话：86-375-3987501
传　真：86-375-3987502

许昌留学人员创业园

园区概况

许昌留学人员创业园成立于2011年12月22日，是由许昌市人社局和中原电气谷管委会共同创建的省级留学人员创业园，是许昌市委、市政府实施人才强市战略，吸引海外高层次人才来许创新创业而设立的新型现代化科技园区，是许昌市首个针对海外留学人员建设的高新技术产业创业示范园。创业园由市政府委托中原电气谷管委会管理，成立“一组一中心”作为行政、经济、建设、投资、服务的专职机构。

创业园位于许昌新区中原电气谷核心区，占地面积285亩，目前已建成办公场地1.5万平方米、科研场地1.1万平方米、标准化厂房12.3万平方米，配套建设有职工公寓和职工食堂。创业园二期将新增投资3亿元，用于建设8.2万平方米标准化厂房及科研、办公场所，届时将形成总建筑面积13.3万平方米，办公、科研和产业化配套厂房等较为完善的高新技术产业孵化体系。为了加快园区发展，促进企业孵化，缩短科研成果产业化、商品化、效益化，使企业快速发展壮大，形成产业规模，市政府颁布实施了《许昌留学人员创业园管理暂行办法》，为鼓励海外留学人员入园创业提供了一系列优惠政策。

目前，创业园配套政策日趋完善，环境逐步优化，初步形成了一个布局合理、环境适宜、现代化、多功能的高科技园区。园区集企业孵化、产业培育、科技人才培养等职能为一体，以新能源、电力电子、电力装备制造等产业为发展方向，为海外高层次人才搭建的广阔创业平台。

联系方式

地　址：河南省许昌市魏武大道中段许昌新区管委会
邮　编：461000
电　话：86-374-3190067，3190068
传　真：86-374-3190081
邮　箱：zydqgbgs@126.com，zydqgzs@126.com

武汉留学生创业园

园区概况

武汉留学生创业园成立于1998年5月，是武汉市政府为了吸引和鼓励海外高层次留学人员回武汉创业而专门成立的科技企业孵化器。目前武汉留创园成为湖北省科投集团有限公司下属单位。2001年6月，创业园被国家科技部、人事部、教育部和国家外专局认定为“留学人员创业示范建设单位”；2003年9月，被中共中央宣传部、组织部、统战部和国务院人事部、科技部、教育部联合授予“全国留学回国人员先进工作单位”光荣称号；2004年12月，与国家人事部、市人事局共建国家级留学人员创业园；2006年，被科技部批准成为国家高新技术创业服务中心；2011年1月，被湖北省科技厅授予“优秀科技企业孵化器”称号，被武汉市科技局授予“武汉市科技企业孵化示范基地”“武汉市全民创业科技行动立功单位”荣誉称号；2011年2月，被武汉市人民政府授予“留学人员先进单位”称号；2012年8月，被科技部认定为“国家级科技企业孵化器”；2013年2月，获第十二届华侨华人创业发展洽谈会“项目促进先进单位”；并被认定为国务院侨办首家“重点联系单位”“湖北省博士后产业基地”以及欧美同学会“报国计划基地”。

创业园现有自营及委托经营的标准孵化场地面积共6.16万平方米，先后建成了光电技术中心（数码港和国企中心）、软件技术中心、集成电路设计中心、生物技术中心四大专业园区。

创业园通过营造局部优良环境，为留学人员创业企业集中解决共性和个性问题，有效促进了企业的快速成长。除了为入孵企业提供设施完备、功能齐全、价格低廉的孵化场地外，还提供政策、管理、市场、人力资源、融资、上市等全方位的咨询和对接服务，协助企业办理工商、税务、海关、居留资格申请、项目申报等事务，并针对企业不同阶段的发展需求，提供企业培训、企业联谊等个性化服务。

截至2014年底，创业园累计引进留学人员1200余人，在园企业190余家，聚集了一大批高层次创新创业人才。

联系方式

地　址：湖北省武汉东湖高新区高新大道666号光谷生物城C5栋北楼1楼
邮　编：430075
电　话：86-27-87617342
传　真：86-27-87747847
邮　箱：wosp@wh-newstart.org
网　址：www.wh-newstart.org

湖北省留学生襄阳创业园

园区概况

湖北省留学生襄阳创业园成立于2010年3月11日，经湖北省人力资源和社会保障厅批准由襄阳市人事局、市人才办和高新技术开发区合作共建。

创业园坐落在襄阳高新技术开发区，为留学人员入园进行高新技术开发、创办企业提供优质高效服务和优良的孵化场所，并努力降低入园企业的创业成本和风险，帮助受孵化企业渡过企业初期的高风险阶段。襄阳高新技术产业开发区特别设立了“留学人员创新创业专项资金”，自2010年起每年至少安排2000万元资金，重点支持留学人员到高新区留学人员创业园创新创业。以下各种奖励、资助和补贴均在专项资金中列支。

创业资助：给予创业资金资助。带项目、带资金来区创业的留学人员所办企业，其研发产品、技术有一定优势，企业发展前景良好，入园满1年后经申请，可按照国家高新技术企业资格认定办法对企业进行初步审核评估，审核合格的企业，予以在企业设立时法定代表人实际出资额20%的创业资助，最高30万元；企业正式获得国家高新技术企业资格认定后，可再获得同等额度的创业资金资助；留学人员所办企业，每吸引1名全日制硕士以上（含硕士）学位的人员到企业工作，可享受三年每年5000元专款补贴用于企业交纳各类社会保险，享受补贴人数最多5人；3年内免费提供最高100平方米的工作场地。

鼓励政策：对符合规定到园区创办企业，且担任法定代表人的留学人员，3年内每年给予1万元的住房补贴；对其未满18周岁在学子女，5年内每人每年发放5000元的教育津贴；3年内给予个人所得税留区部分的全额奖励。

社会化服务保障：为企业成立代办各种审批手续；人事代理、委托招聘服务；后勤物业保障服务；企业融资与财税服务；信息咨询服务；协助企业申报认定高新技术企业，组织企业科技成果和产品鉴定；专利产品代理服务；提供企业诊断、人才培训、CI策划，协助企业开辟国际合作渠道。

工作与生活待遇：包括子女入学入园、人才落户、职称评定等方面享受相关待遇。

联系方式

地　址：湖北省襄阳市高新区追日路2号
邮　编：441003
电　话：86-710-3756010，3700606
传　真：86-710-3756011
网　址：www.xfhdz.org.cn

长沙留学人员创业园

园区概况

长沙留学人员创业园成立于2002年，隶属于长沙高新区管委会，是科技部、人事部、教育部和国家外专局共同审批确定的首批“国家留学人员创业园”，是以促进科技成果转化、产业化，为初创型、中小型高新技术企业提供创新创业综合服务的公益型事业单位，是“全国优秀国家级创业园”、科技部火炬中心“创新基金初创期小企业创新项目服务机构”“湖南省留学生创业园先进单位”“湖南省大学生创新创业基地”及长沙市首批“中小企业创业基地”。2003年12月，被国家科技部批准为国家级高新技术创业园；2004年，被评为科技部全国25家优秀留学人员创业园之一；2005年，被国家发改委批准为国家大学生创业就业服务中心项目承担单位；2005年，与意大利西西里科技园合作互设办事处，设立欧洲在中国建立的第一家科技创业园；2006年10月，获批国家人事部和湖南省人民政府“部省共建”留学人员创业园；2007年12月，成为“中国火炬创业导师行动”首批12家启动单位之一；2011年12月，获评湖南省唯一一家“国家海外高层次人才创新创业基地”；2012年，被评为湖南省优秀留学人员创业园。

创业园孵化总面积22万平方米，园区有巨星创业基地、延农创业基地、C2创业基地、MO创业基地、长海创业基地、新瑞信创业基地、天劲创业基地、德邦创业基地、人印创业基地等孵化场地。

为了吸引海内外高端人才来园区创业，长沙高新区管委会先后出台了《长沙高新区关于建设国家创新型科技园区的若干政策意见》《长沙高新区关于进一步加强人才工作的意见》《长沙高新区引进高层次人才五年行动计划（2012—2016）实施办法》等政策，并拨款1亿元设立高层次人才创业投资基金，成立高层次人才创业投资有限公司作为基金的管理机构，由创业园具体负责公司日常管理和运营，鼓励和支持留学人员入园工作和创业。创业园在全力落实管委会政策的同时，制定了《长沙高新区创业园鼓励留学人员、大学生来区创业的实施办法》《长沙留学人员创业园房租补贴细则》等配套落实文件，并提供全方位的创业服务，为留学人员企业发展创造良好的环境。此外，创业园大力拓展孵化服务内涵，提升创业服务品质，通过成立麓谷创业学院、承办湖南省创新创业大赛，不断夯实服务平台，丰富服务内容，塑造创业服务品牌。

联系方式

地　址：河南省长沙高新技术产业开发区麓景路8号
巨星创业基地205
电　话：86-731-89777053
传　真：86-731-89777055
网　址：www.cnibi.cn

长沙经济技术开发区留学人员创业园

园区概况

长沙经济开发区留学人员创业园成立于2010年6月，由湖南省人力资源和社会保障厅、长沙市人力资源和社会保障局联合授牌。创业园重点吸引留学人员在工程机械、汽车制造、电子信息、新材料等高科技产业领域创业，形成与创业园建设总体目标相适应、符合“创业之都”战略要求的功能格局。创业园由长沙经开区管委会授权长沙经开区创业服务中心统一管理。创业中心成立于2002年，是长沙经济技术开发区管理委员会全额拨款事业单位，是为留学人员创业企业提供综合服务的公益性科技事业服务机构。创业中心以“创造优良环境、提供优质服务、培育优秀企业家”为目标，在各级政府和社会各界及广大创业者的关心支持下，已建立了比较健全的创业服务体系，形成了规范化、专业化的创业服务机制。

创业园以国阳科技园为核心，以和祥科技园、物丰科技园等其他孵化基地为补充，孵化面积达14万多平方米。其中，国阳工业园占地60亩，总投资8600多万，园区按孵化生产区、公共服务区、生活配套区三大功能规划建设。和祥科技园占地98亩，已开发面积80亩，完成投资7452万元，建筑面积6万平方米，由标准厂房、办公楼和公寓楼三大部分组成，园内配套完善，餐饮、娱乐、购物、健身一应俱全，是长沙经开区最早的孵化基地。物丰机电产业园占地面积6万平方米，总建筑面积5.07万平方米，总投资7000多万元，由钢结构标准厂房、通用厂房、员工宿舍楼和综合楼四大部分组成，拥有完善的生产、商务、办公功能区，布局科学合理，使企业足不出园就可以进行各种活动。

联系方式

地　址：湖南省长沙市星沙三一路2号
长沙经济技术开发区创业服务中心
邮　编：410100
电　话：86-0731-84020187
网　址：www.cetz.gov.cn

湖南生物医药留学人员创业园

园区概况

湖南生物医药留学人员创业园由湖南省人事厅批准成立，是以生物医药领域高科技项目孵化为主的专业服务机构。创业园建设是长沙国家生物产业基地重要发展战略之一，该基地是2006年10月由国家发改委批准认定的、以湖南浏阳生物医药园区为核心区的国家级生物产业基地，是中西部地区第一个国家级生物产业基地，是由联合国工发组织与长沙市政府共建的国际医药产业园，是科技部的生物医药火炬计划基地，国家商务部定点的全国十二大医药出口基地之一，湖南省的重点工程、长沙市十大标志性工程之一。

创业园总建筑面积3万平方米，其中孵化场地5200平方米，依托基地良好的投资环境、较为完善的产业化共享服务平台体系，通过创造一个局部优化、适合留学人员创业的环境和条件，提供具有国内先进水平的生物医药专业化服务，以加速中小科技创业型企业能够依托基地资源迅速发展。创业园以资源整合、优化配置为主线，逐渐形成了基因芯片技术、胶体金诊断试剂技术、组织芯片技术、病理检测抗体技术、组合生物合成、化学药物研究以及中药提取技术等七大共享实验技术平台，并积极协助入园企业共同建设新的技术平台。创业园与欧洲最大生物基地德国柏林生物医药园、挪威生物医药创业中心等建立了合作关系；承担了国家发改委的中国政府与古巴的生物技术合作并与三家古巴国家生物所签订合作协议；参与科技部的中英剑桥园并负责生物技术类项目洽谈合作；在省政府支持下，建立了药用植物资源国际合作研发中心、生物技术服务外包国际合作中心等。

创业园重点发展生物诊断试剂、单克隆抗体以及新药研发外包服务（CRO）三大技术领域，积极引进著名企业和投资商，促使创业园生物单克隆抗体产业规模化，并成长为园区继标准化提取物之后第二大的出口品种。较为完善的产业服务平台与专业化的服务，使园区目前集聚了一批先进生物技术项目和创业人才，逐渐形成了生物芯片技术、诊断试剂技术、新药研发外包服务技术、单克隆抗体技术以及中药标准化提取物技术等产业集群。

联系方式

地　址：湖南省浏阳生物医药园区科创大楼
邮　编：410329
电　话：86-731-3280359
传　真：86-731-3280666
邮　箱：13907484359@139.com
网　址：www.lipip.com

株洲留学人员创业园

园区概况

株洲留学人员创业园成立于1999年7月，是湖南省成立的第一家留学人员创业园。创业园与株洲国家高新技术创业服务中心、大学生创业示范园采取“三块牌子、一套人马”的方式运作，按企业化管理模式运行，实行自收自支的财务管理体制。创业园先后荣获“全国先进高新技术创业服务中心”“湖南省留学人员创业园先进单位”“湖南省国家火炬计划实施20周年先进服务机构”“湖南省非公有制经济服务先进单位”“湖南省先进基层党组织”“湖南省文明窗口单位”“湖南省科技管理系统先进集体”“湖南省和谐劳动关系示范工业园区”“湖南省优秀留学人员创业园”“株洲轨道交通产业集群创新创业平台”“湖南省促进就业创业孵化基地”“国家级大学生科技创业见习基地”等100多项荣誉。

创业园孵化总面积14.87万平方米，包括“一园两基地”创业园本部和天台金谷孵化基地。创业园大力推进“苗圃——孵化器——加速器”一体化的科技创业孵化链建设，更好地满足不同发展阶段的创业企业和团队的要求，进一步提升孵化器的服务能力和服务水平。创业园与省内外高校及科研机构建立长期合作关系，发挥其人才、学科和科技成果优势，搭建多种技术合作平台，推进产、学、研结合，加速科技成果转化。与株洲时代新材国家级检测中心合作成立了“株洲高新区轨道交通产业科研测试中心”，与湖南大学、湖南科技大学、湖南工业大学、湖南商学院、株洲职业技术学院、湖南省化工职业技术学院等高校合作共建技术合作基地、MBA教育实习基地、学生创新实践基地，与湖南工贸技师学院合作创办工人技能培训班基地。

创业园鼓励有创业意向的科研人员、大学生、留学人员等开展创业见习实习，组织长、株、潭地区科研院所专家学者、园区成功创业的企业家作为创业导师来园讲学，提供团队组建、管理运营、技术攻关、产品市场前景分析等具体指导，为未成立企业的优秀创业项目和创业团队提供专业、系统的“预孵化”服务。

截至2014年底，创业园在园留学人员企业40余家，主要集中在电子信息、生物医药、新材料、新能源、高端制造为重点的创业孵化领域。

联系方式

地　址：湖南省株洲市天元区泰山路43号
邮　编：412007
电　话：86-731-28827865，86-73128811372-804
传　真：86-731-28836881
网　址：www.zzic.com.cn

湘潭留学人员创业园

园区概况

湘潭留学人员创业园于2003年8月29日经湖南省人事厅批准成立，10月28日正式授牌，是湘潭高新开发区管委会直属的公益性科技型事业单位，与湘潭国家高新技术创业服务中心采取“两块牌子、一套人马”的方式运作。

创业园依托创业中心3.8万平方米创业孵化大楼，建设1.44万平方米的标准厂房，以优惠的政策和良好的服务，吸引海内外留学人员归国创业。同时，配合德国科技园引进国外项目进行孵化，逐步建成国际企业孵化器。

联系方式

地　址：湖南省湘潭市晓塘中路火炬创新创业园创新大厦2楼
邮　编：411100
电　话：86-0731-58551800
传　真：86-0731-58551800
邮　箱：haoxinqing@sohu.com
网　址：www.xtctp.com

岳阳留学人员创业园

园区概况

岳阳留学人员创业园创建于2001年6月，经湖南省人事厅批准，于2002年7月正式挂牌。创业园位于岳阳高新技术产业开发区内，是吸引留学人员来岳阳创业发展的重要平台，是推动岳阳高新区及其高新技术产业发展的重要载体。

创业园规划了8000平方米的厂房作为孵化基地，并建设了留学人员创业科技大楼，实行优惠政策，为留学人员新办企业提供场地、资金、申报项目、办理手续等服务。

目前，创业园引进项目大多处于国际国内领先水平，部分被列入湖南省科技厅重点支持项目，多名留学回国人员在园内成功兴办高新技术企业。

联系方式

地　址：湖南省岳阳市巴陵中路创业大厦
邮　编：414000
电　话：86-730-8720888
邮　箱：282423357@qq.com
网　址：www.yykfq.gov.cn

常德留学人员创业园

园区概况

常德留学人员创业园成立于2005年6月，是继长沙、株洲、浏阳、岳阳、湘潭之后湖南省内第六家留学创业园。常德市政府采取灵活政策，提供启动经费与免费办公条件，并按照“政府搭台，企业唱戏；民办官助，大胆创新”的建设方针，将创业园交给留学人员自己经营管理。

目前，创业园成功吸引了一批来自美国、日本、加拿大、英国、比利时等国的留学人员，集聚了一批信息技术、材料、能源、交通、农业等高科技项目，成功开发出一系列如新型光缆材料、网络教育资源平台、GPS车辆监控系统、建筑节能系统、生物试剂等新型产品。

联系方式

地　址：湖南省常德市人民东路320号农业局大厦1楼
邮　编：415003
电　话：86-736-2597057
传　真：86-736-2519882
邮　箱：hncdwsb517@163.com

益阳留学人员创业园

园区概况

益阳留学人员创业园成立于2007年12月，被湖南省人事厅认定为省级留学人员创业园，并先后被认定授牌为“益阳会龙电子信息园”“湖南省高等院校科研院所科技成果转化及产业开发基地”“中南大学科技园”“清华大学科技园”等。

创业园位于湖南省益阳高新区南片区，规划总面积510亩，以云雾山路为轴线，分南北两个功能区：南边为生产区，规划建设标准化厂房和管理及仓储用房；北边为综合服务区，规划建设各类套型公寓、公共服务大楼和综合孵化大楼，以满足企业高管和其他工作人员的生活服务需求。创业园分别与清华大学、中国科技大学、国防科大、中南大学、湖南大学、湘潭大学、北京国力源研究中心、湖南省林科院等42所大学院校科研院所建立了密切的合作关系，园内大多企业建立了自己的研发机构。

目前，创业园累计入孵企业52家，其中在孵企业30家，毕业企业22家；累计实施省级以上科技项目20余项，申报专利25件，授权专利12件，转化科技成果3项，开发新产品62项。汇盛科技、瑞亚高科、方圆液压、祥瑞科技等一批企业发展迅猛，有力地促进了益阳高新区新能源、新材料、新兴信息技术及服务业、高端装备制造、农产品精深加工等主导产业的快速形成。

联系方式

地　址：湖南省益阳市高新区云雾山路
邮　编：413000
电　话：86-737-2223126，2223128

留学人员广州创业园

园区概况

留学人员广州创业园成立于1999年8月，由广州开发区投资创办并与国家教育部、科技部合作共建，是广州开发区留学人员创业的主要聚集地。2001年8月，被国家科技部、教育部、人事部和外国专家局联合认定为国家留学人员创业园建设示范点，是广东省唯一的国家级留学人员创业园。创业园管理机构是广州火炬高新技术创业服务中心，是科技部认定的国家级高新技术创业服务中心、首批国家级“大学生科技创业见习基地试点单位”。

创业园已建成了广州科技创新基地园区、广州科学城综合研发孵化区园区、广州开发区西区园区、广州国际企业孵化器园区、广东软件科学园园区、科学城信息大厦园区六个园区，形成了资源互补、配套齐全的孵化网络，总孵化场地达15万平方米。

创业园致力于为广大留学人员提供从企业筹建、项目研发到产业化的全过程、全方位、专业化的孵化服务，引进和培育了大批优秀留学人员企业，涉及生物医药、电子信息、新材料、光机电一体化等多个产业领域。

截至2014年底，创业园累计孵化留学人员企业500余家，毕业企业168家，产业化企业160家，15家企业购地建立产业化园区，总购地面积超过60万平方米。累计引进创办企业的留学人员688人，其中博士414人，硕士237人。创业园作为重要的创新人才聚集地，汇集了中央“千人计划”入选者8人、广州市海外高层次人才入选者2人、广州市“创新创业领军人才百人计划”入选者11人、广州开发区领军人才入选者9人，已成为广州开发区、广州市提高自主创新能力、推进高新技术产业化和社会经济发展的重要力量。

联系方式

地　址：广东省广州科学城揽月路80号
　　　　广州科技创新基地综合服务楼708
邮　编：510663
电　话：86-20-32290476，32290563
传　真：86-20-32290839
邮　箱：anleex@enterpark.com
网　址：www.entrepark.com

广州市留学人员创业（海珠）基地

园区概况

广州市留学人员创业（海珠）基地成立于2001年9月，是为留学人员来海珠市创业而设立的科技企业孵化器。基地与广州市海珠高新技术创业服务中心实行“两个牌子、一套班子”进行运作。创业中心是由海珠区政府于2000年1月建立的科技创业服务机构，隶属广州市海珠区科技产业基地管理委员会直接管理。2000年12月，被广州市科技局认定为“市级高新技术创业服务中心”；2001年9月，被市科技局批准成为“广州市留学人员创业（海珠）基地”；2005年12月被科技部认定为“国家高新技术创业服务中心”。

创业基地位于广州城市新中轴线，占地面积1.1万平方米，有6座主要建筑物，可供科技企业创业的建筑面积1.5万平方米，内设置有高新技术成果（产品）展览厅、多功能会议厅、商务中心、培训中心以及宽敞的停车场等基础设施，环境优美，周边生活服务设施齐全。

创业基地为扶持进入中心的企业发展制定了各项优惠政策，入驻企业除可享受国家、省、市扶持发展高新科技产业的各项优惠政策外，还设有项目扶持资金及纳税奖励等一系列优惠措施，按照《留学人员入驻海珠创业基地的暂行办法》执行。对留学人员自带项目到基地创业，经审查批准，可从广州市留学人员管理服务中心申请留学人员专项资金10万元；在此基础上，还可从海珠区高新技术创业扶持资金中获得10万元以上的资助，作为留学人员的项目启动资金。同时，提供园区物业管理、后勤服务，为入园企业办理工商、税务、证照等服务。

联系方式

地　址：广东省广州市海珠区敦和路189号
邮　编：510300
电　话：86-20-89225040
传　真：86-20-89225984
邮　箱：gzlinjin@sina.com
网　址：www.cy-center.com

广州市荔湾留学生科技园

园区概况

广州市荔湾留学生科技园成立于2002年，是荔湾区人民政府出资、由荔湾区科学技术局主办、荔湾区生产力促进中心创办并管理的科技企业孵化基地。旨在建立一个良好的创业环境，以鼓励和支持留学人员和高新技术企业来区创业发展，为进驻的科技型企业提供从项目研究开发、中试小规模生产到市场开拓的多功能、全方位、全过程的优质服务。

科技园临近荔湾区政府及地铁，交通便利，环境优美，已建成由中山七路园区、穗丰大厦园区和聚龙中试基地（广州市市级高新技术创业服务中心）、东沙创业中心四个园区组成的完整体系。其中，最新成立的东沙创业中心位于荔湾区东沙工业园区内，建筑面积达4500平方米。

科技园成立以来，吸引了近200家科技型企业入园，近半是留学回国人员创办的企业；引进各类人才400多人，其中归国留学人员60多人，硕士以上学历人员100多人，已成为推动荔湾科技、经济和社会发展的一个亮点。

联系方式

地　址：广东省广州市荔湾区逢源路330号3楼
邮　编：510000
电　话：86-20-81377323
传　真：86-20-81033258
邮　箱：leif1963@21cn.com

深圳市留学生创业园

园区概况

深圳市留学生创业园成立于2000年10月，由深圳市人事局、高新办、龙岗区政府和美国国际华人科技工商协会联合投资兴办，实行“政府引导，企业化运作，留学生管理”，这种模式在全国尚属首创。2004年12月，成为国家人事部与深圳市人民政府共建的“中国深圳留学人员创业园”，并被国家科技部认定为“国家高新技术创业服务中心”；2010年，被广东省认定为“广东省小企业创业基地”；2012年，被广东省认定为“广东省科技服务业百强企业（机构）”；2013年3月，被深圳市委组织部确定为“人才工作基层联系点”。

创业园现有孵化场地3.34万平方米，拥有孵化、项目管理和资金管理三大功能，建立了财税咨询服务平台、创业园网络管理平台、企业知识产权全流程服务平台和多媒体培训平台四大公共服务平台，为入园企业提供基础设施、创业辅导、融资服务、人才引进、交流培训、市场推广、管理咨询、项目推介、专业服务、联谊沟通等十大类百余项服务内容。

截至2014年底，创业园已累计孵化企业767家，培育上市留学人员企业1家；2014年新增企业43家，全部为留学人员创办的企业；在园企业注册资本总额24900万元，在园留学人员企业主要分布在电子信息、生物医药、新材料、新能源与环保、先进制造等领域。累计有12人入选中央“千人计划”创业人才，5人入选省级人才引进计划，60人入选市级人才引进计划。2014年园区企业收入总额167076万元，企业专利总数647项，发明专利总数173项，企业新增融资总额3300万元，企业累计融资总额达到120600万元。

联系方式

地　址：广东省深圳市南山区高新南环路29号
　　　　留学生创业大厦2101室
邮　编：518057
电　话：86-755-86329000
传　真：86-755-86329004
邮　箱：Sz86329000@163.com
网　址：www.szchuangye.com

深圳市留学人员（福田）创业园

园区概况

深圳市留学人员（福田）创业园成立于2003年，依托于福田区高新技术创业中心（深圳市软件园福田分园），创业中心是由深圳市福田区人民政府投资创办的，为创业阶段的科技企业提供各种服务且不以营利为目的的公益型科技服务机构。2003年，创业中心被认定为深圳软件园（福田）分园、深圳市留学人员（福田）创业园和深圳市留学生联谊会（福田）分会；2007年，通过深圳市科技企业孵化器认定。

创业园现有4个孵化基地，总孵化面积约11万平方米。包括：位于滨河路边的“松岭”基地，孵化面积5000平方米，入驻企业主要为电子信息、软件开发行业的初创企业。位于彩田北路的“彩田”基地，也称中科大（福田）产学研基地，孵化面积6700平方米，发挥中国科技大学的人才和技术支撑点作用，将中国科技大学的高新技术成果引入福田区内孵化和产业化，促进海外留学人员带科技成果来福田创业。位于深圳市老工业区八卦三路荣生大厦的“八卦岭”基地，孵化面积1.10万平方米，是利用原有的工业办公楼进行功能重新定位，创建工业厂房向科技产业转型的典范，已吸引大批科技企业进入。位于福田保税区的福田软件出口基地，孵化面积约5.8万，利用保税区的政策优势，吸引海内外创业投资者，重点发展行业应用软件、行业应用中间件、工业自动化软件，致力于提升福田区软件产业的规模和水平，成为软件出口的重要源头。

联系方式

地　址：广东省深圳市福田区松岭路1号
邮　编：518031
电　话：86-755-83650188
传　真：86-755-83650588

深圳市留学人员（国际科技）创业园

园区概况

深圳市留学人员（国际科技）创业园成立于2013年12月10日，是深圳市科学技术协会、深圳市福田区人民政府及深圳光启研究院，为搭建国际化的技术创新平台，引进国际先进技术和高端创新团队，促进深圳自主创新型城市建设和福田产业高端化发展而合作建立的国际科技创业园。创业园为入园企业提供国际专业化支持和智力服务，从政府扶持政策与创业配套服务等方面帮助国际创新团队尽快建立企业化运营模式，实现技术产业化和生产规模化。

创业园在深圳市科学技术协会、深圳市福田区人民政府的支持和指导下，建设项目将分两个阶段运行。第一阶段为示范项目阶段，选址位于福田区中投国际商务中心作为过渡基地，共约3000平方米，计划引进海外高端创业团队或项目6到8家，目前已达饱合状态。第二阶段为拓展运营阶段，选址福田区深圳国际创新中心，计划投入运营面积约2万平方米，将引进40到60家海外高端创业团队，已有近200家国际高科技创业团队或项目向园区提出了入园申请，进入园区优质“种子企业库”。

创业园以深圳光启研究院所拥有的国际智力资源为核心驱动，以超材料产业发展基金为重要支撑，引进了一批国际化、专业化的高层次运营管理团队、投资团队和科学家团队，为入园企业提供全面的创业服务支持，并依托光启的海外合作机构，促进园区与海外机构的深入合作。同时，以新材料和新一代信息技术两大战略性新兴产业为主线，通过人才聚集和项目运作，集中特色技术进行园区产业布局。

联系方式

地　址：广东省深圳市福田区香梅路1061号
　　　　中投国际商务中心A座18-B
邮　编：518040
电　话：86-755-23482785转812
传　真：86-755-82705173
邮　箱：sziip@kuang-chi.org

深圳市留学人员（龙岗）创业园

园区概况

深圳市留学人员（龙岗）创业园成立于2001年7月，是深圳市龙岗区为吸引海外留学生来龙岗创办高新技术企业而投资兴建，以引进优秀归国留学人员携带高科技项目来龙岗创业，提高相关产业水平，加快科技成果化，引导和带动自主创新体系建设为目的的综合性科技企业孵化器。2004年，通过深圳市科技企业孵化器认定；2005年，通过国家级科技企业孵化器认定；2006年，被授予“深圳市优秀引智单位”称号；2007年，被认定为“深圳市优秀科技企业孵化器”；2008年4月，成立知识产权工作站；2008年6月，通过ISO9000管理体系认证。

创业园地理位置优越、环境优美，总孵化面积近4万平方米，各项配套设施完善。科技图书馆、商务中心、情报中心、乒乓球室、台球室、会议室、洽谈室、展览厅、多功能厅均免费对企业开放；引进了深圳低成本健康实验室和CAE实验室、深圳市声学噪音处理检测平台、深圳市环保环评检测等公共技术检测平台；引进了咖啡厅、社康中心等社会配套机构；同时，为创业企业提供低成本的办公、科研及生产场地，以及一站式、全方位的服务。

目前，创业园内有在孵企业80余家，累计毕业企业60余家；在园企业共拥有专利280项，著作权35项，商标46个，拥有多项国际领先技术。

联系方式

地　址：广东省深圳市龙岗区中心城留学生创业园
　　　　一园213室
邮　编：518172
电　话：86-755-28938007
传　真：86-755-28938001
邮　箱：lgcy@vip163.com
网　址：www.cy.longgang.gov.cn

华丰（龙岗）留学生产业园

园区概况

华丰（龙岗）留学生产业园成立于2009年5月，是由华丰世纪集团投资兴建的留学生产业园，是深圳市引智办和龙岗区科技局重点项目。

产业园一期规划用地面积约4.5万平方米，总建筑面积逾10万平方米，建有标准化工业厂房8栋，配套公寓5栋，地理位置优越，环境优美，配套完善。商务中心、情报中心、乒乓球室、台球室、会议室、洽谈室、展览厅、多功能厅等均免费对企业开放。华丰集团先后投入300余万元资金，根据国际标准化工业园对园区的绿化、监控系统、电梯系统、配电系统、热水系统、通信系统、有线电视系统、语音广播系统、办公会议系统进行全面改造。产业园客户服务中心积极与外部企业及政府机构沟通交流，同时进行全方位的合作。龙岗区留学生联谊会已经成为联系园内外留学生的重要纽带。

目前，产业园累计引进高新科技型企业25家，其中留学生企业16家、外资企业1家、中国台湾合资企业1家；园区企业共获得专利20余项，6家企业已采用或通过ISO等国际质量标准管理体系；1个博士后科研工作站、1个产学研合作基地正在筹建中；累计吸引投资4亿元人民币，提供就业岗位3000余个。

联系方式

地　址：广东省深圳市龙岗区宝龙工业区
宝龙一路与宝荷路交叉路口
邮　编：518116
电　话：86-755-89668288
传　真：86-755-27856777

深圳市留学人员（光明）创业园

园区概况

光明新区留学人员创业园成立于2013年11月，是光明新区管委会为落实国家留学政策，吸引学有所成的海外留学人员到新区创办企业，培育具有国际竞争力的企业和企业家，促进新区经济与社会发展而投资设立的高新项目孵化基地。

创业园一期启动区4000平方米的场地已投入使用，地理位置优越，周边环境优美，配套设施完善，是海外留学人员创业的理想场所。创业园以优惠政策为入园企业提供孵化场地，并针对处于创业期、成长前期企业的特点，提供各类孵化服务，促进科技成果转化，帮助海外留学人员实现技术项目商品化与产业化。

根据市委、市政府要求，创业园被定位为光明新区引进、培养和发挥留学人员作用的重要载体，是实现科技成果转化的重要基地，是海外留学人员施展才华的创业舞台。

联系方式

地　址：广东省深圳市光明新区观光路招商科技园
A3栋C2—C6单元
邮　编：518107
电　话：86-755-88211505
传　真：86-755-88211505

深圳市留学人员（龙华）创业园

园区概况

龙华新区留学生创业园于2013年8月20日在观澜银星工业园挂牌成立，依托龙华新区科技企业孵化器创建，旨在为留学回国人员创业提供优质服务平台。2013年11月，被授予“深圳市留学人员（龙华）创业园”牌匾，正式成为深圳市留学人员创业园中的一个重要组成部分。创业园在成立之初由龙华新区组织人事局负责日常管理，现在采用“政府指导、民间运营”的方式，由深圳市龙新国际孵化器管理有限公司直接运营管理。

当前，龙华新区重点发展“一个发展中轴，九个重点片区”，其中，有五个片区在创业园周边，为园区未来发展提供了地域与空间活力保障。创业园规划总建筑面积约10万平方米，可容纳200家创业企业和100家成长性企业入驻。一期建成面积1.5万平方米，配备有公共服务平台（培训、政策咨询、创业咖啡、特色餐饮、专家公寓、交通配套、秘书服务、法律服务站、财务服务站、人才服务站、超级前台、电子商务、知识产权代办机构、创投机构、知识产权服务站）和公共技术平台（公共实验室、公共测试平台、公共技术开发体系），并有员工食堂、班车、宿舍以及公共会议室、培训室等配套。

创业园构建科技服务创新系统，有效聚集整合政府、协会等多方面资源，入驻企业将享受专项资金扶持等优惠；为支持企业发展，园区对于重大项目的引进，可提供长免租期、厂房订制、股权投资、银行贷款、资金补助申请等方面的增值服务。创业园设立了创业咖啡吧和成果展示中心，通过舒适的创业环境激发优秀的创业灵感，通过专业成果展示勾兑高效的成果转移，最大限度的提供增值服务和模式创新，加快园区企业成长。

截至2014年底，创业园入驻留学人员创业团队行业涵盖电子信息、生物科技、新材料、智慧城市及大数据解决方案、垃圾自动化与资源化等领域，留学科研创业团队来自美国、英国、澳大利亚、加拿大、荷兰、新加坡等发达国家，全部拥有国家发明专利或实用新型专利。其中，创业团队中入选中央“千人计划”2人，入选省级人才引进计划4人，入选市区级人才引进计划3人。

联系方式

地　址：广东省深圳市龙华新区观澜街道观光路1301号
银星高科技大厦
邮　编：518110
电　话：86-755-23703093
传　真：86-755-23317956
邮　箱：szlhti@szyxjt.com
网　址：szlhti.com

深圳市留学人员（坪山）创业园

园区概况

坪山新区留学生创新产业园成立于2011年11月，是坪山新区管委会为吸引海外留学人才员来区创业而投资设立的高新技术成果孵化基地，主要承担海外留学人员创业企业成长前期的孵育功能。2012年11月，被市政府认定授牌为“深圳市留学人员（坪山）创业园”。

创业园位于华瀚科技工业园内，地处新区中心区的核心区，地理位置优越，总建筑面积23800平方米，一期1.75

万平方米的科研、实验、办公场地已建成并投入使用，配套设施完备。对于入驻园区的留学人员，除了享受深圳市政府提供的优惠政策外，还可同时享受新区管委会提供的“零费用”进驻，入驻园区进行创新创业、研发的留学人员企业，办公场租全免、科研场租全免、试生产场租全免。

目前，创业园已入驻23家孵化项目，其中，留学人员创业企业12家，涵盖新材料、新能源、电子科技、互联网等战略新兴领域。

联系方式

地　址：广东省深圳市坪山新区金牛西路16号
　　　　华瀚科技工业园内
邮　编：518000
电　话：86-755-28339215
传　真：86-755-28339266
邮　箱：cx10001@126.com
网　址：www.psxq.gov.cn

珠海留学人员创业园

园区概况

珠海留学人员创业园成立于2003年，是国家人事部与珠海市政府共建的国家级创业园。创业园由珠海高新区管委会管理，珠海市政府人事和科技行政部门归口指导。珠海高新区管委会下设创业园管理服务中心，具体负责园区日常管理和服务工作。

创业园设在珠海国家高新技术产业开发区内，面积2.3万平方米，分为A、B两区，A区位于科技创新海岸的南方软件园内，面积1万平方米；B区位于南屏科技工业园内，面积1.3万平方米。已形成了集研究、实验、中试、孵化为一体的留学人员创业基地，基础设施完善、信息网络发达、生态环境优美、技术创新氛围浓郁的智能型园区，成为珠海市实现科技成果转化的重要基地。

创业园建园以来发展迅速，进驻的留学人员企业由最初的19家增至目前的70多家，实现产值超过10亿元；80多名留学人员在园内创业发展，3人选国家“千人计划”。

联系方式

地　址：广东省珠海市唐家湾镇港湾大道科技一路10号
　　　　民营科技大厦一楼
邮　编：519085
电　话：86-756-3629995，3629996
传　真：86-756-3629900
网　址：www.zhhbi.com

惠州仲恺高新区留学生创业园

园区概况

惠州仲恺高新区留学生创业园（广东惠州仲恺高新区留学生创业服务中心）成立于2003年7月。2006年底，仲恺高新区成立科技创业服务中心，与留学生创业服务中心合署办公，秉承“服务科技，扶持创新”的发展思路，吸引初创期科技型中小企业和创业企业入孵，为归国留学创业人员提供创业启动资金、科技服务和商业配套服务。2008年9月，创业中心被省科技厅认定为“广东省高新技术创业服务中心”，被市纪委、市监察局认定为“惠州市改革开放成果教育基地”；2009年，获得“省中小企业服务机构示范单位”“广东省高校毕业生科技创业孵化基地”认定；2010年，被国家人力资源和社会保障部全国博士后管委会认定为“博士后科研工作站”，被科技部火炬中心认定为“国家级科技企业孵化器”，被省中小企业局认定为“广东省小企业创业基地”，被省发改委认定为“广东省现代服务业集聚区”；2012年，被市政府认定为“惠州市现代服务业集聚区”，被省中小企业局认定为“广东省中小企业公共服务示范平台”，被省人社厅认定为“广东省创业带动就业孵化基地”。

创业园孵化总面积20万平方米，孵化场地由仲恺高新区科技创业服务中心1、2、3号楼，TCL科技大厦科技创新研究服务中心，惠南、东江产业园科技创业服务中心，陈江、惠环加速器以及北京中关村异地孵化器、美国波士顿异地孵化器、政企共建孵化器等构成，针对不同成长阶段科技企业的需求，建设与之相适应的不同类型科技创新创业孵化载体，从创业苗圃到孵化器、加速器，再到产业园等，建立完善科技创新创业孵化链条，形成了“创业苗圃+孵化器+加速器”的孵化体系。创业园积极探索“前孵化器”和异地科技创新服务体系建设，依托国内外知名高校和科研院所，推动产学研合作，支持有创业需求的精英和创新团队把仍处于研究早期的技术产品甚至技术思路进一步完善并在仲恺高新区进行产业化。

为进一步优化仲恺高新区人才政策环境，仲恺高新区相继出台《仲恺高新区引进扶持高层次人才激励政策（暂行）》《仲恺高新区管委会关于仲恺高新区“恺旋人才计划”的实施意见》，针对海外高层人才，协助其办理工商注册、税务登记、海外高层次人才居住证等一站式服务，提供生活津贴及一次性住房补贴等补贴待遇。

联系方式

地　址：广东省惠州市仲恺高新区惠风东二路16号
邮　编：516006
电　话：86-752-2653699
传　真：86-752-2653896
邮　箱：smart008@21cn.com
网　址：kc.hzzk.gov.cn/lxscy

东莞市留学人员创业园

园区概况

东莞市留学人员创业园成立于2003年，是东莞市委、市政府实施科教兴市和人才强市战略，吸引海外留学人员来莞创业的重要平台。其宗旨是为留学人员来莞创业提供优质服务，营造适宜中小科技企业成长的创新环境，促进先进科技成果转化，加快培育自主创新型企业和现代企业家，推动东莞新兴产业、高科技产业发展。2005年底，被团中央授予“中国青年留学人员创业基地”的称号；2007年12月，被国家科技部认定为“国家高新技术创业服务中心”。

创业园设在风景优美的东莞松山湖科技产业园区，有孵化场地面积4万多平方米，建成生物医药专业孵化器、创意产业孵化器，以及生物医药工程中心、微电子材料研发中心等多个公共技术平台。此外，还专门配备了会议室、多功能报告厅、员工食堂、咖啡厅、文体活动室等，为入驻企业提供良好的商务、生活环境。

截至2014年，创业园累计引进留学人员、博士等高层次人才创办的科技企业近300家，其中14家高新技术企业，合同注册资本总计达12亿元；入园企业获得2项国际发明专利，110多项国家专利，正在申请的国家专利近200项。引进各类高层次人才444人，其中7人入选国家“千人计划”。入园企业发展势头良好，涌现出泛亚太生物科技、凯法生物医药、迪凯精密管材、微模式软件等一批成长迅速、实力雄厚的高新技术企业，逐步形成了生物医药、电子信息、新材料、新能源、软件等优势产业；引进国内高校院所资源设立上海高校校办产业东莞高新技术推广中心等各类在莞机构共19家；引进一批大型科技产业化项目，行业涉及电子信息、生物医药、网络经济、低碳经济等新兴行业，其中美赛达欣电子、广东远峰、阿尔派、凯益特等20多个大型项目已经或正准备在园区购地建设公司总部及研发基地，投资总额超40亿元，对东莞市发展新兴产业起到了主要的推动作用。

联系方式

地　址：广东省东莞市松山湖科技产业园区
学术交流中心
邮　编：523808
电　话：86-769-22891118
邮　箱：ljy@ssl.gov.cn
网　址：www.dghg.org

中山留学人员创业园

园区概况

中山留学人员创业园成立于2007年8月，由中山市人事局批准成立，与中山火炬高新技术创业中心、中山火炬生产力促进中心合署办公，实行“一套人马、三块牌子”的运作机制。中山火炬高新技术创业中心由火炬开发区管委会于1992年创办，2005年被科技部认定为“国家高新技术创业服务中心”，并被广东省科技厅批准为“广东科技人才基地（中山）”建设的依托单位。2011年12月，创业园成为全省首家由广东省人力资源和社会保障厅与中山市人民政府共建的省级创业园。

创业园已建成的建筑总面积达到30万平方米，拥有1个综合孵化器和5个专业孵化器，包括投资大厦、数码大厦、科技大厦、孵化中心大厦，有商务酒店、商业购物区、学校、专家楼、留学人员公寓等配套设施。此外，专用于留学人员创业的数码大厦已投入使用，孵化场地面积近10万平方米，可容纳企业近500家。科技中介服务区、创业人才生活区、高新技术成果展示区、高新技术产品交易区等四大人才创业配套服务功能区已基本成形。对入园创业的回国留学人员，创业园提供以下优惠政策：一是开发区一次性补贴10万元创业投资资金；二是从企业设立之日起的2年内，根据企业固定资产投资规模给予一次性3%的补贴，最高达到60万元；三是企业从登记之日起3年内，按投资总额的20%一次性给予贷款贴息；四是对于进入创业园达到博士学位或者是博导职称的，给予安家费10万—30万元，另外每月给予1000—3000元工资外的生活补贴。在科技创新方面，科技专项经费也给予优先的资助。同时，在子女进入园区之后的就学、就业、家属安置等方面也给予优惠，为留学人员提供广阔的创业平台和优质的生活环境。

目前，创业园已聚集了20多家留学人员科技创业企业，逐步形成了电子信息和软件开发、包装印刷、生物医药、新能源与新材料、光机电五大支柱产业，多个项目被列入国家、省、市科技重点支持对象。

联系方式

地　址：广东省中山市中山港康乐大道创业大厦101
邮　编：528437
电　话：86-760-85316969，85316213
传　真：86-760-5310271
邮　箱：hpp7943@sohu.com
网　址：www.zstorchibi.com

南宁留学人员创业园

园区概况

南宁留学人员创业园成立于2000年初，坐落在南宁国家高新技术产业开发区内，由南宁新技术创业者中心负责服务管理。

创业园拥有孵化场地4000平方米，经过多年发展，建立起了较为完善的孵化培育服务体系。创业园结合南宁高新区的实际情况制定了一系列的优惠措施，包括提供留学人员创业启动资金、办公科研场地的优惠使用、协助企业申请各项科技经费、提供专家公寓、提供企业发展咨询服务等。

目前，创业园已吸引了一批来自美国、英国、日本等国家和地区的海外人员，以及国内博士和博士后前来创业。

联系方式

地　址：广西南宁市科园大道68号4栋6层
邮　编：530004
电　话：86-771-3213233，3213368
邮　箱：smart008@21cn.com
网　址：5039993.my.sme.cn

柳州留学人员创业园

园区概况

柳州留学人员创业园成立于2007年8月，由柳州市人事局、柳州高新区共同组织和管理，为留学回国人员提供资金、场地及相关配套服务。创业园实行“政府引导、企业运作、留学生管理”的运作管理模式，即通过海外留学生入股，创造“一头在国内、一头在国外、中间是政府”的“杠铃模式”，以最优惠的价格提供科研、实验、办公、配套和管理服务，利用政府资源参与运作和管理，引进风险投资资金，协助入园企业解决融资问题。

早在2003年就进入国家级的柳州高新技术创业服务中心，已形成了一整套完善的孵化服务体系，共有孵化场地2.7万平方米。创业园成立后，又制定了一系列优惠政策，除设立了留学人员基金外，还在柳州高新区中心和柳东新区提供了近1000平方米的场地，免费作为入园留学生的研发和生活区。创业园主要构建生物工程和生物制药、高新技术及新材料新能源、软件及文化产业、投融资等四大优势产业。

联系方式

地　址：广西柳州市高新一路科技工业苑11层
邮　编：545006
电　话：86-772-3998128
传　真：86-772-3998138
网　址：www.lzisti.net.cn

桂林留学人员创业园

园区概况

桂林留学人员创业园成立于2001年3月，由原国家人事部、广西壮族自治区人民政府和桂林市人民政府联合共建，2001年12月正式挂牌。创业园位于桂林国家高新技术产业开发区内，由桂林国家高新区管委会负责具体实施，是专为到桂林创业的留学人员、博士等高层次人才而设立的创业基地。创业园正式挂牌运作以来，充分利用国家人事部、自治区人民政府、桂林市人民政府的政策导向，依托桂林国家高新区良好的投资环境，发挥共建各方自身优势，吸引留学人员、博士以及立志创业的各方人士前来创业。促进科技成果商品化、产业化、国际化，培育一流的高新技术企业，造就精通技术、善于管理、通晓经营的复合型科技人才。2006年12月，创业园被广西区党委组织部授予“广西留学人员工作先进单位”的称号。

创业园现由创新大厦、创业大厦、铁山科技园、创意产业园四大孵化场地构成。创新大厦是高新区电子信息产业专业孵化器所在地，一期孵化场地面积2.7万平方米，利用地处信息产业园优势，专门吸纳中小型电子、通电企业，形成电子、通信企业集群，作为园区各规模企业产业链延伸的载体和末端，逐渐形成完整的产业链条，到“十二五”末期，孵化面积将增加至4.2万平方米，入驻企业数量将达到200家。创业大厦地处高新区老区1平方公里内，孵化场地面积2.1万平方米，有8000平方米的轻钢工业厂房，周边有华诺威制药、晖昂制药、金可保健等生物医药骨干企业，地理位置优越，交通便利，知名度高，建有“广西数字化产品开发制造公共技术服务平台”“桂林工业产品设计人才培训基地”重点孵化生物医药、光机电一体化企业，着力打造创业苗圃。铁山科技园一期孵化场地面积1.6万平方米，主要用于吸纳大专院校、科研院所成果转化，创业者以留学人员、博士、大学老师、大学生等高素质人群为主体，设有创业中心本部、全国大学生科技创业实习基地，将发挥“一个中心”的引领示范作用，成为多个专业孵化器的“辐射源”。创意产业园孵化场地面积6.8万平方米，是一个全新的，以集聚动漫制作、软件开发、产品设计等创意型企业为首要的园区，建有“高新区软件外包人才培训基地”“高新区动漫制作公共技术服务平台”，承载着高新区转变经济增长方式，文化立区的新理念。

创业园在局部打造了一个吸引留学人员回国创业的优化环境，在求得自身发展的同时也为高新区科技创新营造了一个新的亮点。目前，在孵企业达到300多家，培育规模以上企业80多家。

联系方式

地　址：广西桂林国家高新区大学科技园二楼
邮　编：541004
电　话：86-773-2670907
传　真：86-773-5819274
邮　箱：44603899@qq.com
网　址：www.glbic.com

北海留学人员创业园

园区概况

北海留学人员创业园成立于2006年2月，由北海市人民政府和广西壮族自治区人事厅合作共建。创业园分别设在北海市贵州路科技创业中心大楼，北海市北海大道科技大厦精品项目孵化器，北海市体育北路综合孵化基地等三个孵化器内，日常服务工作由北海市高新技术创业服务中心负责。

创业园先后引进了广西桂能信息工程有限公司，促成了广西桂能集团在北海工业园的亿元投资，产生了拉动北海经济发展的巨大效益；引进了北海金明阳风力潮汐发电科技有限公司，也促成了广西柳州明阳机电集团公司在北海市投资1.3亿元建设风电项目。园区企业为北海市的园区经济、高新技术产业的发展注入了新的活力，增添了新的力量。

联系方式

地　址：广西北海市北海大道科技大厦7楼
邮　编：536000
电　话：86-779-2020594
传　真：86-779-2023001
邮　箱：bhsulidong@sina.com

海口国家高新区留学人员创业园

园区概况

海口国家高新区留学人员创业园成立于2001年12月，由海南省人力资源和社会保障厅与海口国家高新区共同创建，由海口国家高新区科信局主管，旨在吸引优秀留学人员入园创办高新技术企业，重点孵化一批具有国际领先技术和自主知识产权、市场潜力巨大、国家重点支持领域的项目，促使先进技术与本地资源的有效结合，加快科技成果转化和产业化，促进海南经济的快速发展。2009年，创业园被海口市创建创业型城市领导小组认定为“创业孵化示范基地”。

创业园孵化总面积1800平方米，目前借用保税区开发建设总公司的两层小楼作为创业孵化基地，海口国家高新区正拟建1.8万平方米创业孵化大楼作为新的创业孵化基地。工程分两期建设，完工后可满足创业人员办公、科研、中试的需求。创业园区在管理模式上创新，以“媒婆+保姆”的管理模式和“以人为本”的服务理念，努力为在孵企业和创业人员提供有效服务。高新区设立有创业扶持基金，每年筹备200万元作为扶持创业的匹配资金。此外，创业园联合政府部门、金融部门、风投机构建立投融资平台，努力让在孵项目和资金对接；联合省、市科技部门对企业技术成果进行鉴定、推广、交易；通过组织部门协调高校、科研院所的科学实验平台进行资源共享，重大科技项目可联合多方研发。

目前，创业园已聚集了一批由留学回国人员创办的高科技企业，主要集中在高科技农业、信息技术、生物医药、干细胞工程研究、蛋白质工程研究、分子细胞技术应用、中子核辐照技术应用、热带海洋研究等行业领域。

联系方式

地　址：海南省海口市南海大道168号

（海口保税区内）留学人员创业园112室

邮　编：570216

电　话：86-898-66826121

传　真：86-898-66826151

邮　箱：Hkwsyao@126.com

重庆留学人员创业园

园区概况

重庆留学人员创业园成立于2003年8月，由重庆市政府批准设立，其前身为重庆高新技术产业开发区管委会于2000年3月所创建的“重庆高新区出国留学人员创业园”。2007年，成为国家人力资源和社会保障部与重庆市人民政府共建的“中国重庆留学人员创业园”；2009年10月，被重庆市委、市政府评选为“留学人员归国创业服务工作先进单位”。

创业园位于重庆高新区二郎科技新城，总建筑面积8.92万平方米，总投资额为22亿元，是集科研、中试、生产、办公、展厅为一体的综合性现代化创业园区。

目前，创业园内有留学人员创办或领办企业23家，主要涉及电子信息、生物医药、新材料、先进制造等领域；成功培育华邦制药成为全国首批中小板上市企业，梅安森科技成为西部首家煤矿安全领域创业板上市企业。企业从业人员总数3645人，留学人员总数624人，国家“千人计划”入选者5人。

联系方式

地　址：重庆市高新区二郎科城路77号A座2楼

邮　编：400039

电　话：86-23-68683600

传　真：86-23-68416305

邮　箱：7009932@qq.com

成都留学人员创业园

园区概况

成都留学人员创业园成立于1998年8月，是成都高新区管委会下设的为留学人员回国创业提供服务、促进成果转化的公益性科技事业服务机构，是全国首家由国家人事部与地方政府共建的留学人员创业园。创业园旨在为海外优秀人才回国创业营造良好的创业环境，提供优质的创业服务，促进科技成果转化。经过多年的发展，创业园不断完善留学人员回国创业的激励机制，按照“以优惠的政策吸引人才，以优良的环境留住人才，以优异的事业发展人才”的发展思路，通过有针对性的基础服务、增值服务和定制服务，促进人才资源向人才资本转化。

创业园在高新区管委会的大力支持和领导下，实施大孵化战略，聚集高层次创新创业人才，培育企业自主创新能力，取得了显著成绩。截至2014年底，园区累计孵化企业500多家；在园留学人员企业中，主要集中在信息技术、生物医药、新材料、环保节能、光机电一体化等高技术领域；成功培育出飞博创和芯微电子、亚连、摩尔、特普等一批拥有自主知识产权、具有核心竞争优势的留学人员企业，培育了一批懂技术、懂管理、善经营的优秀企业家，为高新技术产业发展作出了贡献。

联系方式

地　址：四川省成都高新区高鹏大道5号B座5楼

邮　编：610041

电　话：86-28-85141636

传　真：86-28-85177578

邮　箱：zhanglu@cdibi.org.cn

网　址：www.cdibi.org.cn

绵阳留学人员创业园

园区概况

绵阳留学人员创业园建立于2000年5月，由四川省人事厅、科技厅、教育厅与绵阳市人民政府联合共建，市人事局、教育局、科技局与高新区管委会具体承建。创业园依托绵阳国家级高新技术产业区，按照市场经济规律和国际通行规则运作，以吸引和扶持留学人员，培育具有创新能力与国际竞争力的高新技术企业和科技企业家为重点，促进高新技术的发展和科技成果的转化。

创业园规划面积50万平方米，实现园区的连片开发和集中管理，已建成孵化中心、标准厂房和博士别墅住宅等基础设施，投入使用孵化面积4000多平方米，标准厂房面积5000多平方米，引入会计师事务所、企业咨询、风险投资等中介服务机构，为留学人员来区创业提供专业化服务。

创业园吸引了来自美国、加拿大、日本、澳大利亚、德国、英国等国家的留学人员创办高科技企业，为促进高新技术成果的转化，提高绵阳高新区科技创新能力作出了突出贡献，初步形成了人才聚集效应。

联系方式

地　址：四川省绵阳市普明南路东段95号创业服务中心
邮　编：621000
电　话：86-816-2546170，540097
传　真：86-816-2535118

贵阳留学归国人才创业园

园区概况

贵阳留学归国人才创业园暨贵阳海外高层次人才创新创业基地成立于2010年2月，其前身是成立于2003年的贵州留学回国人员创业园、贵州学子回乡创业园。创业园由贵阳国家高新区投资建设，与贵阳高新技术创业服务中心实行“两块牌子、一套人马”，是贵阳市实施高端人才引进战略的重要载体和留学人员回国创业和海外高层次人才聚集的重要基地。创业中心于1992年成立，是直属贵阳国家高新区管理委员会领导下的科技服务机构，1998年被科技部认定为“国家级创业服务中心”。

贵阳市高新区管委会为创业园制定了系统管理办法和政策措施，着力培育具有创新能力和国际竞争力的高新技术企业。搭建政府服务平台，完善人才信息库、人才供求信息网络和人才档案管理中心的服务功能，通过人才服务机构与中介机构，更好地发挥市场对人才资源的配置作用。搭建人才创业平台，设立科技人才创业基金和科技成果转化基金，开辟科技成果转化的融资渠道，鼓励科技人才走向社会带头创业，实现科研、技术成果转化，帮助科技人才成就事业。通过引导有条件的企业组建新产品研发中心、申建与本企业研发新产品紧密相关的博士后科研工作站、建立企业与博士联谊会等形式，搭建高层次科教人才创业发展平台。搭建人才柔性流动平台，变“所管”为“所用”，打破了国籍、户籍、身份、档案、人事关系等人才流动中的刚性制约，突破工作地、工作单位、工作方式的限制，采用进出更自由、渠道更畅通、方法更灵活的人才流动方式，鼓励和引导企业主动到高等院校、科研院所去聘请专家、租赁科技人才。创造条件让科技人才走出“学堂”“书房”和“实验室”，到市场经济的大潮中施展抱负，促进了人才的自我开放性流动。

联系方式

地　址：贵州省贵阳高新区金阳科技产业园创业大厦
邮　编：550022
电　话：86-851-4700588，4701009
传　真：86-851-4700588
邮　箱：260875268@qq.com
网　址：www.gyibi.net.cn

云南留学人员创业园

园区概况

云南留学人员创业园成立于2001年9月，是由昆明高新技术产业开发区创办的为海外留学人员回国创业提供创业服务的专业化园区。创业园与云南省国家大学科技园两园合一，合署办公，实行“两块牌子、一套班子”的运作模式，管理机构为云南留学人员创业园管理办公室、云南省大学科技园办公室。创业园以服务、创新为重点，以高新技术成果的商品化、产业化和国际化为目标，以促进科技成果转化、孵化高新技术企业、培育创新型企业为宗旨，着力吸引、挖掘、培育创业团队完备、研发能力突出、拥有自主知识产权的科技型企业。同时，依托省内外高校的教学、科研设施和研究成果，充分发挥昆明国家高新技术产业开发区体制、机制、政策的优势和社会服务功能，实现了高校、科研机构的智力资源与社会资源的有机结合，现已成为昆明高新技术产业开发区技术创新体系的重要组成部分，成为云南省、昆明市留学归国人员重要的创业平台。2004年，创业园被共青团中央评为“中国青年科技创新示范基地”；2008年，被科技部评为“国家火炬计划先进集体”；2009年，被省科技厅评为“优秀科技企业孵化器”；2010年，被昆明市科技局认定为市级孵化器；2011年，荣获“昆明名牌产品”称号；2012年，获“国家中小企业公共服务示范平台”称号。

创业园依托昆明高新技术产业开发区区域资源禀赋、产业基础和区位优势，集中发展生物医药、电子信息及现代服务业和新材料及先进装备制造业三大产业集群，园区产业呈现集群式、专业化、特色型发展的态势。园区拥有孵化场地13万平方米，已建成生物医药、电子商务专业孵化器、创业苗圃等孵化平台。

截至2014年底，创业园累计孵化企业492家，其中，留学人员企业68家，成功培育上市企业2家；在园企业340家，聚集了来自美国、澳大利亚、德国、日本等十多个国家的52名留学人员创办的企业，主要分布在生物医药、电子信息、新能源与环保、新材料等行业领域；另有经认定的高新技术企业23家，国家级研发、技术中心7个，省级研发、技术中心7个，市级研发、技术中心6个。2014年园区企业总收入706000万元，企业专利总数250项，企业各项融资总额8274万元。

联系方式

地　址：云南省昆明二环西路220号云南软件园
　　　　产业楼501室
邮　编：650106
电　话：86-871-68180605
传　真：86-871-68181219
邮　箱：1716175429@qq.com
网　址：www.ynupp.org.cn

云南海归创业园

园区概况

云南海归创业园于2006年成立，是在昆明经济技术开发区管理委员会的指导下，采用股份制企业化形式运作的，重点面向海归创业者建设的综合性科技企业孵化器。产业发展以信息技术、生物技术和环保新材料等为重点，不仅具有依托经开区新兴产业发展产业链，构筑产业机构支撑点的优势，还具有面向东南亚和南亚的地域优势。创业园发展至今，已经成为云南目前单体规模最大的科技企业孵化器，也是云南目前规模最大的留学人员创业园。先后被科技部认定为国家级科技企业孵化器、云南省科技厅认定为省级科技企业孵化器、昆明市科技局认定为市级科技企业孵化器，被人社部认定为全国创业孵化示范基地。同时，作为国家级昆明经济技术开发区配套的重点科技创业园区，被认定为国家级昆明经济技术开发区的二级招商引资平台、经开区引进海外高层次人才联络站、云南省留学服务中心经开区分中心、外贸服务基地、云南省科协科技专家服务站及省级生产力中心等。

创业园位于昆明开发区信息产业基地，占地109亩，已建设完成投入使用的面积达15.48万平方米。其中，孵化场地5.08万平方米，公共配套服务1771平方米，专属的留学生和大学生创业实习基地3000平方米，另有10.4万平方米作为产业加速器，主要用于规模化生产。创业园非常注重公共服务平台建设，采取自建与合作的方式整合自身及外部专业服务资源，目前已建立企业融资服务平台、政策咨询与项目申报服务平台、技术产权服务平台、教育培训服务平台、市场营销服务平台、人力资源服务平台等16个服务子平台，全面搭建了特色创业服务，为企业发展提供全面支撑。同时，创业园为留学回国人员创业制定了“育林式“全程服务，即“预孵化（引种幼树）——技术孵化（修枝培土）—— 企业孵化（施肥浇水）——企业加速（优良嫁接）”的全过程、全阶段的跟踪孵化服务。目前，园区以综合型科技企业孵化器为基础，着重培育信息技术、生物医药、新材料、节能环保、新能源及光电子信息等领域的科技产业，向专业孵化器和产业加速器方向发展，已成功培育出云南北斗银河导航、康嘉乐生物科技、圣周伟业等一大批知名高科技企业。创业园的建立，起到了降低留学人员创业门槛，对接优势资源、搭建融资平台、提供技术保障、营造国际化生活配套环境，带动留学人员归国创业，促进科技成果转化，完善经开区科技创新体系、带动和引领产业结构调整优化和产业升级的积极作用。

截至2014年底，创业园累积孵化企业207家，其中，留学人员企业10家；在园企业153家，其中，留学人员企业5家，主要分布在生物医药、文化创意、现代服务、新能源环保等行业领域。

联系方式

地　址：云南省昆明市经济技术开发区信息产业基地春漫大道80号
邮　编：650217
电　话：86-871-66386416
传　真：86-871-66358760
邮　箱：9908773@qq.com
网　址：www.ynorpp.com

西安留学人员创业园

园区概况

西安留学人员创业园成立于1998年5月，位于国家级西安高新技术产业开发区内，是国家科技部、人事部、教育部和国家外专局共同审批确定的首批“国家留学人员创业园”。2002年7月，成为国家人事部与陕西省政府共建的留学人员创业园，同年12月被团中央认定为“青年科技人才创新基地”；2003年9月，被中央组织部、宣传部、统战部、人事部、教育部、科技部六部委共同授予“留学回国人员先进工作单位”称号；2006年6月，被中国民营科技促进会组织评为“全国先进科技产业园和先进管理者”；2008年12月，西安高新区被中央人才工作协调小组列为“海外高层次人才创新创业基地”；2009年4月，被列为“国务院侨务办公室引智引资重点联系单位”；2012年8月，创业园入选“新侨人才创业孵化团队”，是全国唯一入选的留学人员创业园；2013年3月，创业园被西安市外侨办评为“西安市侨务工作先进集体”。

创业园总面积99.48万平方米，拥有由孵化基地、产业化基地、综合性园区组成的13个创业基地，已形成由1个综合性孵化器和多个专业孵化器相结合的“1+N”的孵化器集群发展模式。创业园围绕中小型科技企业的发展需求，提供创业咨询与指导服务、投融资促进服务、培训服务、共性技术服务、项目策划与申报服务等20多项专业化服务，建立了面向高新区科技型中小企业的分阶段、分领域培育的创业服务体系，为区域产业集群的发展源源不断地输送后配力量。

创业园牢固树立“至诚服务、创造一流”的理念，充分发挥政策优势、产业优势和环境优势，在促进海外科技成果的引进、吸收、再创新方面取得了显著的成绩，促成了大批海外学人创业项目在西安高新区落户，培育有高度创新能力和强劲市场竞争力的大批高科技企业和现代企业家。

截至2014年底，创业园已累计吸引了来自美国、加拿大、德国、英国、日本、澳大利亚等20多个国家1056名留学人员参与创业，创办留学人员企业872家，成功培育上市企业1家；在园企业838家，其中，留学人员企业374家，在园企业注册资金合计176497.75万元。在园创业的留学人员399人，入选国家“千人计划”6人、陕西省“百人计划”32人、西安市“5211计划”64人。

联系方式

地　址：陕西省西安高新区锦业路69号瞪羚谷G座2层
邮　编：710077
电　话：86-29-88314728
传　真：86-29-88320126
邮　箱：lixu@xdz.gov.cn
网　址：www.xibi.com.cn

西安经济技术开发区留学人员创业园

园区概况

西安经济技术开发区留学人员创业园成立于2008年8月，由西安市人事局和西安经济技术开发区共同组建，西安经开区管委会负责园区的各项管理和具体运作，设立专门办事机构，配备专职人员，提供专门办公场所，制定相关办法和细则，建立创业扶植基金等，规划园区建设用地及负责项目建设；西安市人事局在宏观规划、指导协调以及对创业园的考察评估等方面发挥职能优势。创业园以经开区总体发展战略规划为依托，以经开区创业园管理办公室为政策管理及服务平台，以留学人员和国际高端人才为智力资源，结合区域实际，以经开区现有产业板块、入驻企业及科研项目为留学人员和国际高端人才创新及就业提供服务，以培育具有创新能力与国际竞争力的高新技术制造企业和科技企业家为重点，促进高新技术制造业的发展和科技成果转化，引领产业升级，逐步建立专业化创业基地，充分发挥示范、导向带头作用，为进一步建立国家级留学人员创业园奠定基础。

创业园管理工作由西安经济技术开发区留学人员创业园服务管理中心负责，不但为留学回国人员创办的企业提供共享服务空间、经营生产场地、办公设备、交通工具等基础设施服务，还为企业提供政策指导、优惠政策落实、国际合作及各类咨询服务。创业园开设了留学人员创业频道，设有专栏和信箱，并由专人负责留学人员到西安经开创业的前期咨询服务工作。同时，协助留学人员创办企业过程中的企业名称审定、工商注册、税务登记、银行开户、办理企业代码证、海关登记等手续。

联系方式

地　址：陕西省西安市凤城十二路1号凯瑞大厦A座206室
邮　编：710018
电　话：86-29-86135117，86517914
网　址：www.etpc.com.cn

杨凌示范区留学人员创业园

园区概况

杨凌示范区留学人员创业园成立于2000年8月，经杨凌示范区管委会批准，在杨凌示范区创业服务中心的基础上组建，是我国最早设立的农业高科技留学人员创业园。留学人员创业园与创业中心合署办公，实行“一套人马、两块牌子”的运作机制。创业园通过提供与国外接轨的良好的孵化条件和优质服务，鼓励吸引海外留学人员来杨凌示范区投资创业，加快农业高新技术成果的商品化、产业化、国际化进程。

创业园基础设施配套完善，拥有1.1万平方米的创业人厦、6500平方米的创新大厦、1.4万平方米的创业园标准厂房。创业大厦地理位置优越，办公室宽敞明亮，物业管理服务已达到星级水平。创业园还具有完善的共享设施，如中央空调系统、ADSL宽带信息网、多功能会议室、健身房、餐厅、娱乐厅，是企业开展科学研究、进行产品生产和办公的理想场所。创业园提供从创业策划到注册登记、办公和生产场地选择、员工住宿、申报各类科技产业计划、申报科技企业和高新技术企业认定以及组织企业参加各类经贸活动等方面的全程服务，并向有希望的项目提供贷款推荐、贷款担保、风险资金、短期合作等。

目前，创业园在孵企业主要涉及生物医药、绿色食品、环保农资、良种繁育和涉农服务业等领域，在孵企业注册资金累计5亿元，年产值3亿元，共开发转化科技项目310项，形成具有生产能力的产品220个，并有3项达到世界领先水平，3项达到世界先进水平，11项达到国内领先水平，90项达到国内先进水平，85项为专利技术，105项获国家及地方各类计划资金支持，55项列入国家和省火炬计划、攻关计划和重点新产品计划等。

联系方式

地　址：陕西省杨凌示范区神农路16号创业大厦
邮　编：712100
电　话：86-29-87036933，87035538
传　真：86-29-87035398
网　址：www.cysn.net

兰州留学人员创业园

园区概况

兰州留学人员创业园成立于2001年12月，由甘肃省人事厅、兰州市人事局、兰州高新技术产业开发区管理委员会共同发起组建。2010年1月19日，国家人力资源和社会保障部同意与甘肃省人民政府共建“中国兰州留学人员创业园”，并于2010年12月7日揭牌成立。

建设初期，创业园租用了科庆科技园综合楼部分办公用房建立了兰州高新区留学人员创业孵化基地、兰州高新区人才特区示范基地，连续3年无偿提供给留学人员创新创业。目前，基地已引进20名留学人员创办的企业15家入驻孵化，另外还有15位留学人员正在申请到基地创办企业。同时，为解决专业园区生产场地缺乏的问题，加速留学人员创业园的建设和发展，新建中国兰州留学人员创业园彭家坪产业研发基地（部省共建）。该基地总占地面积为61.67亩，建筑面积14万平方米，建设投资3亿多元，建有标准化厂房、办公楼、公共基础设施等，设施完整，公共配套全面，能够为100—160家企业提供开发场地和共享的创业保障平台。

创业园自成立以来，大力开展招商引智工作，建立健全了招才引智运作制度，包括身份认定、入园手续办理、优惠政策研讨、项目申报、协助企业成果鉴定等；不断强化服务功能，针对留学人员特点，不断简化工作程序，做到热心、细致、专业、务实，积极扶持园区企业的技术研发和创新；不断改善园区软、硬环境，结合园区实际情况，突出重点，扎实工作，优化创业环境，扩大对外宣传，多渠道、全方位吸纳留学人员回国创业，目前已取得了较好成果。

联系方式

地　址：甘肃省兰州市城关区南面滩268号45号信箱
邮　编：730010
电　话：86-931-8552029
传　真：86-931-8553171
网　址：www.lzgxcy.com

宁夏留学人员创业园

园区概况

宁夏留学人员创业园成立于2003年6月，经宁夏回族自治区人民政府批准，由自治区人力资源和社会保障厅、银川市人民政府、银川经济技术开发区管委会共同建立。创业园与宁夏高新技术创业服务中心合署办公，由宁夏留学人员创业园管理办公室负责具体管理工作。

创业园自成立以来，在自治区人力资源和社会保障厅的关怀指导下，在开发区党工委、管委会的高度重视和各有关部门的支持帮助下，不断改善园区软、硬环境，优化回宁留学人员创业环境。为吸引优秀留学人才回宁创业，开发区管委会先后制定了《银川经济技术开发区管委会留学人员创业园管理规定（暂行）》《银川经济技术开发区管委会吸引优秀人才基金管理办法（试行）》《银川高新区高新技术风险担保基金管理办法》《银川高新区扶持高新技术企业发展基金管理办法》和《银川经济技术开发区“十二五”时期建设“人才特区”暂行办法》等配套政策，提出了引进人才智力的一系列政策措施，对留学人员创业园的建设、发展提出了具体的目标要求和扶持政策。创业园服务体系逐步完善，不断强化服务功能，建立了包括身份认定、入园手续办理、优惠政策落实、项目立项申请、高新科技成果转化等运作制度，以热心、细致、专业、务实的态度，积极扶持园区企业进行技术研发和成果转化。

目前，创业园累计吸引了44名回国留学人员创办科技企业17家，涉及生物工程、新材料、汽车制造、电子信息、网络通讯等领域，累计注册资本2800万元。

联系方式

地　址：宁夏回族自治区银川市黄河东路创新园48号
银川经济技术开发区管委会组织人事劳动局
邮　编：750001
电　话：86-951-5062867
传　真：86-951-5062830，5062845
邮　箱：ycdaldj@163.com

乌鲁木齐留学人员创业园

园区概况

乌鲁木齐留学人员创业园成立于2002年，2010年经人力资源和社会保障部与新疆维吾尔自治区人民政府共建成为“中国乌鲁木齐留学人员创业园”。留学人员创业园和乌鲁木齐高新技术产业开发区高新技术创业服务中心实行“两块牌子，一套班子”的运作方式，管理机构为乌鲁木齐高新技术产业开发区管理委员会。2004年，创业园被科技部认定为“国家级高新技术创业服务中心”；2009年4月，被自治区政府授予“自治区留学回国人员工作特别贡献奖”；2010年2月，被科技部认定为“科技企业孵化器大学生科技创业见习基地”；2010年10月，被教育部、科技部认定为“高校学生科技创业实习基地”；2011年3月，被市委、市政府认定为“先进公共服务机构”；2012年12月，被自治区经济和信息化委员会认定为“2012年新疆维吾尔自治区中小企业公共服务示范平台”。

创业园现有孵化场地面积2.69万平方米，其中供孵化企业使用的场地2.65万平方米。创业园按照ISO9000质量管理体系要求，规范了服务质量，建立了创业导师制度，定期组织创业专题讲座；认真贯彻落实对科技创业企业和博士留学人员创业企业的支持政策，聘请法律顾问和专业技术顾问，为入孵企业提供法律咨询和各类专业技术服务；开发面向中小企业电子商务平台，链接“万方数据”“维普资讯”“新疆科技文献资源共享平台”，为入驻企业免费提供科技文献查询。此外，创业园通过与乌鲁木齐中奥文泰教育咨询公司签订共建“新疆科技创业（教育）培训学校”合作协议，创建孵化“苗圃”，面向在校大学生、社会科技创业人才，搭建以“创新形式、力求实效、内外互动、跨越发展”为理念的科技创业培训高地；积极与中科院新疆分院新疆理化所联系，参与实施“新疆维吾尔自治区民族药创新工程研究中心”项目，不断完善生物医药专业孵化器专业技术服务平台建设；成立创业者俱乐部，积极开展各项培训、参观、交流活动，构建了良好的创业创新环境。

联系方式

地　址：新疆维吾尔自治区乌鲁木齐市天津南路682号
创业大厦三楼
邮　编：830011
电　话：86-991-3651366，3672988
传　真：86-991-3671733
邮　箱：wlmqlxrycyy@163.com
hitechincubator@sina.com
网　址：www.xjidi.org.cn

第四部分

人物篇

中国留学人员创业年鉴 2015

注：本篇所收录的是在2014年入选第十批和第十一批中央引进海外高层次人才“千人计划”的创业人才，按姓氏拼音排序。

安松柱

广州源生医药科技有限公司总裁。于美国密苏里大学哥伦比亚分校获博士学位，并在美国加州大学从事博士后研究，曾任美国安进公司、Tularik公司主管科学家和项目负责人，领导和管理新药研发项目，有近20年的实践经验，发表论文50余篇，获得专利10多项。2009年12月回国，创立广州源生医药科技有限公司，任总裁。公司利用国际领先的科学和技术，建立了独特的新药筛选平台，是中国第一家聚焦于世界尖端干细胞科学的新药研发企业。2013年，公司获上海千骥创投的风险投资；2014年，“消化系统肿瘤项目”获得十二五国家重大专项“重大新药创制”的立项。目前，公司正在研发一批针对创新药物靶点的、用来治疗肿瘤和脏器纤维化等疾病、并拥有自主知识产权的原创化学新药。2009年，个人获评“广州开发区科技领军人才”；2012年，获评“广州市创新创业领军人才”；2014年，入选第十一批中央引进海外高层次人才“千人计划”创业人才。

柏威廉

浙江通源材料科技有限公司总经理。英国帝国理工大学博士。曾在美国燃料电池技术能源有限公司担任首席科学家，获得欧洲科学基金授予纳米材料科学的“欧洲杰出青年科学家奖”。在英国和美国先后成立过3家纳米材料高科技公司，拥有19项发明专利、6项实用专利，先后主持过8项国际重大研究项目。2008年回国，任钱江集团技术总监。2010年12月，与钱江集团共同注资4250万元，成立浙江通源材料科技有限公司，任总经理。公司主要从事机动车辆尾气净化材料和装置、工业尾气净化材料及装置的研发、生产和销售。凭借精良的研发制造设备和先进的技术方案，实现当年投资，当年投产，至2012年年底，已累计实现销售产值1亿元。2013年5月，公司与帝华动力签订合作协议，进军汽车和柴油机行业，目前样品进入送样实验匹配阶段。公司还针对锂电池在新能源车领域的使用和市场普及，提前布局了锂电池的研发与产业化，已建立了动力锂电池正极材料生产线，还将投资1.2亿元与美国K2公司合作建立LiFePO4锂离子动力电池生产线。2014年，个人入选第十批中央引进海外高层次人才“千人计划”创业人才。

蔡新元

武汉麦塔威科技有限公司总经理兼CTO。留美博士。2010年回国，从事新媒体艺术与创新设计的研究与教学。2011年，带领自己的学生成立了武汉麦塔威科技有限公司，任总经理兼CTO。兼任华中科技大学建筑与城市规划学院艺术设计系教授、新媒体艺术研究所所长。公司专注于扩展“裸眼3D建筑投影”“互动展览展示”“多媒体数字演艺”业务领域，致力于打造成为国际化的“光影大师”与“互动展馆建造专家”，构造全新的文化创意产业链及商业模式。公司与德国国立卡尔斯鲁厄艺术与设计大学（HFG）、德国国家艺术与媒体研究中心（ZKM）、清华大学、华中科技大学、武汉理工大学等国内外一流研究单位建立了紧密的合作关系，在多通道影像融合技术、多边形曲面校正技术、数字内容管理技术和创意设计等方面实现了突破，取得了一批自主知识产权的新技术，并在创新设计与实践中取得了大量应用成果。2013年2月，承办了2013“武汉元宵光影秀”，受到广泛好评。公司先后荣获“东湖国家自主创新区现代服务业综合试点企业”“湖北省科技创新领军企业”“湖北省第六届科技明星企业”荣誉，并成为湖北省软件行业协会和中国展览展示协会的会员单位。2014年，个人入选第十批中央引进海外高层次人才“千人计划”创业人才。

蔡颖昭

天津安普德科技有限公司总经理。女。毕业于美国西北理工大学，曾在摩托罗拉无线事业部任技术主管，后又在美国硅谷成功创办两家科技公司。2009年，回国创办天津安普德科技有限公司，任总经理。公司主要从事无线互联通信芯片设计、生产及提供无线互联解决方案，并与本行业的国际知名公司合作，引进先进技术、产品。公司先后与意法半导体、意法爱立信等世界500强公司形成战略合作伙伴，大大提升了技术进步，完成了核心技术蓝牙3.0、蓝牙4.0协议栈及嵌入式系统、无线互联芯片技术的开发，获得8项软件著作权，蓝牙4.0技术经科技成果鉴定达到国际先进水平。目前，公司销售渠道畅通，销售收入每年稳定增长，产值从成立时的27万元，发展到2013年的3000万元产值，成长为国内为数不多的可以提供无线互联芯片设计、生产和软件协议栈、组网技术等软硬件相结合的高端产品和解决方案的公司。2014年，个人入选第十批中央引进海外高层次人才“千人计划”创业人才。

车磊

湖州宜可欧环保科技有限公司总经理。日本国立金沢大学工学博士。长年从事研究废弃物的热解炭化技术在多个领域的运用，是国内首创的厨余垃圾处理系统的发明者。2011年回国，带领在日本组建的团队在吴兴科技创业园创办湖州宜可欧环保科技有限公司，任总经理。公司主要从事环保技术和产品的研发、生产、项目的投资运营及相关后续服务。公司通过与国际著名高校、科研院所及企业的深入合作，将国外多项先进、成熟的环保技术成功地引进到中国，并在此基础上开发了一系列具有自主知识产权及先进水平的环保高科技成果，用于工程实践。目前已经与湖州病死动物无害化处理中心、日本明和工业株式会社等国内外高科技企业，以及浙江大学热能工程研究所、能源清洁利用国家重点实验室、清华长三角研究院等科研院、湖州师范学院达成相关合作协议。其中厨余垃圾处理终端设备、病死害动物热解炭化、污泥炭化处理等产品和技术正在国内逐步推广使用。个人先后入选浙江省“千人计划”、湖州市“南太湖精英计划”。2014年，入选第十批中央引进海外高层次人才“千人计划”创业人才。

陈本峰

美通云动（北京）科技有限公司董事长兼CEO。1998年至2003年，就读于中国科技大学电子工程系，获得大学软件大赛第一名，加入科大讯飞初创团队，参与中文语音合成系统的研发；2003年至2006年，就读于香港科技大学，获计算机科学硕士学位，期间申请一项国际发明专利以及多篇顶级学术论文。2006年至2011年，任微软美国总部IE浏览器核心研发工程师，发布了IE8、IE9、IE10以及参与下一代互联网国际标准HTML5的制定，曾获微软最有价值技术专家荣誉称号、微软最佳产品贡献奖；2011年至2012年，创办香港WebNova公司，为香港最大移动运营商——和记电信（李嘉诚旗下）提供移动浏览增值服务。2012年9月，创办美通云动（北京）科技有限公司，任董事长兼CEO，并发明了一行代码各种终端网页适配技术——云适配技术。公司获得了“微软云加速器创新创业计划”的支持，以云适配为主营业务，解决移动端与端之间数据割裂和内容分离问题，极大降低企业移动化成本和门槛，该技术已获得国际专利，客户包括全球500强企业、美国政府、国内政府机关、国内外上市公司以及互联网标准化组织W3C，服务网站超过10万家，先后荣获红鲱鱼“亚洲创新百强”、2014香港ICT“最佳科技创新奖”。个人荣获“2013中关村十大海归新星”称号。2014年，个人入选第十一批中央引进海外高层次人才“千人计划”创业人才。

陈功祥

杭州创新生物检控技术有限公司董事长兼总经理。1982年毕业于浙江农业大学，并考取出国研究生。1983年赴日本留学，于1990年取得日本京都大学农植物化学博士学位。同年赴美，在美国肯塔基大学做应用微生物博士后研究。1992年加入美国宝洁公司的研究开发部门，先后在生物技术部等从事人体骨头生长因子及其受体和相关医药品、皮肤保护用品和抗菌、卫生用品的技术及产品的研究开发工作，是宝洁公司所申请的8个国际专利的发明人或发明人之一，曾获1997年获亚洲研究开发中心最佳创造发明奖和1998年宝洁全球独立研究计划奖。在国外工作期间共发表科研论文18篇，其中有10篇发表于所从事领域的国际顶级杂志。2002年作为海外人才引进入浙江大学医学院附属第二医院，任临床检验中心学术主任，兼任浙江省微生物与免疫学会副主任委员。同年11月，创办杭州创新生物检控技术有限公司，任董事长兼总经理。公司是专业从事体外诊断试剂研发、生产、销售于一体的高新技术医药企业，由日本、美国的生物诊断试剂公司与国内资深投资人共同出资组建，首期投资2000余万元人民币，占地面积1.5万平方米，拥有先进的实验技术、精良的仪器设备、深厚的专业背景和完善的商业运作机制，致力于向客户提供优质的医用诊断产品和专业化的技术服务。公司建立了快速诊断系列和微生物培养系列开发技术平台，首期系列产品包括呼吸道疾病系列快速诊断试剂、消化道致病菌和细菌毒素系列快速检测试剂、环境有害因子系列快速检测试剂、医用生化检测试剂类，产品远销美国、日本、东南亚等30多个国家和地区。其中流感快速诊断系列产品在日本市场占有率超过60%（包括OEM加工生产）、结核快速诊断产品相关技术已纳入日本国家标准，并在国内已取得新药证书和药品生产批文。2014年，个人入选第十批中央引进海外高层次人才“千人计划”创业人才。

陈海滨

杭州展科科技有限公司董事长兼CEO。毕业于美国哥伦比亚大学，曾任Trilogy、Vignette和Accenture的首席架构师和高级顾问，以及思科/网讯（CISCO / WebEx）公司技术副总裁，有10年在美留学和工作经历。2009年1月回国，创立杭州展科科技有限公司，任董事长兼CEO。公司致力于研发和运营世界领先的网络实时直播、网络教育培训和虚拟课堂平台，以独到的技术产品创新，在在线教育和网络培训技术领域独树一帜。经过5年的高速发展，公司的大规模互动直播和教育培训实时课堂软件，已经署于海内外多个数据中心上，保证在大规模访问数据并发状态下的稳定运行和流畅互动，具有强大的分布式部署能力、先进的视频编码及视频技术、完善的API接口集成和良好的产品体验，赢得了众多知名品牌客户的认同，是公认的中国最好的实时课堂和互动直播平台。2014年，个人入选第十一批中央引进海外高层次人才“千人计划”创业人才。

陈靓

南京鹏云网络科技有限公司董事长。2006年获美国俄亥俄州立大学计算机博士学位，毕业后任美国亚马逊公司云计算组核心构架师，负责云计算平台（EC2）和云存储（S3）的研发；任美国恒桥科技公司CEO，负责海云存储系统开发；在多个高性能计算国际会议委员和顶级期刊担任委员和审稿专家，拥有多项美国和中国云计算方面的专利。2013年7月，作为南京“321计划”领军型科技创业人才引进，在麒麟科技创新园创办南京鹏云网络科技有限公司，任董事长。公司从事分布式云存储、云计算和大数据等产品的研发，掌握世界领先的云计算技术，专注于以“软件定义的数据中心”为客户提供业内领先的产品和解决方案。其中，软件定义的存储产品拥有自主知识产权和核心技术专利。公司在南京和西雅图设立研发中心，核心研发人员大多是曾就职于国内外著名的高科技企业的技术精英，如亚马逊、华为、谷歌、微软等。2014年5月，公司获得真格基金天使轮投资；6月，“鹏云分布式虚拟化存储软件系统v1.0”产品入选“中央国家机关政府采购中心采购目录”。2014年，个人入选第十一批中央引进海外高层次人才“千人计划”创业人才。

陈天蛋

南京志绿新型建材有限公司董事长兼总经理。美国加州大学材料科学博士，全球节能环保新材料领域的技术领军人。曾在美国硅谷工作，担任过美国海军研究院首席科学家，获得过两项发明专利。2009年10月回国，在南京归国博士创业园成立南京志绿新型建材有限公司，任董事长兼总经理。公司致力于开发高性能的、具有革命突破意义的隔声材料以及超级节能绿色新型材料，以满足社会和个人对宁静、绿色生活空间的需求，并降低建材生产过程以及建筑运营过程中的能耗，为中国的环保和节能减排做出贡献。2010年初获得风险投资公司近千万元人民币的风险投资，并先后获得南京市江宁区“千百十”工程的无偿资助以及南京市归国博士创业资金专项补贴；2012年又成功引入数千万PE投资，并被南京市政府列为科技型中小企业重点扶持。公司主打产品“超级隔音板”隔音效果10倍于普通隔音板，用材降低70%，进入市场当年就实现销售收入200多万。目前，已有包括隔音密封剂、隔音涂料、隔粘毡和隔热涂料等多个产品开发成功，陆续推向市场，并运用到中国教育台配音室、解放军总装备部高速交通艇等多项大工程中。2014年，个人入选第十批中央引进海外高层次人才“千人计划”创业人才。

陈燕智

宁波普利达智能科技应用有限公司总经理。毕业于德国柏林理工大学，在德国留学和生活了17年，曾在德国大众汽车任自动化部门主任，在机器人的打磨、焊接的线外编程等领域颇有建树，拥有9项自主创新专利，其研发的一套自动打磨系统，被德国机器人自动化业界大量使用；后任富士康公司事业处主管，带领团队开发出全世界首台基于PC-based控制器的“深圳一号”六轴机器人，并陆续开发多种四轴、六轴机器人和CCD视觉系统。2013年，在浙江余姚经济开发区成立宁波普利达智能科技应用有限公司，任总经理。公司是浙江省重点发展的骨干及高新技术企业，拥有先进的精密加工和测试设备、科学化的管理模式、严谨的工艺流程及高素质的工程技术团队，为客户提供先进的自动化设备、柔性自动化线和优质的工程服务。公司利用自主研发的技术开发出的智能机器人柔性自动化系统，将工业机器人、CCD视觉系统、PLC控制、智能传感器、CAD、CAM和机电一体化等七大领域技术集成于一体，实现智能机器人柔性自动化和一机多能。目前，产品已应用于美的、华硕集团、双林股份、得力文具等企业客户。2014年，个人入选第十一批中央引进海外高层次人才“千人计划”创业人才。

陈祖辉

福建科创光电有限公司董事长。美国佛罗里达大学博士，新加坡微电子研究院科学家。2012年2月回国，创建福建科创光电有限公司公司，任董事长。公司是一家专业制造电容触摸屏的生产厂家，现有厂房面积2500平方米，产品包含小、中、大尺寸电容式触摸屏，主要应用于手机、上网本、平板电脑、电子书、工控仪器和便携式游戏机消费类电子产品等领域。目前，公司已经生产出多款高分辨率多点触控电容屏，与多家大型企业建立供货关系。公司重视核心技术的研究与应用，先后与福州大学光电显示技术研究所、美国加州大学爱尔文分校和美国Z&L Creative科研公司建立起产学研合作关系，实现平台共建。其中，与福州大学联合建设的平板显示技术国家地方联合工程实验室“福建科创光电触控技术研发中心”以及“福州大学—科创光电研究生教育创新基地”已经建成。2014年，个人入选第十一批中央引进海外高层次人才“千人计划”创业人才。

程宝洪

美芯晟科技（苏州）有限公司董事长兼总经理。1967年出生。美国加州大学洛杉矶分校博士，拥有几十项美国和中国半导体技术方面的专利，是半导体领域具有深厚造诣与杰出贡献的科学家。2008年，回国创办美芯晟科技（苏州）有限公司，任董事长兼总经理。公司是一家具有创新性、专门从事模拟及混合信号集成电路的设计的公司，旨在通过最佳性价比的LED驱动芯片和卓越的服务，为广大消费市场、计算机行业以及通信领域提供高效、环保的电路设计解决方案，立志于成为国际领先的LED驱动芯片及解决方案供应商。公司致力于技术创新，拥有几十项国内外发明专利，并以高电压模拟集成电路为基础，研发重点放在发展通用照明白光HB-LED驱动芯片、中大液晶屏幕LED背光照明驱动芯片、D类音频功放和电源管理芯片等领域。公司先后入选2008年度“Red Herring亚洲百强”、美国电子工程杂志EE TIMES“Silicon 60”、EE TIMES“十大最具发展潜力中国IC设计公司”，产品MT7910-非隔离式AC-DC降压型LED照明驱动-荣获EE TIMES 2010年度五大热门产品奖（控制/驱动类）。2013年，公司荣获半导体业界权威杂志《电子工程专辑》所授予的“十大最具潜力中国IC公司”称号，个人被评为“中国杰出IC设计公司管理者”。2014年，入选第十批中央引进海外高层次人才“千人计划”创业人才。

程凯

苏州晶湛半导体有限公司董事长。2008年毕业于比利时天主教鲁汶大学（欧洲微电子中心），从事氮化镓材料研究十多年，是业界公认的硅上氮化镓外延技术的开拓者之一，在业界第一次开发出150mm和200mm的硅上氮化镓高压材料，曾担任欧洲微电子中心资深科学家，在国际期刊和会议上发表文章100余篇，申请国内外专利59项，授权专利7项。2012年3月回国，创办苏州晶湛半导体有限公司，任董事长。公司主要生产用于电子技术领域的氮化镓外延材料，是目前国际上唯一可以批量生产200mm硅上氮化镓高压外延材料的上游供应商，产品质量达到国际领先水平，与欧洲航天局、德国爱思强（Aixtron）、美国应用材料（Applied Material）建立了良好的合作关系。2014年，公司入驻苏州纳米城，目前正筹建一条国际先进的氮化镓外延材料生产线，厂房面积500平方米，达产后预计可年产150毫米氮化镓外延片2万片。2014年，个人入选第十一批中央引进海外高层次人才“千人计划”创业人才，并入选江苏省“双创人才计划”、苏州市“姑苏领军人才计划”。

崔琛焕

浙江天泉表面技术有限公司总经理。在浙江大学大研究生毕业后，进入美国波士顿大学机械工程系攻读博士，主攻热喷涂技术在高端装备制造领域的应用。后长期在美国从事先进表面处理技术的研发，曾在美国通用汽车、美国领先生物有限公司等国际企业任高级研发职务。2011年4月回国，在浙江湖州经济技术开发区创办浙江天泉表面技术有限公司，任总经理。公司以高科技喷涂技术为核心，开展高质量热障涂层为特色产品的表面工程制造、检测、研发和生产，将国际先进的热喷涂表面技术与创业团队的自身核心技术结合起来，既可以生产高规格的陶瓷/合金应用涂层，同时又能精确检测涂层的各种性能，突破困扰国内高端制造业表面涂层工艺的“瓶颈”问题，填补了国内的这一项关键技术的空白。公司自主研发的热障涂层科研项目入选“浙江省重大科技专项重大工业项目”并获得项目经费支持。个人先后入选浙江省“千人计划”、浙江省“钱江人才计划”、湖州市“南太湖精英计划”。2014年，入选第十一批中央引进海外高层次人才“千人计划”创业人才。

董虎

数岩科技（厦门）有限公司董事长。2008年获得英国帝国理工大学石油工程专业博士学位，曾在挪威数字岩石公司担任项目经理，负责微米CT数字岩心分析部门，有7年从事数字岩心行业的经验，主要研究领域为微纳米CT在岩心分析中的应用和孔隙网络模型的建立。2010年9月回国，创立数岩科技（厦门）有限公司，任董事长。公司拥有世界领先水平的“数字岩芯”分析设备，可分析包括砂岩、碳酸盐岩、致密砂岩、页岩等在内的各种复杂岩芯样本，为全球石油公司的勘探开发部门提供分析服务，帮助制定开发方案，以提高采收率，是目前全球三家可提供全面数字岩芯分析服务的公司之一。公司充分利用现代计算机的高速运算能力，在保障分析质量的前提下，将岩芯分析时间由传统岩芯分析所需要的3个月到1年的时间，缩短至1个月甚至几天，使石油公司在勘探完毕后即时制定开采方案成为可能。同时，所有分析均可交由计算机处理，无需专业人员进行物理实验，大大节省了人力成本。目前，公司已经与中石油、阿布扎比陆上石油公司、壳牌石油等公司达成合作，并与中国石油大学共同成立了“联合数岩研究院”，和油气资源与探测国家重点实验室共建了数字岩心实验室。2014年，个人入选第十一批中央引进海外高层次人才“千人计划”创业人才。

段江

成都恒图科技有限责任公司总经理。英国诺丁汉大学博士，期间进入世界著名顶级计算机实验室——施乐公司欧洲实验室开展研究工作，并以第一发明人的身份申请了多项国际专利。2006年进入美国西北大学深造，师从HDR（高动态范围图像）领域泰斗杰克•汤布林进行博士后研究工作。2007年，作为引进人才回国，任西南财经大学教授、博士生导师，研究的方向是数字图像技术，曾获四川省青年科技奖。2009年9月，创办成都恒图科技有限责任公司，任总经理。公司是国内HDR技术领域的领跑者，为用户提供专业便捷和高质量的摄影后期处理及分享体验。先后开发了将近20款数字图像软件，包括高动态范围图像软件“HDR Darkroom Pro”、苹果桌面图片处理软件Great Photo、图片特效软件Photo Effect Studio等，覆盖Windows、Mac以及iOS平台，产品在海外市场取得了不俗的成绩。其中，HDR Darkroom获得2011年数码相机日本国际大奖赛银奖，并进入美国、英国的图像软件销售排行榜前5名；Great Photo被苹果公司官方选入为全球摄影师推荐的摄影软件系列短名单，是图像类别中唯一的中国桌面软件。目前，公司在全球积累了超过1000万iOS产品用户，100万桌面产品用户，其中桌面产品付费用户达到10万。2012年，公司发力深耕国内市场，推出多平台专业级摄影后期图片处理软件“好照片”，iPhone版成功进入App Store中国区工具榜第1名、总榜第3名；桌面版for Mac夺得苹果Mac store中国区总榜第1名，长期占据分类榜第1名；桌面版for Windows 8成为免费图像应用第1名。公司也因此获得“中国娇子天府榜样——2012年度传媒大奖”。2014年，个人入选第十批中央引进海外高层次人才“千人计划”创业人才。

范群

广州市威格林环保科技有限公司董事长兼CEO。毕业于广州华南师范大学物理系，并留校任教。1987年赴美国留学，获得雪城大学（Syracuse University）物理学博士学位。后任职于硅谷的Symyx Technologies科技公司（NASDAQ上市公司SMMX），先后任技术职务、副总裁；此后转任硅谷Accelergy Corporation副总裁，兼任Accelergy上海亚申科技研究院院长。2010年带领创业团队回国，创办广州市威格林环保科技有限公司，任公司董事长兼CEO。兼任广东工业大学校长特别顾问、广州市政府留学人员专家顾问。公司专业从事环保科技和产品的开发、生产、销售和服务，现拥有3000多平方米的办公、研发实验室和生产场地，配置有先进的研发和小型生产设备，第二期规模化生产用地也在规划之中。公司目前主要产品是利用自有专利技术开发和生产满足国四以上标准的柴油车用SCR脱硝催化剂，满足国三、国四标准以上的汽油车用三效催化剂。公司还利用废旧塑料和廉价的生物纤维，开发出系列合成木塑模板，其抗弯和抗折断强度均达到用木塑新塑料制作建筑木板的国际要求，具有防腐、防水和可再生利用的特点。公司目前已与国内一些高校建立了密切的科研合作关系，并与产品相关的知名企业建立了长期战略合作关系。个人入选广州市“百人计划”创业领军人才。2014年，入选第十批中央引进海外高层次人才“千人计划”创业人才。

冯翔

上海汉物天物联网技术有限公司创始人及执行董事。留美博士，曾在美国创办高科技公司。2011年12月，回国创办上海汉物天物联网技术有限公司，任执行董事。公司坐落于上海市杨浦区创智天地科技园区，总部位于美国得克萨斯州首府奥斯汀市。公司专注于无线传感网络的高可靠短距离无线通信技术（基于WirelessHART标准），包含协议栈技术、无线接入技术、网关和无线网络管理器技术，实现灵活兼容的无线传感网络通信。依托美国得克萨斯州大学奥斯汀分校30年科研成果、6年攻关开发，现已开发完成完全符合HART标准的WirelessHART协议栈，以及基于此的WirelessHART网关、网络节点、网络管理器等系列产品，拥有包括多项国际专利组成的完备知识产权。相关成果已经在HART基金会的无线测试套件产品和美国Emerson公司的无线产品中得到应用和验证，代表了国际最先进的技术水平。目前全球范围内能够提供此类产品的三家公司中，汉物天是唯一一家正式进入中国的企业。公司致力于成为国内外领先的工业无线传感器网络WSN核心技术及产品的提供商。通过为设备制造商、系统集成商及服务商提供遵循先进工业无线标准WirelessHART的设备、模块、无线网关以及无线系统平台和技术服务，满足各类工矿、市政等短程无线传感和监控项目的应用需求。2014年，个人入选第十批中央引进海外高层次人才“千人计划”创业人才。

高国强

无锡高顿传感技术有限公司总经理。1980年至1984年，苏州大学本科毕业；1984年至1987年，上海工业大学硕士毕业。1987年至1993年，任中国药科大学讲师、实验室主任。1993至1998年，赴美国阿拉巴马大学攻读博士和博士后；1998年至2000年，在美国得克萨斯大学奥斯汀分校从事博士后研究。毕业后曾任美国约翰逊太空宇航中心资深研究员、美国巴德列•吉姆斯公司资深研究员、美国科顿仪器公司（Golden Scientific）技术总监。2005年回国，任南京安力凯电子科技有限公司总经理兼执行董事，兼任南京工业大学高技术研究院教授。后创办无锡高顿传感技术有限公司，任总经理。公司以纳米催化和光纤传感为核心技术，专业从事易燃易爆气传感器、毒气传感器、气体监测报警器、及光纤氧气传感器的研发、制造和应用，为石油、化工、煤炭、冶金、公共安全、智能消防与平安家居等提供有毒气体和易燃气体传感器、监测报警设备和技术方案。公司拥有多名国际知名博士、多项专利和传感核心技术，代表性产品有燃料电池型电化学一氧化碳、硫化氢、氨气和氧气传感器；纳米催化燃烧型易燃气传感器；荧光光纤溶氧传感器等，其中多项产品填补中国空白。2014年，个人入选第十批中央引进海外高层次人才“千人计划”创业人才。

高平

嘉兴行健生物科技有限公司总经理兼CEO。留美博士。曾在美国圣地亚哥创办Epitope Diagnostics,Inc.公司。公司是一家集研发、生产及销售为一体的高科技企业，其研发产品处于世界一流水平，产品质量可媲美全球一线品牌，产品应用于全球的生物制药、医院、学术研究等机构。2010年12月，在嘉兴科技城创办嘉兴行健生物科技有限公司，任总经理兼CEO。公司是一家致力于研发、生产、销售具有自主知识产权的临床用体外诊断试剂的美国独资企业，依托美国母公司Epitope Diagnostics,Inc.成熟的技术平台和产品的独特性，不断开发新的产品。公司拥有近1300平方米的实验室和10万级净化生产区域，主要从事研发、生产、销售具有自主知识产权的，供科研与临床用的酶免试剂盒、抗体标记试剂盒、包被稳定试剂、HRP酶稳定试剂、HRP酶标记试剂、抗体亲和提纯柱试剂，以及在欧洲CE认证和美国FDA批准的酶免试剂盒，同时提供客户专用单克隆抗体和多克隆抗体的制备，试剂盒研发等技术服务。公司重点项目“高端新型临床体外诊断试剂盒的研发和产业化”，以市场为导向，涉及数百个多层次，多系列的产品（胃肠道疾病、肿瘤、骨钙代谢、心血管疾病、糖尿病等），拥有多个具有自主知识产权，大部分产品已产业化和成熟。2014年，个人入选第十批中央引进海外高层次人才“千人计划”创业人才。

高清志

天津谷堆生物医药科技有限公司董事长。天津大学化工系硕士，1990年赴日本名古屋大学留学，在著名的Hisashi Yamamoto课题组研究仿生物酶金属有机催化剂，历时四年发表8篇学术论文取得了应用化学与合成化学专业博士学位。1994年博士毕业后加入日本帝人制药公司生物医学研究中心，在日本从事了长达7年的新药研发工作，期间受公司派遣于1999年至2000年赴美国斯坦福大学化学系跟随著名的BarryTrost教授进行了近两年的博士后研究工作。于2001年底接受美国硅谷生物制药公司XenoPort的聘任，再次回到生物制药企业学习和从事新药研发工作，在美国经历了近8年的靶向新药研究和项目管理工作，并以客座教授的方式帮助天津大学建立计算机辅助药物设计实验室。期间共发表论文30余篇，参与编写并出版著作3部，在生物医药领域申请和获得的专利50余项。2009年全职回国，受聘于天津大学任药学院教授。2010年，创立天津谷堆生物医药科技有限公司，任董事长。同时兼任天津市现代药物传递及功能高效化重点实验室主任，日本东丽制药、石药集团、先声药业高级技术顾问。公司拥有创新的“靶向前药”技术，即在先进国家已经上市医药品的基础上针对不具有靶向性的现有医药产品在分子水平上进行靶向化修饰，应用先进的计算机辅助药物设计技术创造具有自主知识产权的靶向型一类新药。该类靶向新药能够在身体内释放出原来的药物，并具有靶向功能，能够实现比原来药物更好的疗效、更高的生物利用度、更低的副作用和更好的临床应用价值，是适合我国生物医药快速发展的新技术和捷径。公司在上述靶向新药领域目前有4个新药项目，完成申请的专利2项，已经实现面向产业化的合作开发和专利转让1项。2014年，个人入选第十批中央引进海外高层次人才“千人计划”创业人才。

高源

北京泰合源通生物科技有限公司总经理。毕业于北京大学化学系，考入中国科学院上海有机化学研究所攻读博士，后在美国华盛顿大学医学院进行两年博士后研究，进入英特尔公司担任生物医学部高级科学家，主要进行智能材料的设计、合成。2008年11月，回国创办北京泰合源通生物科技有限公司，任总经理。公司主营汽车专用聚碳酸酯（PC）系列产品的研发、生产和销售，产品包括PC/ABS合金、PC/PBT合金、PC/PET合金、玻纤增强型PC及其他车用特种PC工程塑料。公司利用创新的化学及生物技术，围绕助剂、共混合设备改造三大核心技术，开发了车用聚碳酸酯的全套产品系列，相关技术已经申请15项国家专利，可以全面满足包括汽车、电子电器、设备外壳、建材、航天等多领域的产品需求。2014年，个人入选第十批中央引进海外高层次人才“千人计划”创业人才。

龚斌

南京特雷西能源科技有限公司总经理。留美博士。曾任美国雪佛龙石油公司研究员。2009年1月回国，2012年入选南京“321人才引进计划”重点项目，2013年4月在南京新城科技园国家级孵化器内创立南京特雷西能源科技有限公司，任总经理。公司主要从事石油、天然气等能源勘探技术应用软件研发、相关的数值模拟高端软件的研发以及技术咨询等服务。目前，公司产品已经形成产业化。2014年，个人入选第十一批中央引进海外高层次人才“千人计划”创业人才。

关士友

江苏国泰超威新材料有限公司总经理。1992年在中国科学院化学研究所获理学博士学位；1992年至1996年，在黑龙江大学化学化工与材料学院任讲师及副教授。1996年至1997年，获日本学术振兴会（JSPS）博士后基金，在名古屋大学野依良治（2001年诺贝尔化学奖获得者）研究室完成博士后工作。1997年至2001年，作为客座研究员在日本丰田中央研究所从事新型纳米材料的研究与开发工作；2001年至2008年，在日本三洋化成工业株式会社任副主事及科研主管，负责新能源材料的研究与开发工作。2008年10月回国，聘为华东理工大学特聘教授，主持新能源材料方面的研究与开发工作。掌握有“有机无机复合型介孔材料”“超级电容器电解质材料及纳米多孔电极材料”等核心技术，参加和主持完成的各类科研项目共计近20项，发表学术论文20余篇，申请专利30余项，获奖10项，在国际学术研讨会及其他学术研讨会上发表论文15篇。2011年，与张家港国泰华荣化工新材料有限公司合作创办江苏国泰超威新材料有限公司，任总经理。公司致力于研究和开发高端超级电容器电解质材料，包括锂离子电池电解质及添加剂、超级电容器电解质及电解液、锂离子电容器电解液、铝电解电容器电解质及电解液、抗静电剂、离子液体以及特种氟化学品等领域。目前，公司投入1亿元、规划50亩的生产基地正加快建设中，预计建成后年产值超5亿元。2013年，个人获评江苏省“双创人才人才”。2014年，入选第十一批中央引进海外高层次人才“千人计划”创业人才。

郭宏亮

浙江立恩生物科技有限公司董事长兼总经理。留美生物化学博士。曾在美国工作生活十几年。2010年，回国创办浙江立恩生物科技有限公司，任董事长兼总经理。公司是立恩集团的子公司。立恩集团是一家专业从事生物医药、医疗器械技术研究和进出口贸易的综合性大型集团公司，集团旗下有广州立恩生物科技有限公司、浙江立恩生物科技有限公司、浙江华祥福医用器材有限公司、美国立恩生物科技有限公司、立恩集团上海总部（筹建中），其实体生产企业创建于1983年，属国家食品药品监督管理局审批认可的一次性医疗器具生产的专业厂家。立恩生物科技在生物医药和医用高分子方面拥有独特的科研技术和营销经验，除为集团旗下产品拓展海外市场外，与国际上一些知名企业以OEM的形式进行合作。不仅利用立恩集团自己现有基地（符合GMP要求的厂房设施），同时也联手国内诸多知名生物医药和医用高分子生产企业进行紧密性的技术合作。公司主要产品有输液器类、输血器类、医用高分子类、麻醉穿刺类、造影介入类、注射器耗材、眼科植入类、医用设备、实验室耗材等。公司不断开发拥有自主知识产权的产品，相继开发了一次性使用安全溶药器、一次性使用石英玻璃辐照输血器、一次性使用滴定管式石英玻璃辐照输液器等。经过前期建设，2013年6月，公司投入试生产，年目标销售收入2000万元，力争几年后成为行业领军企业。个人入选浙江省“千人计划”人才、嘉兴市“创新创业领军人才”。2014年，入选第十批中央引进海外高层次人才“千人计划”创业人才。

何爱民

光景生物科技（苏州）有限公司董事长兼总经理。美国艾奥瓦大学药学院微生物和生化药学博士，麻省理工大学博士后。回国后创办光景生物科技（苏州）有限公司，任董事长兼总经理。兼任西安交通大学苏州研究院教授。公司致力于开发基于纳米技术为基础的感染控制、药物开发和临床诊断专利技术和产品，凭借专有的微球包装技术开发了新一代卫生和感染控制产品。公司专注的另一个方向是开发、建立和验证新一代低成本高效快速诊断技术和产品，主要用于心脏病、妇女健康、传染病、癌症检测治疗等领域。公司与美国多家高科技公司组成战略联盟，组建了一支有多年跨国公司工作经历的以留学人员为核心的创业团队，在多方投资者的大力支持下，搭建了具有自主知识产权的新一代感染控制和快速诊断技术平台，目前拥有700多平方米的实验室场地和投资500万元的实验器材。通过与全球战略伙伴的紧密合作，公司致力于成为用于研究、诊断和流式细胞术的分子探针以及含不同染料、功能基团的微球产品的领先供应商。2014年，个人入选第十批中央引进海外高层次人才“千人计划”创业人才。

何建伟

浙江精通科技有限公司执行董事兼技术总监。1994年在加拿大温莎大学获得化学博士学位，后在美国圣母大学博士后科研流动站从事科学研究，此后进入全球500强企业3M公司任研发及产品工程师，拥有多项国际专利技术。2000年，带着当时国际上最先进的“高分子类的荧光着色材料”技术回国创办了杭州精彩化工有限公司，从事高分子类环保型荧光着色材料的研发和生产，打破了德国技术对中国的垄断。2011年，通过湖州市“南太湖精英计划”引进，成立浙江精通科技有限公司，任执行董事兼技术总监。公司专业研发和生产高分子类高档环保型荧光着色材料产品和高分子类有机微球产品，产品广泛应用于涂料油墨、塑料、化妆品等领域，目前已经逐步实现全面产业化。2012年，个人入选浙江省“千人计划”。 2014年，入选第十批中央引进海外高层次人才“千人计划”创业人才。

洪熙

南京嵘天绿色化学有限公司董事长。2001年取得南京大学应用化学专业学士学位后获美国全额奖学金资助留学，就读于密歇根州立大学，获得化工专业博士学位。2012年7月，携带在美国研发的“从甘油生产1,3-二羟基丙酮（DHA）”先进成果回国，在紫金化工园科技创业特别社区创办南京嵘天绿色化学有限公司，任董事长。公司致力于绿色化学工艺的推广和应用，重点开发各类低碳环保的生产工艺和产品。一期项目主要使用甘油等植物提取物为原料，经过绿色工艺生产环保型绿色溶剂、表面清洁剂、脱漆剂、以及柴油添加剂等绿色产品。这些新型工艺的应用不仅能够实现节能减排，并且生产出来的产品在成本和性能上也都等同或优于以石化产品为原料的传统工艺，有效促进我国循环经济的发展。二期将与南京大学合作开展“使用稀土催化剂对固定源烟气进行中低温SCR脱硝”项目，在大气污染控制方面具有很好的社会效益和应用前景。公司拥有一支具有国际领先开发能力和产业化能力的科技队伍，先后获得了美国密歇根州立大学生物质能源材料研究中心、南京大学化学化工学院以及南京信息工程大学环境学院在科研方面的合作支持。个人先后入选南京市“321”人才引进计划和江苏省“双创”人才计划。2014年，入选第十一批中央引进海外高层次人才“千人计划”创业人才。

侯曙光

四川普锐特医药科技有限责任公司总经理。1991年从北京医科大学本科毕业并留校任助教， 1996年赴美求学，在弗吉尼亚州大学攻读博士，师从国际顶尖的药用气雾剂科学家Peter R. Byron博士，从事新型气雾剂的学习与研究。博士毕业后，曾先后在美国PPD公司和3M公司工作，历任资深研究专家、中国区技术部经理、亚太区市场技术商业部经理等职务。2012年1月回国，创建四川普锐特医药科技有限责任公司，任总经理。公司是一家集药品研发和生产于一体的高科技创新企业，致力于打造呼吸系统药物递送的国家级科技平台。公司集中于开发创新型的药物递送剂型，如透皮贴剂和微针透皮给药技术，生产具有国际先进水准的高质量吸入气雾剂、干粉吸入剂、雾化吸入剂和鼻喷剂药物产品等，努力成为具备化学药业和生物药物研发生产多功能高端创新型企业。公司拥有超过1000平米的GLP实验室，配置国际先进的药物研究和质量分析的仪器设备，引进瑞士Pamasol气雾剂生产线、德国Harro Hoefliger干粉制剂生产线，建有符合新版GMP标准的中试生产车间，符合欧美标准的GMP生产车间建设也在同时推进中。2014年，个人入选第十一批中央引进海外高层次人才“千人计划”创业人才。

胡立江

浙江和也健康科技有限公司总经理。1978年出生。东北林业大学学士、硕士。2009年在日本东京大学完成博士学位后，被聘为东京大学农学与生命科学学院特任研究员。2010年，回国创办浙江和也健康科技有限公司，任总经理。公司率先将“纳米技术”运用于传统纺织业，开发出“新一代复合功能性纳米纤维纺织材料”，将新材料与健康产业相结合，成为我国先进制造业的典型代表。公司是中国保健协会（原中国保健学会）理事单位，主导多项国家（行业）标准的起草和修订的工作，并作为国家“十二五”规划“慢性病预防”的行业典型和行业标杆企业，被浙江省委授予“小微企业科技标杆”称号，荣获2012年科技部“中国首届创新创业大赛优秀企业”、新华社“中国创造力产品”大奖、“第四届中国保健品公信力产品金奖”和浙江省第三届中小企业“名优新”博览会产品金奖等荣誉。公司成立的“和也健康产业研究院”成功引进国家“千人计划”特聘专家、科技部“科技创新创业人才”等科研博士10名；并先后与浙江大学、纳米技术及应用国家工程研究中心建立产学研合作，加快了科技成果产业化，增强了公司核心竞争力。公司自主申报并荣获国内外授权专利百余项，产品先后被天津市科委、浙江省科技厅认定为“科学技术成果”。个人先后入国家选科技部“科技创新创业人才”、浙江省“千人计划”和“钱江人才计划”、湖州市“1112人才工程”。2014年，入选第十批中央引进海外高层次人才“千人计划”创业人才。

胡雪蛟

武汉米字科技有限公司执行董事兼总经理。1994年至1999年，在清华大学热能工程系学习，获工学学士学位；1999年至2001年，在清华大学热能工程系学习，获工学硕士学位。2001年至2005年，在美国斯坦福大学机械工程系学习，获博士学位。2005年至2008年，在英特尔公司工作，任高级工程师。2008年11月回国，任武汉大学教授，后任武汉大学动力与机械学院副院长。主要从事清洁可持续能源的开发与利用、微电子和光电系统的冷却与封装、基于激光的能源系统和环境检测等方面的研究与应用。后牵头创办武汉米字科技有限公司，任执行董事兼总经理。公司主要致力于石化、天然气、食品、大气探测等领域的微量气体检测设备的研发及产业化。个人入选湖北省“百人计划”、东湖开发区“3551人才计划”。2014年，入选第十批中央引进海外高层次人才“千人计划”创业人才。

胡亦宁

海德星科技（厦门）有限公司董事长。1989年毕业于北京大学化学系，1997年在美国凯斯西储大学获化学博士学位，同年加入美国阿冈国家实验室进行博士后研究。曾先后在美国海威技术公司（Headway Technologies），TDK美国分公司和美国西部数据公司（Western Digital）就职，历任高级工程师、工艺部经理、新产品整合部资深经理、总监等职，领导了包括40兆至200兆数代磁存储设备在内的多项产品的研发和产业化。2006年，与两位合伙人共同创立了Advantools,LLC.并在国内设建立了芯硕半导体（中国）有限公司，成功开发出中国首套商用直写式光刻设备。2009年11月，创办海德星科技（厦门）有限公司，任董事长。公司致力于压电马达研发和产业化，是精密运动控制产品的专业供应商和系统集成商。公司的技术团队涵盖机械、电子、软件、控制、光学等领域，同时与北京大学、哈尔滨工业大学、中科院长春光机所、美国ALIO、美国VAREDAN、瑞士OPTOTUNE等研究机构及企业建立了着良好的合作关系，以压电器件和精密运动控制为核心，开发出直线电机位移台、微纳米操作台、压电马达及驱动器模块三大系列产品，目前已经成功应用于医疗设备、激光加工及工业自动化等领域。个人于2009年被评为厦门火炬“515工程”领军人才，2010年被评为“福建省引进高层次人才”、厦门市“双百计划”领军型创业人才。2014年，入选第十一批中央引进海外高层次人才“千人计划”创业人才。

黄剑

赛凡信息科技（厦门）有限公司总经理。美国明尼苏达大学计算机科学博士。活跃在高性能计算研究领域，在HPCA、PACT、ICS、IEEE Transactions on Computers等多个顶级国际会议和期刊上发表学术论文30多篇。毕业后，在太阳微系统公司（SUN，后被甲骨文公司收购）性能和应用工程（PAE）部门任顾问工程师，负责大型商业应用以及服务器和微处理器设计工作；2004年至2008年，任英特尔公司集群软件和技术事业部高级顾问研究员，负责高性能计算（HPC）与互联网门户数据中心环境中的分布式文件系统和集群互联网络的性能优化，是英特尔Cluster-Ready（ICR）标准制定小组的核心成员；并曾担任英特尔中国研究院开源Runtime（OSR）部门高级经理，负责Java虚拟机技术的研发。2011年，作为厦门市首批“双百计划”海外高层次人才被引进，创立赛凡信息科技有限公司，任总经理。公司历经两年时间，研发出了目前国内最尖端的“NAS分布式集群系统”存储设备，具有大规模、高可靠、高性能、易部署等显著优势。目前，公司已经成功研发出技术领先、具有差异化的系列云存储产品，系统技术、产品质量媲美国际一流标准，成为中国自主研发创造的高端存储品牌。2013年5月，公司与中国统计信息服务中心、厦门市信息化局共同签署框架协议，确定在厦门建立“中国统计信息云平台暨大数据研究服务基地”，这是福建省首个基于大数据开发应用的全国性云计算平台。2014年，个人入选第十批中央引进海外高层次人才“千人计划”创业人才。

黄子良

浙江健能隆生物医药有限公司董事长兼总经理。1984年至1987年，在华东理工大学取得生物化学工程学士和硕士学位；1995年获新加坡国立大学化学工程博士。曾在德国生物科技中心研究高密度细胞培养及发酵过程自动监控；1995年起担任美国俄亥俄州生物工程研究集团（OBRC）副主任；1999加入美国EGEN CORPORATION，负责其中国业务和担任中国分公司总经理，期间顺利完成重组人胰岛素和重组人生长激素在中国的技术转移和产品注册；2001年加入香港主板上市企业香港药业Hong Kong Pharmaceuticals，任首席科技总监，并担任上海华新生物高技术公司总经理。2004年，创办浙江健能隆生物医药有限公司，任董事长兼总经理。公司致力于运用现代生物技术，按照国际标准研发创新型生物医药产品，在研产品主要针对尚未解决的医疗难题，如肿瘤、炎症和自身免疫性疾病等。公司建立了高效哺乳动物细胞的蛋白表达技术及完整的新药研发技术平台，开发了具有专利技术的Di-Kine新药核心技术，并成功推出一系列处于临床和临床前阶段的1类创新生物药。2014年，个人入选第十一批中央引进海外高层次人才“千人计划”创业人才。

姜鑫

南京米乐为微电子科技有限公司董事长。1999年毕业于东南大学电子工程系，2001年获得美国北卡罗来纳州立大学硕士学位，2005年于密西根大学电子工程系获得博士学位。毕业后加入美国讯泰微波（Hittite Microwave）公司，任首席工程师，负责多条产品线的研发、生产和技术支持，成功管理了170多个产品，亲自设计并发布了50多款新产品，客户遍布全球38个国家地区，2010年被选为IEEE协会高级会员。2012年初，作为海外引进人才加入东南大学毫米波国家重点实验室，主要研究方向集中在微波、毫米波单片集成电路芯片（MMIC）和系统、高功率放大器和毫米波收发信等方面。此后，创立了广州慧智微电子和南京米乐为微电子两家集成电路芯片公司，任董事长。南京米乐为位于江宁创业创新基地——中国（南京）无线谷，公司专注于射频/微波/毫米波集成电路芯片的设计、研发和供应。依托团队雄厚的技术储备，致力于打破西方国家在微波/毫米波频段芯片产品和技术上对中国的垄断，为国防/军工和民用客户提供具有自主知识产权的高频率、高性能、高集成度的芯片和模块产品。公司成立第二年初（2013年）已经推出了8条产品线、30款芯片产品，包括覆盖微波、毫米波频段的高功率放大器产品系列，低损耗信号控制产品系列（包含开关、混频、变频 、数控衰减和移相器等），以及多功能收发信机模块系列等。其中多款高频段功放芯片和毫米波收发信机集成芯片产品填补了国内空白，性能指标属国际一流，并且都是欧美国家对我国完全禁运的产品。2014年，个人入选第十一批中央引进海外高层次人才“千人计划”创业人才。

金刚

上海必豪生物医药技术有限公司董事长兼总裁。1990年毕业于复旦大学医学院（原上海医科大学），后留校在中山医院从事影像医学诊断工作。1993年赴美在国加州大学圣地亚哥分校生物工程系攻读博士。2000年起任Salk生物研究所功能基因组学实验室主任；2001年至2012年，发起创立国家生物芯片上海工程研究中心，任主任；2001年至2005年，任普度制药公司（Purdue Pharma）基因组学部总监；2005年创立美国ShanghaiBio Corporation公司，兼任上海生物芯片公司高级副总裁。2008年发起与跨国制药公司三巨头辉瑞、默克、礼莱共同筹建亚裔人群癌症研究基金会（美国），对亚裔高发性癌症如肝癌、肺癌和胃癌的基因组学和转化医学研究。2011年起促成哈佛医学院与中国医科院、复旦大学医学院和上海交通大学医学院的合作，成立中国—哈佛医学院转化医学联合中心，启动中美转化医学研究和联合教育培养的国际合作项目。曾于2008年被美国时代周刊评为美籍华裔10位杰出成功海归之一。2011年，创办上海必豪生物医药有限公司，任董事长兼总裁。公司是一家为个性化诊疗提供分子（生物标志物）早期诊断、药物敏感性检测、药物疗效监测以及研发和产业化相关检测产品的生物医药高科技公司。在成立一年多时间内，先后在张江高科技园区建立了基因检测研发中心实验室，与复旦大学上海医学院病理系建立了分子诊断联合实验室，与广州中山大学胃肠道研究所建立了分子诊断联合中心实验室，拥有多个技术平台，能完全满足转化医学研究和诊断试剂盒研发的需求。同时通过美国窗口公司的项目引进，成为美国著名生物信息分析公司Ingenuity唯一国内合作伙伴，可提供高级基因数据分析的整体方案，共同挖掘对临床应用有价值的信号通路和靶标基因。2014年，个人入选第十批中央引进海外高层次人才“千人计划”创业人才。

金伟华

苏州格拉斯通绿色建材科技有限公司董事长。1988年毕业于同济大学建材系，获工学学士及硕士学位，后就职于交通部上海港湾工程设计研究院，参与了杨浦大桥、南浦大桥、金茂大厦等上海市重点工程的设计施工。1994年赴美留学，1998年获美国哥伦比亚大学土木工程博士学位。期间在国际上率先开展了废玻璃再生绿色建筑材料的研究，成功地解决了玻璃颗粒存在的碱骨料活性反应技术难题。2006年起担任美国艾斯通公司首席科学家，将发明的玻璃石成功推向市场，产品应用于美洲银行总部大楼、美国绿色建筑协会总部及盖茨基金会总部等诸多知名绿色建筑中。2010年后，任职美国纽约市立大学和纽约大学教授，在绿色建筑及节能材料、结构减灾材料、智能储热、CO2再生技术、三维打印建筑创意材料等前沿领域开展了创新性的研究工作，共发表论文18篇，拥有3项美国及中国核心专利。2013年1月回国，在昆山留学人员创业园创立苏州格拉斯通绿色建材科技有限公司，任董事长。公司以“大面积的玻璃石整体装饰地坪”为核心技术产品，致力于城市固体垃圾资源化利用、绿色建筑装饰及节能材料的产业化。公司目前拥有办公及产品展示厅、中试车间、配料车间共计2千多平方米场地，并已建设完成2万吨玻璃石配料生产线，开始生产玻璃石配料和进行成品试验加工，未来以核心产品衍生的系列产品将包括现场浇筑的玻璃石地坪、室内装饰玻璃石板材、保温装饰一体化玻璃石外墙、玻璃石创意设计产品等。2013年，个人被评为江苏省“双创人才”、苏州市“姑苏创新创业领军人才”、昆山市“领军型创业人才”。2014年，入选第十一批中央引进海外高层次人才“千人计划”创业人才。

雷良军

无锡中普微电子有限公司董事长。1992年考入清华大学工物系，获得工程物理和自动化系双学士学位和工程物理硕士学位。2000年赴美留学获里海大学（Lehigh University）电子工程硕士学位。毕业后在美国RFMD、Samsung等企业从事产品研发、设计和管理工作，具有丰富的射频产品开发管理经验，经验涵盖手机、基站以及广播卫星通信设备。2010年，回国创办无锡中普微电子有限公司，任董事长。公司是一家快速成长的无晶圆半导体设计企业，主要从事3G/4G射频微波模块产品的设计、制造和销售，在无锡、上海、深圳以及香港设有研发和销售基地。公司在消费类市场为手机制造商提供3G到4G最高性价比完整的射频前端解决方案，公司的手机功放产品已广泛应用于中兴、华为、宇龙酷派及联想等品牌手机中。同时关键技术可以延展开发以下非消费电子产品：支持微波/毫米波通讯，微波点对点、卫星通信/导航及光电通讯所需的射频/微波组件、收发模块及驱动设备；支持国防领域军用设备，电子雷达、电子对抗等高频仪器/设备所需的射频/微波链路及收发模组。个人先后被评为江苏省“双创人才计划”、无锡“530计划”领军人才。2014年，入选第十批中央引进海外高层次人才“千人计划”创业人才。

李德林

深圳首创光伏有限公司董事长兼总裁。留美材料科学与工程博士。曾任职于美国英特尔、Tessera等公司，长期从事新能源、光电转换和微电子产品的开发，获得24项美国授权专利。回国后创办深圳首创光伏有限公司，任董事长兼总裁。公司是由美国Soltrium 公司和东方汇富等多家创投基金共同投资设立的中外合资企业，核心技术团队来自美国硅谷。公司从事世界上最为领先的具有自主知识产权的高性能超低成本的新一代非真空CIGS薄膜太阳能电池技术开发和工业化生产，其太阳能组件制造成本将低于每瓦0.45美元，发电成本（平准化电力成本 LCOE）将达到0.075美元/千瓦时，低于传统能源煤炭发电成本0.08美元/千瓦时（美国平均煤炭发电成本）。这一技术突破，将大大促进太阳能技术的商业应用。公司具有全套的进口生产设备并配以标准化的洁净厂房以及先进的测试设备包括分散评估、粘度测试、粒度测试、振实密度测试、微观形貌分析、热分析、丝网印刷、烧结、IV、EL等，以保证产品性能的稳定性。公司具有强大的研发能力，能够按照用户和市场的要求，不断推出具有竞争力的新产品，创造洁净的可持续发展的新能源，努力打造比常规能源发电更为节约的太阳能电池技术。2014年，个人入选第十批中央引进海外高层次人才“千人计划”创业人才。

李迪

广东博观科技有限公司董事长兼CEO。1996年北京大学物理系本科毕业，赴美国莱斯大学攻读应用物理系硕士；1999年起在得克萨斯大学攻读电子工程系博士学位；2001年9月，在得克萨斯仪器公司的微电子技术研究院完成了关于芯片理论技术和生产流程相关研究博士论文，进入全球第二大半导体存储器公司美国美光公司技术研究院。2002年到2007年，先后担任美光科技公司的器件工程师和器件模拟项目主管，从事前沿存储器技术研究和产品开发工作，参与研发了当时世界首个50纳米闪存芯片的技术研究和产品开发工作。2007年，在美国创办隆智半导体有限公司，致力开发基于量子共振隧道穿越技术的静态和闪型存储器，任技术总监。2011年，被美国飞索公司成功收购，任飞索公司高级研究员，进行最新一代基于电荷俘获的NAND闪存芯片的研发、试产及量产，同时负责存储器技术前瞻性研究和开发。2012年4月回国，自带600万人民币并携手国内风投的第一期3000万人民币启动资金的支持到广东珠海高新区创业，创办广东博观科技有限公司，任董事长兼CEO。公司致力于高端集成电路闪型存储器通用芯片的研发设计和产业化，自主完成研发、测试、量产及销售。目前，正在研发和量产的3.0V及1.8V，从4Mb到256Mb高端通用芯片系列产品属国家重点鼓励发展的核心产业，代表性产品SPI串行闪存在2013年中期实现了量产。公司与中国科学院微电子研究所达成了合作研发的65纳米及以下节点的闪型存储器的项目，已进入试生产和验证阶段。2014年，个人入选第十批中央引进海外高层次人才“千人计划”创业人才。

李广骏

帝特汽车技术（上海）有限公司总经理。留美博士，曾任美国通用汽车公司北美技术中心高级工程师。2009年10月回国，创办帝特汽车技术（上海）有限公司，任总经理。公司位于上海市浦东新区，是美国DEP公司在中国的分公司，专业从事CAE（Computer Aided Engineering）软件和工程服务。公司拥有世界领先的CAE工程软件DEP Morpher，具有结构线性及非线性分析、静动力分析、疲劳及断裂分析、可靠性及安全性分析、多物理场耦合分析、汽车NVH分析及整车碰撞分析等多种分析能力，以及丰富的工程优化设计经验，服务领域涵盖航空航天、汽车、船舶、通用机械等多个行业，用户覆盖欧洲、美洲和亚洲，包括全球多家汽车生产商和零部件厂商。公司立志于为用户提供完善、专业、高品质的工程CAE技术及产品优化设计服务，帮助企业降低成本，加快产品研发，不断提升产品自主研发水平和市场竞争能力。2014年，个人入选第十一批中央引进海外高层次人才“千人计划”创业人才。

李灏

深圳纽迪瑞科技开发有限公司董事长。1996年从北京有色金属研究总院硕士毕业，赴美国马里兰大学深造，获材料学博士学位。此后被美国摩托罗拉中心实验室聘用，历任高级工程师、主任工程师、高级主任工程师，领导开发出了世界首款多点触控的压力触摸屏，拥有22项美国专利，在国际一流期刊发表论文34篇，曾获2009年度华尔街日报科技创新奖。2011年4月回国，创办深圳纽迪瑞科技开发有限公司，任董事长。公司致力于压力感应触摸产品的开发和产业化，世界首创“压力感应触控技术”，首次在金属表面实现压力感应触摸，拥有美国发明专利、PCT发明专利、国家发明专利13项。并建有千级、百级无尘车间1300平方米，具备年产200万件压力触控产品的生产能力。目前，公司已成功开发了金属触摸压力按键、多点压力触摸屏幕和终极压力触摸屏幕三大类产品，广泛应用于工业控制、家用电器、消费电子、汽车电子、医疗器械、安防等领域，其中，“压力加密键盘”获得2014年国际消费电子创新展“创新设计与工程奖”。公司先后获得深圳市“孔雀计划”资助，入选国务院侨办第三批重点华侨华人创业团队。2014年，个人入选第十一批中央引进海外高层次人才“千人计划”创业人才。

李惠民

山东网聪软件科技有限公司董事长。1980年至1989年，在西安交通大学获得电气工程硕士和博士学位。后被学校派往苏格兰大学继续深造，1992年完成博士后研究工作。毕业后的十几年间曾先后就职于加拿大北方电信公司、美国朗讯科技公司等全球知名电信设备供应公司。2010年1月回国，在济南高新技术产业开发区创办山东网聪软件科技有限公司，任董事长。公司定位为智能电网大数据处理与分析领域的技术和服务供应商，致力于将先进的互联网分布式及并行计算技术及海量数据的实时处理技术应用于电力系统，用来解决智能电网自动化、信息化中许多亟待解决的问题。公司推出的软件通过海量数据处理技术，让国内低端的数字化变电站控制更加精准，实现了对配电网络的实时监控和信号的情况、事故的前因后果分析，达到虚拟配电网络得高可视化，能够有效降低停电率和减少电路传输中的电损耗。目前，已拥有国家电网、南方电网、和平高电气等重要客户及战略合作伙伴。个人入选山东省“泰山学者”计划及济南市“5150”高层次人才计划。2014年，入选第十一批中央引进海外高层次人才“千人计划”创业人才。

李进

成都先导药物开发有限公司董事长兼首席执行官。毕业于四川大学化学系，获得英国阿斯顿大学高分子专业博士学位，后在曼彻斯特大学从事生物化学方面的博士后研究工作。曾任职于全球500强企业，担任世界四大制药巨头之一的英国阿斯利康公司全球化合物科学/计算科学总监，拥有超过25年的药物研发和科研管理经验，主要负责计算科学、计算化学、计算生物学以及化合物筛选优化。回国后，在成都华川进出口集团有限公司的投资支持下创办成都先导药物开发有限公司，任董事长兼首席执行官。公司总部坐落于成都市高新区天府生命科技园，是一家以创新为动力、以服务客户为宗旨的生命技术公司，专注于药物研发早期阶段的先导化合物的发现及优化，立志成为将项目由靶标阶段推向先导药物阶段的领先供应商。目前，公司已建立了核心技术研发平台，拥有包括优质的大型DNA编码化合物库以及在蛋白表达和纯化、体外筛选和亲和选择、化合物库设计与合成、药物化学等领域的出色的研发能力，同时为客户提供其他生物试剂和服务。2014年，个人入选第十批中央引进海外高层次人才“千人计划”创业人才。

李俊

苏州方德门达新药开发有限公司总经理。本科毕业于武汉大学病毒系，1995年获得北京医科大学免疫学硕士学位，2001年获美国犹他大学生物化学博士学位。后在美国诺华制药集团工作，先后担任多个创新药物研发组的首席科学家，并推动两个项目进入人体临床研究。2009年，在美国创办医药公司，两年内创建了“PH依赖型长效抗体平台”，完成案例验证，并就其核心技术和筛选工艺申请了两项国际专利。2012年7月，携带两项核心专利和多个创新抗体项目回国，在吴江科创园创立苏州方德门达新药开发有限公司，任总经理。公司专注于创新抗体药物的研发，为国内外大型药企提供针对重大疾病市场的、针对创新靶点的、后续开发度高的单抗药物候选分子，并通过与大企业合作进行转化和产业化。公司研发团队开发的首个单克隆抗体产品已经成功转让给上海众合医药科技股份有限公司，正开展临床前的药效、药代和安评研究。另一个单克隆抗体产品也已完成了鼠抗的人源化，正在通过动物实验证明其成药性，得到了大型国营药企的关注，形成了合作开发意向。2014年，个人入选第十一批中央引进海外高层次人才“千人计划”创业人才。

李鹏

苏州微木智能系统有限公司总经理。本科毕业于南京大学，后留英深造，获得了剑桥大学传感器专业博士学位。2011年9月，携英国剑桥大学团队回国创办苏州微木智能系统有限公司，任总经理。公司注册资本500万元，在一年多内完成了痕量气体配置系统及危险品检测仪等多项国内领先的创新性产品开发，并在当年实现200万元的产值，赢得了公安部检测中心及中科院等关键客户。公司基于微型离子迁移谱传感器独立开发的安检仪除了检测专业爆炸物外，还可以检测农药、汽油、酒精、丙酮及煤气等危险品，在检爆、缉毒、安检、危险品检测领域有效弥补了传统安检仪的不足。同时，检测软件具有升级功能，即在检测到新的危险品时，仪器可以进行识别记录并自动升级，下一次再遇到同样的危险品将会准确捕捉。微型离子迁移谱传感器是目前世界上唯一采用芯片微加工技术的通用化学传感器，其核心传感器芯片体积仅硬币大小，检测灵敏度超过了现有大型实验室检测设备，检测时间仅10毫秒左右，在国际上处于绝对领先地位。公司的产品目前已被美国陆军、百事、Craft、Alphasense以及英国国防部等客户采用，在公共安全、食品、化工、环境和医疗诊断等领域都具有十分广阔的应用前景。公司已申请发明专利6项，同时承担了2012年江苏省科技支撑计划项目和2012年苏州市国际科技合作计划项目等10余项合作项目和课题。个人先后入选江苏省“双创人才计划”和苏州市“姑苏创业领军人才计划”。2014年，入选第十批中央引进海外高层次人才“千人计划”创业人才。

李松

珍爱信息技术（深圳）有限公司董事长兼CEO。美国哥伦比亚大学金融学博士。曾任纽约贝尔斯登公司（Bear Stearns）的债券部副总裁和摩根士丹利公司（Morgan Stanley）亚洲区执行董事。2001年，与四个合伙创立讯龙科技，主要从事移动增值服务。2003年1月，讯龙付费用户达到220万，月收入1200万元人民币，跻身当时中国三家收入最高的移动增值服务公司，同月被新浪收购，改称新浪无线。2006年，和原美国戴尔公司职业经理人陈思共同创办珍爱网（Zhenai.com），任董事长兼CEO。公司前身是创办于1998年的中国交友中心，是中国最早最大的相亲网站。珍爱网在中国首创网络征选+电话红娘的高效婚配服务模式，专为忙碌的城市白领省时高效地成就姻缘。目前，珍爱网在北京、上海、广州、厦门、南京、苏州、重庆、成都、长沙等十几个城市设有分支机构，有注册会员超过7000万，被互联网周刊评为“2008中国最佳婚恋网站”，被中国互联网高峰大会评为“2008年中国互联网最具价值网站奖”，以及被美国Red Herring杂志评为“2008年Red Herring亚洲百强科技创业公司”，2012年被评为“广东十大互联网企业”之一。2010年，又创办手机位置社交服务商嘀咕网，任董事长。公司致力于为用户提供微博客服务，获得美国新闻集团的战略投资，与诺基亚达成战略合作，合作过的商户包括麦当劳、MOTO、耐克、百事可乐、哈根达斯、联想、TCL、康佳集团、步步高、星空卫视、湖南卫视等国内外知名品牌。先后荣获2010年中国互联网大会颁发的“最佳手机位置社交服务”奖、中国互联网经济论坛颁发的“2010最佳手机位置签到服务商”奖、第六届艾瑞年度高峰会议颁发的“2010—2011年度最佳移动互联网应用产品奖——位置服务类”等。2014年，个人入选第十批中央引进海外高层次人才“千人计划”创业人才。

李玮

河北博伦特药业有限公司总经理。1988年硕士毕业后，在河北省科委工业处工作，曾担任河北省海洋局副局长。1995年自费去日本留学，用4年时间获得了东京工业大学工学博士学位。1999年9月，在加拿大多伦多大学从事一年半博士后研究，后供职于一家化学公司。2005年回国发展，任某上市公司总工程师职位。2010年2月，创办河北博伦特药业有限公司，任总经理。公司以技术研发为主导，以高附加值和高技术含量的医药中间体/手性化合物的研发和生产为基础，以原料药（API）为终端产品，以产业化为最终目标，打造手性合成、化学/酶催化、清洁生产工艺等核心技术。产品主要立足于国外高端市场，并为国内原料药的生产配套中间体。公司成立三年来，完成研发、中试和工业化生产项目50多项，其中工业化产品20项，多项填补国内空白，已形成了抗生素侧链和母核系列产品、手性胺、手性酸、手性醇、生物酶制剂以及医药前体和原料药的核心技术，构建了国内外市场渠道，主导产品远销日本、韩国、印度和欧美地区。2012年，个人入选河北省“百人计划”。2014年，入选第十批中央引进海外高层次人才“千人计划”创业人才。

李骁军

上海飞博激光科技有限公司总经理。1996获北京大学电子学学士学位；2005年获美国波士顿大学博士学位，师从光纤界元老Dr. Theodore Morse教授。2000年至2003年，在由双包层光纤之父Hong Po先生创立美国Lasersharp公司担任激光科学家；2006年至2012年初，历任美国恩耐激光光纤激光工程总监、工业激光部高级总监等职，带领产品工程团队开发了多款光纤激光器产品，产品远销北美和欧洲。2012年6月回国，与中科院上海光机所合作在上海嘉定高新区创立飞博激光科技有限公司，任总经理。公司创立至今，已成功研制和推出中功率2微米光纤激光器、线偏光纤激光器、亚纳秒脉冲光纤激光器等十余种具有国际先进水平的特种光纤激光器产品。2014年，个人入选第十一批中央引进海外高层次人才“千人计划”创业人才。

李兴斌

北京谛力泰克科技有限公司总裁、芸装家居创始人。1997年从上海理工大学毕业后到北京工作，1999年赴英国赫特福德大学攻读计算机硕士。2006年与人合伙创办英国安森德有限公司，任总裁。2009年8月回国，在中关村软件园留学人员创业园创办了北京谛力泰克科技有限公司，并于2013年10月获得1000万元人民币的风险投资。公司致力于泛家居领域智能终端产品的研发和销售，为国内外大型企业定制研发移动互联应用的同时，专注研发自有知识产权移动互联软件产品，在iOS应用产品开发方面处于国内领先地位。公司于2014年推出了全国首家升级版电商平台——大美虎家居网，该平台依托强大的3D在线设计功能，让使消费者在购买家居商品之前通过三维体验实现“线上设计、空间尺寸、软装搭配”等效果，用直观的演示搭配出自己理想的家居风格。2014年，个人入选第十一批中央引进海外高层次人才“千人计划”创业人才。

李阳

广州慧智微电子有限公司董事长兼总经理。2001年获得清华大学电磁场与微波技术专业博士学位，2010年取得美国巴布森商学院MBA学位，发表学术论文20多篇，申请专利9项，其中5项已授权。2011年回国，在广州科技城创办广州慧智微电子有限公司，任董事长兼总经理。公司主要从事射频模拟集成电路芯片和微波器件的设计、开发、销售并提供相关技术咨询和技术服务。核心技术团队在射频、模拟及SOC各领域均具有颇强的研发实力，创造了多项国际先进的发明专利及核心技术。公司致力于技术创新，实现高效运营，满足客户日益增长的对高性能、高集成度、小尺寸和低成本等需求，实现高性能微波、先进射频集成电器及模块的产业化，创造业界领先产品，成为射频微波器件领域的领导厂商。2014年，个人入选第十批中央引进海外高层次人才“千人计划”创业人才。

梁国春

江苏贝孚德通讯科技股份有限公司董事长兼总经理。美国加州大学伯克利分校博士。2010年2月回国，与地方民营资本合资创办江苏贝孚德通讯科技股份有限公司，任董事长兼总经理。公司主要从事射频、微波元器件等前端模块产品的专业设计、生产和销售，产品广泛应用于无线传输基站设备、室内分布及网络优化系统设备、无线传输中继设备和卫星传输设备等无线通信系统。公司与上海交通大学建立了密切的产学研合作关系，在科技研发、信息互享、人员培养等多个领域开展实质性合作。基于企业自主研发的高次模谐振和低损耗设计技术，以及上海交通大学加载山形或扇型微带分支设计技术的基础上，开发完成了“高频率低损耗宽阻带小型化通讯设备前端模块的开发及产业化”项目，产品是3G/4G等无线通讯基站系统的核心部件，用于信号的选择、隔离、恢复、干扰过滤等方面。2010年，公司入选无锡市“530”A类项目，获得惠山区”十大新兴产业企业”等荣誉称号。个人入选江苏省“双创人才计划”。2014年，入选第十批中央引进海外高层次人才“千人计划”创业人才。

廖春元

亮风台（上海）信息科技有限公司董事长。清华大学学士及硕士，上世纪90年代赴美国留学，获马里兰大学计算机博士学位，后进入富士施乐公司工作，任富士施乐硅谷研究院正研究员，从事图像识别和人机交互方向的研究长达十余年。2012年8月回国，创办亮风台（上海）信息科技有限公司，任董事长。公司是基于图像识别、搜索技术的互联网高科技企业，核心团队成员由世界级计算机视觉、机器学习和人机交互领域科学家、国内顶尖移动开发团队以及传媒专家组成，拥有具备自主知识产权的“图像识别”和“增强现实”核心技术。公司推出的“HiScene海讯”图像识别解决方案应用平台，针对传统媒介、汽车电子、广电通信、户外广告、快速消费、互联网电商等行业，提供图像识别搜索、增强现实、线上线下整合等系统解决方案，为91助手等数十家标准客户提供了包括微信图答应、应用拍拍、幻镜拍拍、基美耀拍等方案，累计覆盖用户已达两亿。目前，公司正从提供解决方案转型至提供独立的服务平台，并长期专注于视觉算法的研究和应用，并与OPPO合作发布了自主研发的基于云端的图像交互业务平台“O-video”。2014年，个人入选第十一批中央引进海外高层次人才“千人计划”创业人才。

廖秀高

无锡蕾明视康科技有限公司总经理。留美博士，世界新型人工晶状体产品领域的知名研发专家，其领导研发的人工晶状体产品，已经有四个在世界市场上销售。回国后创办无锡蕾明视康科技有限公司，任总经理。公司注册资本2000万元人民币，主要研发的产品为超小切口球面和非球面高折射率疏水性聚丙烯酸酯软性人工晶状体和新型动态可变焦疏水性聚丙烯酸酯软性人工晶状体。该系列的疏水性聚丙烯酸酯人工晶状体的成功研发，将使我国自主研发的人工晶状体产品达到世界先进水平。人工晶状体在中国的市场巨大、前景极为广阔，中国每年约有800万人需要做白内障移植手术，而目前只有不到100万人能得以实施。随着中国医改的推行，国内人工晶体状的需求以每年30%的速度增长，公司产品研发的成功，将会对中国的白内障患者的复明工程做出巨大的贡献。2014年，个人入选第十批中央引进海外高层次人才“千人计划”创业人才。

凌志敏

浙江昱能光伏科技集成有限公司董事长兼CEO。美国加州大学伯克利分校电子专业博士。在美国生活工作20余年，长期在硅谷高科技公司担任资深总监、资深副总裁等高管职务。在美国已批准获得15项专利，还有8项正在审批过程中。在各种国际会议和杂志上发表近20篇文章，多次受邀在国际研讨会上演讲。2009年回国，在嘉兴科技城创办浙江昱能光伏科技集成有限公司，任董事长兼CEO。公司致力于微型逆变器及建筑光伏一体化系统的研发和产业化。研发的产品拥有完全自主知识产权，目前已有1项发明专利、18项实用新型专已获授权，3项软件著作权获登记，6项专利正申报PCT国际专利。其中YC200微型逆变器通过省级新产品鉴定，3项产品列入省新产品试制计划。产品同时获得中国、澳大利亚、欧盟和美国4个国家和地区认证证书，上市后获得光伏行业的普遍认可，入选“2011年度光伏行业十大创新企业”。2013年5月，公司推出了其正式营运以来的第三代产品——全球首款“三相”微型逆变器。个人入选浙江省“千人计划”，被认定为省市两级政府特聘专家。2014年，入选第十批中央引进海外高层次人才“千人计划”创业人才。

刘党会

浙江温医雷赛医用激光科技有限公司副总经理兼首席科学家。16岁考入北京航空航天大学电子工程专业，1986年获得北京航空航天大学电子工程硕士；1990年赴美国留学，1996年获得休斯顿大学机械工程学博士学位。毕业后，曾担任美国著名眼科医疗器械公司美国EyeSys公司研发总监、美国准分子行业技术巨头美国雷赛技术股份公司CEO、首席科学家。主要研究领域为光机电一体化工程、计算机软件编程和医用激光技术，从事眼角膜地形图仪、准分子激光、YAG激光等医用诊疗设备关键技术研究和产品开发十多年，是当今世界医用激光技术尤其是准分子激光技术的主要领军人物之一。2008年回国，借助国家科技部国际合作重点项目“优化切削模式新型眼科准分子激光治疗机”的研发，与温州医学院眼视光研究院、深圳新产业医学发展有限公司联合创建了浙江温医雷赛医用激光科技有限公司，任副总经理兼首席科学家。目前，该项目产品样机已经完成，正进入临床验证阶段，其技术水平已达到国内先进，国际一流水平。该项目的实施，将突破进口产品垄断准分子激光治疗机国内市场的境况。公司以研发、生产、销售眼科准分子治疗机、医用铒激光治疗仪等医学激光治疗设备和角膜地形图仪、眼球追踪仪等眼科检查仪器等为主要业务，依托温州医学院在眼视光学和视觉科学的研究优势，立足眼视光学和视觉科学国家重点实验室培育基地、卫生部视光学研究中心、教育部现代眼视光技术与装备工程研究工作，并引进世界医学激光领域的主要领导者之一、全球拥有准分子激光领域最多知识产权的美国雷赛的整体技术，研制世界一流的医学激光治疗设备。2014年，个人入选第十批中央引进海外高层次人才“千人计划”创业人才。

刘德华

科晶（宁波）生物科技有限公司董事长。留美博士。在美国创办Crystalgen Inc.，任总裁。Crystalgen Inc.是从事医用及生物实验室耗材、器械、设备、生化试剂、临床检验试剂及器械的国际公司，集研发、生产和销售一体，不断推出创新型产品及OEM（客户定制）服务，以满足不同用户的需求。Crystalgen Inc.在全球有近百家分销商，服务于46个国家和地区。2011年，为了直接和全面的服务于中国大陆及周边国家，在国内投资创办科晶（宁波）生物科技有限公司，任董事长。公司作为美国Crystalgen Inc.全资子公司，负责国内的产品销售及市场推广，主要从事医用及生物实验室耗材、器械、设备、生化试剂、临床检验试剂及器械销的销售和服务。公司依托美国总部提供的强大的科研团队和管理团队做后续支持，产品主要应用于各大高校、医疗单位及科研单位的实验室、化验室。2014年，个人入选第十批中央引进海外高层次人才“千人计划”创业人才。

刘福平

山东信义粉末冶金有限公司总经理。留美博士。拥有多年粉末冶金经验，属世界行业首席技术专家。曾作为通用、福特、克莱斯勒、万国的粉锻连杆供应商的研发经理，代表美国麦特达因公司（Metaldyne）领导十几家企事业单位成功联合开发了铝粉锻连杆，采用一系列独特的改革方案，填补了国际粉末锻造连杆生产工艺的空白，其技术达到了国际领先水平。2010年回国，与信义集团联合创办山东信义粉末冶金有限公司，任总经理。公司是汽车发动机连杆的专业化生产企业，拥有同行业中最领先的制造技术粉锻连杆自动化生产工艺。公司率领行业队伍开发研制出具有国际领先水平的汽车发动机连杆，改进了预压件的设计和控制技术，增强了工艺设备和工艺的柔性，打破欧美公司的垄断，填补了中国的空白。公司拥有先进的计算机管理网络和技术开发能力，具有与国内主要配套客户进行同平台的计算机数据交换能力及信息传递能力。公司发展的目标是引领汽车关键零部件产业的科技转型升级，成为中国一流的汽车发动机连杆制造企业。2014年，个人入选第十批中央引进海外高层次人才“千人计划”创业人才。

刘昊扬

北京诺亦腾科技有限公司总经理。本科毕业于同济大学土木工程系，2003年获美国约翰霍普金斯大学土木工程系博士学位，是美国Smart Bridge Technology公司的合伙人。2010年12月回国，在中关村科技园区德胜科技园创办北京诺亦腾科技有限公司，任总经理，兼任北京市侨联委员、北京市西城区政协常委等社会职务。公司是一家在动作捕捉领域具有国际竞争力的企业，核心团队由多名海外留学归国人员组成，具有世界级研发能力，研究领域涉及传感器、模态识别、运动科学、有限元分析、生物力学以及虚拟现实等。通过多学科知识交叉融合，公司开发了具有国际领先水平的“基于MEMS惯性传感器的动作捕捉技术”，并在此基础上形成了一系列具有完全自主知识产权的低成本高精度动作捕捉产品，已成功应用于动画与游戏制作、体育训练、医疗诊断、虚拟现实以及机器人等领域。2014年，个人入选第十一批中央引进海外高层次人才“千人计划”创业人才。

刘轶

深圳市北科瑞声科技有限公司总经理。香港科技大学博士。2008年3月到深圳创业，创立了深圳市北科瑞声科技有限公司，任总经理。公司主要研发及产品方向包括高性能语音识别、跨信道海量音频和语音检索、复杂环境下抗噪声处理、海量数据资源建设。公司拥有独立自主核心知识产权，研发完成了中文领域的人机交互和音频检索系统，在中国电信118114、友邻通讯、东莞广电、深圳证券信息有限公司等得到初步应用。近年来还承担了科技部中小企业创新基金、深圳市科技计划、中国电信以及国外知名机构和企业的研发项目。公司软硬件设备齐全，同时利用和全球最大的数据中心LDC合作的机会，以及与深港产学研基地和深圳市智能媒体和语音重点实验室开展产学研合作的机会，通过共建联合研发中心、设备资源共享等机制，减少研发成本投入和资源重复建设。目前已经拥有各种平台、各种环境、各种采集设备完成的数据资源，组建了深圳地区重要的研发团队，培养了一批专业人才，成为目前国内跨平台中文语音识别核心技术和智能人机交互领域拥有数据类型最全、数据质量最高、专业人员最充足、数据总量最大的机构。此外，作为研发型企业，公司重点关注核心技术的研发、推广和授权使用。面向庞大的车载信息系统的需求，建立多模块体系应用于大众电子语音消费产品，部分模块已经集成到赛格、路畅、美赛达和众鸿（我国车载电脑市场占有率最大的方案商）的方案和产品中。2014年，个人入选第十批中央引进海外高层次人才“千人计划”创业人才。

刘自鸿

深圳市柔宇科技有限公司董事长兼CEO。2004年清华大学电子工程系本科毕业后，在清华大学电子工程系/微电子学研究所继续攻读硕士学位，2005年荣获“第二届中国青少年科技创新奖”。2006年赴美国斯坦福大学电子工程系攻读博士学位，2009年顺利完成博士答辩，时年仅26岁，期间获中国国家优秀海外留学生奖。2009年10月，加入美国IBM公司位于纽约的著名研究机构沃森研发中心，并担任美中高层次人才交流协会纽约分会副会长。2012年3月，在美国硅谷和中国深圳同时创立了柔宇科技有限公司，任董事长兼CEO。兼任美国国家自然科学基金（NSF）评审委员会专家、美国斯坦福大学电子工程系特邀客座讲师、深圳欧美同学会副会长等职务。公司主要从事下一代新型信息显示技术及其相关电子产品的研究、开发、生产及销售，核心技术领域之一是可大规模量产的高性能超薄彩色柔性显示器。2014年8月，公司面向全球发布与智能手机平台成功对接的全球最薄彩色柔性显示器，厚度仅为0.01毫米，卷曲半径可达1毫米，刷新了显示领域的世界纪录。个人曾获“广东青年五四奖章”、2013年DoNews中国互联网“年度最佳创业者大奖”，被评为深圳市“孔雀计划”海外高层次人才、“十大深圳好青年”等。2014年，个人入选第十一批中央引进海外高层次人才“千人计划”创业人才。

陆侨治

浙江海牛环境科技有限公司董事长兼首席技术官。1984年毕业于中国石油大学；1989年获浙江大学硕士学位后，赴加拿大留学。1994年获加拿大阿尔伯塔大学化学工程博士学位，并进行博士后研究。在加拿大期间，在世界一流期刊上发表学术论文3篇，获美国专利1项，在生物反应器研究方面取得了一定成就。1995年起，在商业活动的同时，开始活跃于政坛，多次陪同加拿大总理、部长等政要访问中国。1996年，代表加拿大来上海签署中加环境合作备忘录；1997年，协助加拿大相关政府部门与中国国家环保总局开展ISO14000项目合作。2002年，成立杭州金枫叶科技有限公司，后又成立“第五大道”咖啡馆，进行天使投资。2011年，在金枫叶科技公司的基础上，在浙江海外高层次人才创新园创办了浙江海牛环境科技有限公司，任董事长兼首席技术官。兼任浙江省政协特邀委员、浙江省海外交流协会名誉理事、杭州市海外留学归国人士创业发展促进会执行会长、杭州市侨商协会常务副会长等社会职务。公司拥有2400平方米的研发、生产基地，是一家按照现代企业制度建立的高新科技企业，主要从事石油化工、环保和节能等领域的新技术开发、服务及相关专业设备的生产和销售，国外环保设备在中国市场的代理销售。公司通过与浙江大学、中国石油大学开展科研合作，具有废液处理、有价组份回收利用、过滤、蒸发等领域的专有技术，并拥有多项具有自主知识产权的核心技术。同时与GE、陶氏化学、中石化、中石油等世界知名500强企业，以及荷兰、德国、美国等多家专注分离技术领域的专业公司保持良性互动与密切合作关系。2014年，个人入选第十批中央引进海外高层次人才“千人计划”创业人才。

吕军震

新博卓畅技术（北京）有限公司总经理。毕业于美国波士顿大学，生物医学工程硕士，曾任美国NDT公司首席信息官吕军震，在国际会议上发表了多篇文章，在卫生信息化与医疗大数据建设领域具有丰富经验。2010年1月回国，创办新博卓畅技术（北京）有限公司，任总经理。公司是新奥集团成员企业，是国家双软认定企业和国家高新技术企业，长期致力于医疗卫生信息化建设和医疗软件的研发。公司基于多年的医疗大数据技术积累，与GE、哈佛大学、清华大学以及北京301医院、协和医院等权威学术及业务机构形成了长期稳定的战略合作伙伴关系，通过引进CSC公司的CONNECT理念和架构（开源），成功研制了符合中国国情的X-CONNECT架构和9大医疗数据引擎技术，开创了采用引擎技术解决医疗数据共享的先例，解决了中国医院数字化医院第一阶段出现的众多难题，先后在多个城市实施了城市智慧医疗和医疗大数据应用项目，得到了社会各界的高度认可，并获得了国家发改委的立项和资金支持。公司先后获得北“京市信息网络产业新业态创新企业30新”“德勤亦庄高科技高成长20强”“中关村瞪羚企业”等多项荣誉，并成为中关村重点培育的高科技企业。2014年，个人入选第十一批中央引进海外高层次人才“千人计划”创业人才。

罗培志

天演药业（苏州）有限公司董事长兼总裁。北京大学应用化学学士，中科院高能物理研究所应用物理学硕士，美国芝加哥大学化学博士，在斯坦福大学完成了博士后研究工作，曾担任美国Xencor公司领头科学家，专攻蛋白质药物的超级计算机设计；后在美国成功创立Abmaxis公司，任首席技术官、总裁和董事；2006年被默克制药公司收购，被聘任为生物制药主任兼子公司首席技术长，负责开发作为默克创新生物药研发引擎的抗体生成及工程技术。回国后，在美国富达生物科技、富达国际风险投资和药明康德风险基金共同投资下，与药明康德总裁李革一同创建天演药业（苏州）有限公司，任董事长兼总裁。公司致力于原创性生物抗体技术的开发，将先进的信息技术和生物技术相结合，突破现有抗体技术在免疫应答方面的局限性，开发出原创性的智能化抗体技术，实现准确、快速、有效地控制靶向人源化抗体的生成、优化及表达。公司重点针对恶性肿瘤的靶向治疗及诊断用抗体，并进一步扩展至针对重大疾病的抗体产品线。目前公司已建立起了完整的计算及分子生物学实验设备与研发、管理核心团队，完成了智能化抗体技术平台的建设，并筛选出了针对多个药物靶标的创新抗体。2014年，个人入选第十批中央引进海外高层次人才“千人计划”创业人才。

马福元

杭州新研动力能源有限公司副董事长兼技术总监。加拿大麦吉尔大学化学博士。从事镍锌电池的研究工作20余年，主持过多个研究项目，先后申请专利17项。1999年至2007年在美国工作期间，攻克了镍锌电池锌枝晶这一世界性难题，使得镍锌电池产业化成为可能。回国后与杭州豪盛机电工贸有限公司共同组建了杭州新研动力能源有限公司，任副董事长兼技术总监。公司是集镍锌电池的研发、生产及销售为一体的中外合资企业，生产的镍锌可充电电池具有电池功率高能量足（是铅酸电池的4倍），无环境污染（不含铅、不含镉、不含汞），高可靠性和安全性（不易燃），成本低廉，使用寿命长等特点。公司目前已形成高倍率动力型电动工具用环保型镍锌系列电池、AA型民用镍锌电池等核心产品，在国际上处于领先水平，主要用于大功率充放电的电动工具、电动电池市场等领域。2014年，个人入选第十批中央引进海外高层次人才“千人计划”创业人才。

马书根

青岛海艺自动化技术有限公司董事长。1963年出生。1991年3月毕业于日本东京工业大学研究生院，获博士学位。日本立命馆大学理工学部机器人学科教授、博导；中国科学院沈阳自动化研究所研究员，入选2001年中科院“百人计划”；哈工大海外兼职博导；西安交通大学兼职教授。曾任IEEE Transaction on Robotics副主编，现任Advanced Robotics编委；IEEE高级会员、日本机械学会会员、SICE和日本机器人学会会员。主要从事新型机器人的机构和控制、生物仿生学、灾难救援机器人等方面的研究。2011年回国，带领多位留日归国博士和硕士联合日本关联企业发起并创立青岛海艺自动化技术有限公司，任董事长。公司公司致力于数控机械设备及工业控制自动化相关技术，面向工业企业不同行业提供搬运码垛、自动焊接、机床上下料、喷涂、装配领域工业机器人系统集成解决方案、工业机器人自动化生产线设备，相关技术服务及工业机器人编程培训。同时面向石油天然气及相关特种领域提供智能特种机器人产品的研发、仿真、虚拟样机试制、加工、测试、批量生产。公司在多个行业工业机器人自动化解决方案、特种夹具设计、智能特种机器人方面拥有强大的技术研发团队及多项核心技术，目前已经拥有多项相关领域的自有知识产权。2014年，入选第十批中央引进海外高层次人才“千人计划”创业人才。

马振坤

丹诺医药（苏州）有限公司CEO。毕业于北京大学化学系，获康州大学博士学位并在波士顿学院从事博士后研究工作，曾在盖茨基金会投资的全球结核新药研发联盟任首席科技官，在雅培实验室担任药物研发的领导职务，并参与了美国高峰生物制药公司的创建工作。2013年4月回国，在苏州工业园区生物纳米科技园创办丹诺医药（苏州）有限公司，任CEO。公司是一家专门从事治疗消化道感染的新药研发、生产与销售的创新型生物制药企业。公司组建了由北京生命科学研究所所长、美国国家科学院院士王晓东博士领衔的科学指导委员会，新药研发团队经验丰富，拥有完全独立自主的知识产权、独特的双靶标分子新药研发平台和一个强大的新药产品组合，现拥有11项全球保护的授权专利，其前导新药候选药物是一个双靶标分子，已经在美国完成一期单剂量与多剂量的临床研究。目前，公司正在针对中国医药市场的迫切需求对该产品进行开发，防治由幽门螺杆菌感染引起的慢性胃炎、胃溃疡和胃癌等消化道疾病，从根本上解决现有标准三联药或四联药方案所存在的耐药性等重大问题。同事，计划进一步扩大其产品组合，将适应症扩展到包括难辨梭菌感染、肝性脑病和克隆氏症等其它重大消化系统疾病。2014年，个人入选第十一批中央引进海外高层次人才“千人计划”创业人才。

母治平

重庆伟渡医疗设备股份有限公司总经理。美国韦克福里斯特（Wake Forest）大学生物医学工程博士，曾在美国耶鲁大学做博士后研究，并在西门子医疗、埃克瑞等世界知名医疗设备公司工作多年，长期在医学影像领域从事最前沿的科学研究和产品研发，已发表多篇国际一流学术期刊和重要国际会议论文，申请多项专利，已授权两项。2010年7月，回国创办重庆伟渡医疗设备股份有限公司，任总经理。公司是一家专业从事医疗影像产品研发、生产、销售和服务的高新技术企业，拥有具有国际领先水平的核心技术和自主知识产权，致力于研制具有国际先进水平的医疗设备，填补国内在医疗装备上的技术空白，以实现大型医疗设备的进口替代，提高我国在这一产业中的国际竞争力。公司总部所在地重庆北部新区高新园，隶属于新成立的两江新区，同时在北京中关村高新技术园区设有研发中心，拥有一支经验丰富而完备的国际化管理团队，既有在世界一流大学和国际著名医疗设备公司从事前沿技术研究和产品开发多年的科技领军人才，也有毕业于美国顶级商学院的MBA和在国内高科技产品和互联网行业服务多年的商界精英，拥有多年的国内外营销和世界500强企业的管理经验。2014年，个人入选第十批中央引进海外高层次人才“千人计划”创业人才。

穆科明

南京杰迈视讯科技有限公司创始人、董事长兼CEO。毕业于美国伊利诺伊大学厄巴纳—香槟分校，曾任美国视能电子科技有限公司中国区总经理，主导研发了世界第一台200万像素Webcam（被微软采用）、第一台自动去红眼数码相机（被佳能采用）、世界第一台3D高清视频语音视频传感系统（被索尼采用）、世界第一台千兆网络防火墙和VPN等先进产品。2010年8月，带领旅美博士团队回国创办了南京杰迈视讯科技有限公司，任董事长兼CEO。公司主要从事机器视觉、智能分析方面的研究，目前已推出智能高清工业摄像机、微码级并行算法库、多传感器融合智能系统、智能视频管理软件平台、视觉分析软件、视频检索服务器、高端视觉行业应用定制等产品，应用于智能交通、智能安防、影像医疗、工业自动化、生态环保、水利信息化等高端视频领域。公司现设有美国硅谷研究中心gm-innovation inc.、南京杰迈视讯科技有限公司、杰迈杭州研究所三个研发机构，拥有多项国际领先的cmos传感器、视频处理、人工智能、模式识别等核心技术和发明专利。2014年1月，公司荣获 “第三届中国安防十大最具影响力品牌”。个人先后入选江苏省“双创人才计划”、南京“321人才计划”。2014年，入选第十一批中央引进海外高层次人才“千人计划”创业人才。

聂春

宁波斯普锐汽车部件有限公司董事长。1986年获上海交通大学船舶与海洋工程硕士学位，后留校任教。1992年获得了日本文部省国家全额奖学金，进入广岛大学攻读工学博士学位。毕业后先进入日本三菱重工，后加入大协西川株式会社，进行汽车塑料零部件的研究开发。作为大协西川的主要研发人员，与团队合作开发的丰田VITZ发动机进气歧管获得2011年日本文部科学大臣奖；2003年成为大协西川驻上海代表处首席代表，2006年出任上海子公司、帝恩（上海）软件科技有限公司的总经理，2009年兼任大协西川常熟工厂的董事。2013年获得宁波余姚市“姚江英才计划”A级“3个500万”的支持，创立宁波斯普锐汽车部件有限公司，任董事长。公司主要从事发动机周边零部件（包括发动机进气系统、气缸缸盖、油底壳、机油集滤器等）的塑料轻量化研发及产业化。公司技术研发水平处于国内领先地位，长短管切换结构专利技术是国内首家无极可变进气歧管专利技术，已累积申请专利5项、软件著作权 1 项。2014年，公司与南京聚隆科技股份有限公司合作成立了研发中心，并投资2000万元在余姚建设1500平方米的厂房，将极大地提升研发和生产能力。2014年，个人入选第十一批中央引进海外高层次人才“千人计划”创业人才。

潘克非

苏州诺菲纳米科技有限公司总经理。美国普林斯顿大学化学工程博士。作为资深纳米材料及镀膜工艺专家，有着15年以上的纳米薄膜研究和工业生产经验，拥有十多项国际专利技术。曾获首届“千人计划”创业大赛二等奖，并得到北极光创投220万美元的天使投资。2012年1月回国，创办苏州诺菲纳米科技有限公司，任总经理。公司专注于新一代纳米级材料技术的应用和开发，拥有处于国际先进水平的多项核心技术，产品包括触摸屏、可穿戴设备、柔性显示、薄膜光复、智能节能玻璃等，应用于新能源、显示技术等领域。公司初始团队来自美国硅谷，汇聚了来自斯坦福、普林斯顿、加州柏克莱、麦肯锡、通用电气等世界著名学府和五百强企业的精英，积累了深厚的管理和技术经验。公司目前融资总额已超过人民币4000万元，以推动可持续发展工业技术作为重要的社会价值定位，为全球企业提供低能耗，零污染的技术产品及服务，助力本土企业促进生产力和竞争力，力争成为国际一流的绿色领军企业。2014年，个人入选第十批中央引进海外高层次人才“千人计划”创业人才。

庞慰

诺思（天津）微系统有限公司总裁。2001年获得清华大学学士学位，后留学美国，获得美国南加州大学（University of Southern California）电子工程专业硕士和博士学位。在美工作期间，曾主持硅基AlN MEMS器件和系统的研发和产业化工作，在MEMS谐振器、振荡器、滤波器和传感器等方面取得多项突破性成果。2009年回国，担任天津大学教授和博士生导师。2011年，创办诺思（天津）微系统有限公司，任总裁。公司从事无线通信射频前端 MEMS芯片、模块、应用方案的设计、研发、生产和销售，核心产品技术具有国际领先水平。同时，兼任天津大学微纳机电系统（M/NEMS）实验室主任，领导70余人团队开展微米纳米器件和系统创新型研究，相关科研成果转化被列为天津市2012年20项重大工业项目。近年来在Lab Chip、APL、JMEMS、JMM等本领域高水平学术期刊和国际会议发表论文60余篇，论文被《Nature》和《Nature Nanotechnology》等期刊杂志引用，他引次数近500次；在该领域重要国际会议上做特邀和口头报告18次，已获授权和公开美国和中国发明专利40余项。2014年，个人入选第十批中央引进海外高层次人才“千人计划”创业人才。

彭涛

广东华南联合疫苗开发院有限公司董事长。1965年出生。留美博士。主要从事针对传染性疾病的应用性研究，编撰了《核酸等温扩增技术及其应用》等专著，获得5项国际发明专利授权，并担任国际抗病毒领域期刊《抗病毒研究》（Antiviral Research）编委。回国后在广东省科技厅和广东华南新药创制中心的支持和组织下，创办广东华南联合疫苗开发院有限公司，任董事长。公司致力于突破基因工程疫苗的核心关键技术，建立基因工程疫苗研发及产业化平台。公司成立以来，承担了广东省科技重大专项项目、国家科技部中国—加拿大疫苗国际合作项目专项、广州市医疗联合创新疫苗项目等重大科技项目。公司拥有2700平方米的实验场地，建设了包括病毒研究实验室、细胞研究实验室、中试规模生物反应器细胞培养实验室、中试规模纯化研究实验室、基因工程实验室、制剂实验室、免疫试验室和质量研究实验室在内的能满足疫苗开发工作要求的多个实验室，以及完备的疫苗研发相关设备，获得中国食品药品检定研究院颁发的疫苗生产用毒种全检合格报告。申请基因工程疫苗相关技术专利6项，已获得专利证书1项。其中，大规模生物反应器培养的精制乙型脑炎疫苗已完成全部人体临床研究工作，正进行产业化转化，即将投放市场；基因工程乙肝疫苗进入Ⅱ期人体临床试验阶段，多个品种正处在不同研发阶段。2014年，个人入选第十批中央引进海外高层次人才“千人计划”创业人才。

彭跃南

亚超特工业有限公司董事长兼总经理。1958年出生。美国犹他州立大学硕士。在铝基复合材料及其应用领域有着十余年的研发、制造和市场开拓经验，拥有3项美国发明专利技术。2009年11月回国，在江苏省昆山国家高新技术产业园区创建亚超特工业有限公司，任董事长兼总经理。公司属中美合资高新技术企业，注册资本2亿元，占地规模200亩，公司使用其专利技术生产的铝基复合材料高性能减重结构产品，及其民用航空、汽车、发动机、核能、高端运动器材、3C电子产品等工业减重结构件产品，在民用飞机制造、赛车和中高档车、核电工业以及运动器材等市场领域具有很强的竞争力。此外，公司与上海硕能实业股份有限公司进行合作，共同研发生产的气动冷喷和低温3D打印等产品，也具有鲜明的技术特点和市场前景。2014年，个人入选第十批中央引进海外高层次人才“千人计划”创业人才。

齐欢

上海彩石激光科技有限公司总经理。毕业于清华大学汽车工程系，拥有美国密西根大学机械工程系博士学位，长期从事激光直接成型技术的研究工作，曾在美国通用电气公司从事激光先进制造研发和项目管理工作，持有多项美国专利。2012年2月，回国创办上海彩石激光科技有限公司，任总经理。公司是以激光金属直接成型技术为核心的高技术型企业，不到一年的时间，成功研制出了具有自主知识产权的Metal+激光金属直接沉积成型系统，该系统在快速修复、表面强化、直接成型等领域的应用前景十分广阔，目前已经和国内外多家公司展开合作。公司将致力于发展3D打印技术在工业方面的应用，研发和制造以激光金属直接沉积成型技术为核心的金属快速成型设备（金属3D打印设备），为航空、航天、模具制造、医疗、军工等高科技工业企业提供高端的先进材料直接快速成型服务和修复服务。彩石公司自主研发的计算机辅助增材制造（CAAM）软件系统与闭环反馈技术，使金属3D 打印技术在工业领域应用的可操作性与可靠性更趋成熟，为制定行业标准并推动3D打印制造技术迈向实际应用奠定基础。2014年，个人入选第十批中央引进海外高层次人才“千人计划”创业人才。

钱长庚

广州必贝特医药技术有限公司总裁。1955年出生。1985年至1989年，在湖南医科大学攻读药理学专业博士（毕业论文课题在美国橡树岭联合大学完成）。1989年至1992年，在美国陆军感染性疾病研究院承担美国国家科学院博士后课题研究。1993年任湖南医科大学教授，1996年起担任药理学博导。1996年至2001年，在美国Leukosite和Mellennium药业公司担任药理学资深研究员；2001年至2006年，在美国Curis公司担任药理学总监和资深总监2006年至2011年，担任Curis公司副总裁和资深副总裁。2012年入选Marquis（第66版）美国名人录，个人资讯载入福布斯。申请了29项国际专利，并获得了26项美国授权发明专利；发表30多篇学术论文。2012年3月，在广州科学城创办广州必贝特医药技术有限公司，任总裁。公司致力于研究和开发自主产权一类新药，目前拥有3个专利产品一类靶向抗癌新药项目。其中PI3K/HDAC抑制剂BEBT-908已经基本完成临床前申报CMC和GLP毒理，2013年正式向国家食品药品监督管理局申报新药临床，力争5年内上市，成为治疗多种淋巴瘤、骨髓瘤和淋巴性白血病晚期复发或耐药病人的有效药物。SAC/Abl/HDAC抑制剂BEBT-201已经完成临床前药学和药理学研究，与合作伙伴一道力争5至6年内上市，成为治疗慢性粒细胞性白血病和实体瘤转移的有效药物。此外，公司已经和台湾上市公司智擎生技达成协议，共同合作开发抗癌新药，寻求开创海峡两岸资源共享合作研发新药的合作模式。2014年，个人入选第十批中央引进海外高层次人才“千人计划”创业人才。

钱向平

苏州润新生物科技有限公司总裁兼CEO。1993年毕业于南京大学基础学科强化班，获得化学学士学位；同年进入南京大学化学系攻读硕士学位。1995年9月，赴加拿大阿尔伯塔大学留学，2000年获有机化学博士学位。在攻读博士学位期间，主要从事糖的化学和酶合成方面的研究；随后赴美国哈佛大学化学系George M. Whitesides教授组开展博士后的研究工作，主要从事新型药物的设计与合成、生物功能材料等方面的研究。2001年加入美国莎托药业公司（Cytokinetics），先后任研究员、资深研究员、项目主管、药物化学部副主任、项目总监，主要负责肿瘤、心血管、呼吸道疾病、神经退行性疾病药物的研制与开发。2010年3月回国，创建苏州润新生物科技有限公司，任总裁兼CEO。公司主要从事靶向创新药物的研制，自主开发了靶向药物发现平台，为新药研发提供了强大的技术支撑，先后申请发明专利50多项，授权专利10多项。公司与苏州大学共同成立了新药研发中心，并与多家科研院所开展了项目合作，并承担多项国家科研课题的研究。目前，自主研发的用于肝癌、结肠癌等恶性肿瘤治疗的1.1类小分子新药RX108已在澳大利亚开始I期临床试验。个人先后被认定为“苏州工业园区科技领军人才”“姑苏创新创业领军人才”、江苏省“双创人才”。2014年，入选第十一批中央引进海外高层次人才“千人计划”创业人才。

尚建库

张家港格林台科环保设备有限公司董事长。留美博士，美国伊利诺伊大学香槟分校副教授，在新型净水材料研发上享有较高的国际声誉，拥有多项已授权美国和中国发明专利。2012年5月回国，创办张家港市格林台科环保设备有限公司，任董事长。兼任中科院金属所特聘研究员、净水材料中心主任。公司专业从事新型净水材料及器件、重金属处理器、环保设备的生产与销售，占地面积2000平方米，拥有现代化标准环保厂房，研发的核心新材料安脱丝陶瓷纤维材料和格林台丝离子交换纤维材料性能处于国际领先水平。公司目前主要产品和服务包括高端饮用水重金属去除材料及器件，矿泉水中溴酸盐、亚硝酸盐去除材料及器件，治理砷超标生活用水、含重金属离子工业废水处理等，为我国环境保护与治理、提供安全健康的饮用水贡献了力量。个人先后被评为江苏省“双创人才”、苏州市“姑苏创新创业领军人才”。2014年，入选第十一批中央引进海外高层次人才“千人计划”创业人才。

佘晓成

广州摩拉网络科技有限公司董事长。1975年出生。毕业于广州美术学院，美国耶鲁大学工商管理专业博士，曾任麦考林国际邮购有限公司市场营销副总裁。2006 年 12月，回国创办广州摩拉网络科技有限公司，任董事长。公司于2007年1月正式上线运营梦芭莎电子商务平台，创建了“moonbasa梦芭莎”品牌，并组建了梦芭莎内衣艺术俱乐部，该品牌以拓展女性内衣为主，涵盖女装、鞋、包、饰品、泳装、家居服等十大品类。“梦芭莎”作为以数据库营销为核心的新型电子商务品牌，将电子商务、商品手册和商品体验店三位一体有机结合，产生最大的价值链叠加效应，配合高效的全球物流配送服务，致力于为女性提供健康舒适、时尚美体的高性价比内衣商品和服务，传播美丽、自信的内衣新概念。目前，梦芭莎网站已拥有超过1000万顾客，同时公司旗下还运营包括若缇诗、蒙蒂埃莫、所然、韩伊儿等女性品牌。2013年5月，公司获得国家商务部“中国电子商务示范企业”称号。2014年，个人入选第十批中央引进海外高层次人才“千人计划”创业人才。

沈月雷

北京百奥赛图基因生物技术有限公司董事长兼总经理。1992年本科毕业于武汉大学病毒学及分子生物学系，并考入中国药品生物制品检定所攻读硕士学位，期间主要从事人巨细胞病毒感染早期诊断试剂盒的研制和病毒类疫苗的质检工作。1997年赴美，于2003年在美国麻省大学获博士学位后，赴纽约大学医学院霍华德休斯医学研究所进行博士后研究，主要从事利用模式小鼠模型进行自身免疫性疾病致病机理的基础研究。2008年6月在美国马萨诸塞州发起成立Biocytogen生物技术公司，任总裁兼CEO。带领团队研发出多个基因剔除、基因嵌入模式小鼠品系，成果在包括《Nature》《Nature Immunology》《Immunity》等顶尖杂志上发表，已授权给全球上百家科研机构和医药企业使用。2009年11月，回国创办北京百奥赛图基因生物技术有限公司，任董事长兼总经理。公司建立起由独特的基因打靶载体构建技术、传代稳定的C57BL/6遗传背景的小鼠胚胎干细胞、稳定的显微注射系统以及标准的技术评价与检测体系共同组成的，完整而高效的基因敲除模式动物开发与技术服务平台，向科研机构和医药企业提供制备各类基因敲除模式小鼠的CRO服务。目前公司客户包括Harvard Medical School、John Hopkins University、NIH、中科院动物所、中科院神经所、协和医科大学等30多家国内外著名科研机构，承接国内外委托服务订单上百个。2011年4月，个人入选北京市“海聚工程”。2014年，入选第十批中央引进海外高层次人才“千人计划”创业人才。

盛晓霞

杭州领业医药科技有限公司总经理。女。1999年，在北京大学取得化学学士学位后，赴美国明尼苏达大学攻读化学工程博士，随后在麻省理工学院从事高分子材料领域的博士后研究。此后，在国际著名大型制药集团雅培公司研发总部任高级研究员，主导多个抗癌、抗病毒感染、中枢神经系统等重大疾病领域的药物开发，积累了坚实的技术基础和丰富的管理经验。2009年，回国考察生物医药市场，并萌生了回国创业的念头。2010年8月正式回国，创办了杭州领业医药科技有限公司，任总经理。公司专注于固态制药技术开发及产业化，向全球制药企业提供包括药物固体形态筛选、处方前评估、结晶工艺开发、制剂开发、分析检测等固态制药技术开发服务和解决方案。目前，已经开展的各类合同开发项目达15个，客户涉及近10家长三角地区大中型制药企业，并已申报40多项药物晶型发明专利。2014年，个人入选第十一批中央引进海外高层次人才“千人计划”创业人才。

施钟鸣

无锡士康通讯技术有限公司董事长。1992年毕业于瑞士联邦高等工学院，获博士学位。复旦大学兼职教授、复旦大学无锡研究院研究员，美国IEEE高级会员，英国IET上海执委，欧洲和中国数字对讲机标准委员会专家委员，江苏省高层次创新创业人才。2010年3月回国，在国家集成电路设计无锡产业化基地内成立无锡士康通讯技术有限公司，任董事长。公司专注于通讯产品、芯片、模块的设计、研发和生产，其产品主要特点为高性能、高集成度、低功耗。公司已与世界一流系统产品供应商和半导体代工厂建立了战略伙伴关系，为客户提供高可靠和高性能的技术产品及完美的系统解决方案。目前公司公司拥有十余名资深工程师的核心研发团队，设计能力覆盖数字基带芯片，射频收发，功率放大等多个领域，技术和创新能力得到世界同行的承认，是数字对讲机欧洲标准（DPMR）及中国数字对讲机企业标准联盟（DRA）成员。公司推出了低功耗高性能的单芯片系统集成芯片，同时完成了信号调制解调、语音编解码和所有层次的通讯协议（L1-L3）功能，目前民用级芯片已通过欧洲测试标准，进入设计制造阶段。2014年，个人入选第十批中央引进海外高层次人才“千人计划”创业人才。

石磊

广州迪澳生物科技有限公司董事长兼首席科学家。1981年至1985年，河北大学生物系微生物及生化专业学士；1996年至1997年，日本国立冈山大学药学院生物调节科学专业研究生；1997年至2000年，日本国立冈山大学药学院生物调节科学专业博士。1985年至1995年，任河北省疾病预防控制中心传染病防治科主管；2000年至2008年，先后任日本冈山大学药学部研究员、日本人类科学财团研究员、日本国立国际医疗中心研究员、日本大阪府立大学大学院研究员、华南理工大学轻工与食品学院教授等职，主要从事病原微生物快速诊断方法及临床微生物耐药基因解析及耐药性基因诊断研究。2008年6月，创办广州迪澳生物科技有限公司，任董事长兼首席科学家。公司致力于医学、食品安全、环境监测等领域的基因快速诊断技术平台的建立以及新一代基因检测系统的开发应用。现有超过1000平方米的研发实验中心、十万级的GMP生产车间及体外诊断试剂生产线，产品获得医疗器械生产企业许可证和国家食品药品监督管理总局颁发的医疗器械注册证，申请相关专利20余项，获得专利授权10项。目前，公司开发了应用于临床医学、食品安全、公共防疫、动植物疫情防控等方面的一系列基因快速诊断试剂盒。由于产品的先进技术和出色性能，参与了国家质检总局主导的国内首个基于迪澳自主技术平台的转基因快速检测技术行业标准的制订，近年来承担了包括国家“十二五”科技重大专项和国家海洋局水产病害高科技检测产品产业化项目在内的各级政府项目。同时，公司与德国知名设备开发团队合作，共同打造了自己的专属检测设备——迪澳恒温荧光检测仪，打破了分子检测设备价格昂贵的现状。2014年，个人入选第十批中央引进海外高层次人才“千人计划”创业人才。

宋恩民

武汉伟龙思博特工程信息技术有限公司董事兼技术总监。华中工学院计算机专业学士，华中理工大学计算机软件专业硕士，英国提赛德（Teesside）大学电子工程与计算机专业博士，曾在美国加州大学旧金山医学院放射系从事医学影像博士后研究工作。2002年被国际电子电气工程师协会（IEEE）推选为高级会员。曾先后在武汉空军雷达学院、华中理工大学任教，2004年起被聘为华中科技大学计算机学院教授，成立医学图像信息研究中心并担任主任，兼任华中科技大学计算机学院计算机科学与应用系系主任、图像信息处理与智能控制教育部重点实验室副主任。长期领导研发团队从事医疗健康相关的科学研究与产品开发工作，包括智能化医疗健康装备如人体平衡功能检测板、生理参数检测仪器如无线动态血糖检测仪、体育健身促进装备如自适应步态跟随节拍动态调整音乐播放器、健康信息分析方法如基于电子健康病案的决策支持系统、图像处理如基于视频图像分析的步态检测评估系统等。在国内外学术期刊和国际会议上发表论文90余篇，申请专利20余项。2010年3月，成立武汉伟龙思博特工程信息技术有限公司，任董事兼技术总监。公司主要从事计算机软硬系统工程的技术开发咨询服务及产品的生产、销售，自动化控制产品及开发、生产、销售，以及自动化控制系统工程的设计及施工。2014年，个人入选第十批中央引进海外高层次人才“千人计划”创业人才。

苏辉

福建中科光芯光电科技有限公司董事长兼总经理。2004年，获得美国新墨西哥大学电子工程系光学专业博士学位。先后担任美国ZIA LASER公司研发工程师、EMCORE公司高级科学家，长期从事半导体光电子学研究与产品研发，并在APPL、PHYS、LETT等核心杂志上发表过多篇有影响力的论文。2010年回国，作为中科院“百人计划”引进人才，加入中国科学院福建物质结构研究所，任研究员。主要负责“光通讯用的半导体激光器与探测器的产业化”项目的研发。2011年8月，与中科院福建物质结构研究所、福建省大同创业投资有限公司共同组建福建中科光芯光电科技有限公司，任董事长兼总经理。公司致力于高速半导体激光器、探测器、调制器等光纤通信领域，具有中国本土特色的光芯片及光器件的研发和生产。公司拥有一支由多名长期在美国著名光通信企业工作，并在芯片设计研发、生产工艺方面有着丰富工作经验的留美博士组成的核心技术团队，具有完整的MOCVD外延生长、芯片生产和自动封装测试老化生产线。目前公司主要产品有FP、DFB、PIN、APD、SLED芯片和器件等产品，主要应用领域有高清视频、数据通信、以太网FTTH、SDH\SONET、CATV、QAM、DWDM、RF高速率光通信存储及其他光纤信息传输领域。2012年12月，公司总投资4000多万元的半导体“光芯”高端微纳工艺生产线在福州软件园开机，标志着中国光通信产业链中最上游和最核心的技术被攻克。2014年，个人入选第十批中央引进海外高层次人才“千人计划”创业人才。

苏萌

北京百分点信息科技有限公司董事长。1996年毕业于沈阳工业大学经贸学院，后留学美国。1999年攻读佛罗里达大西洋大学商学院MBA；2000年攻读伊利诺伊大学香槟分校商学院管理科学专业博士生；2005年在康奈尔大学约翰逊管理学院学习，先后获管理学硕士、统计学硕士、市场营销学博士学位。后就职于美国东北认证有限公司，任碳事业部总经理。2009年7月回国，在北京创办北京百分点信息科技有限公司，任董事长。2011年任沃顿商学院互动媒体创新中心中国会议联合主席，并曾执教于北京大学光华管理学院，任副教授、副系主任、博士生导师、新媒体营销研究中心执行主任，在个性化、推荐引擎、消费者行为与偏好建模等领域有多篇论文发表于国内外顶尖学术期刊。公司是国内第一家专注于大数据与推荐引擎的互联网技术公司，为电子商务企业与互联网媒体企业提供站内流量转化和商业智能分析的相关产品与整体优化解决方案，同时也为传统行业提供大数据基础技术、大数据管理和应用的云平台和整体解决方案，在沈阳、深圳、杭州、南京、成都设有分支机构。目前，百分点推荐引擎与分析引擎已成功应用在包括一号店、银泰、聚美优品、海尔商城、中关村商城、360团购导航、麦包包、走秀网、芒果网、天极网、新东方、39健康网、西祠胡同等超过1500家电商和资讯类网站中，服务超过7亿的网络终端用户，每日产生推荐超过1亿次。百分点通过机器学习构建了商品类目体系与标签体系，搭建了淘宝外最大的商品数据平台，其中包括500万标品以及1亿的非标商品，涵盖了衣食住行、3C、母婴、汽车等数十个领域的商品信息。个人2011年荣获中国CE-MEGA百名最活跃年轻创业家，2012年入选北京市“海聚工程”，是2013年自然科学基金国家重点项目获得者。2014年，个人入选第十一批中央引进海外高层次人才“千人计划”创业人才。

苏维

威盛纳斯（苏州）医疗器械有限公司董事长。留美博士。曾任美国IntraVista医疗系统公司总裁。2013年1月回国，在苏州生物纳米园创办威盛纳斯（苏州）医疗器械有限公司，任董事长。公司主要从事新生儿眼科疾病筛查技术的研发和相关设备的生产，并致力于发展成为医疗大数据企业。公司研制的全球首台高清广角便携式眼病筛查仪已经获得CFDA批准上市，有望填补新生儿视力快速普筛设备市场的空白。该产品有基于完全自主知识产权的创新型眼科广域成像系统，克服了传统眼底镜容易漏诊周边部病变的不足，解决了深色眼睛成像模糊的技术难题，便携、智能、无线传输、高清成像、操作简单，性能、精度远超目前美国同类产品，产品的上市将打破现在相关产品使用的局限性，扩大筛查范围和地区，提高新生儿眼疾的治愈率。2014年1月，公司完成了新型眼科广域成像系统PanoCam LT量产型的开发，并正搭建眼科筛查数据服务网络，通过普筛建立新生人口医疗数据库，支持联网多级转诊、数据云存储以及医疗信息和医疗记录查询，为新生儿眼科全面筛查提供产品、技术支撑。2014年，个人入选第十一批中央引进海外高层次人才“千人计划”创业人才。

孙安

江苏安德信超导加速器科技有限公司董事长。2000年获兰州大学理学博士学位，2002年在中国科学院高能所完成了博士后工作。2002年至2005年，在美国橡树岭国家实验室继续博士后研究，期间曾作为美国散裂中子源项目的超导加速器技术代表，被派往杰斐逊实验室受训，从事高β超导腔的制造、测试等工作。2005年至2009年，任韩国原子能研究院超导组组长，是韩国超导加速器领域的学术带头人，负责主持超导射频项目的实施。2009年至2011年，担任韩国浦项工科大学浦项加速器研究所正高研究员和加速器部高频组组长，主持负责浦项光源二期工程的储存环高频系统的选择、设计和工程设施。2011年6月回国，在镇江市创办江苏安德信超导加速器科技有限公司，任董事长。2011年10月，被聘为南京大学教授，创建了南京大学能源科学研究院质子直线加速器研究所并担任所长，负责洁净核能源关键技术的研发。并在2013年在南大科学园创办江苏德佐电子科技有限公司，从事大功率固态放大器的科研及成果转化。安德信公司主要从事从事超导加速器及其相关成果的产业化，拥有2000平方米的研发中心和5000余平方米的制造中心，可进行超导加速器、质子加速器、电子加速器、辐照加速器、固态放大器及其相关产品的研发与制造，产品用于第五代核电站、医药行业、环保行业、军工行业、散裂中子源等高尖端领域。公司在2012年完成第一个多单元洁净核能源用强流质子超导腔，辐照加速器项目获得2012年江苏省科技支撑支持，目前已完成大部分产品的产业化。公司目前拥有专利19项。授权发明专利1项，授权实用新型专利11项，另有发明专利8项正在审批。公司团队获得了江苏省“双创人才计划”重点支持和镇江市“331计划”优先资助。2014年，个人入选第十批中央引进海外高层次人才“千人计划”创业人才。

孙锋青

厦门颉轩光电有限公司董事长、总经理兼技术总监。1971年出生。2008年获得美国加州大学洛杉矶分校光子学专业博士学位。曾任西门子光学网络通讯公司资深光学系统主任工程师、美国风光光电有限公司执行长兼技术总监。主要从事数码成像技术研究，特别是移动电话光学成像系统研究。与同事合作开发了HYATM算法技术，并利用该技术，成功地抑制了镜片的厚度偏差、曲率偏差、倾角、偏心和面形不规则度等偏失，使微型化光学镜片价格更低、良品率更高、成像质量更好。2010年9月引进厦门市，创办厦门颉轩光电有限公司，任董事长、总经理兼技术总监。公司是一家在高端光学设计、非球面塑料光学、注塑成型、玻璃模压成型、超高精密光学模仁加工、产品封装等领域有着世界领先的研发和生产能力的高科技企业。主要经营超高精密光学镜头、发光二极管、光电子元器件及其他光电产品，用于光电产品的模具的设计、开发、生产、批发和进出口，并提供相关技术咨询与服务。公司已建成的厂房1800平方米，具备大规模量产化的生产能力。2013年，公司开始进行1500平方米二期厂房的扩充。公司以自主研发的“高良品率自适应算法”技术为依托，研发高精密、微型化的非球面光学系统相关产品，技术具有国际领先水平。2014年，个人入选第十批中央引进海外高层次人才“千人计划”创业人才。

孙永健

南京领先环保技术有限公司董事长。美国辛辛那提大学博士，美国西北大学博士后，曾任美国SOLAR BEE公司首席科学家。2009年3月，回国创办南京领先环保技术有限公司，任董事长。兼任南京理工大学教授。公司是一家专业从事水环境一体化治理和可持续保护的高新技术企业，先后研发了“艾溥”系列太阳能水生态修复系统、复氧除臭控藻机、吸附过滤设备、原水膜脱氮除磷装置、电解水处理设备、人工湿地等低碳环保技术和产品，主要用于饮用水源地的水质改善和保护，富营养化湖泊水库的治理和改善，城市污染河道和污染景观水体的综合治理与保护，市政尾水的深度处理和农村污水处理。公司在国内率先在地表水行业为客户提供从规划设计、核心技术设备、工程施工到后期运维管理的一体化水环境治理服务，先后承接了无锡太湖、云南滇池、南京方便水库、济南鹊山水库、天津于桥水库、徐州小沿河、太仓市政尾水、厦门农村生活污水、东莞松木山水库、洪泽10万吨尾水处理工程等30多项水环境治理项目，其中政府示范工程12项，同时还承担了建设部“十一五”饮用水源地保护水专项、环保部“十二五”滇池蓝藻治理水专项、江苏省尾水生态-生物处理湿地研究专项课题、南京市科技创新基金项目、上海市科委崇明水专项5项科研项目。公司成立5年来，年复合增长率达到200%，已成为国内领先的水环境综合治理解决方案提供商。2014年，个人入选第十批中央引进海外高层次人才“千人计划”创业人才。

汪峻峰

威海峻博新材料研发有限公司总经理。1989年，赴德国攻读博士学位，毕业后先后受聘于德国雄堡公司、格拉路尔公司，担任技术主管和公司全权代理人，还相继成为德国化学家协会和美国混凝土协会会员。在科研上的一系列成就，使他迅速赢得德国业界的认可。自1995年起，时常受邀回国参加各种专业学术会议。2011年回国，在文登经济开发区新型建材科技园内创立了威海峻博新材料研发有限公司，任总经理。公司所研发的高性能砂浆技术处于国际领先地位，填补了国内技术空白，目前有4个项目正在转化。个人于2012年被评为山东省“泰山学者海外特聘专家”， 先后被同济大学、武汉理工大学、海南大学等多家国内高等学府聘为客座教授。2014年，入选第十批中央引进海外高层次人才“千人计划”创业人才。

王广欣

昆山海普电子材料有限公司董事长。留美博士。在铝基复合材料及其应用领域有着十余年的研发、制造和市场开拓经验，拥有丰富的高纯新材料专业理论知识及应用经验，掌握世界先进水平的高纯材料及溅射靶材生产技术。回国后创办昆山海普电子材料有限公司，任董事长。公司是一家专业的生产高纯金属材料及其制品的高科技公司，是中国领先的高端高纯材料提供厂商。公司不仅能为客户提供优质的定制产品，还能会同下游厂商共同进行新产品的研发、设计及材料选择，从而提供全方位的综合服务解决方案。主营产品有高纯金属钴、镍、钛、铜、铝；溅射靶材：钛靶、铬靶、钛铝靶材、铬铝靶材、钼铌靶材、镍铬靶材、钨钛靶材等常规靶材，广泛应用于各专业领域。2014年，个人入选第十批中央引进海外高层次人才“千人计划”创业人才。

王洪波

无锡佑仁科技有限公司董事长。留日博士。曾任日本株式会社DAIHEN参事。2009年4月回国，创办无锡佑仁科技有限公司，任董事长。公司属无锡市“530企业”，是无锡市政府重点扶持的，专门从事康复机器人、上下肢康复机器人及驱动器、传感器等康复产品生产、销售的新型高新技术型企业。公司拥有专业技术人员20名，设有多名专职的检测、检验人员，并经过国家药品食品监督局生产许可和经营许可。公司主要产品有康复训练器、残障人电动代步车、电动轮椅、专用电动护理起居床、室内康复移动吊具等多种残疾人和老年人康复用品用具，配套各级康复中心（医院）、社区卫生服务中心、敬老院、家庭康复护理等场所领域。其中，电动代步车和电动轮椅是自己研究开发，是目前国内唯一一家专门为日本整机生产康复代步工具系列产品的厂家，也是日本爱普生工业机器人、机械手以及配件的专业工厂主动化的设备供应商和EPSON指定的定点售后企业。2014年，个人入选第十一批中央引进海外高层次人才“千人计划”创业人才。

王俊峰

南京宇都通讯科技有限公司总经理。1992年获东南大学学士学位，1995年获清华大学硕士学位，1999年获美国麻省理工学院博士学位。曾任美国恒原微电子公司首席技术官。2012年1月回国，创办南京宇都通讯科技有限公司，任总经理。公司集聚了包括USB2.0标准制定人、MoCA标准制定人等多名高层次海外人才，拥有十多项国际专利和自主创新技术产品，，立足于SmartCable（有线千兆）和SmartAir（无线千兆）这两项自主创新的宽带通讯核心前沿技术，提供千兆宽带接入和千兆家庭网的系统解决方案、关键设备和核心芯片。2013年11月，广电总局广播科学研究院与公司签订战略合作协议，正式参与国家下一代宽带接入标准HINOC2.0的制定工作，并作为国内唯一可以完成HINOC2.0射频芯片量产的公司，运用SmartCable技术提供量产化芯片，成为国家宽带战略实施的重要组成部分。目前，公司的第一代产品已成功量产，2014年公司销售收入达到1940万元。个人于2012年入选南京市“321人才引进计划”，2013年入选江苏省“双创人才计划”。2014年，入选第十一批中央引进海外高层次人才“千人计划”创业人才，并入选南京市“科技创业家培养计划”。

王盛

浙江致晟信息科技有限公司董事长兼总经理。2006年在日本东京工业大学取得工学博士学位，后被聘为日本国立理化学研究所研究员，拥有13年的环境、能源动力、现代制造业及智能城市等方面的信息化技术研发经验。2012年1月回国，在安吉科技创业园创办浙江致晟信息科技有限公司，任董事长兼总经理。公司是一家开发新一代信息技术，并将其运用于工业和民用的高科技企业，主营业务包括基于移动智能终端的“智慧城市”项目开发、中小微型企业信息管理系统开发、新一代CAD/CAE/CAM软件系统的研发及产业运用等。核心技术团队由6名专业博士组成，克服了市场上现有的计算机辅助设计和计算机辅助工程中使用软件的不足，开发了多套创新型软件，为产业界提供信息技术服务，并开展相关软件销售业务，利用掌握的核心技术为企业和社会提供解决方案，呈现出良好的市场前景。2012年，个人入选浙江省“千人计划”。2014年，入选第十一批中央引进海外高层次人才“千人计划”创业人才。

王暾

成都市美幻科技有限公司总经理。浙江大学工学学士，中科院力学研究所及美国康涅狄格大学物理学双博士学位，曾在欧洲顶级科研机构从事超冷原子和量子信息研究。2008年7月，回国创办成都市美幻科技有限公司，任总经理。公司位于成都市高新区天府软件园区，主要从事地震预警和烈度速报的关键技术和产品的研发、设计、生产及销售。2008年9月，公司自主研发的填补民用地震报警器的技术，通过了中国地震局工程力学研究所的检测，并在地震灾区进行大量的试用和测试。2009年3月，该项创新技术通过了四川省科技厅的鉴定，成为了国内首款民用地震报警器，填补了世界民用地震报警产品的两项空白。同年4月，公司开始研制地震紧急处置、地震烈度速报系统，这是国内首个专业地震紧急处置系统，并在四川省内外多所学校、核工业单位使用，技术成果得到国内大量媒体和报纸的详细报道。目前，公司正在着力研制QuakeSolutionTM 地震预警技术系统，形成物联网应用于地震和地质减灾方面的核心技术，引领地震预警在包括公众、高铁、燃气管线、核设施等行业的示范应用，以减少地震中的人员伤亡和次生灾害，推动中国在地质灾害减灾科技的进步。2012年，个人入选"成都人才计划"。2014年，入选第十批中央引进海外高层次人才"千人计划"创业人才。

王小良

苏州良辰生物医药科技有限公司董事长兼技术总监。1963年出生。上海生化制品研究所医学博士，曾在美国纽约血液中心（NYBC）、SHIRE、WERFEN等著名生物技术公司担任科学家、高级科学家等职务，参与并领导了多项生物制品的研发和生产。申请美国专利3项，中国专利1项。2010年3月，回国创办苏州良辰生物医药科技有限公司，任董事长兼技术总监。公司主要从事心血管、血液系统诊断试剂的研发、生产，不仅拥有细胞培养、蛋白质分离纯化、配方和冻干等技术和生产设备，而且具有完备的蛋白质分析和微生物检测能力，同时开展有关技术的外包服务。目前，几个产品的关键技术已取得突破，3个产品原型已经完成，预计两年内可取得生产许可证。公司被列入首批张家港市"领军型创业人才"项目和2010年度苏州"姑苏创新创业领军人才"项目。2014年，个人入选第十批中央引进海外高层次人才"千人计划"创业人才。

王扬斌

阜博通（杭州）信息科技有限公司总裁。浙江大学电子工程与计算机工程学专业毕业，后赴美国佛罗里达大学读研究生，曾参与开发出世界第一套实时MPEG-2视频压缩芯片系统，项目获艾美技术奖；参与研发出世界第一套成功商用的卫星直播数字电视系统，个人荣获银星奖。2001年回国首次创业，成立了以研发交互数字电视（IPTV）平台为主的杭州英卓网络科技有限公司，和华数、网通合作，共同开发了数字电视机顶盒技术。2005年，联合浙报传媒集团创办阜博通（杭州）信息科技有限公司，任总裁。公司是一家专注于传媒产业的高新技术软件企业，是全球领先的音视频内容识别和大数据分析技术服务提供商。公司自主研发的核心专利"影视基因"技术，从根本上解决了音视频内容在制作和全媒体传播发行过程中存在的网络信息安全、新一代广播电视网络播出安全、版权管理、商业增值以及物联网大数据等产业价值链方面的问题，通过多项国内外权威专业机构评测，已经成为音视频内容识别领域的事实技术标准。目前，公司全球研发中心位于杭州，在北京、上海、广州、重庆、香港等地有分公司或一线技术支持，在美国、日本、新加坡设有海外分公司，客户包括美国六大影视集团、美国四大全国广播电视网、华数传媒集团、南方传媒集团、优酷土豆网、腾讯视频、搜狐视频、俄罗斯Rutube、日本NHK、富士电视台等众多知名电视台和影视节目制作、出版和发行机构。同时，与浙江大学、中国传媒大学、解放军信息工程大学等著名高等学府和科研机构建立起了产学研合作。个人入选浙江省"千人计划"，被评为首届"科技新浙商"。2014年，入选第十一批中央引进海外高层次人才"千人计划"创业人才。

王勇竞

苏州全谱光电科技有限公司董事长。留美博士。曾任美国DPS公司总裁。2011年1月回国，创办苏州全谱光电科技有限公司，任董事长。公司是一家聚焦于新型投影显示技术、3D投影显示技术及其在智能手机方面的新颖应用，在光电领域具有高度创新能力的科技公司。公司拥有包括角度彩色编码微型（ACP）投影技术、角度3D投影技术及其应用方面多项核心技术与专利，开发生产双模投影式平板电脑、投影式电子阅报器、3D投影机、激光投影机、超短焦微型投影机等新颖投影产品。公司通过自主开发的ACP投影技术，解决了智能手机输入输出瓶颈，使得智能手机可以随时完成投影需求，成为一个小巧便携的笔记本电脑，目前主要产品有双模投影式平板电脑LightPad与超短焦微型投影机LSMP 01。2014年，个人入选第十一批中央引进海外高层次人才"千人计划"创业人才。

王元龙

天津瑞发科半导体技术有限公司总经理。留美博士。2009年，与多名归国硅谷半导体技术专家和本土资深半导体营销行家共同创办天津瑞发科半导体技术有限公司，任总经理。公司在发展过程中获得了君联资本（原联想投资）、赛富投资基金、联想之星等全球著名产业风险投资基金支持。公司专注于开发和行销基于高速模拟电路技术并具有完全自主知识产权的集成电路和软件。公司作为USB3.0相关芯片的一站式供应商，拥有世界领先的高速模拟电路设计技术，先进SOC芯片设计和量产经验，建立了完整的研发、行销和供应链体系，凭借稳定、高效、极具潜力的工程团队，面向移动存储、移动终端、安防监控和新一代多媒体显示等市场领域提供"高技术、快创新、低成本"的产品和完整解决方案。2011年，个人入选天津高新区首批科技领军人才。2014年，入选第十批中央引进海外高层次人才"千人计划"创业人才。

魏云峰

宿迁波尔高压电源有限公司总经理。1984年至1992年，在清华大学电机工程系完成本科和硕士研究生学习，毕业后在中国科学院电工研究所担任高级医疗设备中心副主任、副研究员，从事医用X射线高压电源的研究开发工作，期间参与的"医用体外震波碎石机高电压脉冲电源"重大发明项目，获得国家科技进步一等奖。2001年至2009年，受邀到英国真维特公司Genvlt公司担任总设计师，研发各类高科技产品近30项，是高压电源设计专家。2009年10月回到祖籍地，在宿迁高新区领衔创办了宿迁波尔高压电源有限公司，任总经理。公司由英国真维特公司投资，主要设计、生产、定做各种规格精密高压电源、大功率高压电源以及各种电源产品。公司创办5年来，先后申请12项国家专利和1项英国专利，研发26个科研项目。2014年，“高效处理工业颗粒物用大功率智能高频高压电源装置”项目获得科技部100万元的资助。个人于2009年入选江苏省“双创人才计划”。2014年，入选第十一批中央引进海外高层次人才“千人计划”创业人才。

闻晓光

泰州越洋医药开发有限公司董事长。在北京大学医学部获得学士学位，加拿大萨斯卡切温大学获得博士学位并做博士后研究，在北美学习工作近20年，曾受聘于葛兰素史克、辉瑞、卡乐康等国际知名药企，担任资深科学家、制剂部经理、全球技术经理。精通制剂行业先进的技术和工艺，领导和参与了多个年销售额过亿美元的缓控释制剂新药的开发。2011年12月回国，入选泰州市“113人才”并在中国医药城创办了泰州越洋医药开发有限公司，任董事长。兼任中国颗粒协会理事、中国药学会制剂专业委员会委员、国家发改委价格评审专家、江苏省侨界专家委员会委员。公司主营创新制剂产品开发及产业化、创新制剂出口和技术咨询服务。拥有中国第一台德国进口的多功能压片机，第一台美国进口的全自动在线检测、全程录像溶出仪以及其他高端制剂及分析设备。目前已完成1个治疗阿尔兹海默综合征产品的美国FDA生产批件申报、2个治疗癫痫症的缓控释新药中国CFDA临床批件申报。2014年6月，公司荣获“第四届黑马大赛智慧医疗行业”一等奖。个人入选江苏省“双创人才计划”。2014年，入选第十一批中央引进海外高层次人才“千人计划”创业人才。

吴景晖

宁波创润新材料有限公司总经理。1992年考入东北工学院，1996年保送东北大学硕博连读。1999年获全额奖学金赴美国匹兹堡大学攻读博士学位，2004年获材料科学与工程专业工学博士学位。曾任美国汉武冶金技术咨询有限公司首席技术管，是国际上金属钛提纯领域少数掌握核心技术的华人专家之一。2012年3月回国，创立宁波创润新材料有限公司，任总经理。公司致力于建立国内首家低氧超高纯钛产业化生产基地，通过自主设计的提纯工艺和设备，彻底实现我国超高纯钛的独立自主生产。2014年6月，公司成功下线了国内第一炉电子级低氧超高纯钛，不仅填补了我国相关产业和技术的空白，也打破了发达国家对这一项目的垄断，成为2014中国新材料行业十大新闻之首。2014年9月，又成功产出钛锭，距离年产250吨电子级低氧超高纯钛的目标再近一步。形成量产后，超高纯钛生产线作为原材料供应的关键环节，将为形成中国完整的有色金属精深加工产业链提供关键技术支撑。2012年，个人入选浙江省“千人计划”。2014年，入选第十一批中央引进海外高层次人才“千人计划”创业人才。

吴清国

浙江瓦力新能源科技有限公司执行总裁。加拿大皇后大学材料化学博士，美国麻省理工学院材料化学博士后，曾在美国诺发系统公司担任首席科技专家。在材料化学和电化学研究领域具有深厚的学术造诣，拥有申报或批准的美国专利等近30项，美国化学会杂志、美国材料化学、德国化学会杂志等专业期刊著作近60篇。2010年回国，协同创办浙江瓦力新能源科技有限公司，任执行总裁。公司是一家倡导绿色能源的高科技企业，主要从事电池材料的研发、生产与销售，以镍钴锰酸钾（三元材料）、改性锰酸锂为核心产品，并涉及钛酸锂、磷酸铁锂、负极材料等系列产品。公司拥有由多名留美博士、博士后和资深企业家组成的优秀管理和研发团队，配备了一系列先进的生产、检测设备，形成了完善的产品检测手段和质量保证体系。建有一流的研发实验室进行各种高性能新型锂离子电池材料的研发、性能测试与表征和工艺优化。个人入选宁波市第一批“3315计划”创业人才、慈溪市第一批“上林英才”计划A类新兴产业领军人才。2014年，入选第十批中央引进海外高层次人才“千人计划”创业人才。

伍筱姗

新智力文化科技（上海）有限公司董事长。女。曾在大学任教，留学美国攻读法学博士和MBA，并在美国律师事务所、花旗银行集团、联邦法院等从事法律、金融等相关工作。在美期间担任留美企业家联合会（大华府地区）副会长，美中工商联合会常务理事、法律顾问、秘书长，美国乔治•梅森大学国际顾问，美中中小企业交流协会副会长等多项社会职务。2007年，回国创办天津爱迪通智及北京美华新智力公司，任董事长。公司致力于青少年益智教育游戏、3D娱乐互动游戏、无线互联网等绿色健康主题游戏及平台的开发运营。目前，爱迪通智在京、津、沪及美国均成立了游戏研发团队和运营分支机构，旗下拥有天津爱迪通智科技有限公司、北京美华新智力科技有限公司、新智力网络科技（上海）有限公司，与微软、华纳兄弟、雅虎、EA等业界知名公司建立了良好的合作关系，同时取得了国家及地方相关政府部门的大力支持。公司先后投入近亿元开发完成具有先进技术的3D MXW数字互动网络平台引擎，于2009年开始研发具有中国风格及元素、完全自主创新、自主知识产权的大型3D MMORPG中西方文化题材的益智类网络游戏《三界轮回》，荣获“2011年度中国游戏行业年会最受期待游戏奖”“2011中国电子商会年度最佳创新奖”，以及“2011年度文化创意产业最具投资价值企业”称号。个人曾荣获中国妇联和品牌中国评选的“2009品牌中国创新女性”称号，并入选天津市首批“千人计划”。2014年，入选第十批中央引进海外高层次人才“千人计划”创业人才。

武华

华威特（江苏）生物制药有限公司董事长。美国堪萨斯州立大学博士后，从事抗菌肽研究。曾任美国先灵葆雅动物保健品公司资深研究员，从事猪病毒病疫苗研究；巴克动物保健品公司研发部病毒疫苗研发经理，从事牛病毒病疫苗和宠物病毒病疫苗研究；辉瑞动物保健品公司任首席研究员。2004年回国后，任乾元浩生物科技有限公司总经理，后组建必威安泰生物科技有限公司并任总经理。期间先后主持了“八五”国家攻关专题，参加并主持我国兽医领域国家重大项目攀登计划，主持“十一五”国家支撑计划、农业部公益性行业专项、863计划等多项国家级科研重大项目、研究涵盖了影响我国畜牧业发展的动物重要疫病，被评为中国农业科学院一级岗位杰出人才、北京经济技术开发区认定的海外高层次人才，兼任中国畜牧兽医学会理事、中国畜牧兽医学会口蹄疫学分会常务理事。2011年11月，创办华威特（江苏）生物制药有限公司，任董事长。公司是以动物生物制品科研开发、销售和技术服务为一体的高新技术企业，依托研发其独特的技术优势，与辉瑞动物保健品公司建立了研发战略联盟，在病毒悬浮培养、疫苗冻干保护剂、基因缺失疫苗和新型多联疫苗的构建等方面处于国内或国际领先水平，并拥有国际上唯一的高致病性猪繁殖与呼吸综合征（TJM-F92株）与猪瘟二联活疫苗和国内首个猪流感二价灭活疫苗（H1N1 LN株+H3N2 HLJ株）的自主知识产权。同时，公司投资2亿元建设了华威特江苏研究院、GMP生产车间（活疫苗生产线和灭活苗生产线各2条）、质检楼及相应的辅助设施等，主要产品为蓝耳—猪瘟二联弱毒苗、猪流感灭活疫苗、牛病毒性腹泻病毒疫苗、牛传染性鼻支气管炎病毒疫苗等新型疫苗，两条生产线投产后年产值分别达3亿头份、2亿毫升，预计年销售收入4.8亿元人民币。2014年，个人入选第十批中央引进海外高层次人才“千人计划”创业人才。

夏淳

码实信息科技（苏州）有限公司总裁。1962年出生。清华大学本科和硕士，美国伊利诺大学计算机专业博士。曾于1998年和2000年在美国成功创办BrightInfo和Thinkmart两家计算机公司。2007年开始在美国SUN公司做PaaS技术和产品研发，任首席云编程架构师，是硅谷第一代PaaS和web时代的云编程体系的研发人员。2010年11月，在美国硅谷成立科技公司，专注于企业移动应用的PaaS平台，开发智能理货管理软件系统和互联网营销系统。2011年8月将技术和团队引进国内，创建码实（苏州）科技有限公司，任董事长。2013年2月，在苏州高新区创办码实信息（苏州）科技有限公司，任总裁。公司致力于云时代的企业移动应用开发，提供移动智能应用解决方案。目前公司已成功开发出智能移动PaaS平台，平台融合了新一代信息科技中最热门的移动、社会化、云计算、信息等技术；移动应用已运营，对高铁运维、高速公路运维、中国商品交易网等高端客户已经实施了复杂业务系统；公司已申请5项美国专利，10项国内软件著作权。初步完成了智能应用的技术体系开发，形成了完整的智能应用产品体系，并开始进入市场销售。2014年，个人入选第十批中央引进海外高层次人才“千人计划”创业人才。

夏献民

武汉益承生物科技有限公司董事长兼总经理。1962年出生。留美博士。在美国大学和研究机构工作和学习多年，曾任马里兰大学肿瘤研究中心担任研究教授，美国癌症研究协会（AACR）理事、美国内分泌研究协会（ASE）理事。主要研究恶性肿瘤形成和治疗的基础和应用。1998年，在世界上首次发现p55PIK、PI3K的一个亚型成员在细胞周期调控中的重要作用，并证实该蛋白质可以作为抑制细胞生长，促进细胞分化的药物靶点，为治疗肿瘤和其他细胞分裂异常疾病开辟了一个全新的途径。2002年在美国芝加哥参与创办PTG公司，同时回国在武汉组织创办PTG公司国内分支机构武汉三鹰生物技术公司。目前美国PTG公司的年销售超过250万美元，产品在国内的销售也取得快速增长。2005年，创办湖北荆州康泰生物科技有限公司，专门从事生物重组技术表达和生产融合蛋白质，以满足药物研发和科研项目的需求。2009年，携带核心技术和自主知识产权在武汉创办益承生物科技公司，任董事长兼总经理。公司专业从事p55PIK特异抑制剂治疗肿瘤和其他细胞分裂异常相关疾病创新药物的研发、生产和销售。个人入选湖北省“百人计划”。2014年，入选第十批中央引进海外高层次人才“千人计划”创业人才。

夏瑜

中山康方生物医药有限公司董事长兼CEO。女。中山大学本科毕业，留英博士。曾任美国雅培公司首席科学家、美国中美冠科生物技术有限公司营运副总裁。2012年3月，在中山留学人员创业园创办中山康方生物医药有限公司，任董事长兼CEO。公司主要为国内外的生物制药公司提供高品质的技术外包服务。公司目前拥有8000平方米的国际标准实验室，以及投资几千万元的高端实验仪器，团队70多人中超过45%是硕士以上学历，拥有16项已获授权专利。凭借出色的技术实力，公司先后获得10多项各级别的项目立项，包括“科技部2012年国家火炬计划”“国家中小企业创新基金”、广东省“蛋白工程和抗体药物开发工程实验室”“第四批广东省博士后创新实践基地”、中山市“2013年引进科研创新团队”等。个人荣获科技部2013年国家创新推进计划“创新创业人才”称号。2014年，入选第十一批中央引进海外高层次人才“千人计划”创业人才。

夏志杰

南京通软信息技术有限公司总经理。1967年出生。留美博士。2012年，回国创办南京通软信息技术有限公司，任总经理。公司致力于先进通信软件的开发与通信网络的运营维护服务，注册资金2000万元人民币，创业团队具有丰富的国际软件开发经验，曾获得多项专利以及研发成果。公司主营业务有计算机软件开发、销售、售后服务；通信工程施工；建筑智能化工程的设计、施工；自动化控制技术研究等，主打产品为通软系列通信网络运维管理系统。该系统填补了我国通信网络代维软件的空白，达到了国际先进水平，将可以改变我国通信网络代维行业目前主要依赖人工经验，普遍存在的技术水平低、运维成本高、网络运行质量差的现状。公司瞄准我国近千亿的通信网络综合代维服务市场，将利用我国大力发展通信网络，通信代维业务规模快速增长的有利条件，以领先的技术为引擎，不断强化团队竞争力，创新营销模式，实现跨越式发展，力争建成为国内一流的大型通信软件和服务企业。2012年，个人入选南京市“领军型科技创业人才”。2014年，入选第十批中央引进海外高层次人才“千人计划”创业人才。

谢涛令

苏州海博智能系统有限公司董事长。北京大学核物理学士，中国科学院高能物理所硕士，美国麻省大学博士和加州理工大学博士后。曾先后在美国宇航署NASA火箭推进实验室、IBM美国和CA美国总部工作，是世界上网络安全和移动互联网的先驱者之一。2008年，回国创建苏州海博智能系统有限公司，任董事长。兼任北京大学工学院云身份安全研究所所长。公司是世界领先的智能可视卡技术、产品以及解决方案提供商，以智能可视卡设计和制造工艺为技术核心，致力于智能手机安全和移动物联网安全。公司整合了创业团队多年来积累的技术创新，包括在美国和中国授权的20多项专利，在超薄电子和智能可视卡制造工艺方面的专利填补了国内空白，成为中国银联在金融IC卡标准制定上的重要技术基础。公司把密码器植入信用卡而形成可视IC卡系列产品，从而提供移动互联网线上线下从云端到移动客户端的身份认证、加密、权限管理、支付和票证等“多卡合一”解决方案，让客户做到身份认证即个性化云服务、即资源管理、即行为管理、即交易支付、即大数据收集、即大数据溯源、即信用系统、即绿色无纸信息消费等“多流合一”，广泛应用于信息安全、电子商务和电子支付等领域，覆盖金融、教育、政府、军队、电信企业和智慧城市等领域。目前，在中国、北美及亚太地区拥有多家子公司。2014年，个人入选第十批中央引进海外高层次人才“千人计划”创业人才。

徐霆

吉林康慧生物科技有限公司总裁。美国马萨诸塞州塔夫茨大学生物化学专业硕士，哈佛医学院博士。毕业后，先后担任多家国际知名公司的首席研究员，从事重组蛋白和单抗药物的研发，在蛋白质药物筛选、表达、纯化、分析、质控及动物药理毒理等方面具有丰富的经验。2009年，回国创办苏州康宁杰瑞生物科技有限公司，任总裁。公司运用蛋白质工程、全人源化抗体的先进技术致力于大分子药物研发。2010年，与施慧达药业集团（吉林）有限公司达成战略合作，投资1.3亿元，在白山成立吉林康慧生物科技有限公司，任总裁。公司专注于蛋白质和单抗药物的新药研发及产业化发展，在凝血因子、肝癌的单抗研究和生物开发技术上取得极大突破，建成了高效的治疗用蛋白质和抗体药物的工艺开发、质量分析和中试生产三大研发平台，搭建了大分子药物研发的快速通道，30多个在研项目正在快速推进，极大缩短了药品研发的周期，缩小了与欧美国家的差距。截至目前，公司累计研发品种43个，其中有自主知识产权专利的11个。转让品种15个，转让的品种中9个已申请临床。目前，公司又在长春投资10亿元，开建占地10万平方米的康宁杰瑞（吉林）生物科技有限公司。公司主导产品——治疗类风湿关节炎的阿达木单抗，预计实现产值近20亿元、利税3亿元。2014年，个人入选第十批中央引进海外高层次人才“千人计划”创业人才。

薛立新

宁波莲华环保科技股份有限公司总经理。1987年获中国科技大学化学物理专业学士学位，1991年获上海有机所有机氟化学硕士学位，1996年获美国南卡州克莱门森大学含氟离子膜化学博士学位，曾获得中国科技大学“亿利达实验科学奖”和“菲利普莫里斯科技杰出奖”科技大奖。毕业后至2009年间，先后在AliedSignal、Philip Morris和Celanese Acetate公司任高级科研人员；2009起担任中科院宁波材料所高分子与复合材料事业部主任。环境治理新型功能膜材料等研究成果共申请发明专利150余项（包括美国专利28项），获得授权80余项，发表SCI论文60余篇。2012年，创办宁波莲华环保科技股份有限公司，任总经理。公司主要从事高性能分离膜研制和水处理、空气净化和清洁能源方面膜产品的开发，并提供与分离纯化、清洁生产、浓缩过程相关的膜技术和综合解决方案，应用于环境保护、食品安全等民生领域。目前，公司在水处理膜组件、新型海水淡化设备、膜应用工程方面申请专利12项，已获授权6项。同时，与中国科学院、美国霍尼韦尔国际公司、浙江大学、杭州水处理研究开发中心等科研机构建立起了外包合作的科研关系。2010年，个人入选浙江省“千人计划”。2014年，入选第十一批中央引进海外高层次人才“千人计划”创业人才。

颜国顺

武汉无线飞翔科技有限公司总经理。1997年，从华中科技大学硕士毕业后，进入深圳一家国有银行。后获得全额奖学金赴美留国，获得印第安纳大学计算机信息通信、管理工程、工商管理三个硕士学位。2000年毕业后，就职于世界500强企业、全球消费类电子巨头汤姆逊公司的北美业务中心，任程序员、团队技术总监、首席信息官、信息总监等职务。2009年，由武汉东湖开发区“3551人才计划”引进回国，成立武汉无线飞翔科技有限公司，任总经理。以中国自创TD-SCDMA国际标准为3G技术平台，致力于3G无线通信技术、智能视觉传感技术、物联网技术在智慧城市等应用领域产品的研发、销售和技术服务，先后推出了无线固定电话、无线摄像头等产品，均被中国移动批量采购，填补了华中地区没有3G终端应用产品的空白。2011年，公司正式启动“智慧停车”项目。当年7月，在武汉市城市道路智慧停车项目招标中成功中标。如今，该系统管理着武汉市近5万个停车位，每天处理交易量达50万笔。该系统还覆盖了我省随州、孝感、荆州等城市，在省外的石家庄、深圳等城市也开始落地应用。2014年，个人入选第十批中央引进海外高层次人才“千人计划”创业人才。

阳学仕

上海宝存信息科技有限公司总经理。1998年本科毕业于清华大学电子与计算机工程专业，后赴美国德雷塞尔大学攻读硕士和博士学位。博士毕业后，就职于位于美国宾夕法尼亚州的希捷公司研发中心，领衔团队研发高端硬盘存储控制器。2005年，加入Marvell半导体公司，负责固态存储技术（SSD）架构工作，在职期间共研发四代产品，申请超过150项国际专利。带领技术团队研发了Mavell第一代闪存控制器，领导开发的多代SSD控制芯片产品占有超过50%的全球台式机SSD市场份额，年销售额逾亿美金。拥有100多项美国及世界专利，发表过超过20篇国际学术论文及5本专著，是IEEE会员、EURASIP无线通信及网络技术学报编辑。2011年离职，举家归国创业，于2012年1月创立上海宝存信息科技有限公司总经理，任总经理。公司专注于开发企业级高性能的固态存储产品及解决方案，通过提供创新性固态存储产品，帮助用户持续优化IT系统架构和性能并以此降低客户的采购成本和维护费用。成立仅一年多，公司团队就在大型企业级固态硬盘主控器技术的研发上取得了突破性进展。2014年4月，公司自主研发的6.4TB超大容量Direct-IOTM PCIe单卡面市，作为一款专为解决高性能应用中的IO（输入输出）瓶颈而量身定制的企业级存储产品，一举成为集高性能、高可靠性和高可塑性于一身的全球最大容量的存储单卡。2011年，公司被列入上海市杨浦区“3310计划”A类重点支持企业。2014年，个人入选第十一批中央引进海外高层次人才“千人计划”创业人才。

杨凡

北京华脉泰科医疗器械有限公司总裁。1969年出生。1990年大学毕业后，先后在日本、美国工作。2010年11月回国，在北京中关村科技园区大兴生物医药产业基地创办北京华脉泰科医疗器械有限公司，任总裁。公司是以心脏及血管相关的高端III类微创介入医疗器械的研发、生产为主要业务的科技创业型企业。公司管理及研发团队不仅具有国际医疗器械大公司和风险型创业小企业的工作经验，而且拥有丰富的管理美国和中国团队成功的经验，研究、开发工作条件完备，拥有包括研发实验室、测试实验室、无菌检测实验室等研究实验室，以及各种配套试制、分析测试设备等，可以开展主动脉瘤和主动脉夹层腔内（微创）修复产品研发的各种关键技术研究、核心部件研制及模拟试验等。2011年，个人入选第一批中关村“高聚工程”。2014年，入选第十批中央引进海外高层次人才“千人计划”创业人才。

杨云春

北京耐威时代科技股份有限公司董事长。1969年出生。哈尔滨船舶工程学院惯性导航与仪表专业学士，哈尔滨工程大学惯性导航与仪表专业硕士，美国加州大学电子工程专业博士。多年从事微机电惯性技术、卫星导航技术、捷连导航技术、姿态确定技术和系统融合技术等方面的研究工作。在美学习期间，承担美国交通部自动驾驶项目的组合导航部分，将路面磁化传感器航向技术跟微机电捷连惯导和GPS融合技术应用于高速公路车辆自动驾驶的应用中，获得车辆自动控制厘米级精度的效果。2002年，回国创办北京云海蓝天科技有限公司，任董事长；2006年更名为北京耐威时代科技有限公司。公司专注于卫星导航定位产品、惯性导航产品及组合导航定位产品的研发、生产与销售，是国内唯一一家既能研制惯性导航产品，又能研制专业卫星导航产品的高新技术企业。公司应用自主掌握的核心算法软件等卫星导航定位关键技术，产品可实现毫米级的测量精度，达国际先进水平，形成了从惯性传感器到惯性导航系统、组合导航系统的完整产业链，广泛应用于国防、航空航天、仪器设备、科研院所、教育机构等等行业和领域。个人曾承担多项国家“863”计划课题、国家科技支撑计划（导航产业联盟）课题、科技部科技型中小企业技术创新基金资助项目；发表论文10篇，拥有专利技术7项。2012年，荣获第四届“北京市留学人员创新创业特别贡献奖”。2014年，入选第十批中央引进海外高层次人才“千人计划”创业人才。

杨治国

武汉珞珈德毅科技发展有限公司总经理。2001年从武汉大学赴德国学习，在斯图加特大学攻读博士，毕业后留德工作，曾任德国航天科工欧洲分公司分公司总经理。2009年5月回国，在武汉东湖国家自主创新示范区创办武汉珞珈德毅科技发展有限公司，任总经理。公司依托武汉大学、测绘遥感信息工程国家重点实验室、国家卫星定位系统工程技术研究中心（GNSS）、德国斯图加特大学等国内外科研单位，实现基于“3S（GIS/GNSS/RS）+C（Communication）”的技术融合及产业创新应用的产学研一体化，提供“空间数据快速获取与处理、集成管理与更新、共享服务发布与三维应用”的地理信息全产业链产品及服务。公司基于北斗地基增强，以三维技术为先导，以传统地理信息为基础，辅以云计算、通讯、LiDAR及遥感技术，进行专业地理信息基础软件平台研发与行业应用开发，承接大型行业信息化工程，提供企业级海量数据的二、三维专业应用与服务。公司自主研发的“德毅智慧”系列产品，为智慧城市提供二三维一体化的空间信息综合管理解决方案，拓展北斗高精度导航定位技术在智慧城市中的应用，并在国土测绘、电力、水利、公安、交通等行业积累了丰富的应用实施经验。2014年，入选第十一批中央引进海外高层次人才“千人计划”创业人才。

姚毅

苏州雷泰医疗科技有限公司董事长。留美博士。在美国硅谷创办从事医疗产品开发的高科技跨国公司LinaTech（雷泰），主要从事放射治疗领域医疗设备和医疗软件的研发、生产和销售，业务范围遍及美洲、欧洲和东南亚等全球数十个国家和地区，是全球重要的放疗设备和服务供应商。2010年，在国内成立苏州雷泰医疗科技有限公司，任董事长。公司作为美国LinaTech公司中国研发和服务中心，负责中国地区的业务和全球技术支持。2012年公司相继成立了北京办事处、上海分公司、广州分公司和成都办事处。公司成功开发完成了一系列具有国际先进水准的放疗产品，为国内外客户提供高性能、个性化的新产品和可持续的产品升级。2007年，公司开发的逆向动态适形调强放疗系统获国家科技进步二等奖。数十项研发成果获国家专利，相关产品通过美国FDA和CE认证。主打产品放射治疗计划系统和电动多叶准直器，为全球超过500家大型医疗机构的放疗中心提供了全面解决方案。公司以其创新的精神、前沿的技术和诚信的服务在国内外赢得了良好的声誉。2014年，个人入选第十批中央引进海外高层次人才“千人计划”创业人才。

叶涛

宁波立芯射频股份有限公司总经理。1988年，被保送就读北京清华大学电子工程系。因学业成绩优异，于1993年底得到美国斯坦福大学电子工程系的直博机会，主攻集成电路设计。在读博的第三年加入导师创办的一家集成电路公司，被美国新思科技公司收购。后继续攻读博士，2003年获美国斯坦福大学博士学位。毕业后进入美国英频杰公司负责芯片研发工作，公司是最早进军物联网芯片领域的企业之一，如今已经成为全球超高频RFID芯片领军企业，期间带头研发了世界第一个无线射频UHF Gen2标签芯片及阅读器系统，并参与了EPC Global无线射频识别技术的世界标准及协议的制定及实施。2007年，香港政府成立物联网研发中心，任研发总监并主持中心研究工作。2012年12月回到内地，创办宁波立芯射频股份有限公司，任总经理。公司定位于集RFID开发、生产及销售为一体的高新技术企业，主营方向是为全球客户提供高品质的RFID产品和系统应用解决方案。公司拥有先进的电子标签产品研发检测实验室、大型微波暗室等研发试验环境，可根据复杂多变的RFID应用需求，设计制造定制化产品。目前，研发生产的RFID标签产品已被全球客户应用于物流、零售、服装、身份证件、航空、票证、物品追踪等领域。2014年，个人入选第十一批中央引进海外高层次人才“千人计划”创业人才。

余强

盛世泰科生物医药技术（苏州）有限公司首席执行官。1990年获北京大学学士学位；1999年在美国取得博士学位。2010年，回国成立盛世泰科生物医药技术（苏州）有限公司，任首席执行官。公司是一支由在中国和美国有超过20年新药研发实战经验的团队创办的药物研发与产业化企业，技术力量雄厚，建立了完善的新药开发公司管理体系并申报多项国家发明专利，研究领域跨越药物研发涉及的所有重要学科，包括分子生物学、医学、组合和计算化学、药理学和临床前及临床开发。在一类新药研发方面，盛世泰科的1.1类化学降糖新药获得国家十二五“重大新药创制”专项支持；在三类新药到六类仿制药研发方面，包括阿塞那平和恩替卡韦在内的四个创仿新药项目已经进入等待国家药监局临床批件阶段。此外，公司拥有多个成熟的化学新药合成工艺和制剂技术储备，可以随时转入申报或生产，同时也能提供原料药及合成工艺中的关键中间体化合物的销售。公司成立以来，除建成重大新药创制和闪释制剂中心外，还获得了“江苏省科技支撑计划”“江苏省民营科技企业”“苏州内资研发企业”等多个项目的资金支持和资质认证。个人先后入选江苏省“双创人才计划”、苏州市“姑苏创业创新人才计划”、苏州工业园区“科技领军人才计划”。2014年，入选第十批中央引进海外高层次人才“千人计划”创业人才。

袁崇生

宁波紫园生物医药研发有限公司董事长兼总经理。1984年赴日本福冈大学留学，1991年到美国堪萨斯大学药物化学部留学获博士学位，并留任该校副教授、教授，后在美国圣地亚哥一家跨国公司研究所任研究室主任。拥有20年以上的制药与临床诊断试剂研发从业经验，有多部学术著作。2013年，回故乡宁海投资3.2亿元创办波紫园生物医药研发有限公司，任董事长兼总经理。公司聚焦新药研发、临床诊断试剂、仪器研发与生产，立志打造一个综合性的生物高科技研发中心。目前公司已完成了基础设施建设，与2013年下半年开始展开各项研发项目。在公司的带动下，中科院上海药物所宁波生物产业创新中心、宁波文达生物医药科技有限公司、宁波人源抗体筛选研发中心等9个生物医药项目相继落户宁海，为宁波生物医药产业园区的发展奠定了基础。2014年，个人入选第十批中央引进海外高层次人才“千人计划”创业人才。

袁涛

昆山睿翔讯通通信技术有限公司总经理。先后在新加坡、美国、丹麦等地留学工作，曾任美国莫仕连接器有限公司（Molex）丹麦分公司研发经理，拥有丰富的天线专业技术和实践经验。2010年11月回国，创办昆山睿翔讯通通信技术有限公司，任总经理。公司致力于研发和生产手机4G天线等无线产品，牵头组建了“4G—LTE天线模组江苏省信息产业企业联合研发创新中心”，在国际上第一个将物理信道加密技术应用到天线模组，有望从根本上解决天线泄密的问题。公司成立短短3年，销售收入从2013年的133万元增长到2014年的2287万元；无线产品市场份额从占比从0.5%上升到39%；人员规模从创业初期的2人扩展到90多人，已成为联想、中兴等知名企业的供应商。2014年，个人入选第十一批中央引进海外高层次人才“千人计划”创业人才。

曾福泉

泉州市约克颜料有限公司执行董事兼总经理。1992年留学美国，获博士学位。2008年，回国创建泉州约克颜料有限公司，执行董事兼总经理。公司是国际上最具技术实力的液体色母、添加剂和自动液体色母添加设备制造商之一，也是国内第一家液体色母研发、生产、销售企业企业。公司致力于将液体色母用于塑料的染色和改性，把液体色母应用在化纤纺丝前染色，产品应用于化妆品、食品包装、电器件、片材、日用品、管道等行业领域。公司研发并已量产的液体色母自动添加设备简化了塑料染色工艺，研发生产的液体色母大部分都很容易用水清洗，使用方便。公司成立了华南技术服务中心、华东技术服务中心，专业的售后服务工程师可提供配色、试样、现场服务。2014年，个人入选第十批中央引进海外高层次人才“千人计划”创业人才。

曾毅

普霖医疗科技（广州）有限公司总经理。留美博士。2011年9月回国，创办普霖医疗科技（广州）有限公司，任总经理。公司主要从事医疗器械的研发和生产，重点研发项目是球囊导管类介入产品及外周血管介入类产品。球囊导管系列产品包括冠状动脉扩张球囊导管、外周球囊导管、椎体球囊导管、尿道球囊扩张导管等；外周血管介入类产品包括外周球囊导管、外周血管支架等。目前公司占地面积近1400平方米，拥有900多平方米的万级、十万级净化间及菌检室，并于2012年5月通过GMP审核取得了医疗器械生产许可证和ISO13485质量体系认证。公司通过技术的创新和产品进步，先后获得了科技部“科技型中小企业投资引导基金”、广州市“科技创新基金”、广州市“创业领军人才”、广州开发区“科技领军人才”以及广州市“引进国外技术和管理人才”等支持和荣誉，并已申报获批多项实用新型专利。公司致力于发展成为中国介入医疗器械领域的领军企业，为推动中国介入医疗事业的发展做出贡献，目前所生产和研发的产品均处于国际领先地位，曾多次与美国知名的医疗器械厂家合作并长期从事相关产品的代工业务。2014年，个人入选第十批中央引进海外高层次人才“千人计划”创业人才。

张极

苏州杰成医疗科技有限公司董事长。毕业于北京医科大学，留加医学博士。曾在人民医院创立心脏外科，有着20多年心脏外科临床和15年的手术器械研发经历。2009年9月，在吴江创办苏州杰成医疗科技有限公司，任董事长。公司以研发和生产人工心脏瓣膜及植入系统等系列产品为主。公司所研制的世界首创的拥有自主知识产权的“无缝线微创人造心脏瓣膜置换系统”，是一种新型的微创、无手术缝线、无需体外循环和无须开胸手术的人造心脏辦膜及导管植入系统，采用微创技术、利用植入器具将人工心脏瓣膜植入心脏，替换已经病变的心脏瓣膜。这种新型产品将使心脏瓣膜置换手术过程简化、治疗风险大幅降低、成功率将显著提高，同时也将缩短病人术后恢复时间及大大降低费用，使得更多的病人能够承受手术的风险和费用而得到治疗。目前产品已基本定型，成功完成动物试验，取得国家三类医疗器械生产许可证书，准备进入人体临床试验阶段。2014年，个人入选第十批中央引进海外高层次人才“千人计划”创业人才。

张建伟

昆山瑞泰智能科技有限公司董事长。德国卡尔斯鲁厄大学计算机专业博士、教授，有近20年从事机电一体化、自动控制、传感器研究与开发的经验。在德国高校任职期间，主持多项德国科学基金重点项目、联邦教研部与工业合作项目、欧盟IST研究项目。2002年起任留德中国学生学者团体联合会主席；2004年起任德国清华校友会会长，并被推荐为全国政协海外委员。2008年从德国引入昆山，任昆山工研院智能机器人工程研究所所长，先后申请国内专利10项。2009年6月，创建昆山瑞泰智能科技有限公司，任董事长。公司以“智能机器人，改善人类生活”为理念，致力于机器人、智能系统、自动化设备及相关产品的开发、生产、销售、咨询和技术服务，主要业务内容包括服务机器人和工业自动化系统集成应用两个方面。公司现拥有专利8项，其中发明专利2项；商标6件。目前，已研制出技术领先、特色鲜明的服务机器人产品并推向市场，包括“好博特家庭服务机器人”“酷博模块化教育机器人”等。同时，公司承接企业委托，开发了多种工厂自动化设备和工业机器人应用系统并投入生产现场实际应用，包括“码垛机械手”“注塑插针机器人系统”“贴标机器人系统”等。2014年，个人入选第十一批中央引进海外高层次人才“千人计划”创业人才。

张剑辉

北京海博思创科技有限公司创始人、董事长兼总经理。清华大学电机系电力系统自动化专业硕士及学士，美国加州大学伯克利分校电机工程博士。2005年至2010年，就职于美国国家半导体公司，作为技术团队的负责人创新性的研发了SolarMagic产品；2010年至2012年2月，担任西门子中国有限公司智能电网集团首席技术官，主持智能电网产品研发及技术管理工作，主持和主导了多个智能电网相关产品的研发工作。具有多年电力电子与大规模集成电路的产品研发及技术管理经验，拥有十余项美国技术发明专利及申请，发表十余篇国际会议及学术专刊论文。2011年11月，创立北京海博思创科技有限公司，任董事长兼总经理。兼任中国科学院深圳先进技术研究院的客座教授、中美绿色能源促进会董事等职务。公司主要从事新能源行业电动汽车电池管理系统、智能电网储能系统的研发、工程设计和系统集成服务，采用国际先进的技术理念，开发出拥有自主知识产权的电池管理系统和储能系统，产品先后应用于东风汽车、北京高安屯充换电站、国家电网智能微电网储能系统、青海省玉树3MW光储电站整站监控系统等领域。个人入选北京市“海聚工程”，被授予北京市特聘专家称号。2014年，入选第十批中央引进海外高层次人才“千人计划”创业人才。

张 渭

上海博览达信息科技有限公司总裁。留美博士。曾任美国UGS公司系统仿真部总监，是多体动力学、振动与结构动力学、有限元方法、测试—有限元相关性分析、控制—结构互动性、材料疲劳评估、系统仿真等多个领域的专家。2010年1月，上海博览达信息科技有限公司总裁，任CEO兼技术总监，后出任总裁。公司专业提供高端制造业所需的工程用软件和生产性服务，开发和引进“电脑辅助工程”（ CAE）相关的仿真、测试分析和应用软件，以及信息化仿真和测试管理系统，帮助制造企业提升技术水平、节省产品开发成本、缩短产品开发周期抢占市场，客户目前已遍及汽车、航空、航天、船舶、能源、工程机械、高档数控机床、制造装备、高科技电子等机械和机电相关领域。2014年，个人入选第十一批中央引进海外高层次人才“千人计划”创业人才。

张仕进

上海狮迈科技有限公司总经理。重庆大学硕士，美国密苏里大学博士。博士毕业后，进入美国傲马公司从事研发工作，曾先后参与了美国波音公司、美国空军、美国海军的多个水射流研究项目，成功解决了多项难题。2008年回国，在重庆大学任教。2010年，与世界智能水刀奠基者曾继跃博士共同创办上海狮迈科技有限公司，任总经理。公司专业从事智能数控高压水刀切割机（智能水刀）研发和生产，产品不仅拥有世界先进的精密五轴联动系统，而且配备了智能切割软件，解决了传统水刀的切面锥度、射流后拖等难题。通过智能软件实现的独特的过切技术，大大提高了水刀的切割效率，简化了操作流程，降低了对操作者的要求；水下切割技术的应用大大降低了噪声、灰尘，为用户提供了一个干净、舒适的操作环境；同时热处理工艺消除了系统结构应力，保证了机器结构的稳定性。产品达到国际先进水平，市场前景广阔。2014年，个人入选第十批中央引进海外高层次人才“千人计划”创业人才。

张万虎

宁波博利隆复合材料科技有限公司董事长兼技术总监。留日博士。2012年，与中国塑协专家委员会委员李志刚在浙江余姚经济技术开发区共同创立宁波博利隆复合材料科技有限公司，任董事长兼技术总监。公司致力于碳素纤维复合材料的研发和生产。碳素纤维是由碳元素组成的一种特种纤维，在国际上被誉为“黑色黄金”，用碳素纤维制成的复合材料具有极高的强度，且超轻、耐高温，用途十分广泛。目前此项技术仅被日本、美国等少数几个国家掌握。在公司研发团队潜心攻关下，碳素纤维复合材料终于成功试产，200项产品中已有4项获发明专利、5项获实用新型专利，并于2013年上半年开始批量生产。目前公司以碳素纤维复合材料为原料生产的纺织机配件，已被国内几家纺织配件企业订购，并将用于制造飞机配件。此外，还与西班牙Kytazik集团签订了碳纤维热塑型复合材料购促合同，用于生产新型石油接箍，其耐磨、耐高温、使用寿命超过传统金属一倍的特性，将为石油开采带来革命性的变化。公司借助新材料的领先优势，还将在滨海新城涉塑产业园建造生产基地，全面扩大产能，力争在5年内实现5亿元的年销售额，成为国内碳素纤维复合材料的龙头企业。2014年，个人入选第十批中央引进海外高层次人才“千人计划”创业人才。

张霞昌

宁波博能印刷电子科技有限公司董事长兼总经理。1980年考入华东化工学院（现华东理工大学），获得硕士学位后留校工作。1989年自费赴芬兰留学，在赫尔辛基理工大学攻读化工博士学位，并开始研究生物燃料电池。博士毕业后，继续留校从事相关研究。2002年，和同事一起创办了芬兰电池公司，致力于推广生物燃料电池，研发更便宜、更有市场前景的纸质电池。2005年至2006年，公司先后从芬兰政府获得几十万欧元的资助和风险基金，使纸质电池的研发工作得以顺利进行并获得了成功，作为纸质电池发明人荣获“2006影响世界华人大奖”，获得世界经济论坛颁发的“2007技术先锋奖”，并被被美国《时代》周刊评为2006年八大最佳创新技术之一。2009年，以“薄型柔性纸电池在中国的应用和市场开发”项目荣获中国科技创业计划大赛“创业精英奖”一等奖。2003年9月起，兼任常州印刷电子产业研究院院长。2010年2月，创办宁波博能印刷电子科技有限公司，任董事长兼总经理。公司致力于具有清洁属性的小电源的开发及应用，核心产品是薄膜印刷纸电池及其应用和集成服务。薄膜印刷电池的产品特点是柔软、轻巧、微薄，电量与纽扣电池相当而且对环境更友善，独特的产品性质使得这种电池也被称为“未来型电池”。薄膜印刷纸电池的终端产品包括有源或半有源型的RFID电子标签、标签传感器、智能卡和智能包装、医用电子药贴和化妆品等。这一技术在中国的产业化和推广，填补了该领域的空白。公司的发展目标是在短期内通过不断创新研发，建成具有世界规模的中国最大的可印刷电子产品的企业和基地。2014年，个人入选第十批中央引进海外高层次人才“千人计划”创业人才。

张晓晗

江苏汉尚新材料科技有限公司总经理。女。美国里海大学高分子材料专业博士，在美国工作多年，在紫外固化体系研发，薄膜研究等方面拥有国际领先的技术成果。创业项目“紫外固化防雾膜”被评为2009年无锡市“530”计划A类项目，自主研发的紫外固化防雾膜，在性能、工艺（能耗）与成本三方面均优于国外厂商的同类产品，一举打破了美国、日本等跨国厂商在国内防雾膜市场的垄断。2009年，回国创办江苏汉尚新材料科技有限公司，任总经理。公司主要从事光学功能涂料、镀膜及材料的研究开发和市场推广，目前已建成1100平方米生产车间和200平方米净化生产车间，研发团队中有多位留美博士、世界一流的纳米研究领域的专家学者，在光学涂料、纳米材料技术等方面具有世界先进水平。公司已成功研发一种光学级功能性塑料膜，具有防雾、强化的作用，在生产中具有高效、低能耗、绿色工艺等特点，与国内外普遍采用的传统热固化工艺相比，生产单位面积光学膜节约能耗80%以上，生产效率提高上百倍，而且更容易实现流水线生产。由于该产品有良好的生物相容性，无毒、耐磨，可广泛应用于摩托车头盔、体育用护目镜、防护眼镜、培养箱、汽车车灯、超市冰柜等领域。目前，产品已进入中试阶段，并取得了数百万元的产品订单。2014年，个人入选第十批中央引进海外高层次人才“千人计划”创业人才。

张研

上海康众光电科技有限公司总经理。2008年获剑桥大学电子工程学博士学位，留校担任英国剑桥大学大面积电子器件研究中心副主任，兼任英国剑桥大学驻亚太地区首席联络官。2011年10月回国，在南京经济技术开发区紫金新港科创特区成立康众光电科技有限公司，后成立上海康众光电科技有限公司，任总经理。公司主要从事“碳纳米冷阴极X光机”及可穿戴高科技电子产品的研发，研发出的“碳纳米冷阴极X射线管”“碳纳米冷阴极X射线源”等新型发射冷阴极x射线发生器核心技术目前处于世界领先水平，可广泛用于安检、医疗、食品检测等方面，填补了国内市场的空白。公司推出的“包裹X光检测机”，可用于机场、地铁安检；便携式“碳纳米冷阴极X光机”，则可用于食品、药品、毒品等方面的检测，瞬时发现包装灌装食品中的杂物、中药材中的异物、藏于各种地方的毒品等。现在，样机已经在国内一家医疗器械企业、英国一家安全检查设备公司及几家研发机构试用。2014年，个人入选第十一批中央引进海外高层次人才“千人计划”创业人才。

张以弛

杭州硅易科技有限公司董事长。曾就读于英国剑桥大学，在校期间创立Greedy公司，任CEO，获得英国政府资助和剑桥企业种子基金风险投资，并荣获剑桥创业比赛大奖。2010年8月带项目和团队回国，获“春晖杯”创新创业大赛一等奖，并创办杭州硅易科技有限公司，任董事长。公司致力于通过先进的人工智能、自然语言处理、机器学习以及数据挖掘技术，帮助传统教育行业在互联网时代进行教学方式的创新和线上与线下的融合，提升教育教学效率。公司先后荣获《创业家》第二届中国最具投资价值企业、2012互联网创新产品、Red Herring亚洲创新百强等奖项，并入选杭州高新区“5050计划”。2014年，个人入选第十一批中央引进海外高层次人才“千人计划”创业人才。

张云飞

珠海云洲智能科技有限公司董事长。香港科技大学机械自动化专业博士。2010年4月，创办珠海云洲智能科技有限公司，任董事长。公司是国内最领先的民用无人船研发和供应商，专注于自动智能无人船等机器人自动化技术，目前已有多款产品面市，包括全自动采样无人船、应急监测无人船、采样监测两用无人船和海洋探测无人船等，在全国14个省市自治区的41个城市，应用于环保水质监测、航道测量、水面垃圾清理、科研等多领域。公司已获得专利及软件著作权23项，其中包括6项发明专利，同时还主导编写了中国第一个无人船相关的企业技术标准。2014年9月，公司推出了“领航者”系列海洋高性能无人船平台，填补了国内这一领域的空白。公司先后获得国家级高新技术企业、广东省高新技术产品、广东省自主创新示范企业、珠海市创新产业化示范基地等多项认定，并荣获2013年“第二届全国创新创业大赛”初创组总冠军、2014年“克莱斯勒”杯黑马大赛冠军。2014年，个人入选第十一批中央引进海外高层次人才“千人计划”创业人才。

章罕

合肥超科电子有限公司总经理。美国艾奥瓦州立大学超声无损检测博士。2009年1月，回国创立合肥超科电子有限公司，任总经理。公司是专门为铁路安全检测事业而成立的高新技术公司，主要经营超声波产品的开发和销售，特别是针对国内铁路高速发展开发急需的一系列可靠的钢轨探伤设备。公司先后获得了科技部创新基金、安徽省和合肥市人才发展基金的支持，并被国务院侨办遴选为“重点华人华侨创业团队”，入选合肥市“228”产业创新团队。目前公司专注于钢轨探伤设备的研发，已开发出了以超声波轮式探头专利为核心的手动轮式钢轨超声波探伤仪、便携式中速钢轨超声波探伤车、高速钢轨超声波探伤车。高效可靠的钢轨检测设备可满足国内外不同客户、不同使用环境的探伤要求，对确保列车的安全运行，特别是对越来越多的动车组及城际高速铁路的安全运营具有十分重要的意义。特别是中、高速钢轨探伤产品打破了欧美企业在此领域的价格和技术垄断，为我国高速铁路的持续发展在钢轨探伤领域提供了技术保障。个人入选安徽省第二批“百人计划”创业人才。2014年，入选第十批中央引进海外高层次人才“千人计划”创业人才。

章寅

北京晟视万维科技有限公司执行董事。美国康奈尔大学计算机科学博士，得克萨斯州大学奥斯汀分校计算机科学系副教授（终身教职），美国电气和电子工程师协会高级会员（IEEE Senior Member）。曾获美国国家科学基金会青年科学家奖（NSF AREER Award），AT&T研究院优秀科研奖。共发表近70篇论文，大部分发表于通信网络领域的顶级会议和期刊（其中包括10篇发表于ACM SIGCOMM）；有16篇论文被引用超过100次，所有论文总引用次数超过4000次。拥有8项已批准的美国专利和多项在审美国专利，多项网络管理和优化技术被大型网络运营商所采用，并被应用于每日的网络运维中；从美国国家科学基金会（NSF）获得的科研基金总额超过4百万美元。2012年，回国创办北京晟视万维科技有限公司，任执行董事。公司主要从事免插件P2P点播和直播视频技术开发与服务。2014年，个人入选第十批中央引进海外高层次人才“千人计划”创业人才。

赵建辉

瀚天天成电子科技（厦门）有限公司董事长。留美博士，美国罗格斯大学教授。2010年12月回国，在厦门火炬高技术产业开发区创业园创办瀚天天成电子科技（厦门）有限公司，任董事长。公司是一家集研发、生产、销售碳化硅半导体外延晶片的中美合资高科技企业，注册资金1.42亿元建立了规模量产的生产基地，引进了国际最新型的碳化硅外延生产线和各种高端检测设备，汇集了国内外碳化硅半导体领域顶尖的技术专家，是中国第一家提供产业化3英寸、4英寸和6英寸碳化硅半导体外延晶片的生产商。公司在碳化硅外延晶片研发和生产上连续取得重大突破，产品填补了国内在该领域的多项空白，并获得“福建省引进高层次创业创新团队”荣誉称号。目前，公司正积极拓展与上下游企业的合作，未来有望在福建建立庞大而完整的产业集群，带动千亿级产业链，打造中国的“碳化硅谷”。2014年，个人入选第十一批中央引进海外高层次人才“千人计划”创业人才。

赵青春

南京华尔达激光有限公司董事长。1995年西安交通大学博士生毕业，后赴美留深造和工作，曾任美国Intense有限公司高级工程师。2012年7月，带着由激光技术行业的专家组成的团队回国，组建了苏州华必大激光有限公司，并且在中科院苏州纳米所里拥有一个激光研究实验室。2012年7月，通过佛山南海区“蓝海人才”计划引进，创办佛山高聚激光有限公司，并获得佛山高新区300万元新兴产业扶持奖励资金；后又创办南京华尔达激光有限公司，任董事长。公司主要从事激光相关的技术咨询、转让、服务，以及相关产品的销售，获得了西屋康达1000万元注资，政府也不断设立奖励基金进行扶持，苏州工厂、佛山工厂快速成长，占地总面积达到2000平方米。此外，公司正在美国筹建技术研发室，并与南京航空大学、南京东南大学、武汉华中科技大学、佛山大学、河海大学等高校建立了良好合作关系，准备在各大高校成立实习基地和产学研中心，搭建国内先进科技教育行业第一个网上技术教育平台——GTP学院。2014年，个人入选第十一批中央引进海外高层次人才“千人计划”创业人才。

赵伟

安进医疗科技（北京）有限公司董事长兼总经理。曾留学日本，在日本主板上市公司担任执行董事等高管职务，在国外发明的电磁刀产品为世界首创。2010年3月回国，在北京邮电大学留学人员创业园创办安进医疗科技（北京）有限公司，任董事长兼总经理。公司是一家在医疗技术、人体传感网络、融合医疗与通信为一体的研发、生产、销售的中外合资高新技术企业，在日本设有分部。公司主要研发、生产和销售医疗设备相关的产品，同时提供相关的医疗技术、解决方案和市场咨询服务。此外，还代理进出口各类设备、工业、材料等国际业务；并提供中日间投资、贸易、交流、市场等方面的咨询服务。公司重点围绕微创手术及内窥镜手术领域、人体传感信息领域、远程医疗领域及医疗产品追迹跟踪领域，研发新技术、新产品及新应用，为医疗事业提供更加安全、方便、高性能和低成本的医疗产品，力争在国际市场上创设一个具有不断创新精神的医疗设备的品牌。2012年，个人入选北京市“海聚工程”、中关村“高聚工程”。2014年，入选第十批中央引进海外高层次人才“千人计划”创业人才。

赵毅

青岛康立泰药业有限公司总经理。美国南加州州立大学医学院博士。回国后与青岛恒生生物制药技术开发有限公司和山东利星有限公司联合创建青岛康立泰药业有限公司，任总经理。公司是一家从事医药领域技术研发和生产技术创新研发综合性的中外合资企业，注册资金5000万元。公司拥有高水平的研发团队和技术人才，入选“第一批青岛市企业创新重点项目计划”“青岛市新药创制重点项目”“青岛市战略新兴产业培育计划项目”等，重点研发国家一类生物新型药物白细胞介素12（IL-12）等生物药品。IL-12是目前唯一能够全面恢复血象，并有效抑制肿瘤细胞生长的药物，对肿瘤放、化疗和核辐射等急性放射损伤造成的血象破坏都具有很好的预防及治疗作用。IL-12用药剂量小、无毒副作用，能够从根本上刺激骨髓微环境，全面均衡的使红细胞、白细胞、血小板得到恢复，而不会造成某一个血系细胞恢复导致的副作用，如其他血系细胞减少、血小板过多造成血栓等。目前，该产品开发工作已经进入中试生产阶段，工程细胞大规模生产工艺以及蛋白纯化工艺已基本完成，蛋白纯度达到国家药典要求。个人入选青岛市“创业创新领军人才计划”。2014年，入选第十批中央引进海外高层次人才“千人计划”创业人才。

赵永新

杭州多禧生物科技有限公司董事长。毕业于武汉大学，取得环境化学学士和硕士学位，后分配到国家环境保护部门进行科研工作。此后通过自考留学美国伊利偌伊大学，获得生物医药专业博士学位，并在美国康乃尔大学医学研究生院及美国知名癌症研究和治疗第一机构纪念斯隆凯特琳癌症研究中心做博士后研究，专注于癌细胞抗原和天然抗癌产物的工作。曾在美国梦山都公司、法玛西亚公司从事过营养分子，消炎和癌症药物研究，回国前近十年，一直在美国珞博特药业有限公司从事抗体药物共轭体靶向治疗癌症的研究，作为主要发明人的多项技术应用到临床试验药物中，尤其是发明的链接体技术在卵巢癌药物临床使用上取得了突破性进展。2008年，被美国Nerac情报咨询公司授予美国年度“创新者奖”。2012年12月回国，与海外团队一起在杭州经济技术开发区创办杭州多禧生物科技有限公司，任董事长。公司致力于研发用智能键将单克隆抗体与小分子药物交联在一起，共同构成共轭体药物（俗称“生物导弹”），用于恶性肿瘤的靶向治疗，基于小鼠肿瘤模型的试验显示公司专利药物的抗癌疗效明显优于同类上市药物，有望填补国内空白。2014年，公司荣获“2014中国留学人员创业园百家企业——最具投资价值企业”称号，并入选杭州市第四批“521”计划创业创新团队；个人入选第十一批中央引进海外高层次人才“千人计划”创业人才。

赵中

浙江归创医疗器械有限公司董事长。在四川大学本科毕业后，被保送至南开大学化学系攻读硕士研究生，师从著名高分子化学家何炳林教授。1989年留学美国，至1996年先后获得约翰霍普金斯大学生物医学工程硕士和博士学位。博士毕业后，加入博士导师创办的专注于定向、定点治疗癌症的生物制药公司，作为医用高聚物和缓释剂型开发的技术核心人员，先后申请专利近30项。2001年进入美国强生公司工作，2005年成为强生研发部门总监，先后参与和领导了一系列心血管方面的高端植入医疗器械的开发和临床试验。2012年11月回国，在浙江海外高层次人才创业园成立浙江归创医疗器械有限公司，任董事长。公司作为海创园A类重点引进项目，注册资金6667万元，建有1800平方米的高科技现代化研发中心及GMP车间，主要研发生产具有国际专利的三类高端植入/介入医疗器械产品。2014年3月，成功研发出外周血管载药支架和球囊两个产品，并已申报1项国际PCT发明专利、3项国内发明专利、1项实用新型专利和2项外观设计专利。个人入选浙江省“千人计划”。2014年，入选第十一批中央引进海外高层次人才“千人计划”创业人才。

郑春阳

天津强微特生物科技有限公司董事长兼总经理。1994年至1998年北京大学学士；1998年至2004年罗彻斯特大学博士，2004年至2006年康奈尔大学博士后；曾在美国学习和工作了12年，主持或参与过多项生物医学尖端技术项目，发表过多篇英文学术论文，并获得过两项美国国家级研究奖励。2010年回国，在滨海高新区留学生创业园创办天津强微特生物科技有限公司，任董事长兼总经理。公司致力于新型极端工业酶制剂、分子生物学工具酶及化妆品用生物活性因子的研发与产业化。公司汇集了具有具有分子生物学、发酵工程、蛋白纯化等不同学科背景的高级技术人才，形成了结构合理、知识经验互补的研发团队，共申请中国专利37项，其中20项专利已授权。目前，公司产品研发四大方向，分别是新型极端工业酶制剂、分子生物学工具酶、化妆品用生物活性因子、顶级生物护肤品。其中新型极端工业酶制剂目前已经完成数种极端耐热纤维素及半纤维素水解酶工程菌株构建、蛋白表达及纯化工作，于2012年初销售生化试剂级小包装产品，2012年10月销售大宗工业级酶制剂产品。此类产品将是世界上首次商品化，预计会给纤维乙醇、造纸、纺织、中药等行业带来新一轮技术革新和产业进步。2011年，个人入选天津市“千人计划”、天津市“131”创新型人才培养工程（第一层次），是天津市唯一同时入选这两个高级人才项目的“双跨人才”。2014年，入选第十批中央引进海外高层次人才“千人计划”创业人才。

郑攀

微泰医疗器械（杭州）有限公司总经理。美国佛罗里达州立大学机械工程博士。曾任美国Centurion Wireless Technologies资深机械工程师，Flextronics硅谷医疗器械设计中心资深机械工程师、资深项目经理等职，在医疗器械产品设计及制造方面拥有丰富的经验，曾成功研发了国际首创微米级硅泵，主持和参与研发的多种先进医疗器械及电子产品（如Varian 的肿瘤放射治疗仪、微软XBOX等）已成功在美国上市。2011年1月回国，带领硅谷团队在浙江杭州未来科技城创立微泰医疗器械公司，任总经理。公司注册资金4100万元，现有近2000平方米的GMP洁净车间和办公场地，主要从事第三类医疗器械研发、生产、销售及维护，目前拥有包括国际领先的智能贴敷式胰岛素泵系统、血糖监测系统、耗材等完整的糖尿病检测和治疗产品线。公司自主研发的一款贴敷式智能胰岛素泵，采用先进的胰岛素给药装置，改变了用注射器注射胰岛素的方法，可使糖尿病人血糖控制到最佳，饮食多样化，打破了欧美医疗器械巨头在胰岛素泵及耗材市场的垄断。公司的发展目标是依靠国际化的管理团队和强大的核心技术优势，以国际领先的贴敷式智能胰岛素泵和血糖监测系统为开端，逐步打造成为针对糖尿病等各类慢性病的检测和治疗器械的市场领导者。2014年，个人入选第十批中央引进海外高层次人才“千人计划”创业人才。

郑伟

苏州康乃德生物医药有限公司CEO。美国加州大学戴维斯分校免疫生物化学博士，曾在美国生物医药公司从事新药研发，先后担任科学家、资深科学家、部门副总监、总监等职务，领导若干个创新药物的研发工作，拥有20年药物研发与管理经验，有多项新技术和新药的国际发明专利，在知名国际学术期刊发表多篇文章并应邀在国际学术大会上演讲。2012年5月回国，在太仓市生物医药产业园创办苏州康乃德生物医药有限公司，任CEO。公司专注于以G蛋白偶联受体（GPCR）为靶点，开发相关治疗自身免疫（抗过敏、炎症等）疾病及肿瘤的创新药物。公司具有自主开发的GPCR单克隆抗体药物技术，并致力于成为GPCR单克隆抗体药物开发方面独特的国际领先企业。目前，公司在积极推进开展美国Arena制药公司独家全球授权新药项目的临床前开发和产业化工作，所开发的药物将用于治疗过敏性鼻炎和过敏性皮炎。2014年，个人入选第十一批中央引进海外高层次人才“千人计划”创业人才。

周广滨

中山高璐美数码科技有限公司董事长。毕业于纽约州立大学和美国雪城大学化工系，获得高分子化学博士和高分子膜工程博士后，曾是国际著名公司惠普和古楼的彩喷技术产品研发团队的核心成员，掌握用水性环保材料制作彩喷打印材料的先进技术，特别是“可移胶”技术填补了国内新材料领域的空白。2012年回国，在中山留学人员创业园创建了荣思东数码科技有限公司，后完成了对中山高璐美数码科技有限公司的并购，任董事长。公司是国内设备、技术进的彩喷耗材生产基地，整套引进美国先进的彩喷耗材生产技术和工艺，备有先进的彩喷耗材研发中心和产品测试中心，拥有全新现代化厂房和多条自动化宽幅涂布生产线。公司的新一代彩喷涂层技术各项技术指标达到国际一流水平，打印的图像画面解像力高，色彩艳丽，抗水、抗紫外线、抗老化性强，产品涂层附着力和内聚力超过同行业类似产品。同时，公司以具有国际水准的产品研发能力，可根据客户的特殊要求，设计生产各种符合市场需求的特种彩喷打印耗材。目前，产品已远销美国、欧洲、日本、东南亚等国家和地区。2014年，个人入选第十一批中央引进海外高层次人才“千人计划”创业人才。

周辉

安徽达辉生物科技股份有限公司董事长总经理。美国纽约大学博士。2011年10月回国，在芜湖留学人员创业园创办安徽达辉生物科技股份有限公司，任董事长总经理。公司是以生物医学技术和医疗器械的研发与生产、贸易、中美医生咨询培训及医院投资管理为主体的高科技生物医学技术公司，是目前世界上唯一具备AMCL生产技术及专利的公司。作为一种新型的角膜创伤修复技术，AMCL是眼科领域中一项重大的技术突破，属于国际先进技术，该项技术的开发将开创角膜创伤修复的新领域并填补国内外空白。公司团队目前在眼科新材料、肿瘤与遗传疾病、心血管疾病诊断和激光治疗方面积累了丰硕的成果，拥有多项中国和美国授权发明专利技术。2013年，公司入选人社部“最具成长潜力的留学人员创业企业”，并纳入芜湖市科技计划重点支持项目；2014年，获批国家高新技术企业，获得国家中小企业创新基金、省科技计划、市科技小巨人项目资金支持，获得第五届中国侨界贡献创新团队奖”。 2013年，个人入选安徽省第三批“百人计划”。2014年，入选第十一批中央引进海外高层次人才“千人计划”创业人才。

周凯

上海昀石信息技术有限公司董事长兼总经理。上海交通大学学士，哈尔滨工业大学硕士，新加坡国立大学硕士，四川大学博士，美国西北大学EMBA。历任惠普高管、华为研发部经理，拥有核心软件专利12项。2009年，创办上海昀石信息技术有限公司，任董事长兼总经理。公司是一家专业提供各类网络及软硬件技术研究、开发与维护的高科技企业，主要运营零售业物联网云服务平台，通过对企业应用集成多年研究的积累，迅速完成了SOA中间件（业务集成平台）的核心产品开发，为金融、电信、制造业等领域超过3000家企业服务，年销售近亿元。2013年，创办协运天下电子商务有限公司，致力于打造按照电子商务和O2O概念、以云架构搭建的服务平台，主要应用在航运领域，为货主和货代提供在线竞价和操作的“一站式”供应链服务。“协运天下”平台模式极具创新竞争力，目前产品功能已经部分上线，现在正在进行后续一些功能模块的开发。项目入围第二届“千人计划”创业大赛决赛，并入选2013克莱斯勒杯黑马大赛50强。2014年，个人入选第十批中央引进海外高层次人才“千人计划”创业人才。

周逊伟

杭州协能科技有限公司总经理。留美博士。曾任美国汉力国际微电子有限公司工程副总裁，有着20年的模拟IC系统设计经验，从事电源管理设计相关研究、开发和应用10多年。1998年发明的针对英特尔CPU电源管理系统，现已成为全球计算机CPU电源管理系统的标准架构，2004年成为国际电子技术与电子工程师协会（IEEE）高级会员，拥有6项国际专利。2011年1月带专利技术回国，于2012年5月在杭州西湖区创办杭州万唐科技有限公司，任总经理。公司专注于电池管理、电源管理、模拟芯片、数模混合芯片等前沿电子领域的研究，拥有国际化的管理团队和多名优秀的留美归国博士，在美国硅谷设有研发机构。公司为绿色能源、智能电网和消费类电子产品提供高性能的模拟集成电路产品和系统方案，目前已开发出集成功率芯片、电动汽车均衡系统、智能储能系统、智能充电机、智能LED系统等四大类近10种产品，营销网络遍及浙江、山东、北京、江苏等地，相关技术已申请美国发明专利6项，获中国专利2项，软件著作权3项，通过了浙江省科技厅组织的专家组鉴定，技术达到国内领先水平，产品达到国际同类产品先进水平。个人先后入选浙江省“千人计划”、杭州市“521”计划、滨江区“5050”计划。2014年，入选第十一批中央引进海外高层次人才“千人计划”创业人才。

周志颖

苏州梦想人软件科技有限公司董事长。毕业于新加坡国立大学，主攻人机交互与增强现实，取得博士学位。此后经历了新加坡政府推进互动数码媒（IDM）技术发展的整个时期，包括前期筹划、实行到推广。期间还曾担任新加坡媒体发展局（全权负责IDM项目的政府部门）交互多媒体技术委员会的成员，并到美国南加州大学排名世界第一的交互媒体学院为担任为期一年的访问科学家，协助设立了新加坡国立大学好莱坞实验室（NUS Hollywood Lab），培养了几十名由新加坡选送到好莱坞工业界实习的学生和研究员。在读博期间开始技术商业化，基于其博士课题的3个美国专利，于2004年在新加坡成立MXR（梦想人）公司，同年获美国国际创业大赛 I2P 的银奖（IT类），次年获得500万人民币的天使投资。2007年3月研发出全世界第一款增强现实教育产品，销售到全球10几个国家，被誉为“未来一代的学习方式”，在上海世博会上被指定为中国航天馆特供商品。2010年带领核心团队归国创业，创建苏州梦想人软件科技有限公司，任董事长。兼任新加坡国立大学苏州研究院助理院长。公司是全国唯一从事增强现实技术科研与产业化推广的高科技企业，拥有长足的突出的技术优势。目前，公司已经完成100余个项目，其中包括惠普、英特尔、思科、迪斯尼、联想、丰田、联通、中石油、中国科学技术馆、广东科学中心、合肥科技馆、新加坡科学中心等，销售额累计达1200多万元。在2012北京科技周上，产品获得时任国务委员刘延东等领导的高度评价；2013年北京分公司被认定为北京市科普基地。公司将增强现实技术引入智能电视，并与数家互联网电视企业和机顶盒运营商达成合作协议，将开拓更大的市场空间。2014年，个人入选第十批中央引进海外高层次人才“千人计划”创业人才。

庄雪锋

苏州凯隆医疗科技有限公司执行董事兼总经理。1996年毕业于江苏省常熟中学，同年受国家教委选派获意大利政府奖学金赴意大利世界联合书院留学，后赴美深造，获斯坦福大学电子工程系博士学位。拥有10年传感器及诊断仪系统开发经验，5年研发项目管理经验，是第一个实现了二维微纳机电超声传感器列阵和集成电路整合而演示实时三维立体超声图像的创新者，已获2项美国专利。2006年，在美国创立Kolo Technologies（凯隆科技）公司，带领团队开发了新一代的微纳机电（MEMS/NEMS）超声传感器及其系统技术，并申请了30个国际和美国专利，有10多项专利已经生效，已累计募集了1200多万美金的创投资金。2011年11月回国，在常熟创办苏州凯隆医疗科技有限公司，任执行董事兼总经理。公司是一家以微纳机电传感科技为核心技术的医用超声系统企业，传承了美国Kolo Technologies的研发成果，掌握微纳机电、传感器、超声成像系统等核心技术，拥有自主知识产权和多项国际国内专利。公司的宗旨是将所拥有的世界最尖端的微纳机电MEMS/NEMS超声波传感器技术产业化，开发出新一代医用超声波诊断系统，填补国内在这一技术领域的空白。公司将致力于推广医用超声的应用范围，生产出有自主知识产权并领先世界的医疗超声产品。2014年，个人入选第十批中央引进海外高层次人才“千人计划”创业人才。

第五部分

社团篇

欧美同学会·中国留学人员联谊会

概况

欧美同学会于1913年成立，2003年增冠“中国留学人员联谊会”会名，是由中国留学海外各国归国同学自愿组成的群众团体。由中共中央书记处领导，中央统战部代管。

欧美同学会·中国留学人员联谊会设有理事会、常务理事会和会长会，理事会为最高权力机构。下设留美、苏、英、德奥、法、意、加、瑞士、东欧、北欧、拉美、日本、澳新、朝韩14个分会（东南亚分会正在筹建中）；16家团体会员及近百个校友会；组织、宣传、联络、建言献策、团体会员、社会服务、会员活动7个专门工作委员会；MBA协会、企业家联谊会、商务人士委员会、酒店业专家委员会。与21个省区市留学人员组织，美、英、德、日、澳等主要留学国家的百余家留学人员团体建立了工作联系。

欧美同学会·中国留学人员联谊会广泛联系海内外留学人员，反映他们的意见建议和愿望要求，团结和引导广大留学人员服务于社会主义经济建设、政治建设、文化建设和社会建设，如发起“报国计划”，组织“为国服务团”，召开21世纪中国研讨会和海外留学人员座谈会，服务奥运，举办募捐赈灾活动，参与主办中国留学人员广州科技交流会、中国·海峡项目成果交易会、中国海外学子辽宁（大连）创业周，还作为海外高层次人才引进计划（简称“千人计划”）的主要窗口单位开展各项工作。

欧美同学会·中国留学人员联谊会工作机构下设行政事务管理部、人事文秘部、会员工作部、联络工作部、社会服务部和宣传部，办有会刊《留学生》（月刊），《欧美同学会通讯》和网站。

党和政府高度重视欧美同学会·中国留学人员联谊会及留学人员工作。毛泽东主席对留学人员寄予了“希望寄托在你们身上”的深情厚望，周恩来总理曾亲自来会所探望、视察。1987年，邓小平同志为《欧美同学会会刊》题写刊名。1997年，江泽民同志为欧美同学会题词“学习、奋斗、团结、奉献”，2003年，题写“中国留学人员联谊会”新会名。党和国家领导人多次出席欧美同学会举办的重要活动。1993年，江泽民同志出席欧美同学会成立80周年大会并发表重要讲话；2003年，胡锦涛同志出席欧美同学会成立90周年纪念大会并强调指出，欧美同学会要“努力成为党联系广大留学人员的桥梁和纽带，成为党和政府做好留学人员工作的助手……努力成为留学人员之家。”

在新的历史条件下，欧美同学会·中国留学人员联谊会将坚持“团结立会、民主办会、依章治会、实干兴会”的办会方针，高举留学报国的爱国主义旗帜，弘扬留学报国的光荣传统，广泛团结和凝聚海内外留学人员，为全面建设小康社会，实现中华民族的伟大复兴作出新的贡献。

宗旨

以邓小平理论和“三个代表”重要思想为指导，团结和服务海内外留学人员，继承发扬留学报国的爱国主义传统，秉持修学、游艺、敦谊、励行的理念，为全面建设小康社会和实现中华民族伟大复兴服务，为完成祖国完全统一大业服务，为维护世界和平与促进共同发展服务。

主要任务

一、学习贯彻党和政府关于留学人员工作、知识分子工作和人才工作的方针政策。

二、推动留学人员报国实践，宣传留学人员报国业绩。

三、开展咨询、信息服务和人员培训等，为促进国家和地方经济社会发展献策出力。

四、联系海外留学人员和团体，开展科技、经济、文化、教育、卫生等领域的交流与合作，组织和推动海外留学人员为国服务。

五、开展多种形式的活动，加强学术交流，丰富文化生活，增进留学人员之间的联系和友谊。

六、反映留学人员的意见和要求，维护会员的合法权益，关心会员的工作和生活，努力为留学人员服务，把本会办成留学人员之家。

七、表彰优秀留学人员，积极举荐人才。

联系方式

地　址：北京市东城区南河沿大街111号
邮　编：100006
电　话：86-10-65592511，65255269
传　真：86-10-65273621
邮　箱：wrsa-hyb@coesa.cn
网　址：www.coesa.cn

中国技术创业协会留学人员创业园联盟

概况

中国技术创业协会留学人员创业园联盟（又称“中国留学人员创业园联盟”）是在国家科技部、教育部、人力资源和社会保障部、国家外国专家局以及中国致公党中央等共同支持下，由致力于支持留学人员创新创业发展的创业园和相关企事业单位、机构共同发起，以自愿方式组成的全国性非营利性的社会组织，在中国技术创业协会领导下开展工作。业务指导单位为国家科技部火炬高技术产业开发中心、国家教育部国际合作与交流司、国家教育部留学服务中心、国家人力资源和社会保障部留学人员和专家服务中心、国家外国专家局经济技术专家司、中国国际人才交流中心、中国致公党中央留学人员委员会。英文名称China Overseas Scholars Pioneer Park Alliance。

联盟承担起国家有关部门的业务委托，围绕科技创新、人才引进、载体建设，积极开展各项工作，不断探索行业发展的新思路，通过汇聚全国留学人员创业园的各类优质资源，搭建政策、活动、宣传、交流与合作、国际技术转移、投融资等平台，形成人才、技术、资本、市场等方面的资源共享机制，探索行业发展模式，推动园区品牌创新，加快科技成果转化，提升孵化服务能力，营造海外高层次人才归国创新创业的良好环境。联盟制定了较为完善的服务工作体系，为留学人员创业园、留学人员企业提供服务支持。

宗旨

遵循国家法律法规和相关方针政策，全面整合各方的资源，推动全国留学人员创业园的全面发展，为建设创新型国家做出贡献。

主要任务

一、制定全国留学人员创业园指标评价体系，认定和命名园区，进行行业规范指导和形成示范品牌效应；在全国范围内评选表彰优秀留学人员创业园区和企业、园区先进工作者，树立行业优秀典型；通过中国留学人员创业园发展基金，对园区、企业和个人给予资金支持和服务倾斜。

二、构建中国海外高端人才协同创新创业网络，实施中国留学人员创业园“联盟孵化”工程，并借助中国海外高端人才创新创业中心、首都高校海外高端人才创新创业中心、海外高端团队技术转移基地等平台，以留学人员创业园为服务重心，全面整合各级政府、各地高新区和科技园区、大中型企业、高校院所、海内外相关机构和团体等各类资源，打造“人才服务+企业孵化+产学研合作”发展模式；建立全国留学人员创业园工作服务平台，提供信息、市场、资本等对接服务，实现园区、企业、人才的资源聚合、共享和流动。

三、发起成立中国留学人员创业园创业投资基金，为在园企业提供更为便利的融资渠道，解决企业资金难题，助推企业成长；通过两只基金（中国留学人员创业园发展基金、中国留学人员创业园创业投资基金）和“中国留学人员创业园百家企业”评选活动，遴选优秀企业，从项目申报、成果转化、市场拓展、创业投资、品牌传播等方面对接各类社会资源，提供各类服务，促进园区企业成长。

四、主办全国留学人员创业园年会、“中国留学人员创业园百家企业”评选活动、中国留学人员西部科技交流洽谈会等活动，参与承办和协同开展“春晖杯”创业大赛、中国留学人员广州科技交流会、中国海外学子创业周等大型行业活动；组办行业及联盟区域性工作交流研讨会，拓展引才路径，促进园区交流，探索发展模式，推动企业发展。

五、编撰《中国留学人员创业园年度发展报告》《中国留学人员创业年鉴》，开展留学人员回国服务领域基础性重大问题前瞻性研究，为政府部门制定各项推进留学人员创业园发展的政策和措施提供建议；对留学人员创业园等科技创业平台和服务体系建设提供战略咨询，提出政策建议，提升园区核心竞争力；出版《中国留学生创业》杂志，运营中国留学人员创业园联盟网，联合战略合作媒体，构建立体化企划推广平台和行业信息主干道；主办海归文化艺术节，拍摄海归题材电影、纪录片、宣传片，传播海归文化。

联系方式

地　址：北京市海淀大街3号鼎好大厦A座19层1923室
邮　编：100080
电　话：86-10-82698998
传　真：86-10-62261247
邮　箱：lianmeng@osechina.com
网　址：www.osechina.com

中国留学人员回国服务联盟将致力于健全留学人员回国服务机构的合作机制，加强各服务联盟成员间的协调配合，推动服务联盟成员间在编制留学人才引进计划、实施重点项目、落实重要政策时，加强沟通与协调，共同营造和谐的服务工作环境。还将建设留学人员回国服务信息平台，以中国留学人才信息网为依托，构建面向社会和广大海外留学人员的留学回国工作信息平台，促进留学人才、项目、政策、资金等信息资源的交流和共享。

宗旨

以邓小平理论和“三个代表”重要思想为指导，深入贯彻落实科学发展观，坚持“支持留学、鼓励回国、来去自由”的方针，按照“拓宽留学渠道、吸引人才回国、支持创新创业、鼓励为国服务”的要求，团结各留学人员回国服务组织，整合服务资源，提高服务能力，落实具体政策，加快建设服务理念先进、服务机制健全、服务功能齐全、服务质量优良的留学人员回国服务体系，为充分开发利用留学人才资源，吸引更多优秀留学人员回国工作、创业和以多种方式为国服务提供保障。

主要任务

一、推进留学人员回国服务网络建设。以各地区各部门所属留学人员服务机构为骨干，充分发挥各服务联盟成员作用，统筹服务资源，实现资源共享，完善留学人员回国服务网络。

二、健全留学人员回国服务机构的合作机制。加强各服务联盟成员间的协调配合，推动服务联盟成员间在编制留学人才引进计划、实施重点项目、落实重要政策时，加强沟通与协调，共同营造和谐的服务工作环境。

三、建设留学人员回国服务信息平台。以中国留学人才信息网为依托，与有关服务联盟成员留学信息网相互贯通，充分利用互联网便捷高效的特点，构建面向社会和广大海外留学人员的留学回国工作信息平台，促进留学人才、项目、政策、资金等信息资源的交流和共享。

四、组织成员单位开展相关活动。组织协调服务联盟成员单位开展区域性合作活动和跨区域的专业性交流活动；发挥服务联盟成员单位的资源优势，加强服务联盟成员单位的自身培训，通过多种途径和形式，对留学人员开展国情、政策和就业等方面的培训。

联系方式

地　址：北京市海淀区学院路30号博士后公寓办公楼
邮　编：100083
电　话：86-10-82388262，62322968，62330841
传　真：86-10-62321842
邮　箱：lxhgfw@163.com
网　址：www.chinatalents.gov.cn

中国留学人员回国服务联盟

概况

中国留学人员回国服务联盟（简称“服务联盟”）成立于2011年8月22日，是由首批92家国内从事留学人员回国服务工作的组织发起成立，专门为留学回国人员和留学回国工作提供服务的一个开放式的非法人行业联盟组织与合作交流平台。英文名称China Union of Service Organizations for Returned Overseas Students，简称CUSOROS。

“千人计划”专家联谊会

概况

“千人计划”专家联谊会成立于2011年1月15日，是欧美同学会·中国留学人员联谊会的一个分会，是国家“千人计划”项目引进专家自愿发起和组成的非营利性社会团体。联谊会凝聚全体“千人计划”专家，旨在联谊交流、协同合作、建言献策和服务社会。联谊会将团结并服务于海内外留学人才，积极践行科技兴国和人才强国战略，努力成为国家创新创业的生力军，为建设创新型国家、实现中华民族的伟大复兴贡献智慧和力量。“千人计划”专家联谊会热爱祖国，拥护中国共产党的领导，遵守国家宪法和法律，积极反映会员的意见和要求，维护会员的合法权益。

“千人计划”专家联谊会办公室是联谊会具体工作的执行机构。联谊会办公室在专项办及执委会的指导下，办公室主任的领导下，八个专业委员会的配合下，主要负责活动组织、联系交流、新闻宣传等方面工作，力求实现联谊会办会宗旨。“千人计划”专家联谊会根据专业发展需要设立专业委员会，目前设信息科学与技术；化学化工；能源、资源与环境；工程与材料；生物医药与生命科学；数学物理；经济、金融与管理；高新技术；青年委员会9个专业委员会。

宗旨

凝聚全体“千人计划”专家，团结并服务于海内外留学人才，积极践行科教兴国和人才强国战略，努力成为国家创新创业的生力军，为建设创新型国家、实现中华民族的伟大复兴贡献智慧和力量。

主要任务

一、开展会员间的联谊交流。

二、推进会员间、本会与其他社会团体间，在学术、科研、产业发展等方面的交流合作。

三、为国家科技、经济、教育、产业、人才等方面的科学发展建言献策。

四、关心公益，服务社会。

联系方式

地　址：北京市东城区南河沿大街111号

邮　编：100006

电　话：86-10-65127388-8007

传　真：86-10-65266906

邮　箱：lianyihui@1000plan.org

网　址：www.1000plan.org/lianyihui2

中华全国青年联合会留学人员联谊会

概况

中华全国青年联合会留学人员联谊会成立于2004年12月21日，是由愿意遵守本会章程的中国青年留学人员（含青年华侨华人）和留学人员社团（含华侨华人社团）自愿结成的、非营利性的社会团体，接受中华全国青年联合会的领导。英文全称Returned and Overseas Chinese Scholars Association of All-China Youth Federation，简称ROCSA。

联谊会的领导机构是理事会，每届任期三年。联谊会设会长1人、副会长22人、秘书长1人，组成会长会议，在理事会闭会期间主持本会工作。设农业科学、信息技术、生物技术、材料科学、管理科学、金融投资、商贸物流、法律、教育文化、新闻传媒、医药卫生、华侨共12个专业委员会，由各专业委员会秘书长主持开展工作。联谊会秘书处设在全国青联海外学人工作部。

联谊会会员主要为在本行业、领域有一定成就和影响的青年留学人员代表性人物，分布在国内各省、区、市和香港、澳门特别行政区以及美国等15个国家。

宗旨

广泛联系，促进交流，凝聚力量，为国服务。

主要任务

一、广泛联系、团结海内外青年留学人员，大力弘扬爱国主义传统，加强青年留学人员之间及与国内社会各界的交流。

二、宣传祖国经济和社会发展成就，广开渠道，促进青年留学人员与国内各地开展人才、资金、项目、技术等合作。

三、维护青年留学人员的合法权益，为青年留学人员的成长成才和事业发展服务，举荐、宣传优秀青年留学人员。

四、会同有关方面开展青年留学人员工作，提出意见和建议，努力优化青年留学人员成长和创业环境。

五、开展中华全国青年联合会授权的其他工作。

联系方式

地　址：北京市前门东大街10号

邮　编：100051

电　话：86-10-85212680

传　真：86-10-85212680

网　址：www.ocss.com.cn

北京市侨联归国留学人员联合会

概况

北京市侨联归国留学人员联合会成立于2004年1月6日，是在北京市侨联领导下，在中国侨联及北京市委统战部的指导下，由在北京创业或工作的归国留学人员自愿组成的、自主管理的、非营利性的社会团体。联合会承认《中华全国归国华侨联合会章程》，面向北京5万多名归国留学人员。

宗旨

团结、教育、引导广大归国留学人员及其眷属，维护归国留学人员的合法权益，为归国留学人员在北京创业和工作服务，发挥归国留学人员的团体优势，成为北京市委和市政府联系团结广大归国留学人员的桥梁和纽带。

主要任务

一、做好吸引海外人才和智力工作，为实现“新北京、新奥运”得战略目标，为首都率先基本实现现代化服务。

二、面向最基层广大归国留学人员，为留学人员创业、就业、社会交往提供各种服务。

三、维护留学人员合法权益，协助政府有关部门解决留学人员实际困难。

四、关心归国留学人员的政治诉求，积极推荐表彰留学人员代表人物；弘扬创业精神，宣传推介留学人员的事迹和成就。

五、发挥北京人才与高新技术优势，组织广大会员积极参与其他省市的科技、人才交流等活动。

六、加强自身建设，积极推进留学人员工作的理论研究。

七、加强与海外留学人员、海外留学人员社团组织及新侨组织的联谊工作，推动国际交流与祖国统一进程。

联系方式

地　址：北京市上地东路5-2号京蒙高科大厦
　　　　B座702-711

邮　编：100085

电　话：86-10-82782346

传　真：86-10-64398744

邮　箱：member@ocsf.com

网　址：www.rocsf.org

北京海外高层次人才协会

概况

北京海外高层次人才协会成立于2011年12月12日，由北京海外学人中心和李彦宏等5位在京的优秀海外高层次人才共同发起成立，是经北京市社会团体管理办公室核准登记的非营利性社会团体法人。英文全称Beijing Overseas Talents Association，简称BOTA。接受业务主管单位、社团登记管理机关北京市民政局的业务指导和监督管理。

协会是北京海外高层次人才联谊交流的桥梁和纽带，是促进科技与产业资源整合的人才集群，也是进一步推动北京以及北京周边地区高端人才一体化发展的枢纽型人才组织。

宗旨

遵守宪法、法律、法规和国家政策，遵守社会道德风尚，搭建海外高层次人才交流平台，团结、凝聚和服务在京地区创新创业的优秀海外高层次人才，拓展渠道、整合资源、加强合作，促进海外人才的聚集和发展，充分发挥海外高层次人才的作用，服务北京的创新发展，为北京有中国特色的世界城市建设提供人才支持保障。

主要任务

一、组织海外高层次人才学习贯彻党的方针政策和国家法律法规，了解国家和北京市经济社会发展情况和海外人才相关政策。

二、广泛开展形式多样的交流联谊活动，增进北京以及与津冀地区海外高层次人才之间的联系与交流。

三、加强对海外高层次人才的联系服务，反映海外高层次人才的意愿，进一步优化高端人才的发展环境。

四、为海外高层次人才搭建学术研讨、科技联合攻关、创业合作、投融资服务、科研成果转化等服务平台。

五、发挥海外高层次人才的优势，为北京有中国特色的世界城市建设与“首都经济圈”发展建言献策。

六、开展海外高层次人才相关的研究，编辑出版刊物或书籍，组织论坛、研讨、展览等各种宣传活动。

七、通过多种渠道广泛宣传北京市的优秀海外高层次人才。

八、广泛联系海外专家组织、留学生组织和海外人才交流机构，促进会员开展国际交流合作，吸引更多优秀海外人才到北京创新创业。

联系方式

地　址：北京市西城区德外大街83号德胜国际中心B座6层
邮　编：100088
电　话：86-10-58540533，58540534
传　真：86-10-58540535
邮　箱：bota@8610hr.cn
网　址：www.8610hr.cn/xiehui

天津市留学人员联谊会·天津市欧美同学会

概况

天津市留学人员联谊会成立于2005年4月22日，是由天津市留学海外的归国同学及海外留学人员自愿组成的群众组织（联合性非营利性组织）英文全称Tianjin Overseas Returned Scholars Association，简称TORSA。

天津市留学人员联谊会在理事会领导下开展工作，有长设办事机构秘书处，现有理事93名。联谊会力图完善自身组织的建设，按国别、专业等分别设立留美、留欧、留日等分会，逐步发展会员，形成覆盖海内外的天津留学人员队伍。

宗旨

遵守国家的法律、法规和国家政策，遵守社会道德风尚，团结和组织广大留学人员，增进友谊，交流学术，努力成为党和政府密切联系广大海内外留学人员、学者的桥梁和纽带。积极提供信息、开展服务，围绕国家的人才战略，服务天津发展，促进经济社会、科学技术、教育卫生、文化体育和各项事业发展。

主要任务

一、弘扬爱国主义思想，倡导报国奉献精神，宣传留学人员的先进事迹和学术成就。

二、开展海内外学友之间的联谊活动，加强学术交流和信息沟通，丰富文化生活，增进会员联系和友谊。

三、推动海内外专家、学者及各界人士之间的联系，增进相互了解，在科技、文化、教育、经济等领域广泛开展合作。

四、组织会员发挥综合智力优势，为天津的发展献计献策，为天津企事业单位提供各类咨询、信息服务和人员培训，为各行业对外合作与交流开辟渠道。

五、联络与天津有渊源的海外学友和留学人员团体，加强他们与天津的沟通。

六、维护会员的合法权益，积极反映海内外留学人员的需求，协助解决困难和问题。

联系方式

地　址：天津市新技术产业园区华天道2号国际创业中心
邮　编：300041
电　话：86-22-27126427，60330550
传　真：86-22-27112792，60330551
邮　箱：tjtorsa@163.com
网　址：www.tjtorsa.cn

河北留学人员联谊会

概况

河北留学人员联谊会是由河北省归国留学人员自愿组成的非营利性社会团体，由河北省人事厅进行工作指导。在2008年7月正式成为欧美同学会·中国留学人员联谊会团体会员。

宗旨

紧密结合河北省改革建设实际，密切关注人才紧缺的专业和行业，开展多层次、多领域、多形式的咨询服务和智力招聘活动，为海外留学人员和用人单位牵线搭桥；有效利用现代信息工具和手段，为实施人才强省战略、建设创新型河北提供坚实的信息资源保障；营造留学人员来河北工作的良好氛围，让一切有志于来河北发展的留学人员有才可用、有业可创、有誉可享。

主要任务

一、积极宣传、贯彻执行国家和河北省有关留学人员工作的方针、政策。为各类留学人员回国工作和为国服务开展咨询、提供服务。

二、收集反映留学人员的意见、建议和要求；维护留学人员的合法权益，为留学人员创造良好的学习、工作和生活环境。

三、积极组织多种形式的联谊活动，加强海内外留学人员之间和留学人员社团之间的信息、技术和学术交流，丰富会员文化生活，加强留学人员之间的联系与友谊。

四、宣传留学人员留学报国的业绩和贡献，动员组织在河北省的留学人员为振兴河北做贡献。开展留学人员表彰、奖励活动。

五、受主管部门委托，组织留学人员为各级党政机关、企事业单位和非公有组织等部门开展决策咨询、信息服务和人员培训等工作，为河北省建设沿海经济社会发展强省提供智力支持和人才保障。

联系方式

地　址：石家庄市维明北大街118号
邮　编：050051
电　话：86-311-88616757
传　真：86-311-88616757
邮　箱：hbzl@hebrs.gov.cn

山西欧美同学会·山西留学人员联谊会

概况

山西欧美同学会·山西留学人员联谊会成立于2008年10月26日，是欧美同学会·中国留学人员联谊会的团体会员，是由山西归国留学人员自愿组成的、非营利性的群众团体。该组织受中共山西省委领导，由省委统战部代省委管理，是省委联系广大留学人员的桥梁和纽带。

宗旨

遵守国家宪法、法律、法规和政策，发扬留学报国的爱国主义传统，团结归国留学人员，广泛联系海内外学友，团结立会，依章治会，民主办会，实干兴会，为振兴中华、繁荣山西作贡献。

主要任务

一、充分认识开展留学人员工作的重大意义，增强做好留学人员工作的责任感、使命感和光荣感。

二、充分发挥留学人员联谊会的作用，引导支持广大留学人员为山西省实现“三个发展”做出积极贡献。

三、在各级统战部门统一领导下，与有关部门加强协调沟通，逐步形成职责明确、制度健全、运转高效的留学人员统战工作机制，把留学人员统战工作真正落到实处。

四、积极开展工作，当好党联系广大留学人员的桥梁纽带，党和政府做好留学工作的助手，最广泛地把广大留学人员团结在党和政府的周围，把广大留学人员的智慧和力量凝聚到山西省经济社会又好又快发展上来。

联系方式

地　址：中国山西省太原市迎泽大街369号山西省委统战部六处
邮　编：030071
电　话：86-351-4019502
传　真：86-351-4019502

欧美同学会·中国留学人员联谊会留学报国大连基地

概况

欧美同学会·中国留学人员联谊会留学报国大连基地（以下简称“大连基地”）是中央统战部批准成立的全国第一个留学报国基地。2008年9月24日，时任全国政协副主席、九三学社中央副主席王志珍，中共中央统战部副部长、欧美同学会党组书记陈喜庆和中共大连市委副书记里景瑞为大连基地揭牌，正式成立。大连基地由欧美同学会、中共大连市委统战部、大连高新技术产业园区共建，坐落于大连高新技术产业园区。

大连基地成立以来，依托欧美同学会、大连市海外联谊会、大连市归国留学人员联谊会，先后同30个国家、150多个华人华侨专业团体、300名海外社团负责人、1500多名海外留学人员、160名国家“千人计划”专家建立了密切的联系；以海外联谊会的名义，先后在东京、香川、首尔、悉尼、墨尔本等10个城市建立了海外工作站。大连基地先后组团参加了“21世纪中国、海外留学人员服务祖国科学发展研讨会”等九次国际人才大会；会同海外华人团体举办了20余场人才项目洽谈会；访问了美国、日本、英国、德国等22个国家和地区，同69个华人团体和留学人员组织开展了密切交流；定期组团参加无锡举办的国家“千人计划”人才项目洽谈会、广州“人交会”等重要活动。大连基地借助大连“海创周”平台，4年来，先后邀请了欧、美、亚30多个国家150个华人团体、两个国家“千人计划”专家团、1000多位海外留学人员出席“海创周”。先后举办了“激扬青春风采，创业振兴大连”“国际IT产业发展高端论坛”“低碳经济与城市发展论坛”“头脑风暴”等系列主题活动，组织了10场次人才项目对接洽谈会，达成合作意向102项。

目前，大连基地共引进并已落户的科技项目共48项，其中：国家“千人计划”专家项目1项；中科院百名领军人才项目1项；申报国家“千人计划”项目1项；入选辽宁省“十百千工程”项目2项；入选大连市“海创工程”项目8项；正在洽谈，拟将落户大连的重点项目20项；并为高等院校引进推荐海外教授级人才4名。并先后向辽宁省推荐85个人才项目，多次带领海外留学人员赴营口、锦州、盘锦等城市考察洽谈。大连基地于2010年被辽宁省人社厅确定为辽宁省“十百千人才工程”直报单位，从而进一步确定了大连基地在人才项目引进工作上的优势地位。

创立留学报国大连基地不仅成为吸引海内外留学人员回国创业、为国服务的一项新举措，而且创造了开展留学人员统战工作的“大连模式”。

宗旨

人才创造未来，创新引领世界，点燃创业激情，成就创业梦想。大连基地始终把引进人才、培训人才、举荐人才、孵化企业作为发展建设的总体目标，以引进人才项目作为抓手，扩大与海内外留学人员团体及广大留学人员的联系，为归国留学人员创新创业服务，打造留学人员创新创业之家，服务国家和地方经济社会发展。

主要任务

一、认真贯彻落实党和国家关于留学人员的工作方针、政策及上级各项决定、决议。

二、积极开展留学人员人才、项目的引进和推介工作，为留学人员创新创业发展提供服务。

三、加强与海内外留学人员团体和代表人士的联系、联谊、交友工作。

四、为留学人员归国创业、为国服务提供咨询，协调办理留学人员出入境、临时居留、子女入学、家属落户和生活服务等有关事宜。

五、举办留学人员人才、项目的招聘洽谈活动，包括活动组织、接待、咨询、推介等。

六、开展留学人员工作调查研究，为上级机关制定政策、工作决策提供参考，为相关部门制定引进人才、培训人才、举荐人才、孵化企业政策提出建议等。

联系方式

地　址：大连市高新园区火炬路32号创业大厦A座8层

邮　编：116023

电　话：86-411-39842790

邮　箱：tzb_gmh@hotmail.com

大连市归国留学人员联谊会

概况

大连市归国留学人员联谊会成立于2007年1月10日，是在大连市委统战部领导下，由工作、生活在大连市的归国留学人员自愿组成的地方性、联合性和非营利性的社会团体。

联谊会成立以来，积极争取欧美同学会•中国留学人员联谊会留学报国基地落户大连；申请欧美同学会•中国留学人员联谊会作为大连“海创周”主办单位，邀请300余名海外留学人员参加“海创周”；组团出访日本、韩国、澳大利亚等国家，与海外留学人员团体建立广泛密切的合作机制；每两年举办一次归国留学人员创业英才评比表彰活动。

宗旨

以邓小平理论和“三个代表”重要思想为指导，全面贯彻落实科学发展观，高举社会主义、爱国主义旗帜，宣传和贯彻党的留学人员政策，广泛联系本市归国留学人员，促进会员交流交往，帮助留学人员创业发展和以多种形式为国服务，引导留学人员为推进我市率先实现全面振兴贡献力量。

主要任务

一、广泛凝聚大连市归国留学人员，积极吸引海外留学人员。

二、适应大连市贯彻国家战略、提升核心地位的新形势，围绕全市工作大局，抓住加快“三个中心”建设的重大课题，开展调查研究，积极建言献策。

三、发挥归国留学人员联系广泛的优势，密切与海外留学人员团体、友好城市的交流交往，主动为招商引资、项目对接牵线搭桥。

四、鼓励归国留学人员在立足岗位做贡献的同时，广泛参与社会服务和公益事业，努力把联谊会建设成为归国留学人员锻炼成长的园地和摇篮。

联系方式

地　址：大连市中山区鲁迅路278号

邮　编：116002

电　话：86-411-82758937，82758947

传　真：86-411-82758947

邮　箱：glh937@sina.com

丹东市留学人员联谊会

概况

丹东市留学人员联谊会成立于2004年12月8日，是由丹东籍的留学人员和在丹东市工作的归国留学人员自愿结成的联合性、非营利性的地方社会团体。

宗旨

作为与海内外留学人员和学者密切联系的桥梁和纽带，积极宣传和推介丹东，吸引和凝聚更多的留学人员来丹东创业发展，为促进丹东经济发展和社会进步做出贡献。

联系方式

地　址：丹东市振兴区六纬路24号608室

邮　编：118000

电　话：86-415-2127846

传　真：86-415-2121479

邮　箱：ddmjwrj@126.com

吉林省留学人员联谊会

概况

吉林省留学人员联谊会成立于2006年10月13日，是由在（来）吉工作的留学归国人员、在国（境）外学习、工作并关心吉林发展的留学人员和热心留学事业的吉林省社会各界人士自愿组成的非营利性社会团体组织，是省委、省政府联系广大留学人员的桥梁和纽带，是做好留学人员工作的重要社会力量，是留学人员之家，是中国留学人员联谊会的地方分会。英文全称JILIN OVERSEAS SCHOLARS UNION，简称JOSU。

联谊会进一步扩大了与国（境）外留学人员的交流与合作，增强了留学人员到吉工作的吸引力，推动留学人员的能力建设、继续教育和社会实践，造就了一支能够为振兴吉林老工业基地提供智力支撑的高层次留学人员队伍。

宗旨

遵守国家宪法、法律法规和各项政策，遵守社会道德风尚；以马列主义、毛泽东思想、邓小平理论和“三个代表”重要思想为指导；坚持科学技术是第一生产力，认真落实党的人才政策，积极有效地调动各类留学人员的创新创业精神，努力营造“尊重劳动、尊重知识、尊重人才、尊重创造”的良好社会氛围，为实施科教兴省和人才兴业战略做出应有的贡献。

主要任务

一、向省委、省政府反映留学人员的意见、建议和要求，协助省委、省政府做好留学人员服务工作，不断改善留学人员的工作、生活环境，维护留学人员的合法权益。

二、开展留学人员业绩和成果的宣传工作，组织各种形式的联谊活动，加强国内外留学人员和留学人员社会团体之间的信息交流、学术技术交流，促进不同领域留学人员之间的了解与沟通。

三、推动留学人员科技与专利成果的转化，研究成果转化的途径和方式，开辟科技成果向现实社会生产力转化的“绿色通道”，有效地开展资金、技术和人才的引进工作。

四、发挥留学人员的智囊作用，将留学人员的潜能转化为现实生产、管理能力。受政府有关部门委托，组织留学人员投入生产、管理第一线，为各级党政机关、企事业单位、非公经济组织和个人开展综合性管理和单项技术的咨询论证工作。

联系方式

地　址：长春市人民大街7988号

邮　编：130022

电　话：86-431-89997998

邮　箱：liudj999@sina.com

长春市留学人员联谊会

概况

长春市留学人员联谊会成立于2004年12月25日，是在中共长春市委统战部的指导下，由长春市归国留学人员自愿组成的群众团体。

长春市委统战部高度重视留学人员联谊会作用的发挥，坚持指导联谊会加强组织建设，特别是2007年以来，支持有条件的城区和高校成立了联谊会分会。同时，指导联谊会加大引才力度，开展交流交往，加强自身建设，努力把联谊会建设成为广纳人才的集聚地、收集和提供信息的智囊团、政府和人才的连心桥。联谊会结合市情，有针对性地开展了联谊交友、市情调研、专题议政、座谈交流、学术研讨、对口帮扶等工作，在经济社会建设中发挥了独特作用。

宗旨

高举社会主义和爱国主义旗帜，团结归国留学人员，广泛联系海内外学人，促进合作，为统一祖国、振兴中华、建设长春贡献力量。

联系方式

地　址：长春市人民大街2626号341房间

邮　编：130041

电　话：86-431-88776527

传　真：86-431-88776527

邮　箱：tuoliqin@changchun.gov.cn

黑龙江省欧美同学会·黑龙江省留学人员联谊会

概况

黑龙江省欧美同学会创建于1998年12月22日，是由黑龙江省留学世界各地归国学人自愿组织的群众团体，也是一个覆盖面广的高层次人才团体。英文全称Heilongjiang Overseas Returned Scholars Association，简称HORSA。联谊会会员留学国别涉及30个国家和地区，下设5个分会和1个专业委员会。

宗旨

团结归国学人，联系海内外学友，增进友谊、沟通信息、交流学术、开展协作，为振兴中华和黑龙江经济建设做出贡献。

主要任务

一、学习、宣传并贯彻党和政府关于留学人员和人才工作的方针政策。

二、弘扬爱国主义思想，倡导留学报国，宣传介绍留学人员的优秀事迹和学术成就。

三、联系海外留学人员和留学人员团体，开展经济、科技、文化、教育、卫生等领域的交流与合作，努力拓宽海外留学人员与黑龙江省联系和为国服务的渠道。

四、开展咨询、信息等服务，为黑龙江省的经济建设和社会发展献策出力。

五、开展多种形式的活动，加强学术交流，丰富文化生活，增进会员联系和友谊。

六、维护会员的合法权益，关心会员的工作和生活，发挥会员的专长和作用，反映会员的建议和要求。

七、表彰、奖励优秀留学人员，积极举荐人才。

联系方式

地　址：哈尔滨市南岗区文敏街9号

电　话：86-451-82628104

传　真：86-451-82648814

邮　箱：horsa@horsa.org

网　址：www.horsa.org

哈尔滨市留学人员联谊会

概况

哈尔滨市留学人员联谊会成立于2004年12月，其前身是哈尔滨市留日学生联谊会和哈尔滨市归国留学生联谊会。是以哈尔滨市留学人员为主体，自愿组成的非营利性的联谊性社会团体。接受业务主管单位中共哈尔滨市委统战部和社团登记管理机关的业务指导和监督管理。

宗旨

在遵守国家宪法、法律、法规和国家政策，遵守社会道德风尚的原则下，发扬爱国传统，团结哈尔滨市归国留学人员和与哈尔滨有渊源关系的华裔、华侨学人，广泛联系海内外学友，促进哈尔滨市对外科学技术、经济文化交流，起到留学人员与党和政府间的桥梁和纽带作用，为繁荣哈尔滨作出贡献。

主要任务

一、弘扬爱国主义思想，倡导报国奉献精神，宣传海内外留学人员的先进事迹和学术成就。

二、推动哈尔滨市海内外留学人员和企业人士之间的联系，增进相互了解，在科技、文化、教育、经济等领域广泛开展交流与合作。

三、发挥综合智力优势，为哈尔滨市的发展提供建设性意见，为企事业单位的发展开展各类咨询、信息服务和人员培训。

四、联络哈尔滨海外学友和留学人员团体，广交朋友，增进友谊，促进哈尔滨市对外交流与合作。

五、维护会员的合法权益，积极反映留学人员的需求，协助解决困难和问题。

联系方式

地　址：哈尔滨市道里区兆麟街123号

邮　编：150010

电　话：86-451-84693198

传　真：86-451-84696365

邮　箱：zhangchangzain@sina.com

网　址：www.hrbofa.com

上海市欧美同学会·上海市留学人员联合会

概况

上海市欧美同学会·上海市留学人员联合会（英文简称SORSA）是上海市留学归国学人自愿组织的民间团体，也是一个覆盖面广的高层次人才团体。

早在1905年7月1日，李登辉在上海创立了寰球中国学生会，此为欧美同学会前身。1913年又成立了上海欧美同学会；1919年在上海成立了全国中华欧美同学会；1984年9月3日，恢复成立了上海市欧美同学会；为适应新世纪新阶段留学人员工作的发展需要，在保持同学会优良传统的同时最大限度地团结海内外广大留学人员，于2007年12月29日正式增冠新会名“上海市留学人员联合会”。

宗旨

广泛团结归国留学人员，联系海内外学友，增进友谊、沟通信息、交流学术、开展协作、发挥纽带和桥梁作用，为振兴中华、繁荣上海作出贡献。

主要任务

一、举办学术讲座、论坛、研讨会，以及各种联谊、交流活动。

二、编印出版《会讯》及各种文集。

三、组织参观考察，发挥跨学科、跨行业、跨部门优势，建言献策，提供服务咨询，协助引进人才、技术和资金，为上海社会、经济和文化发展牵线搭桥。

联系方式

地　址：上海市陕西北路128号5楼

邮　编：200041

电　话：86-21-62673528

传　真：86-21-62728215

邮　箱：sorsa@sh163.net

网　址：www.china-sorsa.org

上海市留学人员联谊会

概况

上海市留学人员联谊会是由来上海工作和为上海建设发展服务的出国留学人员组成的民间组织，经上海市民政局核准登记成立，取得社会团体法人资格。业务主管部门是上海市人力资源和社会保障局。

联谊会作为联结海内外留学人员的“桥梁”和“纽带”，在团结海内外留学人员、帮助留学人员了解上海的发展、鼓励他们回国工作和为国服务、促进和帮助上海构筑人才资源高地等方面发挥了积极的作用。联谊会集聚的一大批优秀人才，有的已经成为上海科研和高新技术领域的中坚力量和学科带头人，被誉为“留学人员之家”。

联谊会鼓励海外归国人员以各种方式为国服务。自1997年起，联谊会每年都要参加“上海市赴海外慰问招聘留学人员工作团”，让海外高层次留学人员多方面了解上海的情况，多途径为上海的经济建设服务。自1997年以来，每年接待200多人次的海外留学人员来沪交流考察。

联谊会还通过开展各类学术活动，为留学人员为国服务搭建交流平台。在2000—2001年先后多次组织在法律、金融界工作的留学人员举行座谈会和开展有关的咨询活动，为市政府的重大决策提供参考意见。2000年10月，成功举办了“新世纪上海人才国际化论坛暨高新技术项目洽谈会”，该会所取得的学术成果对上海实施人才战略、构筑人才资源高地具有启迪和借鉴意义。联谊会积极宣传留学人员创业成果，编写了大型画册——《上海留学人员成果集》，展示了留学人员回国创业的风采。

联谊会在有关部门的支持下，针对留学人员回国工作时存在的一些共性困难，积极采取措施，逐步加以解决，使他们能全身心地投入到工作中去。还针对留学人员的特点组织各类活动，与侨办、妇联、青联、欧美同学会等团体联合举办联谊活动，加强了留学人员与社会各界的联系和沟通。

宗旨

坚持四项基本原则，团结广大留学人员，鼓励留学人员为报效祖国、振兴上海贡献聪明才智。

主要任务

一、贯彻落实“支持留学，鼓励回国，来去自由”的留学工作总方针，宣传上海经济和社会发展的成就，鼓励留学人员回国来上海工作和以多种形式为国、为上海服务。

二、发挥留学人员的专业特长和对外联系的桥梁作用，推动上海的科技、文化、经济的发展和对外交流。

三、对留学人员工作提出咨询意见及建议。

四、团结海内外留学人员，共同为把上海建设成国际经济、金融、贸易中心之一而贡献力量。

联系方式

地　址：上海市浦东新区世博村路300号

邮　编：200125

电　话：86-21-23110328

传　真：86-21-50722823

邮　箱：srsf@21cnhr.gor.cn

网　址：www.21cnhr.gov.cn

上海市闵行区留学人员联谊会

概况

上海市闵行区留学人员联谊会成立于2004年11月30日，是由闵行区内留学人员自愿组成的非营利性社会团体法人，业务主管单位为闵行区人事局。联谊会成立以来，按照自身宗旨，在团结海内外留学人员，帮助留学人员了解闵行，鼓励他们为国服务，在贯彻落实“人才强区”战略方针中发挥了积极作用。是党和政府团结联系广大留学人员的桥梁和纽带。联谊会于2008年9月19日召开了第二次全体会员大会，大会产生了第二届理事会，现有理事17名。

宗旨

坚持四项基本原则，遵守宪法、法律、法规和国家的政策，遵守道德风尚，团结广大留学人员、华侨华裔，鼓励他们为报效祖国、振兴上海贡献聪明才智。

主要任务

一、学习、贯彻党和政府关于留学人员工作、知识分子工作的方针政策。

二、弘扬爱国主义思想，倡导报国奉献精神，宣传留学人员报国业绩。

三、组织会员发挥综合智力优势，为闵行经济社会发展建言献策。

四、反映留学人员的意见和要求，维护会员合法权益，关心会员的工作和生活，努力为留学人员服务，把本会办成留学人员之家。

五、表彰奖励优秀留学人员，积极举荐优秀留学人员。

联系方式

地　址：上海市沪闵路6555号（莘庄建设银行大楼内）1707室
邮　编：201100
电　话：86-21-54176205，541762056
传　真：86-21-64140775
邮　箱：mhlxslyh@yahoo.com.cn
网　址：www.mhll.org.cn

上海市浦东新区归国留学人员联合会

概况

浦东新区归国留学人员联谊会成立于2000年，是由浦东新区归国留学人员自愿组成的非营利性社会组织，是经上海市浦东新区民政局核准登记的社会团体法人。2005年更名为浦东新区归国留学人员联合会。联合会接受业务主管单位浦东新区人事局和社会团体登记管理机关浦东新区民政局的业务指导和监督管理。

宗旨

遵守宪法、法律、法规和国家政策，遵守社会道德风尚，遵守诚实、信用、公平的原则，团结浦东新区归国留学人员，联系海外留学人员和华侨华裔学者，增进友谊，沟通信息，交流学术，开展协作，为留学人员回国创业提供帮助；为科教兴国，为浦东科技进步、社会发展和繁荣做出贡献。

主要任务

一、宣传爱国主义思想，倡导报国奉献精神，介绍浦东发展现状和未来前景，宣传留学人员在浦东开发建设的先进事迹和学术成就。

二、开展多样性的海内外留学人员之间的联谊活动，加强学术和创业经验交流以及信息沟通，促进行业之间的合作。

三、推动与海外留学人员、专家、学者和企业人士之间的联系，促进相互了解和对浦东的了解，开展民间往来，在引智、科教、经济等领域广泛开展交流与合作。

四、组织会员发挥综合智力优势，为浦东的开发开放建设提供建设性的建议，为浦东企事业单位发展开展信息服务和人员培训。

五、维护会员的合法权益，向有关部门反映并协助解决留学人员的困难和问题。

作为留学人员在浦东的民间组织，联合会在团结归国留学人员，联系海外留学人员和华侨华裔学者，开展协作，为留学人员回国提供帮助，为浦东科技进步、社会发展等方面作出了贡献和努力。

联系方式

地　址：上海市浦东新区松涛路563号A座
邮　编：201203
电　话：86-21-50800484，50800485
传　真：86-21-50800439
邮　箱：service@paros.cn
网　址：www.paros.cn

南京留学人员联谊会

概况

南京留学人员联谊会成立于2005年1月16日，是由南京市有代表性、有影响性的各界留学人员代表人士自愿组成的，具有团结性、知识性、互助性、联合性、地方性和非营利性的社会团体组织。英文全称NANJING OVERSEAS AND RETURNED SCHOLARS ASSOCIATION，简称NORSA。联谊会的业务主管部门为中共南京市委统战部，同时接受南京海外联谊会的指导和监督管理。

宗旨

以邓小平理论和“三个代表”重要思想为指导，遵守国家的宪法、法律；宣传和贯彻党的统一战线方针政策，加强本市各界留学人员之间以及他们与港澳台同胞和外籍华人之间的了解和友谊、交流与合作；维护留学人员的权益，团结和调动广大留学人员，为促进南京经济和社会发展，促进祖国统一大业做出贡献。

主要任务

一、学习和宣传党的方针政策，了解和反映留学人员的意见、建议和要求；关心留学人员的工作、学习和生活，维护他们的合法权益；协助解决他们的困难和问题。

二、开展形式多样的海内外学友之间的联谊活动，加强学术交流和信息沟通。

三、联络海外留学人员，努力拓宽他们同祖国的联系渠道；促进海外学友、专家学者、企业家和各界人士与南京的联系，增进互相了解，加强民间往来，在科教、文化、经济等领域广泛开展交流与合作。

四、发挥理事的智力优势和专业特长，围绕我市的中心工作建言献策。开展各种形式的社会讲学、培训、科技咨询、科技开发等活动，帮助理事将科技成果转化为现实生产力，为社会谋福利，为人民服务。积极推动理事为我市的改革开放和“两个率先”做贡献。

五、培养输送优秀党外代表人士。

联系方式

地　址：南京市北京东路41号6号楼
邮　编：210008
电　话：86-25-83637720
传　真：86-25-83637720
邮　箱：nanjingzgc@163.net

无锡市留学人员联谊会

概况

无锡市留学人员联谊会是以无锡市留学人员为主体所组织的非营利性的民间团体。英文名称为Wuxi Overseas & Returned Scholars Association，简称WORSA。联谊会接受无锡市委组织部、无锡市委统战部、无锡市人事局的业务指导及无锡市民政局的监督管理。

宗旨

团结留学人员和与无锡有关的华裔、华侨、海内外学友，增进友谊，沟通信息，交流学术，开展协作，促进创新，为推动无锡城市国际化进程作出贡献。遵守宪法、法律、法规和国家政策，遵守社会道德风尚，在有关政策规定指导下开展活动。

主要任务

一、宣传爱国主义思想，倡导报效祖国、振兴民族的奉献精神，宣传海内外留学人员的先进事迹和学术成就。

二、促进与海内外会员、专家、学者和企业人士之间的联系，增强相互了解，开展民间往来，在科教、文化、经济等领域广泛开展交流与合作。

三、组织会员发挥综合优势，为无锡的发展提供人才和智力支持，开展各类咨询、信息服务和人员培训；联络与无锡有关的海外学友和留学人员团体，加强他们与无锡的沟通。

四、维护会员合法权益，向政府有关部门反映并协助解决海内外留学人员的困难和问题。

联系方式

地　址：无锡市解放东路888号无锡人才信息大厦4楼
邮　编：214007
电　话：86-510-82828102，82823057
传　真：86-510-82828102
邮　箱：chinawuxi530@vip.163.com
网　址：www.wxrcw.com

常州市留学归国人员协会

概况

常州市留学归国人员协会成立于2007年11月13日。协会的成立，是为了进一步发挥留学归国人员的作用，为留学归国人员和外国专家创建一个新的沟通平台，也标志着常州市人才工作在国际化的道路上又迈上了新的台阶。

常州市制定落实了引进高层次人才尤其是针对海外高层次人才的多项优惠政策，如鼓励支持海外高层次人才来常州投资入股、领办创办企业，对领军型海归创业人才给予“三个百”的优惠政策等等，使常州成为海外人才创新创业的一方“热土”。

常州市留学归国人员主要分布在新能源、新材料、软件、现代制造、现代服务和教育卫生等行业。留学归国人员协会成立后，将加快建立海外人才信息网络和畅通高效的海外沟通平台，热忱为留学归国人才和外国专家服务，同时加大“招才引智”力度，吸引更多更优秀的人才来常州创业，真正成为一个层次最高、力量最强、成效最好的协会，成为常州留学归国人员自己的“家”。

宗旨

自愿、自治、自律、自尊、自强。

主要任务

一、弘扬创新创业的精神，发挥桥梁纽带的作用，吸引更多更优秀的海外人才。

二、广泛联系留学归国人员，组织留学人员积极参与科技创新、创办企业等多种形式的活动。

三、维护留学归国人员的合法权益，会同有关部门落实留学人员政策，帮助留学人员解决实际困难。

联系方式

地　址：常州市博爱路3号楼1楼
邮　编：213003
电　话：86-519-86677276
传　真：86-519-86677276
邮　箱：czrosa@163.com
网　址：www.czrc.com.cn

苏州市留学人才协会

概况

苏州市留学人才协会是由致力于留学生工作的人员和留学生自愿组成的非营利性社团组织，是具有独立法人资格的社会团体，接受苏州市人事局的业务指导、管理和监督。

协会和政府相关部门积极行动，为留创企业争取资金、技术和高层次人才，创造更好的发展环境；同时加强苏州留学回国人员及苏州留创企业间的交流，充分发掘苏州留创人员资源，形成合力，推动苏州留创企业的深入发展，做大做强，形成区域特色和品牌，积极对外拓展市场、辐射影响。

宗旨

通过留学生工作以及与国内外留学人员和组织、团体建立广泛联系与合作关系，推动国际人才交流，为促进苏州的改革开放和经济建设，尽快实现建成新兴科技城市、人文城市、环境城市、法治城市的目标做出贡献。

主要任务

一、针对苏州经济发展的总体目标，组织会员研究、探讨经济发展的情况和加强留学人才工作的经验交流和工作研讨，为苏州市政府有关部门提供做好留学人才工作的决策参考。

二、会同有关部门开展、推荐、选派会员外出考察、参观、学习、研修，帮助会员提高思想文化素质和专业技术才能。

三、提供政策咨询服务，帮助会员及时获取有关经济信息和留学人才工作的政策。

四、促进会员与政府部门、社会各界的联系交流，为我市的经济建设、科研献计献策。

五、加强同兄弟省市相关协会的交流，积极参与社会公益活动，扩大会员的交往范围和社会影响。

六、为地方经济和社会发展无偿提供翻译任务。

七、反映会员的意愿和要求，维护会员的合法权益。

八、配合有关部门搞好优秀留学人才的评选和表彰。

九、完成苏州市人事局交办的其他任务。

联系方式

地　址：苏州市道前街170号
邮　编：215002
电　话：86-512-65228871
传　真：86-512-65228832
邮　件：fhy@rsj.suzhou.gov.cn
网　址：www.csisuzhou.com

太仓市留学人才协会

概况

太仓市留学人才协会成立于2007年6月11日，是由太仓市留学归国人员自愿组成的非营利性社团组织，是具有独立法人资格的社会团体，接受太仓市人事局的业务指导、管理和监督。英文全称：Taicang Returnese Association。

协会的成立旨在进一步做好太仓市留学回国人员服务工作，加强留学回国人员之间的交流，通过与国外留学人员和组织、团体建立广泛的联系与合作关系，推动国际人才交流，吸收和借鉴人类社会创造的文化成果，学习世界各国现代化生产和商品经济一般规律的经营方式、管理办法和科学技术，为太仓市的改革开放和经济发展，实现“东方新欧洲”发展战略服务。

宗旨

发扬爱国主义精神，团结太仓市留学归国人员，增进友谊、沟通信息、交流学术、开展协作，共同繁荣太仓、振兴中华。

主要任务

一、在太仓市人事局指导下，通过与海外劳动局和华人团体的合作，吸纳优秀海外人才来太仓工作，形成以人才促进项目，以项目吸引人才的良性循环。

二、同海外华人团体和中文媒体合作，宣传太仓人文居住及工作环境，扩大太仓在海内外的知名度。

三、组织会员发挥专业和语言特长，为太仓市经济建设和社会全面发展出谋献策，做企业技术咨询的专家组和政府决策的顾问团。积极参与社会公益活动，发挥会员语言优势和跨文化沟通能力。

四、着眼太仓可持续发展，建立与国外华人科技专业协会的联系与合作，增强太仓市非公有制企业科技创新能力及技术本土化转化能力。

五、联络海外留学人员，努力拓宽他们同祖国，尤其是和太仓的联系渠道；促进海外留学人员、专家学者和各界人士与太仓的联系，增进相互了解，加强民间往来，在科教、文化、经济等领域广泛开展交流与合作。

六、提供政策咨询服务，帮助会员及时获取有关政策信息。维护会员合法权益，协助解决他们在工作和生活中的实际困难和问题。

七、太仓市人事局交办的其他工作。

联系方式

地　址：太仓市上海西路5号

邮　编：215400

电　话：86-512-53545982

邮　箱：webmaster@tcrc.com

浙江省留学人员和家属联谊会

概况

浙江省留学人员和家属联谊会，简称“浙江省留联会”，其前身为“浙江省出国留学人员家属联谊会”，成立于1998年9月28日，是浙江省留学人员和家属自愿组成的联谊性社会团体。英文名称为“ZHEJIANG ASSOCIATION OF SCHOLARS ABROAD AND THEIR FAMILIES”。浙江省留联会是经省民政厅注册登记具有法人资格的社会团体，主管单位为省委统战部，日常办事机构设在省侨联，在省侨联的具体指导下开展工作。

浙江省留联会成立后，按照“先挂牌子，后搭架子，再探路子”的策略，一方面立足留学人员家属，开展丰富多彩的联谊活动；另一方面积极搭建引智平台，全力推进高层次海外留学人才回国服务和为国服务。2006年底，经民政厅批准，“浙江省出国留学人员家属联谊会”正式更名为“浙江省留学人员和家属联谊会”，有效拓展了留联会的工作领域。随着留联会工作的不断深入发展，全省留联会组织不断发展壮大。目前，全省已有9个市已建立留联会组织，浙江大学等6所省部属高校和瑞安市、海盐县、吴兴区等56个县（市、区）也成立了留联会。全省从无到有，已建留联会组织71家。

宗旨

遵守中华人民共和国宪法、有关法律、法规和政策，努力维护会员的合法权益，积极倡导会员遵守社会道德风尚；高举社会主义、爱国主义旗帜，团结和组织全省留学人员及其家属，加强联系、交流信息、增进友谊，为弘扬民族文化、早日实现祖国统一、促进家乡和祖国的繁荣昌盛作出贡献。

主要任务

一、调查了解留学人员的希望和要求，反映他们的切身问题，维护他们的正当权益。

二、为留学人员和家属提供咨询服务，协助其在浙江创业、生活等有关事宜。

三、密切与留学人员和家属的联系，传达、贯彻党和国家以及省委、省政府的有关侨务政策与对留学人员工作的方针政策，沟通思想、交流信息，增进相互之间的了解、理解和友谊。

四、发挥留学人员和家属的积极作用，促进浙江与海外经济、文化、体育、科技等方面的合作与交流。

五、配合侨务工作中心，搞好有关社会服务。

六、组织各种健康文化娱乐活动，为会员丰富业余生活服务。

七、开展有利于实现本会宗旨的各种其他活动和服务。

联系方式

地　址：杭州市保俶路24号

邮　编：310007

电　话：86-571-85118535

传　真：86-571-85151007

邮　箱：zjqlwz@126.com

网　址：www.zjsql.com.cn

福建省留学生同学会·福建留学人员联谊会

概况

福建省留学生同学会成立于1986年10月，是由福建省留学归国人员自愿结成的联合性、非营利性社会组织。2005年增冠“福建留学人员联谊会”会名。英文名称为Fujian Overseas and Returned Scholars Association，简称FORSA。协会接受业务主管单位中共福建省委统战部和社团登记管理机关福建省民政厅的业务指导和监督管理。

在福建省委、省政府的关心下，在福建省委统战部的直接领导下，在福建省有关部门的大力支持和协助下，联谊会组织不断发展壮大，从成立时的161名会员发展到1750多名会员，根据会员的分布情况和开展联谊活动的需要，先后成立了12个分会和5个会员小组。

宗旨

继承爱国主义优良传统。遵守宪法、法律、法规和国家政策，遵守社会道德风尚。团结福建留学归国同学，广泛联系海内外同学、学人，增进友谊，沟通信息，交流学术，开展协作，共同为繁荣福建、振兴中华和统一祖国大业作出贡献。

主要任务

一、弘扬爱国主义精神，倡导留学报国思想，宣传介绍海内外留学人员的先进事迹和学术成就。

二、开展形式多样的海内外学友之间的联谊活动，加强学术交流和信息沟通。

三、联络海外福建留学人员和留学生团体，努力拓宽他们同祖国的联系渠道；促进海外专家学者和各界人士之间的联系，增进互相了解，加强民间往来，在科教、文化、经济等领域广泛开展交流和合作。

四、组织会员发挥专业特长，为我省经济和社会全面发展出谋献策；举办各种类型的咨询、信息服务和人员培训等活动。

五、维护社会的合法权益，关心他们的工作和生活情况，及时向有关部门反映他们的建议和意见，并协助解决他们的困难和问题。

联系方式

地　址：福州市湖东路276号同心楼20层

邮　编：350001

电　话：86-591-87532516

传　真：86-591-88016835

邮　箱：forsal@forsa.org.cn

网　址：wwww.forsa.org.cn

福州市留学生同学会

概况

福州市留学生同学会成立于1998年11月，是经福州市民政局正式批准具有法人的社团组织。福州市留学生同学会成立以来，在福州市委、市政府的关心和支持下，在福州市委统战部的领导下，发扬爱国主义优良传统，团结福州市归国学人，广泛联系海外学友，增进友谊、沟通信息、交流学术、开启协作，共同为繁荣福州作出贡献。特别是2007年4月份换届以来，同学会领导层积极贯彻胡锦涛总书记提出的“欧美同学会要按照党领导的人民团体的要求、切实加强和改进自身建设，成为党领导留学人员的桥梁和纽带，成为党和政府做好留学人员工作的助手，成为留学人员之家”的精神。几年来，在全体会员的共同努力和各界朋友的热情支持下，围绕中心，把握大局，团结教育、科研、医疗卫生、企业等各个界别、各个领域的留学归国人员，共同为福州省会中心城市经济建设和海西发展出谋献策，贡献力量。

2007年换届时本会会员仅100多人，现已发展到将近330人，主要由企业家会员、医学界会员、党政机关骨干会员、大学研究所中高级职称会员组成，留学国别分布20多个国家，涉及30多个专业。同学会现已建立网站并与北京欧美同学会、省留学生同学会联网，并定期编印会刊，发给相关领导及会员。

主要任务

一、弘扬爱国主义思想，倡导留学报国精神，宣传介绍海内外留学人员的先进事迹和学术成就。

二、促进与海外留学生、专家学者和各界人士之间的联系，增进了解，发展民间往来，在科教、文化、经济等领域开展交流合作。

三、利用我会企业家较多的优势，积极参加本市经济活动。

四、组织医务界会员到缺医少药的农村义诊及举办科普讲座等社会公益性活动。

五、维护会员的合法权益，关心他们的工作和生活情况，向有关部门反映他们的建议及意见，并协助解决他们的困难和问题。

联系方式

地　址：福州市鼓楼区福飞路井尾5号福州市委统战部大楼201室

邮　编：350012

电　话：86-591-87750076

传　真：86-591-87891282

邮　箱：orsafz@163.com

网　址：www.orsafz.org

厦门市留学生联谊会

概况

厦门市留学生联谊会成立于2000年4月，是厦门市留学归国人员自愿组成的具有独立法人资格的地方性、联合性、非营利性社会组织。英文名称为ASSOCIATION OF XIAMEN OVERSEAS AND RETURNED SCHOLARS，简称AXORS。联谊会接受业务主管单位厦门市委统战部、社团登记管理机关厦门市民政局的业务指导和监督管理。

宗旨

发扬爱国主义精神，团结厦门市留学归国人员，广泛联系海内外学人，增进友谊，沟通信息，交流学术，开展协作，共同为繁荣厦门、振兴中华和统一祖国大业服务。

主要任务

一、弘扬爱国主义精神，倡导留学报国思想，宣传介绍海内外留学人员的先进事迹和学术成就。

二、开展形式多样的海内外学友之间的联谊活动，加强学术交流和信息沟通。

三、联络海外留学人员，努力拓宽他们同祖国，尤其是和厦门的联系渠道；促进海外学友、专家学者和各界人士与厦门的联系，增进互相了解，加强民间往来，在科教、文化、经济等领域广泛开展交流与合作。

四、组织会员发挥专业特长，为厦门市的经济建设和社会全面发展进行专题调查研究、出谋献策。举办各种类型的咨询、信息服务和人员培训活动。

五、维护会员的合法权益，关心他们的工作和生活情况，及时向有关部门反映他们的建议和意见，并协助解决他们的困难和问题。

六、承接政府部门委托与本会有关事项。

联系方式

地　址：厦门市白鹭洲路16号团结大厦1310室

邮　编：361004

电　话：86-592-2296646，2699024

传　真：86-592-2699024

邮　箱：axors@public.xm.fj.cn

网　址：www.xmlxs.org.cn

泉州市留学人员暨归国创业人员联谊会

概况

泉州市留学人员暨归国创业人员联谊会是由泉州市留学归国人员组成的具有独立法人资格的地方性、联合性非营利性社会组织。英文名称为QUANZHOU OVERSEAS RETURNED SCHOLARS ASSOCIATION，简称QORSA。业务主管部门是中共泉州市委统战部，同时接受泉州市民政局的监督管理，并接受福建留学人员联谊会的业务指导。

宗旨

广泛联系和团结海内外泉州籍和来泉工作、生活的留学人员及归国创业人员，继承发扬留学报国的爱国主义传统，秉持修学、游艺、敦谊、励行的理念，为家乡发展、海西建设，为全面建设小康社会和实现中华民族伟大复兴服务，为完成祖国完全统一大业服务，为维护世界和平与促进共同发展服务。

主要任务

一、倡导留学报国思想，宣传介绍海内外留学人员的先进事迹和学术成就。

二、开展形式多样的海内外学友之间的联谊活动，为留学人员提供科技交流、互通信息、交流感情、横向合作的渠道。

三、发挥会员的专长和智力优势，为泉州市的经济建设和社会发展进行调查研究、出谋献策，举办各种类型的咨询、信息服务和培训活动。鼓励会员利用所掌握的技术、管理、资金等资源优势，自主创业，为提升我市传统产业，发展我市第三产业，活跃我市资本、文化市场做出贡献。

四、联络海外留学人员，努力拓宽他们同泉州的联系渠道，促进海外学友、专家学者和各界人士与泉州的联系，增进了解，加强在科技、文化、经济等领域的交流合作。

五、维护会员的合法权益，收集、反映留学回国人员的意见和要求，及时向有关部门反映他们的建议和意见，协助有关部门解决留学回国人员在工作、学习、生活等方面的问题与困难。把本会办成留学人员之家。

六、举办扶困济贫活动和慈善、光彩活动，关心、帮助社会困难群体，促进社会和谐。

七、表彰、奖励优秀留学人员，积极举荐人才。

八、承接政府部门委托的有关任务。

联系方式

地　址：泉州市市政府行政服务中心

邮　编：362000

电　话：86-595-22276209

网　址：www.qorsa.com

龙岩留学人员联谊会

概况

龙岩留学人员联谊会是由龙岩市留学人员为主体自愿结成的联合性、非营利性社会组织。英文名称为LONGYAN OVERSEAS AND RETURNED SCHOLARS ASSOCIATION，简称LORSA。本会接受上级留学生同学会、留学人员联谊会的指导，接受业务主管单位中共龙岩市委统战部和社团登记管理机关龙岩市民政局的业务指导和监督管理。

宗旨

继承爱国主义优良传统。遵守宪法、法律、法规和国家政策，遵守社会道德风尚。团结龙岩市留学归国人员，广泛联系海内外留学人员、学人，增进友谊，沟通信息，交流学术，开展协作，共同为促进海西重要增长极服务，为促进祖国和平统一大业作贡献。

主要任务

一、弘扬爱国主义精神，倡导留学报国思想，宣传介绍海内外留学人员的先进事迹和学术成就。

二、开展形式多样的海内外学友之间的联谊活动，加强学术交流和信息沟通。

三、联络海外龙岩留学人员和留学生团体，努力拓宽他们同祖国的联系渠道；促进海外专家学者和各界人士之间的联系，增进互相了解，加强民间往来，在科教、文化、经济等领域广泛开展交流和合作。

四、组织会员发挥专业特长，为我市经济和社会全面发展出谋献策；举办各种类型的咨询、信息服务和人员培训活动。

五、维护会员的合法权益，关心他们的工作和生活情况，及时向有关部门反映他们的建议和意见，并协助解决他们的困难和问题。

联系方式

地　址：福建省龙岩市新罗区溪畔路11号外经大楼三楼

邮　编：364000

电　话：86-597-2301879

邮　箱：lylxrytxh@163.com

济南留学人员联谊会

概况

济南留学人员联谊会成立于2006年4月6日，是山东省统战系统成立的第一个留学人员联谊会。联谊会的成立，为广泛联系和团结留学人员开辟了一条新的渠道，标志着济南市留学人员工作进入了一个新的阶段。

宗旨

成为开展留学人员工作的有效载体，成为了解留学人员情况、反映他们真知灼见的重要渠道，成为输送留学人员代表性人物的人才库，为济南的改革、发展发挥积极的作用。

主要任务

一、团结济南广大留学人员，充分发挥联谊会作为党和政府联系海内外留学人员的桥梁和纽带作用，巩固和壮大爱国统一战线。

二、不断增强做好留学人员工作的责任感和使命感，积极探索新的机制，加强对留学人员代表人士的培养选拔。

三、加强自身建设，为做好留学人员工作提供保障。

四、主动进入经济主战场，倾力推进科教兴市战略的实施，为济南市改革开放和建设创新型城市做出贡献。

联系方式

地　址：济南市建国小经三路37号市委统战部知识分子处

邮　编：250001

电　话：86-531-82038318

传　真：86-531-82038318

邮　箱：yaoaiyu@jn.gov.cn

青岛市留学人员协会

概况

青岛市留学人员协会成立于2004年2月7日，由青岛市留学回国人员自愿组成的具有独立法人资格的群众团体。

宗旨

凝聚、联系和服务留学回国人员，促进留学回国人员在青岛建功立业。

主要任务

一、及时传达国家和青岛的留学回国工作优惠政策，凝聚留学人员来青岛工作和以各种方式为国家、为青岛服务。

二、组织广大留学人员发挥专业特长，积极参与科技创新、创办企业和多种形式的咨询服务活动。

三、广泛联系留学人员，倡导留学报国，宣传介绍留学人员为国服务的先进事迹和学术成就。

四、多渠道开展科技、经贸、教育、文化等方面的对外交流，联系海内外的留学人员及团体，为青岛招才引智、招商引资牵线搭桥。

五、根据青岛市经济建设和社会发展的需要，为用人单位推荐和引进急需的留学人才。

六、维护留学人员的合法权益，会同有关部门落实留学人员政策，帮助留学人员解决实际困难。

联系方式

地　址：青岛市同安路189号青岛市留学回国人员创业园201室
邮　编：266101
电　话：86-532-89913130
传　真：86-532-88916306

烟台市留学人员联谊会

概况

烟台市留学人员联谊会是烟台市留学人员的群众性、非营利性的社会组织机构，同时也是党和政府团结联系广大留学人员的桥梁和纽带。

宗旨

依照宪法和法律，贯彻落实党中央和国务院关于“支持留学、鼓励回国、来去自由”的留学工作方针，维护留学人员合法权益，团结广大留学人员，发扬团结、奉献、奋发创业的精神，为把烟台市建设成现代化、国际性港口城市发挥作用。

主要任务

一、宣传烟台市经济、社会发展形势和对外开放政策，支持和引导留学人员为我市的建设和发展多做贡献。

二、联络广大留学人员对烟台市经济、科技等领域的工作进行研究探讨，为有关部门决策提供咨询服务。

三、组织留学人员广开渠道，积极促进烟台市同国外开展经济、技术、文化交流，为引进国外智力、技术和资金发挥牵线搭桥作用。

四、协助有关部门积极改善留学人员的学习、工作、生活条件，更好地发挥留学人员的作用。

联系方式

地　址：烟台市莱山区观海路128-108
邮　编：264003
电　话：86-535-6683330
传　真：86-535-6683269
邮　箱：rsjhbh@163.net

河南省留学人员联谊会

概况

河南省留学人员联谊会成立于1992年10月，是河南省留学回国人员自愿组成的群众性团体，是河南省委、省政府联系海内外留学人员和海外专家的桥梁和纽带。

宗旨

宣传党的基本路线，坚持党的改革开放方针，执行党和国家的留学工作政策，加强与海内外留学人员的联系，积极为留学人员创造优良环境和条件，充分发挥留学人员的作用，拓宽对外开放的渠道，依靠科技进步，为促进我省经济发展贡献力量。

主要任务

一、举办研讨会、座谈会、学术讲座；

二、提供服务咨询，协助引进人才、技术和资金；

三、为河南省社会、经济和文化发展牵线搭桥。

联系方式

地　址：郑州市顺河路32号
邮　编：450004
电　话：86-371-66359360
传　真：86-371-66329937
邮　箱：ylxec@163.com

洛阳市留学人员联谊会

概况

洛阳市留学人员联谊会是洛阳市侨联下属的社团组织，成立后将依法登记，独立开展工作。联谊会为纯服务性机构，不进行商业活动，会员需缴纳会费，联谊会工作所需经费由市侨联保障。联谊会的主要工作是依托侨联海内外联系广泛的优势，加强留学人员之间的交流，为我市留学人员在国内外的学习、工作、生活等方面提供帮助和服务。

宗旨

加强我市留学回国人员与党和政府的联系，团结联系广大留学人员为我市发展多做贡献；加强与国内外及其他留学生组织的联络合作，为留学人员提供科技交流、互通信息、交流感情、横向合作的渠道；帮助留学人员回国创业发展，从留学生创业生态环境体系入手，收集、反映留学回国人员的意见和要求；协助有关部门解决留学回国人员在工作、学习、生活等方面的问题与困难，更好地发挥留学回国人员在我市发展建设中的作用。

主要任务

一、扬爱国主义精神，倡导留学报国思想，宣传介绍海内外留学人员的先进事迹和学术成就。

二、形式多样的海内外学友之间的联谊活动，加强学术交流和信息沟通，丰富文化生活，增进会员联系和友谊。

三、联络海外留学人员，努力拓宽他们同祖国，尤其是和洛阳的联系渠道，促进海外学友、专家学者和各界人士与洛阳的联系，增进互相了解，加强民间往来，在科教、文化、经济等领域广泛开展交流与合作。

四、组织会员发挥综合智力优势，为洛阳市的经济建设和社会全面发展进行专题调查研究、出谋献策。举办各种类型的咨询、信息服务和人员培训活动。

五、积极动员会员为我市引进海外高层次人才牵线搭桥，鼓励和扶持海外留学归国人员来我市创业，促进我市高新技术产业的发展。

六、联络与洛阳有渊源的海外学友和留学人员团体，加强他们与洛阳的沟通与联系。

七、维护会员的合法权益，关心他们的工作和生活情况，及时向有关部门反映他们的建议和意见，并协助解决他们的困难和问题。

八、承接党委、政府部门委托与本会有关的事项。

联系方式

地　址：洛阳新区政和路市委院东楼
邮　编：471000
电　话：0379-63317355
邮　箱：luoyangqiaolian@163.com
yql2009@126.com

湖北欧美同学会·湖北留学人员联合会

概况

湖北欧美同学会·湖北留学人员联合会成立于2011年4月8日，是以湖北省留学海外各国归国同学为主体自愿组成的组织，以加强与海内外留学人员和留学团体的联系和交往，开展在经济、科技、文化、教育、卫生等领域的交流与合作，组织和推动海外留学人员为湖北服务等为任务。第一届理事会共有理事216名，由各市和有关高校、企事业单位、省直有关部门、有关机构和团体等推荐。

湖北欧美同学会·湖北留学人员联合会将团结和依靠广大归国留学人员，发挥自身优势，秉持修学、游艺、敦谊、励行的理念，不断增强吸引力和凝聚力，将该会建设成联系广大留学人员的桥梁和纽带，成为湖北省做好留学人员工作的助手，成为全省留学人员的温馨家园。

联系方式

地　址：武汉市武昌区洪山路16号
邮　编：430071
电　话：86-27-87824798
传　真：86-27-87824798
邮　箱：hbomtxh@126.com

湖北省留学人员联谊会

概况

湖北省留学人员联谊会创建于1992年1月7日，是非政府民间团体。通过定期组织各种会务活动，探讨学术，日益成为联系海内外留学人员的桥梁和纽带。

宗旨

遵守宪法、法律、法规和国家政策，遵守社会道德风尚。团结广大留学人员，密切留学人员与党和政府的联系，加强留学人员与海外科技、经贸及文化教育界的沟通，促进留学人员来鄂工作或为鄂服务，推动湖北对外开放和现代化建设。

主要任务

一、努力当好党和政府团结、联系广大留学人员的桥梁和纽带，认真宣传党和政府有关留学人员的方针、政策，动员留学人员团结协作、奋发图强，在各自的工作岗位上为湖北的经济建设和社会发展作贡献。同时，以向有关部门推荐人才、提供咨询服务等多种方式积极参政议政。

二、发挥沟通海内外的桥梁和纽带的作用，以多种方式积极促进和组织我省同国外开展科技、经济、文化、教育、卫生等领域的交流和合作，为引进国外智力、技术和资金发挥牵线搭桥作用。

三、强化留学人员之间联谊的桥梁和纽带的功能，努力维护留学人员的合法权益，及时向有关部门反映他们的意见和要求，协助有关部门积极为他们来鄂创业以及在海内外的学习、工作和生活创造良好的环境。办好会刊、交流信息、推广经验、宣传先进、促进湖北留学人员工作进一步改进和提高，以达留学人员“强强联合、优势互补、共同发展”。

四、建立“湖北留学人员数据库”、开设“湖北省留学回国人员网站”。

联系方式

地　址：武汉市武昌区中南路14号发展大厦5层
邮　编：430071
电　话：86-27-87257932
传　真：86-27-87257976
网　址：www.hbllh.com

武汉欧美同学会·武汉留学人员联谊会

概况

武汉欧美同学会成立于1998年12月，2007年8月增冠“武汉留学人员联谊会”会名，是以武汉地区留学归国人员为主体自愿组成的群众组织。联谊会接受中共武汉市委统战部、武汉市民政局的业务指导和监督管理。

宗旨

高举社会主义和爱国主义的旗帜，团结留学归国同学，广泛联系海外学人，修学敦谊，相互切磋，扩大交流，促进合作，为统一祖国，振兴中华，发展武汉做出贡献。

主要任务

一、弘扬爱国主义思想，倡导留学报国精神，宣传海内外留学人员的先进事迹和学术成就。

二、举办各种活动，加强学术交流和信息沟通，增进会员联系和友谊。

三、加强与海外专家、学者和各界人士的联系，增进相互了解与合作，开展民间往来，在科技、经济、文化等领域进行交流与合作。

四、发挥会员综合智力优势，开办各类咨询、信息服务和人才培训，为武汉科技、经济和社会发展献计献策。

五、联络与武汉有渊源关系的海外学人和留学生会，拓宽他们与武汉的联系和为国服务的渠道。

六、维护会员的合法权益，向政府有关部门反映他们的建议和要求，协助解决武汉归国留学人员的困难和问题。

联系方式

地　址：武汉市汉口沿江大道149号605室
邮　编：430032
电　话：86-27-82306250
传　真：86-27-82306250
邮　箱：worsa@vip.sina.com
网　址：www.worsa.org.cn

湖南欧美同学会·湖南留学人员联谊会

概况

湖南欧美同学会·湖南留学人员联合会（英文简称HORSA）成立于2009年5月26日。该会是在中国共产党领导下，由湖南省归国留学人员自愿组成、非营利性质、具有法人资格的群众团体，也是一个覆盖面广的高层次人才团体，理事有158名，海外特邀理事有17名。

宗旨

以邓小平理论和“三个代表”重要思想为指导，全面贯彻落实科学发展观，团结和服务海内外留学人员，继承发扬留学报国的爱国主义传统，秉持修学、游艺、敦谊、励行的理念，为振兴中华和湖南发展作出贡献。

主要任务

一、弘扬爱国主义思想，倡导留学报国，宣传介绍和组织交流留学人员的优秀事迹和成就。

二、举办各种活动，加强学术交流，丰富文化生活，增进理事联系和友谊。

三、促进与海外专家学者及各界人士的相互了解与合作，开展民间友好往来，在科技、经济、文化等领域进行人才交流暨学术交流。

四、发挥理事专长，为政府及企事业单位提供咨询及中介服务、为留学人员在创办高新技术企业、合作项目、开展交流活动等方面提供服务。

五、维护理事的合法权益，关心他们的工作和生活，促进并发挥他们的专长和作用，向有关方面反映他们的建议和要求。

六、联络海外留学人员和留学生团体，努力拓宽他们与祖国联系和为国服务的渠道。

联系方式

地　址：湖南长沙市迎宾路185号
邮　编：410011
电　话：86-731-82215613，82217095，82217219
传　真：86-731-82215749
邮　箱：hwrsa@163.com
网　址：hnwrsa.hnswtzb.org

湖南省留学人员联谊会

概况

湖南省留学人员联谊会是湖南海内外留学人员自愿参加的社会团体。业务主管部门为湖南省人事厅，并接受社会团体管理机关的监督与管理。

宗旨

遵守党的基本路线，协助业务主管部门执行党和国家有关的方针、政策，团结海内外留学人员，加强广大留学人员与党和政府的联系，充分发挥留学人员的聪明才智和对外联系的桥梁纽带作用，促进我省改革开放和现代化建设事业的发展。

主要任务

一、宣传党和国家关于留学人员工作的方针政策以及留学人员报效祖国的先进事迹。

二、促进湖南省同国外开展经济、科技、文化、教育、卫生等领域的交流与合作，为引进国外智力、技术和资金牵线搭桥。

三、加强同广大留学人员的联系，了解和反映他们的意见与要求。维护留学人员的合法权益，协助有关部门为留学人员的学习、工作和生活创造良好环境。鼓励广大留学人员为湖南省社会经济发展建功立业。

四、接受政府主管部门的委托，为湖南省留学人员管理工作和政策法规建设提供咨询与服务，完成托办的任务。

五、有计划地开展丰富多彩的联谊活动，沟通思想，交流信息，增进友谊，团结海内外留学人员。

六、面向社会，广开渠道，积极开展科技咨询、开发、服务和外引内联等活动。

联系方式

地　址：长沙市中共湖南省委办公楼5楼521室
邮　编：410011
电　话：86-731-82216523

广州欧美同学会·广州留学人员联谊会

概况

广州欧美同学会创建于1925年，1936年更名为广东欧美同学会，会址设在广州市文德路39号，这幢美式洋房是由留学欧美的学者集资兴建起来的永久性会址。历任会长黄宪昭、韦增復、李禄超（曾任孙中山先生秘书）、陈宗南等。建国后，因会员四散、会务停顿。1984年，为团结广大留学欧美的学者专家，切磋学术交流，弘扬爱国主义精神，报效祖国，由在广州工作的留学欧美学者、原广东欧美同学会老会员：蒲蛰龙（中山大学）、罗明燏（华南工学院）、罗开富（中科院广州地理所）、李炳熙（暨南大学）、黎献勇（珠江水利委员会）等5人联名发起和倡议，向广州市人民政府和广大留学欧美学友提出恢复“广东欧美同学会”的活动，得到了时任广州市市长叶选平的关心，并批示由广州市科协牵头组织。经过两年多时间的筹备，于1987年6月14日在广州市委礼堂正式宣布重新恢复活动，成立广州欧美同学会。叶选平学长任名誉会长，我国著名淀粉糖专家、化学家、留美学者张力田教授，华南理工大学原校长刘焕彬教授先后任会长。2010年9月6日，广州市机构编制委员会正式下文《关于广州欧美同学会列入市群众团体序列等问题的批复》，明确了广州欧美同学会的性质和地位，并批准增冠“广州留学人员联谊会”会名。

广州欧美同学会是由留学欧美或其他国家的学友组成，会员遍布广州地区各行各业，是一个覆盖面广的高层次人才团体。现有会员3000多人。广州欧美同学会是欧美同学会·中国留学人员联谊会省市团体会员单位之一，中共广州市委统战部主管。

宗旨

加强联系、增进友谊、交流经验、相互激励、团结学友、奉献祖国。

主要任务

一、发挥联系海外留学人才的优势，积极做好引荐海外高层次人才工作。

二、发挥留学人员高知识性优势，努力推进留学报国实践活动。

三、发挥留学人员之家的优势，团结和凝聚学友。

联系方式

地　址：广州市天河区五山路381号华南理工大学校
邮　编：510641
电　话：86-20-87111484
传　真：86-20-87110668

广州留学人员商会

概况

广州留学人员商会创建于2002年，是全国首家商会性质的非营利性留学归国人员组织。现有会员逾千名，已成为在穗留学人员的真正家园。

本着“为会员谋利益，为社会谋共识”的目的，在祖国高速腾飞的今天，商会主动承担起了团结归国创业精英的责任，以期通过这一平台，积极参加国家建设，配合政府主办的各项大型招商会展及交流活动，同时开展与其他大型民间社团组织的交流，共创和谐广州。商会也是信息交流、学术交流及情感交流的场所，帮助留学归国人员尽快融入当地文化，使所学所能得以充分发挥。同时，针对会员特性建立了5个专业委员会和1个中心，并以此为基础开展针对性的活动。

宗旨

一、联合在广州及周边地区的留学归国人员，组建成一个在党和政府领导下的留学归国人员的非营利性组织。

二、为会员及会员企业与政府搭建友好的沟通和合作的桥梁。

三、发挥商会凝聚力，服务会员，为会员的事业发展搭建创业及发展平台,最大程度地发挥他们的经济及社会效益,从而实现他们知识报国、技术报国的良好夙愿。

四、最大限度地引进和输出境内外的技术和信息，利用境内外的投资资金，促进境内外的人才交流。

主要任务

一、向回国留学人员介绍情况、发布信息、提供各种优惠政策。

二、协助留学人员在国内注册公司、寻找合作伙伴、风险基金。

三、协助留学人员与各级政府、各职能部门沟通，组织有关留学回国政策、工商税务的发布会。

四、组织参加各种商业活动、展览会、交易会、交流会，促进留学人员项目转化及项目招商。

五、联系新闻媒介，及时报道宣传优秀留学人员及其创业企业，向社会呼吁保护留学创业人员的合法权益。

六、充分发挥利用海内外留学人员的潜力和优势，服务于中国民营经济发展，与工商联其他职能部门合作，定期组织举办服务于民营经济的各种讲座与活动。

七、与各地政府、教育部、人事部、科技部、经贸部、侨办、侨联、欧美同学会、开发区、商业团体、公司联系并协调关系，与海内外留学生团体、华人商会建立友好协作关系，与国外商会、学校建立友好协作关系。

联系方式

地　址：广州市海珠区敦和路189号留学人员创业园3栋307
邮　编：510310
电　话：86-20-34321880，34321883
传　真：86-20-34321885
邮　箱：contact@ocscc.org
网　址：www.ocscc.org

广州留学回国科技工作者协会

概况

广州留学回国科技工作者协会成立于1998年8月3日，是由广州地区学有所成的归国科技精英倡议，广大留学回国科技工作者及留学生热烈响应，在广州市领导及有关部门热情关怀和大力支持下成立的群众性组织，是广州市科学技术协会的团体会员，也是泛珠三角区域“9+2”合作组织的重要成员单位。

宗旨

在党和政府的领导下，团结广州及其周边地区留学归来的科技工作者，组成具有整体优势的一支生力军，充分调动他们的积极性，发挥他们的聪明才智，把他们在海外所学知识、技术运用到科技进步与经济发展中去。

主要任务

一、通过协会，加强与国内外专家学者、科技团体及企业的联络，促进对内对外科技、经济的交流与合作。

二、架起沟通广大科技人员与政府之间的桥梁，维护他们的权益，反映他们的心声。

三、协助政府做好留学生与进修生的吸引、接收、安置等方面的工作，鼓励更多的海外学子回国服务。

联系方式

地　址：广州市解放北路618-620号府前大厦A座1805室
邮　编：510130
电　话：86-20-83325995，83325053，83325019
传　真：86-20-83325995
邮　箱：ocs413@126.com

惠州市留学人员联谊会

概况

惠州市留学人员联谊会在惠州市委市政府的关心与支持下于2006年1月23日成立，是以留学人员及海外归国人员为主体的、学术性的、自愿结成的非营利性社会组织。英文名称Huizhou Association of Overseas & Returned Scholars，简称HAORS。接受业务主管单位惠州市科学技术协会及社团登记管理机关惠州市民政局的业务指导和监督管理。

宗旨

继承爱国主义传统，团结留学归国学子，广泛联系海内外学人共同为振兴中华做出贡献。

主要任务

一、举办或承办各种与惠州经济建设和社会发展有关的国际、国内学术研讨会。

二、组织会员发挥本会的综合智力优势，为惠州的发展献计献策。

三、为惠州企事业单位的发展开展各类咨询、信息服务和人才培训、交流，开展出国留学咨询与服务。

四、通过海内外的民间学术团体和留学人员组织，为我市的智力、人才、技术、资金、项目的引进做好中介服务。

五、积极反映海内外留学人员的需求，协助解决他们的工作及生活难题。

六、采取多种多样的联谊方式加强海内外专家、学者和企业人士之间的联系，促进惠州与海外在科技、文化、教育、经济等领域开展广泛的交流与合作。

七、团结广大归国留学人员和仍在海外的惠州籍学子、华裔、华侨学人，以各种方式为惠州经济社会发展服务。

八、国家法律允许范围内的其他专业性服务。

联系方式

地　址：惠州仲恺国家高新区惠台工业园54号小区科创中心
邮　编：506001
电　话：86-752-2653896
传　真：86-752-2601581
邮　箱：haors@163.com
网　址：www.haors.org

东莞市侨联归国留学人员联谊会

概况

东莞市侨联归国留学人员联谊会成立于2012年6月9日，是在东莞市归国华侨联合会领导下，由在东莞工作或生活的、具海外留学经历和与东莞有紧密联系的归国留学人员自愿组成，承认《中华全国归国华侨联合会章程》，是独立自主开展活动的非营利性侨界团体，东莞市侨联的团体会员，现有注册会员1000多人。

宗旨

一、海纳百川、团结奉献。

二、了解国家和东莞的建设发展情况，鼓励、引导、发挥留学人员优势，广泛联络海内外留学人员，为推进东莞经济社会双转型、建设富强幸福新东莞服务。

主要任务

一、组织广大归国留学人员学习党的方针政策、国家的法律法规，提高他们的爱国和建国热情。

二、引导归国留学人员参政议政，反映侨界的利益要求；关心归国留学人员，就他们在工作与生活中的问题和困难，向政府及职能部门提出意见和建议。

三、依法维护归国留学人员合法权益，推动社会经济文明建设；协助政府为归国留学人员在东莞创新创业、工作和生活等方面提供支持和服务。

四、组织开展适合归国留学人员特点的科技、经贸、对外联络交流等活动，促进归国留学人员事业的发展。

五、广泛联络海内外留学人员及其智力团体，促进交流与合作，为东莞招才引智服务。

联系方式

地　址：广东省东莞市莞城向阳路侨务楼
邮　编：523007
电　话：86-769-33229088，22227821，22221033
传　真：0769-22221829，22232539
邮　箱：mail@dgosa.com
网　址：www.dgosa.com

中山市留学回国人员联谊会

概况

中山市留学回国人员联谊会成立于2008年6月10日。联谊会的成立，是中山市经济建设和社会发展的需要，是中山市扩大对外开放和参与国际人才竞争的需要，也是联系和服务广大留学回国人员的需要，将进一步密切留学回国人员与市委、市政府的联系，为留学回国人员提供了感情交流、信息互通、科技交流、横向合作的渠道，也便于收集、反映留学回国人员的意见和要求，协助有关部门解决留学回国人员在工作、学习、生活方面的问题和困难。一直以来，中山市有关部门高度关注海外留学生和留学回国人员，为筹备成立中山市留学回国人员联谊会做了大量的前期工作。联谊会的成立得到广东省侨办和市委市政府的大力支持。

联谊会成立4年来，目前会员已发展至150多人。联谊会积极贯彻市委市政府关于进一步加快培养引进紧缺适用人才的战略部署，主动联系，服务我市广大留学回国人员，不断完善中山市海外引智网络，成为“留学回国人员之家”。联谊会先后组织会员前往多个镇区、企业参观考察，推动成立了留美、留加中山同学会，多次联合组织、人事、科技等部门赴美国、英国、加拿大等地举办招才引智推介会，积极向海外留学生和各界人士宣传推介中山人才政策。目前，已有中国留德学者学生联合会、中国留德计算机学会等海外留学生组织向中山表达了合作意向和计划，北美洲中国学人国际交流中心、美国安良工商总会、全球知名智库——兰德公司等国际人才资源组织，与联谊会建立联系寻求合作。

联系方式

地　址：中山市松苑路1号中山市外事侨务局国际交流部
邮　编：528400
电　话：86-760-88334455
传　真：86-760-88334455
邮　箱：irs88332136@gmail.com

潮州市留学回国人员联谊会

概况

潮州市留学人员联谊会成立于2012年7月6日，是在潮州市归国华侨联合会（以下简称“潮州市侨联”）领导下，由在潮州工作或生活的、具海外留学经历和与潮州有紧密联系的归国留学人员自愿组成。联谊会承认《中华全国归国华侨联合会章程》，是独立自主开展活动的非营利性侨界团体，潮州市侨联的团体会员。

宗旨

以马克思列宁主义、毛泽东思想、邓小平理论、“三个代表”重要思想和科学发展观为指导，高举中国特色社会主义和爱国主义旗帜，根据本章程，积极团结潮州市归国留学人员，发挥归国留学人员的团体优势，联络海外留学人员等专业人才，秉着“团结、互助、共进”的精神，为归国留学人员在潮州创业、发展服务，为潮州经济建设和社会发展，为实现中华民族伟大复兴和祖国完全统一作贡献。

主要任务

一、了解国家，特别是潮州的建设发展情况，鼓励、引导、发挥留学人员优势，广泛联络海内外留学人员，为加快经济发展、建设幸福潮州做出贡献。

二、组织广大归国留学人员学习党的方针政策、国家的法律法规，提高他们的爱国爱乡热情。

三、引导归国留学人员参政议政，反映侨界的利益要求。

四、关心归国留学人员，将他们在工作与生活中的问题和困难，向政府及职能部门提出意见和建议。

五、依法维护归国留学人员合法权益，推动社会经济文明建设。

六、为有意赴国外留学的学生提供相关资讯及帮助。

七、为归国留学人员在潮州创新创业、工作和生活等方面，提供支持和服务。

八、组织开展适合归国留学人员特点的科技、经贸、对外联络交流等活动，促进归国留学人员事业的发展。

九、加强自身建设，加强与社会各界的联系与交流，积极参加社会公益事业，维护和提高潮州归国留学人员群体形象。

十、广泛联络海内外留学人员及其智力团体，促进交流与合作，为潮州招才引智服务。

十一、表彰、奖励优秀归国留学人员，积极举荐人才。

十二、承接潮州市政府及其职能部门委托与本会有关的事项。

联系方式

地　址：潮州市新洋路新阳楼5号大地教育

邮　编：521000

电　话：86-18948509206

传　真：86-768-2211838

邮　箱：1292919492@qq.com

网　址：www.cosa.org.cn

广西留学人员联谊会（广西欧美同学会）

概况

广西留学人员联谊会（广西欧美同学会）成立于1986年，是以广西壮族自治区留学人员为主体的、适当吸收海外华裔和华侨学人自愿参加的非营利性的人民群众团体。英文名称为Guangxi Association of Overseas & Returned Scholars，简称GAORS。主管部门为自治区统战部，会址设在广西南宁市。

宗旨

继承爱国主义传统，团结留学归国学子，广泛联系海内外学人和与广西有渊源关系的华裔、华侨学人，修学敦谊，相互切磋，共同为振兴中华、繁荣广西做出贡献。

主要任务

一、继承爱国主义思想，倡导报国奉献精神，宣传海内外留学人员的先进事迹和学术成就。

二、团结广大归国留学人员和仍在海外的广西籍学子、华裔、华侨学人，以各种方式为广西经济社会发展服务。

三、采取多种多样的联谊方式加强海内外专家、学者和企业人士之间的联系，增进相互了解，促进广西与海外在科技、文化、教育、经济等领域开展广泛的交流与合作。

四、组织会员发挥本会的综合智力优势，为广西的发展提出建设性意见，为广西企事业单位的发展开展各类咨询、信息服务和人才培训与交流，开展出国留学咨询与服务，开展各项对广西经济和社会发展有意义的活动。

五、通过国外的民间学术团体和留学人员组织，为我区的智力、人才、技术、资金、项目的引进做好中介服务。

六、承担政府部门委托的广西重大经济建设项目的立项、鉴定、评估任务或其他课题。

七、维护广大留学人员的合法权益，积极反映海内外留学人员的需求，协助解决他们的困难和问题。

八、举办或承办各种与广西经济建设和社会发展有关的国际、国内研讨会。

九、协助党委和政府部门做好与留学人员沟通等工作。

联系方式

地　址：南宁市滨湖路63号

邮　编：530028

电　话：86-771-5568639，5568677

传　真：86-771-5568649

邮　箱：gaors_gx@126.com

网　址：gorsa.gxnews.com.cn

桂林欧美同学会·桂林留学人员联谊会

概况

桂林欧美同学会·桂林留学人员联谊会成立于2004年12月19日，是由桂林归国留学人员组成的群众团体。

桂林留学人员学成归国，行业涉及了金融、法律、传媒、旅游、科教、城建等各个领域。他们具有较高的知识文化水平和较成功的事业，有较强的组织和社会活动能力，以及对祖国和家乡赤诚的友好情怀，在中外经济、教育等领域的交流与合作中发挥了重要的桥梁作用，成为桂林市同海外友好往来的使者。桂林欧美同学会作为在党领导下的群众团体，为桂林市归国留学人员搭建起了一个交流平台，把服务桂林建设与发展同服务广大留学人员结合起来，把做好回国留学人员的工作同做好海外留学人员的工作结合起来，把发挥广大留学人员的作用同在他们中发现、培养和举荐人才结合起来，为大力推进桂林市“三个文明”做出了贡献。

宗旨

团结桂林市海内外留学人员，广泛联系海内外学人和与桂林有渊源关系的华裔、华侨学人，修学敦谊，相互切磋，构架与广大海内外人员和学者密切联系的桥梁和纽带，共同为繁荣桂林做贡献。

联系方式

地　址：桂林市榕湖路北路6号

邮　编：541001
电　话：86-773-2818858
传　真：86-773-2823330
邮　箱：gllx2007@126.com

海南欧美同学会

概况

海南欧美同学会成立于2012年5月23日，本会主要是以海南留学欧美各国归国同学为主体自愿组成的具有统战性、知识性、联谊性的群众组织，是中国共产党领导下的人民团体，是党联系留学人员的桥梁和纽带，是党和政府做好留学人员工作的助手。海南欧美同学会主管单位为海南省委统战部。本会接受中共海南省委统战部的政治领导和业务指导，在欧美同学会·中国留学人员联谊会的指导下开展各项工作。本会接受海南省社会团体登记管理机关海南省民政厅的监督管理。

主要任务

（一）学习贯彻党和政府关于留学人员工作、知识分子工作和人才工作的方针政策；

（二）弘扬爱国主义传统，推动留学人员报国实践，宣传留学人员报国业绩，表彰、奖励优秀留学人员；

（三）加强与欧美同学会·中国留学人员联谊会和海外留学人员、留学人员团体的联系，参与开展科技、经济、文化、教育、卫生等领域的交流与合作，组织和推动留学人员为海南经济社会发展服务；

（四）发挥会员的专长和作用，开展教育培训、学术交流、信息咨询、联谊交友、考察调研等活动，积极建言献策；

（五）为海外归国留学人员来海南创业牵线搭桥；

（六）反映会员的意见和要求，关心会员的工作和生活，维护会员的合法权益，努力为会员服务，把本会办成留学人员之家；

（七）积极举荐人才。

联系方式

地址：海南省海口市国兴大道69号海南广场5栋401
邮编：570203
电话：086-0898-65359192，65220221
传真：086-0898-65359192，65220221
邮箱：hnomtxh@hainan.gov.cn

重庆留学人员联谊会

概况

重庆留学人员联谊会于1994年5月成立，共有1990名会员。其中，高校及科研院所有1940人，企事业单位有27人，机关有49人；具有研究生学历以上的1441人，占72%，其中博士研究生达到1040人，占52%。

宗旨

坚持以邓小平理论和“三个代表”重要思想为指导，深入贯彻落实科学发展观，按照党和国家关于“支持留学，鼓励回国，来去自由”的方针，采取多种形式，鼓励海外人才回国为社会经济建设服务。遵守国家宪法、法律、法规和各项方针政策，继承和发扬留学报国的爱国主义传统，团结、吸引、联系广大留学回国人员，增进友谊，沟通信息，交流学术，开展协作，为促进重庆对外开放和经济社会发展做出贡献。

主要任务

一、弘扬爱国主义思想，倡导留学报国精神，宣传海内外留学人员的先进事迹和学术成就。

二、举办各种活动，加强学术交流，丰富文化生活，增进海内外留学人员的联系和联谊。

三、推动海内外专家、学者和各界人士之间的联系，增进相互了解，在科技、文化、教育、经济等领域广泛开展交流与合作。

四、为海外学人回国创业兴业提供智力支持。

五、组织会员发挥综合智力优势，积极开展各类咨询、信息服务和人员培训等活动，为重庆的发展提供建设性意见。

六、联络与重庆有渊源关系的海外学人和留学人员团体，努力拓宽他们与祖国的联系和为国服务的渠道。

七、维护会员的合法权益，关心他们的工作和生活，积极反映他们的需求，协助解决困难和问题。

联系方式

地　址：重庆市渝北区新牌坊一路1号
邮　编：401147
电　话：86-23-86868567
传　真：86-23-86868567

四川省留学人员联谊会

概况

四川省留学人员联谊会成立于2006年10月28日，是四川省各行业留学人员及部分企事业单位自愿结成的社会团体组织。英文名称为SICHUAN OVERSEAS SCHOLARS UNION，简称SOSU。联谊会的成立进一步整合四川省已有的各类留学人员资源，服务四川省经济社会建设。作为连接政府、社会和留学人员的桥梁，加强留学人员之间、留学人员与政府之间、留学人员和社会之间的良好沟通。

宗旨

通过联络感情、沟通信息，成为留学人员之家。

主要任务

一、向党和政府反映留学人员的意见、建议和要求，协助党委和政府做好留学人员服务工作，不断改善留学人员的工作、生活环境，维护留学人员的合法权益。

二、开展留学人员业绩和成果宣传工作，组织各种形式的联谊活动，加强国内外留学人员之间的信息交流、学术交流，促进不同领域留学人员之间的了解与沟通。

三、加速留学人员科技与专利成果的转化，研究成果转化的途径和方式，开辟科技成果转化为现实社会生产力的“绿色通道”。

四、发挥留学人员的智囊作用，激励留学人员开展科技咨询，鼓励并组织留学人员投入生产、管理第一线，为各级党政机关、企事业单位、个体业主和农户做顾问，开展单项技术、经济咨询和综合性管理“会诊”，将留学人员的潜能转化为现实生产、管理能力。

五、加强同国内外知名留学人员和留学人员社会团体的联系，交换信息，扩大视野，有效地开展资金、技术和人才的引进工作。

联系方式

地　址：成都市东二巷18号四川省人事厅509室
邮　编：610015
电　话：86-28-86763106，86627109
传　真：86-28-86627109，86765106
邮　箱：yybeauty@tom.com
网　址：www.sczjfw.com

贵州留学人员联谊会
（贵州欧美同学会）

概况

贵州留学人员联谊会（贵州欧美同学会）成立于2008年12月。联谊会的成立，为贵州省广大留学人员创造了一个学术交流的平台，一个反映意见建议的渠道、咨询服务的窗口和寻求支持的依托。

联谊会在政府与留学人员之间充分发挥了桥梁和纽带作用，为留学人员提供优质服务，并通过自己在国外的各种联系，为贵州引进更多人才，尤其是贵州经济社会发展急需的领导人才。在团结凝聚留学人员发挥作用方面作出新贡献，在协助党和政府开展留学人员工作方面取得新成效，在加强自身建设方面实现新突破，真正成为党联系广大留学人员的桥梁纽带，成为党和政府做好留学人员工作的助手，成为具有广泛影响力和强大凝聚力的留学人员之家，为推进贵州经济社会历史性跨越作出新贡献。

宗旨

继承爱国主义传统，团结留学归国学子，广泛联系海内外学人和与贵州有渊源关系的华裔、华侨学人，修学敦谊，相互切磋，共同为振兴中华、繁荣贵州做出贡献。

联系方式

地　址：贵阳市广胜路1号
邮　编：550002
电　话：86-851-5895140
传　真：86-851-5895140

云南省留学人员联谊会

概况

云南省留学人员联谊会成立于2008年12月21日。联谊会的成立得到了云南省委统战部、云南省民政厅的批准指导。

宗旨

为云南省留学人员搭建参政议政、建言献策、施展才华、加强联系与合作、加深友谊的平台，进一步调动云南省留学人员的积极性、创造性，开拓留学人员工作新局面。

主要任务

一、充分发挥智力密集、联系广泛的优势，调动一切可以调动的积极因素，团结一切可以团结的积极力量，群策群力，服务于云南改革发展大局，服务于解放和发展生产力。

二、围绕云南省经济社会发展中的重大问题，深入调查研究，为各级党委政府多献科学发展之言，多谋富民惠民之策。

三、进一步加强同港澳台和海外各界人士的联系，广交朋友，联络感情，宣传政策，牵线搭桥，推动云南与港澳台和海外在经济、科教、文化等方面的交流与合作，为云南省扩大开放、整合资源、加快发展、提高竞争力作出贡献。

联系方式

地　址：昆明市广福福路8号中共云南省委统战部
邮　编：650228
电　话：86-871-3992481，3992488
传　真：86-871-3992482
邮　箱：ynlyh@126.com
网　址：www.ynrosa.or.cn

云南省留学人员创业协会

概况

云南省留学人员创业协会成立于2008年9月，是由云南省留学归国人员及有关企事业单位、民间组织自愿组成的非营利性社会团体。协会会员主要来自留学归国人员在滇创业的企业和企业家，留学归国的中高级人才和经理人，以及正待归国、有意归国创业的留学人员。云南留学人员创业协会的成立，顺应了广大留学人员归国创业发展的需求，为他们提供了难得的高端交流平台，同时也为海内外各界有识之士为中国现代化大业建言献策提供了便捷渠道。

宗旨

立足于云南、面向全国、团结四海、放眼世界。秉承老一辈留学人员留学报国的优良传统，进一步团结和凝集广大在滇留学人员，努力成为党和政府联系留学人员的桥梁和纽带。协会通过搭建平台，为会员提供创业互助，合作交流，共谋发展。为政府建言献策，招商引资引智。

主要任务

一、充分发挥留学人员创业精神足，创新能力强，掌握国际先进技术，具有中外文化合璧的背景和广泛的国内外人际关系等独特优势，搭建科技交流、信息交流、创业服务平台，促进项目技术、人才、资金的国际流动。

二、帮助留学归国人员解决创业过程中面临的实际困难，维护留学人员的合法权益，会同有关部门落实留学人员政策。

三、组织留学人员积极参与科技创新，创办企业和多种形式的活动。

四、进一步发挥留学人员的作用，为云南省的社会经济事业的可持续发展作出自己的贡献。

联系方式

地　址：国家级昆明经济技术开发区云大西路39号
　　　　创业大厦608室
电　话：86-871—6358828
传　真：86-871—6358788
邮　箱：ypocepa@163.com
网　址：www.ypocepa.com

昆明留学人员联谊会

概况

昆明留学人员联谊会成立于1993年4月，由本地区各行各业的留学归国人员组成，与海外相关科研院所、社会组织、高层次人才保持着密切联系，具有广泛群众性、高知识、多元性和开放性。

联谊会在各级领导的关心下，在市委统战部及市科协的领导下，在全体会员的积极支持与参与下，始终紧密围绕昆明市经济社会发展重点开展工作，为实施科教兴昆，人才强市，以开放促发展，促进科学技术的引进、普及与推广，为经济结构的调整做出了贡献。

宗旨

抓住云南省桥头堡战略实施，扩大对外开放，以及昆明市建设中国面向西南开放的国际性区域城市的机遇，围绕党和政府的中心工作，进一步做好广大留学人员的工作，整合广大归国人员的智力与人脉资源，服务地方经济社会发展，将联谊会建设成为党和政府联系广大留学人员的桥梁和纽带，成为党和政府做好留学人员工作的助手。

主要任务

以服务留学人员为宗旨，关心留学人员的工作、学习和生活，反映他们的愿望和要求，维护他们的合法权益，为留学人员回国创业和为国服务创造条件、搭建平台，成为留学人员之家。

联系方式

地　址：昆明市呈贡新区市级行政中心7号楼135室

电　话：86-871-3192873

传　真：86-871-3192873

邮　箱：gjb@kmkp.net.cn

网　址：www.kmkp.net.cn

陕西省留学人员联谊会

概况

陕西省留学人员联谊会成立于1989年，是在省民政厅注册的陕西省留学人员群众性组织，主管部门为省人力资源和社会保障厅，日常业务受省外国专家局指导。作为党和政府团结、联系广大留学人员的纽带和桥梁，二十余年来，通过各种形式的活动，组织广大留学人员在国内外广泛开展科技、经济、文化交流，为陕西经济建设和社会发展作出了积极贡献。

宗旨

广泛联系全省留学人员，促进全省留学人员的团结和进步，帮助留学人员在陕创业，引导广大留学人员以多种方式参与陕西省的经济建设和社会发展。

联系方式

地　址：西安市建设东路3号省人社厅太乙路办公区2号办公楼310室

邮　编：710054

电　话：86-29-89538077

传　真：86-29-89538077

宁夏留学人员联谊会

概况

宁夏留学人员联谊会于2009年4月28日成立，是由在宁夏工作的留学人员自愿组成的非营利性的社会群众团体。业务主管单位是宁夏回族自治区党委组织部、人力资源和社会保障厅，社团登记管理机关是宁夏回族自治区民政厅。团体接受业务主管单位和社团登记管理机关的业务指导和监督管理。英文名称为Ningxia Returned Scholars Association，简称NXRSA。

宗旨

遵守国家宪法、法律、法规和国家政策，遵守社会道德风尚，坚持科学发展观，以人为本，广泛联系海内外留学人员，广交朋友，增进友谊，宣传宁夏，吸引国（境）外人才、智力、技术和资金，为宁夏经济建设和社会发展服务。

主要任务

一、通过宁夏留学人员联谊会向自治区党委和政府反映在宁夏留学人员的意见、建议和要求，协助党委和政府做好留学回国人员服务工作，不断改善留学回国人员的工作、生活环境，维护留学回国人员的合法权益。

二、开展留学回国人员业绩和成果宣传工作，组织各种形式的联谊活动，加强国内外留学人员之间的信息交流、学术交流，促进不同领域留学回国人员之间的了解与沟通。

三、加速留学回国人员科技与专利成果的转化，研究成果转化的途径和方式，开辟科技成果转化为现实社会生产力的“绿色通道”。

四、发挥留学回国人员与其他人才的智囊作用，激励留学回国人员开展科技咨询，鼓励并组织留学人员投入生产、管理第一线，为各级党政机关、企事业单位、个体业主和农户做顾问，开展单项技术、经济咨询和综合性管理“会诊”，将留学回国人员的潜能转化为现实生产、管理能力。

五、加强同国内外知名留学人员及留学人员社会团体的联系，交换信息，扩大视野，有效地开展资金、技术和人才的引进工作。

联系方式

地　址：宁夏银川市上海东路40号

邮　编：750001

电　话：86-951-5099081

传　真：86-951-5099100

邮　箱：nxzj2088@126.com

新疆留学人员联谊会

概况

新疆留学人员联谊会成立于2006年7月24日，是在新疆维吾尔自治区党委组织部、统战部、自治区人事厅等有关部门的共同发起下成立的，由新疆维吾尔自治区各行各业的留学人员自愿组成的，具有独立法人资格的非营利性社会团体组织，是党和政府联系广大留学人员的桥梁；是留学人员间相互联系与合作的纽带。联谊会的成立标志着新疆留学人员从此有了自己的组织，也有了加强交流、施展才干、报效祖国的平台。

联谊会自成立以来，继承和发扬留学报国的光荣传统，充分发挥桥梁、纽带作用，以“团结立会、依章治会、民主办会、实干兴会”为办会方针，依托自身的独特优势，积极探索在新形势下做好留学人员工作的新思路、新方法，创造性地开展工作，组织了丰富多样的活动，努力凝聚广大留学人员，并通过与境外合作，拓展为新疆服务的平台。

宗旨

发扬爱国主义精神，团结广大新疆籍留学人员，广泛联系海内外学人，增进友谊，沟通信息，交流学术，促进合作，共同为振兴新疆经济、维护祖国统一服务。

主要任务

一、弘扬爱国主义精神，倡导留学报国，宣传介绍海内外留学人员的先进事迹和学术成就。

二、组织归国留学人员发挥专业特长，加强学术交流，举行各类咨询、信息服务和人员培训等活动，为自治区经济发展开展招才引智、招商引资、扶贫帮困等工作；进行专项调研，为新疆的经济建设和社会全面发展出谋献策。

三、联系海内外留学人员及其团体，拓展他们与祖国联系和为国服务的渠道，加强民间友好交往，开展在经济、科学、教育和文化等领域的交流与合作。

四、维护归国留学人员的合法权益，向党和政府反映留学人员的意见、建议和要求，做好留学人员服务工作。

五、增进留学人员的联系和友谊，丰富文化生活，举办各种有益的联谊活动。

联系方式

地　址：乌鲁木齐市文化路38号
邮　编：830002
电　话：86-991-2398135，2391342，2391123
传　真：86-991-2391342
邮　箱：xjlxrylyh@xjts.cn
网　址：www.xjlxrylyh.com

第六部分

附录篇

附录篇

留学人员回国服务机构一览

中国（教育部）留学服务中心

为了适应国家改革开放、教育国际交流与合作发展，在邓小平同志的亲自提议和关怀下，国家教委留学服务中心于1989年3月31日批准成立。1998年，更名为教育部留学服务中心，对外称中国留学服务中心。

中国（教育部）留学服务中心，是教育部直属事业单位，以事业单位法人注册，主要从事出国留学、留学回国、来华留学以及教育国际交流与合作等领域的相关服务。其主要业务范围包括：公派留学、自费留学、签证代理、国外宣传保障、留学人员档案管理、留学人员集体户口管理、国(境)外学历学位认证、留学人员回国安置、受理留学回国人员科研启动基金申请、中国留学人才市场、中国国际教育巡回展、留学中国教育展、来华留学毕业生联络联谊工作、回国创业政策咨询、承办“春晖杯”中国留学人员创新创业大赛以及承办其他政府项目等。目前中心设有13个部门、两个直属注册企业和30个各地分中心。伴随着新中国留学工作的不断发展，教育部留学服务中心走过了光辉历程，取得了伟大成就，其留学服务工作在我国教育、科研、经济、文化、社会发展以及中国的对外开放和国际交流等方面，均起到了不可替代的重要作用。

作为教育部在留学服务领域里的助手和依托，教育部留学服务中心将不断适应中国留学事业的发展和需求，坚持服务创新，按照社会化、市场化、国际化、专业化、网络化的发展思路，努力工作，开拓进取，为配合国家实施“科教兴国”和“人才强国”战略，做出新的更大贡献。

主要职能：

一、出国留学

1. 中国国际教育巡回展是经教育部批准，中国（教育部）留学服务中心主办，以介绍国外优质教育资源为主要内容的大型展览，通常在每年春季举办。

2. 公派留学和出访签证代理。受教育部委托并经外交部批准，中心公派出国留学事务处主要负责为各类公派留学(包括：国家留学基金全额资助，国家留学基金部分资助，政府互换奖学金项目，各部委、科研院所、地方省市自筹资金以及院校际交流等)人员提供办理出国和出境手续的服务，保证公派出国留学人员顺利出国学习和从事科研、进修。

3. 自费留学。自2003年起，在教育部国际司的指导下，中心承担了以教育部的名义公布国外院校名单的工作。同时，受教育部委托，中心还负责对外提供自费留学信息咨询与确认服务。

4. 留学人员档案管理。经国家主管部门批准，中心于1997年成立留学人员档案室，专门从事留学人员人事档案的管理及相关业务的咨询工作。其服务内容主要包括：为出国留学和留学回国人员提供档案管理服务、开具各种人事证明、记录国外留学经历等。

二、留学回国

1. 留学人员集体户口管理。2005年5月，为解决出国留学人员户籍管理和迁移问题以及部分留学回国人员落户难问题，经北京市公安局批准，中心设立留学人员集体户口，负责部分出国留学人员和留学回国人员的户口管理工作。

2. 国（境）外学历学位认证。经国务院学位委员会和国家教育部批准同意，中心面向全国开展对国（境）外学位证书和高等教育文凭的认证服务。2001年4月，经国务院学位办批准，中心正式对外受理中外合作办学颁发国外学位证书的认证申请。

3. 中国留学人才市场。是中国（教育部）留学服务中心为适应海外留学人才回国就业需要而设立的专门机构，它是国内首家获得国家主管部门许可专事留学人才中介服务的机构。中国留学人才市场以“中国留学英才网”网络平台为依托，结合传统网下人才招聘会和视频招聘等多种形式，面向海外留学人才和国内用人单位提供专业化人才中介服务。

4. 留学回国就业。受教育部委托，中心负责为留学回国人员办理就业报到相关手续。

三、来华留学

1. 科研启动基金申请。教育部于1990年特设立留学回国人员科研启动基金项目，受教育部委托中心承担有关该项目的咨询、申请、初评、上报和拨款工作，并协助主管部门进行项目效益的追踪与调研工作。

2. 回国创业。1995年4月，国务院决定在中心成立留学人员投资事务处，加大留学人员为国服务,特别是为留学人员回国创业提供服务的力度，负责为在外留学人员回国投资创办企业、短期讲学、合作科研、科技成果转让、新技术开发、引进国外先进技术项目等提供政策咨询和中介服务，为海外高层次人才以多种形式为国服务提供多次入出境及在华长期居留的便利服务。

3. 留学中国教育展。是经教育部批准，由中心牵头组织中国院校赴境外招收来华留学生的国际教育展览，每年有计划地、有重点地在部分国家的重要城市举办。

4. 留华毕业生联络联谊。留华毕业生联络处是中心受教育部委托建立的机构，旨在将全世界在华留学生和毕业生联系起来，为他们提供信息交流的平台和组织联谊活动，努力使他们成为沟通中国和世界的桥梁。

四、国际合作

1. 英国高等教育文凭项目。2003年，中心与英国苏格兰学历管理委员会（SQA）合作，将英国高等教育文凭项目引入中国。

2. 中国留学服务中心-荷兰高等教育国际交流协会合作办公室。中国留学服务中心-荷兰高等教育国际交流协会合作办公室(CSCSE-Neso China)系中国（教育部）留学服务中心与荷兰高等教育国际交流协会（Nuffic）于2001年在北京联合成立的非营利性组织，旨在为促进中荷教育交流与合作提供服务与支持。

3. 新加坡政府奖学金项。1992年和1993年，经原国家教委批准，中国（教育部）留学服务中心先后与新加坡教育部、卫生部合作，开展了新加坡本科奖学金项目和新加坡护理奖学金项目。

4. 中俄联合培养本科生项目。根据中俄教文卫体合作委员会第五次会议纪要和中俄教育合作分委会第四次会议纪要规定，2004年教育部设立了中俄联合培养本科生项目。受教育部委托，中国（教育部）留学服务中心负责对中俄联合培养本科生项目进行统一管理，以保证和促进该项目能够稳定健康发展。

五、其他服务

1. 出国留学培训基地项目。出国留学培训基地的建立是中心协助教育部规范出国留学市场秩序,建立出国留学示范样板的重要举措。

2. 境外教育机构资质鉴定服务。中心根据长期专门从事出国留学、留学回国、国际教育资源信息咨询、国外学历学位证书认证等相关业务所积累的工作经验和资源优势，开展境外教育机构资质情况查询服务。

3．教育外事服务。受教育部委托，中心公派团组护照签证事务处主要负责为教育部机关、企事业单位、部直属高校校级领导以及部分直属高校因公临时出国人员提供办理护照和签证服务，负责对上述人员因公护照进行管理和监督，负责为教育部驻外使（领）馆人员及其家属办理出国护照和签证手续，确保了公务团组的顺利出访和外交人员的顺利赴任。

4．信息服务。为满足信息化、网络化办公和广大留学人员信息咨询的需要，中国（教育部）留学服务中心在教育部的大力支持下，于1996年建立了“中国留学网”。经过多年来的建设和改版，中国留学网已经建设成为中国（教育部）留学服务中心对外交流合作的窗口和服务平台。

5．承担着教育部、科技部主办的“春晖杯”中国留学人员创新创业大赛相关的组委会办公室工作，并为留学人员回国创业提供相关的服务。

联系方式：

地　址：北京市海淀区北四环西路56号辉煌时代大厦5层
邮　编：100080
电　话：86-10-62677800
传　真：86-10-62677504
网　址：www.cscse.edu.cn

科学技术部火炬高技术产业开发中心

1988年，党中央、国务院正式批准实施旨在发展中国高新技术产业的指导性计划——火炬计划。作为火炬计划的具体组织实施单位——科学技术部火炬高技术产业开发中心（简称“火炬中心”）成立于1989年10月，是隶属于国家科学技术部的独立事业法人单位。在科学技术部指导下，火炬中心以“发展高科技，实现产业化”为己任，大胆探索，不断创新，推动了中国高新技术产业不断向前发展。

20年来，火炬中心坚持以“国家目标、地方组织、市场导向”为方针，以创新谋发展，创造性地丰富了火炬计划的内涵。通过国家高新技术产业开发区、科技型中小企业技术创新基金、科技企业孵化器等一系列政策工具的制定和实施，在建设创新创业环境，聚集科技资源，促进技术创新与转化，加强科技和经济结合，调整产业结构，增强区域创新能力等方面，火炬计划取得了卓越的成绩，极大地推动了我国高新技术的商品化、产业化和国际化。“火炬”已成为中国发展高新技术产业的一面光辉旗帜。

为了更好地贯彻实施《国家中长期科学和技术发展规划纲要》，实现“增强自主创新能力、建设创新型国家”的国家使命，加强技术创新环境建设和高新技术产业化进程，科技部对原“科学技术部火炬高技术产业开发中心”“科学技术部科技型中小企业技术创新基金管理中心”“中国技术市场管理促进中心”进行了合并重组，组建了新的“科学技术部火炬高技术产业开发中心”。在科学技术部的领导和社会各界的大力支持下，火炬中心将继续高举“火炬”旗帜，以落实科学发展观为统领，以提高企业自主创新能力为核心，以营造技术创新环境和促进高新技术产业化为主线，通过实施“育苗造林”工程，大力发展科技型中小企业群体，推进产业集群向创新集群升级，聚集和激活人才、技术和资本等创新资源要素，推动“火炬”全面走进国家经济建设主战场，为建设创新型国家做出应有的贡献。

主要职能：

1．研究我国高新技术产业化及高新区发展的状况和问题、为科技部宏观决策提出建议和对策；研究提出火炬计划，国家高新区的发展规划、计划及有关政策建议。

2．研究我国技术市场发展的状况和问题，提出技术市场的发展规划及有关政策，为科技部宏观决策提出建议和对策。

3．承担火炬计划管理办公室的事务性管理工作，承担火炬计划的组织实施工作，推进高新技术产品成果商品化、产业化和国际化。

4．负责国家高新技术开发区的日常管理，为高新区的发展提供咨询与服务。

5．承担科技型中小企业技术创新基金的组织实施工作。

6．承担全国技术市场日常运行管理，以及登记、统计、培训、信息交流与技术转移等工作；联系和协调全国技术市场管理机构；开展科技成果推广和产业化咨询服务等工作。

7．研究提出科技企业孵化器发展规划、计划和有关政策建议，承担孵化器的日常管理；承担高新技术企业、国家级创业服务中心、国家留学人员创业园、技术交易机构、海外科技园、创业投资机构等的管理。

8．承担生产力促进中心、大学科技园、高新技术产业化基地、工业领域国家工程中心、国家重点新产品计划、科技兴贸行动专项等的组织实施工作。

9．承担火炬计划软件产业化工作；承担火炬计划产业化基地的管理工作。

10．研究提出高新技术产业化投融资政策建议，组织并推动科技风险投资工作。

11．承担编制《中国高新技术产品目录》及技术出口产品目录等工作。

12．负责火炬计划国家级高新区统计的专项工作，承担高新技术产业化的统计、宣传、信息交流、培训以及国际合作等工作。

13．承担科技部有关司局委托的工作。

14．承担科技部领导交办的其他工作。

联系方式：

地　址：北京市三里河二区甲18号
邮　编：100045
电　话：86-10-88656100
传　真：86-10-88656116
邮　箱：Mail@chinatorch.gov.cn
网　址：www.chinatorch.gov.cn

人力资源和社会保障部留学人员和专家服务中心

留学人员和专家服务中心为人力资源和社会保障部直属事业单位，同时作为中国博士后科学基金会的办公机构。中心拥有权威的高层次人才信息和丰富的科技成果资源，为“千人计划”引进的海外高层次人才落实特定生活待遇，为留学人员回国工作、创业、为国服务提供咨询、推介、人事代理等各种服务；承担高层次专业技术人才选拔、培养等事务工作，为专家队伍建设和发挥专家作用提供各种形式的服务；承办边远、少数民族地区专业技术人才特殊培养工作；负责中国博士后科学基金规划、筹集、管理工作；承担中国博士后网、中国留学人才网和中国专家网网站的建设、运营和管理；参与建立和完善我国高层次人才信息库。

主要职能：

1．负责海外高层次人才引进服务窗口工作：负责“千人计划”服务窗口工作，为“千人计划”引进的海外高层次人才落实居留和出入境、落户、医疗、住房、税收、子女就学等方面的特殊政策，办理相关手续。根据政策规定，按照引进人才的需求，为引进人才提供优质服务，营造海外高层次人才回国（来华）创新创业的良好环境。

2. 负责中国留学人员回国服务联盟秘书处有关工作：承担服务联盟具体日常工作，负责服务联盟组织建设工作，召开服务联盟成员大会，审核加入或退出的成员单位，成员单位间的沟通协调工作等。主要工作任务有，推进留学人员回国服务网络建设，健全留学人员回国服务机构的合作机制，建设留学人员回国服务信息平台，组织成员单位开展相关活动。

3. 负责中国留学人员回国创业专家指导委员会秘书处有关工作：会同欧美同学会建言献策委员会承担专家委员会具体日常工作，组织专家委员会入选专家，为“千人计划”创业人才入选者、中国留学人员回国创业启动支持计划入选者、各地及留学人员创业园推荐的具有发展潜力的重点留学人员企业等，开展创业培训、创业咨询、创业指导、深度合作、企业推介等形式的留学人员回国创业指导与服务。

4. 管理海外高层次人才联系窗口：承担“千人计划”人力资源和社会保障部网上海外高层次人才联系窗口（www.mohrss.gov.cn）管理工作，积极宣传海外高层次人才引进工作，认真做好接受海外高层次人才自荐有关工作。收集海外高层次人才基础信息，配合做好海外高层次人才信息库建设。

5. 管理运营中国留学人才信息网（www.Chinatalents.gov.cn）：中国留学人才信息网作为专门服务于海内外留学人员的政府网站，权威性和政策性强，已初步成为宣传党和国家有关留学人才政策，为留学人员和国内用人单位提供信息服务，做好留学人才资源开发工作的一个重要窗口。网站目前设有留学与人才、综合报道、要闻与动态、留学人才推荐、专家与博士后、工作交流、政策法规、回国指南、人才自荐、单位招聘、创业园区、经费资助指南、异域生活等栏目。

6. 组织留学人员回国服务活动：中心与各地地方政府或地方人事部门合作，组织了多次海内外留学人员智力服务与科技项目示范活动，这些活动的成功举办为带动地方经济、科技发展，促进地方引进高层次海外留学人才工作发挥了重要的推动作用。有些活动在当地已形成品牌，取得了很好的效果，深受海外留学人员和当地各界的好评。

7. 海外留学人才推荐工作：在中国留学人才信息网上开设留学人才推荐、回国指南、单位招聘、人才自荐等栏目，收集、发布国内人才和技术需求，协助用人单位开展招聘海外留学人员活动。根据留学人才特长和需求，采取网上推荐、出函推荐、重点推荐等形式，为留学人员回国提供就业推荐、信息咨询等各项服务。

8. 留学人员创业园管理服务工作：帮助创业园协调落实鼓励、支持留学人员回国创业的有关政策，为创业园提供人才、项目推荐服务。为留学人员创业提供人才、成果、推介及信息咨询服务。

联系方式：

地　址：北京市海淀区学院路30号博士后公寓办公楼

邮　编：100083

电　话：86-10-82388262，62322968，62330841

传　真：86-10-62321842

邮　箱：lxhgfw@163.com

网　址：www.chinatalents.gov.cn

中国留学人员回国创业专家指导委员会

为完善留学人员回国创业服务体系，配合实施国家“千人计划”和中国留学人员回国创业启动支持计划，进一步加大对留学人员回国创业的支持力度，人力资源社会保障部会同欧美同学会成立中国留学人员回国创业专家指导委员会。

专家委员会成员由下列人员担任：风险投资专家，市场营销专家，世界五百强企业以及著名跨国企业的高管，创业成功的留学人员企业家，全国省部共建国家级留学人员创业园负责人，从事企业咨询、人力资源管理以及会计师事务所、律师事务所等可为海归创业提供服务与咨询的相关领域专家。

专家委员会的主要服务对象包括入选“千人计划”的创业人才，入选“中国留学人员回国创业启动支持计划”的创业人才，各地人社部门和省部共建留学人员创业园推荐的、具有较大发展潜力的留学人员企业。

专家委员会秘书处设在人力资源和社会保障部留学人员和专家服务中心。

主要职能：

1. 创业培训。举办留学人员回国创业培训班，邀请专家委员会成员以及其他国内外优秀的企业家、知名专家学者、金融领域的知名专家，对回国创业的留学人员进行创业培训与辅导。

2. 创业咨询。组织专家委员会相关专家到留学人员创业园对企业开展创业咨询服务，现场调研，现场诊断，现场解决问题，传授成功经验，进行针对性辅导，提供个性化服务。

3. 创业指导。由各地或省部共建留学人员创业园推荐具有发展潜力并有创业服务需求的留学人员企业提交专家委员会，各位专家根据不同产业方向和市场前景以及创业者的需求，选择1至3家创业企业进行对接服务，给予企业全面创业指导，协助解决问题，推动企业发展。

4. 深度合作。鼓励专家委员会专家与留学人员企业开展投资、入股、贸易、技术交流、合作开发等不同形式的深度合作，做到优势互补，加快国际先进技术与国内市场运作的交流，加大上下游产品的相互促进，加快技术和产品的转化。

5. 企业推介。每年由专家委员会根据创业指导情况，推出一批最具成长潜力的留学人员企业，为留学人员企业创造良好的环境，助推留学人员企业快速成长。

联系方式：

地　址：北京市海淀区学院路30号博士后公寓办公楼

邮　编：100083

电　话：86-10-82388262、62322968、62330841

传　真：86-10-62321842

邮　箱：lxhgfw@163.com

网　址：www.chinatalents.gov.cn

北京海外学人中心

北京海外学人中心是北京市委市政府于2008年12月成立的专门联系海外学人、引进海外学人、服务海外学人的工作机构。中心秉承“尊重劳动、尊重知识、尊重人才、尊重创造”的方针，凭借专业化、信息化、国际化的人力资源开发能力，将为高层次人才和广大留学人员来京创新创业提供广阔的发展平台和全面的服务保障，力图打造连接海外优秀人才与北京的纽带和首都海外学人温馨之家。

北京海外学人中心将以“海纳百川，汇聚英才”的胸怀欢迎每一位海外学人的归来。

主要职能：

1．宣传国家和北京市关于海外人才的工作政策及经济社会发展情况。

2．研究提出北京市海外人才开发工作的中长期规划和政策措施建议。

3．收集、发布重大项目信息，海外学人信息和海外高层次人才政策信息。

4．负责北京市引进海外人才的认定评估工作。

5．广泛联系驻外使领馆、海外专家组织、海外人才交流机构、留学生组织、海外人才和国内相关组织，代表市委市政府多渠道寻访海外高层次人才。

6．组织实施海外人才培训交流活动。

7．为北京市重大科技项目、重点学科建设和重要产业发展提供引进海外高层次人才和智力的有关支持。

8．为在北京创新创业的海外人才提供事业发展和生活条件等综合配备服务。

9．为中央实施海外高层次人才开发工作服务。

10．联系指导协调本市各海外学人分中心的工作。

11．开展公派、自费出国留学咨询服务和回国留学人员工作创业指导。

联系方式：

北京海外学人中心

地　址：北京市西城区德外大街83号德胜国际中心B座6层

邮　编：100088

电　话：86-10-58540566，58540567，58540568

传　真：86-10-58540568

邮　箱：botc@8610hr.cn

网　址：www.8610hr.cn

北京海外学人中心服务大厅

地　址：北京市海淀区中关村海淀北二街10号泰鹏大厦二层

邮　编：100080

电　话：86-10-82484901，82484905，82484907

传　真：86-10-82484897

邮　箱：fuwu@8610hr.cn

天津市留学服务中心

天津市留学服务中心是天津市人事局直属事业单位，是负责全市留学人员服务工作的专门服务机构。天津市留学人员服务中心又是中国（教育部）留学服务中心天津分中心。主要任务是宣传、贯彻、落实国家关于留学人员工作的方针、政策、规定；为天津市留学回国人员提供全方位的管理与服务；积极引进海外留学人员中的人才、智力、技术、资金；承办天津市人事局及国家留学人员工作主管部门委托和交办的任务；与国内外相关组织建立业务合作关系。

主要职能：

一、出国留学服务

1．为预备出国留学人员提供各类外语培训。

2．自费留学咨询服务工作，提供国外有关学校的信息资料，协助联系学校、申请就读、申办签证等事宜。

二、留学回国服务

1．为各类留学人员来津工作和用人单位录用留学人员提供信息服务和双向选择服务，并根据双方需要进行重点推荐。

2．为各类留学人员短期来津讲学、学术交流、合作科研、投资考察提供牵线搭桥服务。

3．为已加入外国籍的高层次留学人才办理2至5年期多次入境签证、外国人居留证。

4．为外省市来津工作的留学回国人员办理工作接转、派遣和落户等相关手续。

5．为来津工作、创业的留学回国人员制作并颁发《留学回国人员证书》。

6．组织天津市留学回国人员开展留学人员联谊活动。

三、留学综合服务

1．提供国家及天津市有关留学人员工作的政策、规定的咨询服务。

2．为天津市自费出国留学人员提供档案管理等服务。

3．管理“天津留学人才网”及“天津市留学人员数据库”。

联系方式：

地　址：天津市河东区九经路25号中国（天津）人力资源发展促进中心3楼D区

邮　编：300171

电　话：86-22-24236966、24236951、24236952

邮　箱：haiwairencai@hotmail.com

河北省专家与留学人员服务中心

河北省专家与留学人员服务中心是2002年河北省编办批准成立的全额拨款的事业单位。主要任务是为河北省享受津贴的专家发放国务院特殊津贴和省政府专家岗位津贴；为河北省人事厅组织的来河北省的留学人员提供各项服务，协助用人单位开展招聘留学人员活动，为留学人员就业提供信息咨询服务；受河北省人事厅委托，与河北省选派的出国培训专家签订《出国培训协议书》，并负责违约人员培训经费的收回和违约金的追缴工作；为专家开展科技活动提供信息和服务；负责“河北留学人员联谊会”秘书处的日常工作。2004年5月与中国留学服务中心正式签订合作协议，成为中国（教育部）留学服务中心河北分中心。

主要职能：

一、专家服务工作

1．为发挥我省专家队伍的作用提供各种服务。负责专家津贴拨款统计和各类专家变化的跟踪服务工作；组织专家开展学术和联谊活动，协助专家管理处做好政府资助的专家休假工作，为人社部门组织的专家休假、学术交流等各种活动提供服务，组织开展专家和高层次人才培训工作。负责国（境）外机构在国内招聘专业人才出国（境）工作的审核、认证。

2．承担建设和完善我省高层次人才信息库的工作。

二、津贴发放工作

1．为我省享受国务院特殊津贴专家和享受省政府岗位津贴专家发放津贴。

2．建立专家津贴发放责任制。

三、留学派出工作

1．对我省选派的出国培训人员进行外语培训。

2．为出国培训人员办理出国前和回国后的各项手续。

3．将培训人员的研究成果分类汇集出版，对研究成果进行评审奖励。

4．违约追究。

四、留学回国服务

1．为省人事厅组织的来我省的留学人员提供各种服务；

2．负责各类留学回国人员的讲学、考察、技术交流、科技开发的组织和接待。

3．为留学人员回河北工作、创业和发挥作用提供各种中介服务。宣传和发布我省引进留学人员的优惠政策；收集、发布国内急需人才和技术需求的信息；协助用人单位招聘海外留学人员，为留学回国人员就业提供信息、咨询和服务；组织交流洽谈，为留学人员提供就业推荐、信息咨询、人事代理等各项服务；开展留学人员技术成果评价、开发、转让等服务工作。

4．承办留学回国人员科技活动择优资助经费申报的事务性工作。

5．承办我厅批准或与有关部门合办的省级留学人员创业园的具体工作，帮助创业园落实国家及省制定的有关鼓励、支持留学人员回国创业的政策，为留学人员创办企业疏通渠道。

6．积极和国家人事部留学人员与专家服务中心配合，拓宽留学和专家境外培训的形式与渠道。

7．接待留学人员来信、来访。

五、中国留学服务中心河北分中心服务项目

为创新为留学人员服务方式，拓宽为留学人员服务领域，中心与国家教育部中国留学人员服务中心开展以下几项留学业务的合作。

1．建立“中国留学服务中心河北分中心”。

2．开展海外高层次留学人员身份确认业务。

3．受理“教育部留学回国人员科研启动基金”申请。

4．办理我省留学人员档案存放。

5．与“中国留学网”链接分中心网页。

6．建立“国外学历（学位）认证”申请材料河北验证点。

六、“河北留学人员联谊会”秘书处的日常工作

1．积极宣传、贯彻执行国家和我省有关留学人员工作的方针、政策。为各类留学人员回国工作和为国服务开展咨询、提供服务。

2．向上级部门收集反映留学人员的意见、建议和要求；维护留学人员的合法权益，为留学人员创造良好的学习、工作和生活环境。

3．积极组织多种形式的联谊活动，加强海内外留学人员之间和留学人员社团之间的信息、技术和学术交流，丰富会员文化生活，加强留学人员之间的联系与友谊。

4．宣传留学人员留学报国的业绩和贡献，动员组织在冀留学人员为振兴河北做贡献。开展留学人员表彰、奖励活动。

5．受主管部门委托，组织留学人员为各级党政机关、企事业单位和非公有组织等部门开展决策咨询、信息服务和人员培训等工作，为我省建设沿海经济社会、发展强省提供智力支持和人才保障。

联系方式：

地　址：河北省石家庄市维明北大街118号

邮　编：050051

电　话：86-311-88616757

传　真：86-311-88616757

邮　箱：li_chang_75@163.com

山西海外人才服务中心

山西海外人才服务中心隶属山西省人事厅，为政府全民事业单位。依托地方各地政府、人事、财政、商务、科技、教育、企管等相关部门，本着务实、推进对外开放、促进经济发展、引导人才互动的宗旨，服务于海外各类人才（含外籍）、山西省各类企事业单位和各级政府。充分发挥观念新、思路宽、点子多、空间大、成本低的服务优势，实行融入式服务，以项目为载体，人才和企业为主体，培训、考察、讲学、中介、代理、认证兼做。

主要职能：

1．以项目+人才为主要方式引进国外智力、人才，为全省企事业单位服务。

2．负责山西国际人才交流协会各项工作的组织落实。

3．创办、经营山西国际人才市场和海外留学人员创业园。

4．负责全省国家公务员、专业技术和管理人才出国（境）培训的组织实施。

5．承办外国专家学术交流、考察、疗养、休假、联谊、奖励、技术培训，承办各类讲学、办学事宜。

6．组织经济、贸易、技术等信息咨询服务、成果鉴定推广、人才评价、项目论证及技术攻关。

7．提供国内外人才的人事代理服务。

联系方式：

地　址：太原市迎泽西大街80号希望大厦7-8F

邮　编：030024

电　话：86-351-6179963

传　真：86-351-6177978

邮　箱：yuandingan@163.com

网　址：www.huisx.com

沈阳市留学人员服务中心

沈阳市留学人员服务中心隶属于沈阳市人事局（外国专家局），是负责沈阳市留学人员管理与服务工作的专门机构。主要任务是：宣传、贯彻、落实国家、省、市有关留学人员工作的方针、政策和规定；为在沈留学人员提供全方位的管理与服务；积极引进留学人员中的人才、智力、技术、资金；承办沈阳市人民政府和沈阳市人事局（外国专家局）委托和交办的任务；与国内外有关组织建立交流与合作。

主要职能：

一、公费出国留学服务

承担沈阳市非教育系统公费留学工作咨询、申报、选拔和派出工作。

二、留学回国服务

1．有针对性地为来沈留学人员和用人单位提供信息服务和双向选择服务。

2．协助留学人员短期来沈进行学术交流、企业合资、项目合作等活动。

3．为来沈的海外高层次留学人员进行身份认定并出具证明。

4．定期组织在沈留学人员开展座谈、联谊等活动，为其提供沟通交流条件。

三、留学综合服务

1．提供国家及省、市有关留学人员的政策、规定的咨询服务。

2．收集留学人员信息，建立留学人员信息库。

3．通过网站发布用人单位人才需求信息和留学人员求职信息。

联系方式：

地　址：沈阳市市府大路260号1号楼240房间

邮　编：110013

电　话：86-24-22728564，23768159

传　真：86-24-23768039

大连市留学人员服务中心

大连市留学人员服务中心是大连市人事局直属事业单位，是负责全市留学人员服务工作的专门服务机构。大连市留学人员服务中心又是中国（教育部）留学服务中心大连分中心。

主要职能：

1．为引进的留学人员办理来连工作和落户等相关手续。

2．为引进的留学人员提供国（境）外学历学位认证材料审核服务。

3．为承担科研项目的留学人员向国家人事部申请科研资助经费。

4．每年组织“海外学子创业周”活动，为留学人员回国创业搭建平台。

5．组团赴国外招聘留学人员。

联系方式：

地　址：大连市沙河口区联合路100号

邮　编：116021

电　话：86-411-84618663，84618798

传　真：86-411-84618883

邮　箱：dlgirc@yahoo.com.cn

网　址：www.dl-rc.com

吉林省留学回国人员和专家服务中心

吉林省留学回国人员和专家服务中心是吉林省人力资源和社会保障厅直属事业单位，是负责吉林省留学人员、专家及博士后人员服务工作的专门服务机构。吉林省留学回国人员和专家服务中心又是中国（教育部）留学服务中心吉林分中心。

主要任务是宣传、贯彻、落实国家关于留学人员、专家及博士后人员工作的方针、政策、规定；为吉林省各类留学人员、专家及博士后人员提供全方位的管理与服务；承办吉林省人力资源和社会保障厅及国家主管部门委托和交办的任务。

主要职能：

一、留学人员服务工作

1．建立留学人员的基本情况资料库，向社会提供服务。

2．为留学回国人员提供就业推荐、信息咨询、人事代理等服务。

3．收集、发布省内急需人才和技术需求，帮助用人单位招聘海外留学人员。

4．负责各类留学人员来我省讲学、考察、技术交流、科技开发的沟通与衔接，为留学人员来我省创业提供人才、成果及有关信息服务；负责留学回国人员科技活动择优资助经费评审事务，对资助项目的情况进行跟踪，帮助解决有关问题。

5．组织开展留学回国人员联谊活动。

6．管理“吉林省院士专家留学人员服务网”，通过国际互联网向社会各界及海内外留学人员提供各种信息服务及相关服务。

7．开展海外留学人员学历学位认证工作。

8.负责吉林省留学生联谊会各项工作。

二、专家及博士后人员服务工作

1．为专家队伍建设和发挥专家作用提供各种形式的服务。

2．组织专家异地休假考察、专家年度体检工作。

3．负责各类专家特殊津贴的发放工作。

4．组织各类专家采用多种形式为经济建设服务。

5．组织开展专家及专业技术人员培训活动。

6．负责博士后公寓的建设管理及博士后人员服务工作。

7．负责职称评审申报和初级职称认定工作。

8．开展专家智力帮扶活动和建立各类专家服务基地。

9．负责高级专家研修班工作。

联系方式：

地　址：长春市人民大街7988号

邮　编：130022

电　话：86-431-89997998

传　真：86-431-89997996

邮　箱：liudj999@sina.com

黑龙江省留学人员服务中心

黑龙江省留学人员服务中心是黑龙江省人事厅直属事业单位，是负责全省留学人员服务工作的专门服务机构。主要任务是宣传、贯彻、落实关于留学人员工作的方针、政策、规定；为黑龙江省各类留学人员提供全方位的管理与服务；积极引进海外留学人员中的人才、智力、技术、资金；承办省人事厅及国家留学人员工作主管部门委托和交办的任务；与国内外相关组织建立业务合作关系。

主要职能：

一、留学回国服务

1．为各类留学人员来黑龙江工作和用人单位录用留学人员提供信息服务和双向选择服务，并根据双方需要进行重点推荐。

2．为各类留学人员短期来黑龙江讲学、学术交流、合作科研、投资考察提供牵线搭桥服务。

3．为外省市进黑龙江工作、落户的留学人员办理工作安置、落户及家属随归、随迁、随调子女上学相关手续。

4．为来黑龙江创办企（事）业的留学人员进行身份认定并颁发证书。

5．组织留学回国人员申请留学回国人员的科研资助经费。

6．指导全省留学人员创业园建设工作。

二、留学综合服务

1．提供国家及黑龙江省有关留学人员工作的政策、规定的咨询服务。

2．管理黑龙江省留学人员档案库，为在外留学人员及部分留学回省工作的人员提供档案管理及相关服务。

联系方式：

地　址：哈尔滨市南岗区中山路68号

邮　编：150036

电　话：86-451-87130140

传　真：86-451-87130140

邮　箱：rstwanghaiquan@163.com

上海市人才服务中心

上海市人才服务中心（上海市流动人才党员服务中心、上海市回国留学人员服务中心）是在原市人事局所属上海市国际人才服务中心和上海市回国留学人员服务中心的基础上，整合其服务功能而成立起来的海外人才公共服务平台机构。中心将海外留学人员、外国专家、香港专才及澳、台专业人士一起纳入服务对象范围，上海国际人才交流协会、上海市留学人员联谊会两个社团设立社团事务部，派驻在上海市人才服务中心。组建工作协作网，在原有市工商局、市税务局、市外经委、海关、市技术监督局、市外汇管理局等6

个政府部门“一门式”服务的机制上，扩大市公安局、市社保局、市医保局、市外办等部门组成职能处室层面上的工作协作网络，作为海外人才服务中心的支持部门。

上海市人才服务中心成立以来，按照《上海市“十一五”人才发展规划纲要》，努力构建海外人才服务平台。中心以一门式服务为抓手，努力建设海外人才公共服务体系，已经初步形成海外人才专业、便捷、高效、全方位的服务网络。

主要职能：

1．申办《上海市居住证》B证，同时根据需要代办《外国专家证》《外国人居住证》《外国人就业许可证》《港澳华侨暂住证》《台湾居民通行证签注》。

2．留学人员申办上海户籍手续。

3．受理留学人员申办企业的资格认定，同时根据需要代办工商局、外资委、税务局、海关、技监局、外汇管理局等相关政府部门的审批事项。

4．受理代办留学人员境外学历、学位认定事项（由国家教育部留学服务中心认定）。

5．受理留学人员回国工作求职推荐（万名海外留学人才聚集工程项目移交进来）。

6．受理境外专业人士来沪工作求职推荐（外国专家及港澳台专业人士、香港专才的引进工作移交进来）。

7．委托受理上海国际人才交流协会、上海留学人员联谊会秘书处的相关事务性服务。

8．留学人员公寓租赁服务。

9．留学人员非专业人士配偶来沪工作求职推荐服务。

10．海外人才来沪定居工作，生活物品保管服务。

11．海外人才子女来沪就学咨询及代理服务。

12．出国（境）留学咨询服务。

13．受委托办理出国（境）培训的事务性服务。

14．留学人员企业融资咨询服务。

15．海外人才投资咨询服务。

16．海外人才法律咨询服务。

17．海外人才来沪购房、租房咨询及代理服务。

18．组织海外留学人员子女假期来沪学习中文培训服务。

19．代办飞机、火车、轮船票务服务。

20．受理特殊需要的其他专项服务，如为各类领军人才配备行政助理服务等。

21．其他交办和委托的事务。

22．海外人才服务中的延伸机构及职能。为了使海外人才服务中心的职能能够覆盖全市，并使人才服务走社会化、市场化道路，海外人才服务中心动员和依靠区（县）政府和相关机构的人事部门、社会力量参与服务体系建设，形成全社会服务网络的格局。

联系方式：

地　址：上海市闸北区梅园路77号人才大厦4楼

邮　编：200070

电　话：86-21-32511599

邮　箱：hrsc@shrc.com.cn

　　　　shfwck@sotsc.com

网　址：www.shrc.com.cn

江苏省留学回国人员服务中心

江苏省留学回国人员服务中心创建于1995年12月，与江苏省人才流动服务中心、中国留学服务中心江苏分中心合署。江苏省留学回国人员服务中心以为江苏经济与社会事业发展服务，为用人单位服务，为广大留学人才和海外人才服务为宗旨，经过近十年来的不断探索与努力，服务项目逐步齐全，服务功能日益完善，已经成为留学人才、海外人才为江苏服务必不可少的桥梁和纽带。

主要职能：

1．组织赴国外招聘：组织有留学人才需求的单位赴国外招聘，吸纳有意为江苏服务的留学人才、海外人才。

2．设立海外联络机构：设立留学回国服务海外联络处，直接开展全方位服务，实现国内机构在外的延伸服务。

3．留学人员登记与推荐：收集留学人员信息，建立留学人员信息库，有针对性地向用人单位推荐留学人才就业。

4．留学回国政策咨询与就业指导：解答留学人员来江苏就业、创业、进行项目合作及以其他方式为江苏服务的相关政策，开展相关就业指导工作。

5．需求岗位与留学人员信息发布：不定期发布用人单位需求岗位信息和留学人员来苏求职信息。

6．留学回国人员学历学位认证：根据中国留学服务中心的相关规定，受理留学回国人员的学历学位认定，办理相关手续。

7．留学回国人员接受录用：办理江苏省省属企事业单位录用留学回国人员的接收手续以及身份认定。

8．留学人员人事档案保管：保管留学人员的人事档案，并围绕档案提供各类服务。

9．留学回国人员户口申报及家属子女随迁：办理留学回国人员及其家属子女的户口申报、随迁手续。

10．留学回国人员社会保障代办：根据留学回国人员需要，办理社会保障事宜。

11．留学人员联谊：定期组织留学人员开展联谊、座谈等活动，提供沟通交流的条件。

12．根据留学人员需求提供其他服务等工作。

联系方式：

地　址：南京市广州路213号

邮　编：210029

电　话：86-25-83238876

传　真：86-25-83238880

邮　箱：jshwrc@126.com

网　址：www.jsrsrc.gov.cn

南京留学人员服务中心

南京留学人员服务中心（又称“中国留学服务中心南京分中心”）是直属于南京市人事局的事业机构，专职从事南京地区留学人员的引进和服务工作。业务上受国家人事部、教育部的指导。主要任务是宣传、贯彻国家关于留学人员工作的方针、政策、规定；为南京地区各类留学人员提供全方位的专业化服务；积极引进海外留学人才、智力、技术、项目和资金；承办南京市人事局委托和交办的任务；与国内外相关组织建立业务合作关系。

主要职能：

1．为来南京工作的留学人员提供接待咨询，并受理学历验证申请。

2．为引进留学人员来南京工作和用人单位聘用留学人员提供信息服务，组织国内外留学人才供需洽谈活动。

3．为来南京工作的留学人员提供岗位实训、假期见习，并协助办理落户手续。

4. 具体实施以技术合作和学术交流为主题的留学人员短期回国服务项目的组织与资助。

5. 为留学人员在南京推广新技术、新产品举办多种形式的推介会，协助寻求合作伙伴。

6. 为各类留学人员来南京创办企业、技术转让、新产品研发等提供咨询服务和政策支持。

7. 负责组织留学人员申报国家、省、市等各级留学主管部门的各类资助经费申报工作。

8. 负责南京留学人员协会秘书处的工作，推动并指导协会组织南京留学人员开展技术服务、技术咨询、技术转让、产品开发和其他科技和社会公益服务活动。

9. 推动并指导南京（金陵）留学人员创业园建设，并为各分园及成员单位提供政策支持、人才和项目信息服务、专家咨询服务、法律服务和宣传推介等专项服务。

10. 管理“南京国际人才智力网”，通过该网站向社会各界及海内外留学人员提供各种信息服务。

联系方式：

地　址：北京东路63号南京人才大厦一楼服务大厅17号柜台

邮　编：210008

电　话：86-25-83151722

传　真：86-25-83213166

网　址：www.njrsrc.com

常州市国际人才服务中心

常州市国际人才服务中心是常州市人事局、常州市外国专家局下属的，专业从事人才国际化交流服务的全民事业单位。通过人才国际交流的形式，以实现人才与国际结轨，为常州市开放型经济提供国际化人才保障。主要任务是宣传、贯彻、落实国家、省、市关于留学人员工作的方针、政策、规定，为归国留学人员来常州创业、就业提供全方位的管理与服务，积极引进海外智力项目、为外国专家在常州工作提供专门的服务，同时大力开展海外招聘、境外就业、境外培训等业务，促进人才国际交流和提高本地人才国际化程度。

主要职能：

1. 代理国外学历学位证书认证。

2. 办理户口迁移核办手续。

3. 办理回国留学人员就业、恢复国家干部身份手续。

联系方式：

地　址：常州市博爱路129号3号楼1楼

邮　编：213003

电　话：86-519-86677276

传　真：86-519-86677276

邮　箱：service@czite.com

网　址：www.czite.com

浙江省专家与留学人员服务中心

浙江省专家与留学人员服务中心（浙江省留学生工作站、中国留学服务中心浙江分中心）是浙江省人民政府为海内外留学人员及专家提供综合服务的专门机构，隶属于浙江省人事厅，为财政全额拨款的县处级事业单位，中心致力于为各类专家，特别是海外高层次留学人员来浙江参加经济建设服务，努力为浙江提前基本实现现代化做出贡献。

主要职能：

1. 为来浙江工作或短期服务的留学人员与专家提供咨询服务，帮助联系、落实接收单位。

2. 组织留学人员与专家开展技术咨询、技术转让、新产品开发等科技活动，为留学人员来浙创办企业牵线搭桥，提供服务。

3. 为定居浙江或来浙短期工作的国内外留学人员和专家提供过渡用公寓。

4. 对非教育系统回国留学人员开展科技活动提供必要的资金资助等。

5. 负责管理浙江省留学人员创业园杭州高新园区、宁波保税区园区、宁波高新区园区、温州园区、湖州园区、绍兴园区、金华园区、嘉兴园区、嘉善园区，以及宁波、台州、海宁、余姚、乐清五市博士后科技开发基地。

6. 负责管理浙江省欧美同学会、浙江省博士后联谊会的日常工作。

7. 建有浙江省留学人员与专家信息网（www.zjlx.gov.cn），为留学人员和各类专家提供国家和浙江省有关政策法规、浙江投资环境、科技人才需求、技术合作项目等信息，并通过专家库、科技成果库和项目库，开展多种形式的科技服务活动。

联系方式：

地　址：浙江省杭州市西湖区古翠路50号人力社保大楼

邮　编：310013

电　话：86-571-88394819

传　真：86-571-88394815

邮　箱：chl@zilx.gov.cn

网　址：www.zjlx.gov.cn

杭州市专家与留学人员服务中心

杭州市专家和留学人员服务中心是经杭州市人民政府批准成立，专门为来杭工作、创业、交流合作的留学人员及社会各类企事业单位提供全方位服务的机构，隶属杭州市人事局。

主要职能：

1. 建立各类专家、博士后、留学人员信息库。

2. 开展专家、博士后、留学人员科技成果的宣传、推广、开发、转让等服务。

3. 开展留学人员政策咨询，帮助留学人员推荐接收单位。

4. 为海外留学人员来杭短期工作和留学人员引资、投资、创办实体、搞合作研究等提供服务。

联系方式：

地　址：杭州市东新路155号4楼E105

邮　编：310004

电　话：86-571-88389576

传　真：86-571-88389576

邮　箱：rsj.lxfw@hz.gov.cn

宁波市海外人才服务中心

宁波市海外人才服务中心是宁波市人力资源和社会保障局直属事业单位，是宁波市唯一综合性的留学人员工作管理和服务机构。宁波市海外人才服务中心又是中国（教育部）留学服务中心宁波分中心，接受国家教育部、人社部的业务指导，并且与本市各高等院校、科研单位、各机关和企事业单位保持着密切的联系。宁波市海外人才服务中心的主要工作职责是贯彻上级有关留学人员工作的方针、政策和规定，为来甬工作、创业、交流合作的留学人员及社会各类企事业单位提供服务，具体承担市人社部门交办的相关海外留学人员、海外人才的活动和任务；承担“宁波海外人才网”建设和日常运行与管理，负责留学人员、海外工程师工作的有关信息的采集、处理和发布，加强供求双方沟通、对接和合作，组织海外留学人才网上洽谈会，实现宁波海外人才队伍建设数据化、网络化、现代化；开展留学人员回国派遣、就业落户、国内外学历认证、海外人才洽谈引进等工作。

主要职能：

留学回国服务

一、国（境）外学历学位认证：

经中国（教育部）留学服务中心授权，开展国外学历学位证书和高等教育文凭认证代办服务。此外，针对宁波有中外合作办学项目的高校，提供集中上门服务办理。

主要作用：

1.留学人员在国内升学、就业及参加各类专业资格考试。

2.为用人和招生单位鉴别国（境）外学历学位证书及高等教育文凭提供依据和相关咨询意见。

二、国内学历学位证书鉴定

提供国内学历学位真伪鉴定服务。

主要功能：

1.外省市人才引进（落户）。

2.为各企事业单位招聘人才把好学历关。

3.为各企事业单位员工评聘职称、升职晋级把好学历关。

三、留学人员回国派遣、落户

为来宁波就业、落户的留学回国人员办理派遣手续。

四、浙江省海外高层次人才居住证——“浙江红卡”

旨在鼓励海外高层次人才来浙江省创新创业。持卡人员将在创业、投资、教育、社保、住房等各方面享受相对应的保障和服务。

五、浙江省海外高层次留学回国人才工作证

旨在全面实施人才强省战略，更多地引进海外高层次留学人才参与浙江现代化建设。

其他特色服务：

一、海外人才引进（海外人才网络视频见面会）

旨在甬企事业单位与海外人才、项目、资本、信息搭建对接平台，为海外人才就业、有海外人才需求的企业提供专业性服务；

二、国家“千人计划”、省“千人计划”、“3315计划”和留学人员择优资助等项目申报

三、留交会及赴外相关工作

1.组织高校、科研院所、留创园、企业参加杭州、南京、广州等国际交流大会。

2.组织赴外学习交流、高端团队引进及创业服务工作。

四、沙盘推演等创业服务活动

旨在通过案例教学、情景模拟、沙盘对战推演与模拟市场竞争等环节，检验企业决策思路，提升留学创业人才在认识企业全局经营的思考要素，提升其创业水平。

五、网络宣传平台

通过3315海外人才网，以及包括神州学人等合作网站的信息发布，加强宁波各个县市区留创园及相关单位的政策宣传，切实提高海外留学人员了解信息的渠道，搭建互相了解交流的虚拟平台。

联系方式：

地　址：宁波市兴宁东路228号人力资源大厦2楼服务大厅56—57号窗口

邮　编：315000

电　话：86-574-87116274，87115191

传　真：86-574-87116274

网　址：www.nb3315.org/www.nscse.com

福建省海外人才中心

福建省海外人才中心是中国海峡人才市场直属事业单位，又是中国（教育部）留学服务中心福建分中心，主要从事国际间人才交流与培训，为出国及回国人员提供咨询及系列服务。福建省海外人才中心目前与福建省人事厅所属的福建留学人员创业园管理中心、福建省留学回国人员工作站合署办公。

主要职能：

一、人才出国服务

1．出国留学服务：选送高中生、大中专毕业生以及在职的技术和管理人员赴国外留学。

2．移民出入境中介服务：为福建省公民赴境外定居、探亲、访友、继承财产和其他非公务活动提供信息介绍、法律咨询、沟通联系、境外安排、签证申办及相关服务。

3．出国考察培训服务：联系国外专家组织、国际猎头公司、国际人才中介机构，组织国内单位出国招聘，进行商务考察、项目商谈、招商引资、技术转让、专业培训等活动。

4．中外合作办学业务：开展工商管理、计算机、英语等课程的中外合作办学，培养具有国际竞争力的专门人才。

二、留学回国人员服务

1．留学人员学历验证服务：鉴别国外或境外颁发学位证书或高等教育文凭机构的合法性，甄别外国或境外高等教育机构颁发的学位证书或具有学位效用的高等教育文凭、证书的真实性，为经认证的外国或境外学位或高等教育文凭出具认证证书。

2．留学回国人员身份认定服务：依托福建省留学回国人员工作站，认证公派或自费留学人员以及到国外高等院校、科研机构开展合作研究的访问学者和进修人员。

3．留学人员回国创业服务：依托福建留学人员创业园管理中心，提出留学人员企业优惠政策及福建留学人员创业园园区建设发展纲要；联络海外留学人员，举办交流活动；负责福建留学人员创业园园区的日常管理和服务工作；参与福建留学人员创业园基地的开发、建设、经营和管理。

4．海外人才交流服务：为留学人员和愿意来闽工作的外籍人士与国内有关部门开展以交流学术、项目协作、科技攻关、信息沟通为主要内容的交流与合作提供优质服务。组织留学回国人员深入基层、厂矿企业，举办讲座、培训和咨询活动，解决问题。

联系方式：

地　址：福州市东大路36号福建人才大厦六层

邮　编：350001

电　话：86-591-0591-87676833

传　真：86-591-87677833

邮　箱：fscrs@fjlx.net

网　址：www.fjlx.net

福建省引进人才服务中心

福建省引进人才服务中心（福建省留学回国人员工作站），为福建省公务员局直属事业单位，机构规格相当于正处级，主要承担为引进高层次创业创新人才（含留学回国人员）协调办理相关手续，落实有关优惠政策和待遇，建立相

关数据以及海内外人才智力引进交流等服务性工作；中心同时协助开展海外人才招聘会和座谈会；帮助海外高层次人才和留学人员来闽创业或工作；协助省内企业与国内外科研机构、专家进行对接；积极为引进高层次创业创新人才建立服务绿色通道，采用“征集需求、一窗接件、并联预审、集中反馈、专员办理、统一建档”的方式，为引进人才提供“一对一、全程式、保姆式”服务。

主要职能：

承担为引进高层次创业创新人才（含留学回国人员）协调办理相关手续，落实有关优惠政策和待遇，建立相关数据以及海内外人才智力引进交流等服务性工作。

联系方式：

地　址：福建省福州市鼓楼区思儿亭路11号专家服务中心4层

邮　编：350003

电　话：0591-87679659

传　真：0591-88520059

邮　箱：gzz@fjrs.gov.cn

网　址：www.fjrs.gov.cn

厦门市留学人员管理中心

厦门市留学人员管理中心是厦门市政府设立的、负责全市留学回国人员工作的专门机构，隶属于厦门市人事局。与厦门市留学人员工作站实行二块牌子，一套人马。负责组织实施《厦门经济特区鼓励留学人员来厦创业工作规定》，具体行使全市留学人员工作的行政管理和服务职能，为广大海外留学人员来厦创业、工作无偿提供各种服务，包括留学人员身份认定、户口入厦、子女入学、人事关系迁入、安家费申请、生活津贴发放、教育部学历学位认证等“一站式”服务，以及接待、咨询、协调、投诉受理等服务内容。

主要职能：

1. 在海内外留学生群体中宣传厦门市的人才、招商引资政策与环境。

2. 提供留学人员在境外期间的人事档案代理。

3. 创建、管理留学人员供需信息库，为留学人员来厦创业、工作和企业的人才需求、项目需求等提供双向选择的服务平台。

4. 接受留学回国人员来厦登记，身份认定，帮助推荐就业。

5. 协助留学回国人员科研活动资助经费的申报和进入留学人员创业园的项目资助款的申请划拨。

6. 为各类留学人员短期回国讲学、合作科研、学术交流牵线搭桥。

7. 协调相关部门落实留学人员的有关待遇。

8. 协助回国独资创办企业的留学人员办理有关手续。

9. 接受留学人员委托，协助办理在厦有关服务项目。

10. 受厦门市人事局、厦门财政局的委托，负责厦门市留学人员专项资金的日常管理工作。

联系方式：

地　址：厦门市湖滨东路319号c座3楼B区

邮　编：361012

电　话：86-592-5396698，5396699

传　真：86-592-5396697

邮　箱：xmlx@xmlx.gov.cn

网　址：www.xmix.gov.cn

江西省留学人员服务中心

江西省留学人员服务中心是江西省人事厅的内设机构，行使江西省留学人员服务的职能。

主要职能：

1. 积极开展专家科技成果推介服务；举办高层次人才及专业技术人才研讨（修）活动；协助做好留学回国人员认证工作；协助有关部门做好专家、学者出国（境）考察的组织推荐工作和服务保障工作。

2. 在专家管理处指导下，建立和完善江西省高层次人才信息库；承担留学人员和专家信息网站的具体管理和运营。

3. 办理江西省专家国贴、江西省贴的发放；协助专家管理处做好江西省博士后科研流动站、企业博士后科研工作站审报的有关事务性工作；为博士后设站单位和博士后人员提供各类中介服务。

4. 承担享受政府特贴专家变化的跟踪服务工作；加强与留学人员和专家的联系，反映他们的意见、建议，为政府部门决策提供参考；承担职称社会化评价有关事务工作。

5. 协助有关部门管理好留学人员创业园；承办专家、学者的学术交流、专业会议、科技活动的组织工作；做好人事部门组织的专家休假、学术交流等工作。

6. 在专家管理处指导下，承办专家联谊会和留学回国人员联谊会日常工作。

7. 承办上级交办的其他工作。

联系方式：

地　址：南昌市省府大院南一路10号14楼

邮　编：330046

电　话：86-791-86386196

传　真：86-791-86386196

邮　箱：jiangshup@163.com

山东省留学人员和专家服务中心

山东省留学人员和专家服务中心是山东省人力资源和社会保障厅厅级直属事业单位。

主要职能：

1. 贯彻执行国家和省吸引留学人员的政策和规定，承办引进海外高层次人才及留学人员来鲁服务工作。

2. 办理海外留学人员来鲁就业的服务指导工作。

3. 承办山东省留学人员协会秘书处的日常工作。

4. 承办公费和自费留学的事务性工作。

5. 为专家队伍建设和发挥专家作用提供各种形式的服务。

联系方式：

地　址：济南市燕子山路2号531室

邮　编：250014

电　话：86-531-88597979

传　真：86-531-88597986

邮　箱：shandongok@gmail.com

网　址：www.sdlx.sdrs.gov.cn

济南市留学回国人员工作站

济南留学回国人员工作站（济南市人才引进办公室）是济南市人事局直属的正县级全额拨款事业单位，主要负责全市海外留学回国人员和高层次急需人才的引进工作。2006年教育部留学服务中心同意在工作站原有业务的基础上成立教育部留学服务中心济南分中心。主要任务是引进、接收、安置留学回国人员和高层次急需人才；负责来济留学人员的身份认定、接待服务、信息咨询、政策落实等工作；负责留学人员的管理和服务工作，指导留学人员创业园区工作。

主要职能：

1．负责《济南市引进海外留学人员规定》和《济南市引进高层次急需人才规定》及其他相关政策的宣传、咨询、落实工作。

2．负责人事部留学人员科技活动项目择优资助经费及其他留学人员资助经费的申报工作。

3．宏观上协调本市留学人员创业园、区及海外科技人才创业基地的发展建设工作。

4．负责本市驻外工勤人员的推荐及选派工作。

5．负责为来我市工作创业的符合条件的留学回国人员申请安家费。

6．负责非教育系统公派出国申报的审核工作。

7．代办海外留学人员学历学位审验工作。

联系方式：

地　址：山东省济南市龙鼎大道1号龙奥大厦5楼C区0518
邮　编：250099
电　话：86-531-66605966
传　真：86-531-66605966
邮　箱：jnlx2012@163.com
网　址：www.jnhrss.gov.cn

青岛市留学人员服务中心

青岛市留学人员服务中心是青岛市人事局直属事业单位，是负责全市留学人员服务工作的专门服务机构。青岛市留学回国人员服务中心又是中国（教育部）留学服务中心青岛分中心。主要任务是宣传、贯彻、落实国家关于留学人员工作的方针、政策、规定；为青岛市各类留学人员提供全方位的管理与服务；积极引进海外留学人员中的人才、智力、技术、资金；承办青岛市人事局及国家留学人员工作主管部门委托和交办的任务；与国内外相关组织建立业务合作关系。

主要职能：

1．为来青留学人员办理学历认证的验证预审服务和派遣、安置服务。

2．为各类留学人员来青工作和用人单位录用留学人员提供信息服务和双向选择服务，并根据双方需要进行重点推荐。

3．为各类留学人员短期来青讲学、学术交流、合作科研、投资考察提供牵线搭桥服务。

4．为各类留学人员来青开办公司（企业）、转让技术、开发新产品等提供咨询和合作。

5．为已加入外国籍的留学人员与外省留学人员办理《青岛市留学人员特聘工作证》相关手续。

6．为外省市进青工作、落户的留学人员办理进青户口及家属随归、随迁、随调相关手续。

7．为来青创办企业的留学人员提供相应服务。

8．组织留学回国人员申请国家留学主管部门和青岛市设立的面向留学回国人员的科研资助经费。

9．具体负责青岛市留学人员创业园、青岛市留学人员协会工作。

联系方式：

地　址：青岛市海尔路178号留学人员创业园201室
邮　编：266101
电　话：86-532-88913226
传　真：86-532-88911726
邮　箱：qdliuxuezhan@126.com

烟台留学回国人员工作站

烟台留学回国人员工作站是烟台市人事局直属事业单位，是负责全市留学回国人员服务工作的专门机构。经教育部留学服务中心批准，烟台留学回国人员工作站又是中国留学服务中心烟台分中心。

主要职能：

1．宣传、贯彻和落实国家有关留学回国工作的方针、政策。

2．负责海外留学回国人员的引进、接收。

3．宏观调控全市留学回国人员的就业方向和地区分布。

4．提供供求双方情况，为双向选择创造条件。

5．承担留学回国人员科研资助经费的审查、申报。

6．承担烟台留学人员创业园区日常工作的协调、管理和服务。

7．为海外留学人员来烟工作提供国(境)外学历学位查验认证、工作派遣、户口迁移等服务。

8．负责烟台市留学人员联谊会的日常会务服务工作等。

9．组织留学回国人员为祖国的建设贡献力量。

联系方式：

地　址：烟台市莱山区观海路128-108
邮　编：264001
电　话：86-535-6683330
传　真：86-535-6683269
邮　箱：rshbh@163.com

河南省留学人员与专家服务中心

河南省留学人员与专家服务中心是河南省人事厅直属事业单位，是负责全省留学人员和专家服务工作的专门服务机构。河南省留学人员与专家服务中心又是中国（教育部）留学服务中心河南分中心。主要任务是宣传、贯彻、落实国家关于留学人员工作的方针、政策、规定；为河南省各类留学人员和专家提供全方位的管理和服务；积极引进海外留学人员中的人才、智力、技术、资金；承办河南省人事厅及国家留学人员工作主管部门委托和交办的任务；与国内外相关组织建立业务合作关系。

主要职能：

一、留学回国服务

1．为各类留学人员来豫工作和用人单位录用留学人员提供信息服务和双向选择服务，并根据双方需要进行重点推荐。

2．接收安置留学回国人员，并协调其家属安置、农转非、子女入学等工作。

3．为各类留学人员短期来豫讲学、学术交流、合作研究、投资考察提供牵线搭桥服务。

4．组织承办留学人员和高层次专业技术人才的科技成果推广和转让工作。

5．为专家队伍建设和发挥专家作用提供多种形式的服务。

6．建立留学回国人员和高层次人才信息库。

7．为来豫工作的留学人员进行身份认定并颁发证书。

8．组织留学回国人员申请国家留学主管部门和河南省设立的面向留学回国人员的科研资助经费。

9．代理教育部留学回国人员国（境）外学历学位认证、海外高层次留学人员身份认证等工作。

10. 指导河南省各留学人员创业园、河南省留学人员联谊会工作。

二、留学综合服务

1. 研究制定河南省留学回国人员工作的政策，并督促、检查各有关单位留学工作政策的落实情况。

2. 提供国家及河南省有关留学人员工作的政策、规定的咨询服务。

3. 管理“河南留学人才服务网”，通过国际互联网向社会各界及海内外留学人员提供各种信息服务及相关服务。

联系方式：

地　址：郑州市顺河路32号9楼

邮　编：450004

电　话：86-371-66359360，66329937

传　真：86-371-66329937

邮　箱：ylxec@163.com

网　址：www.ha.hrss.gov.cn

湖北省人才市场

湖北省人才市场是湖北省人力资源和社会保障厅直属单位，经国家教育部、公安部批准于2002年获得合法留学中介机构资质（教外综资认字【2002】236号），2005年湖北省人才市场获教育部留学服务中心授权，设立中国留学服务中心湖北分中心，为湖北省内外留学回国人员提供国（境）外学历学位认证、就业推荐、派遣落户等回国后的各项服务。

湖北省人才市场是湖北省内唯一一家为留学人员提供自费出国留学、中外合作办学、语言考试培训、国外文凭认证、就业派遣落户、留学档案托管、猎头人才推荐等，从出国求学到回国就业全方位、“一站式”服务的政府所属的专业留学机构。

主要职能：

1. 自费出国留学：主要开展到英国、美国、加拿大、澳大利亚、新西兰、新加坡、日本等热门国家的自费出国留学和家长探亲业务。湖北省人才市场有适合高中生、大学生、研究生在读生或毕业生申请的多层次留学项目，为学生提供咨询评估、文案制作、院校申请、代办公证、语言培训、签证申请、协助汇款、预订机票、体检指导、接机住宿、行前培训、后续跟踪等一整套全面、优质、规范的服务。

2. 国（境）外学历学位认证：经国务院学位委员会和教育部批准，教育部留学服务中心是国内唯一一家从事国（境）外学历学位认证的专业性机构。教育部留学服务中心出具的国（境）外学历学位认证书因其权威性和准确性，已经得到了社会各界的普遍认可，成为留学回国人员升学、就业和参加各类专业资格考试的有效证明。湖北省人才市场是教育部留学服务中心在湖北省设立的国（境）外学历学位认证申请材料验证机构。

3. 留学人员就业派遣落户：教育部留学服务中心依据国家留学政策及地方政府制定的促进和鼓励留学人员回国工作的相关政策和规定，参照全国普通高校毕业生就业管理办法，为留学回国人员开具就业报到证和落户介绍信，以协助国内用人单位完善人事劳动手续，方便留学人员顺利就业。北京、上海、深圳以外地区就业的留学回国人员可以在湖北省人才市场办理手续。

联系方式：

地　址：湖北省武汉市武昌区中南路14号发展大厦5楼501室国际合作部

邮　编：430071

电　话：86-27-87277473，87257917，87257705

网　址：www.jobhb.com

湖南省留学人员管理服务中心

湖南省留学人员管理服务中心是湖南省人事厅直属事业单位，是负责全省留学人员服务工作的专门服务机构。湖南省留学人员管理服务中心同时也是湖南省专家服务中心。主要任务是宣传、贯彻、落实国家关于留学人员工作的方针、政策、规定，积极引进海外留学人员中的人才、智力、技术、资金，为来湘工作或为湘服务的各类留学人员提供全方位的管理与服务。

主要职能：

1. 负责湖南留学人员创业园的有关管理服务工作。

2. 负责湖南省留学人员联谊会的各项日常工作。

3. 负责全省留学回国人员信息库建设工作。

4. 承办引进海外留学人才、智力、技术、资金的工作，为留学回国人员来湘创业和回湘工作提供各方面的服务。

5. 组织留学回国人员科技活动择优资助经费的评审、申报、下拨和资金使用情况的监督检查。

6. 承办国家留学人员工作主管部门和湖南省人事厅委托和交办的任务。

联系方式：

地　址：长沙市韶山路1号

邮　编：410011

电　话：86-731-82219159

传　真：86-731-82216375

邮　箱：ynyfzo900@126.com

广东省留学人员服务中心

广东省留学人员服务中心是经国家教育部、公安部批准成立，由广东省人事厅直接管理，负责办理全省自费出国留学业务的服务机构。其前身是上世纪80年代成立的广东省赴美留学咨询处，2000年即成为广东省内首家获得国家教育部、公安部批准成立的合法自费出国留学服务机构，迄今已积累了近30年留学专业服务经验。

为满足广大有意出国留学学子选择留学国家和院校的要求，中心充分运用其所属政府人事部门的优势，与美国、英国、澳大利亚、加拿大、新西兰、德国、法国、荷兰、瑞士、俄罗斯、乌克兰等国家近200所大学、学院和中学建立了招收中国留学生的合作关系。这些海外院校为我国大学本科、专科毕业生、在读生（含五大毕业生）和高中毕业生、在读生提供了大学本科课程、本硕连读课程、硕士学位课程、博士学位课程和大学预科课程、A-level课程、语言课程等。

主要职能：

1. 拥有一支恪守职业道德、多年从事留学服务工作、精通出国留学业务、热情为学生服务的工作人员队伍，分工合理，职责明确，运转协调，工作效率较高。

2. 办理留学国家众多，提供的课程和专业门类齐全，可为学子量身定做留学方案和提供个性化服务。

3. 办理留学的大学均是我国教育部公布承认学历、学位的，且是建校历史悠久、学校规模较大、师资力量雄厚、学术成就卓著的国立、公立大学或享有盛名的私立大学。

4. 设有专门的部门收集、研究已与中心建立了合作招收中国留学生关系的十几个国家的留学政策、签证政策的最新动态信息，办理留学业务的质量和水平比较高。

5. 开设有留学服务专业网站（www.gdscse.net），主要包括：教育部公布的留学预警通告、教育部公布的国外学校、留学国家概况、留学院校介绍、留学政策动态、留学 签证指南、托福和雅思考试信息、网上咨询报名留学、留学回国发展的优惠政策、留学国外生活常识等十几个栏目。目前是广东省政府网选供直接链接的唯一权威留学网站。

6. 聘请国内外知名大学的教授担纲任教，根据需要适时开办英、法、德等语言培训课程，帮助学生提高出国留学必备的外语水平。

7. 为学生申请国外学校方便、快捷，并且信守一贯的承诺，学生不被国外学校录取，免收服务费。

8. 对赴各国留学的学生，提供境外接机、安排住宿、协助办理国外居留证、购买保险、开立个人银行账户、帮助学生熟悉环境等后续服务。

9. 与广东省人事厅海外人才引进服务中心合署办公，为留学回国人员提供推荐择业服务。

联系方式：

地　址：广州市天河路13号润粤大厦5楼东

邮　编：510000

电　话：86-20-37605951，37605997

传　真：86-20-37605489

邮　箱：gdscse@gdscse.net

网　址：www.gdscse.net

广州留学人员服务管理中心

广州留学人员服务管理中心（简称留学管理中心）于1999年由教育部留学服务中心广州分中心和广州回国留学人员服务管理中心合并而成，是广州市专门为留学人员及（海外）高层次人才提供综合服务和管理的机构，于2009年1月增挂“广州海外人才服务管理中心”的牌子。承担市（海外）高层次人才服务窗口职能，同时也是中央“千人计划”广东省服务窗口广州分窗口，提供高层次人才服务、“一站式”留学回国服务、华南四省公派出国及广州市政府公派留学（“菁英计划”）服务、外国专家服务。

主要职能：

一、承担市（海外）高层次人才服务窗口职能

设立了（海外）高层次人才服务平台，由专人负责广州市高层次人才认定评定、市创新创业领军人才申报评审、市博士后工作、市“121人才梯队工程”、享受政府特殊津贴人员选拔、海外人才身份确认函、高层次人才(外籍)申请2—5年“居留许可”、高层次人才职称评定、“百名南粤杰出人才培养工程”、国家“千人计划”、省创新领军人才、青年拔尖人才申报等工作。根据国家、省、市高层次人才申报、认定、评定情况，为每位高层次人才提供便捷的服务方案，并实施主动预约上门服务制度。同时，还为高层次人才提供住房服务、落户和居留、配偶安置、子女入学、医疗待遇等生活服务。同期还打造了“海外高端人才综合服务平台”，配合新创办的专刊《广州领军人才》、广州（海外）留学人才网的领军人才网上沙龙，构成了立体的高层次人才服务平台，全方位服务在穗高层次人才。

二、构建“一站式”留学回国服务体系

多年来，留学管理中心致力于建立政府公共服务平台，领先全国构建了留学回国服务体系，以留学回国人员急需的创业培训、就业培训、创业融资等专项活动为服务特色，打造留学人员“一站式”服务品牌，回国服务项目由1999年的6项发展到现在的12大类25项，为逾万名留学人员提供了留学人员来穗优惠资格认定，国（境）外学历、学位认证，专项资金申请和拨付，异地调入，档案保管，落户，子女入学，工商登记注册，办理留学人员工作派遣证明，办理“高层次海外人才身份证明”，办理评审职称，就业推荐，创业服务以及提供信息交流、协助申报、代办手续等全方位“一站式”服务。

三、提供外国专家服务

在多年留学人员回国服务基础上，设置了外国专家服务窗口，为外国专家提供来华工作许可、居留许可办理等一系列配套服务。

四、提供出国留学服务

1. 承担国家留学基金委华南四省公派出国服务。为广东、广西、海南、福建四省公派出国留学人员提供从办理签证、订购机票、预发生活费、出具报到证到落地等“一条龙”配套服务。

2. 承担广州市公派留学项目“菁英计划”派出服务和管理工作。负责接收申请材料、组织资格审查、发放学费生活费及国际旅费、派出学生在外日常管理等工作，提供留学人员档案和户口保管、出国前培训、签证等服务。

3. 引导自费出国留学人员理性求学并提供专业、优质的服务。

4. 为预备出国留学人员提供相关外语培训。

五、其他服务

1. 提供人才“再配置”猎头服务；

2. 提供国际交流服务。

联系方式：

地　址：广州市小北路266号北秀大厦6-7楼

邮　编：510050

电　话：86-20-83543133，83568066

传　真：86-20-83568076

邮　箱：gzscse@gzscse.gov.cn

网　址：www.gzscse.gov.cn

深圳市人事人才公共服务中心

深圳市人事人才公共服务中心直属于深圳市人事局，是具有法人资格的全额拨款事业单位。经教育部留学服务中心批准，中心加挂“中国留学服务中心深圳分中心”牌子。

主要职能：

1. 为来深创业的留学人员、在深工作的国（境）内外专家、高级人才以及特殊人才提供个性化服务；负责留学归国人员学历学位的认证代办工作；为国内外人才提供信息、咨询等服务；负责全市人才档案的保管、整理工作。

2. 个性化服务：为引进高层次人才提供“一站式”服务，协助解决在深工作、生活中有关社保、子女入学、配偶就业、居住以及相关问题；支持高层次人才服务社会，推荐高层次人才参与政府决策咨询工作。

3. 留学生学历学位认证服务：为来深创业和工作的留学人员代办国（境）外学历学位认证。

4. 信息咨询服务：通过互联网站的形式为各类人才提供有关人才政策法规、政府办事流程、人事人才服务等方面的信息咨询服务。

联系方式：

地　址：深圳市福田区深南中路1025号新城大厦东座2楼

邮　编：518026

电　话：86-755-25985107

传　真：86-755-25943020

邮　箱：szrenzheng@126.com

网　址：www.rsj.sz.gov.cn/tsrcfw

海南省留学回国人员工作站

海南省留学回国人员工作站属海南省人力资源开发局（省就业局）的内设机构，为来琼留学回国人员提供就业和创业服务。

主要职能：

1．为来琼就业或创业的留学回国人员进行身份认证。

2．为来琼工作的留学人员和录用留学人员的用人单位提供信息和双选服务。

3．为留学人员短期来琼讲学、学术交流、合作科研、投资考察提供牵线搭桥服务。

4．组织留学回国人员申请国家留学主管部门设立的面向留学回国人员的科研资助经费。

5．指导海南省海口国家高新区留学人员创业园及海南省留学回国人员联谊会工作。

6．提供有关留学人员工作政策、规定的咨询服务。

7．为自费留学人员、在外留学人员及部分留学回国人员提供档案管理及相关服务。

联系方式：

地　址：海口市白龙南路53号

邮　编：570203

电　话：86-898-65355140

传　真：86-896-65311034

四川省留学人员服务中心

四川省留学人员服务中心是负责全省留学人员服务工作的专门机构，成立于2001年5月，与四川省专家服务中心合署办公。

中心的主要任务是宣传、贯彻、落实国家关于留学人员服务中心的方针、政策、规定；积极建立海外留学人员来川服务的渠道，搭建留学人员智力资源转化平台。

主要职能：

1．为留学回国来川工作、来川创业、来川发挥作用的人员提供政策信息咨询、就业推荐、合作伙伴介绍、人事代理等各类中介服务。

2．多渠道创（合）办留学人员创业园区，为留学人员来川提供各种生活服务。

3．承办全省留学回国人员科技择优资助项目评审及经费划拨的事务性工作。

4．为海外留学人员提供国（境）外学历学位认证、四川省海外留学人员身份认证、职称认定、接收手续办理等“一站式”综合服务。

5．负责留学人员回国服务工作厅际联席会议协调办公室的工作。

6．指导四川省留学人员创业园的工作。

7．负责四川省留学人员信息化建设工作。

联系方式：

地　址：成都市东二巷21号

邮　编：610015

电　话：86-28-86741860

传　真：86-28-86741860

邮　箱：sclxfwzx@163.com

重庆市专家服务中心

重庆市专家服务中心是重庆市人力资源和社会保障局所属的事业单位。

主要职能：

1．负责全市高级专家的健康体检、休假疗养、津贴发放等工作。

2．根据国家和重庆市关于留学人员工作的政策，做好留学回国人员的相关服务工作，为引进海外人才提供服务与咨询，为制定、修改留学人员政策提供信息依据。

3．开展人事人才国际交流和国（境）外智力引进的服务工作，承办来渝国（境）外专家的服务工作。

4．负责重庆市博士后联谊会和重庆市留学人员联谊会的管理服务工作。

5．承办相关部门委托和交办的其他事项。

联系方式：

地　址：重庆市渝北区新牌坊1路1号

邮　编：401147

电　话：023-86868567

传　真：023-86868567

邮　箱：cqzjfw@126.com

贵州省留学人员与专家服务中心

贵州省留学人员与专家服务中心是贵州省人事厅管理的事业单位。主要任务是为留学回国人员回黔创业提供各种咨询服务。

主要职能：

1．为留学回国人员回黔来黔创业提供服务。

2．承担留学回国人员科技活动项目择优资助经费推荐的事务工作。

3．承担贵州省留学人员回国服务工作厅际联席会议办公室的日常工作。

4．筹备“贵州省留学回国人员创业园”。

5．为专家队伍建设和发挥专家作用提供服务。

联系方式：

地　址：贵阳市贵州省政府大院5号楼13楼1303

邮　编：550001

电　话：86-851-6828173

传　真：86-851-6828602

陕西省留学服务中心

陕西省留学服务中心，是陕西省教育厅直属事业单位，是负责全省出国留学、留学回国服务的专业服务机构，是中国(教育部)留学服务中心设在陕西省的国外(境外)学位证书和高等教育文凭的认证点。

陕西省留学服务中心全面贯彻“支持留学，鼓励回国，来去自由”的国家留学政策，本着“诚信、可靠、安全、高效”的服务宗旨，充分发挥陕西省留学服务中心教育交流面广量大的资源优势，秉承“树立政府形象，确保真诚服务；坚持专业标准，保护学生权益”的工作理念，为广大留学人员、留学回国人员提供周到、快速、准确、高效的服务。

主要职能：

一、出国留学服务

1．宣传、贯彻、落实国家关于留学工作的方针、政策和规定，提供留学政策、海外教育制度、自费留学办理程序以及国外院校情况的咨询与服务。

2．承办省内公派留学和短期因公出访人员签证的事宜。

3．根据留学申请人的教育背景及自身条件，提供留学评估服务；指导并帮助申请人选择最适合的留学国别、留学院校及留学专业。

4．协助申请人准备签证材料、提供签证指导，并根据各国使馆要求为申请人申请签证。

二、留学回国服务

1．负责陕西省境内国外(境外)学历、学位的认证工作；提供留学回国人员的派遣、落户工作。

2．为留学人员提供人事关系代理和档案管理工作，方便留学回国人员在国内、省内择业、创业。

3．积极宣传陕西为海外高层次人才提供的优惠政策。

4．充分发挥陕西省留学服务中心的资源优势，积极为本省留学人员创业园建设服务，加速引进海外高层次人才和高新技术项目，为西部大开发和建设西部经济强省服务。

三、留学信息服务

1．和陕西省教育厅国际合作与交流处共同创办“陕西留学网”(www.sxcse.com)，按国际合作与交流处的政府管理职能和留学服务中心的服务功能，分两大板块、9个栏目，为陕西省教育国际交流提供权威性、指导性的政策平台，给陕西省留学人员提供权威、规范、快捷的服务。

2．定期编发《陕西留学服务通讯》，及时、准确地报道国家、省最新留学及教育国际交流的政策和信息，及时为留学人员提供各类服务信息，搭建留学回国人员展示才华、创业奉献的交流平台，充分展示陕西省留学服务中心的政府品牌形象，着力打造百姓最信赖的留学品牌机构，为建设西部经济强省提供高层次人才和智力支持。

联系方式：

地　址：西安市药王洞153号陕西省教育厅东办公楼2楼

邮　编：710003

电　话：86-29-87315559，87317688

传　真：86-29-87311206

邮　箱：sxscse@yahoo.com.cn

西安留学人员工作站

西安留学人员工作站是经国家教育部、公安部批准成立的留学中介服务机构。工作站隶属西安市人事局，是西安地区派出留学人员的主要渠道之一。

主要职能：

一、出国留学服务

1．联络国际文化教育相关机构并对出国留学及对外教育交流人员提供咨询服务。

2．为自费留学开辟渠道，为赴国外研读包括中学、预科、本科、研究生、MBA等课程在内的各类自费留学生提供中介服务。

3．为自费留学人员代管档案、代缴养老保险金。

二、留学咨询服务

1．出国留学信息咨询服务：出国留学政策、手续、程序以及各国教育制度、专业以及奖学金设置的全面介绍。

2．为出国留学人员及对外教育交流人员办理护照、签证、公证、原件翻译、行前指导和预订机票等相关配套服务。

三、留学回国服务

1．为各类留学人员回国工作和国内用人单位选聘留学人员提供双向信息和有关政策咨询服务；为留学人员回国工作办理派遣落户手续。

2．为各类留学人员短期回国讲学、学术交流、合作科研提供牵线搭桥服务。

3．承担留学回国人员科研资助费用的初审和拨款工作。

4．全国31个站点实行网络联系，实现异地指导就业并安置。

四、为来华留学提供服务

对欲来华留学的外籍人士提供法律政策的咨询服务工作及为他们积极联系在华学习的相关事宜。

联系方式：

地　址：西安市西门里西大街安定广场4号楼4-301

邮　编：710002

电　话：86-29-87625654

传　真：86-29-87625479

邮　箱：xaabroad@163.com

甘肃省留学人员与专家服务中心

甘肃省留学人员与专家服务中心是甘肃省人事厅直属事业单位，是负责全省留学回国人员的专门服务机构。主要任务是宣传、贯彻、落实国家关于留学回国人员工作的方针、政策、规定；为留学回国人员提供全方位的管理与服务；承办、鼓励、引进海外留学人员回国来甘肃工作。

主要职能：

1．研究创建留学人员创业的政策环境。

2．办理留学人员创业园建园的审批事宜。

3．办理与国家人事部共建留学人员创业园的申办工作。

4．负责留学回国人员科研经费的申报工作。

5．为留学回国人员创业园申报博士后科研工作站的工作。

6．为留学回国人员领办、创办高新技术企业、开展学术技术交流活动提供相应的服务。

7．指导留学回国人员联谊会活动。

8．了解和反映留学回国人员的意见、建议和要求，协助办理留学人员的出入境手续。

9．协助留学回国人员解决落户、住房、配偶工作、子女就业等手续。

联系方式：

地　址：兰州市城关区皋兰路78号兴业大厦607室

邮　编：730000

电　话：86-931-8410817

传　真：86-931-8410817

邮　箱：bxf@rst.gansu.gov.cn

宁夏回族自治区专家与留学人员服务中心

宁夏回族自治区专家与留学人员服务中心是宁夏回族自治区人事厅直属事业单位，是负责全区专家和留学人员服务工作的机构。主要任务是宣传、贯彻、落实国家关于留学人员工作的方针、政策、规定；为宁夏回族自治区各类留学人员提供全方位的管理与服务；积极引进海外留学人员中的人才、智力、技术、资金；承办宁夏回族自治区人事厅及国家留学人员工作主管部门委托和交办的任务；与国内外相关组织建立业务合作关系。

主要职能：

1．负责向社会提供留学人员科研成果的咨询和服务。

2．负责和组织留学人员为地方党政机关、企事业单位重大决策提供论证咨询。

3．负责留学回国人员科技活动资助经费的申报管理。

4．为各类留学人员来宁夏短期讲学、学术交流、合作科研、投资考察提供牵线搭桥服务。

5．为各类留学人员来宁夏工作和用人单位录用留学人员提供信息服务和双向选择服务，并根据双方需要进行重点推荐。

6．来宁夏开展学术活动的高层次留学人才的接待工作。

7．指导宁夏回族自治区留学人员创业园、宁夏留学人员联谊会工作。

8．帮助留学人员解决工作、学习、生活中的困难，做好相关服务等工作。

联系方式：

地　址：宁夏银川市上海东路40号

邮　编：750001

电　话：86-951-5099081

传　真：86-951-5099100

邮　箱：nxzj2088@126.com

附录篇

中华人民共和国驻外使（领）馆教育处（组）一览

馆 别	地 址	电 话/传 真/邮 箱/网 址
驻美国使馆教育处	3505 INTERNATIONAL PLACE, N.W. WASHINGTON, D.C. 20008 U.S.A.	001-202-243-1158 001-202-243-1159 001-202-243-1160 001-202-243-0631 (Fax) admin@sino-education.org www.sino-education.org
驻纽约总领馆教育组	Education Office, 520 12TH AVENUE, NEW YORK, NY 10036, U.S.A.	001-212-244-9392 001-212-564-9413 (Fax) sinofubo@gmail.com www.nyconsulate.prchina.org
驻旧金山总领馆教育组	Education Office, 1450 Laguna St., San Francisco, CA 94115, U.S.A.	001-415-852-5982 001-415-852-5985 001-415-852-5980 (Fax) xuyj@moe.edu.cn www.edusf.org
驻洛杉矶总领馆教育组	Education Office, 443 Shatto Place, Los Angeles, CA 90020, U.S.A.	001-213-807-8071 001-213-807-8051 (Fax) educationsection@gmail.com www.edulosangeles.org
驻休斯敦总领馆教育组	Education Office, 811 Holman St. Houston, TX 77002, U.S.A.	001-713-522-0231 001-713-522-0015 (Fax) zhangyiqun@yahoo.cn houston.china-consulate.org
驻芝加哥总领馆教育组	Education Office, 3322 West Peterson Ave., Chicago, IL 60659, U.S.A.	001-773-279-0337 001-773-279-0701 001-773-279-0370 (Fax) www.educhicago.org
驻加拿大使馆教育处	80 Cobourg St. Ottawa, Ontario, Canada K1N 8H1	001-613-789-6312 001-613-789-0262 (Fax) www.chineseeducation.ca
驻蒙特利尔教育处	2100 Ste-Catherine West, 8th Floor Montreal, Quebec, H3H 2T3, Canada	001-514-419-6748 001-514-878-9692 (Fax) eduone@edumontreal.org www.edumontreal.org
驻多伦多总领馆教育组	24 Admiral Rd, Toronto, Ontario, Canada M5R 2L5	001-416-324-8536 001-416-324-9688 001-416-324-9931 (Fax) liyufei@moe.edu.cn www.educationtoronto.org
驻温哥华总领馆教育组	2215 Eddington Drive, Vancourver, BC, Canada V6L 2E6	001-604-738-9157 001-604-738-1801 (Fax) chunling@chinaeduvan.org www.chinaeduvan.org
驻墨西哥使馆教育组	Av. Rio Magdalena No.172 Deleg, Alvaro Obregon, Col Tizapan, Mexico	0052-5-663-3473 0052-5-661-1972 (Fax) www.embajadachina.org.mx
驻哥斯达黎加使馆教育组	Frente a la casa de Don Oscar Arias, Rohrmoser, Pavas, San José, Costa Rica	00506-5-663-3473 00506-5-661-1972 (Fax) cr.china-embassy.org
驻古巴使馆教育组	DEPT. DE EDUCATION, CALLE 13 NO.551, ENTER CYD, VEDADO, HABANA, CUBA	0053-7-833-3005 0053-7-833-3092 (Fax)

驻日本使馆教育处	135-0023 日本国東京都江東区平野2-2-9	0081-3-3643-0305 0081-3-3643-0269（Fax） www.china-embassy.or.jp
日中会馆	112-0004 東京都文京区後楽1丁目5番3号	0081-3-3811-5317 www.jcfc.or.jp
驻大阪总领馆教育组	564-0063 日本国大阪府吹田市江坂町5-4-4	0081-6-6821-2301 0081-6-6821-2313（Fax） jyz@cronos.ocn.ne.jp osaka.china-consulate.org
驻札幌总领馆教育组	064 日本国札幌市中央区南13条西23丁目5-1	0081-11-563-8991 0081-11-563-7314（Fax） sapporo.china-consulate.org
驻福冈总领馆教育组	810-0065 日本国福冈县福冈市中央区地行浜1-3-3	0081-92-713-1121 0081-92-771-5637（Fax） www.edufukuoka.org
驻新潟总领馆教育组	951-8104 日本国新潟县新潟市中央区西大畑町5220-18	0081-25-228-8878 0081-25-228-8901（Fax） niigata.chineseconsulate.org
驻朝鲜使馆教育组	朝鲜民主主义人民共和国平壤市牡丹峰区长村洞	0085-02-381-3013 0085-02-381-3423（Fax） kp.china-embassy.org
驻韩国使馆教育处	韩国首尔特别市钟路区孝子洞54番地紫霞门路70号	0082-2-730-2068 0082-2-738-1044（Fax） zhuhanjiaoyuchu@yahoo.com.cn www.eoe.or.kr
驻新加坡使馆教育处	150 Tanglin Road Singapore 247969	0065-6418-0235 0065-6418-0454（Fax） www.chinaembassy.org.sg
驻泰国使馆教育组	57 Ratchadaphisek Road Bangkok 10310, Thailand	0066-2-247-8518 0066-2-247-8957（Fax） www.chinaembassy.or.th
驻印度使馆教育组	50-D, Shantipath, Chanakyapuri New Delhi-110021, India	0091-11-2611-4711 0091-11-2687-2031（Fax） in.china-embassy.org
驻也门使馆教育组	PO Box 482, Sana' a, Al-Zubeiri St. Sana' a, Yemen	00967-1-275-340 00967-1-245-168（Fax） ye.chineseembassy.org
驻以色列使馆教育组	222 Ben Yehuda Street P.O. Box 6067 Tel Aviv 61060, Israel	00972-3-602-4597 00972-3-526-1787（Fax） il.china-embassy.org
驻埃及使馆教育处	Room 901, No.8, Al-mansur Muhanmed Str. Al-Zamalek, Cairo, Egypt	0020-2-2735-5861 0020-2-2736-1939（Fax） jycegypt@hotmail.com eg.china-embassy.org
驻南非使馆教育组	965 Church Street, Arcadia 0083, Pretoria, South Africa	0027-12-342-6566 0027-12-342-0911（Fax） za.china-embassy.org
驻澳大利亚使馆教育处	6 Dalman Crescent, O' Malley, Canberra, ACT 2606, Australia	0061-2-6286-9982 0061-2-6290-1652（Fax） educhem@sino-education.org.au www.sino-education.org.au

驻悉尼总领馆教育组	19 Anzac Parade, Kensington 2033, New South Wales, Australia	0061-2-9662-1723 0061-2-9697-3869 0061-2-9697-3368 (Fax) sydney.chineseconsulate.org
驻墨尔本总领馆教育组	14 Selborne Road, Toorak, VIC3142, Australia	0061-3-9826-3179 0061-3-9827-5985 0061-3-9804-8603 (Fax) www.edumel.org
驻布里斯班总领馆教育组	Level 9, 79 Adelaide St., Brisbane QLD 4000, Australia	0061-7-3210-6509 0061-7-3210-6394 (Fax) brisbane.chineseconsulate.org
驻新西兰使馆教育组	37 Penrose St., Woburn, Lower Hutt 5010, Wellington, New Zealand	0064-4-570-2758 0064-4-570-2832 (Fax) www.chinanz-education.org
驻奥克兰总领馆教育组	8 Dromorne Road, Remuera Auckland, New Zealand	0064-9-623-3793 0064-9-623-0812 (Fax) www.chinaconsulate.org.nz
驻克赖斯特彻奇总领馆教育组	106, Hansons Lane, Upper Riccarton, Christchurch, 8041, New Zealand	0064-3-341-8536 0064-3-341-8071 (Fax) www.chchedu.org
驻俄罗斯使馆教育处	6, St. Friendship (Lenin Hill) Moscow, Russia	007-499-143-7230 007-499-783-0861 (Fax) www.eduru.org
驻圣彼得堡总领馆教育组	Room 97, 7 Nahimova St.199226, Saint-Petersburg, Russia	007-812-355-0673 saint-petersburg.china-consulate.org
驻伊尔库茨克总领馆教育组	664007 Russia, Irkutsk, St.Karla-Marksa 40(101) Consulate General of China in Irkutsk	007-395-278-1434 saint-petersburg.china-consulate.org
驻叶卡捷琳堡总领馆教育组	улицаЧайковского,45, Екатеринбург,Свердловская область,Россия	007-343-253-5786 007-343-253-5781 (Fax) ekaterinburg.chineseconsulate.org
驻白俄罗斯使馆教育组	22,Berestyanskaya Str.,Minsk,The Republic of Belarus, 220071	00375-172-328-6396 00375-172-285-3681 (Fax) by.chineseembassy.org
驻乌克兰使馆教育处	32 Grushevskogo St.Kiev,Ukraine 252021	00380-44-280-7642 ua.chineseembassy.org
驻罗马尼亚使馆教育组	Soseaua Nordului nr.2, Sector 1, 71512 Bucuresti, Romania	0040-21-314-3868 www.chinaembassy.org.ro
驻匈牙利使馆教育组	1068 Budapest, Benczur U. 43-iii/6, Hungary	0036-1-707-3767 0036-1-322-2544 (Fax) www.chinaembassy.hude
驻波兰使馆教育处	UL. Bonifraterska 100-203 Warsza, Poland	0048-22-831-6182 educhina@medianet.pl www.chinaembassy.org.pl
驻捷克使馆教育组	Education Section Embassy of P. R. China Pelleova 18,160 00 Praha 6 The Czech Republic	00420-233-028-868 00420-233-028-869 (Fax) cz.chineseembassy.org

驻塞尔维亚和黑山使馆教育组	Aradska 4, 11000 Beograd Serbia and Montenegro	00381-11-380-8396 00381-11-380-7583 (Fax) esce_beograd@hotmail.com
驻保加利亚使馆教育组	No.7 Anri Babuse Str. Sofia 1113, Bulgaria	00359-2-973-3247 00359-2-971-2005 (Fax) www.chinaembassy.bg
驻德国使馆教育处	Dresdener Str.44, 10179 Berlin Germany	0049-30-305-7536 0049-30-304-0825 (Fax) jych_dg@yahoo.de www.edu-chinaembassy.de
驻法兰克福使馆教育处	Stresemannallee 19-23, D-60596 Frankfurt am Main, Germany	0049-69-7508-5522 0049-69-7508-5550 (Fax) consulate_frankfurt4@hotmail.com frankfurt.china-consulate.org
驻波恩办事处教育室	Rheinallee 53, 53173 Bonn, Germany	0049-228-350-2660
驻慕尼黑总领馆教育组	Romanstrasse 107 80639 Muenchen, Germany	0049-89-170-8602 0049-89-170-8639 (Fax) munich.china-consulate.org
驻瑞士使馆教育处	Bersetweg 6, CH-3073, Gümligen Switzerland	0041-31-951-4325 0041-31-951-4331 (Fax) www.cnedu-ch.org
驻比利时使馆教育处	Av. Bel- Air 16, 1180 UCCLE Bruxelles, Belgique	0032-2-348-9450 0032-2-735-9452 (Fax) www.chinaedu.be
驻欧盟使团教育文化处	Avenue de Tervuren 443-445, 1150 Woluwe Saint-Pierre, Belgium	0032-2-7723702 0032-2-7628259 (Fax) www.chinamission.be
驻奥地利使馆教育处	Mettenrnichgasse 11/16 A-1030 Wien, Austria	0043-1-713-1788 0043-1-715-7095 (Fax) www.chinaembassy.at
驻荷兰使馆教育处	Antonic Duckystraat 132 2582 TR Den Haag The Netherlands	0031-70-354-1276 0031-70-351-2902 (Fax) edu.nl@moe.edu.cn nl.china-embassy.org
驻意大利使馆教育处	Via Malcesine 39/12, 00135 Roma, Italia	0039-06-301-7539 0039-06-305-3916 (Fax) it.china-embassy.org
驻葡萄牙使馆教育组	Rua De Sao Caetano 2, a lapa 1200 Lisboa Portugal	00351-213-928445 00351-213-975632 (Fax) pt.chineseembassy.org
驻瑞典使馆教育处	Skoldvagen 10,182 64 Djursholm, Stockholm Sweden	0046-8-755-2318 0046-8-753-1269 (Fax) info@cnedu.nu www.cnedu.nu
驻丹麦使馆教育组	Henningsens Alle 24, 2900 Hellerup, Copenhagen Denmark	0045-3962-3854 www.chinaembassy.dk
驻挪威使馆教育组	Holmenkollveien 30B, 0376 Oslo, Norway	0047-2249-4285 0047-2249-5855 education@chinese-embassy.no www.chinese-embassy.no

驻西班牙使馆教育组	Calle Matías Turrión No.28, 1 B, 28043, Madrid	0034-91-388-3988 0034-91-759-9292 (Fax) www.embajadachina.es
驻芬兰使馆教育组	Kuusiniementie 14 A, 00340 Helsinki, Finland	00358-9-698-6418 00358-9-687-1114 (Fax) www.educn-fi.org
驻法国使馆教育处	29, Rue de la Glaciere 75013 Paris, France	0033-1-4408-1940 0033-1-4408-1960 (Fax) echange@edu-ambchine.org www.edu-ambchine.org
驻爱尔兰使馆教育组	40 Ailesbury Road, Dublin 4, Ireland	00353-1-269-1501 00353-1-283-9938 (Fax) www.fmprc.gov.cn/ce/ceie
驻英国使馆教育处	50 Portland Place, London, UK, W1B 1NQ	0044-20-7512-0250 0044-20-7580-4474 (Fax) www.edu-chinaembassy.org.uk
驻曼彻斯特总领馆教育组	153 Barlow Moor Road, West Didsbury Manchester M20 2YA, UK	0044-161-445-4586 0044-161-448-9154 (Fax) www.consulateman.org
纽约中国留学服务中心	90 Broad Street, Suite 701, New York, N.Y. 10004, U.S.A.	001-212-835-5520 001-212-367-7431 (Fax) new.chinesehighway.com
中国常驻联合国教科文组织代表团	1, Rue Miollis 75015 Paris, France	0033-1-4568-3456 0033-1-4219-0199 (Fax)

附录篇

中华人民共和国驻外使（领）馆科技处（组）一览

馆 别	地 址	电 话/传 真/网 址
驻日本使馆科技处	106日本东京都港区元麻布三丁目四番三十三号	0081-3-3403-3388 0081-3-3403-3385（Fax） www.china-embassy.or.jp
驻大阪总领馆科技组	550-0004大阪府大阪市西区靭本3-9-2	0081-6-6445-9481 0081-6-6445-9475（Fax） www.osaka.china-consulate.org
驻福冈总领事馆科技组	810-0065福冈县福冈市中央区地1-3-3	0081-92-713-1124 0081-92-781-8906（Fax） www.chn-consulate-fukuoka.or.jp
驻札幌总领事馆科技组	064-0913北海道札幌市中央区南13条23-5-1	0081-11-563-5563 0081-11-563-1818（Fax） sapporo.china-consulate.org
驻长崎总领事馆科技组	852-8114长崎县长崎市桥口町10-35	0081-95-849-3311 0081-95-849-3312（Fax） sapporo.china-consulate.org
驻名古屋总领事馆科技组	461-0005名古屋市东区东樱二丁目8番地37号	0081-52-932-1058 0081-52-932-1169（Fax） nagoya.chineseconsulate.org
驻印度使馆科技处	50-D, Shantipath, Chanakyapuri New Delhi-110021 India	0091-11-2687-1585 0091-11-2611-1104（Fax） www.fmprc.gov.cn/ce/cein
驻朝鲜使馆科技组	Kinmaeuldong, Pyongyang D.P.R of Korea	00850-2-381-3116 00850-2-381-3425（Fax） kp.china-embassy.org
驻韩国使馆科技处	110-033 54 Hyoja-Dong, Jongno-Gu, Seoul, 110-033 the Republic of Korea	0082-2-738-1038 0082-2-738-1045（Fax） www.chinaemb.or.kr
驻以色列使馆科技处	222 Ben Yehuda Street P.O.Box 6067 Tel Aviv 61060, Israel	00972-3-546-7277 00972-3-544-0443（Fax） www.fmprc.gov.cn/ce/ceil
驻泰国使馆科技处	57 Rachadapisake Road Bangkok 10310 Thailand	0066-2-245-0088 0066-2-245-7048（Fax） www.chinaembassy.or.th
驻印度尼西亚使馆科技处	JL. Mega Kuningan No. 2, Jakarta Selatan 12950 Indonesia	0062-21-576-1264 0062-21-576-1033（Fax） www.fmprc.gov.cn/ce/ceindo
驻新加坡使馆科技组	150 Tanglin Road, Singapore 247969	0065-6418-0105 0065-6471-3603（Fax） www.chinaembassy.org.sg
驻巴基斯坦使馆科技组	Diplomatic, Enclave Ramma 4, Islamabad Pakistan	0092-51-282-4786 0092-51-287-2830（Fax） pk.chineseembassy.org
驻哈萨克斯坦使馆科技处	12, baitasov Str. Almaty, 050010	007-723-700-208 kz.mofcom.gov.cn
驻德国使馆科技处	Märkisches Ufer 54, 10179 Berlin Germany	0049-30-2758-8237 0049-30-2758-8221（Fax） www.china-botschaft.de

驻法国使馆科技处	20, Rue de Washington 75008 Paris France	0033-1-5375-8891 0033-1-5375-8904 (Fax) www.amb-chine.fr
驻英国使馆科技处	42 Maida Vale, London, W91RP, U.K.	0044-20-7432-8376 0044-20-7286-6833 (Fax) www.chinese-embassy.org.uk/chn/lxwm/
驻爱尔兰使馆科技处	40 Ailesbury Road, Ballsbridge, Dublin 4, Ireland	00353-1-269-1501 00353-1-283-9938 (Fax) ie.china-embassy.org
驻瑞典使馆科技处	Lidovägen 8, 115 25 Stockholm, Sweden	0046-8-767-5825 0046-8-731-0740 (Fax) www.chinaembassy.se
驻意大利使馆科技处	56 Via Bruxelles, 00198 Roma, Italia	0039-06-884-8186 0039-06-853-1203 (Fax) www.it.chineseembassy.org
驻米兰总领事馆科技组	Via Benaco, 4-20139 Milano	0039-02-569-0869 0039-02-569-4131 (Fax) www.consolatocinami.it
驻欧盟使团科技处	Boulevard de la Woluwé100 1200 Bruxelles Belgique	0032-2-772-9572 0032-2-770-4790 (Fax) www.chinamission.be
驻比利时使馆科技处	Boulevard du Souverain 400, 1160 Auderghem, Bruxelles Belgique	0032-2-663-3012 (Fax) 0032-2-770-2326 www.chinaembassy-org.be
驻瑞士使馆科技处	Kalcheggweg 10, 3006 Bern, Switzerland	0041-31-351-5817 www.china-embassy.ch
驻芬兰使馆科技组	Vanha kelkkamäki 9, Kulosaari, 00570, Helsinki, Finland	00358-9-2289-0153 00358-9-2289-0155 (Fax) www.chinaembassy-fi.org
驻奥地利使馆科技处	Metternichgass 4 Wien A-1030 Austria	0043-1-714-4925 0043-1-713-6816 (Fax) www.chinaembassy.at
驻丹麦使馆科技处	Ahlmanns Alle 22, 2900 Hellerup Denmark	0045-3946-0887 0045-3946-0888 (Fax) www.chinaembassy.dk
驻挪威使馆科技处	Tuengen Allé 2B, 0244 Oslo, Norway	0047-22-492-052 0047-22-921-978 (Fax) www.chinese-embassy.no
驻荷兰使馆科技处	Willem Lodewijklaan 10, 2517 Jt. the Hague, Netherlands	0031-70-306-5077 0031-70-355-1651 (Fax) nl.china-embassy.org
驻西班牙使馆科技处	Calle Arturo Soria, 113, 28043 Madrid, Espana	0034-91-519-4242 0034-91-519-2035 (Fax) www.embajadachina.es
驻葡萄牙使馆科技组	Rua Do Pau Da Bendeira 11-13, A Lapa 1200-756 Lisboa Portugal	00351-21-392-8440 00351-21-392-8431 (Fax) www.fmprc.gov.cn/ce/cept
驻希腊使馆科技组	2A Krinon Street, P. Psychico, 15452 Athens, Greece	0030-210-677-6743 gr.china-embassy.org

驻俄罗斯使馆科技处	117330, Ulitsa Druzhby 6, Moscow Russia	007-495-143-6146 007-495-938-2141（Fax） ru.china-embassy.org
驻哈巴罗夫斯克总领事馆科技组	Stadium Lenin,Khabarovsk 680028, Russia	007-42-1230-2353 007-42-1230-2354（Fax） www.fmprc.gov.cn/ce/cgkhb
驻圣彼得堡总领事馆科技组	No.134, Nab. Kanala Griboedova, St. Petersburg, Russia	007-812-714-2711 007-812-714-4958（Fax） saint-petersburg.china-consulate.org
驻白俄罗斯使馆科技处	22, Berestyanskaya Str., minsk, the republic of Belarus, 220071	00375-17-294-7759 by.china-embassy.org
驻乌克兰使馆科技处	NO.32, grushevskogo STR., kyiv, ukraine, 01901	0038-044-253-0433 ua.chineseembassy.org/
驻罗马尼亚使馆科技处	No.2 Bucurestt,Sector 1, 014 101, Romania	0040-21-232-1923 www.chinaembassy.org.ro
驻匈牙利使馆科技组	Budapest 1068 Benczur Utca 18 Hungary	0036-1-413-3370 0036-1-413-3393（Fax） www.chinaembassy.hu
驻捷克使馆科技处	Pelleova 18，16000 Prague 6-Bubeneč	00420-22-3302-8866 00420-22-3302-8865（Fax） www.chinaembassy.cz
驻波兰使馆科技处	ul. Bonifraterska 100-203 Warszawa，Polska (Poland)	0048-22-831-5823 www.chinaembassy.org.pl
驻保加利亚使馆科技处	Str. Alexander von Humbold 7, Sofia 1113, Republic of Bulgaria	00359-2-973-3873 00359-2-971-3345（Fax） www.chinaembassy.bg
驻美国使馆科技处	2300 Wisconsin Avenue N.W.,Suite 110, Washington D.C. 20007 U.S.A.	001-202-495-2240 001-202-495-2242（Fax） www.china-embassy.org
驻纽约总领事馆科技组	520 12th Avenue New York, NY 10036 U.S.A.	001-212-244-9392 001-212-564-9443（Fax） www.nyconsulate.prchina.org
驻旧金山总领事馆科技组	1450 Laguna Street San Francisco, CA 94115 U.S.A.	001-415-674-2964 001-415-563-4867（Fax） www.chinaconsulatesf.org
驻休斯敦总领事馆科技组	3417 Montrose Boulevard, Houston,Texas 77006 U.S.A.	001-713-520-1462 001-713-521-0876（Fax） www.fmprc.gov.cn/ce/cght
驻芝加哥总领事馆科技组	100 West Erie Street Chicago. IL 60610 U.S.A.	001-312-803-0095 001-312-803-0110（Fax） www.chinaconsulatechicago.org
驻洛杉矶总领事馆科技组	443 Shatto Place Los Angeles, CA 90020 U.S.A.	001-213-807-8065 001-213-807-8019（Fax） losangeles.china-consulate.org
驻加拿大使馆科技处	515 St.Patrick Street Ottawa, Ontario Canada K1N 5H3	001-613-789-3508 001-613-789-1911 www.chinaembassycanada.org

驻多伦多总领事馆科技组	240 St. George Street, Toronto Ontario Canada M5R 2P4	001-416-324-6457 001-416-324-6456（Fax） www. fmprc. gov. cn/ce/cgtrt
驻温哥华总领事馆科技组	3380 Granville Street Vancouver, BC, Canada V6H 3K3	001-604-731-6767 001-604-736-4343（Fax） vancouver. china-consulate. org
驻卡尔加里总领事馆科技组	Suite 100, 1011-6th Ave, SW. Calgary, Alberta, Canada T2P 0W1	001-403-264-3322 001-403-264-6656（Fax） calgary. china-consulate. org
驻巴西使馆科技处	Embaixada da República Popular da China SES. Av. das Nações. Lote 51. Quadra 813. Brasília. DF. Brasil	0055-61-2195-8240 0055-61-2195-8292（Fax） br. china-embassy. org
驻墨西哥使馆科技组	Av. Río del la Magdalena 172, Colonia Tizapán - San Angel Delegación Alvaro Obregón, C. P. 01090	0052-55-5616-4324 0052-55-5616-5849（Fax） www. embajadachina. org. mx
驻古巴使馆科技组	Calle 13, No. 551 Entre CYD, Vedado, la Habana, Cuba	0053-7-833-3005 0053-7-333-0920（Fax）
驻智利使馆科技组	Av. Pedro de Valdivia 550 Santiago, Chile	0056-2-233-9880 0056-2-234-1129（Fax） cl. chineseembassy. org
驻哥斯达黎加使馆科技组	De la casa de D. oscar arias 100 metros al sury 50 metros al oeste, rohrmoser, pavas, san jose, costa rica	00506-2291-4659 00506-2291-4654（Fax）
驻澳大利亚使馆科技处	15 Coronationa Drive Yarralumla, Canberra, ACT 2600 Australia	0061-2-6273-4786 0061-2-6273-5504（Fax） au. china-embassy. org
驻悉尼总领事馆科技组	39 Dunblane Street, Camperdown Nsw 2050, Sydney Australia	0061-2-8595-8050 0061-2-8595-8051（Fax） sydney. chineseconsulate. org
驻新西兰使馆科技组	2-6 Glenmore Street, Po Box 17-257, Karori, Wellington, New Zealand	0064-4-4749-6282 0064-4-4749-6291（Fax） www. chinaembassy. org. nz
驻埃及使馆科技组	14, Bahgat Ali Street Zamalek, Cairo Egypt	0020-2-2735-6746 www. fmprc. gov. cn/ce/ceegy
驻南非使馆科技处	965 Church Street, Arcadia 0083, Pretoria, South Africa	0027-12-431-6550 0027-12-342-3338（Fax） za. china-embassy. org
常驻联合国代表团科技组	350 East 35th Street, New York, NY 10016, USA	001-212-655-6159 001-212-655-6151（Fax） www. china-un. org
常驻日内瓦代表团科技组	11, Chemin de Surville 1213 Petit-Lancy, Geneva Switzerland	0041-22-879-5635 0041-22-879-5637（Fax） www. china-un. ch
国际原子能机构科技处	Steinfeldgasse 3 A-1190, Vienna, Austria	0043-1-486-1635 0043-1-370-6626（Fax） www. iaea. org

附录篇

引智机构信息一览

机构名称	通信地址	电话/传真	邮箱
中国国际人才交流基金会	北京海淀区中关村南大街一号友谊宾馆	86-10-68944604 86-10-68944604	citef@citef.org.cn
国家外国专家局培训中心	北京市海淀区中关村南大街一号友谊宾馆5号楼	86-10-68944784 86-10-68468003	tc@tcsafea.org.cn
《国际人才交流》杂志	北京市中关村南大街1号	86-10-68948886 86-10-68425584 86-10-68948886	wetalent@gmail.com
北京市外国专家局 北京国际人才交流协会	北京市东城区台基厂大街三条3号	86-10-65590180 86-10-65288648	
天津市外国专家局	天津市和平区解放北路167号	86-22-23312021 86-22-23124051	taiep@tjpnet.gov.cn
河北省外国专家局	河北省石家庄市维明北大街118号河北省人力资源和社会保障厅	86-311-88616006 86-311-88616007	zxf_wzj@126.com
山西省外国专家局 山西省国际人才交流协会	山西省太原市长风大街30号	86-351-7676067 86-351-7676023	sxswgzjj@163.com
内蒙古外国专家局 内蒙古国际人才交流协会	内蒙古呼和浩特市中山东路团结巷8号		
辽宁省外国专家局 辽宁省国际人才交流协会	辽宁省沈阳市沈河区中山路377号	86-24-22959193 86-24-22829820	lnwzj@163.com
沈阳市外国专家局 沈阳海外人才交流协会	辽宁省沈阳市沈河区北京街16号市人才大厦1204室	86-24-22533898 86-24-22531479	
大连市外国专家局	辽宁省大连市沙河口区联合路100号	86-411-83623465	
吉林省国际人才交流协会	吉林省长春市亚泰大街3336号金业大厦B座809	86-431-88690906 86-431-88690906	jaiep@public.cc.jl.cn
长春市外国专家局	吉林省长春市西民主大街809号	86-25-89871365 86-25-85679971	ccafea@163.com
黑龙江省外国专家局	黑龙江省哈尔滨市香坊区68号	86-451-87130148	
哈尔滨市外国专家局 哈尔滨国际人才交流协会	黑龙江省哈尔滨市道里区友谊路425号人力资源和社会保障局3号楼	86-451-84871683 86-451-84871683	hwzj0425@163.com
上海市外国专家局 上海国际人才交流协会	上海市浦东新区世博村路300号	86-21-23111111 86-21-50722823	
江苏省国际人才交流协会	江苏省南京市中山北路49号	86-25-83236024 86-25-83236136	yangzhenghuax@163.com
南京市国际人才交流协会	江苏省南京市北京东路43-2号台城大厦902室		
徐州国际人才交流协会	江苏省徐州市解放南路科技城高新技术创业中心大厦307室	86-516-83897228 86-516-83897228	xzaiep@163.com
浙江省国际人才交流协会	浙江省政府二号搂	86-571-87051075 86-571-87051075	zaiep@zjrs.gov.cn
杭州国际人才交流协会	浙江省杭州市莫干山路73号金汇大厦1016室	86-571-88392816 86-571-88392869	haiep_hz@hotmail.com
宁波国际人才交流协会	浙江省宁波市解放北路91号	86-574-87186224 86-574-87284726	nbcaiep@mail.nbptt.zj.cn
安徽省外国专家局 安徽省国际人才交流协会	安徽省合肥市长江中路333号省人力资源和社会保障厅东四楼	86-551-62653950 86-551-62653750	gjc@ah.hrss.gov.cn
福建省外国专家局	福建省福州市华林路省政府大院8号楼513	86-591-87833950 86-591-87833900	87833950@163.com
厦门市国际人才交流协会	福建省厦门市湖滨北路61号	86-592-5366613 86-592-5116399	wzj@xmrs.gov.cn
江西省外国专家局	江西省南昌市省政府大院南一路10号	86-791-6386283 86-791-6386287	jxaiep@126.com
山东省外国专家局 山东省国际人才交流协会	山东省济南市省府前街1号	86-531-86095543 86-531-86118524	sdwgzj@163.com

济南市外国专家局 济南国际人才交流协会	山东省济南市龙鼎大道1号济南龙奥大厦5层D区	86-531-66605975 86-531-87914770	jnfea@163.com
青岛市外国专家局 青岛国际人才交流协会	山东省青岛市市南区闽江路7号	86-532-85911347 86-532-85912090	qingdaoyzb@126.com
河南省国际人才交流协会	河南省郑州市金水路39号	86-371-66371379 86-371-66366102	hnswzj@126.com
郑州市外国专家局 郑州市国际人才交流协会	河南省郑州市陇海路360号	86-371-67185103 86-371-67177610	zzswzj@163.com
湖北省外国专家局 湖北国际人才交流协会	湖北省武汉市武昌区八一路3号	86-27-87827927 86-27-87827927	hb_feb@163.com
武汉市外国专家局 武汉国际人才交流协会	湖北省武汉市江岸区胜利街263号	86-27-82827387 86-27-82812889	rswxl@yahoo.com.cn
湖南省外国专家局	湖南省长沙市韶山路1号	86-731-2215730 86-731-2215730	hnfeb@163. com
长沙市外国专家局	湖南省长沙市岳麓大道218号市政府第二办公楼0847-48室	86-731-88668028 86-731-88666718	csswgzjj@tom. com
广东省外国专家局	广东省广州市东风中路483号粤财大厦	86-20-83134790 86-20-83134793	gdaiep@21cn.com
广州市外国专家局 广州国际人才交流协会	广东省广州市小北路266号北秀大厦7楼	86-20-83540910 86-20-83541272	
深圳市引进国外智力办公室（深圳市外国专家局）	广东省深圳市福田深南中路1025号新城大厦东座1-2楼	86-755-25942934 86-755-25988396	
广西外国专家局 广西国际人才交流中心	广西南宁市星湖路35号	86-771-5847513 86-771-5853371	gxbfea@163.com
海南省外国专家局 海南省国际人才交流协会	海南省海口市白龙南路42号万福大厦9楼	86-898-65334237 86-898-65334141	hpbfea@gmail.com
重庆市外国专家局 重庆国际人才交流协会	重庆市渝北区新牌坊一路1号	86-23-86868533 86-23-86868507	
四川省外国专家局 四川省国际人才交流协会	四川省成都市人民中路东二巷18号	86-28-86742939 86-28-86628201	sicaiep@163. com
成都市外国专家局 成都留学回国人员工作站	四川省成都市锦城大道366号3号楼24楼32428房间	86-28-61888213 86-28-61888213	cdwzj2005@163.com
贵州省国际人才交流协会	贵州省贵阳市省政府大院5号楼11层	86-851-6830156 86-851-6830156	gzaiep@public.gz.cn
云南省外国专家局	云南省昆明市如安街56号	86-871-3630501 86-871-3630502 86-871-3630505	yunnan@caiep.org
西藏自治区外国专家局	西藏拉萨市夺底路24号区就业办公大楼4017办公室	86-891-6602571 86-891-6602510	
陕西省外国专家局 陕西省国际人才交流协会	陕西省西安市新城广场省政府前大楼618室	86-29-87293648 86-29-87293648	saiep@shaanxi.gov.cn
西安市外国专家局 西安国际人才交流协会	陕西省西安市凤城八路109号西安市政府6号楼4层	86-29-86786937 86-29-86786937	xian@caiep.org
甘肃省外国专家局 甘肃省国际人才交流协会	甘肃省兰州市金昌南路280号红星大厦14层	86-931-8877115 86-931-8877117 86-931-8885342	gsaiep@public.lz.gs.cn
青海省外国专家局	青海省西宁市五四西路5号	86-971-6307594 86-971-6312283	qhwzj0971@sina.com
宁夏外国专家局 宁夏国际人才交流协会	宁夏银川市上海东路40号	86-951-5099077 86-951-5099089 86-951-5099013	nxwzj2010@163.com
新疆生产建设兵团外国专家局	新疆乌鲁木齐市光明路196号	86-991-2899404 86-991-2899403 86-991-2890460	2899404@xjbt.gov.cn
新疆国际人才交流协会	新疆乌鲁木齐市北京南路445号	86-991-3689758 86-991-3689923	wgzjj@xjrs.gov.cn

附录篇

2014年在园企业名录

企业名称	所在园区	所属行业
北京创美先进科技有限公司	北大留学人员创业园	电子信息
北京弘璟科技有限公司	北大留学人员创业园	电子信息
北京洪烽科技有限公司	北大留学人员创业园	电子信息
北京吉遨时代科技有限公司	北大留学人员创业园	电子信息
北京晶桥软件科技有限公司	北大留学人员创业园	电子信息
北京聚锋科技文化有限公司	北大留学人员创业园	电子信息
北京老虎致远科技有限公司	北大留学人员创业园	电子信息
北京量科邦信息技术有限公司	北大留学人员创业园	电子信息
北京罗兰加洛科技有限公司	北大留学人员创业园	电子信息
北京摩根麒麟信息技术有限公司	北大留学人员创业园	电子信息
北京上诺斯生物科技有限公司	北大留学人员创业园	电子信息
北京搜霸天下网络科技有限公司	北大留学人员创业园	电子信息
北京询达数据科技有限公司	北大留学人员创业园	电子信息
北京易思迈科技有限责任公司	北大留学人员创业园	电子信息
北京英华时代科技有限公司	北大留学人员创业园	电子信息
北京智慧视通科技有限公司	北大留学人员创业园	电子信息
聚牛科技（北京）有限公司	北大留学人员创业园	电子信息
源世界（北京）科技有限公司	北大留学人员创业园	电子信息
北京和美健康科技有限责任公司	北大留学人员创业园	生物医药
北京聚精瑞生科技有限公司	北大留学人员创业园	生物医药
北京强光海洋工程有限公司	北大留学人员创业园	生物医药
华诚睿光（北京）科技发展有限公司	北大留学人员创业园	生物医药
新源汇能(北京）生物科技有限公司	北大留学人员创业园	生物医药
北京迈赛富特科技有限责任公司	北大留学人员创业园	先进制造
北京韶华恒志科技有限公司	北大留学人员创业园	先进制造
北京爱森科技有限公司	北大留学人员创业园	新材料
北京至感科技有限公司	北大留学人员创业园	新材料
北京鸿讯无限科技有限公司	北大留学人员创业园	文化创意
北京嘉豪世纪科技有限公司	北大留学人员创业园	文化创意
北京土人城市规划设计有限公司	北大留学人员创业园	文化创意
北京土人景观与建筑规划设计研究院	北大留学人员创业园	文化创意
北京也土文化传播有限公司	北大留学人员创业园	文化创意
博雅和正管理咨询（北京）科技有限公司	北大留学人员创业园	文化创意
华商菁英（北京）文化发展有限公司	北大留学人员创业园	文化创意
农金博雅（北京）投资管理有限公司	北大留学人员创业园	文化创意
北京嘟豆信息技术有限公司	北大留学人员创业园	现代服务
北京海英商务俱乐部有限公司	北大留学人员创业园	现代服务
北京集智宏宇科技有限公司	北大留学人员创业园	现代服务
北京佳杰品尚国际贸易有限公司	北大留学人员创业园	现代服务
北京凯瑞思德社会经济咨询有限责任公司	北大留学人员创业园	现代服务
北京迈为思教育科技有限责任公司	北大留学人员创业园	现代服务
北京青禾旅读教育科技有限公司	北大留学人员创业园	现代服务
北京琼雨文化艺术有限公司	北大留学人员创业园	现代服务
北京威泰科技投资管理有限公司	北大留学人员创业园	现代服务
北京蔚道科技有限公司	北大留学人员创业园	现代服务
和华智慧（北京咨询有限公司	北大留学人员创业园	现代服务
中坤恒达（北京）科技有限公司	北大留学人员创业园	现代服务
爱默必晟科技（北京）有限公司	北工大留学人员创业园	电子信息
北京阿德马斯系统集成有限责任公司	北工大留学人员创业园	电子信息
北京爱奥时代信息科技有限公司	北工大留学人员创业园	电子信息
北京和润科仪科技有限公司	北工大留学人员创业园	电子信息
北京惠利莱科技有限公司	北工大留学人员创业园	电子信息
北京铭鸿时代网络科技有限公司	北工大留学人员创业园	电子信息
北京尼洛科技发展有限公司	北工大留学人员创业园	电子信息
北京赛灵科技有限公司	北工大留学人员创业园	电子信息
北京数优华智科技有限公司	北工大留学人员创业园	电子信息
北京沃顿光华教育科技有限公司	北工大留学人员创业园	电子信息
北京西塔网络科技有限公司	北工大留学人员创业园	电子信息

北京喜地盛景多媒体技术有限公司	北工大留学人员创业园	电子信息
北京学门科技有限公司	北工大留学人员创业园	电子信息
北京众思悦科技发展有限公司	北工大留学人员创业园	电子信息
辅弼清源科技有限责任公司	北工大留学人员创业园	电子信息
中慧富纳科技（北京）有限公司	北工大留学人员创业园	电子信息
中科育科技(北京)有限公司	北工大留学人员创业园	电子信息
北京伽拓医药研究有限公司	北工大留学人员创业园	生物医药
基诺克（北京）生物检验科技有限公司	北工大留学人员创业园	生物医药
北京飞旋天行科技有限公司	北工大留学人员创业园	先进制造
北京福莱达斯科技有限公司	北工大留学人员创业园	先进制造
纳瑞科技（北京）有限公司	北工大留学人员创业园	先进制造
阿姆弗莱克斯（北京）科技有限公司	北工大留学人员创业园	新材料
北京泰和信科技有限公司	北工大留学人员创业园	新材料
北京智德佳华教育科技有限公司	北工大留学人员创业园	新材料
国益迪康环境技术（北京）有限公司	北工大留学人员创业园	新材料
北京爱节堡石化科技有限公司	北工大留学人员创业园	新能源环保
北京美索乐家新能源环保科技有限公司	北工大留学人员创业园	新能源环保
金麦达新能源环保科技（北京）有限公司	北工大留学人员创业园	新能源环保
北京京师快线教育咨询有限公司	北工大留学人员创业园	文化创意
北京软影未来文化传播有限责任公司	北工大留学人员创业园	文化创意
北京元气一派科技发展有限公司	北工大留学人员创业园	文化创意
北京东方美中咨询有限公司	北工大留学人员创业园	现代服务
北京惠宇乐邦环保科技有限公司	北工大留学人员创业园	现代服务
北京集成创新经济咨询中心	北工大留学人员创业园	现代服务
北京金耀汇金投资有限责任公司	北工大留学人员创业园	现代服务
北京妙策士医疗科技有限公司	北工大留学人员创业园	现代服务
北京万澎科技有限公司	北工大留学人员创业园	现代服务
北京雨希阳科技有限责任公司	北工大留学人员创业园	现代服务
北京中联文峰环保技术发展有限公司	北工大留学人员创业园	现代服务
维态同慧（北京）科技有限公司	北工大留学人员创业园	现代服务
中安高科检测科技（北京）有限公司	北工大留学人员创业园	现代服务
北京艾德思奇科技有限公司	北航留学人员创业园	电子信息
北京澳盖尼克科技有限公司	北航留学人员创业园	电子信息
北京百树恒仁科技有限公司	北航留学人员创业园	电子信息
北京柏富特软件有限公司	北航留学人员创业园	电子信息
北京拜翠思科技有限公司	北航留学人员创业园	电子信息
北京北弟航安技术有限公司	北航留学人员创业园	电子信息
北京迪帆科技有限公司	北航留学人员创业园	电子信息
北京点众伟业科技有限公司	北航留学人员创业园	电子信息
北京动态时空科技有限公司	北航留学人员创业园	电子信息
北京恩能科技发展有限公司	北航留学人员创业园	电子信息
北京富讯盈科网络技术有限公司	北航留学人员创业园	电子信息
北京感华遂通科技有限公司	北航留学人员创业园	电子信息
北京古梁燕苑科技有限公司	北航留学人员创业园	电子信息
北京国是经委科技有限公司	北航留学人员创业园	电子信息
北京环球先锋科技有限公司	北航留学人员创业园	电子信息
北京环球新视窗信息科技有限公司	北航留学人员创业园	电子信息
北京佳意德文化科技有限公司	北航留学人员创业园	电子信息
北京嘉华开元科技发展有限公司	北航留学人员创业园	电子信息
北京金智海泰科技发展有限公司	北航留学人员创业园	电子信息
北京凯摩一百信息技术有限公司	北航留学人员创业园	电子信息
北京康联科讯科技有限公司	北航留学人员创业园	电子信息
北京昆士德技术有限公司	北航留学人员创业园	电子信息
北京乐迪爱通科技有限公司	北航留学人员创业园	电子信息
北京乐奇莱斯科技有限责任公司	北航留学人员创业园	电子信息
北京略颂信息技术有限公司	北航留学人员创业园	电子信息
北京迈迪泰克科技有限公司	北航留学人员创业园	电子信息
北京名智创亿技术发展有限公司	北航留学人员创业园	电子信息
北京旗硕基业科技有限公司	北航留学人员创业园	电子信息
北京庆达乐科技开发有限公司	北航留学人员创业园	电子信息

北京荣泰创想科技有限公司	北航留学人员创业园	电子信息
北京锐思科创科技有限公司	北航留学人员创业园	电子信息
北京瑞德金科技有限公司	北航留学人员创业园	电子信息
北京圣普创业科技有限公司	北航留学人员创业园	电子信息
北京食苑星技术有限公司分公司	北航留学人员创业园	电子信息
北京世纪三虹信息技术有限公司	北航留学人员创业园	电子信息
北京天汇万博科技发展有限公司	北航留学人员创业园	电子信息
北京拓智新宇科技发展有限公司	北航留学人员创业园	电子信息
北京微创博亚科技有限公司	北航留学人员创业园	电子信息
北京维克斯软件有限公司	北航留学人员创业园	电子信息
北京药智软件技术科技有限公司	北航留学人员创业园	电子信息
北京益宇科技有限公司	北航留学人员创业园	电子信息
北京英特快捷科技有限公司	北航留学人员创业园	电子信息
北京盈美高科数字媒体网络科技有限公司	北航留学人员创业园	电子信息
北京元中方略科技发展有限公司	北航留学人员创业园	电子信息
北京长河旭日科技有限公司	北航留学人员创业园	电子信息
北京中大永盛科技有限公司	北航留学人员创业园	电子信息
北京中航星空通信技术有限公司	北航留学人员创业园	电子信息
北京中科微能科技有限公司	北航留学人员创业园	电子信息
北京竹松科技有限责任公司	北航留学人员创业园	电子信息
鸿运永高（北京）科技有限责任公司	北航留学人员创业园	电子信息
聚客网（北京）科技有限责任公司	北航留学人员创业园	电子信息
靠垫网络科技（北京）有限公司	北航留学人员创业园	电子信息
梦想人（北京）科技有限公司	北航留学人员创业园	电子信息
摩宝微科（北京）软件技术有限公司	北航留学人员创业园	电子信息
侨域高新技术（北京）有限公司	北航留学人员创业园	电子信息
软次方软件科技（北京）有限公司	北航留学人员创业园	电子信息
阳光汇通管理科技（北京）有限公司	北航留学人员创业园	电子信息
易福润德（北京）科技有限公司	北航留学人员创业园	电子信息
真实一路信息技术（北京）有限公司	北航留学人员创业园	电子信息
志诚信联（北京）信息技术有限公司	北航留学人员创业园	电子信息
北京柏辉瑞生物科技有限公司	北航留学人员创业园	生物医药
北京博尚展新生物技术有限公司	北航留学人员创业园	生物医药
北京恩瑞恒科技有限公司	北航留学人员创业园	生物医药
北京希而欧生物医药开发有限公司	北航留学人员创业园	生物医药
北京科致瑞斯自动化技术有限公司	北航留学人员创业园	先进制造
北京欧嘉科技发展有限公司	北航留学人员创业园	新材料
北京维泰凯信新技术有限公司	北航留学人员创业园	新材料
安元易如国际科技发展（北京）有限公司	北航留学人员创业园	新能源环保
安迪曼（北京）科技有限公司	北京科大留学人员创业园	电子信息
北京爱林特立科技有限公司	北京科大留学人员创业园	电子信息
北京安科兴业科技有限公司	北京科大留学人员创业园	电子信息
北京北科智芯科技有限公司	北京科大留学人员创业园	电子信息
北京凯英信业科技股份有限公司	北京科大留学人员创业园	电子信息
北京科大森浪信息技术有限公司	北京科大留学人员创业园	电子信息
北京凌声芯语音科技有限公司	北京科大留学人员创业园	电子信息
北京洋浦伟业科技发展有限公司	北京科大留学人员创业园	电子信息
北京兆易创新科技有限公司	北京科大留学人员创业园	电子信息
京微雅格（北京）科技有限公司	北京科大留学人员创业园	电子信息
能力天空科技（北京）有限公司	北京科大留学人员创业园	电子信息
英得赛斯科技（北京）有限公司	北京科大留学人员创业园	电子信息
北京强新生物科技有限公司	北京科大留学人员创业园	生物医药
安进医疗科技（北京）有限公司	北京科大留学人员创业园	先进制造
北京北科德瑞冶金工程技术有限公司	北京科大留学人员创业园	先进制造
北京华实达自动化控制工程技术有限公司	北京科大留学人员创业园	先进制造
北京科大方兴高新技术有限公司	北京科大留学人员创业园	先进制造
奥美合金材料科技（北京）有限公司	北京科大留学人员创业园	新材料
北京北科炫彤科技有限公司	北京科大留学人员创业园	新材料
北京高融材料科技有限公司	北京科大留学人员创业园	新材料
北京浩运金能科技有限公司	北京科大留学人员创业园	新材料

北京金鼎成科技发展有限公司	北京科大留学人员创业园	新材料
北京群硕新创科技有限公司	北京科大留学人员创业园	新材料
北京赛富通电力技术有限公司	北京科大留学人员创业园	新材料
北京赛亿科技股份有限公司	北京科大留学人员创业园	新材料
北京时代锐智科技有限公司	北京科大留学人员创业园	新材料
北京中科浩运科技有限公司	北京科大留学人员创业园	新材料
北京华业恒威油品新技术有限公司	北京科大留学人员创业园	新能源环保
北京科大朗涤环保工程技术有限公司	北京科大留学人员创业园	新能源环保
万若（北京）环境工程技术有限公司	北京科大留学人员创业园	新能源环保
北京浩运广告传媒有限公司	北京科大留学人员创业园	文化创意
北京爱普乐信息技术有限公司	北京理工留学人员创业园	电子信息
北京爱思博锐科技有限公司	北京理工留学人员创业园	电子信息
北京按钮云商科技有限公司	北京理工留学人员创业园	电子信息
北京宝瑞光电科技有限公司	北京理工留学人员创业园	电子信息
北京宝通东亚制氢科技有限公司	北京理工留学人员创业园	电子信息
北京诚睿教育科技有限公司	北京理工留学人员创业园	电子信息
北京道格恩教育科技有限公司	北京理工留学人员创业园	电子信息
北京德可达科技有限公司	北京理工留学人员创业园	电子信息
北京帝比特科技有限公司	北京理工留学人员创业园	电子信息
北京凡博拓普创新科技有限公司	北京理工留学人员创业园	电子信息
北京蜂鸟视图科技有限公司	北京理工留学人员创业园	电子信息
北京国承万通信息科技有限公司	北京理工留学人员创业园	电子信息
北京汉宇海阔软件科技有限公司	北京理工留学人员创业园	电子信息
北京恒通安信科技有限公司	北京理工留学人员创业园	电子信息
北京华威天立信息科技有限公司	北京理工留学人员创业园	电子信息
北京华新光讯科技有限公司	北京理工留学人员创业园	电子信息
北京华宇聚源科技发展有限公司	北京理工留学人员创业园	电子信息
北京基摩信息科技有限公司	北京理工留学人员创业园	电子信息
北京嘉华思创科技有限公司	北京理工留学人员创业园	电子信息
北京金达雷科技有限公司	北京理工留学人员创业园	电子信息
北京精英高科高科技有限公司	北京理工留学人员创业园	电子信息
北京决策信诺科技有限公司	北京理工留学人员创业园	电子信息
北京乐奥克科技发展有限公司	北京理工留学人员创业园	电子信息
北京利迅金铭科技有限公司	北京理工留学人员创业园	电子信息
北京联星科通微电子技术有限公司	北京理工留学人员创业园	电子信息
北京麦克斯泰科技有限公司	北京理工留学人员创业园	电子信息
北京南风科创应用技术有限公司	北京理工留学人员创业园	电子信息
北京诺信泰伺服科技有限公司	北京理工留学人员创业园	电子信息
北京欧达恒基科技发展有限公司	北京理工留学人员创业园	电子信息
北京派特森科技发展有限公司	北京理工留学人员创业园	电子信息
北京清科立业科技有限责任公司	北京理工留学人员创业园	电子信息
北京穷游天下科技发展有限公司	北京理工留学人员创业园	电子信息
北京睿日车心科技有限公司	北京理工留学人员创业园	电子信息
北京时代金鹰管理科技有限责任公司	北京理工留学人员创业园	电子信息
北京市加华博来科技有限公司	北京理工留学人员创业园	电子信息
北京覃思科技发展有限责任公司	北京理工留学人员创业园	电子信息
北京通顺达科技有限公司	北京理工留学人员创业园	电子信息
北京拓维思科技有限公司	北京理工留学人员创业园	电子信息
北京新峰维特光电科技有限公司	北京理工留学人员创业园	电子信息
北京新峰维讯科技发展有限公司	北京理工留学人员创业园	电子信息
北京信达软创科技有限公司	北京理工留学人员创业园	电子信息
北京星枫先控科技有限公司	北京理工留学人员创业园	电子信息
北京炎黄永辉科技有限公司	北京理工留学人员创业园	电子信息
北京怡凯智能技术有限公司	北京理工留学人员创业园	电子信息
北京屹林智信科技发展有限公司	北京理工留学人员创业园	电子信息
北京翼行科技有限公司	北京理工留学人员创业园	电子信息
北京盈龙数字科技有限公司	北京理工留学人员创业园	电子信息
北京永洪商智科技有限公司	北京理工留学人员创业园	电子信息
北京涌金冠泰科技有限公司	北京理工留学人员创业园	电子信息
北京云启信息技术有限公司	北京理工留学人员创业园	电子信息

北京中德开元科技发展有限公司	北京理工留学人员创业园	电子信息
北京中科软银信息技术有限公司	北京理工留学人员创业园	电子信息
创极意（北京）科技有限公司	北京理工留学人员创业园	电子信息
海德星科技（北京）有限公司	北京理工留学人员创业园	电子信息
华尔兹（北京）科技有限公司	北京理工留学人员创业园	电子信息
华能卫通科技（北京）有限公司	北京理工留学人员创业园	电子信息
华夏星通（北京）科技发展有限公司	北京理工留学人员创业园	电子信息
寰宇慧旅（北京）科技有限公司	北京理工留学人员创业园	电子信息
慧众行知科技（北京）有限公司	北京理工留学人员创业园	电子信息
嘉翔佰仕（北京）科技有限公司	北京理工留学人员创业园	电子信息
鲲鹏动力（北京）科技有限公司	北京理工留学人员创业园	电子信息
融智贝能科技（北京）有限公司	北京理工留学人员创业园	电子信息
尚诺科技（中国）有限公司	北京理工留学人员创业园	电子信息
泰邦泰平科技（北京）有限公司	北京理工留学人员创业园	电子信息
泰瑞数创科技（北京）有限公司	北京理工留学人员创业园	电子信息
泰瑞天际科技（北京）有限公司	北京理工留学人员创业园	电子信息
泰圣思信息系统开发（北京）有限公司	北京理工留学人员创业园	电子信息
天际瞰宇信息技术（北京）有限公司	北京理工留学人员创业园	电子信息
途锐数创（北京）科技有限公司	北京理工留学人员创业园	电子信息
万思飞科科技（北京）有限责任公司	北京理工留学人员创业园	电子信息
矽华远通（北京）科技有限公司	北京理工留学人员创业园	电子信息
星枫科技（北京）有限公司	北京理工留学人员创业园	电子信息
亚航科技（北京）有限公司	北京理工留学人员创业园	电子信息
亚太麒麟（北京）电子信息技术有限公司	北京理工留学人员创业园	电子信息
一起走（北京）健康科技有限公司	北京理工留学人员创业园	电子信息
亿维融智软件科技（北京）有限公司	北京理工留学人员创业园	电子信息
易云捷讯信息科技（北京）有限责任公司	北京理工留学人员创业园	电子信息
优美微迅（北京）科技有限公司	北京理工留学人员创业园	电子信息
游戏风雷（北京）科技有限公司	北京理工留学人员创业园	电子信息
掌通万维（北京）科技有限公司	北京理工留学人员创业园	电子信息
中安信博科技（北京）有限公司	北京理工留学人员创业园	电子信息
中科律信息技术（北京）有限公司	北京理工留学人员创业园	电子信息
中科泰岳（北京）科技有限公司	北京理工留学人员创业园	电子信息
自由飞越国际航空技术服务（北京）有限公司	北京理工留学人员创业园	电子信息
北京北交科仪科技有限公司	北京理工留学人员创业园	生物医药
北京思弗威生物科技有限公司	北京理工留学人员创业园	生物医药
太阳圣华（北京）医疗科技有限公司	北京理工留学人员创业园	生物医药
北京碧华环境工程有限公司	北京理工留学人员创业园	新材料
北京固本科技有限公司	北京理工留学人员创业园	新材料
北京五泽坤科技有限公司	北京理工留学人员创业园	新材料
北京亚方元新技术发展有限公司	北京理工留学人员创业园	新材料
北京意普万工程塑料有限公司	北京理工留学人员创业园	新材料
北京宇极科技发展有限公司	北京理工留学人员创业园	新材料
北京宇极神光科技有限公司	北京理工留学人员创业园	新材料
北京宇极芯光光电技术有限公司	北京理工留学人员创业园	新材料
北京中村宇极科技有限公司	北京理工留学人员创业园	新材料
汉朗科技（北京）有限责任公司	北京理工留学人员创业园	新材料
北京海利高科科技有限公司	北京理工留学人员创业园	新能源环保
北京海美节能科技有限公司	北京理工留学人员创业园	新能源环保
北京京创鸿业智能动力系统有限公司	北京理工留学人员创业园	新能源环保
北京盛华和一科技有限公司	北京理工留学人员创业园	新能源环保
北京因极技术有限公司	北京理工留学人员创业园	新能源汽车
中丹康灵（北京）生物技术有限公司	北京理工留学人员创业园	新能源汽车
鲁宾数唯管理咨询（北京）有限公司	北京理工留学人员创业园	现代服务
北京柴达黑生物科技有限公司	北京理工留学人员创业园	其他行业
北京天一安盛科技发展有限公司	北京理工留学人员创业园	其他行业
北京维景篮迪景观生态技术服务有限公司	北京理工留学人员创业园	其他行业
百维数元信息科技（北京）有限公司	北京经济技术开发区留学人员（汇龙森）创业园	电子信息
北京布洛维科技有限公司	北京经济技术开发区留学人员（汇龙森）创业园	电子信息
北京地米科技有限公司	北京经济技术开发区留学人员（汇龙森）创业园	电子信息

北京鸿智电通科技有限公司	北京经济技术开发区留学人员（汇龙森）创业园	电子信息
北京集翔多维信息技术有限公司	北京经济技术开发区留学人员（汇龙森）创业园	电子信息
北京捷安高信息科技有限公司	北京经济技术开发区留学人员（汇龙森）创业园	电子信息
北京洛美科技有限公司	北京经济技术开发区留学人员（汇龙森）创业园	电子信息
北京强盛明禾科技发展有限公司	北京经济技术开发区留学人员（汇龙森）创业园	电子信息
北京人众人科技发展有限公司	北京经济技术开发区留学人员（汇龙森）创业园	电子信息
北京宇辰新立技术有限公司	北京经济技术开发区留学人员（汇龙森）创业园	电子信息
中盛国联技术（北京）有限公司	北京经济技术开发区留学人员（汇龙森）创业园	电子信息
自由人(北京)信息技术开发有限公司	北京经济技术开发区留学人员（汇龙森）创业园	电子信息
奥达国际生物技术（北京）有限公司	北京经济技术开发区留学人员（汇龙森）创业园	生物医药
北京艾百诺科技有限公司	北京经济技术开发区留学人员（汇龙森）创业园	生物医药
北京傲锐东源生物科技有限公司	北京经济技术开发区留学人员（汇龙森）创业园	生物医药
北京奥科迪医药技术开发有限公司	北京经济技术开发区留学人员（汇龙森）创业园	生物医药
北京奥萨医药研究中心有限公司	北京经济技术开发区留学人员（汇龙森）创业园	生物医药
北京泛生子生物科技有限公司	北京经济技术开发区留学人员（汇龙森）创业园	生物医药
北京冈大医疗科技有限公司	北京经济技术开发区留学人员（汇龙森）创业园	生物医药
北京华美协康生物科技有限公司	北京经济技术开发区留学人员（汇龙森）创业园	生物医药
北京华夏凯奇生物技术有限公司	北京经济技术开发区留学人员（汇龙森）创业园	生物医药
北京汇智泰康医药技术有限公司	北京经济技术开发区留学人员（汇龙森）创业园	生物医药
北京金点睛科技有限公司	北京经济技术开发区留学人员（汇龙森）创业园	生物医药
北京金点睛科技有限公司	北京经济技术开发区留学人员（汇龙森）创业园	生物医药
北京凯莱天成医药科技有限公司	北京经济技术开发区留学人员（汇龙森）创业园	生物医药
北京康晋老龄用品科技有限公司	北京经济技术开发区留学人员（汇龙森）创业园	生物医药
北京康朴尼检测技术有限公司	北京经济技术开发区留学人员（汇龙森）创业园	生物医药
北京龙兴生物医药有限公司	北京经济技术开发区留学人员（汇龙森）创业园	生物医药
北京迈康斯德医药技术有限公司	北京经济技术开发区留学人员（汇龙森）创业园	生物医药
北京普禄德医药科技有限公司	北京经济技术开发区留学人员（汇龙森）创业园	生物医药
北京睿宇博为医疗技术有限公司	北京经济技术开发区留学人员（汇龙森）创业园	生物医药
北京赛诺进医药科技有限公司	北京经济技术开发区留学人员（汇龙森）创业园	生物医药
北京天成新脉生物技术有限公司	北京经济技术开发区留学人员（汇龙森）创业园	生物医药
北京义翘神州生物技术有限公司	北京经济技术开发区留学人员（汇龙森）创业园	生物医药
北京友通上昊科技有限公司	北京经济技术开发区留学人员（汇龙森）创业园	生物医药
博瑞佳影（北京）科技有限公司	北京经济技术开发区留学人员（汇龙森）创业园	生物医药
杜比环球医疗技术（北京）有限公司	北京经济技术开发区留学人员（汇龙森）创业园	生物医药
神州细胞工程有限公司	北京经济技术开发区留学人员（汇龙森）创业园	生物医药
新博医疗技术有限公司	北京经济技术开发区留学人员（汇龙森）创业园	生物医药
中黄乾元（北京）生物技术有限公司	北京经济技术开发区留学人员（汇龙森）创业园	生物医药
北京欧美利华科技有限公司	北京经济技术开发区留学人员（汇龙森）创业园	先进制造
北京欧仕鸿彦音响科技有限公司	北京经济技术开发区留学人员（汇龙森）创业园	先进制造
北京锐洁机器人科技有限公司	北京经济技术开发区留学人员（汇龙森）创业园	先进制造
北京瑞驰拓维科技有限公司	北京经济技术开发区留学人员（汇龙森）创业园	先进制造
北京睿昱达科技有限公司	北京经济技术开发区留学人员（汇龙森）创业园	先进制造
北京易拓智谱科技有限公司	北京经济技术开发区留学人员（汇龙森）创业园	先进制造
北京中机精科自润轴承有限公司	北京经济技术开发区留学人员（汇龙森）创业园	先进制造
北京住信通光电技术有限公司	北京经济技术开发区留学人员（汇龙森）创业园	先进制造
奥码拓（北京）科技有限公司	北京经济技术开发区留学人员（汇龙森）创业园	新材料
北京方佳得众科技有限公司	北京经济技术开发区留学人员（汇龙森）创业园	新材料
北京开元科创科技发展有限公司	北京经济技术开发区留学人员（汇龙森）创业园	新材料
远景雅涵材料科技（北京）有限公司	北京经济技术开发区留学人员（汇龙森）创业园	新材料
北京海瑞克科技发展有限公司	北京经济技术开发区留学人员（汇龙森）创业园	新能源环保
北京银河之舟环保科技有限公司	北京经济技术开发区留学人员（汇龙森）创业园	新能源环保
北京云鹏盛元环保科技有限公司	北京经济技术开发区留学人员（汇龙森）创业园	新能源环保
德赛奥智能科技（北京）有限公司	北京经济技术开发区留学人员（汇龙森）创业园	新能源环保
恒利和信建筑环境科技（北京）有限公司	北京经济技术开发区留学人员（汇龙森）创业园	新能源环保
京科高新（北京）环境科学研究所	北京经济技术开发区留学人员（汇龙森）创业园	新能源环保
北京创锥文化有限公司	北京经济技术开发区留学人员（汇龙森）创业园	文化创意
北京南北佳亦管理咨询有限公司	北京经济技术开发区留学人员（汇龙森）创业园	文化创意
北京汉科云端科技发展有限公司	北京经开•北工大软件园留学人员创业园	电子信息
北京精科评测技术有限公司	北京经开•北工大软件园留学人员创业园	电子信息
北京科跃信息技术有限公司	北京经开•北工大软件园留学人员创业园	电子信息

北京联凯捷信息科技发展有限公司	北京经开·北工大软件园留学人员创业园	电子信息
北京亮慧通科技发展有限公司	北京经开·北工大软件园留学人员创业园	电子信息
北京诺维远通科技发展有限公司	北京经开·北工大软件园留学人员创业园	电子信息
北京维基泰格科技有限公司	北京经开·北工大软件园留学人员创业园	电子信息
北京物泰天杰信息科技有限公司	北京经开·北工大软件园留学人员创业园	电子信息
勒加美制冷科技(北京)有限公司	北京经开·北工大软件园留学人员创业园	电子信息
全景腾飞管理科技（北京）有限公司	北京经开·北工大软件园留学人员创业园	电子信息
太极光控制软件(北京)有限公司	北京经开·北工大软件园留学人员创业园	电子信息
北京贝美拓新药研发有限公司	北京经开·北工大软件园留学人员创业园	生物医药
北京康源健科技发展有限公司	北京经开·北工大软件园留学人员创业园	生物医药
北京乐健堂健康科技中心有限公司	北京经开·北工大软件园留学人员创业园	生物医药
北京益生汇康生物技术有限公司	北京经开·北工大软件园留学人员创业园	生物医药
尼科布莱克（北京）科技发展有限公司	北京经开·北工大软件园留学人员创业园	生物医药
中辰环能技术（北京）有限公司	北京经开·北工大软件园留学人员创业园	新材料
北京熠坤世纪文化传播有限公司	北京经开·北工大软件园留学人员创业园	文化创意
北京爱种网络科技有限公司	北京市留学人员海淀创业园	电子信息
北京奥普泰克科技有限责任公司	北京市留学人员海淀创业园	电子信息
北京百胜扬软件技术有限公司	北京市留学人员海淀创业园	电子信息
北京博奥联盟国际体育发展有限公司	北京市留学人员海淀创业园	电子信息
北京博盟华建科技有限公司	北京市留学人员海淀创业园	电子信息
北京博视汇众科技有限公司	北京市留学人员海淀创业园	电子信息
北京才冠软件有限公司	北京市留学人员海淀创业园	电子信息
北京创锐时光信息科技有限公司	北京市留学人员海淀创业园	电子信息
北京答美文化传播有限公司	北京市留学人员海淀创业园	电子信息
北京大云悦动科技有限公司	北京市留学人员海淀创业园	电子信息
北京德意创智科技有限公司	北京市留学人员海淀创业园	电子信息
北京德中天地科技有限责任公司	北京市留学人员海淀创业园	电子信息
北京迪格斯玛科技有限公司	北京市留学人员海淀创业园	电子信息
北京地丰宝科技有限公司	北京市留学人员海淀创业园	电子信息
北京法佑美博科技有限公司	北京市留学人员海淀创业园	电子信息
北京泛维智联信息技术有限公司	北京市留学人员海淀创业园	电子信息
北京丰华联合科技有限公司	北京市留学人员海淀创业园	电子信息
北京枫业天际科技有限责任公司	北京市留学人员海淀创业园	电子信息
北京富通润泽科技有限公司	北京市留学人员海淀创业园	电子信息
北京冠生云医疗技术有限公司	北京市留学人员海淀创业园	电子信息
北京桂花网科技有限公司	北京市留学人员海淀创业园	电子信息
北京浩源科汇信息技术有限公司	北京市留学人员海淀创业园	电子信息
北京合众映画影视科技有限公司	北京市留学人员海淀创业园	电子信息
北京华成经纬软件科技有限公司	北京市留学人员海淀创业园	电子信息
北京华通伟业科技发展有限公司	北京市留学人员海淀创业园	电子信息
北京华兴宏视技术发展有限公司	北京市留学人员海淀创业园	电子信息
北京欢乐畅娱科技发展有限公司	北京市留学人员海淀创业园	电子信息
北京回首科技有限公司	北京市留学人员海淀创业园	电子信息
北京金脑信科科技有限公司	北京市留学人员海淀创业园	电子信息
北京晶科华盛科技有限公司	北京市留学人员海淀创业园	电子信息
北京九章云极科技有限公司	北京市留学人员海淀创业园	电子信息
北京久久相悦科技有限公司	北京市留学人员海淀创业园	电子信息
北京宽量科技有限公司	北京市留学人员海淀创业园	电子信息
北京朗波芯微技术有限公司	北京市留学人员海淀创业园	电子信息
北京立道软件股份有限公司	北京市留学人员海淀创业园	电子信息
北京良舟通讯科技有限公司	北京市留学人员海淀创业园	电子信息
北京秘密科技有限公司	北京市留学人员海淀创业园	电子信息
北京鹏飞遥遥科技有限公司	北京市留学人员海淀创业园	电子信息
北京奇想工房信息科技有限公司	北京市留学人员海淀创业园	电子信息
北京黔龙泰达科技有限公司	北京市留学人员海淀创业园	电子信息
北京求思智云计算科技有限公司	北京市留学人员海淀创业园	电子信息
北京睿信毅城科技有限公司	北京市留学人员海淀创业园	电子信息
北京尚世同禾科技有限公司	北京市留学人员海淀创业园	电子信息
北京圣博亚科技有限公司	北京市留学人员海淀创业园	电子信息
北京市航芯微科技有限公司	北京市留学人员海淀创业园	电子信息

北京天下旅行科技有限公司	北京市留学人员海淀创业园	电子信息
北京旺泰通信息技术服务有限责任公司	北京市留学人员海淀创业园	电子信息
北京威视云通科技有限公司	北京市留学人员海淀创业园	电子信息
北京悟波智联科技有限公司	北京市留学人员海淀创业园	电子信息
北京先知科技有限公司	北京市留学人员海淀创业园	电子信息
北京欣润科技有限公司	北京市留学人员海淀创业园	电子信息
北京新凯咨询有限责任公司	北京市留学人员海淀创业园	电子信息
北京新影科技有限公司	北京市留学人员海淀创业园	电子信息
北京新兆民科技有限公司	北京市留学人员海淀创业园	电子信息
北京馨宁科技有限公司	北京市留学人员海淀创业园	电子信息
北京星闪世图科技有限公司	北京市留学人员海淀创业园	电子信息
北京阳河湾科技有限公司	北京市留学人员海淀创业园	电子信息
北京伊瑟嘉科技有限公司	北京市留学人员海淀创业园	电子信息
北京以萨数据科技有限公司	北京市留学人员海淀创业园	电子信息
北京亿信达科技有限公司	北京市留学人员海淀创业园	电子信息
北京银融科技有限责任公司	北京市留学人员海淀创业园	电子信息
北京英创启智数字出版技术有限公司	北京市留学人员海淀创业园	电子信息
北京正和之道科技有限公司	北京市留学人员海淀创业园	电子信息
北京帧观半导体科技有限公司	北京市留学人员海淀创业园	电子信息
北京智汇康美科技有限责任公司	北京市留学人员海淀创业园	电子信息
北京智慧云享网络科技有限公司	北京市留学人员海淀创业园	电子信息
北京中天金谷电子商务有限公司	北京市留学人员海淀创业园	电子信息
北京众融科技有限公司	北京市留学人员海淀创业园	电子信息
北京紫晶信息技术有限公司	北京市留学人员海淀创业园	电子信息
创想汇智科技（北京）有限公司	北京市留学人员海淀创业园	电子信息
华语传颂（北京）教育科技有限公司	北京市留学人员海淀创业园	电子信息
寰球立德（北京）科技有限公司	北京市留学人员海淀创业园	电子信息
火花飞翔（北京）移动科技有限公司	北京市留学人员海淀创业园	电子信息
家生活（北京）科技有限公司	北京市留学人员海淀创业园	电子信息
经研八信息科技（北京）有限公司	北京市留学人员海淀创业园	电子信息
妙麒麟（北京）科技有限公司	北京市留学人员海淀创业园	电子信息
睿芯联科（北京）电子科技有限公司	北京市留学人员海淀创业园	电子信息
狮美国际文化传播（北京）有限责任公司	北京市留学人员海淀创业园	电子信息
向阳水木（北京）科技有限公司	北京市留学人员海淀创业园	电子信息
信真维超能源科技（北京）有限公司	北京市留学人员海淀创业园	电子信息
优比交互（北京）科技有限公司	北京市留学人员海淀创业园	电子信息
正品万家(北京)电子商务有限公司	北京市留学人员海淀创业园	电子信息
中车信科技有限公司	北京市留学人员海淀创业园	电子信息
中交智能科技股份有限公司	北京市留学人员海淀创业园	电子信息
中科纳维科技（北京）有限公司	北京市留学人员海淀创业园	电子信息
中卓信（北京）科技有限公司	北京市留学人员海淀创业园	电子信息
众投天地科技(北京)有限公司	北京市留学人员海淀创业园	电子信息
北京滨辉世纪科技有限公司	北京市留学人员海淀创业园	生物医药
北京春风绿生物医药科技有限公司	北京市留学人员海淀创业园	生物医药
北京冈大医疗科技有限公司	北京市留学人员海淀创业园	生物医药
北京海略世纪生物技术有限责任公司	北京市留学人员海淀创业园	生物医药
北京华普众生科技有限公司	北京市留学人员海淀创业园	生物医药
北京惠博远致科技有限公司	北京市留学人员海淀创业园	生物医药
北京九草堂药物研究院有限公司	北京市留学人员海淀创业园	生物医药
北京玖佳宜科技有限公司	北京市留学人员海淀创业园	生物医药
北京康湾科技有限公司	北京市留学人员海淀创业园	生物医药
北京农哥农业科技有限公司	北京市留学人员海淀创业园	生物医药
北京派拉斯生物医药科技有限公司	北京市留学人员海淀创业园	生物医药
北京圣庭生物技术有限公司	北京市留学人员海淀创业园	生物医药
北京维索科科技有限公司	北京市留学人员海淀创业园	生物医药
北京温馨天使科技有限公司	北京市留学人员海淀创业园	生物医药
北京西康英迪科技有限公司	北京市留学人员海淀创业园	生物医药
北京亿赛科技发展有限责任公司	北京市留学人员海淀创业园	生物医药
北京英特派生物科技有限公司	北京市留学人员海淀创业园	生物医药
北京优多爱特生物科技有限公司	北京市留学人员海淀创业园	生物医药

沃迪康（北京）医院管理有限公司	北京市留学人员海淀创业园	生物医药
北京超微上达科技有限公司	北京市留学人员海淀创业园	高端制造
北京东方锐择科技有限公司	北京市留学人员海淀创业园	高端制造
北京发源动力机械设计研究有限公司	北京市留学人员海淀创业园	高端制造
北京衡仪科技有限公司	北京市留学人员海淀创业园	高端制造
北京华尚精仪科技有限公司	北京市留学人员海淀创业园	高端制造
北京晶晶星科技有限公司	北京市留学人员海淀创业园	高端制造
北京零偏科技有限责任公司	北京市留学人员海淀创业园	高端制造
北京绿能嘉业新能源有限公司	北京市留学人员海淀创业园	高端制造
北京盟尚电力科技有限公司	北京市留学人员海淀创业园	高端制造
北京仁光信息技术有限公司	北京市留学人员海淀创业园	高端制造
北京润菲利德科技有限公司	北京市留学人员海淀创业园	高端制造
北京天河聚智科技有限公司	北京市留学人员海淀创业园	高端制造
北京志光伯元科技有限公司	北京市留学人员海淀创业园	高端制造
北京中科嘉固建筑科技有限公司	北京市留学人员海淀创业园	高端制造
红京鸟力维(北京)科技有限公司	北京市留学人员海淀创业园	高端制造
柏美迪康环境科技（北京）有限公司	北京市留学人员海淀创业园	新能源环保
北京艾科格林科技有限公司	北京市留学人员海淀创业园	新能源环保
北京安澜尔雅科技有限公司	北京市留学人员海淀创业园	新能源环保
北京安生绿源科技有限公司	北京市留学人员海淀创业园	新能源环保
北京海珍志阔科技有限公司	北京市留学人员海淀创业园	新能源环保
北京和竑灵源照明技术有限公司	北京市留学人员海淀创业园	新能源环保
北京华清寰宇科技有限公司	北京市留学人员海淀创业园	新能源环保
北京华清茵蓝科技有限公司	北京市留学人员海淀创业园	新能源环保
北京科兰之星环保科技有限公司	北京市留学人员海淀创业园	新能源环保
北京秀江河园林科技有限公司	北京市留学人员海淀创业园	新能源环保
北京中陆能环科技有限公司	北京市留学人员海淀创业园	新能源环保
枫荻思远（北京）国际节能技术有限公司	北京市留学人员海淀创业园	新能源环保
瑞曼博（北京）环保科技有限公司	北京市留学人员海淀创业园	新能源环保
艾莱华汇业科技（北京）有限公司	北京（望京）留学人员创业园	电子信息
北京博雅致用信息科技有限公司	北京（望京）留学人员创业园	电子信息
北京财富智库信息系统有限公司	北京（望京）留学人员创业园	电子信息
北京广益网络科技有限责任公司	北京（望京）留学人员创业园	电子信息
北京滚雷电子商务有限公司	北京（望京）留学人员创业园	电子信息
北京龙德远征科技有限公司	北京（望京）留学人员创业园	电子信息
北京妙微科技有限公司	北京（望京）留学人员创业园	电子信息
北京奇乐客科技有限公司	北京（望京）留学人员创业园	电子信息
北京唐海科技有限公司	北京（望京）留学人员创业园	电子信息
北京信久通科技有限公司	北京（望京）留学人员创业园	电子信息
北京中重重机软件科技有限公司	北京（望京）留学人员创业园	电子信息
乐鲲（北京）科技有限公司	北京（望京）留学人员创业园	电子信息
全维智码信息技术（北京）有限公司	北京（望京）留学人员创业园	电子信息
爱科凯能科技（北京）有限公司	北京（望京）留学人员创业园	生物医药
北海康成（北京）医药科技有限公司	北京（望京）留学人员创业园	生物医药
北京杰华生物技术有限责任公司	北京（望京）留学人员创业园	生物医药
北京青元盛康生物医药科技有限公司	北京（望京）留学人员创业园	生物医药
杰华（北京）生物医药研究院	北京（望京）留学人员创业园	生物医药
欧中瑞华（北京）科技发展有限责任公司	北京（望京）留学人员创业园	生物医药
维德世医学仪器系统（北京）有限公司	北京（望京）留学人员创业园	生物医药
北京雷吉特科技发展有限公司	北京（望京）留学人员创业园	先进制造
北京德华众升能源科技有限公司	北京（望京）留学人员创业园	新能源环保
北京可视化节能科技有限公司	北京（望京）留学人员创业园	新能源环保
北京默凯斯能源技术有限公司	北京（望京）留学人员创业园	新能源环保
北京万瑞尔高科技有限公司	北京（望京）留学人员创业园	新能源环保
国鑫矿业勘探有限公司	北京（望京）留学人员创业园	新能源环保
精进电动科技（北京）有限公司	北京（望京）留学人员创业园	新能源环保
北京诺兰特生态设计研究院有限公司	北京（望京）留学人员创业园	文化创意
北京无源建筑规划设计院	北京（望京）留学人员创业园	文化创意
漫游世界（北京）科技发展有限公司	北京（望京）留学人员创业园	文化创意
北京贝羿海科技有限公司	北京（望京）留学人员创业园	现代服务

北京华奥汽车服务有限公司	北京（望京）留学人员创业园	现代服务
北京科润兰德投资股份有限公司	北京（望京）留学人员创业园	现代服务
北京兰亭高创科技有限公司	北京（望京）留学人员创业园	现代服务
北京麦克西姆科技有限公司	北京（望京）留学人员创业园	现代服务
北京美欧联合投资有限公司	北京（望京）留学人员创业园	现代服务
北京睿思博意咨询管理有限公司	北京（望京）留学人员创业园	现代服务
北京视宴传媒科技有限公司	北京（望京）留学人员创业园	现代服务
北京释码大华科技有限公司	北京（望京）留学人员创业园	现代服务
北京塔科特医疗技术有限公司	北京（望京）留学人员创业园	现代服务
北京天睿空间科技有限公司	北京（望京）留学人员创业园	现代服务
北京天正创智信息技术有限公司	北京（望京）留学人员创业园	现代服务
北京英捷特数字出版技术有限公司	北京（望京）留学人员创业园	现代服务
北京智杰华隆技术发展有限公司	北京（望京）留学人员创业园	现代服务
本洲（北京）新技术推广有限公司	北京（望京）留学人员创业园	现代服务
都会佰（北京）科技发展有限公司	北京（望京）留学人员创业园	现代服务
凤凰云科技（北京）有限公司	北京（望京）留学人员创业园	现代服务
弘宜森合（北京）科技有限公司	北京（望京）留学人员创业园	现代服务
乐辰科技(北京)有限公司	北京（望京）留学人员创业园	现代服务
育软（北京）科技有限公司	北京（望京）留学人员创业园	现代服务
泽碧克（北京）建筑设计咨询有限公司	北京（望京）留学人员创业园	现代服务
北京聚云位智信息科技有限公司	北师大留学人员创业园	电子信息
北京铭汉科技有限公司	北师大留学人员创业园	电子信息
北京亚鸿世纪科技发展有限公司	北师大留学人员创业园	电子信息
北京引众思源科技有限公司	北师大留学人员创业园	电子信息
互联智业（北京）科技有限公司	北师大留学人员创业园	电子信息
华文杏坛（北京）教育科技有限公司	北师大留学人员创业园	电子信息
麦德云（北京）科技有限公司	北师大留学人员创业园	电子信息
欣民网络技术（北京）有限公司	北师大留学人员创业园	电子信息
云通网联（北京）科技有限公司	北师大留学人员创业园	电子信息
北京市莱科智多教育科技有限公司	北师大留学人员创业园	电子信息
北京美丽泌码美容技术有限公司	北师大留学人员创业园	生物医药
北京点密数字科技有限公司	北师大留学人员创业园	文化创意
北京数字幻想科技有限公司	北师大留学人员创业园	文化创意
京师慧谷（北京）文化创意有限公司	北师大留学人员创业园	文化创意
喜佳森（北京）文化传播有限公司	北师大留学人员创业园	文化创意
有爱分子文化创意（北京）有限公司	北师大留学人员创业园	文化创意
塈美尚品艺术设计（北京）有限公司	北师大留学人员创业园	文化创意
北京安卡科技有限公司	北师大留学人员创业园	现代服务
北京汇智润生教育咨询有限公司	北师大留学人员创业园	现代服务
北京佳诺贝科技有限责任公司	北师大留学人员创业园	现代服务
北京京师育才教育科技中心	北师大留学人员创业园	现代服务
北京留方教育科技股份有限公司	北师大留学人员创业园	现代服务
北京天阳赛纳教育科技有限公司	北师大留学人员创业园	现代服务
北京丝缤科技发展有限责任公司	北师大留学人员创业园	新材料
北京大方科技有限责任公司	北师大留学人员创业园	新能源环保
北京北邮安博胜通信技术有限公司	北邮留学人员创业园	电子信息
北京创讯未来软件技术有限公司	北邮留学人员创业园	电子信息
北京词酷科技有限公司	北邮留学人员创业园	电子信息
北京词网科技有限公司	北邮留学人员创业园	电子信息
北京多维恒达科技有限公司	北邮留学人员创业园	电子信息
北京飞思睿科技术有限公司	北邮留学人员创业园	电子信息
北京翰阳天科技有限公司	北邮留学人员创业园	电子信息
北京九驹网络科技有限公司	北邮留学人员创业园	电子信息
北京美中天芯科技有限公司	北邮留学人员创业园	电子信息
北京市安拓思科技有限责任公司	北邮留学人员创业园	电子信息
北京天星讯通电子科技有限公司	北邮留学人员创业园	电子信息
北京元德胜通信技术有限责任公司	北邮留学人员创业园	电子信息
北邮中邮致鼎科技有限公司	北邮留学人员创业园	电子信息
可可网联科技（北京）有限公司	北邮留学人员创业园	电子信息
昭易盛德电子封装技术有限公司	北邮留学人员创业园	电子信息

北京瑞腾格润环保科技有限公司	北邮留学人员创业园	电子信息
北京捷能嘉科技有限公司	北邮留学人员创业园	电子信息
北京东方传韵文化传媒有限公司	北邮留学人员创业园	电子信息
梦幻世界科技（北京）有限公司	北邮留学人员创业园	电子信息
北京安华水木科技开发有限公司	清华留学人员创业园	电子信息
北京博信视通科技有限公司	清华留学人员创业园	电子信息
北京创毅视通科技有限公司	清华留学人员创业园	电子信息
北京创毅视讯科技有限公司	清华留学人员创业园	电子信息
北京萃凝网络技术有限公司	清华留学人员创业园	电子信息
北京笛威欧亚交通科技有限公司	清华留学人员创业园	电子信息
北京点击科技有限公司	清华留学人员创业园	电子信息
北京飞翔人信息技术有限公司	清华留学人员创业园	电子信息
北京海辰天润科技有限公司	清华留学人员创业园	电子信息
北京华达诺科技有限公司	清华留学人员创业园	电子信息
北京吉奥伊曼技术有限公司	清华留学人员创业园	电子信息
北京鲸鲨软件科技有限公司	清华留学人员创业园	电子信息
北京九华互联科技有限公司	清华留学人员创业园	电子信息
北京九州安华信息技术有限公司	清华留学人员创业园	电子信息
北京昆天科微电子技术有限公司	清华留学人员创业园	电子信息
北京清大逸达交通技术有限公司	清华留学人员创业园	电子信息
北京施达优技术有限公司	清华留学人员创业园	电子信息
北京泰可尚电子科技有限公司	清华留学人员创业园	电子信息
北京文迪网络通讯科技有限公司	清华留学人员创业园	电子信息
北京芯景泰达科技有限公司	清华留学人员创业园	电子信息
北京新岸线软件科技有限公司	清华留学人员创业园	电子信息
北京新岸线网络技术有限公司	清华留学人员创业园	电子信息
北京新岸线移动多媒体技术有限公司	清华留学人员创业园	电子信息
北京亿科三友科技有限公司	清华留学人员创业园	电子信息
北京正远达通科技有限公司	清华留学人员创业园	电子信息
北京中瑞经纬科技有限公司	清华留学人员创业园	电子信息
创毅无限（北京）科技发展有限公司	清华留学人员创业园	电子信息
德润特数字影像科技（北京）有限公司	清华留学人员创业园	电子信息
高拓讯达（北京）科技有限公司	清华留学人员创业园	电子信息
坚流科技（北京）有限公司	清华留学人员创业园	电子信息
山石网科通信技术（北京）有限公司	清华留学人员创业园	电子信息
商助科技（北京）有限公司	清华留学人员创业园	电子信息
视算新里程（北京）有限公司	清华留学人员创业园	电子信息
水木智芯（北京）科技有限公司	清华留学人员创业园	电子信息
雅格罗技（北京）科技有限公司	清华留学人员创业园	电子信息
云路网络技术（北京）有限公司	清华留学人员创业园	电子信息
北京海瑞祥天生物技术有限公司	清华留学人员创业园	生物医药
北京乐目堂健康科技有限公司	清华留学人员创业园	生物医药
北京赛林泰医药技术有限公司	清华留学人员创业园	生物医药
海纳医信（北京）软件科技有限责任公司	清华留学人员创业园	生物医药
康肽生物科技（北京）有限公司	清华留学人员创业园	生物医药
优瑞科(北京)生物技术有限公司	清华留学人员创业园	生物医药
北京蔚蓝仕科技有限公司	清华留学人员创业园	先进制造
北京普能世纪科技有限公司	清华留学人员创业园	新能源环保
北京中清明阳太阳能光伏技术有限公司	清华留学人员创业园	新能源环保
清源华动（北京）科技有限公司	清华留学人员创业园	新能源环保
北京优利康生物农业技术有限公司	清华留学人员创业园	现代服务
北京爱博泰克科技发展有限公司	中关村科技园区丰台园留学人员创业园	电子信息
北京车易通软件有限公司	中关村科技园区丰台园留学人员创业园	电子信息
北京飞华领航科技发展有限公司	中关村科技园区丰台园留学人员创业园	电子信息
北京恒泰信立科技有限公司	中关村科技园区丰台园留学人员创业园	电子信息
北京华兴堂科技有限公司	中关村科技园区丰台园留学人员创业园	电子信息
北京华智凯科技有限公司	中关村科技园区丰台园留学人员创业园	电子信息
北京嘉仪科技有限公司	中关村科技园区丰台园留学人员创业园	电子信息
北京徕特安科技有限公司	中关村科技园区丰台园留学人员创业园	电子信息
北京蓝讯时代科技有限公司	中关村科技园区丰台园留学人员创业园	电子信息

北京能为科技发展有限公司	中关村科技园区丰台园留学人员创业园	电子信息
北京企财通科技有限公司	中关村科技园区丰台园留学人员创业园	电子信息
北京锐志方达科技开发有限公司	中关村科技园区丰台园留学人员创业园	电子信息
北京滕阳科技有限公司	中关村科技园区丰台园留学人员创业园	电子信息
北京星嘉华信息科技有限公司	中关村科技园区丰台园留学人员创业园	电子信息
北京雪顶科贸有限公司	中关村科技园区丰台园留学人员创业园	电子信息
北京易泊安科技有限公司	中关村科技园区丰台园留学人员创业园	电子信息
北京易行德佳信息科技有限公司	中关村科技园区丰台园留学人员创业园	电子信息
北京易通伟杰信息技术有限公司	中关村科技园区丰台园留学人员创业园	电子信息
北京银速金捷科技发展有限公司	中关村科技园区丰台园留学人员创业园	电子信息
北京中锐识华信息科技有限公司	中关村科技园区丰台园留学人员创业园	电子信息
北京中盛兴林木材科技有限公司	中关村科技园区丰台园留学人员创业园	电子信息
铂思互动（北京）科技有限公司	中关村科技园区丰台园留学人员创业园	电子信息
超清博亿科技（北京）有限公司	中关村科技园区丰台园留学人员创业园	电子信息
大库（北京）网络科技有限公司	中关村科技园区丰台园留学人员创业园	电子信息
大壮众诚（北京）科技股份有限公司	中关村科技园区丰台园留学人员创业园	电子信息
海汇金石信息科技（北京）有限公司	中关村科技园区丰台园留学人员创业园	电子信息
三友同创（北京）信息技术有限公司	中关村科技园区丰台园留学人员创业园	电子信息
尚唐古道科技有限公司	中关村科技园区丰台园留学人员创业园	电子信息
我路尚品（北京）科技有限公司	中关村科技园区丰台园留学人员创业园	电子信息
北京安泰时空科技有限公司	中关村科技园区丰台园留学人员创业园	生物医药
北京博菲康生物技术有限公司	中关村科技园区丰台园留学人员创业园	生物医药
北京博能康成科技有限公司	中关村科技园区丰台园留学人员创业园	生物医药
北京德众万全医药科技有限公司	中关村科技园区丰台园留学人员创业园	生物医药
北京海利赢医疗科技有限公司	中关村科技园区丰台园留学人员创业园	生物医药
北京君康创新科技开发有限公司	中关村科技园区丰台园留学人员创业园	生物医药
北京朗坤生物科技有限公司	中关村科技园区丰台园留学人员创业园	生物医药
北京麦可明科技有限公司	中关村科技园区丰台园留学人员创业园	生物医药
北京瑞恒升股份有限公司	中关村科技园区丰台园留学人员创业园	生物医药
北京瑞建天行生物技术有限公司	中关村科技园区丰台园留学人员创业园	生物医药
北京若安心医药科技有限公司	中关村科技园区丰台园留学人员创业园	生物医药
北京赛诺泰生物科技有限公司	中关村科技园区丰台园留学人员创业园	生物医药
北京天瑞兴华科技有限公司	中关村科技园区丰台园留学人员创业园	生物医药
北京依凯诺医药技术开发有限公司	中关村科技园区丰台园留学人员创业园	生物医药
北京源天彩生物科技有限公司	中关村科技园区丰台园留学人员创业园	生物医药
北京中盛佳鸿科技有限公司	中关村科技园区丰台园留学人员创业园	生物医药
昊欣伟业国际医疗科技（北京）有限公司	中关村科技园区丰台园留学人员创业园	生物医药
九曲景和生物科技有限公司	中关村科技园区丰台园留学人员创业园	生物医药
美中能特医药化学科技（北京）有限公司	中关村科技园区丰台园留学人员创业园	生物医药
普瑞麦迪（北京）实验室技术有限公司	中关村科技园区丰台园留学人员创业园	生物医药
奥博塔科技（北京）有限公司	中关村科技园区丰台园留学人员创业园	先进制造
北京川荣海威机械有限公司	中关村科技园区丰台园留学人员创业园	先进制造
北京华仁康医药科技有限公司	中关村科技园区丰台园留学人员创业园	先进制造
北京华盛清源环保科技有限公司	中关村科技园区丰台园留学人员创业园	先进制造
北京聚光世达科技有限公司	中关村科技园区丰台园留学人员创业园	先进制造
北京沃思捷科技有限公司	中关村科技园区丰台园留学人员创业园	先进制造
北华源（北京）科技有限公司	中关村科技园区丰台园留学人员创业园	新材料
北京海创金汇科技有限公司	中关村科技园区丰台园留学人员创业园	新材料
北京华中实力经贸有限公司	中关村科技园区丰台园留学人员创业园	新材料
北京其安正阳新材料技术有限公司	中关村科技园区丰台园留学人员创业园	新材料
北京盛大华源科技有限公司	中关村科技园区丰台园留学人员创业园	新材料
北京天洁时代科技有限公司	中关村科技园区丰台园留学人员创业园	新材料
北京安驰迅捷科技有限公司	中关村科技园区丰台园留学人员创业园	新能源环保
北京澳多汽车技术开发有限公司	中关村科技园区丰台园留学人员创业园	新能源环保
北京大禹创业科技有限责任公司	中关村科技园区丰台园留学人员创业园	新能源环保
北京丹华创联科技有限公司	中关村科技园区丰台园留学人员创业园	新能源环保
北京东寰天纬工程技术有限公司	中关村科技园区丰台园留学人员创业园	新能源环保
北京海纳琪鑫科技有限公司	中关村科技园区丰台园留学人员创业园	新能源环保
北京恒瑞天齐科技有限公司	中关村科技园区丰台园留学人员创业园	新能源环保
北京汇智通达科技有限公司	中关村科技园区丰台园留学人员创业园	新能源环保

北京科美源环境技术有限公司	中关村科技园区丰台园留学人员创业园	新能源环保
北京朗盛欧泽科技有限公司	中关村科技园区丰台园留学人员创业园	新能源环保
北京三益能源环保发展股份有限公司	中关村科技园区丰台园留学人员创业园	新能源环保
北京世纪汉元科技有限公司	中关村科技园区丰台园留学人员创业园	新能源环保
北京万维易信科技发展有限公司	中关村科技园区丰台园留学人员创业园	新能源环保
北京友信宏科电子科技有限公司	中关村科技园区丰台园留学人员创业园	新能源环保
北京中宜汇富环保技术有限公司	中关村科技园区丰台园留学人员创业园	新能源环保
高灵能源科技（中国）有限公司	中关村科技园区丰台园留学人员创业园	新能源环保
泰科时代工程技术（北京）有限公司	中关村科技园区丰台园留学人员创业园	新能源环保
北京法集科技发展有限公司	中关村科技园区丰台园留学人员创业园	文化创意
北京尤嘉卓越传媒科技有限公司	中关村科技园区丰台园留学人员创业园	文化创意
酷歌动漫科技（北京）有限公司	中关村科技园区丰台园留学人员创业园	文化创意
北京丰彩博雅科技有限公司	中关村科技园区丰台园留学人员创业园	现代服务
北京朗途天下技术有限公司	中关村科技园区丰台园留学人员创业园	现代服务
北京美中互通高新技术有限公司	中关村科技园区丰台园留学人员创业园	现代服务
北京市金康普食品添加剂科技有限公司	中关村科技园区丰台园留学人员创业园	现代服务
北京市蒙歌泰科技发展有限责任公司	中关村科技园区丰台园留学人员创业园	现代服务
北京思瑞明科技发展有限公司	中关村科技园区丰台园留学人员创业园	现代服务
北京膺芙橡宇科技开发有限公司	中关村科技园区丰台园留学人员创业园	现代服务
北京中杰快询科技有限公司	中关村科技园区丰台园留学人员创业园	现代服务
东方华峰控股有限公司	中关村科技园区丰台园留学人员创业园	现代服务
曼嘉利诗国际科贸（北京）有限公司	中关村科技园区丰台园留学人员创业园	现代服务
欧华通科技（北京）有限公司	中关村科技园区丰台园留学人员创业园	现代服务
欧若玛科技发展有限公司	中关村科技园区丰台园留学人员创业园	现代服务
日都（北京）高新建筑科技设计咨询有限公司	中关村科技园区丰台园留学人员创业园	现代服务
意格建筑规划设计（北京）有限公司	中关村科技园区丰台园留学人员创业园	现代服务
北京爱书虫传媒技术有限责任公司	中关村国际孵化园	电子信息
北京博路盈科技发展有限公司	中关村国际孵化园	电子信息
北京诚迈创通科技有限公司	中关村国际孵化园	电子信息
北京德锐磁星科技有限公司	中关村国际孵化园	电子信息
北京东方爱译科技有限责任公司	中关村国际孵化园	电子信息
北京栋邦达科技有限公司	中关村国际孵化园	电子信息
北京合科赛德科技有限公司	中关村国际孵化园	电子信息
北京和立健信科技有限公司	中关村国际孵化园	电子信息
北京恒升力扬科技有限公司	中关村国际孵化园	电子信息
北京恒拓达力科技有限公司	中关村国际孵化园	电子信息
北京华通视博技术有限公司	中关村国际孵化园	电子信息
北京汇图科技有限责任公司	中关村国际孵化园	电子信息
北京慧和仕科技有限责任公司	中关村国际孵化园	电子信息
北京江加软件有限公司	中关村国际孵化园	电子信息
北京金玉衡科技有限责任公司	中关村国际孵化园	电子信息
北京金源启迪教育科技有限公司	中关村国际孵化园	电子信息
北京科奥飞科技有限公司	中关村国际孵化园	电子信息
北京酷博悦康信息技术有限公司	中关村国际孵化园	电子信息
北京乐享云创科技有限公司	中关村国际孵化园	电子信息
北京美名腾网络技术有限	中关村国际孵化园	电子信息
北京品科艺科技有限公司	中关村国际孵化园	电子信息
北京秦晋之光科技有限公司	中关村国际孵化园	电子信息
北京瑞柏泰克科技有限公司	中关村国际孵化园	电子信息
北京森思博锐科技有限公司	中关村国际孵化园	电子信息
北京时幻砂科技发展有限公司	中关村国际孵化园	电子信息
北京实路通捷信息技术有限公司	中关村国际孵化园	电子信息
北京天天海淘科技有限公司	中关村国际孵化园	电子信息
北京通软博大科技有限公司	中关村国际孵化园	电子信息
北京微义汇软件科技有限公司	中关村国际孵化园	电子信息
北京祥雍智杰科技有限公司	中关村国际孵化园	电子信息
北京翔拓科技有限公司	中关村国际孵化园	电子信息
北京芯奇迹科技发展有限公司	中关村国际孵化园	电子信息
北京信普达系统工程有限公司	中关村国际孵化园	电子信息
北京星云大数科技有限公司	中关村国际孵化园	电子信息

北京行的科技有限公司	中关村国际孵化园	电子信息
北京尧鼎光电科技有限公司	中关村国际孵化园	电子信息
北京一网数据软件有限公司	中关村国际孵化园	电子信息
北京英华桑瑞光电有限公司	中关村国际孵化园	电子信息
北京优纳科技有限公司	中关村国际孵化园	电子信息
北京优品优客科技有限公司	中关村国际孵化园	电子信息
北京优时尚科技有限公司	中关村国际孵化园	电子信息
北京真值信诚软件技术有限公司	中关村国际孵化园	电子信息
北京智物达科技有限公司	中关村国际孵化园	电子信息
北京中科锐工科技有限公司	中关村国际孵化园	电子信息
北京中科微纳物联网技术股份有限公司	中关村国际孵化园	电子信息
北京中联云蛙数据技术研究院	中关村国际孵化园	电子信息
博恩东方检测技术（北京）有限公司	中关村国际孵化园	电子信息
才智创鑫（北京）技术服务有限公司	中关村国际孵化园	电子信息
楚格（北京）科技有限公司	中关村国际孵化园	电子信息
二四七信息技术（北京）有限公司	中关村国际孵化园	电子信息
宏盛高科科技（北京）有限公司	中关村国际孵化园	电子信息
华芮（北京）电气科技有限公司	中关村国际孵化园	电子信息
经纶世纪医疗网络技术（北京）有限公司	中关村国际孵化园	电子信息
美迪泰科（北京）传媒科技有限公司	中关村国际孵化园	电子信息
千礼寻宝网络科技（北京）有限公司	中关村国际孵化园	电子信息
仁路通达（北京）科技有限公司	中关村国际孵化园	电子信息
瑞沃康科技（北京）有限公司	中关村国际孵化园	电子信息
润恺禾信息系统技术开发（北京）有限公司	中关村国际孵化园	电子信息
石山（北京）科技有限公司	中关村国际孵化园	电子信息
拓普中关（北京）科技有限公司	中关村国际孵化园	电子信息
蛙觉物联科技（北京）有限公司	中关村国际孵化园	电子信息
新海之日（北京）科技有限公司	中关村国际孵化园	电子信息
亿度时代科技（北京）有限公司	中关村国际孵化园	电子信息
优讯时代（北京）网络技术有限公司	中关村国际孵化园	电子信息
云天弈（北京）信息技术有限公司	中关村国际孵化园	电子信息
早大智源科技（北京）有限公司	中关村国际孵化园	电子信息
中科荣耀（北京）生物科学研究有限公司	中关村国际孵化园	电子信息
中联网盟科技（北京）有限公司	中关村国际孵化园	电子信息
中智华体（北京）科技有限公司	中关村国际孵化园	电子信息
北京阿纽山医药科技有限公司	中关村国际孵化园	生物医药
北京诚恒健康科技有限公司	中关村国际孵化园	生物医药
北京诚恒生物技术有限公司	中关村国际孵化园	生物医药
北京弘韵科技有限公司	中关村国际孵化园	生物医药
北京慧宝康源医学研究有限责任公司	中关村国际孵化园	生物医药
北京慧宝源企业管理有限公司	中关村国际孵化园	生物医药
北京联民大道科技有限公司	中关村国际孵化园	生物医药
北京芒种科技有限公司	中关村国际孵化园	生物医药
北京铭道众缘生物科技有限公司	中关村国际孵化园	生物医药
北京诺普德医药科技有限公司	中关村国际孵化园	生物医药
北京欧博方医药科技有限公司	中关村国际孵化园	生物医药
北京毗邻智慧医疗科技有限公司	中关村国际孵化园	生物医药
北京瑞尔通激光科技有限公司	中关村国际孵化园	生物医药
北京元博方医药科技有限公司	中关村国际孵化园	生物医药
北京中诺恒康生物科技有限公司	中关村国际孵化园	生物医药
北京博锐双光子科技有限公司	中关村国际孵化园	先进制造
北京泰恩飞翔科技有限公司	中关村国际孵化园	新材料
北京天安联众科技有限公司	中关村国际孵化园	新材料
明华高登科技发展（北京）有限公司	中关村国际孵化园	新材料
升信新材（北京）科技有限公司	中关村国际孵化园	新材料
安纳泰科（北京）科技有限公司	中关村国际孵化园	新能源环保
北京国发加美环保科技有限公司	中关村国际孵化园	新能源环保
杰耐瑞(北京)科技有限公司	中关村国际孵化园	新能源环保
旭升孚萃能源科技（北京）有限公司	中关村国际孵化园	新能源环保
北京尚润文化发展有限公司	中关村国际孵化园	文化创意

北京百福资科技有限公司	中关村国际孵化园	现代服务
北京嘉慧林园林科技有限公司	中关村国际孵化园	现代服务
北京栎权德坤科技有限公司	中关村国际孵化园	现代服务
北京思清源生物科技有限公司	中关村国际孵化园	现代服务
乐圭科技（北京）有限公司	中关村集成电路留学人员创业园	电子信息
北京六合万通微电子技术股份有限公司	中关村集成电路留学人员创业园	电子信息
遨游世界（北京）网络技术有限公司	中关村软件园留学人员创业园	电子信息
巴别塔（北京）科技有限公司	中关村软件园留学人员创业园	电子信息
北京艾普斯科技有限公司	中关村软件园留学人员创业园	电子信息
北京安久信息科技有限公司	中关村软件园留学人员创业园	电子信息
北京奥赛乐思科技有限公司	中关村软件园留学人员创业园	电子信息
北京邦邦吾科技有限公司	中关村软件园留学人员创业园	电子信息
北京博瑞金信息技术有限公司	中关村软件园留学人员创业园	电子信息
北京博实联创科技有限公司	中关村软件园留学人员创业园	电子信息
北京博思廷科技有限公司	中关村软件园留学人员创业园	电子信息
北京道业科技有限公司	中关村软件园留学人员创业园	电子信息
北京德望高高科技系统有限公司	中关村软件园留学人员创业园	电子信息
北京德西诺科技发展有限公司	中关村软件园留学人员创业园	电子信息
北京谛力泰克科技有限公司	中关村软件园留学人员创业园	电子信息
北京点讯灵动科技有限公司	中关村软件园留学人员创业园	电子信息
北京分播时代网络科技有限公司	中关村软件园留学人员创业园	电子信息
北京丰牵云启信息技术有限公司	中关村软件园留学人员创业园	电子信息
北京红柑桔信息技术有限公司	中关村软件园留学人员创业园	电子信息
北京华诺恒网络科技有限公司	中关村软件园留学人员创业园	电子信息
北京京胜盛融技术有限公司	中关村软件园留学人员创业园	电子信息
北京科元天成信息技术有限公司	中关村软件园留学人员创业园	电子信息
北京快乐天成软件技术有限公司	中关村软件园留学人员创业园	电子信息
北京兰德菲环保科技有限公司	中关村软件园留学人员创业园	电子信息
北京利德捷信信息科技有限公司	中关村软件园留学人员创业园	电子信息
北京利德罗泰科技有限公司	中关村软件园留学人员创业园	电子信息
北京漫博创新网络科技有限公司	中关村软件园留学人员创业园	电子信息
北京漫宸科技有限公司	中关村软件园留学人员创业园	电子信息
北京佩吾科技有限公司	中关村软件园留学人员创业园	电子信息
北京七彩鱼网络技术有限公司	中关村软件园留学人员创业园	电子信息
北京钱粮科技有限公司	中关村软件园留学人员创业园	电子信息
北京乾图方园软件技术有限公司	中关村软件园留学人员创业园	电子信息
北京全奥体育数据科技有限公司	中关村软件园留学人员创业园	电子信息
北京睿识融汇网络科技有限责任公司	中关村软件园留学人员创业园	电子信息
北京晟视万维科技有限公司	中关村软件园留学人员创业园	电子信息
北京数字绿土科技有限公司	中关村软件园留学人员创业园	电子信息
北京斯泰威网络科技有限公司	中关村软件园留学人员创业园	电子信息
北京天行汇通信息技术有限公司	中关村软件园留学人员创业园	电子信息
北京天际云端科技有限公司	中关村软件园留学人员创业园	电子信息
北京天龙睿智科技有限公司	中关村软件园留学人员创业园	电子信息
北京网能经纬科技有限公司	中关村软件园留学人员创业园	电子信息
北京网谱通讯系统有限公司	中关村软件园留学人员创业园	电子信息
北京希尔信息技术有限公司	中关村软件园留学人员创业园	电子信息
北京协成致远网络科技有限公司	中关村软件园留学人员创业园	电子信息
北京新皓然软件技术有限责任公司	中关村软件园留学人员创业园	电子信息
北京亚格斯科技发展有限公司	中关村软件园留学人员创业园	电子信息
北京研创自动化技术有限公司	中关村软件园留学人员创业园	电子信息
北京依诺维尔科技有限公司	中关村软件园留学人员创业园	电子信息
北京钲瀚兄弟科技有限公司	中关村软件园留学人员创业园	电子信息
北京知立方科技有限公司	中关村软件园留学人员创业园	电子信息
北京中财金保科技股份有限公司	中关村软件园留学人员创业园	电子信息
北京中科领美科技有限公司	中关村软件园留学人员创业园	电子信息
北京舟游国际体育文化发展有限公司	中关村软件园留学人员创业园	电子信息
博瑞金科技（北京）有限公司	中关村软件园留学人员创业园	电子信息
创睿恒（北京）科技有限公司	中关村软件园留学人员创业园	电子信息
道里云信息技术（北京）有限公司	中关村软件园留学人员创业园	电子信息

地模（北京）科技有限公司	中关村软件园留学人员创业园	电子信息
汉峰世纪科技（北京）有限公司	中关村软件园留学人员创业园	电子信息
恒泰艾普石油天然气技术服务股份有限公司	中关村软件园留学人员创业园	电子信息
珂溢鸿科技发展（北京）有限公司	中关村软件园留学人员创业园	电子信息
普迪思科技（北京）有限公司	中关村软件园留学人员创业园	电子信息
瑞华融信（北京）管理咨询有限公司	中关村软件园留学人员创业园	电子信息
瑞科网信（北京）科技有限公司	中关村软件园留学人员创业园	电子信息
微方联信（北京）科技有限公司	中关村软件园留学人员创业园	电子信息
维克松（北京）科技有限公司	中关村软件园留学人员创业园	电子信息
雅讯英华（北京）科技有限公司	中关村软件园留学人员创业园	电子信息
英国雅讯通信有限公司北京代表处	中关村软件园留学人员创业园	电子信息
真值瑞思（北京）管理咨询有限公司	中关村软件园留学人员创业园	电子信息
真值万奥（北京）软件科技有限公司	中关村软件园留学人员创业园	电子信息
DATA生物科技（北京）有限公司	中关村生命科学园留学人员创业园	生物医药
百赛维斯生物科技（北京）有限公司	中关村生命科学园留学人员创业园	生物医药
北京阿恩替生物科技有限公司	中关村生命科学园留学人员创业园	生物医药
北京爱思益普生物科技股份有限公司	中关村生命科学园留学人员创业园	生物医药
北京安为天检测科技有限公司	中关村生命科学园留学人员创业园	生物医药
北京百鸥创投生物科技有限公司	中关村生命科学园留学人员创业园	生物医药
北京拜赛安斯生物科技有限公司	中关村生命科学园留学人员创业园	生物医药
北京贝瑞和康生物技术有限公司	中关村生命科学园留学人员创业园	生物医药
北京博奥晶典生物技术有限公司	中关村生命科学园留学人员创业园	生物医药
北京博润天慧科技有限公司	中关村生命科学园留学人员创业园	生物医药
北京大德海岚生物科技有限公司	中关村生命科学园留学人员创业园	生物医药
北京大德万康生物科技有限公司	中关村生命科学园留学人员创业园	生物医药
北京大德万通生物科技有限公司	中关村生命科学园留学人员创业园	生物医药
北京德佰欧生物科技有限公司	中关村生命科学园留学人员创业园	生物医药
北京冠瑞金生物科技有限公司	中关村生命科学园留学人员创业园	生物医药
北京和杰创新生物医学科技有限公司	中关村生命科学园留学人员创业园	生物医药
北京弘瑞高新医药科技有限公司	中关村生命科学园留学人员创业园	生物医药
北京华迈元素科技有限公司（注册）	中关村生命科学园留学人员创业园	生物医药
北京华诺医药科技有限公司	中关村生命科学园留学人员创业园	生物医药
北京华禧联合科技发展有限公司	中关村生命科学园留学人员创业园	生物医药
北京基诺莱普生物技术有限公司	中关村生命科学园留学人员创业园	生物医药
北京吉诺沃生物科技有限公司	中关村生命科学园留学人员创业园	生物医药
北京佳汇德生物科技有限公司	中关村生命科学园留学人员创业园	生物医药
北京颉翔鸟生物科技有限公司	中关村生命科学园留学人员创业园	生物医药
北京晶润宏达医药科技有限公司	中关村生命科学园留学人员创业园	生物医药
北京康爱营养科技股份有限公司	中关村生命科学园留学人员创业园	生物医药
北京康福乐科技有限公司	中关村生命科学园留学人员创业园	生物医药
北京康润诚业生物科技有限公司	中关村生命科学园留学人员创业园	生物医药
北京康润星业生物技术有限公司	中关村生命科学园留学人员创业园	生物医药
北京康正康仁生物科技有限公司	中关村生命科学园留学人员创业园	生物医药
北京乐威泰克医药技术有限公司	中关村生命科学园留学人员创业园	生物医药
北京立博美华基因科技有限责任公司	中关村生命科学园留学人员创业园	生物医药
北京凌飞思生物技术有限公司	中关村生命科学园留学人员创业园	生物医药
北京迈基诺基因科技有限责任公司	中关村生命科学园留学人员创业园	生物医药
北京美洛可生物科技有限公司	中关村生命科学园留学人员创业园	生物医药
北京诺禾致源生物信息科技有限公司	中关村生命科学园留学人员创业园	生物医药
北京普华五峨科技有限公司	中关村生命科学园留学人员创业园	生物医药
北京谱之源生物科技有限公司	中关村生命科学园留学人员创业园	生物医药
北京勤邦生物科技有限公司	中关村生命科学园留学人员创业园	生物医药
北京清美联创干细胞科技有限公司	中关村生命科学园留学人员创业园	生物医药
北京瑞健高科生物科技有限公司	中关村生命科学园留学人员创业园	生物医药
北京睿熙生物制药有限公司	中关村生命科学园留学人员创业园	生物医药
北京润生生物科技有限公司	中关村生命科学园留学人员创业园	生物医药
北京赛贝生物技术有限公司	中关村生命科学园留学人员创业园	生物医药
北京尚德天蕴国际医药研究院	中关村生命科学园留学人员创业园	生物医药
北京泰德晟康生物医药科技有限公司	中关村生命科学园留学人员创业园	生物医药
北京天生平安医药生物科技有限公司	中关村生命科学园留学人员创业园	生物医药

北京维克生生物科技股份有限公司	中关村生命科学园留学人员创业园	生物医药
北京维他法技术研发有限公司	中关村生命科学园留学人员创业园	生物医药
北京维他法姆技术研发有限公司	中关村生命科学园留学人员创业园	生物医药
北京文丰天济医药科技有限公司	中关村生命科学园留学人员创业园	生物医药
北京希康宁生物技术有限公司	中关村生命科学园留学人员创业园	生物医药
北京益生合生物科技有限公司	中关村生命科学园留学人员创业园	生物医药
北京因卓越生物科技有限公司	中关村生命科学园留学人员创业园	生物医药
北京英力精化技术发展有限公司	中关村生命科学园留学人员创业园	生物医药
北京英石瑞科生物医药科技有限公司	中关村生命科学园留学人员创业园	生物医药
北京雍元盛景生物医药科技有限公司	中关村生命科学园留学人员创业园	生物医药
北京优尼脉科技开发有限公司	中关村生命科学园留学人员创业园	生物医药
北京有容吉纤生物技术有限公司	中关村生命科学园留学人员创业园	生物医药
北京中科创生生物科技有限公司	中关村生命科学园留学人员创业园	生物医药
北京卓诚惠生生物科技有限公司	中关村生命科学园留学人员创业园	生物医药
博仲盛景医药技术（北京）有限公司	中关村生命科学园留学人员创业园	生物医药
大赛璐手性技术（上海）有限公司	中关村生命科学园留学人员创业园	生物医药
方正医药研究院有限公司	中关村生命科学园留学人员创业园	生物医药
丰汇华农（北京）生物科技股份有限公司	中关村生命科学园留学人员创业园	生物医药
瀚吉康生物科技（北京）有限公司	中关村生命科学园留学人员创业园	生物医药
霍普金斯医药研究院（北京）有限公司	中关村生命科学园留学人员创业园	生物医药
美兰创新（北京）科技有限公司	中关村生命科学园留学人员创业园	生物医药
瑞奇外科器械（北京）有限公司	中关村生命科学园留学人员创业园	生物医药
上医在线（北京）信息技术有限公司	中关村生命科学园留学人员创业园	生物医药
同昕生物技术（北京）有限公司	中关村生命科学园留学人员创业园	生物医药
新禾德润生物技术（北京）有限公司	中关村生命科学园留学人员创业园	生物医药
一达国际生物科技（北京）有限公司	中关村生命科学园留学人员创业园	生物医药
中际国润（北京）科技有限公司	中关村生命科学园留学人员创业园	生物医药
北京明朗创新科技有限公司	中关村数字娱乐留学人员创业园	电子信息
北京思立达科技有限公司	中关村数字娱乐留学人员创业园	电子信息
北京智营互动科技有限公司	中关村数字娱乐留学人员创业园	电子信息
布谷（北京）网络科技有限公司	中关村数字娱乐留学人员创业园	电子信息
聪投（北京）信息技术有限公司	中关村数字娱乐留学人员创业园	电子信息
乐动科技（北京）有限公司	中关村数字娱乐留学人员创业园	电子信息
昕诺吉技术（北京）有限公司	中关村数字娱乐留学人员创业园	电子信息
易游达人科技（北京）有限公司	中关村数字娱乐留学人员创业园	电子信息
易游无限科技(北京)有限公司	中关村数字娱乐留学人员创业园	电子信息
北京春谷生物科技有限公司	中关村数字娱乐留学人员创业园	生物医药
北京华创远航科技有限公司	中关村数字娱乐留学人员创业园	生物医药
北京颐森斯国际通用设备有限公司	中关村数字娱乐留学人员创业园	生物医药
北京北科亿力科技有限公司	中关村数字娱乐留学人员创业园	先进制造
北京能信机电设备有限公司	中关村数字娱乐留学人员创业园	先进制造
北京岩田博远股份有限公司	中关村数字娱乐留学人员创业园	先进制造
北京百舜华年传媒有限公司	中关村数字娱乐留学人员创业园	文化创意
北京奥瑞鑫农业科技有限公司	中国农大留学人员现代农业创业基地	电子信息
北京格瑞恩科技发展公司	中国农大留学人员现代农业创业基地	电子信息
北京海思派克科技有限公司	中国农大留学人员现代农业创业基地	电子信息
北京集百思信息技术有限公司	中国农大留学人员现代农业创业基地	电子信息
北京杰斯创科技发展有限公司	中国农大留学人员现代农业创业基地	电子信息
北京坤泰伟业科技有限公司	中国农大留学人员现代农业创业基地	电子信息
北京万和顺科技发展有限公司	中国农大留学人员现代农业创业基地	电子信息
北京易西特软件开发有限公司	中国农大留学人员现代农业创业基地	电子信息
北京智能达讯信息技术有限责任公司	中国农大留学人员现代农业创业基地	电子信息
北京中海捷畅电子技术有限公司	中国农大留学人员现代农业创业基地	电子信息
北京中锐卓文科技有限公司	中国农大留学人员现代农业创业基地	电子信息
北京汇丰通田生物科技有限公司	中国农大留学人员现代农业创业基地	生物医药
北京凯捷聚鑫新技术有限公司	中国农大留学人员现代农业创业基地	生物医药
北京康泉生物技术有限公司	中国农大留学人员现代农业创业基地	生物医药
北京乾元浩生物股份有限公司	中国农大留学人员现代农业创业基地	生物医药
北京益微康壮生物投资有限公司	中国农大留学人员现代农业创业基地	生物医药
北京中农德馨生化技术有限公司	中国农大留学人员现代农业创业基地	生物医药

北京北农绿邦科技开发有限公司	中国农大留学人员现代农业创业基地	先进制造
北京比尔比特科技有限公司	中国农大留学人员现代农业创业基地	先进制造
北京诚物博达国际科技发展有限公司	中国农大留学人员现代农业创业基地	先进制造
北京金光大地科技有限公司	中国农大留学人员现代农业创业基地	先进制造
北京思威驰电力技术有限公司	中国农大留学人员现代农业创业基地	先进制造
北京新泰永清国际科技发展有限公司	中国农大留学人员现代农业创业基地	先进制造
北京阿格瑞能源环境工程有限公司	中国农大留学人员现代农业创业基地	新能源环保
北京绿源天地生态环境科技中心有限公司	中国农大留学人员现代农业创业基地	新能源环保
北京市富通环境工程公司	中国农大留学人员现代农业创业基地	新能源环保
北京本德利投资有限公司	中国农大留学人员现代农业创业基地	现代服务
北京东方畅想建筑设计有限公司	中国农大留学人员现代农业创业基地	现代服务
北京东方人科技发展有限公司	中国农大留学人员现代农业创业基地	现代服务
北京国农置业有限公司	中国农大留学人员现代农业创业基地	现代服务
北京华瑞新成科技有限公司	中国农大留学人员现代农业创业基地	现代服务
北京金旺农科技发展有限公司	中国农大留学人员现代农业创业基地	现代服务
北京日宏力科技有限公司	中国农大留学人员现代农业创业基地	现代服务
北京荣利特油泵嘴经营有限公司	中国农大留学人员现代农业创业基地	现代服务
北京市先飞农业工程高技术公司	中国农大留学人员现代农业创业基地	现代服务
北京亚楠项目管理技术有限公司	中国农大留学人员现代农业创业基地	现代服务
北京中科合力科技发展有限责任公司	中国农大留学人员现代农业创业基地	现代服务
阿奈特（北京）科技有限公司	中国科学院中科海外人才创业园	电子信息
爱迪科特（北京）科技有限公司	中国科学院中科海外人才创业园	电子信息
北京爱车客科技有限公司	中国科学院中科海外人才创业园	电子信息
北京动网天下科技有限公司	中国科学院中科海外人才创业园	电子信息
北京海诺维科技有限公司	中国科学院中科海外人才创业园	电子信息
北京恒远志卓科技有限公司	中国科学院中科海外人才创业园	电子信息
北京江山汉鼎科技有限公司	中国科学院中科海外人才创业园	电子信息
北京耐特康托科技有限公司	中国科学院中科海外人才创业园	电子信息
北京凝思科技有限公司	中国科学院中科海外人才创业园	电子信息
北京软坤科技有限公司	中国科学院中科海外人才创业园	电子信息
北京双子创新科技有限责任公司	中国科学院中科海外人才创业园	电子信息
北京直立人科技有限公司	中国科学院中科海外人才创业园	电子信息
北京智腾诚远科技有限公司	中国科学院中科海外人才创业园	电子信息
北京中科风云咨询有限公司	中国科学院中科海外人才创业园	电子信息
北京中科技达科技有限公司	中国科学院中科海外人才创业园	电子信息
北京中科鉴臻科技有限公司	中国科学院中科海外人才创业园	电子信息
广维智码科技（北京）有限公司	中国科学院中科海外人才创业园	电子信息
极地星空（北京）通信技术有限责任公司	中国科学院中科海外人才创业园	电子信息
润知信息技术(北京)有限公司	中国科学院中科海外人才创业园	电子信息
智协慧同（北京）科技有限公司	中国科学院中科海外人才创业园	电子信息
北京春风绿生物医药科技有限公司	中国科学院中科海外人才创业园	生物医药
北京橄榄叶科技有限公司	中国科学院中科海外人才创业园	生物医药
北京吉利奥生物科技发展有限公司	中国科学院中科海外人才创业园	生物医药
北京摩诘创新科技股份有限公司	中国科学院中科海外人才创业园	先进制造
北京欧顿科技有限公司	中国科学院中科海外人才创业园	先进制造
北京普瑞微纳科技有限公司	中国科学院中科海外人才创业园	先进制造
北京中科锐工科技有限公司	中国科学院中科海外人才创业园	先进制造
北京德信视景高新技术有限公司	中国科学院中科海外人才创业园	新材料
北京鼎卫科技服务有限公司	中国科学院中科海外人才创业园	新材料
北京科锋星辰科技有限公司	中国科学院中科海外人才创业园	新材料
北京力拓科技有限公司	中国科学院中科海外人才创业园	新材料
中科圣博科技（北京）有限公司	中国科学院中科海外人才创业园	新材料
北京科海宏声科技有限公司	中国科学院中科海外人才创业园	新能源环保
北京微陶环保技术研究中心有限公司	中国科学院中科海外人才创业园	新能源环保
北京沃明节能科技有限公司	中国科学院中科海外人才创业园	新能源环保
中北国科（北京）科技有限公司	中国科学院中科海外人才创业园	新能源环保
中科清旭（北京）环境技术有限公司	中国科学院中科海外人才创业园	新能源环保
北京合明投资管理有限公司	中国科学院中科海外人才创业园	现代服务
北京乐邦乐成创业投资管理有限公司	中国科学院中科海外人才创业园	现代服务
硕德（北京）科技有限公司	中国科学院中科海外人才创业园	现代服务

中科鼎越（北京）科技有限公司	中国科学院中科海外人才创业园	现代服务
北京广大泰祥自动化技术有限公司	中国矿业大学留学人员创业园	电子信息
北京圣威尔电子有限公司	中国矿业大学留学人员创业园	电子信息
北京中矿优控科技发展有限公司	中国矿业大学留学人员创业园	电子信息
山科中天(北京)电子有限公司	中国矿业大学留学人员创业园	电子信息
赛真（北京）生物技术有限公司	中国矿业大学留学人员创业园	生物医药
北京华丰达系统技术有限公司	中国矿业大学留学人员创业园	先进制造
北京慧摩森电子系统技术有限公司	中国矿业大学留学人员创业园	先进制造
北京瑞吉达科技有限公司	中国矿业大学留学人员创业园	新材料
北京卓勤矿业科技有限公司	中国矿业大学留学人员创业园	新能源环保
中矿龙科能源科技（北京）有限公	中国矿业大学留学人员创业园	新能源环保
中矿威德能源科技有限公司	中国矿业大学留学人员创业园	新能源环保
兖矿新陆建设发展有限公司	中国矿业大学留学人员创业园	现代服务
中矿君月财务顾问公司	中国矿业大学留学人员创业园	现代服务
北京诚传教育科技有限公司	中国人民大学留学人员创业园	电子信息
北京华旭正信知识产权代理有限公司	中国人民大学留学人员创业园	电子信息
北京火河科技有限公司	中国人民大学留学人员创业园	电子信息
北京领通科技有限公司	中国人民大学留学人员创业园	电子信息
北京齐云泰克科技有限公司	中国人民大学留学人员创业园	电子信息
北京睿特信息科技有限公司	中国人民大学留学人员创业园	电子信息
北京艺加科技文化有限公司	中国人民大学留学人员创业园	电子信息
北京艺舟创新纪元科技有限公司	中国人民大学留学人员创业园	电子信息
北京易乐网景科技发展有限责任公司	中国人民大学留学人员创业园	电子信息
哥大诺博（北京）教育科技有限公司	中国人民大学留学人员创业园	电子信息
极晨智道信息技术(北京)有限公司	中国人民大学留学人员创业园	电子信息
量邦信息科技（北京）有限公司	中国人民大学留学人员创业园	电子信息
玛雅动力（北京）电子商务有限公司	中国人民大学留学人员创业园	电子信息
瑞美嘉信国际信息技术（北京）有限公司	中国人民大学留学人员创业园	电子信息
同维思创网络科技（北京）有限责任公司	中国人民大学留学人员创业园	电子信息
英沃凯晟（北京）科技有限公司	中国人民大学留学人员创业园	电子信息
源世界（北京）科技有限公司	中国人民大学留学人员创业园	电子信息
北京北加美瑞生物技术有限公司	中国人民大学留学人员创业园	生物医药
力生道明生物医药科技(北京)有限公司	中国人民大学留学人员创业园	生物医药
北京爱戏时代科技有限公司	中国人民大学留学人员创业园	文化创意
北京厚朴汇通咨询有限公司	中国人民大学留学人员创业园	文化创意
北京环凯国际文化艺术有限公司	中国人民大学留学人员创业园	文化创意
北京嘉华远逸旅游文化有限公司	中国人民大学留学人员创业园	文化创意
北京灵游坊网络科技有限公司	中国人民大学留学人员创业园	文化创意
北京木子诺科技有限责任公司	中国人民大学留学人员创业园	文化创意
北京山湖文化传播有限公司	中国人民大学留学人员创业园	文化创意
北京世事传文化传媒有限公司	中国人民大学留学人员创业园	文化创意
北京天拓建科建筑规划设计有限公司	中国人民大学留学人员创业园	文化创意
北京威百富艺术投资管理有限公司	中国人民大学留学人员创业园	文化创意
北京文创立承文化有限公司	中国人民大学留学人员创业园	文化创意
北京舞悦文化传播有限公司	中国人民大学留学人员创业园	文化创意
北京想象创造文化发展有限公司	中国人民大学留学人员创业园	文化创意
北京艺鼎传奇文化传播有限公司	中国人民大学留学人员创业园	文化创意
谷浪远景(北京)科技发展有限公司	中国人民大学留学人员创业园	文化创意
柯瑞莫(北京)科技有限公司	中国人民大学留学人员创业园	文化创意
力德有威（北京）教育科技有限公司	中国人民大学留学人员创业园	文化创意
美创思建筑规划设计（北京）有限公司	中国人民大学留学人员创业园	文化创意
民生伟业（北京）科技文化有限公司	中国人民大学留学人员创业园	文化创意
欧艺视界（北京）文化艺术发展有限公司	中国人民大学留学人员创业园	文化创意
盛世星播传媒科技（北京）有限公司	中国人民大学留学人员创业园	文化创意
北京博如德工程技术研究有限公司	中国人民大学留学人员创业园	新材料
北京冠维材科技有限公司	中国人民大学留学人员创业园	新材料
北京天阳地畅资讯有限公司	中国人民大学留学人员创业园	现代服务
北京知以文化发展有限公司	中国人民大学留学人员创业园	现代服务
伯昂（北京）咨询有限责任公司	中国人民大学留学人员创业园	现代服务
蔚蓝海岸投资管理（北京）有限公司	中国人民大学留学人员创业园	现代服务

北京爱普博斯科技有限责任公司	中央财大留学人员创业园	电子信息
北京安讯康硕信息技术有限公司	中央财大留学人员创业园	电子信息
北京大唐天成科技有限公司	中央财大留学人员创业园	电子信息
北京风软技术有限公司	中央财大留学人员创业园	电子信息
北京互联铂智科技有限公司	中央财大留学人员创业园	电子信息
北京环宇趣联科技有限公司	中央财大留学人员创业园	电子信息
北京明日时尚信息技术有限公司	中央财大留学人员创业园	电子信息
北京尚友通达信息技术有限公司	中央财大留学人员创业园	电子信息
北京数矿信息技术有限公司	中央财大留学人员创业园	电子信息
金保汇诚（北京）高科技发展有限公司	中央财大留学人员创业园	电子信息
天道德勤（北京）管理咨询有限公司	中央财大留学人员创业园	电子信息
北京格瑞博鼎建筑咨询有限公司	中央财大留学人员创业园	新能源环保
北京睿鸿星科技有限公司	中央财大留学人员创业园	新能源环保
北京云清源环境有限公司	中央财大留学人员创业园	新能源环保
北京龙韵九方文化传播有限公司	中央财大留学人员创业园	文化创意
北京文之毅行国际文化传媒有限公司	中央财大留学人员创业园	文化创意
北京奥通瑞特科技有限公司	中央财大留学人员创业园	现代服务
北京冠天能工程科技有限公司	中央财大留学人员创业园	现代服务
北京瑞盛碳易电子商务科技有限公司	中央财大留学人员创业园	现代服务
加州格林咨询（北京）有限公司	中央财大留学人员创业园	现代服务
信能及远科技（北京）有限公司	中央财大留学人员创业园	现代服务
乐配（天津）科技有限公司	天津滨海高新区海外留学生创业园	电子信息
蒲公英（天津）科技有限公司	天津滨海高新区海外留学生创业园	电子信息
奇微创想（天津)科技有限责任公司	天津滨海高新区海外留学生创业园	电子信息
天津艾克斯诺科技有限公司	天津滨海高新区海外留学生创业园	电子信息
天津爱迪通智科技有限公司	天津滨海高新区海外留学生创业园	电子信息
天津昂肯科技有限公司	天津滨海高新区海外留学生创业园	电子信息
天津博骏科技有限公司	天津滨海高新区海外留学生创业园	电子信息
天津二十一世纪纳斯达科技发展有限公司	天津滨海高新区海外留学生创业园	电子信息
天津峰景光电科技有限公司	天津滨海高新区海外留学生创业园	电子信息
天津福创科技发展有限公司	天津滨海高新区海外留学生创业园	电子信息
天津观易科技有限公司	天津滨海高新区海外留学生创业园	电子信息
天津国阳科技发展有限公司	天津滨海高新区海外留学生创业园	电子信息
天津华威智信科技发展有限公司	天津滨海高新区海外留学生创业园	电子信息
天津基理科技有限公司	天津滨海高新区海外留学生创业园	电子信息
天津津科翰林软件有限公司	天津滨海高新区海外留学生创业园	电子信息
天津珺兰科技有限公司	天津滨海高新区海外留学生创业园	电子信息
天津开域通信技术有限公司	天津滨海高新区海外留学生创业园	电子信息
天津酷歌科技有限公司	天津滨海高新区海外留学生创业园	电子信息
天津力芯电子技术有限公司	天津滨海高新区海外留学生创业园	电子信息
天津联芯科技有限公司	天津滨海高新区海外留学生创业园	电子信息
天津明新科技有限公司	天津滨海高新区海外留学生创业园	电子信息
天津奇谱光电技术有限公司	天津滨海高新区海外留学生创业园	电子信息
天津启通科技有限公司	天津滨海高新区海外留学生创业园	电子信息
天津前方科技有限公司	天津滨海高新区海外留学生创业园	电子信息
天津瑞发科半导体技术有限公司	天津滨海高新区海外留学生创业园	电子信息
天津圣目网络信息安全技术有限公司	天津滨海高新区海外留学生创业园	电子信息
天津市哈维泰科技有限公司	天津滨海高新区海外留学生创业园	电子信息
天津市华海星云信息技术有限公司	天津滨海高新区海外留学生创业园	电子信息
天津市莱科信息技术有限公司	天津滨海高新区海外留学生创业园	电子信息
天津市赛安科技发展有限公司	天津滨海高新区海外留学生创业园	电子信息
天津市尚林明德科技有限公司	天津滨海高新区海外留学生创业园	电子信息
天津市圣信通网络通信技术有限公司	天津滨海高新区海外留学生创业园	电子信息
天津市凸清汇智信息技术有限公司	天津滨海高新区海外留学生创业园	电子信息
天津天天挑科技有限公司	天津滨海高新区海外留学生创业园	电子信息
天津头领科技有限公司	天津滨海高新区海外留学生创业园	电子信息
天津万创科技有限责任公司	天津滨海高新区海外留学生创业园	电子信息
天津网中网科技有限公司	天津滨海高新区海外留学生创业园	电子信息
天津微智通科技发展有限公司	天津滨海高新区海外留学生创业园	电子信息
天津星甫科技有限公司	天津滨海高新区海外留学生创业园	电子信息

天津亿联世讯科技有限公司	天津滨海高新区海外留学生创业园	电子信息
天津易翰林创意科技有限公司	天津滨海高新区海外留学生创业园	电子信息
天津易泰通信息技术有限公司	天津滨海高新区海外留学生创业园	电子信息
天津音超科技有限公司	天津滨海高新区海外留学生创业园	电子信息
天津元云软件有限公司	天津滨海高新区海外留学生创业园	电子信息
天津卓联科技有限责任公司	天津滨海高新区海外留学生创业园	电子信息
友友新创系统技术（天津）有限公司	天津滨海高新区海外留学生创业园	电子信息
中思科技（天津）有限公司	天津滨海高新区海外留学生创业园	电子信息
天津坤爱生物科技有限公司	天津滨海高新区海外留学生创业园	生物医药
冠洋康健（天津）生物技术有限公司	天津滨海高新区海外留学生创业园	生物医药
卡尔迪雅（天津）医疗器械有限公司	天津滨海高新区海外留学生创业园	生物医药
天津安必森生物技术有限公司	天津滨海高新区海外留学生创业园	生物医药
天津百鸥瑞达生物科技有限公司	天津滨海高新区海外留学生创业园	生物医药
天津百瑞森科技有限公司	天津滨海高新区海外留学生创业园	生物医药
天津百盛泰克生物科技有限公司	天津滨海高新区海外留学生创业园	生物医药
天津博奥生物科技有限公司	天津滨海高新区海外留学生创业园	生物医药
天津博敏达生物科技有限公司	天津滨海高新区海外留学生创业园	生物医药
天津朝海科技有限公司	天津滨海高新区海外留学生创业园	生物医药
天津迪一生物科技有限公司	天津滨海高新区海外留学生创业园	生物医药
天津谷堆生物医药科技有限公司	天津滨海高新区海外留学生创业园	生物医药
天津广盛达科技发展有限公司	天津滨海高新区海外留学生创业园	生物医药
天津汉思睿智医药开发有限公司	天津滨海高新区海外留学生创业园	生物医药
天津经纬亨基生物科技有限公司	天津滨海高新区海外留学生创业园	生物医药
天津康福明生物科技有限公司	天津滨海高新区海外留学生创业园	生物医药
天津美德佰泰医学科技发展有限公司	天津滨海高新区海外留学生创业园	生物医药
天津纳百芯科技有限公司	天津滨海高新区海外留学生创业园	生物医药
天津尼欧生物科技有限公司	天津滨海高新区海外留学生创业园	生物医药
天津强微特生物科技有限公司	天津滨海高新区海外留学生创业园	生物医药
天津尚德药缘科技有限公司	天津滨海高新区海外留学生创业园	生物医药
天津神基生物技术有限公司	天津滨海高新区海外留学生创业园	生物医药
天津市北洋医学检测仪器与技术研究所	天津滨海高新区海外留学生创业园	生物医药
天津市康信医药科技有限公司	天津滨海高新区海外留学生创业园	生物医药
天津泰瑞倍药研科技有限公司	天津滨海高新区海外留学生创业园	生物医药
天津天颖制药技术有限公司	天津滨海高新区海外留学生创业园	生物医药
天津微瑞超分子材料科技有限公司	天津滨海高新区海外留学生创业园	生物医药
天津悟本科技有限公司	天津滨海高新区海外留学生创业园	生物医药
天津希恩思生化科技有限公司	天津滨海高新区海外留学生创业园	生物医药
天津新济复兴药业科技有限公司	天津滨海高新区海外留学生创业园	生物医药
天津自然云天科技有限公司	天津滨海高新区海外留学生创业园	生物医药
仪诺康科技（天津）有限公司	天津滨海高新区海外留学生创业园	生物医药
帝尔时代（天津）科技有限公司	天津滨海高新区海外留学生创业园	先进制造
天津德闻数据发展有限公司	天津滨海高新区海外留学生创业园	先进制造
天津凯蒂亚自动化设备有限公司	天津滨海高新区海外留学生创业园	先进制造
天津欧佩亚海洋工程有限公司	天津滨海高新区海外留学生创业园	先进制造
天津菩盛源照明科技有限公司	天津滨海高新区海外留学生创业园	先进制造
天津智易高科技发展有限公司	天津滨海高新区海外留学生创业园	先进制造
天津德兰玮诚生物技术有限公司	天津滨海高新区海外留学生创业园	新材料
天津都创科技有限公司	天津滨海高新区海外留学生创业园	新材料
天津介川新材料科技有限公司	天津滨海高新区海外留学生创业园	新材料
天津派尔尼尔科技发展有限公司	天津滨海高新区海外留学生创业园	新材料
天津普兰纳米科技有限公司	天津滨海高新区海外留学生创业园	新材料
天津若泽化学技术有限公司	天津滨海高新区海外留学生创业园	新材料
天津市鼎上科技有限公司	天津滨海高新区海外留学生创业园	新材料
卡特韦尔（天津）科技有限公司	天津滨海高新区海外留学生创业园	新能源环保
天津浩利通科技有限公司	天津滨海高新区海外留学生创业园	新能源环保
天津洛卡鹏节能技术开发有限公司	天津滨海高新区海外留学生创业园	新能源环保
天津能元谷科技有限公司	天津滨海高新区海外留学生创业园	新能源环保
天津日望环境技术有限公司	天津滨海高新区海外留学生创业园	新能源环保
天津市天佳惠科技发展有限公司	天津滨海高新区海外留学生创业园	新能源环保
天津艾瑞投资管理有限公司	天津滨海高新区海外留学生创业园	现代服务

天津东方财智科技有限公司	天津滨海高新区海外留学生创业园	现代服务
天津东方策略科技有限公司	天津滨海高新区海外留学生创业园	现代服务
天津瑞持普合商务咨询有限公司	天津滨海高新区海外留学生创业园	现代服务
天津瑞持普惠企业管理咨询合伙企业（有限合伙）	天津滨海高新区海外留学生创业园	现代服务
天津指点未来科技有限公司	天津滨海高新区海外留学生创业园	现代服务
博宇铭基信息科技有限公司	天津经济技术开发区留学生创业园	电子信息
当代精工工程技术管理咨询服务有限公司	天津经济技术开发区留学生创业园	电子信息
恒拓开源(天津)信息科技有限公司	天津经济技术开发区留学生创业园	电子信息
江恒（天津）科技发展有限公司	天津经济技术开发区留学生创业园	电子信息
南大强芯半导体芯片设计有限公司	天津经济技术开发区留学生创业园	电子信息
锐石微电子有限公司	天津经济技术开发区留学生创业园	电子信息
瑞博强芯（天津）电子有限公司	天津经济技术开发区留学生创业园	电子信息
数维（天津）信息技术开发有限公司	天津经济技术开发区留学生创业园	电子信息
天津艾思科尔科技有限公司	天津经济技术开发区留学生创业园	电子信息
天津爱迪尔软件开发有限公司	天津经济技术开发区留学生创业园	电子信息
天津博易斯特网络科技有限公司	天津经济技术开发区留学生创业园	电子信息
天津车云网络科技有限公司	天津经济技术开发区留学生创业园	电子信息
天津鼎韬外包服务有限公司	天津经济技术开发区留学生创业园	电子信息
天津都易信息科技有限公司	天津经济技术开发区留学生创业园	电子信息
天津哈雷彗星科技有限公司	天津经济技术开发区留学生创业园	电子信息
天津华数科技发展有限公司	天津经济技术开发区留学生创业园	电子信息
天津汇冠触摸技术有限公司	天津经济技术开发区留学生创业园	电子信息
天津慧尊科技发展有限公司	天津经济技术开发区留学生创业园	电子信息
天津火凤凰微电子有限公司	天津经济技术开发区留学生创业园	电子信息
天津建坤光电科技有限公司	天津经济技术开发区留学生创业园	电子信息
天津金栅科技有限公司	天津经济技术开发区留学生创业园	电子信息
天津巨卓科技有限公司	天津经济技术开发区留学生创业园	电子信息
天津凯恩德软件开发有限公司	天津经济技术开发区留学生创业园	电子信息
天津凯天信息技术有限公司	天津经济技术开发区留学生创业园	电子信息
天津快友世纪科技有限公司	天津经济技术开发区留学生创业园	电子信息
天津蓝海微科技有限公司	天津经济技术开发区留学生创业园	电子信息
天津朗波微电子有限公司	天津经济技术开发区留学生创业园	电子信息
天津里外科技有限公司	天津经济技术开发区留学生创业园	电子信息
天津利帆科技发展有限公司	天津经济技术开发区留学生创业园	电子信息
天津联盟科技有限公司	天津经济技术开发区留学生创业园	电子信息
天津美数信息科技有限公司	天津经济技术开发区留学生创业园	电子信息
天津美维信息技术有限公司	天津经济技术开发区留学生创业园	电子信息
天津湃讯科技发展有限公司	天津经济技术开发区留学生创业园	电子信息
天津鹏翔华夏科技有限公司	天津经济技术开发区留学生创业园	电子信息
天津普乐利思科技有限公司	天津经济技术开发区留学生创业园	电子信息
天津润成天泽科技有限公司	天津经济技术开发区留学生创业园	电子信息
天津施诚电子商务有限公司	天津经济技术开发区留学生创业园	电子信息
天津市多智信息科技有限公司	天津经济技术开发区留学生创业园	电子信息
天津数字太和科技有限公司	天津经济技术开发区留学生创业园	电子信息
天津蔚蓝科技有限公司	天津经济技术开发区留学生创业园	电子信息
天津新智感科技有限公司	天津经济技术开发区留学生创业园	电子信息
天津益华微电子有限公司	天津经济技术开发区留学生创业园	电子信息
天津英诺华微电子技术有限公司	天津经济技术开发区留学生创业园	电子信息
天津友嘻嘻科技有限公司	天津经济技术开发区留学生创业园	电子信息
唯捷创新（天津）电子技术有限公司	天津经济技术开发区留学生创业园	电子信息
英特格灵芯片（天津）有限公司	天津经济技术开发区留学生创业园	电子信息
赛诺医疗科学技术有限公司	天津经济技术开发区留学生创业园	生物医药
安必奇（天津）生物科技有限公司	天津经济技术开发区留学生创业园	生物医药
澳泰科技（天津）有限公司	天津经济技术开发区留学生创业园	生物医药
波纳维科（天津）医疗科技有限公司	天津经济技术开发区留学生创业园	生物医药
伯佳瑞（天津）科技发展有限公司	天津经济技术开发区留学生创业园	生物医药
德康润生物科技（天津）有限公司	天津经济技术开发区留学生创业园	生物医药
翰尔希沃德（天津）医疗科技有限公司	天津经济技术开发区留学生创业园	生物医药
科宁(天津)医疗设备有限公司	天津经济技术开发区留学生创业园	生物医药
启明光（天津）科技有限公司	天津经济技术开发区留学生创业园	生物医药

燃点科技（天津）有限公司	天津经济技术开发区留学生创业园	生物医药
荣速汇康（天津）科技发展有限公司	天津经济技术开发区留学生创业园	生物医药
瑞奇外科器械（中国）有限公司	天津经济技术开发区留学生创业园	生物医药
天津阿尔塔科技有限公司	天津经济技术开发区留学生创业园	生物医药
天津昂赛细胞基因工程有限公司	天津经济技术开发区留学生创业园	生物医药
天津奥维亚生物技术有限公司	天津经济技术开发区留学生创业园	生物医药
天津百萤生物科技有限公司	天津经济技术开发区留学生创业园	生物医药
天津贝朗齐生物医药科技有限公司	天津经济技术开发区留学生创业园	生物医药
天津滨江药物研发有限公司	天津经济技术开发区留学生创业园	生物医药
天津博美开泰生物医药科技有限公司	天津经济技术开发区留学生创业园	生物医药
天津晨星生物工程有限公司	天津经济技术开发区留学生创业园	生物医药
天津浩信纤维素基科技有限责任公司	天津经济技术开发区留学生创业园	生物医药
天津键凯科技有限公司	天津经济技术开发区留学生创业园	生物医药
天津晶润锐拓科技发展有限公司	天津经济技术开发区留学生创业园	生物医药
天津骏伦生物医药科技有限公司	天津经济技术开发区留学生创业园	生物医药
天津康希诺生物技术有限公司	天津经济技术开发区留学生创业园	生物医药
天津科恩达科技有限公司	天津经济技术开发区留学生创业园	生物医药
天津科纳提克生物科技有限公司	天津经济技术开发区留学生创业园	生物医药
天津林达生物科技有限公司	天津经济技术开发区留学生创业园	生物医药
天津纽安迪生物技术有限公司	天津经济技术开发区留学生创业园	生物医药
天津诺星生物医药科技有限公司	天津经济技术开发区留学生创业园	生物医药
天津欧斯迪医疗科技有限公司	天津经济技术开发区留学生创业园	生物医药
天津派格生物技术有限公司	天津经济技术开发区留学生创业园	生物医药
天津普恒制药工程技术有限公司	天津经济技术开发区留学生创业园	生物医药
天津溥瀛生物技术有限公司	天津经济技术开发区留学生创业园	生物医药
天津瑞德康科技有限公司	天津经济技术开发区留学生创业园	生物医药
天津瑞麟祥生物科技有限责任公司	天津经济技术开发区留学生创业园	生物医药
天津三箭生物公司	天津经济技术开发区留学生创业园	生物医药
天津桑尼匹克生物科技有限公司	天津经济技术开发区留学生创业园	生物医药
天津生物芯片技术有限责任公司	天津经济技术开发区留学生创业园	生物医药
天津市百茵生物技术有限公司	天津经济技术开发区留学生创业园	生物医药
天津市尖峰天然产物研究开发有限公司	天津经济技术开发区留学生创业园	生物医药
天津市斯芬克司药物研发有限公司	天津经济技术开发区留学生创业园	生物医药
天津天达联合工程技术有限公司	天津经济技术开发区留学生创业园	生物医药
天津天农康嘉生态养殖有限公司	天津经济技术开发区留学生创业园	生物医药
天津微纳芯科技有限公司	天津经济技术开发区留学生创业园	生物医药
天津心康科技发展有限公司	天津经济技术开发区留学生创业园	生物医药
天津新航程生物科技有限公司	天津经济技术开发区留学生创业园	生物医药
天津伊美雅科技发展有限公司	天津经济技术开发区留学生创业园	生物医药
天津宜诺药物科技有限公司	天津经济技术开发区留学生创业园	生物医药
天津翼骏生物科技有限公司	天津经济技术开发区留学生创业园	生物医药
天津优纳斯生物科技有限公司	天津经济技术开发区留学生创业园	生物医药
天津裕强生物医药科技有限公司	天津经济技术开发区留学生创业园	生物医药
天津贞利康生物科技有限公司	天津经济技术开发区留学生创业园	生物医药
天津中澳新生物技术有限公司	天津经济技术开发区留学生创业园	生物医药
天津中孛科技有限公司	天津经济技术开发区留学生创业园	生物医药
协和同仁科技（天津）有限责任公司	天津经济技术开发区留学生创业园	生物医药
海通达（天津）海洋科技有限公司	天津经济技术开发区留学生创业园	先进制造
天津博益气动股份有限公司	天津经济技术开发区留学生创业园	先进制造
天津深之蓝海洋设备科技有限公司	天津经济技术开发区留学生创业园	先进制造
天津市发现者厨房机器人科技有限公司	天津经济技术开发区留学生创业园	先进制造
天津索利普智能科技有限公司	天津经济技术开发区留学生创业园	先进制造
沃孜（天津）流体技术研发有限公司	天津经济技术开发区留学生创业园	先进制造
高辉（天津）科技有限公司	天津经济技术开发区留学生创业园	新材料
天津博纳艾杰尔科技有限公司	天津经济技术开发区留学生创业园	新材料
天津开发区博新工贸有限公司	天津经济技术开发区留学生创业园	新材料
天津康为镁科技有限公司	天津经济技术开发区留学生创业园	新材料
天津纳德科技有限公司	天津经济技术开发区留学生创业园	新材料
天津市宏忻桓科技发展有限公司	天津经济技术开发区留学生创业园	新材料
天津双君智材科技发展有限公司	天津经济技术开发区留学生创业园	新材料

天津新动源科技有限公司	天津经济技术开发区留学生创业园	新材料
天津新世纪耐火材料有限公司	天津经济技术开发区留学生创业园	新材料
天津众智科技有限公司	天津经济技术开发区留学生创业园	新材料
图湖科技发展（天津）有限责任公司	天津经济技术开发区留学生创业园	新材料
威程（天津）科技有限公司	天津经济技术开发区留学生创业园	新材料
百思特环保设备制造安装工程有限公司	天津经济技术开发区留学生创业园	新能源环保
天津海蓝德能源技术发展有限公司	天津经济技术开发区留学生创业园	新能源环保
天津海源流体工程技术有限公司	天津经济技术开发区留学生创业园	新能源环保
天津凯德新能源科技有限公司	天津经济技术开发区留学生创业园	新能源环保
天津市裕川环境科技有限公司	天津经济技术开发区留学生创业园	新能源环保
天津思凯汽车环保科技有限公司	天津经济技术开发区留学生创业园	新能源环保
天津斯隆达科技发展有限公司	天津经济技术开发区留学生创业园	新能源环保
天津芯之铠光电技术研发有限公司	天津经济技术开发区留学生创业园	新能源环保
崴朗能源服务（天津）有限公司	天津经济技术开发区留学生创业园	新能源环保
希洁环保科技（天津）有限公司	天津经济技术开发区留学生创业园	新能源环保
智道云创文化传播有限公司	天津经济技术开发区留学生创业园	现代服务
翰尔希安泰（天津）门诊部有限公司	天津经济技术开发区留学生创业园	现代服务
瑞达科技咨询（天津）有限公司	天津经济技术开发区留学生创业园	现代服务
天津静水清音文化传播有限公司	天津经济技术开发区留学生创业园	现代服务
颐和（天津）健康咨询有限公司	天津经济技术开发区留学生创业园	现代服务
石家庄开发区波宏科技有限公司	海外留学人员石家庄创业园	电子信息
河北达龙软件科技有限公司	海外留学人员石家庄创业园	电子信息
河北鼎讯信息科技有限公司	海外留学人员石家庄创业园	电子信息
河北奇宣通讯科技有限公司	海外留学人员石家庄创业园	电子信息
河北仁方计算机科技有限公司	海外留学人员石家庄创业园	电子信息
河北四海航通安全技术工程有限公司	海外留学人员石家庄创业园	电子信息
河北天测信息技术有限公司	海外留学人员石家庄创业园	电子信息
河北亚创软件科技股份有限公司	海外留学人员石家庄创业园	电子信息
河北正扬积点网络技术有限公司	海外留学人员石家庄创业园	电子信息
杰美克（石家庄）科技有限公司	海外留学人员石家庄创业园	电子信息
石家庄风雨软件科技有限公司	海外留学人员石家庄创业园	电子信息
石家庄高新区慧远电子技术有限公司	海外留学人员石家庄创业园	电子信息
石家庄高新区立明电子科技有限公司	海外留学人员石家庄创业园	电子信息
石家庄力天海鑫科技有限公司	海外留学人员石家庄创业园	电子信息
石家庄南元数码科技有限公司	海外留学人员石家庄创业园	电子信息
石家庄昭瑞科技有限公司	海外留学人员石家庄创业园	电子信息
河北文博生物科技有限公司	海外留学人员石家庄创业园	生物医药
石家庄博士德生物科技有限公司	海外留学人员石家庄创业园	生物医药
石家庄开发区达为医药科技有限公司	海外留学人员石家庄创业园	生物医药
石家庄康美泰医药科技有限公司	海外留学人员石家庄创业园	生物医药
石家庄手性化学有限公司	海外留学人员石家庄创业园	生物医药
石家庄宏图航空摄影器材有限公司	海外留学人员石家庄创业园	先进制造
河北敏建科技有限公司	海外留学人员石家庄创业园	先进制造
石家庄宏鑫致远航空科技开发有限公司	海外留学人员石家庄创业园	先进制造
石家庄普瑞精密仪器有限公司	海外留学人员石家庄创业园	先进制造
河北绿洲新能源技术有限公司	海外留学人员石家庄创业园	新材料
石家庄固盾防水保护材料有限公司	海外留学人员石家庄创业园	新材料
河北复卿环保科技有限公司	海外留学人员石家庄创业园	新能源环保
河北绿龙环境工程有限公司	海外留学人员石家庄创业园	新能源环保
石家庄奥新节能技术有限公司	海外留学人员石家庄创业园	新能源环保
石家庄高新区占峰科技有限公司	海外留学人员石家庄创业园	新能源环保
石家庄美施达生物化工有限公司	海外留学人员石家庄创业园	新能源环保
石家庄市信之信节能技术有限公司	海外留学人员石家庄创业园	新能源环保
石家庄天赐节能科技有限公司	海外留学人员石家庄创业园	新能源环保
石家庄天途路桥养护有限公司	海外留学人员石家庄创业园	新能源环保
英国环保产业及技术服务有限公司驻河北代表处	海外留学人员石家庄创业园	新能源环保
石家庄福沃泉商贸有限公司	海外留学人员石家庄创业园	现代服务
石家庄高新区卡芙商贸有限公司	海外留学人员石家庄创业园	现代服务
石家庄哥哈贸易有限公司	海外留学人员石家庄创业园	现代服务
石家庄市嘉伦健康文化传播有限公司	海外留学人员石家庄创业园	现代服务

磐基讯析技术（太原）有限公司	太原高新区留学人员创业园	电子信息
山西爱斯普科技开发有限公司	太原高新区留学人员创业园	电子信息
山西安联泰门业科技有限公司	太原高新区留学人员创业园	电子信息
山西成文科技有限公司	太原高新区留学人员创业园	电子信息
山西创感科技有限公司	太原高新区留学人员创业园	电子信息
山西达益赛尔科技有限公司	太原高新区留学人员创业园	电子信息
山西德士特科技有限公司	太原高新区留学人员创业园	电子信息
山西东华软件有限公司	太原高新区留学人员创业园	电子信息
山西昊荃盛华佳科技有限公司	太原高新区留学人员创业园	电子信息
山西辉煌高新技术有限公司	太原高新区留学人员创业园	电子信息
山西金翼软件有限公司	太原高新区留学人员创业园	电子信息
山西凯吉安科技有限公司	太原高新区留学人员创业园	电子信息
山西朗思科技有限公司	太原高新区留学人员创业园	电子信息
山西力扬科技开发有限公司	太原高新区留学人员创业园	电子信息
山西双赢智能科技有限公司	太原高新区留学人员创业园	电子信息
山西索易科技有限公司	太原高新区留学人员创业园	电子信息
山西泰和鑫软件有限公司	太原高新区留学人员创业园	电子信息
山西天脉聚源传媒科技有限公司	太原高新区留学人员创业园	电子信息
山西炎黄智杰科技有限公司	太原高新区留学人员创业园	电子信息
山西一诺飞扬科技有限公司	太原高新区留学人员创业园	电子信息
山西颐顺鑫商贸有限公司	太原高新区留学人员创业园	电子信息
山西毅诚科信科技有限公司	太原高新区留学人员创业园	电子信息
山西英利迪科技有限公司	太原高新区留学人员创业园	电子信息
山西元度科技有限公司	太原高新区留学人员创业园	电子信息
山西元亨利贞科技有限公司	太原高新区留学人员创业园	电子信息
山西志业天成信息技术有限公司	太原高新区留学人员创业园	电子信息
山西中交远洲鑫泽信息工程有限公司	太原高新区留学人员创业园	电子信息
山西中科博杰科技有限公司	太原高新区留学人员创业园	电子信息
山西中科天维科技有限公司	太原高新区留学人员创业园	电子信息
斯马特（太原）技术发展有限公司	太原高新区留学人员创业园	电子信息
太原春灏科技有限公司	太原高新区留学人员创业园	电子信息
太原点通科技有限公司	太原高新区留学人员创业园	电子信息
太原晋砚津源科技有限公司	太原高新区留学人员创业园	电子信息
太原卡腾科技有限公司	太原高新区留学人员创业园	电子信息
太原绿地阳光科技有限公司	太原高新区留学人员创业园	电子信息
太原齐齐运达科技服务有限公司	太原高新区留学人员创业园	电子信息
太原山大全元科技有限公司	太原高新区留学人员创业园	电子信息
太原时代天元科技发展有限公司	太原高新区留学人员创业园	电子信息
太原市必威德软件开发有限公司	太原高新区留学人员创业园	电子信息
太原市多方通信科技有限公司	太原高新区留学人员创业园	电子信息
太原市数佳科技有限公司	太原高新区留学人员创业园	电子信息
太原特玛茹电子科技有限公司	太原高新区留学人员创业园	电子信息
太原星云科贸有限公司	太原高新区留学人员创业园	电子信息
太原优班图科技有限公司	太原高新区留学人员创业园	电子信息
太原优联科技有限公司	太原高新区留学人员创业园	电子信息
太原语信科技有限公司	太原高新区留学人员创业园	电子信息
山西华城睿光生物科技股份有限公司	太原高新区留学人员创业园	生物医药
太原市川至生物工程有限公司	太原高新区留学人员创业园	生物医药
太原市中科恒业数码有限公司	太原高新区留学人员创业园	生物医药
山西培行高科电器有限公司	太原高新区留学人员创业园	先进制造
太原泽布尼茨门窗制造有限公司	太原高新区留学人员创业园	先进制造
山西凯尔环保科技有限责任公司	太原高新区留学人员创业园	新能源环保
山西煤层气有限责任公司	太原高新区留学人员创业园	新能源环保
山西颐华清生态科技有限公司	太原高新区留学人员创业园	新能源环保
太原市特石生物能源技术有限公司	太原高新区留学人员创业园	新能源环保
山西舶奥动画制作有限公司	太原高新区留学人员创业园	文化创意
山西创艺影视制作有限责任公司	太原高新区留学人员创业园	文化创意
山西创影影视动画有限公司	太原高新区留学人员创业园	文化创意
山西大雨点文化传媒有限公司	太原高新区留学人员创业园	文化创意
山西道合文化传媒有限责任公司	太原高新区留学人员创业园	文化创意

山西迪迈创意文化传媒有限公司	太原高新区留学人员创业园	文化创意
山西盖亚文化传媒有限公司	太原高新区留学人员创业园	文化创意
山西高铁文化传媒有限公司	太原高新区留学人员创业园	文化创意
山西高新博澳文化产业股份有限公司	太原高新区留学人员创业园	文化创意
山西汉字传奇文化传播有限公司	太原高新区留学人员创业园	文化创意
山西和信文化传媒有限责任公司	太原高新区留学人员创业园	文化创意
山西泓翰文化传播有限公司	太原高新区留学人员创业园	文化创意
山西汇众动漫科技开发有限公司	太原高新区留学人员创业园	文化创意
山西慧创文化传媒有限公司	太原高新区留学人员创业园	文化创意
山西君濡文化创意有限公司	太原高新区留学人员创业园	文化创意
山西鎏金文化发展有限公司	太原高新区留学人员创业园	文化创意
山西七宝动漫科技有限公司	太原高新区留学人员创业园	文化创意
山西文华盛世文化传播有限公司	太原高新区留学人员创业园	文化创意
山西小伙伴影业有限公司	太原高新区留学人员创业园	文化创意
山西鑫泽联绎文化有限公司	太原高新区留学人员创业园	文化创意
太原金卡通传媒科技有限公司	太原高新区留学人员创业园	文化创意
山西恒宇电源节能技术服务有限公司	太原高新区留学人员创业园	现代服务
山西优尔特园林绿化工程有限公司	太原高新区留学人员创业园	现代服务
商务印书馆（太原）有限公司	太原高新区留学人员创业园	现代服务
太原市沃达电气技术有限公司	太原高新区留学人员创业园	现代服务
包头曼德堂医疗器械有限公司	内蒙古自治区留学人员创业园	电子信息
包头盛网信息科技有限公司	内蒙古自治区留学人员创业园	电子信息
包头市柏锐农林科技有限公司	内蒙古自治区留学人员创业园	电子信息
包头市北发机电科技有限责任公司	内蒙古自治区留学人员创业园	电子信息
包头市比特科技服务有限责任公司	内蒙古自治区留学人员创业园	电子信息
包头市博辰科技有限公司	内蒙古自治区留学人员创业园	电子信息
包头市鼎盛浩科技发展有限公司	内蒙古自治区留学人员创业园	电子信息
包头市和迅科技有限责任公司	内蒙古自治区留学人员创业园	电子信息
包头市和中控制技术有限责任公司	内蒙古自治区留学人员创业园	电子信息
包头市恒裕电子科技有限责任公司	内蒙古自治区留学人员创业园	电子信息
包头市宏坤昌运信息科技有限公司	内蒙古自治区留学人员创业园	电子信息
包头市华电博瑞电力自动化工程技术有限责任公司	内蒙古自治区留学人员创业园	电子信息
包头市晶华科技有限责任公司	内蒙古自治区留学人员创业园	电子信息
包头市美途电子科技有限公司	内蒙古自治区留学人员创业园	电子信息
包头市敏辉网络科技有限公司	内蒙古自治区留学人员创业园	电子信息
包头市全工智能科技有限公司	内蒙古自治区留学人员创业园	电子信息
包头市瑞和信息科技有限公司	内蒙古自治区留学人员创业园	电子信息
包头市瑞盛科技发展有限责任公司	内蒙古自治区留学人员创业园	电子信息
包头市视闻通晓信息技术有限公司	内蒙古自治区留学人员创业园	电子信息
包头市硕人海泰能源科技有限公司	内蒙古自治区留学人员创业园	电子信息
包头市晓龙科技有限责任公司	内蒙古自治区留学人员创业园	电子信息
包头市亚美达数码科技有限公司	内蒙古自治区留学人员创业园	电子信息
包头市义晶商贸有限公司	内蒙古自治区留学人员创业园	电子信息
包头市易通网络科技有限公司	内蒙古自治区留学人员创业园	电子信息
包头市优谙网络科技有限公司	内蒙古自治区留学人员创业园	电子信息
包头市元威科技有限责任公司	内蒙古自治区留学人员创业园	电子信息
包头市云思网络有限公司	内蒙古自治区留学人员创业园	电子信息
内蒙古百仕力工业装备科技有限公司	内蒙古自治区留学人员创业园	电子信息
内蒙古博凯群信息科技有限公司	内蒙古自治区留学人员创业园	电子信息
内蒙古海洋工信科技有限责任公司	内蒙古自治区留学人员创业园	电子信息
内蒙古鸿洋科技有限责任公司	内蒙古自治区留学人员创业园	电子信息
内蒙古交互信息科技有限公司	内蒙古自治区留学人员创业园	电子信息
内蒙古金仕力人力资源管理顾问有限公司	内蒙古自治区留学人员创业园	电子信息
内蒙古开力源数码科技有限公司	内蒙古自治区留学人员创业园	电子信息
内蒙古铭格网络科技有限公司	内蒙古自治区留学人员创业园	电子信息
内蒙古普诺杰医疗信息技术有限公司	内蒙古自治区留学人员创业园	电子信息
内蒙古三宝物联电子科技有限责任公司	内蒙古自治区留学人员创业园	电子信息
内蒙古物通天下网络科技有限责任公司	内蒙古自治区留学人员创业园	电子信息
内蒙古掌景无限网络科技有限公司	内蒙古自治区留学人员创业园	电子信息
内蒙古中大传媒发展有限公司	内蒙古自治区留学人员创业园	电子信息

易云捷讯科技（包头）有限公司	内蒙古自治区留学人员创业园	电子信息
包头市寰基生物科技有限公司	内蒙古自治区留学人员创业园	生物医药
包头市健垒制药科技有限公司	内蒙古自治区留学人员创业园	生物医药
包头市康百佳医疗科技有限责任公司	内蒙古自治区留学人员创业园	生物医药
包头市丽程科技有限责任公司	内蒙古自治区留学人员创业园	生物医药
包头市蒙科赛生物科技有限责任公司	内蒙古自治区留学人员创业园	生物医药
包头市蒙原生物科技有限责任公司	内蒙古自治区留学人员创业园	生物医药
包头市奇芯基因科技有限公司	内蒙古自治区留学人员创业园	生物医药
包头市清力环保科技发展有限公司	内蒙古自治区留学人员创业园	生物医药
包头市熙林化工科技有限公司	内蒙古自治区留学人员创业园	生物医药
包头市永动对流气体有限公司	内蒙古自治区留学人员创业园	生物医药
包头市煜洋生物科技发展有限公司	内蒙古自治区留学人员创业园	生物医药
包头思宁科技发展有限责任公司	内蒙古自治区留学人员创业园	生物医药
内蒙古博格农牧业开发有限责任公司	内蒙古自治区留学人员创业园	生物医药
内蒙古辰吕康业贸易有限公司	内蒙古自治区留学人员创业园	生物医药
内蒙古科恩伯格生物科技有限责任公司	内蒙古自治区留学人员创业园	生物医药
内蒙古力丰医疗科技有限公司	内蒙古自治区留学人员创业园	生物医药
内蒙古龙驹股份有限公司	内蒙古自治区留学人员创业园	生物医药
内蒙古易比西农业科技有限公司	内蒙古自治区留学人员创业园	生物医药
内蒙古易康生生物科技有限公司	内蒙古自治区留学人员创业园	生物医药
内蒙古英华荣泰高科技发展有限公司	内蒙古自治区留学人员创业园	生物医药
包头市广和表面工程技术有限公司	内蒙古自治区留学人员创业园	新材料
包头市华惠新材料科技有限公司	内蒙古自治区留学人员创业园	新材料
包头市华源科技有限责任公司	内蒙古自治区留学人员创业园	新材料
包头市凯化科技有限公司	内蒙古自治区留学人员创业园	新材料
包头市三禾光机电有限公司	内蒙古自治区留学人员创业园	新材料
包头市三三功能陶瓷有限公司	内蒙古自治区留学人员创业园	新材料
包头市神聚矿产品有限公司	内蒙古自治区留学人员创业园	新材料
包头市锡安贸易有限责任公司	内蒙古自治区留学人员创业园	新材料
包头市熙林化工科技有限公司	内蒙古自治区留学人员创业园	新材料
包头市亿源稀土有限责任公司	内蒙古自治区留学人员创业园	新材料
包头市裕智科贸有限公司	内蒙古自治区留学人员创业园	新材料
包头中丹康灵环境技术有限公司	内蒙古自治区留学人员创业园	新材料
内蒙古高源重工有限公司	内蒙古自治区留学人员创业园	新材料
内蒙古光谷高源激光有限公司	内蒙古自治区留学人员创业园	新材料
内蒙古桂华科技有限责任公司	内蒙古自治区留学人员创业园	新材料
内蒙古五环高效工业科技股份有限公司	内蒙古自治区留学人员创业园	新材料
包头博特科技有限责任公司	内蒙古自治区留学人员创业园	新能源环保
包头高和华泰节能环保科技有限公司	内蒙古自治区留学人员创业园	新能源环保
包头市奥克莱恩有限责任公司	内蒙古自治区留学人员创业园	新能源环保
包头市大青山环保技术有限责任公司	内蒙古自治区留学人员创业园	新能源环保
包头市格润节能环保科技有限公司	内蒙古自治区留学人员创业园	新能源环保
包头市硅谷纳米建材有限责任公司	内蒙古自治区留学人员创业园	新能源环保
包头市哈德斯沂兴环保科技有限公司	内蒙古自治区留学人员创业园	新能源环保
包头市弘亚科技环保有限公司	内蒙古自治区留学人员创业园	新能源环保
包头市华晨环保科技有限责任公司	内蒙古自治区留学人员创业园	新能源环保
包头市科净源科技发展有限公司	内蒙古自治区留学人员创业园	新能源环保
包头市朗誉贸易有限责任公司	内蒙古自治区留学人员创业园	新能源环保
包头市庆和燃气有限公司	内蒙古自治区留学人员创业园	新能源环保
包头市瑞驰环境技术有限公司	内蒙古自治区留学人员创业园	新能源环保
包头市润鑫电子科技有限公司	内蒙古自治区留学人员创业园	新能源环保
包头市天恩浩环保科技有限公司	内蒙古自治区留学人员创业园	新能源环保
包头市英诺威森环保科技有限公司	内蒙古自治区留学人员创业园	新能源环保
包头市正唐节能环保有限公司	内蒙古自治区留学人员创业园	新能源环保
内蒙古德贝纳节能科技有限公司	内蒙古自治区留学人员创业园	新能源环保
内蒙古赛奥奇环保科技有限公司	内蒙古自治区留学人员创业园	新能源环保
内蒙古圣和新能源科技股份有限公司	内蒙古自治区留学人员创业园	新能源环保
深圳市北林地景园林工程有限公司包头分公司	内蒙古自治区留学人员创业园	新能源环保
包钢建安集团奥通科技有限公司	内蒙古自治区留学人员创业园	先进制造
包头高原激光科技发展公司	内蒙古自治区留学人员创业园	先进制造

包头雷蒙赛博机电技术有限责任公司	内蒙古自治区留学人员创业园	先进制造
包头联方高新技术有限公司	内蒙古自治区留学人员创业园	先进制造
包头实田科技有限公司	内蒙古自治区留学人员创业园	先进制造
包头市宝腾精工科技有限公司	内蒙古自治区留学人员创业园	先进制造
包头市创联炉窑技术有限公司	内蒙古自治区留学人员创业园	先进制造
包头市大川机械科技有限公司	内蒙古自治区留学人员创业园	先进制造
包头市大恒机电设备有限公司	内蒙古自治区留学人员创业园	先进制造
包头市多源新煤炭有限公司	内蒙古自治区留学人员创业园	先进制造
包头市福马科技有限公司	内蒙古自治区留学人员创业园	先进制造
包头市广乐机电科技有限公司	内蒙古自治区留学人员创业园	先进制造
包头市炅昊机电环保设备有限公司	内蒙古自治区留学人员创业园	先进制造
包头市慧宇硅钢科技有限公司	内蒙古自治区留学人员创业园	先进制造
包头市劲力电力工程有限责任公司	内蒙古自治区留学人员创业园	先进制造
包头市精正高新建材有限公司	内蒙古自治区留学人员创业园	先进制造
包头市科益达自动化有限责任公司	内蒙古自治区留学人员创业园	先进制造
包头市铭绅机电设备有限公司	内蒙古自治区留学人员创业园	先进制造
包头市派尔流体有限公司	内蒙古自治区留学人员创业园	先进制造
包头市锐思科技有限责任公司	内蒙古自治区留学人员创业园	先进制造
包头市瑞玛科技有限责任公司	内蒙古自治区留学人员创业园	先进制造
包头市润丰机电技术有限公司	内蒙古自治区留学人员创业园	先进制造
包头市三合信息技术有限公司	内蒙古自治区留学人员创业园	先进制造
包头市森普勒机电设备有限公司	内蒙古自治区留学人员创业园	先进制造
包头市晟特瑞机电设备有限公司	内蒙古自治区留学人员创业园	先进制造
包头市天阳科技有限责任公司	内蒙古自治区留学人员创业园	先进制造
包头市天一金属有限公司	内蒙古自治区留学人员创业园	先进制造
包头市通鑫源物资有限责任公司	内蒙古自治区留学人员创业园	先进制造
包头市同德实业有限责任公司	内蒙古自治区留学人员创业园	先进制造
包头市旺泉稀土开发有限责任公司	内蒙古自治区留学人员创业园	先进制造
包头市西溪精益机电技术工程有限公司	内蒙古自治区留学人员创业园	先进制造
包头市新阳机电工程有限责任公司	内蒙古自治区留学人员创业园	先进制造
包头市鑫熠机电科技有限公司	内蒙古自治区留学人员创业园	先进制造
包头市益缘机电成套技术有限公司	内蒙古自治区留学人员创业园	先进制造
包头市中浙恒通科技有限责任公司	内蒙古自治区留学人员创业园	先进制造
包头同德芯线合金有限公司	内蒙古自治区留学人员创业园	先进制造
内蒙古得众电力设备有限责任公司	内蒙古自治区留学人员创业园	先进制造
内蒙古华创科技有限公司	内蒙古自治区留学人员创业园	先进制造
内蒙古瑞尔工业设备有限公司	内蒙古自治区留学人员创业园	先进制造
内蒙古泽达机电设备有限公司	内蒙古自治区留学人员创业园	先进制造
包头电视台经济生活频道内蒙古天源影视文化传媒公司	内蒙古自治区留学人员创业园	文化创意
包头市佰龙广告有限责任公司	内蒙古自治区留学人员创业园	文化创意
包头市创棋文化传媒有限公司	内蒙古自治区留学人员创业园	文化创意
包头市大愚影视文化传播有限责任公司	内蒙古自治区留学人员创业园	文化创意
包头市枫叶广告制作有限责任公司	内蒙古自治区留学人员创业园	文化创意
包头市广和民族文化艺术有限责任公司	内蒙古自治区留学人员创业园	文化创意
包头市领驭传媒有限公司	内蒙古自治区留学人员创业园	文化创意
包头市蜃景路上设计顾问有限公司	内蒙古自治区留学人员创业园	文化创意
包头市水火文化传播有限公司	内蒙古自治区留学人员创业园	文化创意
包头市天翼文化传媒有限公司	内蒙古自治区留学人员创业园	文化创意
包头市艺苑民族文化有限责任公司	内蒙古自治区留学人员创业园	文化创意
包头市远景视觉设计有限责任公司	内蒙古自治区留学人员创业园	文化创意
包头依鹏贝尔科技发展有限责任公司	内蒙古自治区留学人员创业园	文化创意
北京新思想影视广告有限责包头任公司分公司	内蒙古自治区留学人员创业园	文化创意
内蒙古文心雕塑有限公司	内蒙古自治区留学人员创业园	文化创意
包头高新联合会计师事务所	内蒙古自治区留学人员创业园	现代服务
包头融荣资产评估事务所	内蒙古自治区留学人员创业园	现代服务
包头市东源龙工贸有限责任公司	内蒙古自治区留学人员创业园	现代服务
包头市高新代理事务所	内蒙古自治区留学人员创业园	现代服务
包头市国联贸易有限公司	内蒙古自治区留学人员创业园	现代服务
包头市海洋人力资源有限公司	内蒙古自治区留学人员创业园	现代服务
包头市花猫投资咨询有限公司	内蒙古自治区留学人员创业园	现代服务

包头市久旭贸易有限公司	内蒙古自治区留学人员创业园	现代服务
包头市久旭贸易有限公司	内蒙古自治区留学人员创业园	现代服务
包头市联科生产力促进中心	内蒙古自治区留学人员创业园	现代服务
包头市美赢贸易有限公司	内蒙古自治区留学人员创业园	现代服务
包头市蒙欣科技有限责任公司	内蒙古自治区留学人员创业园	现代服务
包头市明盛煤炭科技有限公司	内蒙古自治区留学人员创业园	现代服务
包头市明阳科技发展有限责任公司	内蒙古自治区留学人员创业园	现代服务
包头市尚宏科贸有限责任公司	内蒙古自治区留学人员创业园	现代服务
包头市万嘉房地产开发有限责任公司	内蒙古自治区留学人员创业园	现代服务
包头市祥瑞数码快印服务有限公司	内蒙古自治区留学人员创业园	现代服务
包头市新高财税咨询服务有限公司	内蒙古自治区留学人员创业园	现代服务
包头市鑫海贸易有限责任公司	内蒙古自治区留学人员创业园	现代服务
包头市雅图现代彩色印刷有限公司	内蒙古自治区留学人员创业园	现代服务
包头市一源物资供应有限责任公司	内蒙古自治区留学人员创业园	现代服务
包头市艺林贸易有限责任公司	内蒙古自治区留学人员创业园	现代服务
包头市英榆物资有限公司	内蒙古自治区留学人员创业园	现代服务
包头市盈方勘察设计有限责任公司	内蒙古自治区留学人员创业园	现代服务
包头市中标建筑装饰有限公司	内蒙古自治区留学人员创业园	现代服务
内蒙古海通招标代理公司	内蒙古自治区留学人员创业园	现代服务
内蒙古恒海工贸有限责任公司	内蒙古自治区留学人员创业园	现代服务
内蒙古华德钢铁有限公司	内蒙古自治区留学人员创业园	现代服务
内蒙古荣融财务咨询有限责任公司	内蒙古自治区留学人员创业园	现代服务
内蒙古荣融资产评估有限责任公司	内蒙古自治区留学人员创业园	现代服务
内蒙古融丰源创股权投资管理有限公司	内蒙古自治区留学人员创业园	现代服务
内蒙古亿能普煤炭运销有限公司	内蒙古自治区留学人员创业园	现代服务
内蒙古中汇富瑞投资管理有限公司	内蒙古自治区留学人员创业园	现代服务
内蒙古中油新兴煤炭运销有限公司	内蒙古自治区留学人员创业园	现代服务
内蒙古卓越招标代理有限责任公司	内蒙古自治区留学人员创业园	现代服务
内蒙古子健管理咨询有限公司	内蒙古自治区留学人员创业园	现代服务
呼和浩特市光庭科技有限责任公司	呼和浩特留学人员创业园	电子信息
呼和浩特市岷朋信息技术有限责任公司	呼和浩特留学人员创业园	电子信息
呼和浩特市星火燎原科技有限公司	呼和浩特留学人员创业园	电子信息
呼和浩特市易物天下企业服务有限责任公司	呼和浩特留学人员创业园	电子信息
呼和浩特市元泰电子科技有限责任公司	呼和浩特留学人员创业园	电子信息
呼和浩特市源创电子科技有限公司	呼和浩特留学人员创业园	电子信息
内蒙古丹纳斯科技贸易有限责任公司	呼和浩特留学人员创业园	电子信息
内蒙古方维电器制造有限责任公司	呼和浩特留学人员创业园	电子信息
内蒙古和讯气象科技有限责任公司	呼和浩特留学人员创业园	电子信息
内蒙古华博电子商务有限责任公司	呼和浩特留学人员创业园	电子信息
内蒙古监信物联网科技有限公司	呼和浩特留学人员创业园	电子信息
内蒙古近远信息技术有限责任公司	呼和浩特留学人员创业园	电子信息
内蒙古晶新科技有限责任公司	呼和浩特留学人员创业园	电子信息
内蒙古开妍电子科技有限公司	呼和浩特留学人员创业园	电子信息
内蒙古蓝元科技发展有限公司	呼和浩特留学人员创业园	电子信息
内蒙古天域科技有限公司	呼和浩特留学人员创业园	电子信息
内蒙古万德信通科技有限公司	呼和浩特留学人员创业园	电子信息
内蒙古万德宜通信息服务有限责任公司	呼和浩特留学人员创业园	电子信息
内蒙古维讯信息技术有限责任公司	呼和浩特留学人员创业园	电子信息
内蒙古伊腾云计算资源股份有限公司	呼和浩特留学人员创业园	电子信息
内蒙古易捷贷网络科技有限公司	呼和浩特留学人员创业园	电子信息
内蒙古盈嘉电子科技有限公司	呼和浩特留学人员创业园	电子信息
内蒙古兆田信息技术有限公司	呼和浩特留学人员创业园	电子信息
内蒙古智扬网络科技有限公司	呼和浩特留学人员创业园	电子信息
呼和浩特市草原清晨食品有限责任公司	呼和浩特留学人员创业园	生物医药
呼和浩特市海日瀚生物技术研发中心	呼和浩特留学人员创业园	生物医药
呼和浩特市佐瑞特生物科技有限责任	呼和浩特留学人员创业园	生物医药
内蒙古安格瓦科技有限责任公司	呼和浩特留学人员创业园	生物医药
内蒙古不倒公食品有限责任公司	呼和浩特留学人员创业园	生物医药
内蒙古大德新技术有限责任公司	呼和浩特留学人员创业园	生物医药
内蒙古捷怡农业科技有限责任公司	呼和浩特留学人员创业园	生物医药

内蒙古盛凯源农业科技有限公司	呼和浩特留学人员创业园	生物医药
内蒙古硕高生物科技有限责任公司	呼和浩特留学人员创业园	生物医药
内蒙古益稷生物科技有限公司	呼和浩特留学人员创业园	生物医药
内蒙古郑氏燕麦开发有限公司	呼和浩特留学人员创业园	生物医药
内蒙古福瑞佳新能源环保有限公司	呼和浩特留学人员创业园	新材料
内蒙古昊辰纤维材料有限公司	呼和浩特留学人员创业园	新材料
内蒙古利器工程科技有限公司	呼和浩特留学人员创业园	新材料
内蒙古猎哥磁力科技有限公司	呼和浩特留学人员创业园	新材料
内蒙古天川生化技术有限责任公司	呼和浩特留学人员创业园	新材料
内蒙古英诺威科技有限公司	呼和浩特留学人员创业园	新材料
呼和浩特海瑞新能源环保科技服务有限责任公司	呼和浩特留学人员创业园	新能源环保
呼和浩特市华仁达科技有限责任公司	呼和浩特留学人员创业园	新能源环保
呼和浩特市佳兴源科技有限公司	呼和浩特留学人员创业园	新能源环保
呼和浩特市若兹新能源环保有限责任公司	呼和浩特留学人员创业园	新能源环保
内蒙古北方农牧业科学研究院	呼和浩特留学人员创业园	新能源环保
内蒙古富尔泰环保科技有限公司	呼和浩特留学人员创业园	新能源环保
内蒙古富山能源有限责任公司	呼和浩特留学人员创业园	新能源环保
内蒙古鸿锦科技有限公司	呼和浩特留学人员创业园	新能源环保
内蒙古清源能源有限责任公司	呼和浩特留学人员创业园	新能源环保
内蒙古天浩纸业有限公司	呼和浩特留学人员创业园	新能源环保
内蒙古天一环境技术有限公司	呼和浩特留学人员创业园	新能源环保
内蒙古协创环境科技有限公司	呼和浩特留学人员创业园	新能源环保
内蒙古英利新能源环保有限公司	呼和浩特留学人员创业园	新能源环保
上海麦杰环境科技有限公司内蒙古分公司	呼和浩特留学人员创业园	新能源环保
呼和浩特市虹澳科技有限责任公司	呼和浩特留学人员创业园	文化创意
内蒙古奥格萨文化传媒有限责任公司	呼和浩特留学人员创业园	文化创意
内蒙古博仁文化传媒有限责任公司	呼和浩特留学人员创业园	文化创意
内蒙古魅力文化传媒有限公司	呼和浩特留学人员创业园	文化创意
内蒙古仁路源文化艺术品有限公司	呼和浩特留学人员创业园	文化创意
内蒙古时代影视动画产业有限责任公司	呼和浩特留学人员创业园	文化创意
内蒙古元融文化传播有限公司	呼和浩特留学人员创业园	文化创意
鄂尔多斯市赛思信息技术有限公司	内蒙古鄂尔多斯留学人员创业园	电子信息
鄂尔多斯市蒙游科技有限公司	内蒙古鄂尔多斯留学人员创业园	电子信息
鄂尔多斯市蒙德科贸有限公司	内蒙古鄂尔多斯留学人员创业园	生物医药
鄂尔多斯市鄂美医疗设备有限公司	内蒙古鄂尔多斯留学人员创业园	生物医药
鄂尔多斯市威蒙科技有限公司	内蒙古鄂尔多斯留学人员创业园	生物医药
鄂尔多斯市光能科技有限公司	内蒙古鄂尔多斯留学人员创业园	先进制造
鄂尔多斯市沃华仪器制造有限公司	内蒙古鄂尔多斯留学人员创业园	先进制造
鄂尔多斯市中沃晟华科技有限公司	内蒙古鄂尔多斯留学人员创业园	新材料
鄂尔多斯市中科镓谷科技有限公司	内蒙古鄂尔多斯留学人员创业园	新材料
鄂尔多斯市君实科技有限公司	内蒙古鄂尔多斯留学人员创业园	新材料
鄂尔多斯市普漉科技有限公司	内蒙古鄂尔多斯留学人员创业园	新能源环保
鄂尔多斯市瑞光捷元科技有限公司	内蒙古鄂尔多斯留学人员创业园	新能源环保
鄂尔多斯市长润科技有限公司	内蒙古鄂尔多斯留学人员创业园	新能源环保
内蒙古海静环保科技有限责任公司	内蒙古鄂尔多斯留学人员创业园	新能源环保
鄂尔多斯市安信泰环保科技有限公司	内蒙古鄂尔多斯留学人员创业园	新能源环保
尤尼特斯鄂尔多斯化工科技有限公司	内蒙古鄂尔多斯留学人员创业园	新能源环保
鄂尔多斯市祝融环保科技有限公司	内蒙古鄂尔多斯留学人员创业园	新能源环保
鄂尔多斯市治平环保科技有限公司	内蒙古鄂尔多斯留学人员创业园	新能源环保
鄂尔多斯市物阜民康系统科技有限公司	内蒙古鄂尔多斯留学人员创业园	其他行业
鄂尔多斯市安畅科技有限公司	内蒙古鄂尔多斯留学人员创业园	其他行业
辽宁坤泰消防安全监控技术有限公司	沈阳海外学子创业园	电子信息
沈阳安新自动化控制有限公司	沈阳海外学子创业园	电子信息
沈阳百捷软件有限公司	沈阳海外学子创业园	电子信息
沈阳锋澜科技有限公司	沈阳海外学子创业园	电子信息
沈阳凯塔数据科技有限公司	沈阳海外学子创业园	电子信息
沈阳领航者汽车技术有限公司	沈阳海外学子创业园	电子信息
沈阳美行科技有限公司	沈阳海外学子创业园	电子信息
沈阳铭基电子技术有限公司	沈阳海外学子创业园	电子信息
沈阳通用机器人技术股份有限公司	沈阳海外学子创业园	电子信息

沈阳同翔科技发展有限公司	沈阳海外学子创业园	电子信息
沈阳展拓机电设备有限公司	沈阳海外学子创业园	电子信息
沈阳正道安全科技股份有限公司	沈阳海外学子创业园	电子信息
沈阳知容科技有限公司	沈阳海外学子创业园	电子信息
沈阳众智网络科技有限公司	沈阳海外学子创业园	电子信息
辽宁盘谷科技发展有限公司	沈阳海外学子创业园	生物医药
辽宁盛生医药集团有限公司	沈阳海外学子创业园	生物医药
辽宁正鑫药物研究有限公司	沈阳海外学子创业园	生物医药
沈阳百创特生物科技有限公司	沈阳海外学子创业园	生物医药
沈阳博鹏医药科技有限公司	沈阳海外学子创业园	生物医药
沈阳法美诺医药科技有限公司	沈阳海外学子创业园	生物医药
沈阳格仕特医药科技有限公司	沈阳海外学子创业园	生物医药
沈阳恒德医疗器械研发有限公司	沈阳海外学子创业园	生物医药
沈阳泓博智源医药技术有限公司	沈阳海外学子创业园	生物医药
沈阳慧康伟业医疗技术有限公司	沈阳海外学子创业园	生物医药
沈阳迈迪生物医学技术有限公司	沈阳海外学子创业园	生物医药
沈阳摩尔医药技术开发有限公司	沈阳海外学子创业园	生物医药
沈阳偶联生物医药科技有限公司	沈阳海外学子创业园	生物医药
沈阳尚贤科技股份有限公司	沈阳海外学子创业园	生物医药
沈阳世格生化材料有限公司	沈阳海外学子创业园	生物医药
沈阳双鼎医药有限公司	沈阳海外学子创业园	生物医药
沈阳双鼎制药有限公司	沈阳海外学子创业园	生物医药
沈阳斯佳科技发展有限公司	沈阳海外学子创业园	生物医药
沈阳同元素科技有限公司	沈阳海外学子创业园	生物医药
沈阳万类生物科技有限公司	沈阳海外学子创业园	生物医药
沈阳旺宁生物科技有限公司	沈阳海外学子创业园	生物医药
沈阳药大制剂新技术有限公司	沈阳海外学子创业园	生物医药
沈阳亿灵医药科技有限公司	沈阳海外学子创业园	生物医药
辽宁奥科锦农新能源环保有限公司	沈阳海外学子创业园	先进制造
沈阳百得威远科技有限公司	沈阳海外学子创业园	先进制造
沈阳海德罗奥商务有限公司	沈阳海外学子创业园	先进制造
沈阳真鑫科技有限公司	沈阳海外学子创业园	先进制造
沈阳金铠建筑科技股份有限公司	沈阳海外学子创业园	新材料
沈阳境和科技有限公司	沈阳海外学子创业园	文化创意
沈阳麒麟影视动画有限公司	沈阳海外学子创业园	文化创意
沈阳四色厨房网络科技有限公司	沈阳海外学子创业园	文化创意
大连鳌石科技有限公司	大连海外学子创业园	电子信息
大连百莱德科技有限公司	大连海外学子创业园	电子信息
大连北星科技有限公司	大连海外学子创业园	电子信息
大连贝斯特电子有限公司	大连海外学子创业园	电子信息
大连诚思科技股份有限公司	大连海外学子创业园	电子信息
大连慈航电子有限公司	大连海外学子创业园	电子信息
大连达硕信息技术有限公司	大连海外学子创业园	电子信息
大连德道科技发展有限公司	大连海外学子创业园	电子信息
大连海大知通科技发展有限公司	大连海外学子创业园	电子信息
大连海科信息技术有限公司	大连海外学子创业园	电子信息
大连弘文信息技术有限公司	大连海外学子创业园	电子信息
大连华飞科技有限公司	大连海外学子创业园	电子信息
大连环信科技有限公司	大连海外学子创业园	电子信息
大连精拓光电有限公司	大连海外学子创业园	电子信息
大连康百克数据库工程有限公司	大连海外学子创业园	电子信息
大连联合企邦科技有限公司	大连海外学子创业园	电子信息
大连摩尔登科技股份有限公司	大连海外学子创业园	电子信息
大连秦腾科技有限公司	大连海外学子创业园	电子信息
大连市恒芯科技有限公司	大连海外学子创业园	电子信息
大连泰克赛尔软件有限公司	大连海外学子创业园	电子信息
大连特攻科技有限公司	大连海外学子创业园	电子信息
大连天维科技有限公司	大连海外学子创业园	电子信息
大连拓中教育科技有限公司	大连海外学子创业园	电子信息
大连拓中科技有限公司	大连海外学子创业园	电子信息

大连威帆思科技有限公司	大连海外学子创业园	电子信息
大连唯展科技发展有限公司	大连海外学子创业园	电子信息
大连纬吉科技有限公司	大连海外学子创业园	电子信息
大连新程软件有限公司	大连海外学子创业园	电子信息
大连新连科技有限公司	大连海外学子创业园	电子信息
大连优尼思科技有限公司	大连海外学子创业园	电子信息
大连宇光虚拟网络技术股份有限公司	大连海外学子创业园	电子信息
大连真想科技有限公司	大连海外学子创业园	电子信息
大连中睿科技发展有限公司	大连海外学子创业园	电子信息
大连纵深地质勘探技术有限公司	大连海外学子创业园	电子信息
盖乐普科技（大连）有限公司	大连海外学子创业园	电子信息
红运（大连）科技有限公司	大连海外学子创业园	电子信息
鸿创高科科技（大连）有限公司	大连海外学子创业园	电子信息
乐辰科技（大连）有限公司	大连海外学子创业园	电子信息
联大汇智（大连）信息技术有限公司	大连海外学子创业园	电子信息
辽宁创元科技有限公司	大连海外学子创业园	电子信息
睿芯（大连）股份有限公司	大连海外学子创业园	电子信息
赛景(大连）软件有限公司	大连海外学子创业园	电子信息
因泽瑞合科技发展（大连）有限公司	大连海外学子创业园	电子信息
英极软件(大连)股份有限公司	大连海外学子创业园	电子信息
英特工程仿真技术（大连）有限公司	大连海外学子创业园	电子信息
大连奥普森生物工程有限公司	大连海外学子创业园	生物医药
大连佰奥健生物技术有限公司	大连海外学子创业园	生物医药
大连嘉和纳美生物科技有限公司	大连海外学子创业园	生物医药
大连普肽生物科技有限公司	大连海外学子创业园	生物医药
大连英凯生物医药技术有限公司	大连海外学子创业园	生物医药
大连原美亿德生物科技有限公司	大连海外学子创业园	生物医药
大连兆科生物化工有限公司	大连海外学子创业园	生物医药
大连知微生物科技有限公司	大连海外学子创业园	生物医药
基恩生物科技（大连）有限公司	大连海外学子创业园	生物医药
益基（大连）生物科技有限公司	大连海外学子创业园	生物医药
大连博众应用材料有限公司	大连海外学子创业园	新材料
大连德元化工有限公司	大连海外学子创业园	新材料
大连海大耐特新材料有限公司	大连海外学子创业园	新材料
大连星亚科技有限公司	大连海外学子创业园	新材料
大连依兰特科技有限公司	大连海外学子创业园	新材料
大连源创科技发展有限公司	大连海外学子创业园	新材料
绿之态环保科技（大连）有限公司	大连海外学子创业园	新材料
茵泰科技（大连）有限公司	大连海外学子创业园	新材料
大连博统能源科技有限公司	大连海外学子创业园	新能源环保
大连凯信科技研发有限公司	大连海外学子创业园	新能源环保
大连赛恩仪表股份有限公司	大连海外学子创业园	新能源环保
大连思源环保技术有限公司	大连海外学子创业园	新能源环保
大连鑫恒盛新能源环保技术有限公司	大连海外学子创业园	新能源环保
国誉新能源环保科技（大连）有限公司	大连海外学子创业园	新能源环保
普升光电（大连）有限责任公司	大连海外学子创业园	新能源环保
大连邦尼外企服务有限公司	大连海外学子创业园	现代服务
大连光耀辉科技有限公司	大连海外学子创业园	现代服务
大连红星海商务咨询有限公司	大连海外学子创业园	现代服务
大连蓝海易普企业管理咨询服务有限公司	大连海外学子创业园	现代服务
大连力行现代传动科技发展有限公司	大连海外学子创业园	现代服务
大连欧富科海洋工程有限公司	大连海外学子创业园	现代服务
莱特建筑设计(大连)有限公司	大连海外学子创业园	现代服务
美先端科技（大连）有限公司	大连海外学子创业园	现代服务
大连博控科技股份有限公司	大连海外学子创业园	其他行业
大连齐维科技有限公司	大连海外学子创业园	其他行业
东北师大理想软件股份有限公司	长春海外学人创业园	电子信息
东北师范大学长春理想信息技术研究院	长春海外学人创业园	电子信息
华软（长春）科技有限公司	长春海外学人创业园	电子信息
吉林工大同拓金网格模具中心	长春海外学人创业园	电子信息

吉林广元信息技术有限公司	长春海外学人创业园	电子信息
吉林美能绿色能源有限公司	长春海外学人创业园	电子信息
吉林模糊未名科技有限公司	长春海外学人创业园	电子信息
吉林企通软件开发有限责任公司	长春海外学人创业园	电子信息
吉林省澳亿迈科技有限公司	长春海外学人创业园	电子信息
吉林省光年通讯技术有限公司	长春海外学人创业园	电子信息
吉林省恒嘉影音制作有限公司	长春海外学人创业园	电子信息
吉林省计算机信息安全服务中心	长春海外学人创业园	电子信息
吉林省考博电子商务有限公司	长春海外学人创业园	电子信息
吉林省联兴信息通讯有限公司	长春海外学人创业园	电子信息
吉林省清华科技有限公司	长春海外学人创业园	电子信息
吉林省锐驰科技信息有限公司	长春海外学人创业园	电子信息
吉林省思达保全系统工程有限公司	长春海外学人创业园	电子信息
吉林省中财软件有限公司	长春海外学人创业园	电子信息
吉林同济科贸有限公司	长春海外学人创业园	电子信息
长春地平线科技有限公司	长春海外学人创业园	电子信息
长春东大软件有限责任公司	长春海外学人创业园	电子信息
长春东翔科技有限责任公司	长春海外学人创业园	电子信息
长春多维信息技术有限公司	长春海外学人创业园	电子信息
长春格登希尔电子有限公司	长春海外学人创业园	电子信息
长春宏天阙信息技术有限公司	长春海外学人创业园	电子信息
长春宏展科技开发有限责任公司	长春海外学人创业园	电子信息
长春互动时代科技发展有限公司	长春海外学人创业园	电子信息
长春华网软件有限公司	长春海外学人创业园	电子信息
长春汇一电气有限公司	长春海外学人创业园	电子信息
长春吉大博峰汽车测控技术有限责任公司	长春海外学人创业园	电子信息
长春吉大科诺科技有限责任公司	长春海外学人创业园	电子信息
长春吉大斯博莱科技有限公司	长春海外学人创业园	电子信息
长春吉大正元信息技术股份有限公司	长春海外学人创业园	电子信息
长春吉地软件科技有限公司	长春海外学人创业园	电子信息
长春吉致科技发展有限公司	长春海外学人创业园	电子信息
长春理想科技信息有限公司	长春海外学人创业园	电子信息
长春赛能科技有限公司	长春海外学人创业园	电子信息
长春市艾森信息技术有限公司	长春海外学人创业园	电子信息
长春市东联技术服务中心	长春海外学人创业园	电子信息
长春市海思电子信息技术有限责任公司	长春海外学人创业园	电子信息
长春市天泰科技发展有限责任公司	长春海外学人创业园	电子信息
长春市中达电子有限责任公司	长春海外学人创业园	电子信息
长春思科计算机有限公司	长春海外学人创业园	电子信息
长春天星信息技术有限公司	长春海外学人创业园	电子信息
长春天易企业运营管理服务有限公司	长春海外学人创业园	电子信息
长春星澜动力发展有限责任公司	长春海外学人创业园	电子信息
长春星宇智能工程有限责任公司	长春海外学人创业园	电子信息
长春星智信息系统开发有限公司	长春海外学人创业园	电子信息
长春优方科技有限公司	长春海外学人创业园	电子信息
长春宇泰结构控制技术研究所	长春海外学人创业园	电子信息
长春云翔科技有限公司	长春海外学人创业园	电子信息
长春运泰网络技术有限公司	长春海外学人创业园	电子信息
长春长兴科技有限公司	长春海外学人创业园	电子信息
长春中联软件工程有限公司	长春海外学人创业园	电子信息
吉林省奥泰医药技术有限公司	长春海外学人创业园	生物医药
吉林省大自然生物工程有限责任公司	长春海外学人创业园	生物医药
吉林省华医数码科技有限公司	长春海外学人创业园	生物医药
吉林省现代生物医药专业技术服务中心有限公司	长春海外学人创业园	生物医药
吉林省中药现代化科技产业中心	长春海外学人创业园	生物医药
吉林天药科技股份有限公司	长春海外学人创业园	生物医药
通化天源生物工程有限责任公司长春研究所	长春海外学人创业园	生物医药
长春安东生物科技有限责任公司	长春海外学人创业园	生物医药
长春安济尔药业有限责任公司	长春海外学人创业园	生物医药
长春百克药业有限责任公司	长春海外学人创业园	生物医药

长春百龙生物技术有限公司	长春海外学人创业园	生物医药
长春百泰生物工程有限公司	长春海外学人创业园	生物医药
长春博德生物技术有限责任公司	长春海外学人创业园	生物医药
长春博美基因技术有限公司	长春海外学人创业园	生物医药
长春博泰医药生物技术有限责任公司	长春海外学人创业园	生物医药
长春博迅生物技术有限责任公司	长春海外学人创业园	生物医药
长春德来富生物技术有限公司	长春海外学人创业园	生物医药
长春东北师大基因工程有限公司	长春海外学人创业园	生物医药
长春方大生物工程有限公司	长春海外学人创业园	生物医药
长春高新百克药物研究院	长春海外学人创业园	生物医药
长春格登希尔信息技术有限公司	长春海外学人创业园	生物医药
长春海王生物制药有限责任公司	长春海外学人创业园	生物医药
长春恒泰生物技术有限公司	长春海外学人创业园	生物医药
长春华鸿网络科技有限公司	长春海外学人创业园	生物医药
长春华嘉医药技术有限公司	长春海外学人创业园	生物医药
长春汇鑫生物制药科技有限公司	长春海外学人创业园	生物医药
长春吉大广元酶工程有限公司	长春海外学人创业园	生物医药
长春吉大天元化学技术股份有限公司	长春海外学人创业园	生物医药
长春极大高科生物工程有限责任公司	长春海外学人创业园	生物医药
长春金赛药业有限责任公司	长春海外学人创业园	生物医药
长春凯尔生命科技有限公司	长春海外学人创业园	生物医药
长春康河药业有限公司	长春海外学人创业园	生物医药
长春康普医药科技有限公司	长春海外学人创业园	生物医药
长春普莱医药技术有限公司	长春海外学人创业园	生物医药
长春瑞奥生物技术有限责任公司	长春海外学人创业园	生物医药
长春双英科技有限公司	长春海外学人创业园	生物医药
长春西诺生物科技有限公司	长春海外学人创业园	生物医药
长春现代生物医药研发有限公司	长春海外学人创业园	生物医药
长春新耀科技开发有限公司	长春海外学人创业园	生物医药
长春星叶生化科技有限公司	长春海外学人创业园	生物医药
长春医药集团新药研究开发有限公司	长春海外学人创业园	生物医药
长春易阳转基因技术有限公司	长春海外学人创业园	生物医药
长春长生基因药业股份有限公司	长春海外学人创业园	生物医药
长春正阳基因工程有限责任公司	长春海外学人创业园	生物医药
吉林工业大学机电设计研究院	长春海外学人创业园	先进制造
吉林省广驰科技有限公司	长春海外学人创业园	先进制造
吉林省华拓科技发展有限公司	长春海外学人创业园	先进制造
吉林省吉大交通车辆技术有限责任公司	长春海外学人创业园	先进制造
长春奥尔石油科技有限公司	长春海外学人创业园	先进制造
长春邦大精密技术有限公司	长春海外学人创业园	先进制造
长春诚源科技有限公司	长春海外学人创业园	先进制造
长春德泰电子技术有限公司	长春海外学人创业园	先进制造
长春德信光电技术有限公司	长春海外学人创业园	先进制造
长春工业机器人工程有限责任公司	长春海外学人创业园	先进制造
长春光华科技发展有限公司	长春海外学人创业园	先进制造
长春光华伟业科技发展有限公司	长春海外学人创业园	先进制造
长春红枫网络工程开发有限公司	长春海外学人创业园	先进制造
长春吉大吉豹车辆设备技术有限责任公司	长春海外学人创业园	先进制造
长春吉大科学仪器设备有限公司	长春海外学人创业园	先进制造
长春南曦光电有限公司	长春海外学人创业园	先进制造
长春前锋科技有限公司	长春海外学人创业园	先进制造
长春瑞光科技股份有限公司	长春海外学人创业园	先进制造
长春瑞曼技术有限责任公司	长春海外学人创业园	先进制造
长春市宝丽龙科技有限公司	长春海外学人创业园	先进制造
长春市东润石油测试技术有限公司	长春海外学人创业园	先进制造
长春市共创数码科技有限责任公司	长春海外学人创业园	先进制造
长春市恒友机电工程安装有限公司	长春海外学人创业园	先进制造
长春市巨信医疗器械有限公司	长春海外学人创业园	先进制造
长春市珠峰科技有限责任公司	长春海外学人创业园	先进制造
长春四达工业激光科技有限公司	长春海外学人创业园	先进制造

长春新产业光电技术有限公司	长春海外学人创业园	先进制造
长春新科能电力技术开发有限公司	长春海外学人创业园	先进制造
长春新业蓝光科技有限公司	长春海外学人创业园	先进制造
长春易方科技有限公司	长春海外学人创业园	先进制造
长春长理数字医疗技术有限公司	长春海外学人创业园	先进制造
中国科学院长春光机所科技总公司	长春海外学人创业园	先进制造
长春安普应用材料有限公司	长春海外学人创业园	新材料
吉林省奥登环保科技有限公司	长春海外学人创业园	新材料
吉林省锦华实业有限公司	长春海外学人创业园	新材料
吉林省银河金属结构工程有限公司	长春海外学人创业园	新材料
宇泰（长春）科技事业有限公司	长春海外学人创业园	新材料
长春恒润石油科技有限公司	长春海外学人创业园	新材料
长春恒威电磁兼容技术有限公司	长春海外学人创业园	新材料
长春环镁科技开发有限责任公司	长春海外学人创业园	新材料
长春惠工净化工业有限公司	长春海外学人创业园	新材料
长春吉大高新材料有限责任公司	长春海外学人创业园	新材料
长春坤立汽车技术有限公司	长春海外学人创业园	新材料
长春蓝谷高科技研发有限责任公司	长春海外学人创业园	新材料
长春普赛特科技有限责任公司	长春海外学人创业园	新材料
长春瑞亚先进材料有限责任公司	长春海外学人创业园	新材料
长春三川表面技术有限公司	长春海外学人创业园	新材料
长春市科恩医用新材料有限公司	长春海外学人创业园	新材料
长春鑫良科贸有限公司	长春海外学人创业园	新材料
长春伊凯科技发展有限公司	长春海外学人创业园	新材料
长春瀛光高新技术服务有限公司	长春海外学人创业园	新材料
长春应化特种工程塑料有限公司	长春海外学人创业园	新材料
长春宇泰环保制品有限公司	长春海外学人创业园	新材料
长春至高科技有限公司	长春海外学人创业园	新材料
长春中能电力技术开发有限公司	长春海外学人创业园	新材料
吉林省莱尔特能源科技有限公司	长春海外学人创业园	新能源环保
长春百瑞篮莓科技发展有限公司	长春海外学人创业园	新能源环保
长春光华环保有限责任公司	长春海外学人创业园	新能源环保
长春联创水务有限责任公司	长春海外学人创业园	新能源环保
长春绿苏生态工程有限公司	长春海外学人创业园	新能源环保
长春世洋环境工程技术有限公司	长春海外学人创业园	新能源环保
长春市恒友贸易有限公司	长春海外学人创业园	新能源环保
长春市天瑞环境科技设备厂	长春海外学人创业园	新能源环保
长春市通达水技术工程有限公司	长春海外学人创业园	新能源环保
长春宇泰建设有限公司	长春海外学人创业园	新能源环保
长春北田服饰技术有限责任公司	长春海外学人创业园	现代服务
吉林省智达测控仪器有限公司	长春海外学人创业园	现代服务
吉林省中英园艺有限公司	长春海外学人创业园	现代服务
长春科润农业技术有限责任公司	长春海外学人创业园	现代服务
长春田园农业科技开发有限公司	长春海外学人创业园	现代服务
长春友联农业科技有限公司	长春海外学人创业园	现代服务
中国科学院长春地理研究所科技开发中心	长春海外学人创业园	现代服务
吉林高新区吉创互联网应用研究所	吉林高新区留学人员创业园	电子信息
吉林市艾迪科技开发有限公司	吉林高新区留学人员创业园	电子信息
吉林市电科技术开发有限公司	吉林高新区留学人员创业园	电子信息
吉林市东北电力开元科技有限公司	吉林高新区留学人员创业园	电子信息
吉林市东海科技有限公司	吉林高新区留学人员创业园	电子信息
吉林市华莱特科技有限公司	吉林高新区留学人员创业园	电子信息
吉林市火博士软件开发有限公司	吉林高新区留学人员创业园	电子信息
吉林市莱恩安防科技开发有限公司	吉林高新区留学人员创业园	电子信息
吉林市千叶计算机开发有限公司	吉林高新区留学人员创业园	电子信息
吉林市瑞力博电力技术有限公司	吉林高新区留学人员创业园	电子信息
吉林市瑞廷科技开发有限公司	吉林高新区留学人员创业园	电子信息
吉林市泰德电工技术有限公司	吉林高新区留学人员创业园	电子信息
吉林市仙源科技有限公司	吉林高新区留学人员创业园	电子信息
吉林市迅达科技开发有限公司	吉林高新区留学人员创业园	电子信息

吉林市银升计算机开发有限公司	吉林高新区留学人员创业园	电子信息
吉林市云翔科技开有限公司	吉林高新区留学人员创业园	电子信息
吉林索富工科技开发有限公司	吉林高新区留学人员创业园	电子信息
吉林市柏讯科技开发有限公司	吉林高新区留学人员创业园	先进制造
吉林市北华电子技术开发有限公司	吉林高新区留学人员创业园	先进制造
吉林市东方新能源环保有限责任公司	吉林高新区留学人员创业园	先进制造
吉林市非特科技有限公司	吉林高新区留学人员创业园	先进制造
吉林市华普仪控科技开发有限公司	吉林高新区留学人员创业园	先进制造
吉林市科达自动化设备有限公司	吉林高新区留学人员创业园	先进制造
吉林市七彩照明技术有限公司	吉林高新区留学人员创业园	先进制造
吉林市双利医疗气节有限责任公司	吉林高新区留学人员创业园	先进制造
吉林市天幕清洁服务公司	吉林高新区留学人员创业园	先进制造
吉林市方正木业有限公司	吉林高新区留学人员创业园	新材料
吉林市华信化工有限公司	吉林高新区留学人员创业园	新材料
吉林市万友网络科技有限公司	吉林高新区留学人员创业园	新材料
吉林市新才科技开发有限公司	吉林高新区留学人员创业园	新材料
吉林市泰发实业有限公司	吉林高新区留学人员创业园	现代服务
哈尔滨艾福特科技有限公司	哈尔滨海外学人创业园	电子信息
哈尔滨爱林特立科技有限公司	哈尔滨海外学人创业园	电子信息
哈尔滨澳斯瑞科技发展有限公司	哈尔滨海外学人创业园	电子信息
哈尔滨百信通科技有限公司	哈尔滨海外学人创业园	电子信息
哈尔滨博扬电子有限公司	哈尔滨海外学人创业园	电子信息
哈尔滨东森科技发展有限公司	哈尔滨海外学人创业园	电子信息
哈尔滨多邦科技有限公司	哈尔滨海外学人创业园	电子信息
哈尔滨凡泰科技有限公司	哈尔滨海外学人创业园	电子信息
哈尔滨枫芝信息技术有限责任公司	哈尔滨海外学人创业园	电子信息
哈尔滨哈科赛科技有限公司	哈尔滨海外学人创业园	电子信息
哈尔滨慧灵通科技开发有限公司	哈尔滨海外学人创业园	电子信息
哈尔滨朗科科技有限公司	哈尔滨海外学人创业园	电子信息
哈尔滨浪嘉科技开发有限公司	哈尔滨海外学人创业园	电子信息
哈尔滨乐辰科技有限责任公司	哈尔滨海外学人创业园	电子信息
哈尔滨联达科技有限公司	哈尔滨海外学人创业园	电子信息
哈尔滨联达雷恩网络科技有限责任公司	哈尔滨海外学人创业园	电子信息
哈尔滨联合高新技术有限责任公司	哈尔滨海外学人创业园	电子信息
哈尔滨润泽通际新技术有限公司	哈尔滨海外学人创业园	电子信息
哈尔滨申阳科技发展有限公司	哈尔滨海外学人创业园	电子信息
哈尔滨市东圣信息技术有限责任公司	哈尔滨海外学人创业园	电子信息
哈尔滨泰菲克电子科技有限公司	哈尔滨海外学人创业园	电子信息
哈尔滨天成电子技术开发有限公司	哈尔滨海外学人创业园	电子信息
哈尔滨天智科技有限公司	哈尔滨海外学人创业园	电子信息
哈尔滨天智网络通信工程有限公司	哈尔滨海外学人创业园	电子信息
哈尔滨通力电力控制工程有限公司	哈尔滨海外学人创业园	电子信息
哈尔滨通力软件开发有限公司	哈尔滨海外学人创业园	电子信息
哈尔滨先明计算机技术有限公司	哈尔滨海外学人创业园	电子信息
哈尔滨新浪资讯有限公司	哈尔滨海外学人创业园	电子信息
哈尔滨亚联电器技术有限公司	哈尔滨海外学人创业园	电子信息
哈尔滨银税科技开发有限公司	哈尔滨海外学人创业园	电子信息
哈尔滨英特纳科技有限责任公司	哈尔滨海外学人创业园	电子信息
哈尔滨宇博科技开发有限公司	哈尔滨海外学人创业园	电子信息
哈尔滨禹舜科技有限公司	哈尔滨海外学人创业园	电子信息
哈尔滨智捷科技有限公司	哈尔滨海外学人创业园	电子信息
哈尔滨智能光电科技有限公司	哈尔滨海外学人创业园	电子信息
哈尔滨中和信息技术有限公司	哈尔滨海外学人创业园	电子信息
黑龙江方略软件开发有限公司	哈尔滨海外学人创业园	电子信息
黑龙江省中弘科技有限公司	哈尔滨海外学人创业园	电子信息
哈尔滨爱乐生物技术开发有限公司	哈尔滨海外学人创业园	生物医药
哈尔滨安普科技发展有限公司	哈尔滨海外学人创业园	生物医药
哈尔滨百爱科技有限公司	哈尔滨海外学人创业园	生物医药
哈尔滨多伦多农业生物科技有限公司	哈尔滨海外学人创业园	生物医药
哈尔滨峰源高科技开发有限公司	哈尔滨海外学人创业园	生物医药

哈尔滨惠迪科技有限公司	哈尔滨海外学人创业园	生物医药
哈尔滨基太生物芯片开发有限责任公司	哈尔滨海外学人创业园	生物医药
哈尔滨接触科技有限公司	哈尔滨海外学人创业园	生物医药
哈尔滨龙沪环境生物工程有限公司	哈尔滨海外学人创业园	生物医药
哈尔滨仁博士生物医学有限公司	哈尔滨海外学人创业园	生物医药
哈尔滨三元阳普医药科技有限责任公司	哈尔滨海外学人创业园	生物医药
哈尔滨四泰生物科技股份有限公司	哈尔滨海外学人创业园	生物医药
哈尔滨亿实达生态科技开发有限责任公司	哈尔滨海外学人创业园	生物医药
哈尔滨众生北药生物工程有限公司	哈尔滨海外学人创业园	生物医药
黑龙江蓝德奥饮品有限公司	哈尔滨海外学人创业园	生物医药
哈尔滨安康科技有限责任公司	哈尔滨海外学人创业园	先进制造
哈尔滨奥瑞驰高新技术有限公司	哈尔滨海外学人创业园	先进制造
哈尔滨德威电子技术有限公司	哈尔滨海外学人创业园	先进制造
哈尔滨哈成套电气工程有限公司	哈尔滨海外学人创业园	先进制造
哈尔滨海太精密电子有限公司	哈尔滨海外学人创业园	先进制造
哈尔滨行健机器人技术有限公司	哈尔滨海外学人创业园	先进制造
哈尔滨华奥新技术开发有限公司	哈尔滨海外学人创业园	先进制造
哈尔滨华恒科技有限公司	哈尔滨海外学人创业园	先进制造
哈尔滨华良科技有限公司	哈尔滨海外学人创业园	先进制造
哈尔滨环博机电有限公司	哈尔滨海外学人创业园	先进制造
哈尔滨精石自动化有限责任公司	哈尔滨海外学人创业园	先进制造
哈尔滨蓝雪微电子封装技术开发有限公司	哈尔滨海外学人创业园	先进制造
哈尔滨力富科技有限公司	哈尔滨海外学人创业园	先进制造
哈尔滨俪富清雪机械有限公司	哈尔滨海外学人创业园	先进制造
哈尔滨六维数控设备有限公司	哈尔滨海外学人创业园	先进制造
哈尔滨蒙鹰科技有限公司	哈尔滨海外学人创业园	先进制造
哈尔滨帕特尔科技有限公司	哈尔滨海外学人创业园	先进制造
哈尔滨润邦科技发展有限公司	哈尔滨海外学人创业园	先进制造
哈尔滨市东典智能科技开发有限责任公司	哈尔滨海外学人创业园	先进制造
哈尔滨市东圣智能控制工程有限责任公司	哈尔滨海外学人创业园	先进制造
哈尔滨四野科技开发有限公司	哈尔滨海外学人创业园	先进制造
哈尔滨泰伦特科技开发有限公司	哈尔滨海外学人创业园	先进制造
哈尔滨万得科技股份有限公司	哈尔滨海外学人创业园	先进制造
哈尔滨威波瑞科技有限公司	哈尔滨海外学人创业园	先进制造
哈尔滨先锋机电技术开发有限公司	哈尔滨海外学人创业园	先进制造
哈尔滨新世科技有限责任公司	哈尔滨海外学人创业园	先进制造
哈尔滨伊菲特科技有限责任公司	哈尔滨海外学人创业园	先进制造
哈尔滨泽恩磨浆机有限公司	哈尔滨海外学人创业园	先进制造
哈尔滨中飞新技术有限公司	哈尔滨海外学人创业园	先进制造
哈尔滨中住科技有限公司	哈尔滨海外学人创业园	先进制造
黑龙江立高科技开发有限公司	哈尔滨海外学人创业园	先进制造
黑龙江天宏工程设计有限公司	哈尔滨海外学人创业园	先进制造
哈尔滨稻京液氨制造有限公司	哈尔滨海外学人创业园	新材料
哈尔滨菲尼克斯光学新材料有限公司	哈尔滨海外学人创业园	新材料
哈尔滨吉斯达材料科技有限公司	哈尔滨海外学人创业园	新材料
哈尔滨君宇科技开发有限公司	哈尔滨海外学人创业园	新材料
哈尔滨科泰新材料有限公司	哈尔滨海外学人创业园	新材料
哈尔滨安洁瑞环境科技有限公司	哈尔滨海外学人创业园	新能源环保
哈尔滨工大格瑞环保能源科技有限公司	哈尔滨海外学人创业园	新能源环保
哈尔滨蓝达环境科技有限公司	哈尔滨海外学人创业园	新能源环保
哈尔滨明亚薰香制品有限公司	哈尔滨海外学人创业园	新能源环保
哈尔滨市呈光科技开发有限公司	哈尔滨海外学人创业园	新能源环保
哈尔滨韬之博科技开发有限公司	哈尔滨海外学人创业园	新能源环保
哈尔滨旭达磁技术有限公司	哈尔滨海外学人创业园	新能源环保
黑龙江深深蓝水处理科技有限公司	哈尔滨海外学人创业园	新能源环保
黑龙江省明杰科技开发有限公司	哈尔滨海外学人创业园	新能源环保
哈尔滨朗新世纪科技贸易有限公司	哈尔滨海外学人创业园	现代服务
哈尔滨全福农业科技有限公司	哈尔滨海外学人创业园	现代服务
洪国（上海）网络科技有限公司	上海宝山留学人员创业园	电子信息
日商（上海）网络科技有限公司	上海宝山留学人员创业园	电子信息

上海威腾信息科技发展有限公司	上海宝山留学人员创业园	电子信息
游比（上海）数码有限公司	上海宝山留学人员创业园	电子信息
上海邦智奇生物科技有限公司	上海宝山留学人员创业园	生物医药
上海丹尼尔化学技术有限公司	上海宝山留学人员创业园	生物医药
上海金润生物制品有限公司	上海宝山留学人员创业园	生物医药
上海赛沃化工材料有限公司	上海宝山留学人员创业园	生物医药
上海泰飞尔生化技术有限公司	上海宝山留学人员创业园	生物医药
比尔安达（上海）润滑材料有限公司	上海宝山留学人员创业园	新材料
上海竑泰新材料科技有限公司	上海宝山留学人员创业园	新材料
上海桑吴太阳能科技有限公司	上海宝山留学人员创业园	新能源环保
金腾投资咨询（上海）有限公司	上海宝山留学人员创业园	现代服务
栗木园林设计（上海）有限公司	上海宝山留学人员创业园	现代服务
上海宝星科技发展公司	上海宝山留学人员创业园	现代服务
上海博科技术经纪有限公司	上海宝山留学人员创业园	现代服务
上海昌灏商贸有限公司	上海宝山留学人员创业园	现代服务
上海东昕工业设计有限公司	上海宝山留学人员创业园	现代服务
上海法澜捷服饰有限公司	上海宝山留学人员创业园	现代服务
上海飞桥投资咨询有限公司	上海宝山留学人员创业园	现代服务
上海功大建材检测有限公司	上海宝山留学人员创业园	现代服务
上海和悦办公家具有限公司	上海宝山留学人员创业园	现代服务
上海欧柯企业管理咨询有限公司	上海宝山留学人员创业园	现代服务
上海帕立特科技发展有限公司	上海宝山留学人员创业园	现代服务
上海乾力建设咨询有限公司	上海宝山留学人员创业园	现代服务
上海三生机械设备有限公司	上海宝山留学人员创业园	现代服务
上海神州海事工程有限公司	上海宝山留学人员创业园	现代服务
上海新世傲股份有限公司	上海宝山留学人员创业园	现代服务
上海熊莹商贸有限公司	上海宝山留学人员创业园	现代服务
上海煜弘海事技术服务有限公司	上海宝山留学人员创业园	现代服务
上海早欣投资咨询有限公司	上海宝山留学人员创业园	现代服务
上海哲夕投资管理咨询有限公司	上海宝山留学人员创业园	现代服务
晏美服饰上海有限公司	上海宝山留学人员创业园	现代服务
上海蓝鸟科技股份有限公司	上海普陀留学人员创业园	电子信息
上海灵禅信息技术有限公司	上海普陀留学人员创业园	电子信息
上海坦思计算机有限公司	上海普陀留学人员创业园	电子信息
上海天擎信息技术有限公司	上海普陀留学人员创业园	电子信息
上海新浩艺软件有限公司	上海普陀留学人员创业园	电子信息
上海优迈信息技术有限公司	上海普陀留学人员创业园	电子信息
上海中磐信息技术有限公司	上海普陀留学人员创业园	电子信息
上海中软资源技术服务有限公司	上海普陀留学人员创业园	电子信息
上海中信信息发展有限公司	上海普陀留学人员创业园	电子信息
思华科技（上海）有限公司	上海普陀留学人员创业园	电子信息
维鹏信息技术（上海）有限公司	上海普陀留学人员创业园	电子信息
上海展达文化传播有限公司	上海普陀留学人员创业园	文化创意
上海博科资讯股份有限公司	上海普陀留学人员创业园	现代服务
艾迪悌科技（上海）有限公司	上海留学人员漕河泾创业园区	电子信息
艾维思通讯技术（上海）有限公司	上海留学人员漕河泾创业园区	电子信息
安德鲁科技（上海）有限公司	上海留学人员漕河泾创业园区	电子信息
安美微电子（上海）有限公司	上海留学人员漕河泾创业园区	电子信息
澳赛尔斯生物技术（上海）有限公司	上海留学人员漕河泾创业园区	电子信息
博康数码科技（上海)有限公司	上海留学人员漕河泾创业园区	电子信息
多威通信系统（上海）有限公司	上海留学人员漕河泾创业园区	电子信息
国核电站运行服务技术有限公司	上海留学人员漕河泾创业园区	电子信息
华润矽威科技(上海)有限公司	上海留学人员漕河泾创业园区	电子信息
甲骨文(中国)软件系统有限公司	上海留学人员漕河泾创业园区	电子信息
杰同信息（上海）有限公司	上海留学人员漕河泾创业园区	电子信息
捷普科技（上海）有限公司	上海留学人员漕河泾创业园区	电子信息
今翌信息科技（上海）有限公司	上海留学人员漕河泾创业园区	电子信息
竞察信息技术（上海）有限公司	上海留学人员漕河泾创业园区	电子信息
科亿尔数码科技（上海）有限公司	上海留学人员漕河泾创业园区	电子信息
快板电子科技（上海）有限公司	上海留学人员漕河泾创业园区	电子信息

澜起科技（上海）有限公司	上海留学人员漕河泾创业园区	电子信息
联芯科技有限公司	上海留学人员漕河泾创业园区	电子信息
律典(上海)信息技术有限公司	上海留学人员漕河泾创业园区	电子信息
美维创新技术（上海）有限公司	上海留学人员漕河泾创业园区	电子信息
米技电子电器（上海）有限公司	上海留学人员漕河泾创业园区	电子信息
派那信息系统（上海）有限公司	上海留学人员漕河泾创业园区	电子信息
谱瑞集成电路(上海)有限公司	上海留学人员漕河泾创业园区	电子信息
善诚科技发展（上海）有限公司	上海留学人员漕河泾创业园区	电子信息
上海爱克发感光器材有限公司	上海留学人员漕河泾创业园区	电子信息
上海遨遨科技有限公司	上海留学人员漕河泾创业园区	电子信息
上海柏飞电子科技股份有限公司	上海留学人员漕河泾创业园区	电子信息
上海贝岭股份有限公司	上海留学人员漕河泾创业园区	电子信息
上海碧宝特电子科技有限公司	上海留学人员漕河泾创业园区	电子信息
上海才烁人才信息咨询有限公司	上海留学人员漕河泾创业园区	电子信息
上海查尔斯电子有限公司	上海留学人员漕河泾创业园区	电子信息
上海创库商务咨询有限公司	上海留学人员漕河泾创业园区	电子信息
上海创库信息科技有限公司	上海留学人员漕河泾创业园区	电子信息
上海东禾信息技术有限公司	上海留学人员漕河泾创业园区	电子信息
上海东升新材料有限公司	上海留学人员漕河泾创业园区	电子信息
上海昉秀网络科技有限公司	上海留学人员漕河泾创业园区	电子信息
上海丰宝电子信息科技有限公司	上海留学人员漕河泾创业园区	电子信息
上海丰普软件有限公司	上海留学人员漕河泾创业园区	电子信息
上海伽利略导航有限公司	上海留学人员漕河泾创业园区	电子信息
上海高清数字科技产业有限公司	上海留学人员漕河泾创业园区	电子信息
上海高意激光技术有限公司	上海留学人员漕河泾创业园区	电子信息
上海广电通信技术有限公司	上海留学人员漕河泾创业园区	电子信息
上海海高通信发展有限公司	上海留学人员漕河泾创业园区	电子信息
上海海隆软件股份有限公司	上海留学人员漕河泾创业园区	电子信息
上海荷枫网络科技有限公司	上海留学人员漕河泾创业园区	电子信息
上海弘视通信技术有限公司	上海留学人员漕河泾创业园区	电子信息
上海华超电器科技有限公司	上海留学人员漕河泾创业园区	电子信息
上海华腾软件系统有限公司	上海留学人员漕河泾创业园区	电子信息
上海惠安系统控制有限公司	上海留学人员漕河泾创业园区	电子信息
上海剑桥科技有限公司	上海留学人员漕河泾创业园区	电子信息
上海金陵电子网络股份有限公司	上海留学人员漕河泾创业园区	电子信息
上海晋恒软件有限公司	上海留学人员漕河泾创业园区	电子信息
上海科华实验系统有限公司	上海留学人员漕河泾创业园区	电子信息
上海乐界网络科技有限公司	上海留学人员漕河泾创业园区	电子信息
上海乐石网络科技有限公司	上海留学人员漕河泾创业园区	电子信息
上海利策科技有限公司	上海留学人员漕河泾创业园区	电子信息
上海岭芯微电子有限公司	上海留学人员漕河泾创业园区	电子信息
上海六晶金属科技有限公司	上海留学人员漕河泾创业园区	电子信息
上海普洛麦格生物产品有限公司	上海留学人员漕河泾创业园区	电子信息
上海谱尼测试技术有限公司	上海留学人员漕河泾创业园区	电子信息
上海全波通信技术有限公司	上海留学人员漕河泾创业园区	电子信息
上海热泛信息技术有限公司	上海留学人员漕河泾创业园区	电子信息
上海莎江生物科技有限公司	上海留学人员漕河泾创业园区	电子信息
上海杉德金卡信息系统科技有限公司	上海留学人员漕河泾创业园区	电子信息
上海申通轨道交通研究咨询有限公司	上海留学人员漕河泾创业园区	电子信息
上海神开石油化工装备股份有限公司	上海留学人员漕河泾创业园区	电子信息
上海圣然信息科技有限公司	上海留学人员漕河泾创业园区	电子信息
上海泰成科技发展有限公司	上海留学人员漕河泾创业园区	电子信息
上海淘米网络科技有限公司	上海留学人员漕河泾创业园区	电子信息
上海天游软件有限公司	上海留学人员漕河泾创业园区	电子信息
上海威士机械有限公司	上海留学人员漕河泾创业园区	电子信息
上海未来伙伴机器人有限公司	上海留学人员漕河泾创业园区	电子信息
上海文煊软件有限公司	上海留学人员漕河泾创业园区	电子信息
上海芯轩微电子有限公司	上海留学人员漕河泾创业园区	电子信息
上海新进半导体制造有限公司	上海留学人员漕河泾创业园区	电子信息
上海新茂半导体有限公司	上海留学人员漕河泾创业园区	电子信息

上海新宇新材料科技有限公司	上海留学人员漕河泾创业园区	电子信息
上海信朴臻微电子有限公司	上海留学人员漕河泾创业园区	电子信息
上海秀派电子科技有限公司	上海留学人员漕河泾创业园区	电子信息
上海永值企业发展有限公司	上海留学人员漕河泾创业园区	电子信息
上海优乐网络科技股份有限公司	上海留学人员漕河泾创业园区	电子信息
上海裕山信息科技有限公司	上海留学人员漕河泾创业园区	电子信息
上海悦乎网络技术有限公司	上海留学人员漕河泾创业园区	电子信息
上海征途信息技术有限公司	上海留学人员漕河泾创业园区	电子信息
上海致胜信息技术有限公司	上海留学人员漕河泾创业园区	电子信息
上海中科光纤通讯器件有限公司	上海留学人员漕河泾创业园区	电子信息
上海卓越睿新数码科技有限公司	上海留学人员漕河泾创业园区	电子信息
晟朗(上海)电力电子有限公司	上海留学人员漕河泾创业园区	电子信息
思科系统(上海)视频技术有限公司	上海留学人员漕河泾创业园区	电子信息
泰鼎多媒体技术（上海）有限公司	上海留学人员漕河泾创业园区	电子信息
泰科电子(上海)有限公司	上海留学人员漕河泾创业园区	电子信息
泰克科技(中国)有限公司	上海留学人员漕河泾创业园区	电子信息
万达信息股份有限公司	上海留学人员漕河泾创业园区	电子信息
翔光（上海）光通讯器材有限公司	上海留学人员漕河泾创业园区	电子信息
芯旸光电科技（上海）有限公司	上海留学人员漕河泾创业园区	电子信息
新相微电子（上海）有限公司	上海留学人员漕河泾创业园区	电子信息
薪得付信息技术（上海）有限公司	上海留学人员漕河泾创业园区	电子信息
英华达(上海)电子有限公司	上海留学人员漕河泾创业园区	电子信息
英顺达科技有限公司	上海留学人员漕河泾创业园区	电子信息
源讯高维资讯（上海）有限公司	上海留学人员漕河泾创业园区	电子信息
展唐通讯科技（上海）有限公司	上海留学人员漕河泾创业园区	电子信息
长兴科技（上海）有限公司	上海留学人员漕河泾创业园区	电子信息
知图（上海）信息技术有限公司	上海留学人员漕河泾创业园区	电子信息
中国电子科技集团公司第二十一研究所	上海留学人员漕河泾创业园区	电子信息
中国航空无线电电子研究所	上海留学人员漕河泾创业园区	电子信息
中颖电子（上海）有限公司	上海留学人员漕河泾创业园区	电子信息
佐拉科技（上海）有限公司	上海留学人员漕河泾创业园区	电子信息
艾比玛特生物医药（上海）有限公司	上海留学人员漕河泾创业园区	生物医药
贺尔碧格(上海)有限公司	上海留学人员漕河泾创业园区	生物医药
贺利氏古莎齿科有限公司	上海留学人员漕河泾创业园区	生物医药
梅特勒-托利多仪器（上海）有限公司	上海留学人员漕河泾创业园区	生物医药
上海安康医药有限公司	上海留学人员漕河泾创业园区	生物医药
上海存中生物技术有限公司	上海留学人员漕河泾创业园区	生物医药
上海吉凯基因化学技术有限公司	上海留学人员漕河泾创业园区	生物医药
上海今科通信系统有限公司	上海留学人员漕河泾创业园区	生物医药
上海科华生物工程股份有限公司	上海留学人员漕河泾创业园区	生物医药
上海模具技术研究所有限公司	上海留学人员漕河泾创业园区	生物医药
上海仁康科技有限公司	上海留学人员漕河泾创业园区	生物医药
上海拓能医疗器械有限公司	上海留学人员漕河泾创业园区	生物医药
上海唯上生物科技有限公司	上海留学人员漕河泾创业园区	生物医药
上海哓乐东潮生物技术开发有限公司	上海留学人员漕河泾创业园区	生物医药
上海裕隆生物科技有限公司	上海留学人员漕河泾创业园区	生物医药
上海知善生物科技有限公司	上海留学人员漕河泾创业园区	生物医药
新鸟医药科技（上海）有限公司	上海留学人员漕河泾创业园区	生物医药
臻景生物技术（上海）有限公司	上海留学人员漕河泾创业园区	生物医药
上海核工程研究设计院	上海留学人员漕河泾创业园区	先进制造
国核工程有限公司	上海留学人员漕河泾创业园区	先进制造
上海澜起微电子科技有限公司	上海留学人员漕河泾创业园区	新材料
上海碳联环保科技有限公司	上海留学人员漕河泾创业园区	新材料
上海凸版光掩模有限公司	上海留学人员漕河泾创业园区	新材料
上海新岭材料有限公司	上海留学人员漕河泾创业园区	新材料
上海埃士工业科技有限公司	上海留学人员漕河泾创业园区	新能源环保
上海环信环境工程有限公司	上海留学人员漕河泾创业园区	新能源环保
上海神开石油科技有限公司	上海留学人员漕河泾创业园区	新能源环保
上海鑫圭晶太阳能科技有限公司	上海留学人员漕河泾创业园区	新能源环保
上海联合光盘有限公司	上海留学人员漕河泾创业园区	现代服务

上海领世通信技术发展有限公司	上海留学人员漕河泾创业园区	现代服务
飞确安网络通讯设备（上海）有限公司	上海留学人员嘉定创业园	电子信息
上海百度在线网络技术（北京）有限公司	上海留学人员嘉定创业园	电子信息
上海标晨电子科技有限公司	上海留学人员嘉定创业园	电子信息
上海诚进网络科技有限公司	上海留学人员嘉定创业园	电子信息
上海德才信息科技有限公司	上海留学人员嘉定创业园	电子信息
上海法左克电子有限公司	上海留学人员嘉定创业园	电子信息
上海富桑电子有限公司	上海留学人员嘉定创业园	电子信息
上海果实网络信息技术有限公司	上海留学人员嘉定创业园	电子信息
上海捷华通讯电子有限公司	上海留学人员嘉定创业园	电子信息
上海晶展电子有限公司	上海留学人员嘉定创业园	电子信息
上海联能光子技术有限公司	上海留学人员嘉定创业园	电子信息
上海律浩网络科技有限公司	上海留学人员嘉定创业园	电子信息
上海绿苹果数码科技有限公司	上海留学人员嘉定创业园	电子信息
上海美媒软件有限公司	上海留学人员嘉定创业园	电子信息
上海冕通电子科技有限公司	上海留学人员嘉定创业园	电子信息
上海欧保电子技术有限公司	上海留学人员嘉定创业园	电子信息
上海浦一网络科技有限公司	上海留学人员嘉定创业园	电子信息
上海浦易联通信发展公司	上海留学人员嘉定创业园	电子信息
上海锐派计算机科技有限公司	上海留学人员嘉定创业园	电子信息
上海申百网络科技有限公司	上海留学人员嘉定创业园	电子信息
上海圣索电子科技有限公司	上海留学人员嘉定创业园	电子信息
上海舒觅信息科技有限公司	上海留学人员嘉定创业园	电子信息
上海网眼信息科技有限公司	上海留学人员嘉定创业园	电子信息
上海玺尔信息技术有限公司	上海留学人员嘉定创业园	电子信息
上海携程网络科技有限公司	上海留学人员嘉定创业园	电子信息
上海星地通讯工程研究所	上海留学人员嘉定创业园	电子信息
上海雅俊信息科技有限公司	上海留学人员嘉定创业园	电子信息
上海亿空信息技术有限公司	上海留学人员嘉定创业园	电子信息
上海长长电子科技发展有限公司	上海留学人员嘉定创业园	电子信息
腾龙计算机电子技术（上海）有限公司	上海留学人员嘉定创业园	电子信息
华宝食用香精香料（上海）有限公司	上海留学人员嘉定创业园	生物医药
佳贝生物技术（上海）有限公司	上海留学人员嘉定创业园	生物医药
上海华宝孔雀香精香料（上海）有限公司	上海留学人员嘉定创业园	生物医药
上海宽健医药科技有限公司	上海留学人员嘉定创业园	生物医药
上海联格生物科技有限公司	上海留学人员嘉定创业园	生物医药
上海生大医保股份有限公司	上海留学人员嘉定创业园	生物医药
上海思米酵素科技有限公司	上海留学人员嘉定创业园	生物医药
上海月圆医疗仪器有限公司	上海留学人员嘉定创业园	生物医药
埃莱克汽车零部件（上海）有限	上海留学人员嘉定创业园	先进制造
菲耐柯斯微系统（上海）有限公司	上海留学人员嘉定创业园	先进制造
欧好光电控制技术（上海）有限公司	上海留学人员嘉定创业园	先进制造
上海宝菱塑料制品有限公司	上海留学人员嘉定创业园	先进制造
上海碧然光电科技有限公司	上海留学人员嘉定创业园	先进制造
上海晨一精密刀具有限公司	上海留学人员嘉定创业园	先进制造
上海富桑电子科技有限公司	上海留学人员嘉定创业园	先进制造
上海硅步科学仪器有限公司	上海留学人员嘉定创业园	先进制造
上海贵鑫金属制品有限公司	上海留学人员嘉定创业园	先进制造
上海航天电子有限公司	上海留学人员嘉定创业园	先进制造
上海恒强磁电有限公司	上海留学人员嘉定创业园	先进制造
上海华科电子显像有限公司	上海留学人员嘉定创业园	先进制造
上海惠晟电子有限公司	上海留学人员嘉定创业园	先进制造
上海机电一体工程有限公司	上海留学人员嘉定创业园	先进制造
上海凯美特功能陶瓷技术有限公司	上海留学人员嘉定创业园	先进制造
上海科曼车辆部件系统有限公司	上海留学人员嘉定创业园	先进制造
上海乐得机电设备有限公司	上海留学人员嘉定创业园	先进制造
上海帕格萨斯饰品有限公司	上海留学人员嘉定创业园	先进制造
上海群鼎机电成套设备有限公司	上海留学人员嘉定创业园	先进制造
上海声驰机电设备科技有限公司	上海留学人员嘉定创业园	先进制造
上海思宾尼斯仪表技术有限公司	上海留学人员嘉定创业园	先进制造

上海四创光电科技研究所	上海留学人员嘉定创业园	先进制造
上海特略精密数控机床有限公司	上海留学人员嘉定创业园	先进制造
上海统宝自动化设备有限公司	上海留学人员嘉定创业园	先进制造
上海旭品机械有限公司	上海留学人员嘉定创业园	先进制造
上海雅纳锶精密仪器有限公司	上海留学人员嘉定创业园	先进制造
上海远帅机械有限公司	上海留学人员嘉定创业园	先进制造
上海远新机械科技有限公司	上海留学人员嘉定创业园	先进制造
上海振平机床附件有限公司	上海留学人员嘉定创业园	先进制造
上海芝原数字控制有限公司	上海留学人员嘉定创业园	先进制造
上鹤自动化仪器设备（上海）有限公司	上海留学人员嘉定创业园	先进制造
上海宝徕科技开发有限公司	上海留学人员嘉定创业园	新材料
上海创开无框阳台窗有限公司	上海留学人员嘉定创业园	新材料
上海大汉金属材料科技有限公司	上海留学人员嘉定创业园	新材料
上海谷创新材料有限公司	上海留学人员嘉定创业园	新材料
上海嘉翎电子科技有限公司	上海留学人员嘉定创业园	新材料
上海嘉翎仪表材料科技研究所	上海留学人员嘉定创业园	新材料
上海特视精密仪器有限公司	上海留学人员嘉定创业园	新材料
上海小水电子材料有限公司	上海留学人员嘉定创业园	新材料
土平知可飒（上海）有限公司	上海留学人员嘉定创业园	新材料
西立新材料（上海）有限公司	上海留学人员嘉定创业园	新材料
阳地钢建筑新材料（上海）有限公司	上海留学人员嘉定创业园	新材料
埃莱克汽车零部件（上海）有限公司	上海留学人员嘉定创业园	新能源环保
上海米尚环保设备科技有限公司	上海留学人员嘉定创业园	新能源环保
上海萨格汽车零部件有限公司	上海留学人员嘉定创业园	新能源环保
上海盛道石油勘探技术有限公司	上海留学人员嘉定创业园	新能源环保
上海万宏动力能源有限公司	上海留学人员嘉定创业园	新能源环保
上海威廉照明电气有限公司	上海留学人员嘉定创业园	新能源环保
上海菁艺广告有限公司	上海留学人员嘉定创业园	文化创意
上海艾孟芙商贸有限公司	上海留学人员嘉定创业园	现代服务
昂科信息技术（上海）有限公司	上海留学人员张江创业园区	电子信息
昂一科技（上海）有限公司	上海留学人员张江创业园区	电子信息
发茵特科技（上海）有限公司	上海留学人员张江创业园区	电子信息
继德软件（上海）有限公司	上海留学人员张江创业园区	电子信息
来西智能科技（上海）有限公司	上海留学人员张江创业园区	电子信息
上海岱诺信息技术有限公司	上海留学人员张江创业园区	电子信息
上海红楷网络科技有限公司	上海留学人员张江创业园区	电子信息
上海凯路微电子有限公司	上海留学人员张江创业园区	电子信息
上海康茂信息技术有限公司	上海留学人员张江创业园区	电子信息
上海软波工程软件有限公司	上海留学人员张江创业园区	电子信息
上海涛起半导体有限公司	上海留学人员张江创业园区	电子信息
双态软件技术（上海）有限公司	上海留学人员张江创业园区	电子信息
硕微科技（上海）有限公司	上海留学人员张江创业园区	电子信息
新高和（上海）软件有限公司	上海留学人员张江创业园区	电子信息
慈博生物医药技术（上海）有限公司	上海留学人员张江创业园区	生物医药
美时医疗技术（上海）有限公司	上海留学人员张江创业园区	生物医药
明博医药技术开发（上海）有限公司	上海留学人员张江创业园区	生物医药
上海臣邦医药科技有限公司	上海留学人员张江创业园区	生物医药
上海单抗制药技术有限公司	上海留学人员张江创业园区	生物医药
上海多林化工科技有限公司	上海留学人员张江创业园区	生物医药
上海宋季园医药科技有限公司	上海留学人员张江创业园区	生物医药
上海秀新臣邦医药科技有限公司	上海留学人员张江创业园区	生物医药
上海宝特环保新材料有限公司	上海留学人员张江创业园区	新材料
上海禾呈环保科技有限公司	上海留学人员张江创业园区	新能源环保
上海华浪环保技术应用有限公司	上海留学人员张江创业园区	新能源环保
上海绿环机械有限公司	上海留学人员张江创业园区	新能源环保
上海意昂汽车电子有限公司	上海留学人员张江创业园区	新能源环保
特莱仕环境检测技术（上海）有限公司	上海留学人员张江创业园区	新能源环保
上海时代创业管理有限公司	上海留学人员张江创业园区	现代服务
时代创新投资管理（上海）有限公司	上海留学人员张江创业园区	现代服务
艾钜计算机技术（上海）有限公司	上海虹桥临空留学人员创业园	电子信息

昂信软件（上海）有限公司	上海虹桥临空留学人员创业园	电子信息
奥雷通光通讯设备（上海）有限公司	上海虹桥临空留学人员创业园	电子信息
佩思宾软件科技（上海）有限公司	上海虹桥临空留学人员创业园	电子信息
奇耀软件（上海）有限公司	上海虹桥临空留学人员创业园	电子信息
上海奥米电子有限公司	上海虹桥临空留学人员创业园	电子信息
上海泛太旺捷资讯有限公司	上海虹桥临空留学人员创业园	电子信息
上海华瀛软件有限公司	上海虹桥临空留学人员创业园	电子信息
上海科银软件系统有限公司	上海虹桥临空留学人员创业园	电子信息
申泽信息技术（上海）有限公司	上海虹桥临空留学人员创业园	电子信息
吴羽计算机软件（上海）有限公司	上海虹桥临空留学人员创业园	电子信息
优玛特信息技术（上海）有限公司	上海虹桥临空留学人员创业园	电子信息
赛托细胞生物技术（上海）有限公司	上海虹桥临空留学人员创业园	生物医药
上海贝奥路生物材料有限公司	上海虹桥临空留学人员创业园	生物医药
上海天朗医学科技咨询有限公司	上海虹桥临空留学人员创业园	生物医药
上海我武生物技术有限公司	上海虹桥临空留学人员创业园	生物医药
维中生物技术（上海）有限公司	上海虹桥临空留学人员创业园	生物医药
上海澳普机电有限公司	上海虹桥临空留学人员创业园	先进制造
上海逸华仪表电器有限公司	上海虹桥临空留学人员创业园	先进制造
特克机电（上海）有限公司	上海虹桥临空留学人员创业园	先进制造
埃慕迪磁电科技（上海）有限公司	上海虹桥临空留学人员创业园	新材料
丰宇荣材料科技（上海）有限公司	上海虹桥临空留学人员创业园	新材料
航亚电器（上海）有限公司	上海虹桥临空留学人员创业园	新材料
环通环保技术（上海）有限公司	上海虹桥临空留学人员创业园	新材料
洛基山环保技术（上海）有限公司	上海虹桥临空留学人员创业园	新材料
上海凡瑞得新型建材有限公司	上海虹桥临空留学人员创业园	新材料
上海麦克斯金属管道配件制造有限公司	上海虹桥临空留学人员创业园	新材料
斯梅克（上海）工程顾问有限公司	上海虹桥临空留学人员创业园	新材料
安博设计咨询（上海）有限公司	上海虹桥临空留学人员创业园	现代服务
安恒咨询（上海）有限公司	上海虹桥临空留学人员创业园	现代服务
佰朗咨询（上海）有限公司	上海虹桥临空留学人员创业园	现代服务
碧谱照明设计（上海）有限公司	上海虹桥临空留学人员创业园	现代服务
博鹰咨询（上海）有限公司	上海虹桥临空留学人员创业园	现代服务
创值管理咨询（上海）有限公司	上海虹桥临空留学人员创业园	现代服务
德林咨询（上海）有限公司	上海虹桥临空留学人员创业园	现代服务
德业企业管理咨询（上海）有限公司	上海虹桥临空留学人员创业园	现代服务
东技咨询（上海）有限公司	上海虹桥临空留学人员创业园	现代服务
高普亚建建筑咨询（上海）有限公司	上海虹桥临空留学人员创业园	现代服务
歌迪卡服饰（上海）有限公司	上海虹桥临空留学人员创业园	现代服务
共同建筑设计咨询（上海）有限公司	上海虹桥临空留学人员创业园	现代服务
胡姬咨询（上海）有限公司	上海虹桥临空留学人员创业园	现代服务
建艺咨询（上海）有限公司	上海虹桥临空留学人员创业园	现代服务
杰西咨询（上海）有限公司	上海虹桥临空留学人员创业园	现代服务
卡顿咨询（上海）有限公司	上海虹桥临空留学人员创业园	现代服务
楷思旺华管理咨询（上海）有限公司	上海虹桥临空留学人员创业园	现代服务
康馨投资管理咨询（上海）有限公司	上海虹桥临空留学人员创业园	现代服务
科趣信息顾问（上海）有限公司	上海虹桥临空留学人员创业园	现代服务
莱佛士管理咨询（上海）有限公司	上海虹桥临空留学人员创业园	现代服务
蓝程咨询（上海）有限公司	上海虹桥临空留学人员创业园	现代服务
乐芙雪化妆品（上海）有限公司	上海虹桥临空留学人员创业园	现代服务
丽恒服饰（上海）有限公司	上海虹桥临空留学人员创业园	现代服务
联同投资咨询（上海）有限公司	上海虹桥临空留学人员创业园	现代服务
龙神咨询（上海）有限公司	上海虹桥临空留学人员创业园	现代服务
麦晨咨询（上海）有限公司	上海虹桥临空留学人员创业园	现代服务
美贝咨询（上海）有限公司	上海虹桥临空留学人员创业园	现代服务
明景咨询（上海）有限公司	上海虹桥临空留学人员创业园	现代服务
纽优企业策划（上海）有限公司	上海虹桥临空留学人员创业园	现代服务
欧德联信息咨询（上海）有限公司	上海虹桥临空留学人员创业园	现代服务
派瑞迪景观园林环境设计咨询（上海）有限公司	上海虹桥临空留学人员创业园	现代服务
浦拉斯服饰（上海）有限公司	上海虹桥临空留学人员创业园	现代服务
琪琳咨询（上海）有限公司	上海虹桥临空留学人员创业园	现代服务

森苑商务咨询（上海）有限公司	上海虹桥临空留学人员创业园	现代服务
上海晨锦咨询有限公司	上海虹桥临空留学人员创业园	现代服务
上海创尼商务咨询有限公司	上海虹桥临空留学人员创业园	现代服务
上海叠森机电设备有限公司	上海虹桥临空留学人员创业园	现代服务
上海瀚策国际贸易咨询有限公司	上海虹桥临空留学人员创业园	现代服务
上海豪信投资管理咨询有限公司	上海虹桥临空留学人员创业园	现代服务
上海和海咨询有限公司	上海虹桥临空留学人员创业园	现代服务
上海和樱美术设计咨询有限公司	上海虹桥临空留学人员创业园	现代服务
上海恒冠体育信息咨询有限公司	上海虹桥临空留学人员创业园	现代服务
上海恒益投资咨询有限公司	上海虹桥临空留学人员创业园	现代服务
上海宏睿投资咨询有限公司	上海虹桥临空留学人员创业园	现代服务
上海华津咨询有限公司	上海虹桥临空留学人员创业园	现代服务
上海环美科技咨询有限公司	上海虹桥临空留学人员创业园	现代服务
上海佳兴建筑工程咨询有限公司	上海虹桥临空留学人员创业园	现代服务
上海嘉子投资管理咨询有限公司	上海虹桥临空留学人员创业园	现代服务
上海兰谷咨询有限公司	上海虹桥临空留学人员创业园	现代服务
上海联众咨询有限公司	上海虹桥临空留学人员创业园	现代服务
上海诺特健康保健咨询有限公司	上海虹桥临空留学人员创业园	现代服务
上海派力特商务咨询有限公司	上海虹桥临空留学人员创业园	现代服务
上海清逸投资咨询有限公司	上海虹桥临空留学人员创业园	现代服务
上海秋丽普服饰有限公司	上海虹桥临空留学人员创业园	现代服务
上海蕊帛服饰有限公司	上海虹桥临空留学人员创业园	现代服务
上海锐铠科技咨询有限公司	上海虹桥临空留学人员创业园	现代服务
上海三珏信息咨询有限公司	上海虹桥临空留学人员创业园	现代服务
上海申麦咨询有限公司	上海虹桥临空留学人员创业园	现代服务
上海胜远咨询有限公司	上海虹桥临空留学人员创业园	现代服务
上海数安科技咨询有限公司	上海虹桥临空留学人员创业园	现代服务
上海唐隆模具有限公司	上海虹桥临空留学人员创业园	现代服务
上海万吉特建筑规划设计咨询有限公司	上海虹桥临空留学人员创业园	现代服务
上海维纳饰品有限公司	上海虹桥临空留学人员创业园	现代服务
上海维宇科技咨询有限公司	上海虹桥临空留学人员创业园	现代服务
上海新世园科技咨询有限公司	上海虹桥临空留学人员创业园	现代服务
上海兴创投资管理咨询有限公司	上海虹桥临空留学人员创业园	现代服务
上海英联投资管理咨询有限公司	上海虹桥临空留学人员创业园	现代服务
时效咨询（上海）有限公司	上海虹桥临空留学人员创业园	现代服务
梯升咨询（上海）有限公司	上海虹桥临空留学人员创业园	现代服务
天铭投资管理咨询（上海）有限公司	上海虹桥临空留学人员创业园	现代服务
威瑞咨询（上海）有限公司	上海虹桥临空留学人员创业园	现代服务
希腾咨询（上海）有限公司	上海虹桥临空留学人员创业园	现代服务
心育心咨询（上海）有限公司	上海虹桥临空留学人员创业园	现代服务
怡庭咨询（上海）有限公司	上海虹桥临空留学人员创业园	现代服务
音通钢琴（上海）有限公司	上海虹桥临空留学人员创业园	现代服务
英多纳得咨询（上海）有限公司	上海虹桥临空留学人员创业园	现代服务
优耐智咨询（上海）有限公司	上海虹桥临空留学人员创业园	现代服务
执安商务咨询（上海）有限公司	上海虹桥临空留学人员创业园	现代服务
中裕咨询（上海）有限公司	上海虹桥临空留学人员创业园	现代服务
八荣信息技术服务（上海）有限公司	上海莘闵回国留学人员科技创业园区	电子信息
岛风机电科技（上海）有限公司	上海莘闵回国留学人员科技创业园区	电子信息
华澳通讯（上海）有限公司	上海莘闵回国留学人员科技创业园区	电子信息
嘉丰（上海）软件有限公司	上海莘闵回国留学人员科技创业园区	电子信息
捷考奥电子（上海）有限公司	上海莘闵回国留学人员科技创业园区	电子信息
酷町（上海）网络科技有限公司	上海莘闵回国留学人员科技创业园区	电子信息
伦硕信息科技（上海）有限公司	上海莘闵回国留学人员科技创业园区	电子信息
容亚电子科技（上海）有限公司	上海莘闵回国留学人员科技创业园区	电子信息
锐选自动化科技（上海）有限公司	上海莘闵回国留学人员科技创业园区	电子信息
上海爱诺信泰生物医学信息服务有限公司	上海莘闵回国留学人员科技创业园区	电子信息
上海爱壹得信息科技有限公司	上海莘闵回国留学人员科技创业园区	电子信息
上海摩凯防伪技术有限公司	上海莘闵回国留学人员科技创业园区	电子信息
上海德慕电子科技有限公司	上海莘闵回国留学人员科技创业园区	电子信息
上海电虹软件有限公司	上海莘闵回国留学人员科技创业园区	电子信息

上海鼎万电子科技有限公司	上海莘闵回国留学人员科技创业园区	电子信息
上海海脉实业有限公司	上海莘闵回国留学人员科技创业园区	电子信息
上海怀之信息技术有限公司	上海莘闵回国留学人员科技创业园区	电子信息
上海极熵数据科技有限公司	上海莘闵回国留学人员科技创业园区	电子信息
上海肯度信息科技有限公司	上海莘闵回国留学人员科技创业园区	电子信息
上海联迈信息技术有限公司	上海莘闵回国留学人员科技创业园区	电子信息
上海麦杯电子商务有限公司	上海莘闵回国留学人员科技创业园区	电子信息
上海麦风信息科技有限公司	上海莘闵回国留学人员科技创业园区	电子信息
上海奇蒙信息科技有限公司	上海莘闵回国留学人员科技创业园区	电子信息
上海千镭星电子科技有限公司	上海莘闵回国留学人员科技创业园区	电子信息
上海乔太网络技术有限公司	上海莘闵回国留学人员科技创业园区	电子信息
上海铨焱信息科技有限公司	上海莘闵回国留学人员科技创业园区	电子信息
上海沙丘微电子有限公司	上海莘闵回国留学人员科技创业园区	电子信息
上海商宏网络科技有限公司	上海莘闵回国留学人员科技创业园区	电子信息
上海实证信息技术有限公司	上海莘闵回国留学人员科技创业园区	电子信息
上海水蓝信息科技有限公司	上海莘闵回国留学人员科技创业园区	电子信息
上海特悦网络科技有限公司	上海莘闵回国留学人员科技创业园区	电子信息
上海文光精密仪器有限公司	上海莘闵回国留学人员科技创业园区	电子信息
上海业成软件技术有限公司	上海莘闵回国留学人员科技创业园区	电子信息
上海易溯信息科技有限公司	上海莘闵回国留学人员科技创业园区	电子信息
上海熠傲信息科技有限公司	上海莘闵回国留学人员科技创业园区	电子信息
上海优溢网络技术有限公司	上海莘闵回国留学人员科技创业园区	电子信息
上海云骅电子科技有限公司	上海莘闵回国留学人员科技创业园区	电子信息
上海兆昱光电科技有限公司	上海莘闵回国留学人员科技创业园区	电子信息
上海紫莓仪器有限公司	上海莘闵回国留学人员科技创业园区	电子信息
时趣信息科技（上海）有限公司	上海莘闵回国留学人员科技创业园区	电子信息
数伦计算机技术（上海）有限公司	上海莘闵回国留学人员科技创业园区	电子信息
唐友信息技术（上海）有限公司	上海莘闵回国留学人员科技创业园区	电子信息
协晶电子科技（上海）有限公司	上海莘闵回国留学人员科技创业园区	电子信息
炫米信息技术（上海）有限公司	上海莘闵回国留学人员科技创业园区	电子信息
屹昂计算化学软件（上海）有限公司	上海莘闵回国留学人员科技创业园区	电子信息
智标仪器（上海）有限公司	上海莘闵回国留学人员科技创业园区	电子信息
爱博新药研发（上海）有限公司	上海莘闵回国留学人员科技创业园区	生物医药
创导生物科技（上海）有限公司	上海莘闵回国留学人员科技创业园区	生物医药
春葵生物科技（上海）有限公司	上海莘闵回国留学人员科技创业园区	生物医药
芮届生物技术（上海）有限公司	上海莘闵回国留学人员科技创业园区	生物医药
上海安久生物科技有限公司	上海莘闵回国留学人员科技创业园区	生物医药
上海白塔医药科技有限公司	上海莘闵回国留学人员科技创业园区	生物医药
上海百润医药科技有限公司	上海莘闵回国留学人员科技创业园区	生物医药
上海枫岭生物技术有限公司	上海莘闵回国留学人员科技创业园区	生物医药
上海吉耀生物科技有限公司	上海莘闵回国留学人员科技创业园区	生物医药
上海居知园生物技术有限公司	上海莘闵回国留学人员科技创业园区	生物医药
上海坤巨科技发展有限公司	上海莘闵回国留学人员科技创业园区	生物医药
上海蓝怡科技有限公司	上海莘闵回国留学人员科技创业园区	生物医药
上海蓝怡医药有限公司	上海莘闵回国留学人员科技创业园区	生物医药
上海麦奇生物科技有限公司	上海莘闵回国留学人员科技创业园区	生物医药
上海纳药医疗器械有限公司	上海莘闵回国留学人员科技创业园区	生物医药
上海神架医疗科技有限公司	上海莘闵回国留学人员科技创业园区	生物医药
上海生泉生物科技有限公司	上海莘闵回国留学人员科技创业园区	生物医药
上海松力生物技术有限公司	上海莘闵回国留学人员科技创业园区	生物医药
上海松力医疗器械有限公司	上海莘闵回国留学人员科技创业园区	生物医药
上海松之力生物材料有限公司	上海莘闵回国留学人员科技创业园区	生物医药
上海逍鹏生物科技有限公司	上海莘闵回国留学人员科技创业园区	生物医药
上海赞南药业有限公司	上海莘闵回国留学人员科技创业园区	生物医药
颐维医疗器械（上海）有限公司	上海莘闵回国留学人员科技创业园区	生物医药
上海埃尔法工业制刷有限公司	上海莘闵回国留学人员科技创业园区	先进制造
上海博显实业有限公司	上海莘闵回国留学人员科技创业园区	先进制造
上海穿山鱼电子科技有限公司	上海莘闵回国留学人员科技创业园区	先进制造
上海福狮机械技术有限公司	上海莘闵回国留学人员科技创业园区	先进制造
上海极特实业有限公司	上海莘闵回国留学人员科技创业园区	先进制造

上海济微机械科技有限公司	上海莘闵回国留学人员科技创业园区	先进制造
上海三义交通科技有限公司	上海莘闵回国留学人员科技创业园区	先进制造
上海腾坦自动化科技有限公司	上海莘闵回国留学人员科技创业园区	先进制造
上海腾为机电工程有限公司	上海莘闵回国留学人员科技创业园区	先进制造
上海伟司机械设备有限公司	上海莘闵回国留学人员科技创业园区	先进制造
上海余创机电科技有限公司	上海莘闵回国留学人员科技创业园区	先进制造
上海詹盛机械制造有限公司	上海莘闵回国留学人员科技创业园区	先进制造
上海知兄电子科技有限公司	上海莘闵回国留学人员科技创业园区	先进制造
上海直川电子科技有限公司	上海莘闵回国留学人员科技创业园区	先进制造
由瑞胜机械工程（上海）有限公司	上海莘闵回国留学人员科技创业园区	先进制造
辉旭微粉技术（上海）有限公司	上海莘闵回国留学人员科技创业园区	新材料
三信化学（上海）有限公司	上海莘闵回国留学人员科技创业园区	新材料
上海传业材料技术有限公司	上海莘闵回国留学人员科技创业园区	新材料
上海鼎道科技发展有限公司	上海莘闵回国留学人员科技创业园区	新材料
上海虹宙新材料科技有限公司	上海莘闵回国留学人员科技创业园区	新材料
上海永置新材料技术有限公司	上海莘闵回国留学人员科技创业园区	新材料
赞南科技（上海）有限公司	上海莘闵回国留学人员科技创业园区	新材料
管丽环境技术（上海）有限公司	上海莘闵回国留学人员科技创业园区	新能源环保
蓝源能源科技（上海）有限公司	上海莘闵回国留学人员科技创业园区	新能源环保
森崎环保科技（上海）有限公司	上海莘闵回国留学人员科技创业园区	新能源环保
上海艾派科环境技术有限公司	上海莘闵回国留学人员科技创业园区	新能源环保
上海希萌新能源科技有限公司	上海莘闵回国留学人员科技创业园区	新能源环保
上海愿恒科技发展有限公司	上海莘闵回国留学人员科技创业园区	新能源环保
茵卡动力系统（上海）有限公司	上海莘闵回国留学人员科技创业园区	新能源环保
爱碧商务咨询（上海）有限公司	上海莘闵回国留学人员科技创业园区	现代服务
柏木建筑设计咨询（上海）有限公司	上海莘闵回国留学人员科技创业园区	现代服务
班库（上海）商务咨询有限公司	上海莘闵回国留学人员科技创业园区	现代服务
本杰明钢结构建筑系统（上海）有限公司	上海莘闵回国留学人员科技创业园区	现代服务
冈华投资咨询（上海）有限公司	上海莘闵回国留学人员科技创业园区	现代服务
皋娴（上海）文化交流工作室	上海莘闵回国留学人员科技创业园区	现代服务
虹亘（上海）建筑设计咨询有限公司	上海莘闵回国留学人员科技创业园区	现代服务
华羿企业管理咨询（上海）有限公司	上海莘闵回国留学人员科技创业园区	现代服务
开智建筑技术咨询（上海）有限公司	上海莘闵回国留学人员科技创业园区	现代服务
康加企业管理咨询（上海）有限公司	上海莘闵回国留学人员科技创业园区	现代服务
律和企业管理咨询（上海）有限公司	上海莘闵回国留学人员科技创业园区	现代服务
美适（上海）工程技术有限公司	上海莘闵回国留学人员科技创业园区	现代服务
镁达管理咨询（上海）有限公司	上海莘闵回国留学人员科技创业园区	现代服务
妙圆园林设计咨询（上海）有限公司	上海莘闵回国留学人员科技创业园区	现代服务
庞德咨询（上海）有限公司	上海莘闵回国留学人员科技创业园区	现代服务
秋信投资咨询（上海）有限公司	上海莘闵回国留学人员科技创业园区	现代服务
群贤企业管理咨询（上海）有限公司	上海莘闵回国留学人员科技创业园区	现代服务
莎克逊（上海）教育咨询有限公司	上海莘闵回国留学人员科技创业园区	现代服务
上海爱阳格企业管理咨询有限公司	上海莘闵回国留学人员科技创业园区	现代服务
上海安奥投资咨询有限公司	上海莘闵回国留学人员科技创业园区	现代服务
上海翱翥国际贸易有限公司	上海莘闵回国留学人员科技创业园区	现代服务
上海白氏贸易有限公司	上海莘闵回国留学人员科技创业园区	现代服务
上海比合磊建筑设计咨询有限公司	上海莘闵回国留学人员科技创业园区	现代服务
上海碧华环保科技有限公司	上海莘闵回国留学人员科技创业园区	现代服务
上海碧亚投资管理有限公司	上海莘闵回国留学人员科技创业园区	现代服务
上海缤喜实业有限公司	上海莘闵回国留学人员科技创业园区	现代服务
上海博昂咨询有限公司	上海莘闵回国留学人员科技创业园区	现代服务
上海博林建筑工程咨询有限公司	上海莘闵回国留学人员科技创业园区	现代服务
上海巢仙文化传播有限公司	上海莘闵回国留学人员科技创业园区	现代服务
上海戴胜建筑技术有限公司	上海莘闵回国留学人员科技创业园区	现代服务
上海德谌企业管理咨询有限公司	上海莘闵回国留学人员科技创业园区	现代服务
上海德众企业管理咨询有限公司	上海莘闵回国留学人员科技创业园区	现代服务
上海迪茂投资管理咨询有限公司	上海莘闵回国留学人员科技创业园区	现代服务
上海东阀管理咨询有限公司	上海莘闵回国留学人员科技创业园区	现代服务
上海都能建筑设计有限公司	上海莘闵回国留学人员科技创业园区	现代服务
上海枫帆投资管理咨询有限公司	上海莘闵回国留学人员科技创业园区	现代服务

上海高才商务咨询有限公司	上海莘闵回国留学人员科技创业园区	现代服务
上海邗韵电子科技有限公司	上海莘闵回国留学人员科技创业园区	现代服务
上海禾溪华投资管理有限公司	上海莘闵回国留学人员科技创业园区	现代服务
上海宏源国际运输有限公司	上海莘闵回国留学人员科技创业园区	现代服务
上海华耕化工科技有限公司	上海莘闵回国留学人员科技创业园区	现代服务
上海华昊科技咨询有限公司	上海莘闵回国留学人员科技创业园区	现代服务
上海皆信商务咨询有限公司	上海莘闵回国留学人员科技创业园区	现代服务
上海康雄科技咨询有限公司	上海莘闵回国留学人员科技创业园区	现代服务
上海坤巨教育信息咨询有限公司	上海莘闵回国留学人员科技创业园区	现代服务
上海坤巨投资管理有限公司	上海莘闵回国留学人员科技创业园区	现代服务
上海雷奥咨询有限公司	上海莘闵回国留学人员科技创业园区	现代服务
上海礼德文化传播有限公司	上海莘闵回国留学人员科技创业园区	现代服务
上海龙辕工程技术咨询有限公司	上海莘闵回国留学人员科技创业园区	现代服务
上海卢顿管理咨询有限公司	上海莘闵回国留学人员科技创业园区	现代服务
上海弥理商务咨询有限公司	上海莘闵回国留学人员科技创业园区	现代服务
上海摩魔人商贸有限公司	上海莘闵回国留学人员科技创业园区	现代服务
上海欧升贸易有限公司	上海莘闵回国留学人员科技创业园区	现代服务
上海启德投资管理有限公司	上海莘闵回国留学人员科技创业园区	现代服务
上海荣峰医疗用品有限公司	上海莘闵回国留学人员科技创业园区	现代服务
上海锐酷文化传播有限公司	上海莘闵回国留学人员科技创业园区	现代服务
上海若恩国际贸易有限公司	上海莘闵回国留学人员科技创业园区	现代服务
上海赛优贸易有限公司	上海莘闵回国留学人员科技创业园区	现代服务
上海申承商务咨询有限公司	上海莘闵回国留学人员科技创业园区	现代服务
上海升涛建筑景观设计有限公司	上海莘闵回国留学人员科技创业园区	现代服务
上海事典国际贸易有限公司	上海莘闵回国留学人员科技创业园区	现代服务
上海斯壮投资咨询有限公司	上海莘闵回国留学人员科技创业园区	现代服务
上海泰投实业有限公司	上海莘闵回国留学人员科技创业园区	现代服务
上海田源文化传播有限公司	上海莘闵回国留学人员科技创业园区	现代服务
上海拓英实业有限公司	上海莘闵回国留学人员科技创业园区	现代服务
上海五谷殿资产管理有限公司	上海莘闵回国留学人员科技创业园区	现代服务
上海玺可商务咨询有限公司	上海莘闵回国留学人员科技创业园区	现代服务
上海信男教育投资咨询有限公司	上海莘闵回国留学人员科技创业园区	现代服务
上海业益生态环境咨询有限公司	上海莘闵回国留学人员科技创业园区	现代服务
上海伊玫商务咨询有限公司	上海莘闵回国留学人员科技创业园区	现代服务
上海伊世特科技管理有限公司	上海莘闵回国留学人员科技创业园区	现代服务
上海宜生管理咨询有限公司	上海莘闵回国留学人员科技创业园区	现代服务
上海益樱商务咨询有限公司	上海莘闵回国留学人员科技创业园区	现代服务
上海逸澜商务咨询有限公司	上海莘闵回国留学人员科技创业园区	现代服务
上海意田工业设计有限公司	上海莘闵回国留学人员科技创业园区	现代服务
上海银炼科技咨询有限公司	上海莘闵回国留学人员科技创业园区	现代服务
上海永制空调技术有限公司	上海莘闵回国留学人员科技创业园区	现代服务
上海语莘健康信息咨询有限公司	上海莘闵回国留学人员科技创业园区	现代服务
上海元程实业有限公司	上海莘闵回国留学人员科技创业园区	现代服务
上海云潇网络科技有限公司	上海莘闵回国留学人员科技创业园区	现代服务
上海彰誉投资管理有限公司	上海莘闵回国留学人员科技创业园区	现代服务
上海真平商务咨询有限公司	上海莘闵回国留学人员科技创业园区	现代服务
上海致尚文化传播有限公司	上海莘闵回国留学人员科技创业园区	现代服务
上海致友实业有限公司	上海莘闵回国留学人员科技创业园区	现代服务
上海智林货物运输代理咨询有限公司	上海莘闵回国留学人员科技创业园区	现代服务
上海中珏石油化工工程有限公司	上海莘闵回国留学人员科技创业园区	现代服务
上海众茂国际贸易有限公司	上海莘闵回国留学人员科技创业园区	现代服务
上海卓銮科技有限公司	上海莘闵回国留学人员科技创业园区	现代服务
斯旦建筑设计咨询（上海）有限公司	上海莘闵回国留学人员科技创业园区	现代服务
特豪商务管理咨询（上海）有限公司	上海莘闵回国留学人员科技创业园区	现代服务
五贝景观设计咨询（上海）有限公司	上海莘闵回国留学人员科技创业园区	现代服务
言通贸易（上海）有限公司	上海莘闵回国留学人员科技创业园区	现代服务
映睿驰企业管理咨询（上海）有限公司	上海莘闵回国留学人员科技创业园区	现代服务
韵慕商务咨询（上海）有限公司	上海莘闵回国留学人员科技创业园区	现代服务
詹迪建筑设计咨询（上海）有限公司	上海莘闵回国留学人员科技创业园区	现代服务
尖微软件（上海）有限公司	上海徐汇留学人员创业园	电子信息

帕圣科技发展（上海）有限公司	上海徐汇留学人员创业园	电子信息
派瑞斯特软件技术（上海）有限公司	上海徐汇留学人员创业园	电子信息
乾寰（上海）信息技术有限公司	上海徐汇留学人员创业园	电子信息
上海安奇逊仪器有限公司	上海徐汇留学人员创业园	电子信息
上海鼎新计算机通讯技术开发有限公司	上海徐汇留学人员创业园	电子信息
上海东久电脑技术有限公司	上海徐汇留学人员创业园	电子信息
上海东仪咨询有限公司	上海徐汇留学人员创业园	电子信息
上海东游信息科技有限公司	上海徐汇留学人员创业园	电子信息
上海工达电子有限公司	上海徐汇留学人员创业园	电子信息
上海及仕投资咨询有限公司	上海徐汇留学人员创业园	电子信息
上海集智商务咨询有限公司	上海徐汇留学人员创业园	电子信息
上海乐迪电脑印花有限公司	上海徐汇留学人员创业园	电子信息
上海懋文信息技术有限公司	上海徐汇留学人员创业园	电子信息
上海青川系统工程有限公司	上海徐汇留学人员创业园	电子信息
上海史蒂文电器有限公司	上海徐汇留学人员创业园	电子信息
上海泰戈商务咨询有限公司	上海徐汇留学人员创业园	电子信息
上海通利电脑技术有限公司	上海徐汇留学人员创业园	电子信息
上海拓能软件有限公司	上海徐汇留学人员创业园	电子信息
上海西尔信息咨询有限公司	上海徐汇留学人员创业园	电子信息
上海研联信息技术有限公司	上海徐汇留学人员创业园	电子信息
上海英博市场咨询有限公司	上海徐汇留学人员创业园	电子信息
上海英弗普尔电子技术有限公司	上海徐汇留学人员创业园	电子信息
申昭和科技咨询（上海）有限公司	上海徐汇留学人员创业园	电子信息
万灵结信息技术（上海）有限公司	上海徐汇留学人员创业园	电子信息
西诺咨询（上海）有限公司	上海徐汇留学人员创业园	电子信息
载达信息咨询（上海）有限公司	上海徐汇留学人员创业园	电子信息
捷瑞生物工程（上海）有限公司	上海徐汇留学人员创业园	生物医药
挪亚生物科技（上海）有限公司	上海徐汇留学人员创业园	生物医药
上海安生科技咨询有限公司	上海徐汇留学人员创业园	生物医药
上海斯威医药化学技术公司	上海徐汇留学人员创业园	生物医药
上海特麦科生物工程有限公司	上海徐汇留学人员创业园	生物医药
上海天普能生物化学技术有限公司	上海徐汇留学人员创业园	生物医药
德美（上海）影像器材有限公司	上海徐汇留学人员创业园	先进制造
上海爱迪尔国际装潢材料有限公司	上海徐汇留学人员创业园	先进制造
上海东海印刷器械有限公司	上海徐汇留学人员创业园	先进制造
上海蓉马家具有限公司	上海徐汇留学人员创业园	先进制造
国龙科技饲料（上海）有限公司	上海徐汇留学人员创业园	新能源环保
欧朵食品（上海）有限公司	上海徐汇留学人员创业园	新能源环保
仁芳涂料环境技术（上海）有限公司	上海徐汇留学人员创业园	新能源环保
瑞东环保技术咨询（上海）有限公司	上海徐汇留学人员创业园	新能源环保
森岛（上海）电气有限公司	上海徐汇留学人员创业园	新能源环保
大鼎新能源环保科技（上海）有限公司	上海徐汇留学人员创业园	新能源环保
安兰投资咨询（上海）有限公司	上海徐汇留学人员创业园	现代服务
华瓷咨询（上海）有限公司	上海徐汇留学人员创业园	现代服务
霍洛威（上海）商务咨询有限公司	上海徐汇留学人员创业园	现代服务
嘉旭咨询（上海）有限公司	上海徐汇留学人员创业园	现代服务
皆美咨询（上海）有限公司	上海徐汇留学人员创业园	现代服务
捷门咨询（上海）有限公司	上海徐汇留学人员创业园	现代服务
莱勒（上海）商务咨询有限公司	上海徐汇留学人员创业园	现代服务
马泰尔商务咨询（上海）有限公司	上海徐汇留学人员创业园	现代服务
美西富蒙投资顾问（上海）有限公司	上海徐汇留学人员创业园	现代服务
佩纳咨询（上海）有限公司	上海徐汇留学人员创业园	现代服务
上海爱克莎尔建筑咨询有限公司	上海徐汇留学人员创业园	现代服务
上海必得咨询有限公司	上海徐汇留学人员创业园	现代服务
上海创致商务咨询有限公司	上海徐汇留学人员创业园	现代服务
上海恩普技术咨询有限公司	上海徐汇留学人员创业园	现代服务
上海费莱投资咨询有限公司	上海徐汇留学人员创业园	现代服务
上海华雷建筑设计咨询有限公司	上海徐汇留学人员创业园	现代服务
上海华欣国际咨询有限公司	上海徐汇留学人员创业园	现代服务
上海金联国际咨询服务有限公司	上海徐汇留学人员创业园	现代服务

上海君维士投资咨询有限公司	上海徐汇留学人员创业园	现代服务
上海联德国际咨询有限公司	上海徐汇留学人员创业园	现代服务
上海藤友国际咨询有限公司	上海徐汇留学人员创业园	现代服务
上海通利商务咨询有限公司	上海徐汇留学人员创业园	现代服务
上海薇尔彬咨询有限公司	上海徐汇留学人员创业园	现代服务
上海伊达国际咨询有限公司	上海徐汇留学人员创业园	现代服务
上海悦珂科技咨询有限公司	上海徐汇留学人员创业园	现代服务
泰克诺（上海）建筑咨询有限公司	上海徐汇留学人员创业园	现代服务
项秉仁建筑设计咨询（上海）有限公司	上海徐汇留学人员创业园	现代服务
志洲投资咨询（上海）有限公司	上海徐汇留学人员创业园	现代服务
泛迪电子科技（上海）有限公司	上海杨浦知识创新区留学人员创业园	电子信息
日丽信息科技（上海）有限公司	上海杨浦知识创新区留学人员创业园	电子信息
上海桑扬太阳能工程技术有限公司	上海杨浦知识创新区留学人员创业园	电子信息
上海天成信息科技有限公司	上海杨浦知识创新区留学人员创业园	电子信息
上海笑达信息技术有限公司	上海杨浦知识创新区留学人员创业园	电子信息
上海宣汶苑电子科技有限公司	上海杨浦知识创新区留学人员创业园	电子信息
上海双云生物技术有限公司	上海杨浦知识创新区留学人员创业园	生物医药
上海西港生物科技有限公司	上海杨浦知识创新区留学人员创业园	生物医药
上海喜玛山医学科技有限公司	上海杨浦知识创新区留学人员创业园	生物医药
恒匀精密模塑（上海）有限公司	上海杨浦知识创新区留学人员创业园	新材料
上海辰瀚室内空气环境检测有限公司	上海杨浦知识创新区留学人员创业园	新能源环保
上海爱亚文化传播有限公司	上海杨浦知识创新区留学人员创业园	文化创意
锟澳科技信息咨询（上海）有限公司	上海杨浦知识创新区留学人员创业园	现代服务
上海晨设室内设计事务所	上海杨浦知识创新区留学人员创业园	现代服务
上海承锋商务咨询有限公司	上海杨浦知识创新区留学人员创业园	现代服务
上海宁君商务咨询有限公司	上海杨浦知识创新区留学人员创业园	现代服务
上海诺理杰经济管理研究所	上海杨浦知识创新区留学人员创业园	现代服务
上海欧韵彩色玻璃有限公司	上海杨浦知识创新区留学人员创业园	现代服务
上海睿语商务咨询有限公司	上海杨浦知识创新区留学人员创业园	现代服务
上海思蒲灵贸易有限公司	上海杨浦知识创新区留学人员创业园	现代服务
上海映榕贸易有限公司	上海杨浦知识创新区留学人员创业园	现代服务
上海尤恒汽车服务有限公司	上海杨浦知识创新区留学人员创业园	现代服务
华亚微电子（上海）有限公司南京分公司	南京留学人员创业园	电子信息
南京奥特高科技有限公司	南京留学人员创业园	电子信息
南京奥特高科科技有限公司	南京留学人员创业园	电子信息
南京百敖软件有限公司	南京留学人员创业园	电子信息
南京百芙利科技有限责任公司	南京留学人员创业园	电子信息
南京标辰科技有限公司	南京留学人员创业园	电子信息
南京电研信息系统有限公司	南京留学人员创业园	电子信息
南京高新技术市场	南京留学人员创业园	电子信息
南京光讯达科技有限公司	南京留学人员创业园	电子信息
南京恒生科技有限公司	南京留学人员创业园	电子信息
南京鸿源泰电子有限公司	南京留学人员创业园	电子信息
南京南自电力控制系统有限公司	南京留学人员创业园	电子信息
南京能杰数字科技有限公司	南京留学人员创业园	电子信息
南京青石科技发展有限公司	南京留学人员创业园	电子信息
南京萨德科技有限公司	南京留学人员创业园	电子信息
南京双诚科技实业有限公司	南京留学人员创业园	电子信息
南京索瑞软件工程有限公司	南京留学人员创业园	电子信息
南京西尔特电子有限公司	南京留学人员创业园	电子信息
南京希思特盟信息技术有限公司	南京留学人员创业园	电子信息
南京新之捷科技有限公司	南京留学人员创业园	电子信息
南京远立科技有限公司	南京留学人员创业园	电子信息
南京紫台星河电子有限公司	南京留学人员创业园	电子信息
英特神斯软件（南京）有限公司	南京留学人员创业园	电子信息
爱斯医药科技（南京）有限公司	南京留学人员创业园	生物医药
南京爱德程医药科技有限公司	南京留学人员创业园	生物医药
南京博奥泰医药有限公司	南京留学人员创业园	生物医药
南京川博生物技术有限公司	南京留学人员创业园	生物医药
南京大学模式动物研究所	南京留学人员创业园	生物医药

南京鼎业百泰生物科技有限公司	南京留学人员创业园	生物医药
南京富纳生物技术有限公司	南京留学人员创业园	生物医药
南京高新生物医药研究所	南京留学人员创业园	生物医药
南京高新医学研究中心	南京留学人员创业园	生物医药
南京弘昌生物科技有限公司	南京留学人员创业园	生物医药
南京靖龙医药科技有限公司	南京留学人员创业园	生物医药
南京凯瑞尔纳米生物技术有限公司	南京留学人员创业园	生物医药
南京龙马动物药业有限公司	南京留学人员创业园	生物医药
南京南大药业生化公司	南京留学人员创业园	生物医药
南京宁创医疗设备有限公司	南京留学人员创业园	生物医药
南京森博医药研发有限公司	南京留学人员创业园	生物医药
南京生物工程与医药科技发展有限公司	南京留学人员创业园	生物医药
南京生兴生物技术有限公司	南京留学人员创业园	生物医药
南京圣诺生物科技实业有限公司	南京留学人员创业园	生物医药
南京苏邦生物技术有限公司	南京留学人员创业园	生物医药
南京微通生物医药工程有限公司	南京留学人员创业园	生物医药
南京伟沃生物科技有限公司	南京留学人员创业园	生物医药
南京药科大生物制造有限公司	南京留学人员创业园	生物医药
南京永平医院有限公司	南京留学人员创业园	生物医药
南京逐陆医药科技有限公司	南京留学人员创业园	生物医药
林奈克斯南京机电有限公司	南京留学人员创业园	先进制造
南京爱宝文仪有限公司	南京留学人员创业园	先进制造
南京爱睦能源自动化有限公司	南京留学人员创业园	先进制造
南京碧盾环保装备有限公司	南京留学人员创业园	先进制造
南京高新经纬电气有限公司	南京留学人员创业园	先进制造
南京冠亚电源设备有限公司	南京留学人员创业园	先进制造
南京国芯半导体有限公司	南京留学人员创业园	先进制造
南京恒源自动化有限公司	南京留学人员创业园	先进制造
南京佳盛机电器材材料公司	南京留学人员创业园	先进制造
南京嘉瑞动力控制有限公司	南京留学人员创业园	先进制造
南京江琛自动化系统有限公司	南京留学人员创业园	先进制造
南京金丫日用化工发展有限责任公司	南京留学人员创业园	先进制造
南京开广化工有限公司	南京留学人员创业园	先进制造
南京南自四创电器有限公司	南京留学人员创业园	先进制造
南京浦口华阳电器厂	南京留学人员创业园	先进制造
南京普天通信股份有限公司	南京留学人员创业园	先进制造
南京奇诺自控设备有限公司	南京留学人员创业园	先进制造
南京全旺薄膜开关有限公司	南京留学人员创业园	先进制造
南京三环忠义汽车零部件制造有限公司	南京留学人员创业园	先进制造
南京申瑞电力电子有限公司	南京留学人员创业园	先进制造
南京水利电力仪器工程有限责任公司	南京留学人员创业园	先进制造
南京威克斯勒电仪设备有限公司	南京留学人员创业园	先进制造
南京新飞分析仪器制造有限公司	南京留学人员创业园	先进制造
南京新联汽车空调有限公司	南京留学人员创业园	先进制造
南京永固机电工程技术有限公司	南京留学人员创业园	先进制造
南京智慧自动化应用技术有限公司	南京留学人员创业园	先进制造
艾志（南京）机械技术有限公司	南京留学人员创业园	新材料
江苏建筑科学院有限公司	南京留学人员创业园	新材料
南京吉泰复合材料有限公司	南京留学人员创业园	新材料
南京秦邦氟树脂有公司	南京留学人员创业园	新材料
南京神舟高分子材料有限责任公司	南京留学人员创业园	新材料
南京索沃新材料科技有限公司	南京留学人员创业园	新材料
南京钛威科技有限公司	南京留学人员创业园	新材料
南京格瑞能源科技有限公司	南京留学人员创业园	新能源环保
南京国能环保工程有限公司	南京留学人员创业园	新能源环保
南京金亮达照明有限公司	南京留学人员创业园	新能源环保
南京龙源环保有限公司	南京留学人员创业园	新能源环保
南京露华能源有限公司	南京留学人员创业园	新能源环保
南京新亚能源自动化有限公司	南京留学人员创业园	新能源环保
南京中电联环保工程有限公司	南京留学人员创业园	新能源环保

中电电气（南京）光伏有限公司	南京留学人员创业园	新能源环保
江苏伟信工程咨询有限公司	南京留学人员创业园	现代服务
南京高科创业发展实业有限公司	南京留学人员创业园	现代服务
南京和敏管理咨询有限公司	南京留学人员创业园	现代服务
南京杰帝工贸有限公司	南京留学人员创业园	现代服务
南京凯创信息系统有限公司	南京留学人员创业园	现代服务
南京凯汇工业科技有限公司	南京留学人员创业园	现代服务
南京柯瑞沃信息产业有限公司	南京留学人员创业园	现代服务
南京南自水力电力岩土工程仪器质量检测有限公司	南京留学人员创业园	现代服务
南京长航风凰货运有限公司	南京留学人员创业园	现代服务
无锡艾吉因生物信息有限公司	无锡留学人员创业园	电子信息
无锡爱迪信光电科技有限公司	无锡留学人员创业园	电子信息
无锡安行科技有限公司	无锡留学人员创业园	电子信息
无锡安则通科技有限公司	无锡留学人员创业园	电子信息
无锡柏森松传感技术有限公司	无锡留学人员创业园	电子信息
无锡倍多科技有限公司	无锡留学人员创业园	电子信息
无锡铂特科技有限公司	无锡留学人员创业园	电子信息
无锡博翰信息技术有限公司	无锡留学人员创业园	电子信息
无锡道飞科技有限公司	无锡留学人员创业园	电子信息
无锡德飞科技有限公司	无锡留学人员创业园	电子信息
无锡德思普科技有限公司	无锡留学人员创业园	电子信息
无锡菲迪光电技术有限公司	无锡留学人员创业园	电子信息
无锡弗玏电子科技有限公司	无锡留学人员创业园	电子信息
无锡盖泰科通信技术有限公司	无锡留学人员创业园	电子信息
无锡高迪多媒体科技有限公司	无锡留学人员创业园	电子信息
无锡戈林信息技术有限公司	无锡留学人员创业园	电子信息
无锡格林思凯科技有限公司	无锡留学人员创业园	电子信息
无锡光芯科技有限公司	无锡留学人员创业园	电子信息
无锡国发汽车电机有限公司	无锡留学人员创业园	电子信息
无锡汉水信息技术服务有限公司	无锡留学人员创业园	电子信息
无锡瀚智精算咨询有限公司	无锡留学人员创业园	电子信息
无锡合众信息科技有限公司	无锡留学人员创业园	电子信息
无锡赫泰普微电子有限公司	无锡留学人员创业园	电子信息
无锡华聪微纳电子材料有限公司	无锡留学人员创业园	电子信息
无锡华航电子科技有限责任公司	无锡留学人员创业园	电子信息
无锡华蠡应用信息技术有限公司	无锡留学人员创业园	电子信息
无锡嘉翔生物科技有限公司	无锡留学人员创业园	电子信息
无锡捷纽因信息科技有限公司	无锡留学人员创业园	电子信息
无锡捷普达动力工程有限公司	无锡留学人员创业园	电子信息
无锡晶尧科技有限公司	无锡留学人员创业园	电子信息
无锡精工泰创科技有限公司	无锡留学人员创业园	电子信息
无锡凯姆特科技有限公司	无锡留学人员创业园	电子信息
无锡科睿坦电子科技有限公司	无锡留学人员创业园	电子信息
无锡科思电子科技有限公司	无锡留学人员创业园	电子信息
无锡乐智科技有限公司	无锡留学人员创业园	电子信息
无锡励才杰思科技有限公司	无锡留学人员创业园	电子信息
无锡能数电力技术有限公司	无锡留学人员创业园	电子信息
无锡宁震科技有限公司	无锡留学人员创业园	电子信息
无锡乾煜信息技术有限公司	无锡留学人员创业园	电子信息
无锡嵌牛乐居科技有限公司	无锡留学人员创业园	电子信息
无锡清玛科技有限公司	无锡留学人员创业园	电子信息
无锡日联光电有限公司	无锡留学人员创业园	电子信息
无锡睿当科技有限公司	无锡留学人员创业园	电子信息
无锡睿联信息科技有限公司	无锡留学人员创业园	电子信息
无锡睿网科技有限公司	无锡留学人员创业园	电子信息
无锡圣火令科技有限公司	无锡留学人员创业园	电子信息
无锡圣莱科技有限公司	无锡留学人员创业园	电子信息
无锡圣敏传感科技有限公司	无锡留学人员创业园	电子信息
无锡识凌科技有限公司	无锡留学人员创业园	电子信息
无锡市康源环保科技有限公司	无锡留学人员创业园	电子信息

无锡市纳微电子有限公司	无锡留学人员创业园	电子信息
无锡市帕沃海泰投资有限公司	无锡留学人员创业园	电子信息
无锡市索福科技有限公司	无锡留学人员创业园	电子信息
无锡市网蓝工业仿真技术有限公司	无锡留学人员创业园	电子信息
无锡市唯尔奇科技有限公司	无锡留学人员创业园	电子信息
无锡市优特科科技有限公司	无锡留学人员创业园	电子信息
无锡数云科技有限公司	无锡留学人员创业园	电子信息
无锡帅芯微电子有限公司	无锡留学人员创业园	电子信息
无锡思科锐自动化设备有限公司	无锡留学人员创业园	电子信息
无锡思宁通信科技有限公司	无锡留学人员创业园	电子信息
无锡泰普精密仪器技术有限公司	无锡留学人员创业园	电子信息
无锡特威光纤传感技术有限公司	无锡留学人员创业园	电子信息
无锡天图科技有限公司	无锡留学人员创业园	电子信息
无锡通明科技有限公司	无锡留学人员创业园	电子信息
无锡图凌科技有限公司	无锡留学人员创业园	电子信息
无锡微磁传感科技有限公司	无锡留学人员创业园	电子信息
无锡维可视科技有限公司	无锡留学人员创业园	电子信息
无锡悟莘科技有限公司	无锡留学人员创业园	电子信息
无锡新吉凯氏测量技术有限公司	无锡留学人员创业园	电子信息
无锡迅德环保科技有限公司	无锡留学人员创业园	电子信息
无锡亿仕龙传感控制技术有限公司	无锡留学人员创业园	电子信息
无锡易斯科电子技术有限公司	无锡留学人员创业园	电子信息
无锡友友科技有限公司	无锡留学人员创业园	电子信息
无锡宇传科技有限公司	无锡留学人员创业园	电子信息
无锡浙潮科技有限公司	无锡留学人员创业园	电子信息
无锡振达昌科技有限公司	无锡留学人员创业园	电子信息
无锡志宇光伏科技有限公司	无锡留学人员创业园	电子信息
无锡智为科技有限公司	无锡留学人员创业园	电子信息
无锡中皓汽车电子有限公司	无锡留学人员创业园	电子信息
无锡中星微电子有限公司	无锡留学人员创业园	电子信息
江苏锐阳生物科技有限公司	无锡留学人员创业园	生物医药
江苏仙融环境技术有限公司	无锡留学人员创业园	生物医药
迈健干细胞与再生医学研究无锡有限公司	无锡留学人员创业园	生物医药
无锡成达医疗科技有限公司	无锡留学人员创业园	生物医药
无锡多健科技有限公司	无锡留学人员创业园	生物医药
无锡复润医药科技有限公司	无锡留学人员创业园	生物医药
无锡海斯凯尔医学有限公司	无锡留学人员创业园	生物医药
无锡和邦生物科技有限公司	无锡留学人员创业园	生物医药
无锡泓宝微生物日用品有限公司	无锡留学人员创业园	生物医药
无锡华平医疗科技有限公司	无锡留学人员创业园	生物医药
无锡吉迪生物科技有限公司	无锡留学人员创业园	生物医药
无锡坤泰升生物医药有限公司	无锡留学人员创业园	生物医药
无锡郎明生物技术有限公司	无锡留学人员创业园	生物医药
无锡雷莱生物技术有限公司	无锡留学人员创业园	生物医药
无锡立博医药科技有限公司	无锡留学人员创业园	生物医药
无锡灵特生物技术有限责任公司	无锡留学人员创业园	生物医药
无锡绿水之源生物科技有限公司	无锡留学人员创业园	生物医药
无锡美德尔生物技术有限公司	无锡留学人员创业园	生物医药
无锡派克斯医疗器械有限公司	无锡留学人员创业园	生物医药
无锡普林制药有限公司	无锡留学人员创业园	生物医药
无锡仁科医疗电子有限公司	无锡留学人员创业园	生物医药
无锡荣兴科技有限公司	无锡留学人员创业园	生物医药
无锡赛拓基因科技有限公司	无锡留学人员创业园	生物医药
无锡尚沃生物科技有限公司	无锡留学人员创业园	生物医药
无锡顺泰生物技术有限公司	无锡留学人员创业园	生物医药
无锡天演生物技术有限公司	无锡留学人员创业园	生物医药
无锡万顺生物技术有限公司	无锡留学人员创业园	生物医药
无锡翔天牧生物科技有限公司	无锡留学人员创业园	生物医药
无锡新慧达生物科技有限公司	无锡留学人员创业园	生物医药
无锡呀呼唯生物科学技术有限公司	无锡留学人员创业园	生物医药

无锡智超医疗器械有限公司	无锡留学人员创业园	生物医药
无锡中美亿芯生物科技有限公司	无锡留学人员创业园	生物医药
江苏伊施德创新科技有限公司	无锡留学人员创业园	先进制造
无锡市澳富特成型技术科研有限公司	无锡留学人员创业园	先进制造
江苏碧水源环境科科技有限责任公司	无锡留学人员创业园	新材料
江苏鹏立新能源科技有限公司	无锡留学人员创业园	新材料
无锡爱儿森环保科技发展有限公司	无锡留学人员创业园	新材料
无锡福尔顺科技有限公司	无锡留学人员创业园	新材料
无锡格瑞普尔膜科技有限公司	无锡留学人员创业园	新材料
无锡广惠薄膜科技有限公司	无锡留学人员创业园	新材料
无锡惠星新材料科技有限公司	无锡留学人员创业园	新材料
无锡齐天纳微技术有限公司	无锡留学人员创业园	新材料
无锡王聚合一九九四新材料科技有限公司	无锡留学人员创业园	新材料
无锡铱创光电科技有限公司	无锡留学人员创业园	新材料
无锡博士能环保电池有限公司	无锡留学人员创业园	新能源环保
无锡昌海新能源科技有限公司	无锡留学人员创业园	新能源环保
无锡国绿环保能源有限公司	无锡留学人员创业园	新能源环保
无锡能斯特新能源科技有限公司	无锡留学人员创业园	新能源环保
无锡天清新能源科技有限公司	无锡留学人员创业园	新能源环保
无锡信德照明科技有限公司	无锡留学人员创业园	新能源环保
无锡旭能光热电能源有限公司	无锡留学人员创业园	新能源环保
无锡优构太阳能电力科技有限公司	无锡留学人员创业园	新能源环保
无锡比比网信息有限公司	无锡留学人员创业园	现代服务
无锡艾德思奇科技有限公司	无锡留学人员创业园	现代服务
无锡亿口网络科技有限公司	无锡留学人员创业园	现代服务
无锡优马传媒有限公司	无锡留学人员创业园	现代服务
江苏宝乾电子科技有限公司	无锡南长留学人员创业园	电子信息
科智软件无锡有限公司	无锡南长留学人员创业园	电子信息
全维智码信息技术有限公司	无锡南长留学人员创业园	电子信息
无锡博达乐思科技有限公司	无锡南长留学人员创业园	电子信息
无锡富斯福自动化科技有限公司	无锡南长留学人员创业园	电子信息
无锡高凯电子科技有限公司	无锡南长留学人员创业园	电子信息
无锡冠华时代科技有限公司	无锡南长留学人员创业园	电子信息
无锡哈博曼科技有限公司	无锡南长留学人员创业园	电子信息
无锡企源投资有限公司	无锡南长留学人员创业园	电子信息
无锡上维自动化技术有限公司	无锡南长留学人员创业园	电子信息
无锡世纪辰光网络科技有限公司	无锡南长留学人员创业园	电子信息
无锡市达思网络科技有限公司	无锡南长留学人员创业园	电子信息
无锡市福莱特信息有限公司	无锡南长留学人员创业园	电子信息
无锡市基础信息安全测评认证中心	无锡南长留学人员创业园	电子信息
无锡市浏立方科技有限公司	无锡南长留学人员创业园	电子信息
无锡市箐蕊网络信息技术有限公司	无锡南长留学人员创业园	电子信息
无锡市亿路科技有限公司	无锡南长留学人员创业园	电子信息
无锡思澜科技有限公司	无锡南长留学人员创业园	电子信息
无锡松本科技有限公司	无锡南长留学人员创业园	电子信息
无锡物华电子科技有限公司	无锡南长留学人员创业园	电子信息
无锡先迪德宝电子有限公司	无锡南长留学人员创业园	电子信息
无锡学承软件技术有限公司	无锡南长留学人员创业园	电子信息
无锡亚伦科技有限公司	无锡南长留学人员创业园	电子信息
无锡中盾安全科技有限公司	无锡南长留学人员创业园	电子信息
无锡中讯科技有限公司	无锡南长留学人员创业园	电子信息
无锡富尔金属制品有限公司	无锡南长留学人员创业园	先进制造
无锡佳美自控系统科技有限公司	无锡南长留学人员创业园	先进制造
无锡久恒机电设备工程有限公司	无锡南长留学人员创业园	先进制造
无锡可迪机械有限公司	无锡南长留学人员创业园	先进制造
无锡市汉森金属有限公司	无锡南长留学人员创业园	先进制造
无锡益源建设工程有限公司	无锡南长留学人员创业园	先进制造
无锡德科新能源环保技术有限公司	无锡南长留学人员创业园	新能源环保
无锡科锐环境科技有限公司	无锡南长留学人员创业园	新能源环保
无锡中科水质环境技术有限公司	无锡南长留学人员创业园	新能源环保

江苏佳家颂企业服务有限公司	无锡南长留学人员创业园	现代服务
江苏苏亚金诚工程管理咨询有限公司无锡分公司	无锡南长留学人员创业园	现代服务
江苏苏亚金诚会计师事务所有限公司无锡分所	无锡南长留学人员创业园	现代服务
江苏洲豪风险投资担保有限公司	无锡南长留学人员创业园	现代服务
南长区锦绣四方图文设计室	无锡南长留学人员创业园	现代服务
无锡润德管理培训有限公司	无锡南长留学人员创业园	现代服务
无锡市国际商务人才培训中心	无锡南长留学人员创业园	现代服务
无锡市立创动力精密机械有限公司	无锡南长留学人员创业园	现代服务
无锡市洲豪国际货运代理有限公司	无锡南长留学人员创业园	现代服务
福赛特生物技术江阴有限公司	江阴留学人员创业园	电子信息
火努科技江阴有限公司	江阴留学人员创业园	电子信息
江苏鼎泰软件科技有限公司	江阴留学人员创业园	电子信息
江苏凯路威电子有限公司	江阴留学人员创业园	电子信息
江苏耐威科技有限公司	江阴留学人员创业园	电子信息
江苏省利奥射频识别创新科技有限公司	江阴留学人员创业园	电子信息
江苏鑫皓信息技术有限公司	江阴留学人员创业园	电子信息
江阴鼎峰网络通信有限公司	江阴留学人员创业园	电子信息
江阴汉德天坤科技发展有限公司	江阴留学人员创业园	电子信息
江阴和普微电子有限公司	江阴留学人员创业园	电子信息
江阴华波光电科技有限公司	江阴留学人员创业园	电子信息
江阴聚友探测技术有限公司	江阴留学人员创业园	电子信息
江阴美瑞泰海洋信息技术有限公司	江阴留学人员创业园	电子信息
江阴美英特生物仪器科技有限公司	江阴留学人员创业园	电子信息
江阴能联科技有限公司	江阴留学人员创业园	电子信息
江阴睿讯科技有限责任公司	江阴留学人员创业园	电子信息
江阴市领悟信息技术有限公司	江阴留学人员创业园	电子信息
江阴思图依信息科技有限公司	江阴留学人员创业园	电子信息
江阴天恒计算机信息技术有限公司	江阴留学人员创业园	电子信息
江阴网新博创科技有限公司	江阴留学人员创业园	电子信息
江阴沿动信息技术有限公司	江阴留学人员创业园	电子信息
江阴优胜信息技术有限公司	江阴留学人员创业园	电子信息
江阴中创网络信息有限公司	江阴留学人员创业园	电子信息
上海致昆网络科技有限公司江阴分公司	江阴留学人员创业园	电子信息
无锡奥盛信息科技有限公司	江阴留学人员创业园	电子信息
无锡泛在智能网络科技有限公司	江阴留学人员创业园	电子信息
无锡吉亦思自动化科技有限公司	江阴留学人员创业园	电子信息
无锡纳索信息技术有限公司	江阴留学人员创业园	电子信息
无锡视虚科技有限公司	江阴留学人员创业园	电子信息
无锡踏浪信息技术有限公司	江阴留学人员创业园	电子信息
无锡伟诺升华软件科技有限公司	江阴留学人员创业园	电子信息
无锡真知信息技术有限公司	江阴留学人员创业园	电子信息
江阴安博生物医药有限公司	江阴留学人员创业园	生物医药
江阴百胜生物科技有限公司	江阴留学人员创业园	生物医药
江阴基因泰普生物技术有限公司	江阴留学人员创业园	生物医药
江阴力通应用神经技术有限公司	江阴留学人员创业园	生物医药
江阴迈康升华医药科技有限公司	江阴留学人员创业园	生物医药
江阴市苏达汇诚医疗器械有限公司	江阴留学人员创业园	生物医药
江阴万联医药科技研发有限公司	江阴留学人员创业园	生物医药
江阴新申奥生物科技有限公司	江阴留学人员创业园	生物医药
江阴阳森生物技术有限公司	江阴留学人员创业园	生物医药
江阴中利生物技术有限公司	江阴留学人员创业园	生物医药
无锡百奥康生物医药科技有限公司	江阴留学人员创业园	生物医药
无锡贝塔医药科技有限公司	江阴留学人员创业园	生物医药
无锡博桥生物医药科技有限公司	江阴留学人员创业园	生物医药
无锡枫华生物科技有限公司	江阴留学人员创业园	生物医药
无锡弗里斯特生物科技有限公司	江阴留学人员创业园	生物医药
无锡久江生物科技有限公司	江阴留学人员创业园	生物医药
无锡泰雅生物科技有限公司	江阴留学人员创业园	生物医药
江阴德力激光设备有限公司	江阴留学人员创业园	先进制造
江阴浩瀚光电技术应用开发有限公司	江阴留学人员创业园	先进制造

江阴逆流科技有限公司	江阴留学人员创业园	先进制造
江阴全凯机电科技有限公司	江阴留学人员创业园	先进制造
江阴源芯电子有限公司	江阴留学人员创业园	先进制造
江阴智海新能源环保科技有限公司	江阴留学人员创业园	先进制造
无锡尚实电子科技有限公司	江阴留学人员创业园	先进制造
江苏中博钻石科技有限公司	江阴留学人员创业园	新材料
江阴爱迪超生技术有限公司	江阴留学人员创业园	新材料
江阴东大新材料研究院有限责任公司	江阴留学人员创业园	新材料
江阴飞宇高分子材料研究所有限公司	江阴留学人员创业园	新材料
江阴盛辉科技有限公司	江阴留学人员创业园	新材料
江阴市明邦科技有限公司	江阴留学人员创业园	新材料
江阴中科英特雅光纳米技术有限公司	江阴留学人员创业园	新材料
无锡安飞纤维材料科技有限公司	江阴留学人员创业园	新材料
无锡保丽真防伪科技有限公司	江阴留学人员创业园	新材料
无锡江天高新纳米技术材料有限公司	江阴留学人员创业园	新材料
无锡荣升汇彩科技有限公司	江阴留学人员创业园	新材料
江苏欣锐新能源环保技术有限公司	江阴留学人员创业园	新能源环保
江阴德高环保科技有限公司	江阴留学人员创业园	新能源环保
江阴纳米克斯新能源环保科技有限公司	江阴留学人员创业园	新能源环保
江阴南方智蓝环保科技有限公司	江阴留学人员创业园	新能源环保
江阴仁有环保科技有限公司	江阴留学人员创业园	新能源环保
江阴远景能源科技有限公司	江阴留学人员创业园	新能源环保
无锡光和新能源环保科技有限公司	江阴留学人员创业园	新能源环保
无锡酷可琳新能源环保科技有限公司	江阴留学人员创业园	新能源环保
无锡索能太阳能科技有限公司	江阴留学人员创业园	新能源环保
江阴迪杰时装设计有限公司	江阴留学人员创业园	文化创意
江阴风雷动画艺术设计有限公司	江阴留学人员创业园	文化创意
江阴国动文化传媒有限公司	江阴留学人员创业园	文化创意
江阴朗途数码动漫设计有限公司	江阴留学人员创业园	文化创意
江阴云裳创意设计有限公司	江阴留学人员创业园	文化创意
无锡大一影视科技有限公司	江阴留学人员创业园	文化创意
无锡市盈泰行传媒有限公司	江阴留学人员创业园	文化创意
江阴移动风尚汽车服务管理有限公司	江阴留学人员创业园	现代服务
常州安荣电气科技有限公司	常州留学人员创业园	电子信息
常州暴雨信息科技有限公司	常州留学人员创业园	电子信息
常州北星自动化科技有限公司	常州留学人员创业园	电子信息
常州博拓电子科技有限公司	常州留学人员创业园	电子信息
常州诚润信息技术有限公司	常州留学人员创业园	电子信息
常州德一物联网络科技有限公司	常州留学人员创业园	电子信息
常州富裕谷网络科技有限公司	常州留学人员创业园	电子信息
常州硅谷信息科技有限公司	常州留学人员创业园	电子信息
常州恒创软件有限公司	常州留学人员创业园	电子信息
常州鸿源动力科技有限公司	常州留学人员创业园	电子信息
常州冷源动力科技有限公司	常州留学人员创业园	电子信息
常州隆辉照明科技有限公司	常州留学人员创业园	电子信息
常州面包电子科技有限公司	常州留学人员创业园	电子信息
常州乾曜信息技术有限公司	常州留学人员创业园	电子信息
常州群承软件技术有限公司	常州留学人员创业园	电子信息
常州瑞科微电子科技有限公司	常州留学人员创业园	电子信息
常州瑞择微电子科技有限公司	常州留学人员创业园	电子信息
常州三博机电科技有限公司	常州留学人员创业园	电子信息
常州晟永光电材料有限公司	常州留学人员创业园	电子信息
常州盛游网络科技有限公司	常州留学人员创业园	电子信息
常州时析电子科技有限公司	常州留学人员创业园	电子信息
常州市阿德塞电子科技有限公司	常州留学人员创业园	电子信息
常州市联百力智能化系统工程有限公司	常州留学人员创业园	电子信息
常州泰思达工程计算与分析科技有限公司	常州留学人员创业园	电子信息
常州网腾技术软件公司	常州留学人员创业园	电子信息
常州西芯数码科技有限公司	常州留学人员创业园	电子信息
常州兆能电子科技有限公司	常州留学人员创业园	电子信息

常州志邦电子科技有限公司	常州留学人员创业园	电子信息
江苏宏电节能服务有限公司	常州留学人员创业园	电子信息
江苏宏微科技有限公司	常州留学人员创业园	电子信息
江苏集晟电子科技有限公司	常州留学人员创业园	电子信息
江苏三思信息科技有限公司	常州留学人员创业园	电子信息
常州安吉拉生物医药科技有限公司	常州留学人员创业园	生物医药
常州安诺生物医药有限公司	常州留学人员创业园	生物医药
常州奥森药物科技有限公司	常州留学人员创业园	生物医药
常州百适得生物科技有限公司	常州留学人员创业园	生物医药
常州邦哲系统生物工程研究所有限公司	常州留学人员创业园	生物医药
常州博信生物技术有限公司	常州留学人员创业园	生物医药
常州常瑞生物技术有限公司	常州留学人员创业园	生物医药
常州楚天生物科技有限公司	常州留学人员创业园	生物医药
常州德健生物科技有限公司	常州留学人员创业园	生物医药
常州德莱医药科技有限公司	常州留学人员创业园	生物医药
常州格露康生物医药科技有限公司	常州留学人员创业园	生物医药
常州凯南迪克医疗科技有限公司	常州留学人员创业园	生物医药
常州康和生物技术有限公司	常州留学人员创业园	生物医药
常州康卫生物技术有限公司	常州留学人员创业园	生物医药
常州乐奥医疗科技有限公司	常州留学人员创业园	生物医药
常州荣君生物医药科技有限公司	常州留学人员创业园	生物医药
常州三高生物技术开发有限公司	常州留学人员创业园	生物医药
常州三泰科技有限公司	常州留学人员创业园	生物医药
常州市思杰生物化学有限公司	常州留学人员创业园	生物医药
常州市勇毅生物药业有限公司	常州留学人员创业园	生物医药
常州松源高效生物氘有限公司	常州留学人员创业园	生物医药
常州太平洋药物研究所有限公司	常州留学人员创业园	生物医药
常州天磊生物技术有限公司	常州留学人员创业园	生物医药
常州微纳生物科技有限公司	常州留学人员创业园	生物医药
常州微诊生物医药科技有限公司	常州留学人员创业园	生物医药
常州欣宏科生物化学有限公司	常州留学人员创业园	生物医药
常州亚当生物技术有限公司	常州留学人员创业园	生物医药
常州医凌生命科技有限公司	常州留学人员创业园	生物医药
常州以成医药科技有限公司	常州留学人员创业园	生物医药
常州益菌加生物科技有限公司	常州留学人员创业园	生物医药
常州英诺升康生物医药科技有限公司	常州留学人员创业园	生物医药
常州长吉生物技术开发有限公司	常州留学人员创业园	生物医药
江苏铼泰医药生物技术有限公司	常州留学人员创业园	生物医药
江苏维泉生物科技有限公司	常州留学人员创业园	生物医药
江苏众红生物工程创药研究院有限公司	常州留学人员创业园	生物医药
常州春秋农业机械有限公司	常州留学人员创业园	先进制造
常州高凯精密机械有限公司	常州留学人员创业园	先进制造
常州广为仪器科技有限公司	常州留学人员创业园	先进制造
常州环能涡轮动力有限公司	常州留学人员创业园	先进制造
常州杰耐机械有限公司	常州留学人员创业园	先进制造
常州凯捷特水射流科技有限公司	常州留学人员创业园	先进制造
常州雷射激光设备有限公司	常州留学人员创业园	先进制造
常州视觉龙机电设备有限公司	常州留学人员创业园	先进制造
常州威欧传输设备有限公司	常州留学人员创业园	先进制造
江苏昊润电子科技有限公司	常州留学人员创业园	先进制造
江苏在望节能科技有限公司	常州留学人员创业园	先进制造
常州浩瀚新材料科技有限公司	常州留学人员创业园	新材料
常州杰美科技有限公司	常州留学人员创业园	新材料
常州清玉光电有限公司	常州留学人员创业园	新材料
常州睿新园艺科技有限公司	常州留学人员创业园	新材料
常州胜杰化工有限公司	常州留学人员创业园	新材料
常州市纳罗可涂料有限公司	常州留学人员创业园	新材料
常州苏晶电子材料有限公司	常州留学人员创业园	新材料
常州西品科技有限公司	常州留学人员创业园	新材料
江苏敦超电子科技有限公司	常州留学人员创业园	新材料

江苏中简科技有限公司	常州留学人员创业园	新材料
常州爱斯特净化设备有限公司	常州留学人员创业园	新能源环保
常州合特光电有限公司	常州留学人员创业园	新能源环保
常州佳讯光电产业发展有限公司	常州留学人员创业园	新能源环保
常州杰创环境科技有限公司	常州留学人员创业园	新能源环保
常州施瑞迪能源科技有限公司	常州留学人员创业园	新能源环保
常州思瑞科技有限公司	常州留学人员创业园	新能源环保
常州银宇氢动车环保科技有限公司	常州留学人员创业园	新能源环保
常州优特科新能源环保有限公司	常州留学人员创业园	新能源环保
常州紫波电子科技有限公司	常州留学人员创业园	新能源环保
常州紫波太阳能科技有限公司	常州留学人员创业园	新能源环保
江苏东润光伏科技有限公司	常州留学人员创业园	新能源环保
江苏诺迪新能源环保科技有限公司	常州留学人员创业园	新能源环保
江苏维尔利环保科技股份有限公司	常州留学人员创业园	新能源环保
常州八度信息科技有限公司	常州留学人员创业园	文化创意
常州保纳绿创环保科技有限公司	常州留学人员创业园	文化创意
常州博创软件技术有限公司	常州留学人员创业园	文化创意
常州德诗蓝电子科技有限公司	常州留学人员创业园	文化创意
常州多邦科技有限公司	常州留学人员创业园	文化创意
常州发创软件有限公司	常州留学人员创业园	文化创意
常州哈酷那软件科技有限公司	常州留学人员创业园	文化创意
常州慧天网络科技有限公司	常州留学人员创业园	文化创意
常州金刚网络技术有限公司	常州留学人员创业园	文化创意
常州康新电子科技有限公司	常州留学人员创业园	文化创意
常州快书包信息科技有限公司（拟）	常州留学人员创业园	文化创意
常州龙族网络科技有限公司	常州留学人员创业园	文化创意
常州珞珈中网信息技术有限公司	常州留学人员创业园	文化创意
常州泡泡海信息技术有限公司	常州留学人员创业园	文化创意
常州镕汇物流信息有限公司	常州留学人员创业园	文化创意
常州瑞虎网络科技有限公司	常州留学人员创业园	文化创意
常州润云软件科技有限公司	常州留学人员创业园	文化创意
常州赛吉软件有限公司	常州留学人员创业园	文化创意
常州市奇程网信息技术有限公司	常州留学人员创业园	文化创意
常州水木数字信息技术有限公司	常州留学人员创业园	文化创意
常州途游网络科技有限公司	常州留学人员创业园	文化创意
常州元素信息技术有限公司	常州留学人员创业园	文化创意
常州云枢信息技术有限公司	常州留学人员创业园	文化创意
济中能源科技（常州）有限公司	常州留学人员创业园	文化创意
江苏博圣云峰信息咨询有限公司	常州留学人员创业园	文化创意
江苏固立得精密光电有限公司	常州留学人员创业园	文化创意
江苏华睿智能工程有限公司	常州留学人员创业园	文化创意
江苏竞游信息科技有限公司	常州留学人员创业园	文化创意
江苏科航网络科技有限公司	常州留学人员创业园	文化创意
江苏乐众信息技术有限公司	常州留学人员创业园	文化创意
江苏诠美医疗科技有限公司	常州留学人员创业园	文化创意
江苏四维智能装备技术有限公司	常州留学人员创业园	文化创意
纳好电子商务（江苏）有限公司）	常州留学人员创业园	文化创意
四海商舟电子商务有限公司	常州留学人员创业园	文化创意
常州世纪伟通投资有限公司	常州留学人员创业园	现代服务
常州网视领航网络科技有限公司	常州留学人员创业园	现代服务
常州西门沃斯贸易有限公司	常州留学人员创业园	现代服务
常州正诚资产评估事务所有限公司	常州留学人员创业园	现代服务
常州艾伊格尔信息科技有限公司	常州钟楼留学人员创业园	电子信息
常州奥施特信息科技有限公司	常州钟楼留学人员创业园	电子信息
常州超媒体与感知技术研究所有限公司	常州钟楼留学人员创业园	电子信息
常州达奇医疗科技有限公司	常州钟楼留学人员创业园	电子信息
常州冠科电子有限公司	常州钟楼留学人员创业园	电子信息
常州海超电子科技有限公司	常州钟楼留学人员创业园	电子信息
常州翰力信息科技有限公司	常州钟楼留学人员创业园	电子信息
常州华科联锐信息技术有限公司	常州钟楼留学人员创业园	电子信息

常州环视高科电子科技有限公司	常州钟楼留学人员创业园	电子信息
常州加美科技有限公司	常州钟楼留学人员创业园	电子信息
常州玖为电子科技有限公司	常州钟楼留学人员创业园	电子信息
常州康维科技电子有限公司	常州钟楼留学人员创业园	电子信息
常州蓝城信息科技有限公司	常州钟楼留学人员创业园	电子信息
常州联星智通科技有限公司	常州钟楼留学人员创业园	电子信息
常州米谷电子科技有限公司	常州钟楼留学人员创业园	电子信息
常州南基天盛电子科技有限公司	常州钟楼留学人员创业园	电子信息
常州能动电子科技有限公司	常州钟楼留学人员创业园	电子信息
常州普适信息科技有限公司	常州钟楼留学人员创业园	电子信息
常州千鸟绝信息技术有限公司	常州钟楼留学人员创业园	电子信息
常州睿擎信息科技有限公司	常州钟楼留学人员创业园	电子信息
常州赛彦电子科技有限公司	常州钟楼留学人员创业园	电子信息
常州市日津消防科技有限公司	常州钟楼留学人员创业园	电子信息
常州市银策融科软件开发有限公司	常州钟楼留学人员创业园	电子信息
常州司曼睿信息科技有限公司	常州钟楼留学人员创业园	电子信息
常州泰宇信息科技有限公司	常州钟楼留学人员创业园	电子信息
常州图强信息技术有限公司	常州钟楼留学人员创业园	电子信息
常州微朗电子科技有限公司	常州钟楼留学人员创业园	电子信息
常州维吉恩信息科技有限公司	常州钟楼留学人员创业园	电子信息
常州芯奇微电子科技有限公司	常州钟楼留学人员创业园	电子信息
常州学学信息科技有限公司	常州钟楼留学人员创业园	电子信息
常州意辉尔科技有限公司	常州钟楼留学人员创业园	电子信息
常州元黄信息科技有限公司	常州钟楼留学人员创业园	电子信息
常州正选软件科技有限公司	常州钟楼留学人员创业园	电子信息
常州中导传感科技有限公司	常州钟楼留学人员创业园	电子信息
江苏应能微电子有限公司	常州钟楼留学人员创业园	电子信息
常州百和世生物科技有限公司	常州钟楼留学人员创业园	生物医药
常州费洛斯药业科技有限公司	常州钟楼留学人员创业园	生物医药
常州莫迪凯德医药信息科技有限公司	常州钟楼留学人员创业园	生物医药
常州生奥基因生物科技有限公司	常州钟楼留学人员创业园	生物医药
常州市怡德医疗科技有限公司	常州钟楼留学人员创业园	生物医药
常州市怡先生物科技有限公司	常州钟楼留学人员创业园	生物医药
常州安姆精密仪器有限公司	常州钟楼留学人员创业园	先进制造
常州澳泰精密仪器有限公司	常州钟楼留学人员创业园	先进制造
常州格力博工具技术研发有限公司	常州钟楼留学人员创业园	先进制造
常州精瑞自动化装备技术有限公司	常州钟楼留学人员创业园	先进制造
常州诺曼数码自动化设备有限公司	常州钟楼留学人员创业园	先进制造
常州欧特斯汽车电子科技有限公司	常州钟楼留学人员创业园	先进制造
常州普美电子科技有限公司	常州钟楼留学人员创业园	先进制造
常州嵘驰发动机技术有限公司	常州钟楼留学人员创业园	先进制造
常州市儒昊电气设备有限公司	常州钟楼留学人员创业园	先进制造
常州信雷迪诺电子工程有限公司	常州钟楼留学人员创业园	先进制造
瑞力盟数控技术有限公司	常州钟楼留学人员创业园	先进制造
常州国博新材料科技有限公司	常州钟楼留学人员创业园	新材料
常州护佳卫生用品有限公司	常州钟楼留学人员创业园	新材料
常州纳乐科思光学有限公司	常州钟楼留学人员创业园	新材料
常州兴邦塑胶科技有限公司	常州钟楼留学人员创业园	新材料
常州英中纳米科技有限公司	常州钟楼留学人员创业园	新材料
常州钜岳水务环保科技有限公司	常州钟楼留学人员创业园	新能源环保
常州罗盘星检测科技有限公司	常州钟楼留学人员创业园	新能源环保
常州市康舒环境科技有限公司	常州钟楼留学人员创业园	新能源环保
常州天天太阳能有限公司	常州钟楼留学人员创业园	新能源环保
常州英诺能源科技有限公司	常州钟楼留学人员创业园	新能源环保
江苏科雷斯普能源科技有限公司	常州钟楼留学人员创业园	新能源环保
常州法中企业服务有限公司	常州钟楼留学人员创业园	现代服务
常州正道信息咨询有限公司	常州钟楼留学人员创业园	现代服务
常州安盾智能化工程有限公司	常州科教城留学人员创业园	电子信息
常州奥科保鲜技术有限公司	常州科教城留学人员创业园	电子信息
常州博世伟业生物科技有限公司	常州科教城留学人员创业园	电子信息

常州崇高纳米材料有限公司	常州科教城留学人员创业园	电子信息
常州多源海量信息技术有限公司	常州科教城留学人员创业园	电子信息
常州复米信息科技有限公司	常州科教城留学人员创业园	电子信息
常州汉国电子科技有限公司	常州科教城留学人员创业园	电子信息
常州华瑞陶瓷材料技术有限公司	常州科教城留学人员创业园	电子信息
常州汇园教育科技有限公司	常州科教城留学人员创业园	电子信息
常州激蓝科技有限公司	常州科教城留学人员创业园	电子信息
常州健慈生物医药科技有限公司	常州科教城留学人员创业园	电子信息
常州健身网络软件有限公司	常州科教城留学人员创业园	电子信息
常州金惠甫山人才测评软件科技有限公司	常州科教城留学人员创业园	电子信息
常州精嘉博研电子技术有限公司	常州科教城留学人员创业园	电子信息
常州凯恩信息技术有限公司	常州科教城留学人员创业园	电子信息
常州欧智汽车电子有限公司	常州科教城留学人员创业园	电子信息
常州毗邻智慧医疗科技有限公司	常州科教城留学人员创业园	电子信息
常州睿联网络科技有限公司	常州科教城留学人员创业园	电子信息
常州赛杰电子信息有限公司	常州科教城留学人员创业园	电子信息
常州三乐商电子科技有限公司	常州科教城留学人员创业园	电子信息
常州桑澳能源幕墙科技有限公司	常州科教城留学人员创业园	电子信息
常州善尚光电科技有限公司	常州科教城留学人员创业园	电子信息
常州市厚载电子科技有限公司	常州科教城留学人员创业园	电子信息
常州泰美鑫电子科技有限公司	常州科教城留学人员创业园	电子信息
常州天之云信息科技有限公司	常州科教城留学人员创业园	电子信息
常州图索软件有限公司	常州科教城留学人员创业园	电子信息
常州谐筑信息科技有限公司	常州科教城留学人员创业园	电子信息
常州芯阳微电子科技有限公司	常州科教城留学人员创业园	电子信息
常州一马信息科技有限公司	常州科教城留学人员创业园	电子信息
常州易控汽车电子有限公司	常州科教城留学人员创业园	电子信息
常州智尚联程信息科技有限公司	常州科教城留学人员创业园	电子信息
常州子睦微电子有限公司	常州科教城留学人员创业园	电子信息
江苏海航涂料科技有限公司	常州科教城留学人员创业园	电子信息
江苏海威客网络科技有限公司	常州科教城留学人员创业园	电子信息
江苏盛天交通科技有限公司	常州科教城留学人员创业园	电子信息
江苏谐云智能科技有限公司	常州科教城留学人员创业园	电子信息
江苏印信通达电子科技有限公司	常州科教城留学人员创业园	电子信息
常州艾利肯药业科技有限公司	常州科教城留学人员创业园	生物医药
常州安倍利电子科技有限公司	常州科教城留学人员创业园	生物医药
常州大岳生物科技有限公司	常州科教城留学人员创业园	生物医药
常州德申环保工程有限公司	常州科教城留学人员创业园	生物医药
常州迪锐特电子科技有限公司	常州科教城留学人员创业园	生物医药
常州飞寻视讯信息科技有限公司	常州科教城留学人员创业园	生物医药
常州菲胜图自动化仪器有限公司	常州科教城留学人员创业园	生物医药
常州富思生物科技有限公司	常州科教城留学人员创业园	生物医药
常州京森生物医药研究所有限公司	常州科教城留学人员创业园	生物医药
常州凯祺维纳科技有限公司	常州科教城留学人员创业园	生物医药
常州康您生物医药科技有限公司	常州科教城留学人员创业园	生物医药
常州绿尚节能建筑科技有限公司	常州科教城留学人员创业园	生物医药
常州麦科卡电动车辆科技有限公司	常州科教城留学人员创业园	生物医药
常州梦泰照明科技有限公司	常州科教城留学人员创业园	生物医药
常州梦想人多媒体科技有限公司	常州科教城留学人员创业园	生物医药
常州诺方医药生物技术有限公司	常州科教城留学人员创业园	生物医药
常州锐博生物科技有限公司	常州科教城留学人员创业园	生物医药
常州盛德信息科技有限公司	常州科教城留学人员创业园	生物医药
常州喜鹊医药有限公司	常州科教城留学人员创业园	生物医药
常州新平机器人科技有限公司	常州科教城留学人员创业园	生物医药
常州宇之爱遥感技术有限公司	常州科教城留学人员创业园	生物医药
常州远量机器人科技有限公司	常州科教城留学人员创业园	生物医药
常州竺思光电科技有限公司	常州科教城留学人员创业园	生物医药
江苏建艺节能科技有限公司	常州科教城留学人员创业园	生物医药
江苏明化合晟生物科技有限公司	常州科教城留学人员创业园	生物医药
常州佰宫能源科技有限公司	常州科教城留学人员创业园	先进制造

常州福生生物技术有限公司	常州科教城留学人员创业园	先进制造
常州涵德再生医学科技有限公司	常州科教城留学人员创业园	先进制造
常州汉迪机器人科技有限公司	常州科教城留学人员创业园	先进制造
常州介孔催化材料有限公司	常州科教城留学人员创业园	先进制造
常州宽谱光电仪器有限公司	常州科教城留学人员创业园	先进制造
常州西工激光科技有限公司	常州科教城留学人员创业园	先进制造
常州英诺激光科技有限公司	常州科教城留学人员创业园	先进制造
常州宇环光电有限公司	常州科教城留学人员创业园	先进制造
常州中港纺织智能科技有限公司	常州科教城留学人员创业园	先进制造
江苏靶标生物医药研究所有限公司	常州科教城留学人员创业园	先进制造
江苏法华纺织机械有限公司	常州科教城留学人员创业园	先进制造
江苏智邦精工科技有限公司	常州科教城留学人员创业园	先进制造
常州艾美迪先进材料科技有限公司	常州科教城留学人员创业园	新材料
常州德翰纳米材料科技有限公司	常州科教城留学人员创业园	新材料
常州鼎悦电子科技有限公司	常州科教城留学人员创业园	新材料
常州固特易化工科技有限公司	常州科教城留学人员创业园	新材料
常州嘉众新材料科技有限公司	常州科教城留学人员创业园	新材料
常州龙途新材料科技有限公司	常州科教城留学人员创业园	新材料
常州麦它生物科技有限公司	常州科教城留学人员创业园	新材料
常州美镓伟业光电科技有限公司	常州科教城留学人员创业园	新材料
常州明成翔锐环保科技有限公司	常州科教城留学人员创业园	新材料
常州赛斐斯新材料科技有限公司	常州科教城留学人员创业园	新材料
常州苏瑞纳碳科技有限公司	常州科教城留学人员创业园	新材料
常州铁基新材料科技有限公司	常州科教城留学人员创业园	新材料
常州威尔思信息科技有限公司	常州科教城留学人员创业园	新材料
常州威迈特环保科技有限公司	常州科教城留学人员创业园	新材料
常州雅谱智能变色光学器件有限公司	常州科教城留学人员创业园	新材料
常州优控信息科技有限公司	常州科教城留学人员创业园	新材料
江苏康朋医疗科技有限公司	常州科教城留学人员创业园	新材料
江苏普罗赛生物技术有限公司	常州科教城留学人员创业园	新材料
常州爱尔发膜技术有限公司	常州科教城留学人员创业园	新能源环保
常州倍尔生生物科技有限公司	常州科教城留学人员创业园	新能源环保
常州氮源光电科技有限公司	常州科教城留学人员创业园	新能源环保
常州德美环保科技有限公司	常州科教城留学人员创业园	新能源环保
常州法雷电子科技有限公司	常州科教城留学人员创业园	新能源环保
常州格瑞展泰再生能源有限公司	常州科教城留学人员创业园	新能源环保
常州洪荒谷电子科技有限公司	常州科教城留学人员创业园	新能源环保
常州鸿宇生物科技有限公司	常州科教城留学人员创业园	新能源环保
常州徽电科瑞电子科技有限公司	常州科教城留学人员创业园	新能源环保
常州吉赫射频电子技术有限公司	常州科教城留学人员创业园	新能源环保
常州均益新材料科技有限公司	常州科教城留学人员创业园	新能源环保
常州卡斯比生物科技有限公司	常州科教城留学人员创业园	新能源环保
常州蓝曼光电科技有限公司	常州科教城留学人员创业园	新能源环保
常州里程新能源环保科技有限公司	常州科教城留学人员创业园	新能源环保
常州普创半导体有限公司	常州科教城留学人员创业园	新能源环保
常州瑞恩动力科技有限公司	常州科教城留学人员创业园	新能源环保
常州三爱电子科技有限公司	常州科教城留学人员创业园	新能源环保
常州深蓝涂层技术有限公司	常州科教城留学人员创业园	新能源环保
常州市菲涅克斯电器技术有限公司	常州科教城留学人员创业园	新能源环保
常州四海纳睿电子科技有限公司	常州科教城留学人员创业园	新能源环保
常州优创新港信息科技有限公司	常州科教城留学人员创业园	新能源环保
常州真知信息技术有限公司	常州科教城留学人员创业园	新能源环保
华霆（常州）动力技术有限公司	常州科教城留学人员创业园	新能源环保
江苏晔铭生物医药科技有限公司	常州科教城留学人员创业园	新能源环保
常州林美工程设计咨询有限公司	常州科教城留学人员创业园	现代服务
常州安比森生物科技有限公司	江苏武进留学人员创业园	生物医药
常州金甙生物技术有限公司	江苏武进留学人员创业园	生物医药
常州金赛肿瘤医药科技有限公司	江苏武进留学人员创业园	生物医药
常州日美水产科技有限公司	江苏武进留学人员创业园	生物医药
常州瑞比亚医药科技有限公司	江苏武进留学人员创业园	生物医药

常州中美歆新生物科技有限公司	江苏武进留学人员创业园	生物医药
微奥基因科技常州有限公司	江苏武进留学人员创业园	生物医药
常州豪兴诺自动化技术有限公司	江苏武进留学人员创业园	先进制造
常州伟肯精密机械有限公司	江苏武进留学人员创业园	先进制造
常州众洁新材料科技有限公司	江苏武进留学人员创业园	新材料
常州帝杰特打印技术有限公司	江苏武进留学人员创业园	新能源环保
常州桑昊太阳能工程技术有限公司	江苏武进留学人员创业园	新能源环保
常州安卓网络科技有限公司	江苏津通留学人员创业园	电子信息
常州浩讯信息科技有限公司	江苏津通留学人员创业园	电子信息
常州节安得能源科技有限公司	江苏津通留学人员创业园	电子信息
常州杰傲病理诊断技术有限公司	江苏津通留学人员创业园	电子信息
常州聚焦新能源环保科技有限公司	江苏津通留学人员创业园	电子信息
常州凯木德信息科技有限公司	江苏津通留学人员创业园	电子信息
常州罗科自动化技术有限公司	江苏津通留学人员创业园	电子信息
常州敏创自动化技术有限公司	江苏津通留学人员创业园	电子信息
常州拍房网络科技有限公司	江苏津通留学人员创业园	电子信息
常州普旭电子商务有限公司	江苏津通留学人员创业园	电子信息
常州热火电子科技有限公司	江苏津通留学人员创业园	电子信息
常州生活家智能家居有限公司	江苏津通留学人员创业园	电子信息
常州石广电子有限公司	江苏津通留学人员创业园	电子信息
常州中安医疗器械有限公司	江苏津通留学人员创业园	电子信息
江苏吉利思信息科技有限公司	江苏津通留学人员创业园	电子信息
江苏津通先锋光电显示技术有限公司	江苏津通留学人员创业园	电子信息
江苏美淼信息科技有限公司	江苏津通留学人员创业园	电子信息
江苏一品农家生态农产品有限公司电子商务中心	江苏津通留学人员创业园	电子信息
江苏易团电子商务有限公司	江苏津通留学人员创业园	电子信息
常州普洛立德生物科技有限公司	江苏津通留学人员创业园	生物医药
江苏艾信兰生物医药科技有限公司	江苏津通留学人员创业园	生物医药
常州海通电气自动化技术装备有限公司	江苏津通留学人员创业园	先进制造
常州莱星精密机械制造有限公司	江苏津通留学人员创业园	先进制造
江苏中晶光电科技有限公司	江苏津通留学人员创业园	先进制造
常州格润新材料科技有限公司	江苏津通留学人员创业园	新材料
常州美胜生物材料有限公司	江苏津通留学人员创业园	新材料
方达瑞真空科技（常州）有限公司	江苏津通留学人员创业园	新材料
江苏津恒能源科技有限公司	江苏津通留学人员创业园	新能源环保
常州鼎力投资有限公司	江苏津通留学人员创业园	现代服务
常州市千汇人力资源有限公司	江苏津通留学人员创业园	现代服务
常州市怡天广告传媒有限公司	江苏津通留学人员创业园	现代服务
常州无极管理咨询有限公司	江苏津通留学人员创业园	现代服务
常州普润电子科技有限公司	江苏省金坛留学人员创业园	电子信息
常州融合通讯软件技术有限公司	江苏省金坛留学人员创业园	电子信息
常州赛得瑞尔生物科技有限公司	江苏省金坛留学人员创业园	生物医药
江苏德仁生物科技公司	江苏省金坛留学人员创业园	生物医药
常州清研电子科技有限公司	江苏省金坛留学人员创业园	先进制造
常州剑河新材料科技有限公司	江苏省金坛留学人员创业园	新材料
常州六九新材料科技有限公司	江苏省金坛留学人员创业园	新材料
常州市恒旭电工器材制造有限公司	江苏省金坛留学人员创业园	新材料
凡登（常州）新型金属材料技术有限公司	江苏省金坛留学人员创业园	新材料
江苏豪辰光学材料有限公司	江苏省金坛留学人员创业园	新材料
江苏科泰绝热新材料有限公司	江苏省金坛留学人员创业园	新材料
浦发成型焊片（常州）有限公司	江苏省金坛留学人员创业园	新材料
盛利维尔（中国）新材料技术有限公司	江苏省金坛留学人员创业园	新材料
海优威太阳能材料（常州）有限公司	江苏省金坛留学人员创业园	新能源环保
江苏磁源动力科技有限公司	江苏省金坛留学人员创业园	新能源环保
江苏伟康信息技术有限公司	苏州留学人员创业园	电子信息
苏州阿富爱迪物联网技术有限公司	苏州留学人员创业园	电子信息
苏州奥曦特电子科技有限公司	苏州留学人员创业园	电子信息
苏州贝克微电子有限公司	苏州留学人员创业园	电子信息
苏州富鑫林光电科技有限公司	苏州留学人员创业园	电子信息
苏州盖通科技有限公司	苏州留学人员创业园	电子信息

苏州谷之道软件科技有限公司	苏州留学人员创业园	电子信息
苏州国烁新材料有限公司	苏州留学人员创业园	电子信息
苏州海吉亚生物科技有限公司	苏州留学人员创业园	电子信息
苏州汉辰电子科技有限公司	苏州留学人员创业园	电子信息
苏州汉辰数字科技有限公司	苏州留学人员创业园	电子信息
苏州汉软物联科技有限公司	苏州留学人员创业园	电子信息
苏州华天公信数字技术有限公司	苏州留学人员创业园	电子信息
苏州华天亚讯科技有限公司	苏州留学人员创业园	电子信息
苏州华兴源创电子科技有限公司	苏州留学人员创业园	电子信息
苏州佳祺仕信息科技有限公司	苏州留学人员创业园	电子信息
苏州雷视通电子技术有限公司	苏州留学人员创业园	电子信息
苏州灵矽微系统有限公司	苏州留学人员创业园	电子信息
苏州派米网络科技有限公司	苏州留学人员创业园	电子信息
苏州荣鼎信息技术有限公司	苏州留学人员创业园	电子信息
苏州三诺信息科技有限公司	苏州留学人员创业园	电子信息
苏州盛腾信息科技有限公司	苏州留学人员创业园	电子信息
苏州市好掌柜软件科技有限公司	苏州留学人员创业园	电子信息
苏州市中能能源科技有限公司	苏州留学人员创业园	电子信息
苏州讯和软件技术有限公司	苏州留学人员创业园	电子信息
苏州一远远电子科技有限公司	苏州留学人员创业园	电子信息
苏州易行街科技有限公司	苏州留学人员创业园	电子信息
苏州翼宝博信息科技有限公司	苏州留学人员创业园	电子信息
苏州优品在线软件技术有限公司	苏州留学人员创业园	电子信息
苏州远唯网络技术服务有限公司	苏州留学人员创业园	电子信息
苏州云存电子科技有限公司	苏州留学人员创业园	电子信息
苏州智信通电子科技有限公司	苏州留学人员创业园	电子信息
先特计软件（苏州）有限公司	苏州留学人员创业园	电子信息
江苏蓝拓生物科技有限公司	苏州留学人员创业园	生物医药
江苏银浩生物科技有公司	苏州留学人员创业园	生物医药
江苏准基生物科技有限公司	苏州留学人员创业园	生物医药
苏州奥格瑞生物技术有限公司	苏州留学人员创业园	生物医药
苏州百源基因技术有限公司	苏州留学人员创业园	生物医药
苏州柏适捷药物化学有限公司	苏州留学人员创业园	生物医药
苏州方策科技发展有限公司	苏州留学人员创业园	生物医药
苏州盖依亚生物医药有限公司	苏州留学人员创业园	生物医药
苏州格兰斯生物科技有限公司	苏州留学人员创业园	生物医药
苏州国弘医药科技有限公司	苏州留学人员创业园	生物医药
苏州恒瑞生物医药科技有限公司	苏州留学人员创业园	生物医药
苏州华万泰医疗器械有限公司	苏州留学人员创业园	生物医药
苏州环球色谱有限责任公司	苏州留学人员创业园	生物医药
苏州辉斯康医药开发有限公司	苏州留学人员创业园	生物医药
苏州汇通色谱分离纯化有限公司	苏州留学人员创业园	生物医药
苏州晶因生物科技有限公司	苏州留学人员创业园	生物医药
苏州康正生物医药有限公司	苏州留学人员创业园	生物医药
苏州科沐兰医药科技有限公司	苏州留学人员创业园	生物医药
苏州科耐尔医药科技有限公司	苏州留学人员创业园	生物医药
苏州朗易生物医药研究有限公司	苏州留学人员创业园	生物医药
苏州领航生物科技有限公司	苏州留学人员创业园	生物医药
苏州麦特维逊医疗科技有限公司	苏州留学人员创业园	生物医药
苏州美迪斯达生物科技有限公司	苏州留学人员创业园	生物医药
苏州美立通科技有限公司	苏州留学人员创业园	生物医药
苏州默锐克生物科技有限责任公司	苏州留学人员创业园	生物医药
苏州纽微生物技术有限公司	苏州留学人员创业园	生物医药
苏州欧泰格瑞生物医药科技有限公司	苏州留学人员创业园	生物医药
苏州派腾生物医药科技有限公司	苏州留学人员创业园	生物医药
苏州普迪生物医药有限公司	苏州留学人员创业园	生物医药
苏州普逻丁生物技术有限公司	苏州留学人员创业园	生物医药
苏州市苏瑞医药化工有限公司	苏州留学人员创业园	生物医药
苏州市万方生物科技有限公司	苏州留学人员创业园	生物医药
苏州万木春生物技术有限公司	苏州留学人员创业园	生物医药

苏州曦元生物科技有限公司	苏州留学人员创业园	生物医药
苏州新凯生物医药技术有限公司	苏州留学人员创业园	生物医药
苏州星雨生物技术有限公司	苏州留学人员创业园	生物医药
苏州元基生物技术有限公司	苏州留学人员创业园	生物医药
苏州中基生物科技有限公司	苏州留学人员创业园	生物医药
苏州衷中医药科技有限公司	苏州留学人员创业园	生物医药
苏州丰宝新材料系统科技有限公司	苏州留学人员创业园	先进制造
苏州富鑫林微纳结构科技有限公司	苏州留学人员创业园	先进制造
苏州朗吉温控系统有限公司	苏州留学人员创业园	先进制造
苏州绿奇环保科技有限公司	苏州留学人员创业园	先进制造
苏州图星光电有限公司	苏州留学人员创业园	先进制造
苏州威拓科技有限公司	苏州留学人员创业园	先进制造
苏州安安新材料有限公司	苏州留学人员创业园	新材料
苏州波塞顿新能源环保工程有限公司	苏州留学人员创业园	新材料
苏州牛剑新材料有限公司	苏州留学人员创业园	新材料
苏州苏尼克新材料科技有限公司	苏州留学人员创业园	新材料
苏州正广节能材料有限公司	苏州留学人员创业园	新材料
苏州艾克玛能源科技有限公司	苏州留学人员创业园	新能源环保
苏州嘉言能源设备有限公司	苏州留学人员创业园	新能源环保
苏州泽众新能源环保科技有限公司	苏州留学人员创业园	新能源环保
苏州巴斯德环保技术有限公司	苏州留学人员创业园	现代服务
苏州知慧谷教育科技有限公司	苏州留学人员创业园	现代服务
创达特（苏州）科技有限责任公司	苏州国际科技园	电子信息
宏智科技（苏州）有限公司	苏州国际科技园	电子信息
利品国际数码科技（苏州）有限公司	苏州国际科技园	电子信息
青峰软件（苏州工业园区）有限公司	苏州国际科技园	电子信息
苏州工业园区北极光网络信息服务有限公司	苏州国际科技园	电子信息
苏州工业园区大诚电讯科技有限公司	苏州国际科技园	电子信息
苏州工业园区国信方舟软件技术有限公司	苏州国际科技园	电子信息
苏州工业园区科升通讯有限公司	苏州国际科技园	电子信息
苏州工业园区乐升软件有限公司	苏州国际科技园	电子信息
苏州工业园区理慧科技有限公司	苏州国际科技园	电子信息
苏州工业园区天舟信息技术服务有限公司	苏州国际科技园	电子信息
苏州工业园区仪仪软件有限公司	苏州国际科技园	电子信息
苏州技杰软件有限公司	苏州国际科技园	电子信息
苏州南大苏富特科技有限公司	苏州国际科技园	电子信息
苏州工业园区澳凯科技有限公司	苏州国际科技园	先进制造
苏州工业园区立得科技有限公司	苏州国际科技园	先进制造
苏州工业园区瑞新自动化设备有限公司	苏州国际科技园	先进制造
苏州工业园区升华科技有限公司	苏州国际科技园	先进制造
澳龙塑料制品（苏州）有限公司	苏州国际科技园	新材料
苏州工业园区易辰电子系统有限公司	苏州国际科技园	新能源环保
苏州奥杰创意设计有限公司	苏州国际科技园	文化创意
苏州工业园区新凯艺建筑设计有限公司	苏州国际科技园	文化创意
汉科信息科技（张家港）有限公司	张家港留学人员创业园	电子信息
江苏能华微电子科技发展有限公司	张家港留学人员创业园	电子信息
江苏新羽信息技术有限公司	张家港留学人员创业园	电子信息
千人计划（张家港）电力电子集成技术研究院	张家港留学人员创业园	电子信息
苏州东大金点物联科技有限公司	张家港留学人员创业园	电子信息
苏州飞智信息科技有限公司	张家港留学人员创业园	电子信息
苏州港能信息技术有限公司	张家港留学人员创业园	电子信息
苏州华博电子科技有限公司	张家港留学人员创业园	电子信息
苏州盛纳微电子科技有限公司	张家港留学人员创业园	电子信息
苏州视云信息科技有限公司	张家港留学人员创业园	电子信息
苏州芷宁信息科技有限公司	张家港留学人员创业园	电子信息
苏州智精灵教育科技有限公司	张家港留学人员创业园	电子信息
张家港昌盛进丰电子科技有限公司	张家港留学人员创业园	电子信息
张家港捷瑞物联网科技有限公司	张家港留学人员创业园	电子信息
张家港美核电子科技有限公司	张家港留学人员创业园	电子信息
张家港市耐维思通电子科技有限公司	张家港留学人员创业园	电子信息

张家港市泰克软件有限公司	张家港留学人员创业园	电子信息
张家港市玉同电子科技有限公司	张家港留学人员创业园	电子信息
江苏金标世纪生物科技有限公司	张家港留学人员创业园	生物医药
苏州百康生物科技有限公司	张家港留学人员创业园	生物医药
苏州汉酶生物技术有限公司	张家港留学人员创业园	生物医药
苏州凯祥生物科技有限公司	张家港留学人员创业园	生物医药
苏州良辰生物医药科技有限公司	张家港留学人员创业园	生物医药
苏州迈泰生物技术有限公司	张家港留学人员创业园	生物医药
苏州美维生物科技有限公司	张家港留学人员创业园	生物医药
苏州普瑞诺药物技术有限公司	张家港留学人员创业园	生物医药
苏州润昌医疗科技有限公司	张家港留学人员创业园	生物医药
苏州神洲基因有限公司	张家港留学人员创业园	生物医药
苏州同力生物医药有限公司	张家港留学人员创业园	生物医药
苏州维因生物科技有限公司	张家港留学人员创业园	生物医药
苏州宜生生物技术有限公司	张家港留学人员创业园	生物医药
苏州中新百奥生物科技有限公司	张家港留学人员创业园	生物医药
张家港九木科技有限公司	张家港留学人员创业园	生物医药
张家港蓝苏生物工程有限公司	张家港留学人员创业园	生物医药
苏州百器智能装备系统有限公司	张家港留学人员创业园	先进制造
苏州福来兹检测科技有限公司	张家港留学人员创业园	先进制造
苏州衡微仪器科技有限公司	张家港留学人员创业园	先进制造
苏州罗伯特机器人科技有限公司	张家港留学人员创业园	先进制造
苏州美高立电气有限公司	张家港留学人员创业园	先进制造
苏州深蓝创搏海洋装备科技有限公司	张家港留学人员创业园	先进制造
特克斯勒电子技术（张家港）有限公司	张家港留学人员创业园	先进制造
张家港宝昇科技有限公司	张家港留学人员创业园	先进制造
张家港哈工药机科技有限公司	张家港留学人员创业园	先进制造
张家港海太精密仪器有限公司	张家港留学人员创业园	先进制造
张家港托利计量设备系统有限公司	张家港留学人员创业园	先进制造
苏州乐华新材料有限公司	张家港留学人员创业园	新材料
张家港安飞材料科技有限公司	张家港留学人员创业园	新材料
张家港博发纳米科技有限公司	张家港留学人员创业园	新材料
张家港卡邦新材料有限公司	张家港留学人员创业园	新材料
张家港耐尔纳米科技有限公司	张家港留学人员创业园	新材料
张家港瑞诺光电材料科技有限公司	张家港留学人员创业园	新材料
苏州宝特环保科技有限公司	张家港留学人员创业园	新能源环保
苏州光翼光电科技有限公司	张家港留学人员创业园	新能源环保
苏州凯新分离科技有限公司	张家港留学人员创业园	新能源环保
苏州乐盛环保技术有限公司	张家港留学人员创业园	新能源环保
张家港富瑞分布式能源研究院有限公司	张家港留学人员创业园	新能源环保
张家港麦智电子科技有限公司	张家港留学人员创业园	新能源环保
张家港山河水新能源环保科技有限公司	张家港留学人员创业园	新能源环保
张家港智电芳华蓄电研究所有限公司	张家港留学人员创业园	新能源环保
江苏舞之数码动画制作有限公司	张家港留学人员创业园	文化创意
苏州和合大唐创意有限公司	张家港留学人员创业园	文化创意
苏州市磐石卡通有限公司	张家港留学人员创业园	文化创意
张家港市北斗星数字科技图像设计有限公司	张家港留学人员创业园	文化创意
张家港市虹之谷卡通制作有限公司	张家港留学人员创业园	文化创意
江苏明道法商务咨询有限公司	张家港留学人员创业园	现代服务
江苏新捷新能源环保有限公司	张家港留学人员创业园	现代服务
江苏智慧港城投资发展有限公司	张家港留学人员创业园	现代服务
南京苏科专利代理有限责任公司张家港分公司	张家港留学人员创业园	现代服务
苏州创元专利商标事务所有限公司张家港分公司	张家港留学人员创业园	现代服务
苏州君信安全环境技术服务有限公司	张家港留学人员创业园	现代服务
张家港北大技术转移有限公司	张家港留学人员创业园	现代服务
张家港麦金利科技咨询有限公司	张家港留学人员创业园	现代服务
昆山百傲软件技术有限公司	昆山留学人员创业园	电子信息
昆山创通微电子有限公司	昆山留学人员创业园	电子信息
昆山行龙软件信息技术有限公司	昆山留学人员创业园	电子信息
昆山弧光信息科技有限公司	昆山留学人员创业园	电子信息

昆山精讯电子技术有限公司	昆山留学人员创业园	电子信息
昆山凯铭电子有限公司	昆山留学人员创业园	电子信息
昆山科睿坦电子科技有限公司	昆山留学人员创业园	电子信息
昆山酷威微电子科技有限公司	昆山留学人员创业园	电子信息
昆山麦克斯泰科技有限公司	昆山留学人员创业园	电子信息
昆山明普信息科技有限公司	昆山留学人员创业园	电子信息
昆山普洛特信息技术有限公司	昆山留学人员创业园	电子信息
昆山普荣达信息技术有限公司	昆山留学人员创业园	电子信息
昆山锐芯微电子有限公司	昆山留学人员创业园	电子信息
昆山瑞达生物技术有限公司	昆山留学人员创业园	电子信息
昆山瑞奇安泰电子科技有限公司	昆山留学人员创业园	电子信息
昆山盛鸿信息科技有限公司	昆山留学人员创业园	电子信息
昆山双狮光电科技有限公司	昆山留学人员创业园	电子信息
昆山苏睿电子科技有限公司	昆山留学人员创业园	电子信息
昆山文石信息科技有限公司	昆山留学人员创业园	电子信息
昆山先联信息系统有限公司	昆山留学人员创业园	电子信息
昆山芯视讯电子科技有限公司	昆山留学人员创业园	电子信息
昆山依泰克电子科技有限公司	昆山留学人员创业园	电子信息
昆山引光奴电子科技有限公司	昆山留学人员创业园	电子信息
昆山樾源电子科技有限公司	昆山留学人员创业园	电子信息
昆山云锦信息技术发展有限公司	昆山留学人员创业园	电子信息
昆山掌客信息技术有限公司	昆山留学人员创业园	电子信息
昆山掌天信息技术有限公司	昆山留学人员创业园	电子信息
昆山子力高新科技实业有限公司	昆山留学人员创业园	电子信息
苏州爱思普信息科技有限公司	昆山留学人员创业园	电子信息
苏州比特速浪电子科技有限公司	昆山留学人员创业园	电子信息
苏州德仕勤微电子有限公司	昆山留学人员创业园	电子信息
苏州华控电子科技有限公司	昆山留学人员创业园	电子信息
苏州昆微软件技术有限公司	昆山留学人员创业园	电子信息
苏州明志生物信息技术有限公司	昆山留学人员创业园	电子信息
苏州鹏山电子科技有限公司	昆山留学人员创业园	电子信息
苏州赛特斯网络科技有限公司	昆山留学人员创业园	电子信息
苏州瓦恩特瑞信息科技有限公司	昆山留学人员创业园	电子信息
苏州芯美微电子有限公司	昆山留学人员创业园	电子信息
江苏明志诊断产品有限公司	昆山留学人员创业园	生物医药
江苏锐缜生物技术有限公司	昆山留学人员创业园	生物医药
江苏依博康分子诊断有限公司	昆山留学人员创业园	生物医药
昆山博康医疗设备有限公司	昆山留学人员创业园	生物医药
昆山力田医化科技有限公司	昆山留学人员创业园	生物医药
昆山盟迪医疗器械有限公司	昆山留学人员创业园	生物医药
苏州华氏生物技术有限公司	昆山留学人员创业园	生物医药
苏州克诺奇生物医学科技有限公司	昆山留学人员创业园	生物医药
北陆中能工业炉设备(昆山)有限公司	昆山留学人员创业园	先进制造
江苏时迈科学仪器有限公司	昆山留学人员创业园	先进制造
昆山艾尔发计量科技有限公司	昆山留学人员创业园	先进制造
昆山爱达斯工业设计有限公司	昆山留学人员创业园	先进制造
昆山宝力马科技有限公司	昆山留学人员创业园	先进制造
昆山博爱模具开发有限公司	昆山留学人员创业园	先进制造
昆山博格马丁电力技术有限公司	昆山留学人员创业园	先进制造
昆山海普过滤分离科技有限公司	昆山留学人员创业园	先进制造
昆山海斯电子科技有限公司	昆山留学人员创业园	先进制造
昆山恒广检测仪器有限公司	昆山留学人员创业园	先进制造
昆山洁驰环保科技有限公司	昆山留学人员创业园	先进制造
昆山开思拓空调技术有限公司	昆山留学人员创业园	先进制造
昆山科致瑞斯传感技术有限公司	昆山留学人员创业园	先进制造
昆山莱恩数控设备有限公司	昆山留学人员创业园	先进制造
昆山力通机电科技有限公司	昆山留学人员创业园	先进制造
昆山善思科技有限公司	昆山留学人员创业园	先进制造
昆山市智汽电子科技有限公司	昆山留学人员创业园	先进制造
昆山双陈电子科技有限公司	昆山留学人员创业园	先进制造

昆山易方达精密仪器有限公司	昆山留学人员创业园	先进制造
昆山易控科技有限公司	昆山留学人员创业园	先进制造
昆山英智科信息技术有限公司	昆山留学人员创业园	先进制造
深圳光韵达激光应用有限公司昆山分公司	昆山留学人员创业园	先进制造
苏州爱锐邦智能科技有限公司	昆山留学人员创业园	先进制造
苏州澳昆智能机器人技术有限公司	昆山留学人员创业园	先进制造
苏州精创光学仪器有限公司	昆山留学人员创业园	先进制造
苏州镭创光电技术有限公司	昆山留学人员创业园	先进制造
苏州悦安医疗电子有限公司	昆山留学人员创业园	先进制造
苏州兆年自动喷涂	昆山留学人员创业园	先进制造
昆山华保化工材料有限公司	昆山留学人员创业园	新材料
昆山瑞仕莱斯水处理科技有限公司	昆山留学人员创业园	新材料
昆山月旭材料科技有限公司	昆山留学人员创业园	新材料
苏州衡睿新材料科技有限公司	昆山留学人员创业园	新材料
苏州汇维新材料科技有限公司	昆山留学人员创业园	新材料
苏州松灿新材料科技发展有限公司	昆山留学人员创业园	新材料
苏州迅康纳米科技有限公司	昆山留学人员创业园	新材料
苏州中锆新材料有限公司	昆山留学人员创业园	新材料
江苏太阳鸟能源科技有限公司	昆山留学人员创业园	新能源环保
江苏中青能源建设有限公司	昆山留学人员创业园	新能源环保
昆山锂能新能源环保科技有限公司	昆山留学人员创业园	新能源环保
昆山绿保节能科技有限公司	昆山留学人员创业园	新能源环保
昆山日月星网版科技有限公司	昆山留学人员创业园	新能源环保
昆山睿基新能源环保有限公司	昆山留学人员创业园	新能源环保
昆山圣光太阳能科技有限公司	昆山留学人员创业园	新能源环保
昆山香山红叶环保技术有限公司	昆山留学人员创业园	新能源环保
昆山英菲特光电科技有限公司	昆山留学人员创业园	新能源环保
昆山优利德科技能源有限公司	昆山留学人员创业园	新能源环保
苏州东旭弘业高效节能科技有限公司	昆山留学人员创业园	新能源环保
苏州世纪正源环保科技有限公司	昆山留学人员创业园	新能源环保
苏州掌为新能源环保科技有限公司	昆山留学人员创业园	新能源环保
红塔创新（昆山）创业投资有限公司	昆山留学人员创业园	现代服务
昆山藏宝堂健康科技有限公司	昆山留学人员创业园	现代服务
昆山东企科技园发展有限公司	昆山留学人员创业园	现代服务
昆山格雷罗贸易有限公司	昆山留学人员创业园	现代服务
昆山昆山翔升机械设计事务所	昆山留学人员创业园	现代服务
昆山立轩人才咨询有限公司	昆山留学人员创业园	现代服务
昆山联挚纺织科技有限公司	昆山留学人员创业园	现代服务
昆山市康宝婴童用品有限公司	昆山留学人员创业园	现代服务
昆山子曰广告创意设计有限公司	昆山留学人员创业园	现代服务
南京众联专利代理有限公司昆山办事处	昆山留学人员创业园	现代服务
虹鼎国际（南通）有限公司	南通留学人员创业园	电子信息
南通安易软件有限公司	南通留学人员创业园	电子信息
南通大唐科技有限公司	南通留学人员创业园	电子信息
南通金创源技术有限公司	南通留学人员创业园	电子信息
南通羚网电子商务有限公司	南通留学人员创业园	电子信息
南通三金软件技术有限公司	南通留学人员创业园	电子信息
南通先河科技有限公司	南通留学人员创业园	电子信息
南通信和科技有限公司	南通留学人员创业园	电子信息
南通伊士生物工程有限公司	南通留学人员创业园	生物医药
南通纽兰德机械有限公司	南通留学人员创业园	先进制造
南通桑达电子有限公司	南通留学人员创业园	先进制造
南通格瑞塑胶有限公司	南通留学人员创业园	新材料
南通天华新型建筑材料有限公司	南通留学人员创业园	新材料
天成国际（南通）有限公司	南通留学人员创业园	新材料
南通纽兰德工艺美术品有限公司	南通留学人员创业园	文化创意
南通天马工作室有限公司	南通留学人员创业园	文化创意
海安膜华材料科技有限公司	江苏省海安留学人员创业园	新材料
江苏海迅集团股份有限公司	江苏省海安留学人员创业园	新材料
江苏申菱集团电器股份有限公司	江苏省海安留学人员创业园	新材料

江苏天成集团股份有限公司	江苏省海安留学人员创业园	新材料
南通柯林纳尔环保科技有限公司	江苏省海安留学人员创业园	新材料
江苏华源氢能科技发展有限公司	江苏省海安留学人员创业园	新能源环保
连云港金豆科技有限公司	连云港留学人员创业园	电子信息
连云港龙泽商务有限公司	连云港留学人员创业园	电子信息
连云港尚品电子有限公司	连云港留学人员创业园	电子信息
连云港龙源生物科技有限公司	连云港留学人员创业园	生物医药
江苏新元素数字科技有限公司	连云港留学人员创业园	文化创意
连云港酷歌动漫技术有限公司	连云港留学人员创业园	文化创意
连云港阿凡达数字动画有限公司	连云港科教创业园区留学人员创业园	电子信息
连云港古蓝网络科技有限公司	连云港科教创业园区留学人员创业园	电子信息
连云港华频科技有限公司	连云港科教创业园区留学人员创业园	电子信息
连云港嘉创信息技术有限公司	连云港科教创业园区留学人员创业园	电子信息
连云港浪速网络技术有限公司	连云港科教创业园区留学人员创业园	电子信息
连云港立鼎科技发展有限公司	连云港科教创业园区留学人员创业园	电子信息
连云港普罗杰信息技术有限公司	连云港科教创业园区留学人员创业园	电子信息
连云港易简信息技术服务有限公司	连云港科教创业园区留学人员创业园	电子信息
连云港泽瑞高科技发展有限公司	连云港科教创业园区留学人员创业园	电子信息
金康生物医药工程研发中心	连云港科教创业园区留学人员创业园	生物医药
连云港海恒生化科技有限公司	连云港科教创业园区留学人员创业园	生物医药
连云港海康生物科技有限公司	连云港科教创业园区留学人员创业园	生物医药
连云港吉之海生物科技有限公司	连云港科教创业园区留学人员创业园	生物医药
连云港盛和生物科技有限公司	连云港科教创业园区留学人员创业园	生物医药
连云港长慧医药有限公司	连云港科教创业园区留学人员创业园	生物医药
连云港脂立方生物医药研究所有限公司	连云港科教创业园区留学人员创业园	生物医药
江苏华信勘测设计有限公司	连云港科教创业园区留学人员创业园	先进制造
连云港大帅化工科技有限公司	连云港科教创业园区留学人员创业园	先进制造
连云港泛在勘探测绘有限公司	连云港科教创业园区留学人员创业园	先进制造
南京工业大学工业技术研究院	连云港科教创业园区留学人员创业园	先进制造
南京理工大学连云港研究院	连云港科教创业园区留学人员创业园	先进制造
江苏中电长迅能源材料有限公司	连云港科教创业园区留学人员创业园	新材料
连云港华海诚科电子材料有限公司	连云港科教创业园区留学人员创业园	新材料
南京大学高新技术研究院	连云港科教创业园区留学人员创业园	新材料
连云港瑞豪环境工程科技有限公司	连云港科教创业园区留学人员创业园	新能源环保
连云港安德鲁英语培训中心	连云港科教创业园区留学人员创业园	文化创意
连云港市安环职业健康技术服务有限公司	连云港科教创业园区留学人员创业园	现代服务
淮安鼎兴科技发展有限公司	淮安留学人员创业园	电子信息
淮安金瑞丰自动化设备制造有限公司	淮安留学人员创业园	电子信息
淮安九天半导体科技有限公司	淮安留学人员创业园	电子信息
淮安盛达科技有限公司	淮安留学人员创业园	电子信息
淮安市迪尔讯科技发展有限公司	淮安留学人员创业园	电子信息
淮安市禾山科技有限公司	淮安留学人员创业园	电子信息
淮安市金立软件科技有限公司	淮安留学人员创业园	电子信息
淮安市网略软件有限公司	淮安留学人员创业园	电子信息
淮安网进科技有限公司	淮安留学人员创业园	电子信息
淮安易捷科技有限公司	淮安留学人员创业园	电子信息
淮安远景德盛科技有限公司	淮安留学人员创业园	电子信息
淮工深蓝科技有限公司	淮安留学人员创业园	电子信息
常州罗地尔生化技术有限公司	淮安留学人员创业园	生物医药
淮安百麦绿色生物能源有限公司	淮安留学人员创业园	生物医药
淮安博施生物制品有限公司	淮安留学人员创业园	生物医药
淮安市伟洁卫生用品厂	淮安留学人员创业园	生物医药
淮安奥特电气有限公司	淮安留学人员创业园	先进制造
淮安博锦电子有限公司	淮安留学人员创业园	先进制造
淮安东英自控有限公司	淮安留学人员创业园	先进制造
淮安福康电子科技有限公司	淮安留学人员创业园	先进制造
淮安科达电气有限公司	淮安留学人员创业园	先进制造
淮安三爱电子有限公司	淮安留学人员创业园	先进制造
淮安盛杰科技有限公司	淮安留学人员创业园	先进制造
淮安市菲力特光电元件有限公司	淮安留学人员创业园	先进制造

淮安市富彩光电科技有限公司	淮安留学人员创业园	先进制造
淮安市金恒泰科技有限公司	淮安留学人员创业园	先进制造
淮安市精英电气有限公司	淮安留学人员创业园	先进制造
淮安市清江电子有限公司	淮安留学人员创业园	先进制造
淮安市水务智能仪表有限公司	淮安留学人员创业园	先进制造
淮安市万泰来科技有限公司	淮安留学人员创业园	先进制造
淮安市星辰电子科技有限公司	淮安留学人员创业园	先进制造
淮安市旭升流体有限公司	淮安留学人员创业园	先进制造
淮安市中远太阳能灯具有限公司	淮安留学人员创业园	先进制造
淮安苏达电气有限公司	淮安留学人员创业园	先进制造
淮安艺彤机电制造有限公司	淮安留学人员创业园	先进制造
淮安长丰机电设备有限公司	淮安留学人员创业园	先进制造
淮安嘉能光电科技有限公司	淮安留学人员创业园	新能源环保
淮安麒麟电子科技有限公司	淮安留学人员创业园	新能源环保
淮安市爱斯德电源有限公司	淮安留学人员创业园	新能源环保
淮安市恒信水务科技有限公司	淮安留学人员创业园	新能源环保
淮安市今水环保科技有限公司	淮安留学人员创业园	新能源环保
淮安市天源科技有限公司	淮安留学人员创业园	新能源环保
淮安市同诚新能源环保设备有限公司	淮安留学人员创业园	新能源环保
淮安市祥光电子有限公司	淮安留学人员创业园	新能源环保
淮安英硕能源有限公司	淮安留学人员创业园	新能源环保
扬州汇智光电有限公司	扬州市邗江区留学人员创业园	电子信息
扬州瑞威光电科技有限公司	扬州市邗江区留学人员创业园	电子信息
扬州尚杰电子科技有限公司	扬州市邗江区留学人员创业园	电子信息
扬州芯云智能系统有限公司	扬州市邗江区留学人员创业园	电子信息
江苏伯克生物医药有限公司	扬州市邗江区留学人员创业园	生物医药
千人计划创新药物与食品安全扬州有限公司	扬州市邗江区留学人员创业园	生物医药
扬州伯克软件科技有限公司	扬州市邗江区留学人员创业园	生物医药
扬州禾联医药科技有限公司	扬州市邗江区留学人员创业园	生物医药
扬州莎江生物科技有限公司	扬州市邗江区留学人员创业园	生物医药
扬州多维数控系统有限公司	扬州市邗江区留学人员创业园	先进制造
扬州希瑞电气有限公司	扬州市邗江区留学人员创业园	先进制造
扬州智科光机电技术开发中心有限公司	扬州市邗江区留学人员创业园	先进制造
扬州鑫浩材科科技开发有限公司	扬州市邗江区留学人员创业园	新材料
扬州同济新能源环保动力系统有限公司	扬州市邗江区留学人员创业园	新能源环保
扬州雷鸥电业有限公司	扬州市邗江区留学人员创业园	新能源环保
扬州清工电子科技有限公司	扬州市邗江区留学人员创业园	新能源环保
江苏奥博洋信息技术有限公司	镇江留学生创业园	电子信息
江苏超创信息软件发展股份有限公司	镇江留学生创业园	电子信息
江苏华信光电科技有限公司	镇江留学生创业园	电子信息
江苏集科电通电子科技有限公司	镇江留学生创业园	电子信息
江苏京宾拓达软件科技有限公司	镇江留学生创业园	电子信息
江苏刻维信息技术有限公司	镇江留学生创业园	电子信息
江苏蓝铃视频信息科技有限公司	镇江留学生创业园	电子信息
江苏丽恒电子科技有限公司	镇江留学生创业园	电子信息
江苏万联新兆信息科技有限公司	镇江留学生创业园	电子信息
江苏物泰信息科技有限公司	镇江留学生创业园	电子信息
江苏振华信息科技有限公司	镇江留学生创业园	电子信息
江苏中云科技有限公司	镇江留学生创业园	电子信息
天空电子商务江苏有限公司	镇江留学生创业园	电子信息
镇江艾科半导体有限公司	镇江留学生创业园	电子信息
镇江创思维力信息技术有限公司	镇江留学生创业园	电子信息
镇江硅谷信息科技有限公司	镇江留学生创业园	电子信息
镇江海腾光电科技有限公司	镇江留学生创业园	电子信息
镇江和邦通信技术有限公司	镇江留学生创业园	电子信息
镇江加视诚智能科技有限公司	镇江留学生创业园	电子信息
镇江科瑞电子有限公司	镇江留学生创业园	电子信息
镇江蓝锐奇电子科技有限公司	镇江留学生创业园	电子信息
镇江凌空网络技术有限公司	镇江留学生创业园	电子信息
镇江隆智半导体有限公司	镇江留学生创业园	电子信息

镇江诺尼基智能技术有限公司	镇江留学生创业园	电子信息
镇江如意互通电气技术有限公司	镇江留学生创业园	电子信息
镇江润欣科技信息有限公司	镇江留学生创业园	电子信息
镇江市澳华测控技术有限公司	镇江留学生创业园	电子信息
镇江数据堂网络技术有限公司	镇江留学生创业园	电子信息
镇江唐桥微电子有限公司	镇江留学生创业园	电子信息
镇江亿智邦电子科技有限公司	镇江留学生创业园	电子信息
镇江逸致仪器有限公司	镇江留学生创业园	电子信息
镇江优捷信息技术有限公司	镇江留学生创业园	电子信息
镇江中信科技开发有限公司	镇江留学生创业园	电子信息
江苏昌吉永生物科技有限公司	镇江留学生创业园	生物医药
江苏健华检验检测有限公司	镇江留学生创业园	生物医药
江苏维赛科技生物发展有限公司	镇江留学生创业园	生物医药
江苏新万和医药科技有限公司	镇江留学生创业园	生物医药
镇江奥斯康科学仪器有限公司	镇江留学生创业园	生物医药
镇江拜因诺生物科技有限公司	镇江留学生创业园	生物医药
镇江飞尔膜科技有限公司	镇江留学生创业园	生物医药
镇江格瑞生物工程有限公司	镇江留学生创业园	生物医药
镇江固特丽生物科技有限公司	镇江留学生创业园	生物医药
镇江和华医疗科技有限公司	镇江留学生创业园	生物医药
镇江华瑞生物技术科技有限公司	镇江留学生创业园	生物医药
镇江美博生物科技有限公司	镇江留学生创业园	生物医药
镇江仁健医疗设备有限公司	镇江留学生创业园	生物医药
镇江欣隆生物有限公司	镇江留学生创业园	生物医药
镇江新元素医药科技有限公司	镇江留学生创业园	生物医药
镇江亿特生物科技发展有限公司	镇江留学生创业园	生物医药
艾塔斯科技（镇江）有限公司	镇江留学生创业园	先进制造
江苏沃尔特电气有限公司	镇江留学生创业园	先进制造
镇江恒驰科技有限公司	镇江留学生创业园	先进制造
镇江九劲智能机械有限公司	镇江留学生创业园	先进制造
镇江威信广厦模块建筑有限公司	镇江留学生创业园	先进制造
江苏瑞博豪泰金属材料股份有限公司	镇江留学生创业园	新材料
江苏特森特新材料科技有限公司	镇江留学生创业园	新材料
江苏硕阳电子科技有限公司	镇江留学生创业园	新能源环保
江苏元中直流微电网有限公司	镇江留学生创业园	新能源环保
镇江金敏能源股份有限公司	镇江留学生创业园	新能源环保
江苏亚太生命科学有限公司	镇江留学生创业园	现代服务
江苏誉光电子有限公司	江苏扬中留学人员创业园	电子信息
江苏金迪科技有限公司	江苏扬中留学人员创业园	新材料
安剖分析软件科技（杭州）有限公司	杭州高新区留学人员创业园	电子信息
奥宝信息技术（杭州）有限公司	杭州高新区留学人员创业园	电子信息
博达乐思信息技术（杭州）有限公司	杭州高新区留学人员创业园	电子信息
光溪软件（杭州）有限公司	杭州高新区留学人员创业园	电子信息
汉帆（杭州）信息技术有限公司	杭州高新区留学人员创业园	电子信息
杭州安赛信息技术有限公司	杭州高新区留学人员创业园	电子信息
杭州奥格信息科技有限公司	杭州高新区留学人员创业园	电子信息
杭州奥维信息工程有限公司	杭州高新区留学人员创业园	电子信息
杭州澳之星科技有限公司	杭州高新区留学人员创业园	电子信息
杭州百维科技有限公司	杭州高新区留学人员创业园	电子信息
杭州博朗科技有限公司	杭州高新区留学人员创业园	电子信息
杭州博日科技有限公司	杭州高新区留学人员创业园	电子信息
杭州超海科技有限公司	杭州高新区留学人员创业园	电子信息
杭州晨达科技有限公司	杭州高新区留学人员创业园	电子信息
杭州诚永软件有限公司	杭州高新区留学人员创业园	电子信息
杭州创喜中日科技有限公司	杭州高新区留学人员创业园	电子信息
杭州创业软件股份有限公司	杭州高新区留学人员创业园	电子信息
杭州地平线软件技术有限公司	杭州高新区留学人员创业园	电子信息
杭州丰鼎科技有限公司	杭州高新区留学人员创业园	电子信息
杭州福寿康信息技术有限公司	杭州高新区留学人员创业园	电子信息
杭州富通计算机软件有限公司	杭州高新区留学人员创业园	电子信息

杭州格林蓝德信息技术有限公司	杭州高新区留学人员创业园	电子信息
杭州国芯科技有限公司	杭州高新区留学人员创业园	电子信息
杭州合众信息工程有限公司	杭州高新区留学人员创业园	电子信息
杭州和润科技有限公司	杭州高新区留学人员创业园	电子信息
杭州和源精密工具有限公司	杭州高新区留学人员创业园	电子信息
杭州衡欣科技有限公司	杭州高新区留学人员创业园	电子信息
杭州华高工业技术开发有限公司	杭州高新区留学人员创业园	电子信息
杭州华泰机电液技术工程有限公司	杭州高新区留学人员创业园	电子信息
杭州吉柏信息科技有限公司	杭州高新区留学人员创业园	电子信息
杭州杰智科技有限公司	杭州高新区留学人员创业园	电子信息
杭州金枫叶科技有限公司	杭州高新区留学人员创业园	电子信息
杭州金和软件有限公司	杭州高新区留学人员创业园	电子信息
杭州进新工程软件有限公司	杭州高新区留学人员创业园	电子信息
杭州柯瑞自动化技术有限公司	杭州高新区留学人员创业园	电子信息
杭州科尔光信技术有限公司	杭州高新区留学人员创业园	电子信息
杭州科姆力通讯系统有限公司	杭州高新区留学人员创业园	电子信息
杭州科臻科技有限公司	杭州高新区留学人员创业园	电子信息
杭州朗益科技有限公司	杭州高新区留学人员创业园	电子信息
杭州乐之网络科技有限公司	杭州高新区留学人员创业园	电子信息
杭州雷动科技有限公司	杭州高新区留学人员创业园	电子信息
杭州力孚信息科技有限公司	杭州高新区留学人员创业园	电子信息
杭州立普电讯有限公司	杭州高新区留学人员创业园	电子信息
杭州立盛电子信息有限公司	杭州高新区留学人员创业园	电子信息
杭州利洋软件科技有限公司	杭州高新区留学人员创业园	电子信息
杭州联合信息技术有限公司	杭州高新区留学人员创业园	电子信息
杭州六和时代科技有限公司	杭州高新区留学人员创业园	电子信息
杭州美盾防护技术有限公司	杭州高新区留学人员创业园	电子信息
杭州美中网络科技有限公司	杭州高新区留学人员创业园	电子信息
杭州明宇科技有限公司	杭州高新区留学人员创业园	电子信息
杭州牛耳图像科技有限公司	杭州高新区留学人员创业园	电子信息
杭州培根科技有限公司	杭州高新区留学人员创业园	电子信息
杭州千帆科技有限公司	杭州高新区留学人员创业园	电子信息
杭州勤生伟业科技有限公司	杭州高新区留学人员创业园	电子信息
杭州瑞琦信息技术有限公司	杭州高新区留学人员创业园	电子信息
杭州赛盟信息系统有限公司	杭州高新区留学人员创业园	电子信息
杭州士康射频技术有限公司	杭州高新区留学人员创业园	电子信息
杭州舜天科技有限公司	杭州高新区留学人员创业园	电子信息
杭州思绘信息技术有限公司	杭州高新区留学人员创业园	电子信息
杭州太平洋科技有限公司	杭州高新区留学人员创业园	电子信息
杭州天阙科技有限公司	杭州高新区留学人员创业园	电子信息
杭州天夏科技集团有限公司	杭州高新区留学人员创业园	电子信息
杭州铁三角科技有限公司	杭州高新区留学人员创业园	电了信息
杭州拓力马网络技术有限公司	杭州高新区留学人员创业园	电子信息
杭州拓天科技有限公司	杭州高新区留学人员创业园	电子信息
杭州万工科技有限公司	杭州高新区留学人员创业园	电子信息
杭州万年青网络科技有限公司	杭州高新区留学人员创业园	电子信息
杭州威望科技有限公司	杭州高新区留学人员创业园	电子信息
杭州协科信息技术有限公司	杭州高新区留学人员创业园	电子信息
杭州新迪数字工程系统有限公司	杭州高新区留学人员创业园	电子信息
杭州新力软件技术服务有限公司	杭州高新区留学人员创业园	电子信息
杭州新唐科技有限公司	杭州高新区留学人员创业园	电子信息
杭州信得捷电子有限公司	杭州高新区留学人员创业园	电子信息
杭州星月巨能软件有限公司	杭州高新区留学人员创业园	电子信息
杭州轩爱科技有限公司	杭州高新区留学人员创业园	电子信息
杭州学易科技有限公司	杭州高新区留学人员创业园	电子信息
杭州讯杰科技有限公司	杭州高新区留学人员创业园	电子信息
杭州迅美科技有限公司	杭州高新区留学人员创业园	电子信息
杭州亚唐软件科技有限公司	杭州高新区留学人员创业园	电子信息
杭州一创科技有限公司	杭州高新区留学人员创业园	电子信息
杭州伊柯夫科技有限公司	杭州高新区留学人员创业园	电子信息

杭州亿通科技有限公司	杭州高新区留学人员创业园	电子信息
杭州益赛信息系统工程有限公司	杭州高新区留学人员创业园	电子信息
杭州英迈克电子有限公司	杭州高新区留学人员创业园	电子信息
杭州英卓网络科技有限公司	杭州高新区留学人员创业园	电子信息
杭州悠扬电子有限公司	杭州高新区留学人员创业园	电子信息
杭州有则软件有限公司	杭州高新区留学人员创业园	电子信息
杭州宇动科技有限公司	杭州高新区留学人员创业园	电子信息
杭州远拓科技有限公司	杭州高新区留学人员创业园	电子信息
杭州跃翔科技有限公司	杭州高新区留学人员创业园	电子信息
杭州长聚科技有限公司	杭州高新区留学人员创业园	电子信息
杭州长源数码科技有限公司	杭州高新区留学人员创业园	电子信息
杭州浙大数字几何有限公司	杭州高新区留学人员创业园	电子信息
杭州正蓝网络技术有限公司	杭州高新区留学人员创业园	电子信息
杭州中博软件技术有限公司	杭州高新区留学人员创业园	电子信息
杭州中科微电子有限公司	杭州高新区留学人员创业园	电子信息
杭州中汽网络技术有限公司	杭州高新区留学人员创业园	电子信息
杭州中瑞科技有限公司	杭州高新区留学人员创业园	电子信息
杭州中天微系统有限公司	杭州高新区留学人员创业园	电子信息
杭州自维科技有限公司	杭州高新区留学人员创业园	电子信息
虹软（杭州）多媒体信息技术有限公司	杭州高新区留学人员创业园	电子信息
虹软（杭州）科技有限公司	杭州高新区留学人员创业园	电子信息
康奋威科技（杭州）有限公司	杭州高新区留学人员创业园	电子信息
康福特科技（杭州）有限公司	杭州高新区留学人员创业园	电子信息
普高（杭州）科技开发有限公司	杭州高新区留学人员创业园	电子信息
润通科技（杭州）有限公司	杭州高新区留学人员创业园	电子信息
数域科技（杭州）有限公司	杭州高新区留学人员创业园	电子信息
天恒通讯技术（杭州）有限公司	杭州高新区留学人员创业园	电子信息
微明（杭州）信息科技有限公司	杭州高新区留学人员创业园	电子信息
星际（杭州）网络技术有限公司	杭州高新区留学人员创业园	电子信息
星梦科技（杭州）有限公司	杭州高新区留学人员创业园	电子信息
亚龙信息科技（杭州）有限公司	杭州高新区留学人员创业园	电子信息
亿创（杭州）软件有限公司	杭州高新区留学人员创业园	电子信息
易世代（杭州）信息技术有限公司	杭州高新区留学人员创业园	电子信息
远村（杭州）科技开发有限公司	杭州高新区留学人员创业园	电子信息
浙大网新科技股份有限公司	杭州高新区留学人员创业园	电子信息
浙江安科网络技术有限公司	杭州高新区留学人员创业园	电子信息
浙江中控软件技术有限公司	杭州高新区留学人员创业园	电子信息
智网科技（杭州）有限公司	杭州高新区留学人员创业园	电子信息
中控科技集团有限公司	杭州高新区留学人员创业园	电子信息
爱思进生物技术（杭州）有限公司	杭州高新区留学人员创业园	生物医药
澳杰生物科技（杭州）有限公司	杭州高新区留学人员创业园	生物医药
杭州奥美生物医药有限公司	杭州高新区留学人员创业园	生物医药
杭州北斗生物技术有限公司	杭州高新区留学人员创业园	生物医药
杭州博可生物科技有限公司	杭州高新区留学人员创业园	生物医药
杭州德默医药科技有限公司	杭州高新区留学人员创业园	生物医药
杭州东伟生物技术有限公司	杭州高新区留学人员创业园	生物医药
杭州格林费尔生化技术有限公司	杭州高新区留学人员创业园	生物医药
杭州广林生物医药有限公司	杭州高新区留学人员创业园	生物医药
杭州华安生物技术有限公司	杭州高新区留学人员创业园	生物医药
杭州慧根药业有限公司	杭州高新区留学人员创业园	生物医药
杭州基伟生物技术有限公司	杭州高新区留学人员创业园	生物医药
杭州佳宜医药技术有限公司	杭州高新区留学人员创业园	生物医药
杭州凯普医药化工有限公司	杭州高新区留学人员创业园	生物医药
杭州康特尔医药科技有限公司	杭州高新区留学人员创业园	生物医药
杭州麦塔威逊生物科技有限公司	杭州高新区留学人员创业园	生物医药
杭州纽罗西敏生物科技有限公司	杭州高新区留学人员创业园	生物医药
杭州容立医药科技有限公司	杭州高新区留学人员创业园	生物医药
杭州曙光药业有限公司	杭州高新区留学人员创业园	生物医药
杭州泰格医药科技有限公司	杭州高新区留学人员创业园	生物医药
杭州威欧生物科技有限公司	杭州高新区留学人员创业园	生物医药

杭州英仕利生物科技有限公司	杭州高新区留学人员创业园	生物医药
杭州友好医学检验中心有限公司	杭州高新区留学人员创业园	生物医药
杭州宇之助生物科技有限公司	杭州高新区留学人员创业园	生物医药
杭州浙大生科生物技术有限公司	杭州高新区留学人员创业园	生物医药
杭州中瑞医药有限公司	杭州高新区留学人员创业园	生物医药
极地基因技术（杭州）有限公司	杭州高新区留学人员创业园	生物医药
丹纳森工程装备（杭州）有限公司	杭州高新区留学人员创业园	先进制造
丹尼（杭州）科技有限公司	杭州高新区留学人员创业园	先进制造
感易（杭州）科技有限公司	杭州高新区留学人员创业园	先进制造
杭州（火炬）西斗门膜工业有限公司	杭州高新区留学人员创业园	先进制造
杭州奥加工程机械科技有限公司	杭州高新区留学人员创业园	先进制造
杭州精彩化工有限公司	杭州高新区留学人员创业园	先进制造
杭州精工技研有限公司	杭州高新区留学人员创业园	先进制造
杭州精卓楼宇智能设备有限公司	杭州高新区留学人员创业园	先进制造
杭州摩科商用设备有限公司	杭州高新区留学人员创业园	先进制造
杭州锐力光学有限公司	杭州高新区留学人员创业园	先进制造
杭州瑞波科技开发有限公司	杭州高新区留学人员创业园	先进制造
杭州瑞胜电气有限公司	杭州高新区留学人员创业园	先进制造
杭州总研电气有限公司	杭州高新区留学人员创业园	先进制造
宏视精密仪器（杭州）有限公司	杭州高新区留学人员创业园	先进制造
特朗斯福纺织印花（杭州）有限公司	杭州高新区留学人员创业园	先进制造
杭州安阳建材科技有限公司	杭州高新区留学人员创业园	新材料
杭州大和热磁电子有限公司	杭州高新区留学人员创业园	新材料
杭州东帝科技有限公司	杭州高新区留学人员创业园	新材料
杭州风向照明科技有限公司	杭州高新区留学人员创业园	新材料
杭州双威纳米科技有限公司	杭州高新区留学人员创业园	新材料
杭州先进陶瓷材料有限公司	杭州高新区留学人员创业园	新材料
开泰新材料（杭州）有限公司	杭州高新区留学人员创业园	新材料
桑博硅技术（杭州）有限公司	杭州高新区留学人员创业园	新材料
杭州博泰水业有限公司	杭州高新区留学人员创业园	新能源环保
杭州东天虹环境保护有限公司	杭州高新区留学人员创业园	新能源环保
杭州合一环境科技有限公司	杭州高新区留学人员创业园	新能源环保
杭州健桥环保设备科技有限公司	杭州高新区留学人员创业园	新能源环保
杭州青绿蓝环境技术有限公司	杭州高新区留学人员创业园	新能源环保
杭州三和环保技术工程有限公司	杭州高新区留学人员创业园	新能源环保
杭州天达环保科技有限公司	杭州高新区留学人员创业园	新能源环保
杭州雪中炭恒温技术有限公司	杭州高新区留学人员创业园	新能源环保
聚光科技（杭州）有限公司	杭州高新区留学人员创业园	新能源环保
帕萨旺一洛帝格环保技术（杭州）有限公司	杭州高新区留学人员创业园	新能源环保
杭州九越数字动画有限公司	杭州高新区留学人员创业园	文化创意
阿杰弗（杭州）建筑规划景观设计咨询有限公司	杭州高新区留学人员创业园	现代服务
艾斯弧（杭州）建筑规划设计咨询有限公司	杭州高新区留学人员创业园	现代服务
奥兰多（杭州）实业有限公司	杭州高新区留学人员创业园	现代服务
澳华建筑顾问（杭州）有限公司	杭州高新区留学人员创业园	现代服务
澳士达科技（杭州）有限公司	杭州高新区留学人员创业园	现代服务
百尔盛（杭州）电子有限公司	杭州高新区留学人员创业园	现代服务
德包豪斯视觉建筑设计（杭州）有限公司	杭州高新区留学人员创业园	现代服务
高博管理科学研究所（杭州）有限公司	杭州高新区留学人员创业园	现代服务
高博技术与战略研究所（杭州）有限公司	杭州高新区留学人员创业园	现代服务
杭州博文教育咨询有限公司	杭州高新区留学人员创业园	现代服务
杭州策兰企业管理咨询有限公司	杭州高新区留学人员创业园	现代服务
杭州富瑞斯珂管理咨询有限公司	杭州高新区留学人员创业园	现代服务
杭州高商企业管理咨询有限公司	杭州高新区留学人员创业园	现代服务
杭州嘉诺展览有限公司	杭州高新区留学人员创业园	现代服务
杭州嘉瑞建筑规划设计咨询有限公司	杭州高新区留学人员创业园	现代服务
杭州连衡商务咨询有限公司	杭州高新区留学人员创业园	现代服务
杭州零陆空间展示设计有限公司	杭州高新区留学人员创业园	现代服务
杭州美中教育科技有限公司	杭州高新区留学人员创业园	现代服务
杭州普迪规划设计有限公司	杭州高新区留学人员创业园	现代服务
杭州赛维服饰设计有限公司	杭州高新区留学人员创业园	现代服务

杭州三佳建筑设计咨询有限公司	杭州高新区留学人员创业园	现代服务
杭州伟图网页设计咨询有限公司	杭州高新区留学人员创业园	现代服务
杭州新洋投资管理有限公司	杭州高新区留学人员创业园	现代服务
杭州易思维投资管理咨询有限公司	杭州高新区留学人员创业园	现代服务
杭州越洋信息咨询有限公司	杭州高新区留学人员创业园	现代服务
金枫叶（杭州）科技咨询有限公司	杭州高新区留学人员创业园	现代服务
易如咨询（杭州）有限公司	杭州高新区留学人员创业园	现代服务
英特纳教育科技有限公司	杭州高新区留学人员创业园	现代服务
浙江艾斯弧建筑景观设计有限公司	杭州高新区留学人员创业园	现代服务
杭州易随科技有限公司	杭州市经济技术开发区留学人员创业园	电子信息
浙江飞亚电子有限公司	杭州市经济技术开发区留学人员创业园	电子信息
杭州创新生物检控技术有限公司	杭州市经济技术开发区留学人员创业园	生物医药
杭州新瑞佳生物医药技术开发有限公司	杭州市经济技术开发区留学人员创业园	生物医药
杭州中肽生化有限公司	杭州市经济技术开发区留学人员创业园	生物医药
杭州富尔顿热能设备有限公司	杭州市经济技术开发区留学人员创业园	新能源环保
杭州龙焱能源科技有限公司	杭州市经济技术开发区留学人员创业园	新能源环保
联德机械（杭州）公司	杭州市经济技术开发区留学人员创业园	先进制造
杭州飞鸟专修学校	杭州市经济技术开发区留学人员创业园	现代服务
杭州安德维网络传媒有限公司	杭州市留学人员上城区创业园	电子信息
杭州畅翔科技集团有限公司	杭州市留学人员上城区创业园	电子信息
杭州衡泰软件有限公司	杭州市留学人员上城区创业园	电子信息
杭州璟江瑞华科技有限公司	杭州市留学人员上城区创业园	电子信息
杭州亚特电子信息科技有限公司	杭州市留学人员上城区创业园	电子信息
杭州中荣网络技术有限公司	杭州市留学人员上城区创业园	电子信息
微宏软件技术（杭州）有限公司	杭州市留学人员上城区创业园	电子信息
象岛科技（杭州）有限公司	杭州市留学人员上城区创业园	电子信息
杭州鸿立生物医疗科技有限公司	杭州市留学人员上城区创业园	生物医药
宜康（杭州）生物技术有限公司	杭州市留学人员上城区创业园	生物医药
杭州奥普电器有限公司	杭州市留学人员上城区创业园	先进制造
杭州索太新能源环保环保技术开发有限公司	杭州市留学人员上城区创业园	新能源环保
杭州近江化工染料有限公司	杭州市留学人员上城区创业园	新材料
杭州东篱农业开发有限公司	杭州市留学人员上城区创业园	现代服务
杭州绿盛食品有限公司	杭州市留学人员上城区创业园	现代服务
杭州宇林数码打印材料有限公司	杭州市留学人员上城区创业园	现代服务
杭州正美实业有限公司	杭州市留学人员上城区创业园	现代服务
杭州棕榈泉投资咨询有限公司	杭州市留学人员上城区创业园	现代服务
百立（杭州）电子系统有限公司	杭州市留学人员萧山区创业园	电子信息
汉力国际微电子（杭州）有限公司	杭州市留学人员萧山区创业园	电子信息
杭州碧波网络科技有限公司	杭州市留学人员萧山区创业园	电子信息
杭州信核数据科技有限公司	杭州市留学人员萧山区创业园	电子信息
泰崴科技（杭州）有限公司	杭州市留学人员萧山区创业园	电子信息
英凡（杭州）医药网络科技有限公司	杭州市留学人员萧山区创业园	生物医药
宁波艾骊科微控技术有限公司	宁波保税区留学人员创业园	电子信息
宁波奥科电子技术有限公司	宁波保税区留学人员创业园	电子信息
宁波保税区艾顿信息科技有限公司	宁波保税区留学人员创业园	电子信息
宁波保税区迪信迦美科技有限公司	宁波保税区留学人员创业园	电子信息
宁波迪吉特电子科技发展有限公司	宁波保税区留学人员创业园	电子信息
宁波福斯特计算机应用技术有限公司	宁波保税区留学人员创业园	电子信息
宁波海加网络科技有限公司	宁波保税区留学人员创业园	电子信息
宁波海王机电科技有限公司	宁波保税区留学人员创业园	电子信息
宁波科力亿创信息技术有限公司	宁波保税区留学人员创业园	电子信息
宁波坤麟信息技术有限公司	宁波保税区留学人员创业园	电子信息
宁波派金信息科技有限公司	宁波保税区留学人员创业园	电子信息
宁波瑞美软件科技有限公司	宁波保税区留学人员创业园	电子信息
宁波赛盟科技发展有限公司	宁波保税区留学人员创业园	电子信息
宁波万由电子科技有限公司	宁波保税区留学人员创业园	电子信息
宁波新吉凯氏测量技术有限公司	宁波保税区留学人员创业园	电子信息
宁波循泽电子科技有限公司	宁波保税区留学人员创业园	电子信息
宁波颐康信息技术服务有限公司	宁波保税区留学人员创业园	电子信息
威瑞泰科技发展（宁波）有限公司	宁波保税区留学人员创业园	电子信息

宁波艾克伦医疗科技有限公司	宁波保税区留学人员创业园	生物医药
宁波保税区安杰脉德医疗器械有限公司	宁波保税区留学人员创业园	生物医药
宁波保税区德宝生物科技有限公司	宁波保税区留学人员创业园	生物医药
宁波保税区盛宁医疗科技有限公司	宁波保税区留学人员创业园	生物医药
宁波保税区欣诺生物技术有限公司	宁波保税区留学人员创业园	生物医药
宁波迈达医疗仪器有限公司	宁波保税区留学人员创业园	生物医药
宁波市一嘉生物化工有限公司	宁波保税区留学人员创业园	生物医药
浙江瑞康生物技术有限公司	宁波保税区留学人员创业园	生物医药
宁波保税区德波尔电器有限公司	宁波保税区留学人员创业园	先进制造
宁波保税区天儸非充气轮子有限公司	宁波保税区留学人员创业园	先进制造
宁波睿控电器有限公司	宁波保税区留学人员创业园	先进制造
宁波市海澳斯水处理设备有限公司	宁波保税区留学人员创业园	先进制造
宁波思达利光电科技有限公司	宁波保税区留学人员创业园	先进制造
宁波斯宾拿建荣机械有限公司	宁波保税区留学人员创业园	先进制造
宁波斯宾拿精密机械制造有限公司	宁波保税区留学人员创业园	先进制造
宁波威瑞泰默赛多相流仪器设备有限公司	宁波保税区留学人员创业园	先进制造
宁波中宁伟业液压有限公司	宁波保税区留学人员创业园	先进制造
浙江海桐高新工程技术有限公司	宁波保税区留学人员创业园	先进制造
宁波爱洁世迪恩特环保材料有限公司	宁波保税区留学人员创业园	新材料
宁波保税区龙豪新材料科技有限公司	宁波保税区留学人员创业园	新材料
宁波密克斯新材料科技有限公司	宁波保税区留学人员创业园	新材料
艾科理环境监测科技（宁波）有限公司	宁波保税区留学人员创业园	新能源环保
宁波保税区绿光能源科技有限公司	宁波保税区留学人员创业园	新能源环保
宁波保税区唯英能源科技有限公司	宁波保税区留学人员创业园	新能源环保
宁波博浪热能设备有限公司	宁波保税区留学人员创业园	新能源环保
宁波源禄光电有限公司	宁波保税区留学人员创业园	新能源环保
宁波高新区国图软件有限公司	宁波高新区留学人员创业园	电子信息
宁波艾思科尔电子科技有限公司	宁波高新区留学人员创业园	电子信息
宁波安陆通信科技有限公司	宁波高新区留学人员创业园	电子信息
宁波八门电子技术有限公司	宁波高新区留学人员创业园	电子信息
宁波百事德信息科技有限公司	宁波高新区留学人员创业园	电子信息
宁波博来净化科技有限公司	宁波高新区留学人员创业园	电子信息
宁波大数信息科技有限公司	宁波高新区留学人员创业园	电子信息
宁波帝人液压有限公司	宁波高新区留学人员创业园	电子信息
宁波东峻信息科技有限公司	宁波高新区留学人员创业园	电子信息
宁波纷享软件科技有限公司	宁波高新区留学人员创业园	电子信息
宁波高新区安贸泰科技有限公司	宁波高新区留学人员创业园	电子信息
宁波高新区博荣信息技术有限公司	宁波高新区留学人员创业园	电子信息
宁波高新区车邦士节能科技有限公司	宁波高新区留学人员创业园	电子信息
宁波高新区大略科技有限公司	宁波高新区留学人员创业园	电子信息
宁波高新区多西亚信息科技有限公司	宁波高新区留学人员创业园	电子信息
宁波高新区芳洁生态科技有限公司	宁波高新区留学人员创业园	电子信息
宁波高新区蜂鸟创熠科技有限公司	宁波高新区留学人员创业园	电子信息
宁波高新区国保金泰信息安全技术有限公司	宁波高新区留学人员创业园	电子信息
宁波高新区海辰生物科技有限公司	宁波高新区留学人员创业园	电子信息
宁波高新区弘有通讯技术有限公司	宁波高新区留学人员创业园	电子信息
宁波高新区慧天下智能科技有限公司	宁波高新区留学人员创业园	电子信息
宁波高新区景峰科技有限公司	宁波高新区留学人员创业园	电子信息
宁波高新区马许科技有限公司	宁波高新区留学人员创业园	电子信息
宁波高新区迈蒂可科技有公司	宁波高新区留学人员创业园	电子信息
宁波高新区鹏博科技有限公司	宁波高新区留学人员创业园	电子信息
宁波高新区群创科技有限责任公司	宁波高新区留学人员创业园	电子信息
宁波高新区赛维斯窥镜技术有限公司	宁波高新区留学人员创业园	电子信息
宁波高新区三通丰茂电子有限公司	宁波高新区留学人员创业园	电子信息
宁波高新区天童科技有限公司	宁波高新区留学人员创业园	电子信息
宁波高新区效拓科技有限公司	宁波高新区留学人员创业园	电子信息
宁波高新区芯拓科技有限公司	宁波高新区留学人员创业园	电子信息
宁波高新区扬基电子科技有限公司	宁波高新区留学人员创业园	电子信息
宁波高新区尧瑶科技有限公司	宁波高新区留学人员创业园	电子信息
宁波高新区一元科技有限公司	宁波高新区留学人员创业园	电子信息

宁波高新区银欧科技有限公司	宁波高新区留学人员创业园	电子信息
宁波高新区宇善科技有限公司	宁波高新区留学人员创业园	电子信息
宁波高新区中基德兴科技有限公司	宁波高新区留学人员创业园	电子信息
宁波高新区资富信息技术有限公司	宁波高新区留学人员创业园	电子信息
宁波格明电子科技有限公司	宁波高新区留学人员创业园	电子信息
宁波观原网络科技有限公司	宁波高新区留学人员创业园	电子信息
宁波海创天下信息科技有限公司	宁波高新区留学人员创业园	电子信息
宁波海域天华通信技术有限公司	宁波高新区留学人员创业园	电子信息
宁波恒通联拓信息科技有限公司	宁波高新区留学人员创业园	电子信息
宁波恒云迅信息科技有限公司	宁波高新区留学人员创业园	电子信息
宁波互动星空信息科技有限公司	宁波高新区留学人员创业园	电子信息
宁波极视信息科技有限公司	宁波高新区留学人员创业园	电子信息
宁波极小值信息科技有限公司	宁波高新区留学人员创业园	电子信息
宁波嘉道网络科技有限公司	宁波高新区留学人员创业园	电子信息
宁波京舟电子科技有限公司	宁波高新区留学人员创业园	电子信息
宁波晶耀电子科技有限公司	宁波高新区留学人员创业园	电子信息
宁波开放通达网络科技有限公司	宁波高新区留学人员创业园	电子信息
宁波康铭泰克信息科技有限公司	宁波高新区留学人员创业园	电子信息
宁波兰玛颂网络科技有限公司	宁波高新区留学人员创业园	电子信息
宁波力芯科信息科技有限公司	宁波高新区留学人员创业园	电子信息
宁波谱波数字系统有限公司	宁波高新区留学人员创业园	电子信息
宁波去你那儿网络信息技术有限公司	宁波高新区留学人员创业园	电子信息
宁波荣瑞升动力科技有限公司	宁波高新区留学人员创业园	电子信息
宁波融序信息技术有限公司	宁波高新区留学人员创业园	电子信息
宁波瑞康达电子科技有限公司	宁波高新区留学人员创业园	电子信息
宁波润赛信息科技有限公司	宁波高新区留学人员创业园	电子信息
宁波商埃曲信息科技有限公司	宁波高新区留学人员创业园	电子信息
宁波市户易网络科技有限公司	宁波高新区留学人员创业园	电子信息
宁波市智灵软件科技有限公司	宁波高新区留学人员创业园	电子信息
宁波阳光传说网络科技有限公司	宁波高新区留学人员创业园	电子信息
宁波易买易卖网络科技有限公司	宁波高新区留学人员创业园	电子信息
宁波翊成电子科技有限公司	宁波高新区留学人员创业园	电子信息
宁波毅远信息科技有限公司	宁波高新区留学人员创业园	电子信息
宁波银华元创智能科技有限公司	宁波高新区留学人员创业园	电子信息
宁波英瑞特电子科技有限公司	宁波高新区留学人员创业园	电子信息
宁波盈和星泰信息技术有限公司	宁波高新区留学人员创业园	电子信息
宁波甬动信息科技有限公司	宁波高新区留学人员创业园	电子信息
宁波云传多媒体技术有限公司	宁波高新区留学人员创业园	电子信息
宁波招达网络科技有限公司	宁波高新区留学人员创业园	电子信息
宁波兆尔电子科技有限公司	宁波高新区留学人员创业园	电子信息
宁波智汇鑫电子科技有限公司	宁波高新区留学人员创业园	电子信息
浙江钧普科技股份有限公司	宁波高新区留学人员创业园	电子信息
浙江思特邦威电子科技有限公司	宁波高新区留学人员创业园	电子信息
浙江中之杰软件技术有限公司	宁波高新区留学人员创业园	电子信息
科晶（宁波）生物科技有限公司	宁波高新区留学人员创业园	生物医药
宁波高新区贝娑生物科技有限公司	宁波高新区留学人员创业园	生物医药
宁波高新区中鼎生物技术有限公司	宁波高新区留学人员创业园	生物医药
宁波君和生物科技有限公司	宁波高新区留学人员创业园	生物医药
宁波康贝生化有限公司	宁波高新区留学人员创业园	生物医药
宁波诺杰医疗科技有限公司	宁波高新区留学人员创业园	生物医药
宁波市美灵思医疗科技有限公司	宁波高新区留学人员创业园	生物医药
宁波市重鼎生物技术有限公司	宁波高新区留学人员创业园	生物医药
宁波易文赛生物科技有限公司	宁波高新区留学人员创业园	生物医药
宁波益福康生物科技有限公司	宁波高新区留学人员创业园	生物医药
宁波有成生物医药科技有限公司	宁波高新区留学人员创业园	生物医药
宁波柏瑞机电有限公司	宁波高新区留学人员创业园	先进制造
宁波柏瑞机电有限公司	宁波高新区留学人员创业园	先进制造
宁波博能印刷电子科技有限公司	宁波高新区留学人员创业园	先进制造
宁波晨阳光电科技有限公司	宁波高新区留学人员创业园	先进制造
宁波川拓自动化科技有限公司	宁波高新区留学人员创业园	先进制造

宁波大龙农业科技有限公司	宁波高新区留学人员创业园	先进制造
宁波高联机器人有限公司	宁波高新区留学人员创业园	先进制造
宁波高新区光之瞳光电科技有限公司	宁波高新区留学人员创业园	先进制造
宁波高新区河姆鹿玩具有限公司	宁波高新区留学人员创业园	先进制造
宁波高新区摩森科技有限公司	宁波高新区留学人员创业园	先进制造
宁波高新区思搏科技有限公司	宁波高新区留学人员创业园	先进制造
宁波高新区晓圆科技有限公司	宁波高新区留学人员创业园	先进制造
宁波高新区泽广机电技术服务有限公司	宁波高新区留学人员创业园	先进制造
宁波汉迪传感器技术有限公司	宁波高新区留学人员创业园	先进制造
宁波华厚工业设备有限公司	宁波高新区留学人员创业园	先进制造
宁波吉瑞陶瓷技术有限公司	宁波高新区留学人员创业园	先进制造
宁波科廷光电科技有限公司	宁波高新区留学人员创业园	先进制造
宁波肯迪迅机电文化设备有限公司	宁波高新区留学人员创业园	先进制造
宁波力达得为高分子科技有限公司	宁波高新区留学人员创业园	先进制造
宁波丽诺美容设备有限公司	宁波高新区留学人员创业园	先进制造
宁波龙诚祥自动化机械有限公司	宁波高新区留学人员创业园	先进制造
宁波驱达汽车零部件制造有限公司	宁波高新区留学人员创业园	先进制造
宁波赛晖电子科技有限公司	宁波高新区留学人员创业园	先进制造
宁波神筹环保设备有限公司	宁波高新区留学人员创业园	先进制造
宁波盛世东飞模塑科技有限公司	宁波高新区留学人员创业园	先进制造
宁波新联湾五金科技有限公司	宁波高新区留学人员创业园	先进制造
宁波福沃德新材料科技有限公司	宁波高新区留学人员创业园	新材料
宁波高新区崇高新材料有限公司	宁波高新区留学人员创业园	新材料
宁波高新区思百树新材料科技有限公司	宁波高新区留学人员创业园	新材料
宁波格霖纳新材料科技有限公司	宁波高新区留学人员创业园	新材料
宁波豪方材料有限公司	宁波高新区留学人员创业园	新材料
宁波华尔克应用材料有限公司	宁波高新区留学人员创业园	新材料
宁波凯得新材料科技有限公司	宁波高新区留学人员创业园	新材料
宁波乐嘉新材料科技有限公司	宁波高新区留学人员创业园	新材料
宁波诺沃新材料科技有限公司	宁波高新区留学人员创业园	新材料
宁波赛瑞特新材料科技有限公司	宁波高新区留学人员创业园	新材料
宁波桑尼新材料科技有限公司	宁波高新区留学人员创业园	新材料
宁波圣科新材料有限公司	宁波高新区留学人员创业园	新材料
宁波天泽新材料科技有限公司	宁波高新区留学人员创业园	新材料
宁波玉成新材料科技有限公司	宁波高新区留学人员创业园	新材料
宁波智锐新材料有限公司	宁波高新区留学人员创业园	新材料
宁波中科八益新材料股份有限公司	宁波高新区留学人员创业园	新材料
宁波中焱光伏科技有限公司	宁波高新区留学人员创业园	新材料
宁波宝能节能环保科技有限公司	宁波高新区留学人员创业园	新能源环保
宁波碧悦科技有限公司	宁波高新区留学人员创业园	新能源环保
宁波鼎承能源科技有限公司	宁波高新区留学人员创业园	新能源环保
宁波高新区聚光太阳能有限公司	宁波高新区留学人员创业园	新能源环保
宁波高新区美天美环保科技有限公司	宁波高新区留学人员创业园	新能源环保
宁波恒新能源科技有限公司	宁波高新区留学人员创业园	新能源环保
宁波立新生物质能源有限公司	宁波高新区留学人员创业园	新能源环保
宁波琼森环保木业有限公司	宁波高新区留学人员创业园	新能源环保
宁波市高德日化科技有限公司	宁波高新区留学人员创业园	新能源环保
宁波市清鄰环保工程有限公司	宁波高新区留学人员创业园	新能源环保
宁波水韵生态环保科技有限公司	宁波高新区留学人员创业园	新能源环保
宁波硕源新能源科技有限公司	宁波高新区留学人员创业园	新能源环保
宁波斯凯蒙新能源科技有限公司	宁波高新区留学人员创业园	新能源环保
宁波高新区极速文化创意有限公司	宁波高新区留学人员创业园	文化创意
宁波高新区玖策公关策划有限公司	宁波高新区留学人员创业园	文化创意
宁波高新区塞娜薇文化传播有限公司	宁波高新区留学人员创业园	文化创意
宁波高新区昱星文化传媒有限公司	宁波高新区留学人员创业园	文化创意
宁波故园文化传媒有限公司	宁波高新区留学人员创业园	文化创意
宁波考工记产品创意有限公司	宁波高新区留学人员创业园	文化创意
宁波罗斯旋风文化传播有限公司	宁波高新区留学人员创业园	文化创意
浙江美麟文化发展有限公司	宁波高新区留学人员创业园	文化创意
宁波高新区聚方物联科技有限公司	宁波高新区留学人员创业园	现代服务

宁波高新区隆源智信知识产权咨询有限公司	宁波高新区留学人员创业园	现代服务
宁波高新区亿点传媒策划有限公司	宁波高新区留学人员创业园	现代服务
宁波高新区银瑞家居科技有限公司	宁波高新区留学人员创业园	现代服务
宁波华祥技术服务有限公司	宁波高新区留学人员创业园	现代服务
宁波金珂科技咨询有限公司	宁波高新区留学人员创业园	现代服务
宁波科金工业腐蚀监测技术有限公司	宁波高新区留学人员创业园	现代服务
宁波隆捷慧通物联科技有限公司	宁波高新区留学人员创业园	现代服务
宁波普锐达物联科技有限公司	宁波高新区留学人员创业园	现代服务
宁波声浪音乐制作有限公司	宁波高新区留学人员创业园	现代服务
宁波市信德投资管理咨询有限公司	宁波高新区留学人员创业园	现代服务
宁波曙川家具科技有限公司	宁波高新区留学人员创业园	现代服务
宁波微至广告策划有限公司	宁波高新区留学人员创业园	现代服务
宁波安盛节电科技有限公司	宁波经济技术开发区留学人员创业园	新能源环保
宁波华研信息技术有限公司	宁波经济技术开发区留学人员创业园	新能源环保
宁波吉达智能交通技术有限公司	宁波经济技术开发区留学人员创业园	新能源环保
宁波经济技术开发区全盛软件科技有限公司	宁波经济技术开发区留学人员创业园	新能源环保
宁波信嘉诺网络科技有限公司	宁波经济技术开发区留学人员创业园	新能源环保
宁波讯强电子科技有限公司	宁波经济技术开发区留学人员创业园	新能源环保
宁波经济技术开发区高科海洋技术开发有限公司	宁波经济技术开发区留学人员创业园	新能源环保
宁波经济技术开发区名谛生物技术有限公司	宁波经济技术开发区留学人员创业园	新能源环保
宁波锐视医疗设备科技有限公司	宁波经济技术开发区留学人员创业园	新能源环保
雷神机电宁波有限公司	宁波经济技术开发区留学人员创业园	文化创意
宁波昂振光电子有限公司	宁波经济技术开发区留学人员创业园	文化创意
宁波经济技术开发区联丰技术发展有限公司	宁波经济技术开发区留学人员创业园	文化创意
宁波经济技术开发区顺成模具有限公司	宁波经济技术开发区留学人员创业园	文化创意
宁波凌日表面工程有限公司	宁波经济技术开发区留学人员创业园	文化创意
宁波欧龙感应设备有限公司	宁波经济技术开发区留学人员创业园	文化创意
宁波润兴电器有限公司	宁波经济技术开发区留学人员创业园	文化创意
宁波同飞精密机械有限公司	宁波经济技术开发区留学人员创业园	文化创意
宁波昂振塑料制品有限公司	宁波经济技术开发区留学人员创业园	现代服务
宁波京美橡塑科技有限公司	宁波经济技术开发区留学人员创业园	现代服务
宁波经济技术开发区晶格新材料开发有限公司	宁波经济技术开发区留学人员创业园	现代服务
宁波摩根精细化工材料有限公司	宁波经济技术开发区留学人员创业园	现代服务
宁波能聚工程塑料有限公司	宁波经济技术开发区留学人员创业园	现代服务
宁波能之光新材料科技有限公司	宁波经济技术开发区留学人员创业园	现代服务
宁波威克丽特化工材料有限公司	宁波经济技术开发区留学人员创业园	现代服务
温州飞扬软件有限公司	温州留学人员创业园	电子信息
温州环科电子信息技术有限公司	温州留学人员创业园	电子信息
温州吉芯科技有限公司	温州留学人员创业园	电子信息
温州美橙互易信息科技有限公司	温州留学人员创业园	电子信息
温州三境网络技术有限公司	温州留学人员创业园	电子信息
温州市易能软件有限公司	温州留学人员创业园	电子信息
温州天点网络传媒有限公司	温州留学人员创业园	电子信息
温州一诺信息有限公司	温州留学人员创业园	电子信息
温州易天信息科技有限公司	温州留学人员创业园	电子信息
浙江麦克斯韦尔有限公司	温州留学人员创业园	电子信息
浙江紫朝科技有限公司	温州留学人员创业园	电子信息
温州艾微尔生物有限公司	温州留学人员创业园	生物医药
温州爱盟科技有限公司	温州留学人员创业园	生物医药
温州安得森生物科技有限公司	温州留学人员创业园	生物医药
温州广成生物科技有限公司	温州留学人员创业园	生物医药
温州绿农生物技术有限公司	温州留学人员创业园	生物医药
温州启星生物技术有限公司	温州留学人员创业园	生物医药
温州欣视界科技有限公司	温州留学人员创业园	生物医药
温州星康医学科技有限公司	温州留学人员创业园	生物医药
温州医学院眼视光器械有限公司	温州留学人员创业园	生物医药
温州永辉光电科技有限公司	温州留学人员创业园	生物医药
温州泛波激光有限公司	温州留学人员创业园	先进制造
温州杰拓数控设备有限公司	温州留学人员创业园	先进制造
温州雷蒙光电科技有限公司	温州留学人员创业园	先进制造

温州温医雷赛医学激光有限公司	温州留学人员创业园	先进制造
温州亿德科技有限公司	温州留学人员创业园	先进制造
温州华韵科技开发有限公司	温州留学人员创业园	新材料
温州科迪光电科技有限公司	温州留学人员创业园	新能源环保
温州绿电太阳能科技有限公司	温州留学人员创业园	新能源环保
浙江竟成环保科技有限公司	温州留学人员创业园	新能源环保
嘉兴鼎洪信息软件科技有限公司	嘉兴留学人员创业园	电子信息
嘉兴市晶英光电子技术有限公司	嘉兴留学人员创业园	电子信息
嘉兴市泰福龙机械电子有限公司	嘉兴留学人员创业园	电子信息
嘉兴博美生物技术有限公司	嘉兴留学人员创业园	生物医药
嘉兴蓝光生物科技有限公司	嘉兴留学人员创业园	生物医药
嘉兴市绿洲生物技术研究有限公司	嘉兴留学人员创业园	生物医药
嘉兴麦可超纤有限公司	嘉兴留学人员创业园	新材料
嘉善艾珂电子商务有限公司	嘉善留学人员创业园	电子信息
嘉善宝盈网络技术有限公司	嘉善留学人员创业园	电子信息
嘉善恩益迪电声技术服务有限公司	嘉善留学人员创业园	电子信息
嘉善恒杰热管科技有限公司	嘉善留学人员创业园	电子信息
嘉善骏晨网络科技有限公司	嘉善留学人员创业园	电子信息
嘉善力通信息技术有限公司	嘉善留学人员创业园	电子信息
嘉善谱发光电科技有限公司	嘉善留学人员创业园	电子信息
嘉善神机信息技术有限公司	嘉善留学人员创业园	电子信息
嘉善思源科技有限公司	嘉善留学人员创业园	电子信息
嘉善托泰电子技术有限公司	嘉善留学人员创业园	电子信息
嘉善玉成其美软件设计有限公司	嘉善留学人员创业园	电子信息
嘉善智源电子科技有限公司	嘉善留学人员创业园	电子信息
嘉善中正电子科技有限公司	嘉善留学人员创业园	电子信息
嘉兴景焱智能装备技术有限公司	嘉善留学人员创业园	电子信息
嘉兴瑞智光能科技有限公司	嘉善留学人员创业园	电子信息
嘉兴易都信息技术有限公司	嘉善留学人员创业园	电子信息
浙江华震数字化工程有限公司	嘉善留学人员创业园	电子信息
浙江一网通信息科技有限公司	嘉善留学人员创业园	电子信息
浙江中科电声研发中心	嘉善留学人员创业园	电子信息
浙江中科空间信息技术应用研发中心	嘉善留学人员创业园	电子信息
浙江中科无线授时与定位研发中心	嘉善留学人员创业园	电子信息
嘉善德智医疗器械科技有限公司	嘉善留学人员创业园	生物医药
嘉善加斯戴克医疗器械有限公司	嘉善留学人员创业园	生物医药
嘉善嘉博生物技术有限公司	嘉善留学人员创业园	生物医药
嘉兴活力达生物科技有限公司	嘉善留学人员创业园	生物医药
浙江群良生物科技有限公司	嘉善留学人员创业园	生物医药
浙江群鑫生物产业开发有限公司	嘉善留学人员创业园	生物医药
嘉善大冶机电科技有限公司	嘉善留学人员创业园	先进制造
嘉善瑞创电子科技有限公司	嘉善留学人员创业园	先进制造
嘉善盾立科技有限公司	嘉善留学人员创业园	新材料
嘉善美节陶瓷科技有限公司	嘉善留学人员创业园	新材料
嘉善申嘉科技有限公司	嘉善留学人员创业园	新材料
浙江中科辐射高分子材料研发中心	嘉善留学人员创业园	新材料
嘉善艾亿迪电子有限公司	嘉善留学人员创业园	新能源环保
嘉善爱迪曼水科技有限公司	嘉善留学人员创业园	新能源环保
嘉善博兴电子科技有限公司	嘉善留学人员创业园	新能源环保
嘉善恒烁光电科技有限公司	嘉善留学人员创业园	新能源环保
嘉善华江电子科技有限公司	嘉善留学人员创业园	新能源环保
嘉善嘉阳电子有限公司	嘉善留学人员创业园	新能源环保
嘉善绿拓照明科技有限公司	嘉善留学人员创业园	新能源环保
嘉善冉迪光电科技有限公司	嘉善留学人员创业园	新能源环保
嘉善神光电子科技有限公司	嘉善留学人员创业园	新能源环保
嘉善索罗太阳能科技有限公司	嘉善留学人员创业园	新能源环保
嘉善鑫誉电子科技有限公司	嘉善留学人员创业园	新能源环保
嘉兴雷明电子科技有限公司	嘉善留学人员创业园	新能源环保
嘉兴欧阳照明电器有限公司	嘉善留学人员创业园	新能源环保
嘉兴市亮剑照明科技有限公司	嘉善留学人员创业园	新能源环保

浙江嘉善谦信和电子科技有限公司	嘉善留学人员创业园	新能源环保
浙江亿米光电科技有限公司	嘉善留学人员创业园	新能源环保
嘉善采青咨询有限公司	嘉善留学人员创业园	现代服务
嘉善天恒科技中介服务有限公司	嘉善留学人员创业园	现代服务
上海强思企业管理咨询有限公司嘉善分公司	嘉善留学人员创业园	现代服务
浙江茂鸿国际货运代理有限公司	嘉善留学人员创业园	现代服务
湖州埃幕计算机技术有限公司	湖州留学人员创业园	电子信息
浙江金时代生物技术有限公司	湖州留学人员创业园	生物医药
湖州绿达环保科技服务有限公司	湖州留学人员创业园	新能源环保
浙江瑞普环境技术有限公司	湖州留学人员创业园	新能源环保
湖州艾米信息科技有限公司	吴兴留学人员创业园	电子信息
湖州电迅文化传播有限公司	吴兴留学人员创业园	电子信息
湖州汉文电子科技有限公司	吴兴留学人员创业园	电子信息
湖州弘柘电子科技有限公司	吴兴留学人员创业园	电子信息
湖州华泰电子科技有限公司	吴兴留学人员创业园	电子信息
湖州环达科技服务有限公司	吴兴留学人员创业园	电子信息
湖州开合电子有限公司	吴兴留学人员创业园	电子信息
湖州朗盾科技有限公司	吴兴留学人员创业园	电子信息
湖州凌杰信息科技有限公司	吴兴留学人员创业园	电子信息
湖州欧麦斯通信科技有限公司	吴兴留学人员创业园	电子信息
湖州清维电子科技有限公司	吴兴留学人员创业园	电子信息
湖州瑞云信息科技有限公司	吴兴留学人员创业园	电子信息
湖州松润科技有限公司（中外合资）	吴兴留学人员创业园	电子信息
湖州维德光电科技有限公司	吴兴留学人员创业园	电子信息
湖州吴兴溢鸣电子科技有限公司	吴兴留学人员创业园	电子信息
浙江海瑞网络信息科技有限公司	吴兴留学人员创业园	电子信息
浙江琨瑞科技有限公司	吴兴留学人员创业园	电子信息
浙江美晶科技有限公司	吴兴留学人员创业园	电子信息
浙江中诚安源科技有限公司	吴兴留学人员创业园	电子信息
湖州安束生物科技有限公司	吴兴留学人员创业园	生物医药
湖州鼎康生物科技有限公司	吴兴留学人员创业园	生物医药
湖州凯妍生物科技有限公司	吴兴留学人员创业园	生物医药
湖州礼来生物技术有限公司	吴兴留学人员创业园	生物医药
湖州麦福食品科技有限公司	吴兴留学人员创业园	生物医药
湖州博得物流设备有限公司	吴兴留学人员创业园	先进制造
湖州城区顺泰水处理设备厂	吴兴留学人员创业园	先进制造
湖州鼎亞进出口有限公司	吴兴留学人员创业园	先进制造
湖州东润环保设备有限公司	吴兴留学人员创业园	先进制造
湖州东震能源设备有限公司	吴兴留学人员创业园	先进制造
湖州多利物流设备有限公司	吴兴留学人员创业园	先进制造
湖州高登机器研发有限公司	吴兴留学人员创业园	先进制造
湖州高源金机械有限公司	吴兴留学人员创业园	先进制造
湖州汉和物流设备有限公司	吴兴留学人员创业园	先进制造
湖州积微电子科技有限公司	吴兴留学人员创业园	先进制造
湖州嘉汇节能科技有限公司	吴兴留学人员创业园	先进制造
湖州交达数控科技有限公司	吴兴留学人员创业园	先进制造
湖州九州信义科技有限公司	吴兴留学人员创业园	先进制造
湖州美泰电气有限公司	吴兴留学人员创业园	先进制造
湖州牧天机电科技有限公司	吴兴留学人员创业园	先进制造
湖州瑞海气象专用仪器有限公司	吴兴留学人员创业园	先进制造
湖州三井低温设备有限公司	吴兴留学人员创业园	先进制造
湖州三洲电子科学仪器厂	吴兴留学人员创业园	先进制造
湖州升谱电子科技有限公司	吴兴留学人员创业园	先进制造
湖州兴贝克合金科技有限公司	吴兴留学人员创业园	先进制造
湖州宜可欧环保科技有限公司（中外合资）	吴兴留学人员创业园	先进制造
湖州友勒机械有限公司	吴兴留学人员创业园	先进制造
湖州浙艺照明科技有限公司	吴兴留学人员创业园	先进制造
湖州正诚自动化科技有限公司	吴兴留学人员创业园	先进制造
浙江宝玛电气有限公司	吴兴留学人员创业园	先进制造
浙江比洛德传动技术有限公司	吴兴留学人员创业园	先进制造

浙江创源照明科技有限公司	吴兴留学人员创业园	先进制造
湖州奥博石英有限公司	吴兴留学人员创业园	新材料
湖州恒弘建筑节能技术有限公司	吴兴留学人员创业园	新材料
湖州科森玻璃科技有限公司	吴兴留学人员创业园	新材料
湖州美典新材料有限公司	吴兴留学人员创业园	新材料
湖州欧力塑业有限公司	吴兴留学人员创业园	新材料
湖州森诺氟材料科技有限公司	吴兴留学人员创业园	新材料
湖州斯科能新材料有限公司	吴兴留学人员创业园	新材料
湖州天多蓝新材料有限公司	吴兴留学人员创业园	新材料
湖州同泰新材料有限公司	吴兴留学人员创业园	新材料
湖州鑫鼎半导体材料有限公司	吴兴留学人员创业园	新材料
湖州鼎泰净水科技有限公司	吴兴留学人员创业园	新能源环保
湖州恒怡节能科技有限公司	吴兴留学人员创业园	新能源环保
湖州华泰国安新能源环保有限公司	吴兴留学人员创业园	新能源环保
湖州环境科技创新中心	吴兴留学人员创业园	新能源环保
湖州科诺水处理化工原料有限公司	吴兴留学人员创业园	新能源环保
湖州美晶电子有限公司	吴兴留学人员创业园	新能源环保
湖州上德水处理设备有限公司	吴兴留学人员创业园	新能源环保
湖州柿子电器有限公司	吴兴留学人员创业园	新能源环保
湖州天厚生物科技有限公司	吴兴留学人员创业园	新能源环保
湖州天濮环保科技有限公司	吴兴留学人员创业园	新能源环保
湖州新晶科技有限公司	吴兴留学人员创业园	新能源环保
湖州永汇水处理工程有限公司	吴兴留学人员创业园	新能源环保
湖州远景环境工程有限公司	吴兴留学人员创业园	新能源环保
湖州蕴天新能源环保科技有限公司	吴兴留学人员创业园	新能源环保
浙江悟能环保科技有限公司	吴兴留学人员创业园	新能源环保
湖州比德弗科技有限公司	吴兴留学人员创业园	现代服务
湖州弗睿科技咨询有限公司	吴兴留学人员创业园	现代服务
湖州杭环检测科技有限公司	吴兴留学人员创业园	现代服务
湖州经发信息科技有限公司	吴兴留学人员创业园	现代服务
湖州利升检测有限公司	吴兴留学人员创业园	现代服务
湖州龙猫供应链科技有限公司	吴兴留学人员创业园	现代服务
湖州上电科电器科学研究有限公司	吴兴留学人员创业园	现代服务
湖州贝特微电子有限公司	南浔留学人员创业园	电子信息
湖州浩博信息科技有限公司	南浔留学人员创业园	电子信息
湖州领创通讯设备有限公司	南浔留学人员创业园	电子信息
湖州明硕光电科技有限公司	南浔留学人员创业园	先进装备
湖州睿高新材料有限公司	南浔留学人员创业园	先进装备
浙江麦格赫尔数控科技有限公司	南浔留学人员创业园	先进装备
湖州畔源伊纯环保科技有限公司	南浔留学人员创业园	新能源环保
湖州三峰能源科技有限公司	南浔留学人员创业园	新能源环保
湖州太源绿能科技有限公司	南浔留学人员创业园	新能源环保
绍兴和仁网络技术有限公司	绍兴留学人员创业园	电子信息
绍兴华锋半导体有限公司	绍兴留学人员创业园	电子信息
绍兴莱恩智能技术有限公司	绍兴留学人员创业园	电子信息
绍兴则圆自动控制设备公司	绍兴留学人员创业园	电子信息
唯上科技（控股）有限公司	绍兴留学人员创业园	电子信息
绍兴康佳医疗器械有限公司	绍兴留学人员创业园	生物医药
绍兴明透装甲材料有限公司	绍兴留学人员创业园	新材料
绍兴爱力克节能技术开发有限公司	绍兴留学人员创业园	新能源环保
鼎盛电子科技（金华）有限公司	金华留学人员创业园	现代服务
金华八婺网络有限公司	金华留学人员创业园	现代服务
金华高科运通软件有限公司	金华留学人员创业园	现代服务
金华海信信息科技有限公司	金华留学人员创业园	现代服务
金华基业通译软件有限公司	金华留学人员创业园	现代服务
金华隆德电子科技有限公司	金华留学人员创业园	现代服务
金华天阳电子有限公司	金华留学人员创业园	电子信息
金华网格信息技术有限公司	金华留学人员创业园	电子信息
金华网视软件技术有限公司	金华留学人员创业园	电子信息
金华宇联电子科技有限公司	金华留学人员创业园	电子信息

金华云辉电子科技有限公司	金华留学人员创业园	电子信息
金华洛克兰生物工程技术有限公司	金华留学人员创业园	生物医药
金华市金海威生物技术有限公司	金华留学人员创业园	生物医药
金华首康生物科技有限公司	金华留学人员创业园	生物医药
金华天业生物科技有限公司	金华留学人员创业园	生物医药
金华亚德生物技术工程限公司	金华留学人员创业园	生物医药
浙江微创医疗器械有限公司	金华留学人员创业园	生物医药
金华西岭机电有限公司	金华留学人员创业园	先进制造
金华远思机电工业技术有限公司	金华留学人员创业园	先进制造
浙江阿尔法光电科技有限公司	金华留学人员创业园	先进制造
浙江金华爱司米电气有限公司	金华留学人员创业园	先进制造
金华泰丰表面处理技术开发有限公司	金华留学人员创业园	新材料
金华雅欧玻璃陶瓷有限公司	金华留学人员创业园	新材料
金华汉克环保自动化控制技术有限公司	金华留学人员创业园	新能源环保
金华市中荷环保科技有限公司	金华留学人员创业园	新能源环保
达斯玛工程科技（金华）有限公司	金华留学人员创业园	现代服务
金华美中教育科技有限公司	金华留学人员创业园	现代服务
金华市森立车业有限公司	金华留学人员创业园	现代服务
金华斯密卡投资咨询有限公司	金华留学人员创业园	现代服务
金华永灵食品有限公司	金华留学人员创业园	现代服务
金华至远进出口贸易有限公司	金华留学人员创业园	现代服务
爱侃（合肥）网络科技有限公司	合肥留学人员创业园	电子信息
安徽汇博科技发展有限公司	合肥留学人员创业园	电子信息
安徽捷强电子科技有限公司	合肥留学人员创业园	电子信息
安徽睿仪通讯技术有限公司	合肥留学人员创业园	电子信息
安徽省嵩岭信息科技有限公司	合肥留学人员创业园	电子信息
安徽视窗网络信息有限公司	合肥留学人员创业园	电子信息
安徽同徽信息技术有限公司	合肥留学人员创业园	电子信息
安徽文清光电科技有限公司	合肥留学人员创业园	电子信息
安徽英科制控股份有限公司	合肥留学人员创业园	电子信息
安徽远路信息科技有限公司	合肥留学人员创业园	电子信息
安徽中锐投资顾问咨询有限公司	合肥留学人员创业园	电子信息
安徽中新软件有限公司	合肥留学人员创业园	电子信息
奥利奥克（安徽）信息技术有限公司	合肥留学人员创业园	电子信息
合肥创丰电子技术有限公司	合肥留学人员创业园	电子信息
合肥戴特智能技术有限公司	合肥留学人员创业园	电子信息
合肥迪普电子科技开发公司	合肥留学人员创业园	电子信息
合肥汉记数码科技有限公司	合肥留学人员创业园	电子信息
合肥汉思信息技术有限公司	合肥留学人员创业园	电子信息
合肥和帮交通有限公司	合肥留学人员创业园	电子信息
合肥开元精密工程有限责任公司	合肥留学人员创业园	电子信息
合肥茂林华学科技有限公司	合肥留学人员创业园	电子信息
合肥瑞扬信息科技有限公司	合肥留学人员创业园	电子信息
合肥三钱原子经济研究所	合肥留学人员创业园	电子信息
合肥盛柏科技有限公司	合肥留学人员创业园	电子信息
合肥时讯信息技术有限公司	合肥留学人员创业园	电子信息
合肥索甲电子科技有限公司	合肥留学人员创业园	电子信息
合肥梯升科技有限公司	合肥留学人员创业园	电子信息
合肥天锐电子有限公司	合肥留学人员创业园	电子信息
合肥网龙信息技术有限公司	合肥留学人员创业园	电子信息
合肥网迅软件有限公司	合肥留学人员创业园	电子信息
合肥新华海信息有限公司	合肥留学人员创业园	电子信息
合肥新泰特种深层技术有限公司	合肥留学人员创业园	电子信息
合肥讯峰信息技术有限公司	合肥留学人员创业园	电子信息
合肥易通电力科技有限公司	合肥留学人员创业园	电子信息
合肥英塔信息技术有限公司	合肥留学人员创业园	电子信息
合肥永君数码科技有限公司	合肥留学人员创业园	电子信息
合肥智瑞真空技术开发有限公司	合肥留学人员创业园	电子信息
合肥智同科技有限公司	合肥留学人员创业园	电子信息
合肥中科华仑安全技术有限公司	合肥留学人员创业园	电子信息

开元精密工程公司	合肥留学人员创业园	电子信息
凯捷技术（合肥）有限公司	合肥留学人员创业园	电子信息
科大恒星电子商务有限公司	合肥留学人员创业园	电子信息
美科数字（安徽）有限公司	合肥留学人员创业园	电子信息
瑞科信息系统（合肥）有限公司	合肥留学人员创业园	电子信息
赛智（合肥）信息科技有限公司	合肥留学人员创业园	电子信息
三通信息技术（合肥）有限公司	合肥留学人员创业园	电子信息
亚微信息技术（安徽）有限公司	合肥留学人员创业园	电子信息
英图微电子（合肥）有限公司	合肥留学人员创业园	电子信息
致亿电脑科技合肥有限责任公司	合肥留学人员创业园	电子信息
安徽徽州地下灾害研究设计院	合肥留学人员创业园	生物医药
安徽金健桥医疗科技有限公司	合肥留学人员创业园	生物医药
合肥标品生物技术有限公司	合肥留学人员创业园	生物医药
合肥勃朗金峰生态农林开发有限公司	合肥留学人员创业园	生物医药
合肥科泉化工技术有限公司	合肥留学人员创业园	生物医药
合肥晟瑞斯生物科技有限公司	合肥留学人员创业园	生物医药
合肥英诺生物检测仪器有限公司	合肥留学人员创业园	生物医药
合肥科创电气技术有限公司	合肥留学人员创业园	先进制造
合肥微研机电技术有限公司	合肥留学人员创业园	先进制造
合肥科晶材料技术有限公司	合肥留学人员创业园	新材料
特丽洁不织布（安徽）有限公司	合肥留学人员创业园	新材料
智瑞真空技术开发有限公司	合肥留学人员创业园	新材料
安徽固力建筑新技术发展有限公司	合肥留学人员创业园	新能源环保
合肥德泰能源科技有限公司	合肥留学人员创业园	新能源环保
合肥美科氦业有限公司	合肥留学人员创业园	新能源环保
北丹麦中国咨询公司和非办事处	合肥留学人员创业园	现代服务
合肥五谷时代食品科技有限公司	合肥留学人员创业园	现代服务
马鞍山安意达电气技术有限公司	留学人员马鞍山创业园	电子信息
马鞍山方德思通网络科技有限公司	留学人员马鞍山创业园	电子信息
马鞍山市微享网络科技有限公司	留学人员马鞍山创业园	电子信息
马鞍山市新鲜达电子商务有限公司	留学人员马鞍山创业园	电子信息
马鞍山戴博光电科技有限公司	留学人员马鞍山创业园	生物医药
马鞍山国声生物技术有限公司	留学人员马鞍山创业园	生物医药
马鞍山海普微奇生物科技有限公司	留学人员马鞍山创业园	生物医药
马鞍山赛普科技发展有限公司	留学人员马鞍山创业园	生物医药
马鞍山市盛宁高分子材料科技有限公司	留学人员马鞍山创业园	生物医药
马鞍山微因泰克生物科技有限公司	留学人员马鞍山创业园	生物医药
马鞍山多晶金属材料科技有限公司	留学人员马鞍山创业园	新材料
马鞍山力博新材料科技有限公司	留学人员马鞍山创业园	新材料
马鞍山绿盾防护材料科技有限公司	留学人员马鞍山创业园	新材料
马鞍山特赛特轴承科技有限公司	留学人员马鞍山创业园	新材料
福州安泰安电子公司	福建留学人员创业园	电子信息
福州创高电子有限公司	福建留学人员创业园	电子信息
福州创嘉科技有限公司	福建留学人员创业园	电子信息
福州福大科源电脑技术有限公司	福建留学人员创业园	电子信息
福州华政软件有限公司	福建留学人员创业园	电子信息
福州蓝潮信息技术有限公司	福建留学人员创业园	电子信息
福州龙宝利电子有限公司	福建留学人员创业园	电子信息
福州闽高电力科技有限公司	福建留学人员创业园	电子信息
福州明辉电脑服务中心	福建留学人员创业园	电子信息
福州圣德莉信息技术有限公司	福建留学人员创业园	电子信息
福州天视信息技术有限公司	福建留学人员创业园	电子信息
福州威腾电子科技有限公司	福建留学人员创业园	电子信息
福州迅鑫电子科技有限公司	福建留学人员创业园	电子信息
福州益荣电子有限公司	福建留学人员创业园	电子信息
福州英福特信息工程有限公司	福建留学人员创业园	电子信息
福州智讯达网络科技有限公司	福建留学人员创业园	电子信息
亚州仿真（福建）系统控制工程有限公司	福建留学人员创业园	电子信息
中康信息公司	福建留学人员创业园	电子信息
福建众智生物科技有限公司	福建留学人员创业园	生物医药

福州宸宥生物科技有限公司	福建留学人员创业园	生物医药
福州沪荣盛医疗公司	福建留学人员创业园	生物医药
福州能子生物科技有限公司	福建留学人员创业园	生物医药
福州善维生医疗技术有限公司	福建留学人员创业园	生物医药
福州欣欣医疗器械有限公司	福建留学人员创业园	生物医药
福州鑫美源生物科技有限公司	福建留学人员创业园	生物医药
康正生物公司	福建留学人员创业园	生物医药
农祥生物公司	福建留学人员创业园	生物医药
诚安光电技术有限公司	福建留学人员创业园	先进制造
福晟光学有限公司	福建留学人员创业园	新材料
福州电气硝子玻璃有限公司	福建留学人员创业园	新材料
福州华昆赛车配件技研有限公司	福建留学人员创业园	新材料
福州华莉模具有限公司	福建留学人员创业园	新材料
福州华廷化建有限公司	福建留学人员创业园	新材料
吉阳聚光公司	福建留学人员创业园	新材料
福州般若森林景观设计有限公司	福建留学人员创业园	新能源环保
联众气体公司	福建留学人员创业园	新能源环保
新世纪环保科技有限公司	福建留学人员创业园	新能源环保
正海海洋公司	福建留学人员创业园	新能源环保
志品环保科技公司	福建留学人员创业园	新能源环保
福州金博士文化传播有限公司	福建留学人员创业园	文化创意
福建甘诺宝力连锁经营有限公司	福建留学人员创业园	现代服务
福建金山种子有限公司	福建留学人员创业园	现代服务
福建省东南企业研究院	福建留学人员创业园	现代服务
福建省海峡国际学院	福建留学人员创业园	现代服务
福建省环球科教顾问公司	福建留学人员创业园	现代服务
福州共荣贸易有限公司	福建留学人员创业园	现代服务
福州宏岩贸易有限公司	福建留学人员创业园	现代服务
福州华日食品检测有限公司	福建留学人员创业园	现代服务
福州美之源化妆品贸易有限公司	福建留学人员创业园	现代服务
福州农播王种苗有限公司	福建留学人员创业园	现代服务
福州沁园春房地产有限公司	福建留学人员创业园	现代服务
福州天朗办公设备有限公司	福建留学人员创业园	现代服务
福州天元创业研究有限公司	福建留学人员创业园	现代服务
福州旭茂测绘有限公司	福建留学人员创业园	现代服务
福州远卓管理咨询有限公司	福建留学人员创业园	现代服务
海顺船务公司	福建留学人员创业园	现代服务
和创行贸易公司	福建留学人员创业园	现代服务
蓝天律师事务所	福建留学人员创业园	现代服务
龙田三村第一冷冻厂	福建留学人员创业园	现代服务
闽榕投资公司	福建留学人员创业园	现代服务
南平恒亚经贸有限公司	福建留学人员创业园	现代服务
雅文企业公司	福建留学人员创业园	现代服务
百思科（厦门）信息科技有限公司	厦门留学人员创业园	电子信息
凤凰岛（厦门）文化传播有限公司	厦门留学人员创业园	电子信息
豪伯（厦门）电子材料有限公司	厦门留学人员创业园	电子信息
凯斯诺（厦门）信息科技有限公司	厦门留学人员创业园	电子信息
立烽电子科技（厦门）有限公司	厦门留学人员创业园	电子信息
厦门冰讯数码动画科技有限公司	厦门留学人员创业园	电子信息
厦门车程网络有限公司	厦门留学人员创业园	电子信息
厦门崇达智能科技有限公司	厦门留学人员创业园	电子信息
厦门福芯微电子科技有限公司	厦门留学人员创业园	电子信息
厦门海蒙科技有限公司	厦门留学人员创业园	电子信息
厦门赫姿医疗器械有限公司	厦门留学人员创业园	电子信息
厦门科拓通讯技术有限公司	厦门留学人员创业园	电子信息
厦门迈泰电子科技有限公司	厦门留学人员创业园	电子信息
厦门美迪兴科技有限公司	厦门留学人员创业园	电子信息
厦门耐普讯信息科技有限公司	厦门留学人员创业园	电子信息
厦门时代缔依信息技术有限公司	厦门留学人员创业园	电子信息
厦门泰纳信息科技有限公司	厦门留学人员创业园	电子信息

厦门天特尔数码科技有限公司	厦门留学人员创业园	电子信息
厦门微得利科技有限公司	厦门留学人员创业园	电子信息
厦门欣圆通计算机技术有限公司	厦门留学人员创业园	电子信息
厦门易能电力技术有限公司	厦门留学人员创业园	电子信息
厦门引速得信息科技有限公司	厦门留学人员创业园	电子信息
厦门足下网科技有限公司	厦门留学人员创业园	电子信息
天明来电子信息（厦门）有限公司	厦门留学人员创业园	电子信息
威硕（厦门）精密科技有限公司	厦门留学人员创业园	电子信息
芯锐电（厦门）光电科技有限公司	厦门留学人员创业园	电子信息
亚尔迪（厦门）科技有限公司	厦门留学人员创业园	电子信息
阳光赛特软件（厦门）有限公司	厦门留学人员创业园	电子信息
博分（厦门）医药研发有限公司	厦门留学人员创业园	生物医药
蓝德尔（厦门）生物技术有限公司	厦门留学人员创业园	生物医药
麦仑（厦门）生物科技有限公司	厦门留学人员创业园	生物医药
厦门霸旺生物科技有限公司	厦门留学人员创业园	生物医药
厦门百拓生物工程有限公司	厦门留学人员创业园	生物医药
厦门百维康生物科技有限公司	厦门留学人员创业园	生物医药
厦门百维信生物科技有限公司	厦门留学人员创业园	生物医药
厦门伯德生物技术有限公司	厦门留学人员创业园	生物医药
厦门博肽生物科技有限公司	厦门留学人员创业园	生物医药
厦门禾嘉吉升生物技术有限公司	厦门留学人员创业园	生物医药
厦门吉发生物科技有限公司	厦门留学人员创业园	生物医药
厦门健康人生物科技有限公司	厦门留学人员创业园	生物医药
厦门今润医药科学发展有限公司	厦门留学人员创业园	生物医药
厦门蓝博思生物技术有限公司	厦门留学人员创业园	生物医药
厦门六维生物科技有限公司	厦门留学人员创业园	生物医药
厦门绿波生物科技有限公司	厦门留学人员创业园	生物医药
厦门圣平科技有限公司	厦门留学人员创业园	生物医药
厦门斯坦道生物科技有限公司	厦门留学人员创业园	生物医药
厦门太阳马生物工程有限公司	厦门留学人员创业园	生物医药
厦门先端科技有限公司	厦门留学人员创业园	生物医药
厦门智星生物科技有限公司	厦门留学人员创业园	生物医药
阿斯特机电科技（厦门）有限公司	厦门留学人员创业园	先进制造
艾博利电子科技（厦门）有限公司	厦门留学人员创业园	先进制造
富稳净化（厦门）电子有限公司	厦门留学人员创业园	先进制造
佳真（厦门）精密模具有限公司	厦门留学人员创业园	先进制造
乐源未来电子科技（厦门）有限公司	厦门留学人员创业园	先进制造
厦门爱的科技有限公司	厦门留学人员创业园	先进制造
厦门爱美克科技有限公司	厦门留学人员创业园	先进制造
厦门奥伦控制工程有限公司	厦门留学人员创业园	先进制造
厦门超力电子有限公司	厦门留学人员创业园	先进制造
厦门法博科技有限公司	厦门留学人员创业园	先进制造
厦门汉京自动化科技有限公司	厦门留学人员创业园	先进制造
厦门汇佳精密模具有限公司	厦门留学人员创业园	先进制造
厦门加华电力科技有限公司	厦门留学人员创业园	先进制造
厦门凯美特科学仪器有限公司	厦门留学人员创业园	先进制造
厦门科兰光电有限公司	厦门留学人员创业园	先进制造
厦门蓝溪科技有限公司	厦门留学人员创业园	先进制造
厦门利茗精密机电有限公司	厦门留学人员创业园	先进制造
厦门龙净环保物料输送科技有限公司	厦门留学人员创业园	先进制造
厦门明翰电气有限公司	厦门留学人员创业园	先进制造
厦门欧达科仪发展有限公司	厦门留学人员创业园	先进制造
厦门品鼎光电科技有限公司	厦门留学人员创业园	先进制造
厦门清源光电有限公司	厦门留学人员创业园	先进制造
厦门诠质科技有限公司	厦门留学人员创业园	先进制造
厦门荣健医疗器械有限公司	厦门留学人员创业园	先进制造
厦门锐锋科技有限公司	厦门留学人员创业园	先进制造
厦门申颖科技有限公司	厦门留学人员创业园	先进制造
厦门拓斯仪器开发有限公司	厦门留学人员创业园	先进制造
厦门万连电子科技有限公司	厦门留学人员创业园	先进制造

厦门无线创想科技有限公司	厦门留学人员创业园	先进制造
厦门仪加光电科技有限公司	厦门留学人员创业园	先进制造
厦门溢华科技有限公司	厦门留学人员创业园	先进制造
厦门盈瑞丰科技有限公司	厦门留学人员创业园	先进制造
厦门永易通光电科技有限公司	厦门留学人员创业园	先进制造
厦门至佳科技有限公司	厦门留学人员创业园	先进制造
善思科技（厦门）有限公司	厦门留学人员创业园	先进制造
特盈自动化科技（厦门）有限公司	厦门留学人员创业园	先进制造
亿伏特（厦门）光电科技有限公司	厦门留学人员创业园	先进制造
哲能（厦门）光电有限公司	厦门留学人员创业园	先进制造
厦门绿业化工有限公司	厦门留学人员创业园	新材料
厦门泉心功能材料有限公司	厦门留学人员创业园	新材料
厦门田菱精细化工有限公司	厦门留学人员创业园	新材料
厦门维丽多科技有限公司	厦门留学人员创业园	新材料
厦门新鑫田高科技材料有限公司	厦门留学人员创业园	新材料
世纪博创科技（厦门）有限公司	厦门留学人员创业园	新材料
信悦化工（厦门）有限公司	厦门留学人员创业园	新材料
颉能科技工程（厦门）有限公司	厦门留学人员创业园	新能源环保
厦门爱芯环保科技有限公司	厦门留学人员创业园	新能源环保
厦门大雄能源科技有限公司	厦门留学人员创业园	新能源环保
厦门金达莱科技有限公司	厦门留学人员创业园	新能源环保
厦门金名节能科技有限公司	厦门留学人员创业园	新能源环保
厦门蓝博科技开发有限公司	厦门留学人员创业园	新能源环保
厦门龙盛堂净化设备有限公司	厦门留学人员创业园	新能源环保
厦门纳米克热电电子有限公司	厦门留学人员创业园	新能源环保
厦门热工环保系统工程有限公司	厦门留学人员创业园	新能源环保
厦门太龙照明科技有限公司	厦门留学人员创业园	新能源环保
厦门万久科技有限公司	厦门留学人员创业园	新能源环保
厦门洗霸科技有限公司	厦门留学人员创业园	新能源环保
新奥（厦门）农牧发展有限公司	厦门留学人员创业园	新能源环保
厦门闽和食品有限公司	厦门留学人员创业园	现代服务
厦门泰禾科技有限公司	厦门留学人员创业园	现代服务
江西福德高科技有限公司	江西留学人员创业园	电子信息
江西精创科技有限公司	江西留学人员创业园	电子信息
江西民和科技有限公司	江西留学人员创业园	电子信息
江西省美德食科技有限公司	江西留学人员创业园	电子信息
江西腾科科技发展有限公司	江西留学人员创业园	电子信息
江西天狗网络信息技术有限公司	江西留学人员创业园	电子信息
南昌华大信息发展有限公司	江西留学人员创业园	电子信息
南昌汇升科技有限公司	江西留学人员创业园	电子信息
南昌市国安科技有限公司	江西留学人员创业园	电子信息
江西博健科技有限公司	江西留学人员创业园	生物医药
江西博士联科技研究开发有限责任公司	江西留学人员创业园	生物医药
江西福康科技有限公司	江西留学人员创业园	生物医药
江西福摩生物技术有限公司	江西留学人员创业园	生物医药
江西光大高科技开发有限公司	江西留学人员创业园	生物医药
江西华源高科技开发有限公司	江西留学人员创业园	生物医药
江西丽葶科技发展有限公司	江西留学人员创业园	生物医药
江西中德生物工程有限公司	江西留学人员创业园	生物医药
南昌博恒生物制品有限公司	江西留学人员创业园	生物医药
南昌华兴生物科技有限公司	江西留学人员创业园	生物医药
江西大卫高科技有限公司	江西留学人员创业园	先进制造
江西莱昂科技有限公司	江西留学人员创业园	先进制造
江西三维电气有限公司	江西留学人员创业园	先进制造
南昌南翔科技有限公司	江西留学人员创业园	先进制造
南昌欧赛牡光电有限公司	江西留学人员创业园	先进制造
南昌泰利斯科技有限公司	江西留学人员创业园	先进制造
南昌友联机电精有限公司	江西留学人员创业园	先进制造
江西昌瑞纳米涂料有限公司	江西留学人员创业园	新材料
江西三和科技有限公司	江西留学人员创业园	新材料

江西芬诺无框阳台窗发展有限公司	江西留学人员创业园	新能源环保
江西美亚能源有限公司	江西留学人员创业园	新能源环保
南昌绿能科技有限公司	江西留学人员创业园	新能源环保
江西英诺食品科技有限公司	江西留学人员创业园	现代服务
南昌华夏投资咨询有限公司	江西留学人员创业园	现代服务
南昌时富投资咨询有限公司	江西留学人员创业园	现代服务
南昌市巧思实验室仪器有限公司	江西留学人员创业园	现代服务
济南爱迪雷特科技有限公司	济南留学人员创业园	电子信息
济南顶端软件有限公司	济南留学人员创业园	电子信息
济南互信互通信息技术有限公司	济南留学人员创业园	电子信息
济南辉达信息科技有限公司	济南留学人员创业园	电子信息
济南吉大利软件科技有限公司	济南留学人员创业园	电子信息
济南经达管理技术开发有限公司	济南留学人员创业园	电子信息
济南乐胜信息科技有限公司	济南留学人员创业园	电子信息
济南品质科技有限责任公司	济南留学人员创业园	电子信息
济南企财通软件有限公司	济南留学人员创业园	电子信息
济南盛联天下网络科技有限公司	济南留学人员创业园	电子信息
济南识龙信息服务有限责任公司	济南留学人员创业园	电子信息
济南顺动信息科技发展有限公司	济南留学人员创业园	电子信息
济南舜天计算机信息技术有限公司	济南留学人员创业园	电子信息
济南天运汽车电子技术有限公司	济南留学人员创业园	电子信息
济南夏一科技有限公司	济南留学人员创业园	电子信息
济南易夫森科技有限公司	济南留学人员创业园	电子信息
济南盈昂信息科技有限公司	济南留学人员创业园	电子信息
济南勇明通信科技有限公司	济南留学人员创业园	电子信息
济南源码信息科技有限公司	济南留学人员创业园	电子信息
山东和承信息科技有限公司	济南留学人员创业园	电子信息
济南艾诺科生物科技有限公司	济南留学人员创业园	生物医药
济南倍生康医药化学有限公司	济南留学人员创业园	生物医药
济南磁能科技有限公司	济南留学人员创业园	生物医药
济南德诚医疗技术有限公司	济南留学人员创业园	生物医药
济南登益得科贸有限公司	济南留学人员创业园	生物医药
济南迪博生物技术有限公司	济南留学人员创业园	生物医药
济南海乐医药技术开发有限公司	济南留学人员创业园	生物医药
济南浩隆生物科技有限公司	济南留学人员创业园	生物医药
济南净洁生物技术有限公司	济南留学人员创业园	生物医药
济南瑞通药物化学有限公司	济南留学人员创业园	生物医药
济南五环医药科技有限公司	济南留学人员创业园	生物医药
济南兆德生物科技有限公司	济南留学人员创业园	生物医药
济南挚诚生物科技有限公司	济南留学人员创业园	生物医药
山东艾克韦生物技术有限公司	济南留学人员创业园	生物医药
山东创新药物研发有限公司	济南留学人员创业园	生物医药
济南安诺汽车部件有限公司	济南留学人员创业园	先进制造
济南佳美视觉技术有限公司	济南留学人员创业园	先进制造
济南库伦特科技有限公司	济南留学人员创业园	先进制造
济南迈隆科技有限公司	济南留学人员创业园	先进制造
济南诺斯机械有限公司	济南留学人员创业园	先进制造
济南先进机电技术有限公司	济南留学人员创业园	先进制造
济南蓓麟机电设备有限公司	济南留学人员创业园	新能源环保
济南光中新能源环保科技开发有限公司	济南留学人员创业园	新能源环保
济南华昭环境技术有限公司	济南留学人员创业园	新能源环保
济南杰赛防护科技有限公司	济南留学人员创业园	新能源环保
济南科曼过滤技术有限公司	济南留学人员创业园	新能源环保
山东百峰环保工程有限公司	济南留学人员创业园	新能源环保
青岛奥普信息技术有限公司	青岛留学人员创业园	电子信息
青岛康创自动化工程有限公司	青岛留学人员创业园	电子信息
青岛罗杰网络科技有限公司	青岛留学人员创业园	电子信息
青岛日松数码信息有限公司	青岛留学人员创业园	电子信息
派美克生化（青岛）有限公司	青岛留学人员创业园	生物医药
青岛海奇普海洋生物科技发展有限公司	青岛留学人员创业园	生物医药

青岛康旭工程科技有限公司	青岛留学人员创业园	新材料
青岛同翔特种粉末冶金有限公司	青岛留学人员创业园	新材料
山东东方化工贸易有限公司	青岛留学人员创业园	新材料
青岛格林斯通环境设备工程有限公司	青岛留学人员创业园	新能源环保
青岛华桑科技有限公司	青岛留学人员创业园	新能源环保
青岛蓝森环保科技有限公司	青岛留学人员创业园	新能源环保
青岛绿创新基环境科技发展有限公司	青岛留学人员创业园	新能源环保
青岛瑞新环保科技有限公司	青岛留学人员创业园	新能源环保
青岛赛尔环境保护有限公司	青岛留学人员创业园	新能源环保
青岛爱思普瑞国际贸易有限公司	青岛留学人员创业园	现代服务
青岛千叶都市建筑设计有限公司	青岛留学人员创业园	现代服务
青岛日商科技贸易有限公司	青岛留学人员创业园	现代服务
青岛儒联现代教育技术研究所	青岛留学人员创业园	现代服务
青岛世展科技有限公司	青岛留学人员创业园	现代服务
青岛希尔韦技术有限公司	青岛留学人员创业园	现代服务
青岛先锋科技发展有限公司	青岛留学人员创业园	现代服务
青岛方立数值科技有限公司	青岛留学人员四方创业园	电子信息
青岛嵩华电子科技有限公司	青岛留学人员四方创业园	电子信息
青岛腾盛电子科技公司	青岛留学人员四方创业园	电子信息
青岛银科恒远化工过程信息技术有限公司	青岛留学人员四方创业园	电子信息
青岛海生堂生物科技有限公司	青岛留学人员四方创业园	生物医药
青岛凯莱斯科技有限公司	青岛留学人员四方创业园	生物医药
青岛高科新材料有限公司	青岛留学人员四方创业园	新材料
青岛开世密封工业有限公司	青岛留学人员四方创业园	新材料
青岛科大双烯烃合成技术研究中心	青岛留学人员四方创业园	新材料
青岛科大橡胶化工公共技术服务平台有限公司	青岛留学人员四方创业园	新材料
青岛青化聚合物有限公司	青岛留学人员四方创业园	新材料
青岛四维化工有限公司	青岛留学人员四方创业园	新材料
青岛同科橡塑科技有限公司	青岛留学人员四方创业园	新材料
青岛万林橡塑科技有限公司	青岛留学人员四方创业园	新材料
青岛科大隆腾科技发展有限公司	青岛留学人员四方创业园	新能源环保
青岛清科环保科技有限公司	青岛留学人员四方创业园	新能源环保
青岛福利德科技有限公司	青岛留学人员四方创业园	现代服务
青岛尚博焊接科技有限公司	青岛留学人员四方创业园	现代服务
青岛雅合科技发展有限公司	青岛留学人员四方创业园	现代服务
山东欧控电子科技发展公司	淄博留学人员创业园	电子信息
山东天利和软件有限公司	淄博留学人员创业园	电子信息
山东维多利亚电子有限公司	淄博留学人员创业园	电子信息
思艾工程（淄博）有限公司	淄博留学人员创业园	电子信息
淄博艾肯电脑有限公司	淄博留学人员创业园	电子信息
淄博爱迪尔计算机有限公司	淄博留学人员创业园	电子信息
淄博博凯软件有限公司	淄博留学人员创业园	电子信息
淄博淳阳电子有限公司	淄博留学人员创业园	电子信息
淄博顶点信息技术有限公司	淄博留学人员创业园	电子信息
淄博高通科技有限公司	淄博留学人员创业园	电子信息
淄博高新区百舸网络技术研究所	淄博留学人员创业园	电子信息
淄博海尔兄弟教育产品有限公司	淄博留学人员创业园	电子信息
淄博汉邦电子科技有限公司	淄博留学人员创业园	电子信息
淄博航宇数字勘测技术公司	淄博留学人员创业园	电子信息
淄博华邦高创网络科技公司	淄博留学人员创业园	电子信息
淄博惠智电子有限公司	淄博留学人员创业园	电子信息
淄博吉庆电气有限公司	淄博留学人员创业园	电子信息
淄博佳安电子有限公司	淄博留学人员创业园	电子信息
淄博嘉日通讯技术有限公司	淄博留学人员创业园	电子信息
淄博金狐电脑有限公司	淄博留学人员创业园	电子信息
淄博金苹果计算机系统工程有限公司	淄博留学人员创业园	电子信息
淄博金硕电子信息有限公司	淄博留学人员创业园	电子信息
淄博金四达计算机有限公司	淄博留学人员创业园	电子信息
淄博精彩电子商务发展公司	淄博留学人员创业园	电子信息
淄博凯恩软件有限公司	淄博留学人员创业园	电子信息

淄博朗特网络科技有限公司	淄博留学人员创业园	电子信息
淄博雷鸣工业自动化公司	淄博留学人员创业园	电子信息
淄博利方软件有限公司	淄博留学人员创业园	电子信息
淄博连创电子有限公司	淄博留学人员创业园	电子信息
淄博量子电气有限公司	淄博留学人员创业园	电子信息
淄博龙脉网络有限公司	淄博留学人员创业园	电子信息
淄博鲁安电子科技有限公司	淄博留学人员创业园	电子信息
淄博欧马光纤通讯设备公司	淄博留学人员创业园	电子信息
淄博庞特电子有限公司	淄博留学人员创业园	电子信息
淄博奇风林电子科技有限公司	淄博留学人员创业园	电子信息
淄博乾晨电子有限公司	淄博留学人员创业园	电子信息
淄博清方电子科技有限公司	淄博留学人员创业园	电子信息
淄博锐讯信息技术有限公司	淄博留学人员创业园	电子信息
淄博商信电子有限公司	淄博留学人员创业园	电子信息
淄博盛世天元数码动画公司	淄博留学人员创业园	电子信息
淄博双百电子有限公司	淄博留学人员创业园	电子信息
淄博顺拓电气有限公司	淄博留学人员创业园	电子信息
淄博思科电子有限公司	淄博留学人员创业园	电子信息
淄博泰诺技防工程发展有限公司	淄博留学人员创业园	电子信息
淄博天辉网络技术有限公司	淄博留学人员创业园	电子信息
淄博万方电子有限公司	淄博留学人员创业园	电子信息
淄博网友电子有限公司	淄博留学人员创业园	电子信息
淄博微联电子有限公司	淄博留学人员创业园	电子信息
淄博新华奇林软件有限公司	淄博留学人员创业园	电子信息
淄博新火炬电子信息公司	淄博留学人员创业园	电子信息
淄博新视博数字传媒技术有限公司	淄博留学人员创业园	电子信息
淄博一帆信息技术公司	淄博留学人员创业园	电子信息
淄博亿海计算机网络有限公司	淄博留学人员创业园	电子信息
淄博银领电子有限公司	淄博留学人员创业园	电子信息
淄博元策信息科技有限公司	淄博留学人员创业园	电子信息
淄博正瑞电子有限公司	淄博留学人员创业园	电子信息
淄博中道瑞风电子科技有限公司	淄博留学人员创业园	电子信息
淄博中联数码有限公司	淄博留学人员创业园	电子信息
淄博中企智业有限公司	淄博留学人员创业园	电子信息
淄博中煜电子科技有限公司	淄博留学人员创业园	电子信息
淄博卓尔电器有限公司	淄博留学人员创业园	电子信息
山东赛安迪生物工程制品公司	淄博留学人员创业园	生物医药
淄博爱普瑞生化肥业有限公司	淄博留学人员创业园	生物医药
淄博德赛生物纤维有限公司	淄博留学人员创业园	生物医药
淄博贯一海洋生物制品公司	淄博留学人员创业园	生物医药
淄博济世保健食品科技有限公司	淄博留学人员创业园	生物医药
淄博康基生物工程有限公司	淄博留学人员创业园	生物医药
淄博普生医疗器械有限公司	淄博留学人员创业园	生物医药
淄博圣纳生物医药有限公司	淄博留学人员创业园	生物医药
淄博英维健蛋白有限公司	淄博留学人员创业园	生物医药
淄博昀辉生物化工技术有限公司	淄博留学人员创业园	生物医药
淄博中澳惠尔液肥有限公司	淄博留学人员创业园	生物医药
赛欧机电（淄博）有限公司	淄博留学人员创业园	先进制造
山东华海科技有限公司	淄博留学人员创业园	先进制造
山东申普汽车控制技术公司	淄博留学人员创业园	先进制造
山东应天岽立光电科技公司	淄博留学人员创业园	先进制造
西安先行测控系统有限公司淄博分公司	淄博留学人员创业园	先进制造
淄博艾克维昂水处理设备有限公司	淄博留学人员创业园	先进制造
淄博艾能电气有限公司	淄博留学人员创业园	先进制造
淄博安顺达汽车尾气检测有限公司	淄博留学人员创业园	先进制造
淄博百泉水业科技有限公司	淄博留学人员创业园	先进制造
淄博博鸿电气有限公司	淄博留学人员创业园	先进制造
淄博博硕工业控制技术公司	淄博留学人员创业园	先进制造
淄博诚杰电控科技开发公司	淄博留学人员创业园	先进制造
淄博创尔沃制冷科技有限公司	淄博留学人员创业园	先进制造

淄博迪芯电气控制系统集成有限公司	淄博留学人员创业园	先进制造
淄博顿仪器仪表有限公司	淄博留学人员创业园	先进制造
淄博福尔德医疗设备有限公司	淄博留学人员创业园	先进制造
淄博福莱德变电设备有限公司	淄博留学人员创业园	先进制造
淄博富能电气有限公司	淄博留学人员创业园	先进制造
淄博格雷德电气有限公司	淄博留学人员创业园	先进制造
淄博国力自动化设备有限公司	淄博留学人员创业园	先进制造
淄博海瑞林医疗器械有限公司	淄博留学人员创业园	先进制造
淄博海拓仪表有限公司	淄博留学人员创业园	先进制造
淄博瀚海电气有限公司	淄博留学人员创业园	先进制造
淄博鸿铭网络科技有限公司	淄博留学人员创业园	先进制造
淄博华航机械技术开发公司	淄博留学人员创业园	先进制造
淄博华捷设备有限公司	淄博留学人员创业园	先进制造
淄博华铭电器有限公司	淄博留学人员创业园	先进制造
淄博惠杰电器技术开发公司	淄博留学人员创业园	先进制造
淄博今业啤酒设备有限公司	淄博留学人员创业园	先进制造
淄博金安特机电设备公司	淄博留学人员创业园	先进制造
淄博金太阳科贸有限公司	淄博留学人员创业园	先进制造
淄博金钥匙电子发展有限公司	淄博留学人员创业园	先进制造
淄博凯腾仪表开发有限公司	淄博留学人员创业园	先进制造
淄博科明电器有限公司	淄博留学人员创业园	先进制造
淄博科廷机电有限公司	淄博留学人员创业园	先进制造
淄博莱茵机电科技有限公司	淄博留学人员创业园	先进制造
淄博利安机电科技有限公司	淄博留学人员创业园	先进制造
淄博龙翔光电技术有限公司	淄博留学人员创业园	先进制造
淄博迈瑞医疗器械有限公司	淄博留学人员创业园	先进制造
淄博纽氏达特齿轮传动技术有限公司	淄博留学人员创业园	先进制造
淄博前沿医疗设备有限公司	淄博留学人员创业园	先进制造
淄博人和健身器材有限公司	淄博留学人员创业园	先进制造
淄博日泰工业自动化有限公司	淄博留学人员创业园	先进制造
淄博瑞克科贸发展有限公司	淄博留学人员创业园	先进制造
淄博瑞森化工设备有限公司	淄博留学人员创业园	先进制造
淄博瑞尚化工机械有限公司	淄博留学人员创业园	先进制造
淄博瑞源电力保护设备公司	淄博留学人员创业园	先进制造
淄博三丰电气有限公司	淄博留学人员创业园	先进制造
淄博三剑电气有限公司	淄博留学人员创业园	先进制造
淄博三普机电有限公司	淄博留学人员创业园	先进制造
淄博三瑞燃气成套设备公司	淄博留学人员创业园	先进制造
淄博三维模具有限公司	淄博留学人员创业园	先进制造
淄博桑特动力设备有限公司	淄博留学人员创业园	先进制造
淄博盛贝尔工贸有限公司	淄博留学人员创业园	先进制造
淄博盛永电气科技有限公司	淄博留学人员创业园	先进制造
淄博瞬龙工业自动化设备公司	淄博留学人员创业园	先进制造
淄博天九通工程有限公司	淄博留学人员创业园	先进制造
淄博天骏清洁设备有限公司	淄博留学人员创业园	先进制造
淄博天能电力有限公司	淄博留学人员创业园	先进制造
淄博拓驰电器有限公司	淄博留学人员创业园	先进制造
淄博威特电气有限公司	淄博留学人员创业园	先进制造
淄博威特汽车节油器有限公司	淄博留学人员创业园	先进制造
淄博新思源电器有限公司	淄博留学人员创业园	先进制造
淄博信邦电器有限公司	淄博留学人员创业园	先进制造
淄博迅实电气有限公司	淄博留学人员创业园	先进制造
淄博扬中电器有限公司	淄博留学人员创业园	先进制造
淄博英斯派克机电科技公司	淄博留学人员创业园	先进制造
淄博越华汽车燃气技术公司	淄博留学人员创业园	先进制造
淄博昭瑞通信设备有限公司	淄博留学人员创业园	先进制造
淄博智洋电气有限公司	淄博留学人员创业园	先进制造
淄博中瑞自动化控制工程系统有限公司	淄博留学人员创业园	先进制造
淄博中为通信设备有限公司	淄博留学人员创业园	先进制造
山东道奇橡胶轮胎新材料公司	淄博留学人员创业园	新材料

山东东大一诺威聚氨酯公司	淄博留学人员创业园	新材料
山东齐兴能源材料有限公司	淄博留学人员创业园	新材料
山东省帝龙矿业有限公司	淄博留学人员创业园	新材料
山东淄博康淄石油化工公司	淄博留学人员创业园	新材料
淄博爱普化工科技有限公司	淄博留学人员创业园	新材料
淄博奥克罗拉新材料公司	淄博留学人员创业园	新材料
淄博奥克新科技有限公司	淄博留学人员创业园	新材料
淄博博纳科技发展公司	淄博留学人员创业园	新材料
淄博畅安陶瓷科技有限公司	淄博留学人员创业园	新材料
淄博德诺铝业科技有限公司	淄博留学人员创业园	新材料
淄博法恩新材料有限公司	淄博留学人员创业园	新材料
淄博福世蓝高分子复合材料技术有限公司	淄博留学人员创业园	新材料
淄博亘泽精细化工有限公司	淄博留学人员创业园	新材料
淄博海泰高温材料科技公司	淄博留学人员创业园	新材料
淄博瀚宇材料有限公司	淄博留学人员创业园	新材料
淄博恒毅峻高分子滤材科技开发有限公司	淄博留学人员创业园	新材料
淄博华熙纺织印花有限公司	淄博留学人员创业园	新材料
淄博金纪元研磨材有限公司	淄博留学人员创业园	新材料
淄博巨宝轻工制品有限公司	淄博留学人员创业园	新材料
淄博开发区多纶油剂化工公司	淄博留学人员创业园	新材料
淄博科伦新技术有限公司	淄博留学人员创业园	新材料
淄博科麦化工科技开发公司	淄博留学人员创业园	新材料
淄博蓝资科技有限公司	淄博留学人员创业园	新材料
淄博理研泰山涂附磨具公司	淄博留学人员创业园	新材料
淄博鲁德新型发热材料开发有限公司	淄博留学人员创业园	新材料
淄博骆仕高温制品有限公司	淄博留学人员创业园	新材料
淄博奈奇尔纺织科技发展公司	淄博留学人员创业园	新材料
淄博诺达化工有限公司	淄博留学人员创业园	新材料
淄博普瑞家用纺织品科技公司	淄博留学人员创业园	新材料
淄博市劲松金属材料有限公司	淄博留学人员创业园	新材料
淄博四砂泰山砂布砂纸公司	淄博留学人员创业园	新材料
淄博溯源新材料科技有限公司	淄博留学人员创业园	新材料
淄博天疆化工建材有限公司	淄博留学人员创业园	新材料
淄博天峻德化工有限公司	淄博留学人员创业园	新材料
淄博新邦陶瓷科技有限公司	淄博留学人员创业园	新材料
淄博雪春化工科技有限公司	淄博留学人员创业园	新材料
淄博永麒化工有限公司	淄博留学人员创业园	新材料
淄博优能科技发展有限公司	淄博留学人员创业园	新材料
淄博中邦锆铝精细材料公司	淄博留学人员创业园	新材料
淄博中恒陶瓷色釉料有限公司	淄博留学人员创业园	新材料
淄博中理磨具公司	淄博留学人员创业园	新材料
淄博中南纺织科技有限公司	淄博留学人员创业园	新材料
淄博宝泉环保工程有限公司	淄博留学人员创业园	新能源环保
淄博广和窑业有限公司	淄博留学人员创业园	新能源环保
淄博海洁环境工程公司	淄博留学人员创业园	新能源环保
淄博科邦建材技术有限公司	淄博留学人员创业园	新能源环保
淄博科信窑炉工程有限公司	淄博留学人员创业园	新能源环保
淄博联星窑业技术公司	淄博留学人员创业园	新能源环保
淄博隆泰科技有限公司	淄博留学人员创业园	新能源环保
淄博梦溪环保科技有限公司	淄博留学人员创业园	新能源环保
淄博铭创环境科技有限公司	淄博留学人员创业园	新能源环保
淄博圣达瀚科邦新能源环保技术有限公司	淄博留学人员创业园	新能源环保
淄博翔瑞能源设备科技公司	淄博留学人员创业园	新能源环保
山东东方纹理防伪技术公司	淄博留学人员创业园	现代服务
山东信博洁具有限公司	淄博留学人员创业园	现代服务
赢时通科技（深圳）有限公司淄博分公司	淄博留学人员创业园	现代服务
淄博广景建筑工程咨询公司	淄博留学人员创业园	现代服务
烟台阿尔伯特电子科技有限公司	烟台留学人员创业园区	电子信息
烟台荷境软件科技有限公司	烟台留学人员创业园区	电子信息
烟台恒太光电技术有限公司	烟台留学人员创业园区	电子信息

烟台宏益微波科技有限公司	烟台留学人员创业园区	电子信息
烟台晶泰电子科技有限公司	烟台留学人员创业园区	电子信息
烟台立丰电子有限公司	烟台留学人员创业园区	电子信息
烟台特晶电子有限公司	烟台留学人员创业园区	电子信息
烟台羿中医疗科技有限公司	烟台留学人员创业园区	电子信息
烟台知勇电子科技有限公司	烟台留学人员创业园区	电子信息
山东靶点药物研究有限公司	烟台留学人员创业园区	生物医药
山东北药鲁抗医药科技有限公司	烟台留学人员创业园区	生物医药
烟台宝华生物技术有限公司	烟台留学人员创业园区	生物医药
烟台博杰瀚贤生物科技有限公司	烟台留学人员创业园区	生物医药
烟台博润泰合医药科技有限公司	烟台留学人员创业园区	生物医药
烟台哈博生物技术有限公司	烟台留学人员创业园区	生物医药
烟台海安药物研发有限公司	烟台留学人员创业园区	生物医药
烟台合能生物科技有限公司	烟台留学人员创业园区	生物医药
烟台汇鹏生物科技有限公司	烟台留学人员创业园区	生物医药
烟台嘉恒生物科技有限公司	烟台留学人员创业园区	生物医药
烟台隽秀生物科技有限公司	烟台留学人员创业园区	生物医药
烟台睿盈生物科技有限公司	烟台留学人员创业园区	生物医药
烟台天乐生物科技有限公司	烟台留学人员创业园区	生物医药
烟台益诺依生物医药科技有限公司	烟台留学人员创业园区	生物医药
烟台遨沣汽车科技有限公司	烟台留学人员创业园区	先进制造
烟台鼎成卫星导航定位技术有限公司	烟台留学人员创业园区	先进制造
烟台开发区大丰轴瓦有限公司	烟台留学人员创业园区	先进制造
烟台清瑞环保科技有限公司	烟台留学人员创业园区	先进制造
烟台神宇航天科技有限公司	烟台留学人员创业园区	先进制造
烟台水泰和水科技有限公司	烟台留学人员创业园区	先进制造
烟台爱德泰克光电材料有限公司	烟台留学人员创业园区	新材料
烟台晶品电子材料有限公司	烟台留学人员创业园区	新材料
烟台绿水赋膜材料有限公司	烟台留学人员创业园区	新材料
烟台润鑫新材料科技有限公司	烟台留学人员创业园区	新材料
烟台一诺电子材料有限公司	烟台留学人员创业园区	新材料
烟台一诺电子科技有限公司	烟台留学人员创业园区	新材料
山东尚瑞环保节能科技有限公司	烟台留学人员创业园区	新能源环保
烟台开发区世纪能源科技有限公司	烟台留学人员创业园区	新能源环保
烟台澳西玩具有限公司	烟台留学人员创业园区	现代服务
烟台佰健海洋生物有限公司	烟台留学人员创业园区	现代服务
烟台海洋宝贝生物工程有限公司	烟台留学人员创业园区	现代服务
烟台恒马电子科技有限公司	烟台留学人员创业园区	现代服务
烟台联宇网络科技有限公司	烟台留学人员创业园区	现代服务
烟台润丰果酒有限公司	烟台留学人员创业园区	现代服务
威海奥博软件有限公司	威海留学人员创业园	电子信息
威海伯泰电子有限公司	威海留学人员创业园	电子信息
威海腓力建筑技术咨询有限公司	威海留学人员创业园	电子信息
威海枫叶科技开发有限公司	威海留学人员创业园	电子信息
威海光成信息技术有限公司	威海留学人员创业园	电子信息
威海嘉讯电子技术公司	威海留学人员创业园	电子信息
威海克劳斯数码通讯设备有限公司	威海留学人员创业园	电子信息
威海梦之路软件有限公司	威海留学人员创业园	电子信息
威海市金黎明科技开发有限公司	威海留学人员创业园	电子信息
威海市乐家电子科技有限公司	威海留学人员创业园	电子信息
威海维吉尼亚光电技术有限公司	威海留学人员创业园	电子信息
威海欣智信息科技有限公司	威海留学人员创业园	电子信息
威海新儒教育科技开发中心	威海留学人员创业园	电子信息
威海信石软件有限公司	威海留学人员创业园	电子信息
山东吉威医疗制品有限公司	威海留学人员创业园	生物医药
威海科力斯生物工程有限公司	威海留学人员创业园	生物医药
威海盛世田园生物工程有限公司	威海留学人员创业园	生物医药
威海市馥嘉园花卉有限公司	威海留学人员创业园	生物医药
威海祥泰药物控制释放技术开发有限公司	威海留学人员创业园	生物医药
威海秀水药物研发有限公司	威海留学人员创业园	生物医药

威海益康农业生物技术有限公司	威海留学人员创业园	生物医药
威海百克环保工程有限公司	威海留学人员创业园	先进制造
威海富瑞沃电子有限公司	威海留学人员创业园	先进制造
威海诺达科技有限公司	威海留学人员创业园	先进制造
威海远航科技发展有限公司	威海留学人员创业园	先进制造
威海鸿瑞通讯器材有限公司	威海留学人员创业园	新材料
威海健坤新材料制品有限公司	威海留学人员创业园	新材料
威海科益达电子有限公司	威海留学人员创业园	新材料
威海启航科技有限公司	威海留学人员创业园	新材料
威海紫润化工有限公司	威海留学人员创业园	新材料
山东二十度节能技术服务有限公司	威海留学人员创业园	新能源环保
河南道兰德智能科技有限公司	河南留学人员创业园	电子信息
河南诺尔康顿电子科技有限公司	河南留学人员创业园	电子信息
河南省辉耀网络技术有限公司	河南留学人员创业园	电子信息
河南云众创新信息技术有限公司	河南留学人员创业园	电子信息
郑州埃文计算机科技有限公司	河南留学人员创业园	电子信息
郑州安监科技有限公司	河南留学人员创业园	电子信息
郑州六如信息科技有限公司	河南留学人员创业园	电子信息
郑州帕菲特信息技术有限公司	河南留学人员创业园	电子信息
郑州三友软件科技有限公司	河南留学人员创业园	电子信息
郑州尚佐电子商务有限公司	河南留学人员创业园	电子信息
河南加华生物科技有限公司	河南留学人员创业园	生物医药
河南金赛生物科技有限公司	河南留学人员创业园	生物医药
河南金泰生物技术股份有限公司	河南留学人员创业园	生物医药
河南龙光三维生物工程有限公司	河南留学人员创业园	生物医药
河南旭阳生物技术有限公司	河南留学人员创业园	生物医药
郑州华纳生物科技有限公司	河南留学人员创业园	生物医药
郑州嘉豫医疗器械有限公司	河南留学人员创业园	生物医药
郑州润至生物科技有限公司	河南留学人员创业园	生物医药
郑州雅晨生物科技有限公司	河南留学人员创业园	生物医药
郑州海纳矿用设备有限公司	河南留学人员创业园	高端制造
河南金瑞新材料有限公司	河南留学人员创业园	新材料
河南恒天润景环境科技有限公司	河南留学人员创业园	新能源环保
郑州新锐达节能科技有限公司	河南留学人员创业园	新能源环保
郑州吉雅文化传播有限公司	河南留学人员创业园	文化创意
河南德之翼贸易有限公司	河南留学人员创业园	现代服务
河南绿地农业科技有限公司	河南留学人员创业园	现代服务
河南盛丰投资基金管理中心（有限合伙）	河南留学人员创业园	现代服务
郑州市政海平面设计有限公司	河南留学人员创业园	现代服务
郑州兴鸿装饰工程有限公司	河南留学人员创业园	现代服务
伊文特信息科技有限公司	郑州留学人员创业园	电子信息
郑州帕博信息有限公司	郑州留学人员创业园	电子信息
紫光捷通科技有限公司	郑州留学人员创业园	电子信息
海而思（郑州）科技有限公司	郑州留学人员创业园	生物医药
郑州极限药物有限公司	郑州留学人员创业园	生物医药
郑州美方科技有限公司	郑州留学人员创业园	生物医药
郑州谐创生物有限公司	郑州留学人员创业园	生物医药
郑州英诺色谱科技有限公司	郑州留学人员创业园	生物医药
郑州枫华实业有限公司	郑州留学人员创业园	先进制造
大润（郑州）科技有限公司	郑州留学人员创业园	新能源环保
立宇（郑州）化学有限公司	郑州留学人员创业园	新能源环保
郑州艾蒂奥科技有限公司	郑州留学人员创业园	新能源环保
洛阳电力工程设计研究院	洛阳留学人员创业园	电子信息
洛阳海普信息科技有限公司	洛阳留学人员创业园	电子信息
洛阳恒锐测控技术有限公司	洛阳留学人员创业园	电子信息
洛阳路为电子科技有限公司	洛阳留学人员创业园	电子信息
洛阳铭亚达机电设备有限公司	洛阳留学人员创业园	电子信息
洛阳神佳电子陶瓷有限公司	洛阳留学人员创业园	电子信息
洛阳紫光新技术有限公司	洛阳留学人员创业园	电子信息
河南健古生物工程有限公司	洛阳留学人员创业园	生物医药

捷威精密制造（洛阳）有限公司	洛阳留学人员创业园	先进制造
洛阳博丹机电科技有限公司	洛阳留学人员创业园	先进制造
洛阳润环电机轴承有限公司	洛阳留学人员创业园	先进制造
洛阳中航光电科技有限公司	洛阳留学人员创业园	先进制造
洛阳鸿泰半导体有限公司	洛阳留学人员创业园	新材料
洛阳美克金刚石有限公司	洛阳留学人员创业园	新材料
洛阳中商纳米材料有限公司	洛阳留学人员创业园	新材料
绿潮科技环保有限公司	洛阳留学人员创业园	新能源环保
洛阳博航光电科技有限公司	洛阳留学人员创业园	新能源环保
洛阳德茂电力有限公司	洛阳留学人员创业园	新能源环保
洛阳格瑞泰德科技环保有限公司	洛阳留学人员创业园	新能源环保
洛阳瑞英华节能蒸发器科技有限公司	洛阳留学人员创业园	新能源环保
洛阳市万有力重机有限公司	洛阳留学人员创业园	新能源环保
河南安泰保安有限公司	洛阳留学人员创业园	现代服务
洛阳融泰保险代理有限公司	洛阳留学人员创业园	现代服务
洛阳水泥工程设计研究院有限公司	洛阳留学人员创业园	现代服务
洛阳顺隆商贸有限公司	洛阳留学人员创业园	现代服务
东润博联（武汉）投资管理有限公司	武汉留学生创业园	电子信息
歌锦企业信息科技（武汉）有限公司	武汉留学生创业园	电子信息
光谷发展智慧产业（武汉）研究院有限公司	武汉留学生创业园	电子信息
光谷云计算武汉有限公司	武汉留学生创业园	电子信息
湖北思高科技发展有限公司	武汉留学生创业园	电子信息
湖北微模式科技发展有限公司	武汉留学生创业园	电子信息
湖北印象光电信息产业有限公司	武汉留学生创业园	电子信息
联思普瑞（武汉）电子科技有限公司	武汉留学生创业园	电子信息
武汉艾若信息科技有限公司	武汉留学生创业园	电子信息
武汉安扬激光技术有限责任公司	武汉留学生创业园	电子信息
武汉奥美达易货有限公司	武汉留学生创业园	电子信息
武汉布拉德科技有限公司	武汉留学生创业园	电子信息
武汉畅联光电科技有限公司	武汉留学生创业园	电子信息
武汉东科创星管理咨询有限公司	武汉留学生创业园	电子信息
武汉东羽光机电科技有限公司	武汉留学生创业园	电子信息
武汉风亦云科技有限公司	武汉留学生创业园	电子信息
武汉福创投资管理有限公司	武汉留学生创业园	电子信息
武汉富泰华创科技有限公司	武汉留学生创业园	电子信息
武汉高晟知光科技有限公司	武汉留学生创业园	电子信息
武汉古马路科技有限公司	武汉留学生创业园	电子信息
武汉光谷集成股份有限公司	武汉留学生创业园	电子信息
武汉光粒网络科技有限公司	武汉留学生创业园	电子信息
武汉海为无线科技有限公司	武汉留学生创业园	电子信息
武汉汉达瑞科技有限公司	武汉留学生创业园	电子信息
武汉昊奇科技有限公司	武汉留学生创业园	电子信息
武汉恒泰志远科技有限责任公司	武汉留学生创业园	电子信息
武汉宏源寰球科技有限公司	武汉留学生创业园	电子信息
武汉华适壮智能新科技有限公司	武汉留学生创业园	电子信息
武汉辉创信息科技有限公司	武汉留学生创业园	电子信息
武汉慧人信息科技有限公司	武汉留学生创业园	电子信息
武汉基数星通信科技有限公司	武汉留学生创业园	电子信息
武汉加图电子有限公司	武汉留学生创业园	电子信息
武汉嘉业恒科技有限公司	武汉留学生创业园	电子信息
武汉晶镭科技有限公司	武汉留学生创业园	电子信息
武汉聚电科技有限责任公司	武汉留学生创业园	电子信息
武汉凯信科技有限公司	武汉留学生创业园	电子信息
武汉康桥伟业高新科技有限公司	武汉留学生创业园	电子信息
武汉科晟华科技有限公司	武汉留学生创业园	电子信息
武汉力益半导体科技有限公司	武汉留学生创业园	电子信息
武汉联瑞科微电子有限公司	武汉留学生创业园	电子信息
武汉洛芙科技有限公司	武汉留学生创业园	电子信息
武汉美电恩智电子科技有限公司	武汉留学生创业园	电子信息
武汉眸博科技有限公司	武汉留学生创业园	电子信息

武汉欧众科技发展有限公司	武汉留学生创业园	电子信息
武汉磐阳科技有限公司	武汉留学生创业园	电子信息
武汉祺景科技有限公司	武汉留学生创业园	电子信息
武汉瑞芯科微电子技术有限公司	武汉留学生创业园	电子信息
武汉十五现代心理科学研究院	武汉留学生创业园	电子信息
武汉史蒂芬凯科技有限公司	武汉留学生创业园	电子信息
武汉市兑尔科技有限公司	武汉留学生创业园	电子信息
武汉市三联永成科技有限公司	武汉留学生创业园	电子信息
武汉市天晨翔云数据有限公司	武汉留学生创业园	电子信息
武汉市云瞻信息科技有限公司	武汉留学生创业园	电子信息
武汉司南科技有限公司	武汉留学生创业园	电子信息
武汉图歌信息技术有限责任公司	武汉留学生创业园	电子信息
武汉威大科技技术有限公司	武汉留学生创业园	电子信息
武汉帷幄信息技术有限公司	武汉留学生创业园	电子信息
武汉新旅程创新科技有限公司	武汉留学生创业园	电子信息
武汉星聚汇科技有限公司	武汉留学生创业园	电子信息
武汉迅光微电子科技有限公司	武汉留学生创业园	电子信息
武汉一唐科技有限公司	武汉留学生创业园	电子信息
武汉易路网络技术有限公司	武汉留学生创业园	电子信息
武汉意普科技有限责任公司	武汉留学生创业园	电子信息
武汉鹰飞拓光电子有限公司	武汉留学生创业园	电子信息
武汉优维科技有限责任公司	武汉留学生创业园	电子信息
武汉优赢科技有限公司	武汉留学生创业园	电子信息
武汉友睿科技有限公司	武汉留学生创业园	电子信息
武汉远众科技有限公司	武汉留学生创业园	电子信息
武汉云歌科技有限公司	武汉留学生创业园	电子信息
武汉云雅科技有限公司	武汉留学生创业园	电子信息
武汉智丽丰信息科技有限公司	武汉留学生创业园	电子信息
武汉中昊信科技有限公司	武汉留学生创业园	电子信息
武汉众合德信技术有限公司	武汉留学生创业园	电子信息
英伟讯（湖北）信息技术有限公司	武汉留学生创业园	电子信息
艾博（武汉）生物技术有限公司	武汉留学生创业园	生物医药
安拜（武汉）生物科技有限公司	武汉留学生创业园	生物医药
湖北维达健基因技术有限公司	武汉留学生创业园	生物医药
朗力生物医药（武汉）有限公司	武汉留学生创业园	生物医药
天至生物科技有限公司	武汉留学生创业园	生物医药
武汉奥斯梅得生物医药有限公司	武汉留学生创业园	生物医药
武汉百翼生物科技有限公司	武汉留学生创业园	生物医药
武汉高华细胞技术有限公司	武汉留学生创业园	生物医药
武汉格林泰克科技有限公司	武汉留学生创业园	生物医药
武汉哈福科技有限公司	武汉留学生创业园	生物医药
武汉吉肽生物科技有限公司	武汉留学生创业园	生物医药
武汉璟泓金晟生物科技有限公司	武汉留学生创业园	生物医药
武汉康碧瑞医疗科技发展有限公司	武汉留学生创业园	生物医药
武汉科奥美萃生物科技有限公司	武汉留学生创业园	生物医药
武汉摩尔生物科技有限公司	武汉留学生创业园	生物医药
武汉沐风科技有限公司	武汉留学生创业园	生物医药
武汉荣坛技术有限公司	武汉留学生创业园	生物医药
武汉瑞迪沃兹生物工程有限责任公司	武汉留学生创业园	生物医药
武汉市星熠艾克生物医药有限责任公司	武汉留学生创业园	生物医药
武汉蔚澜生物技术有限公司	武汉留学生创业园	生物医药
武汉友联述康医药技术有限公司	武汉留学生创业园	生物医药
武汉远征世纪制药有限公司	武汉留学生创业园	生物医药
武汉志邦化学技术有限公司	武汉留学生创业园	生物医药
武汉光晔科技有限公司	武汉留学生创业园	新材料
武汉汉唐电子材料开发有限公司	武汉留学生创业园	新材料
武汉环材科技有限公司	武汉留学生创业园	新材料
武汉思臻光信息科技有限公司	武汉留学生创业园	新材料
大湖生物（武汉）有限责任公司	武汉留学生创业园	新能源环保
湖北华测能源系统工程有限公司	武汉留学生创业园	新能源环保

湖北景禾环保有限公司	武汉留学生创业园	新能源环保
湖北纽太力环境科技有限公司	武汉留学生创业园	新能源环保
武汉碧海云天科技股份有限公司	武汉留学生创业园	新能源环保
武汉福斯隆科技有限公司	武汉留学生创业园	新能源环保
武汉格林威科技发展有限公司	武汉留学生创业园	新能源环保
武汉国能恩格新能源环保科技有限公司	武汉留学生创业园	新能源环保
武汉视窗卫士高科技有限公司	武汉留学生创业园	新能源环保
武汉威科奇科技发展有限公司	武汉留学生创业园	新能源环保
武汉希瑞技术有限公司	武汉留学生创业园	新能源环保
武汉紫灿科技有限公司	武汉留学生创业园	新能源环保
迅捷卓越传动系统科技（武汉）有限责任公司	武汉留学生创业园	新能源环保
武汉汉迪机器人科技有限公司	武汉留学生创业园	先进制造
武汉金顿激光科技有限公司	武汉留学生创业园	先进制造
武汉光谷西铂科技有限公司	武汉留学生创业园	现代服务
武汉上谱分析科技有限责任公司	武汉留学生创业园	现代服务
武汉昭融汇利投资管理有限责任公司	武汉留学生创业园	现代服务
湖南海邦高科技术有限公司	长沙留学人员创业园	电子信息
湖南航网电子科技有限公司	长沙留学人员创业园	电子信息
湖南好百客科技有限责任公司	长沙留学人员创业园	电子信息
湖南辉鹏投资有限公司	长沙留学人员创业园	电子信息
湖南省万博教育发展有限公司	长沙留学人员创业园	电子信息
湖南惟思科技有限公司	长沙留学人员创业园	电子信息
湖南湘瑞智能工控设备有限公司	长沙留学人员创业园	电子信息
湖南众焱科技有限公司	长沙留学人员创业园	电子信息
长沙安力国昌科技有限公司	长沙留学人员创业园	电子信息
长沙博为软件技术有限公司	长沙留学人员创业园	电子信息
长沙畅行支付信息技术有限公司	长沙留学人员创业园	电子信息
长沙德灵软件有限公司	长沙留学人员创业园	电子信息
长沙梵天网络科技有限公司	长沙留学人员创业园	电子信息
长沙高新开发区中雅科技有限公司	长沙留学人员创业园	电子信息
长沙立中软件开发有限公司	长沙留学人员创业园	电子信息
长沙诺沙能源科技有限公司	长沙留学人员创业园	电子信息
长沙奇星网络科技有限公司	长沙留学人员创业园	电子信息
长沙市勉志教育咨询有限公司	长沙留学人员创业园	电子信息
长沙天野电子科技有限公司	长沙留学人员创业园	电子信息
长沙帷幄信息科技有限公司	长沙留学人员创业园	电子信息
长沙我看信息技术有限公司	长沙留学人员创业园	电子信息
长沙新睿信息科技有限公司	长沙留学人员创业园	电子信息
长沙医林信息技术有限公司	长沙留学人员创业园	电子信息
长沙依斯基微震监测设备有限公司	长沙留学人员创业园	电子信息
长沙元泰科技有限公司	长沙留学人员创业园	电子信息
长沙知金电子科技有限公司	长沙留学人员创业园	电子信息
大邦（湖南）生物制药有限公司	长沙留学人员创业园	生物医药
汉五生物工程（长沙）有限公司	长沙留学人员创业园	生物医药
湖南安淳高新技术有限公司	长沙留学人员创业园	生物医药
湖南安和寿生物科技有限公司	长沙留学人员创业园	生物医药
湖南程谦森中药基因研究所	长沙留学人员创业园	生物医药
湖南昊康医疗科技有限公司	长沙留学人员创业园	生物医药
湖南华立美东高科技有限公司	长沙留学人员创业园	生物医药
湖南华腾制药有限公司	长沙留学人员创业园	生物医药
湖南惠霖生命科技有限公司	长沙留学人员创业园	生物医药
湖南金缔康营养品股份有限公司	长沙留学人员创业园	生物医药
湖南科恩医药有限公司	长沙留学人员创业园	生物医药
湖南科尔生物技术有限公司	长沙留学人员创业园	生物医药
湖南麓谷仁馨生物技术有限公司	长沙留学人员创业园	生物医药
湖南强邦化工科技有限公司	长沙留学人员创业园	生物医药
湖南圣湘生物科技有限公司	长沙留学人员创业园	生物医药
湖南新诺基生物科技有限公司	长沙留学人员创业园	生物医药
湖南盈资生物科技有限公司	长沙留学人员创业园	生物医药
湖南佑立科技股份有限公司	长沙留学人员创业园	生物医药

湖南远泰生物技术有限公司	长沙留学人员创业园	生物医药
长沙安比奥生物技术有限公司	长沙留学人员创业园	生物医药
长沙安迪生物科技有限公司	长沙留学人员创业园	生物医药
长沙奥国生物科技有限公司	长沙留学人员创业园	生物医药
长沙博优生物科技有限公司	长沙留学人员创业园	生物医药
长沙传奇生物科技有限公司	长沙留学人员创业园	生物医药
长沙德源生物科技有限公	长沙留学人员创业园	生物医药
长沙珐莱生物科技有限公司	长沙留学人员创业园	生物医药
长沙福滋堂生物技术开发有限公司绿洲植物	长沙留学人员创业园	生物医药
长沙富能生物技术有限公司	长沙留学人员创业园	生物医药
长沙厚益深泰医药科技有限公司	长沙留学人员创业园	生物医药
长沙美东医药科技有限公司	长沙留学人员创业园	生物医药
长沙三诺生物传感技术有限公司	长沙留学人员创业园	生物医药
长沙桑霖生物科技有限公司	长沙留学人员创业园	生物医药
长沙圣艾薇生物科技有限公司	长沙留学人员创业园	生物医药
长沙市智丰生物技术合伙企业（普通合伙）	长沙留学人员创业园	生物医药
长沙翔亚医药科技有限公司	长沙留学人员创业园	生物医药
长沙新生康源生物医药有限公司	长沙留学人员创业园	生物医药
湖南奔腾动力有限公司	长沙留学人员创业园	先进制造
湖南华曙高科技有限责任公司	长沙留学人员创业园	先进制造
湖南惠诚控制系统有限公司	长沙留学人员创业园	先进制造
湖南江麓容大车辆传动股份有限公司	长沙留学人员创业园	先进制造
湖南美纳科技有限公司	长沙留学人员创业园	先进制造
湖南容大汽车电子技术有限公司	长沙留学人员创业园	先进制造
湖南万合能源科技有限公司	长沙留学人员创业园	先进制造
湖南易通莲花汽车悬架科技股份有限公司	长沙留学人员创业园	先进制造
长沙大方精密机电有限公司	长沙留学人员创业园	先进制造
长沙高新开发区拓旗汽车电器有限公司	长沙留学人员创业园	先进制造
长沙高新区奥西机电科技有限公司	长沙留学人员创业园	先进制造
长沙立中汽车设计开发有限公司	长沙留学人员创业园	先进制造
长沙溇澧机电科技有限公司	长沙留学人员创业园	先进制造
长沙赛德技术推广服务有限公司	长沙留学人员创业园	先进制造
长沙市新龙机电科技有限公司	长沙留学人员创业园	先进制造
长沙长能电气有限公司	长沙留学人员创业园	先进制造
长沙作为测量技术有限公司	长沙留学人员创业园	先进制造
湖南百富瑞材料有限责任公司	长沙留学人员创业园	新材料
湖南吉瑞斯材料科技有限公司	长沙留学人员创业园	新材料
湖南金戈新材料有限责任公司	长沙留学人员创业园	新材料
湖南力澳投资发展有限公司	长沙留学人员创业园	新材料
湖南迈迪科新材有限公司	长沙留学人员创业园	新材料
湖南赛钻国际贸易有限公司	长沙留学人员创业园	新材料
湖南省银义新材料科技有限公司	长沙留学人员创业园	新材料
湖南文象炭基环保材料有限公司	长沙留学人员创业园	新材料
湖南友能高新技术有限公司	长沙留学人员创业园	新材料
湖南源创高科工业技术有限公司	长沙留学人员创业园	新材料
湖南长坤材料有限公司	长沙留学人员创业园	新材料
湖南中科微纳新能源环保科技有限公司	长沙留学人员创业园	新材料
湖南筑泰工程有限公司	长沙留学人员创业园	新材料
长沙澳大冶金工程技术有限公司	长沙留学人员创业园	新材料
长沙邦捷电池有限公司	长沙留学人员创业园	新材料
长沙宝锋能源科技有限公司	长沙留学人员创业园	新材料
长沙岱勒金刚石制品有限公司	长沙留学人员创业园	新材料
长沙华希金属材料有限公司	长沙留学人员创业园	新材料
长沙汇远新材料有限公司	长沙留学人员创业园	新材料
长沙凯森竹木新技术有限公司	长沙留学人员创业园	新材料
长沙伟晖高科技新材料有限公司	长沙留学人员创业园	新材料
长沙奕景科技发展有限公司	长沙留学人员创业园	新材料
长沙中大建设工程检测技术有限公司	长沙留学人员创业园	新材料
湖南先科环保有限公司	长沙留学人员创业园	新能源环保
湖南鼎创环保科技有限公司	长沙留学人员创业园	新能源环保

湖南和创环境工程有限公司	长沙留学人员创业园	新能源环保
湖南开昂新能源环保科技有限公司	长沙留学人员创业园	新能源环保
湖南斯凯电气有限公司	长沙留学人员创业园	新能源环保
湖南泰颐动力有限公司	长沙留学人员创业园	新能源环保
湖南永清环保研究院有限公司	长沙留学人员创业园	新能源环保
瑞斯拓（湖南）科技有限公司	长沙留学人员创业园	新能源环保
长沙创享环保科技有限公司	长沙留学人员创业园	新能源环保
长沙福泉环保科技有限公司	长沙留学人员创业园	新能源环保
长沙凯力能源科技有限公司	长沙留学人员创业园	新能源环保
长沙祺辰环保科技有限公司	长沙留学人员创业园	新能源环保
长沙市海德机电科技有限公司	长沙留学人员创业园	新能源环保
长沙禹之神环保技术有限公司	长沙留学人员创业园	新能源环保
湖南创安科技有限公司	长沙留学人员创业园	现代服务
湖南盛德投资管理有限公司	长沙留学人员创业园	现代服务
湖南未名凯拓作物分子设计中心有限公司	长沙留学人员创业园	现代服务
长沙爱世普林投资管理有限公司	长沙留学人员创业园	现代服务
长沙和邦管理咨询有限公司	长沙留学人员创业园	现代服务
长沙九派企业管理公司	长沙留学人员创业园	现代服务
长沙卡斯蒂亚商贸有限公司	长沙留学人员创业园	现代服务
长沙卡斯蒂亚西班牙语教育咨询有限公司	长沙留学人员创业园	现代服务
长沙乐活家芬家居用品有限公司	长沙留学人员创业园	现代服务
长沙舍那文化传播有限公司	长沙留学人员创业园	现代服务
长沙市常宸信息技术有限公司	长沙留学人员创业园	现代服务
长沙亿多环保科技有限公司	长沙留学人员创业园	现代服务
长沙艾尔丰华有限公司	长沙经济开发区留学人员创业园	电子信息
长沙尚唐古道科技有限公司	长沙经济开发区留学人员创业园	电子信息
湖南安普诺环保科技有限公司	长沙经济开发区留学人员创业园	新能源环保
长沙凯德防水科技有限公司	长沙经济开发区留学人员创业园	新材料
湖南南方搏云新材料有限公司	长沙经济开发区留学人员创业园	新材料
湖南中精伦金属材料有限公司	长沙经济开发区留学人员创业园	新材料
湖南博瑞新药有限公司	湖南生物医药留学人员创业园	生物医药
湖南福湘生物技术有限公司	湖南生物医药留学人员创业园	生物医药
湖南汉方生物科技有限公司	湖南生物医药留学人员创业园	生物医药
湖南宏灏生物医药有限公司	湖南生物医药留学人员创业园	生物医药
湖南三清药业有限公司	湖南生物医药留学人员创业园	生物医药
湖南湘雅基因技术有限公司	湖南生物医药留学人员创业园	生物医药
湖南一线生物工程有限公司	湖南生物医药留学人员创业园	生物医药
湖南有色凯铂生物药业有限公司	湖南生物医药留学人员创业园	生物医药
浏阳艾特天然产物研究与开发有限公司	湖南生物医药留学人员创业园	生物医药
浏阳恒业生物科技有限公司	湖南生物医药留学人员创业园	生物医药
浏阳市汉东新药技术开发有限公司	湖南生物医药留学人员创业园	生物医药
长沙奥顿生物医药科技有限公司	湖南生物医药留学人员创业园	生物医药
长沙德文生物科技开发有限公司	湖南生物医药留学人员创业园	生物医药
长沙和新康生物工程有限公司	湖南生物医药留学人员创业园	生物医药
长沙华源医药科技开发有限公司	湖南生物医药留学人员创业园	生物医药
长沙凯斯唐生物化学技术开发有限公司	湖南生物医药留学人员创业园	生物医药
长沙科恩医药技术有限公司	湖南生物医药留学人员创业园	生物医药
长沙欧力生物医药技术有限公司	湖南生物医药留学人员创业园	生物医药
长沙三创生物技术有限公司	湖南生物医药留学人员创业园	生物医药
长沙天赐生物医药科技有限公司	湖南生物医药留学人员创业园	生物医药
长沙英赛特生物技术有限公司	湖南生物医药留学人员创业园	生物医药
株洲和丰动力电器有限公司	株洲留学人员创业园	电子信息
株洲华通科技有限责任公司	株洲留学人员创业园	电子信息
株洲嘉成科技发展有限公司	株洲留学人员创业园	电子信息
株洲君安企业技术中心	株洲留学人员创业园	电子信息
株洲开发区智能电子有限公司	株洲留学人员创业园	电子信息
株洲开发区中南电脑科技有限公司	株洲留学人员创业园	电子信息
株洲起源科技有限公司	株洲留学人员创业园	电子信息
株洲踏浪信息技术有限公司	株洲留学人员创业园	电子信息
株洲兴联科技有限公司	株洲留学人员创业园	电子信息

湖南恒祥高科数码技术有限公司	株洲留学人员创业园	先进制造
湖南三本科技发展有限公司	株洲留学人员创业园	先进制造
湘煤立达矿山装备股份有限公司	株洲留学人员创业园	先进制造
株洲广义电子技术有限公司	株洲留学人员创业园	先进制造
株洲美盛科技有限公司	株洲留学人员创业园	先进制造
湖南晨翔复合材料科技有限公司	株洲留学人员创业园	新材料
株洲创锐高强陶瓷有限公司	株洲留学人员创业园	新材料
株洲高新技术开发区金鑫科技有限公司	株洲留学人员创业园	新材料
株洲华美钨合金有限公司	株洲留学人员创业园	新材料
株洲华锐硬质合金工具有限公司	株洲留学人员创业园	新材料
株洲联信金属有限公司	株洲留学人员创业园	新材料
株洲融城高分子材料有限公司	株洲留学人员创业园	新材料
株洲瑞高塑胶有限责任公司	株洲留学人员创业园	新材料
株洲市申龙硬质合金有限公司	株洲留学人员创业园	新材料
株洲沃尔德金属材料有限公司	株洲留学人员创业园	新材料
株洲众诚新材料科技有限公司	株洲留学人员创业园	新材料
湖南富利来环保科技有限公司	株洲留学人员创业园	新能源环保
湖南秋克热源塔热泵科技工程有限公司	株洲留学人员创业园	新能源环保
湖南生命伟业科技有限公司	株洲留学人员创业园	新能源环保
株洲丛发环保科技有限公司	株洲留学人员创业园	新能源环保
株洲金陶高能材料有限公司	株洲留学人员创业园	新能源环保
湖南立晶科技有限责任公司	株洲留学人员创业园	现代服务
湘晟文化传播有限公司	株洲留学人员创业园	现代服务
株洲朗微数控工具有限公司	株洲留学人员创业园	现代服务
株洲联和进出口贸易有限公司	株洲留学人员创业园	现代服务
株洲时代铁路机电有限责任公司	株洲留学人员创业园	现代服务
株洲天利铁路机车车辆配件有限公司	株洲留学人员创业园	现代服务
株洲印象光电信息产业有限公司	株洲留学人员创业园	现代服务
株洲振兴湘企信息技术有限公司	株洲留学人员创业园	现代服务
安凯（广州）软件技术有限公司	留学人员广州创业园	电子信息
广州爱亿信息科技有限公司	留学人员广州创业园	电子信息
广州澳科勘探技术有限公司	留学人员广州创业园	电子信息
广州必视谷信息技术有限公司	留学人员广州创业园	电子信息
广州德高教育软件有限公司	留学人员广州创业园	电子信息
广州德宏矿业科技有限公司	留学人员广州创业园	电子信息
广州德联通讯技术有限公司	留学人员广州创业园	电子信息
广州东唐电子科技有限公司	留学人员广州创业园	电子信息
广州关键光电子科技有限公司	留学人员广州创业园	电子信息
广州佳彩数码科技有限公司	留学人员广州创业园	电子信息
广州嘉崎智能科技有限公司	留学人员广州创业园	电子信息
广州精源电子设备有限公司	留学人员广州创业园	电子信息
广州凯斯瑞自动化科技有限公司	留学人员广州创业园	电子信息
广州康申德电子材料有限公司	留学人员广州创业园	电子信息
广州每日物流管理技术有限公司	留学人员广州创业园	电子信息
广州欧竞信息科技有限公司	留学人员广州创业园	电子信息
广州睿慧新电子有限公司	留学人员广州创业园	电子信息
广州三则电子材料有限公司	留学人员广州创业园	电子信息
广州商惠信息科技有限公司	留学人员广州创业园	电子信息
广州升力智能科技有限公司	留学人员广州创业园	电子信息
广州市华电技术有限公司	留学人员广州创业园	电子信息
广州市加信电子技术有限公司	留学人员广州创业园	电子信息
广州市金明科技有限公司	留学人员广州创业园	电子信息
广州市精进电子科技有限公司	留学人员广州创业园	电子信息
广州市绿讯科技有限公司	留学人员广州创业园	电子信息
广州市夏商周网络技术有限公司	留学人员广州创业园	电子信息
广州市泫浩网络科技有限公司	留学人员广州创业园	电子信息
广州市扬帆计算机科技有限公司	留学人员广州创业园	电子信息
广州市知盾安全系统技术有限公司	留学人员广州创业园	电子信息
广州市智同计算机软件有限公司	留学人员广州创业园	电子信息
广州视新电子科技有限公司	留学人员广州创业园	电子信息

广州斯麦电子科技有限公司	留学人员广州创业园	电子信息
广州索答信息科技有限公司	留学人员广州创业园	电子信息
广州万德威尔自动化系统有限公司	留学人员广州创业园	电子信息
广州伟沃工业设备有限公司	留学人员广州创业园	电子信息
广州沃创特电子有限公司	留学人员广州创业园	电子信息
广州亿恩网络科技有限公司	留学人员广州创业园	电子信息
广州粤瓷电子科技有限公司	留学人员广州创业园	电子信息
广州中加矿业有限公司	留学人员广州创业园	电子信息
百奥泰生物科技（广州）有限公司	留学人员广州创业园	生物医药
广东冠昊生物科技有限公司	留学人员广州创业园	生物医药
广东华南联合疫苗开发院有限公司	留学人员广州创业园	生物医药
广东五羊医药科技有限公司	留学人员广州创业园	生物医药
广东中大南海海洋生物技术工程中心有限公司	留学人员广州创业园	生物医药
广州艾格生物科技有限公司	留学人员广州创业园	生物医药
广州艾奇西医药科技有限公司	留学人员广州创业园	生物医药
广州爱格生物医药有限公司	留学人员广州创业园	生物医药
广州博雅睡眠科技有限公司	留学人员广州创业园	生物医药
广州达博生物制品有限公司	留学人员广州创业园	生物医药
广州迪澳生物科技有限公司	留学人员广州创业园	生物医药
广州帝奇医药技术有限公司	留学人员广州创业园	生物医药
广州飞扬生物工程有限公司	留学人员广州创业园	生物医药
广州弗赛生物科技有限公司	留学人员广州创业园	生物医药
广州复能基因有限公司	留学人员广州创业园	生物医药
广州格林泰克化学技术有限公司	留学人员广州创业园	生物医药
广州共禾医药科技有限公司	留学人员广州创业园	生物医药
广州海力特生物科技有限公司	留学人员广州创业园	生物医药
广州海天德威生物科技有限公司	留学人员广州创业园	生物医药
广州和竺生物科技有限公司	留学人员广州创业园	生物医药
广州鸿琪光学仪器科技有限公司	留学人员广州创业园	生物医药
广州呼研所医药科技有限公司	留学人员广州创业园	生物医药
广州华灿医药科技有限公司	留学人员广州创业园	生物医药
广州华峰生物科技有限公司	留学人员广州创业园	生物医药
广州华美康联生物科技有限公司	留学人员广州创业园	生物医药
广州华银医药科技有限公司	留学人员广州创业园	生物医药
广州惠泽生物科技有限公司	留学人员广州创业园	生物医药
广州加原医药科技有限公司	留学人员广州创业园	生物医药
广州健天基因技术有限公司	留学人员广州创业园	生物医药
广州进黔医药技术咨询有限公司	留学人员广州创业园	生物医药
广州精达医学科技有限公司	留学人员广州创业园	生物医药
广州隽康生物科技有限公司	留学人员广州创业园	生物医药
广州兰锐医疗科技有限公司	留学人员广州创业园	生物医药
广州力元生物技术有限公司	留学人员广州创业园	生物医药
广州立恩生物科技有限公司	留学人员广州创业园	生物医药
广州柳元生物技术有限公司	留学人员广州创业园	生物医药
广州罗森生物制药有限公司	留学人员广州创业园	生物医药
广州绿萃生物科技有限公司	留学人员广州创业园	生物医药
广州迈普再生医学科技有限公司	留学人员广州创业园	生物医药
广州美可生物科技有限公司	留学人员广州创业园	生物医药
广州门捷生物科技有限公司	留学人员广州创业园	生物医药
广州欧浦瑞医疗科技有限公司	留学人员广州创业园	生物医药
广州普霖施通医疗科技有限公司	留学人员广州创业园	生物医药
广州普星药业有限公司	留学人员广州创业园	生物医药
广州锐达生物科技有限公司	留学人员广州创业园	生物医药
广州锐士伯医疗科技有限公司	留学人员广州创业园	生物医药
广州瑞博奥生物科技有限公司	留学人员广州创业园	生物医药
广州睿凯生物技术有限公司	留学人员广州创业园	生物医药
广州申益皮卡生物技术有限公司	留学人员广州创业园	生物医药
广州市佰而林生物科技有限公司	留学人员广州创业园	生物医药
广州市搏克生物技术有限公司	留学人员广州创业园	生物医药
广州市创制医药技术开发有限公司	留学人员广州创业园	生物医药

广州市碱素生物制品有限公司	留学人员广州创业园	生物医药
广州市凯诺生物科技有限公司	留学人员广州创业园	生物医药
广州市启源生物科技有限公司	留学人员广州创业园	生物医药
广州市锐博生物科技有限公司	留学人员广州创业园	生物医药
广州市泰乙医药生物技术有限公司	留学人员广州创业园	生物医药
广州市威司特生物科技有限公司	留学人员广州创业园	生物医药
广州市研创生物技术发展有限公司	留学人员广州创业园	生物医药
广州市忆明科学仪器有限公司	留学人员广州创业园	生物医药
广州斯威森科技有限公司	留学人员广州创业园	生物医药
广州维仁生物科技有限公司	留学人员广州创业园	生物医药
广州益善生物技术有限公司	留学人员广州创业园	生物医药
广州银河阳光生物制品有限公司	留学人员广州创业园	生物医药
广州英诺生物医药有限公司	留学人员广州创业园	生物医药
广州尤尼科生物科技有限公司	留学人员广州创业园	生物医药
广州源生医药科技有限公司	留学人员广州创业园	生物医药
海狸（广州）生物科技有限公司	留学人员广州创业园	生物医药
赛业（广州）生物科技有限公司	留学人员广州创业园	生物医药
广州富通光科技有限公司	留学人员广州创业园	先进制造
广州弘立机电设备有限公司	留学人员广州创业园	先进制造
广州魁科机电科技有限公司	留学人员广州创业园	先进制造
广州市晨森机电工程有限公司	留学人员广州创业园	先进制造
广州市穗进机电技术有限公司	留学人员广州创业园	先进制造
广州格瑞特材料科技有限公司	留学人员广州创业园	新材料
广州华之特奥因特种材料科技有限公司	留学人员广州创业园	新材料
广州齐达材料科技有限公司	留学人员广州创业园	新材料
广州锐优表面科技有限公司	留学人员广州创业园	新材料
广州三辰化工科技有限公司	留学人员广州创业园	新材料
广州市研理复合材料科技有限公司	留学人员广州创业园	新材料
广州市银塑阻燃化工有限公司	留学人员广州创业园	新材料
广州数码艺精细化学有限公司	留学人员广州创业园	新材料
广州西克化工科技有限公司	留学人员广州创业园	新材料
广州优本化工有限公司	留学人员广州创业园	新材料
广州优路美新型建材有限公司	留学人员广州创业园	新材料
金毅新材料科技（广州）有限公司	留学人员广州创业园	新材料
广东高空风能技术有限公司	留学人员广州创业园	新能源环保
广州博能能源科技有限公司	留学人员广州创业园	新能源环保
广州达威散热科技有限公司	留学人员广州创业园	新能源环保
广州灏和节能科技有限公司	留学人员广州创业园	新能源环保
广州洁柏能源科技有限公司	留学人员广州创业园	新能源环保
广州市捷晶能源科技有限公司	留学人员广州创业园	新能源环保
广州市科林太克环保设备有限公司	留学人员广州创业园	新能源环保
广州市利示普照明科技有限公司	留学人员广州创业园	新能源环保
广州市绿巨人生物环保技术有限公司	留学人员广州创业园	新能源环保
广州市臻康环保科技有限公司	留学人员广州创业园	新能源环保
广州思腾低碳科技有限公司	留学人员广州创业园	新能源环保
广州翔曦能源科技有限公司	留学人员广州创业园	新能源环保
广州远兰矿业科技有限公司	留学人员广州创业园	新能源环保
广州珠水环境科技有限公司	留学人员广州创业园	新能源环保
联企（广州）环保科技有限公司	留学人员广州创业园	新能源环保
广州市财智情商动漫有限公司	留学人员广州创业园	文化创意
广东安信风险投资有限公司	留学人员广州创业园	现代服务
广州宝祺来贸易有限公司	留学人员广州创业园	现代服务
广州珞科贸易有限公司开发区分公司	留学人员广州创业园	现代服务
广州市唐大投资咨询有限公司	留学人员广州创业园	现代服务
广州朗粤信息科技有限公司	广州市留学人员创业（海珠）基地	电子信息
广州市纽兰达计算机技术有限公司	广州市留学人员创业（海珠）基地	电子信息
广州市锐星计算机科技有限公司	广州市留学人员创业（海珠）基地	电子信息
广州市忠微计算机科技有限公司	广州市留学人员创业（海珠）基地	电子信息
广州维奇数码科技有限公司	广州市留学人员创业（海珠）基地	电子信息
广州掌景数码科技有限公司	广州市留学人员创业（海珠）基地	电子信息

广州市泛凯生物科技有限公司	广州市留学人员创业（海珠）基地	生物医药
广州市豪骏生物工程有限公司	广州市留学人员创业（海珠）基地	生物医药
广州市开恒生物科技有限公司	广州市留学人员创业（海珠）基地	生物医药
广州裕立生物科技有限公司	广州市留学人员创业（海珠）基地	生物医药
广州市翔宇电子有限公司	广州市留学人员创业（海珠）基地	新材料
AEM科技（苏州）有限公司深圳分公司	深圳市留学生创业园	电子信息
才外才信息科技（深圳）有限公司	深圳市留学生创业园	电子信息
深圳爱生再生医学科技有限公司	深圳市留学生创业园	电子信息
深圳奥比中光科技有限公司	深圳市留学生创业园	电子信息
深圳澳宝森科技有限公司	深圳市留学生创业园	电子信息
深圳宾大科技有限公司	深圳市留学生创业园	电子信息
深圳才库数据技术有限公司	深圳市留学生创业园	电子信息
深圳飞人移动媒体有限公司	深圳市留学生创业园	电子信息
深圳格恩全球站科技有限公司	深圳市留学生创业园	电子信息
深圳格兰德尔科技有限公司	深圳市留学生创业园	电子信息
深圳恒邦逢源科技有限公司	深圳市留学生创业园	电子信息
深圳弘江军科技有限公司	深圳市留学生创业园	电子信息
深圳华创富通科技有限公司	深圳市留学生创业园	电子信息
深圳凯瑟玛科技有限公司	深圳市留学生创业园	电子信息
深圳蓝光子午线科技有限公司	深圳市留学生创业园	电子信息
深圳礼义和电子信息科技有限公司	深圳市留学生创业园	电子信息
深圳量子在线信息网络有限公司	深圳市留学生创业园	电子信息
深圳络威信息技术有限公司	深圳市留学生创业园	电子信息
深圳麦芬科技有限公司	深圳市留学生创业园	电子信息
深圳纽迪瑞科技开发有限公司	深圳市留学生创业园	电子信息
深圳鹏开信息技术有限公司	深圳市留学生创业园	电子信息
深圳普得技术有限公司	深圳市留学生创业园	电子信息
深圳青铜剑电力电子科技有限公司	深圳市留学生创业园	电子信息
深圳瑞谷电子有限公司	深圳市留学生创业园	电子信息
深圳睿思灵视讯科技有限公司	深圳市留学生创业园	电子信息
深圳市阿派斯实业有限公司	深圳市留学生创业园	电子信息
深圳市艾合石科技有限公司	深圳市留学生创业园	电子信息
深圳市艾思脉电子股份有限公司	深圳市留学生创业园	电子信息
深圳市爱德特科技有限公司	深圳市留学生创业园	电子信息
深圳市爱慧思科技有限公司	深圳市留学生创业园	电子信息
深圳市百特连通科技有限公司	深圳市留学生创业园	电子信息
深圳市邦旭科技有限公司	深圳市留学生创业园	电子信息
深圳市贝成科技有限公司	深圳市留学生创业园	电子信息
深圳市比维迪科技有限公司	深圳市留学生创业园	电子信息
深圳市标鉴网络科技有限公司	深圳市留学生创业园	电子信息
深圳市标盛科技投资有限公司	深圳市留学生创业园	电子信息
深圳市博德维建筑技术有限公司	深圳市留学生创业园	电子信息
深圳市博曼科技有限公司	深圳市留学生创业园	电子信息
深圳市博思慧通科技有限公司	深圳市留学生创业园	电子信息
深圳市博斯软件服务有限公司	深圳市留学生创业园	电子信息
深圳市策文科技发展有限公司	深圳市留学生创业园	电子信息
深圳市出众数字技术有限公司	深圳市留学生创业园	电子信息
深圳市创杰新赛科技有限公司	深圳市留学生创业园	电子信息
深圳市创世互娱科技有限公司	深圳市留学生创业园	电子信息
深圳市滴答科技开发有限公司	深圳市留学生创业园	电子信息
深圳市东海动力信息技术有限公司	深圳市留学生创业园	电子信息
深圳市东兴慧通科技有限公司	深圳市留学生创业园	电子信息
深圳市方领科技有限公司	深圳市留学生创业园	电子信息
深圳市方通科技有限公司	深圳市留学生创业园	电子信息
深圳市规感科技有限公司	深圳市留学生创业园	电子信息
深圳市国投电信有限公司	深圳市留学生创业园	电子信息
深圳市海岸会议服务有限公司	深圳市留学生创业园	电子信息
深圳市海创星汇网络科技有限公司	深圳市留学生创业园	电子信息
深圳市海迪斯科技有限公司	深圳市留学生创业园	电子信息
[illegible]网络科技有限公司	深圳市留学生创业园	电子信息

深圳市皓明佳科技有限公司	深圳市留学生创业园	电子信息
深圳市禾力科技有限公司	深圳市留学生创业园	电子信息
深圳市和厚科技有限公司	深圳市留学生创业园	电子信息
深圳市红宇创新科技有限公司	深圳市留学生创业园	电子信息
深圳市华傲数据技术有限公司	深圳市留学生创业园	电子信息
深圳市华勤科技有限公司	深圳市留学生创业园	电子信息
深圳市华英教育咨询有限公司	深圳市留学生创业园	电子信息
深圳市汇智成科技有限公司	深圳市留学生创业园	电子信息
深圳市汇智集信息科技有限公司	深圳市留学生创业园	电子信息
深圳市慧达科技有限公司	深圳市留学生创业园	电子信息
深圳市佳吉数码通讯有限公司	深圳市留学生创业园	电子信息
深圳市佳吉天成科技有限公司	深圳市留学生创业园	电子信息
深圳市嘉德永丰科技有限公司	深圳市留学生创业园	电子信息
深圳市健康鼠科技有限公司	深圳市留学生创业园	电子信息
深圳市杰特能电子有限公司	深圳市留学生创业园	电子信息
深圳市捷电科技有限公司	深圳市留学生创业园	电子信息
深圳市金鹏正科技有限公司	深圳市留学生创业园	电子信息
深圳市金研微科技有限公司	深圳市留学生创业园	电子信息
深圳市锦绣天章科技有限公司	深圳市留学生创业园	电子信息
深圳市酷跑互动科技有限公司	深圳市留学生创业园	电子信息
深圳市莱科电子技术有限公司	深圳市留学生创业园	电子信息
深圳市乐信网络科技有限公司	深圳市留学生创业园	电子信息
深圳市联晟软件开发有限公司	深圳市留学生创业园	电子信息
深圳市铬元科技有限公司	深圳市留学生创业园	电子信息
深圳市绿耳朵科技开发有限公司	深圳市留学生创业园	电子信息
深圳市玛蒂迩科技有限公司	深圳市留学生创业园	电子信息
深圳市迈德通信设备有限公司	深圳市留学生创业园	电子信息
深圳市迈凯科技有限公司	深圳市留学生创业园	电子信息
深圳市美万嘉数字技术有限公司	深圳市留学生创业园	电子信息
深圳市鸣仁科技有限公司	深圳市留学生创业园	电子信息
深圳市摩掌信息技术有限公司	深圳市留学生创业园	电子信息
深圳市墨思达信息技术有限公司	深圳市留学生创业园	电子信息
深圳市欧普索科技有限公司	深圳市留学生创业园	电子信息
深圳市鹏联创科技有限公司	深圳市留学生创业园	电子信息
深圳市柔宇科技有限公司南山区分公司	深圳市留学生创业园	电子信息
深圳市锐迪芯电子有限公司	深圳市留学生创业园	电子信息
深圳市瑞辰信息科技有限公司	深圳市留学生创业园	电子信息
深圳市睿海智电子科技有限公司	深圳市留学生创业园	电子信息
深圳市赛博云计算技术有限公司	深圳市留学生创业园	电子信息
深圳市闪云通网络科技有限公司	深圳市留学生创业园	电子信息
深圳市圣迪能科技有限公司	深圳市留学生创业园	电子信息
深圳市顺衍科技有限公司	深圳市留学生创业园	电子信息
深圳市泰屹科技有限公司	深圳市留学生创业园	电子信息
深圳市瑭瑞文化科技有限公司	深圳市留学生创业园	电子信息
深圳市特诺通讯技术有限公司	深圳市留学生创业园	电子信息
深圳市天工开物科技发展有限公司	深圳市留学生创业园	电子信息
深圳市天界通科技有限公司	深圳市留学生创业园	电子信息
深圳市网元科技有限公司	深圳市留学生创业园	电子信息
深圳市微泰斯生物工程有限公司	深圳市留学生创业园	电子信息
深圳市蔚蓝科技有限公司	深圳市留学生创业园	电子信息
深圳市向源铭略科技有限公司	深圳市留学生创业园	电子信息
深圳市协尔通信技术有限公司	深圳市留学生创业园	电子信息
深圳市芯科鼎创科技有限公司	深圳市留学生创业园	电子信息
深圳市新伯乐网络科技有限公司	深圳市留学生创业园	电子信息
深圳市新点医疗信息系统有限公司	深圳市留学生创业园	电子信息
深圳市新前途网络技术有限公司	深圳市留学生创业园	电子信息
深圳市新智飞科技有限公司	深圳市留学生创业园	电子信息
深圳市信驰达科技有限公司	深圳市留学生创业园	电子信息
深圳市星航佳科技开发有限公司	深圳市留学生创业园	电子信息
深圳市迅雷网络技术有限公司	深圳市留学生创业园	电子信息

深圳市亚来网络技术有限公司	深圳市留学生创业园	电子信息
深圳市言起行科技有限公司	深圳市留学生创业园	电子信息
深圳市研强通信技术有限公司	深圳市留学生创业园	电子信息
深圳市易通无限科技有限公司	深圳市留学生创业园	电子信息
深圳市银河贝思特科技有限公司	深圳市留学生创业园	电子信息
深圳市盈达基科技有限公司	深圳市留学生创业园	电子信息
深圳市友炬互动科技有限公司	深圳市留学生创业园	电子信息
深圳市圆周率软件科技有限责任公司	深圳市留学生创业园	电子信息
深圳市悦畅信息技术有限公司	深圳市留学生创业园	电子信息
深圳市云来网络科技有限公司	深圳市留学生创业园	电子信息
深圳市云速信息科技有限公司	深圳市留学生创业园	电子信息
深圳市云众网络科技有限公司	深圳市留学生创业园	电子信息
深圳市运通信息技术有限公司	深圳市留学生创业园	电子信息
深圳市载乐网络科技有限公司	深圳市留学生创业园	电子信息
深圳市哲蚌电子有限公司	深圳市留学生创业园	电子信息
深圳市至佳生活网络科技有限公司	深圳市留学生创业园	电子信息
深圳市智联信通科技有限公司	深圳市留学生创业园	电子信息
深圳市智能矩阵网络技术有限公司	深圳市留学生创业园	电子信息
深圳市中安联科技有限公司	深圳市留学生创业园	电子信息
深圳市卓德高清视讯软件有限公司	深圳市留学生创业园	电子信息
深圳太清微电子科技有限公司	深圳市留学生创业园	电子信息
深圳腾泽科技有限公司	深圳市留学生创业园	电子信息
深圳为因教育科技有限公司	深圳市留学生创业园	电子信息
深圳希朋科技有限公司	深圳市留学生创业园	电子信息
深圳英盟欣科技有限公司	深圳市留学生创业园	电子信息
深圳英鹏互动娱乐有限公司	深圳市留学生创业园	电子信息
深圳誉佳创意设计有限公司	深圳市留学生创业园	电子信息
深圳粤和通科技有限公司	深圳市留学生创业园	电子信息
深圳真格科技有限公司	深圳市留学生创业园	电子信息
深圳致明兴科技有限公司	深圳市留学生创业园	电子信息
深圳中科健安科技有限公司	深圳市留学生创业园	电子信息
深圳卓智达时代通信有限公司	深圳市留学生创业园	电子信息
深圳自定义信息科技有限公司	深圳市留学生创业园	电子信息
圣地亚哥科技（深圳）有限公司	深圳市留学生创业园	电子信息
泰宸科技（深圳）有限公司	深圳市留学生创业园	电子信息
我爱购科技（深圳）有限公司	深圳市留学生创业园	电子信息
欣新科技（深圳）有限公司	深圳市留学生创业园	电子信息
亚来（深圳）电子商务有限公司	深圳市留学生创业园	电子信息
深圳市微观达美生物科技有限公司	深圳市留学生创业园	生物医药
瑞莱生物工程（深圳）有限公司	深圳市留学生创业园	生物医药
深圳大唐金控科技有限公司	深圳市留学生创业园	生物医药
深圳市奥多美生物科技有限公司	深圳市留学生创业园	生物医药
深圳市瀚海基因生物科技有限公司	深圳市留学生创业园	生物医药
深圳市健元医药科技有限公司	深圳市留学生创业园	生物医药
深圳市天瑞人健生物科技有限责任公司	深圳市留学生创业园	生物医药
深圳市益康医疗科技有限公司	深圳市留学生创业园	生物医药
深圳中水航海投资管理有限公司	深圳市留学生创业园	生物医药
万代生物技术(深圳)有限公司	深圳市留学生创业园	生物医药
深圳镭射微视科技有限公司	深圳市留学生创业园	先进制造
深圳市杰克比科技有限公司	深圳市留学生创业园	先进制造
深圳市英赛腾智能设备有限公司	深圳市留学生创业园	先进制造
深圳博英轩科技有限公司	深圳市留学生创业园	新材料
深圳迪意信科技发展有限公司	深圳市留学生创业园	新材料
深圳琦美龙新建材科技有限公司	深圳市留学生创业园	新材料
深圳市创万科技有限公司	深圳市留学生创业园	新材料
深圳市普迈达科技有限公司	深圳市留学生创业园	新材料
深圳市思钛新材料有限公司	深圳市留学生创业园	新材料
深圳英铭利科技有限公司	深圳市留学生创业园	新材料
深圳百时得能源环保科技有限公司	深圳市留学生创业园	新能源环保
深圳德瑞新能科技有限公司	深圳市留学生创业园	新能源环保

深圳海天力科技有限公司	深圳市留学生创业园	新能源环保
深圳绿方科技有限公司	深圳市留学生创业园	新能源环保
深圳市富士光源有限公司	深圳市留学生创业园	新能源环保
深圳市奇昕科技有限公司	深圳市留学生创业园	新能源环保
深圳市赛朗肯科技有限公司	深圳市留学生创业园	新能源环保
深圳维示泰克技术有限公司	深圳市留学生创业园	新能源环保
深圳壹号能量酷科技有限公司	深圳市留学生创业园	新能源环保
希伦斯轨道交通科技股份有限公司	深圳市留学生创业园	新能源环保
深圳门萨通信科技有限公司	深圳市留学生创业园	现代服务
深圳市标迪赛思科技有限公司	深圳市留学生创业园	现代服务
深圳市长吉好漫福文化科技发展有限公司	深圳市留学生创业园	现代服务
深圳市达泰投资管理有限公司	深圳市留学生创业园	现代服务
深圳市德平国瀚汽车电子科技有限公司	深圳市留学生创业园	现代服务
深圳市法林资讯有限公司	深圳市留学生创业园	现代服务
深圳市汉者科技开发有限公司	深圳市留学生创业园	现代服务
深圳市赫林德环境规划设计有限公司	深圳市留学生创业园	现代服务
深圳市恒益富通投资管理有限公司	深圳市留学生创业园	现代服务
深圳市蓝湾企业管理顾问有限公司	深圳市留学生创业园	现代服务
深圳市绿谷科技开发有限责任公司	深圳市留学生创业园	现代服务
深圳市南桥资本投资管理合伙企业	深圳市留学生创业园	现代服务
深圳市国华光电科技有限公司	深圳市留学人员（龙华）创业园	电子信息
深圳市国华光电研究所	深圳市留学人员（龙华）创业园	电子信息
深圳市国华网络科技有限公司	深圳市留学人员（龙华）创业园	电子信息
深圳市鸿宇昌科技有限公司	深圳市留学人员（龙华）创业园	电子信息
深圳市空间感知信息技术研究所	深圳市留学人员（龙华）创业园	电子信息
深圳万紫千恒实业有限公司	深圳市留学人员（龙华）创业园	电子信息
深圳市孔雀生物科技有限公司	深圳市留学人员（龙华）创业园	生物医药
香港中文大学深圳研究院	深圳市留学人员（龙华）创业园	生物医药
深圳市口腔样本采集与检测技术研发所有限公司	深圳市留学人员（龙华）创业园	先进制造
深圳联夏科技开发有限公司	深圳市留学人员（龙华）创业园	新材料
深圳迈思瑞尔科技有限公司	深圳市留学人员（龙华）创业园	新材料
深圳派尔特科技有限公司	深圳市留学人员（龙华）创业园	新材料
东莞安泰智能科技有限公司	东莞市留学人员创业园	电子信息
东莞市百成科技有限公司	东莞市留学人员创业园	电子信息
东莞市博华软件有限公司	东莞市留学人员创业园	电子信息
东莞市超越数码科技有限公司	东莞市留学人员创业园	电子信息
东莞市飞达汽车科技有限公司	东莞市留学人员创业园	电子信息
东莞市飞萌驱动技术有限公司	东莞市留学人员创业园	电子信息
东莞市泓信科技有限公司	东莞市留学人员创业园	电子信息
东莞市金之桥通讯科技有限公司	东莞市留学人员创业园	电子信息
东莞市莱桐网络通讯技术有限公司	东莞市留学人员创业园	电子信息
东莞市敏思特软件有限公司	东莞市留学人员创业园	电子信息
东莞市三宇电子科技有限公司	东莞市留学人员创业园	电子信息
东莞市晟龙电子有限公司	东莞市留学人员创业园	电子信息
东莞市天狼电子信息有限公司	东莞市留学人员创业园	电子信息
东莞市天唯智能科技有限公司	东莞市留学人员创业园	电子信息
东莞市拓扑光电科技有限公司	东莞市留学人员创业园	电子信息
东莞市微模式软件有限公司	东莞市留学人员创业园	电子信息
东莞市尤思科新技术有限公司	东莞市留学人员创业园	电子信息
东莞市源创信息科技有限公司	东莞市留学人员创业园	电子信息
东莞市远见软件科技开发有限公司	东莞市留学人员创业园	电子信息
东莞市中移通信技术有限公司	东莞市留学人员创业园	电子信息
东莞泛亚太生物科技有限公司	东莞市留学人员创业园	生物医药
东莞劲芳生物医药孵化器有限公司	东莞市留学人员创业园	生物医药
东莞市风华生物技术有限公司	东莞市留学人员创业园	生物医药
东莞市宏祥生物工程有限公司	东莞市留学人员创业园	生物医药
东莞市华微纳米科技有限公司	东莞市留学人员创业园	生物医药
东莞市九域星生命科技有限公司	东莞市留学人员创业园	生物医药
东莞市凯法生物医药有限公司	东莞市留学人员创业园	生物医药
东莞市立康生物科技有限公司	东莞市留学人员创业园	生物医药

东莞市纳勤生物医药科技有限公司	东莞市留学人员创业园	生物医药
东莞市瑞康生物工程有限公司	东莞市留学人员创业园	生物医药
东莞市盛泰医药科技有限公司	东莞市留学人员创业园	生物医药
东莞市汤神生物科技有限公司	东莞市留学人员创业园	生物医药
东莞市维正生物科技有限公司	东莞市留学人员创业园	生物医药
东莞市昕力医疗科技有限公司	东莞市留学人员创业园	生物医药
东莞市新地药业研发有限公司	东莞市留学人员创业园	生物医药
东莞圣太光电技术有限公司	东莞市留学人员创业园	先进制造
东莞市百赛仪器有限公司	东莞市留学人员创业园	先进制造
东莞市飞速达精密机械有限公司	东莞市留学人员创业园	先进制造
东莞市华科机电科技有限公司	东莞市留学人员创业园	先进制造
东莞市康益玩具有限公司	东莞市留学人员创业园	先进制造
东莞市泰洲精密模具机械科技有限公司	东莞市留学人员创业园	先进制造
东莞华纳新材料科技有限公司	东莞市留学人员创业园	新材料
东莞市艾斯迪新材料有限公司	东莞市留学人员创业园	新材料
东莞市迪凯精密管材有限公司	东莞市留学人员创业园	新材料
东莞市嘉宏有机硅科技有限公司	东莞市留学人员创业园	新材料
东莞市纳明新材料科技有限公司	东莞市留学人员创业园	新材料
东莞市普赛特电子科技有限公司	东莞市留学人员创业园	新材料
东莞市腾威电子材料技术有限公司	东莞市留学人员创业园	新材料
东莞市一新科技有限公司	东莞市留学人员创业园	新材料
东莞市意普万工程塑料有限公司	东莞市留学人员创业园	新材料
东莞巨通力实业有限公司	东莞市留学人员创业园	新能源环保
东莞市博大环保科技有限公司	东莞市留学人员创业园	新能源环保
东莞市康正源环保科技有限公司	东莞市留学人员创业园	新能源环保
东莞市乐荻室内环境技术有限公司	东莞市留学人员创业园	新能源环保
东莞市弗诗莱文化开发有限公司	东莞市留学人员创业园	文化创意
东莞市光扬动漫设计制作有限公司	东莞市留学人员创业园	文化创意
东莞市高科创业投资顾问有限公司	东莞市留学人员创业园	现代服务
东莞市华测检测科技有限公司	东莞市留学人员创业园	现代服务
东莞市利马投资有限公司	东莞市留学人员创业园	现代服务
中山华盈互联网信息科技有限公司	中山留学人员创业园	电子信息
中山市泰威士技术研发有限公司	中山留学人员创业园	电子信息
中山新诺科技有限公司	中山留学人员创业园	电子信息
安士制药（中山）有限公司	中山留学人员创业园	生物医药
生命科技（中山）生物药业有限公司	中山留学人员创业园	生物医药
中山本草堂医药科技有限公司	中山留学人员创业园	生物医药
中山润兴生物科技有限公司	中山留学人员创业园	生物医药
中山市尤利卡天然药物有限公司	中山留学人员创业园	生物医药
中山以诺生物科技有限公司	中山留学人员创业园	生物医药
中山市安基交通电子有限公司	中山留学人员创业园	先进制造
中山市华通光源股份有限公司	中山留学人员创业园	先进制造
中山市立顺实业有限公司	中山留学人员创业园	先进制造
中山市鑫力弘科技有限公司	中山留学人员创业园	新材料
惠州贝克瓦特微电子有限公司	惠州仲恺高新区留学生创业园	电子信息
惠州卡易科技有限公司	惠州仲恺高新区留学生创业园	电子信息
惠州市国创电子有限公司	惠州仲恺高新区留学生创业园	电子信息
惠州市通用视觉科技有限公司	惠州仲恺高新区留学生创业园	电子信息
雷博尔自动化系统（惠州）有限公司	惠州仲恺高新区留学生创业园	电子信息
惠州市诺亚维纳米环保材料有限公司	惠州仲恺高新区留学生创业园	新材料
惠州飞泰科科技有限公司	惠州仲恺高新区留学生创业园	新能源环保
惠州市易晖太阳能科技有限公司	惠州仲恺高新区留学生创业园	新能源环保
桂林艾因蒂克电子科技有限公司	桂林留学人员创业园	电子信息
桂林安金测控技术有限公司	桂林留学人员创业园	电子信息
桂林安信软件有限公司	桂林留学人员创业园	电子信息
桂林安一量具有限公司	桂林留学人员创业园	电子信息
桂林迪纳泰电子科技有限公司	桂林留学人员创业园	电子信息
桂林康兴医学科技有限责任公司	桂林留学人员创业园	电子信息
桂林朗道诊断用品有限公司	桂林留学人员创业园	电子信息
桂林明辉信息科技有限公司	桂林留学人员创业园	电子信息

桂林世强机电科技有限公司	桂林留学人员创业园	电子信息
桂林市国泰安信息技术有限公司	桂林留学人员创业园	电子信息
桂林市同信化工科技有限公司	桂林留学人员创业园	电子信息
桂林市新鑫科技有限公司	桂林留学人员创业园	电子信息
桂林通炀机电有限责任公司	桂林留学人员创业园	电子信息
桂林万盛软件技术有限公司	桂林留学人员创业园	电子信息
桂林新力科技有限公司	桂林留学人员创业园	电子信息
桂林优利特医疗电子仪器有限公司	桂林留学人员创业园	电子信息
桂林优盛特电子技术有限公司	桂林留学人员创业园	电子信息
桂林远望智能通信科技有限公司	桂林留学人员创业园	电子信息
桂林长河电子有限公司	桂林留学人员创业园	电子信息
桂林东浩生物技术有限公司	桂林留学人员创业园	生物医药
桂林泛谱生物技术有限公司	桂林留学人员创业园	生物医药
桂林稼瑞园艺有限公司	桂林留学人员创业园	生物医药
桂林赛奥生物技术有限公司	桂林留学人员创业园	生物医药
桂林微邦生物技术有限公司	桂林留学人员创业园	生物医药
桂林英美特生物技术有限公司	桂林留学人员创业园	生物医药
桂林懿可仕机械制造有限公司	桂林留学人员创业园	先进制造
桂林德态环保科技有限公司	桂林留学人员创业园	新材料
桂林市阿尔法橡塑科技有限公司	桂林留学人员创业园	新材料
桂林宝利建材设备有限公司	桂林留学人员创业园	新能源环保
桂林蓝光科技有限公司	桂林留学人员创业园	新能源环保
桂林沃富新能源环保有限责任公司	桂林留学人员创业园	新能源环保
广西力君世纪动漫策划	桂林留学人员创业园	文化创意
桂林崛起动漫科技有限公司	桂林留学人员创业园	文化创意
桂林坤鹤文化传播有限公司	桂林留学人员创业园	文化创意
桂林市朗道天成信息科技有限责任公司	桂林留学人员创业园	文化创意
桂林苏珊娜动漫影视有限公司	桂林留学人员创业园	文化创意
桂林群峰盛景企业管理咨询有限公司	桂林留学人员创业园	现代服务
桂林三盛科技信息咨询有限公司	桂林留学人员创业园	现代服务
桂林新符号房地产策划有限公司	桂林留学人员创业园	现代服务
北海西格玛科技有限公司	北海留学人员创业园	电子信息
广西桂能信息工程有限公司	北海留学人员创业园	电子信息
北海北部湾海洋生物研究中心	北海留学人员创业园	生物医药
北海北极光海洋生物技术有限公司	北海留学人员创业园	生物医药
北海超信科技有限公司	北海留学人员创业园	生物医药
北海格兰生物科技有限公司	北海留学人员创业园	生物医药
北海海博生物科技有限	北海留学人员创业园	生物医药
北海华宝海洋生物技术有限公司	北海留学人员创业园	生物医药
北海蓝波湾海洋生命科技有限公司	北海留学人员创业园	生物医药
北海市生巴达生物科技有限公司	北海留学人员创业园	生物医药
北海金明阳风力潮汐发电科技有限公司	北海留学人员创业园	新能源环保
北海珠娃娃动漫有限公司	北海留学人员创业园	文化创意
北海安得利投资顾问有限公司	北海留学人员创业园	现代服务
海口保税区亚太高新科技有限公司	海口高新区留学人员创业园	电子信息
海口知己网络科技有限公司	海口高新区留学人员创业园	电子信息
海南恒讯通信技术有限公司	海口高新区留学人员创业园	电子信息
海南世纪桥信息服务有限公司	海口高新区留学人员创业园	电子信息
海南中济医院管理有限公司	海口高新区留学人员创业园	电子信息
海口保税区远兮细胞分子技术应用研发有限公司	海口高新区留学人员创业园	生物医药
海口祁樾生物基因科技有限公司	海口高新区留学人员创业园	生物医药
海口植之素生物资源研究所有限公司	海口高新区留学人员创业园	生物医药
海南明远高科有限公司	海口高新区留学人员创业园	先进制造
海南银石热带海洋研究所有限公司	海口高新区留学人员创业园	先进制造
海南远和船舶科技有限公司	海口高新区留学人员创业园	先进制造
海口兆晟科技发展有限公司	海口高新区留学人员创业园	新材料
海口中世文化传播有限公司	海口高新区留学人员创业园	文化创意
海口保税区天创科技实业有限公司	海口高新区留学人员创业园	现代服务
海口高新区神龙贸易有限公司	海口高新区留学人员创业园	现代服务
海口乐游助信息服务有限公司	海口高新区留学人员创业园	现代服务

海南芳绿源科技开发有限公司	海口高新区留学人员创业园	现代服务
海南兰地高新科技有限公司	海口高新区留学人员创业园	现代服务
海南泰嘉高尔夫管理有限公司	海口高新区留学人员创业园	现代服务
重庆金瓯科技有限公司	重庆留学人员创业园	电子信息
重庆凯泽科技有限责任公司	重庆留学人员创业园	电子信息
重庆领鑫安信息技术有限公司	重庆留学人员创业园	电子信息
重庆星能电气有限公司	重庆留学人员创业园	电子信息
重庆富进生物医药有限公司	重庆留学人员创业园	生物医药
重庆佳一医药有限公司	重庆留学人员创业园	生物医药
重庆前沿生物技术有限公司	重庆留学人员创业园	生物医药
重庆探生科技有限公司	重庆留学人员创业园	生物医药
重庆中元生物技术有限公司	重庆留学人员创业园	生物医药
重庆杜克高压密封件有限公司	重庆留学人员创业园	先进制造
重庆多耐达科技有限公司	重庆留学人员创业园	先进制造
重庆墨希科技有限公司	重庆留学人员创业园	新材料
凹凸网络科技有限公司成都公司	成都留学人员创业园	电子信息
北京英思创科技有限公司成都分公司	成都留学人员创业园	电子信息
成都阿特米控制阀门仪表有限公司	成都留学人员创业园	电子信息
成都艾索语音技术有限公司	成都留学人员创业园	电子信息
成都奥邦科技有限责任公司	成都留学人员创业园	电子信息
成都奥尔特实业有限公司	成都留学人员创业园	电子信息
成都奥林特科技发展有限责任公司	成都留学人员创业园	电子信息
成都澳华科技有限公司	成都留学人员创业园	电子信息
成都澳能石油科技有限公司	成都留学人员创业园	电子信息
成都百川智慧科技有限公司	成都留学人员创业园	电子信息
成都标讯科技发展有限公司	成都留学人员创业园	电子信息
成都博华科技有限公司	成都留学人员创业园	电子信息
成都博诺创新技术有限公司	成都留学人员创业园	电子信息
成都博锐数码科技有限公司	成都留学人员创业园	电子信息
成都博宇科技有限公司	成都留学人员创业园	电子信息
成都畅达通地下工程科技发展有限公司	成都留学人员创业园	电子信息
成都畅翔空间信息技术有限公司	成都留学人员创业园	电子信息
成都成电天悦信息技术有限公司	成都留学人员创业园	电子信息
成都崇达科技有限公司	成都留学人员创业园	电子信息
成都川膜机电科技有限公司	成都留学人员创业园	电子信息
成都穿跃集成电路设计有限公司	成都留学人员创业园	电子信息
成都道盛嘉通自动识别技术有限公司	成都留学人员创业园	电子信息
成都得凯科技有限责任公司	成都留学人员创业园	电子信息
成都登巅科技有限公司	成都留学人员创业园	电子信息
成都迪拉克科学计算软件有限责任公司	成都留学人员创业园	电子信息
成都东软系统集成有限公司昆明分公司	成都留学人员创业园	电子信息
成都多维科技有限公司	成都留学人员创业园	电子信息
成都泛利科技有限公司	成都留学人员创业园	电子信息
成都方纳科技有限公司	成都留学人员创业园	电子信息
成都飞学软件有限公司	成都留学人员创业园	电子信息
成都福满科技有限公司	成都留学人员创业园	电子信息
成都港奇科技有限公司	成都留学人员创业园	电子信息
成都高新区中科前程科技有限公司	成都留学人员创业园	电子信息
成都光起管理模式设计有限公司	成都留学人员创业园	电子信息
成都广越（川美新）射频技术有限公司	成都留学人员创业园	电子信息
成都硅创科技有限公司	成都留学人员创业园	电子信息
成都硅绮科技有限公司	成都留学人员创业园	电子信息
成都国特电气有限责任公司	成都留学人员创业园	电子信息
成都国腾软件资源有限公司	成都留学人员创业园	电子信息
成都国信信息发展有限公司	成都留学人员创业园	电子信息
成都海容智能科技发展有限公司	成都留学人员创业园	电子信息
成都合纵连横数字科技有限公司	成都留学人员创业园	电子信息
成都鹤舞文化发展有限公司	成都留学人员创业园	电子信息
成都红嘴犀网络传媒有限公司	成都留学人员创业园	电子信息
成都华夏通联微控技术有限公司	成都留学人员创业园	电子信息

成都华域国盛科技有限公司	成都留学人员创业园	电子信息
成都环洲科技有限公司	成都留学人员创业园	电子信息
成都慧谷科技有限公司	成都留学人员创业园	电子信息
成都加讯科技有限责任公司	成都留学人员创业园	电子信息
成都嘉仪林电子科技有限公司	成都留学人员创业园	电子信息
成都捷茂科技有限公司	成都留学人员创业园	电子信息
成都金恩科技有限公司	成都留学人员创业园	电子信息
成都金思沃科技有限公司	成都留学人员创业园	电子信息
成都经致科技有限公司	成都留学人员创业园	电子信息
成都精通网络系统有限公司	成都留学人员创业园	电子信息
成都君兰微电子有限公司	成都留学人员创业园	电子信息
成都骏元科技发展有限责任公司	成都留学人员创业园	电子信息
成都楷码信息技术有限公司	成都留学人员创业园	电子信息
成都科瑞特科技有限公司	成都留学人员创业园	电子信息
成都科泰地理信息技术有限公司	成都留学人员创业园	电子信息
成都快维咨询服务有限公司	成都留学人员创业园	电子信息
成都昆腾科技发展有限公司	成都留学人员创业园	电子信息
成都鲲鹏高新技术开发有限公司	成都留学人员创业园	电子信息
成都蓝码科技发展有限公司	成都留学人员创业园	电子信息
成都理工空间信息技术有限公司	成都留学人员创业园	电子信息
成都立达信息技术有限公司	成都留学人员创业园	电子信息
成都立方致元科技开发有限公司	成都留学人员创业园	电子信息
成都利可达科技发展有限公司	成都留学人员创业园	电子信息
成都连邦地下岩土工程研究有限公司	成都留学人员创业园	电子信息
成都联星微电子有限公司	成都留学人员创业园	电子信息
成都林海电子有限责任公司	成都留学人员创业园	电子信息
成都迈思信息技术有限公司	成都留学人员创业园	电子信息
成都美华联英科技有限公司	成都留学人员创业园	电子信息
成都美幻科技有限公司	成都留学人员创业园	电子信息
成都美森软件系统有限公司	成都留学人员创业园	电子信息
成都盟士数码科技有限公司	成都留学人员创业园	电子信息
成都纳微特科技开发有限公司	成都留学人员创业园	电子信息
成都纽斯达电子有限责任公司	成都留学人员创业园	电子信息
成都欧联新人数码艺术有限责任公司	成都留学人员创业园	电子信息
成都欧美佳科技发展有限公司	成都留学人员创业园	电子信息
成都欧信科技发展有限公司	成都留学人员创业园	电子信息
成都帕尔科技发展有限责任公司	成都留学人员创业园	电子信息
成都平凡谷科技有限公司	成都留学人员创业园	电子信息
成都平方网络科技有限公司	成都留学人员创业园	电子信息
成都普安科技有限公司	成都留学人员创业园	电子信息
成都普辰视讯技术有限公司	成都留学人员创业园	电子信息
成都普拉雷思科技有限公司	成都留学人员创业园	电子信息
成都普莎拉科技有限公司	成都留学人员创业园	电子信息
成都千悦软件有限公司	成都留学人员创业园	电子信息
成都樵枫科技发展有限公司	成都留学人员创业园	电子信息
成都荣耀科技有限公司	成都留学人员创业园	电子信息
成都融路信通科技有限公司	成都留学人员创业园	电子信息
成都如临其境创意科技有限公司	成都留学人员创业园	电子信息
成都软智科技有限公司	成都留学人员创业园	电子信息
成都锐之狮科技有限公司	成都留学人员创业园	电子信息
成都瑞华科技有限公司	成都留学人员创业园	电子信息
成都瑞石软件有限公司	成都留学人员创业园	电子信息
成都瑞同科技有限责任公司	成都留学人员创业园	电子信息
成都瑞众科技有限公司	成都留学人员创业园	电子信息
成都赛洋科技有限公司	成都留学人员创业园	电子信息
成都商腾网络有限公司	成都留学人员创业园	电子信息
成都圣桥科技发展有限公司	成都留学人员创业园	电子信息
成都盛高电子有限公司	成都留学人员创业园	电子信息
成都盛世博通网络科技有限公司	成都留学人员创业园	电子信息
成都时光软件有限公司	成都留学人员创业园	电子信息

成都市益正科技发展有限公司	成都留学人员创业园	电子信息
成都市预订宝科技服务有限公司	成都留学人员创业园	电子信息
成都视微特数码科技有限公司	成都留学人员创业园	电子信息
成都数梦软件有限公司	成都留学人员创业园	电子信息
成都数视微科技有限公司	成都留学人员创业园	电子信息
成都思必瑞特科技有限公司	成都留学人员创业园	电子信息
成都思骏网络有限公司	成都留学人员创业园	电子信息
成都斯贝克电子系统设备有限公司	成都留学人员创业园	电子信息
成都斯托克电气有限公司	成都留学人员创业园	电子信息
成都苏力曼丹科技有限公司	成都留学人员创业园	电子信息
成都索夫思达科技有限公司	成都留学人员创业园	电子信息
成都索迈科技有限公司	成都留学人员创业园	电子信息
成都汤谷信息系统服务有限公司	成都留学人员创业园	电子信息
成都唐恩科技有限公司	成都留学人员创业园	电子信息
成都唐枫软件有限公司	成都留学人员创业园	电子信息
成都特普科技发展有限公司	成都留学人员创业园	电子信息
成都天策互动科技有限责任公司	成都留学人员创业园	电子信息
成都天盟网络技术有限公司	成都留学人员创业园	电子信息
成都通达思库尔软件有限责任公司	成都留学人员创业园	电子信息
成都托菲诺教育发展有限公司	成都留学人员创业园	电子信息
成都万创科技有限责任公司	成都留学人员创业园	电子信息
成都王潮信息网络发展有限公司	成都留学人员创业园	电子信息
成都维友科技有限公司	成都留学人员创业园	电子信息
成都未名信息技术有限责任公司	成都留学人员创业园	电子信息
成都文朝科技有限公司	成都留学人员创业园	电子信息
成都西谷曙光数字技术有限公司	成都留学人员创业园	电子信息
成都玺汇科技有限公司	成都留学人员创业园	电子信息
成都翔飞科技发展有限责任公司	成都留学人员创业园	电子信息
成都新川喜美科技有限公司	成都留学人员创业园	电子信息
成都新顶峰网络科技有限公司	成都留学人员创业园	电子信息
成都新业科技有限公司	成都留学人员创业园	电子信息
成都星云信息系统有限公司	成都留学人员创业园	电子信息
成都亚新宏道信息技术有限公司	成都留学人员创业园	电子信息
成都移网传媒科技有限责任公司	成都留学人员创业园	电子信息
成都亿科资源环境保护有限责任公司	成都留学人员创业园	电子信息
成都易华信息科技开发有限公司	成都留学人员创业园	电子信息
成都易科慧思信息技术有限公司	成都留学人员创业园	电子信息
成都易晟远通科技发展有限公司	成都留学人员创业园	电子信息
成都易索科技有限公司	成都留学人员创业园	电子信息
成都易之软件有限责任公司	成都留学人员创业园	电子信息
成都英吉莱科技有限公司	成都留学人员创业园	电子信息
成都英尼菲特管理咨询有限公司	成都留学人员创业园	电子信息
成都永思通软件技术有限公司	成都留学人员创业园	电子信息
成都优科信息工程有限	成都留学人员创业园	电子信息
成都友道科技有限公司	成都留学人员创业园	电子信息
成都智溢信息工程有限公司	成都留学人员创业园	电子信息
成都中科慧创软件有限公司	成都留学人员创业园	电子信息
叠嘉（成都）科技有限公司	成都留学人员创业园	电子信息
飞博创（成都）科技有限公司	成都留学人员创业园	电子信息
佳绩科技（成都）有限公司	成都留学人员创业园	电子信息
凯维三度（成都）科技有限责任公司	成都留学人员创业园	电子信息
美国高级波导公司成都代表处	成都留学人员创业园	电子信息
美国环球通信（成都）有限公司	成都留学人员创业园	电子信息
四川爱泽触摸电子有限公司	成都留学人员创业园	电子信息
四川佰合国利信息网络有限公司	成都留学人员创业园	电子信息
四川大呈管理咨询有限责任公司	成都留学人员创业园	电子信息
四川登巅微电子有限公司	成都留学人员创业园	电子信息
四川福瑞达科技有限公司	成都留学人员创业园	电子信息
四川广驰科技发展有限公司	成都留学人员创业园	电子信息
四川国器电子信息技术有限公司	成都留学人员创业园	电子信息

四川虹微技术有限公司	成都留学人员创业园	电子信息
四川华廷威思信息技术有限公司	成都留学人员创业园	电子信息
四川嘉通科技有限公司	成都留学人员创业园	电子信息
四川九鼎数码科技有限公司	成都留学人员创业园	电子信息
四川量子西宇科技股份有限公司	成都留学人员创业园	电子信息
四川南山之桥微电子有限公司	成都留学人员创业园	电子信息
四川纽泽西信息科技有限责任公司	成都留学人员创业园	电子信息
四川旗龙科技开发有限公司	成都留学人员创业园	电子信息
四川上古伟业企业管理有限公司	成都留学人员创业园	电子信息
四川省金科成地理信息技术有限公司	成都留学人员创业园	电子信息
四川通捷科技有限公司	成都留学人员创业园	电子信息
四川闻天信息技术有限公司	成都留学人员创业园	电子信息
四川西部高新产业开发有限公司	成都留学人员创业园	电子信息
四川西格玛科技发展有限公司	成都留学人员创业园	电子信息
四川西讯计算机技术有限公司	成都留学人员创业园	电子信息
四川兴高电子信息有限公司	成都留学人员创业园	电子信息
四川讯亨网络有限公司	成都留学人员创业园	电子信息
四川亚联高科技有限责任公司	成都留学人员创业园	电子信息
四川岩博科技发展有限责任公司	成都留学人员创业园	电子信息
四川英吉语音技术有限公司	成都留学人员创业园	电子信息
成都爱斯特新技术产业化有限公司	成都留学人员创业园	生物医药
成都爱特科生物技术有限公司	成都留学人员创业园	生物医药
成都拜特生物技术有限公司	成都留学人员创业园	生物医药
成都贝尔丹生物科技有限公司	成都留学人员创业园	生物医药
成都倍菲生物工程有限公司	成都留学人员创业园	生物医药
成都博翎医药科技有限公司	成都留学人员创业园	生物医药
成都博迈科技有限责任公司	成都留学人员创业园	生物医药
成都诚诺新技术有限公司	成都留学人员创业园	生物医药
成都达远药物有限公司	成都留学人员创业园	生物医药
成都迪康医用数字设备有限公司	成都留学人员创业园	生物医药
成都福稷生物技术有限公司	成都留学人员创业园	生物医药
成都高朋天然药物开发有限公司	成都留学人员创业园	生物医药
成都格兰普生物技术有限公司	成都留学人员创业园	生物医药
成都古猿生物科技有限公司	成都留学人员创业园	生物医药
成都禾扬医药科技有限公司	成都留学人员创业园	生物医药
成都华立科技有限公司	成都留学人员创业园	生物医药
成都华西海圻医药科技有限公司	成都留学人员创业园	生物医药
成都晖宏生物食品有限公司	成都留学人员创业园	生物医药
成都慧石医药科技有限公司	成都留学人员创业园	生物医药
成都活力生物科技有限责任公司	成都留学人员创业园	生物医药
成都基因格生物技术应用有限责任公司	成都留学人员创业园	生物医药
成都洁燕生物科技有限公司	成都留学人员创业园	生物医药
成都锦绣生物医药科技有限公司	成都留学人员创业园	生物医药
成都开利生物技术有限公司	成都留学人员创业园	生物医药
成都夸常科技有限公司	成都留学人员创业园	生物医药
成都夸常医学工业有限公司	成都留学人员创业园	生物医药
成都马克生物药业有限公司	成都留学人员创业园	生物医药
成都摩尔生物医药有限公司	成都留学人员创业园	生物医药
成都诺金生物科技有限公司	成都留学人员创业园	生物医药
成都派德生物技术有限公司	成都留学人员创业园	生物医药
成都普天康生物科技有限责任公司	成都留学人员创业园	生物医药
成都千百润生物高技术有限公司	成都留学人员创业园	生物医药
成都瑞恩生物技术有限公司	成都留学人员创业园	生物医药
成都尚新创生物科技有限公司	成都留学人员创业园	生物医药
成都生生医药保健品有限公司	成都留学人员创业园	生物医药
成都市佳彬科技有限责任公司	成都留学人员创业园	生物医药
成都市康飞药业有限公司	成都留学人员创业园	生物医药
成都市康诺生物技术有限公司	成都留学人员创业园	生物医药
成都市颜易生物工程技术有限公司	成都留学人员创业园	生物医药
成都市药友科技发展有限公司	成都留学人员创业园	生物医药

成都手性药物研究院有限公司	成都留学人员创业园	生物医药
成都斯坦福基因信息工程有限公司	成都留学人员创业园	生物医药
成都四方科技投资发展有限公司	成都留学人员创业园	生物医药
成都四面体医药科技发展有限公司	成都留学人员创业园	生物医药
成都塔拉生物科技有限公司	成都留学人员创业园	生物医药
成都天赐生物药业有限公司	成都留学人员创业园	生物医药
成都天琅科技有限责任公司	成都留学人员创业园	生物医药
成都威克药业有限责任公司	成都留学人员创业园	生物医药
成都唯知生物科技开发有限公司	成都留学人员创业园	生物医药
成都新基因格生物科技有限公司	成都留学人员创业园	生物医药
成都扬氏生物科技有限公司	成都留学人员创业园	生物医药
成都易生玄科技有限公司	成都留学人员创业园	生物医药
成都元茂科技有限公司	成都留学人员创业园	生物医药
凯惠医药发展（成都）有限公司	成都留学人员创业园	生物医药
四川惠生中医药科技发展有限公司	成都留学人员创业园	生物医药
四川嘉博文生物科技有限公司	成都留学人员创业园	生物医药
四川建福化学制品有限公司	成都留学人员创业园	生物医药
四川诺亚医药科技有限公司	成都留学人员创业园	生物医药
四川欣诚和科技发展有限公司	成都留学人员创业园	生物医药
四川新朗医疗科技有限公司	成都留学人员创业园	生物医药
四川源生生物药业有限公司	成都留学人员创业园	生物医药
成都世纪精英游乐设备有限公司	成都留学人员创业园	先进制造
成都世盟科技开发有限公司	成都留学人员创业园	先进制造
成都市宏程超凡实业有限公司	成都留学人员创业园	先进制造
成都天进仪器有限公司	成都留学人员创业园	先进制造
四川南洋精密压铸有限公司	成都留学人员创业园	先进制造
成都埃福斯材料科技有限公司	成都留学人员创业园	新材料
成都奥林光学薄膜有限公司	成都留学人员创业园	新材料
成都澳贝龙科技有限公司	成都留学人员创业园	新材料
成都比拓超硬材料有限公司	成都留学人员创业园	新材料
成都博润四通科技有限公司	成都留学人员创业园	新材料
成都创胜真空镀膜有限公司	成都留学人员创业园	新材料
成都德众科技有限公司	成都留学人员创业园	新材料
成都方拓仿真技术有限责任公司	成都留学人员创业园	新材料
成都恒嘉管道防腐工程有限公司	成都留学人员创业园	新材料
成都恒新威石化科技有限公司	成都留学人员创业园	新材料
成都吉因科技有限公司	成都留学人员创业园	新材料
成都今天化工有限公司	成都留学人员创业园	新材料
成都金桨高新材料有限公司	成都留学人员创业园	新材料
成都凯贝克纳米镀膜技术有限公司	成都留学人员创业园	新材料
成都凯泰化学有限责任公司	成都留学人员创业园	新材料
成都美兴泰新材料开发有限公司	成都留学人员创业园	新材料
成都齐兴真空镀膜技术有限公司	成都留学人员创业园	新材料
成都瑞芝科技有限公司	成都留学人员创业园	新材料
成都易态科技有限公司	成都留学人员创业园	新材料
成都鹰发科学技术有限公司	成都留学人员创业园	新材料
四川沃瑞信科技有限公司	成都留学人员创业园	新材料
四川矽亚科技有限公司	成都留学人员创业园	新材料
成都澳鑫隆环保科技有限公司	成都留学人员创业园	新能源环保
成都高新区环能科技有限公司	成都留学人员创业园	新能源环保
成都禾力宝生物肥料有限责任公司	成都留学人员创业园	新能源环保
成都和恒生态技术有限公司	成都留学人员创业园	新能源环保
成都惠联洋房实业有限公司	成都留学人员创业园	新能源环保
成都凯恩思环保科技有限公司	成都留学人员创业园	新能源环保
成都全景环保科技有限公司	成都留学人员创业园	新能源环保
成都壬申环境资源开发有限公司	成都留学人员创业园	新能源环保
成都赛亿科技有限公司	成都留学人员创业园	新能源环保
成都拓能新技术有限公司	成都留学人员创业园	新能源环保
成都西电环境工程设计咨询有限公司	成都留学人员创业园	新能源环保
成都欣华源科技有限责任公司	成都留学人员创业园	新能源环保

成都亿科环境科技有限公司	成都留学人员创业园	新能源环保
成都源涌节能科技有限责任公司	成都留学人员创业园	新能源环保
利马高科（成都）有限公司	成都留学人员创业园	新能源环保
四川汉华都朋科技有限公司	成都留学人员创业园	新能源环保
四川莱威科技有限公司	成都留学人员创业园	新能源环保
四川省前景科技顾问有限责任公司	成都留学人员创业园	新能源环保
四川益康环境科技有限公司	成都留学人员创业园	新能源环保
成都艾格林新农业有限公司	成都留学人员创业园	现代服务
成都博世高雅企业管理有限公司	成都留学人员创业园	现代服务
成都道勤管理顾问服务有限公司	成都留学人员创业园	现代服务
成都鼎美汇业品牌营销管理有限公司	成都留学人员创业园	现代服务
成都东方赫日科技有限公司	成都留学人员创业园	现代服务
成都方良生态信息实业有限公司	成都留学人员创业园	现代服务
成都飞来天咨询教育有限公司	成都留学人员创业园	现代服务
成都高端人力资源咨询有限公司	成都留学人员创业园	现代服务
成都律诚同业知识产权服务有限公司	成都留学人员创业园	现代服务
成都美和一新展示设计制作有限公司	成都留学人员创业园	现代服务
成都思博管理顾问有限公司	成都留学人员创业园	现代服务
成都雅升信财务咨询有限公司	成都留学人员创业园	现代服务
成都伊士顿科技教育产业有限公司	成都留学人员创业园	现代服务
美声克（成都）科技有限公司	成都留学人员创业园	现代服务
蒙特利尔园区管理咨询（成都）有限公司	成都留学人员创业园	现代服务
四川绿海农业生态科技有限公司	成都留学人员创业园	现代服务
昆明晨昊科技有限公司	云南留学人员创业园	电子信息
昆明迪特科技有限公司	云南留学人员创业园	电子信息
昆明东电科技有限公司	云南留学人员创业园	电子信息
昆明高驰科技有限责任公司	云南留学人员创业园	电子信息
昆明恒少电子商务有限公司	云南留学人员创业园	电子信息
昆明理工精诚科技有限公司	云南留学人员创业园	电子信息
昆明利普机器视觉工程有限公司	云南留学人员创业园	电子信息
昆明同城掌上搜网络科技有限公司	云南留学人员创业园	电子信息
昆明万德科技有限公司	云南留学人员创业园	电子信息
昆明威士科技有限公司	云南留学人员创业园	电子信息
昆明文林博德信息有限公司	云南留学人员创业园	电子信息
昆明雨纳软件开发有限公司	云南留学人员创业园	电子信息
昆明智合力兴信息系统集成有限公司	云南留学人员创业园	电子信息
云南山灞图像传输科技有限公司	云南留学人员创业园	电子信息
云南神掌科技发展有限公司	云南留学人员创业园	电子信息
云南熙昌信息系统有限公司	云南留学人员创业园	电子信息
云南香农信息技术有限公司	云南留学人员创业园	电子信息
云南易热网络科技开发有限公司	云南留学人员创业园	电子信息
云南臻倬网络科技有限公司	云南留学人员创业园	电子信息
中软国际（昆明）信息技术有限公司	云南留学人员创业园	电子信息
昆明法莫泰克药物技术有限公司	云南留学人员创业园	生物医药
昆明迈多生物科技开发有限公司	云南留学人员创业园	生物医药
云南滇农本草科技有限公司	云南留学人员创业园	生物医药
云南绿A生物工程有限公司	云南留学人员创业园	生物医药
云南魅力汉道医药科技有限公司	云南留学人员创业园	生物医药
云南思摩贝特生物科技有限公司	云南留学人员创业园	生物医药
云南天保桦生物资源开发有限公司	云南留学人员创业园	生物医药
云南沃森生物技术股份有限公司	云南留学人员创业园	生物医药
昆明经纬正向光电科技有限公司	云南留学人员创业园	先进制造
云南智海光电技术有限公司	云南留学人员创业园	先进制造
云南众诚士德柔性自动化设备有限公司	云南留学人员创业园	先进制造
昆明德中微纳新材料有限公司	云南留学人员创业园	新材料
昆明纳太能源科技有限公司	云南留学人员创业园	新材料
昆明锦钰环保科技有限公司	云南留学人员创业园	新能源环保
昆明科林科技工程有限公司	云南留学人员创业园	新能源环保
昆明雷舟科技有限公司	云南留学人员创业园	新能源环保
昆明麦能环境工程有限公司	云南留学人员创业园	新能源环保

昆明阳光基业新能源发展有限公司	云南留学人员创业园	新能源环保
云南瑞沃思新能源科技有限公司	云南留学人员创业园	新能源环保
云南圣清环境监测科技有限公司	云南留学人员创业园	新能源环保
云南膦众新能源科技有限公司	云南留学人员创业园	新能源环保
云南天兰环保科技开发有限公司	云南留学人员创业园	新能源环保
云南银发环保集团股份有限公司	云南留学人员创业园	新能源环保
昆明东启科技股份有限公司	云南留学人员创业园	现代服务
昆明和利时自动化工程有限公司	云南留学人员创业园	现代服务
云南黄龙实业有限公司	云南留学人员创业园	现代服务
云南良道农业科技有限责任公司	云南留学人员创业园	现代服务
云南乾聚通汽车信息咨询服务有限公司	云南留学人员创业园	现代服务
云南融骏投资有限公司	云南留学人员创业园	现代服务
昆明搏万科技有限公司	云南海归创业园	电子信息
昆明钏译科技有限公司	云南海归创业园	电子信息
昆明福珀工贸有限公司	云南海归创业园	电子信息
昆明广跃科技有限公司	云南海归创业园	电子信息
昆明易极信息技术有限公司	云南海归创业园	电子信息
云南绿之光照明器材有限公司	云南海归创业园	电子信息
云南同轴科技有限公司	云南海归创业园	电子信息
昆明法罗适科技有限公司	云南海归创业园	生物医药
昆明海银生物科技有限公司	云南海归创业园	生物医药
昆明寰基生物芯片开发有限公司	云南海归创业园	生物医药
昆明康嘉乐生物科技有限公司	云南海归创业园	生物医药
昆明坤九香精香料有限公司	云南海归创业园	生物医药
昆明七彩云花生物科技有限公司	云南海归创业园	生物医药
昆明森基生物工程有限公司	云南海归创业园	生物医药
昆明特美瑞生物科技有限公司	云南海归创业园	生物医药
昆明雅美义齿制作有限公司	云南海归创业园	生物医药
云南辰美生物技术开发有限公司	云南海归创业园	生物医药
云南庚源医药生物科技有限公司	云南海归创业园	生物医药
云南云草堂化妆品有限公司	云南海归创业园	生物医药
昆明桂丰机械有限公司	云南海归创业园	先进制造
云南北斗银河导航应用技术有限公司	云南海归创业园	先进制造
云南广厚电工合金有限公司	云南海归创业园	先进制造
云南洪范光电科技有限公司	云南海归创业园	先进制造
云南南宇电器有限公司	云南海归创业园	先进制造
云南三衡塑胶有限公司	云南海归创业园	先进制造
云南卓鑫电气成套设备制造有限公司	云南海归创业园	先进制造
库尔兹压烫科技（合肥）有限公司昆明分公司	云南海归创业园	新材料
昆明泽之民建材科技有限公司	云南海归创业园	新材料
昆明善洲绿化环保有限公司	云南海归创业园	新能源环保
云南大江新能源环保开发科技有限公司	云南海归创业园	新能源环保
云南昊晟汽车服务有限公司	云南海归创业园	新能源环保
云南兢力达环境工程有限公司	云南海归创业园	新能源环保
云南特赛思汽车销售有限公司	云南海归创业园	新能源环保
昆明芭谛思花卉供应链经营管理有限公司	云南海归创业园	现代服务
昆明精仪财务管理有限公司	云南海归创业园	现代服务
昆明景天工税代理有限公司	云南海归创业园	现代服务
昆明同顺达贸易有限公司	云南海归创业园	现代服务
昆明星之光物流有限公司	云南海归创业园	现代服务
上海天祥质量技术服务有限公司昆明分公司	云南海归创业园	现代服务
云南南岛河茶叶有限公司	云南海归创业园	现代服务
云南证券印务有限公司	云南海归创业园	现代服务
科达奇（西安）软件开发有限公司	西安留学人员创业园	电子信息
陕西创艺灵动信息技术有限公司	西安留学人员创业园	电子信息
陕西汉唐中天信息技术有限公司	西安留学人员创业园	电子信息
陕西鸿德立恒电子科技有限公司	西安留学人员创业园	电子信息
陕西华思迅通企业服务有限公司	西安留学人员创业园	电子信息
陕西君天行机电科技有限公司	西安留学人员创业园	电子信息
陕西开放电子科技有限公司	西安留学人员创业园	电子信息

陕西凯艾迪系统控制有限公司	西安留学人员创业园	电子信息
陕西蓝思微电子有限公司	西安留学人员创业园	电子信息
陕西立竜科工贸有限公司	西安留学人员创业园	电子信息
陕西明泰电子科技发展有限公司	西安留学人员创业园	电子信息
陕西时光软件有限公司	西安留学人员创业园	电子信息
陕西识代运筹信息科技有限公司	西安留学人员创业园	电子信息
陕西新光源科技有限责任公司	西安留学人员创业园	电子信息
陕西逸融网络服务有限公司	西安留学人员创业园	电子信息
陕西源能微电子有限公司	西安留学人员创业园	电子信息
陕西云翔科技有限公司	西安留学人员创业园	电子信息
陕西泽明信息科技有限公司	西安留学人员创业园	电子信息
陕西知本信息技术有限公司	西安留学人员创业园	电子信息
西安阿普莱特光电科技有限公司	西安留学人员创业园	电子信息
西安艾尔特仪器有限公司	西安留学人员创业园	电子信息
西安昂纳博电子科技有限公司	西安留学人员创业园	电子信息
西安奥德里里信息技术有限公司	西安留学人员创业园	电子信息
西安奥特玛自动化设备有限公司	西安留学人员创业园	电子信息
西安澳新软件技术有限公司	西安留学人员创业园	电子信息
西安百利信息科技有限公司	西安留学人员创业园	电子信息
西安宝莱特光电科技有限公司	西安留学人员创业园	电子信息
西安必成科技有限责任公司	西安留学人员创业园	电子信息
西安铂锐智能科技有限公司	西安留学人员创业园	电子信息
西安博恩计算机科技有限责任公司	西安留学人员创业园	电子信息
西安博构电子信息科技有限公司	西安留学人员创业园	电子信息
西安博瑞集信电子科技有限公司	西安留学人员创业园	电子信息
西安博深半导体照明有限公司	西安留学人员创业园	电子信息
西安博燊网络信息科技有限公司	西安留学人员创业园	电子信息
西安步云网络科技有限公司	西安留学人员创业园	电子信息
西安才锐电子科技有限公司	西安留学人员创业园	电子信息
西安常通软件技术开发有限公司	西安留学人员创业园	电子信息
西安辰晓商务信息咨询有限公司	西安留学人员创业园	电子信息
西安晨星传感技术有限公司	西安留学人员创业园	电子信息
西安成峰科技有限公司	西安留学人员创业园	电子信息
西安创尼尔汽车电子技术有限公司	西安留学人员创业园	电子信息
西安创泰科技有限责任公司	西安留学人员创业园	电子信息
西安创亿能源科技有限公司	西安留学人员创业园	电子信息
西安大数软件科技有限公司	西安留学人员创业园	电子信息
西安德塞尔科技发展公司	西安留学人员创业园	电子信息
西安德宇软件科技有限公司	西安留学人员创业园	电子信息
西安点通软件信息技术有限公司	西安留学人员创业园	电子信息
西安点驿下网络科技有限公司	西安留学人员创业园	电子信息
西安鼎控电子科技有限公司	西安留学人员创业园	电子信息
西安鼎控工业智能技术有限公司	西安留学人员创业园	电子信息
西安鼎蓝通信技术有限公司	西安留学人员创业园	电子信息
西安东尚信软件技术有限公司	西安留学人员创业园	电子信息
西安恩科网络技术有限公司	西安留学人员创业园	电子信息
西安方科新材料科技有限公司	西安留学人员创业园	电子信息
西安非凡士机器人科技有限公司	西安留学人员创业园	电子信息
西安菲博富科技有限公司	西安留学人员创业园	电子信息
西安蜂鸟智能科技有限公司	西安留学人员创业园	电子信息
西安福祈软件科技有限公司	西安留学人员创业园	电子信息
西安高软软件科技有限公司	西安留学人员创业园	电子信息
西安庚商网络信息技术有限公司	西安留学人员创业园	电子信息
西安光向信息科技有限公司	西安留学人员创业园	电子信息
西安国昌机械设备有限公司	西安留学人员创业园	电子信息
西安国华软件有限公司	西安留学人员创业园	电子信息
西安国能科技有限公司	西安留学人员创业园	电子信息
西安海晶光电科技有限公司	西安留学人员创业园	电子信息
西安汉海航测科技发展有限公司	西安留学人员创业园	电子信息
西安翰默顿电子科技有限公司	西安留学人员创业园	电子信息

西安航谷微波光电科技有限公司	西安留学人员创业园	电子信息
西安航天华迅科技有限公司	西安留学人员创业园	电子信息
西安合科软件有限公司	西安留学人员创业园	电子信息
西安荷佐里机电科技有限公司	西安留学人员创业园	电子信息
西安恒惠科技有限公司	西安留学人员创业园	电子信息
西安恒泰测控技术有限公司	西安留学人员创业园	电子信息
西安恒运达工程建设技术有限公司	西安留学人员创业园	电子信息
西安红叶通讯科技有限公司	西安留学人员创业园	电子信息
西安红云计算机信息系统技术有限公司	西安留学人员创业园	电子信息
西安鸿晟丽电子科技有限公司	西安留学人员创业园	电子信息
西安互联软件有限公司	西安留学人员创业园	电子信息
西安华创软件有限公司	西安留学人员创业园	电子信息
西安华杰网络科技有限公司	西安留学人员创业园	电子信息
西安华美海润软件工程有限公司	西安留学人员创业园	电子信息
西安华芯半导体有限公司	西安留学人员创业园	电子信息
西安华游网络科技有限公司	西安留学人员创业园	电子信息
西安辉炜信息科技有限公司（技术）	西安留学人员创业园	电子信息
西安汇明科技发展有限责任公司	西安留学人员创业园	电子信息
西安积德停车服务有限公司	西安留学人员创业园	电子信息
西安吉天利光电科技有限公司	西安留学人员创业园	电子信息
西安际科网络科技有限公司	西安留学人员创业园	电子信息
西安杰能电力科技股份有限公司	西安留学人员创业园	电子信息
西安金林通信科技信息有限公司	西安留学人员创业园	电子信息
西安金知网运营管理中心有限公司	西安留学人员创业园	电子信息
西安晶纳电子科技有限公司	西安留学人员创业园	电子信息
西安景辉信息科技有限公司	西安留学人员创业园	电子信息
西安洰沣网络科技有限公司	西安留学人员创业园	电子信息
西安炬光科技有限公司	西安留学人员创业园	电子信息
西安聚芯电子有限公司	西安留学人员创业园	电子信息
西安开放通讯科技有限公司	西安留学人员创业园	电子信息
西安凯硕电子科技有限公司	西安留学人员创业园	电子信息
西安康本通讯科技有限公司	西安留学人员创业园	电子信息
西安康奈网络科技有限公司	西安留学人员创业园	电子信息
西安叩云网络科技有限公司	西安留学人员创业园	电子信息
西安快通科技有限公司	西安留学人员创业园	电子信息
西安坤元软件有限公司	西安留学人员创业园	电子信息
西安阔途软件科技有限公司	西安留学人员创业园	电子信息
西安蓝喆软件科技有限公司	西安留学人员创业园	电子信息
西安朗格光电科技有限公司	西安留学人员创业园	电子信息
西安朗通科技发展有限公司	西安留学人员创业园	电子信息
西安乐元电子科技有限公司	西安留学人员创业园	电子信息
西安乐知软件科技有限责任公司	西安留学人员创业园	电子信息
西安李群物联科技有限公司	西安留学人员创业园	电子信息
西安力腾实业有限公司	西安留学人员创业园	电子信息
西安立芯光电科技有限公司	西安留学人员创业园	电子信息
西安丽镜软件信息技术有限公司	西安留学人员创业园	电子信息
西安励德微系统科技有限公司	西安留学人员创业园	电子信息
西安励致科技有限公司	西安留学人员创业园	电子信息
西安联客信息技术有限公司	西安留学人员创业园	电子信息
西安良客思软件科技有限公司	西安留学人员创业园	电子信息
西安羚控电子科技有限公司	西安留学人员创业园	电子信息
西安领邦高铁光电有限公司	西安留学人员创业园	电子信息
西安领先微电子有限公司	西安留学人员创业园	电子信息
西安绿通电子技术有限公司	西安留学人员创业园	电子信息
西安募格网络科技有限公司	西安留学人员创业园	电子信息
西安耐斯格林信息技术有限公司	西安留学人员创业园	电子信息
西安能讯微电子有限公司	西安留学人员创业园	电子信息
西安诺曼电子科技有限公司	西安留学人员创业园	电子信息
西安欧必信息技术有限公司	西安留学人员创业园	电子信息
西安欧博微纳光电科技有限公司	西安留学人员创业园	电子信息

西安欧通福网络科技有限责任公司	西安留学人员创业园	电子信息
西安奇维科技股份有限公司	西安留学人员创业园	电子信息
西安千依科技有限公司	西安留学人员创业园	电子信息
西安前景智能电子科技有限公司	西安留学人员创业园	电子信息
西安前沿动力软件开发有限责任公司	西安留学人员创业园	电子信息
西安青石集成微系统有限公司	西安留学人员创业园	电子信息
西安擎天软件科技有限公司	西安留学人员创业园	电子信息
西安冉科信息技术有限公司	西安留学人员创业园	电子信息
西安荣硕电子科技有限公司	西安留学人员创业园	电子信息
西安锐驰电器有限公司	西安留学人员创业园	电子信息
西安睿恩教育科技有限公司	西安留学人员创业园	电子信息
西安睿视软件科技有限责任公司	西安留学人员创业园	电子信息
西安睿维申电子科技有限公司	西安留学人员创业园	电子信息
西安赛昂信息工程管理咨询有限公司	西安留学人员创业园	电子信息
西安闪光软件科技有限公司	西安留学人员创业园	电子信息
西安深亚电子有限公司	西安留学人员创业园	电子信息
西安盛道信息技术有限公司	西安留学人员创业园	电子信息
西安盛华安电气科技有限公司	西安留学人员创业园	电子信息
西安盛佳光电有限公司	西安留学人员创业园	电子信息
西安盛美联华旅游信息咨询有限公司	西安留学人员创业园	电子信息
西安石文软件有限公司	西安留学人员创业园	电子信息
西安时安达网络科技有限公司	西安留学人员创业园	电子信息
西安时光科技发展有限公司	西安留学人员创业园	电子信息
西安思科特软件有限公司	西安留学人员创业园	电子信息
西安思孰软件科技有限公司	西安留学人员创业园	电子信息
西安特瑞斯自动化技术有限公司	西安留学人员创业园	电子信息
西安天芯电子科技有限公司	西安留学人员创业园	电子信息
西安田间道软件有限公司	西安留学人员创业园	电子信息
西安途秀信息技术有限公司	西安留学人员创业园	电子信息
西安拓尔微电子有限责任公司	西安留学人员创业园	电子信息
西安网意网络信息技术有限公司	西安留学人员创业园	电子信息
西安微端网络信息科技有限公司	西安留学人员创业园	电子信息
西安微势力网络科技有限公司	西安留学人员创业园	电子信息
西安蔚之蓝网络科技有限公司限公司	西安留学人员创业园	电子信息
西安沃购网络科技有限公司	西安留学人员创业园	电子信息
西安五行素自动控制工程有限公司	西安留学人员创业园	电子信息
西安西工大科信软件有限责任公司	西安留学人员创业园	电子信息
西安矽景集成电路设计有限公司	西安留学人员创业园	电子信息
西安习兆电子科技有限公司	西安留学人员创业园	电子信息
西安芯派电子科技有限公司	西安留学人员创业园	电子信息
西安星团网络科技有限公司	西安留学人员创业园	电子信息
西安星网天线技术有限公司	西安留学人员创业园	电子信息
西安行恒信息科技有限公司	西安留学人员创业园	电子信息
西安轩敞科技有限公司	西安留学人员创业园	电子信息
西安训鸿信息科技有限公司	西安留学人员创业园	电子信息
西安迅腾科技有限责任公司	西安留学人员创业园	电子信息
西安亚华电信有限责任公司	西安留学人员创业园	电子信息
西安亚迅光电科技有限公司	西安留学人员创业园	电子信息
西安阳光德瑞教育软件科技有限公司	西安留学人员创业园	电子信息
西安曜锐电子科技有限公司	西安留学人员创业园	电子信息
西安耀能电子科技有限公司	西安留学人员创业园	电子信息
西安易博软件有限责任公司	西安留学人员创业园	电子信息
西安银河电信技术有限责任公司	西安留学人员创业园	电子信息
西安英菲泰尔电子科技有限公司	西安留学人员创业园	电子信息
西安英瀚电子科技有限责任公司	西安留学人员创业园	电子信息
西安鹰格电子科技有限公司	西安留学人员创业园	电子信息
西安盈谷科技有限公司	西安留学人员创业园	电子信息
西安优肯电子科技有限公司	西安留学人员创业园	电子信息
西安优括网络科技有限公司	西安留学人员创业园	电子信息
西安优蓝电子科技有限公司	西安留学人员创业园	电子信息

西安域视光电科技有限公司	西安留学人员创业园	电子信息
西安元智系统技术有限责任公司	西安留学人员创业园	电子信息
西安源合科技有限公司	西安留学人员创业园	电子信息
西安远景动力模拟技术有限公司	西安留学人员创业园	电子信息
西安云澜信息科技有限公司	西安留学人员创业园	电子信息
西安云晟信息技术咨询有限公司	西安留学人员创业园	电子信息
西安展意信息科技有限公司	西安留学人员创业园	电子信息
西安哲创电子科技有限公司	西安留学人员创业园	电子信息
西安智达交通科技有限公司	西安留学人员创业园	电子信息
西安智多晶微电子有限公司	西安留学人员创业园	电子信息
西安智信网络技术有限公司	西安留学人员创业园	电子信息
西安中霖信息科技有限公司	西安留学人员创业园	电子信息
西安中润科技有限公司	西安留学人员创业园	电子信息
西安中微软件技术有限公司	西安留学人员创业园	电子信息
西安中信服信息技术有限公司	西安留学人员创业园	电子信息
西安众宏工业自动化技术有限公司	西安留学人员创业园	电子信息
西安众聚力合网络科技有限公司	西安留学人员创业园	电子信息
西安众擎电子科技有限公司	西安留学人员创业园	电子信息
西安宙晨电子科技有限责任公司	西安留学人员创业园	电子信息
西安筑波科技有限公司	西安留学人员创业园	电子信息
西安佐邦智能科技有限责任公司	西安留学人员创业园	电子信息
信源通科技（西安）有限公司	西安留学人员创业园	电子信息
优碧特软件（西安）有限公司	西安留学人员创业园	电子信息
西安交大辰方科技有限公司	西安留学人员创业园	生物医药
奥芬博格（西安）医疗器械有限公司	西安留学人员创业园	生物医药
陕西佰美基因股份有限公司	西安留学人员创业园	生物医药
陕西葆秀医疗科技有限公司	西安留学人员创业园	生物医药
陕西脉元生物科技有限公司	西安留学人员创业园	生物医药
陕西瑞奇生物科技有限公司	西安留学人员创业园	生物医药
陕西天正达生物科技股份有限公司	西安留学人员创业园	生物医药
陕西医格利亚医疗科技有限公司	西安留学人员创业园	生物医药
西安爱德万思医疗科技有限公司	西安留学人员创业园	生物医药
西安爱二十三基因健康科技有限公司	西安留学人员创业园	生物医药
西安百思达生物科技有限公司	西安留学人员创业园	生物医药
西安佰纳生物技术有限公司	西安留学人员创业园	生物医药
西安保宁生物科技有限公司	西安留学人员创业园	生物医药
西安博登斯医疗器械有限公司	西安留学人员创业园	生物医药
西安鼎九科技有限公司	西安留学人员创业园	生物医药
西安东美齿科科技有限公司	西安留学人员创业园	生物医药
西安宏邦生物技术有限责任公司	西安留学人员创业园	生物医药
西安鸿生生物技术有限公司	西安留学人员创业园	生物医药
西安华萃生物技术有限责任公司	西安留学人员创业园	生物医药
西安华旗电子技术有限公司	西安留学人员创业园	生物医药
西安巨子生物基因技术有限公司	西安留学人员创业园	生物医药
西安科莱泊尔材料科技有限公司	西安留学人员创业园	生物医药
西安科之奇生物技术有限公司	西安留学人员创业园	生物医药
西安蓝绿卓生物科技有限公司	西安留学人员创业园	生物医药
西安力邦临床营养有限公司	西安留学人员创业园	生物医药
西安力邦医疗电子有限公司	西安留学人员创业园	生物医药
西安力邦医药科技开发有限公司	西安留学人员创业园	生物医药
西安联众救护用品有限责任公司	西安留学人员创业园	生物医药
西安罗塞塔生物科技有限公司	西安留学人员创业园	生物医药
西安迈通生物医药科技有限公司	西安留学人员创业园	生物医药
西安瑞佰特生物科技有限公司	西安留学人员创业园	生物医药
西安瑞德生物科技有限公司	西安留学人员创业园	生物医药
西安瑞捷生物医疗技术有限公司	西安留学人员创业园	生物医药
西安润林生物科技有限公司	西安留学人员创业园	生物医药
西安赛乐思特生物医药投资咨询有限公司	西安留学人员创业园	生物医药
西安三曜生物医药有限公司	西安留学人员创业园	生物医药
西安生微医疗器械有限责任公司	西安留学人员创业园	生物医药

西安盛景生化科技有限责任公司	西安留学人员创业园	生物医药
西安时代基因健康科技有限公司	西安留学人员创业园	生物医药
西安天美生物科技股份有限公司	西安留学人员创业园	生物医药
西安天勤生物科技有限公司	西安留学人员创业园	生物医药
西安维特生物科技有限责任公司	西安留学人员创业园	生物医药
西安亚博生物技术有限公司	西安留学人员创业园	生物医药
西安易乐生物科技有限公司	西安留学人员创业园	生物医药
西安英创生物技术有限公司	西安留学人员创业园	生物医药
西安颖秀生物科技有限公司	西安留学人员创业园	生物医药
西安远鸿科技有限责任公司	西安留学人员创业园	生物医药
西安云合生物科技有限公司	西安留学人员创业园	生物医药
西安自然之源植物工程有限责任公司	西安留学人员创业园	生物医药
奥恒科技（西安）有限公司	西安留学人员创业园	先进制造
澳微特通信科技（西安）有限责任公司	西安留学人员创业园	先进制造
鲁邦思（西安）智能仪器有限公司	西安留学人员创业园	先进制造
萨伏威（西安）导航技术有限公司	西安留学人员创业园	先进制造
陕西海尔普科技发展有限公司	西安留学人员创业园	先进制造
陕西炬能自动控制技术有限公司	西安留学人员创业园	先进制造
陕西科思德电子科技有限公司	西安留学人员创业园	先进制造
陕西迈拓克能源科技有限公司	西安留学人员创业园	先进制造
陕西思联众达机电科技有限公司	西安留学人员创业园	先进制造
陕西威尔机电科技有限公司	西安留学人员创业园	先进制造
陕西中航气弹簧有限责任公司	西安留学人员创业园	先进制造
西安爱德华测量设备有限公司	西安留学人员创业园	先进制造
西安佰人科技有限公司	西安留学人员创业园	先进制造
西安博深矿用设备技术发展有限公司	西安留学人员创业园	先进制造
西安博新机电高新技术有限公司	西安留学人员创业园	先进制造
西安超越机电设备有限公司	西安留学人员创业园	先进制造
西安大山机械有限公司	西安留学人员创业园	先进制造
西安福莱特热处理有限公司	西安留学人员创业园	先进制造
西安航威机电设备有限公司	西安留学人员创业园	先进制造
西安恒久科技发展有限公司	西安留学人员创业园	先进制造
西安华科光电有限公司	西安留学人员创业园	先进制造
西安华朗物探科技有限公司	西安留学人员创业园	先进制造
西安华欧精密机械有限公司	西安留学人员创业园	先进制造
西安华舜测量设备有限责任公司	西安留学人员创业园	先进制造
西安寰微电子科技有限公司	西安留学人员创业园	先进制造
西安康瑞矿用电子有限公司	西安留学人员创业园	先进制造
西安魔盾自动化控制系统有限公司	西安留学人员创业园	先进制造
西安纳瑞工控科技有限公司	西安留学人员创业园	先进制造
西安秦申特种调节阀有限责任公司	西安留学人员创业园	先进制造
西安市耀石科技发展有限公司	西安留学人员创业园	先进制造
西安思翰光电科技有限公司	西安留学人员创业园	先进制造
西安天衡新技术开发有限公司	西安留学人员创业园	先进制造
西安西古恒温技术有限公司	西安留学人员创业园	先进制造
西安西立电子技术有限公司	西安留学人员创业园	先进制造
西安迅湃快速充电技术有限公司	西安留学人员创业园	先进制造
西安易行科技有限责任公司	西安留学人员创业园	先进制造
西安英格智能科技有限公司	西安留学人员创业园	先进制造
西安越达环保科技有限公司	西安留学人员创业园	先进制造
西安拽亘弗莱工业自动化科技有限公司	西安留学人员创业园	先进制造
新懿机电技术发展（西安）公司	西安留学人员创业园	先进制造
陕西培元电子科技有限公司	西安留学人员创业园	新材料
西安艾姆高分子材料有限公司	西安留学人员创业园	新材料
西安博诚新材料有限公司	西安留学人员创业园	新材料
西安金美特金属材料科技有限公司	西安留学人员创业园	新材料
西安金岩金属材料有限公司	西安留学人员创业园	新材料
西安凯威金属材料有限公司	西安留学人员创业园	新材料
西安康博新材料科技有限公司	西安留学人员创业园	新材料
西安蓝晓科技有限公司	西安留学人员创业园	新材料

西安荣盛通环保节能科技有限公司	西安留学人员创业园	新材料
西安晟金新材料科技股份有限公司	西安留学人员创业园	新材料
西安斯凯兰新材料科技发展有限公司	西安留学人员创业园	新材料
西安鑫奥碳新能源科技有限公司	西安留学人员创业园	新材料
西安英特金属复合材料有限公司	西安留学人员创业园	新材料
西安宇杰（洁）表面工程有限公司	西安留学人员创业园	新材料
西安智晶电子科技有限责任公司	西安留学人员创业园	新材料
西安中齐金属新材料科技有限公司	西安留学人员创业园	新材料
陕西动力源节能环保科技有限公司	西安留学人员创业园	新能源环保
陕西凯斯特能源科技有限公司	西安留学人员创业园	新能源环保
陕西绿谷节能环保技术有限公司	西安留学人员创业园	新能源环保
陕西仁鑫能源工程有限公司	西安留学人员创业园	新能源环保
陕西太阳景环保科技有限公司	西安留学人员创业园	新能源环保
西安澳科新能源科技有限公司	西安留学人员创业园	新能源环保
西安保利秦华新能源有限公司	西安留学人员创业园	新能源环保
西安博今科技发展有限公司	西安留学人员创业园	新能源环保
西安博昱新能源有限公司	西安留学人员创业园	新能源环保
西安鸿雅达电子有限公司	西安留学人员创业园	新能源环保
西安洁姆环保科技有限责任公司	西安留学人员创业园	新能源环保
西安绿标水环境科技有限公司	西安留学人员创业园	新能源环保
西安银泰新能源材料科技有限公司	西安留学人员创业园	新能源环保
西安富克斯语言文化传播有限公司	西安留学人员创业园	文化创意
陕西文妆创意设计有限公司	西安留学人员创业园	文化创意
西安恒光广告有限公司	西安留学人员创业园	文化创意
西安迈世文化交流咨询有限责任公司	西安留学人员创业园	文化创意
西安品之茶文化传播有限公司	西安留学人员创业园	文化创意
西安秦创博艺广告文化传播有限公司	西安留学人员创业园	文化创意
西安依蔓美术文化传播有限责任公司	西安留学人员创业园	文化创意
陕西巴顿酒店管理有限公司	西安留学人员创业园	现代服务
陕西高德知识产权代理有限公司	西安留学人员创业园	现代服务
陕西和农农业有限公司	西安留学人员创业园	现代服务
陕西汇之源动力科技有限公司	西安留学人员创业园	现代服务
陕西米迦勒建筑科技有限公司	西安留学人员创业园	现代服务
陕西齐泰精细化工科技有限公司	西安留学人员创业园	现代服务
陕西瑞亚环境工程有限公司	西安留学人员创业园	现代服务
陕西土木石建筑设计事务所有限公司	西安留学人员创业园	现代服务
陕西中德金桥投资策划有限责任公司	西安留学人员创业园	现代服务
西安百川教育发展有限公司	西安留学人员创业园	现代服务
西安堡垒新能源科技有限责任公司	西安留学人员创业园	现代服务
西安彩富尔建筑科技有限公司	西安留学人员创业园	现代服务
西安非常道商业管理有限公司	西安留学人员创业园	现代服务
西安国润实业有限公司	西安留学人员创业园	现代服务
西安汉逸软件信息科技有限公司	西安留学人员创业园	现代服务
西安弘传科技开发有限责任公司	西安留学人员创业园	现代服务
西安虎标行南洋补品有限责任公司	西安留学人员创业园	现代服务
西安华睿商务信息咨询服务有限公司	西安留学人员创业园	现代服务
西安莱恩财务管理有限公司	西安留学人员创业园	现代服务
西安力图信息技术咨询服务有限公司	西安留学人员创业园	现代服务
西安立人行档案文件管理咨询有限公司	西安留学人员创业园	现代服务
西安罗斯德尔汽车工程设计有限公司	西安留学人员创业园	现代服务
西安名柄自动化工程技术有限公司	西安留学人员创业园	现代服务
西安普瑞恩动力科技有限公司	西安留学人员创业园	现代服务
西安瑞旺特信息技术有限公司	西安留学人员创业园	现代服务
西安睿银投资管理有限公司	西安留学人员创业园	现代服务
西安泰瑞商务信息咨询有限公司	西安留学人员创业园	现代服务
西安庭树商务信息咨询有限责任公司	西安留学人员创业园	现代服务
西安拓越能源应用技术有限公司	西安留学人员创业园	现代服务
西安威石投资管理有限公司	西安留学人员创业园	现代服务
西安西鼎生物科技有限责任公司	西安留学人员创业园	现代服务
西安新时代航空技术有限公司	西安留学人员创业园	现代服务

西安雅石企业管理咨询有限公司	西安留学人员创业园	现代服务
西安易比特科技咨询管理有限公司	西安留学人员创业园	现代服务
西安意匠建筑设计有限公司	西安留学人员创业园	现代服务
西安永佳房地产顾问有限公司	西安留学人员创业园	现代服务
西安优将信息科技有限公司	西安留学人员创业园	现代服务
西安震旦纪实业有限公司	西安留学人员创业园	现代服务
西安子跃商务信息咨询服务有限公司	西安留学人员创业园	现代服务
陕西杨凌岱鹰生物工程公司	杨凌示范区留学人员创业园	生物医药
泰华天然生物制药有限公司	杨凌示范区留学人员创业园	生物医药
杨凌大农生物技术有限公司	杨凌示范区留学人员创业园	生物医药
杨凌美加恒新生物医药研究所	杨凌示范区留学人员创业园	生物医药
杨凌四元生物科学技术公司	杨凌示范区留学人员创业园	生物医药
杨凌泰克生物科技有限公司	杨凌示范区留学人员创业园	生物医药
杨凌天力生物技术有限公司	杨凌示范区留学人员创业园	生物医药
斯比特装饰板材（陕西）公司	杨凌示范区留学人员创业园	新材料
陕西杨凌英达克环境工程公司	杨凌示范区留学人员创业园	新能源环保
陕西杨凌中科环境工程公司	杨凌示范区留学人员创业园	新能源环保
陕西聚丰科技股份有限公司	杨凌示范区留学人员创业园	现代服务
陕西正高肥料有限责任公司	杨凌示范区留学人员创业园	现代服务
杨凌阿克瑞特科技有限公司	杨凌示范区留学人员创业园	现代服务
杨凌德丰布尔山羊畜牧公司	杨凌示范区留学人员创业园	现代服务
杨凌豪特园艺有限公司	杨凌示范区留学人员创业园	现代服务
杨凌攀达生态科技有限公司	杨凌示范区留学人员创业园	现代服务
杨凌益康天然产品有限公司	杨凌示范区留学人员创业园	现代服务
杨凌越洋生态工程有限公司	杨凌示范区留学人员创业园	现代服务
中法食品加工研究与交流中心	杨凌示范区留学人员创业园	现代服务
甘肃天佑生物科技有限公司	兰州留学人员创业园	电子信息
甘肃鑫王自动化控制有限公司	兰州留学人员创业园	电子信息
兰州艾乐顿智能科技有限公司	兰州留学人员创业园	电子信息
兰州联创科技股份有限公司	兰州留学人员创业园	电子信息
兰州南特科技股份有限公司	兰州留学人员创业园	电子信息
兰州天安恒通科技有限公司	兰州留学人员创业园	电子信息
兰州沃福计算机系统有限公司	兰州留学人员创业园	电子信息
兰州新陇科技有限公司	兰州留学人员创业园	电子信息
兰州致恒科技有限公司	兰州留学人员创业园	电子信息
兰州智天科技有限公司	兰州留学人员创业园	电子信息
北京华阳绿园技术开发有限公司兰州分公司	兰州留学人员创业园	生物医药
甘肃方舟生态科技有限公司	兰州留学人员创业园	生物医药
甘肃绿洲医疗用品有限责任公司	兰州留学人员创业园	生物医药
兰州百源基因技术有限公司	兰州留学人员创业园	生物医药
兰州宝瑞科技有限公司	兰州留学人员创业园	生物医药
兰州宝瑞生物技术有限公司	兰州留学人员创业园	生物医药
兰州大得利生物化学制药厂	兰州留学人员创业园	生物医药
兰州嘉瑞生物医药科技开发有限公司	兰州留学人员创业园	生物医药
兰州凯博生物技术有限公司	兰州留学人员创业园	生物医药
兰州派神生物技术开发有限公司	兰州留学人员创业园	生物医药
兰州雅华生物技术有限公司	兰州留学人员创业园	生物医药
兰州傲能工业设备有限公司	兰州留学人员创业园	先进制造
兰州大成自动化工程有限责任公司	兰州留学人员创业园	先进制造
兰州海默科技股份有限公司	兰州留学人员创业园	先进制造
兰州华联电力有限公司	兰州留学人员创业园	先进制造
兰州科庆仪器仪表有限公司	兰州留学人员创业园	先进制造
兰州立盛达铁路新技术有限公司	兰州留学人员创业园	先进制造
兰州沃特克环境科学技术有限公司	兰州留学人员创业园	先进制造
兰州阳普科技有限公司	兰州留学人员创业园	先进制造
甘肃长实隔震材料有限公司	兰州留学人员创业园	新材料
甘肃凌云纳米材料有限公司	兰州留学人员创业园	新材料
兰州长城新元膜科技有限公司	兰州留学人员创业园	新材料
兰州浩达精细化工研究所	兰州留学人员创业园	新材料
兰州天际环保有限公司	兰州留学人员创业园	新能源环保

兰州天泰环保工程有限公司	兰州留学人员创业园	新能源环保
甘肃富农高科技种业有限公司	兰州留学人员创业园	现代服务
甘肃环球设计研究所	兰州留学人员创业园	现代服务
甘肃科业达科技开发有限公司	兰州留学人员创业园	现代服务
甘肃武港食品有限公司	兰州留学人员创业园	现代服务
兰州爱美信科技咨询服务有限公司	兰州留学人员创业园	现代服务
兰州博亚饲料有限公司	兰州留学人员创业园	现代服务
兰州格瑞特管理顾问有限公司	兰州留学人员创业园	现代服务
兰州好为尔爱的现代牛业发展有限公司	兰州留学人员创业园	现代服务
兰州兰泰草坪科技开发有限公司	兰州留学人员创业园	现代服务
兰州兰泰高尔夫工程有限公司	兰州留学人员创业园	现代服务
兰州前导经济文化咨询有限公司	兰州留学人员创业园	现代服务
兰州泰华饲料有限公司	兰州留学人员创业园	现代服务
兰州西域科技总公司	兰州留学人员创业园	现代服务
乌鲁木齐睿图超信软件科技有限公司	乌鲁木齐留学人员创业园	电子信息
乌鲁木齐意祥鑫光电科技有限公司	乌鲁木齐留学人员创业园	电子信息
新疆安科瑞网络科技有限公司	乌鲁木齐留学人员创业园	电子信息
新疆超化科技有限公司	乌鲁木齐留学人员创业园	电子信息
新疆福锐思信息科技有限公司	乌鲁木齐留学人员创业园	电子信息
新疆华德软件科技有限公司	乌鲁木齐留学人员创业园	电子信息
新疆华俄信息科技有限公司	乌鲁木齐留学人员创业园	电子信息
新疆协领汇科科技有限责任公司	乌鲁木齐留学人员创业园	电子信息
新疆亚泰信息技术有限公司	乌鲁木齐留学人员创业园	电子信息
乌鲁木齐葵恩希巴生物科技有限公司	乌鲁木齐留学人员创业园	生物医药
乌鲁木齐易比西农业科技有限公司	乌鲁木齐留学人员创业园	生物医药
新疆名石光电照明工程有限公司	乌鲁木齐留学人员创业园	新能源环保
新疆雨润环保工程有限公司	乌鲁木齐留学人员创业园	新能源环保
乌鲁木齐市真石科技有限公司	乌鲁木齐留学人员创业园	新材料
新疆惠宇路桥技术有限公司	乌鲁木齐留学人员创业园	新材料

图书在版编目（CIP）数据

中国留学人员创业年鉴．2015/教育部留学服务中心等编．—北京：中国致公出版社，2015

ISBN 978-7-5145-0955-7

Ⅰ．①中… Ⅱ．①教… Ⅲ．①高技术产业—企业管理—中国—2015—年鉴②留学生—生平事迹—中国—现代

Ⅳ．①F279.244.4-54②K820.76

中国版本图书馆CIP数据核字（2015）第296487号

中国留学人员创业年鉴

2015

RETURNED CHINESE SCHOLARS PIONEER YEARBOOK 2015

中国致公出版社　出版

中国留学人员创业年鉴编辑部　编辑

廊坊市华玺印务有限公司　印装

社址：北京市朝阳区八里庄西里100号住邦2000商务中心1号楼东区15层　邮编：100025

电话：（010）82259658

各地新华书店经销

889×1194　16开　44印张　1800千字

2015年12月第1版　2015年12月第1次印刷

ISBN 978-7-5145-0955-7　定价：890.00元

（图书出现印刷问题，本社负责调换）